Georg Schmidt

DIE REITER DER
APOKALYPSE

Georg Schmidt

DIE REITER DER APOKALYPSE

Geschichte des Dreißigjährigen Krieges

C.H.Beck

Mit 44 Abbildungen und 3 Karten (© Peter Palm, Berlin)
© Verlag C.H.Beck oHG, München 2018
Satz: Janß GmbH, Pfungstadt
Druck und Bindung: CPI – Ebner & Spiegel, Ulm
Umschlaggestaltung: Kunst oder Reklame, München
Umschlagabbildung: Pieter Bruegel d. Ä.: *Triumph des Todes*, um 1560/62.
(Ausschnitt) © akg-images/MPortfolio/Electa
Gedruckt auf säurefreiem, alterungsbeständigem Papier
(hergestellt aus chlorfrei gebleichtem Zellstoff)
Printed in Germany
ISBN 978 3 406 71836 6

www.chbeck.de

INHALT

III. DER FRIEDEN

547

Gestern wird sein, was morgen gewesen ist.
Unsere Geschichten von heute müssen
sich nicht jetzt zugetragen haben.

Günter Grass, 1979

Prolog

Eine Geschichte

Es war einmal ein langer, verheerender Krieg. Er tötete beinahe die Hälfte
der Bevölkerung und ließ das Land nach einer langen Periode des Siech-
tums verwüstet, politisch zersplittert und ohnmächtig zurück. Es gab eine
Zeit davor. Das große Volk in der Mitte Europas – so berichten die Meis-
tererzählungen des 19. Jahrhunderts – hatte einst unter Führung Herrmann
des Cheruskers seine Freiheit gegen die Römer behauptet und später deren
Reich fortgeführt. Irgendwann im Mittelalter begann jedoch durch eigenes
Verschulden und die Intrigen des Papstes der Verfall. Die Macht ging von
Kaiser und Reich auf die fürstlichen Lehensträger über. Ein standhafter
Mönch versuchte, das Reich über eine Reformation der Kirche gegen das
Papsttum zu einen und zu retten. Während ein Teil der Fürsten seinen
Vorstellungen folgte und die alte Kirche entmachtete, widersetzten sich ein
«fremder» Kaiser und in seinem Gefolge die Stände, die den großen Sprung
nicht wagten. Die Krise entlud sich im Dreißigjährigen Krieg, der eine
zwangsläufige Folge der inneren Uneinigkeit war.

Mit dem Westfälischen Frieden hatten das verwüstete Land und die
stark traumatisierten Überlebenden ihre Souveränität vollends eingebüßt.
Er nutzte nur den ausländischen Siegermächten und den Reichsfürsten.
Unter diesen befand sich mit dem Großen Kurfürsten Friedrich Wilhelm

jedoch einer, der das Land in seiner tiefsten Erniedrigung vor dem völligen Zerfall bewahren wollte. Er stand in der Tradition Luthers und übernahm den Staffelstab von seinem Onkel Gustav Adolf, dem Löwen aus Mitternacht. Dessen Heldentod auf dem Schlachtfeld bei Lützen hatte verhindert, dass schon damals ein protestantisches Imperium entstanden war. Der Kaiser und das dahinsiechende Alte Reich behinderten zwar die aufstrebende Dynastie der Hohenzollern, wo immer es ihnen möglich war, konnten ihren Siegeszug aber nicht aufhalten. Aus Kurfürsten wurden Könige, die – beauftragt von Gott und der Geschichte – unbeirrt an ihrer Mission arbeiteten: der Gründung eines mächtigen deutschen Nationalstaates. Nach über zwei Jahrhunderten war die Tat 1871 vollbracht.

Diese Geschichte ist kein Märchen, sondern die zum Mythos geronnene Meistererzählung des Bismarckreiches. «Mythen sind keine Lügengeschichten», sie reduzieren Komplexität und lassen Gegenwärtiges in einer mehr oder weniger fernen Vergangenheit aufscheinen.[1] Sie definieren einen Ursprung und formen einen vorgeblich zeitlosen, Homogenität und Identität verbürgenden Kern, der mit ihrer Hilfe wiederum bewahrt werden soll. Der mit einer mythischen Mission verknüpfte Auftrag Gottes, der Ahnen oder der Geschichte sorgt jedenfalls für eine höhere Weihe und Vertrauen. Die alte Erzählung vom Werden des deutschen Nationalstaates wird zwar nur noch von wenigen geglaubt, lebt jedoch mit umgekehrten Vorzeichen weiter. Nach 1945 wurden aus Helden Schurken, und der glanzvolle preußisch-deutsche Aufstieg zum Nationalstaat geriet zum deutschen Sonderweg ins Verhängnis des Naziregimes und des Holocaust, der neuerlichen Verwüstung und der deutschen Teilung.[2] Die «Stunde null» und das didaktische «Nie wieder», der Wiederaufstieg aus Ruinen, das westliche Wirtschaftswunder und der etwas bescheidenere Wohlstand im Osten schufen einen neuen Mythos, der mit der Wiedervereinigung und der Ankunft im Westen zur Vollendung kam.[3] Der alte Mythos wurde nicht weiter gepflegt, verschwand aber nicht, sondern haftet als Imagination einstiger Größe im kollektiven Gedächtnis der Nation.

Darüber hinaus blieben Versatzstücke der alten Erzählung, insbesondere der Dreißigjährige Krieg, nahezu unberührt vom Vorzeichenwechsel. Er gilt als der Wendepunkt, an dem sich der vermeintliche Wechsel von der habsburgisch-reichischen zur preußisch-(klein)deutschen Nation vollzog. Das Erklärungsmuster des Tiefpunktes, der Urkatastrophe und des Traumas ist ebenfalls nicht verblasst. Die magischen Zahlen 1618 und 1648 begrenzen – so steht es in allen Geschichtsbüchern – ein kohärentes Geschehen, das Deutschland verwüstete und politisch entmündigte.

Die angebliche Traumatisierung des deutschen Volkes ist keine Folge des Krieges; jedenfalls ist davon vor dem 19.Jahrhundert nichts bekannt. Nahrungsmangel, erpresste Gelder und Kontributionen sowie Raub und Totschlag haben das menschliche Verhalten jedoch fraglos verändert. Bürger und Bauern taten Dinge, die sie vorher nicht getan hatten. Der «Superlativ des Entsetzens» findet sich in den Quellen,[4] weil die Klagenden ansonsten kein Gehör mehr fanden. Die einzelnen Versatzstücke des Leidens wurden aber erst im 19.Jahrhundert zur Urkatastrophe und zum kollektiven Trauma verdichtet, um den preußischen Weg zum kleindeutschen Nationalstaat historisch zu legitimieren. Der Aufstieg vom Tiefpunkt zum Platz an der Sonne entsprach alttestamentarischen Mustern, popularisierte die Hohenzollern als Phönix aus der Asche und bestätigte das Prinzip Gutes durch Böses.

Diese Rahmenerzählung gilt mehr oder weniger bis heute. Selbst der Westfälische Frieden stand auch noch nach dem Zweiten Weltkrieg im Odium, ein Siegfrieden der anderen und Ausgangspunkt der politischen Ohnmacht und Unterdrückung der Deutschen gewesen zu sein. Die historische Forschung beschreibt den Westfälischen Frieden und das durch ihn erneuerte Heilige Römische Reich Deutscher Nation allerdings nicht mehr als Verlustgeschichte. Die ins kulturelle Gedächtnis eingebrannten Bilder einer Wüstenei, politischen Zersplitterung und eines Volks unter fremdem Willen hat sie jedoch nicht verdrängen können: «Der Glockenklang des westfälischen Friedens wurde das Totengeläut; was seitdem folgte, war die letzte langsame Zersetzung eines toten Organismus.»[5] Darum ging es: Die unzähligen Toten und die schweren Verwüstungen des Krieges wurden im 19.Jahrhundert zu dem politischen Argument funktionalisiert, dass der deutsche Nationalstaat souverän und mächtig sein müsse, damit sich der Dreißigjährige Krieg nicht wiederholen könne. Die damaligen Deutungskämpfe wurden historisch aus diesem Krieg abgeleitet. Ohne Bezug auf die richtige Lehre aus ihm schien nichts denkbar, was Deutschland sein oder «deutsch» bedeuten könne.[6] Um diesen Mythos hinter sich zu lassen, muss dieser Krieg vor allem aus dem nationalstaatlichen Deutungskontext der Urkatastrophe und des Traumas gelöst werden.

Unabhängig von der Zerstörungskraft und den Nachwirkungen des Dreißigjährigen Krieges sind die alten Deutungsmuster nicht mehr plausibel, weil sie das Geschehen nur mit der Vorvergangenheit, nicht mit der Gegenwart verbinden. Preußens Aufstieg und seine vermeintliche Mission zur Gründung des deutschen Nationalstaates tragen nur noch wenig zum aktuellen Verständnis der Welt bei. Es ist daher zu fragen, ob der Dreißigjährige Krieg mit aktuellen Problemen in eine erhellende Beziehung gebracht werden kann. Um voreilige Schlüsse und Vereinnahmungen des vermeintlich Vorbild- und Musterhaften zu vermeiden, muss allerdings daran erinnert werden, wie sehr dieser Krieg von den Zeitgenossen als verstörend fremd und anders wahrgenommen wurde.

Ein Komet

Im Herbst 1618 sahen die Menschen voller Entsetzen einen riesigen, hell strahlenden Kometen am Abendhimmel. Gott hatte auf seine Tafel geschrieben. Da Kometen die kosmische Harmonie störten, galten sie seit der Antike als Unheilsbringer. Das Chaos am Firmament war kein bloßes Naturschauspiel, sondern ein Menetekel: «Niemals ein Comet hat gebrannt / Der nicht schadete Leuten / Stadt und Land.»[7] Die von den lutherischen Pfarrern mit ihren schrillen Bußaufrufen geschürte Angst zeigte ihre Wirkung. Die Menschen reagierten panisch. Gott war ihrer Sünden überdrüssig. Seine bisherigen Strafen, die latenten Hungersnöte durch die Klimaverschlechterungen, die Kriege und die todbringenden Seuchen hatten offenkundig die Menschen nicht wachgerüttelt und keine Verhaltensänderungen bewirkt. Mit dem Kometen kündigte er nun weitere Strafen, insbesondere die apokalyptische Trias, an: Krieg, Hunger und Pest.[8] Nichts lag näher, als den Schweifstern mit dem Krieg in Böhmen in Verbindung zu bringen. Die Prognosen wurden eindeutig: Eine lange Leidenszeit hatte begonnen, die wahrscheinlich erst mit dem Jüngsten Gericht enden würde.

Helwig Garth predigte am zweiten Advent 1618 über Kometen und ließ seine Kanzelrede drucken.[9] Der Superintendent und Pfarrer an der evangelischen deutschen Kirche St. Salvator in der Prager Altstadt reagierte wie viele seiner Kollegen auf diese Massenhysterie. Garth wollte die armen Sünder in ihrer Not nicht alleine lassen und nicht schweigen, wenn Gott vom Himmel herab predige. Er nannte Schweifsterne eine Strafandrohung Gottes. Eindringlicher denn je mahnte er zu Reue, Umkehr und Buße. Garth war 1579 im oberhessischen Kirtorf geboren, hatte in Marburg und Straßburg studiert und zuvor im sächsischen Oschatz und Freiberg als Superintendent gewirkt.[10] Kenntnisreich klärte er seine Gemeinde über die Erscheinung am Himmel auf. Das Vorhaben war insofern heikel, als an diesem Sonntag die Perikope, der von der Kanzel zu verlesende Bibeltext, und die Predigt der synoptischen Apokalypse zu gelten hatte: der den Christen verheißenen Wiederkunft des Herrn.[11] Garth stimmte die Gläubigen deswegen nicht nur auf die bevorstehenden göttlichen Strafen, sondern auch auf das Jüngste Gericht ein. Mit dem Zeichen am Himmel erinnere Gott an das baldige Wiedererscheinen seines Sohnes. Die Gelehrten stritten zwar über die Substanz und das Wesen der Kometen, doch es sei gleichgültig, ob es sich um Meteore, Sterne oder schwefelige Dampfgebilde handle, ob sie Erscheinungen der supra- oder der sublunaren Sphäre seien, ob sie die Luft durch Verbrennung säuberten oder verunreinigten, ob sie Stürme, Dürre, Wassermassen oder etwas anderes verursachten. Kometen unterlägen wie alle Erscheinungen auch dann der göttlichen Allmacht, wenn sie natürlichen Ursprungs seien. Sie hätten stets Strafen und Plagen angekündigt, und das gelte auch diesmal.

Das erstaunliche astronomische Wissen, das Garth in der Druckfassung seiner Predigt ausbreitete, ging wohl auf den berühmten Astronomen Johannes Kepler zurück. Garth hatte ihm das Abendmahl gereicht, das Kepler 1612 in Linz, wo er nach dem Tod Kaiser Rudolfs II. lebte, verweigert worden war, weil er sich nicht der lutherischen Konkordienformel unterwerfen wollte. Auch der Superintendent könnte nach Prag gewechselt sein, weil ihm das orthodoxe Konkordienluthertum in Sachsen Schwierigkeiten bereitet hatte. In Prag gab es zwar lutherische Kirchen, aber kein rigides landesherrliches Kirchenregiment, das die konfessionelle Rechtgläubigkeit überwachte und erzwang.

Garth erkannte in dem Kometen ein Menetekel; als er ihn aber auch für das baldige Ende der Welt in Anspruch nahm, beließ er es jedoch bei Andeutungen. Gott zeige den Menschen die Rute, wie sie es selber gegenüber unartigen Kindern täten. Nur er kenne die zukünftigen und verborgenen Dinge, sodass es auf Erden keine Gewissheit geben könne. Jeder sehe die Not und das Ungemach, das die Feinde des wahren Glaubens in Böhmen verursachten. Angesichts der vielen und schweren Sünden dürfe sich niemand wundern, wenn Gott nun Prag wie einst Sodom und Gomorrha vernichte. Die Menschen müssten Buße tun, um für den Jüngsten Tag gerüstet zu sein. Nur daraus könnten sie Trost und Hoffnung schöpfen, denn

Christus werde plötzlich erscheinen und alle Gottlosen verderben, die Gottseligen aber erlösen.

Im Krieg in Böhmen erkannte Garth eine gerechte Strafe. Und er versprach nicht, dass Buße und Gehorsam Gottes Zorn besänftigen würden.[12] Die um ihr Seelenheil bangenden, Trost suchenden und sich vor den in drastischen Bildern ausgemalten Höllenqualen fürchtenden Sünder verstanden ihn. Selbst für den Fall, dass trotz des Krieges um Böhmen der Frieden wiederhergestellt werde, mussten sie mit weiteren Strafen Gottes rechnen. Garth hütete sich allerdings, Näheres über die Endzeit, den Jüngsten Tag und Christi Wiederkunft auszuführen. Es war umstritten, ob die Endzeit mit Christi Geburt oder mit Martin Luthers Entlarvung des Papsttums als Antichristen begonnen hatte oder ob damit nur die wirklich letzten Tage dieser Welt gemeint waren. Die Gegenwart wurde jedoch auf jeden Fall als letzte Phase der Menschheitsgeschichte angesehen. Die Gläubigen kannten die biblische Überlieferung und die Offenbarung des Johannes. Sie wussten um die irdische Verfallszeit.

Wie Garth wollten sich die meisten Prediger nicht festlegen. Auch die Bibel bot Varianten. Für die den Juden im Alten Testament verheißene Ankunft des Messias galten das Schema der sieben Weltalter, das Augustinus der Nachwelt vermittelte, sowie die Vier-Reiche-Lehre der Danielprophetie. Letztere spielte in Mitteleuropa eine zentrale Rolle. Das Heilige Römische Reich war demnach das vierte und letzte der Universalreiche; Melanchthon hatte dies noch einmal bestätigt.[13] Mit seinem Untergang endete die Welt zumindest in ihrer bisherigen Form. Was danach kam, enthüllte die Offenbarung des Johannes. Sie entwirft die Bilder, die dem Jüngsten Gericht und dem Weltuntergang vorausgehen. Offen bleibt, ob nach Christi Wiederkunft das Ende der Welt in Raum und Zeit und für die Frommen das Heil im Jenseits folgt[14] oder ob die eschatologische Zeitenwende den Guten zunächst eine andere bessere Welt, eine fünfte Monarchie und ein tausendjähriges irdisches Paradies auf Erden verheißt.[15]

Die Anhänger der Hoffnung auf einen solchen Glückszustand, in dem der Satan in Ketten gelegt ist und die zum ewigen Leben Erweckten glücklich zusammen mit Christus auf der Erde lebten, orientierten sich an Joachim von Fiore. Dieser kalabrische Abt und Ordensgründer hatte im 12. Jahrhundert die harmonische Konstellation eines finalen diesseitigen Reiches vorhergesagt. Nach dem ersten Reich des Vaters und des Alten Testamentes, dem zweiten des Sohnes und des Neuen Testamentes sollte im dritten der Heilige Geist herrschen, der die Gerechten alle Freuden des Himmlischen Jerusalem genießen lassen werde.[16] Danach folge die Herrschaft des noch einmal losgelassenen Antichristen, die alles Bisherige überbieten und bis zu dessen endgültiger Überwindung dauern solle.[17] Trotz dieses noch zu durchschreitenden Jammertals gab Fiore dem irdischen Dasein ein hoffnungsvolles Ziel, wodurch seine Lehre sich von derjenigen einer entwicklungslosen biblischen Diesseitsordnung abhob. Auf seine Deutung bezogen sich diejenigen, die wie die böhmischen Taboriten im 15. oder die Münsteraner Täufer im 16. Jahrhundert den Beginn des tausendjährigen Reiches durch menschliches Handeln herbeiführen wollten.[18] Sie predigten Feuer und Schwert bis zum Sieg über den Teufel und seine irdischen Helfer.

Die Mobilisierungsstrategie eines solchen Heiligen Krieges stand im Gegensatz zu Luthers Verbot eines Glaubenskrieges. Vor allem aber barg sie unkalkulierbare Risiken: Mit dem Antichristen durfte niemand verhandeln, er musste bekämpft und besiegt werden. Die Verkünder eines tausendjährigen Friedensreiches stießen deswegen bei den Herrschern auf wenig Gegenliebe, denn sie bedrohten die diesseitige Ordnung. Die Pfarrer hüteten sich deswegen, mit den im obrigkeitlich orientierten Luthertum verpönten Lehren und Aufrufen zur Selbsthilfe in Verbindung gebracht zu werden.[19]

Für das Luthertum war mit der Identifikation des Papsttums als Antichrist das letzte Zeitalter angebrochen. Die Rückkehr von Jesus Christus und das Weltende standen unmittelbar bevor.[20] Die Gegenwart gehörte bereits zur Endzeit. Der Antichrist und seine Helfer mussten aber noch besiegt werden.[21] Jeder Krieg gegen Katholiken ließ sich wie im Übrigen auch die Türkenkriege als heilsgeschichtlicher Endkampf gegen den Satan und die Hure Babylon deuten. Es waren daher in erster Linie Lutheraner, die den Kometen in endzeitlichen Kontexten interpretierten.[22] Die Katholiken beließen es bei der Ankündigung göttlicher Strafen und sahen in den protestantischen «Ketzern» nur die Vorboten des Antichristen,[23] denen sie den lukrativen Markt astrologisch gestützter apokalyptischer Prophetien überlassen mussten. Ihnen verbot eine päpstliche Bulle, die Menschen von Sterndeutern abhängig zu machen und dadurch ihre Willensfreiheit einzuschränken.[24] Auch die Calvinisten unterdrückten solche wundergläubigen Praktiken stärker als die Lutheraner.

Während der im Januar 1619 am Morgenhimmel stehende Komet langsam verblasste, verglichen ihn viele Pfarrer am Dreikönigstag mit dem

Stern der Weisen. Sie verzichteten jedoch auf die naheliegende Analogie des Weges nach Bethlehem und zum rechten Glauben. Stattdessen drohten sie weiter mit dem Zorn Gottes und seinen Strafen. Der Darmstädter Superintendent Heinrich Leuchter predigte hellsichtig, dass der schädliche Krieg in Böhmen rasch auf andere Gebiete übergreifen könne.[25]

Gott schickte diesen Krieg, und jeder kannte die Folgen: Gewalt, Hunger und Tod. Der Komet bestätigte, was die Prediger lange angekündigt hatten. Diese Eindeutigkeit veränderte die irdische Lage grundsätzlich. Der Krieg würde über Böhmen hinausgreifen und alle Menschen mit den biblischen Plagen heimsuchen. Ob Verhaltensänderungen, Buße, Reue und ein weniger sündhaftes Leben, das Jüngste Gericht noch abwenden könnten, war völlig offen. Die Pfarrer spendeten wenig Trost, vermieden aber den Modus einer Zwangsläufigkeit des bevorstehenden Weltendes. Sie ließen die Gläubigen in einem Entscheidungsdilemma zurück, das auch sie nicht lösen konnten: Die Menschen durften Gott nicht versuchen, indem sie nichts taten, keine Vorsorge trafen und den Krieg über sich ergehen ließen. Ebenso wenig durften sie aber Gott in sein Handwerk pfuschen, seine Strafen durch eigenes Handeln abzuwenden versuchen.

Die Reiter der Apokalypse

Die Menschen wurden für ihr sündiges Leben mit Kriegen, Hungersnöten oder Seuchen gestraft. Dies war nicht neu und entsprach den von den Pfarrern mit ihren Drohungen geschürten Erwartungen. Wenn Gott nun aber selbst mit einem riesigen Kometen drohte, musste die zu erwartende Strafe härter als alles Bisherige ausfallen. Sodom und Gomorrha waren vernichtet worden, der Komet war in weiten Teilen Europas zu sehen. Hieß dies nicht, dass nicht mit punktuellen, sondern mit großflächigen Strafen zu rechnen war? Würden die Reiter aus der Apokalypse des Johannes losgelassen und mit ihren verschiedenen Plagen gleichzeitig die Erde heimsuchen, um das Jüngste Gericht vorzubereiten? Die Pfarrer hielten sich bedeckt. Sie sprachen unbestimmt von Gottes Strafen und der apokalyptischen Trias. So blieb der Komet ein Disziplinierungsmittel in der Hoffnung, dass sich Gottes Zorn durch menschliche Verhaltensänderungen besänftigen und sein Strafgericht und das Weltende abwenden ließen.[26]

Die Gläubigen kannten die Offenbarung des Johannes: Nur das Lamm Gottes konnte das Buch mit den sieben Siegeln öffnen. Sobald dies geschehen war, erschien auf den Ruf «Komm» jeweils einer der vier Reiter.[27] Der erste hatte einen Bogen, saß auf einem Schimmel, erhielt eine Krone und zog aus, um zu siegen. Der zweite ritt ein feuerrotes Ross. Er bekam ein Schwert und die Macht, den Frieden zu brechen, damit sich die Menschen gegenseitig umbrächten. Die dritte Gestalt auf einem Rappen hielt eine Waage und sollte für Teuerung und Not sorgen. Den Abschluss bildete ein fahles Pferd, geritten vom Tod, dem die Hölle folgte. Er besaß die Macht, den vierten Teil der Menschen mit dem Schwert, mit Hunger und Pest und durch wilde Tiere zu töten. Die folgenden Traumgebilde bis zum Jüngsten Gericht sehen keinen Rückruf der Reiter vor. Waren sie losgelassen, war das Ende unabwendbar.

Anders als die Endzeit, die mit Luthers Entlarvung des Papsttums als Antichristen begonnen hatte, trafen die Reiter der Apokalypse die Menschen existentiell. Es drohte Chaos. Theologen und Pfarrer beließen es deswegen bei göttlichen Strafen, die heilsgeschichtlich nicht festgelegt waren. Diese «Spannung zwischen der Endzeitverkündigung und ihrer relativierenden Konditionalisierung» grenzte an einen theologischen Selbstwiderspruch.[28] Den bibelfesten Gläubigen blieb dies nicht verborgen. Der Krieg, das ungarische Fieber und die gewaltige Inflation der Kipper- und Wipperzeit trafen um 1620 zusammen. Die Angst vor Gottes Strafgericht verdichtete sich zur Angst vor dem Jüngsten Gericht, als die Plagen nicht endeten.

Wie jede Drohung verbrauchte sich freilich mit der Zeit auch diejenige mit den Strafen Gottes. Wo der Schrecken real geworden war, konnte es schlimmer kaum noch kommen. Krieg, Hunger und Seuchen hatten die Bevölkerung erheblich dezimiert, ihre Lebensgrundlagen weithin zerstört. Als im letzten Kriegsjahrzehnt der Tod mehr denn je wütete und die Verwüstungen ganzer Landstriche am größten waren, verschwanden die Berufungen auf die apokalyptischen Plagen und die Vorstellung eines gottgewollten Krieges oder gar eines Endkampfes gegen den Antichristen fast völlig. Die unter dem Krieg und seinen Folgen leidenden Menschen lösten das irdische Geschehen aus dem biblischen Horizont. Gott verlor seine Allzuständigkeit, und die Menschen wurden für ihre diesseitige Welt und ihre Kalamitäten selbst verantwortlich. Die Zukunft lag nicht nur in Gottes Hand. Das metaphysische Verweisgefüge brach als Instrument der Disziplinierung zusammen. Die apokalytischen Reiter blieben im «Metaphorischen» zurück. Sie stehen für die ambivalenten Erfahrungen mit den angedrohten Strafen Gottes, aber auch für die Dialektik der Aufklärung, denn heute kann sich die Menschheit selbst vernichten.[29]

Die Erzählung

Die Zeitgenossen des 17. Jahrhunderts deuteten den Krieg als Strafe Gottes und bejubelten den Frieden, der die «deutsche Freiheit» sicherte. In vielen Meistererzählungen bilden dennoch der Dreißigjährige Krieg und der Westfälische Frieden als Tiefpunkt der Geschichte das unverzichtbare Scharnier zwischen einer Reformation, die Deutschland spaltete, und dem Nationalstaat, der es wieder einte. Für jede neue historische Rekonstruktion ist entscheidend, welche Perspektiven, Fragen und Rasterungen für das vergangene Geschehen gewählt werden, denn sie bestimmen über die Auswahlkriterien und die Anordnung der Quellen. Dafür gibt es keinen anderen objektivierbaren Maßstab als die Plausibilität und Nachvollziehbarkeit der Ergebnisse. Der französische Philosoph Jean-François Lyotard hat im postmodernen Überschwang das Kind mit dem Bade ausgeschüttet, als er um 1980 das Ende der Wissen verbürgenden Metaerzählungen ausrief.[30] Ohne sie fehlt dieser Maßstab, um, intersubjektiv überprüfbar, darüber zu entscheiden, ob historische Darstellungen als wissenschaftliche Erkenntnisse akzeptiert werden können oder nicht. Selbstverständlich müssen auch die Metaerzählungen ständig überprüft, aktualisiert und dem veränderten Wissen angepasst werden. Nur dann können sie ein Kompass sein, um Quellen zu finden, zu befragen, zu ordnen und zu deuten. Ohne Rahmung erscheint fast jede Rekonstruktion möglich, die den Quellen nicht eindeutig widerspricht. Die Beliebigkeit des «Alles geht» führt zu unzähligen im Einzelnen gewiss interessanten Geschichten, nicht jedoch zu historischen Erkenntnissen, weil das Geschehen vereinzelt und isoliert betrachtet und nicht mit übergreifenden Entwicklungen und schon gar nicht mit aktuellen Problemen in Beziehung gesetzt wird.

Die Verbindung des Vergangenen mit der Gegenwart war die Stärke der ungemein wirkmächtigen Meistererzählungen im 19. Jahrhundert. Damals führte kaum ein Weg an der Einsicht vorbei, dass der Westfälische Frieden das Reich zum Spielball fremder Mächte gemacht hatte. Heute gilt das nicht mehr, weil der Friedensvertrag wie das politische Gefüge des Reiches mit Hilfe der Systemtheorien und neuer Modelle von Staatlichkeit anders bewertet werden können. Nicht das vergangene Geschehen, sondern die

Perspektive und die Deutungsmuster haben sich drastisch verändert und ermöglichen neue Erkenntnisse und Erzählungen.

Das Ringen um eine vermeintlich objektive Wiedergabe des Geschehens, um die Kriterien des Auswählens und um die Sicht des Autors thematisierte bereits das *Theatrum Europaeum*. Seine 21 dicken Foliobände erschienen zwischen 1633 und 1738. Die Autoren schöpften aus Druckschriften, Briefen, Akten und Verträgen sowie den sogenannten Avisen, den Zeitungen mit Nachrichten, die in den Städten an den Postlinien gesammelt wurden. Der Anspruch des *Theatrum*, das Zeitgeschehen ohne wertendes Zutun wiederzugeben, ist eine Mär, begründet aber bis heute die hohe Reputation dieses Werkes als historische Quelle.[31] Der Verleger und Hauptherausgeber Matthäus Merian warf in seiner Vorrede zur Neuauflage des zweiten Bandes dem kurz zuvor verstorbenen Johann Philipp Abelin, dem Autor des ersten Bandes, eine unseriöse Parteinahme durch eigene Urteile vor. Der Historiker hatte laut Merian die Pflicht, über die Dinge so zu berichten, wie sie sich zugetragen hatten.[32]

Der Konflikt um den Wahrheitsanspruch der Berichterstattung wird auf den Titelkupfern der ersten Bände des *Theatrum Europaeum* erörtert. Beim 1633 erschienenen zweiten Band dominieren Chronos als Symbol der Zeit, die Historia als *magistra vitae* und die Fackel der nackten Wahrheit das Geschehen, während darunter in einer Höhle Lüge und Verstellung, Unwissenheit und Vergessen hausen. Im Titelkupfer des dritten Bandes bläst Fama von einem Turm Nachrichten herab. Rechts und links von ihr sind Mars und Bellona platziert, Kampfesmut und Kriegskunst. Neben dem Turm stehen die für die nackte Wahrheit zuständige Historia und die beherrschten Leidenschaften *(compta afectuum licentia)*. Diesmal sitzt im unteren Teil ein gekrönter Poet, der die eingehenden Nachrichten sortiert und in ein Buch schreibt. Seine Begleiter sind links eine gefesselte Frau – sie repräsentiert die lange verborgene Wahrheit, die jetzt ans Licht kommt – und rechts eine nackte Frau – die einfache Wahrheit, die anzustreben ist.[33] Doch genau dies ist nicht so einfach, wie ein weiterer Autor, der Arzt und Schriftsteller Johann Peter Lotichius, in seiner Vorrede zum fünften Band erläutert: Wie lässt sich die Wahrheit aus den unterschiedlichen Informationen herausfiltern?[34] Das Titelkupfer dieses Bandes beschäftigt sich nun nicht mehr mit dem Ringen um die Inhalte. Es zeigt die Schrecken des Krieges.[35]

Auch bei strikter Beachtung der methodischen Regeln einer historischen Rekonstruktion – den Quellen gemäß, anhand der Forschung überprüfbar

(Abb. links) Der zweite Band des *Theatrum Europaeum* illustriert 1633 auf dem Titelkupfer
den hohen Anspruch dieses Werks. Die Zeit, die Geschichte als Lehrmeisterin des Lebens
und die Fackel der Wahrheit entlarven Lügen, Verstellungen, Unwissenheit und Vergessen,
die in einer Höhle hausen.

(Abb. rechts) Im Titelkupfer des dritten Bandes des *Theatrum Europaeum* bläst 1639 Fama
vom Turm die Nachrichten, für deren Richtigkeit die Geschichte und die beherrschten Leidenschaften (links und rechts vom Turm) sorgen. Im unteren Bildteil sortiert ein Historiker
die einlaufenden Nachrichten; er bringt die verborgene Wahrheit, die gefesselte Frau links,
als die anzustrebende einfache Wahrheit, die Frau rechts, ans Licht.

und plausibel – ergibt sich keine höhere Warte als der Standpunkt des Er-
zählers. Clio, die Muse der Geschichtsschreibung, öffnet den Schleier der
Vergangenheit immer nur einen Spalt weit und gibt lediglich dasjenige preis,
wonach gefragt wird. Deswegen darf keine Geschichtserzählung verschleiern, wonach sie sucht und welche Erkenntnisse den Quellen abgerungen
werden sollen. Die vorliegende Darstellung schildert die militärischen, sozioökonomischen und mentalen Dispositionen der Akteure und Betroffenen. Die traditionellen Charakterisierungen des Dreißigjährigen Krieges
als deutscher oder europäischer Glaubens-, Freiheits-, Wirtschafts- und

Mächtekrieg werden nicht zurückgewiesen. Das Tableau wird jedoch um vier Beobachtungen erweitert: erstens die zeitgenössische Frage nach Gottes Wille und Strafgericht, zweitens die unbändige Angst, drittens den Kampf um die Freiheit und viertens den Zufall und das Rad der Fortuna. Die Akteure beklagten häufig den Mangel an Wissen und Informationen und mussten deswegen auf gut Glück entscheiden.

Wer vergangenes Geschehen rekonstruiert, darf die Möglichkeiten der Handelnden nicht überschätzen. Sie waren geprägt vom Zeitgeist ihrer Milieus, von der Bibel und den Vorgaben der Geschichte. Eine Erzählung des Dreißigjährigen Krieges kann sich deswegen nicht auf die Jahre zwischen 1618 und 1648 beschränken. Jeder historische Anfang besitzt Ursachen und jedes Ende Folgen. Die Spurensuche verdeutlicht, dass sich der Krieg 1617 weniger ankündigte als in manchen Jahren zuvor. Die labilen Verhältnisse schienen beherrschbar zu sein. Die prekäre Stabilität wog die Akteure in einer trügerischen Sicherheit. Die Historiker wussten es später besser. Sie brachten die «Fakten» in eine spezifische Reihenfolge. Eines folgte nicht nur auf das andere, sondern auch aus dem anderen. Die Kette belegter Evidenzen wurde durch die Erzählstruktur übermächtig, der Krieg zur zwangsläufigen Folge einer sich zuspitzenden Krise. Die einprägsame Vorstellung, die das Jahr 1618 mit der Engstelle einer Eieruhr vergleicht, widerspricht allerdings den empirischen Befunden. Es ist aber kaum zu klären, ob dieser Krieg purer Zufall, eine Laune der Fortuna, das Versagen oder der Wille der Handelnden war. Auch der Historiker kann nur auf die mögliche Rolle dieser Faktoren in komplexen Entscheidungssituationen verweisen.

Diese Neuerzählung beginnt mit dem Umbruch im späten Mittelalter. Die antiken Muster boten Alternativen zur bloßen Fixierung auf das Jüngste Gericht, und die Reformation löste die christliche Eindeutigkeit auf. Was die Elite als Befreiung empfand und bei ihr ein neues Lebensgefühl hervorrief, bereitete dem gemeinen Mann und seiner Frau Angst. Wenn die alte göttliche Ordnung nicht mehr galt, war die Welt aus den Fugen geraten und das Ende nahe; jeder musste Vorsorge treffen. Während Luther den Menschen mit dem Versprechen göttlicher Gnade die Angst nehmen wollte, versuchte das Volk, die Freiheit eines Christenmenschen in die weltliche Ordnung zu überführen. Dies misslang. Die vielgestaltig gewordene Welt vergrößerte die Sorge um das eigene Seelenheil. Die Suche nach dem richtigen Weg bildete den Hintergrund der vielen Krisen und Kriege des 16. Jahrhunderts. Diese führten zwar nicht direkt in den

Dreißigjährigen Krieg, formten jedoch einen Horizont an Mustern und Vorbildern.

Als die Kämpfe 1618 in Böhmen begannen, grassierte in Deutschland die Angst, in diesen Krieg hineingezogen zu werden. Beredter Ausdruck dessen ist der *Discursus politicus*, eine anonyme Flugschrift aus dem Jahr 1618. Jede Regierung müsse, so heißt es hier, «Sezessionen, Unionen und Discordia» vermeiden, doch diese hätten sich nun «in unser vielgeliebtes Vaterland Teutscher Nation eingeschlichen». Der Kaiser werde zwar als höchste Obrigkeit anerkannt und die Bündnisse seien defensiver Art, doch die Evangelischen befürchteten täglich neue Angriffe der Spanier. Die Katholiken verwiesen auf die Verbindungen der Protestanten mit König Heinrich IV. von Frankreich. Sie wollten Frankreich und Dänemark in den Krieg ziehen und hätten ihnen dafür die Reichskrone versprochen. Die evangelischen Vorwürfe entsprächen zudem exakt denjenigen, die schon vor dem Schmalkaldischen Krieg 1546 geäußert worden seien: Papst und Kaiser hätten eine Liga gebildet, Soldaten verpflichtet und wollten die deutschen Fürsten ausrotten. Dies alles sei unbewiesen. Im Reich gebe es jedoch Katholiken und Protestanten. Daran werde auch ein Krieg nichts ändern. Nach vielem unschuldig vergossenen deutschen Christenblut müsse dann doch ein neuer Religionsfrieden geschlossen werden. Es sei mithin vernünftiger, nicht erst das «geliebte Vaterland» zu verderben. Jetzt fehle nur noch ein Anfang, und der Bürgerkrieg *(bellum civile)* beginne.[36]

Davor und zu Beginn des Dreißigjährigen Krieges gab es nur wenige Texte, die in dieser Form die Vorstellung einer politischen Kultur über konfessionelle Differenzen hinweg besser ausdrückten. Kein anderer verteilte die Schuld freilich derart gleichgewichtig und erfasste die Sinnlosigkeit ähnlich präzise: Irgendwann müsse zu einer wenn auch vielleicht modifizierten Form des Status quo zurückgekehrt werden. Die Flugschrift rückte deshalb die Ausgestaltung der Reichsverfassung in den Blickpunkt. Dies ist auch deswegen bedeutsam, weil die Staatlichkeit des Heiligen Römischen Reiches Deutscher Nation in der historischen Forschung bestritten wird. Das Reich besaß jedoch als ein politisches Gemeinwesen eine verfasste Ordnung, die sich aus Fundamentalgesetzen wie der Goldenen Bulle, dem Ewigen Land- und dem Religionsfrieden sowie den kaiserlichen Wahlkapitulationen zusammensetzte. Die Verfassung hielt das Reich zusammen und machte es zu einem Gefüge komplementärer Mehrebenenstaatlichkeit. Um die Ausgestaltung der Reichsverfassung wurde im Dreißigjährigen Krieg erbittert gekämpft. Der Westfälische Frieden bot dann das Grundgesetz, das auf allgemeine Zustimmung stieß. Es galt über anderthalb Jahrhunderte. Die Zeitgenossen zogen diesen normativen Rahmen nie prinzipiell in Zweifel, sie kritisierten allerdings die mangelhafte Exekutive.

Die Spurensuche nach Zufällen, Ungewissheiten und Alternativen, die Freiheit boten und Angst machten, konzentriert sich im ersten Teil auf mögliche Muster und Vorbilder für den Dreißigjährigen Krieg. Bei solchen Schlüssen von bekannten Wirkungen auf Ursachen und Motive ist allerdings, dies sei noch einmal unterstrichen, stets die Rolle des Nichtintendierten zu bedenken. Der Eindruck, dass die erzählten Entwicklungen unweigerlich auf den Dreißigjährigen Krieg zuliefen, muss unbedingt vermieden werden. Dennoch bleibt die Frage, ob die «Erfahrungsräume und Erwartungshorizonte»[37], in denen sich das Spannungspotential am Beginn der Neuzeit entlud, den Konstellationen des großen Krieges entsprechen. Vertrauten die Akteure den bewährten Mustern, oder suchten sie neue Strategien und Lösungsmöglichkeiten? Geschichtserzählungen müssen das scheinbar Selbstverständliche hinterfragen und dürfen Komplexität nicht als Abwesenheit von Ordnung ansehen.

Begann der Dreißigjährige Krieg wirklich in Böhmen, und ergriff er das Heilige Römische Reich Deutscher Nation, weil den Akteuren das Spiel mit den vielen Optionen entglitt? Der zweite Teil erzählt die Geschichte des Krieges als Ringen um eine neue politische und religiöse Ordnung. Überlagerte die Angst vor den Reitern der Apokalypse den Alltag und die täglichen Verrichtungen der meisten Menschen? Wie äußerte sich die Angst im Handeln und Verhalten von Soldaten, Bauern und Bürgern? Warum ergriff der Krieg immer neue Regionen, und warum dauerte er so lange? Was bewirkten die Interventionen der fremden Mächte? Retteten sie die Protestanten, oder verheerten sie lediglich die deutschen und die umliegenden Lande? Wofür kämpften die Spanier im Rhein-Main-Gebiet, die Dänen im niedersächsischen Reichskreis, die Franzosen jenseits des Rheins und die Schweden vor Wien? Welche Ziele verfolgten Wallenstein, Gustav Adolf oder Bernhard von Weimar? Warum gelang es dem Westfälischen Friedenskongress, den Krieg zu beenden?

Der dritte Teil zeigt, dass der Krieg und der Friedensschluss zum Menschenwerk wurden. Gefragt wird, welche innovativen und integrierenden Lösungen in Münster und Osnabrück gesucht und gefunden wurden, um

den Konsens aller Beteiligten zu erreichen. Was war neu und zukunftwei-
send, und wie wurde die deutsche Freiheit gesichert? Warum wurden die
Verhandlungen in Osnabrück zum Reichsverfassungskongress, und was
bedeutete die Garantie der drei vertragsschließenden Mächte? Darüber
hinaus wird nach den Folgen des Krieges gefragt. Die sozioökonomischen
Bilanzen waren verheerend, die kulturellen ambivalent. Der Westfälische
Frieden wurde bis zum Ende des Alten Reiches gefeiert und bewundert.
Diese positive Einschätzung verkehrte sich im 19. Jahrhundert in ihr Ge-
genteil. Davon handelt der Epilog. Warum und wie wurde der Krieg zur
Urkatastrophe, zum Trauma und schließlich zum Mythos?

I.
SPUREN

Die offenbarte Ordnung der Bibel wurde in der Renaissance mit den säkularen Einsichten der Antike konfrontiert, die Reformation Martin Luthers spaltete das papst-christliche Europa. Aus der fundamentalen religiösen Einheit des Abendlandes wurde die richtungweisende Glaubensvielfalt. Der Aufbruch in die Neuzeit begann mit Alternativen, die zwar neue Freiräume eröffneten, gleichzeitig aber Zweifel säten und die Fronten verhärteten. Die großen Hoffnungen paarten sich mit Ungewissheiten und führten in Westeuropa zu den langen Kriegen, die Akteuren wie Betroffenen vor Augen standen. Die allgemeine Krise des 17. Jahrhunderts besaß viele Ursachen, unter denen allerdings der Glaubensstreit und dessen soziopolitische Folgen eine zentrale Rolle spielten. Die Spurensuche gilt den Konstellationen und Entwicklungen inner- und außerhalb des Reiches, in denen sich trotz aller Zufälligkeiten die Denkhorizonte und Erwartungen Bahn brachen, die für die Katastrophe wichtig geworden sind.

Krieg war in der Frühen Neuzeit nicht prinzipiell geächtet. Er wurde – wie Carl von Clausewitz später formulierte – als «bloße Fortsetzung der Politik mit anderen Mitteln» verstanden.[1] Gerechte Kriege sollten eine Entscheidung in einer strittigen Sache herbeiführen. Der Friede galt zwar als höchstes Gut, doch auch er musste gerecht sein. Für den wahren Glauben, die göttliche Gerechtigkeit und die Freiheit durfte gekämpft werden. Frieden ohne Recht war ein prekärer Zustand, dessen Bewahrung um jeden Preis und nur aus Furcht vor dem Krieg wurde als unehrenhaft, als Schande, wenn nicht als Sünde angesehen. Das Alte Testament kennt viele Kriege. Der Friedenskuss in Psalm 85 führt Gerechtigkeit und Frieden zusammen. Er verbürgt die einheitliche sittlich-christliche Rechtsgemeinschaft, nicht etwa nur den neutralen Zustand von «Ruhe und Ordnung».[2]

Krieg gehörte zur politischen Ordnung. Günstige Gelegenheiten mussten ergriffen werden. Den Krieg als Möglichkeit stellte beispielsweise ein Bild bei dem Maskeradenumzug anlässlich der Stuttgarter Hochzeit zwischen Herzog Johann Friedrich von Württemberg und Barbara Sophia von Brandenburg im November 1609 dar. Der Triumphwagen des Markgrafen Georg Friedrich von Baden zeigte, wofür die Union, das gerade gegründete Bündnis protestantischer Reichsstände, kämpfen sollte. Der Glaube thronte über der Freiheit, der Eintracht, der Gerechtigkeit und der Stärke. Im Rücken und oberhalb der Personifikation des Glaubens stand allerdings Fortuna – unsicher auf einem kleinen Podest und auf einem Bein. Sie konnte in Gestalt des Zufalls das Geschehen unkalkulierbar, aber entscheidend beeinflussen. Um das Glück zu nutzen, mussten die Zeit und die günstige Gelegenheit mit Geduld und Fleiß, also nicht untätig, abgewartet werden. Personifikationen dieser Umstände und Tugenden lenkten die Pferde und schritten neben dem Wagen.[3]

Die Sicherung des wahren Glaubens und der deutschen Freiheit erzwang die Kriegsbereitschaft der Unionsstände, die sich durch kluges, d. h. politisches Verhalten auszeichnen sollten. Anders war es, wenn Gott die Menschen in den Krieg führte oder mit seinen Plagen ihre Sünden strafen wollte. Dann war das Geschehen menschlicher Klugheit entzogen. Die armen Sünder mussten bereuen, Buße tun und abwarten, bis Gott sich ihrer wieder erbarmte. Den Gläubigen blieben nur die Angst und die Hoffnung. Dies galt auch für den Glaubenskrieg gegen den Antichristen und seine Helfer oder gegen die gottverdammten Ketzer und Häretiker. Die Menschen durften sich als Werkzeuge Gottes verstehen. Der Dienst für den wahren Glauben reduzierte die Todesangst und gab dem Geschehen einen höheren Sinn. Die Vorstellung eines solchen von Gott befohlenen Glaubenskrieges wurde jedoch im Laufe des Dreißigjährigen Krieges brüchig. Benötigte Gott für seine den Menschen unbekannten Pläne wirklich deren Hilfe? Katholische wie evangelische Theologen kamen Zweifel, ob die Menschen nicht ihre Kriege selbst verantworten müssten.

1. Ungewissheiten oder warum die Freiheit ängstigte

Die humanistische Öffnung

Im 14. Jahrhundert entdeckten Francesco Petrarca und die Humanisten die antiken Texte neu. Sie waren begeistert, weil diese, anders als die christliche Überlieferung, den einzelnen Menschen mit seinen Sorgen und Nöten ins

Zentrum rückten und die vollständige Entfaltung seiner Anlagen propagierten. Es schien sich zu lohnen, die alten Sprachen und Kulturen, ihre Werte und Sitten in Form einer Renaissance, einer Wiedergeburt, verfügbar zu machen und zu neuem Leben zu erwecken. Die Sorge galt der Natur und der Würde des unvollkommenen Menschen,[1] dem Gott jedoch die Gabe und die Freiheit verliehen hatte, sich selbst zu formen und zu verbessern. Die Humanisten kämpften für ein ideales Menschentum nach klassisch-antikem Vorbild und gegen die geistige Bevormundung durch die Kirche und ihre allein auf das Jenseits gerichtete Botschaft. In heidnischen Schriften fand sich ihres Erachtens ebenfalls die eine göttliche Wahrheit. Sie musste ergänzend herangezogen werden, um dem Wesen und den Bedürfnissen der Menschen gerecht zu werden.

Die Humanisten wollten die Menschen nicht nur gelehrter, sondern auch sittlich und moralisch besser machen.[2] Ihnen schien das während des Mittelalters verlorene Wissen der Griechen und Römer unverzichtbar zu sein, zumal es den wichtigen Gedanken in die Welt zurückbrachte, dass das Individuum für sein Tun und Lassen verantwortlich sei. Die antiken Schriften forderten eigene Aktivität, um die Zukunft und ein künftig besseres Leben selbst zu gestalten. Darüber hinaus erklärten sie das eigene Gewissen zur letzten Reflexions- und Entscheidungsinstanz. Die volle Tragweite dieses geistig-kulturellen Umbruchs wurde zwar erst in der Zeit der Aufklärung deutlich, doch schon vorher lastete die Diskrepanz zwischen der biblischen Heilsordnung und den Zwängen des diesseitigen Lebens schwer auf den Gläubigen. Die Humanisten hatten jedenfalls das Deutungsmonopol der Bibel gebrochen und eine den irdischen Sorgen und Nöten zugewandte Alternative erschlossen. Die antiken Einsichten wurden allerdings zum Problem, wenn sie mit den offenbarten göttlichen Vorgaben kollidierten. *)

Aus Sicht der Humanisten war der Mensch durch Erziehung und Bildung in jede Richtung entwicklungsfähig und sollte über seine Kräfte und seinen Willen frei verfügen. Dieser Säkularisierungsschub weckte an den Höfen und in reichen bürgerlichen Milieus ein zuvor unbekanntes diesseitiges Lebensgefühl. Für religiöse Eiferer und den gemeinen Mann war vieles von dem, was er aus den elitären Milieus hörte, schlicht und einfach Sünde. Gott werde die Betreffenden strafen. Das der Verfügungsgewalt der Kirche entwundene, humanistisch justierte Wissen ermöglichte fatale Irrwege wie Hexenglauben, esoterische Geheimlehren oder ein lasterhaftes Leben. Es führte aber auch zu den Entdeckungen bisher unbekannter

*) Sie kollidieren aber nur mit dem NT, nicht aber mit der jüd. Bibel (AT)

Naturgesetze und Gebiete der Erde, und es brachte Europa an die Spitze aller Kontinente. Die effektive Nutzung des Schießpulvers, die technischen Verbesserungen der Waffen und Befestigungsanlagen sowie die Kenntnis antiker Taktiken und Strategien ermöglichten darüber hinaus auch die gewaltige Kriegsfurie, die Deutschland im 17. Jahrhundert heimsuchte. Die scheinbar statische Welt des Mittelalters war freilich schon vor dem Auftreten der Humanisten in Bewegung geraten. Thomas von Aquin hatte den Menschen, um ihre Sünden zu bändigen, eine von Gott gewollte Gemeinschaftsordnung zugebilligt.[3] Marsilius von Padua lehnte den Vorrang der geistlichen Gewalt vor einer weltlich-bürgerlichen Friedensordnung ab, die über das «Mittel zwingender Gewaltsamkeit» verfügte.[4] Das Volk gebe sich seine Gesetze und Herrscher selbst und benötige weder eine göttliche noch eine naturrechtliche Autorität. Marsilius deutete zudem an, dass der Mensch für sich, seine Welt und den Frieden selbst verantwortlich sein könne. Das römische Kaiserreich war für ihn die politische Form, in der die gottgewollte, vom Papst nur vollzogene Herrschaftsübertragung *(translatio imperii)* an die Franken und danach an die Deutschen stattgefunden habe, um bis zur Endzeit fortzubestehen. Das Heilige Römische Reich verkörperte demnach die letzte Ordnung dieser Welt.

Die von der Renaissance geleiteten Menschen stießen soziokulturell in neue Dimensionen vor. Die humanistische Fokussierung auf den Menschen ermöglichte jedoch auch einen von allen christlichen Schranken befreiten Egoismus. Dieser entfaltete unter dem Deckmantel von Fortschritt, Gemeinwohl oder Staatsräson sein ordnungspolitisches Potential, aber auch seine zerstörerische Kraft. Humanisten waren Berater von Republiken, Monarchen und Despoten.[5] An Höfen und in den Ämtern des werdenden Staates konkurrierten sie mit der adligen Elite. Die über die lateinische Sprache vermittelte Deutungskultur stellte Verschiedenes nebeneinander und verknüpfte rhetorisch sich Widersprechendes. Dies erschien der humanistischen Avantgarde als zukunftsträchtiges entwicklungsoffenes Konzept. Die Gegenwart war nicht mehr ein bloßes Durchgangsstadium auf dem Weg zum Jüngsten Gericht, sondern die gestaltbare Folge unterschiedlicher Traditionen.[6] Dieser Gewinn an innerweltlicher Zukunft wies sowohl den Weg in den Dreißigjährigen Krieg als auch aus ihm heraus.

Es waren Humanisten, die im 15. Jahrhundert kommunale und nationale Traditionen in identitätsstiftender Absicht erfanden und so die politische und kulturelle Differenzierung Staateneuropas beschleunigten.[7] Dazu griffen sie auf antike Völker- und Stammesbezeichnungen – Germanen, Bataver, Gallier, Sarmaten, Britannier etc. – zurück, um auf dieser Basis Traditions-, Erinnerungs- und Erfahrungsgemeinschaften zu konstruieren. Die Sprachen, Gründungslegenden und Mythen sorgten ebenso wie homogenisierende Tugenden, Rechte und Pflichten für ethnisch-kulturelle und politisch-organisatorische Zuordnungen. Die universale, durch Papst und Kaiser repräsentierte Ordnung wurde von staatlich-nationalen Einheiten abgelöst, die im Zusammenspiel mit den neuen Konfessionen und der alten Ständeordnung jedem seinen Platz zuwiesen. Die Nationen versprachen als Vaterländer emotionale Geborgenheit in einer unübersichtlich und vielgestaltig gewordenen Welt. Der «Wettkampf der Nationen»[8], ihrer Gelehrten, Baumeister und Dichter, ihrer Kulturen und ihrer Machtpotentiale, begann im späten Mittelalter. Die im Idealfall friedliche Rivalität, die Fortschritt generierte, mündete häufig in Kriege, weil die politischen Akteure dort keine tragfähigen Kompromisse fanden, wo das herrschaftliche oder staatliche Gewaltmonopol versagte.

Erasmus von Rotterdam, der führende Humanist nördlich der Alpen, war um 1466 als illegitimer Sohn eines Geistlichen geboren worden. Er wurde bei den Brüdern vom gemeinsamen Leben im Geist der Erneuerungsbewegung Devotio moderna erzogen, einer Synthese aus christlichem und antikem Denken. Sein Ideal war eine harmonische und friedliche Gesellschaft. Seine Schriften richteten sich gegen kirchliche und machtpolitische Fehlentwicklungen. Erasmus war 1515 zum Erzieher und Ratgeber des späteren Kaisers Karl V. ernannt worden. Er wollte sich mit den ständigen Kriegen nicht abfinden und die Menschen, die aus seiner Sicht über einen freien Willen verfügten, vom Aberglauben, von sinnlosen Ritualen und von barbarischen Handlungsweisen befreien. Trotz seiner Kritik an der Kirche, mit der er auch der Reformation den Weg bahnte, betonte er die christliche Heilslehre als Voraussetzung sittlichen Handelns. Als Christ lehnte Erasmus Kriege prinzipiell ab, insbesondere jedoch solche aus religiösen Motiven. Sähen Christen sich durch ihren Glauben gezwungen, Argumente für den Krieg zu sammeln, der dem menschlichen Wesen widerspreche, führe dies zu Entartungen und vernichte die ihnen eigene Freiheit. Kriege brächten keine Lösungen, sondern förderten lediglich Gewalt und Unterdrückung.[9]

Der Heilige Krieg, die Verbreitung der christlichen Erlösungsbotschaft durch Gewalt, erschien Erasmus als absurd. In seiner Friedensklage *Querela Pacis*[10] bezweifelte er die Lehre vom gerechten Krieg und forderte die

Kirchenvertreter auf, Gewalt abzulehnen und nur den Frieden zu preisen. Während die christliche Lehre vom gerechten Krieg die in der Bibel genannten Gründe akzeptierte, hatte schon Thomas von Aquin den Frieden als natürlichen Zustand des Nebeneinanders von Völkern betont. Er band den gerechten Krieg an drei Bedingungen: einen Fürsten bzw. eine rechtmäßige Herrschaft, der oder die keinen weltlichen Richter über sich anerkennen müsse, einen gerechten Grund, der die Schuld des Gegners belege, und die rechte Absicht, denn das Ziel müsse der Frieden sein.

Die spanische Spätscholastik, die sich auch mit der Gewalt gegen die indigene Bevölkerung in Übersee beschäftigte, dehnte das entstehende Völkerrecht *(ius gentium)* auf die gesamte damals bekannte Welt aus. Jeder Herrscher oder Staat durfte sich demnach mit kriegerischen Mitteln verteidigen. Eroberer mussten jedoch das Lebensrecht der Unterworfenen beachten, ansonsten bestand ein Schutz- und Interventionsrecht der Nachbarn. Zudem wurde die Verhältnismäßigkeit der Mittel betont, sodass auch ein gerechter Krieg seine moralische Berechtigung verlor, wenn er nicht mehr dem Frieden diente. Balthasar Ayala verzichtete ganz auf die Benennung materieller Gründe und band den Krieg lediglich an eine formale Erklärung durch eine dazu berechtigte Autorität. Rebellen und Freiheitskämpfer führten seines Erachtens keine Kriege; ihre Aufstände mussten unterdrückt und bestraft werden.[11]

Im Europa der Staaten wurde um das Recht der legitimen Kriegführung gestritten. Dass dieses nur Herrschern oder Gemeinwesen zustand, die niemanden anderen über sich anerkannten, begünstigte die Ausbildung einer höchsten bzw. souveränen Königsgewalt sowie von Staaten, die das Gewaltmonopol beanspruchten. Die Fehden der niederen Gewaltträger, die einer Königsmacht unterworfen waren, wurden als illegitime Aufstände denunziert. Die schon um 1500 bekannte Unterscheidung verlor freilich dort ihre Bedeutung, wo wie in den Niederlanden der Aufstand in einen Freiheitskrieg und die Unabhängigkeit mündete.

Erasmus verband die antike Kriegs- mit der christlichen Friedenslehre und wandte sich an die Monarchen Europas. Als menschliche Individuen mit einem Gewissen hielt er sie für erzieh- und bildbar. Er erinnerte die Herrscher daran, dass ihre Rechte vom Volk herrührten, sie für den Frieden und das Gemeinwohl verantwortlich und Gott Rechenschaft schuldig seien.[12] Die Monarchen orientierten sich allerdings lieber an Humanisten, die wie Niccolò Machiavelli das Denken und Handeln, das zu Kriegen führte, in Kategorien der Staatsräson und Machtpolitik, nicht mehr in denen der christlichen Moral und der Gerechtigkeit lehrten. Krieg war in der Antike ein von den Göttern verhängtes Schicksal oder der tugendhafte Kampf für das Vaterland – in jedem Fall aber unumgänglich. Auch die Christen erklärten nach alttestamentarischem Vorbild den Krieg gegen die Heiden und den Antichristen als von Gott beauftragt. Sie gaben dem gerechten Krieg Regeln.[13] Doch wer – außer Gott – konnte darüber entscheiden, welcher Krieg gerecht war, und wer überprüfte die Regeln und ihre Einhaltung? Frieden als Zustand der Abwesenheit von Gewalt musste obrigkeitlich oder vertraglich durchgesetzt werden. Solange es kein Monopol legitimer Gewaltanwendung gab, konnte zwischen innerstaatlichen Aufständen und zwischenstaatlichen Kriegen nicht exakt getrennt werden.[14]

Die dynamische Ideenwelt des Renaissancehumanismus ergriff um 1500 auch die Kurie. Die Päpste riefen allerdings nicht zum Gewaltverzicht und innerweltlichen Frieden auf, sondern führten selbst Kriege, um ihre Macht und den Kirchenstaat zu vergrößern. Sie mischten sich aktiv in den Hegemonialkampf zwischen Spanien und Frankreich ein und wurden zu wichtigen Mäzenen der Architektur und der schönen Künste. Die Kirche hatte bis dahin viele «Ketzereien», Schismen und den erbitterten Streit zwischen Papst und Konzil überstanden. Nun aber vermochte sie nicht mehr alle Gläubigen zu binden. Die Endzeiterwartung nährte die Angst, die zu neuen Frömmigkeitsbewegungen führte. Die Menschen suchten nach Gewissheit und Rettung, die sie in der Papstkirche nicht fanden. Der Straßburger Leutprediger Geiler von Kaysersberg riet ihnen 1508, an ihrem «Platz zu bleiben, den Kopf in ein Loch zu stecken und sich zu bemühen, die Gebote Gottes zu befolgen und Gutes zu tun, um das Heil zu erlangen».[15] Das Ende schien nahe, die sündhafte Welt hatte sich aufgebraucht. Die böhmischen Hussiten wurden zu einer mehr oder weniger geduldeten regionalen Minderheit, und die fundamentale Einheit der abendländischen Christenheit endete in der ersten Hälfte des 16. Jahrhunderts. †)

In der Übergangsperiode zwischen Mittelalter und Neuzeit wurde die Welt dynamischer. Dies erschütterte die bis dahin stabilisierenden soziokulturellen, mentalen und politischen Verankerungen grundlegend. Die Menschen erfuhren durch Gutenbergs Erfindung des Drucks mit beweglichen Lettern weit mehr und viel schneller als je zuvor von den Geschehnissen und Katastrophen, die sich irgendwo in der bekannten Welt ereigneten.

†) aber nicht in den Köpfen

Während der Wandel unbestreitbar ist, rücken dessen mentale Folgen erst langsam ins Bewusstsein der Historiker. Wie reagierten die Menschen auf das Übermaß an Veränderungen, die ihr irdisches Dasein und ihre Freiräume sowie die Sorge um ihr Seelenheil betrafen? Zu Beginn der Neuzeit erhob sich mit der Renaissance und der Reformation die Forderung nach einer Korrektur von Dekadenzen und Fehlentwicklungen. Die Überwindung des vorgeblich dunklen Mittelalters führte in eine lange Krisenperiode. Die konfessionellen und die obrigkeitlich-staatlichen Formierungen verengten die Freiräume allerdings immer mehr, anstatt neue zu öffnen. Könige, Fürsten und Republiken strebten nach politischer und militärischer Macht, um in den Auseinandersetzungen mit ihresgleichen bestehen und Aufstände im Inneren schnell und wirkungsvoll unterdrücken zu können. Dagegen wandten sich Stände und Untertanen, die sich nicht unterwerfen wollten. Unter Verweis auf ihre uralten Rechte und Freiheiten brachten sie die verfügbaren Alternativen in der Glaubensfrage und hinsichtlich der politischen Ordnung ins Spiel.

Der Neuansatz der Renaissance – die Rückbesinnung auf den Ursprung der europäischen Kultur und die Korrektur von Fehlentwicklungen – bot die Alternative zur biblischen Ordnung. Die im humanistischen Denken angelegten Möglichkeiten legitimierten sowohl die kollektiven und individuellen Freiheitswünsche als auch den Aufbruch der Wissenschaften oder Luthers Reformation des christlichen Glaubens. Dieser weltliche Optimismus paarte sich allerdings mit einer vor dem Dreißigjährigen Krieg stetig wachsenden Angst des Einzelnen, Gott und das eigene Seelenheil zu verfehlen.

Der reformatorische Umbruch

Auch Martin Luther verspürte die Angst, kein gottgefälliges Leben zu führen. Der Blitz, der ihn im Juli 1505 auf freiem Feld bei Stotternheim überraschte und ihn ins Kloster trieb, habe, so Johann Wolfgang von Goethe, «in Deutschland ein großes Licht» verbreitet.[16] Von dieser aufklärerischen Einschätzung war Luther weit entfernt, obwohl er sich ein Vierteljahrhundert später als der Prophet verstand, der seinen lieben Deutschen das Evangelium gebracht habe.[17] Sein Wechsel zur Theologie erklärt sich mit der «Angstfrömmigkeit»[18] und seinen Bedenken, dass gute Werke und Selbstkasteiungen nicht ausreichten, einen gnädigen Gott zu finden.

Angst ist eine Schutz- und Abwehrmechanismen auslösende menschliche Reaktion auf diffuse oder existentielle, tatsächliche oder eingebildete
Bedrohungen sowie auf die Ungewissheit, die durch den Verlust von Sicherheit bietenden Bindungen entsteht. Nachdem eine gewaltige Pestwelle um
die Mitte des 14. Jahrhunderts das Abendland entvölkert hatte, lebte Europa
in großer Angst vor den Gefahren, gegen die es keinen innerweltlichen
Schutz zu geben schien.[19] Die Züge der Flagellanten oder die Judenpogrome
mit unzähligen Opfern wiederholten sich später jedoch nicht, weil die Menschen begannen, nach natürlichen Erklärungen zu suchen und die politischen, sozialen und hygienischen Verhältnisse in den Blick zu nehmen.[20]
Dies steigerte aber letztlich nur die Angst vor Gott, weil sich nicht alles
natürlich erklären ließ. Für Zufälle war in einer offenbarten Ordnung kein
Platz, weshalb Gott die Katastrophen geschickt haben musste, um die Menschen zu warnen und auf den rechten Weg zu führen. Je mehr diese gesündigt hatten, desto härter strafte Gott und desto größer wurden die Angst vor
seinem Zorn und das Bemühen um seine Gnade.

Der Siegeszug der Reformation begann nicht zufällig mit Luthers Thesen
gegen den Ablass, dem Geschäft mit der Angst. Seine Kritik am lukrativen
Ablasshandel, am verweltlichten Papsttum, an den hohlen Zeremonien und
am finanziellen Geschacher der Kirche spaltete die Christenheit. Schon in
der ersten Hälfte des 16. Jahrhunderts verliefen die mentalen Grenzen nicht
mehr nur zwischen oben und unten, gebildet und ungebildet, sondern quer
dazu durch alle Stände und gesellschaftlichen Formationen zwischen katholisch und evangelisch. Die Reformation schuf eine Glaubensidentität, die
häufig allen anderen Abhängigkeiten und Loyalitäten voranging und so zum
Anlass von Kriegen werden konnte.

Der Ausgangspunkt des Streits, der Ablass, bezog sich ursprünglich auf
die zeitlichen Sündenstrafen, die mit Hilfe des von der Kirche angesam-
melten und verwalteten Gnadenschatzes verringert bzw. erlassen werden
konnten. Inzwischen aber wurde er aus finanziellen Gründen auch auf die
Strafen Gottes ausgedehnt. Dies suggerierte eine auf das Jenseits bezogene
Sicherheit, die es so nach Ansicht Luthers nicht geben konnte. Die Angstfrömmigkeit der Gläubigen füllte jedoch die kirchlichen Kassen. Luthers
Thesen vom 31. Oktober 1517 waren für ein theologisches Streitgespräch gedacht.[21] Der Reformator bot den angstvollen Sündern etwas Neues: die
Erkenntnis, dass Gottes Gnade für jeden da war, der an Gott glaubte und
seinem Wort vertraute. Der nicht präzise zu datierende reformatorische

Durchbruch war das sogenannte Turmerlebnis, die Erkenntnis des *sola fide*, *sola gratia* und *sola scriptura*. Beim Lesen des Römerbriefes begriff Luther, dass der Mensch nicht durch fromme Werke oder Selbstpeinigung errettet werde, sondern allein durch den Glauben, die Gnade Gottes und die Heilige Schrift. Seines Erachtens meinte Paulus mit der *iustitia Dei* nicht die strafende Gerechtigkeit Gottes, sondern die dem Glaubenden allein aus Gnade zuteilwerdende gütige Gerechtigkeit Gottes, mit der dieser den sündigen Menschen annehme. Der Tod des Mensch gewordenen Gottessohns am Kreuz hatte Adams Schuld gesühnt. Das Tor zur Seligkeit stehe auch dem armen Sünder offen. Doch wer durfte hindurch? Die katholische Kirche behauptete, der Sünder werde gerechtfertigt, wenn er die angebotene Gnade annehme und dies durch gute Werke beweise.

Die Menschen spendeten und kauften Ablassbriefe. Die Kirche war reich, der hohe Klerus verweltlicht, der niedere unterversorgt, und die Bettelmönche strapazierten den guten Willen der Bauern und Bürger über Gebühr. Das Erscheinungsbild der Geistlichen wurde massiv kritisiert. Luther beteiligte sich zwar auch an dieser Kritik, fragte aber nach den tieferen Ursachen des Verfalls. Seine einfache frohe Botschaft lautete: Der Mensch müsse Gott nur vertrauen und sein Heilsversprechen glauben.[22] Die Angst konnte er den Gläubigen so allerdings nicht nehmen. Ihnen fehlten die äußeren Zeichen, die Heilsgewissheit versprachen.

Luther hingegen glaubte, die lange verschüttete ewige Wahrheit des gütigen Gottes wiederentdeckt zu haben. Er beharrte auf der absoluten Autorität der Heiligen Schrift auch gegen die von den Katholiken betonte Tradition der Kirche. Sein Ansatz war fundamentalistisch: Rückkehr zum Anfang, die schlichte und einfache Wahrheit, die wörtliche Gültigkeit der Heiligen Schrift.[23] Der Papst bannte den renitenten deutschen Ketzer, seine Werke und seine Anhänger. Die kaiserliche Acht folgte mit dem Wormser Edikt im Frühjahr 1521. Papst und Kaiser lehnten die von Luther geforderten tiefgreifenden Reformen der Kirche ab.

Die mächtige römische Kirche unterschätzte den Mönch und Professor aus Wittenberg, der in Deutschland schnell großen Rückhalt gewann. Luther forderte, zu der verschütteten Wahrheit zurückzukehren. Die Freiheit eines Christenmenschen dürfe niemand blockieren. Anders als die Humanisten erreichte Luther die Massen, weil er die absolute Wahrheit der Bibel betonte und menschliche Alternativen verwarf. Seine Reformen waren einsichtig, wirkten sich jedoch gegen seine Intentionen auch auf weltliche Belange aus.

Luthers Reformation verpuffte nicht im lokalen oder regionalen Rahmen, weil er sich virtuos der gut 60 Jahre zurückliegenden Erfindung des Johann Gensfleisch gen. Gutenberg bediente, des Drucks mit beweglichen Lettern. Die Schwarze Kunst galt wie das Schwarzpulver als deutsche Erfindung. Beide standen im nicht bloß virtuellen Wettkampf der Nationen für die Innovationskraft der Deutschen. Luther bot massenwirksame Inhalte und durch die Porträtstiche Lukas Cranachs ein personalisiertes Bild der Reformation – ein Mensch, der zur Identifikation einlud. Seine Texte und sein Gesicht waren schnell und billig fast überall verfügbar. Er löste eine Kommunikationsrevolution aus. Die vielen lokalen Gesprächszirkel verbanden sich durch den gemeinsamen reformatorischen Diskurs zu einer nationalen Öffentlichkeit. Immer mehr Menschen erfuhren vom göttlichen Wort und wahren Glauben, aber auch von fernen Kriegen und Katastrophen, von Unheil und bösen Vorzeichen. In Zeiten der Angst machten schlechte Nachrichten Drucker und Verleger reich, verunsicherten jedoch die Leser.

Niemand polarisierte und ängstigte mehr als Luther. Viele Humanisten distanzierten sich frühzeitig von seinen umstürzlerischen Ideen und seiner Ablehnung der menschlichen Vernunft. Während der Einzelne nach Überzeugung Luthers aus sich heraus nicht zur Vervollkommnung fähig war, lehrten die Humanisten genau dies. Die Diskrepanz war nicht zu überbrücken und kulminierte im Streit mit Erasmus von Rotterdam über den freien Willen. Viele Humanisten störten sich darüber hinaus an Luthers aufbrausender Art und Selbstgewissheit. Dies hinderte ihn allerdings nicht, zum ersten Medienstar zu werden.[24] Die Drucker rissen ihm seine Texte aus den Händen und publizierten sie in ungeahnten Auflagenhöhen. Jeder, der im deutschen Sprachraum lesen konnte, besaß statistisch mehr als einen Lutherdruck. Am weitesten verbreitet waren die mobilisierenden Schriften von 1520, allen voran die Adelsschrift, der Aufruf an den Kaiser und den christlichen Adel deutscher Nation zum Kampf gegen Rom. Später wurden seine Bibelübersetzung und der kleine Katechismus zu Bestsellern. Im humanistischen Geist, in mehr oder weniger exakter philologischer Kleinarbeit und in eleganter deutscher Übersetzung befreite er die Bibel vom Schutt der kirchlichen Tradition und machte die göttliche Offenbarung allen zugänglich.

Ohne den Buchdruck hätte es keine reformatorische Bewegung und ohne die aufrührerische Bewegung von unten keinen Durchbruch der evangelischen Lehre gegeben. Die Massen folgten Luther, und die Obrigkeiten mussten reagieren. Seine Rechtfertigungslehre traf den Nerv des spätmittelalterlichen Frömmigkeitsverlangens. Wenn äußere Werke vergeblich waren, benötigte man die Kirche als Vermittlerin zwischen Gott und den Menschen nicht. Alle Geschöpfe unterlagen Gottes Vorsehung und waren frei, um zu glauben und Gottes Gnade anzunehmen. Bürger und Bauern huldigten ihrem Idol, dem Kämpfer für die Trennung der Deutschen von Rom, der die Freiheit versprach, und dem Seelsorger, der die göttliche Gnade und das Seelenheil umsonst verhieß. Sie verstanden, dass sie keine Angst vor den Strafen der Kirche haben mussten.

Wie Luther erklärte auch der gemeine Mann die ihm in der Muttersprache zugänglich gemachte und zur absoluten Autorität erhobene Heilige Schrift zur Richtschnur. Er nahm das Evangelium beim Wort und legte seinen Forderungen im Bauernkrieg das göttliche Recht zugrunde, das seines Erachtens nicht nur auf das erlösende Jenseits, sondern auch auf eine freiheitliche und gerechte irdische Ordnung verwies. Um diese durchzusetzen, schreckten Luthers Anhänger vor Gewalt nicht zurück, gegen diejenigen, die ihnen im Wege standen, und gegen die Dinge, die wie Heiligenfiguren oder Bilder an den alten Glauben erinnerten. Die Aufständischen beriefen sich dabei auf Luther. Er reagierte erbost auf diese Verweltlichung seiner Anliegen und die Missachtung seiner «Zwei-Regimente-Lehre».

Die Untertanen kämpften für eine bessere irdische Zukunft, erklärten die biblische Ordnung zum innerweltlichen Muster und nahmen dafür die von Luther versprochene Freiheit eines Christenmenschen in Anspruch. Der Reformator fühlte sich missverstanden. Er hatte allerdings seine Schriften in ein unruhiges soziales Umfeld entlassen und durfte sich nicht wundern, dass seine Freiheitsforderungen wörtlich und innerweltlich verstanden wurden.[25] Statt den Untertanen mit Güte und Gnade zu begegnen, forderte er die Obrigkeiten auf, hart und unbarmherzig gegen sie einzuschreiten, sie totzuschlagen wie räudige Hunde. Mit Rebellen wollte der Reformator nichts zu tun haben.[26] Es war seines Erachtens die Pflicht der von Gott eingesetzten und mit der Macht legitimer Gewaltanwendung ausgestatteten Herrschaft, den inneren Frieden zu sichern.

Der Reformator orientierte sich an der eigenen Bibelübersetzung: «Jedermann sei untertan der Obrigkeit, die Gewalt über ihn hat.» Dieser

Singular war eindeutiger als die Pluralform der lateinischen bzw. griechischen Vorlage: «*omnis anima potestatibus sublimioribus subdita sit*».[27] Alle Untertanen hatten sich der von Gott eingesetzten weltlichen Obrigkeit zu unterwerfen, denn die menschliche Verdorbenheit bedrohte auch die wahre Kirche. Das Reich Gottes kam ohne weltliche Herrschaft aus, die diesseitige Welt einschließlich der Kirchenorganisation hingegen nicht. Luther ging es ums Prinzip und um den Landfrieden, der auf keinen Fall durch Aufruhr in Frage gestellt werden sollte. Die Vorstellung, dass Aufrührer eine eigene Ordnung errichten könnten und man ihnen dann gehorchen musste, lag ihm und dem Denken des Luthertums fern.

Die Angst vor einem neuerlichen Ausbruch des Bauernkrieges und der elementaren Gewalt wurde zum Wendepunkt. Mit dem Reichsabschied von Speyer übernahmen die Reichsstände 1526 die Entscheidungsgewalt. Sie wollten sich gegenüber der Reformation so verhalten, wie sie es «vor Gott und dem Kaiser verantworten» zu können glaubten.[28] Diese aus der Not und aus ordnungspolitischen Gründen geborene Formel prägte nicht nur die weitere konfessionelle, sondern auch die verfassungsrechtliche Entwicklung in Deutschland. Sie begründete das religiöse Nebeneinander und die Einhegung der kaiserlichen Herrschergewalt, und darum wurde im Dreißigjährigen Krieg gestritten.

Als Folge des Speyrer Beschlusses führten nach Nürnberg, Straßburg und Kursachsen auch Landgraf Philipp von Hessen sowie etliche andere Fürsten und Reichsstädte den neuen Glauben offiziell ein. Sie zwangen die Gewissen derjenigen, die ihnen nicht freiwillig folgen wollten, und raubten ihnen ihre Lebensgrundlage, indem sie diese etwa aus den Klöstern vertrieben. Die Reichsstände säkularisierten Kirchengut, untersagten die kirchliche Gerichtsbarkeit und sorgten mit Kirchen- oder Polizeiordnungen für eine neue Basis zur Disziplinierung der Untertanen.

Die alte Kirche, die mit ihrem großen Besitz und ihren vielfältigen Rechten die weltlichen Staatsbildungen massiv blockiert hatte, verlor in den evangelischen Gebieten jeglichen Einfluss. Die weitere Verwendung des Kirchengutes blieb zwar umstritten, und im Dreißigjährigen Krieg wurde erbittert darum gerungen, doch ohne die Restitution des katholischen Glaubens hatten die evangelischen Fürsten wenig zu befürchten. Aus Mitteln des Kirchengutes besoldeten sie Pfarrer und Lehrer, bauten Kirchen und Schulen, gründeten Universitäten und Hospitäler, füllten die gemeinen Armenkästen und finanzierten Kriege. Katholische und evangelische Herrschaftsgefüge unterschieden sich über den Kultus hinaus auch in Bezug auf die weltliche Ordnung grundlegend.

In der Eidgenossenschaft war die Reformation ebenfalls früh erfolgreich. Von Zürich aus beeindruckte Ulrich Zwingli mit seiner die kommunalen Traditionen aufgreifenden Variante des evangelischen Glaubens vor allem die Stadtkantone. Auch viele deutsche Kommunen sowie Landgraf Philipp von Hessen schlossen sich der Schweizer Reformation an. Nachdem ein erster Glaubenskrieg 1529 noch ohne Blutvergießen zu Ende gegangen war, kämpften 1531 die fünf reformierten Kantone gegen die katholischen Orte der Innerschweiz. In der Schlacht bei Kappel fiel Zwingli, und nach einer weiteren Niederlage der evangelischen Kantone mussten sie den zweiten Kappeler Landfrieden am 20. November 1531 unterzeichnen. Er verbot die weitere Ausbreitung des evangelischen Glaubens. Die fünf evangelischen Kantone durften jedoch ihre Religion behalten.[29] Dieses Nebeneinander war ein Vorläufer der deutschen Ordnung, die mit dem Religionsfrieden 1555 festgeschrieben wurde.

Auch in anderen Ländern hinterließ die lutherische Reformation ihre Spuren und ein die Angst steigerndes Konfliktpotential. Sie setzte sich dauerhaft allerdings nur in den deutschsprachigen und in den Gebieten durch, in denen die deutsche Kultur wenigstens unter den Eliten dominierte. Die Betonung der deutschen Sprache im Gottesdienst – die Lutherbibel galt als Originaltext – mag dafür ebenso ausschlaggebend gewesen sein wie der Einzugsbereich der Wittenberger Universität. Ausländische Studenten Luthers wurden die Reformatoren ihrer Heimatländer: «Matthias Dévai in Ungarn, Johannes Crato in Polen, Hans Tausen in Dänemark, Olaus Petri in Schweden, Michael Agricola in Finnland, William Tyndale und Robert Barnes in England».[30] In den Niederlanden blieb Luthers Lehre eine Untergrundreligion. Die von der spanischen Inquisition ausgehenden Ketzerverfolgungen sorgten für große Exulantengemeinden in England und Deutschland. Sie gerieten unter zwinglisch-calvinistischen Einfluss und bildeten die Basis des niederländischen Calvinismus in der zweiten Jahrhunderthälfte.

Die nordischen Länder erlebten – analog zu Deutschland – eine frühe obrigkeitliche Einführung des Luthertums. Der aus dem Haus Oldenburg stammende König Friedrich I. von Dänemark wechselte 1526 zusammen mit den ersten deutschen Fürsten den Glauben. Sein Nachfolger Christian III. verhaftete 1536 die opponierenden katholischen Bischöfe, übernahm das Kirchengut und ließ eine lutherische Kirchenordnung einführen. Norwegen, ein Nebenland der dänischen Krone, folgte wenig später, ebenso das ferne Island.

Auch Schweden sah eine Reformation von oben. Sie verlief aber weit weniger glatt als diejenige in Dänemark und wurde wohl erst Ende des 16. Jahrhunderts identitätsbildend. Gustav I. Wasa hatte in der weltlichen Macht der Prälaten den Hauptgrund für das Elend seines weiträumigen Herrschaftsgebietes gesehen und deswegen 1527 den Rezess von Västeras erzwungen, der die Kirche zugunsten von Adel, Bauern und Krone enteignete. Dies führte zum Bruch mit Rom. Danach wurde stufenweise die lutherische Lehre eingeführt.[31] Olaus Petri übersetzte 1526 das Neue Testament ins Schwedische, 1541 folgte die vollständige Bibel. Mikael Agricola, Bischof von Abo, übertrug das Neue und einige Bücher des Alten Testamentes ins Finnische. 1540/41 wurde das Luthertum als verbindliche Religion in Schweden und Finnland eingeführt. Das Luthertum der beiden nordischen Nachbarn war für deren Eingreifen in den Dreißigjährigen Krieg allerdings nicht ausschlaggebend; die Angst vor der Macht der Habsburger leitete ihr politisches Handeln stärker als diejenige vor einer drohenden Rekatholisierung.

In England war die Reformation eine Folge des Scheidungsbegehrens Heinrichs VIII., das der Papst abgelehnt hatte. Die Suprematsakte erklärte 1534 den König zum einzigen Oberhaupt der Kirche von England. Viele katholische Riten und Glaubensinhalte blieben bestehen. Erst unter Königin Elisabeth I. setzte sich die anglikanische Reformation im Sinne eines evangelischen Glaubens endgültig durch. Ihr Kampf um die Einheit und ein Bündnis der Protestanten fand auf dem Kontinent nur wenig Unterstützung. Die Anglikaner behaupteten ihre Unabhängigkeit und intervenierten nicht unmittelbar in die Bürger- und Glaubenskriege auf dem Kontinent, auch nicht in den Dreißigjährigen Krieg.

Der habsburgische Machtbereich blieb offiziell katholisch, während faktisch das von den Ständen geförderte Luthertum vor dem Dreißigjährigen Krieg immer stärker wurde. Böhmen besaß eine eigene, auf Jan Hus zurückgehende Häresie. Die Mehrheit der Bevölkerung zählte zur utraquistischen Kirche, die abgesehen vom Abendmahl unter beiderlei Gestalt eine katholische war. In Prag und in den deutschsprachigen Gebieten breitete sich das Luthertum aus. Als König Ferdinand I. im Schmalkaldischen Krieg ein böhmisches Heer gegen Sachsen aufbieten wollte, verweigerte ihm die Mehrheit der Stände den Gehorsam – ein kleines Vorspiel zu den Ereignissen zu Beginn des Dreißigjährigen Krieges. In Ungarn schloss sich ebenfalls eine Mehrheit der Stände gegen den Willen Ferdinands I. der Reformation an. Das zunächst dominierende Luthertum wurde hier später stellenweise von der helvetisch-reformierten Richtung abgelöst.

König Sigismund II. August von Polen gewährte 1557/58 Danzig, Elbing und Thorn Religionsfreiheit, später auch anderen Städten des königlichen Preußen. Seit den 1550er Jahren gab es unter dem Schutz mächtiger Magnaten auch calvinistische Kirchentümer. Unter den Bauern gewann die Reformation in Polen allerdings keine eigenständige Basis.

In Frankreich erreichte die evangelische Lehre erst um die Mitte des 16. Jahrhunderts größere Aufmerksamkeit. König Franz I. hatte zwar die deutschen Protestanten gegen den Kaiser unterstützt, Ketzer in seinen eigenen Landen aber nicht geduldet. Unter seinem Nachfolger Heinrich II. entstanden erste reformierte Gemeinden nach Genfer Vorbild. Als sich auch Teile des französischen Hochadels dem neuen Glauben zuwandten, begannen die Religions- und Bürgerkriege der zweiten Hälfte des 16. Jahrhunderts, die das Land verwüsteten und für geraume Zeit der Möglichkeit beraubten, als maßgeblicher Akteur in die europäische Politik einzugreifen.

Der Kampf um die Einführung der Reformation veränderte den Umgang miteinander im abendländischen Europa, das seine fundamentale religiöse Einheit zugunsten einer konfessionellen Vielfalt verlor. Zum herrschaftlichen Neben- und Gegeneinander kamen die Glaubensunterschiede hinzu. Die hasserfüllten und kompromisslosen Kontroversen der Theologen ängstigten die Gläubigen und steigerten die Ungewissheit. Das konfessionelle Nebeneinander war und blieb prekär, da es kaum als legitimes und zukunftsträchtiges Muster akzeptiert werden konnte. Die Prediger forderten den Sieg ihres einzig wahren Glaubens und wandten sich, wo immer möglich, gegen die Duldung anderer Bekenntnisse. Der Wahrheitsanspruch der Konfessionskirchen forderte unbedingte Loyalität und machte den Andersgläubigen zum mit allen Mitteln zu bekämpfenden Feind. Die Menschen lebten mit der unterschwelligen Angst, vielleicht die falsche Variante zu glauben und Gott zu erzürnen. Diese Sorge konnte ihnen niemand nehmen – auch keine politische Ordnung, die das konfessionelle Nebeneinander zusicherte.

Freiheit und Vaterland

Die Menschen waren aber nicht nur auf den gnädigen Gott und das Jenseits fixiert. Sie strebten auch nach irdischem Glück und einem besseren Leben. Sie forderten das Ende der Unterdrückung und Freiheit für das Vaterland. Je nach Kontext verstanden sie darunter das Gebiet und die Menschen ihrer kleinräumigen Heimat, das Territorium ihrer Obrigkeit oder die deutsche Nation. Niemand wollte unterjocht sein – nicht von den Türken, nicht von anderen Fremden und auch nicht von den eigenen Herrschern. Der gemeine Mann wünschte, in Frieden, Freiheit und Sicherheit zu leben, und er vertraute darauf, dass die Herrscher oder das Gemeinwesen verlässlichen Schutz, ein kalkulierbares Maß an Gerechtigkeit und Fürsorge boten. Die Konflikte um die politische und bürgerliche Freiheit führten im Europa zu den Glaubens- und Bürgerkriegen, die vor allem Frankreich und die Niederlande in der zweiten Hälfte des 16. Jahrhunderts erschütterten.

Zwar waren die biblische Ordnung und die auf ihr gründende Welt stetig und unveränderlich, doch Dekadenzerscheinungen mussten korrigiert werden. Die reformierende und wiederherstellende Umgestaltung wollte im Gewand des Alten und Ursprünglichen auch Neues etablieren. Luthers Reformation und die Reformen des Trienter Konzils wurden ebenso von dieser Intention geleitet wie der niederländische Freiheitskampf oder der böhmische Aufstand. Die Pflicht, für Freiheit und Vaterland mit dem eigenen Leben einzutreten, gehörte zu den wiederentdeckten antiken Tugenden. Daran wurden die Untertanen erinnert, wenn das Gemeinwesen in Not geriet, wenn fremde Mächte oder Tyrannen es bedrohten.[32]

Justus Lipsius, der wegen des Krieges in seiner niederländischen Heimat seinen Wirkungsort und auch seine Konfession mehrmals wechselte, formulierte 1583 in dem Dialog *De constantia*, dass nur ein politisches Gemeinwesen ein Vaterland sein könne. Wenn es diesem gut gehe, gehe es auch dem privaten Eigentum gut. Die Liebe zum Vaterland war mithin nicht nur eine moralische Pflicht, sondern auch das Interesse jedes Einzelnen. Die *patria* bzw. der Staat erschienen als menschliche Konstruktionen zum allgemeinen Nutzen und Besten.[33] Mit der von Augustinus überlieferten Definition Ciceros vermittelte Balthazar Ayala zwischen einem emphatischen und einem rationalen Vaterlandsverständnis. Er charakterisierte die *respublica* als «Versammlung von Bürgern verbunden durch Übereinstimmung des Rechts und gemeinsamen Nutzen».[34]

Vaterland war ein offener Begriff, der in Deutschland sowohl ein Dorf oder eine Stadt, eine Region, ein Fürstentum oder eine Diözese, ein Reich oder die Christenheit, aber auch das Jenseits bezeichnen konnte. Das wegen seiner Freiheit geliebte Vaterland sollte ein politisch verfasstes Gemeinwesen, ein Herrschaftsverband oder ein Staat sein, der in der Lage war, die gegebene Freiheit zu schützen. Darunter verstand man keinen Katalog von Grund- und Menschenrechten, auch keine Individualrechte. Die Idee, dass die Rechte des Einzelnen garantiert werden müssten, besaß im 16. Jahrhundert keine Basis. Frühneuzeitliche Republikaner hätten das Gegenteil vermutet: Wo Reste der angeborenen Freiheit von der Obrigkeit zugestanden wurden, konnte keine Freiheit herrschen. Freiheit meinte die altrepublikanische Form der Mitregierung und Kontrolle von Herrschaft, die an Handlungsfreiheit all das verbürgte, was dem gemeinen Nutzen und Wesen nicht entgegenstand. Freiheit richtete sich gegen jede Form despotischer Herrschaft durch einen Alleinherrscher oder fremde Mächte. Die Gewissensfreiheit war ein Teil davon und insofern ein Gegenstand weltlicher, nicht kirchlicher Ordnung. Mit Demokratie hatte dieses Freiheitsverständnis nichts zu tun.

Frei waren im altrepublikanischen Modell nicht alle Menschen, sondern eine oft nur kleine Gruppe von (Staats-)Bürgern. Sie erfüllten ihre Pflichten gegenüber dem Gemeinwesen, lebten tugendhaft und regierten so, dass sie nur Gott und den selbstgegebenen Gesetzen bzw. Herrschern gehorchen mussten. Freiheit war ein Teilhabe- und Abwehrrecht. Die meisten Kriege des 16. und 17. Jahrhunderts waren Freiheitskriege. Im Mittelpunkt stand die Abwehr fremder bzw. tyrannischer Unterdrückung.[35] Die Grundlagen dieser politischen Freiheit gingen auf die griechische Polis und die römische Republik zurück. Im Rückbezug auf sie erprobte der spätmittelalterliche Bürgerhumanismus in den oberitalienischen Städten[36] neue freiheitlich-republikanische Formen. Die Bürger waren für die innere und äußere Freiheit selbst verantwortlich. Sie sollten sich engagieren und durch Selbstbestimmung und Selbstregierung ihre Glückseligkeit finden. Die gute Ordnung der *res publica* verband «Freiheit, Gemeinwohl und Bürgertugend».[37] In den sich selbst regierenden Kommunen wie Florenz oder Venedig entstand durch konsensuales Handeln der Bürger die Gewalt,[38] die ein im humanistischen Sinne freies Leben ermöglichte. Die freien Stadtrepubliken beanspruchten, gleichrangig neben den Monarchien zu stehen. Ihre Regimentsform wurde für die deutschen Freien und Reichs-

städte, für Republiken wie die Schweiz und die Niederlande, aber auch für
Staaten mit gemischter Verfassung *(status mixtus)* wie das Heilige Römische Reich, Schweden oder England vorbildhaft.

Nur wo die politische Freiheit des Sich-selbst-Herr-Seins galt, regierte
die Harmonie der zur Vervollkommnung fähigen Bürger.[39] Selbstherrschaft setzte jedoch die politische Verfasstheit oder ein Gemeinwesen voraus. Freiheit und Staat, die beiden Erfindungen Europas, sind deswegen
komplementär aufeinander bezogene Errungenschaften. Sie erlauben politische und kulturelle Differenzierungen innerhalb der und zwischen den
verschiedenen Gemeinwesen und zeichnen diesen Kontinent vor anderen
aus. Das frühneuzeitliche Europa war mithin mehr als der antike Mythos,
die Christenheit oder der geographische Raum.[40] Es war eine politische
Konstruktion des herrschaftlich-staatlichen Neben- und Miteinanders,
eine Pluralität, die auch die mittelalterliche Reichsidee hinter sich ließ.
Goethe nannte das Alte Europa «eine der seltensten Republiken, die jemals existiert» habe.[41] Er charakterisierte das Staatengefüge mit dem Begriff Republik wohl etwas zu euphorisch. Der Reichspublizist Johann Jacob
Moser, der sich auch intensiv mit dem europäischen Völkerrecht beschäftigte, wollte «nicht sagen, dass die Europäischen Staaten alle zusammen
eine gemeinschaftliche große Republik formierten, welcher Glieder gewisse gemeinschaftliche Rechte und Pflichten unter und gegen einander
hätten».[42] Die Staaten befanden sich untereinander im Naturzustand. Sie
mussten Vorsorge treffen und vor Übergriffen ihrer Nachbarn auf der Hut
sein. Der Stärkere setzte sich in dieser archaischen Ordnung durch, sofern
er nicht von anderen Mächten daran gehindert wurde.

Nach dem Untergang des antiken Römischen Reiches fehlte Europa die
homogenisierende Kraft eines Großreiches. Der universale Anspruch von
Kaiser und Papst hatte sich nie zu einer Herrschaft über das Abendland
verdichten lassen, obwohl die ständisch-feudale Gliederung überall auf
dem Lehenswesen und der dynastischen Herrschaft basierte. Wie der
Papst die Kirche, repräsentierte der Kaiser die höchste weltliche Gewalt in
Europa.[43] Das mittelalterliche Reich lässt sich als «großräumiger Herrschaftsverband» charakterisieren, «gekennzeichnet durch Multiethnizität,
eine Vielzahl heterogener Gebiete mit unterschiedlichem Rechtsstatus als
Folge von Anlagerung und Eroberung» sowie durch «supranationale Herr-
schaftsformen».[44] Es bestand als Lehensreich formal bis 1806, obwohl es in
der Neuzeit längst nicht mehr in all seinen Lehensgebieten, die teilweise

zu anderen Staaten gehörten, politische Herrschaft ausübte. Die mit den Habsburgern verbundene Idee der Universalmonarchie stieß unterdessen jedoch auf Ablehnung – eine wesentliche Ursache für den Dreißigjährigen Krieg. Doch auch andere Mächte hegten imperiale Visionen. Sie bezogen sich auf die Kontrolle bestimmter Räume, die weit über das eigene Staatsgebiet hinausreichten.

Faktisch regierten jedoch Könige, Fürsten oder Magistrate ihre Herrschaftsgebiete selbständig. Sie waren frei, weil sie keine höheren irdischen Mächte über sich anerkannten.[45] Sie beherrschten ihre Untertanen und schützten deren Freiheit, indem sie ihnen Sicherheit vor Übergriffen Dritter boten. Dafür benötigten sie immer höhere Steuern, die sie ohne Einverständnis ihrer mächtigen Vasallen und der kirchlichen Würdenträger nicht einziehen konnten.[46] Die politische Teilhabe dieser Zwischengewalten und die Machtteilung zwischen Herrschern, Mitherrschenden und Beherrschten garantierten die Freiheit des Gemeinwesens. Herkommen, Verträge und Fundamentalgesetze wie die englische Magna Charta von 1215, die Goldene Bulle von 1356 oder die kaiserlichen Wahlkapitulationen seit 1519 regelten die Einzelheiten. Die Stände bildeten fast überall den unverzichtbaren Transmissionsriemen zwischen Monarchen, Fürsten und Untertanen, der das Regieren in der Breite und die einsetzende Verstaatlichung von Herrschaft ermöglichte.

Für Machiavelli, der für ein machtzentriertes Regieren vereinnahmt wird, zeichneten die Herrschaftsbeschränkungen Europa vor den anderen Kontinenten aus, weil sie die Freiheit sicherten.[47] Im späten Mittelalter und an der Wende zur Neuzeit formierten sich mit dem Wandel «vom personellen zum institutionellen Ansatz»[48] zuerst im Westen, später in der Mitte und im Osten politische Gemeinwesen. Als institutionell verdichtete Verwaltungs- und Steuereinheiten konzentrierten sie das Gewaltmonopol bei der Regierung, um die Sicherheit und Freiheit des Vaterlandes sowie den Wohlstand der Bevölkerung zu gewährleisten. In diesem Kontext entwickelten Begriffe wie Staat und Nation ihr neues homogenisierendes Potential.[49] Staat *(status)* bezeichnete nun eine institutionalisierte Ordnung, den Machtbesitz, das Regiment oder die Verfassung. Zur *res publica* als öffentlicher Angelegenheit gehören die Dinge, die Staaten ausmachen.[50] Auch wenn sich der frühe Staatsbegriff starren Definitionen entzieht, bezeichnet er doch eine Herrschaft und Freiheit reglementierende Ordnung. Der alte Nationsbegriff löste sich aus seinen ständisch-feudalen Kontexten und definierte in der Folge ein übergreifendes Vaterland. Das in ihm lebende Volk wurde allerdings meist als die zu beherrschende Masse betrachtet, welche die nationalen Errungenschaften von der Sprache über die Sitten und Gebräuche bis zu den wissenschaftlichen und technischen Innovationen lediglich nutzte.

Die europäischen Herrscher und die staatlicher werdenden Gemeinwesen führten Kriege, um ihre Integration in übergreifende Herrschaftsverbünde abzuwehren, das eigene Territorium zu schützen oder zu erweitern. Wollte ein Gemeinwesen seine Unabhängigkeit erringen, war der Freiheitskampf streng genommen kein Krieg, sondern eine Rebellion oder ein Aufstand.

Die mächtepolitische Entwicklung in Europa blieb ambivalent. Während sich einerseits regionale Vormächte etablierten, gelang es andererseits den italienischen Stadtrepubliken, den Eidgenossen, den Niederlanden oder Portugal, sich gegen scheinbar übermächtige Gegner ihre politische Autonomie zu erkämpfen und zu behaupten. Aus Rebellionen wurden dann rückblickend «Freiheits- oder Befreiungskriege». Dagegen galten die Freiheitsbewegungen, die in Böhmen oder in Katalonien, aber auch in Deutschland, Frankreich oder England ausbrachen, nicht als Kriege, weil sie nicht erfolgreich waren. Sie richteten sich gleichwohl gegen Herrscher, die eine Machtteilung und gemischte Verfassung ablehnten.

Die staatlichen Homogenisierungen steigerten jedenfalls europaweit den Konformitätsdruck. Das Leben des Einzelnen unterlag einer Vielzahl disziplinierender Vorschriften. Es wurde sicherer, nicht freier. Die enormen Kosten der staatlichen Konsolidierungs- und Expansionspolitik lasteten schwer auf Bauern und Bürgern. Der Druck entlud sich in Aufständen und Konflikten gegen die Herrschaft, den Staat und seine Repräsentanten. Die Erfahrungen, die in diesen Kämpfen gewonnen wurden, bildeten das Fundament, auf dem im Dreißigjährigen Krieg für eine neue Ordnung gefochten wurde, für die Freiheit des Glaubens, der Nation und auch für die Autonomie und Sicherheit des dänischen, schwedischen und französischen Königreiches.

Kriege formierten die europäischen Staaten und Vaterländer. Sie entschieden über Grenzen und über die Ausgestaltung von Herrschaft. Kriege waren teuer und wurden aufgrund neuer Waffensysteme wie der Artillerie, die wiederum bessere Befestigungsanlagen erforderlich machte, und des allgemeinen Trends zu größeren Armeen immer kostspieliger. Wer es sich leisten konnte, verschanzte sich hinter dickeren Mauern und Bastionen. Doch wer sollte dieses Wettrüsten bezahlen, und gegen wen richtete es sich? Um die Kosten in den Griff zu bekommen, mussten alle Ressourcen einer Herrschaft verfügbar gemacht werden. Und so erreichte der Verwaltungs- und Steuerstaat mit seinen flächendeckenden Gesetzen und Institutionen noch vor 1600 das letzte Dorf und Gehöft.

Wie die türkische Expansion ein publizistisch inszeniertes Erbfeindsyndrom geschaffen hatte, bildeten sich auch in europäischen Kriegen emotionalisierende Muster. Die Gegner wurden als Feinde der eigenen Freiheit, der wahren Religion und des Vaterlandes dargestellt. Fundamentale Bedrohungen rechtfertigten alle Kraftanstrengungen und ließen die enormen Lasten erträglicher erscheinen. Die regierenden Dynasten bekriegten sich jedoch oft aus erbrechtlichen Gründen. Der Hochadel und die Städte warben ebenfalls Söldner an und fanden fremde Verbündete gegen die Macht, die beanspruchte, ihre Obrigkeit zu sein. Die Verdichtung von Herrschaft zum staatlichen Monopol legitimer Gewalt provozierte neue Konfrontationen, die oft nur kriegerisch gelöst werden konnten. In diesen Konflikten entdeckten die Zeitgenossen die *patria*, das Vaterland, und seine Freiheit als höchsten verpflichtenden irdischen Wert und den alles andere überbietenden Bezugspunkt des eigenen Handelns.[51] Machiavelli betonte: «Wo es um Sein oder Nichtsein des Vaterlandes geht, gibt es kein Bedenken [...]. Man muß vielmehr alles beiseite setzen und die Maßregeln ergreifen, die ihm das Leben retten und die Freiheit erhält.»[52] War das Vaterland in Gefahr, schien jede List und Betrügerei erlaubt zu sein, um es zu verteidigen.

In den Kriegen zwischen den Häusern Habsburg und Valois/Bourbon um das burgundische Erbe und die Vorherrschaft auf der Apenninhalbinsel verbanden sich staatsbildende Motive mit hegemonialen Absichten. Dies war bei den Kriegen gegen die Türken nicht anders. Auch sie entschieden über Grenzen, gewöhnten die Menschen an Steuern und formulierten das Ziel der Nichtunterdrückung. Kriege forderten unbedingte Loyalität und homogenisierten ständische Unterschiede – beides kam den Staatenbildungsprozessen zugute. Adlige Sonderrechte wurden eingeschränkt, um effektiver für das Vaterland eintreten zu können.[53] Die Stände zierten sich jedoch, höhere und vor allem regelmäßige Steuern zu bewilligen. Sie wollten ihre Untertanen schonen und die eigenen Privilegien bewahren, denn jede zusätzliche Belastung bedrohte ihre Einkünfte. Eine höhere Steuerquote schuf aber auch zusätzliche Stellen im Hof-, Verwaltungs- und Kriegsdienst. Der werdende Staat korrumpierte die Adligen mit neuen Ämtern, Bürger und Untertanen mit der Verheißung von Freiheit, Ordnung und Stabilität. Sie alle profitierten von einer «Staatsmacht», die ihnen zwar hohe Steuern und unbedingten Gehorsam abverlangte, dafür aber Wohlstand und Sicherheit versprach. Nicht mehr der Monarch, sondern die Interessen des Staates bildeten den wichtigsten Bezugspunkt politischen Handelns, dem sich auf Dauer niemand entziehen konnte. Ihm hatte unabhängig von der Konfession die Loyalität auch dann zu gelten, wenn sie dem traditionellen Herrscher verweigert werden musste.[54]

Der Übergang von einer gottgewollten, ganz auf das Jenseits gerichteten und von den Menschen lediglich umzusetzenden Herrschaftsordnung zu einer solchen der Staatsräson markiert einen Rationalisierungsschub und einen tiefgreifenden Paradigmenwechsel. Der werdende Staat, der sich im Unterschied zum himmlischen als irdisches Vaterland verstand, sollte nicht der christlichen Dichotomie von Himmel und Hölle, sondern eigenen Gesetzen unterliegen, wie etwa Tacitus sie formuliert hatte.[55] Das neue Politikmuster der Staatsräson stieß jedoch bei vielen Autoren auf größte Skepsis, weil es auch Despotismus und Tyrannei, Mord und Kerker als staatliche Notwendigkeit legitimierte.[56] Gegen die angeblich amoralischen Vorstellungen Machiavellis verband der Piemonteser Giovanni Botero in seiner Schrift *Della ragione di stato* 1589 die Staatskunst mit den religiösen und sittlichen Vorstellungen.[57] Er forderte, dass der Fürst alles tun müsse, um die Zuneigung des Volkes zu gewinnen, und dass eine Art Minimalkonsens zwischen Herrscher und Beherrschten unabdingbar sei. Deswegen erklärte er die Staatsräson als die «Mittel, die geeignet sind, einen Staat zu gründen, zu erhalten und zu vermehren».[58] Damit lehrte er christlichen Herrschern, wie sie ein auf Tugend, Moral und Klugheit gegründetes Staatswesen[59] organisieren und die Staatsräson als Motiv für ihr Handeln anführen konnten.[60]

Während die Zeitgenossen auch die christlichen Grundsätzen verpflichtete Staatsräson beargwöhnten,[61] lieferte sie faktisch die Argumente für fast alles, was machtpolitisch nützlich zu sein schien: die Konzentration von Herrschaft, disziplinierende Ordnungen, konfessionelle Vereinheitlichung und nicht zuletzt den Krieg. In den völkerrechtlichen Überlegungen zu Krieg und Frieden, die Hugo Grotius 1625 erstmals publizierte, nahm das Kriegsrecht den beherrschenden Raum ein. Unterschieden wurde zwischen der guten Staatskunst, die «mit sittlich und religiös erlaubten

Mitteln auf das allgemeine Wohl und Glück», und der schlechten, die «mit unerlaubten Mitteln auf den besonderen und persönlichen Vorteil der Herrschenden gerichtet» war.[62] Wer aber entschied darüber und nach welchen Kriterien? Die Staatsräson lieferte einerseits die Argumente für eine konzentrierte Herrschaft im Inneren und für die Verteidigung der eigenen kollektiven Freiheit gegen fremde Übergriffe. Sie war jedoch andererseits auch verantwortlich für die Beschneidung der individuellen Freiräume, was wie die häufigeren und höheren Steuern mit dem Gemeinnutz verbrämt wurde und zu vielen sozialen Konflikten führte. Der mit der Staatsräson begründete Vorrang der kollektiven Freiheit vor ständischen Privilegien ging zu Lasten der Zwischengewalten und war deswegen Ursache vieler Aufstände und innerer Kriege – auch der böhmischen Revolte 1618.

Deutsche Freiheit

Der 1488 auf der Steckelburg bei Schlüchtern geborene Ritter und Humanist Ulrich von Hutten erregte um 1520 – parallel zum frühen Luther – mit seinen antirömischen, die nationale Autonomie betonenden Texten große Aufmerksamkeit. Unter Rückgriff auf Tacitus machte er die «germanisch-deutsche Freiheit» zum rhetorischen Topos und forderte den Krieg gegen Rom. Mit Arminius dem Cherusker schuf er den ersten deutschen Freiheitshelden; dieser hatte die Römer auf dem Höhepunkt ihrer Macht besiegt und die Unterwerfung ganz Germaniens verhindert. Mit seinen im reformatorischen Kontext stehenden Schriften erklärte Hutten die deutsche Nation zu einem freien Vaterland, das sich gegen die durch nichts zu rechtfertigenden Zumutungen des Papstes endlich wehren müsse. Diese aggressive, nach außen gerichtete Freiheitsliebe nach germanischem Vorbild bestimmte die deutsche Entwicklung aber ebenso wenig wie die unmittelbare Beteiligung der Untertanen am Regiment. Stattdessen erklärten die evangelischen Reichsstände die «germanisch-deutsche Freiheit» im Umfeld der Gründung des Schmalkaldischen Bundes 1530 zum Verfassungsprinzip des Heiligen Römischen Reiches deutscher Nation. Dieses engere Reich hatte sich im späten Mittelalter entwickelt.[63] An den Lasten dieses staatlich werdenden Verbundes beteiligten sich die italienischen, burgundischen und schweizerischen Reichslehensgebiete nicht mehr, und sie konnten dazu auch nicht gezwungen werden. Die im Einzelnen langwierigen Trennungsprozesse und die Institutionalisierung des deutschen

Restreiches waren um 1500 weitgehend abgeschlossen, auch wenn diese
Eigenständigkeit mit Blick auf die Eidgenossen und die Niederlande erst
1648 offiziell bestätigt wurde.

Das aus den Verdichtungsbestrebungen hervorgegangene Restreich war
in seinem staatlichen Kern weder heilig noch römisch, noch ein Reich im
Sinn eines expansiven Imperiums. Es war weltlich, deutsch und hochkom-
plex. Durch das teils beabsichtigte, teils zufällige Zusammenwirken von
Reichsständen und Kaiser entstand ein politisches Mehrebenengefüge
komplementärer Staatlichkeit. Es zügelte absolutistische Ambitionen, erzwang konsensorientiertes Handeln und generierte eine strukturelle
Nichtangriffsfähigkeit. Der 1495 im Worms vertragsrechtlich vereinbarte
Ewige Landfrieden, das Reichskammergericht sowie die verpflichtende
regelmäßige Einberufung des Reichstags bildeten den Ausgangspunkt des
reichsstaatlichen Konzentrationsprozesses. Im «Heilig Reich und Teutsch
Nation»[64] sollte niemand mehr sein Recht selbsttätig mit Gewalt suchen,
sondern sich an die zuständigen Gerichte, vor allem an das neue kaiserliche
Kammergericht wenden. Die Reichsstände wollten fehdeführende Adlige,
in ihren Augen Aufrührer, gemeinsam zur Räson bringen. Sie schufen ein
Gewaltmonopol des Reichs-Staates, das dezentral von ihnen selbst und
den neu eingerichteten Reichskreisen ausgeübt und durchgesetzt werden
sollte.

Mit den Augsburger Ordnungen war auch die leidige Exekutionsfrage
1555 normativ geregelt, obwohl sie gegen den Kaiser oder mächtige Fürsten
nie recht funktionierte. Die machtteilende Grundstruktur des Reichs-
Staates unterband aber nicht nur die Gewaltanwendung der Untertanen,
sondern blockierte auch die Entwicklung einer monarchischen Herrschaft
an der Spitze. Ob dies gut oder schlecht war, ist umstritten. Die Reichsmünzordnung rückte die doppelte Staatlichkeit 1559 augenfällig ins Licht.
Auf der einen Seite des Goldguldens sollten «unser und des Reichs kaiserlicher Adler» mit zwei Köpfen sowie dem Reichsapfel auf der Brust, dazu
der Nennwert und der Name des Kaisers abgebildet werden. Die zweite
Seite verblieb dem Wappen des münzenden Standes.[65]

Zum wichtigsten Forum der Reichspolitik war unterdessen der Reichstag geworden – die Arena, in der sich Kaiser und Reichsstände über Krieg
und Frieden, Steuern, reichsweite Ordnungen und vieles mehr verständigten. Nach oft langwierigen Aushandlungsprozessen stimmten sie meist
den Vorschlägen des Reichsoberhauptes zu, sofern diese ihren Interessen

nicht grundsätzlich widersprachen. Schwieriger gestaltete sich die Einbindung des Kaisers bei ständischen Initiativen. Doch auch in diesen Fällen wurde häufig ein Kompromiss gefunden, wobei die Verhinderungsmacht des Reichsoberhauptes nicht unterschätzt werden sollte, denn er besaß eine Art Vetorecht; die Beschlüsse der Reichsstände benötigten seine Zustimmung, um Gesetzeskraft zu erhalten.

Die Goldene Bulle hatte 1356 nur den sieben Kurfürsten das Recht zur Wahl des römischen Königs zugestanden. In der Neuzeit verzichtete der Gewählte auf den Romzug und die Krönung durch den Papst und nahm den Kaisertitel an – ein Zeichen für die Emanzipation von der päpstlichen Gewalt. Politisch bedeutsam war die Wahlkapitulation, mit der sich seit Karl V. jeder Kandidat verpflichten musste, die Verfassung und die Interessen des Reiches deutscher Nation zu wahren.[66] Die meisten Kaiser sahen in ihrer alten Aufgabe als Schutzherr der abendländischen Christenheit mehr eine prestigeträchtige, aber lästige Tradition als eine konkrete Pflicht. Anders verhielt es sich mit den Ansprüchen als oberster Lehensherr der Gebiete, die nicht zum Reichs-Staat gehörten. Hier haben die Kaiser – unabhängig vom Reichstag – Herrschaftsrechte geltend gemacht und durchgesetzt, wo die habsburgische Macht wie in Oberitalien und Burgund präsent war. Angesichts ihrer Machtfülle versuchten Karl V. oder Ferdinand II., sich von den einengenden vertraglichen Bindungen zu lösen. In gut monarchischer Manier behaupteten sie, dass jede legitime Gewalt im Reich von ihnen ausgehe.

Auf dem Speyrer Reichstag 1526 gaben sich die Reichsstände selbst die Entscheidungsgewalt über den Glauben ihrer Untertanen. Als der Kaiser diese «Freigabe» im Einklang mit der reichsständischen Mehrheit rückgängig machte, protestierten diejenigen, die inzwischen die evangelische Lehre eingeführt hatten. An ihrem Widerstand scheiterte auch die von Karl V. seit dem Augsburger Reichstag 1530 betriebene Ausgleichspolitik, die einem reformierten katholischen Glauben das Wort redete. In ihrer Not und aus Angst vor dem Kaiser und seinen spanischen Soldaten gründeten die nun Protestanten genannten evangelischen Reichsstände 1530/31 den Schmalkaldischen Bund, das Bündnis zur Gegenwehr.[67] Zuvor hatten sie allerdings Luther und die Wittenberger Theologen überzeugen müssen, die Widerstand gegen den Kaiser als höchste weltliche Obrigkeit aus theologischen Gründen ablehnten.

Sächsische und hessische Juristen lancierten dagegen die Auffassung, die Reichsstände seien *cives*, Bürger und Herren eines freien Reiches. Sie müssten ihre «deutsche Freiheit» notfalls mit Waffengewalt gegen fremde Mächte, aber auch gegen den eigenen Kaiser verteidigen, falls dieser seine vertraglich geregelten Kompetenzen überschreite.[68] Landgraf Philipp von Hessen erweiterte Ende 1530 diese Argumentation mit seiner verfassungsrechtlich überaus brisanten Einschätzung, dass auch die Fürsten Obrigkeit aus eigenem Recht, keine Untertanen des Kaisers und deswegen zum Widerstand berechtigt seien.[69]

Die protestantischen Juristen betonten den konstitutionellen Charakter der kaiserlichen Macht. Sie formulierten drei Hauptargumente: Erstens seien kaiserliche Befehle, die sich gegen Gottes Ordnung und das Evangelium richteten, nichtig; Fürsten und Städte müssten zweitens ihre Untertanen vor unbilliger Gewalt schützen; drittens habe der Kaiser seine Pflichten verletzt, weil er im Reich nur eine «gemessen gewalt» wie die Konsuln in Rom oder der Doge in Venedig besitze. Gott habe den Reichsständen ebenfalls das Schwert gegeben; sie regierten mit «und ist der Kaiser kein monarcha».[70] Dieser Einwand war neu. Die nicht mehr vom Kaiser abgeleitete obrigkeitliche Gewalt der Reichsstände wurde als «ständische» oder «deutsche Libertät» in die Reichsverfassung aufgenommen und hebelte das längst anachronistisch gewordene Vasallentum endgültig aus. Drohend verwies die neue Formel auf eine germanisch-deutsche Freiheitskontinuität, eine alte Verfassung mit begrenzter Königsgewalt, freiwillige Steuern und den römischen *Libertas*-Gedanken der Prinzipatszeit.[71] Der Dissens über den Status des Reichs-Staates – Monarchie oder gemischte Verfassung – währte bis zu dessen Ende im Jahr 1806.

Die Juristen hatten die Wittenberger Theologen überrumpelt. Wenn die Fürsten wie der Kaiser von Gott eingesetzt waren und Karl V. nur der Erste unter Gleichen war, musste ihm nicht generell Gehorsam geleistet werden. Dieser Verfassungsinterpretation beugte sich auch Luther. Sie rettete den evangelischen Glauben und stellte das Reich auf eine neue Basis: das reichsständische Mitregiment. Die Protestanten verteidigten fortan die Freiheit ihres Glaubens und der deutschen Nation, wenn das monarchische Joch des Kaisers angeblich oder tatsächlich drohte. In dieser Hinsicht fanden sie häufig die Unterstützung katholischer Stände, insbesondere der Herzöge von Bayern.

Kurfürst Johann Friedrich von Sachsen und Landgraf Philipp von Hessen erklärten 1539, die «teutsche Nation ist ein freies Reich und billig das

freieste auf der Welt, das wird sich in solch Dienstbarkeit ungern begeben».[72]
Mit der Gegenüberstellung von frei und dienstbar wiesen sie alle mit den
Reichsständen nicht abgestimmten Ordnungsansprüche Karls V. zurück.[73]
Dies wiederholte sich, sobald die Stände monarchische Ambitionen der
Kaiser witterten. Das Reich besaß demnach eine alte, die Freiheit sichernde
Verfassung, es regierte sich selbst und war niemandem unterworfen, auch
nicht dem eigenen Kaiser. Fundamentalgesetze wie die Goldene Bulle oder
der Ewige Landfriede, die Reichsabschiede und die kaiserlichen Wahlkapi-
tulationen konstituierten dieses freie Reich.

Kaiser und Reichsstände waren als Obrigkeiten von Gott eingesetzt und
schuldeten ihm und der Reichsverfassung Gehorsam. Der Jurist Johannes
Oldendorp eröffnete den politischen Diskurs, als er behauptete, dass jede
«Politie und Ordnung» von Gott stamme, der den Menschen kein Maß habe
setzen wollen, wie sie damit umzugehen hätten.[74] Andreas Althammer definierte um 1530 Freiheit als Abwehr einer von außen aufgezwungenen
Knechtschaft und als Verteidigung der eigenen Ordnung. Er deutete die begrenzte monarchische Herrschaft als Freiheitsgewinn des Volkes. Die deutsche Freiheit wurde hier zur Basis einer als alt ausgegebenen Verfassung –
eines verbindlichen Regelwerks aus Grundgesetzen *(leges fundamentales)*
und einem interpretierbaren Herkommen. Falls der Kaiser dagegen verstoße,
müssten die Stände Widerstand leisten. Mit der deutschen Freiheit existierte ein von den Protestanten ausgehendes, überkonfessionell einsetzbares
Deutungsmuster, um das Reich vom Willen des Kaisers und der Habsburger
sowie von den Interessen anderer Mächte abzugrenzen.

Auf dieser Freiheitsbasis formulierte der Weimarer Jurist und spätere
Jenaer Professor Basilius Monner 1546 ein anspruchsvolles Widerstandsrecht. Dieses wurde von den Monarchomachen perfektioniert und findet
sich in der Lossagung der niederländischen Stände von König Philipp II.
1581, den Erklärungen der böhmischen Stände 1618 und auch noch in der
nordamerikanischen Unabhängigkeitserklärung 1776 wieder. Nach Monner wollte Karl V. eine «gottlose und Türkische Monarchie […] machen
und Deutscher Nation / unserem lieben Vaterlande / ihre althergebrachte
Freiheit […] nehmen». Die Deutschen gerieten dadurch in die unchristliche spanische Dienstbarkeit und müssten wie «Leibeigene und Sklaven»
gehorchen. Dies widerspreche ihrer Verfassung. Jeder Fürst und Herr habe
die Pflicht, seine Untertanen vor unrechter Gewalt und Tyrannei zu schützen. Der Kaiser handle, wenn er Unterwerfung fordere, nicht als Reichs-

oberhaupt, sondern als oberster Feldhauptmann des Papstes und «private Person». «Darum wir uns gar nicht zu besorgen / als lehnten wir uns wider unser ordentliche Oberkeit auf [...] / denn er in diesem Falle / unsere Oberkeit nicht mehr ist / gleich als wenig als der Papst / oder Türke.»[75]

Deutschland als normativ aufgeladenes Vaterland und die Germania als Repräsentantin deutscher Werte wurden populär. Nationale Appelle überschwemmten den Meinungsmarkt.[76] Sie riefen dazu auf, das freiheitliche Regiment und Wertegefüge zu verteidigen. Die Landsleute, die für Kaiser Karl V. und dessen angeblich spanische Politikmuster kämpften, wurden als Bastarde denunziert, unwürdig als Deutsche geboren zu sein.[77] Die Flugschriften stilisierten den Schmalkaldischen Krieg zum nationalen Freiheitskampf. Ihre Freiheitsparolen wurden in fast identischen Formulierungen im Dreißigjährigen Krieg gegen Ferdinand II. propagiert. Dazu gehörte die eingängige Gegenüberstellung von «deutscher Libertät» und «hispanischer Servitut».[78]

Die politische Rhetorik, die den Kaiser und die ihn unterstützenden Katholiken mit Unterdrückung, die Protestanten aber mit Freiheit verband, war auch für einen siegreichen Kaiser gefährlich. Der zu dessen Hofstaat gehörende Publizist Nikolaus Mammeranus erfand deswegen 1551 eine alternative Deutung der deutschen Freiheit, die individuelle Freiräume stärker ins Zentrum rückte. Seines Erachtens wollten diejenigen, die sich als «Erhalter der Freiheit Teutscher Nation» ausgäben und sich mit dem französischen König verbündet hätten, das «edel Teutschland» in die «bittere unträgliche Dienstbarkeit und ewige Französische Servitut» bringen. In Frankreich könne ein Bürger seinen Besitz und sein Geld nicht als «mein» bezeichnen, sondern als «des Königs und mein», weil jederzeit die Gefahr bestehe, dass ihm ein großer Teil davon weggesteuert werde.[79] Mammeranus schuf mit der Eigentumsfreiheit ein einsichtiges überständisches Muster, das die deutsche Freiheit fortan begleitete und auf das sich fast jeder Deutsche berufen konnte.

Der Sieg Karls V. über die Protestanten im Schmalkaldischen Krieg hatte 1546/47 die Glaubenseinheit in Deutschland nicht zurückgebracht. Die vielen polemischen Druckschriften verschärften die religiöse und politische Konfrontation und steigerten die Angst vor den jeweils anderen. Viele der Argumente gegen den Papst, den eigenen Kaiser und die Spanier erlebten ihre Wiedergeburt im Dreißigjährigen Krieg. Diese Wiederholung erfolgte in erster Linie aus der Angst heraus, auch Kaiser Ferdinand II.

strebe eine monarchische Stellung an. Karl V. war an diesem Vorhaben gescheitert. Als er auf dem Augsburger Reichstag 1548 den Protestanten das Interim vorschrieb und sich als Monarch inszenierte, überzog er seine Position. Der sogenannte Fürstenaufstand vertrieb ihn aus Deutschland. Für den ungeliebten Kaiser wollte niemand die Waffen ergreifen. Kurfürst Moritz von Sachsen handelte 1552 mit König Ferdinand I. den Passauer Vertrag aus. Dieser regelte das politische Nebeneinander der beiden Varianten des christlichen Glaubens, das mit dem Augsburger Religionsfrieden 1555 zum Reichsgrundgesetz wurde.

Der Reichs-Staat war fortan nur im Konsens zu regieren. Kaiser und Reichsstände mussten sich verständigen, um ihn handlungsfähig zu machen. Viele Reichsordnungen besaßen daher den Charakter von Rahmenvereinbarungen, die zwar Einheitlichkeit herstellten, aber die Staatlichkeit der Fürstentümer und den obrigkeitlichen Anspruch ihrer Herrscher möglichst wenig beeinträchtigten. Öffnungsklauseln berücksichtigten die gewachsene Vielfalt territorialer Regelungen. «Intergouvernementale Abstimmungsprozesse»[80] steuerten diese Einheit in der Vielheit. Der Reichs-Staat entwickelte sich deswegen nicht zu einem schlagkräftigen Verwaltungs- oder Steuerstaat und auch nicht zu einem Nationalstaat. Die Angleichung von Werten, Verfahren und Normen gelang dennoch und am besten natürlich in den Bereichen, wo die reichsständischen Staatswesen an die Grenzen ihrer Regelungskapazitäten stießen. Im Reichs-Staat organisierten daher – idealtypisch aufgefächert – Kaiser und Reichsstände gemeinsam «Außenverteidigung und Rechtssystem, die Reichskreise Exekutionswesen und Infrastruktur, die Territorialstaaten Verwaltung und Disziplinierung der Untertanen».[81] Der Reichs-Staat löste seine Aufgaben im Bereich der inneren und äußeren Sicherheit sowie der Einheitswahrung im Großen und Ganzen ordentlich, ohne seinen Gliedern Homogenisierungen aufzuzwingen, wenn diese die Dinge selbst regeln konnten und wollten.

Der innere Friede wurde in Deutschland nicht durch eine Reduktion der einmal entstandenen Vielfalt erreicht, sondern durch die Steigerung der Komplexität. Die vielen unterschiedlichen Konfliktlinien innerhalb dieses Gefüges komplementärer Mehrebenenstaatlichkeit verhinderten, dass etwa der konfessionelle Antagonismus alle anderen Streitigkeiten überlagerte. Das mit dem Religionsfrieden formulierte allgemeine Emigrationsrecht – ein erstes Freiheitsrecht fast aller Deutschen[82] – mutierte in der Praxis allerdings zum obrigkeitlichen Ausweisungsrecht; dieses blieb

jedoch umstritten. Aus protestantischer Sicht durfte niemand wegen seines
evangelischen Glaubens ausgewiesen werden, sofern er sich als Untertan
ansonsten nichts zuschulden hatte kommen lassen. Dass Andersgläubige
geduldet und nicht diskriminiert werden sollten, haben die katholischen
Obrigkeiten vor 1648 nie akzeptiert. Sie betrachteten die Regelungen des
Religionsfriedens als vorläufige Zugeständnisse an die Augsburger Konfessionsverwandten, nicht als einen zwischen zwei Partnern ausgehandelten
Vertrag. Tatsächlich gab es viele konfessionelle Gemengelagen. Selbst
mächtige Dynastien wie die Habsburger mussten angesichts der Türkengefahr den evangelischen Glauben ihrer Stände und Untertanen dulden.
Der politische Konsens konfessioneller Abgrenzung und der Zwang zum
politischen Ausgleich retteten die Einheit des Reichs-Staates und sorgten
für einen Frieden, der auch dann noch hielt, als die westlichen Nachbarn in
Religions- und Bürgerkriegen versanken.

Türkenangst

Nach dem Fall Konstantinopels am 29. Mai 1453 ergriff Europa die Angst
vor den Türken. Enea Silvio Piccolomini, der spätere Papst Pius II., formte
das Muster, das in schier endlosen Variationen mit mehr oder weniger
originellen Zusätzen wiederholt wurde. Er forderte 1454 einen Kreuzzug,
weil die Christenheit von den Türken nun «in Europa, also in unserem
Vaterland, in unserem eigenen Haus, an unserem eigenen Wohnsitz aufs
Schwerste getroffen» worden sei.[83] Piccolomini intonierte mit seinem
Feindbild ein aus der Angst geborenes europäisches Wir-Gefühl. Die muslimischen Türken[84] wurden als «Erbfeinde» stigmatisiert.[85] Die Europäer
sollten gemeinsam das christliche Abendland gegen Heiden und Barbaren
verteidigen. Die frühneuzeitliche Realität sah anders aus.[86]

   Ostrom bzw. Byzanz hatte in der lateinischen Christenheit wenig Sym-
pathie genossen, und kriegerische Auseinandersetzungen mit Muslimen
waren keine neue Erfahrung. Der seit dem 15. Jahrhundert beschworene
«Kampf der Kulturen»[87] funktionierte nur, weil die christliche Propaganda
alle Register zog. Flugschriften berichteten reißerisch über tatsächliche
oder vermeintliche türkische Gräueltaten. Die Hälfte aller sogenannten
Türkendrucke erschien in Deutschland, ein Viertel in Italien und ein
Achtel in Frankreich, der geringfügige Rest verteilte sich auf das übrige
Europa.[88]

Ein im Abwehrkampf gegen die Türken vereintes Europa hat es nie gegeben. Diese eroberten die ägäischen Inseln, Griechenland, den Balkan und weite Teile Ungarns, setzten sich in Ägypten fest und bedrohten Spanien. Ihre Expansion erfasste bereits drei Kontinente, als sie 1526 nach der vernichtenden Niederlage eines christlichen Ritterheeres unter König Ludwig von Ungarn bei Mohács und mit der ersten Belagerung Wiens 1529 zur unmittelbaren Herausforderung Mitteleuropas wurden. In Ungarn und auf dem nördlichen Balkan grenzten zwei Reiche aneinander, die beide einen universalmonarchischen Anspruch erhoben, der sich gegenseitig ausschloss und nicht verhandelbar war. Die Grenze zwischen den beiden unterschiedlichen Reichen und Kulturen galt mit geringfügigen Veränderungen bis ins späte 17. Jahrhundert. Die Kriege nach 1526 steigerten die Angst im Abendland, bestätigten letztlich aber nur das Patt an der kontinentalen Türkengrenze in Ungarn und auf dem nördlichen Balkan. Wie die stolze Markusrepublik Venedig wurden Siebenbürgen, Moldau und die Walachei, phasenweise selbst die Habsburger Kaiser den Türken tributpflichtig. Diese mussten sich darüber hinaus die Demütigung gefallen lassen, dass der Sultan sie als «Könige von Wien» titulierte, weil er sie nicht als gleichberechtigt anerkannte.

Süleyman I., dem die Christen den Beinamen der Prächtige gaben, firmiert in der türkischen Tradition als der Gesetzgeber. Er organisierte in seiner langen Regierungszeit das osmanische Großreich so, dass es den Vergleich mit gut verwalteten europäischen Staaten nicht zu scheuen brauchte.[89] Unter seiner Ägide wurden 1536 die Beziehungen zu König Franz I. geknüpft, die in ganz Europa und selbst in Frankreich, wo die Türkenangst ebenfalls grassierte, auf Unverständnis und Ablehnung stießen. Die Osmanen wurden durch das Einverständnis mit Frankreich ein Teil des europäischen Mächtesystems.[90] Auch ihnen gegenüber galt: Der Feind meines Feindes ist mein Freund.

Manche Bauern erklärten, lieber unter den Türken als unter dem tyrannischen Regiment ihrer christlichen Herrschaft leben zu wollen. Dies mag den rhetorischen Zwängen sozialer Konflikte geschuldet gewesen sein. Nachrichten aus dem Osmanischen Reich drangen freilich auch an die christliche Öffentlichkeit, die alles andere als beängstigend waren. Das autokratische Herrschaftssystem mit dem Sultan und dem Großwesir an der Spitze wurde zwar von einer muslimischen Elite kontrolliert, doch das riesige multikulturelle Reich strebte nie nach religiöser Einheitlichkeit, wie dies für die christlichen Staaten selbstverständlich war. Auf dem Balkan durften Christen unter türkischer Herrschaft ihren Glauben ausüben. Die Walachei oder Siebenbürgen besaßen eine gewisse politische Autonomie. Das Bild des Erbfeindes christlichen Glaubens wurde darüber zwar hier und da brüchig, hielt insgesamt aber stand. Von Massenfluchten der Christen unter türkischer Herrschaft ist nichts bekannt.

Das staatlich und kulturell uneinheitliche Europa verweigerte sich jedoch dem postulierten Kampf der Kulturen. Während die Osmanen tatsächlich ein Weltreich anstrebten, kämpften die Staaten Europas gegeneinander um die Vorherrschaft und um diejenige in anderen Erdteilen. Die deutschen Protestanten forderten zunächst einmal Sicherheitsgarantien für ihre Beteiligung an der Türkenhilfe. Hatte der Papst die Türken als eine den Christen von außen drohende Gefahr stilisiert und Kreuzzugsanalogien beschworen, ging Martin Luther einen Schritt weiter. Er erblickte in den Türken nicht nur die Zuchtrute Gottes, sondern den Antichristen und Vorboten des Jüngsten Gerichts. Mit Erasmus war er sich einig, dass die Türken Strafe und Warnung Gottes seien, das eigene sündhafte Leben schleunigst zu korrigieren. Während Erasmus wegen der Türken 1530 sogar seine prinzipiell pazifistische Grundhaltung relativierte, hielt Luther den Türkenkrieg für eine Sünde, weil sich die Menschen damit einer Strafe Gottes widersetzten. Luther forderte die Obrigkeiten auf, nur ihre weltliche Pflicht zu erfüllen und die Untertanen vor den türkischen Gräueln zu schützen. Dies gelte auch für den Kaiser, der nicht das Haupt der Christenheit sei und dessen Schwert nur weltlichen Dingen gelten dürfe. Darüber hinaus müsse jeder die eigenen Sünden bekennen und Buße tun, statt Krieg gegen eine verdiente Strafe Gottes zu führen.[91] Das Dilemma, das viele Gläubige unterschwellig ängstigte, war damit thematisiert.

Luther stufte einerseits den Türkenkrieg zum innerweltlichen Krieg herab, interpretierte ihn andererseits aber als apokalyptischen Endkampf gegen Gog und Magog, also gegen die Mächte, die am Ende der Zeit gegen das Gottesvolk anstürmten.[92] In seiner Heerpredigt erklärte Luther 1530 die Türken und das Papsttum gemeinsam zum Satan und Antichristen,[93] und kurz vor seinem Tod griff er eine ältere Weissagung auf und schrieb sie an die Wand seines Studierzimmers: Der Türke werde im Jahr 1600 ganz Deutschland verwüsten.[94] Dass diese Prophezeiung während des langen Türkenkrieges dieser Jahre häufig aufgegriffen und mit der Apokalypse verbunden wurde, versteht sich von selbst.[95] Sie beglaubigte den Propheten Luther. Ansonsten war an Luthers Türkenangst lediglich die heilsgeschichtliche Dimension tröstlich: Am Ende siegt der wahre Glauben. Seine Deutung des Islams – eine pervertierte Kirche, die alle Christen dem Teufel zuführen will – prägte die lutherischen Türkenpredigten des 16. und 17. Jahrhunderts. Die katholischen Texte riefen dagegen zum Kreuzzug oder zum Heiligen Krieg auf.

Nachdem die Türken 1570 das venezianische Zypern erobert hatten, bildete sich eine antitürkische Heilige Liga aus dem Papst, dem König von Spanien und der Republik Venedig. Don Juan d'Austria, ein natürlicher Sohn Karls V., zerschlug im folgenden Jahr die türkische Flotte bei Lepanto. Doch dieser psychologisch wichtige Sieg blieb ungenutzt. Die Liga zerfiel, und Venedig schloss 1573 Frieden. 1577 verlängerten die von inneren Konflikten geschwächten Osmanen den Friedensvertrag mit den österreichischen Habsburgern für weitere acht Jahre. In dieser Zeit entstand die sogenannte Militärgrenze, eine breite militärische Schutzzone gegen die Türken, in der ein permanenter Kleinkrieg tobte.

Für Kaiser und Reich begann 1593 der «lange Türkenkrieg».[96] Wie in den Niederlanden sammelten auch hier viele Offiziere des Dreißigjährigen Krieges ihre ersten Erfahrungen.[97] Flugschriften verbreiteten eine angebliche türkische Kriegserklärung: *Copy des Blutdürstigen Fehdbriefs so der Erb und Erzfeind der Christenheit jetziger Türkischer keyser Teutscher Nation zugeschrieben ...* Obwohl die meisten Reichstage über eine Türkenhilfe beraten hatten, war es nie gelungen, eine rasch mobilisierbare Eingreiftruppe, geschweige denn ein stehendes Reichsheer aufzubauen.

Gegen die Türken zeigte sich die deutsche Nation trotz des eskalierenden Glaubensstreites erstaunlich geeint. Nur entschiedene Konfessionalisten wie der reformierte Graf Johann VI. von Nassau-Katzenelnbogen, ein Bruder Wilhelms von Oranien, warfen Kaiser Rudolf II. unverblümt vor, er kümmere sich zu wenig um die ungarische Grenze. Auf Anraten des Papstes wolle er mit der Türkenhilfe die Protestanten in Frankreich, den Niederlanden und Deutschland unterdrücken.[98] Die katholische Mehrheit bewilligte auf dem Regensburger Reichstag 1594 60 Römermonate. Die evangelischen Stände agierten uneinheitlich: Das lutherische Kursachsen wollte die Türkenhilfe nicht für konfessionelle Zwecke instrumentalisieren, die Calvinisten forderten genau dies. Die unterschiedlichen Interessen der größeren und der kleineren Stände bargen zusätzlichen Konfliktstoff. Dennoch wurden zwischen 1576 und 1603 effektiv beinahe 20 Millionen

Gulden aufgebracht; etwa 80 Prozent der von den Ständen bewilligten
Gelder standen tatsächlich zur Türkenabwehr zur Verfügung.[99] Der 1606 in
Zsivatorok geschlossene Frieden garantierte den territorialen Status quo
und beendete die habsburgischen Tributzahlungen. Die Türken erkannten
den Kaiser als dem Sultan ebenbürtig an. Siebenbürgen wurde praktisch
unabhängig.[100]

Die Türkenkriege einten zwar nicht die abendländische Christenheit,
wohl aber die deutsche Nation. Es existierte ein Bewusstsein nationaler
Zusammengehörigkeit und der gemeinsamen Bedrohung. Diese Haltung,
das Vaterland gegen den türkischen Erbfeind zu verteidigen, ist oft unterschätzt worden. Anders als die massenhaften topischen Aufrufe, die innere
Zwietracht im deutschen Vaterland zu überwinden und zu Eintracht und
Einigkeit zurückzukehren, verband die Angst vor den Türken Protestanten
und Katholiken. Selbst für die apokalyptische Motive spärlich einsetzenden katholischen Autoren waren die Türken der Antichrist.[101] Die Sensationsberichte über türkische Gräueltaten in den Medien beeinflussten
Predigten und obrigkeitliche Mandate. Sie versetzten die Bevölkerung in
Angst und Schrecken. Die Kriegsberichterstattung und die enormen Steuerforderungen, das Geläut der Türkenglocke, eine Erfindung Karls V., und
Bittgebete einten die Nation im Kampf gegen die Muslime. Nach dem
Sieg von Lepanto hatte Papst Gregor XIII. das Fest unserer Heiligen Frau
der Siege ins Leben gerufen – ein Ausgangspunkt des Marienkultes,[102] der
im Dreißigjährigen Krieg in Bayern und Österreich heimisch wurde.

Die Propaganda und die unterschiedlichen Mobilisierungsstrategien steigerten das Gefühl der Bedrohung durch die Türken selbst dort ins Unermessliche, wo keine Angriffe zu erwarten waren. Die lutherischen Prediger
stilisierten auch im Norden des Reiches die Türken als Strafe und Geißel
Gottes, um die Christen für ihre Sünden zu züchtigen. Die Türken behielten
den ihnen von Luther zugewiesenen Platz: Gott habe sie gesandt, um die
Gläubigen für ihre Laster und Missetaten, Völlerei, Saufen, Wollust etc.,
zu strafen und zur Buße aufzurufen: «Ungerechtigkeit / Sünd / Laster /
Schand / treibt den Türken zu uns ins Land».[103] Darüber hinaus galten die
Türken als Vorboten der Endzeit. Die Flugschrift *Weckglock / darinnen die
schlaffende Teutschen wider die wachende Türcken auffgewecket werden* verdeutlichte 1595 auf dem Titelblatt diese Doppelfunktion der Türken als Strafe
und Hoffnung. «Das ist: Gründliche Beschreibung / in was Not und Bedrängnis Teutschland / um der Sünde willen / durch Gog und Magog das

ist / den Türken kommen werde: und wie solcher vorstehenden Not zu begegnen. Daß nämlich Gott zween Männer suche / die sich wider den Riss des Landes setzen und darfür kriegen: Der eine mit wahrer Buß und ernstlichem gläubigem Gebet: Der ander / in wahrer Gottesfurcht / mit äußerlicher Wehr und Waffen: Findet er diese / so soll die Not abgewendet werden: Findet er sie nicht / so wird sein Zorn bald anbrennen.»[104] Den Christen blieb der Trost, dass Gott seine Kirche stets gerettet hatte, und in dieser Gewissheit sollten sie ihr Kreuz und auch eine etwaige türkische Gefangenschaft geduldig tragen.[105]

Langwierige Kriege hatte es auch früher schon gegeben. Neu war, dass dieser sich über dreizehn Jahre hinziehende Türkenkrieg durch die Medien als wohlverdiente Strafe Gottes inszeniert und in dieser Form weit über das Kriegsgebiet hinaus präsentiert wurde. Die Angst vor den Türken blieb, doch die Menschen begannen, sich nicht nur an die Bußaufrufe ihrer Prediger zu gewöhnen, sondern auch an den Krieg. Angesichts der kolportierten Kriegsgräuel verlor selbst der Jüngste Tag ein wenig von seinem Schrecken.

Die Osmanen konnten den Dreißigjährigen Krieg nicht für ihre Zwecke nutzen, weil innere Konflikte und die Perser ihrer Herrschaft zusetzten. Ohne Rückendeckung des Sultans konnte der Fürst von Siebenbürgen zwar in Ungarn und Wien Unruhe stiften, die Habsburger aber nicht wirklich gefährden. Dennoch blieb die Türkenangst im Dreißigjährigen Krieg präsent. Wallenstein wollte die Einigkeit im Reichs-Staat erzwingen, um die äußeren Feinde, allen voran die Türken, zu bekämpfen. Auch er spielte mit der Angst und beschwor ein eingeführtes Feindbild, um seinen politischen Zielen näher zu kommen.

Die Türkenangst beruhte auf der medialen Inszenierung dieses Erbfeindes, die aufgrund der Unsicherheit aller Christen, kein gottgefälliges Leben zu führen und in der Hölle zu enden, ihre Wirkung entfaltete. Die Gläubigen suchten eine Bestätigung ihrer Rechtgläubigkeit und fanden das Gegenteil. Unglück und Gefahr wurden in den konfessionalisierten Milieus mehr und mehr als Warnungen Gottes gedeutet, der seine Schäfchen zur Besinnung und Umkehr bringen wolle. Die Angst vor dem zürnenden und strafenden Gott ließ ein hochexplosives emotionales Gemisch entstehen. Auch in Deutschland drohte die Gewalt, die Westeuropa bis ins Mark erschütterte.

2. Verhärtungen oder wie die Menschen
Gott vereinnahmten

Die Konfessionalisierung

Friedrich Schiller hat die Folgen der konfessionellen Auseinandersetzungen beschrieben, denen die Menschen scheinbar hilflos ausgeliefert waren.
Er beginnt seine Geschichte des Dreißigjährigen Krieges mit der lapidaren
Feststellung, dass vor dem Westfälischen Frieden nichts geschah, «woran
die Reformation nicht den vornehmsten Anteil gehabt hätte». Die Religion ermögliche vieles, was nicht ihr, sondern den Herrschenden und der
Staatsräson diene. «Der große Haufe, wo ihn nicht Hoffnung auf Beute
unter ihre Fahnen lockte, glaubte für die Wahrheit sein Blut zu vergießen,
indem er es zum Vorteil seines Fürsten versprützte.» Im Krieg hätten Volk
und Fürsten jedoch gleiche Interessen verbunden – gegen die drohende
Übermacht der Habsburger und deren katholischen Eifer: «Das erste
weckte die Regenten, das zweite bewaffnete ihnen die Nationen.»[1] Die
Fürsten hätten nicht beherrscht, die evangelischen Untertanen nicht zum
katholischen Glauben gezwungen werden wollen. Beide hätten ihre Freiheit verteidigt, jedoch weder Halt noch Trost gefunden.[2]

Während die Menschen im «Kampf um Stabilität»[3] nach Gewissheit
suchten, die es nicht geben konnte, forderten die lutherischen Prediger
unablässig Reue und Buße. Sie schürten Angst, und alle unerklärlichen
Begebenheiten wurden von den Gläubigen als Vorboten göttlicher Strafen
verstanden. Das Gefühl, den dies- und jenseitigen Folgen ihrer Sünden
ausgeliefert zu sein, provozierte scheinbar irrationale Abwehrstrategien.
Melancholie war selbst im Hochadel verbreitet; nicht nur Kaiser Rudolf II.
und sein Bruder und Nachfolger Matthias litten an ihr.[4]

Die katholische Kirche reagierte spät auf die Herausforderung Luthers.
Das im Dezember 1545 eröffnete Trienter Konzil wies die reformatorischen
Anliegen kategorisch zurück. Die umstrittenen Dogmen wie die Heiligen-
verehrung, die Anzahl der Sakramente oder das Zölibat der Priester wurden bestätigt. 1563 erfolgten einige Reformen zum Lebenswandel und zur
Residenzpflicht der Kleriker, mit denen die gröbsten Missstände im katholischen Kirchenwesen beseitigt werden sollten. Der alte Glaube gewann

wieder an Profil und trat seit den 1570er Jahren der bis dahin schier unaufhaltsam vordringenden evangelischen Lehre mit dem Anspruch der Rückgewinnung von Gläubigen entgegen. Die Gegenreformation war vor allem in konfessionellen Gemengelagen und in einzelnen geistlichen Fürstentümern erfolgreich. Die Protestanten reagierten ihrerseits mit einer spürbar aggressiveren Religionspolitik, die insbesondere von reformierten Akteuren wie den Kurfürsten von der Pfalz oder den Wetterauer Grafen auch in den Foren der Reichspolitik propagiert wurde.

In Genf hatte sich durch Johannes Calvin seit 1536/37 eine radikalere Variante der Reformation etabliert. Nach der lutherischen Reformation des Wortes sollten eine rigorose Sündenzucht und ein von den Kirchenältesten kontrolliertes Gemeindechristentum zur Reformation des ganzen Lebens überleiten. Seine Lehre wurde in Westeuropa, aber auch in Ungarn oder Polen zur vorherrschenden Form des evangelischen Glaubens. Ihr schlossen sich seit 1560 etliche Reichsstände an. Sie nannten sich Reformierte, um unter dem Schirm des Augsburger Bekenntnisses zu bleiben und nicht den Schutz des Religionsfriedens zu verlieren.

Die sogenannte Zweite Reformation, der Übergang eines Reichsstandes vom lutherischen zum reformierten Glauben, erfolgte im Reich vor allem dort, wo die Herrscher mit der Staatsbildung im Rückstand waren. Sie hofften, ihre Untertanen mit Hilfe der calvinistischen Prediger, die anders als ihre lutherischen Vorgänger keinen Rückhalt im Volk besaßen, und einer rigorosen Sünden- und Sittenzucht besser kontrollieren und disziplinieren zu können. Der reformierte Glaube konnte in der Kurpfalz, der Wetterau und etlichen kleinen Herrschaften tief in lutherische Bereiche einbrechen. Die im Volk gut verankerten lutherischen Pfarrer forderten unterdessen Mitspracherechte im Sinne einer «Politik aus der Bibel», der *politica christiana*.[5] Die Herrscher nutzten dagegen den Religionsbann, um diese Prediger auszuweisen und die eigenen Vorstellungen durchzusetzen. Die Untertanen wurden zum Glaubenswechsel gezwungen oder mussten ihre Heimat verlassen.

Die Fürsten stellten die Legitimation ihrer Herrschaft aus der Bibel zwar nie in Frage, verstanden die öffentliche Kritik unbotmäßiger Pfarrer aber nicht als legitime Machtkontrolle, sondern als Aufwiegelung zum Aufruhr. Die Einführung des reformierten Glaubens sorgte für absolut loyale, weil von der Herrschaft vollständig abhängige Pfarrer, die vom Kirchenvolk oft erst nach langen Kämpfen und Gottesdienstboykotten akzeptiert wurden. Die Staatsräson lehrte, dass ein gemeinsamer Glaube Eintracht und Einigkeit fördere. Wer Unruhen provoziere und die öffentliche Ordnung gefährde, sollte nach Ansicht Luthers, der Jesuiten oder des Neostoikers Lipsius unnachsichtig bestraft werden, denn es sei besser, wenn ein Glied und nicht das Ganze leide.[6]

Das Kalkül der reformierten Herrscher ging auf. Die Untertanen hielten den Boykott des neuen Bekenntnisses nur kurze Zeit durch. Danach unterwarfen sie sich dem obrigkeitlichen Glaubensdiktat und der rigiden Zuchtordnung, die primär auf Selbstdisziplinierung fußte. Presbyterien, Klassenkonvente und Synoden wahrten zumindest in Deutschland den Schein kirchlicher Autonomie. In der Realität entschied das landesherrliche Kirchenregiment. Durch die Gleichschaltung von Politik und Religion gelang beispielsweise in den Wetterauer Grafschaften die Verstaatung der reformierten Herrschaftsverbände besser und schneller als diejenige der lutherischen.[7]

Die Lutheraner besaßen mit der *Confessio Augustana* ein dogmatisch vergleichsweise offenes Bekenntnis. Ob die von Luther 1537 verfassten Schmalkaldischen Artikel, die sich gegen die Abweichungen Zwinglis richteten, zum dogmatischen Bestand gehörten, blieb strittig.[8] Dies änderte sich 1577 mit der Konkordienformel. Ihr Zustandekommen war das Verdienst des nimmermüden Jakob Andreae, der sich im Auftrag Herzog Christophs von Württemberg und Kurfürst Augusts von Sachsen seit 1568 intensiv um die lutherische Bekenntnisbildung bemühte. Nachdem die als Kryptocalvinisten verschrienen Anhänger Melanchthons ihre Macht im Kurfürstentum Sachsen verloren hatten, verständigte sich die Mehrheit der orthodoxen Lutheraner. 86 Reichsstände und etwa 8000 Theologen unterzeichneten die Konkordienformel. Am 25. Juni 1580 – ein halbes Jahrhundert nach der Übergabe des Augsburger Bekenntnisses – erschien das Konkordienbuch in Dresden, das die nunmehr maßgeblichen Schriften Luthers als verbindliche Glaubensgrundlage zusammenfasste.[9] Diese Festlegung stieß in den eigenen Reihen, beispielsweise in Weimar, Braunschweig, Magdeburg und Mansfeld, auf erbitterten Widerstand.

Das Konkordienluthertum grenzte sich vom katholischen und insbesondere vom reformierten Bekenntnis ab, spaltete aber auch die Lutheraner und schwächte die Protestanten. Keineswegs alle, die sich als Augsburger Konfessionsverwandte betrachteten, unterschrieben die Konkordienformel. König Friedrich II. von Dänemark warf seinem Schwager Kurfürst August von

Sachsen vor, er folge seinen fehlgeleiteten Theologen in die falsche Richtung und schwäche die protestantische Bewegung. Den von Königin Elisabeth I. und den westeuropäischen Calvinisten forcierten Bemühungen, doch noch eine Einigung der Protestanten herbeizuführen, entzog die Konkordienformel jegliche Basis.[10] Die Spaltung sollte sich als schwere Hypothek erweisen.

Die Konkordienlutheraner erhoben einen Alleinvertretungsanspruch auf die reichsrechtliche Bezeichnung Augsburger Konfessionsverwandte. Mit der Konkordienformel erklärten sie die historisch eigentlich überholte *invariata* von 1530 zur alleingültigen Lehrnorm; 1555 hatte jedoch die 1540 von Melanchthon formulierte *variata* als authentische Form des Augsburger Bekenntnisses gegolten. Durch diese Verschiebung wurden die Calvinisten ebenso dogmatisch ausgegrenzt wie die Flacianer, die noch entschiedener auf die Umsetzung lutherischer Positionen pochten. Die Konkordienformel unterstrich Luthers Kampfposition gegenüber dem Papsttum: Es sei der Antichrist und müsse vor dem Jüngsten Gericht besiegt werden. Dieser Krieg war in der Bibel angekündigt und deswegen unvermeidlich. Das ursprünglich geplante «konsensstiftende, einhellige Bekenntnis der Augsburger Konfessionsverwandten» war unter dieser Voraussetzung nicht zu erreichen.[11] Die Konkordienlutheraner hüteten sich allerdings, ihre Position dem Reichstag vorzulegen, um ihren Alleinvertretungsanspruch verfassungsrechtlich legitimieren zu lassen. Es blieb daher bei der Nichtfestlegung des Regensburger Reichstages von 1566. Dort hatte Kurfürst August von Sachsen betont, dass nicht Kaiser und Katholiken über die evangelische Rechtgläubigkeit entscheiden dürften. Bis zum kaiserlichen Restitutionsedikt von 1629 gab es keinen reichsrechtlich verbindlichen Beschluss, dass die Reformierten nicht vom Religionsfrieden geschützt seien und unter das Sektenverbot fielen.

Nach der dogmatischen Abschließung der drei großen Konfessionen durch schriftlich fixierte Glaubensnormen wurde mit dem Kaisertum Rudolfs II. das religionspolitische Klima in Deutschland merklich rauer. Die Befürchtung war groß, dass die in Frankreich und den Niederlanden wütenden Kriege auf das Reich übergreifen könnten. Die Konsenskultur des Religionsfriedens, die Ferdinand I. und sein Sohn Maximilian II. gepflegt hatten und der sich Kurfürst August von Sachsen verpflichtet fühlte, wurde brüchig. Der Kampf der Konfessionskirchen erfasste die Reichspolitik und untergrub das häufig beschworene deutsche Vertrauen.[12]

Was die Untertanen, die in manchen Gebieten ihre Konfession mehr als einmal wechseln mussten, wirklich glaubten, kann nur vermutet werden. Die Visitationsprotokolle deuten auf große Unkenntnis der Pfarrer. Sie predigten Angst vor einem drohenden Gott, der angeblich deswegen zürnte, weil die Ketzer, also die Mitglieder der anderen Konfessionen, nicht besiegt seien. In diesem hasserfüllten konfessionalisierten Klima wünschten die Untertanen eine Macht, die Verstöße gegen den inneren Frieden und andere Gesetze wirkungsvoll sanktionierte. Dies gelang den weltlichen Herrschaftsträgern zunehmend besser.

Die Fürsten bezogen sich auf Augustinus, sahen sich als «gute Hirten» und hielten es für ihre Pflicht, die Herde im Auftrag Gottes im rechten Glauben sicher zu weiden und zusammenzuhalten. Sie kümmerten sich intensiv um die Sitten und Lebensweisen ihrer Untertanen.[13] Sie verboten alte Bräuche als Aberglauben, zudem traditionelle Feste und Frauenhäuser als Stätten der Unzucht. Ihr oberstes Ziel waren Gemeinwesen, die autonome, nach außen abgegrenzte, möglichst stabile und im Kern auf Dauer angelegte politische Handlungseinheiten bildeten. Diese sollten Schutz bieten, Konflikte regulieren, obrigkeitliche Entscheidungen vollziehen und die Autonomie bzw. Freiheit des eigenen Herrschaftsverbandes nach außen gewährleisten. Die Kirchen assistierten, weil auch sie gehorsame Untertanen wünschten. Im Gegenzug bot der Fürstenstaat auch ihnen ein gewisses Maß an Sicherheit, Stabilität und Handlungsfreiheit.

Die Disziplinforderungen gingen vielfach zurück auf die Tugendlehre von Justus Lipsius. Die Menschen sollten sich von ihren Affekten befreien, Furcht und Hoffnung hinter sich lassen und erkennen, dass Krieg und Tyrannei, «die politischen Wirren und öffentlichen Übel gottgewollt, notwendig und schicksalhaft» seien. Dann könnten sie ohne Angst ruhig und sicher leben, zumal Krieg und Pest die demographischen Probleme lösten.[14] Die Verbindung von politischem Menschenwerk und Gottes Wille brachte Lipsius so ordnungspolitisch auf den Punkt. Solche «Heiligen», die das ganze irdische Unheil als Gottes Wille klaglos akzeptierten, fanden sich aber selbst unter den strenggläubigen Calvinisten eher selten. Die angestrebte Zügelung der menschlichen Leidenschaften war mit obrigkeitlichen Gesetzen und Strafen nicht zu erreichen. Diese vermehrten nur die Angst vor herrschaftlicher Willkür. Dennoch stießen die kirchlichen Forderungen nach Selbstdisziplin mit Appellen an das Gewissen und mit der Überwachung durch die Nachbarn in Bereiche vor, die herrschaftlichstaatlichem Einfluss verschlossen waren. Das Neben- und Miteinander von weltlicher und kirchlicher Strafgewalt spielte für den Prozess der Zivilisation eine wesentliche Rolle. Kirchen-, Polizei- oder Landesordnungen regelten oft die gleichen Materien, und sie wurden mit der Zeit auch durchgesetzt.

«Die unlösbare Verbindung der beiden an sich konträren Prinzipien, Staatskonfession und Staatsräson, [gab, G.S.] [...] dem Obrigkeitsstaat der zweiten Hälfte des 16.Jahrhunderts sein unverwechselbares Gesicht und seine spezifische Stärke.»[15] Ein katholischer Fürst überbot jedoch um 1600 die protestantischen Herrscher an Regulierungssucht. Herzog Maximilian von Bayern[16] gelang die enge Verzahnung von Politik und Glauben zur Formierung des Finanz- und Verwaltungsstaates Bayern,[17] der die Ressourcen vollständig zu erfassen und abzuschöpfen versuchte. Der Erfolg gab ihm recht. Er perfektionierte auch die von seinem Vater eingeleitete Bistumspolitik. Nach der Wittelsbacher «Machtübernahme» in Köln 1583 wurde der bayerische Bistumsverbund zielstrebig ausgebaut. Dieser erstreckte sich schließlich über Freising, Köln und Lüttich bis nach Münster und Hildesheim. Herzog Maximilian rückte nach 1600 ins Zentrum der Reichspolitik.

Während der Augsburger Religionsfriede in den meisten Territorien für religiöse Eindeutigkeit sorgte, musste der Reichs-Staat zwei bzw. drei Konfessionen politisch integrieren. Die Weichen wurden deswegen in Deutschland frühzeitig auf Duldung und Konsens gestellt. Dem Reichs-Staat nutzten dabei die konfessionellen Verbindungen, die etwa Bayern mit Köln und Münster, Kurpfalz mit Bremen oder Kursachsen mit Esslingen verknüpften. Seit den 1540er Jahren halfen diese Kontakte, die reichsfernen Landschaften in das politische Mehrebenensystem einzufügen.[18]

Der einheitliche Glaube galt jedoch als zentrale Voraussetzung erfolgreicher Staatsbildung.[19] Am Vorabend des Dreißigjährigen Krieges suggerierten freilich die territorialen oder staatlichen Bekenntnisse eine religiöse Einheitlichkeit, die es in Wirklichkeit nicht gab. In evangelischen Ländern lebten Katholiken, in altgläubigen Protestanten. Selbst die reichsrechtlich verbotenen Sekten wurden längst nicht überall konsequent verfolgt. Die zahlreichen Visitationen, die Befragungen der Pfarrer, dokumentierten indifferente, synkretistische und höchst krude Vorstellungen von gut lutherisch, katholisch oder calvinisch und davon, welche Glaubensrichtungen sich hinter Zugehörigkeitserklärungen verbargen.

Die wichtigste Gemeinsamkeit aller Konfessionen bestand um 1600 im
Glauben an den dreieinigen Gott und an die scheinbare Gewissheit, dass
das Weltende mehr oder weniger unmittelbar bevorstand. Mit individueller Beichte, Bußritualen und der Werkgerechtigkeit, dem Anrufen Marias
und der Heiligen sowie dem Ablass bot der katholische Glaube eine Fülle
von Auswegen, um an der göttlichen Allmacht nicht zu zerbrechen. Der
Priester war der magische Mittler, der Vergebung spendete und Entlastung
versprach.[20] Feste und Wallfahrten taten ein Übriges. Den Lutheranern
fehlten solche Praktiken. Ihre Welt war «entzaubert». Die schrillen Um-
kehr- und Bußaufrufe ihrer Pfarrer sollten die finale Angst erzeugen, um
ein gottgefälliges Leben herbeizuführen. Während der Papst oder die Türken für die meisten Gläubigen entfernte Bedrohungen darstellten, waren
die eigenen Sünden nah und die Ängste vor den kunstvoll ausgemalten
Höllenqualen allgegenwärtig. Die Welt verdüsterte sich. Gott hatte den
Menschen seine Gnade geschenkt, doch den Sündern blieben nur der
Glauben und sein Vertrauen in das Wort Gottes. Alle Predigten und erbaulichen Texte erinnerten daran, dass die Menschen nicht nur in einer
bösen Zeit, sondern in den letzten Minuten dieser Welt lebten.[21]

Der gemeine Mann sah sich konfrontiert mit einer prekären diesseitigen Existenz und einer ungewissen im Jenseits. Konfessionelle Polemiken
sollten ihn «ketzerfest» machen.[22] Die augenfälligen Unterschiede zwischen den Bekenntnissen – Priesterehe, Liturgie, Ausgestaltung des Got-
tesdienstes und des Kirchenraumes, Laienkelch, Zahl der Sakramente, der
Papst, die Heiligen und die Feiertage – boten die Basis für einen solchen
Hass, dass viele Zeitgenossen meinten, der Dreißigjährige Krieg habe in
den Kirchen und auf den Kanzeln begonnen. Das publizistische Sperrfeuer
der Protestanten beließ es nicht bei der Diffamierung des Papsttums als
Antichrist. Wie schon beim Schmalkaldischen Krieg wurden die deutsche
Nation für die eigene Sache vereinnahmt und der Papst, die Jesuiten und
die Spanier in schrillsten Tönen beschuldigt, Deutschland unter ihr Joch
bringen zu wollen. Die spanischen Könige strebten demnach die Herrschaft über das Reich an und ließen deswegen ihre Soldaten alle Gräuel –
Mord, Folter, Frauenschänden etc. – ausüben. Die Jesuiten erschienen in
evangelischen Polemiken als Wölfe im Schafsfell, die unter dem Schein
christlichen Sanftmutes skrupellos die Gegenreformation durchsetzten.
Sie galten als Urheber vieler Schandtaten wie der Pariser Bartholomäusnacht von 1572 und der politischen Attentate, denen Wilhelm von Oranien

1584, die Könige Heinrich III. und Heinrich IV. von Frankreich 1589 und 1610, aber auch eigene Kritiker wie Don Carlos 1568 zum Opfer gefallen waren.[23] Diese Argumentation konterten die Katholiken mit dem Vorwurf des Verfassungsbruchs: Die evangelischen Stände hätten den Augsburger Religionsfrieden missachtet und Kirchengut willkürlich säkularisiert.

Während das Luthertum über alle Konflikte hinweg seine deutsche Identität betonte, entzogen sich Calvinisten und Katholiken nationalen Zuordnungen. Luther, die im fürstlichen Religionsbann gipfelnde Glaubensregelung des Augsburger Religionsfriedens und das Konkordienwerk hatten das Luthertum zu einer deutschen Angelegenheit gemacht. Die lutherischen Obrigkeiten im Reich waren sich selbst genug und nutzten ihren Glauben, um ihre Untertanen zu homogenisieren. Sie lehnten jede eigene Beteiligung an den westeuropäischen Freiheitskämpfen ab, um nicht die Ruhe und Ordnung in Deutschland zu gefährden. Ihre Theologen lehrten im Sinne Luthers, dass man auch einer ketzerischen Obrigkeit gehorchen müsse. Im Vertrauen auf Gott sollte selbst der Kampf gegen das Papsttum als Antichristen nur mit geistigen Waffen geführt werden.[24] Das Luthertum verspielte durch sein ängstliches Verharren die Chance, sich wie seine Konkurrenten zu internationalisieren und die europäische Konfessionskarte mitzugestalten.

Die führenden calvinistischen Theologen kannten Europa. An den reformierten Hochschulen in Genf, Heidelberg, Leiden oder Herborn herrschte ein internationales Klima. An den lutherischen Universitäten machte sich hingegen eine gewisse lokale und geistige Enge breit, die sich in politischen Gutachten und Ratschlägen widerspiegelte. Die lutherischen Theologen blickten kaum über den Tellerrand der eigenen Herrschaft oder des Reichs-Staates hinaus. Auch dies hatte Folgen, wie sich im Dreißigjährigen Krieg zeigen sollte. Die angeblich gottgewollten Kriege und Endkämpfe gegen den Satan oder die Angehörigen anderer Konfessionen wurden fast ausschließlich im nationalen Rahmen geführt. Konfessionelle Solidarität überwand selten Sprach- und Ländergrenzen. Gemeinsam war nur der Glaube an das Strafgericht Gottes, das jedem Unheil Sinn zu verleihen vermochte. Der vergebende Gott der Katholiken und der gütige Gott Luthers hatten sich um 1600 in einen zürnenden Weltenlenker verwandelt. Den armen Sündern schienen alle Auswege versperrt zu sein. Es fehlte ein Maßstab zur Bewertung des eigenen Handelns, der Sicherheit und Stabilität verhieß.

Anfang September 1618 berichtete beispielsweise die *Warhafftige und er-schröckliche Newe Zeitung* im Tonfall des Unausweichlichen über einen Bergrutsch, der Anfang September 1618 die kleine Stadt Plurs in Graubünden zerstört hatte. Garniert wurde das Ganze mit dem später im *Theatrum Europaeum* wiederholten Hinweis, dass dort viele Adlige und reiche Händler wie in einem irdischen Paradies mit «allerhand wollüsten» gelebt hätten. Bei den Ausgrabungen fand man angeblich einen Stein mit einer hebräischen Inschrift, die auf Babylon und die Strafen Gottes verwiesen habe.[25]

Doch was sollten die Menschen tun, wenn Gott beschlossen hatte, sie zu strafen? Menschliche Gegenwehr war eitel und vergeblich, obendrein eine schwere Sünde, wenn sich diese gegen Gottes Wille richtete. Niemand konnte allerdings wissen, was Gott wirklich wollte. Menschliche Vorsorge, Gegenwehr und das Eintreten für die irdische Ordnung und Stabilität richteten sich möglicherweise gegen die gottgewollten, wenn auch von Hexen oder vom Teufel verursachten Unwetter, Epidemien oder Kriegsgräuel.[26]

Flugschriften verwiesen auch darauf, dass nicht nur die Angehörigen einer Konfession, sondern Katholiken, Calvinisten und Lutheraner Gott mit ihren Sünden erbost hätten und nun dafür bestraft würden. Es helfe nicht weiter, sich gegenseitig die Schuld zu geben.[27] Damit reagierte etwa Caspar Schoppe, die wohl profilierteste katholische Stimme dieser Jahre, auf eine unter dem Pseudonym Martha Salome von Belta publizierte Schrift, die zeigen wollte, dass nicht Lutheraner oder Calvinisten, sondern die Papisten und Jesuiten den Krieg begonnen hätten. Gegen den römischen Antichristen und die Jesuiten, die das deutsche Vaterland bedrohten, müsse man sich – so die Botschaft des fünften Gespräches – aktiv wehren, obwohl Gott dafür sorgen werde, dass das «blutdürftig Vornehmen des Röm. Stuhls» abgewehrt werde. Jeder solle Gott vertrauen, der alle Ding in seiner Hand halte, «aber darum nicht liederlich / müßig und sorglos» sein. Gott helfe «nicht den müßigen und liederlichen / sondern den emsigen und arbeitenden» Menschen.[28]

Diese Flugschrift löste wenigstens das nicht zu unterschätzende Dilemma der Gläubigen auf elegante Art und Weise. Gott hilft nur denjenigen, die sich selbst helfen und sich nicht fatalistisch dem Schicksal überlassen. Die Wahrheit des eigenen Glaubens und die Freiheit der Nation mussten verteidigt werden. Doch wer waren und wo verbargen sich die Feinde, die Gott strafen wollte? Vor diesem Entlarvungsproblem verdichteten sich die Ängste um das Seelenheil zu einer Massenhysterie, einer kollektiven Psychose. Diese gesellschaftliche Traumatisierung ist nicht eine Folge, sondern bereits eine Ursache des Dreißigjährigen Krieges. Während die Katholiken in ihrer Ungewissheit Trost bei Verkörperungen des idealen Leidens wie der Schmerzensmutter oder den Märtyrern finden konnten, hatte sich das Luthertum in der zweiten Hälfte des 16. Jahrhunderts auf den Karfreitag als höchsten Feiertag kapriziert.[29] Die vorbildliche Leidensbewältigung des Gottessohns sollte den Gläubigen helfen, weder an der Angst vor den Strafen Gottes noch an der Ungewissheit über ihr irdisches Dasein zu zerbrechen.

Das christliche Vertrauen auf die Unsterblichkeit der Seele, die Erlösung aus dem irdischen Jammertal und die Gerechtigkeit in einer anderen Welt sorgte gerade noch für das Maß an Zuversicht, das den völligen Zerfall jeglicher sozialer Ordnung verhinderte. In dieser Hinsicht wirkten die staatlichen und kirchlichen Disziplinierungsprozesse stabilisierend. Der ständige Wechsel von Hochgefühl und Verzweiflung, Völlerei und Buße, von dem etwa im 15. Jahrhundert berichtet wird, findet sich in den Quellen zum Dreißigjährigen Krieg kaum noch.[30] Allerdings erzählt Hans Jakob Christoffel von Grimmelshausen in seinem Schelmenroman und Zeitbild *Abenteuerlicher Simplicius Simplicissimus* gerade davon besonders häufig.[31] Die Diskrepanz ist auffällig und bezeugt einmal mehr, dass seine Darstellung die Wirklichkeit nicht darstellt, sondern überbietet.

In den voneinander strikt geschiedenen konfessionellen Milieus prägten die Kirchen alle Bereiche des Lebens mit unvorstellbarer Intensität. Sie sozialisierten, kontrollierten und sanktionierten das Leben von der Wiege bis zur Bahre. Sie grenzten ab und aus – von Nachbarschaften, Zünften, Begräbnissen, von der politischen Freiheit zur Mitbestimmung in den unterschiedlichen Korporationen oder auf lokaler und regionaler Ebene. Sie konzentrierten die Gläubigen auf ihr konkretes Normensystem, das sie aggressiv gegen die anderen Bekenntnisse ausrichteten. Die Konfessionszugehörigkeit zählte zu den selten hinterfragten kulturellen Selbstverständlichkeiten. Sie versprach Stabilität und Sicherheit.

Der «gesellschaftliche Fundamentalvorgang, der das öffentliche und private Leben in Europa tiefgreifend umpflügte» und die «neuzeitlich disziplinierte Untertanengesellschaft» hervorbrachte, wird als Konfessionalisierung bezeichnet.[32] Die Gläubigen ließen sich die Kontrolle und Überwachung gefallen. Ob sie dies aus Angst vor dem Krieg aller gegen alle oder deswegen taten, weil ungestraftes Fehlverhalten Gott noch mehr erzürnte, ist letztlich unerheblich. Die Sorge der Gläubigen um die Reinhaltung der Abendmahlsgemeinschaft erleichterte das obrigkeitliche Geschäft, denn der frühneuzeitliche Staat und seine Beamten waren gar nicht in der Lage, flächendeckend und gleichmäßig bis ins letzte Dorf regulierend und strafend einzugreifen. Das Konfessionalisierungsparadigma bezieht sich allerdings nur auf die äußeren Ähnlichkeiten der Bekenntniskirchen und betont deren modernisierende Funktionen beim Aufbau des Staates. Es erfasst nicht den «Kern, das innere kirchliche Leben, nicht die Erlebnisse und Wahrnehmungen und Deutungen der handelnden und betroffenen Menschen». Der «subjektiv gemeinte und erfahrene Sinn» wird nicht wahrgenommen.[33] Dies ändert aber nichts daran, dass in allen Konfessionen schon vor dem Krieg Zweifel am Sinn der Intoleranz aufkeimten. Das unbedingte Vertrauen, dass alles, was geschah, Gottes Willen entsprach, ging während des Krieges sukzessiv verloren.

Die Gläubigen kamen immer häufiger in die Zwangslage, sich zwischen den Geboten und Strafen Gottes einerseits und der schieren Selbsterhaltung andererseits entscheiden zu müssen. Das war die mentale Herausforderung des langen Krieges. Die Bürger und Bauern wollten das ihnen zugewiesene Schicksal nicht passiv hinnehmen, sondern es aktiv beeinflussen. Sie trafen Vorsorge gegen Naturkatastrophen und wehrten sich gegen Übergriffe auf ihre Rechte und ihren Besitz. Dabei lernten sie, die Bedeutung säkularer Werte wie Frieden, Freiheit und Recht, Einigkeit, Toleranz und Pluralismus zu schätzen. Was dies bedeutet, zeigt die Entwicklung in den Niederlanden.

Der niederländische Freiheitskampf

Der Achtzigjährige Krieg in den Niederlanden wirkte vorbildhaft auf die böhmische Unabhängigkeitsbewegung und auf die antihabsburgische Haltung vieler Reichsstände. Im Nordwesten wurden in der zweiten Hälfte des 16. Jahrhunderts die Freiheitsvorstellungen gegen die spanischen Habsburger ins Feld geführt, auf die sich auch die böhmischen Magnaten und die deutschen Protestanten beriefen, wenn sie vor dem kaiserlichen Despotismus warnten. Der zwischen 1568 und 1648 die 17 Provinzen erschütternde Krieg wird als Freiheitskampf oder Aufstand bzw. Revolte bezeichnet. Am Ende stand die Sezession. Die sieben nördlichen Provinzen bildeten eine unabhängige Republik, während die südlichen unter spanischer Herrschaft verblieben. Kaiser und Reich beteiligten sich nicht an diesem Krieg im Burgundischen Reichskreis, einzelne Reichsstände wie die Kurpfalz, die Nassauer Brüder Wilhelms von Oranien und die reformierten Wetterauer Grafen hingegen schon.

In den verschiedenen Armeen sammelten deutsche Adlige und Söldner Erfahrungen mit der spanischen Militärmaschinerie und mit der Umsetzung der nassau-oranischen Heeresreformen. Die spanische Grundformation bestand aus tief gestaffelten Quadern von 3000 und mehr Infanteristen, die mit ihren langen Piken und ihrem Musketenfeuer das Schlachtfeld beherrschten. Diese *tercios* konnten allein aufgrund ihrer Größe nur schwer von der gegnerischen Kavallerie überrannt werden.[34] Die nassau-oranischen Reformen betrafen den Krieg als Ganzes von der Finanzierung über die Söldnerwerbungen, den Drill an den Waffen bis zur Taktik, Strategie und Feuerkraft; sie griffen auf antike Vorbilder zurück. Infanteristen und Kavalleristen konnten mit der neuen Linientaktik, in der kleine mobile Einheiten nur wenige Reihen tief gestaffelt standen, effektiver eingesetzt werden, sodass sich alle Waffengattungen besser entfalten konnten. Hinzu kam die Feuerkraft einer beweglicher gewordenen Artillerie, die für mehr als nur Verwirrung sorgte. Das dynamische und flexible Vorgehen erwies sich zwar der eher statischen spanischen Kampfweise als überlegen, benötigte jedoch mehr geschultes Führungspersonal. Graf Johann VII. von Nassau-Katzenelnbogen gründete deswegen zu Beginn des 17. Jahrhunderts in Siegen eine Militärakademie, die Johann Jakob von Wallhausen leitete, ein erfahrener Offizier und Autor diverser militärischer Handbücher.[35] Diese Investition zahlte sich aus.

Der Achtzigjährige Krieg offenbarte die tiefe Kluft zwischen dem Reichs-Staat und den seit der Reichsteilung Karls V. 1551 spanischen Niederlanden. Der Burgundische Vertrag von 1548, der den ein Jahr später für «één en ondeelbaar», für unteilbar, erklärten 17 Provinzen Schutz gegen Frankreich bieten sollte, hatte die Probleme nicht gelöst. Philipp II. machte das Gebiet zu einer peripheren Provinz des spanischen Weltreiches und ließ die evangelischen «Ketzer» unbarmherzig verfolgen.[36] Seine Herrschaft stieß auf immer größere Ablehnung. Der Glaubensstreit brach dann erst in den 1560er Jahren offen aus, als sich die hochentwickelte flandrische Tuchindustrie in einer Absatzkrise befand. Während Philipp II. strikte Katholizität und Gehorsam forderte, hungerte das Volk. Der Aufruhr verband soziale und religiöse Motive, richtete sich jedoch in erster Linie gegen die spanische Fremdherrschaft.

Der spanische König regierte sein riesiges Reich vom Schreibtisch aus. Was sich auf das Zusammenwachsen der Königreiche Kastilien, Katalonien, Aragon, seit 1580 auch Portugal positiv auswirkte, besaß für die Peripherie negative Folgen. Es kam zu zahlreichen Unruhen und Aufständen. Darüber hinaus wurde der Seeweg nach Mittelamerika immer unsicherer. Neben den Atlantikstürmen sorgten englische und niederländische Freibeuter dafür, dass die Silberflotten ihre Heimathäfen häufig nur dezimiert oder gar nicht erreichten. Dennoch dürften im 16. Jahrhundert gut 150 Tonnen Gold und etwa 7400 Tonnen Silber angelandet worden sein, Geld, das für die gewaltigen Militärausgaben dringend benötigt wurde, das aber nicht alle Löcher stopfen konnte. Das Königreich erlebte zwischen 1557 und 1607 vier Staatsbankrotte.[37] Der Untergang der spanischen Armada vor der englischen Küste war 1588 mehr als nur symbolträchtig.

Trotz der spanischen Inquisition gab es in einigen niederländischen Provinzen bereits 1564/65 erste Ansätze einer calvinistischen Kirche. Als Philipp II. im Oktober 1565 die Ketzeredikte neuerlich publizieren ließ, organisierten sich Teile des niederen Adels, um für die Autonomie der Niederlande einzutreten. Der aufgestaute Hass und die Angst entluden sich im August 1566 in Tumulten und Bilderstürmen, denen viele Altäre und Kunstwerke zum Opfer fielen. Während die Statthalterin Margarete, eine natürliche Tochter Karls V., vermittelnd verhandelte, schickte der König Herzog Alba mit 70 000 Soldaten. Als dessen Streitmacht im August 1567 über die spanische Straße von Genua aus Brüssel erreichte, war der Aufstand beendet. Wilhelm von Oranien, einer der hochadeligen Anführer, floh zu seinem Bruder nach Dillenburg. Er entkam so dem Albaschen Blutrat, einem Sondergericht, das über 1000 Hinrichtungen anordnete und vollstreckte, darunter am 5. Juni 1568 diejenigen der Grafen Egmont und Horn. Wilhelm von Oranien und seine Brüder organisierten von Deutschland aus den Widerstand, doch sie konnten Alba nicht bezwingen.

Die spanische Weltmacht versuchte, die Besatzungskosten auf die betroffenen Provinzen abzuwälzen. Deswegen erfand Alba eine Art Mehrwertsteuer. Sie sollte ihn unabhängig von den Steuerbewilligungen der Stände machen. Zunächst trat jedoch nur die Kapitalsteuer des 100. Pfennigs in Kraft. Die allgemeine Verkaufssteuer des 10. und die Grundsteuer des 20. Pfennigs lehnten die Stände ab. Als Alba diese 1571 dennoch einführte, entfachte er den Widerstand von neuem.

Unzählige Pamphlete rechtfertigten den Aufstand als legitimen Freiheitskampf. Marnix von St. Aldegonde, einer der wichtigsten Berater Wilhelms von Oranien, rief dazu auf, die alten Freiheiten zu verteidigen. Die Spanier wollten die Niederlande um ihre Privilegien und unter die Inquisition bringen, um ein monarchisch regiertes Königreich aus ihnen zu machen. Jacob van Wesembeeke erklärte dagegen *die* Freiheit zum höchsten politischen Wert, die er bereits naturrechtlich und individuell definierte. Jeder Mensch besitze eine natürliche, angeborene Freiheit, wenn diese in einem Gemeinwesen verloren gehe, seien die Einwohner die «ärmsten Sklaven der Welt».[38] Freiheit stand gegen monarchische Unterdrückung. Die Pamphlete verkündeten, dass die Niederländer ihre Freiheit mehr liebten als andere Völker. Die theoretische Begründung des Widerstandes bildete die Basis für die monarchomachischen Texte, die vor allem in Frankreich entstanden.

Theodor Beza, enger Mitarbeiter und Nachfolger Johann Calvins in Genf, hatte im Anschluss an Basilius Monner und die deutschen Diskussionen Tyrannis als Bruch des Herrschaftsvertrags charakterisiert. Er übertrug dem Hochadel und den sogenannten niederen Magistraten das Recht zum Widerstand gegen eine tyrannisch gewordene höhere Gewalt. François Hotmann behauptete, schon zu Zeiten der Gallier seien die Könige vom Volk bzw. von dessen Repräsentanten, den Ständen, gewählt und abgesetzt worden. Noch deutlicher wurde die anonym erschienene, von Philippe Duplessis-Mornay verfasste *Vindicae contra tyrannos*, die Rechtsansprüche gegen Tyrannen. Sie machte die Lehre vom doppelten Bund – zwischen Gott, König und Volk sowie zwischen König und Volk – zur Grundlage des Widerstandsrechtes. Wurden diese Verträge gebrochen, war Gegenwehr legitim, da das Volk als Ganzes über dem König stehe, der in dessen Auftrag das Gemeinwesen regiere. Gegen eine ungerechte und tyrannische Herrschaft müssten die Repräsentanten des Volkes, also die Stände und Amtsträger, Widerstand leisten. Das republikanische Tor war damit weit geöffnet, und die Auffassung setzte sich durch, dass die Niederlande sich durch die Generalstaaten selbst regieren sollten.[39]

Für die republikanische Identität, die sich zwischen 1550 und 1650 entwickelte, spielte neben dem Kampf gegen die Spanier auch derjenige gegen das Wasser eine tragende Rolle.[40] Sturmfluten gehörten wie Kriege, Seu-

chen oder Hunger zur apokalyptischen Trias, den Strafen Gottes. Ihr Ende
bedeutete ein Sauberwischen der Sündentafel. Das gewaltige Hochwasser,
das 1570 die gesamte Nordseeküste von Flandern bis nach Dänemark
heimsuchte, ließ den erst kurz zuvor trockengelegten Zijpe-Meeresarm in
den Fluten versinken. Wenn die Niederländer dennoch den Kampf gegen
das Meer und die spanische Tyrannei siegreich gestalteten, konnte dies nur
bedeuten, dass sie mit Gott im Bunde waren. Der biblische Mythos des von
Gott auserwählten Volkes prägte das nationale Bewusstsein der Republik.
Der ältere Bataver-Mythos kam hinzu. Die Niederländer sahen sich als
Nachfahren dieses heroischen, tugendhaften und freiheitsliebenden Stam-
mes, der erfolgreich gegen die Römer gekämpft hatte; in ähnlicher Weise
waren die Germanen zu Vorfahren der Deutschen geworden. Die Mythen
beflügelten den Freiheitskampf und bildeten die Grundlage des niederländischen Nationalbewusstseins im Goldenen Zeitalter.

Die Niederländer hatten allen Anfechtungen widerstanden, und mit jedem Sieg erneuerte Gott seinen Bund. Der Aufstand richtete sich zunächst
nicht gegen Philipp II., sondern gegen dessen Statthalter und Satrapen wie
Kardinal Granvella oder Herzog Alba. Erst mit der Zeit geriet der König
selbst in den Fokus der Kritik. Die Loyalitätspflicht hatte sich auf das Vaterland verschoben. Die emotionalisierende Verknüpfung von Freiheit und
Vaterland erzeugte Kampfbereitschaft. Der Oranier betonte in seinem
Hilfsbegehren an den Wormser Deputationstag 1578 noch einmal die alten
ständischen Rechte und die engen Verbindungen zum Reich. Die Niederländer würden gegen die Spanier kämpfen, die ihnen eine fremde Monarchie aufzwingen wollten. Die Freiheit des Gewissens, der Frauen und
Kinder und des Besitzes müsse gemeinsam verteidigt werden.[41] Kaiser und
Reich hielten sich jedoch bedeckt und verspielten die letzte Möglichkeit,
die Niederlande wieder enger an den Reichs-Staat zu binden.

Nachdem Wilhelm von Oranien 1572 sein deutsches Exil verlassen und
sich den Wassergeusen angeschlossen hatte, begann eine neue erfolgreiche
Phase des Freiheitskampfes. Der Norden befand sich bald in offenem
Aufruhr, während südlich der Maas Alba herrschte. In den aufständischen
Gebieten galt die freie Religionsausübung. Die Calvinisten erhielten Vorrechte, obwohl sie auch hier eine Minderheit blieben, die in den 1570er Jahren nur etwa zehn Prozent der Bevölkerung ausmachte. Das hing einerseits
mit der Angst vor den Spaniern, andererseits aber auch mit der rigorosen
calvinischen Sündenzucht zusammen: Sittliche Verfehlungen wurden un-

barmherzig vor den Kirchenrat bzw. das Konsistorium gezerrt. Um öffentliche Bloßstellungen zu vermeiden, gingen die Gläubigen zwar in die Kirche, aber nicht zum Abendmahl; damit gehörten sie nicht zur Gemeinde, und die Kirchenältesten waren für sie nicht zuständig. Wilhelm von Oranien förderte den Calvinismus nicht als Staatsreligion. Er träumte von Toleranz und der Einheit der 17 Provinzen, die er vom Joch der Spanier und der katholischen Zwangsreligion befreien wollte.

Die orthodoxen Calvinisten wollten von Glaubensfreiheit wenig wissen, und das Regentenpatriziat setzte auf ein Nebeneinander der Konfessionen. Es gab aber auch Vorschläge, dem neuen Staat eine säkulare ethische Basis zu geben. Lipsius optierte unter Rückgriff auf die römische Stoa für ein Bündnis zwischen Macht und Tugend.[42] Seines Erachtens unterlag der Mensch zwar der göttlichen Vorsehung, blieb aber für sich selbst verantwortlich. Da die Welt voller Übel sei, solle niemand für ein bestimmtes Prinzip sein Leben und das Gemeinwesen aufs Spiel setzen. Er wollte die Bürger-Untertanen erziehen, die den tugendsamen, politische Klugheitslehren beachtenden Politikern gehorchten.[43] Sein Widersacher Dirck Volckertsz Coornhert plädierte für eine säkularisierte Form der biblischen Ethik.[44]

Zunächst setzte sich ein eher undogmatischer Calvinismus durch. Die Regenten wünschten keinen öffentlichen Streit über Glaubensfragen. Die anderen Konfessionen, die Sekten und der jüdische Glaube wurden zwar geduldet, aber politisch reglementiert. Ihre Anhänger spielten im öffentlichen Leben keine Rolle, denn sie erhielten keinen Zugang zu den Ressourcen des Gemeinwesens.[45] Die Lutheraner wurden um 1600 auch unterdrückt, weil sie die Stabilität angeblich gefährdeten.

1579 gründeten Seeland, Holland, Utrecht, Geldern und Ommerland die Union von Utrecht. Ihr schlossen sich Friesland und Overijssel an. Dies war die Geburtsurkunde der niederländischen Republik. Ihre Mitglieder verpflichteten sich, in Krieg und Frieden wie eine Provinz zu handeln. Die Union zog Steuern ein, organisierte das Wehrwesen und gab sich eigene Behörden – eine sezessionistische Staatsbildung, die am 22. Juli 1581 in der Lossagung von König Philipp II. gipfelte.[46]

Im unmittelbaren Vorfeld und in der Unabhängigkeitserklärung selbst wurden noch einmal die bekannten Argumente diskutiert: Der König sei kein souveräner Monarch, weil er seine Gewalt aus den Händen des Volkes empfangen habe. Das anonyme Pamphlet *Treue Warnung* argumentierte naturrechtlich: Gott habe alle Menschen frei erschaffen, sie könnten von niemandem zu Sklaven gemacht werden, der keine andere Macht über sie besitze als diejenige, die sie ihm selbst gegeben hätten. Angesichts der öffentlichen, allgemeinen, grausamen und inhumanen Tyrannei müssten die Stände handeln. In der Lossagung wurde Philipp II. beschuldigt, zum Tyrannen geworden zu sein, weil er die alten Rechte des Landes, die eigenen Pflichten und die vertraglichen Bindungen verletzt habe. Die Untertanen müssten ihm nicht mehr gehorchen.

Die Forderung nach Toleranz als Basis der Einheit des Vaterlandes drängte diejenige nach Religions- oder Gewissensfreiheit im politischen Kräftespiel zurück. Die Diskussionen um die künftige Staatsform waren noch nicht beendet, als Wilhelm von Oranien im Juli 1584 in Delft dem Attentat eines gedungenen spanischen Mörders zum Opfer fiel. Damit erschien wieder alles offen, doch die Verhältnisse stabilisierten sich. Der am 9. April 1609 in Antwerpen vereinbarte zwölfjährige Waffenstillstand brachte der Republik erstmals internationale Anerkennung – jedoch nur durch England, Frankreich und die Republik Venedig.

Während des Waffenstillstandes festigte sich die republikanische Ordnung. Die Generalstaaten, also die Deputierten der einzelnen Provinzen entschieden über Krieg und Frieden, schlossen Staatsverträge und setzten die Steuern fest. Der Adel und die Masse des Volkes besaßen praktisch keinen Einfluss auf ihre politischen Entscheidungen. Dies führte zu neuen Spannungen, zumal die calvinistischen Prediger ihre Positionen für allein gültig erklärten. Während sie den Krieg gegen die Spanier als Kampf für den wahren Glauben deklarierten, interpretierten ihn die Regenten als Freiheitskampf gegen Unterdrückung und Tyrannei.[47]

Die junge Republik wäre in dieser Phase fast an einem innercalvinistischen Streit um die doppelte Prädestinationslehre zerbrochen. Seit 1604 stritten die Leidener Professoren Jacobus Arminius und Franciscus Gomarus darüber, ob Christus für alle Menschen – so Ersterer – oder nur für die Auserwählten – so Letzterer – gestorben sei. Die Arminianer forderten 1610 mit ihrer «Remonstranz» an die Ständeversammlung Toleranz für ihre Haltung. Unter Führung Johann Oldenbarnevelts, des Ratspensionärs und leitenden Politikers der Republik, erklärten sie die weltliche Obrigkeit zur höchsten Lehrautorität und lehnten Ketzerverfolgungen ab.[48] Die Kontraremonstranz der Prädikanten verlangte die Entscheidung einer Synode oder einer ausländischen Hochschule. Ein Flugschriftenkrieg heizte die

Stimmung an. Oldenbarnevelt wurde beschuldigt, die Republik an Spanien verraten zu wollen.[49]

Der vom Volk unterstützte Moritz von Oranien setzte sich durch. Die Synode von Dordrecht verwarf 1619 die Position der Remonstranten zugunsten der doppelten Prädestination.[50] Gott allein hatte demnach in freier Verfügungsgewalt entschieden, wer selig und wer verdammt war.[51] Der Auserwählte konnte seine Prädestination nur durch seine Zuversicht und durch sein Verhalten in seinem beruflichen und sozialen Umfeld bestätigt finden. Er musste so leben, dass er Gottes Ruhm mehrte. Gewissheit gab es nicht, doch asketische Lebensgestaltung und Selbstkontrolle galten als Zeichen der Ausgewähltheit.[52] Da die Bemühungen öffentlich durch die rigorose Sittenzucht der Kirchenältesten überwacht wurden, hätte eine Gesellschaft von «Heiligen» entstehen müssen.

Im Idealfall fand der Calvinist Bestätigung in tätigem Erwerbsleben und zurückhaltendem Konsum. Der Einzelne konnte Anzeichen für seinen Gnadenstand gewinnen, wenn er selbst glaubte, «sich mit seinem Gesamtverhalten, im methodischen Prinzip seiner Lebensführung, auf dem rechten Weg zu befinden: zu Gottes Ruhm zu arbeiten».[53] Auch der Reiche konnte zu den Auserwählten gehören, und davon gab es in der Republik viele, denn die Bürger verdienten gut am Krieg. Die Wirtschaft florierte, weil sie sich frei entfalten konnte. Ökonomische und technische Innovationen sorgten für Gewinne und hohe Steuereinnahmen, die den Krieg und die Zinsen der langfristigen Staatsanleihen finanzierten und so verhinderten, dass unbezahlte Söldner der Zivilbevölkerung zur Last fielen und die Wirtschaft ruinierten.

Vor diesem Hintergrund wirkte die Sorge um das eigene Seelenheil im Calvinismus tatsächlich produktiv und stimulierend. Wirtschaftliche Prosperität und innerweltlicher Erfolg bestätigten angeblich das Bündnis mit Gott. Ein sich dogmatisch verengender Calvinismus wurde zum wirtschaftlichen Erfolgsgaranten. Die Konfession, die das Seelenheil Gottes freier Entscheidung unterwarf, erzwang eine vorbildhafte und innerweltlich erfolgreiche private Lebensführung.

Da die Abendmahlsgemeinschaft rein gehalten werden musste, konnte es zwar Toleranz im Allgemeinen, nicht aber unter bekennenden Calvinisten geben. Deswegen musste gesäubert werden. Oldenbarnevelt und etliche seiner Anhänger wie Hugo Grotius wurden verhaftet – für Arminianer war in den Ratsgremien kein Platz. Der Ratspensionär wurde am 13. Mai 1619

auf dem Haager Binnenhof hingerichtet. Grotius konnte fliehen. Die
Rückwirkungen dieses Streits auf den 1621 neuerlich beginnenden Krieg
gegen Spanien blieben gering. Für das obrigkeitlich kontrollierte deutsche
Reformiertentum spielte der niederländische Konflikt nur dogmatisch eine
gewisse Rolle.

Der politische Sieger, Moritz von Oranien, war klug genug, sich nicht
zum Souverän ausrufen zu lassen. Während der Calvinismus die Gläubigen
einem ausgesprochen strengen Regiment unterwarf, behauptete die Republik auch in der zweiten Phase des Krieges gegen die Spanier ihre freiheitliche und tolerante Haltung.

Der erfolgreiche niederländische Widerstand wurde zum Vorbild für
viele vergleichbare Unabhängigkeits- und Freiheitsbewegungen. Auch die
protestantischen Reichsstände orientierten sich an ihm, als sie gegen die
kaiserlichen Monarchisierungs- und Rekatholisierungspläne opponierten.
Kaiser Ferdinand II. sah sich dadurch in einer ähnlichen Lage wie der spanische König. Er glaubte, keine Zugeständnisse machen zu dürfen, um sein
ganzes Herrschaftsgefüge nicht zu gefährden. Während der Kaiser damit
einen Dreißigjährigen Krieg in der Mitte Europas auslöste, überwand in
Frankreich ein die Gunst der Umstände nutzender, souverän gewordener
König die Wirren des Bürgerkrieges.

Die französischen Bürgerkriege

König Franz I. war in der ersten Hälfte des 16. Jahrhunderts der wichtigste
Verbündete der deutschen Protestanten. Im eigenen Land unterdrückte er
jedoch die Ketzer mit allen Mitteln. Lutheranern drohte der Tod. Ihr Auftauchen schürte unter Katholiken eschatologische Ängste.[54] Seit der Mitte
des Jahrhunderts überschwemmten calvinistische Lehren das Land. In
jeder größeren Stadt gab es bald eine Gemeinde. Ihre Mitglieder hießen
Hugenotten – wohl abgeleitet von «Eidgenossen». Sie erhielten Zulauf aus
allen Kreisen, auch aus der soziopolitischen Elite bis hin ins engere Umfeld
der Königsdynastie.[55] Die beiden Faktionen kämpften weniger um die religiöse Wahrheit als um das mit dem Bekenntnis verbundene Konzept eines
gut organisierten Gemeinwesens: katholischer Gallikanismus oder eine
calvinistische Gemeinschaft von «Heiligen».[56] Die Krise der Dynastie
wurde in der zweiten Jahrhunderthälfte offensichtlich.

Nach dem frühen Tod Königs Franz II. hatte 1560 dessen zehnjähriger

Bruder Karl IX. den Thron bestiegen. Die Mutter, Katharina von Medici, spielte die Hofcliquen gegeneinander aus, und sie wollte ihre Regentschaft mit dem Gnadenedikt von Amboise im März 1560 festigen; es kam den Hugenotten weit entgegen. Diese deuteten die gewährte Koexistenz als ein Zeichen, dass Gott auf ihrer Seite stand, und forderten, Frankreich zu reformieren.[57] Das friedliche Nebeneinander erwies sich bald als Illusion. Um die Einheit des Staates und die Autorität der Krone zu wahren, verkündete Katharina Anfang 1562 sogar ein Toleranzedikt, das den reformierten Gottesdienst außerhalb der Städte erlaubte. Damit gab es in Frankreich zwei staatlich geduldete Konfessionen nebeneinander. Katholiken und Protestanten versuchten ein Miteinander in unmittelbarer Nachbarschaft zu arrangieren. Schon im März ließ der Herzog von Guise, der Führer der katholischen Adelspartei, in Vassy (Champagne) ein Massaker unter den dort zum Gottesdienst versammelten Protestanten anrichten. Die Hugenotten sannen auf Rache und erreichten mit dem Edikt von Amboise 1563 erneut eine Art Religionsfreiheit. Sie nahmen Platz im Staatsrat. Louis de Bourbon, Fürst von Condé, erklärte, dass wegen der Religion notfalls auch das Martyrium erlitten werden müsse.[58]

Die Lage blieb äußerst gespannt, und im Frühherbst 1567 begann der Krieg von neuem. Er endete am 8. März 1570 mit dem Edikt von St. Germain, das den Hugenotten die Ausübung ihres Kultus an allen Orten außerhalb von Paris sowie den Zugang zu allen öffentlichen Ämtern, Universitäten, Schulen und Spitälern für «immer und unwiderruflich» garantierte. Zudem erhielten sie selbstverwaltete Sicherheitsplätze wie Cognac oder Montauban sowie die Hafenstadt La Rochelle, die ihnen ungehinderte Kontakte mit England und ausländischen Reformierten ermöglichte.

Um die von der Mehrheit beargwöhnte Situation eines calvinistischen Staates im katholischen Frankreich zu entschärfen, suchte Admiral Coligny, der Führer der Hugenotten, den Ausgleich. Er gewann großen Einfluss auf den jugendlichen König Karl IX. und vermittelte 1572 die Hochzeit des calvinistischen Königs Heinrich III. von Navarra mit Margarete von Valois, der Schwester der drei Brüder, die nacheinander Frankreich regierten. Als sich anlässlich der Hochzeit die calvinistische Elite in Paris aufhielt, kam es in der Bartholomäusnacht vom 23. auf 24. August 1572 zum Blutbad. Allein in Paris starben über 3000 Protestanten, darunter auch Coligny. Den Verfolgungen in der Provinz fielen weitere 20 000 Hugenotten zum Opfer.

Katharina von Medici wurde für das Massaker verantwortlich gemacht, hatte es aber weder angeordnet noch gewollt; im Hintergrund haben vermutlich König Philipp II. von Spanien und Herzog Alba die Fäden gezogen.[59] Die Monarchie hatte jedoch ihre Unschuld verloren und wurde von den Hugenotten in Frage gestellt. Wo sie wie in Nîmes dominierten, entstanden autonome Gebiete mit eigener Steuererhebung. Der Frieden von Beaulieu räumte den Protestanten 1576 erneut die Kultusfreiheit in ganz Frankreich ein. Streitfälle sollten paritätisch besetzte Kammern der Gerichte schlichten. Die Katholiken fühlten sich in ihren alten Rechten bedroht. Ihre Führer gründeten noch im gleichen Jahr die Heilige Liga, um alle Calvinisten aus Frankreich zu vertreiben. Katharina verfolgte hingegen weiterhin eine Politik des Ausgleichs.

Als 1584 Herzog Franz Herkules von Anjou starb, der jüngste Sohn Heinrichs II. und letzte männliche Valois, war der Calvinist Heinrich von Navarra-Bourbon der nächste Thronerbe. König Heinrich III. wollte den «Ketzer» vom Thron fernhalten und widerrief am 7. Juli 1585 alle bisherigen Zugeständnisse. Die Hugenotten griffen zu den Waffen, und der König lavierte hilflos zwischen den Fronten. Die Liga verständigte sich mit Philipp II. von Spanien. Dieses Bündnis rief wiederum die nationalfranzösische Richtung unter Heinrich von Navarra auf den Plan. Ihr schlossen sich die gemäßigten Katholiken an. Sie forderten den inneren Frieden, um die drohende Hegemonie des spanischen Königs abzuwenden.

Die Politiques, eine Gruppe hoher Juristen, hatte den nationalen Ausgleich vorbereitet. Um dem Bürgerkrieg zu entkommen, setzten sie auf einen staatlich kontrollierten katholischen Glauben und sprachen dem Papst jede weltliche Macht in Frankreich ab. Ihr bekanntester Kopf war Jean Bodin, dessen sechs Bücher über den Staat 1576 auf Französisch und erst zehn Jahre später auf Latein erschienen. Für ihn ging alle politische Autorität von Gott aus. In einem Gemeinwesen sollten die Rechte der Regierung, der Gesetzgebung, der Entscheidung über Krieg und Frieden und der Rechtsprechung in der Hand eines Souveräns, idealerweise eines Monarchen, konzentriert sein. Von der Praxis der Machtteilung hielt Bodin ebenso wenig wie von den monarchomachischen Widerstandstheorien, die seines Erachtens zur Anarchie führten. Die Erfahrungen des Bürgerkriegs sprächen für eine höchste, umfassende, dauerhafte, unteilbare und absolute Gewalt, die notfalls religiöse Toleranz garantieren solle, wenn dies aus politischen Gründen notwendig erscheine. Der König solle keinen menschlichen Gesetzen und keiner ständischen Kontrolle unterworfen sein, nur Gott gehorchen sowie das Naturrecht, Eigentum und geschlossene Verträge beachten. Der Staat beruhte für Bodin nicht auf einem Vertrag, sondern auf der Herrschaftsaneignung des Mächtigsten, der dadurch den Naturzustand beendet hatte. Der Souverän war niemandem verpflichtet und konnte deswegen ohne Rücksichten das Beste zum Wohl der Allgemeinheit befördern.[60]

Während die Politiques ein starkes Königtum betonten, wurde Heinrich III. am 1. August 1589 von einem fanatisierten Dominikanermönch schwer verletzt. Unmittelbar vor seinem Tod designierte er Heinrich von Bourbon-Navarra zu seinem Nachfolger. Mit ihm bestieg ein Calvinist den Thron des allerchristlichsten Königs, da nach dem salischen Gesetz die Königskrone nur in der männlichen Linie vererbt werden konnte. Ein neuer Religionsvergleich erlaubte wiederum reformierte Gottesdienste in Privathäusern, Schlössern und an den Orten, an denen dies frühere Edikte gestattet hatten.[61] Frankreich blieb ein katholisches Land; Heinrich IV. erkannte, dass er die alte Grundlage der französischen Monarchie – ein Glaube, ein Gesetz und ein König – nicht in Frage stellen durfte.

Die katholische Ausgleichspartei unterstützte Heinrich IV. im Kampf gegen die Spanier. Dennoch musste er 1590 den Versuch einer Rückeroberung von Paris abbrechen. Die spanische Garnison in der eigenen Hauptstadt empfanden jedoch auch viele französische Katholiken als Provokation. Es waren nationale Leidenschaften, die es Heinrich IV. ermöglichten, eine Vorform des monarchischen Absolutismus zu etablieren. Obwohl sein erster Minister Sully selbst Protestant war, riet er dem König zum Glaubenswechsel, der bei den Krönungsfeierlichkeiten 1593 konvertierte, um die Einheit Frankreichs zu bewahren. Das ihm zugeschriebene «Paris ist eine Messe wert» stammte aber wohl nicht von ihm.[62] Seine kluge Entscheidung brachte Frankreich den inneren Frieden, die Monarchie stabilisierte sich, und der Krieg gegen Spanien endete 1598. Auf Rat Bodins hatte Heinrich IV. die monarchische Freiheit bzw. Souveränität durchgesetzt, um die Freiheit des privaten Handlungsraumes zu garantieren.

Mit dem Edikt von Nantes gelang im selben Jahr die vorläufige Neutralisierung des Glaubenskonflikts. Heinrich IV. verordnete die Duldung zweier staatlich legitimierter Konfessionen und gewährte den noch sechs Prozent Calvinisten Gewissensfreiheit und eigene Gottesdienste dort, wo sie bisher ausgeübt worden waren. Sie erhielten freien Zugang zu allen

Schulen und Ämtern und etwa 50 Sicherheitsplätze, deren Garnisonen der König subventionierte.

Der katholische Glauben blieb Staatsreligion. Die Bikonfessionalität, die eine befristete Regelung sein sollte,[63] wurde als Nebeneinander einer katholischen und einer minder privilegierten calvinistischen Staatskirche organisiert. Diese Regelung überforderte eine Gesellschaft, die gerade die langjährigen Wirren der Religionskriege hinter sich gelassen hatte. Das Volk sehnte sich nach einer einheitlichen Ordnung, nach Frieden und einem starken König. Der hugenottische «Zweitstaat» einer kleinen Minderheit stand von Anfang an auf tönernen Füßen, weil die katholische Mehrheit diesen Staat im Staate bekämpfte. Die beiden konfessionellen Kulturen mit ihren verschiedenen Vorstellungen über die weltliche Ordnung kollidierten, weil es – anders als im Reich oder in der Schweiz – zu wenig institutionalisierte Trennung durch anerkannte Zwischengewalten gab. Aus dem täglichen Miteinander wurde rasch ein Gegeneinander. Katholiken hielten die Konversion Heinrichs IV. für ein taktisches Manöver, um als König seinen eigentlichen calvinistischen Glauben fördern zu können. Es gab Aufrufe zum Tyrannenmord, und nach einigen gescheiterten Versuchen war 1610 wiederum ein fanatischer Katholik erfolgreich.

Das Attentat beendete den französischen Weg eines über den politischen und konfessionellen Parteien stehenden Königs, dessen souveräne Macht ihm die Freiheit gab, das zu tun, was er für richtig und dem Gemeinwesen dienlich hielt. Der feige Mord rettete allerdings den Frieden in Europa, denn Heinrich IV. wollte mit seiner abmarschbereiten Armee in die Konflikte am Niederrhein eingreifen. Er befürchtete, die Spanier könnten ihr militärisches Potential nutzen, um dort die habsburgische Position auszubauen. Unklar bleibt, ob er nur eine partielle Entlastung suchte oder das große Revirement, um ein für alle Mal die universalmonarchischen Pläne der Habsburger zu durchkreuzen. Nicht zuletzt wegen seines tragischen Todes überlebte Heinrich IV. als guter König im kulturellen Gedächtnis der Franzosen. Er hatte das Land nach den Wirren der Bürger- und Religionskriege stabilisiert. Das Bündnis von Thron und Altar funktionierte, weil die Bischöfe den König brauchten, um die Hugenotten zurückzudrängen, in denen der katholische Klerus eine apokalyptische Bedrohung sah, gegen die jeder Rechtgläubige kämpfen müsse.[64]

Kardinal Richelieu beendete die calvinistische Autonomie in den 1620er Jahren aus Gründen der Staatsräson. Heinrich IV. hatte gehofft, dass ein reformierter katholischer Glaube und ein undogmatischer Calvinismus unter der Kontrolle eines mächtigen Königs miteinander harmonieren könnten,[65] doch er hatte den Glaubensstreit nicht schlichten und beenden können.

Frei im politischen Sinn war in Frankreich der König, der über allen stand und jedem das ihm zustehende Maß an Freiheit zuwies und garantierte. Er entschied, wie die Freiheit des Einzelnen mit dem Wohl und der Freiheit des Vaterlandes in Einklang zu bringen war. Das französische Modell gelangte unter Ludwig XIV. zu seiner vollen Blüte. Der König benötigte für seine Pläne keine Zustimmung der Stände. Der auf den ersten Blick absurde Gedanke, die Freiheit durch Unterwerfung zu retten, erfuhr wenig später durch Hobbes mit der Figur des Leviathan als weltlichem Gott ihre wohl nachhaltigste theoretische Ausprägung.

An eine solche Regierungsform dachten in Deutschland aber nicht einmal die Habsburger. Die Sorge, die vielen Krisen, zu denen auch die Unbilden der Natur, der zunehmende Widerstand von unten und die Türkenkriege zählten, mit traditionellen Herrschaftstechniken nicht mehr bewältigen zu können, trieb allerdings auch den Kaiserhof dazu, größere monarchische Befugnissen anzustreben, und damit in den Dreißigjährigen Krieg.

Die kleine Eiszeit

Der seit etwa 1560 spürbare Klimaumschwung der kleinen Eiszeit wurde wie vieles andere als Strafe Gottes interpretiert. Wegen der vielen Sünden und Ketzereien verengte der Allmächtige den Nahrungsspielraum. Die Menschen wussten um die Folgen. Die Angst, morgen noch genügend zu essen zu haben, bestimmte in den Jahren mit schlechten Ernten das Leben der meisten, auch wenn keine Hungersnot ausbrach. Zwar entsprach diese Strafe der Geißel, die der dritte Reiter der Apokalypse brachte, doch die Nahrungsmittelverknappung kündigte nicht den Anfang vom Ende der Welt an; die Reiter der Apokalypse kamen nicht einzeln, sondern gemeinsam.

Der mit dem Bevölkerungswachstum gestiegene Bedarf an Lebensmitteln hatte in Europa zu einer das 16. Jahrhundert anhaltenden Agrarkonjunktur geführt. Diese hatte sich positiv auch auf Handel und Gewerbe ausgewirkt, schwächte sich um 1600 jedoch ab, um in eine durch den Krieg noch verstärkte Depressionsphase überzugehen.[66] Ausschlaggebend für

den Konjunktureinbruch zu Beginn des 17. Jahrhunderts waren allerdings
drei sehr gute Erntejahre zwischen 1598 und 1600. Da ein großer Teil der
zusätzlichen Erträge auf den Märkten nicht nachgefragt wurde, sanken die
Preise. Die zeitgenössischen Berichte sprechen von einer Wirtschaftskrise,
die vor allem mit der Verlagerung der Handelswege an den Atlantik, dem
Niedergang der Hanse und dem fehlenden Fernabsatz der ländlichen Ver-
lage begründet wurde. Entgegen dieser Einschätzung nahmen die Wirt-
schaftsaktivitäten vor dem Krieg jedoch wieder zu.[67] Die Lohnsteigerungen
hielten allerdings mit der Preisinflation nicht Schritt. Dadurch verarmten
vor allem Handwerker, aber auch diejenigen, die in der Landwirtschaft
nicht für den Markt produzierten. Sie mussten einen immer größeren Anteil ihres Einkommens für Lebensmittel aufwenden. Ihre Angst vor der
ungewissen Zukunft wurde größer, wenn spektakulär steigende Marktpreise eine Hungerkrise ankündigten.

Die damaligen Veränderungen des Klimas werden heute mit einer
erheblich reduzierten Strahlungsintensität der Sonne erklärt, die zur Zunahme der Polareiskappen führte. Darüber hinaus erfolgten mehrere außergewöhnliche Vulkanausbrüche, die für gewaltige Partikelmengen in der
Erdatmosphäre sorgten und die Sonneneinstrahlung zusätzlich behinderten. Die Hochs im Winter und die Islandtiefs im Sommer wurden orts-
fester als zuvor.[68] Die Menschen wussten aus leidvoller Erfahrung, dass
nasse Sommer und eine das Wachstum negativ beeinflussende ungünstige
Witterung im Frühjahr zu den Ernteausfällen führten, von denen viele
Chroniken berichten.[69]

Die Aufzeichnungen über den späten Beginn der Weinlese, die hohen
Getreidepreise und das Vordringen der Gletscher oder die Analyse der
Baumringe belegen, dass die schlechte Witterung die Mitte Europas hart
traf. Da die Bevölkerung Deutschlands im 16. Jahrhundert um mindestens
20 Prozent wuchs, die landwirtschaftliche Produktion aber nur begrenzt
gesteigert werden konnte, wurden Lebensmittel knapp und teuer. Während
Großbauern oder Guts- und Grundherren enorme Gewinne verbuchten,
erwirtschaftete die Masse der kleineren Betriebe bei normalen Erträgen
nach Abzug aller Abgaben keinen Überschuss. In guten Erntejahren war
dies vielleicht ein wenig anders, doch dann sanken die Preise. Der Lebensstandard der meisten Bauern stagnierte oder sank wie derjenige der lohn-
abhängigen Arbeiter. Zwischen 1470 und 1618 stiegen die Preise für Getreide um 260, für Fleisch um 180, für die gewerblichen Güter des täglichen

Bedarfs aber nur um 80 Prozent.[70] Die Schere zwischen Arm und Reich öffnete sich weiter, wobei der Luxuskonsum der Wohlhabenden zwar den Neid der armen Handwerker erweckte, ihnen jedoch das tägliche Brot sicherte.

Die Folgen des Klimaumschwungs waren zwischen Madrid und Moskau, Palermo und Stockholm zu spüren. Berichte über Schnee und Eis, düsteren Himmel und gewaltige Fluten sowie massenhaft auftretende Schädlinge wie Raupen, Mäuse oder Mehltau dominieren die Chroniken, die niederländische Genremalerei, die Druckgraphik und die Literatur.[71] Autobiographische Texte vermittelten eine schwermütige Stimmung. Bei ungünstiger Witterung lohnte sich der Anbau von Getreide in höheren Lagen und Grenzertragsregionen nicht mehr. Hier wurde selbst in guten Jahren weniger als das Drei- bis Fünffache der Aussaat geerntet. Nun reichte die Vegetationsperiode nicht aus, um das Brotgetreide reifen zu lassen. Der Anbau wurde eingestellt oder der weniger winterharte Weizen durch Hafer und Roggen ersetzt. In den Flussauen vernichteten die sich häufenden Überschwemmungen die Feldfrüchte. Nach etlichen Krisenjahren gab es nicht nur geringere Erträge, sondern auch weniger Anbauflächen. Hunger und Not waren die Folge.

Die Menschen mussten ihr Geld für Nahrungsmittel aufwenden und ihre Ernährung von Getreide auf billigere Produkte wie Bohnen, Erbsen oder Kohl umstellen. Im Notfall wurden diese mit Ersatz- und Füllstoffen wie Baumrinde, Sägespänen oder gekochtem Gras gestreckt. Die Mangelernährung erhöhte die Infektionsrisiken und die Sterblichkeit beträchtlich. Die ausgemergelten Körper waren anfällig für Krankheiten, auch für die Pest. Bei derartigen Epidemien starben vor allem die Jungen und die Alten, die auch in normalen Zeiten die höchsten Mortalitätsraten aufwiesen.

Folgten zwei oder mehrere schlechte Ernten aufeinander, waren die Vorräte rasch aufgebraucht. Obrigkeitliche Markteingriffe wie Preisfestsetzungen, Vorratskontrollen, Exportverbote oder teure Importe konnten die Not zwar partiell und regional lindern, mehr Getreide gab es dadurch aber nicht. Eine größere Zufuhr aus anderen Gebieten scheiterte häufig an den immensen Transportkosten. Mit einem einachsigen Lastkarren konnte eine Tonne, mit einem zweiachsigen Wagen das Doppelte an Fracht je nach Straßenzustand etwa 30 bis 50 Kilometer pro Tag befördert werden.[72] Diese Kosten fielen bei Luxusgütern kaum ins Gewicht, waren bei schweren und sperrigen Massengütern wie Getreide jedoch kaum zu bezahlen.

Sie wurden über große Entfernungen auf dem Wasser transportiert, sodass
Roggen und Weizen aus Ostpreußen eher in Amsterdam als in Leipzig auf
dem Markt gehandelt wurden.

Private, öffentliche und kirchliche Fürsorge, der Unterpreisverkauf im
Nachbarschaftsverband und die aus dem feudalen Schutzverhältnis abzu-
leitende Pflicht der Herren und Besitzenden zur Unterstützung hungern-
der Untertanen milderten zwar nicht die Angst, wohl aber die ärgsten Auswüchse der Not. Sie verhalfen auch denjenigen zu Brot, die den Marktpreis
nicht bezahlen konnten.[73] Das Geld, das zusätzlich für Lebensmittel ausgegeben werden musste, stand für den Kauf von anderen Waren nicht mehr
zur Verfügung. Die Löhne sanken, während die Preise für Nahrungsmittel
stiegen. Diese Mechanismen waren bekannt. Wegen der unelastischen
Nachfrage ließen bloße Gerüchte über Missernten die Preise explodieren.
Diese fielen aber sofort wieder, wenn Getreidelieferungen den lokalen
Markt erreichten. Da die Löhne stets hinter dem Preisanstieg zurückblie-
ben, litten viele Handwerker Hunger.[74]

Die Zeitgenossen machten sich Gedanken über den Zusammenhang
von Witterung, Ernteeinbußen und hohen Preisen. Der Pfarrer Ludwig
Lavater predigte 1571 in Zürich: «Da sind verruchte Leute, die da vermeinten, Teuerung und andere Strafen kommen von ungefähr; es liege am Jahr-
gang [...]. Wie aber andere Strafen und Plagen allein von Gott her kommen, also kommt auch Teuerung und Hunger von Gott her.» Er rief dazu
auf, die Sünden zu bekennen, Gott um Verzeihung zu bitten und zu glauben, dass er den Menschen weiterhin gnädig gestimmt sei. Der Nürnberger
Rat erklärte ebenso in einem Mandat, die Teuerung sei eine Strafe Gottes
wegen «unserer Sünden und Unbußfertigkeiten».[75] Dies meinte auch der
Luzerner Stadtschreiber Renward Cysat: «Weil aber leider um unser Sünden willen die Jahrgänge jetzt ein Zeit her je länger je strenger und härter
sich erzeiget, und ein Abnehmen in den geschöpften sowohl Menschen,
Tieren, als auch den Früchten und Erdgewächsen, desgleichen ungewöhnliche Veränderungen an den Elementen, Gestirnen und Lüften gespürt,
haben wir etliche Denkwürdigkeiten verzeichnet uns und den Nachkom-
menden zur Warnung und Besserung.»[76]

Gott, der letztlich für alles verantwortlich war, strafte die Sünder mit
schlechtem Wetter und belohnte sie mit gutem. Er reagierte auf ihr Verhalten. Die Menschen beobachteten voller Angst die Veränderungen: Die
wachsenden Gletscher zerstörten ihre Siedlungen, Seen und Flüsse froren

häufiger und länger zu, Hochwasser überschwemmte Wiesen, Felder und Dörfer, der Wein war sauer. Die Menschen fühlten sich ausgeliefert, obwohl sie sich wehrten und Vorsorge trafen; sie bauten Deiche und Dämme, die vor Überflutungen schützten, zogen Entwässerungsgräben, die Sümpfe zu fruchtbarem Ackerland machten. Die Gottes Willen gehorchenden Naturgewalten waren jedoch in der Lage, alle irdischen Hindernisse zu überwinden. Die Menschen mussten sich ändern, um weiteres Unheil abzuwenden. Kirchen- und Polizeiordnungen untersagten Völlerei, Luxus oder sexuelle Ausschweifungen. Die Christen wurden obrigkeitlich zu Reue und Buße, die Untertanen zu Gehorsam und Disziplin angehalten. Die Nachbarn forderten oder erzwangen solidarisches Verhalten, denn alle litten unter den Strafen Gottes, auch wenn diese durch das Fehlverhalten Einzelner verschuldet waren.

In Frankfurt am Main erschien 1640 eine «Erneuerte Polizeiordnung» mit einem umfangreichen Vorwort der lutherischen Prediger. Sie verwiesen auf den engen Zusammenhang von übermäßigem Aufwand, Luxuskonsum und Völlerei sowie dem göttlichen Strafgericht durch «Krieg, Pestilenz, Teuerung und andere Plagen». Die Prediger geißelten Verschwendung und herausgeputzte Kleidung, was häufig zum wirtschaftlichen Ruin führe. Sie griffen zudem in zeittypischer Weise die Alamodekritik auf: «Wann etwas Neues / ja viel mehr Leichtfertiges / ungestaltes / närrisches aus Frankreich / Spanien / Welschland / oder anderen fremden Nationen / deren Religion und Sitten uns sonsten zuwider / gebracht wird / so wollens alsbald hoffärtige Leute wie die Affen nachtun.» Es sei die Pflicht aller rechtschaffenden Christen, sich den obrigkeitlichen Aufwandsordnungen zu unterwerfen, sodass Gott versöhnt werde und die Stadt mit einem beständigen Frieden begnade und beglücke.[77]

Während die weltlichen Obrigkeiten die große Not zur Sozialdisziplinierung nutzen wollten,[78] kämpften Bauern und Bürger für ihre alten Rechte und für ein besseres Leben. Der tiefgreifende Mentalitätswandel des 16. Jahrhunderts führte einerseits zwar zu mehr Angst vor den Strafen und dem Weltgericht Gottes, andererseits aber auch zu der Bereitschaft, sich für mehr Freiheit und Selbstbestimmung gegen Unterdrückung und Disziplinierung einzusetzen. In Mitteleuropa nahm die Anzahl sozialer Konflikte nach 1580 sprunghaft zu. Der gemeine Mann klagte über immer neue Lasten, willkürliche Erhöhungen von Fronden und Abgaben, das Zurückdrängen seiner alten Rechte und der Gemeindeautonomie, die verschärfte Leibeigenschaft, die hohen Türkensteuern, die auf ihn umgelegten Kosten der Staatsbildung und die obrigkeitliche Zwangsreligion.

In Deutschland setzten die Menschen im Unterschied zu Frankreich oder England weniger auf gewaltsame Aktionen als auf die politischen und rechtlichen Möglichkeiten, die ihnen die Reichsordnung bot. Der mit vergleichsweise geringen Risiken verbundene Rechtsweg bis an die Reichsgerichte wurde zum Revolutionsersatz.[79] Die Bauernkriege in den 1620er und 1630er Jahren in Oberösterreich und Bayern widersprechen dieser These nicht.[80] Dort bildeten exorbitante Steuerbelastungen, Übergriffe der Soldateska, das ungeschickte Agieren einer fremden Obrigkeit und das Versagen der eigenen Herrschaft, die ihren Schutzpflichten nicht nachkam oder nicht nachkommen konnte, eine Gemengelage allseitiger Bedrohung. Die Bauern wurden gewalttätig, weil sie sofortige Abhilfe für nötig hielten, um ihre Existenz zu retten. Gleiches gilt für die im Zuge der dramatischen Geldentwertung zu Beginn des Dreißigjährigen Krieges ausbrechenden Kipper- und Wipperunruhen. Krisenprofiteure und Obrigkeiten, die auf Kosten der Verbraucher am Geldwert manipulierten, Hunger und akute Not verursachten und gegen den «gemeinen Nutzen» verstießen, mussten sofort bestraft werden. Dies verlangten die überall in Alteuropa gültigen Gebote einer «sittlichen Ökonomie».[81] Die Hungernden trennten sehr genau zwischen klimatisch bedingten und den von Menschen verursachten Folgen von Missernten. Sie lasteten Preisanstieg und Warenverknappung vor allem denjenigen an, die Lebensmittel erzeugten, verarbeiteten oder verteilten. Getreidespekulanten, «Für- oder Aufkäufer» oder «Kornwucherer», auch Müller, Bäcker und Metzger gehörten dann zu den meistgehassten Personen. Aus Sicht der Hungernden besaßen die Obrigkeiten in einer solchen Notsituation die unbedingte Pflicht, vorrangig die Versorgung der heimischen Bevölkerung zu gerechten Preisen sicherzustellen. Sie sollten sich patriarchalisch-fürsorglich verhalten und jeder Form von Getreide- und Brotspekulation mit Marktordnungen und Preistaxen, Ausfuhrverboten und Speicherkontrollen entgegentreten. Taten sie dies nicht, drohten Hungerrevolten, also gewalttätige Übergriffe gegen Erzeuger, Bearbeiter und Händler von Lebensmitteln, sowie spontane Aktionen zur Erzwingung eines auf die lokale Versorgung gerichteten Handelns.

Die gute Ordnung forderte, dass niemand aus übersteigertem Gewinnstreben einem anderen Lebensmittel vorenthalten und ihm dadurch das Recht auf Leben nehmen durfte. Diese sittliche Ökonomie sollte zum Beispiel durch die Blockade zum Abtransport vorgesehener Lebensmittel wiederhergestellt werden. Das alteuropäische Wirtschaftsmodell war nicht primär am Gewinn, sondern am gemeinen Nutzen und gerechten Preis orientiert. Nicht die Not an sich, sondern die Verletzung des fürsorglich-sittlichen Grundkonsenses provozierte gewalttätige Selbsthilfeaktionen. Der Protest verlief fast überall in Europa nach dem gleichen Schema. Plünderungen, mutwillige Zerstörungen und direkte Übergriffe auf Leib und Leben sollten diejenigen bestrafen, die sich nicht den informellen Regeln der sittlichen Ökonomie unterwerfen wollten.

Der Klimaumschwung, der Widerstand oder die Selbsthilfe der kleinen Leute besaßen zwar keinen Einfluss auf Beginn und Verlauf des Dreißigjährigen Krieges, erhöhten jedoch die Angst der einen, den Hungertod zu sterben, und der anderen vor Aufständen. Die Idee der Politiktheoretiker wie Machiavelli, Bodin oder Botero, dass zur Abwehr oder Beilegung innerer Unruhen ein äußerer Feind das wirkungsvollste Mittel sei, war bekannt.[82] Der Kaiser und die böhmischen Stände begannen zwar nicht deswegen den Dreißigjährigen Krieg, doch sie ließen es darauf ankommen. Auch die Könige von Spanien, Dänemark, Schweden oder Frankreich hatten gute Gründe, in Deutschland einzugreifen, um von inneren Konflikten abzulenken. Bei der Suche nach dem Sinn des Krieges verstiegen sich die Nachgeborenen sogar zu der Erklärung, dass die Akteure Gott gespielt und mit Millionen von Toten Bevölkerungsmenge und Nahrungsspielraum wieder ins Gleichgewicht gebracht hätten. Die entsetzliche Lage in den vom Krieg heimgesuchten Gegenden macht es verständlich, warum die Heere genügend junge Männer fanden, die sich anwerben ließen; sie hatten wenig, nach Durchzügen oder Einquartierungen buchstäblich nichts mehr zu verlieren.

Wachsende Ungleichheit

Die Wirtschaftsleistung Mitteleuropas wuchs trotz des Klimaumschwungs. Die Bevölkerungszunahme sorgte für einen Anstieg der Produktivität und des Warenaustausches, und die Agrarkonjunktur stimulierte Handel und Gewerbe. In Hafenstädten wie Lissabon, Antwerpen und Amsterdam, im Ostsee- und im gesamten Mittelmeerraum waren deutsche Unternehmer präsent. Der Wert der Exporte war allerdings gering, und die Einfuhren betrafen in erster Linie Luxusgüter.[83] Volkswirtschaftlich war der wachsende innereuropäische Warenaustausch wesentlich wichtiger als der Überseehandel. Die Anzahl der Sunddurchfahrten stieg im 16.Jahrhundert um das Achtfache: von 795 im Jahr 1497 auf 6673 im Jahr 1597.[84] Der deutsche Wirtschaftsraum verband mit seinen großen Flüssen und Straßen Nord- mit Süd-, Ost- mit Westeuropa. Die spanischen Staatsbankrotte führten zwar zum Zusammenbruch großer Gesellschaften wie der Welser und der Fugger, doch insgesamt passte sich die Wirtschaft den veränderten Bedingungen recht gut an und ging aus Krisen oft gestärkt hervor.

Krisen waren meist Umverteilungskonflikte. Vor und während des Krieges stritten insbesondere die Staatsapparate – in Deutschland der Kaiser und die Fürstenstaaten – sowie ihre Armeen mit den Bürgern und Bauern um die verfügbaren Ressourcen. Die Kriegsmaschinerie zerstörte zwar einen Teil ihrer Versorgungsbasis, erzwang jedoch eine effizientere Abschöpfung des verfügbaren Restes. Dies beherrschte niemand besser als die bayerische Administration. 1632, in Zeiten größter Not, erinnerte Kurfürst Maximilian die Landtagsdelegierten, die keine weiteren Gelder bewilligen wollten, daran, «dass man oft sich viele Dinge für unmöglich einbilde, so hernach die Not möglich gemacht. Wie denn in den Landen, welche der Feind leider okkupiert, augenscheinlich erscheint, dass unaussprechlich viel Geld und Gut herausgepresst, welches man vorher für unmöglich gehalten und durch gütliche Mittel nicht wären zusammengebracht worden.»[85]

Der Kurfürst hatte recht. Es fällt auf, wie viele Ressourcen auch in zuvor geplünderten Dörfern gerettet werden konnten bzw. bei der nächsten Brandschatzung noch zur Verfügung standen. Auch wurden weiter Vieh, Güter und Immobilien gehandelt und bar bezahlt. Der Krieg vernichtete nicht alles, und das Raubgut aus einem Dorf konnte zum Gewinn der Bauern im nächsten werden, wenn sie es den Soldaten billig abkauften. Die Städte waren hinter ihren Mauern ohnehin vor Plünderungen durch marodierende Soldaten sicher. In der Messestadt Frankfurt am Main und in der Hafenstadt Hamburg, die vom Niedergang Antwerpens profitierte und mit fast 50 000 Einwohnern zur größten deutschen Kommune aufstieg, konzentrierten sich während des Krieges der überregionale Handel und die Geldgeschäfte. Der Krieg brachte beiden Kommunen vergleichsweise geringe Einbußen. Augsburg, Nürnberg, Köln oder Lübeck behaupteten sich ebenfalls als Wirtschaftsmetropolen.

In Nürnberg dominierten statt der Messerschmiede zu Beginn des 17.Jahrhunderts die Harnisch- und Büchsenmacher sowie die Drahtzieher und das metallverarbeitende Gewerbe, das längst für den internationalen Markt produzierte. Die Nürnberger Wirtschaft florierte, was sich unter anderem daran zeigt, dass 1632, als die Heere Gustav II. Adolfs und Wallensteins um die Stadt lagerten und die italienischen Importeure von Südfrüchten Nürnberg verlassen mussten, drei einheimische Kaufleute problemlos ihre Rolle übernahmen. Der Bedarf an Südfrüchten blieb auch in Zeiten der Not groß, und Streitigkeiten zwischen italienischen und einheimischen Kaufleuten hatten mit dem Krieg wenig zu tun.[86]

Umverteilungskonflikte und ein gewisser Strukturwandel zeigten sich in fast allen Wirtschaftsbereichen. Landesherren, Kaufleute, Handwerker, Bauern – nicht nur die Soldaten – wollten am Krieg verdienen. Neue Gewerberegionen entstanden beispielsweise durch die schwäbische und sächsische Leinen- und Tuchherstellung oder durch die Waffenschmieden am Niederrhein, in der Oberpfalz und in Suhl im Thüringer Wald. Diese Regionen blühten auf, weil traditionelle Standorte wie Nürnberg an Kapazitätsgrenzen stießen und nicht mehr alle Aufträge ausführen konnten. Der Herzog von Württemberg musste schon 1621 Waffen und Bekleidung für 500 Kürassiere andernorts bestellen.[87]

Der Bankrott oder wirtschaftliche Abstieg einst großer Handelshäuser wie der Welser, Fugger und Höchstetter in Augsburg oder der Imhof in Nürnberg heißt nicht, dass es solche Unternehmerfamilien nicht mehr gab. Um 1600 stiegen etwa die Viatis oder Peller in den Kreis der reichsten Nürnberger Familien auf. In Augsburg vergrößerte sich sogar die Gruppe derjenigen, die den Spitzensteuersatz zahlten, um fast zwei Drittel.[88] Zwischen 1590 und 1630 entstanden in beiden Städten große öffentliche und private Bauten, die von wirtschaftlicher Prosperität zeugen.[89]

Der Fern- oder Außenhandel veränderte sich dadurch, dass die auf Privilegien gestützte Dominanz der Hanse im Ostseeraum oder der großen oberdeutschen Gesellschaften im Alpenraum zugunsten einer nun stärker staatlich kontrollierten Wirtschaft schwand. Im Norden sahen sich die Hansekaufleute mit der übermächtigen Konkurrenz niederländischer, dänischer, schwedischer und englischer Schiffe konfrontiert. Die englische Wirtschaftspolitik zielte merkantilistisch darauf ab, fremde Händler aus den heimischen Häfen zu verdrängen und die eigenen Kaufleute auch im Ausland zu unterstützen. 1603 wurde der Stalhof geschlossen, das Londoner Kontor der Hanse. Zuvor hatte die expansive Wirtschaftspolitik der Merchant Adventurers in Norddeutschland mehrfach den Reichstag be-

schäftigt. Die Ostsee wurde im 17. Jahrhundert von Schweden als eigenes
Hoheits- und Wirtschaftsgebiet beansprucht.

Trotz der nach 1600 langsam einsetzenden Agrardepression blieb die
Wirtschaft insgesamt stabil. Während die Roggenpreise sanken, stiegen die
Löhne und die Preise für Gewerbeprodukte. Die Massenkaufkraft hing
allerdings stark von den kurzfristigen Schwankungen der Ernteerträge
ab.[90] Die Landwirtschaft blieb auch während des Krieges der mit Abstand
wichtigste Produktionssektor und die ökonomische Basis der gesellschaftlichen und kulturellen Entwicklung. Von den hohen Preisen profitierten
allerdings weniger die Bauern als die Empfänger ihrer Naturalabgaben
sowie die Händler, Bäcker und Müller, für die sich sogar Missernten
gewinnträchtig auswirken konnten. Die Verbraucher klagten dann über
ungerechtfertigten Wucher.

Viele Menschen mussten außerhalb der Landwirtschaft einen wesentlichen Teil ihres Lebensunterhaltes verdienen. Neben den dörflichen Hand-
werken breitete sich vor allem in Realerbteilungsgebieten, wo die Nutzflä-
chen der einzelnen Familien stetig abnahmen, ein verlagsmäßig organisiertes
Textilgewerbe aus. Es bot neue, wenn auch krisenanfällige Arbeitsplätze und
Verdienstmöglichkeiten unter oft ausbeuterischen Bedingungen. Statt der
schweren und teuren Wolltücher wurden auf dem Land mit Barchent, Leinen und Mischgeweben leichtere und billigere Stoffe produziert. Dieses
sogenannte Zeug reüssierte auf den nahen und fernen Märkten. Die 1622
gegründete Calwer Zeughandelskompanie ist Ausdruck dieser veränderten
Nachfragesituation – eine großbetriebliche Organisation, die den Fernabsatz
bewerkstelligte. Angelernte Arbeitskräfte auf dem Land bildeten eine harte
Konkurrenz zu der städtisch-zünftischen Weberei. Wenn die Nachfrage
sank, mussten die ländlichen Heimarbeiter ihre Produkte billiger verkaufen.
Sie bildeten auch deswegen eine Reservearmee für den stetigen Nachschub
an Söldnern im Dreißigjährigen Krieg.

Das Zunftwesen stand weiterhin im Zentrum der städtischen Wirtschaft, die ein differenzierteres Waren- und Dienstleistungsangebot als die
ländlichen Gewerbe bereitstellte. Obwohl die Kritik an dieser Organisationsform so alt wie diese selbst ist, boten die Zünfte mit ihren Preis- und
Qualitätskontrollen Beständigkeit und Sicherheit. Zwar bildeten die Wirt-
schaftskorporationen einen geschlossenen Kreis von Anbietern und waren
bestrebt, jedem Mitglied ein bescheidenes Einkommen zu garantieren,
doch dies schloss Konkurrenz und Wettbewerb nicht aus. Auch die großen

Vermögensunterschiede innerhalb einzelner Zünfte belegen, wie sehr sich die Schere zwischen Arm und Reich öffnete. Dies galt für alle Stände und Lebensbereiche.

Auf den Märkten ließen sich die billigeren, verlagsmäßig oder maschinell hergestellten Produkte auf Dauer nicht verdrängen. Auch die Handwerker mussten sich anpassen. Zudem rentierten sich im 16. Jahrhundert die einst blühende Goldgewinnung und auch der Silberbergbau in Deutschland nicht mehr. Kupfer blieb hingegen heiß begehrt. Es wurde für Münzen, Draht und Pfannen benötigt und mit Zinn zu der Bronze legiert, die für das Gießen von Glocken und Geschützrohren unverzichtbar war. In Nürnberg oder Aachen verarbeitetes Kupfer besaß Weltgeltung. Die Buntmetalle verloren hingegen Marktanteile an das Eisen, das als Raseneerz an vielen Orten in großen Mengen abgebaut wurde und sich zudem leicht bearbeiten ließ. Ein Zentrum der deutschen Eisenherstellung befand sich vor und während des Krieges in der Oberpfalz und in der Reichsstadt Nürnberg, wo zwischen 600 und 800 Meister der entsprechenden Gewerbe ihren Lebensunterhalt verdienten. Auch im Siegerland und Westerwald, im Harz, im Thüringer Wald und im Erzgebirge spielte die Eisenherstellung eine herausragende Rolle.[91] In Solingen entstand im 16. Jahrhundert ein neues Zentrum der Klingenschmiede.

Die großgewerblich organisierte Produktion schuf zusätzliche Arbeitsplätze in der Weiterverarbeitung, im Fuhrgewerbe und im Handel. Diese neuen Arbeitsverhältnisse blieben prekär, denn für die Beschäftigten gab es keine der bescheidenen Sicherheiten, die eine eigene Hof- oder Meisterstelle bedeutete. Die ländlichen, von ihren Verlegern vollständig abhängigen Weberfamilien, Lohnarbeiter, Fuhrleute oder Dienstboten standen wie die Söldner fast schon außerhalb der ständischen Ordnung. Sie mussten für sich selbst sorgen und waren in hohem Maße konjunkturabhängig. In diesem Milieu der Unsicherheit stieg mit jedem Anzeichen für eine bevorstehende Krise die Angst um die eigene Existenz.

Das Pro-Kopf-Einkommen stagnierte oder sank seit Ende des 16. Jahrhunderts. Große Teile der Bevölkerung lebten am Rande des Existenzminimums. Die Preisrevolution führte zur tendenziellen Verelendung lohnabhängiger Familien, gleichgültig, ob sie noch Einkommen aus landwirtschaftlicher oder gartenbaulicher Tätigkeit besaßen oder nicht.[92] Die Angst vor Hunger, Not und sozialem Abstieg wurde ihr ständiger Begleiter. Da viele Haushalte stetig höhere Einkommensanteile für Nahrungs-

mittel aufwenden mussten, fehlte ihnen das Geld, um Gewerbeprodukte zu
kaufen. Deren Preise stiegen deswegen deutlich langsamer und mit ihnen
wiederum die Löhne. Die Massenhandwerke gerieten in eine schleichende
Krise. Dagegen profitierten die Gewerbe des gehobenen Bedarfs davon,
dass die Preise den Löhnen davonrannten. Dies ermöglichte den üppigen
Aufwand der Reichen, die gewaltige Summen für Bauten und Luxusgüter
ausgaben und ein differenziertes Angebot an Konsumprodukten und
Dienstleistungen nachfragten.[93]

Die Landwirtschaft war angesichts der Klimaverschlechterung tendenziell nicht mehr in der Lage, die vielen Menschen ausreichend zu ernähren.
Es fehlte an Anreizen, an Kapital und an Innovationen. Investitionen zahlten sich nicht oder nur wenig aus, weil die Agrarverfassung dafür sorgte,
dass der bei weitem größte Teil der durch Produktionssteigerungen erzielten Gewinne nicht den Bauern verblieb, sondern in die Taschen der
Grundherren, der höheren Stände und des anonymen Staates flossen. Die
fortschreitende gesellschaftliche Differenzierung in Arme und Reiche erhöhte die Angst auf beiden Seiten. Familien mit einer durch Eigentum
abgesicherten ökonomischen Basis fürchteten Übergriffe derjenigen, die
lediglich über konjunkturabhängige oder keine regelmäßigen Einkommen
verfügten.

Zwischen allen Fronten standen die Juden – eine kleine, arme Minderheit, die sich, weil ihr die Ausübung anderer Gewerbe verboten war, von
Geldgeschäften und dem nur begrenzt lukrativen Kleinhandel ernährte.
Dass die Juden vor dem Dreißigjährigen Krieg erneut unter massivem
Druck gerieten, war nicht nur ein Symptom christlicher Vorurteile, sondern auch der wirtschaftlichen Not: Pogrome bedeuteten Plünderungen
und Vertreibungen. Die Ursache dafür waren zu einem großen Teil höchst
reale finanzielle Interessen. In Krisenzeiten schreckten einige Schuldner
vor gewaltsamen Lösungen nicht mehr zurück. Sie glaubten, mit der Vertreibung der Juden aller Sorgen ledig zu werden. Da die meisten Territorien die Ansiedlung von Juden ohnehin untersagt hatten, lebten diese nur
in den Gettos einiger Städte und in kleineren Herrschaften relativ sicher,
wo sie den ländlichen Kredit garantierten und mit Hilfe ihrer Netzwerke
für die rasche Beschaffung größerer Summen sorgten.

Nach der Reformationszeit und trotz der Ausfälle Martin Luthers gegen die Juden gab es bis zum Beginn des 17. Jahrhunderts in Mitteleuropa
keine größeren Pogrome. Während Hamburg viele der aus Spanien vertrie-

benen Juden aufnahm, kam es in Speyer, Wetzlar, Wien, Frankfurt am Main und Worms zu gewalttätigen Übergriffen, die aber vergleichsweise glimpflich verliefen. Die Ausweisungen während des Frankfurter Fettmilchaufstandes wurden von Kaiser Matthias 1616 rückgängig gemacht.[94] Dennoch entluden sich in den Pogromen nicht nur die alten Ressentiments, sondern auch die Ängste vor dem wirtschaftlichen und sozialen Abstieg. Antijudaismus war weit verbreitet, wurde aber erst in dem Moment zur Massenhysterie, in dem die eigene Zukunft auf dem Spiel zu stehen schien. Der Frankfurter Jurist Pius Felix Caesar machte jedenfalls 1615 nicht die Juden, sondern den unsittlichen Lebenswandel der Frankfurter Bürger für den Aufstand verantwortlich.[95]

Der rücksichtslose Kampf der Konfessionen, die panische Furcht vor dem Auftreten des Antichristen, die diffuse Angst vor der Apokalypse sowie die weit konkretere vor Preisexplosionen für Nahrungsmittel, gepaart mit einer als prekär eingeschätzten eigenen Situation, förderten nicht nur die Demut und die Bereitschaft zur Buße, sondern auch den Egoismus. In der Not war sich jeder selbst der Nächste. Er musste aber nicht nur für sein eigenes und das Wohlergehen seiner Familie sorgen, sondern auch dafür, dass Gott möglichst keinen Grund für seine Strafen besaß. Wie konnte das gelingen?

Der Hexenwahn

Mit Hunger, Seuchen und Krieg strafte Gott die Menschen großflächig für ihre Sünden. Wer aber war für das Unglück verantwortlich, das punktuell für den Einzelnen großen Schaden anrichtete? Häufig mussten Juden, zunehmend auch Hexen als Sündenböcke herhalten. Im Hexenwahn zeigte sich eine negative Folge des Humanismus. Die Astronomen, die kosmologische Zusammenhänge erforschten, interessierten sich auch für die Theorie und Praxis des Magischen. Die gefürchteten Hexenjäger kamen wie ihre Gegner, etwa der Arzt Johann Weyer, aus der Gelehrtenschicht. Bis zum 15. Jahrhundert wurden magische Praktiken im Regelfall mit der Illusionstheorie erklärt; demnach täuschten Dämone und Zauberer ihre magischen Kräfte lediglich vor. In der Neuzeit mutierte etwa die Vorstellung des Hexenfluges jedoch zu einer geglaubten Realität, weil Gelehrte und Geistliche einer Neueinschätzung des Magischen den Weg bereitet hatten. Die Angst vor einer höchst gefährlichen, im Untergrund und im Geheimen tätigen, auf den

Teufel eingeschworenen Hexensekte kam auf. Ihre verstockten Mitglieder
gestanden ihre Verbrechen angeblich nur unter der Folter. Sie musste in begründeten Verdachtsfällen angewandt werden, weil Hexen die Menschen
verführen und ihnen Schaden zufügen wollten.[96] Diese umstrittene Lehre
und ihre prozessrechtlichen Folgen setzten sich durch, obwohl die Bibel dafür keine Vorbilder außer Satan und Antichrist bot.[97]

Die elaborierten Hexenvorstellungen, die Teufelsbuhlschaft, Flug durch
die Luft zum Hexensabbat und Schadenszauber verknüpften, beinhalteten,
dass eine Hexe nie allein auftrat. Sie musste andere Mitglieder der Teufelssekte kennen, die sie regelmäßig beim Hexentanz traf. Diese verquere Logik
erzwang Folterungen, um aller Beteiligten habhaft zu werden, und sie
führte zu den Verfolgungswellen, denen an manchen Orten mehr als
500 Frauen, Männer und Kinder zum Opfer fielen. Die Angst vor den
Hexen, aber auch davor, selbst beschuldigt zu werden oder gar unbemerkt
eine Hexe zu sein, stieg ins Unermessliche. Der Hexenwahn kulminierte in
den 1580er Jahren sowie zwischen 1626 und 1630,[98] also in Zeiten schwerer
Missernten und eines Krieges, der zu diesem Zeitpunkt ganz Deutschland
erfasst hatte. Verfolgungen waren offensichtlich eine Krisenreaktion, Aus-
wuchs der massenhaften Ängste und Psychosen dieser Zeit und keine unmittelbare Folge des Krieges. Um den Nachweis von Schuld bei Schadenszauber zu umgehen und über das Wollen des strafenden Gottes in jedem
Einzelfall nicht befinden zu müssen, wurde in manchen Gebieten sogar
das Recht geändert. Für ein Todesurteil genügten bereits der böse Wille
und der Teufelspakt.[99] Jede verurteilte Hexe führte zu neuen Anklagen,
obwohl längst nicht alle Beschuldigten verurteilt wurden.

Erst durch die Verknüpfung des Vorwurfs von Schadenszauber mit dem
der Hexerei, also im Auftrag des Teufels zu handeln, wurden die Träger
magischer Praktiken zum gefährlichen Feind der Christen. Sie waren im
täglichen Leben unsichtbar und mussten enttarnt werden, damit sie nicht
weiter ihr Unwesen trieben. Auch bei Hexenverfolgungen ging es wie bei
Judenpogromen um die Rückgewinnung der gerechten Ordnung, die Abwehr einer tödlichen Gefahr und die Reinhaltung der Glaubensgemein-
schaft. Es ist kein Zufall, dass Verfolgungswellen mit Missernten korrespondierten. Die angeblichen Verursacher lokalen oder regional begrenzten
Unglücks sollten ausgeschaltet und damit der zürnende Gott besänftigt
werden. In einer komplizierten Logik erschien Gott als Urheber des Übels,
weil er die mit dem Teufel verbündeten Hexen gesandt hatte, um die Men-

schen für ihre Sünden zu strafen. Gleichzeitig forderte dieser Gott jedoch, die Hexen zu vernichten.

Dass vor allem Frauen in den Verdacht der Hexerei und des Schadenszaubers gerieten, hing mit geschlechterspezifischen Zuschreibungen wie naturhaft oder mit dem im Gegensatz zu Männern nicht tätigen, sondern verbalen Angriffsverhalten von Frauen zusammen. Sie dominierten zudem die Bereiche der Geburt, Kinderbetreuung und Krankenpflege. Hier entstanden die Zaubereiverdächtigungen, die auch meist von Frauen thematisiert und angezeigt wurden.[100] Der Hexenwahn rottete jedoch die sogenannten weisen Frauen, die Kräuterkundigen und Hebammen, nicht systematisch aus. Auch verschonte er nicht die Reichen und Herrschenden.[101]

Die Initiative zu den Hexenverfolgungen ging meist von den Nachbarn aus.[102] Die Bevölkerung hatte das wissenschaftlich-gelehrte Bild der Hexerei übernommen und setzte über Pogromstimmungen ihre Vorstellungen von Bestrafung vor allem dort durch, wo die Obrigkeiten schwach waren. Diese reagierten meist verhalten auf den Druck, denn Hexenprozesse kosteten weit mehr Geld, als die konfiszierten Vermögen einbrachten, und ihr Disziplinierungseffekt war gering. Der Trierer Kanoniker Johann Linden berichtete, zwischen 1581 und 1599 hätten nur zwei Jahre wirklich gute Ernten gebracht. «Weil man allgemein glaubte, daß der durch viele Jahre anhaltende Mißwuchs durch Hexen und Unholde aus teuflischem Haß verursacht werde, erhob sich das ganze Land zu ihrer Ausrottung.» Der Verfolgung fielen etwa 350 Personen zum Opfer.[103]

Hexen wurden fast überall in Europa verbrannt, doch nirgends gab es so viele Opfer wie im deutschen Sprachraum. Nach einigen kleineren Hexenjagden begann der Wahn 1562/63 in Südwestdeutschland, ergriff 1570 bis 1574 das Elsass, Lothringen und das Harzgebiet, 1582 auch Hessen und zwischen 1585 und 1592 zusätzlich Kurtrier, Westfalen, Sachsen, die welfischen Lande, Franken, Bayern und Ostschwaben. 1597 bis 1601 waren Thüringen, 1611 das Stift Ellwangen und 1616 bis 1618 die Hochstifte Eichstätt, Würzburg und Bamberg betroffen.[104] Hexen wurden in kleinen und großen, geistlichen und weltlichen, reichen und armen, katholischen und protestantischen Gebieten, in Städten und auf dem Land verfolgt. Dennoch gab es Unterschiede. Hexenprozesse fanden in Spanien und Italien kaum statt, während in Deutschland geistliche und weltliche Fürsten eifrig Hexen verfolgten. In den calvinistischen Niederlanden und in der Kurpfalz wurden nur wenige Hexen hingerichtet, vergleichsweise viele im ebenfalls calvinistischen Schottland.[105] Die Verfolgungswellen endeten in Deutschland oft an den territorialen Grenzen. Starke Herrscher oder Regierungen und die Magistrate der großen Städte widerstanden den Pogromstimmungen am ehesten. Angeklagt wurden Angehörige aller Stände, Frauen, Männer und Kinder. Außenseiter, Witwen, Arme und Heimatlose gerieten häufiger in Verdacht, weil die sozial Bessergestellten davon ausgingen, dass sie kaum andere Mittel besaßen, als im Bündnis mit dem Teufel ihre Interessen durchzusetzen.

Hexenverfolgungen und soziale Konflikte bildeten die beiden Seiten einer Medaille. Ließ sich die eigene Misere mit Regelverletzungen der Herrschenden erklären, konnte man sich gemeinsam gegen sie wehren. War dem nicht so und fanden sich keine billigen Erklärungen für das Unglück, musste es eine Strafe Gottes oder – was in gewisser Weise dasselbe war – ein Werk des Teufels sein. Das Um- und Ablenken von innergesellschaftlichen Spannungen nutzte den Obrigkeiten insofern, als sie ihre Macht und Gerechtigkeit demonstrieren konnten. Forschungsthesen wie diejenige, dass die Scheiterhaufen dazu dienten, Gehorsam durchzusetzen und alte, mit magischen Komponenten verbundene Weltvorstellungen zu vernichten,[106] finden in den Quellen keine Bestätigung. Obwohl die Verfolgungswellen auch während des Krieges weitergingen, beispielsweise in Büdingen, wo 1633/34 wohl 100 Menschen hingerichtet wurden, ist ein unmittelbarer Zusammenhang nicht nachzuweisen. Die Sensibilisierung der Menschen für die jederzeit drohenden Lebensgefahren durch die Soldaten lenkte offensichtlich nicht davon ab, Hexen als Schuldige von Unglück zu identifizieren.

In Deutschland fielen dem Hexenwahn mindestens 25 000 Menschen zum Opfer.[107] Diese Ausbrüche waren unkalkulierbar und steigerten auch während des Dreißigjährigen Krieges die Angst und die Bereitschaft zu Gewaltausbrüchen. Die Hexenverfolgungen zeigen, dass die irdischen Wahrnehmungen und Erfahrungen um 1600 nicht mehr widerspruchsfrei mit der offenbarten Heilsordnung zu vereinbaren waren. Die Menschen, die nicht gelernt hatten, mit einer doppelten – einer göttlichen und einer irdischen – Wahrheit umzugehen, deuteten jedes ungewöhnliche Geschehen als göttliche Prüfung und versuchten, die biblischen Anweisungen wörtlich umzusetzen. Sie glaubten, dass sie mit den Hexen oder den Anhängern anderer Konfessionen den Satan und Antichristen bzw. dessen Agenten auf Erden bekämpften. Der gemeine Mann verfolgte Hexen und Juden, weil er sich davon ein Ende seines persönlichen Unglücks versprach.

Um Gott zu besänftigen, vernichtete er dessen Gegner. Derselbe Jean Bodin, der das politische System auf aristotelischer Grundlage rational analysierte und die Souveränität als höchste unumschränkte Gewalt definierte, war ein glühender Verfechter der Hexenverfolgungen, weil er glaubte, nur so den Geboten Gottes entsprechen zu können.

Der prekäre Religionsfrieden

In Deutschland bildete der Augsburger Religionsfrieden von 1555 die ordnungspolitische Basis, die trotz vieler konfessioneller Streitigkeiten den inneren Frieden lange sicherte. Die bewaffneten Konflikte seit den 1580er Jahren blieben regional begrenzt. Sie drehten sich um den alten Streitpunkt der Freistellung der Konfession in den geistlichen Gebieten, brachten den Protestanten aber keine nachhaltigen Erfolge. Während die Katholiken ihre Positionen im Zuge der Gegenreformation ausbauten, begannen die evangelischen Stände, die katholisch dominierten politischen Institutionen des Reiches zu blockieren. Die Akteure wollten Zeichen setzen und waren deshalb wenig kompromissbereit. Das häufig beschworene und eingeklagte alte Vertrauen war verloren gegangen. Es gab keine tragfähige Basis mehr, um die erforderlichen Kompromisse über Konfessionsgrenzen hinweg zu arrangieren. Während die meinungsbildenden Medien die Konflikte anheizten, waren die politischen Akteure klug genug, die Kontroversen nicht auf die Spitze zu treiben.

Die Ereignisse im Erzbistum Köln wurden zum Testfall, ob sich der Religionsfrieden nicht doch im Sinne der protestantischen Auslegung fortentwickeln ließ. Ende 1582 löste sich Erzbischof Gebhard Truchsess von Waldburg vom Papsttum, um ein Stiftsfräulein zu heiraten. Während ihn die Wetterauer Grafen und auch Pfalzgraf Johann Casimir unterstützten, lehnten die Mehrheit des Domkapitels sowie die Stadt und die Universität Köln den Glaubenswechsel ab. Sie wurden von den in den Niederlanden kämpfenden Spaniern und von Herzog Albrecht V. von Bayern unterstützt. Im Mai 1583 wählten die Domkapitulare anstelle des von Papst Gregor XIII. inzwischen exkommunizierten und von Kaiser Rudolf II. abgesetzten Ketzers Gebhard Truchsess mit Herzog Ernst von Bayern einen katholischen Nachfolger. Er verstieß zwar als Bischof von Freising, Hildesheim und Lüttich gegen das Kumulationsverbot des Trienter Konzils, doch das wurde mit einem kostenpflichtigen päpstlichen Dispens geregelt.

Gebhard Truchsess und seine Anhänger gaben Köln nicht kampflos preis. Der nun ausbrechende Kölner Krieg führte zur Belagerung und teilweise auch zur Zerstörung etlicher rheinischer Städte. Größeren Rückhalt fand Gebhard in den westfälischen Stiftslanden, deren Untertanen mehrheitlich dem evangelischen Glauben anhingen. 1585 musste er aber vor seinen übermächtigen Gegnern in die Niederlande fliehen. Und drei Jahre später kapitulierten seine Truppen in der Festung Bonn. Der Kölner oder Truchsessische Krieg erschien als ein Nebenschauplatz des niederländischen Aufstandes.[108] Er kann aber auch als Vorspiel des Dreißigjährigen Krieges gesehen werden, weil die internen Probleme des Reiches mit Hilfe spanischer Truppen gelöst wurden, die gleichzeitig in der Reichsstadt Aachen intervenierten. Der Sieg der Gegenreformation in Köln führte zu dem Wittelsbacher Bistumsverbund, der den katholischen Glauben im konfessionell umkämpften Nordwesten stabilisierte und eine Barriere gegen die Übernahme reformierter und republikanischer Ideen aus den Niederlanden bildete.

Darüber hinaus besaß der Kölner Krieg direkte Konsequenzen für das Stift Straßburg, wo Gebhard und drei weitere evangelische Domherren Ende des Jahres 1583 zu Ketzern erklärt und aus dem Kapitel ausgeschlossen wurden. Sie konnten jedoch mit Unterstützung der evangelischen Stadt Straßburg den Bruderhof besetzen, die Güterverwaltung des Domkapitels. Der lange schwelende Konflikt eskalierte 1592 nach dem Tod Bischof Johanns IV. von Manderscheid. Die evangelischen Domkapitulare wählten den erst 15-jährigen Markgrafen Johann Georg von Brandenburg zum Nachfolger, die katholischen Kardinal Karl von Lothringen.

Ein anonymer «Liebhaber gemeines Vaterlands Teutscher Nation» rief «alle Teutschen ... als Christen und redliche Landesleute» zum Kampf «wider die offene Tyrannen und ausländische Zerstörer Teutscher Nation Wohlfahrt» auf. Während die Katholiken das Stift Straßburg einem fremden Potentaten überlassen wollten, verspreche Markgraf Johann Georg «ein rechter Vindex der Religion und Teutscher Libertät und Freiheit» zu werden. Der anonyme Autor setzte voll und ganz auf die Fremdenangst. Der Herzog von Lothringen, zumindest formal ein Vasall des Reiches, war demnach ein Fremder, der im Verbund mit den Spaniern, aber auch Italienern, Lothringern und Türken sowie anderen Völkern die Deutschen vernichten werde. Dies umso mehr, «weil man schon allbereit sieht, dass bei und unter uns Teutschen selber Teutsche Sitten und Gebärden, Teutsche

Einfalt und Redlichkeit sinket und nichts gilt, was nit auf Spanisch, Italianisch, Französisch und Lothringisch Manier angerichtet ist». Die Spanier wollten alle Nationen unterjochen und «eine Monarchia in Europa anrichten». Straßburg biete aber die Gelegenheit, die «Teutsche Freiheit» zu retten, wenn alle Deutschen, «Römische und Evangelische», zusammenstünden.[109] Dem Autor ging es weniger um die evangelische Konfession als um die Autonomie des Reichs-Staates und die Freiheit der Nation.

Der folgende Straßburger Krieg endete 1593 mit einem Waffenstillstand: Johann Georg sollte im rechtsrheinischen, Karl im linksrheinischen Stiftsgebiet regieren. Kaiser Rudolf II. übertrug jedoch 1599 Karl das gesamte Bistum. Johann Georg verzichtete daraufhin 1604 gegen eine hohe finanzielle Abfindung auf alle Rechte. Der im elsässischen Hagenau unterzeichnete Vertrag garantierte den evangelischen Domherren ihre alten Einkünfte, das Hochstift blieb jedoch katholisch.[110]

Gegen diese Regelung und einige weitere Zugeständnisse wandten sich die protestantischen Reichsstände, die nach wie vor die Freistellung der Religion in allen geistlichen Fürstentümern verlangten. Sie stießen auf eine festgefügte katholische Abwehrfront. Die katholische Propaganda forderte wie üblich nationale Einigkeit unter Verweis auf die kulturellen Leistungen der alten Kirche. Andreas Erstenberger, ein kaiserlicher Korrespondenzsekretär, hatte 1586 mit seiner Kampfschrift *Autonomia* die gegenreformatorische Strategie in gewisser Weise vorgegeben. Er legte den Religionsfrieden als obrigkeitliche Herrschaft über die Religion der Untertanen, Verbot der Freistellung, weiterer Säkularisierungen und der Calvinisten aus und trat für einen einheitlichen Glauben im Staat ein. Seines Erachtens waren Eintracht und Vertrauen in Deutschland nur wiederzugewinnen, wenn der konfessionelle Dissens beigelegt und der katholische Glaube als alleinige Religion durchgesetzt werde.[111] Die evangelischen Schriften aktivierten dagegen wiederum ihre bewährte Feindbildtrias: Papst, Jesuiten und Spanier.

Die alten Muster sollten auf beiden Seiten weniger die Gegner überzeugen als die eigenen Reihen schließen. Immer ungenierter wurde das Bekenntnis für reichs- oder machtpolitische Konflikte instrumentalisiert. Die Folgen zeigten sich beispielsweise beim Streit um das reichsständische Sessionsrecht des Magdeburger Administrators Joachim Friedrich von Brandenburg. Da er turnusmäßig 1588 der Kommission angehörte, die das Reichskammergericht visitieren und die anstehenden Revisionsverfahren durchführen musste, untersagte Rudolf II. deren Zusammentritt, um keinen Präzedenzfall zu schaffen. Damit blieben die Appellationen liegen, und die Urteile wurden nicht rechtskräftig.

Furore machte der sogenannte Vierklösterstreit. Das Reichskammergericht hatte in vier Fällen zugunsten der Katholiken entschieden. Die Stadt Straßburg sowie Markgraf Ernst Friedrich von Baden-Durlach wurden wegen ihres Vorgehens gegen die Klosterinsassen von Maria Magdalena und Frauenalb, die Grafen von Öttingen-Öttingen wegen der Übernahme von Christgarten und die Ritter von Hirschhorn wegen rückständiger Renten an den Karmeliterprovinzial für restitutionspflichtig erklärt.[112] Die betroffenen evangelischen Stände beantragten eine Revision des Urteils, die der Deputationstag, ein Ausschuss des Reichstags, erledigen sollte. Die protestantischen Reichsstände lehnten 1594 diese Kompetenzverlagerung jedoch ab, weil der Konfessionsproporz dort noch ungünstiger als in der Visitationskommission war, die das Reichskammergericht ansonsten überprüfte. Die Katholiken beklagten daraufhin die protestantische Praxis, mittelbares Kirchengut einzuziehen und für weltliche Zwecke zu missbrauchen. Damit legten sie einen religionspolitischen Sprengsatz, der bis zum Westfälischen Frieden nicht mehr zu entschärfen war, weil die Protestanten im Gegenzug erst recht auf die Freigabe der Religion in den Bistümern pochten. Das aggressive gegenreformatorische Vorgehen einzelner geistlicher Fürsten wie des Würzburger Bischofs Julius Echter von Mespelbrunn[113] verhärtete die Fronten weiter. Mit dem Ende des langen Türkenkrieges 1606 lockerte sich zudem der Einigungsdruck im Inneren.

Die historische Forschung hat die Ursachen, Symptome und Folgen der Angst – Glaubensspaltung, Naturkatastrophen, Missernten und Hunger, Epidemien, Revolten, Kriege, die türkische Expansion, Hexen- und Judenverfolgungen etc. – zur These von der «allgemeinen Krise des 17. Jahrhunderts» zusammengefasst.[114] Krisenhaft waren jedoch auch schon die Verhältnisse im 15. oder 16. Jahrhundert. Die Zeitgenossen klagten bitter über Neid und Hass, Lug und Trug, die Missachtung Gottes und den Verlust der sozialen Maßstäbe. Sie fragten nach den Ursachen der Gleichzeitigkeit von Hunger und Not, Hoffart und Luxus, und sie fanden Antworten in der Bedrohung durch teuflische Mächte und immer wieder im strafenden Gott. Die Welt schien aus den Fugen geraten zu sein. Die Menschen projizierten ihre Ängste vor den irdischen Widrigkeiten und vor den Strafen Gottes in die Naherwartung des Jüngsten Gerichts.[115]

Der englische Prediger Jeremiah Whitaker warnte 1643 vor dem Unterhaus vor dem Jüngsten Tag. Er sprach von den «days of shaking», und dieses «Erbeben» erschüttere die ganze Welt, die Pfalzgrafschaft, Böhmen, Deutschland, Katalonien, Portugal, Irland, England, als wolle Gott alle Nationen wachrütteln.[116] Er hätte seiner Aufzählung viele Orte weiterer Katastrophen und Aufstände rund um den Globus hinzufügen können, von denen die Menschen durch gedruckte Nachrichten erfuhren.

Jeder musste auf der Hut sein, um nicht von den bösen Mächten oder seinen Nachbarn überwältigt zu werden. Das Urvertrauen als Basis menschlichen Zusammenlebens schwand und mit ihm die Zuversicht, dass Verabredungen und Zusagen auch wirklich eingehalten würden. Die Angst vor dem Morgen nistete sich ein. Man war sich nicht mehr sicher, ob das Leben, die tägliche Nahrung, der Friede, Haus und Hof, das Eigene und vor allem die Gnade Gottes sicher waren. Was bedeutete eine solche elementare Ungewissheit angesichts der irdischen Gefahren und der apokalyptischen Strafen, mit denen Gott drohte?

Thomas Hobbes, der berühmte englische Staatsdenker, der um die Mitte des 17. Jahrhunderts und angesichts des Englischen Bürgerkrieges mit dem Leviathan einen allumfassenden Herrscher über das Gemeinwesen schuf, lebte in Angst. Er erzählte in seiner Autobiographie, dass seine Mutter wegen der Bedrohung durch die spanische Armada Zwillinge zur Welt gebracht habe: *meque metumque simul*, ihn und die Angst.[117] In seinen «Calwer Totenklagen» berichtet Johann Valentin Andreae etwas Ähnliches: Die Säuglinge hätten die Milch ihrer angstvollen Mütter getrunken, und es sei so gewesen, als ob sie Gift eingesogen hätten.[118] Diese Angst vor den vielfältigen Anfechtungen und Bedrohungen erklärt das Gesellschaftsmodell von Hobbes: Die Freiheit und Sicherheit aller sollte durch eine absolute Autorität garantiert werden.

3. Krise oder wie Krieg zur Option wurde

Der Reichs-Staat

Mit dem Augsburger Reichsabschied besaß der Reichs-Staat seit 1555 eine ausbaufähige normative Basis. Der Religionsfriede dehnte den Ewigen Landfrieden auf konfessionelle Streitigkeiten aus. Diese Lösung sicherte die Rechte der Reichsstände, die unabhängig von ihrer Konfessionswahl ihre Staatlichkeit entwickeln und festigen konnten. Dennoch blieben selbst die größten Fürstentümer im europäischen Maßstab Minderstaaten, die nur im Rahmen des Reiches ihre relative Selbständigkeit zur Geltung bringen konnten. Die konfessionell mehr oder weniger einheitlichen Fürstenstaaten und Städte mussten sich mit den mehrkonfessionell-pluralen Verhältnissen im Reichs-Staat und mit der Aufsicht durch Kaiser und Reich arrangieren. Letztlich waren es meist gelehrte Juristen, die als geheime Räte in den vielen Kanzleien oder als Gesandte die Reichs- und Landespolitik prägten. Das Mitregiment der Bürger und Bauern blieb auf Reichsebene den Freien und Reichsstädten vorbehalten und auch in den Landtagen oder Landschaften meist auf städtische oder adlige Vertreter beschränkt. Eine durchgängige Repräsentation des politischen Willens vom gemeinen Mann bis in die höchsten Foren der Reichspolitik fehlte.

Bauern und Bürger regelten die sie unmittelbar betreffenden Dinge relativ selbständig oder in enger Abstimmung mit den Obrigkeiten. Sie konnten an Kaiser und Reich supplizieren, den unabhängigen Rechtsweg nutzen oder ihre Beschwerden in den Medien öffentlich machen, um auf diese Weise Druck auszuüben und Entscheidungen zu beeinflussen. Das meinungsbildende Schrifttum war eine wichtige Waffe im Kampf um den wahren Glauben und die richtige Politik. Zeitungen berichteten über Neuigkeiten aller Art; Flugblätter oder Flugschriften kommentierten das politische Geschehen. Der gemeine Mann und seine Frau konnten sich informieren, da die Zensur der veröffentlichten Meinung in Deutschland mild und wenig effektiv war. Was in dem einen Fürstentum nicht publiziert werden durfte, konnte in einem anderen ungehindert erscheinen. Die politische Kultur der freien Meinungsäußerung wurde im Dreißigjährigen Krieg zur wirksamen Waffe. Die Kanzleien beobachteten den Meinungsmarkt sehr genau, um zu erkennen, wo, wann und wie sich Unmut artikulierte. Sie reagierten auf den Rumor der Untertanen mit einer vorsichtigen Revision der eigenen Positionen und wirkungslosen Verboten.

Das politische Mehrebenengefüge des Reichs-Staates begünstigte auf allen Ebenen Ausgleich und Verständigung. Zwischen Obrigkeit und Untertanen herrschte keineswegs permanente Konfrontation. Ohne Minimalkonsens ließ sich weder regieren noch in Ruhe, Frieden und Freiheit leben. Die zur Befriedung von Konflikten eingesetzten kaiserlichen Kommissionen und die Reichsgerichte mahnten die Regenten, an die *ultima ratio* ständischer Herrschaft zu denken, die *mutua obligatio*, die gegenseitige Verpflichtung von Herren und Untertanen.[1] Der Reichstag hatte nach dem Bauernkrieg die Möglichkeit zur Klage gegen die eigene Obrigkeit an den Reichsgerichten geschaffen, um den Unmut der Untertanen aufzufangen.

Den mühsam errungenen inneren Frieden wollte niemand leichtfertig aufs Spiel setzen. Die Kaiser Ferdinand I. und Maximilian II. profilierten sich als vertrauenswürdige Partner der Reichsfürsten. Sie stießen nur auf Widerstand, wenn sie ihre monarchische Stellung ausbauen wollten. Der Speyerer Reichstag lehnte deswegen 1570 den von Lazarus von Schwendi entworfenen Plan ab, die militärische Gewalt beim Kaiser zu konzentrieren. Die Stände fürchteten um ihre Libertät, forderten jedoch vom Kaiser als Vater des Vaterlandes, die Interessen des Reiches zu wahren – nicht nur im Südosten gegen die Türken, sondern auch in der Nord- und Ostsee.[2]

Die zwölf Regierungsjahre Maximilians II. erscheinen rückblickend als Phase größter Stabilität und Konsolidierung. Erhalt des Status quo, pragmatische Politik, Nachgeben gegenüber Sachzwängen und die Einsicht in die Notwendigkeit von Kompromissen bestimmten eine Reichspolitik, die angesichts der Kriege in der Nachbarschaft den inneren und äußeren Frieden wahren wollte. Kaiser Maximilian erreichte aufgrund seiner ausgleichenden Politik, dass sich auch die evangelischen Reichsstände im Norden an den Türkenhilfen beteiligten. Die deutsche Solidargemeinschaft von den Alpen bis zur Küste war eine Folge des Religionsfriedens und der Türkenangst. Diese Loyalitätsbeweise wurden lange unterschätzt, weil die Forschung nach einem deterministischen, einem ethnisch und sprachlich bestimmten Nationalbewusstsein suchte.

Nach Sebastian Münster, dem berühmten Kosmographen und Humanisten der ersten Hälfte des 16. Jahrhunderts, unterschieden Sprache, Regiment und Herrschaft die Länder voneinander. «Und demnach nennen wir

zu unsern Zeiten Teutschland alles, das sich teutscher Sprachen gebraucht.»[3] Damit widersprach er sich in gewisser Weise selbst, weil er einen
Anspruch formulierte, der sich mit seinen anderen Kategorien, nämlich
Regiment und Herrschaft, nicht deckte. Zwischen dem 13. und 15.Jahrhun-
dert hatten sich zunehmend mehr deutschsprachige Bewohner Nordeuro-
pas als Deutsche wahrgenommen.[4] Sie beriefen sich dabei sowohl auf die
Idee eines deutschen Volkes als auch auf das Reich, das politische Gemeinwesen der deutschen Nation. Es existierten demnach bereits unterschiedliche Formen des Deutschseins,[5] als die Humanisten um 1500 begannen,
diese Identität mit ihren patriotischen Texten über eine als deutsch ausge-
gebene Vergangenheit und Zukunft, die Heldentaten der Vorväter und die
Angst der anderen präziser zu formulieren.

Die deutsche Nation gab es gleichsam doppelt. Das sprachlich-ethni-
sche Substrat reichte bis tief in zahlreiche andere Länder oder Staaten. Ihre
deutschsprachigen Bewohner ordneten sich der deutschen Nation zu, ohne
an ihrer politisch-herrschaftlichen Zugehörigkeit etwas ändern zu wollen.
Dies galt für die deutschsprachigen Eidgenossen und Böhmen ebenso wie
für viele Bewohner Preußens, des Baltikums, Lothringens oder Burgunds.
Daneben existierte eine durch Kaiser und Reichstag formierte politische
Kernnation, ein föderatives, auf den Reichs-Staat bezogenes Vaterland.[6] Es
umfasste Loyalitäten gegenüber dem Reichs-Staat, den Konfessionen,
Dynastien, Regionen und den vertrauten kleinen Räumen, die als Heimat
Zugehörigkeit und soziale Sicherheit versprachen. Der frühneuzeitliche
Entwurf deutsche Nation umfasste Bezugsgrößen, die wie Konfession,
Sprache, Ethnie, Vaterland, Sitten und Gebräuche nie von allen Reichs-
bewohnern in gleicher Weise geteilt wurden. Die auf den Reichs-Staat be-
zogene Identität zeichnete sich nicht durch eine übergreifende Einheitlichkeit, sondern durch die Integration einer Vielfalt von säkularen Werten,
Vorstellungen und Loyalitäten aus. Freiheit, Eintracht oder Friede, die als
spezifisch deutsch ausgegebenen Tugenden wie Redlichkeit, Treue und
Vertrauen sowie natürlich die Sprache bildeten die Inklusions- und Exklu-
sionskriterien.

Die föderative, auf den komplementär organisierten Reichs-Staat bezogene Nation definierte ein multiples Vaterland, denn auch der Geburtsort
und die Heimat, die Länder, Diözesen und Reichskreise galten als Vaterländer. Diese historisch gewordene Vielfalt kleiner und großer Bezugspunkte
sowie das Nebeneinander der ethnisch-kulturell und der politisch-staatlich

formierten Nationen ließen sich nicht vereinfachen. Wer Eintracht und
Frieden in der Mitte Europas wollte, musste diese Unterschiede akzeptieren
und durfte nicht versuchen, das jeweils andere auszuschließen.[7] Bei allen
Verhandlungen über die Ausgestaltung des Reichs-Staates zeigte sich, dass
dieses politische Mehrebenengefüge nur durch die Steigerung und Festi-
gung, nicht durch die Reduktion von Komplexität zu bewahren war. Wurden
Positionen absolut gesetzt, kam es schnell zum Bruch und zum Konflikt.
Dies unterschied die deutschen Lande vom europäischen Normalfall, wo
sich die Staatsbildung auf ein politisches Gemeinwesen mit einer Konfession bezog.

Kaiser und Reich waren für die Untertanen und Bürger in Deutschland
primär Instanzen von Recht und Gerechtigkeit. Zusammen mit dem
Glauben, der Muttersprache und der Bindung an die unterschiedlichen
Vaterländer bildeten sie die Eckpfeiler des Wirkungsgefüges, das die multiple Identität der Deutschen ausmachte. Ihre Loyalität galt dem Reichs-
Staat und der föderativen Nation – wenn auch nie ausschließlich und nie
bedingungslos. Daran hat der Dreißigjährige Krieg nichts geändert.

Der Reichs-Staat bzw. die deutsche Nation firmierten auf dem Papier
der Reichsabschiede und in unzähligen Druckschriften als «geliebtes Vaterland». Reichspatriotismus wurde gefordert und gelebt – im Kampf gegen Türken, Spanier und Franzosen, vielleicht etwas weniger gegen Dänen
und Schweden. Die Deutschen waren stände-, regionen- und konfessio-
nenübergreifend ebenso stolz auf die kulturellen und technischen Errungenschaften ihrer Vorfahren wie die Mitglieder anderer Nationen. Sie
schätzten die ihre Freiheit garantierende Verfassung und ihre germanische
Herkunft. Sie sorgten sich um ihre Autonomie, um die Reinhaltung ihrer
Sprache, ihre überlieferten Sitten und Gebräuche sowie ihren Glauben.
Der Reichspatriotismus fußte auf den durch die Verfassung geschaffenen
politischen Verhältnissen und auf allem, was das Prestige der Nation begründete.[8]

Die konfessionellen Streitigkeiten mündeten allerdings in der zweiten
Hälfte des 16. Jahrhunderts in eine große Vertrauens- und schleichende
Verfassungskrise. Doch auch die konfessionalistischen Deutungen der
deutschen Nation kamen um 1600 nicht mehr ohne die rhetorischen Sig-
nalbegriffe deutsche Freiheit oder Vaterland aus. Der Gedanke der Reichs-
einheit behielt auch in den konfessionalisierten Milieus seine Bedeutung.
Katholische Publizisten griffen die wirkungsmächtigen Patriotismusvor-

stellungen der Protestanten auf. Der bayerische Hofschriftsteller Aegidius Albertinus forderte zumindest für die Zeit der Türkenkriege nationale Einigkeit. Katholische Autoren gingen davon aus, dass die Reformation dem Reich und deutschen Vaterland geschadet habe, weil ihnen das göttliche Wohlwollen entzogen worden sei; sie deuteten die Türken als Strafe Gottes. Der Franziskaner Michael Anisius behauptete 1599, die Nation liege zertrennt und zerspalten dem türkischen Joch am nächsten. Caspar Schoppe warf den reformierten Fürsten vor, sie wollten das Reich in eine Oligarchie verwandeln, während ihre Prediger von einer Demokratie schwärmten.[9]

Dagegen erinnerte schon 1605 eine Flugschrift die protestantischen Stände daran, dass es genügend Gründe gebe, sich wie gegen die Türken auch gegen den Papst und seine Anhänger zu verbünden. Diese orientierten sich an Machiavelli und hielten Verträge und Bündnisse nicht, weil sie «vom Teufel und seinem Knecht / dem Papst / wie auch von dessen Hetz- und Bluthunden / den Jesuiten / dazu ohne Unterlass ermahnet». Es gebe aber noch etliche gutherzige papistische Stände, denen verdeutlicht werden könne, wie das ausländische Gesindel unter dem Schein der Religion Deutschland seiner Selbständigkeit berauben und unter «fremde Joch / und unerträgliche Servitut» bringen wolle. Deswegen vertrieben katholische Stände evangelische Untertanen, obwohl der Religionsfrieden es jedem freistelle, im Land zu bleiben oder auszuwandern.[10]

Die Spitze der protestantischen Polemik bildete das scharfsinnige und bereits im niederländischen Freiheitskampf bewährte *Spanisch Post- und Wächterhörnlein*. Es erschien 1585 auf Deutsch und prägte in vielen Auflagen über den Tod seines Verfassers Philipp Marnix von St. Aldegonde hinaus das Feindbild Spanien.[11] Die Katholiken glaubten demnach, wer gut katholisch sei, müsse auch gut spanisch sein: «Das ist ein spanischer leibeigener Sklave sein und sollte er auch darüber sein eigen Freiheit und Vaterland selbst verraten. Dagegen müssten das Vaterland teutscher Nation und die bei allen Völkern rühmliche Freiheit unverletzt und beständig erhalten» werden.[12]

Die Konsenskultur scheiterte an der Frage, ob die Einheit des katholischen Glaubens auf der Basis der Trienter Beschlüsse wiederhergestellt werden müsse oder ob die politische Anerkennung der konfessionellen Pluralität die unabdingbare Grundlage der Einigkeit sei. Obwohl häufig von zwei politischen Kulturen im Reich die Rede war, hatte doch der relationistische Einsatz des Konfessionsarguments dazu geführt, dass das Nebeneinander vor allem bei den gelehrten Räten zum akzeptierten Muster geworden war. Reichspolitiker wie Johann Ulrich Zasius, Lazarus von Schwendi, Georg Sigmund Seld oder Zacharias Geizkofler warnten vor einem neuen Glaubenskrieg und forderten die Duldung Andersgläubiger. Schwendi meinte nicht das bloße Ertragen der anderen, um den Krieg zu vermeiden, sondern ihre Akzeptanz als eine Voraussetzung des inneren Friedens, der sich nur so dauerhaft sichern lasse.[13]

Union und Liga

Reichspolitisch eskalierte die konfessionelle Konfrontation anlässlich der Vorgänge in der kleinen Reichsstadt Donauwörth. Die protestantische Mehrheit wollte die vom Reichshofrat als rechtmäßig erklärte jährliche Prozession des Benediktinerklosters durch die Stadt nicht länger dulden. Die Bürger hinderten die Mönche 1606 mit Gewalt am Durchzug. Als es im Frühjahr 1607 in Donauwörth erneut zu Tumulten kam, forderte Herzog Maximilian von Bayern den Kaiser auf, die Reichsacht zu verhängen. Nach kurzem Zögern folgte Rudolf II. am 3. August dieser Bitte und beauftragte den bayerischen Herzog mit der Exekution.[14] Der 1573 geborene, von den Jesuiten erzogene und seit 1598 regierende Maximilian war ein katholischer Eiferer, aber auch der Modernisierer Bayerns. Er hatte in seiner mehr als 50-jährigen Regierungszeit das Herzogtum zum wohl bestverwalteten Fürstenstaat gemacht.

Die Protestanten witterten eine Intrige. Die Exekution der Acht oblag nämlich den kreisausschreibenden Fürsten, in diesem Fall dem Herzog von Württemberg, da Donauwörth zum schwäbischen Reichskreis gehörte. Die bayerischen Truppen besetzten jedoch Ende des Jahres die Stadt und zogen nicht wieder ab. Herzog Maximilian betrieb die Rekatholisierung. Als die Reichsacht im Juni 1609 aufgehoben wurde, behielt er die Stadt als Pfand, bis diese die sehr hoch angesetzten Exekutionskosten bezahlt habe.[15]

Der reichspolitische Streit galt nicht den religiösen Konflikten zwischen Stadt und Kloster, sondern dem Verfahren und der Annexion. Während der bayerische Rat Wilhelm Jocher unter Verweis auf das römische Recht Achterklärungen und deren Exekution zur alleinigen Sache des Kaisers erklärte, argumentierte die Gegenschrift des schwäbischen Reichskreises, die

Verfassung des deutschen Gemeinwesens basiere nicht auf lateinischen
Rechten, sondern auf dem im «Reich üblichen Herkommen und [den] daher rührenden alten Verfassungen, aus der Goldenen Bulle, Kaiser- und
Königlichen Capitulationen, den Reichs Abschieden und Constitutio-
nen».[16] Der lokale Streit war damit ein Verfassungskonflikt. Ob der Kaiser
eine monarchische Machtvollkommenheit besaß oder an das Mitregiment
der Reichsstände gebunden war, darüber stritten zu dieser Zeit auch die
gelehrten Juristen, die das Reichsstaatsrecht als juristische Disziplin an den
Universitäten etablierten.

Aus protestantischer Sicht hatte der Kaiser im Fall Donauwörth seine
Kompetenzen überschritten und war zum offenen Parteigänger der Katholiken geworden.[17] Der bayerische Herzog, dem ansonsten sehr an der deutschen Freiheit gelegen war, hatte den Exekutionsauftrag von Anfang an als
Annexionsmöglichkeit betrachtet. Selbst die Frage, ob der Reichshofrat
überhaupt befugt war, wie das Reichskammergericht im Streit zwischen
Reichsständen zu entscheiden, verblasste hinter den für die Reichsstadt
verheerenden Folgen. Die evangelischen Stände gaben dem Kaiser bzw.
den Habsburgern die Schuld, vermuteten aber die Jesuiten, den Papst und
die Spanier als eigentliche Drahtzieher. Selbst die kaiserfreundliche kursächsische Delegation berichtete 1608 vom Regensburger Reichstag, Erzherzog Ferdinand von der Steiermark, der den Kaiser vertrete, habe überall
um sich herum Jesuiten, die im Reich ein Blutbad anrichten wollten.[18] Aus
Abneigung gegen die Calvinisten und aus Rücksicht auf die böhmischen
Lehen ließen der Dresdener Kurfürst Christian II. und seine Räte aber
keinerlei Zweifel an ihrer kaisertreuen Gesinnung aufkommen.

Die Beziehungen der Habsburger zu den sächsischen Kurfürsten, die als
Reichsvikare und Reichserzmarschälle wichtige Ämter innehatten, blieben
in dieser kritischen Phase intakt, als die Reichspolitik konfrontativ wurde.
Die beiden Höfe tauschten viele Geschenke aus, insbesondere wertvolle
Kunstgegenstände. Kaiser Rudolf II. schrieb Kurfürst Christian I. kurz vor
dessen Volljährigkeit: Er sende ihm etliche «Kunststücke», um ihn seiner
freundlichen Zuneigung zu versichern, und er zweifle nicht, dass auch der
Kurfürst die vertrauliche Korrespondenz aufrechterhalten werde. Anlässlich seiner Kurübernahme verehrte der Kaiser dem Kurfürsten Christian II.
fünf gefangene Türken und drei edle orientalische Rösser samt Ausrüstung.
Beim Kaiserbesuch in Dresden erhielt der Kurfürst 1607 geschmückte
Pferde, wertvolle Ketten und Gedenkmünzen sowie eine ihn selbst darstel-

lende Bronzebüste, die Adriaen de Vries gefertigt hatte.[19] Christians Nachfolger Johann Georg zählte ebenfalls nicht zu den protestantischen Aktivisten, die das enge Zusammenspiel des Kaisers mit der katholischen Ständemehrheit auf dem Reichstag durchbrechen wollten. Als deren Führer hatte sich inzwischen der reformierte Kurfürst von der Pfalz etabliert.[20] Seine und die Delegationen anderer evangelischer Reichsstände wiesen den Kaiser schriftlich auf die vielen Rechtsverletzungen im Achtverfahren gegen Donauwörth hin und forderten, alle Maßnahmen gegen die Reichsstadt zurückzunehmen.[21] Aber in Wien oder München dachte niemand daran.

Die meisten evangelischen Stände argumentierten auf dem Regensburger Reichstag 1608, dass der Religionsfrieden nichts über künftige Säkularisierungen aussage. Als Kursachsen dann aber doch auf den Kaiser zuging, spalteten sich die Protestanten. Die Mehrheit, angeführt von Kurpfalz und Kurbrandenburg, betrieb Obstruktionspolitik. Ihre Delegationen verließen den Reichstag ohne Erlaubnis und sprengten ihn damit, denn die katholischen Stände wagten es nach diesem Eklat nicht, mit ihrer Mehrheit einen Reichsschluss zu verabschieden.

Der Konfrontationskurs brachte die Dinge in Bewegung. Die in Auhausen 1608 gegründete protestantische Union entsprach zwar nicht annähernd den Vorstellungen einer europäischen Glaubenseinung, von der vor allem in Heidelberg geträumt wurde, doch sie bedeutete einen Neuansatz. Geplant war ursprünglich eine regionale Landrettung, um die Oberpfalz vor Übergriffen ihrer katholischen Nachbarn Böhmen und Bayern zu schützen. Fürst Christian von Anhalt, Statthalter in Amberg und Gestalter der Kurpfälzer Politik, verhandelte mit den Markgrafen von Brandenburg und der Reichsstadt Nürnberg. Der Ansbacher Fürst informierte den Pfalzgrafen von Neuburg, dieser den Markgrafen von Baden und den Herzog von Württemberg, und alle wollten sich beteiligen. In größter Eile wurde für den 11. Mai 1608 eine Gründungsversammlung anberaumt, bei der sich Kurpfalz, Württemberg, Baden-Durlach, Ansbach, Kulmbach und Pfalz-Neuburg auf einen Bundesvertrag, ein Bundeskapital und ein bei Bedarf schnell zu mobilisierendes Bundesheer von 20 000 Mann verständigten. Die Leitung übernahm Kurfürst Friedrich IV. von der Pfalz.[22]

Der Unionsvertrag nannte weder die Verteidigung des Religionsfriedens noch des eigenen Glaubens als Ziel. Stattdessen formulierte er die große Sorge um die Reichsverfassung. Die Union solle die «Teutsche

Nation unser geliebtes Vatterland» sichern und allen entgegentreten, die
den Landfrieden und die Einigkeit gefährdeten. Sie diene dem Kaiser und
dem Reich, weil sie die Freiheit und Hoheit der Kurfürsten und Stände
sichere.[23] In den beiden folgenden Jahren unterschrieben auch Kurbrandenburg, Hessen-Kassel, Pfalz-Zweibrücken, Anhalt und Graf Ludwig
von Öttingen sowie 16 süddeutsche Städte, darunter Straßburg, Nürnberg
und Ulm, den Unionsvertrag. Der zum reformierten Glauben konvertierte
Kurfürst von Brandenburg verließ jedoch 1617 das Bündnis. Da sich Kursachsen ihm ganz entzog, fehlte der Einung bei Kriegsbeginn der gesamte
protestantische Norden. Dresden hielt Konfessionsbündnisse für unnötig
und schädlich, weil die Reichsverfassung die benötigten Regelungsmecha-
nismen schon biete. Kaspar von Schönberg, der führende kursächsische
Reichspolitiker im Vorfeld des Dreißigjährigen Krieges, machte geltend,
dass die Harmonie im Reich aufgrund seiner weisen Gesetze und seines
Oberhauptes überall in Europa bewundert werde. Niemand müsse den
Kaiser und die katholischen Stände fürchten. Die Albertiner seien dem
Schmalkaldischen Bund ferngeblieben und träten auch der Union nicht
bei.[24] In Dresden wurde 1611 sogar die Mitgliedschaft in der katholischen
Liga erwogen.[25]

Die Zustimmung zur Unionspolitik war im protestantischen Deutschland wohl größer, als die Zahl der Mitglieder vermuten lässt. Beispielsweise
unterzeichneten die Wetterauer Grafen den Einungsvertrag nur deswegen
nicht, weil ihnen die Anlagen zu hoch und die Stimmen zu ungünstig verteilt erschienen. Die großen Friedenshoffnungen, die sich mit dem neuen
Bündnis verbanden, sollten sich jedoch als Illusionen erweisen.

Auch die Liga, das im Juli 1609 geschlossene Gegenbündnis katholischer
Stände, verfolgte eine defensive Strategie. Neben Herzog Maximilian von
Bayern, ihrem unumstrittenen Führer, gehörten ihr eher mindermächtige
geistliche Reichsfürsten an: Augsburg, Konstanz, Passau, Regensburg, Würzburg, Bamberg, Speyer, Straßburg, Worms und viele Reichsprälaten; 1610
kamen immerhin die geistlichen Kurfürsten von Köln, Mainz und Trier
hinzu. Laut Bundesvertrag sollte auch die Liga nur Angriffe gegen die Satzungen des Reiches abwehren.[26] Obwohl der Bayernherzog sich das Direktorium offiziell mit dem Mainzer Kurfürsten teilte, blieb die Liga politisch
und militärisch auf ihn zugeschnitten. In ihr gab es keine theologischen
Differenzen, und sie wirkte kompakter als die Union. Dazu trug auch die
solidere Finanzausstattung bei; selbst der Papst unterstützte die Liga mit

regelmäßigen Zuwendungen. Die Wiener Habsburger versuchten jedoch, den ihnen zu mächtig werdenden Bayernherzog einzuschränken. Maximilian stellte daraufhin im Februar 1616 den Oberbefehl zur Verfügung, gewann ihn jedoch vor der akuten Krise in Böhmen zurück. Das katholische Deutschland kam an ihm nicht vorbei.

Die Liga hielt den Kaiser auf Distanz. Aufgenommen wurden 1610 nur Erzherzog Ferdinand II. von Innerösterreich, Deutschmeister Maximilian und Erzherzog Albrecht VII., der in Brüssel die formal zum Reich gehörenden südlichen Niederlande regierte. Er war mit Isabella Clara verheiratet, einer Tochter König Philipps II. Da die Ehe kinderlos blieb, verzichtete er auf alle Erbansprüche und machte so den Weg frei für den Grazer Erzherzog Ferdinand II., der die Herrschaft gewann, weil die fünf das Erwachsenenalter erreichenden Söhne Kaiser Maximilians II. ohne männliche Nachkommen blieben – ein selbst im Hochadel ungewöhnliches familiäres Desaster.

Union und Liga waren ein Resultat der Konfessionalisierung und der Blockadepolitik. Die beiden Bündnisse suchten allerdings nicht die Konfrontation. Dies zeigt sich beispielsweise beim Streit um das Erbe des am 9. Mai 1609 ohne Nachkommen gestorbenen geisteskranken Herzogs Johann Wilhelm von Jülich-Kleve-Berg. Ein kaiserliches Privileg von 1546 räumte den Töchtern beim Fehlen männlicher Erben die Nachfolge ein. Die beiden Schwestern des Herzogs, verheiratet mit dem Kurfürsten von Brandenburg und dem Pfalzgrafen von Neuburg, beanspruchten daraufhin das Erbe des wohlhabenden, konfessionell uneinheitlichen Territoriums, zu dem neben den drei Herzogtümern noch die Grafschaften Mark und Ravensburg gehörten. Diesem Anspruch der Schwestern standen jedoch ältere sächsische Nachfolgerechte gegenüber, die von Kaiser Rudolf II. unterstützt wurden. Er wollte diese Territorien dem Kurfürsten von Sachsen zuspielen, um sie dann im Austausch gegen die Lausitzen dem Haus Habsburg zu sichern. Hinzu kam, dass sich in der niederrheinischen «Wetterecke der europäischen Politik»[27] die Spanier mit der Republik der Niederlande gerade auf einen Waffenstillstand geeinigt hatten. Soldaten standen bereit, um den Konflikt gewaltsam zu lösen.

Kurfürst Johann Sigismund von Brandenburg und Herzog Philipp Ludwig von Pfalz-Neuburg setzten sich in den Besitz der Länder und verständigten sich im Juni 1609 auf eine gemeinsame Regierung. Dieses Arrangement der Possedierenden erkannte Rudolf II. nicht an. Er stellte das

Gebiet unter seine vorläufige Verwaltung und ernannte Erzherzog Leopold zum Administrator. Er sollte die Witwe des Herzogs und damit die Ansprüche Kurfürst Christians II. von Sachsen militärisch unterstützen. Leopold, der jüngere Bruder des späteren Kaisers Ferdinand II., war Bischof von Passau und Straßburg und eine schillernde Figur zwischen den Fronten des Habsburger Bruderzwistes im Vorfeld des Dreißigjährigen Krieges. Er warb Soldaten im Elsass, und die pfälzischen Aktivisten der Union schickten im Juni 1610 Truppen dorthin, um dies zu unterbinden.

Das mit Blick auf den Jülich-Kleveschen Erbschaftsstreit 1610 vereinbarte Bündnis der Union mit Heinrich IV. von Frankreich galt offiziell der Freiheit und dem inneren Frieden im Reich. Die Absprachen sahen vor, dass Frankreich den Erben des Herzogtums Jülich-Kleve mit ebenso vielen Soldaten zur Hilfe kam, wie diese selbst mobilisierten.[28] Das Attentat auf Heinrich IV. verhinderte jedoch im letzten Augenblick den großen Krieg am Niederrhein. Seine Witwe Maria von Medici betrieb Deeskalation.[29] Erzherzog Leopold führte daraufhin seine Armee nach Böhmen, wo sie 1611 von Erzherzog Matthias entwaffnet werden musste. Kurbrandenburg und Pfalz-Neuburg teilten das Erbe 1614 im Vertrag von Xanten. Der trikonfessionelle Status blieb unangetastet.[30] Der inzwischen wegen fehlender Unterstützung der lutherischen Fürsten zum katholischen Glauben konvertierte Pfalzgraf Wolfgang Wilhelm von Pfalz-Neuburg erhielt Jülich und Berg, der im Dezember 1613 zum reformierten Bekenntnis gewechselte Kurfürst Johann Sigismund von Brandenburg Kleve, Mark, Ravensberg und Ravenstein. Da alle Reichsinstitutionen aufgrund der Verfassungskrise blockiert waren, gab es außer dem als parteiisch eingestuften Kaiser keine Instanz, die über das Erbe hätte entscheiden können. Der Vertrag von Xanten hatte über den Dreißigjährigen Krieg hinaus Bestand. Weder Union noch Liga wollten wegen Jülich-Kleve einen Krieg. Erzherzog Albrecht riet von Brüssel aus zum Frieden.[31] Die Kriegstreiber saßen in Madrid.

Auch Fürst Christian von Anhalt, Statthalter der Oberpfalz und eigentlicher Leiter der Union, schien zum Krieg bereit zu sein. Als sich die Spannungen 1610 zuspitzten, formulierte er konfrontativ, die Intention des Bündnisses ziele darauf ab, kaiserlichen Dekreten nicht zu gehorchen.[32] Dies war gewiss nicht die Meinung aller Mitglieder. Die Union beharrte auf ihrem defensiven Charakter. Sie schloss 1612 Verträge mit England und den Niederlanden, die der Verteidigung dienen sollten.[33] Diese Bündnisse eigneten sich nicht als Grundlage eines offensiven Vorgehens über staatliche Grenzen hinweg. Sie sollten wie auch Absprachen mit Frankreich, Savoyen-Piemont und Schweden der Union Unterstützung und Subsidien sichern. Dies heizte jedoch Spekulationen über politisch-militärische Netzwerke der Protestanten an. Alle diesbezüglichen Hoffnungen erwiesen sich zu Beginn des Dreißigjährigen Krieges als bloße Illusionen derjenigen, die europäische Mächte für ihre Zwecke mobilisieren zu können glaubten.[34] Eine calvinistische Internationale, die jetzt oder später bereit gewesen wäre, den europäischen Krieg zu wagen, gab es nur in den politischen Träumen am Heidelberger Hof. Auch die Katholiken waren alles andere als einig. Auf europäischer Ebene rivalisierten Spanier und Franzosen, auf deutscher die bayerischen Wittelsbacher mit den Habsburgern, und selbst innerhalb der Kaiserdynastie standen die Zeichen auf Sturm, denn der kranke Rudolf II. misstraute seinen Brüdern.

Der habsburgische Bruderzwist

Obwohl die Habsburger nach dem Tod Maximilians II. 1576 fest zur alten Kirche standen, gelang es Rudolf II. nicht, die Erblande zu rekatholisieren. Er und sein Nachfolger Matthias mussten den Freiheitsvorstellungen der evangelischen Adligen entgegenkommen, die sich nicht als untertänige Stände, sondern als Mitregenten verstanden. Die schiere Größe und die unterschiedlichen Traditionen der habsburgischen Erblande und Königreiche, der massive Druck der Türken und die innerdynastischen Streitigkeiten erzwangen politische und konfessionelle Zugeständnisse. Die vertraglich abgesicherten mehrkonfessionellen Verhältnisse belasteten das Gewissen Rudolfs II. und seine Beziehungen zur Kurie. Darüber hinaus behinderten sie die universalmonarchischen Ambitionen, die vor allem die spanische Linie des Hauses noch nicht aufgegeben hatte.

Kaiser Ferdinand I. hatte sein Erbe unter seinen drei Söhnen Maximilian, Karl und Ferdinand ungleich aufgeteilt. Maximilian II. erhielt als Ältester den Löwenanteil. Er folgte im Kaisertum und regierte in Ungarn, in Böhmen sowie in Ober- und Niederösterreich. Sein Bruder Ferdinand herrschte in Tirol und den Vorlanden, Karl in der Steiermark, Kärnten, Krain und Görz. Graz und Innsbruck, die Residenzen der Nebenlinien, wurden zu Zentren der Gegenreformation. Erzherzog Karl II. ließ 1573 in Graz ein Jesuitenkolleg und 1580 eine Nuntiatur errichten, 1585 folgte eine Jesuitenuniversität. Da er den südlichen Abschnitt der Türkengrenze sicherte, war er auf die landständischen Steuerbewilligungen angewiesen. Deswegen musste auch er 1572 die freie Religionsausübung gestatten. Seinen 1578 geborenen Sohn, den späteren Kaiser Ferdinand II., ließ er von den Jesuiten erziehen. Er begann sein Studium an der von diesem Orden neu gegründeten Grazer Universität, deren Matrikel 1586 mit seinem Namen beginnt. Ferdinands weitere Ausbildung erfolgte seit 1590 an der ebenfalls von den Jesuiten geleiteten Universität im bayerischen Ingolstadt. Er übernahm Ende des Jahres 1596 die Regierung in Graz und herrschte ganz im Sinne der Gegenreformation – in enger Abstimmung mit seinem Schwager Herzog Maximilian von Bayern, dessen Schwester Maria Anna er 1600 heiratete.

Der neue Kurs in Graz zeigte sich bei der Erbhuldigung des 18-jährigen Erzherzogs, der persönliche Liebenswürdigkeit mit rücksichtsloser Machtpolitik verband. Ihm wurde gehuldigt, obwohl er die ständischen Forderungen abgelehnt hatte. Danach ließ er alle evangelischen Lehrer und Prediger ausweisen, darunter auch den berühmten Mathematiker und Astronomen Johannes Kepler. Wer nicht konvertierte, musste das Land verlassen. Dieser Exodus führte zum Verlust vieler Menschen, auch wohlhabender Bürger, nicht jedoch zu den befürchteten Tumulten. Die meisten lutherischen Untertanen gehorchten ihrer Obrigkeit und konvertierten. Abgesehen vom persönlichen Bekenntnis vieler Adliger, war Innerösterreich um 1600 ein katholisches Land. Dies galt ähnlich für Tirol und für die habsburgischen Vorlande.

Anders verlief die Entwicklung in den eigentlichen Kronländern. Hier dauerte die unübersichtliche konfessionelle Gemengelage fort. Als die Gegenreformation Ungarn, Böhmen sowie Nieder- und Oberösterreich erreichte, beriefen sich die Protestanten auf ihren hergebrachten Besitzstand. Der evangelisch gesinnte, offiziell jedoch katholische Kaiser Maximilian II. duldete das Nebeneinander aus Gewissensgründen und weil ihm die Mittel fehlten, daran etwas zu ändern. Er hat wohl versucht, analog zum Reich eine politisch geregelte Parität auch in den Erblanden vorzubereiten. Die nieder- und oberösterreichischen Stände erreichten schon 1568 gegen hohe Steuerzusagen, dass ihnen die Ausübung der Augsburger Konfession offiziell gestattet wurde. Den Höhepunkt dieser Entwicklung markiert die evangelische Kirchenordnung von 1574. Sie wurde vier Jahre später von allen österreichischen Ständen ohne landesherrliche Genehmigung übernommen. 1575 erlaubte Maximilian II. darüber hinaus Lutheranern, Hussiten und böhmischen Brüdern, sich zur *Confessio Bohemica*[35] zu vereinigen – ein Schritt, der die politische Schlagkraft der protestantischen Stände wesentlich erhöhte. Die Augsburger Konfession war in den kaiserlichen Erblanden ein dem loyalen Adel erlaubtes Bekenntnis.

An dieser dilatorischen Politik konnte der in Spanien katholisch erzogene Kaiser Rudolf II. nur wenig ändern. Während er auf Reichsebene den evangelischen Glauben zurückdrängen wollte, wurden die Protestanten in seinen Ländern immer mächtiger. Der evangelische Adel verfügte mit den Landtagen über administrative Zentren, eine eigene Finanzverwaltung und viele Landesschulen. Die österreichischen Stände knüpften Verbindungen mit den Glaubensgenossen in Böhmen und Ungarn, auch mit reformierten Reichsständen. Der Kaiser drohte, in den eigenen Landen von den Ständen entmachtet zu werden. Während sich Stefan Bocskai zum Fürsten von Siebenbürgen krönen ließ und in Ungarn 1604 ein Aufstand ausbrach, isolierte sich der depressiv-melancholische Rudolf II. auf dem Prager Hradschin im Kreis herausragender Künstler und Gelehrter. Hatte er Angst vor den Machtgelüsten der Stände, vor der Pest, vor Attentaten, oder bedrängten ihn Gewissenskonflikte wegen seiner sexuellen Beziehung zu der Tochter seines Bibliothekars, mit der er mehrere uneheliche Kinder hatte?[36] Seine Passivität veranlasste jedenfalls seine Brüder und seinen Vetter Ferdinand, gegen ihn aktiv zu werden.

Dass sich nun die Zeiten änderten, merkten die Stände daran, dass sie für Steuerbewilligungen keine konfessionellen Zugeständnisse mehr erhielten. Nicht nur in Innerösterreich, auch in den rudolfinischen Ländern gerieten die Protestanten unter Druck. Nachdem ein niederösterreichischer Bauernaufstand zwischen 1595 und 1597 das Unvermögen der lutherischen Pfarrer verdeutlicht hatte, solche Unruhen im Sinne des Adels zu bändigen,[37] kehrten mächtige Grundherren wie die Liechtenstein, Eggenberg oder Trauttmansdorff zum katholischen Glauben zurück. Unter der klugen Regie Klesls verbündeten sich im November 1600 Erzherzog Matthias und der Deutschmeister Maximilian mit ihrem Vetter Ferdinand von Innerösterreich.[38] Diese Troika musste wegen des Türkenkrieges jedoch fünf Jahre warten, bevor sie auf einer geheimen Wiener Konferenz im April 1606 Kaiser Rudolf II. für geisteskrank erklären, Matthias die oberste Gewalt übertragen und ihn zum Kandidaten für die römische Königswahl nominieren konnte. Die Familienrevolte zielte darauf ab, den Türkenkrieg und den ungarischen Aufstand zu beenden. Beides gelang im selben Jahr.

Die Stände Ungarns erhielten am 23. Juni 1606 die Finanz- und Religions-hoheit und das Recht zur Wahl eines Palatins, eines Stellvertreters des Königs. Ihre böhmischen und österreichischen Kollegen garantierten diese «Magna charta ungarischer Autonomie».[39] Sie mussten den Vertrag ge-radezu als Aufruf verstehen, ähnliche Zugeständnisse einzuklagen.[40]

Im November 1606 wurde gegen den Willen des Kaisers in Zsitvatorok ein zwanzigjähriger Waffenstillstand mit den Türken geschlossen. Die Habsburger wollten diese Atempause nutzen, um die Protestanten in ihren Ländern zurückzudrängen. Matthias musste sich jedoch 1608 mit den un-garischen und mährischen sowie den ober- und niederösterreichischen Ständen verbünden, um die Kriegspolitik Rudolfs II. zu unterbinden. Die-ser strebte ein Bündnis mit dem Schah von Persien an[41] und bedrohte den Frieden in Ungarn und mit den Türken, obwohl die Hofkammer ihm mit-geteilt hatte, dass er über keine Mittel mehr verfüge und keine Kredite er-halten werde. Deswegen sollte er entweder Reichshilfen einwerben, was ziemlich aussichtslos war, oder Frieden halten.[42]

Der mit Heeresmacht in Böhmen einmarschierte Matthias zwang sei-nen kaiserlichen Bruder, ihm mit dem Vertrag von Lieben vom 24. Juni die Macht in Österreich, Ungarn und Mähren zu überlassen. Die Stände Nie-derösterreichs forderten vor ihrer Huldigung eine Zusage ihrer Religions-freiheit. Während sich Erzherzog Leopold dagegen aussprach, verlangte Klesl vor weiteren Zugeständnissen die Zustimmung des Papstes. Darauf-hin soll Matthias erwidert haben, Klesl habe doch neulich erklärt, man dürfe den Ketzern alles zusagen, nur halten dürfe man es nicht, denn Ket-zern solle man nicht Treu und Glauben halten *(haereticis non est servanda fides)*.[43] Die Protestanten unterstellten diesen Grundsatz dem Papst, den Jesuiten und auch den katholischen Fürsten ohnehin. Trotz des politisch vergifteten Klimas gewährte Matthias den Ständen weitere Religions-konzessionen, die auch die Stände Böhmens, Schlesiens und der Lausitzen erhielten, die sich noch einmal für den alten Kaiser erklärt hatten.[44]

Der offen ausgetragene Streit unter den Habsburger Brüdern bescherte ihren Ständen Freiräume und Rechtstitel. Am 9. Juli stellte Rudolf II. den böhmischen, am 20. August 1609 den schlesischen Ständen den «Majestäts-brief» aus, der sie in den Religionsfrieden des Heiligen Reiches einschloss. Ihnen wurden die freie Religionsausübung und das Recht eingeräumt, die Kirchen und Schulen zu kontrollieren und außer auf katholischem Kirchen-land überall Kirchen zu bauen. Der König setzte überdies 30 ständische

Defensoren ein, um den Vertrag zu schützen. Fortan galt in Böhmen eine allgemeine Religionsfreiheit.[45]

Der von seinen Brüdern und seinem Vetter gedemütigte Kaiser tat alles, um sich wenigstens in Böhmen und im Reichs-Staat zu behaupten. Er befahl sogar, die Truppen Erzherzog Leopolds gegen seinen Bruder Matthias einzusetzen. Als dieses Kriegsvolk trotz des Ausgleichs im Januar 1611 in Böhmen einfiel und die Prager Kleinseite besetzte, wechselten die Stände die Seite. Rudolf II. wurde im Mai 1611 abgesetzt und Matthias am 27. Mai zum neuen böhmischen König gekrönt. Er bestätigte alle Privilegien, wenn auch nicht in der von den Ständen gewünschten Eindeutigkeit.[46] Sie sahen im Thronwechsel dennoch einen Beleg ihrer Wahlfreiheit. Bis zu seinem Tod Anfang 1612 war der alte Kaiser ein Staatsgefangener seines Bruders auf dem Hradschin. Die konföderierten Stände der Erblande demonstrierten am Ende der Regierungszeit Rudolfs II. ihre Macht. Die Zeitgenossen begannen, die Vorgänge in den Gebieten der deutschen Habsburger mit denjenigen in den Niederlanden zu vergleichen.[47] Eine Flugschrift prophezeite, dass sich diese Händel «in Universalhändel und Mutation ausschlagen und in die ganze Christenheit kommen werden».[48]

Konfrontation und Kompositionspolitik

Rudolf II. starb am 20. Januar 1612. Matthias wurde am 13. Juni 1612 in Frankfurt zum römischen König gewählt und anschließend zum Kaiser gekrönt. Er setzte sich gegen seinen älteren Bruder Albrecht durch, den die geistlichen Kurfürsten und Kursachsen favorisiert hatten. Die beiden anderen evangelischen Kurfürsten von der Pfalz und von Brandenburg wandten sich allerdings gegen diesen Vorschlag, weil sie in Philipps II. Schwiegersohn und Generalgouverneur in den südlichen Niederlanden einen Repräsentanten der Spanier sahen. Matthias schien der ideale Kompromisskandidat zu sein. Er war in den eigenen Landen von den protestantischen Ständen abhängig, mit 56 Jahren relativ alt und ohne ausgeprägten eigenen Willen. Da es fraglich erschien, ob dieser Kaiser mit seiner jungen Cousine Anna noch einen Sohn zeugen werde,[49] musste Matthias in seiner Wahlkapitulation zugestehen, dass die Kurfürsten auch ohne seinen Konsens einen römischen König wählen durften. Die Mehrheit des Kurkollegs lehnte jedoch die Pfälzer Pläne ab, den Kaiser an ein neues Reichsregiment zu binden.[50]

Im Reich versuchten unterdessen Katholiken und Protestanten vergeblich, ihre Reihen zu schließen. Mit den von Zacharias Geizkofler ange-
regten Ausgleichsbemühungen, in deren Zentrum seit 1610 Herzog Johann
Friedrich von Württemberg und Erzherzog Maximilian von Tirol standen,
sollte der Friede durch Gespräche über die konfessionellen Grenzen hinweg gerettet werden.[51] Der Kurfürst von Sachsen und der lutherische
Landgraf von Hessen-Darmstadt agierten kaisernah.[52] Da die Katholiken
ebenfalls keinen einheitlichen Block bildeten, schien es lange, als könnten
auf der Basis einer vielgestaltigen Uneinigkeit das Misstrauen verringert
und der Frieden gewahrt werden.

Der erste Reichstag des neu gewählten Kaisers endete 1613 jedoch im
völligen Desaster. Die Protestanten wollten ihn nicht als letztinstanzlichen
Richter anerkennen, und die geistlichen Fürsten, die päpstlichen und die
spanischen Gesandten lehnten die Kompositionspolitik Melchior Klesls
ab. Der Bäckersohn und Konvertit, der seit 1582 Geheimer Rat Rudolfs II.,
seit 1588 Bischof der Wiener Neustadt und seit 1598 auch von Wien war,
wurde 1615 Kardinal. Er besaß großen Einfluss auf Kaiser Matthias, bestimmte die Politik der Hofburg und verband dezidiertes Eintreten für den
katholischen Glauben mit machiavellistischer Machtpolitik. Während in
den Erblanden keine konfessionellen Zugeständnisse mehr gemacht werden sollten, vertrat er auf Reichsebene eine größtmögliche Kompromiss-
politik. Dies ergebe sich aus der Stellung der Landesherren, die den Glauben ihrer Untertanen bestimmen dürften, und einem Kaisertum mit eng
begrenzten monarchischen Rechten.

Klesls Konzepte waren nachvollziehbar, doch ihm fehlte die Gefolgschaft. Seine Macht hatte zu Neid und Missgunst geführt. In Wien hatte
er viele Feinde. Er wollte die habsburgische Herrschaft über die Erblande
und im Reich stabilisieren, um die Autorität des Kaisertums zu stärken.
Sein Befriedungskonzept sah Zugeständnisse an die Protestanten vor, insbesondere bei der Reform der Reichsgerichte und in der Kirchengüterfrage. Gleichzeitig forderte er eine Mobilmachung gegen die Türken, denn
der äußere Feind eine nach innen.

Während Klesl kluge Pläne wie die befristete Anerkennung der protestantischen Bistumsadministratoren unterbreitete,[53] wandten sich Herzog
Maximilian von Bayern, die geistlichen Kurfürsten und der Grazer Erzherzog Ferdinand gegen jede Kompositionspolitik, weil sie nur den Protestanten diene. Ihnen ging es um die Macht. Wer Klesl desavouierte, wollte

Kaiser Matthias treffen. Die Protestanten begrüßten prinzipiell die Vermittlungspolitik, stellten auf dem Reichstag allerdings unerfüllbare Forderungen. Bei strittigen Fragen mit konfessionellem Hintergrund sollten weder der Kaiser noch die Ständemehrheit entscheiden, sondern gütliche Vergleichsverhandlungen anberaumt werden. Dagegen formulierten die Katholiken im Oktober 1613 einen Reichsabschied. Viele evangelische Stände protestierten.[54] Um die völlig verfahrene Lage zu retten, vertagte der Kaiser den Reichstag auf das kommende Jahr. Tatsächlich trat er erst 1640 wieder zusammen.

Bis auf die Kreis- und Kurfürstentage waren alle Foren der Reichspolitik blockiert, weil sie im Kampf der Konfessionen missbraucht worden waren. Die Kompositionstage scheiterten bereits im Vorfeld, da über das Verfahren keine Einigung erzielt wurde. Die katholische Mehrheit ignorierte die Sorge der Protestanten und sabotierte darüber hinaus die Ausgleichspolitik Klesls. Sie verhinderte, dass er das Reich in die Bahnen eines friedlichen Mit- und Nebeneinanders steuerte. Dass die Protestanten auf ihren Vorbedingungen beharrten, war verständlich, aber nicht klug.

Die Frage, ob das aufgestaute Konfliktpotential auf Entladung drängte, ist mit dem Kriegsausbruch nicht beantwortet. Die Akteure befanden sich in der Lage einer in einem Spinnennetz gefangenen Fliege, die sich mit jeder Bewegung weiter darin verfängt. Politische Fragen wurden zu Rechtsfragen und die Urteile nur mehr konfessionell gewichtet. Gelehrte und Regierungsräte stritten darüber, ob der kaiserliche Hofrat ein dem Kammergericht gleichrangiges Gericht sei. Die Protestanten gingen davon aus, dass die *iurisdictio* entgegen den monarchischen Tendenzen des römischen Rechts seit den Fundamentalverträgen zwischen Maximilian I. und den Ständen in den Händen des Reiches liege. Die Katholiken widersprachen.[55]

In den Verfassungsstreitigkeiten meldeten sich auch die Gelehrten zu Wort. Die Diskussionen begannen mit der Auseinandersetzung zwischen dem Marburger Juristen Hermann Vultejus, der das Reich 1599 nur der Form nach als Monarchie bezeichnete, und Gottfried Antonius, Professor an der benachbarten lutherischen Universität in Gießen. Er erklärte 1607 den Kaiser zu einem dem Recht nicht unterworfenen Herrscher.[56] Henning Arnisaeus begründete wenig später den monarchischen Charakter des Reiches, denn mit dem Wahlakt werde die höchste Gewalt vollständig dem Kaiser übertragen. Die Reichsstände seien von ihm abhängig, allerdings sei er den Grundgesetzen verpflichtet.[57] Johannes Althusius orientierte sich unter-

dessen an monarchomachischen Politikentwürfen. Er sprach von einer vom
Volk abgeleiteten reichsständischen Legitimation und wandte sich gegen
eine souveräne Herrschergewalt. Das Volk sollte jedoch bei der Ausübung
oder Kontrolle von Herrschaft nicht direkt mitwirken.[58] Dietrich Reinkingk
wies alle Vorstellungen zurück, die das Reich über den Kaiser stellten.[59]
Seine monarchische Konzeption passte aber nicht mehr zur Verfassungsrea-
lität des beginnenden 17. Jahrhunderts.

Die in der Lehre von der gemischten Verfassung *(status mixtus)* angelegte doppelte höchste Gewalt präzisierte der Jenaer Dominicus Arumaeus
am Beispiel des Reichstags. Er schrieb die tatsächliche Regierungsgewalt
den Reichsständen zu, erklärte den Kaiser dennoch zum Monarchen, weil
er mehr Macht besitze als jeder Reichsstand und kein Reichstag gegen
seinen Willen stattfinden dürfe. Er unterstrich wie nach ihm sein Schüler
Johannes Limnaeus die freiheitliche Auffassung der Reichsverfassung. Es
sei die durch die Reichsstände repräsentierte organisierte Gemeinschaft
des Volkes, die über dem Kaiser stehe. Das Reich sei ein Staat, weil das
Volk frei sei.[60] Da dieses die verfassunggebende höchste Gewalt besitze,
könnten sich die ständischen Mitwirkungsrechte nicht vom Kaiser ableiten.[61] Die staatliche Gemeinschaft sei das Subjekt der *maiestas realis*, der
höchsten Gewalt. Sie kreiere den Inhaber der *maiestas personalis*, also den
Kaiser. Seine Befugnisse richteten sich nach den von den Ständen als
Staatsbürgern *(cives)* zusammen mit ihm erlassenen Gesetzen und Wahlkapitulationen. Als freies Staatswesen besitze das Reich eine gemischte
Verfassung mit republikanischen Grundzügen. Die Wahl des Kaisers
schütze die Freiheit des Volkes, die in einer Erbmonarchie stets gefährdet
sei.[62]

Die Lehre von der gemischten Verfassung setzte sich durch. Die *maiestas realis* des Reiches wurde von der *maiestas personalis* des Kaisers getrennt.
Rechtspraktiker wie der Eisenacher Kanzler Andreas Knichen lehnten das
römische Recht ab und betonten das positive Landesrecht.[63] Reichs-
schlüsse müssten, so lehrte Tobias Paurmeister 1608, vom Monarchen und
den Ständen gemeinsam verabschiedet werden. Dies entsprach der Praxis
der Reichstage und der komplementären Mehrebenenstaatlichkeit des
Reiches.

Staatlichkeit war im frühneuzeitlichen Deutschland nie exklusiv und
auch kein Nullsummenspiel nach dem Motto: Was der eine verliert, gewinnt der andere. Der in Leiden lehrende Philipp Clüver verwies 1616 in

seiner Landesbeschreibung des alten Germanien auf die rechtlich an das Volk gebundene Herrschaft.[64] Der Tübinger Jurist Christoph Besold sah 1618 das Reich als ein zusammengesetztes Gemeinwesen; mehrere Stämme mit unterschiedlichen Grundgesetzen seien zu einem politischen Körper *(unum corpus politicum)* unter einer Regierungs- oder Herrschaftsgewalt *(unum imperium)* verbunden.[65]

Die Idee der Volkssouveränität hat fraglos mitgeholfen, die Reichsverfassung in ihrer hergebrachten Form über alle Umbrüche hinweg zu bewahren. Hermann Conring entlarvte in seinen Helmstedter Vorlesungen während des Dreißigjährigen Krieges und seit 1643 in seinen Schriften die *translatio imperii* als «lotharische Legende». Er betonte die rein deutsche Geschichte und Rechtsgrundlage des Reiches.[66] In der Folge beschrieben die Reichspublizisten die Verfassungswirklichkeit des Reiches als eine, die nicht durch aristotelische Konzepte und das römische Recht zu ergründen sei. Sie fragten nach Funktion und Funktionieren und wirkten durch ihre systematischen Zusammenstellungen der Rechtsgrundlagen und des Herkommens integrierend. Die deutsche Freiheit wurde zum Hauptcharakterzug einer nicht monarchischen Reichsregierung und einer föderativen Nation mit ständischer, politischer und konfessioneller Vielfalt. Die Reichsjuristen erinnerten an die Gemeinsamkeiten, die das Auseinanderbrechen des Reichs-Staates bisher verhindert hatten, und sie entwickelten Lösungsstrategien, um das dreißigjährige Inferno zu beenden.

Die Reichsverfassung bot einen normativen Minimalkonsens. Das Reichsstaatsrecht wurde zu einer nachgefragten akademischen Disziplin. Es ist letztlich gleichgültig, an welcher Universität das *ius publicum* das Licht der Welt erblickte. Um und nach 1600 wurden in den evangelischen Universitäten Altdorf, Jena, Straßburg, Gießen und Marburg juristische Vorlesungen angeboten, die sich mit dem deutschen öffentlichen Recht beschäftigten. In der Praxis waren Kenntnisse dieser Materien vor allem für diejenigen unverzichtbar, die sich mit der Reichspolitik beschäftigten. In der Phase, als der Streit um Donauwörth zur Blockierung der Reichsinstitutionen führte, relativierten Juristen das römische Recht, das den Kaiser begünstigte, indem sie ein eigenständiges deutsches Reichsrecht begründeten.[67] Sie verankerten das Reich deutscher Nation als historisch gewordene und auf Deutschland bezogene Einheit in der politischen Sprache der Zeit. Die Gründung von Union und Liga hat das Ringen um dessen politische Form und rechtliche Grundlagen vorangetrieben.

Die akademische Frage, ob das Reich eine Monarchie oder eine Fürstenrepublik mit kaiserlicher Spitze sei, gewann praktische Bedeutung, weil sich damit entschied, welche Stellung der Reichshofrat besaß. War er ein mit dem Kammergericht gleichrangiges höchstes Gericht oder nicht? Kurfürst Johann Sigismund von Brandenburg zeigte sich auf der Höhe der aktuellen Diskussion, als er während des Frankfurter Wahltags 1612 die Reichsverfassung richtungweisend als «Vermischung» zwischen «kai. Autorität» und «der Stände Freiheit» bezeichnete.[68]

Kardinal Klesl setzte unabhängig von solchen Reichskonzeptionen auf seine Vermittlungspolitik und auf Verhandlungslösungen. Er sorgte auch dafür, dass der Grenzstreit mit den Türken im Wiener Vertrag vom Juli 1615 beigelegt und der Waffenstillstand um 20 Jahre verlängert wurde. Nicht bereinigen konnte er das Nachfolgeproblem, denn die Ehe des Kaisers blieb kinderlos. Eine Königswahl *vivente imperatore*, zu Lebzeiten des alten Kaisers, wurde zwar diskutiert, kam aber nicht zustande. Erzherzog Maximilian von Tirol spitzte 1614 die Situation zu, als er in einem Geheimpapier empfahl, zur Sicherung der katholischen Religion und der habsburgischen Herrschaft eine kaiserliche Armee von 30 000 Mann aufzustellen und Erzherzog Ferdinand zum römischen König zu wählen. Der Plan wurde an die Pfälzer verraten. Die Protestanten warnten daraufhin erst recht vor den ungezügelten Machtgelüsten der Habsburger und davor, dass die Königswahl mit Waffengewalt erzwungen werden solle.[69] An die Zustimmung der evangelischen Kurfürsten zu einem Wahltag war trotz aller vertraulichen Kontakte zwischen Wien und Dresden nicht mehr zu denken. Jeder beharrte auf seinen Maximalpositionen und vertraute darauf, dass es auch der andere nicht auf einen Waffengang ankommen lassen werde. Die Reichsstände wollten den Frieden nicht aufs Spiel setzen, taten jedoch wenig, um die Lage zu entspannen. Es fehlte an konsensfähigen politischen Strategien und an einer Autorität, die Klesls gut gemeinte Kompositionspolitik umsetzte.

Obwohl die politischen Akteure keine Möglichkeit sahen, die konfrontative Entwicklung in friedliche Bahnen zu lenken, entspricht die oft unterstellte «Krieg-in-Sicht-Situation» nicht den damaligen Wahrnehmungen. Die Politiker vertrauten auf die eigene Stärke und ihre gerechten Anliegen, die sich um die wahre Religion, die deutsche Freiheit und das Vaterland drehten. Sie verbanden ihre Forderungen mit ihrer Ehre und hofften, dass die Angst die andere Seite rechtzeitig einlenken ließ. Sie übersahen, dass die

Abschreckung nicht funktioniert, wenn jeder wie ein süchtiger Spieler den Einsatz planlos erhöht, um den großen Gewinn doch noch zu realisieren.

Mit dem Scheitern der Kompositionspolitik schwanden die politischen Alternativen. Die Friedens- und Einigkeitsappelle verpufften, weil die böhmischen Stände die Freiheit, Kurfürst Friedrich V. Macht und Prestige der Wenzelskrone, Herzog Maximilian von Bayern die Kurwürde und Ferdinand II. die Rekatholisierung und Monarchisierung der Erblande und vielleicht auch des Reichs anstrebten. Jeder fühlte sich im Recht und wollte nur zu seinen Bedingungen zum Frieden zurückkehren. Da die anderen Reichsstände wenig taten bzw. tun konnten, um dem riskanten Spiel Einhalt zu bieten, entschieden die Waffen.

Hätten Rudolf II. und Matthias, die Reichsstände oder wer auch immer den Frieden bewahren können? Haben sie versagt? Stolperten sie ohnmächtig in die Katastrophe? Im Vertrauen darauf, dass der große Krieg im Reich weiterhin vermieden werden könne, versuchte keiner der Beteiligten, mit vertrauensbildenden Maßnahmen die Fronten zu lockern und Kompromissmöglichkeiten auszuloten. Niemand wollte Zugeständnisse machen, die möglicherweise seine Ehre verletzen und ihm als Schwäche ausgelegt werden konnten.

Der Reichs-Staat dümpelte einem Krieg entgegen, den niemand wollte, dem sich aber auch niemand aktiv widersetzte. Schon die Frage, wer eigentlich die Kontrahenten waren, verdeutlicht die verworrene und unübersichtliche Lage. Der Union und der Liga gehörten längst nicht alle protestantischen und katholischen Reichsstände an. Zwar gingen die meisten Verfassungsstreitigkeiten auf religiöse Konflikte zurück, doch die politischen Fronten waren nicht deckungsgleich mit den konfessionellen. Die habsburgische Machtpolitik betrachtete Maximilian von Bayern mit Skepsis, Johann Georg von Sachsen hingegen mit Wohlwollen. Die gemeinsamen politischen Interessen längs der Achse Wien, Prag und Dresden schienen lange Zeit größer als diejenigen zwischen Wien, Graz und München. Eine politische Offensive der Wittelsbacher gegen die habsburgischen Kaiser gehörte zu Beginn des 17. Jahrhunderts nicht unbedingt ins Reich der Utopie. Die Dynastie verfügte über drei der sieben Kurstimmen. Dass das Geschehen in Prag zu dem großen Krieg in der Mitte Europas führen sollte, hielt 1618 wohl niemand für möglich. Jeder suchte Verbündete, um der anderen Seite nicht das Feld zu überlassen. Aus Wiener Sicht agierten in Böhmen Rebellen und Aufrührer, denen einige illoyale Reichsstände den Rücken stärkten.

In Dresden begründete man das abwartende Verhalten mit der eigenen Staatsräson und der Hoffnung auf Vorteile durch eine kaisertreue Politik. An vielen anderen evangelischen Höfen galten die protestantischen böhmischen Stände hingegen nicht als Rebellen, sondern als Kämpfer für die nationale und religiöse Freiheit.[70]

Meinungen und Inszenierungen

Die meinungsbildenden Druckschriften warnten ihre Leser vor einem großen Krieg und vor den Andersgläubigen, den fremden Mächten oder Verrätern in den eigenen Reihen. Solche Neuigkeiten verkauften sich gut und dürfen nicht für bare Münze genommen werden. Tatsächlich bekämpften Katholiken und Lutheraner die Calvinisten, wenn auch nicht gemeinsam. Diese wiederum gaben alle Schuld dem Papst, den Jesuiten und den Spaniern und versuchten, die Lutheraner auf ihre Seite zu ziehen. Die meist anonym publizierten Pamphlete, deren Autoren sich häufig hinter sprechenden Pseudonymen verbargen, argumentierten in geschliffenem Deutsch und teilweise ausgesprochen vielschichtig. Ihre Botschaften richteten sich vorrangig an die politischen Räte in den Kanzleien, an Gelehrte und Pfarrer sowie an diejenigen, die Zeit und Muße besaßen, sich mit den diffizilen Fragen der Reichs- und Religionspolitik zu beschäftigen. Der gemeine Mann in Stadt und Land, der um 1600 häufig zumindest eine Elementarschule besucht hatte, benötigte zwar keine Vorleser, wohl aber versierte Interpreten und Vermittler, die ihm die soziopolitischen Hintergründe, die Anspielungen und Metaphern erläuterten. Dies geschah auf der Kanzel, im Wirtshaus und im Gespräch mit den Nachbarn.

Bürger und Bauern deuteten die sie erreichenden politischen, konfessionellen und militärischen Informationen mit Hilfe ihrer Erfahrungen und Erwartungen sowie den Wertvorstellungen ihrer Milieus. Dabei spielte das Bekenntnis eine zentrale, wenn auch nicht alles dominierende Rolle. Die mit anderen geteilten soziokulturellen Grundannahmen veränderten sich nur langsam. Sie entschieden darüber, was und wie politisch geredet, gedacht und gehandelt werden konnte, ohne Sanktionen befürchten zu müssen.[71] Die politische Meinung in Bezug auf die überregionalen Zusammenhänge wurde vor allem von den Druckschriften geprägt, die in Texten und Bildern von den Autoren bereits gedeutete Informationen verbreiteten. Sie bestimmten, was reichsweit als richtig oder falsch, gut oder böse galt.

Die Medien verfolgten zwei Verkaufsstrategien. Sie propagierten Kompromisslinien, um keine potentiellen Käufer abzustoßen, oder sie versuchten, das eigene Lager in seinen Haltungen zu bestärken und ihm neue Argumente zu liefern. Konfessionalisierte Botschaften wollten nicht Andersgläubige überzeugen, sondern die eigenen Reihen schließen. Doch auch in diesem Fall wurden die Einschätzungen der Texte von den Adressaten nicht einfach übernommen, sondern geprüft und nach intensiver Diskussion verworfen, modifiziert oder akzeptiert. Politische Deutungen wurden als unglaubhaft abgelehnt, wenn sie sich zu weit von den Denk- und Handlungsmustern ihrer Leser entfernten. Die Variationsbreite der Aussagen war mithin begrenzt. Da Autoren, Verleger und Händler von den Schriften lebten, mussten sie die Gesetze des Marktes beachten. Deswegen ist bei aller Vorsicht der Umkehrschluss möglich: Da die Deutungen der Flugschriften den kollektiv geteilten Werten, Verhaltensmustern und Handlungsimperativen nicht prinzipiell widersprechen durften, spiegeln diese Texte bis zu einem gewissen Punkt die soziokulturellen Vorstellungen.

Selbst Chiliasten, Okkultisten und Esoteriker nutzten Flugschriften zur Verbreitung ihrer Ansichten. Auf dem weiten Feld der Geheimlehren tummelten sich etwa auch die aus dem Luthertum hervorgegangenen Rosenkreuzer. Unter Führung des Tübinger Professors Johann Valentin Andreae, der wiederum mit dem Reichsjuristen Christoph Besold und dem Astronomen Johannes Kepler befreundet war, gewannen sie unmittelbar vor dem Dreißigjährigen Krieg an Einfluss. Sie wollten die konfessionellen Differenzen nicht in Frage stellen, aber die Kluft zwischen Glauben und Wissen verkleinern. Andreae erklärte später die Rosenkreuzer zu einer geistreichen Spielerei. Esoterisches Arkanwissen wurde auch in den magisch-alchemistischen Zirkeln Rudolfs II. am Prager oder am Hof des Heidelberger Kurfürsten Friedrich V. verbreitet. Diejenigen, die sich daran beteiligten, fühlten sich der humanistischen Gelehrsamkeit verpflichtet und suchten nach dem alle Menschen einenden Band.

In dieser Atmosphäre hatten es besonnene Stimmen schwer, die vor weiteren Eskalationen warnten. Nur wenige Texte rieten zu Ausgleich und Deeskalation, ohne Partei für eine Konfession zu ergreifen. Die Angst vor den Untaten der anderen wurde geschürt und gepflegt. Gegen angebliche Unterstellungen der Katholiken wählte beispielsweise ein anonymer protestantischer Autor die Verkleidung eines Patrioten und treuherzigen deutschen Katholiken, um seine Form der Dominotheorie zu erläutern: Erst

gehe es gegen die Calvinisten, dann gegen Lutheraner und schließlich
gegen alle Deutschen. Von den Jesuiten unterwiesene, mit spanischen Geldern bestochene vornehme Landsleute hätten dafür gesorgt, dass unter
dem Schein der Religion die ganze Nation in das äußerste Verderben und
in «ewige Servitut gestürzt / und unter die Langzeit gesuchte Spanische
Monarchie und Joch gebracht werden möchte».[72] Ähnliche Vorwürfe artikulierte ein angeblich aus dem Französischen übersetzter Text. Die Habsburger würden die fünfte Monarchie und die Weltbeherrschung anstreben.
Sie beabsichtigten, Deutschland, Böhmen und Ungarn, also alle Länder,
«deren Staat oder Regiment auf freier Wahl» bestehe, sich zu «Eigentum
und Erbschaft» zu machen.[73]

Unabhängig vom Glaubensstreit ging die Suche nach der übergreifenden Einheit weiter. Der Appell, das Vaterland und die deutsche Freiheit
zu verteidigen, war dabei allgegenwärtig. Der italienische Publizist Traiano Boccalini wählte eine mythologische Kulisse, um seine Botschaft von
der deutschen Freiheit europaweit zu verbreiten. Er warnte in seiner 1616
auf Deutsch erschienenen Flugschrift *Politischer Probierstein aus Parnasso*
die Herrscher vor den gewaltigen Gefahren, die vom Heiligen Römischen Reich Deutscher Nation ausgingen. Er meinte nicht den protestantischen Glauben, sondern berichtete über eine Monarchenversammlung
auf dem Parnass, dem Berg der Musen. Die Herrscher hätten dort nach
Mitteln gesucht, um weitere Erfolge der freien Stände und Städte, insbesondere in Deutschland, der Schweiz und den Niederlanden, zu unterbinden. Bisher hätten sich die Völker den Fürsten unterworfen, um dem
«unträglichen Dienstjoch des unbeständigen wilden Pöfels» zu entgehen.
Die Deutschen besäßen nun aber die «unsterbliche Freiheit», nach der die
klügsten Philosophen vergeblich gesucht hätten. Die Monarchien stünden vor ihrem Ende, denn die freien deutschen Stände seien wegen ihres
guten Regiments und ihrer Tapferkeit überall gefürchtet. Da sie nur ihre
Freiheit verteidigten, führten sie keine Kriege, um andere «in Dienstbarkeit / davor ihnen selbst grauset / zu zwingen». Sie verursachten kein
Misstrauen, weil sie alle nach ihrer Art frei leben ließen. Daher gebe es
unter den «Freien Teutschen» große Unterschiede. Sobald jedoch gemeinsame Interessen auf dem Spiel stünden, vereinigten sie sich zu einer
«*Respublica*». Die freien deutschen Stände seien einzeln zwar wenig gefährlich, gemeinsam aber eine starke Macht, da sie für die allgemeine
Freiheit stritten. Welchen gefährlicheren Feind könne ein Fürst haben als

einen, der ihm nach seinem Sieg die Freiheit schenken wolle. Die Holländer sollten allen ein warnendes Beispiel sein. Die Monarchen beschlossen, ihr Bestes tun, damit sich das «Übel Teutscher Freiheit» nicht weiter ausbreite.[74]

Ähnlich Boccalini warnte auch Caspar Schoppe unter dem Pseudonym Hermann Conrad Freiherr zu Friedenberg vor demokratischen und aristokratischen Regimenten. Nicht der Glaube habe den niederländischen und den böhmischen Aufstand bewirkt, sondern die Herrschsucht der Untertanen. Könige und Fürsten müssten endlich aufwachen und deren Freiheitsforderungen entgegentreten. Wer aus kurzsichtigen Gründen Rebellionen ausländischer Untertanen unterstütze, öffne den Seinigen daheim Tür und Tor, «Aufruhr anzurichten». Die Kriege, die Könige und Fürsten führten, brächten sie um Land und Leute, machten Diener zu Regenten und führten zum türkischen Joch über ganz Deutschland.[75]

Die katholischen Publizisten taten sich trotz eines so herausragenden Autors wie Caspar Schoppe schwer, weil sie nicht über die einleuchtenden Freiheitsargumente ihrer evangelischen Kollegen verfügten. Sie versuchten, deren Freiheitspathos zu widerlegen oder es so umzudeuten, dass die Spanier keine Gefahr darstellten und religiöse Vielfalt der Ausgangspunkt allen Niedergangs sei. Um den Protestanten ihre verfassungsrechtliche Definitionshoheit zu entwinden, beschuldigte Schoppe sie, unter dem Schein der deutschen Freiheit die alten Satzungen des Reiches zu ignorieren. So unterwerfe Landgraf Moritz von Hessen-Kassel gefürstete Klöster und zwinge seine Untertanen, sich dem Calvinismus anzuschließen. «Und weil er ein freier Teutscher ist / soll er von niemanden daran gehindert werden.» Gehe der Kaiser gegen diesen Bruch des Religionsfriedens vor, werde er als Tyrann und Unterdrücker der deutschen Freiheit beschimpft.[76]

Diese Freiheit gehörte vor wie während des Krieges zu den Dingen, für deren Erhalt auch fremde Mächte intervenierten. Sie taten dies nicht, um den Deutschen einen Gefallen zu tun, sondern weil diese Grundlage der Reichsverfassung ihnen Sicherheit vor einem Kaiser bot, der verdächtigt wurde, den universalmonarchischen Anspruch in die Tat umsetzen zu wollen. Die deutsche Freiheit schien ihnen die Voraussetzung dafür zu sein, damit andere Nationen ihre je spezifische Freiheit verwirklichen konnten. Insgesamt motivierte die Freiheitsrhetorik jedoch vor allem die Eliten. Kriegseuphorie, die den Beginn moderner Kriege begleitet, gab es weder vor noch während des Dreißigjährigen Krieges.

Die Protestanten nutzten die scheinbar neutralen Einigkeitsappelle und Friedensaufrufe, um ihre konfessionellen Vorstellungen zu propagieren und zu legitimieren. Was sich beispielsweise die Unionsfürsten darunter vorstellten, illustrierten die Maskeraden bei der Stuttgarter Hochzeit von Herzog Johann Friedrich von Württemberg mit Barbara Sophia von Brandenburg im November 1609. Die Aufzüge wurden veranstaltet, um die interessierte Öffentlichkeit über das glanzvolle Fest zu informieren, bei dem während des Tanzes Herolde baten, eine Botschaft der alten Helden Herrmann, Mannus und Brennus verlesen zu dürfen. Sie hielten eine Lobrede auf die deutschen Tugenden und auf die deutsche Freiheit, verwiesen auf deren drohenden Zerfall und forderten die Rettung der *libertas Germaniae* durch die Union. Die Protestanten hatten sich – so stand es im Unionsvertrag – verbündet, um die Reichsverfassung zu retten und die Katholiken zu zwingen, über strittige Fragen zu verhandeln. Dies war auch die Leitidee des folgenden Maskenzuges, der die Rettung des Vaterlandes durch Eintracht, Einigkeit und Freiheit darstellte. Die Germania wurde von den sogenannten deutschen Tugenden wie Tapferkeit und Klugheit, Aufrichtigkeit und Treue begleitet.[77]

Die Maskeraden beschworen den Friedens- und Integrationswillen der Union, aber auch ihre Bereitschaft zum Krieg und zum Tod für das Vaterland. Der Aufzug Benjamin Bouwinghausens von Wallmerode, des führenden württembergischen Diplomaten und Außenpolitikers, forderte unverhohlen eine wirkungsvolle Aufrüstung. Er wollte die Unionsfürsten im Konflikt um Jülich-Kleve und Berg zum Eingreifen zugunsten der protestantischen Prätendenten bewegen und sich so «ums liebe Vaterland, die Religion, die Gerechtigkeit und edle Freiheit verdient […] machen». Wenn es die Not des Vaterlandes erfordere, sei «ein ordentlicher, wohlbestellter und recht geführter Krieg einem ungewissen oder präjudizierlichen und dem Gewissen und der Freiheit abbrüchigen Frieden vorzuziehen».[78]

Die späthumanistischen Gelehrten, die dieses und andere Schauspiele entwarfen, kannten nicht nur das antike Schrifttum, sondern auch die Texte, die für Freiheit und Selbstbestimmung der Deutschen warben. Der Rückgriff auf die Geschichte galt der Gegenwart und Zukunft. Alles lag zwar grundsätzlich in Gottes Hand, doch die Menschen durften nicht müßig abwarten, sondern mussten das ihnen Mögliche tun.

Die vom 10. bis zum 17. März 1616 mit Turnieren und Aufzügen wohl noch pompöser gefeierte Festtaufe Herzog Friedrichs von Württemberg, des zweiten aus dieser Ehe hervorgegangenen Sohnes, führte wiederum Fürsten und Regierungsräte der Union in Stuttgart zusammen. Die Festbeschreibung Georg Rudolf Weckherlins geizte nicht mit Superlativen. Sie hebt neben dem üblichen Lob der Anwesenden und der prunkvollen Maskeraden die Dinge besonders hervor, die für Deutschlands Zukunft wichtig erschienen: Festigkeit und Treue, Einigkeit und Vaterlandsliebe. Die abendliche Ballettaufführung begann mit einem Tanz der Nationen, der auf das Miteinander einer Pluralität einstimmte. Vier große Köpfe wurden in den Saal gezogen,[79] denen nacheinander paarweise jeweils ein Musikant und ein Tänzer entstiegen, die aufgrund ihrer Kleidung und ihres Habitus als Repräsentanten bestimmter Nationen zu erkennen waren. Es begann mit zwei Engländern, von denen der eine nach Landessitte musizierte und der andere dazu tanzte. Es folgten zwei Schotten, dann zwei Iren. Schließlich veranlasste der Ire die beiden anderen Tänzer, sich ihm anzuschließen, und auch die Musiker spielten nach seiner Weise. Dem zweiten Kopf entstiegen je zwei Deutsche, Franzosen und Lappländer, die auf die gleiche Art alleine und miteinander tanzten. Es folgten je zwei Spanier, Italiener und Polen sowie je zwei Afrikaner, Türken und Indianer, die aus einem «Mohrenkopf» kamen. Sie spielten und tanzten erst nach der Art ihrer Länder und schlossen sich dann der Weise des Letzten an. Zum Schluss stimmten alle in die Musik der Indianer ein, um danach noch einmal gemeinsam in der Art jeder Nation zu spielen und zu tanzen. «Und dieses war als der Eingang zu dem rechten Ballett / welches eben diese Nationen (deren jede sich in der andern zu spiegeln pfleget) bald in Spiegler verkleidet» den nächsten Aufzug der Maskerade bildeten.[80]

Betont wurde das Zusammenspiel, obwohl die jeweiligen Gruppen mehr oder weniger verfeindet waren. Sie lernten jedoch voneinander, um ihre Eigenarten besser zu verstehen und zur Geltung zu bringen. Das Eigene spiegelte sich im Fremden und kam dadurch umso deutlicher zum Vorschein. Am Ende entstand sogar Harmonie zwischen kulturell grundverschiedenen und teilweise verfeindeten Nationen. Konfrontation und Krieg waren nicht notwendig. Weckherlin betont gleich zu Beginn seiner Festbeschreibung die Eintracht, um die Friedenspolitik Herzog Johann Friedrichs ins rechte Licht zu rücken: «Teutschland / du hast kein Ursache weder zu trauern / noch zu fürchten. Die Einigkeit und Liebe / welche den Mehrernteil deiner Fürsten und Stände zusammenbindet / erfüllet dich mehr und mehr mit Sicherheit und Frieden.» In Stuttgart feierte das kai-

Den vier physiognomisch geformten Köpfen entsteigen beim Tanz der Nationen im März
1616 anlässlich der Taufe Herzog Friedrichs in Stuttgart nach und nach die Tänzer. Sie symbolisieren die Einheit in der Verschiedenheit bzw. die Harmonie der Völker.

serkritische protestantische Reich,[81] das über Lösungsmöglichkeiten nach-
dachte. Der Herzog neigte später eher zur Vermittlungspartei.

Beim Fußturnier am folgenden Tag erschien Kurfürst Friedrich V. von
der Pfalz, der Führer der Union, als Harminius (= Arminius), Sieger über
Varus und die Römer. Die Analogien waren bekannt oder ergaben sich von
selbst. Der Befreiung vom römischen Joch durch Arminius und später
durch Luther folgte nun die Befreiung von den Zumutungen des Papstes,
des Kaisers und der Katholiken durch die Union. Das Bild war ein Aufruf
zur Wahrung der eigenen Tradition und der deutschen Freiheit. Man solle
mit jedem in Freundschaft leben, dürfe darüber aber die eigenen «guten
Verfassungen, Gebräuche und Gesetze» nicht vergessen.[82]

Was damit gemeint war, verdeutlichte erneut der Aufzug Benjamin
Bouwinghausens von Wallmerode. Er erschien als Haimon. Der Sohn
König Kreons von Theben hatte nach Sophokles seine Geliebte, die von
seinem Vater lebendig eingemauerte Antigone, befreien wollen, kam aber
zu spät und beging daraufhin Selbstmord. Im Stuttgarter Aufzug trug
Haimon einen Helm mit einem Phönix, dem Vogel, «welcher seine Geburt
durch seinen Tod wiedererlanget / in dem Feuer». Dem Helden folgten

Die vier Söhne des Haimon repräsentieren den gegen einen Tyrannen erlaubten Widerstand. Sie kämpfen für den Glauben, die Freiheit, das Vaterland und die Freunde. Bei der Stuttgarter Taufe 1616 stehen sie für die Ziele der Union, des protestantischen Bündnisses.

seine vier Söhne auf einem riesigen Pferd. Auf ihren Schilden stand die protestantische Losung «*pro religione, pro libertate, pro patria, pro amicis*». Dieses «für den Glauben, die Freiheit, das Vaterland und die Freunde» war das Ideal, für das die Union eintrat.[83]

Bouwinghausens Aufzug kombinierte das antike Drama mit einem mittelalterlichen französischen Epos. Dass Haimon keine Nachkommen besaß, war bekannt. Seine Wiedergeburt erfolgte in diesem Spiel durch die vier Söhne des Grafen Haimon von Dordogne. Dieser hatte die Schwester Karls des Großen geheiratet und geschworen, alle Kinder dieser Ehe zu töten. Er brach seinen Eid, und seine Söhne bekämpften später den Kaiser, um dessen Macht zu begrenzen. Im Epos behielt der Kaiser als rechtmäßiger Herrscher die Oberhand. Dennoch galten die Söhne in der Renaissance als Symbol des gegen einen Tyrannen notwendigen und erlaubten Widerstandes. Ihr heldenhafter Kampf wurde in Stuttgart nun so inszeniert, als sei der Geliebte der Antigone wiederauferstanden, um das Vaterland vom Despotismus zu befreien. Doch sie

blieben Aufrührer, die das eigene Land verwüsteten. Die Botschaft war
doppeldeutig. Einerseits half nur Gewalt gegen den rechtmäßigen Kaiser
und die katholischen Stände, die ihre reichsrechtliche Stellung und ihre
Mehrheit missbrauchten, andererseits verwüsteten Krieg und Aufruhr
das Land, und die Rebellen mussten sich am Ende doch wieder mit dem
legitimen Herrscher arrangieren. Wollte Bouwinghausen die Unionspoli-
tiker vor der überbordenden Euphorie warnen und daran erinnern, dass
der Kaiser das rechtmäßige Oberhaupt war, dem gerade die Lutheraner
Gehorsam schuldeten?

Die Absichten solcher Maskeraden waren stets vielschichtig und ihre
Wirkungen ambivalent. Die höfisch-geselligen Spielereien wollten unterhalten, ihre unmittelbare Bedeutung für die Anwesenden darf daher nicht
überschätzt werden. Zu einer politischen Botschaft wurden die festlichen
Aufzüge erst durch ihre Publikation, die in Wort und Bild das Geschehen
den anderen Höfen und einer interessierten Öffentlichkeit bekannt machen sollte. Auf dem Papier ließen sich die Maskeraden idealisiert und
pointiert gemäß den intendierten Absichten darstellen. Für Publikationen
galt auch, dass die Wirkung umso größer war, je mehr die Aufzüge die
vorhandenen Einstellungen und Haltungen bestätigten. Die Freiheit des
eigenen Glaubens und des Vaterlandes, auch die Appelle zu Eintracht und
Einigkeit verkörperten Ziele, die nicht mehr nur an den Höfen, sondern
stände-, konfessions- und länderübergreifend verstanden und hochgehal-
ten wurden. Sie ließen sich jederzeit in Stellung bringen, um den eigenen
Friedenswillen zu demonstrieren und den anderen die Schuld an der Eskalation zu geben.

Zu Beginn des 17. Jahrhunderts rückte auch das gemeine Schrift-
deutsch als ein kulturnationaler Einigungsfaktor in den Blick. Dichter
und Reichspublizisten wandten sich auf Deutsch an ihr Publikum. Die
deutsche Sprache transportierte verbindende Eigenschaften über konfessionelle, ständische und politische Grenzen hinweg. Der Pädagoge Wolfgang Ratke forderte in einem dem Frankfurter Wahltag 1612 übergebenen
Memorial, «im ganzen Reich, ein einträchtige Sprach, ein einträchtige
Regierung und endlich auch eine einträchtige Religion bequemlich einzuführen und friedlich zu halten».[84] Ähnliche Aufrufe, beeinflusst von
den Idealen der klassischen Rhetorik, gab es in vielen anderen europäischen Ländern. Überall wirkten die Grundgedanken des Humanismus
vorbildhaft. Der Wunsch nach einer reinen Sprache ohne fremde Bei-

mischungen verband sich mit der politisch motivierten Vaterlandsliebe und wurde als integrierende Größe den spaltenden Konfessionen übergeordnet. Die Zentren solcher Überlegungen befanden sich in Heidelberg, in Schlesien und in Mitteldeutschland, also dort, wo konfessionelle Konflikte das Leben bestimmten.[85]

Unter der Leitung des reformierten Fürsten Ludwig von Anhalt-Köthen beteiligten sich die jungen lutherischen Herzöge von Sachsen-Weimar an der Gründung und Organisation der Fruchtbringenden Gesellschaft, einer neuartigen, nach italienischem Vorbild geformten nationalkulturellen Sozietät. Die nach ihrem Symbol auch «Palmbaum» genannte Sprachgesellschaft versammelte den nichtkatholischen und tendenziell kaiserkritischen Hofadel Mitteldeutschlands. Sie wurde angeblich 1617 in Weimar gegründet, hundert Jahre nach dem Thesenanschlag Luthers und anlässlich des Begräbnisses der Herzogin Dorothea Maria, einer geborenen Anhalter Fürstin. Aus den ersten fünf Jahren existiert keine gesicherte Überlieferung. Das Gründungsdatum, das gegen Ende des Dreißigjährigen Krieges erstmals genannt wird, darf als fiktiv gelten, war aber klug gewählt. Erst die Rückdatierung schuf den aufsehenerregenden Gründungsmythos, auf den sich Lutheraner und Reformierte berufen konnten und der die protestantisch-überkonfessionellen Ziele eindrucksvoll untermauerte.[86]

Friedensappelle

Der konfessionelle Fundamentalismus zeigte Ende des 16. Jahrhunderts erste Risse. 1593 erschien das *Eirenicum* des reformierten Heidelberger Theologen Franciscus Junius. Er blickte eigentlich auf Frankreich, wo sich König Heinrich IV. einem mehrheitlich katholischen Land gegenübersah. Mit seiner Schrift begründete er eine neue Richtung, die sich von der Kontroverstheologie distanzierte und das Gemeinsame aller Christen betonte. Junius interpretierte das Christentum im erasmischen Sinn als friedensstiftende Religion. Der Geist der Versöhnung und Einheit zeige sich im Gottesdienst, und dies sei wichtiger als ausformulierte Bekenntnisse. Junius plädierte deswegen dafür, sich über fundamentale Grundsätze zu verständigen, ohne eine Glaubenseinheit anzustreben. Auch er hatte die vielbeschworene Einheit in der Vielheit im Sinn. Der Glaube ermöglichte es seines Erachtens den Menschen, Leitlinien für ein friedliches Zusammen-

Das illustrierte Flugblatt *Geistlicher Rauffhandel* dokumentiert die irenische Haltung, die das Gemeinsame der Konfessionen betont. Während der Papst, Luther und Calvin streiten, betet der einfache Hirte zu Gott.

leben auf christlicher Basis zu formulieren und im Gottesdienst zu erleben, wo das Gemeinschaftsbewusstsein gestärkt werde.[87] Das Flugblatt *Geistlicher Rauffhandel* illustrierte zu Beginn des Krieges dieses irenische Anliegen höchst eindrucksvoll. Das Bild zeigt auf der einen Seite den Streit der drei Antipoden Papst, Luther und Calvin sowie auf der anderen einen einfältigen Hirten, der im Gebet versunken ist und Jesus Christus bittet, bald zu erscheinen, um den Zank zu beenden.[88]

Gingen Junius und der einfältige Hirte noch von den Gemeinsamkeiten aller christlichen Konfessionen aus, verengte sich die evangelische Irenik zu Beginn des 17. Jahrhunderts auf die politisch naheliegende Einigkeit der Protestanten, um im gemeinsamen Kampf gegen den Papst und seine Anhänger zu bestehen. Der Heidelberger Theologe David Pareus setzte voraus, dass man über die Fundamente der Lehre einig sei. Er begrüßte die Union als ein Werk, das dem Frieden und der Sicherheit diene, weil es die katholischen Fürsten daran hindere, die Protestanten anzugreifen.[89] Pareus endete mit einer weisen Vorhersage: «Die Fackel, dadurch endlich ganz

Europa verbrennen wird, wird besorglich kein andere sein, dann der Geistlichen geistloses Gezänk von der Religion.»[90]

Auf fruchtbaren Boden fielen die Friedensaufrufe nicht. Sie kamen bezeichnenderweise aus dem reformierten Milieu. Die Lutheraner lehnten die Verständigungsangebote ab und bestanden auf den Lehrunterschieden; kein Frieden dürfe mit der Wahrheit erkauft werden.[91] Erst gegen Ende des Dreißigjährigen Krieges wurde der Helmstedter Professor Georg Calixt zur prononcierten Stimme einer lutherischen Irenik. Er betonte die universale Kirche, der angehöre, wer sich auf das apostolische Glaubensbekenntnis berufe. Die Einheit solle durch Religionsgespräche zurückgewonnen werden. Da er die Konkordienformel nicht anerkannte, griffen ihn seine orthodox-lutherischen Kollegen während des Thorner Religionsgespräches 1645 massiv an.[92] Ihr Konfrontationskurs entsprach der Vorkriegslinie. Die Anhänger aller Konfessionen waren sich nur darin einig, dass Gott die Menschen mit dem inzwischen ausgebrochenen Krieg strafe, wobei er sie als seine Werkzeuge benutze.

Das Reformationsjubiläum hatte 1617 die theologischen Kontroversen erneut angeheizt und die Endzeitperspektive des Luthertums noch einmal drastisch vor Augen geführt. Die Protestanten erinnerten im Herbst an den Thesenanschlag vom 31. Oktober 1517, blieben untereinander aber auf Distanz. Kurfürst Friedrich V. von der Pfalz hatte während des Heilbronner Unionskonvents im Frühjahr 1617 eine Säkularfeier und ein in allen «unierten Kirchen» zu haltendes Gebet angeregt. Im Sinne seiner Irenik wollte er die innerevangelischen Konfrontationen durch mäßigendes Einwirken auf die polemischen Kanzelreden und Schriften moderieren. Die Lutheraner in der Union machten zur Vorbedingung, dass bei einer gemeinsamen Feier jeder bei seinem Bekenntnis, seinen Zeremonien und seinen Predigten bleiben dürfe. Die Pfälzer waren einverstanden. Am 23. April einigte man sich, am Sonntag, dem 2. November 1617, in allen Kirchen Dankfeiern stattfinden zu lassen. Dabei sollte Gott gebeten werden, die evangelische Religion zu bewahren. Die Prediger wurden angewiesen, Polemiken zu unterlassen.[93]

Parallel zur Pfälzer Initiative hatten die Wittenberger Theologen Kurfürst Johann Georg von Sachsen um die Erlaubnis gebeten, eine Gedenkfeier veranstalten zu dürfen. Das Oberkonsistorium dehnte das Projekt auf Kursachsen aus und empfahl, drei Feiertage hintereinander zu halten, da der 2. November ohnehin ein Sonntag sei. Während der Gottesdienste sollten deutsche Lieder gesungen und zu Gott gebetet werden, dass er Kursachsen beim reinen Evangelium bleiben lasse und vor Ketzereien bewahre. All jene, die das Konkordienbuch unterschrieben hatten, sollten zu ähnlichen Feiern ermutigt werden. Die Vorschläge fielen in lutherischen Territorien auf fruchtbaren Boden.[94] Der kursächsische Oberhofprediger Hoë von Hoënegg veröffentlichte eine Musterpredigt.[95]

Bezeichnend ist, dass die Pfälzer bei den Feierlichkeiten alle Protestanten vereinigen wollten, während Kursachsen Calvinisten und die Lutheraner ausschloss, die dem Konkordienwerk nicht beigetreten waren.[96] Die lutherischen Predigten beschäftigten sich mit dem neuen Phänomen eines Reformationsjubiläums, thematisierten den Übergang von der Finsternis zum Licht, von den Missständen der alten Kirche zur Reformation und beschäftigten sich offensichtlich auch mit der heiklen Frage der Endzeit nach der durch Luther erfolgten Identifikation des *duplex Antichristus* mit dem Papsttum und den Türken. Dabei parallelisierte ein so renommierter Theologe wie der Jenaer Johann Gerhard das Leben Jesu mit der Heilsgeschichte. Demnach endete die Welt um 1670.[97] Die lutherischen Theologen reagierten im Umfeld des Jubiläums auch auf den Vorwurf von Kardinal Robert Bellarmin, dass Luther keine Kirchenreform hätte einleiten dürfen, weil er weder durch die Kirche noch durch Gott, belegt durch ein Wunder, berufen worden sei. Die Antwort der Jenaer Professoren klingt fast schon katholisch: Luther sei ja zum Priester geweiht und nach Wittenberg berufen worden. Johann Gerhard fügte hinzu, Gott habe der lutherischen Bewegung eine Wirkmächtigkeit verliehen, die einem Wunder gleichkomme.[98]

Die Hundertjahrfeier trug sicherlich zur «Stabilisierung der lutherischen Konfession im Reich» bei,[99] vermittelte nach außen jedoch das Bild protestantischer Uneinigkeit. Dieser Eindruck wurde dadurch unterstrichen, dass Kursachsen seinen Führungsanspruch auch unter den Konkordienlutheranern mit niemandem teilen wollte. Predigten, Schauspiele, Medaillen und Flugblätter sorgten für Aufmerksamkeit.[100] Hans Heberle, der Kleinbauer und Schuster aus Neenstetten auf der Schwäbischen Alb, erklärt in seinen Aufzeichnungen: «Dieses Jubelfest ist ein Anfang des Krieges gewesen.»[101] Die lutherische Propaganda gegen das antichristliche Papsttum provozierte nämlich eine Gegenreaktion Papst Pauls V. Er verkündete ein außerordentliches Jubeljahr für 1617.[102]

Die Kontroverspredigten, die in dieser Phase noch heftiger als zuvor ausfielen, zeigten Wirkung. Ein «teutscher Patriot» fragte 1621, ob nicht die Protestanten den Frieden in Deutschland zerstörten, den Untergang des Reiches verursachten und «wo nicht den Antichristen selbst jedoch desselben Vortrab im Reich einführen werden». Zur Illustration seiner These verglich er die höchste weltliche Macht und das Reich mit dem Koloss in der Danielprophetie. Die Beine seien die geistlichen und die weltlichen Stände, die Arme und Hände Österreich und Burgund, der Kopf das gekrönte Böhmen und der mittlere Leib Deutschland. Da das Reich sehr schwach geworden sei, müsse es etwas Unverträgliches wie die lutherische Lehre gegessen oder getrunken haben. Das in sich gespaltene Reich könne auf Dauer nicht bestehen. Papst und Kaiser würden angegriffen, den geistlichen Fürsten solle das weltliche Regiment entzogen werden. In diesem Fall sei das Reich aber nicht mehr heilig, sondern heidnisch, und es verliere seinen Vorrang vor anderen Völkern. Für den Untergang des Römischen Reiches, das bis zum Ende der Welt bestehen werde, gebe es derzeit allerdings keinerlei Anzeichen. Es werde vor dem Jüngsten Tag nicht vollständig verschwinden, denn vor seinem Untergang regiere der Antichrist, der westnordisch-niederländische Löwe, der anderen Ländern ein Beispiel für Rebellion geboten habe. Mit dem Calvinismus vergifteten die Niederländer alle Königreiche, «auf dass der Doppelschwänzige in seinem Vorhaben nicht verhindert werde». Untereinander seien sich Lutheraner und Calvinisten zwar spinnefeind, doch beide Lehren seien antichristlich und richteten sich schließlich selbst. Kein Katholik dürfe sich von ihnen verführen lassen, denn Gott brauche sie «wie ein Obrigkeit den Henker / damit das Übel gestraft werde».[103] Dagegen propagierten die höfischen Geselligkeiten und Maskeraden, die den Frieden beschwörenden Humanisten, die um die Einheit des Reichs-Staates ringenden Juristen und die irenisch denkenden Theologen Einigkeit. Sie wollten die Konfrontation mildern, eine übergreifende Eintracht schaffen und das verlorene Vertrauen zurückgewinnen.

Das europäische Staatengefüge

Die Jahre um 1600 waren eine kriegerische Zeit. Herrscher, Gemeinwesen und Rebellen kämpften um die Unabhängigkeit ihrer Lande. Der in der antiken Tradition stehende Kaiser besaß einen zeremoniellen Vorrang, keinen übergreifend ordnenden Gestaltungsspielraum. Das Reich war schon im späten Mittelalter kein Imperium mehr, sondern lediglich ein Puffer zwischen den Herrschern und den expandierenden europäischen Staaten. Seit dem 13.Jahrhundert galt: *Rex imperator in regno suo*. Diese Formel, dass jeder König in seinem Gebiet wie ein Kaiser herrsche, wurde von den Päpsten respektiert, und die Könige handelten entsprechend. Faktisch waren sie und Gemeinwesen wie die Republik Venedig oder die oberitalienischen Stadtrepubliken souverän.

Das Heilige Römische Reich hatte mit dem Ewigen Landfrieden 1495 und der Konzentration auf die deutsche Nation auf die westeuropäischen Staatenbildungen reagiert. Das Gewaltmonopol von Kaiser und Reich wurde dezentral organisiert und den kreisausschreibenden Fürsten übertragen. Dies erschwerte die Unterscheidung zwischen inneren und äußeren Kriegen. Strittig war, ob der Kaiser allein über Krieg und Frieden entschied oder die Reichsstände zustimmen mussten und das Recht zur selbständigen Kriegführung besaßen. Während die Reichsstände sich auf die deutsche Nation konzentrierten, versuchten die Kaiser, auch in Oberitalien oder in Burgund gestaltend einzugreifen. Die berühmte Devise «andere mögen Kriege führen, du glückliches Österreich heirate» *(bella gerant alii, tu felix Austra nube)* verschleiert, dass die dynastisch erworbene Macht in schier endlosen Kriegen abgesichert werden musste: Die universalmonarchischen Ansprüche Karls V. wurden von Franzosen und Türken, die nicht weniger bedrohlichen Ambitionen Ferdinands II. auch noch von Dänen und Schweden im Dreißigjährigen Krieg aktiv bekämpft.

Die österreichischen Habsburger hatten sich aus den westeuropäischen Kriegen der zweiten Hälfte des 16.Jahrhunderts herausgehalten. Die Aufstände bzw. Freiheitskämpfe in den Niederlanden und in Böhmen, in Ungarn und Portugal, in Neapel oder Katalonien richteten sich nicht nur gegen den angeblichen Despotismus, sondern vor allem gegen das als fremd empfundene Regiment der Habsburger. Frankreich, Dänemark oder Schweden fürchteten im Dreißigjährigen Krieg, dass Wien und Madrid getrennt marschierten, um gemeinsam zuzuschlagen. Die angestrebte Hegemonie, ein europäisches Reich der Habsburger, galt es im Interesse der Freiheit aller anderen Mächte zu verhindern.

Der Machtwille der Dynasten sowie der Expansionsdrang der werdenden Staaten ergänzten sich um 1600 zu einem Zeitalter europäischer Kriege. Die weiblichen Europadarstellungen auf dem Stier,[104] als leidende Frau[105] oder als die Erdteile beherrschende Königin[106] rahmten ein kriegerisches Nebeneinander. Europa war keine politische Einheit und der ewige Frieden eine Fata Morgana.[107] Gemeinsame historische Wurzeln galten stets nur für Teile des Kontinents.[108] Es gab drei, mit den Anglikanern vier große Konfessionen sowie etliche Sekten, die sich erbittert bekämpften. Das römische Recht galt in den romanischen Ländern, ansonsten nur subsidiär oder gar nicht. Das antike Erbe verband die lateinisch kommunizierende Elite, deren Texte allerdings eher die nationalen oder regionalen Freiheitsideen stärkten. Die Rahmung dieser Vielgestaltigkeit als Europa blieb Programm. Sie diente vor allem der Mobilisierung gegen die muslimischen Türken. Doch auch in der Konfrontation mit anderen Kulturen war die europäische Einheit nicht viel mehr als ein gut gehegter Mythos.

Die Staatenbildungen machten Europa übersichtlicher, nicht friedlicher. Die dynastischen Ambitionen führten auch weiterhin zu Erbfolgekriegen, während die Interessen der Valois oder Bourbonen längst mit denjenigen Frankreichs gleichgesetzt wurden. Deutlich komplizierter gestaltete sich die staatliche und protonationale Zuordnung der Habsburger. Sie waren so etwas wie der Dinosaurier im Herrschafts- und Staatengefüge des 17. Jahrhunderts und herrschten über viele Gebiete, Länder und Staaten, waren jedoch in eine österreichische und spanische Linie gespalten. Dennoch schienen sie ihre universalmonarchischen Bestrebungen weiterzuverfolgen.

Der Reichs-Staat war wegen seiner politischen Struktur eigentlich zum Frieden verdammt. Er konnte keine Angriffskriege führen und bedrohte niemanden. Diese Sicht widerspricht den zeitgenössischen Einschätzungen, die mit «Kaiser und Reich» eine potentielle Gefahr für die Sicherheit und Unabhängigkeit des übrigen Europa verbanden. Frankreich fühlte sich von der habsburgischen Umklammerung bedroht und wollte deren Einfluss in Oberitalien und in Deutschland zurückdrängen. Franz I. hatte deswegen die evangelischen Reichsstände unterstützt, Heinrich II. sich mit den Gegnern Karls V. verbündet. Heinrich IV. beabsichtigte, in Deutschland zu intervenieren, Ludwig XIII. und Richelieu schreckten davor nicht zurück.

Die Angst vor der scheinbar übermächtigen Kaiserdynastie erzeugte auch in den nördlichen Königreichen die Stimmung, die sie in den Dreißigjährigen Krieg eingreifen ließ.[109] Sie fürchteten um ihre Freiheit, wenn der Kaiser den Reichs-Staat unter seine Kontrolle brächte. Der Dreißigjährige Krieg war allerdings nur sehr vermittelt eine direkte Folge des europäischen Mächterings, zumal die Beziehungen der beiden habsburgischen Linien trotz der engen Verwandtschaft störanfällig waren und blieben. Der Ahnenverlust besaß zudem längst genetische Konsequenzen. Er führte bei vielen Habsburgern zu einer markanten Physiognomie, zu Krankheiten und zum frühen Tod. Die spanische Linie starb im Mannesstamm Ende des 17., die österreichische im 18. Jahrhundert aus.

Waren in England und Frankreich die Staatsräson und die Interessen Elisabeths I. oder Heinrichs IV. weitgehend identisch, so galt dies nicht für den Habsburger Machtbereich. Weder die Besitzungen der spanischen noch diejenigen der in drei Zweige gespaltenen österreichischen Linie bildeten staatliche Einheiten. Die Niederländer kämpften erfolgreich gegen die spanische Fremdherrschaft, deren Achillesferse die Nachschubwege waren. Der Ärmelkanal wurde von England und Holland blockiert, und die sogenannte spanische Straße, der Landweg von Genua nach Brüssel, führte durch das heftig umkämpfte Veltlin,[110] das Elsass sowie Gebiete Badens und der Kurpfalz. Frankenthal und das 1605 gegründete Mannheim wurden deswegen zu Festungen ausgebaut.[111]

Im Kampf gegen die Habsburger zeichneten sich um 1600 überstaatliche Strukturen ab. Hauptgegner war Frankreich, das den Spaniern an allen Fronten entgegentrat, in Italien, Burgund, Lothringen und den Pyrenäen. Mit der Republik der Niederlande entstand ein neuer Staat, der seit dem Waffenstillstand 1609 internationale Anerkennung erfuhr. Im Norden Europas begann fast unbemerkt der schwedische Aufstieg zur Großmacht. Russland erschreckte unter Zar Iwan IV. kurzfristig das abendländische Europa, an dessen östlicher Peripherie mit der polnisch-litauischen Adelsrepublik ein schlafender Riese wachte, der zusammen mit den österreichischen Erblanden Mitteleuropa vor den Türken schützte. Diese beherrschten den Balkan, ihre Vorstöße gegen Wien blieben Episoden. Im Mittelmeerraum organisierten die Republik Venedig, Spanien und das Papsttum die Türkenabwehr, rangen aber zudem mit Frankreich und Savoyen, das unter Herzog Karl Emanuel I. Großmachtambitionen hegte.

Während es an der Türkengrenze unmittelbar vor und während des Dreißigjährigen Krieges ruhig blieb, eskalierte 1615 der Streit der Wiener Habsburger mit der Republik Venedig. Die noch von Kaiser Maximilian II. als Grenzwächter gegen die Türken bei Senj (Zengg) angesiedelten Uskoken, die vor den Osmanen aus Bosnien geflohen waren, betätigten sich als Seeräuber und machten Zadar und die nördliche Adria unsicher. Habsburgische Kriegsschiffe bestritten Venedigs Anspruch auf das *dominium culfi*, die Herrschaft über den adriatischen Meerbusen. Die Republik blockierte daraufhin die österreichischen Häfen und schloss Bündnisse mit England, Holland und der Schweiz. Sie riskierte den Krieg, weil Kaiser Matthias mit den Problemen des Reiches beschäftigt zu sein schien und die Spanier von Herzog Karl Emanuel von Savoyen-Piemont und Mantua herausgefordert wurden. Der Herzog strebte nach einer Königskrone und hatte 1613 Montferrat überfallen.

Karl Emanuel beherrschte ein Gebiet, das offiziell zum Reich gehörte. Da es zwischen Frankreich, den Eidgenossen und dem spanischen Besitz in Italien lag, war es aus geopolitischen Gründen umkämpft. Dieser Krieg schwelte etliche Jahre, bevor er sich 1617 mit demjenigen am Isonzo überlagerte. Der Grazer Erzherzog Ferdinand, der spätere Kaiser, hatte der venezianischen Offensive und Belagerung der Festung Gradisca wenig entgegenzusetzen, zumal auch niederländische und englische Truppen in das Geschehen eingriffen. Darüber hinaus zeigten sich Kaiser Matthias und Klesl störrisch. Dem Wiener Zeughaus wurde verboten, Waffen an den Grazer Erzherzog zu liefern.[112] Die diplomatischen Bemühungen Venedigs zu führenden Mitgliedern der protestantischen Union verliefen allerdings im Sande.[113] In Mitteleuropa wollte niemand den großen Krieg, und das Heer der Republik konnte die österreichische Befestigungslinie nicht durchbrechen. Französische und spanische Vermittlungen führten deshalb am 26. September 1617 zum Frieden von Madrid, der die Umsiedlung der Uskoken in nordöstliche Richtung vorsah.[114] Der Streit um die freie Schifffahrt in der Adria wurde vertagt. Auch Spanien schloss in Pavia mit Savoyen Frieden.[115]

Obwohl sich die staatlichen Grenzen langsam stabilisierten, hatten die Staatenbildungsprozesse weder in Mittel- und Nordosteuropa noch in Italien für politische Eindeutigkeit gesorgt. Es ist gewiss kein Zufall, dass sich vor allem hier die Bellizität des 17. Jahrhunderts austobte. Der Kriegsgrund Staat galt auch dort, wo unfertige Staaten um Loyalität und Anerkennung rangen.[116] Die Gelehrten beschäftigte die Frage, wie die Staatenfreiheit und der Frieden auf dem Kontinent dauerhaft zu sichern seien. Dante hatte einst wortgewaltig für die kaiserliche Universalmonarchie geworben. Seit dem 16. Jahrhundert wurden Gleichgewichtsideen propagiert und am Beispiel Italiens konkretisiert.[117] Der Spanier Francisco de

Vitoria plädierte für ein Nebeneinander gleichberechtigter Staaten und sprach vom *ius inter gentes*.[118] Ausgeklügelte Balancesysteme sollten Frieden und Sicherheit garantieren.[119] Gegen diesen allgemeinen Trend empfahl der Dominikaner Tommaso Campanella in seiner 1620 veröffentlichten Schrift *Von der Spanischen Monarchy*, dieser als mächtigster christlicher Gewalt die Weltherrschaft zu übertragen.[120] Die staatliche Vielfalt habe nur dazu geführt, dass die Türken inzwischen als Verbündete im innereuropäischen Mächtestreit betrachtet würden, statt ihnen entschieden entgegenzutreten.

Der Vorschlag des in spanischer Haft befindlichen Denkers stieß auf Unverständnis. Die meisten Autoren betrachteten die Universalmonarchie als Völkerjoch und asiatische Regierungsweise. Sie versuchten, die europäische Staatenpluralität zu organisieren. Ein erster Durchbruch gelang Hugo Grotius, der 1625 die Selbstbindung der Staaten forderte. Er formulierte Regeln für den Krieg und den zwischenstaatlichen Verkehr, die auch gelten sollten, wenn es Gott nicht gebe. Er löste den gerechten Krieg von den Vorgaben der Bibel und band ihn an die souveränen Herrscher oder Staaten. Seine Ansätze eines Völkerrechts galten für freie Gemeinwesen, die keiner sanktionierenden höheren Gewalt unterworfen waren. Rechtmäßige Kriege durften nur Souveräne erklären.[121] Den Krieg der Niederlande gegen den spanischen König begründete er mit den traditionellen Souveränitätsrechten der Generalstaaten, die der Herzog von Alba beschnitten habe.[122] Der komplementäre Reichs-Staat passte nicht in das Grotius-Schema: Die Reichsstände waren nicht souverän, beteiligten sich aber an Kriegen unabhängig von Kaiser und Reich.

Das wohl bekannteste, weil radikal verändernde Ordnungsprojekt entwarf der französische Herzog Maximilien von Sully. Er schlug die Bildung von 15 Staaten vor, die sich gegenseitig in der Balance halten sollten. Sein «Grand Dessein» zählte Länder wie Russland oder die unter türkischer Besatzung stehenden Teile Ungarns zu Europa. Griechenland rechnete Sully hingegen zum Osmanischen Reich.[123] Sein Plan orientierte sich an der französischen Staatsräson und sah vor, die habsburgische Macht auf Spanien zu begrenzen.[124] In die gleiche Richtung zielte später Bogislaw von Chemnitz, der in den 1640er Jahren unter dem Pseudonym Hippolithus a Lapide empfahl, die Kaiserdynastie aus dem Reich zu vertreiben, weil sie es ansonsten ganz beherrschen wolle und werde.[125]

Einen radikal anderen, an Erasmus von Rotterdam erinnernden Weg beschritt der französische Gelehrte Émeric Crucé. In seinem 1622 veröffentlichten *Noveau Cyneé* forderte er den ewigen Frieden, weil es keine unabwendbaren Kriege geben könne. Er verwarf alle denkbaren Kriegsgründe, die Ehre des Herrschers, legitime Ansprüche oder erlittenes Unrecht. Er schlug vor, alle Herrscher dieser Welt unabhängig von ihrer Religion und ihrer Macht sollten in einer Generalversammlung beraten und sich dann deren Beschlüssen unterwerfen. Kriege sollte es nur noch geben, um diese Entscheidungen durchzusetzen.[126] Dieses Gedankenspiel ignorierte letztlich Souveränität und Staatsräson und damit die beiden Leitideen, die für die internationalen Beziehungen zunehmend wichtig wurden. Niemand wollte sich von außen in seine Herrschaft hineinregieren lassen.

Das Nebeneinander von Staaten bildete auch das Gliederungsprinzip des *Theatrum Europaeum*.[127] Die Staatsbildungs- und Konfessionskriege betrafen damals fast alle Gebiete Europas.[128] Die allgemeine Krise des 17. Jahrhunderts bestand politisch aus Kriegen und Aufständen, die für mehr Freiheit und ein künftig besseres Leben geführt wurden. Sie richteten sich auf dem Balkan und im Mittelmeerraum gegen die türkische Expansion, in Italien und den Niederlanden, in Katalonien und Portugal gegen die spanische Herrschaft, in Deutschland und Böhmen gegen den angeblichen oder tatsächlichen habsburgischen Despotismus und die Gegenreformation. In England suchte das Land seine Freiheit vom Hof, in Frankreich rebellierten die Hugenotten gegen den Glaubenszwang und der Adel gegen die absolute Macht des Königtums.

In den meisten anderen Monarchien oder Republiken war staatliche Macht das Ergebnis von Aushandlungsprozessen. Dies galt auch für Schweden und Dänemark, die um die Herrschaft im Ostseeraum und wie Frankreich gegen die habsburgische Übermacht in Mitteleuropa kämpften. Alle inneren und äußeren Kriege verband das abstrakte Ziel der Freiheit. Die politischen und konfessionellen Verhältnisse zeigten bereits um 1600 das Bild, das den handlungsleitenden Strukturen des Dreißigjährigen Kriegs entspricht. Eine grenzüberschreitende konfessionelle Solidarität ist nur dann zu erahnen, wenn sie auf politischen oder finanziellen Interessen beruhte. Die Spanier kämpften in Deutschland primär für die Sicherung ihrer Nachschubwege, nicht für den katholischen Glauben.

Die meisten Kriege des frühen 17. Jahrhunderts – zwischen Spanien und Frankreich, den Wiener Habsburgern und Venedig, Schweden und Dänemark, Savoyen und Spanien – führten Herrscher und Staaten gleicher Konfession. Die These, eine «konfessionsgeleitete Außenpolitik» sei um 1600 zur «stilbildenden Leitkraft» der europäischen Staatenbeziehungen geworden,[129] widerspricht den empirischen Befunden. Ein konfessionell begründetes duales System der internationalen Beziehungen oder der Wandel zu einer «bipolaren konfessionellen Blockbildung»[130] zeigen sich weder in den damaligen Kriegen noch in den Friedensverträgen.[131] Selbst die «Konfessionalisierung des internationalen Systems» als «Quelle erbitterter Auseinandersetzung» wird sich schwerlich belegen lassen.[132] Die sogenannte calvinistische Internationale war ein eher fiktives Bündnis zwischen den Niederlanden, England und der Kurpfalz; es funktionierte vor allem rhetorisch und als Feindbild der katholischen Gegner. Auch die Bündnispolitik verweist nicht auf eine Spaltung Europas in konfessionelle Blöcke.[133] Stattdessen sind drei Konfliktzonen zu unterscheiden. Der spanisch-französische Kampf um die Hegemonie erfasste den Süden, den Westen und zunehmend auch die Mitte Europas. Im Kampf um die Vorherrschaft im Ostseeraum stritten Schweden, Dänemark und Polen, phasenweise auch das Zarenreich. Im Südosten und im Mittelmeerraum drangen die Türken tief in den habsburgischen, polnischen und venezianischen Machtbereich ein.

In konfessioneller Hinsicht gilt, dass der Süden Europas katholisch, der Norden lutherisch, die Mitte religiös umkämpft war. In Frankreich und Polen dominierte der katholische, in den nördlichen Niederlanden der calvinistische Glaube. Im Reich, in Böhmen und der Schweiz rangen Katholiken, Lutheraner und Calvinisten um die Vorherrschaft. England besaß mit der anglikanischen Staatskirche eine eigene protestantische Variante, im Osten und Südosten Europas versuchte die orthodoxe Kirche dem muslimischen Ansturm zu widerstehen. Aus der Achse Madrid–Wien wird, selbst wenn man sie bis nach Warschau verlängert, kein «eiserner Ring von katholischen Mächten», der sich um Mitteleuropa gelegt hatte, um den Kontinent auf der Basis «religiöser Einheitlichkeit zu ordnen».[134] Das katholische Frankreich gehörte diesem fiktiven Ring ebenso wenig an wie der gesamte Norden. Mitteleuropa wurde von der polnisch-litauischen Adelsrepublik nie bedroht. Der «christliche Konfessionsfundamentalismus [...], der bedingungslos auf gewaltsame Durchsetzung der jeweils eigenen religiösen Wahrheit und der daran gekoppelten innenpolitischen wie machtpolitischen Interessen setzte» und sich in dem «großen europäischen Krieg» entlud,[135] war ein Konstrukt der Propaganda. Deren Bedeutung darf nicht unterschätzt werden, doch die geltend gemachten konfessionellen Motive dienten vorrangig dazu, die politischen Interessen der Dynasten und Staaten zu bemänteln, zu legitimieren und zu popularisieren. Darüber hinaus erhofften oder erwarteten diejenigen die Hilfe der Konfessionsverwandten, die wie die böhmischen Stände oder der Kurpfalzgraf ihre Karten überreizt hatten und sich plötzlich gegen eine Übermacht von Feinden behaupten mussten.

II.
DREISSIG JAHRE

Die Spurensuche hat gezeigt, dass die Angst vor dem Ungewissen im Diesseits und Jenseits das gegenseitige Vertrauen erschütterte, auch dasjenige auf den gnädigen Gott. Er wurde nun als düsterer Weltenlenker präsentiert, der die Sünden bestrafte, Reue und Buße forderte. Die Machtambitionen der Herrscher, Staaten und Stände führten zu neuartigen Hegemonial- oder Freiheitskriegen. Die Religions- und Verfassungsstreitigkeiten blockierten das institutionalisierte Reichsgefüge. Dieses hochkomplexe Gemisch gehört zur Vorgeschichte des Dreißigjährigen Krieges, entspricht aber nicht der gängigen Vorstellung einer sich kontinuierlich zuspitzenden Krise, die sich 1618 in Prag entlud.

Die Auseinandersetzungen in den hohen Stiften Köln und Straßburg, die bayerische Exekution in Donauwörth oder der Streit um das Erbe des Herzogs von Jülich-Kleve waren regional begrenzt geblieben. Die größeren und kleineren spanischen Übergriffe auf Reichsgebiet hatten ebenfalls nicht zur Eskalation geführt. Das Restvertrauen in das rationale Verhalten der jeweiligen Gegenseite hatte sich ausgezahlt und der lange Türkenkrieg Deutschland um 1600 noch einmal geeint. Union und Liga mieden die direkte Konfrontation. Ihre Existenz vermittelte jedoch eine trügerische Sicherheit und erhöhte die Bereitschaft zu Forderungen und zum Risiko.

Rückblickend hat der Dreißigjährige Krieg lange Schatten vorausgeworfen. In dem angeblich hochdramatischen Jahrzehnt teilten bis zum Herbst 1618 nur wenige Akteure die Ansicht, dass der Weg zwangsläufig in den großen Krieg führe. Zwar lassen sich in zeitgenössischen Texten Hinweise auf eine mögliche Katastrophe finden, doch eine Krieg-in-Sicht-Stimmung gab es in Mitteleuropa eher um 1610 als um 1618. Der Krieg war eine von vielen denkbaren Optionen. Die Fülle der unterschiedlichen Konflikte schien zu verhindern, dass diese sich zu einer einzigen Konfrontation fügten, was die Kriegsgefahr entschieden erhöht hätte. Warum sollte sich daran irgendetwas angesichts der böhmischen Rebellion ändern? Wenig sprach zunächst dafür, dass ausgerechnet in den Ländern der Wenzelskrone, wo die Stände mächtig waren und mit Duldung der regierenden

Habsburger unterschiedliche Konfessionen nebeneinander existierten, der große Krieg ausbrechen könnte.

Es gehört zu den Paradoxien des Dreißigjährigen Krieges, dass er von Anfang an kein Glaubenskrieg war, aber als solcher inszeniert wurde, um Unterstützung zu finden. Die Konfession als Kriegsgrund versprach mehr als alle anderen Motive Solidarität, weil sie das binäre Freund-Feind-Schema bediente. Dass der Krieg «als Konfessionskrieg [...], nämlich als Ringen um die rechte Auslegung des Ersten Religionsfriedens», ausgebrochen sei,[1] ist schon deswegen fragwürdig, weil die Augsburger Ordnungen von 1555 für das Königreich Böhmen gar nicht galten.

Zu Beginn des Krieges bildeten nicht einmal die Glaubensbündnisse Union und Liga einheitliche Blöcke, und sie organisierten längst nicht alle Reichsstände. Kursachsen war der Union nie beigetreten, Kurbrandenburg hatte das Bündnis 1617 wieder verlassen. Die katholische Liga vereinte abgesehen von Bayern mindermächtige geistliche Stände. Der Streit zwischen Kaiser Matthias und Herzog Maximilian von Bayern schwächte die Katholiken und derjenige zwischen Lutheranern und Reformierten die Protestanten. Quer zur Glaubensfront standen die politischen Auseinandersetzungen um die monarchischen Pläne der vom Bruderzwist und von erheblichen Differenzen mit der spanischen Linie geschwächten Habsburger mit den auf ihrem Mitregiment beharrenden Reichsständen. Kurfürsten, Fürsten und Städte waren wiederum uneinig über die Verteilung ihrer Befugnisse und Ansprüche. Hinzu kamen die sozialen Konflikte zwischen Obrigkeiten und Untertanen, die zur Instabilität des Reiches beitrugen. Dieses Geflecht hat den Krieg nicht verursacht oder ausgelöst, sondern ihn lange eher verhindert.

Niemand ahnte allerdings, welch hohen Preis Kaiser Ferdinand II. für die Unterstützung des bayerischen Herzogs in Böhmen 1619 zu zahlen bereit war und wie lange und scheinbar ungerührt der Kurfürst von Sachsen trotz aller Übergriffe auf protestantische Positionen stillhalten würde. Die Dresdener Politik gab Rätsel auf. Kurfürst Johann Georg und die meisten lutherischen Fürsten hielten sich an das in den westeuropäischen Konflikten bewährte Muster, das Reich solle sich nicht in Böhmen einmischen. Sie glaubten, zusehen und abwarten zu können, wie sich Calvinisten und Katholiken gegenseitig schwächten. In Böhmen standen sich jedoch seit 1619 keine fremden Kriegsparteien, sondern mit dem Kaiser und dem Kurfürsten von der Pfalz zwei Eckpfeiler der Reichsverfassung gegenüber.

Das Krisenmanagement versagte, weil das Wissen um die Absichten der anderen unzureichend war und man dem Gegner alles zutraute. Während die Mehrheit der Lutheraner wie die Katholiken revolutionäre und nationale Motive der Magnaten betonten, spielten die Anhänger des Kurpfalzgrafen diese zugunsten der religiösen Dimension herunter. Doch auch sie wollten primär den Habsburgern in ihren Gebieten eine empfindliche Niederlage zufügen. Die böhmische Sezession scheiterte. Dass damit der Krieg nicht endete, hing vor allem am Gestaltungswillen Herzog Maximilians, der unerbittlich seinen Lohn eintrieb. Vor dem Eingreifen der Schweden unterwarf die kaiserlich-katholische Koalition Deutschland bis an die Nord- und Ostsee. Der Krieg endete allerdings nicht, weil sich neue Gegner fanden, die diese Unterwerfung als Bedrohung empfanden.

Die Sieger begründeten ihre Erfolge nicht mit Launen der Fortuna oder der besseren Strategie, sondern mit Gottes Hilfe und leiteten daraus den Auftrag für einen Siegfrieden ab. Bei den Protestanten erzeugten die Niederlagen ebenfalls keine Bereitschaft zum Frieden. Sie deuteten ihre Misserfolge als gottgewollte Strafen und Prüfungen, die sie nach alttestamentarischem Vorbild überstehen mussten, um nach dem Martyrium den Sieg davonzutragen und in das gelobte Land eines mehr oder weniger protestantischen Reiches einziehen zu können. Ihre Zuversicht wurde belohnt. Das evangelische Deutschland feierte König Gustav II. Adolf von Schweden als Beauftragten Gottes und verband mit ihm nicht nur die Marginalisierung der Katholiken, sondern phasenweise auch den apokalyptischen Endkampf.

Obwohl das Kriegsglück launisch blieb, gab es aus dem gottgewollten Glaubenskrieg und dem Kampf gegen den Antichristen bzw. gegen die Ketzer kein Entrinnen. Niemand durfte mit den Feinden Gottes Frieden schließen. Es dauerte lange, bis auf allen Seiten die Erkenntnis reifte, dass der Krieg nicht Gottes-, sondern Menschenwerk war und als ein solches auf dem Verhandlungsweg beendet werden konnte und musste. Dass die Berufung auf Gottes Willen den Frieden blockierte und dass die Menschen nicht wissen können, was Gott wirklich will, zählt zu den gravierenden Erkenntnissen dieses Krieges.

Die Erzählung des Dreißigjährigen Krieges beginnt in Böhmen, wo eine Rebellion mit eigenständigen Ursachen und Zielen die verhängnisvollen Weichenstellungen auslöste, die Mitteleuropa für lange Zeit der Kriegsfurie unterwarfen. Wallenstein, der geniale Condottiere, zeigte seit

1625, welche Ressourcen sich mobilisieren ließen. Mit seiner riesigen Armee und dem Blick auf die Ostsee strebte er ein imperiales Kaisertum und ein geeintes Reich an. Um die habsburgische Monarchie über Deutschland und eine Universalmonarchie in Europa zu verhindern, griff nach dem erfolglosen Intermezzo des Dänenkönigs Gustav Adolf von Schweden ein. Sein früher Schlachtentod beendete alle Hoffnungen auf einen Endkampf mit dem Antichristen oder auf einen protestantischen Reichs-Staat unter schwedischer Führung. Der Krieg aber ging weiter, auch nach der Ermordung Wallensteins und dem Prager Frieden von 1635. Es dauerte ein weiteres Jahrzehnt, bevor die Einsicht reifte, dass ein irdischer Frieden die einzige Möglichkeit war, die Reiter der Apokalypse zu bannen.

4. Böhmen oder wie ein regionaler Konflikt eskalierte

Die Tat

Nachdem die Wenzelskrone 1526 an Ferdinand I. gefallen war, hatte sich das Königreich Böhmen mit seinen Nebenlanden Mähren, Schlesien sowie den beiden Lausitzen zum Eckpfeiler der habsburgischen Macht entwickelt. In Sebastian Münsters Kosmographie ist es das Herz des Kontinents.[1] Die blühende Landwirtschaft und der profitable Transithandel garantierten ein hohes Steueraufkommen. Der König wählte als Kurfürst den römischen König mit, besaß jedoch keine Reichsstandschaft. Böhmen war auf dem Reichstag nicht vertreten, unterlag nicht der Rechtsprechung des Reichskammergerichts und gehörte zu keinem Reichskreis. Es war ein autonomes Königreich, das die Habsburger wieder näher an das Reich herangerückt hatten, ohne es mit diesem zu verschmelzen. Dennoch entwickelten sich in Böhmen ähnliche Religions- und Herrschaftskonflikte wie im Alten Reich. Die evangelische Ständemehrheit wollte die katholischen Habsburger nicht als Erbherren anerkennen und sich von ihnen nicht den Glauben aufzwingen lassen. Die Kaiserdynastie hielt die Wenzelskrone für von Gott gegeben und erblich, die böhmischen Stände für Untertanen und die religiösen Konzessionen für disponible, weil aus der Not geborene Zugeständnisse.

Die Stände hatten, um ihre nationale und religiöse Freiheit sowie die Unabhängigkeit des Königreiches zu wahren, Ferdinand I. die Gefolgschaft im Schmalkaldischen Krieg verweigert. Aus ihrer Sicht wählten sie den König, der von ihnen abhängig und an die Grundverträge des Landes gebunden war. Ihre Vorstellungen von einer gemischten Verfassung orientierten sich an der polnischen Adelsrepublik und am Reichs-Staat: Die Stände wollten ihr Land selbst regieren und die Tradition eines unabhängigen Königreiches wiederaufleben lassen.

Die Art und Weise, wie 1611 Matthias und 1617 Ferdinand II. die Wenzelskrone erlangt hatten, deuteten beide Parteien als Bestätigung ihrer Rechtsauffassung. Die böhmischen Magnaten hatten in beiden Fällen ihren König per Akklamation und ohne formale Wahl angenommen. Der abwägende, zur Mäßigung mahnende mährische Ständeführer Karl von Zierotin hatte die Stände daran erinnert, dass sie untereinander uneinige Untertanen seien, die im König ihren einzigen gemeinsamen Bezugspunkt besäßen. Rechtlich stand die Königsannahme Ende Juni 1617 allerdings auf brüchigem Boden, denn Ferdinand II. passte nicht in das kurfürstliche Erbschema der Goldenen Bulle.[2] Danach hätte Erzherzog Albrecht, der in Brüssel regierende älteste Bruder des Kaisers, in Prag folgen müssen. Er hatte jedoch verzichtet.

Die erbländischen Stände befürchteten zwischenzeitlich sogar, dass König Philipp III. von Spanien Nachfolgerechte geltend machen könnte. Er hatte 1613 betont, als Enkel Maximilians II. sowie als Schwager von Rudolf II. und Matthias zumindest in Ungarn und Böhmen bessere Erbansprüche zu besitzen als Erzherzog Ferdinand aus der Grazer Nebenlinie. Georg Erasmus von Tschernembl, der calvinistische Führer der Stände Oberösterreichs, erklärte deswegen 1617 vorsorglich, sie wünschten keine Veränderungen, auf jeden Fall aber einen deutschen Fürsten, der sie vor dem Papst und den Türken schütze.[3] Der nach dem spanischen Botschafter in Wien genannte Oñate-Vertrag beendete am 6. Juni 1617 diesen Streit.[4] Philipp III. verzichtete für sich und seine Nachkommen auf das Wiener Erbe. Erzherzog Ferdinand versprach, ihn mit den Reichslehen Finale und Piombino sowie mit allen habsburgischen Herrschafts- und Hoheitsrechten im Elsass und in der Ortenau zu belehnen, falls er selbst zum römischen König gewählt werde.[5] Die Kaiserwürde sollte dauerhaft der deutschen Linie zukommen,[6] und die Spanier sollten einen wichtigen Teil ihrer Nachschubwege in die Niederlande in Besitz nehmen können.

Kaiser Matthias war auch in Böhmen ein schwacher Landesherr, der seinem ersten Minister Klesl das Regieren überließ. Die schwelenden Konflikte waren offen ausgebrochen, als Wien verlangte, die beiden evangelischen Kirchenneubauten in Braunau (Broumov) und Klostergrab (Hrob) der katholischen Obrigkeit zu übergeben. Während die Braunauer Bürger sich auf den Majestätsbrief beriefen, waren die Prager Räte der Ansicht, dass es sich um Untertanen des Abtes handele, sie also nicht zum dritten freien Stand gehörten und ihnen deswegen das Recht, eine Kirche zu bauen, nicht zustehe. In Klostergrab lagen die Dinge ähnlich, nur dass hier der Prager Erzbischof ein mächtigerer Landesherr war. Seine Hoheitsrechte bestätigte das Prager Appellationsgericht. Die protestantischen Stände Böhmens standen in diesen Jahren fest zu den beiden evangelischen Gemeinden und bestätigten ihnen die Legalität der Kirchenneubauten.[7]

In Böhmen setzte 1617 Kaiser Matthias die sieben katholischen und drei protestantischen Statthalter und damit das Gremium ein, das durch den Fenstersturz berühmt werden sollte. Die Königswahl Ferdinands II. war dennoch ein erster Erfolg der Klesl-Strategie, vor opponierenden Ständen nicht länger zurückzuweichen. Diese fanden zu keinem einheitlichen Widerstand. Ihre Führer waren uneinig über das anzustrebende Ziel, nämlich die Glaubensfreiheit und/oder die nationale Unabhängigkeit. Ferdinand verzichtete zunächst auf jede Provokation und bestätigte auch den Majestätsbrief, nachdem die Jesuiten diesem Schritt zugestimmt hatten. Allerdings wollte er den leidigen Streit um die beiden Kirchenneubauten in seinem Sinn beenden. Auf der Rückreise nach Wien befahl Kaiser Matthias einer Delegation Braunauer Bürger, die Kirche dem Abt zu übergeben, ansonsten würden die Rädelsführer verhaftet.[8] Braunau widersetzte sich jedoch der Prager Exekutionskommission, deren Mitglieder schließlich froh waren, die Tumulte überlebt zu haben. Die Kirche in Klostergrab wurde im Dezember 1617 niedergerissen.

Die mit dem Majestätsbrief 1609 installierten 30 protestantischen Defensoren luden daraufhin zu einer Ständeversammlung am 11. März 1618 nach Prag. Sie sollte klären, wer für den ungeheuerlichen Vorgang verantwortlich war. Die Stände wandten sich zudem direkt an Matthias und baten ihn, ihre Beschwerden auszuräumen. Am 21. Mai sollte über das weitere Vorgehen beraten werden.[9] Die böhmische Delegation war zwischenzeitlich in der Wiener Hofburg brüsk abgewiesen worden. Geschickt war dies nur, wenn man die Stände provozieren wollte und eine gewaltsame

Lösung anstrebte. Ein begrenzter innerer Krieg schien Ferdinands II. Chance zu sein, die eigene Stellung gegenüber dem alten Kaiser und der Klesl-Administration auszubauen. Er musste beweisen, dass er die richtige Wahl für Böhmen und vor allem für die Nachfolge im Kaisertum war.

Angesichts der nur noch etwa 15 Prozent Katholiken in Böhmen[10] erregte nun auch die konfessionell unausgewogene Zusammensetzung des Statthaltergremiums die Gemüter. Der niederländische Freiheitskampf beflügelte darüber hinaus die ständische Opposition, die auf die Hilfe der Union hoffte. Deren Vertreter versprachen allerdings nur, sich für eine gütliche Regelung einzusetzen.[11] Die böhmischen Stände wollten jedoch nicht mehr länger warten. Ihnen schien im Frühjahr 1618 die Gelegenheit zum Losschlagen ausgesprochen günstig.

Während die Habsburger ihre mit dem Majestätsbrief von 1609 gemachten Zusagen relativierten, beharrten die Stände auf ihrem Selbstversammlungsrecht. Ihre Aktivisten verfassten eine Rechtfertigung, die am 20. Mai 1618, einem Sonntag, in deutscher und tschechischer Sprache von den Kanzeln aller evangelischen Kirchen verlesen wurde. Die Erklärung betonte die von Kaiser Rudolf II. bewilligte «freie Religions-Übung» bzw. «Religions-Freyheit», die nun nicht mehr gelten solle.[12] Am nächsten Tag schworen die evangelischen Stände in einer tumultartig verlaufenden Sitzung, zusammenzustehen und ihren Glauben notfalls mit Gewalt zu verteidigen. Ihnen erschien das wohl von Graf Thurn verbreitete Gerücht glaubhaft, die böhmische Regierung plane, gewaltsam gegen die Protestanten vorzugehen. Die katholischen Statthalter sollten deswegen zur Rede gestellt werden. Die Protestanten verabredeten die Tat. Sie erinnerten an den hussitischen Widerstand und hofften auf die Unterstützung Bethlen Gábors, des Fürsten von Siebenbürgen, der die habsburgische Herrschaft in Ungarn bedrohte, und der protestantischen Reichsstände. Ihre Vorbilder waren die Niederlande, die den Aufstand gegen die Spanier erfolgreich probten, und Frankreich, wo die Hugenotten Sicherheit erhalten hatten.

Am 23. Mai 1618 gegen 9 Uhr morgens stürmten erboste Magnaten unter Führung des Grafen Heinrich Matthias von Thurn in die böhmische Kanzlei auf dem Prager Hradschin. Sie trieb die Angst vor dem Verlust ihres evangelischen Glaubens, ihrer Privilegien und ihrer nationalen Autonomie. Ihres Erachtens missachtete König Ferdinand II. die Freiheit Böhmens, das er rekatholisieren und in eine monarchisch regierte Provinz verwandeln wollte. Die aufgebrachten Magnaten beschuldigten zwei der habsburgischen Statthalter, Graf Wilhelm Slawata und Graf Jaroslav Martinitz, Kaiser Matthias zum Verbot der Ständeversammlung angestiftet und damit gegen die Freiheit der böhmischen Nation und die Garantien des Majestätsbriefs vom 9. Juli 1609 verstoßen zu haben. Die beiden katholischen Grafen galten als treue Parteigänger der Habsburger und waren der evangelischen Ständemehrheit schon länger suspekt.

Die Situation eskalierte, als Slawata und Martinitz der Anklage vehement widersprachen. Sie beschrieben die Vorgänge später als eine von langer Hand geplante Provokation, bei der sie als unschuldige Opfer bereit gewesen seien, den Märtyrertod für ihren Glauben und das Haus Habsburg zu sterben. Die Eindringlinge hätten erklärt, sich unter Eid verbunden zu haben, um zu erfahren, wer das ihre Versammlung verbietende Schreiben des Kaisers zu verantworten habe. Während sie sich auf ihre Pflicht zur Geheimhaltung berufen hätten, seien sie mit Gewalt bedroht und als Feinde der Protestanten beschimpft worden. Die beiden ebenfalls anwesenden Statthalter, der Johanniter-Prior Matthäus Diepold von Lobkowitz und der böhmische Kanzler und Oberstburggraf Adam von Sternberg, seien von den Rebellen zwischenzeitlich aus der Kanzlei geführt worden. Sie selbst und der Sekretär Philipp Fabricius Platter seien ohne den erbetenen beichtväterlichen Beistand aus dem Fenster in die Tiefe gestürzt worden. Im Fallen – so Martinitz – habe er laut «Jesu-Maria» gerufen, und deren Fürbitte habe ihn gerettet.

Beobachter wollten gesehen haben, wie plötzlich die Jungfrau Maria erschienen sei und Martinitz mit ihrem ausgebreiteten Mantel sicher zur Erde geleitet habe. Er blieb im Unterschied zu Slawata fast unverletzt[13] und berichtete von Schüssen, die sie hätten töten sollen. Die Defenestrierten entkamen ins Haus des Kanzlers Lobkowitz. Der Sekretär fuhr unverzüglich nach Wien, um den Kaiserhof zu informieren.[14] Er erhielt 1623 das Adelsprädikat von Hohenfall.[15] Der schwerer verletzte Slawata wurde verhaftet, aber schon am 28. Mai in Hausarrest entlassen und floh 1619 nach Sachsen. Nach der Schlacht am Weißen Berg kehrte er nach Böhmen zurück, wo er seit 1628 als Oberstkanzler amtierte.

Die katholischen Statthalter klagten nicht nur die evangelischen Stände und deren Anführer an. Sie bezichtigten indirekt auch ihre beiden Kollegen heimlicher Sympathien mit den Aufrührern. Überdies betonten Slawata und Martinitz mehrfach ihre durch nichts zu erschütternde Treue, ihre katholische und prohabsburgische Gesinnung sowie ihr grenzenloses Ver-

trauen in die Gottesmutter. Ihre Darstellungen waren wohlkalkuliert. Sie
wollten ihre Todesangst und das eigene Leiden in den Mittelpunkt rücken,
um entsprechend belohnt zu werden.

Der Fenstersturz[16] bot schon den Zeitgenossen reichlich Stoff für Legenden. Ein etwa 15 bis 20 Meter tiefer Fall in den Schlossgraben war von
drei Menschen überlebt worden. Die Protestanten erklärten dieses Wunder mit dem Abrutschen an der schrägen Mauer, dem steil abfallenden
Hang, dem Müll, Morast und Mist am Boden oder mit den langen, Luft-
polster bildenden Mänteln. Überzeugend war dies nicht. Für Katholiken
gab es daher keinen Zweifel, dass der Ausgang dieses «Falls» ein göttliches Zeichen sein musste. Als Dank und um die Erinnerung zu lenken,
stiftete Slawata ein Votivbild, das die Rettung durch die als Caritas dar-
gestellte Maria zeigt: Engel geleiten die drei Opfer sicher zu Boden.[17]
Gott hatte sich gegen den dreisten Aufruhr und Ungehorsam der Protestanten gewandt. Für die evangelischen Stände war der Fenstersturz ein
politischer Akt: der demonstrative Bruch mit ihrem bisher friedlichen,
aber erfolglosen Widerstand gegen die Anmaßungen und Übergriffe der
Habsburger.

Auf den Fenstersturz mussten die Habsburger reagieren. Sie durften das
Königreich Böhmen und seine Nebenländer ihrem Zugriff nicht entgleiten
lassen, denn dies hätte ihr Kaisertum gefährdet. Die protestantischen
Stände vertrauten dagegen auf ihren Rückhalt im evangelischen Deutschland und Europa, wurden aber bitter enttäuscht. Konfessionelle Differenzen, mangelnde Ressourcen und die Furcht, in einen langwierigen Krieg
gegen die mächtigen Habsburger verstrickt zu werden, lähmten die Protestanten und ihr Bündnis, die Union. Hinzu kam, dass die böhmischen
Magnaten aus reichsständischer Sicht Landstände waren, die gegen ihre
rechtmäßige habsburgische Obrigkeit rebellierten. Im niederländischen
Freiheitskampf hatten die lutherischen Fürsten aus Sorge vor ähnlichen
Forderungen ihrer Stände Wilhelm von Oranien jede Unterstützung gegen die Spanier verweigert.

Der mit dem Fenstersturz spektakulär inszenierte Bruch war eine wohlkalkulierte Provokation, keine spontane Aktion. Sie markiert bis heute eine
tiefe Zäsur, den Beginn des Dreißigjährigen Krieges. Der Fenstersturz
rückte das Prager Geschehen ins Zentrum der Aufmerksamkeit. Nicht zufällig waren hier die lange schwelenden Konflikte außer Kontrolle geraten.
Die diffuse Furcht vor völliger Unterwerfung und das Verlangen nach grö-

Auf dem von Wilhelm Slawata gestifteten Votivbild schweben er, Jaroslav Martinitz und der Sekretär Fabricius, von Engeln auf Tüchern gehalten, nach dem Prager Fenstersturz sicher zu Boden. Im Zentrum thront Maria als Caritas.

ßerer Autonomie der Stände kollidierte mit den gegenreformatorischen und monarchischen Absichten der Habsburger. Das Vertrauen war erschüttert, und die Erfahrungen in den Niederlanden oder in Frankreich lehrten, dass man auf der Hut sein musste.

Dass der Fenstersturz den Krieg auslöste, der bis zur Unterzeichnung des Westfälischen Friedens Mitteleuropa dreißig Jahre, fünf Monate und einen Tag in Atem hielt, wird von unzähligen Geschichtserzählungen beglaubigt. Die Tat brachte die Dinge in Bewegung und läutete eine neue Phase im Kampf um die Freiheit Böhmens ein. Die evangelischen Stände hatten mit der spektakulären Aktion ihrem Freiheitsverlangen Nachdruck verliehen. Ein Jan Hus Redivivus hatte schon 1615 betont, dass Philipp II. von Spanien den Niederlanden «ihr Regiment, ohne einige vorbehaltene Superioritet», ebenso habe freilassen müssen wie die Religion.[18] Analog dazu inszenierten die böhmischen Stände nun ihren Widerstand.

In Wien ängstigte diese Analogie. Da es an vielen Stellen in den Erblanden gärte, musste die böhmische Rebellion möglichst schnell beendet werden, um einen Flächenbrand zu vermeiden. Doch dies war einfacher gesagt als getan. Die evangelischen Stände in den Erblanden widersetzten sich einer gegenreformatorischen Politik, die Ferdinand II. verfolgte, der neue starke Mann der Kaiserdynastie. Er hatte Innerösterreich zum katholischen Glauben zurückgeführt und sah keinen Grund, warum ihm dies nicht auch in den anderen Erblanden gelingen sollte.

Der Bruch zwischen dem friedlichen «Davor» und dem kriegerischen «Danach» blieb zunächst auf das Königreich Böhmen beschränkt. Die europäischen Mächte – dies lehrte der niederländische Freiheitskampf – unterstützten solche Aufstände mehr mit Worten als mit Taten. Sie kämpften gegen die universalmonarchischen Ambitionen der Habsburger, nicht für die religiöse oder die nationale Freiheit bestimmter Völker oder Gebiete. Die böhmischen Stände rechtfertigten den Fenstersturz mit ihrer vom Majestätsbrief vertraglich abgesicherten Freiheit. Die Wiener Hofburg sah hingegen unbotmäßige und aufrührerische Untertanen am Werk. Beide hielten die Gelegenheit für günstig und nahmen einen Waffengang billigend in Kauf. Begann also mit der Tat am 23. Mai 1618 die böhmische Rebellion oder bereits der Dreißigjährige Krieg?

Dass die drei Defenestrierten den tiefen Fall überlebten, war nicht zu erwarten gewesen. Dieses Wunder stärkte die katholische Position. Die damit einsetzende Spirale der Gewalt wäre zu stoppen gewesen, wenn die Kontrahenten den Zufall des Überlebens zum Anlass für Verhandlungen genutzt hätten. Wie Spieler setzten sie jedoch auf Sieg, nicht auf einen Kompromiss.

Direkt nach dem Fenstersturz kam es in Prag zu Tumulten. Graf Thurn forderte die Bürger auf, Ruhe zu bewahren; niemandem werde etwas geschehen, und man werde die Tat vor dem Kaiser verantworten.[19] Allerdings taten die evangelischen böhmischen Stände sofort den nächsten Schritt zur Eskalation: Sie konstituierten sich am 25. Mai 1618 als Landtag und setzten eine provisorische Regierung aus 30 Direktoren ein – je zehn Regenten aus dem Stand der Herren, des Adels und der Städte. Diese zogen Steuern ein, stellten eine Armee von 16 000 Mann auf, die Graf Thurn befehligte, und vertrieben die Jesuiten. Die Regierung okkupierte königliche Rechte, obwohl die Stände erklärten, die Befugnisse des Kaisers und den königlichen Besitz nicht antasten und lediglich gegen diejenigen vorgehen zu wollen, die landesherrliche Rechte missbrauchten.

Die Fassade eines Kampfes für die alten Privilegien sowie die Freiheit des Glaubens und des Vaterlandes blieb vorerst gewahrt. Die sogenannte erste Apologie, eine wohl von Peter Milner von Milhausen verfasste Rechtfertigungsschrift, sollte Europa über die religiösen Differenzen als Ursache und über die Jesuiten als Schuldige der Gewalttätigkeiten aufklären. Die beiden Statthalter und der Sekretär seien als «Zerstörer des Rechts und allgemeinen Friedens» altem Brauch gemäß – gemeint war die Defenestration am Altstädter Ring in Prag während des Hussitenaufstandes am 30. Juli 1419[20] – aus dem Fenster geworfen worden. Nur zur Verteidigung des Vaterlandes, nicht gegen den Kaiser oder König hätten sie Soldaten mobilisiert. Die anderen Länder der Wenzelskrone – Mähren, Schlesien und die beiden Lausitzen –, aber auch Ungarn wurden zu Konföderationsverhandlungen eingeladen.[21] Der Kaiser verkündete daraufhin, die Stände hätten kein Recht zu ihrem Vorgehen und müssten die Waffen niederlegen und ihre Soldaten entlassen.[22]

Die Flugschriftenpublizistik beschuldigte Martinitz und Slawata, die Jesuiten zu schützen, die den Protestanten als Hauptschuldige erschienen. Diese hätten die «mehr dann Türkische verübte Tyrannei im Königreich Böhmen» angezettelt, um die freie Religionsausübung auszurotten.[23] Die meisten den Fenstersturz rechtfertigenden Flugschriften umgingen die Frage des Widerstandes gegen den König als rechtmäßige Obrigkeit. Analog zum Schmalkaldischen Krieg, dem niederländischen Freiheitskampf oder den französischen Bürgerkriegen rechtfertigten sie ihr Eintreten für die Freiheit des Glaubens und des Königreiches.

Flugschriften riefen alle Deutschen zur Wachsamkeit, denn die Jesuiten und der Papst strebten nach dem Primat, der spanische König nach der Universalmonarchie und Ferdinand II. nach einem böhmischen Erbkönigreich.[24] Gegen ihn, der die Gegenreformation vorantrieb und seine Herrschaftsrechte ausbaute, opponierten auch die Stände in Ungarn, Böhmen und Österreich. Die Hofburg war allerdings im Frühjahr 1618 auf keinen Krieg mit einem abtrünnigen Königreich vorbereitet. Ferdinand II. sorgte sich um seine ungarische Königswahl in Pressburg, wollte Matthias und dessen graue Eminenz Klesl entmachten und fürchtete, dass der Krieg mit Venedig neuerlich auflebte. Ein Staatsbildungs- oder Sezessionskrieg in Böhmen kam ihm höchst ungelegen. Die Rebellen durften sich daher berechtigte Hoffnungen auf einen neuen Grundlagenvertrag machen, der die Autonomie Böhmens und die Position des evangelischen Glaubens stärkte.

Im Juni 1618 eroberte das Ständeheer Krummau in Südböhmen und belagerte anschließend Budweis. Die meisten Kommunen und der katholische Adel arrangierten sich mit den neuen Machtverhältnissen. Die Jesuiten mussten Böhmen verlassen, und das Vermögen katholischer Korporationen wurde eingezogen. Der Streit um die beiden Kirchen endete mit der Freilassung der Braunauer Bürger. In Klostergrab durften die Protestanten die katholische Kirche benutzen.[25]

Ferdinand II. reagierte angesichts seiner vielen Kalamitäten zunächst besonnen auf die schlechten Nachrichten aus Böhmen. Er riet, die Ruhe zu bewahren, sich in Prag genauer zu erkundigen und eine Kommission zu entsenden, um den Streit zu schlichten. Auch Klesl wollte den inneren Krieg vermeiden, bemerkte aber Grundsätzliches: Gott habe sie mit den böhmischen Unruhen bestraft, weil die Katholiken bisher die Ketzereien geduldet hätten. Die Herrschaft habe ihre Autorität eingebüßt. «Ist nun die Obrigkeit aus Gott, so ist dieser Untertanenprozess gewisslich aus dem Teufel.» Gott wolle nicht, dass die Regierung weiter zaudere. Er habe «dergleichen absurda verhängt», damit sie sich dieser «servitut» ein für alle Mal erledige. Ansonsten werde «de facto ein Rempublicam» errichtet, und die Herren gerieten in noch «viel größere servitut».[26] Jetzt müsse ein Waffengang wenigstens vorbereitet werden. Dem kaiserlichen Gesandten in Madrid schrieb Klesl, er fürchte, dass Böhmen «ein holländisch Gouvernament» werde.[27]

Mit seinem Aufruf zur Härte leitete Klesl noch im Juni 1618 in Wien die Wende ein. Die böhmischen Unruhen wurden als Rebellion und Hochverrat eingestuft, wie ein Ende Juni verfasstes kaiserliches Patent ausführte. Die Stände beschuldigten daraufhin die ihnen böswillig gesinnten kaiserlichen Räte, die Tatsachen zu verdrehen. Sie seien nicht aufrührerisch und wollten lediglich die ihnen vertraglich zugesicherte religiöse und politische Freiheit bewahren.[28] Die Stände der Nebenländer reagierten zurückhaltend auf die Verschärfung der Konfrontation. Sie fürchteten, wieder einmal von Böhmen dominiert und in einen Krieg hineingezogen zu werden. Außer der Krone gab es wenig Verbindendes: Je nach Herkunft und Region wurde unter der Wenzelskrone Deutsch, Tschechisch, Slowakisch, Polnisch oder Wendisch gesprochen. Die schlesischen Stände schlossen sich im Oktober 1618 den böhmischen an, die mährischen hielten sich weiter bedeckt. Der evangelische ober- und niederösterreichische Adel unterstützte die Böhmen.

Während die rebellierenden Stände im Reich und in Europa Hilfe suchten, forderte der Kaiserhof den Schulterschluss der Herrscher.[29] In Heidelberg, dem Zentrum der reichspolitischen Opposition, erfuhr Kurfürst Friedrich V. am 2. Juni vom Fenstersturz und informierte postwendend seinen Schwiegervater, König Jakob I. von England. Noch plante er keine Intervention in Böhmen, denn ihn beschäftigte eine andere Provokation. Bischof Christoph von Speyer hatte die Festung Udenheim an der Grenze zum Kurpfälzer Territorium gebaut.[30] Unionstruppen zerstörten am 15. Juni diese Fortifikationen. Der Bischof errichtete die Festung wenig später neu, weihte sie 1623 dem hl. Philipp und benannte den Ort in Philippsburg um.

Die böhmischen Stände riskierten den Krieg, weil sie eine momentane Schwäche der Habsburger ausnutzen wollten. Der Fenstersturz brachte die Dinge auch innerhalb der Hofburg in Bewegung. Klesl und Kaiser Matthias wurden mit einem «Staatsstreich des Thronfolgers» am 20. Juli von Ferdinand II. entmachtet,[31] und die Spanier schickten Truppen aus den Niederlanden. Der Kurfürst von Sachsen wollte auf keinen Fall in Böhmen eingreifen, König Ferdinand II. und Kurfürst Friedrich V. von der Pfalz hatten im Sommer 1618 andere Sorgen, und die Union hielt sich wie das übrige Europa bedeckt. Warum sollte also ausgerechnet in Böhmen der große Krieg begonnen haben?

Das Zeichen

Der riesige Stern mit dem langen Schweif, der im Herbst 1618 am Abendhimmel erschien, veränderte die Situation grundsätzlich. Kometen galten seit dem Altertum als Unglücksboten. Dieser kündigte die schon lange von den Pfarrern angedrohten göttlichen Strafen an. Die Gläubigen brachten das Zeichen am Firmament natürlich mit den apokalyptischen Reitern und dem in der Offenbarung des Johannes beschriebenen Anfang vom Ende in Verbindung. Ihre panische Angst führte zu einer prinzipiellen Neueinschätzung der politischen und militärischen Lage. Volkmar Happe, der gelehrte Rat der Schwarzburg-Sondershäuser Grafen in Thüringen,[32] verband im Nachhinein den Dreißigjährigen Krieg wie selbstverständlich mit der kosmischen Erscheinung: «Den 3. November 1618 ist ein schrecklicher Komet am Himmel erschienen, der etliche Monat und gar bis in das folgende Jahr gesehen war; denn darauf in aller Welt Krieg, Aufruhr, Blut-

vergießen, Pestilenz und teure Zeit und unaussprechlich Unglück erfolget.
Keinen schrecklichen Kometen man spürt, der nicht groß Unglück mit
sich führt. In diesem Jahr ist der Böhmische Krieg angegangen und stark
kontinuiert worden. Was auf diesen Kometen vor schreckliche Aufruhr,
Krieg, Mord, Teuerung, Pestilenz, Veränderung Fürstentümer und Herrschaften erfolget, [wie] die evangelische Religion verfolgt, an vielen Orten
ausgetilgt und dagegen der päpstischen Gräuel wiederum eingeführt worden, das ist aus folgenden beschriebenen Actitatis zu vernehmen.»[33]

Hans Heberle, Schuster, Kleinbauer und Untertan der Stadt Ulm aus
Neenstetten auf der Schwäbischen Alb, begründete ganz ähnlich gleich an
zwei Stellen, warum er seine Erinnerungen aufgezeichnet habe: «Anno
Domini 1618 ist ein großer Komet erschienen, zu Herbst um und im November. Desselbigen Ansehen ist schrecklich und wunderlich, der bewegt
mich in meinem Gemüht, das ich anfangen zu schreiben, weil ich bedacht,
er werde etwas Großes bedeuten und mit sich bringen, wie dann solches
geschehen ist.» Kurz darauf wiederholt er unter den Eintragungen des Jahres 1618 und 1619: «Anno 1618 ist ein großer Komet erschienen in Gestalt
einer großen und schrecklichen Rute, der uns von und durch Gott droht
von wegen unseres sündhaften Lebens. [Die Rute], die wir vielfältig verdient und noch täglich verdienen, ist gesehen worden vom Herbst bis in
den Frühling. Was dieser Komet bedeutet, was auch darauf folgt, ist mit
heißen Tränen zu beweinen, wie wir wohl erfahren und erfahren haben,
anno 20 bis 30, welches nicht genugsam zu beschreiben ist.»[34]

Die beiden Zeitzeugen lebten in unterschiedlichen Regionen und sozialen Milieus. Sie stimmten wohl weniger aus eigenen Erfahrungen,
sondern aufgrund der ihnen zugänglichen Druckschriften darin überein,
dass der Komet ein Menetekel sei und eine lange Kriegs- und Leidenszeit vorhergesagt habe. Etwa 30 Selbstzeugnisse konstruierten ähnliche
Verknüpfungen.[35] Im Heer des Grafen Ernst von Mansfeld, das im
Herbst 1618 die Stadt Pilsen belagerte, war der Komet die Sensation
schlechthin. Alle sahen ihn in der Nacht zum 19. Oktober. Nach Ansicht
eines anonymen Autors kündigte er eine gewaltige Reformation an:
«Gott helfe, dass es der Jüngste Tag sei, sonsten wird's trüb zugehen.»[36]
Diesmal wurde es ernst. Am 19. November notierte das Dresdener Hof-
journal, dass Kurfürst Johann Georg Streife geritten sei und «einen Komet-
stern mit einem langen Schwanz, fast 5 Ellen lang, über sich gehend zum
1. mal gesehen» habe.[37]

Exakt an diesem Tag erreichte der Komet seine größte Helligkeit. In Erinnerung an ihn wurden zeitnah Medaillen geprägt.[38] Ein Frankfurter Exemplar zeigt auf der Vorderseite den geschweiften Stern und das Datum 19. November 1618. Auf der Rückseite ragen neben einem Leuchter und Ähren zwei offensichtlich um Hilfe bittende Unterarme aus dem Wasser. Die Umschrift lautet: «Keins wird versehrt, wer Gott recht ehrt».[39] Noch eindrucksvoller ist auf der Vorderseite einer anderen Medaille ein Sarg geprägt, auf dem ein Schwert und ein Helm liegen. Davor findet sich ein aufgeschlagenes Buch, daneben ein abgestorbener Baum, und am Himmel leuchtet der Komet. Die Umschrift, «Bedrohung eines Kometen», drückt die Untergangsstimmung aus. Dementsprechend steht auf der Rückseite zu lesen: «Gott gebe, dass uns der Kometstern Besserung unsers Lebens lern 1618».[40]

Flugschriften, die den sittlichen Verfall der Menschheit als Anzeichen des Jüngsten Gerichts deuteten, besaßen seit dem späten 16. Jahrhundert Konjunktur. Die aufgestaute Angst konnte sich nun auf ein göttliches Zeichen berufen. Der Ratsherr Andreas Kothe aus Wiedenbrück in Westfalen vertraute seiner Chronik an, der Komet sei etwa 30 Abende zu sehen gewesen und der deutsche Krieg habe 30 Jahre gedauert: «Hätte [ich] aber gewusst, dass es ein dreißigjähriger Krieg bedeuten sollte, hätte ich meine Sachen anders disponieret.»[41] Was hätte er anders gemacht?

Ende des Jahres 1618 standen die Zeichen auf Sturm, weil der Komet einen langen Krieg ankündigte. Die Menschen hatten nicht gelernt, in Alternativen zu denken. Sie suchten Stabilität und Eindeutigkeit. Der Gott, den die lutherischen Prediger mit ihren schrillen Bußaufrufen als Drohung entwarfen, war nicht mehr der gütige Gott Luthers, sondern ein zürnender und strafender Weltenrichter. Das biblische Versprechen, mit der Apokalypse dem irdischen Jammertal zu entkommen, verhieß den Christen Erlösung in einer anderen Welt, ließ sie aber mit ihren Ängsten im diesseitigen Leben allein. Alle Katastrophen, Kriege, Hunger und Seuchen, Türken, Hexen oder Münzbetrüger etc., wurden plötzlich als Strafen Gottes gedeutet. Ihr paralleles Auftreten schien als ein Menetekel des Jüngsten Gerichts die Ungewissheit zu beenden.

Der geschweifte Stern, den jeder sah, an den in Predigten, Flugschriften und mit eigens verordneten Bußtagen erinnert wurde, blieb wegen des Krieges und der Leidenszeit im Gedächtnis haften – weit über das Ende des Krieges hinaus. Der angeblich fast 117 Jahre alt gewordene Gutsvogt

Martin Kaschke, der sog. Methusalem aus der Niederlausitz, erzählte dem Drehnaer Pfarrer Christoph Crusius noch über hundert Jahre später, dass er im Alter von acht Jahren 1618 den großen Kometen gesehen habe. Die Menschen hätten betrübt zum Himmel geblickt, geseufzt und gebetet.[42] Ob Kaschke wirklich so alt war, ob er diesen Kometen selbst gesehen oder nur von ihm gehört und gelesen hatte, ist in diesem Zusammenhang unerheblich. Von dem geschweiften Stern des Jahres 1618 wurde noch im 18. Jahrhundert als Vorbote des großen Krieges erzählt. Die vielen Traktate hatten seinen Nachruhm gesichert, auch wenn sie auf ihren Titelblättern meist sehr viel mehr versprachen, als die Texte halten konnten. Geraunt wurde hier von großen Veränderungen im Heiligen Römischen Reich und von dauerhaften Wirkungen.[43]

Die wenigen hoffnungsvollen Weissagungen erklärten den Kometen zum Vorzeichen eines kommenden Friedensreiches, das nach Ansicht Paul Nagels 1624 beginnen solle.[44] Die Erwartung, der feurige Himmelsbote werde dem Vaterland deutscher Nation schon im neuen Jahr Frieden und Prosperität bringen,[45] blieb freilich unerfüllt. Dagegen verband auch der Ulmer Rechenmeister Johannes Faulhaber den böhmischen Krieg mit dem Kometen, dessen Erscheinen er selbst für den 1. September 1618 vorhergesagt hatte. Allerdings prognostizierte er darüber hinaus den Sieg Kurfürst Friedrichs V. von der Pfalz über die Habsburger und den Papst als Vorstufe des tausendjährigen Zwischenreiches.[46] Damit forderte er die Ulmer Geistlichen heraus. Superintendent Conrad Dieterich erläuterte in seiner gedruckten Predigt, was Kometen seien, was sie bedeuteten und wie man sich bei ihrem Erscheinen verhalten solle. Er erkannte in ihnen Boten des Unheils und innerweltlicher Strafen, ausdrücklich aber nicht der Endzeit oder eines Krieges gegen den Antichristen, denn in diesem Fall werde jegliche weltliche Ordnung hinfällig.[47] Die Menschen sollten daher diszipliniert und gehorsam sein. Sie mussten sich nicht auf den apokalyptischen Endkampf, wohl aber auf einen langen Krieg vorbereiten. Im Winter 1619/20 hielt sich in Ulm möglicherweise auch René Descartes auf, um mit den Kontrahenten zu diskutieren. Er selbst berichtet, dass er zu dieser Zeit einen entscheidenden Schritt bei seinen Bemühungen vorangekommen sei, die Welt von der Angst vor Wundern zu befreien.[48]

Der Wittenberger Professor Erasmus Schmidt fand 1619 den wenig beruhigenden Ausweg, dass nur hohe Häupter von den angedrohten Strafen betroffen seien, die Armen es aber letztlich entgelten müssten. Gott werde dem irdischen Unwesen bald ein Ende setzen: Zittern müssten diejenigen, die sein Wort unterdrückten.[49] Angesichts der Flut von Kometenschriften musste der prognostizierte Schrecken stets von neuem überboten werden, um Interesse zu wecken. Die Gesetze des Meinungsmarktes waren unerbittlich. Nichts versprach mehr Gewinn als das Ende der Welt.

Für David Herlitz war der Komet «ein offenes Patent», das der liebe Gott an den Himmel geheftet hatte. Es kündige an, dass beim bevorstehenden Jüngsten Gericht alle Nichtbußfertigen zerschmettert würden, denn «der liebe Gott sitzet nicht im Himmel auf einem hohen Stuhl und schläft, als wenn er sich an das Gottlose Wesen der Menschen nicht kehrte». Auf dem Titelkupfer balanciert die Europa auf einer Kugel vor dem Kometen, während sie von irdischen und überirdischen Mächten angegriffen wird.[50] Das Bild signalisiert dennoch keine Zwangsläufigkeit, sondern die mit dem Rad der Fortuna verbundene Ungewissheit. In einer anderen Flugschrift fand Herlitz dagegen ein wahrhaft apokalyptisches Ende: Selbst wenn Jesus nun zum Jüngsten Gericht eile, werde er zuvor mit der letzten Rute seines Feuers die Schänder seiner Majestät derart heimsuchen, dass Region und Religion sich in Asche verwandelten.[51] Den Unbußfertigen drohten vor der ewigen Verdammnis noch schreckliche weltliche Strafen. Gegen solch irrwitzige Deutungen, die aus der Angst der Menschen ein Geschäft machten, wandte sich ein «Cometenbutzer». Er trat als Anwalt des Kometen auf, um ihn gegen alle unbewiesenen Vorwürfe zu verteidigen. Unglück und Übel geschähen in der Welt mit und ohne das Erscheinen von Kometen.[52]

Das von Matthäus Merian verlegte *Theatrum Europaeum* berichtete 1635 in seinem ersten, von Philipp Abelin verfassten Band ausführlich über das Geschehen der Jahre 1617 bis 1629. Der blutige Krieg in «unserem geliebten Vaterland Teutscher Nation» habe 1618 in Böhmen begonnen. Die Spuren des Geschehens seien inzwischen so gewaltig, dass sie bis zum Ende der Welt nicht mehr vergingen. Der Komet erschien auch Abelin als Zeichen Gottes: «Um den Eintritt unserer Zerrüttungen / welche nicht allein allbereit in Böhmen in vollem Schwang gangen / sondern sich auch anderswo ziemlich blicken ließen / ist ein schrecklicher Komet-Stern mit einem sehr langen brennenden Schwanz am Himmel erschienen und in ganz Europa mit sonderlichem Schrecken gesehen worden [...]. Und hat seine Ruten die Signatur vor der Tür stehenden Göttlichen Zorns und Strafen / per se mit sich gebracht / der daran gestandene Stern aber auch eine folgende

Gnad / wann die Ruten ihren Lauf auf Erden vollendet haben wird [...].
So hat nun diese schreckliche Fackel der Allmächtige Gott für einen Buß-
prediger an die hohe Kanzel des Himmels gestellt, damit die Menschen
sehen möchten, wie er sie wegen der Sünde zu strafen, und seine Zorn-
Ruten über sie ergehen zulassen beschlossen.»[53]

Da die Menschen alle Warnung missachtet hätten, müssten sie seit
vielen Jahren Not und Jammer erleiden. Die Darstellung wird von einer
höchst suggestiven Grafik des Kometen über dem Heidelberger Schloss
untermauert.[54] Dieser gewinnt somit als Unheilsvorzeichen eine spezifische Bedeutung: Etwa ein Jahr nach dessen Erscheinen hatte Kurfürst
Friedrich V. Heidelberg verlassen, um als König von Böhmen alles zu ver-
spielen. Das *Theatrum Europaeum* suggerierte 1635 die Schuld. Der Komet
hatte nicht nur alle Sünder, sondern konkret auch denjenigen gewarnt, der
durch seinen fatalen Griff nach der Macht diesen Krieg verursacht hatte.

Das Freiheitsverlangen der evangelischen böhmischen Magnaten und
das Zeichen am Himmel kamen zusammen. In Böhmen herrschte Krieg.
Die Zeitgenossen zählten die Kriegsjahre seit 1618.[55] Die Verzahnung des
diesseitigen und jenseitigen Geschehens lag für sie auf der Hand; sie
wurde natürlich konfessionell unterschiedlich interpretiert. Die Katholiken
glaubten an das Prager Wunder; Gott unterstütze ihre gute Sache gegen
die Ketzer. Protestanten deuteten die Tat hingegen als legitime Verteidigung gegen die habsburgischen Übergriffe. Gott strafe jedoch, so die
scheinbar überkonfessionellen Einschätzungen, mit einem Krieg, der erst
enden werde, wenn es ihm gefalle. Diese transzendentale Dimension bot
Raum für entlastende Begründungen. Die Akteure handelten im Auftrag
Gottes und vollzögen seinen Willen. Aus dem böhmischen Aufstand
wurde so ein gottgewollter Krieg, den alle Menschen wegen ihrer Sünden
zu verantworten hatten. Irdische Schuldige mussten nicht gesucht und
nach dem Krieg auch nicht bestraft werden.

Die Welle der Kometenschriften ebbte nach 1620 ab, doch die göttliche
Rute blieb als das Menetekel im Gedächtnis haften; Gott hatte den un-
heilvollen Krieg angekündigt. Eine Flugschrift zählte 1626 acht Kriegsjahre seit dem Erscheinen des Kometen.[56] Der bergische Pfarrer Christoph
Andreas Roselius erinnerte 1632 mit seiner *Trewhertzige[n] BußPosaune*
an das bevorstehende Weltgericht. Der Komet, das Zeichen von Gottes
Zorn, sei zu wenig beachtet worden. Rachsucht und der «vorgefasste Hass
auf die Papisten», nicht aber «Gottes Wort und die Teutsche Freiheit» hät-

Dieser Stich mit dem Kometen über Heidelberg erschien 1635 im ersten Band des *Theatrum Europaeum*. Der Schweifstern hatte im Herbst 1618 die Menschen sehr geängstigt. Das Bild legt nahe, dass mit den Königsambitionen Kurfürst Friedrichs V. von der Pfalz der Dreißigjährige Krieg begonnen habe.

ten zu dem Krieg geführt, der «Land und Leute an die Spitze des Degens gewaget» und unzählige Menschen «auf die Fleischbank geliefert».[57] Die Akteure hatten sich wie Spieler verhalten, das Glücksrad der Fortuna bemüht und es darauf ankommen lassen.

Krieg in Böhmen

Während die Kurfürsten von der Pfalz und von Sachsen die ihnen als Reichsvikaren von den böhmischen Ständen angebotene Vermittlung annahmen, unterstützte der Oberpfälzer Statthalter Christian von Anhalt von Amberg aus die Rebellen. Ende des Jahres 1618 lancierte der Pfälzer Gesandte Achatius von Dohna in Prag eine Thronkandidatur seines Kurfürsten. Friedrich V. sandte wenig später auch seinen Großhofmeister Johann Albrecht von Solms-Braunfels zu Sondierungsgesprächen nach Prag, der die in Heidelberg geplanten europäischen Bündnisse skizzierte und Venedig und Savoyen als Partner in Aussicht stellte. Dohnas Bruder Christian wurde unterdessen in London vorstellig. König Jakob I. wollte die Thronkandidatur seines Schwiegersohnes nicht unterstützen, verlängerte aber die Defensivallianz mit der Union um sechs Jahre.[58] Friedrich V. und seine Berater spielten mit dem Feuer, als der eingangs erwähnte Komet hell leuchtend am Himmel stand.

Der fatale Hang der Pfälzer Politiker, den Ausbau der eigenen Macht und den Griff nach der böhmischen Krone in die Perspektive eines politischen und konfessionellen Umbruchs in Europa zu rücken, hat gewiss dazu beigetragen, dass der regionale Konflikt eskalierte. Ihre Rhetorik provozierte mehr als ihre Taten, obwohl sich die Kurpfalz seit Herbst 1618 militärisch in Böhmen engagierte. Kursachsen empfahl die Aussöhnung mit dem Kaiser und setzte im April einen Vergleichstag in Eger an, der aber nicht zustande kam,[59] weil Ferdinand II. und Herzog Maximilian präjudizierende Wirkungen für das Reich fürchteten.[60]

Die Union wartete ab, ebenso der englische König, die Niederländer, Dänen und Schweden. Lediglich der nach einer Königskrone strebende Herzog Karl Emanuel von Savoyen stellte den böhmischen Ständen 2000 Soldaten unter Führung des angesehenen Condottiere Ernst von Mansfeld zur Verfügung. Der Graf zählte zu den schillernden Figuren des Krieges. Als natürlicher Sohn des spanischen Feldmarschalls Peter Ernst von Mansfeld wurde er katholisch erzogen.[61] Seine hochadlige Abkunft und seinen Titel bezweifelten die Gegner mit dem entehrenden Verdacht, seine Mutter habe vielleicht nur den angesehensten und reichsten ihrer Freier als Vater angegeben.[62] Dass Mansfeld konvertierte, ist nicht sicher belegt. Seine Dienste verkaufte er meistbietend, wenn auch fast durchweg an die Gegner der Habsburger. Seit 1611 war er bestallter Obrist der Union, 1623/24 wurde er General der katholischen Liga von Lyon, eines gegen Spanien gerichteten Bündnisses Frankreichs, Savoyens und Venedigs. Er war ein glänzender Organisator und Stratege, der seinen Soldaten alles abverlangte, aber dafür sorgte, dass sie ihren Sold erhielten, der notfalls im Operationsgebiet requiriert wurde.[63]

Mansfeld trat im August 1618 sein böhmisches Kommando an. Christian von Anhalt hatte das Engagement des Herzogs von Savoyen eingefädelt. Die geheimen Verhandlungen erfolgten jedoch im Namen und mit Wissen des Kurfürsten, denn kein offizielles Dokument verließ die Pfälzer Kanzlei ohne seine Zustimmung.[64] Für die böhmischen Stände sah es jedenfalls so aus, als finanziere die Pfalz Mansfelds Armee.[65] Die Union erklärte im Oktober 1618 den böhmischen Krieg zur Religionssache, vermied jedoch feste Zusagen. Den Aufnahmeantrag der böhmischen Ständeregierung lehnte sie ab, weil die Union die Reichsverfassung sichere, der Böhmen aber nicht zugehöre. Es besitze eine «eigene Zunge, Satzungen und Ordnungen».[66] Erlaubt wurden lediglich böhmische Werbungen im Unionsgebiet.[67] Kaiserliche Hilfersuchen und Truppenwerbungen sollten dagegen unter Verweis auf die eigene Neutralität verhindert werden.[68]

König Ludwig XIII. untersagte Werbungen in Frankreich, weil er in seinem Land gegen die Hugenotten kämpfte und den Aufstand als Rebellion gegen das monarchische Prinzip deutete.[69] Zudem wollte er wie der englische König vermitteln. Die niederländische Republik unterstützte die böhmischen Stände seit Mai 1619 mit monatlich 50 000 Gulden.[70] Dies war nicht mehr als ein Tropfen auf den heißen Stein. Die europäische Hilfe blieb weit hinter den hohen Erwartungen zurück. Die Kassen der böhmischen Stände waren leer. Sie brauchten dringend Hilfe, die sie sich von einem neuen König erhofften.

Auch die Habsburger warben Truppen. Ihr Heer erhielt Verstärkung aus den spanischen Niederlanden, und der Papst sandte Geld. Im August 1618 stießen etwa 14 000 Soldaten unter Feldmarschall Charles Bonaventure de Longueval, Graf von Bucquoy nach Mähren und ins südliche Böhmen vor. Es begann ein das Land verwüstender Kleinkrieg mit den Truppen der Grafen Thurn und Mansfeld. Nachdem Letzterer am 21. November Pilsen erobert hatte, verhängte Kaiser Matthias die Reichsacht über ihn. Er setzte damit denjenigen in den Stand der Recht- und Friedlosigkeit, bei dem mit keinen politischen Verwicklungen zu rechnen war. Mansfeld besaß keine exekutierbaren Immobilien, Rechte oder Einkünfte, und vor Übergriffen auf seine Person schützte ihn seine Armee. Der Kaiserhof statuierte lediglich ein Exempel, das abschrecken sollte.[71] Wenn es die Lage erforderte, verhandelten später auch Reichsstände mit dem geächteten Söldnerführer.

Kardinal Klesl, dem seine Gegner vorwarfen, heimlich die Protestanten zu fördern und in der böhmischen Sache undurchsichtig zu agieren, war nach seiner Gefangennahme am 20. Juli 1618 auf Schloss Ambras bei Innsbruck gebracht worden. Es darf vermutet werden, dass diese «Palastrevolte» in erster Linie mit unterschiedlichen politischen Vorstellungen zusammenhing. Klesl wollte zwar in Böhmen Härte zeigen, aber keinen Krieg in Deutschland riskieren. Seine Kompositionspolitik stieß bei Ferdinand II.

und seinen Anhängern inzwischen auf entschiedene Ablehnung. Sie wollten beweisen, dass ihre Strategie der Härte überall erfolgreich sein konnte, und blickten über Böhmen hinaus. Papst Gregor XV. holte den gefangenen Klesl 1622 nach Rom. Mit ihm war auch der kranke Kaiser Matthias kaltgestellt worden. Das neue Wiener Regiment unter Ferdinand II. und seinem Favoriten Ulrich von Eggenberg agierte zwar entschiedener, doch solange der alte Kaiser noch lebte, blieb es bei der hinhaltenden Kriegführung. Am 20. März 1619 starb Matthias im Alter von 62 Jahren.

Kurpfalz und Kursachsen übernahmen das Reichsvikariat: Ferdinands II. Handlungsmöglichkeiten blieben zunächst auf die unruhigen habsburgischen Lande beschränkt. Er betonte die Vorzüge, wenn man es mit Hilfe Gottes «einmal mit Gewalt hindurchbrächte».[72] Dies klang nicht mehr nach friedlichen Absichten. Eggenberg sollte die Vor- und Nachteile eines militärischen oder gütlichen Vorgehens in Böhmen begutachten. Die Lage der Hofburg verschlechterte sich allerdings zusehends, denn Graf Thurn erzwang mit seinen etwa 8000 Soldaten im Frühjahr 1619 den Anschluss Mährens an die böhmische Rebellion.[73] Auch die katholischen Stände stimmten zu, entschuldigten sich aber später mit dem feinsinnigen Hinweis, in Todesangst aus dem Fenster geschaut zu haben. Dass der Obrist Albrecht von Wallenstein mit der mährischen Landschaftskasse aus dem Olmützer Rentamt nach Wien floh, stärkte die katholischen Kräfte nicht. Die Hofburg schickte die 100 000 Gulden zurück, um den Verhandlungsweg offenzuhalten. Am 5. Juni übergaben etwa 50 Adlige Niederösterreichs unter Führung Paul Jakob von Starhembergs in der Hofburg die sogenannte Sturmpetition. Sie forderten ultimativ, die Glaubensfreiheit zu verkünden. Als die Situation zu eskalieren drohte, rettete ein seiner Einheit vorausgeeiltes Fähnlein des Kürassierregiments Heinrich Duval Graf von Dampierre Ferdinand II. aus den größten Kalamitäten.[74]

Zu diesem Zeitpunkt belagerte Graf Thurn mit dem böhmischen Ständeheer das ungeschützte Wien, und der Heilbronner Unionstag beschloss, 8000 Mann zu Fuß und 3000 Reiter zu werben, um den Frieden im Reich zu sichern und alle Durchzüge nach Böhmen zu verhindern.[75] Die evangelischen Einwohner Wiens sympathisierten offen mit den Belagerern. Die in Mähren operierenden fast 18 000 kaiserlichen Soldaten unter Bucquoy versuchten gar nicht erst, die eigene Hauptstadt zu entsetzen. Sie rückten nicht gegen die Belagerer, um Wien zu befreien, sondern banden die Truppen Mansfelds und besiegten sie am 10. Juni bei Sablat (Záblat) in

Südböhmen. Mansfeld verlor etwa 1500 Soldaten. Wichtiger aber war, dass seine Niederlage Thurn zum Rückzug zwang und die Gefahr einer Eroberung Wiens bannte.

Die böhmischen Stände verbündeten sich daraufhin am 16. August in Prag mit den nieder- und oberösterreichischen, die statt Ferdinand Erzherzog Albrecht als Landesherrn durchsetzen wollten. Deren Führer Tschernembl hatte in einer unveröffentlicht gebliebenen Schrift das Widerstandsrecht der Untertanen erörtert und Eingriffe in die Religion, die Justiz, das alte Herkommen, die Privilegien und Freiheiten als legitime Gründe dargelegt. Seines Erachtens befand sich Österreich nach dem Tod des Kaisers in einem Interregnum, und die Stände führten die Landesregierung.[76]

Während Ferdinand II. im Sommer zur Kaiserwahl nach Frankfurt zog, vollendeten die Aufständischen am 31. Juli in Prag mit der in tschechischer und deutscher Sprache verlesenen «Böhmischen Konföderation»[77] ihren Umsturz. Die Stände der Nebenländer wurden mit denjenigen Böhmens gleichgestellt. Das Königreich war fortan eine Wahlmonarchie, in dem die evangelische und die katholische Religion nebeneinanderstanden, die Protestanten aber die Herrschaft über das Kirchenwesen erhielten. Bei Kriegen, der Aufnahme von Schulden und der Besetzung hoher Ämter benötigte der König die Zustimmung der Stände. Der Generallandtag musste über alles beschließen, was Böhmen, Mähren, Schlesien und die beiden Lausitzen als Ganzes betraf.[78] Aus der böhmischen Adelsrevolte war eine Revolution geworden. Die Stände hatten sich konstituiert. Der venezianische Gesandte berichtete, dass alle böhmischen Länder eine freie Regierung wie in der Schweiz und den Niederlanden anstrebten.[79]

Der neue Ständestaat wollte und konnte aber nicht auf die integrierende Kraft eines Königs verzichten. Prekär wurde die Lage für die Habsburger, als die Stände Ober- und Niederösterreichs mit denjenigen Böhmens ein Separatabkommen schlossen, dem sich 1620 auch diejenigen Ungarns und Siebenbürgens anschlossen.[80] Selbst im Reich gab es nun Stimmen, die für ein Engagement auf Seiten der Böhmen eintraten, denn wenn diese einen neuen König wählten, könnte dieser auch Kaiser werden. Mit einem Eingreifen der Union in Böhmen sei wenigstens zu verhindern, dass aus dem alten Königreich eine Republik werde.[81]

Zwei Wahlen

Die böhmischen Befreiungskämpfe endeten im August 1619 mit der Absetzung Ferdinands II. und der Trennung von den Habsburgern – eine Sezession nach niederländischem Muster. Die Stände warfen dem König vor, sich das Regiment zu Lebzeiten des alten Kaisers angemaßt, seinen Krönungseid gebrochen und mit fremdem Kriegsvolk das Land verwüstet zu haben. Da er auch die alten Reverse weder vollständig unterzeichnet noch beachtet habe, habe er sich seines Regiments selbst entsetzt.[82]

Die böhmischen Stände hatten schon im Juni die Wenzelskrone Kurfürst Johann Georg angeboten, der aber ablehnte. «Sachsens Staatsräson» bestand für ihn «in Kaisertreue» und im Kampf gegen die «calvinistischen Teufel». Indem der Kurfürst von einer politischen Rebellion in Böhmen ausging, die den Frieden in der ganzen Region bedrohe, erklärte er die religiösen Aspekte zum bloßen «Deckmantel».[83] Er verkannte die mit einer Königswahl verbundenen Möglichkeiten. Johann Georg habe eine große zusammenhängende Ländermasse in seiner Hand vereinigt und im Kurkolleg eine evangelische Mehrheit hergestellt.[84] Wer hätte ihm die Wahl zum römischen König streitig machen können? Der Kurfürst wollte aber keine Krone aus Rebellenhänden, und er wollte die Habsburger nicht brüskieren, sondern mit deren Hilfe ein naheliegendes Ziel erreichen: die Lausitzen, die bisher zur Wenzelskrone gehörten.

In Böhmen wurden nach der Absage des Kurfürsten verschiedene Optionen durchgespielt. Die Stände zogen die Wahl des katholischen Herzogs Karl Emanuel von Savoyen oder des unsteten Fürsten Bethlen Gábor von Siebenbürgen aber wohl nicht ernsthaft in Betracht. Sie entschieden sich für den reformierten Friedrich V. von der Pfalz. Als evangelischer Kurfürst erfüllte er das gleiche Anforderungsprofil wie Johann Georg, und sein Territorium grenzte mit der Oberpfalz an das Königreich Böhmen. Friedrich V. hatte in seiner Nebenresidenz Amberg auf die Entscheidung gewartet. Am 23. August erfuhr er von der Absetzung Ferdinands und am 29. von seiner Wahl, die drei Tage zuvor erfolgt war, an seinem 23. Geburtstag.[85] Die Stände der Nebenländer hatten zugestimmt. Friedrich V. schien ihnen ein kluger, vorsichtiger und gottgefälliger König zu sein, der mit anderen Herrschern nah verwandt war oder in guter Korrespondenz stand und deswegen «zum Regiment über uns qualifiziert» sei.[86] Prag freute sich über eine scheinbar ideale Wahl: Der neue König war der Schwiegersohn Jakobs I. von England, ein Neffe des niederländischen Statthalters Moritz von Oranien und mit König Gustav II. Adolf von Schweden ebenso eng verwandt wie mit Christian IV. von Dänemark. Zudem wurde kolportiert, Friedrich V. besitze eine große Barschaft, sei Direktor der Union, hinter der viel Geld und die Macht des Reiches stehe, und mit Herzog Maximilian von Bayern befreundet.[87] Die Unterstützung des protestantischen Europa schien Böhmen sicher. Der Traum vom europaweiten Bündnis zerplatzte jedoch wie eine Seifenblase.

Friedrichs Netzwerke waren wenig belastbar. Seine Hochzeit mit der Königstochter Elisabeth war wegen seines nicht königlichen Standes in England umstritten, obwohl sie 1613 als Vereinigung von Rhein und Themse sowie Beginn eines neuen Zeitalters überschwänglich gefeiert worden war. Die ephemeren Bauten und die repräsentativen Festivitäten beim Einzug in Heidelberg hatten wie die gewaltigen Um- und Anbauten am Schloss samt dem neuen Hofgarten das Geld verschlungen,[88] das nun fehlte. Friedrich V. galt nicht nur als Verschwender, sondern auch als ein schwacher, von Christian von Anhalt und seinem Rat Ludwig Camerarius beherrschter, von Beratern abhängiger, vorrangig an Geselligkeiten interessierter Kurfürst, der sich von seiner Frau zu dem Prager Abenteuer habe verleiten lassen. Tatsächlich beeindruckte der einige Jahre in Sedan am Hof seines Onkels Henri de la Tour erzogene Friedrich V. jedermann. Sein Heidelberger Hof war ein kulturelles Zentrum von europäischem Rang – wie die Universität und die berühmte *Bibliotheca palatina*.

Der größte Fehler Friedrichs, der die Regierungsgeschäfte keineswegs seinen Räten überließ,[89] war sein Vertrauen, die Union werde ihren Führer ebenso wenig im Stich lassen wie König Jakob I. seinen Schwiegersohn. Dieser besaß jedoch gute Gründe, Friedrich V. von dem böhmischen Abenteuer abzuraten.[90] Er wollte auf dem Kontinent nicht eingreifen, seinen Sohn mit einer spanischen Habsburgerin verheiraten, die monarchische Herrschaft nirgends gefährden und keinen Aufruhr unterstützen. Der Erzbischof von Canterbury versicherte hingegen der Pfälzer Delegation, der König werde seinen Schwiegersohn nicht im Stich lassen und die Kurpfalz gegen feindliche Angriffe verteidigen. Die Republik der Niederlande blickte auf das Ende des zwölfjährigen Waffenstillstandes 1621 und wurde vom Streit um die Prädestination erschüttert. Die kurpfälzische Publizistik stellte dennoch in deutscher, tschechischer und französischer Sprache Friedrich V. als den von Gott berufenen König vor, der den evangelischen Glauben retten werde.[91] Er selbst hielt die Krone für jedes Risiko wert, suchte Ruhm und wollte sich als Garant der Reichsverfassung präsentieren, indem er diese gegen die monarchischen Ambitionen der Habsburger verteidigte.[92] Mit seiner Wahl war jedoch die letzte Chance zum politischen Kompromiss vertan, zumal die Habsburger in diesen Tagen ihren machtpolitischen Tiefpunkt überwanden.

Am 28. August – wenige Tage nach seiner Prager Absetzung – wurde Ferdinand II. in Frankfurt zum römischen König gewählt. Die Ambitionen des zwei Tage zuvor zum böhmischen König gekürten Friedrich V. erhielten einen schweren Dämpfer. Das Kurkolleg hatte sich weder von den böhmischen Ständen beeindrucken lassen, die Ferdinands II. Wahl zum böhmischen König als nicht rechtmäßig erfolgt darstellten,[93] noch von der Pfälzer Delegation, die eine Verschiebung der jetzigen Wahl anregte. Dass diese sich dennoch um sechs Wochen verzögerte, hing allein an den fehlenden Vollmachten der Gesandten der nicht persönlich erschienenen evangelischen Kurfürsten.

Die Wahl selbst erfolgte gemäß den Bestimmungen der Goldenen Bulle und unbeschadet des von den Unionstruppen ausgeübten Drucks. Diese lagerten in der Umgebung Frankfurts und besaßen mit dem reformierten Landgrafen Moritz von Hessen-Kassel einen entschlossenen Befehlshaber. Während unter den Protestanten Gerüchte kursierten, dass auch die Katholiken Soldaten zusammenzögen, rief der Magistrat Unionstruppen in die Stadt, um die Sicherheit zu gewährleisten. Angesichts der enormen Spannungen wurden die Tore geschlossen und Ketten in den Straßen gespannt, um Tumulte zu verhindern. Ein kleines Missverständnis führte zum Tod eines Kölner Reiters. Die Katholiken befürchteten eine Art umgekehrter Bartholomäusnacht, doch die Lage beruhigte sich wieder.[94]

Im Kurkolleg waren Köln und Trier für Ferdinand II., Graf Johann Albrecht von Solms-Braunfels, der Leiter der Pfälzer Delegation, stimmte für Herzog Maximilian von Bayern, obwohl dieser laut Aussage seines Bruders Ferdinand, des Kölner Kurfürsten, gar nicht kandidierte. Friedrich V. hatte den Bayernherzog bei seinem Besuch in München dazu überreden wollen.[95] Im Umkreis Maximilians war die Kandidatur aber verworfen worden, obwohl man auch in München befürchtete, dass die Kaiserkrone erblich und die deutsche Libertät entwertet werden könne.[96]

Da Kurbrandenburg und Kursachsen ebenso für den Habsburger votierten wie der Mainzer Kurfürst Johann Schweikard von Kronberg und Ferdinand sich als Inhaber der böhmischen Kurstimme schließlich selbst wählte, signalisierten auch die Pfälzer ihr Einverständnis.[97] Ferdinand II. unterzeichnete die Wahlkapitulation, die ihn verpflichtete, keine fremden Truppen ins Reich zu holen, alle Freiheiten zu beachten und die Kurfürsten vor wichtigen Entscheidungen zu konsultieren.[98] Am 30. August 1619 wurde er im Frankfurter Bartholomäusstift gekrönt. Das anschließende Bankett fand wie üblich im Römer statt. In diesen Tagen wurde in Frankfurt bekannt, dass Friedrich V. zum böhmischen König gewählt worden war.

Die beiden Wahlen bescherten Mitteleuropa eine Situation, die wohl nur durch Krieg gelöst werden konnte. Die Angst davor beherrschte den Rothenburger Unionstag im September. Der Thronwechsel in Böhmen schien einerseits eine Fügung Gottes zu sein, um die papistische Offensive zu stoppen, führte andererseits aber zu großer Unsicherheit, weil er den Frieden auch im Reich bedrohte.[99] Friedrich V. scheiterte erneut mit seiner Bitte, die Union möge den böhmischen Ständen beistehen. Zudem riet ihm nur Markgraf Georg Friedrich von Baden zur Annahme der Wahl, weil dies dem «antichristlichen Haus» Habsburg zum Nachteil gereiche.[100]

Auch König Jakob I. von England vermied weiterhin jegliche Zusage. Christoph von Dohna übermittelte jedoch eher positive Signale aus London, und der englische Botschafter in Heidelberg tat nichts, um Friedrich V. von der Annahme der Krone abzuhalten.[101] Während die Pfälzer Räte zu keinem einheitlichen Votum gelangten und die dynastischen Chancen gegen die Gefahr eines langen Religionskrieges abwogen, kam der Kurfürst zu der Einsicht, dass Gott ihn auserwählt habe. Er deutete die Wahl als Zeichen seiner Prädestination.[102] Gegenüber den böhmischen Ständen sprach er am 24. September vom Willen sowie von der «Providenz und Vorsehung Gottes, der die Könige, Fürsten und Herren von oben herab in die Herzen deren, welche sie zu erkiesen haben, gibt und verleihet».[103] Vier Tage später nahm er die Wahl an – zur Ehre Gottes und um die Protestanten in Böhmen zu retten.

Als Mensch und Herrscher fühlte sich Friedrich zu Gehorsam verpflichtet. Darüber hinaus besaß er höchst irdischen Ehrgeiz und kannte das Prestige, das eine Königskrone dem Kurhut vorausshatte. Eine gewisse Rolle könnten auch Überlegungen gespielt haben, die abgelegene Oberpfalz mit ihrem Eisengewerbe an das wirtschaftlich blühende Böhmen anzubinden.[104] Der Kurpfalzgraf ernannte Johann II. von Pfalz-Zweibrücken zum Statthalter in Heidelberg und zog Anfang Oktober 1619 mit seiner

Familie, 153 voll bepackten Wagen und 568 Personen seines Hofstaates nach Böhmen.[105] Ein Flugblatt feierte den Prager Einzug als tröstliche Nachricht. Das Königspaar mit den Insignien der Macht wird von vier Löwen gesichert, Kurpfalz, Böhmen, England und den Niederlanden. Hus, Luther und Calvin stehen Pate, während katholische Geistliche aus einem brennenden Kloster fliehen. Der Bildhintergrund mit der Sonne deutet auf eine friedliche neue Zeit.[106]

Der königliche Einzug und die Prager Krönung Friedrichs am 4. November 1619 wurden pompös gefeiert. Außer dem Vertrauen auf Gott gab es kein konkretes Regierungsprogramm. Ludwig Camerarius, der intellektuelle Kopf der Pfälzer Reichspolitik und enge Vertraute Christians von Anhalt, charakterisierte Friedrich V. nicht nur deswegen als jemanden, der sich die Sache leicht mache und alles auf Gott setze.[107] Während Anhalt im Namen der Pfalz europäische Großmachtpolitik betrieb, bevorzugte Camerarius eine defensive Konfessionspolitik. Er wollte die habsburgisch-katholische Offensive stoppen und galt vielen Zeitgenossen zusammen mit dem Hofprediger Abraham Scultetus als eigentlicher Drahtzieher des Pfälzer Königtums in Böhmen.[108]

Die Würfel gegen einen Erfolg des Pfälzer Unternehmens fielen in München – fast gleichzeitig mit dem Aufbruch Friedrichs V. Der Kaiser unterbrach dort Anfang Oktober seine Rückreise aus Frankfurt, um die Verhandlungen zu führen, die ihm die Hilfe der Liga im Krieg um Böhmen einbrachten. Mit seinem Verzicht auf deren Direktorium hatte Ferdinand II. im April 1619 den Weg für den Bayernherzog freigemacht.[109] Nun verhandelte dieser unter Assistenz des spanischen Gesandten Graf Oñate, der spanische Hilfen zusagte, ohne dazu bevollmächtigt zu sein,[110] auf Augenhöhe mit dem Kaiser, seinem Schwager. Für seine Hilfe forderte er das alleinige Oberkommando und den Pfandbesitz aller eroberten Gebiete, bis ihm die Kosten und etwaige Schäden ersetzt worden seien, sowie die Zusage auf heimfallende Reichslehen, insbesondere die Pfälzer Kurwürde.[111] Der Kaiser sollte überdies alle Stände auffordern, den Feldzug zu unterstützen, damit das Reich nicht der «Türken Sklaven» werde. Da sich Christian von Anhalt mit Bethlen Gábor und den Türken verbündet habe, müsse auch mit dem Papst sowie mit Frankreich, Polen und italienischen Fürsten über Hilfen verhandelt werden.[112]

Der Bayernherzog setzte sich durch. Ferdinand II., der nur über eine kleine Armee verfügte und unter dem Druck Bethlens, der eigenen Stände und des böhmischen Heeres stand, sicherte Maximilian am 8. Oktober die uneingeschränkte Führung des Feldzuges sowie den Ersatz aller Kosten und etwaiger Schäden zu. Alle eroberten Länder innerhalb des Reiches sollte er behalten dürfen.[113] Strittig blieb die Übertragung der Kurwürde, die der Kaiser wohl nur mündlich und für den Fall der Ächtung Friedrichs V. zusagte. Für Maximilian war dies der entscheidende Punkt. Die bayerischen Wittelsbacher hatten ihre Zurücksetzung gegenüber den Pfälzern in der Goldenen Bulle nie verwunden. Das damalige Unrecht sollte nun nach dem Vorbild des Kurwechsels, den Karl V. unter den Wettinern 1547 vollzogen hatte, bereinigt werden. Die Analogien sind augenfällig: ein vom Kaiser vollzogener, von den Reichsständen kritisierter Kurwechsel innerhalb der Dynastie. Dass Ferdinand II. später zögerte, seine geheime Zusage öffentlich zu vollziehen, dürfte auch an den negativen Erfahrungen gelegen haben, die Karl V. mit Kurfürst Moritz gemacht hatte.

Mit dem Münchner Abkommen war das Schicksal der böhmischen Rebellen eigentlich besiegelt. Die Liga beschloss Ende 1619, ein Heer von 21 000 Fußsoldaten und 9000 Reitern aufzustellen.[114] Ferdinand II. sollte Johann Georg von Sachsen zur Besetzung der Lausitzen und Schlesiens bewegen, und laut den Münchner Zusagen Oñates sollten spanische Truppen in der linksrheinischen Pfalz einmarschieren. Dieser oft vergessene Kriegszug beendete alle Hoffnungen, den böhmischen Krieg regional zu begrenzen. Während der Brüsseler Statthalter wegen der bevorstehenden Wiederaufnahme des niederländischen Krieges eher skeptisch reagierte,[115] erhöhte Philipp III. sogar die Zusagen.[116] Im Sommer 1620 marschierten tatsächlich 21 000 Fußknechte und 4000 Reiter, um die Kurpfalz zu besetzen.

Die in evangelischen Glaubensangelegenheiten korrespondierenden Reichsstände versammelten sich im November 1619 in Nürnberg und optierten für militärischen Widerstand. Sie wollten aber lediglich die Kurpfalz verteidigen und auf keinen Fall offensiv vorgehen. Venedig wurde gebeten, keine Durchzüge zu gestatten, um die «allgemeine Libertät und Freiheit» nicht zu gefährden. Die Generalstaaten sollten den der Union als Defensivhilfe versprochenen Zuzug bereithalten. Um den gemeinen Mann und den Gegner über ihre Absicht zu unterrichten, Kriegsvolk zu mobilisieren, veröffentlichten die Korrespondierenden ihre Beschlüsse.[117]

Friedrich V. war aus habsburgischer Sicht nun der Anführer der Rebellen. Da Wien nicht wissen konnte, wer ihn unterstützte, der spanische König für einen Angriff auf die Kurpfalz gewonnen und dem Bayernherzog vieles ver-

Anonym, Herzog
Maximilian von Bayern
als Feldherr, um 1620.

sprochen worden war, konnte der Krieg nicht auf Böhmen begrenzt bleiben. Um die habsburgisch-bayerische Übermacht zu stoppen, hätte die Union nun entschiedener rüsten und Frankreich, England, Dänemark und Schweden hätten politisch mehr Druck ausüben müssen. Der englische König half seinem Schwiegersohn entgegen dem Votum der englischen Öffentlichkeit nur mit guten Worten.[118] Die Niederlande leisteten kleine finanzielle Hilfen. Alle verweigerten dem Böhmenkönig bedingungslose Zusagen. Gustav II. Adolf von Schweden sowie die Niederlande und Venedig erkannten wenigstens sein Königtum an. Die Eidgenossen versprachen, den spanischen Nachschub zu kontrollieren.[119]

Unterdessen verschreckten die neuen calvinistischen Herren im Dezember 1619 die Prager Bürger durch ihr rigoroses Vorgehen gegen die Bilder und Heiligenstatuen im Veitsdom und in anderen Kirchen. Wollten sie dem Land ihren Glauben aufzwingen? Viele Böhmen deuteten die Übergriffe auf die Ausstattung ihrer Kirchen als Angriff auf die Symbole ihrer Nation.[120] Auf seiner Huldigungsreise durch Mähren, Schlesien und die Lausitzen versuchte König Friedrich, diesen fatalen Eindruck zu entkräften, stieß aber nicht mehr überall auf Wohlwollen. Der Generallandtag beschloss im März 1620 notgedrungen Steuererhöhungen und die Mobilisierung des Landvolkes. Dies machte die Pfälzer Administration noch unbeliebter, zumal deren Geldquellen langsam versiegten. Als Großkanzler Christoph von der Grün im Mai die Zahlungsunfähigkeit der Kurpfalz melden musste, waren zwei Tonnen Gold nach Böhmen geflossen.[121]

Friedrich V. hatte die Königswahl auch deshalb angenommen, weil er auf Bethlen Gábor hoffte, der mit einem großen Heer in Siebenbürgen aufgebrochen war, um die habsburgische Herrschaft in Ungarn zu beenden und sich selbst als eigenständige Kraft zwischen dem Sultan und dem Kaiser zu etablieren. Bethlen erreichte aber erst Mitte Oktober 1619 Pressburg. Er traf sich mit den Führern der böhmischen Armeen, und Ende November stand das vereinigte Heer vor Wien. Dort war die Lage zum Bersten gespannt, weil Hunger und Pest der Bevölkerung arg zusetzten. Der Sturm auf die Hauptstadt unterblieb jedoch, denn in Passau tauchten etwa 7000 spanische Soldaten aus Süditalien auf, und in Ungarn brachen Aufstände aus. Bethlen zog sich zurück. Er blieb zwar mit Böhmen verbündet, paktierte aber auch mit den Habsburgern und ließ sich im Januar zum Fürsten, im August zum König von Ungarn wählen.[122] Der Kaiser ließ ihn gewähren und übergab ihm um die Jahreswende 1621/22 im Frieden von Nikolsburg die schlesischen Herzogtümer Oppeln und Ratibor sowie sieben ungarische Komitate.[123]

Auch in Deutschland distanzierten sich immer mehr Fürsten von der böhmischen Königspolitik Friedrichs. Nicht die Wahl in Prag, sondern diejenige in Frankfurt hatte für den Stimmungsumschwung gesorgt. Hinzu kam, dass die Union die ihr zugedachten Aufgaben nicht erfüllen konnte. Ferdinand II. setzte mit seinem öffentlichen Patent gegen die «nichtige Wahl» in Böhmen ein markantes Zeichen. Das Regiment der Stände sei eine «offene feindselige Widersetzlichkeit und Rebellion». Um den Auf-

ruhr zu beenden und um die unterdrückten Untertanen wieder in ihre
«vorige Freiheit» zu setzen, werde er alle Mittel aufwenden.[124]

Weichenstellungen

Der reformierte Landgraf Moritz von Hessen-Kassel versuchte zu Beginn
des Jahres 1620, die drohende Schlacht um Böhmen abzuwenden. Seine
Gesandten baten in Mainz und Dresden um gütliche Vermittlung. Moritz
beschuldigte Kurfürst Johann Georg, die Spaltung der Protestanten zu
provozieren, falls er – unter welchem Vorwand auch immer – weiter mit
Papisten paktiere. Er solle sich vorsehen, denn der mächtige Gegner werde
nicht ruhen, bevor das ganze Reich katholisch geworden sei. Der Kurfürst
erwiderte kühl, dass er und seine Kollegen sich in Kürze träfen und keine
Ermahnungen benötigten, denn sie wüssten, was zu tun sei.[125]

Er hatte inzwischen den obersächsischen Kreis auf seine Linie eingeschworen. Anfang Februar 1620 beschloss der Kreistag neben der Neutralität in den böhmischen Angelegenheiten die Unterhaltung der von Kursachsen bereits geworbenen Truppen.[126] Gegen dieses eindeutige Votum
zugunsten des Kaisers opponierten im Kreis allerdings Pommern und
Anhalt. Wegen ihres Streits mit Altenburg um die Präzedenz waren die
Weimarer Herzöge aber nicht vertreten, sondern reichten ihre ablehnen-
den Stellungnahmen schriftlich ein. Auch Bernburg und Berlin wandten
sich gegen das kursächsische Vorgehen, das gegen die deutsche Freiheit
und die Reichskonstitutionen verstoße. Im Kreis solle nur noch Kursachsens *imperium* gelten; gegen diesen *actus monarchicos* müsse man sich
gemeinsam wehren.[127]

Unterdessen traf sich der sächsische Kurfürst im Frühjahr mit seinen
Kollegen aus Mainz und Köln, Landgraf Ludwig von Hessen-Darmstadt
sowie Delegierten aus Trier und München im thüringischen Mühlhausen.
Sie versprachen Ferdinand II. ihre Unterstützung und versicherten den
evangelischen Administratoren geistlicher Fürstentümer, mögliche Gewalt
richte sich nicht gegen sie.[128] Die Versammlung beriet auf Bitten des Kaisers über eine Achterklärung des Kurpfalzgrafen. Sie behandelte Böhmen
als Teil des Reiches und stufte die Unruhen als Landfriedensbruch ein.[129]
Ferdinand II. drohte daraufhin Friedrich V. mit der Reichsacht, falls er
Böhmen nicht unverzüglich räume.[130] Dieser wandte sich in einem fast
schon verzweifelt anmutenden Appell an alle Reichsstände. Der Kaiser sei

Partei und dürfe nicht darüber entscheiden, ob das Vorgehen der böhmischen Stände rechtens gewesen sei. Die Wenzelskrone gehöre nicht zum Reich und sei nur in Lehensfragen der Jurisdiktionsgewalt des Kaisers unterworfen.[131]

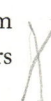

Die Situation des böhmischen Königs verschlechterte sich zusehends. Johann Georg war bereit, die Exekution gegen die Lausitzen zu übernehmen.[132] Sie sollten ihm als Ersatz seiner Kriegskosten verpfändet werden. Damit war die Sache klar. Das lutherische Deutschland versteckte sich hinter Kursachsen oder blieb neutral, Schweden und Dänemark waren in andere Konflikte verstrickt und wollten sich auch nicht zugunsten eines Calvinisten engagieren. Die reformierten Reichsstände konnten das Blatt nicht wenden und hielten sich ebenfalls zurück. Jakob I. wollte vermitteln, und der Herzog von Savoyen war erbost, dass er weder die böhmische Königs- noch die Kaiserkrone erhalten hatte. Bethlen Gabors Kräfte blieben in Ungarn gebunden. Das Veltlin hatte sich mit habsburgischer Unterstützung von der Herrschaft der protestantischen Bauern der drei Bünde (Graubündens) gelöst; dabei wurden in den italienischsprachigen Talschaften ungefähr 500 Protestanten getötet. Der Herzog von Feria, der spanische Statthalter in Mailand, bemächtigte sich der Pässe, um die Franzosen am Einfall nach Italien zu hindern, vor allem aber um die spanische Straße offen zu halten.[133] Anfang 1622 schloss der Graue Bund ein Abkommen mit Spanien. Frankreich musste zusehen. Nach dem vorläufigen Ende der Hugenottenkriege im Oktober 1622 machte es die Veränderungen im Veltlin rückgängig.[134] Die Bündner Wirren beschäftigten Frankreich, die Habsburger und Venedig bis 1641.[135]

Spanische Truppen ergossen sich 1620 ungehindert nach Mitteleuropa. Die verbliebene Pfälzer Macht und die Unionstruppen unter Markgraf Georg Friedrich von Baden-Durlach, der mit 5000 Mann im Breisgau lagerte und das habsburgische Vorderösterreich verheerte,[136] waren viel zu schwach, um die katholischen Truppenansammlungen zu unterbinden. Die Union stellte Ende Mai ihre dortigen Regulierungsbemühungen vollständig ein.[137] Unterdessen befahl König Philipp III. dem Brüsseler Statthalter Erzherzog Albrecht, in der Rheinpfalz einzugreifen, um die Unionstruppen zu binden. Albrecht forderte zusätzliche Gelder und vor allem eine reichsrechtliche Legitimation. Der Kaiser müsse Friedrich V. ächten und ihn als Obersten des burgundischen Reichskreises mit der Exekution beauftragen. Das Achtverfahren zog sich bis nach der Schlacht am Weißen

Berg hin, weil auch Ferdinand II. nicht offen gegen Reichsrecht verstoßen wollte,[138] das ein Votum der Reichsstände vorschrieb. Unterdessen nahm Ambrosius de Spinola den Auftrag des spanischen Königs im Namen der Jungfrau Maria und des heiligen Jakobus an, die linksrheinische Pfalz zu besetzen. Er versprach, die Ketzer auszurotten, die Rebellen zu bestrafen und alle zurück in den Schoß der katholischen Kirche zu bringen.[139] Der Abmarsch der Truppen verzögerte sich, weil die Getreideernte im Kriegsgebiet abgewartet werden sollte, damit die Soldaten genügend Nahrung vorfänden.[140]

Während der Kaiser Kurbrandenburg neutralisierte, blieben Friedrichs V. Hilfeersuchen vergeblich.[141] Die katholisch-habsburgische Koalition hielt unter Assistenz Kursachsens alle Trümpfe in der Hand. Die Unionsstände fürchteten im März zu Recht, die bayerischen Ligatruppen könnten den Krieg donauaufwärts eröffnen und in Ulm und Württemberg einfallen. Im Juni standen sich dann bei Ulm tatsächlich Soldaten der Union und der Liga gegenüber. Der Chronist Hans Heberle berichtete von einem Aufruhr gegen den Kaiser und den Bayernherzog. Markgraf Joachim Ernst von Ansbach habe sich bei Riedheim an der Donau verschanzt, sei aber nach elf Wochen in die von Spaniern bedrohte Unterpfalz abgezogen.[142]

An der Donau blieb es bei kleineren militärischen, vor allem aber diplomatischen Scharmützeln. Maximilian von Bayern forderte einen Waffenstillstand zwischen Union und Liga im Reich, um in Böhmen eingreifen zu können, ohne den Einfall der Unionstruppen in Bayern befürchten zu müssen. Seine Gesandten baten die in Ulm auftauchende französische Delegation um Vermittlung. Die Unionsvertreter hatten das Nachsehen. Am 3. Juli 1620 vereinbarten Union und Liga in Ulm einen Waffenstillstand. Er stärkte die kaiserlich-katholische Front, denn Erzherzog Albrecht und Spanien, auch Böhmen und die Erblande wurden in das Abkommen nicht einbezogen.[143]

Die in Ulm versammelten Unionsstände akzeptierten den Vertrag, weil die ihnen donauaufwärts entgegenziehenden Ligatruppen unter dem inzwischen 60-jährigen Brabanter Generalleutnant Tserclaes von Tilly mit etwa 30000 Soldaten weit stärker als die eigenen knapp 10000 Mann waren. Tilly stammte aus der Gegend von Lüttich, war von den Jesuiten erzogen worden und hatte in der spanischen Armee das Kriegshandwerk gelernt. Seit 1598 kämpfte er als kaiserlicher Offizier gegen die Türken. Danach wechselte er in bayerische Dienste, exekutierte 1608 die Acht gegen Donauwörth und

Anonym, Brustbild
Johann Tserclaes Graf
von Tilly.

reorganisierte seit 1610 die Armee. Mit dem Heer des erzkatholischen Feldherrn zogen auch Herzog Maximilian und fast sein gesamter Hofstaat. Zu
ihnen stieß der spanische Karmelitergeneral Dominicus a Jesù Maria, ein
katholischer Mystiker, der Maximilian einen Degen und einen Hut als
Geschenk des Papstes überreichte. Er weihte das mit einem Marienbild
geschmückte herzogliche Hauptbanner.[144] Der Pater verwies auf ein Bild des
gekreuzigten Erlösers, das er stets mit sich führe, und leitete daraus die
Gewissheit des Sieges ab.[145]

Der Pariser Hof hatte sich ursprünglich nicht in die deutschen Querelen
einmischen wollen. Der junge allerchristlichste König fühlte sich dann aber
doch berufen, einen Vergleich in die Wege zu leiten.[146] Er und seine Berater
schätzten die Kräfteverhältnisse jedoch falsch ein. Sie hielten einen Sieg der
Protestanten für möglich, und dies fürchtete man in Paris angesichts der
konfessionellen Unruhen im eigenen Land noch mehr als eine Bestätigung
der habsburgischen Vormachtstellung. Deswegen schien es besser, katholische Solidarität zu demonstrieren. Wenn der Kaiser in Böhmen siegte,
konnte zudem Friedrich V. seine ganze Kraft auf die Sicherung des Rheins

gegen die Spanier konzentrieren. Unter diesen Prämissen nötigten die französischen Gesandten die politisch isolierten Unionsstände zur Unterzeichnung des Ulmer Vertrages. Sie wünschten Frieden in der Mitte Europas,
ohne die katholische Religion zu schwächen und ohne das Haus Habsburg
zu stärken. Nach dem Waffenstillstand rückte der allgemeine Frieden jedoch
erst recht in weite Ferne, weil der Kaiser jegliches Interesse an einer gütlichen Regelung in Böhmen verloren hatte.

Ludwig XIII. glaubte, die wachsende Macht Maximilians schwäche die
Habsburger. Er übersah, dass die Spanier ihre Position an der Ostgrenze
Frankreichs ausbauen konnten, weil die allein gelassene Unionsarmee gegen
diese Armada überfordert war. Mit dem Ulmer Vertrag schuf die französische Gesandtschaft die denkbar besten Voraussetzungen für den Siegeszug
der kaiserlich-ligistischen Waffen und brachte sich selbst um den Erfolg
ihrer Vermittlungsbemühungen.[147] Der König zog daraus die Lehre, künftig
die französischen Sicherheitsinteressen der katholisch-monarchischen Solidarität vorzuziehen.

Maximilian von Bayern besaß nach dem Waffenstillstand freie Hand,
seine Truppen in Oberösterreich und Böhmen einzusetzen, während die
Union ihre verbliebenen Soldaten um Oppenheim stationierte. Spinola
war in Flandern losmarschiert, um Heidelberg zu erobern.[148] Auf Bitte des
Fürsten Moritz von Oranien sandte nun auch der englische König 2000
Freiwillige. Sie sollten wenigstens die Schlüsselfestungen Frankenthal und
Mannheim sichern. Erzherzog Albrecht forderte Landgraf Moritz von
Hessen-Kassel auf, neutral zu bleiben, damit die spanische Streitmacht
sich nicht gegen ihn und seine Lande wenden müsse. Während Markgraf
Joachim Ernst, der Befehlshaber der Unionstruppen, Frankfurt vor der
Unterstützung Spinolas warnte, versicherte dieser der Messestadt seine
«gute Freundschaft», sofern sie dem Kaiser gehorsam bleibe.[149] Das Unionsheer zog vor Frankfurt und lagerte Mitte August südlich des Mains.

Spinola erreichte am 18. August seinen Sammelplatz Koblenz. Er ließ
sein Heer über den Rhein setzen und marschierte über Limburg nach
Höchst. Mit dieser Finte überraschte er seine Gegner. Die Spanier zogen
sich nämlich schnell wieder zurück, überschritten bei Mainz erneut den
Rhein und besetzten im September die linksrheinischen Städte Kreuznach,
Alzey und Oppenheim.[150] Ende 1620 kontrollierten sie die linksrheinische
Pfalz. Die Festungen Heidelberg, Mannheim oder Frankenthal hatten sie
bisher nicht einmal belagert. Dafür tauchten Spinolas Truppen in der Wet-

terau auf. Die Gebiete der mit der Kurpfalz verbündeten Grafen wurden zum Winterlager, und die Spanier besetzten und plünderten feste Plätze wie Friedberg, Gelnhausen, Wetzlar, Münzenberg oder Braunfels.[151] Sie drangen bis in die Gegend von Marburg vor, sodass Landgraf Moritz am Weihnachtsabend unter anderem die Landmiliz der einhundertfünfzig Kilometer entfernten hessischen Exklave Schmalkalden mobilisierte, um die Besatzung der Stadt Kirchhain am Knotenpunkt zweier wichtiger Handelsstraßen zu verstärken.[152]

Alle Bemühungen der Wetterauer Grafen, die Spanier mit ihren Miliztruppen im Westerwald abzuwehren, waren vergeblich. Die Union konnte keine Soldaten entbehren, um Garnisonen nach Frankfurt und Friedberg zu legen.[153] Der Krieg erfasste noch vor dem böhmischen Feldzug der Liga den Westen und die Mitte Deutschlands. Das Rhein-Main-Gebiet kam nicht mehr zur Ruhe. Die Grafen zahlten hohe Kontributionen und finanzierten so den Krieg mit, der sich gegen ihren kurpfälzischen Patron richtete.

Der unverhohlenen öffentlichen Kritik am zu defensiven und vor allem erfolglosen Vorgehen der Unionstruppen widersprach ein Text, der als offizielle Verlautbarung gelten darf. Die Union sei zur Verteidigung gegründet worden, und der Kaiser habe ihr stets versichert, im Reich keine Änderungen vorzunehmen. Obwohl man den Betrug der Spanier vermutet habe, seien die Versicherungen des englischen Königs glaubhaft gewesen, das spanische Heer ziehe nicht in die Kurpfalz. Die Besetzung Heidelbergs und Frankenthals sei dennoch verhindert worden. König Jakob I. sehe nun, wie sehr die Spanier alle Welt betrögen.[154]

Wie Herzog Maximilian stand auch Kurfürst Johann Georg weiterhin fest an der Seite des Kaisers. Er beharrte auf seiner Ansicht, in Böhmen gehe es allein um die politische Macht, die Religionsargumente würden nur vorgeschützt, die Unruhen seien eine Rebellion.[155] Da seine halbherzige Vermittlung gescheitert war, bemühte er sich, die protestantischen Stände außerhalb der Union auf die Seite des Kaisers zu ziehen.[156] Er handelte alles andere als uneigennützig, denn er befürchtete, dass ihm die reformierten Kurfürsten von Brandenburg und der Pfalz die Führungsrolle unter den Protestanten streitig machen könnten. Sollte Friedrich V. die Wenzelskrone behaupten, war er der mächtigste Herrscher im Reich und ihm oder seinen Erben die Kaiserkrone kaum vorzuenthalten. Dies hätte Folgen für die böhmischen Lehen und wohl auch für die Kurwürde der Albertiner gehabt. Deswegen setzte Johann Georg auf die Habsburger. Er ließ sich zum kaiserlichen Kommissar ernennen, der die Stände in Schlesien und den Lausitzen zum Gehorsam bringen sollte. Auch wenn über die Ausgestaltung des Mandats den Sommer über noch verhandelt wurde, waren die Würfel gefallen.[157]

Nun musste der Kaiser den böhmischen König nur noch mit der Reichsacht belegen. Er warb um die Zustimmung der Kurfürsten von Sachsen und Mainz. Johann Georg erhielt die Versicherung, dass gegen die böhmischen Lutheraner nichts unternommen werde. Alle Maßnahmen richteten sich ausschließlich gegen die calvinistischen Anschläge. Der Kurfürst bestätigte dem Kaiser im Juli erneut seine Unterstützung bei der Rückgewinnung Böhmens.[158] Das angeblich so friedliebende Sachsen hatte zu Beginn der böhmischen Unruhen drei Kompanien Arkebusiere geworben und an die böhmische Grenze verlegt. Anfang 1620 waren zwei weitere Regimenter zu Fuß mit insgesamt 6000 Mann gemustert worden. Im März wurden dann in Dresden zehn Kompanien zu je knapp 100 Soldaten aufgestellt. Und Anfang August traten vier Freikompanien mit jeweils 80 Pikenieren und 20 Musketieren ihren Dienst an. Ein großer Teil der Truppen wurde von den Kreissteuern finanziert. Zudem mobilisierte der Kurfürst Teile seiner von Herzog Friedrich II. von Sachsen-Altenburg geführten Landesdefension.[159]

Die kursächsischen Truppen erhielten im Juli den Befehl zur Unterwerfung der Lausitzen. Zunächst sollten sie Bautzen erobern, das Markgraf Johann Georg von Jägerndorf mit 2000 Mann verteidigte. Schnell zeigten sich logistische Probleme: Musketen waren ohne die passenden Feuersteine geliefert worden, das Kaliber der Kugeln passte nicht, und die Zwölfpfundgeschütze konnten den dicken Mauern wenig anhaben. Die kursächsische Artillerie feuerte etwa 2500 Kugeln auf Bautzen, bevor die Stadt am 24. September kapitulierte. Die Besatzer, etwa 1500 Soldaten, durften, wie bei einer freiwilligen Übergabe üblich, in Ehren abziehen. Der Kommandant der Artillerie erhielt nach altem Brauch die beim Beschuss herabgefallenen Glocken und für die hängen gebliebenen eine Abfindung von insgesamt 6000 Talern. Nach dem Fall der Hauptstadt und manchen Übergriffen auf die Bevölkerung huldigten die Lausitzer Stände dem Kurfürsten am 3. Oktober. Zwei Monate später fand, «nach wohl verrichteter Sache», in der Dresdener Schlosskirche ein Dankgottesdienst statt.[160]

Mit diesem Kriegszug wurden die Lausitzen noch vor der Schlacht am Weißen Berg unterworfen. Der Blutzoll war auch ohne große Feldschlacht

beträchtlich. Ein kursächsisches Regiment, das im April 2400 Soldaten gezählt hatte, meldete Ende des Jahres nur noch 690 Mann einsatzfähig. Bis
Ende Januar 1621 starben weitere 155 Söldner. Dem Kaiser stellte Johann
Georg etwa 2,5 Millionen Gulden Kriegskosten in Rechnung. Dafür erhielt er pfandweise die Lausitzen.[161] Wie Kurfürst Moritz 1546 ordnete
auch Johann Georg die konfessionelle Solidarität dem eigenen Macht-
kalkül und territorialen Zugewinnen unter. Er besetzte 1621 Schlesien, das
er im Mai 1622 den Habsburgern übergab. Dass König Friedrich nach dem
kursächsischen Einmarsch in die Lausitzen alle böhmischen Lehen der
Wettiner den Ernestinern übertrug,[162] blieb eine Episode ohne Folgen.

Während die Spanier, Bayern und die Liga sowie Kursachsen den Kaiser
offen unterstützten und die linksrheinische Pfalz, das Rhein-Main-Gebiet
und die Nebenlande der Wenzelskrone besetzten, behauptete sich die böhmische Armee gegen die Truppen Ferdinands und der Spanier. Verbündete
fand Friedrich V. in Johann Ernst von Sachsen-Weimar und seinen Brüdern. Sie setzten wegen ihrer Gegnerschaft zu den Dresdener Albertinern,
der Aussichten auf Rückgewinn der Kur und aus Kriegs- und Abenteuer-
lust auf ein riskantes Spiel. Sein im Januar 1620 ausgestelltes böhmisches
Obristenpatent ergänzte Johann Ernst mit eigener Hand: «Zur Verteidigung der Religion, S. Königl. Maj. Land und Leute, und Erhaltung der
deutschen Freiheit».[163] Seine Söldner warb er am Niederrhein auch mit
Unterstützung des Fürsten Moritz von Oranien. Er brach im Juni nach
Böhmen auf, obwohl ihm die um Gutachten gebetenen theologischen
Fakultäten in Wittenberg und Jena von einem solchen Engagement abgeraten hatten.[164]

Die Wittenberger Theologen distanzierten sich später von einem anonym publizierten Text, weil sie die nun im Titel auftauchende konkrete
Frage, ob ein Reichsstand in diesem böhmischen Krieg dem Kaiser Beistand leisten müsse, nicht beantwortet hätten.[165] Ihr Gutachten habe sich
mit dem weitläufigen Problem beschäftigt, ob ein lutherischer Stand dem
Kaiser Hilfe leisten müsse, wenn dieser gegen Lutheraner Krieg führen
wolle. Davon hätten sie abgeraten, aber zugleich betont, dass der Kaiser so
lange regieren können müsse, bis Jesus Christus erscheine, um die Toten
und Lebendigen zu richten. Die Anhänger des katholischen Glaubens
seien «Kinder der Finsternis», ihre Religion sei «die verdammte und nunmehr gefallene Babylon / der rechte Antichristianismus». Dagegen gezieme
es den Evangelischen als den «Kindern des Lichts», die heilige Wahrheit zu

fördern, die Gott «niemand andern als uns Teutschen / und in spezie Sachsen / vom Himmel herunter durch D. Luther» habe zukommen lassen. Im Anhang erklärten die Wittenberger Theologen noch einmal ihre Position. Sie hätten kein Gutachten für den böhmischen Krieg verfasst. Ihr Ratschlag dürfe nicht so gelesen werden, als seien sie der Meinung, dass der Kaiser Krieg führe, um die lutherische Lehre auszurotten.[166]

Die Jenaer Theologen bestätigten das Wittenberger Votum. Dem Kaiser nicht beizustehen heiße nicht, gegen ihn Krieg zu führen. Wer das drohende spanische Joch ablehne, dürfe das Reich nicht aufgrund innerer Uneinigkeit den Türken zum Raub überlassen, zumal die Calvinisten mit dem böhmischen Krieg auch ihr Bekenntnis gegen das lutherische ausbreiten wollten. Die Jenaer rieten zur Neutralität. Ansonsten seien keine «Mittel zur Komposition und Interposition vorhanden, sondern muss ein Teil das andere mit gänzlichem Untergang des H. Römischen Reiches auffressen».[167] Johann Gerhard, der damals bekannteste Jenaer Theologe, hielt in einem separaten Gutachten für Herzog Johann Casimir von Sachsen-Gotha die Frage für irrelevant, ob die Stände in einem Wahlkönigreich ihrer Herrschaft widerstehen dürften. Die Vorgänge seien unrechtmäßig, weil gegenreformatorische Gewalt auf das antirömische Kreuzzugsdenken der Pfälzer Calvinisten stoße.[168] Luther habe jedoch jeden Religionskrieg abgelehnt.

Der angeblich von «wahnhafter Kriegsliebe» besessene Herzog Johann Ernst ignorierte die theologischen Gutachten. Johann Gerhard beschwerte sich deswegen beim Dresdener Oberhofprediger Hoë von Hoënegg, dass er und seine Kollegen seit drei Jahren von den Herzögen vor wichtigen Entscheidungen nicht mehr gefragt worden seien. Aus seiner Sicht fördere jede Hilfe für Böhmen den Calvinismus.[169] Der Weimarer Landesherr sah dies anders. Er zog in den Krieg und starb Ende 1626 weit entfernt in Ungarn. Sein um 1635 entstandenes Porträt des Weimarer Hofmalers Christian Richter rückt seinen Tod in das Licht einer Befreiung der Germania, einer gefesselten blonden Frau, und des rechten Glaubens, der Bibel und einem Kreuz, die unter einem schweren Stein liegen.[170]

Johann Ernst folgte 1620 seinen Intentionen, weniger den Empfehlungen seiner Räte. Pädagogen wie Wolfgang Ratke oder Johann Kromeyer, Juristen wie Friedrich Hortleder, Dominicus Arumaeus oder Johann Wilhelm Neumair von Ramsla und ein Politiktheoretiker wie Wolfgang Heider hatten die jungen Herzöge erzogen und ausgebildet.[171] Sie beschäftigten sich in ihren Schriften mit der Legitimation und Kontrolle von Herrschaft, Souveränität und Widerstand, Krieg und Frieden. Sie wollten die Menschen sowie das ihres Erachtens über dem Herrscher stehende Gemeinwesen optimieren und über die Vaterlandsliebe und die sie begleitenden Pflichten und Tugenden die konfessionell zerrissene Gesellschaft stabilisieren.[172]

Der Jenaer Kreis um Arumaeus wurde als «Pflanzschule der deutschen Publizistik» gerühmt.[173] Der Prinzenerzieher Friedrich Hortleder, dessen Quellensammlung zum Schmalkaldischen Krieg 1617/18 erschien, hatte wohl die jungen Prinzen auf Distanz zu Kursachsen und auf den Kampf für die deutsche Freiheit eingeschworen. Beispielsweise ließ er sie die kaiserliche Wahlkapitulation mit einer Tyrannis vergleichen.[174] 1620 veröffentlichte Johann Wilhelm Neumair von Ramsla, ein sächsischer Rittergutsbesitzer und Weimarer Rat, ein Traktat unter dem Titel «Von der Neutralitet und Assistenz […] in Kriegszeiten». Entgegen den Jenaer Theologen empfahl er, jeden Krieg durch Einmischung zu beenden, denn Neutralität verlängere ihn nur. Vor allem bürgerliche oder innere Kriege – und dafür hielt er die böhmischen Unruhen – vertrügen keine Neutralität.[175] Die protestantischen Stände sollten laut Ramsla im Sinne einer machiavellistischen Staatsräson, ohne moralische Skrupel und mit allen verfügbaren Mitteln für das Vaterland, die Freiheit und für die aus Glaubensgründen bedrängten Untertanen in den Krieg ziehen, um diesen schnellstmöglich zu beenden.[176] Die Weimarer Ernestiner folgten dieser Auffassung. Trotz ihres Beharrens auf dem wahren Luthertum traten sie auf die Seite des calvinistischen Königs und seiner Anhänger, weil sie sich davon Vorteile im innerwettinischen Streit um die 1547 an die Albertiner verlorene Kurwürde versprachen: «Die Religion wurde zum *instrumentum regni*.»[177]

Die Schlacht

Nach dem Ulmer Waffenstillstand beendete das Ligaheer zuerst den Ständeaufstand im Land ob der Enns, das unter Führung Tschernembls zum Zentrum des Widerstandes in Österreich geworden war. Die Stände mussten in Linz Maximilian von Bayern huldigen, der ihr Kriegsvolk in sein Heer eingliederte.[178] Anschließend vereinigte sich diese Armee mit den kaiserlichen Truppen unter Feldmarschall Graf von Bucquoy und überschritt am 26. September 1620 die böhmische Grenze. Auf dem Feldzug nach Prag verständigte sich Tilly mit dem vor Pilsen stehenden Grafen Mansfeld. Gegen 100 000 Gulden sofort und die Zusicherung weiterer

300 000 Gulden willigte dieser in einen befristeten Waffenstillstand ein.[179] Ob der Condottiere damit Verrat beging, den Gegner aufhielt oder ihn zwang, den Rückweg zu sichern, sei dahingestellt. Mansfeld blieb in Pilsen und führte von nun an Krieg auf eigene Rechnung.

Die böhmische Hauptarmee unter Fürst Christian von Anhalt marschierte quasi parallel mit dem katholischen Heer zurück nach Prag und bezog am Abend des 7. November vor den Toren der Stadt auf der Anhöhe des Weißen Bergs Stellung. König Friedrich, der bisher mit seinen Soldaten geritten war, kehrte nach Prag zurück, um Geld zu organisieren und eine englische Gesandtschaft zu empfangen. Am folgenden Tag standen sich Anhalts vorwiegend aus Österreich, Böhmen und Ungarn stammenden 21 000 Soldaten in lockerer Aufstellung nach nassau-oranischem Muster und die tief gestaffelten etwa 28 000 Mann der Armee des Kaisers und der Liga gegenüber. Deren Söldner kamen überwiegend aus Deutschland, den südlichen Niederlanden, Spanien, Italien und Polen.

Die zwischen Tilly und dem bei einem kleinen Gefecht am 3. November verletzten Bucquoy strittige Frage, ob die Schlacht riskiert werden solle, entschied angeblich der Karmeliter Dominicus a Jesù Maria. Er soll in den Kriegsrat gestürmt und im Vertrauen auf die Hilfe Gottes zum Kampf gegen die Ketzer aufgerufen haben. Sein flammender Appell könnte – die Quellenlage ist dürftig – die zögernden Befehlshaber ermutigt haben, in die Schlacht zu ziehen. Hervorzuheben sind das Kreuz des Paters und das von ihm präsentierte Marienbild, das bei einem calvinistischen Bildersturm in Strakonitz durch Ausstechen der Augen geschändet worden war, beides wurde später nach Rom gestiftet. Solche Inszenierungen der Jungfrau Maria ließen diese während des Krieges endgültig zum Symbol der bayerischen und katholischen Kräfte werden. Drei neue Feiertage, viele bildliche Darstellungen, unter anderem seit 1638 auf dem Münchner Schrannenplatz, Marienbruderschaften sowie die öffentliche Deklaration Marias zur *Patrona Bavariae* belegen die Bedeutung des Marienkultes.[180] Wahrscheinlich hatte der Pater bei den Beratungen lediglich Tillys Plan zum sofortigen Angriff mit religiösen Argumenten untermauert.[181] Sein Auftritt beglaubigte ähnlich wie beim Prager Fenstersturz die Hilfe Gottes und Marias in einer Schlacht, die so endgültig den Charakter eines Heiligen Krieges gegen die böhmischen Ketzer gewann.[182] Doch nicht nur der Mönch hatte die Schlacht gewollt, auch Tilly und Maximilian hatten dafür gute Gründe. Im Ligaheer grassierte das ungarische Fieber, eine Art Typhus. Die

Krankheit hatte schon 500 Opfer gefordert – bis Ende des Jahres stieg die Zahl auf über 10 000 an.[183] Es ist nicht auszuschließen, dass der spektakuläre Auftritt des Karmelitermönchs zur Strategie Maximilians gehörte.

Christian von Anhalt besaß die bessere Stellung, doch seine von den langen Märschen müden Soldaten lehnten am Abend die dringend gebotenen Schanzarbeiten ab. Der dichte Nebel erleichterte am nächsten Morgen die Annäherung der feindlichen Armee, die ihr Fußvolk nach spanischem Muster in zehn gewaltigen Blöcken konzentriert hatte. Der Angriff begann mit einer bergaufwärts geführten Attacke der auf dem rechten Flügel stehenden kaiserlichen Fußtruppen. Sie stießen auf die ungarische Kavallerie, die sofort floh. Ihnen schlossen sich die eigentlich im Angriff befindlichen Fußsoldaten des Grafen Thurn an. Christian von Anhalt, der gleichnamige Sohn des Feldherrn, konnte mit einer beherzten Attacke seiner Reitertruppe das Desaster nicht mehr abwenden und wurde gefangen genommen. Nach anderthalb Stunden hielten die böhmischen Truppen nur noch den sogenannten Sternenpalast, den Johann Ernst von Sachsen-Weimar verteidigte. Das Gemetzel endete mit der vollständigen Niederlage des Ständeheeres. Die Verluste waren mit 600 Gefallenen auf dem Schlachtfeld, 1200 Verwundeten und 1000 beim Rückzug getöteten Soldaten nicht sonderlich hoch, und das sehr gut befestigte Prag hätte den feindlichen Truppen lange standhalten können, doch die Moral war dahin. Da Anhalt und Thurn die Lage für aussichtslos hielten, floh König Friedrich mit seinem Hofstaat überhastet nach Breslau. Prag, eine der reichsten Städte Europas, wurde eine Woche lang geplündert. Die Beute der Sieger war riesengroß. Ihnen fielen sogar die Krone Friedrichs und seine Kanzleiakten in die Hände.[184]

Für Friedrich von der Pfalz kämpften nach dieser Katastrophe nur noch wenige. Die beiden Weimarer Herzöge Johann Ernst und Wilhelm IV. standen wie der unabhängig agierende Mansfeld mit einigen Divisionen in Böhmen, und der Markgraf von Jägerndorf hielt Görlitz und Glatz; er blockierte damit die Hauptverbindung zwischen Böhmen und Schlesien. Doch seine Stellung wurde im Frühjahr 1621 unhaltbar, als sich die Stände der Lausitzen und Schlesiens Kurfürst Johann Georg von Sachsen unterstellten. Anfang März gab der Markgraf Görlitz auf, kämpfte aber unverdrossen weiter gegen die Habsburger.[185]

Aus den vielen Papieren, die Friedrich bei seiner überstürzten Flucht in Prag zurückgelassen hatte, formte der Münchner Geheime Rat Wilhelm Jocher 1621 die *Fürstlich Anhaltische gehaimbe Canzley*.[186] In diesem für eine

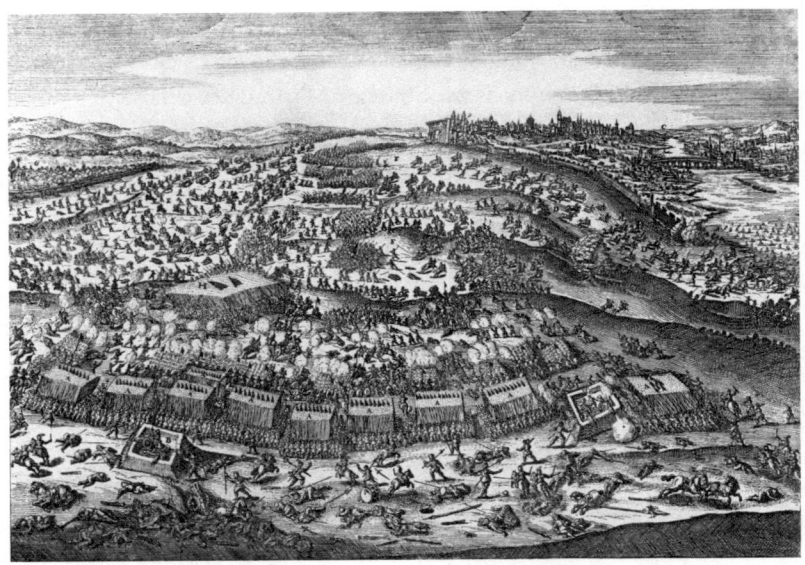

Der Stich aus dem *Theatrum Europaeum* gilt dem Ende der Schlacht am Weißen Berg vor der Silhouette von Prag im November 1620. Im Vordergrund nehmen die Ligasoldaten eine Schanze ein, im Mittelgrund verteidigt sich noch das Regiment Thurn, während im Hintergrund Reiter der böhmischen Ständearmee fliehen.

Kampfschrift eigentlich viel zu umfangreichen Werk kommentierte er Auszüge aus den höchst verfänglichen Pfälzer Akten. Er wollte belegen, dass die Rebellen mit den europäischen Protestanten konspiriert hatten, um die Reichsverfassung umzustürzen. Deswegen hätten der Kaiser und die Liga eingreifen müssen. Der Band erfuhr mehrere Auflagen. Die Enthüllungen sorgten auch unter den Reichsständen für einen gewissen Stimmungsumschwung, die sich bisher neutral verhalten hatten.[187]

Doch die Gegenseite fing 1620 und 1621 ebenfalls verschiedene Briefbündel des Kaisers und seiner engsten Vertrauten ab. Ludwig Camerarius, der nicht für die Vernichtung oder Mitnahme der Akten beim Verlassen Prags gesorgt hatte, erhielt so die Möglichkeit, sich zu revanchieren. Die 173 Seiten der 1622 veröffentlichten *Cancellaria Hispanica* offenbaren,[188] dass sich Ferdinand II. in der Kurfrage schon vor der Ächtung des Pfalzgrafen und gegen den Willen des spanischen Königs festgelegt hatte. Der Titel suggeriert freilich das Gegenteil. Der Kaiser sollte als Marionette der Spanier bloßgestellt werden.[189]

Die Pfälzer Absichten, mit den schlesischen Ständen in der Hoffnung auf ein Bündnis mit Bethlen Gábor eine neue Verteidigungslinie aufzubauen, zerschlugen sich noch vor Weihnachten. Breslau lehnte darüber hinaus Friedrichs Pläne eines multikonfessionellen Nebeneinanders ab. Der Magistrat wollte Frieden und riet dem König, das Vermittlungsangebot des Kurfürsten von Sachsen anzunehmen. Friedrich informierte unterdessen das protestantische Europa über die Schlacht am Weißen Berg und seinen festen Willen, den Kampf fortzusetzen. Er sandte seine getreuen Räte an die Höfe, von denen er sich Unterstützung versprach, seinen Hofprediger Scultetus aber zurück nach Heidelberg.

Die von Pfälzer Gesandten um Hilfe gebetenen norddeutschen Fürsten wollten abwarten.[190] Die Königsherrschaft Friedrichs brach sang- und klanglos zusammen. Er floh von Breslau über Berlin und Wolfenbüttel ins niederländische Asyl nach Den Haag. Sein Onkel Moritz von Oranien begrüßte ihn im April mit einem glänzenden Bankett.[191] Christian von Anhalt zog es nach Schweden. Er bat 1624 Ferdinand II. um Verzeihung, der ihm nach einem Kniefall Pardon gewährte. Sein Sohn hatte in der Gefangenschaft das Vertrauen des Kaisers gewonnen und den Ausgleich arrangiert. Christian d. Ä. lebte danach in Bernburg und kümmerte sich um sein kleines Fürstentum. Allein Graf Mansfeld, der auf eigenen Wunsch noch vor der Schlacht am Weißen Berg von König Friedrich entlassen worden war,[192] hielt mit seinen Truppen die Pilsener Stellung, die er erst nach einer Abstandszahlung räumte. Im Februar unterzeichnete er dann einen neuen Vertrag mit Friedrich V. Als Generalfeldmarschall erhielt er alle Vollmachten, um Böhmen und die Oberpfalz zu verteidigen.[193]

Herzog Maximilian berichtete Kurfürst Johann Georg von Sachsen über die Schlacht am Weißen Berg, dass er und seine Truppen nach Prag gezogen seien. Die Nacht zum 8. November habe man in Waffen verbracht und am Morgen angegriffen, obwohl der Feind sich verschanzt und die Artillerie auf sie gerichtet habe. Doch sie hätten mit Gottes Hilfe so viel Unordnung angerichtet, dass der Gegner geflohen sei.[194] An Papst Paul V. schrieb der Herzog, er sei gekommen und habe gesehen, doch gesiegt und den mächtigen Feind überwunden habe Gott allein.[195] Christian von Anhalt begründete die Niederlage mit der unnötigen, vom Thurnschen Regiment ausgehenden und durch nichts und niemanden aufzuhaltenden Flucht der Soldateska. Zudem verwies er auf Gottes Strafe, das Glück des Feindes und auf die fehlende Unterstützung der Union und Englands. Da die eigenen Soldaten Prag in ihrem Rücken gewusst hätten, hätten sie nach der Flucht nur noch an die Plünderung der Stadt gedacht.[196]

Der Bayernherzog nahm am 13. November das Schuldbekenntnis der böhmischen Stände und ihren Eid entgegen, dem Kaiser bzw. ihrem König künftig treu und gehorsam zu sein.[197] Gegenreformatorische Maßnahmen erfolgten nur zögernd, um den sächsischen Kurfürsten nicht zu verärgern: Die Calvinisten und die protestantischen Ständeversammlungen sollten jedoch verboten, die Anhänger des Winterkönigs verurteilt und dieser mit seinen engsten Helfern geächtet werden. Da die Exekution der Acht fremde Mächte auf den Plan rufen konnte, mussten Frankreich, England und Dänemark informiert werden, dass nur Rebellen bestraft würden und die Acht nicht dazu diene, die «Spanische Macht und Monarchi» einzuführen oder die Augsburgische Konfession auszurotten.[198]

Während der Kurfürst in Dresden und der König in London noch von Friedensvermittlungen träumten, belegte der Kaiser Friedrich V. und seine engsten Helfer Johann Georg von Jägerndorf, Christian von Anhalt und Georg Friedrich von Hohenlohe mit der Reichsacht. Im großen Saal der Wiener Hofburg setzte er im Januar 1621 auch ein Zeichen seines monarchischen Amtsverständnisses.[199] Er behauptete, seiner in der Wahlkapitulation festgelegten Pflicht, wenigstens die Kurfürsten vorher anzuhören, mit seiner Anfrage während der Mühlhäuser Versammlung nachgekommen zu sein.[200] Die Verbrechen Friedrichs und seiner Anhänger seien notorisch, und die Reichsstände hätten der Achterklärung nicht widersprochen. Die Einwände Kursachsens kamen zu spät.[201]

Mit dem überragenden Sieg der kaiserlich-katholischen Kräfte am Weißen Berg war der böhmische Aufstand zu Ende. Statt einer Ständerepublik nach dem Vorbild der Niederlande entstand an der Moldau das protoabsolutistische Regime eines habsburgischen Erbkönigtums, das den katholischen Glauben verbindlich machte. Ärgerlich war aus Wiener Sicht, dass Maximilian von Bayern unerbittlich seinen Lohn einklagte. Die Siegerkoalition konnte deswegen nicht mit den Unterlegenen über einen Frieden verhandeln. Der Herzog forderte die Oberpfalz und die Kurwürde, die Spanier dachten an ihre Nachschubwege und hielten die linksrheinische Pfalz besetzt, Kursachsen übernahm die Lausitzen, und der Kaiser duldete, was er nicht ändern konnte.

Der in Prag als König restituierte Ferdinand II. wollte zudem politisch und konfessionell gestalten, nicht vermitteln. Mit der Achterklärung machte er den Weg frei für den Aufstieg Herzog Maximilians, der die Pfälzer Kurwürde, die Oberpfalz und schließlich auch die rechtsrheinische Kurpfalz erhielt. Eigentlich widersprach es den Interessen Ferdinands, seinen Schwager zum mächtigen Gegenspieler zu machen und so, wie die Wiener Räte monierten, der «Aristocratie der Kurfürsten» Vorschub zu leisten. Dem Kaiser war jedoch das Hemd näher als der Rock. Es gab kein Friedenskonzept, das es allen Akteuren erlaubt hätte, ihr Gesicht zu wahren. Überdies ließen sich neue Widerstandsnester identifizieren, sodass Maximilian und die Ligaarmee den Krieg in bisher unberührte Gebiete tragen konnten, um katholische Positionen zurückzugewinnen. Im Mittelpunkt standen allerdings die Sicherung und Vergrößerung des eigenen Machtbereichs durch die Unterwerfung eines größer werdenden Vorfeldes. Selbst wenn in geistlichen Fürstentümern der katholische Glaube wiedereingeführt wurde, geschah dies primär, um neue Stützpunkte zu gewinnen, das Land zu kontrollieren und Verwandte zu versorgen. Darüber hinaus hatte die Goldene Bulle die Pfälzer Kur an die Rheinpfalz gebunden. Für Maximilian war dies ein Ansporn, Heidelberg und Umgebung unter seine Kontrolle zu bringen.[202]

In Böhmen holte Ferdinand II. die Jesuiten zurück, setzte katholische Beamte ein, ließ das Volk entwaffnen und verbot den Protestanten auszuwandern. Um die Opposition zu vernichten, bediente er sich wechselseitig der Legitimation durch seine Krönung im Jahr 1617 und der Rechte eines Eroberers. Die Gegenreformation und die monarchische Herrschaft kassierten trotz aller Proteste des Kurfürsten von Sachsen die Reformation und die ständische Freiheit. Die Böhmen hatten sich mit dem reformierten König, der ihre hussitischen Traditionen missachtete, nie wirklich identifiziert. Während die Ligatruppen nach und nach das Land besetzten, verhaftete Fürst Karl von Liechtenstein, der kaiserliche Kommissar und seit 1622 Statthalter, die geflohenen Direktoren und andere führende Köpfe des Ständeaufstands und belegte sie im April öffentlich mit der Acht.[203] Er ließ am 21. Juni 1621 in Prag 27 Rebellen wegen Majestätsverbrechens grausam hinrichten.[204] Ihr gesamtes Vermögen wurde konfisziert, außer dem Heiratsgut ihrer Gemahlinnen. Auch diese öffentliche Abrechnung erinnerte an den niederländischen Aufstand und das Blutgericht Herzog Albas.

Die Länder der Wenzelskrone erlebten eine zuvor nicht gekannte Besitzumschichtung und eine planmäßige Rekatholisierung. Neben den wenigen kaisertreu gebliebenen böhmischen Ständen erwarb der katholische erbländische Adel zahllose große Güter und fügte sie zu riesigen Herrschaftskomplexen zusammen. Nicht nur Karl von Liechtenstein oder Ulrich von Eggenberg, der Vertraute des Kaisers, legten hier die Grundlage für den ungeheuren Reichtum ihrer Familien, auch Albrecht von Wallenstein erwarb mit etwa 50 Gütern die territoriale Basis seines künftigen Herzogtums Friedland. Alte erbländische Familien wie die Trauttmansdorffs etablierten sich in Böhmen.

Ferdinand II. regierte nach dem Recht des Siegers. Die alten Verträge und Privilegien wurden kassiert. Was der König den Ständen an Befugnissen zurückgab, geschah aus Gnade, nicht aufgrund alter Rechte, und schmälerte seine Herrschaftsbefugnisse nicht. Die am 10. Mai 1627 erlassene «verneuerte Landesordnung» schrieb eine frühabsolutistische Herrschaft fest. 1625 war eine Kommission aus hochrangigen böhmischen Politikern und Gelehrten, darunter Liechtenstein und Wallenstein, gebildet worden, um diese Regelungen auszuarbeiten. Die Wenzelskrone wurde erblich, die katholische Religion verbindlich, Deutsch zur Amtssprache, Tschechisch aber gleichgestellt. Der König bzw. sein Statthalter bildeten das alleinige Herrschaftszentrum. Ferdinand II. übertraf in Böhmen und Mähren die Staatsbildungen der mächtigsten Reichsfürsten.

Das böhmische Beispiel zeigte, dass eine konsequente Herrschaftspolitik nicht nur in Innerösterreich den Einfluss der Stände zurückdrängen und der Gegenreformation zum Sieg verhelfen konnte. Darum ging es dem Kaiser auch in den anderen habsburgischen Ländern. Die katholische Historiographie rechtfertigte später das harsche Vorgehen in Böhmen, weil dadurch ein weiteres Vordringen der Revolution ins Reich unterbunden worden sei. Onno Klopp nannte vor dem Hintergrund der politischen Auseinandersetzungen des 19. Jahrhunderts den böhmischen Aufstand einen Kampf gegen die deutsche Sprache und Kultur, slawische Barbarei gegen christliche Zivilisation.[205]

Ferdinands II. Visionen zielten wohl weniger auf einen einheitlichen und deutschen Habsburgerstaat als auf eine Personalunion katholischer Länder, die vom Wiener Zentrum aus regiert werden sollten. Sein Sohn und Nachfolger Ferdinand III. hat diesen Plan weiterverfolgt, musste aber vor allem in Ungarn religiöse Zugeständnisse machen. Im Reichs-Staat hatten eine Monarchisierung und Rekatholisierung keine Aussichten auf Erfolg. Dies wusste auch Ferdinand II. Es sollten die katholischen Ansprüche dort durchgesetzt werden, wo die konfessionellen Veränderungen und die Säkularisierung des geistlichen Besitzes erst nach 1552 erfolgt waren.

Darüber hinaus wollte er seine Befugnisse als Reichsoberhaupt stärker zur Geltung bringen und die reichsständischen Mitbestimmungsrechte grundsätzlich einschränken. Er musste jedoch wissen, dass ein absolutistisch regierendes Kaisertum die Nachbarn auf den Plan rufen würde, weil sie dann die Universalmonarchie befürchteten. Was Ferdinand II. bei der Umgestaltung Böhmens versäumte, war die Sanierung seiner Finanzen. Die riesigen Ländereien wurden mehr oder weniger verschenkt. Hinzu kam, dass über Böhmen und die benachbarten Gebiete in diesen Jahren eine monetäre Katastrophe hereinbrach, die ihre vom Krieg geschädigte Wirtschaft nahezu ruinierte.

Kipper und Wipper

Die Bemühungen, die dezentral organisierten, auf viele Münzstätten verteilten und in unterschiedlichen Formen gängigen Geldprägungen zu vereinheitlichen, reichen weit zurück. 1551 wurde der Wert des silbernen und goldenen Reichsguldens auf 72 Kreuzer festgesetzt.[206] 1559 legte die Reichsmünzordnung die Zahl der Münzen fest, die von einer bestimmten Menge Edelmetall geprägt werden durften. Manipulationen sollten hart bestraft werden und die Reichskreise die Regeln überwachen.[207] Die langsam versiegenden Bergwerke in Deutschland verteuerten jedoch das Silber so sehr, dass der normierte Silbergehalt der Kleinmünzen ihren Nennwert überstieg. Diese waren deswegen begehrt und wurden häufig eingeschmolzen. Da bei einer ordnungsgemäßen Ausprägung der Kleinmünzen Verluste entstanden, kamen kaum noch korrekt geprägte Münzen in Umlauf. Die minderwertigen Prägungen wurden akzeptiert, weil die Münzherren mit ihrem Namen und Siegel bürgten. Der obersächsische Kreis veränderte dennoch 1610 seine Münzordnung und legalisierte das Prägen kleiner Münzen mit geringerem Silbergehalt.[208]

Die Gelehrten stritten, ob der garantierte Nennwert oder der Edelmetallgehalt den Wert der Münzen bestimme. Weit verbreitet war die Meinung des römischen Juristen Sigismund Scaccia, jeder Münzherr könne das Verhältnis von Nennwert und Edelmetallgehalt beliebig festsetzen, denn der Markt entscheide über die Akzeptanz. Scaccia beruhigte damit das schlechte Gewissen der zu leichtes Geld prägenden Münzherren[209] und öffnete dem Kippen und Wippen Tür und Tor. Wippen, das Aufspüren, Aufkaufen und Beschneiden guter Münzen, und Kippen, ihr

Aussondern und Einschmelzen, wurde zu Beginn der 1620er Jahre zu
einer Möglichkeit der Bereicherung, an der sich viele honorige Bürger
beteiligten.[210] Das einfache Geschäftsmodell verhieß enorme Gewinne.
Die Menschen kauften gute Münzen, aber auch Bruchsilber und Kupfer,
um es den Münzmeistern zu verkaufen, die alles einschmolzen und neues
Geld mit geringerem Edelmetallgehalt prägten.

Die an diesem Kreislauf Beteiligten wurden als Betrüger gescholten,
denen es an Gottesfurcht mangele. Doch warum sollte es verwerflich sein,
mit Geld und Metallen wie mit jeder anderen Ware zu handeln, zumal der
Zuwachs an kleinen Münzen den Wirtschaftskreislauf zunächst stimulierte? Da jedermann von minderwertigen Münzen zu profitieren schien,
gingen die Obrigkeiten nicht ernstlich gegen illegale Münzstätten vor. Die
sogenannten Heckenmünzen schossen wie Pilze aus dem Boden. War die
durchschnittliche jährliche Inflationsrate von ein bis zwei Prozent bisher
kaum beachtet worden,[211] änderte sich dies nun. Bereits 1603 und 1613 hatte
der Reichstag über das Münzwesen beraten, aber keine Beschlüsse gefasst.
Während die kleinen Münzen kontinuierlich schlechter wurden, flossen
die regulären Sorten ins Ausland ab, und die Kaufleute verdienten angeblich mehr daran als an ihren Handelswaren.

1619 wurden die ersten reinen Kupfermünzen geprägt und in Sachsen
die Münzmeister vom Eid auf die Reichsmünzordnung entbunden.[212]
Kurfürst Johann Georg richtete 1620 neue Münzstätten ein, um minder-
wertiges Kleingeld in Umlauf zu bringen. In der Grafschaft Mansfeld verarbeiteten 40 Münzstätten vorwiegend Kupfer, das nun ebenfalls knapp
wurde: Die Pferde konnten – wie ein Flugblatt drastisch zeichnete – die
mit kupfernen Kesseln, Pfannen und Röhren randvoll beladenen Wagen
kaum mehr bis zur nächsten Münzstätte ziehen.[213] Die Inflation wurde
spürbar. Im vom Krieg gezeichneten Böhmen begann die systematische
Münzmanipulation. Hans Heberle notierte in seinem Zeitregister, viele
Münzstätten seien neu entstanden und viel unnützes Geld geprägt worden,
«dadurch viel Laster in Schwang kommen».Jeder versuche, durch Münz-
manipulationen reich zu werden. Ein solcher Jammer sei vom Anfang der
Welt bis zu ihrem Niedergang nie gesehen worden.1622 kam er auf dieses
Problem zurück: Kaiser und Fürsten, Städte und Dörfer, «Kessler und
Landfahrer» hätten Münzen geprägt und leichtes und falsches Geld aus
Kupfer produziert, das niemand mehr akzeptiert habe. Jeder verlange
Reichstaler, die der arme Mann nicht besitze, sodass er hungern müsse. Die

Die Gebrauchsgegenstände auf dem schwer beladenen Wagen werden in die nächste Münzstätte gebracht, wo sich das Kupfer in Geld verwandelt. Das Flugblatt wendet sich gegen die Münzbetrügereien der Kipper und Wipper zu Beginn der 1620er Jahre.

Obrigkeiten hätten verboten, Zinsen und Schulden zu bezahlen, denn viele seien auf diese Weise schon um das Ihrige gekommen.[214]

Die kleineren Münzen verloren gegenüber den groben Sorten rapide an Wert. In Augsburg fiel zwischen 1600 und 1620 das Silberäquivalent des Rechnungsguldens auf zwei Drittel, in den folgenden zwei Jahren auf ein Zehntel. In Würzburg stieg der Wert des Talers zwischen 1610 und 1622 von 300 auf 4000 Pfennige. 1600 wurden in Straßburg für einen Reichstaler 76, 1620 140 und 1623/24 390 Kreuzer eingewechselt.[215] Die mit dem vorgeschriebenen Silbergehalt gemünzten Reichstaler handelte man 1622 in Frankfurt mit sieben, in Süddeutschland mit zehn, in Böhmen mit elf und in Sachsen mit 15 manipulierten Gulden.[216] Der Kurs der groben Sorten explodierte, weil sie den vorgeschriebenen Silbergehalt besaßen und Sicherheit boten. Der längst bargeldlos abgewickelte europäische Großhandel war von dieser Geldentwertung wenig betroffen. Im Kleinhandel und auf den städtischen Märkten verdrängte das schlechte Geld das gute. In den Erblanden, in Böhmen und Mitteldeutschland regierten seit 1620 wilde Spekulationen, Gewinnsucht und Chaos das Münzwesen. Der Kaiser, der seine Kriege finanzieren musste, billigte das Ganze.

In Prag hatte sich der neue Statthalter Karl von Liechtenstein mit Jakob Bassevi, dem Vorsteher der Prager Judenheit, auf die Lieferung von 2000

Mark Bruchsilber pro Woche für 50 000 Gulden verständigt. Da aus einer
Mark Silber 46 Gulden gemünzt wurden, entstanden jeweils 21 Gulden Gewinn.[217] Um den Profit weiter zu steigern, empfahl Liechtenstein, 70 Gulden
aus der Mark zu schlagen. Die kaiserliche Regierung verfügte im September
1621, aus 16 Lot feinen Silbers 79 Gulden zu je 60 Kreuzer zu prägen – das
Achtfache dessen, was die Reichsmünzordnung erlaubte.[218] Der Gewinn
füllte die kaiserlichen, mehr aber noch die Schatullen eines 14-köpfigen
Konsortiums,[219] das Anfang 1622 das Münzwesen in Böhmen, Mähren und
Niederösterreich unter seine Kontrolle brachte. Es zahlte Ferdinand II. für
das auf ein Jahr befristete Monopol auf den Kauf von Silber, sowohl das aus
den Bergwerken als auch das von Privatpersonen, sowie für die Ausgabe von
Münzen eine Pacht von sechs Millionen Gulden, das Sechsfache der regulären böhmischen Steuereinnahmen. Über diesen geheimen, weil reichsrechtlich verbotenen Vertrag berichteten 1622 fünf Zeitungen.[220] Sie machten öffentlich, dass dem Konsortium neben dem Vorsitzenden Hans de
Witte, einem seit längerem in Prag residierenden flämischen Finanzier, auch
Jakob Bassevi, Karl von Liechtenstein, Kardinal Dietrichstein und Albrecht
von Wallenstein angehörten. Die führenden katholischen Köpfe des Landes
arbeiteten also mit der Absicht einer letztlich betrügerischen Bereicherung
mit einem calvinistischen und einem jüdischen Finanzjongleur zusammen.
Das Konsortium prägte fast 30 Millionen Gulden und verdiente über zwei
Millionen Gulden, denn es brachte Münzen im Nennwert von mehr als dem
Doppelten der Kosten in Umlauf. Der Vertrag wurde im Februar 1623 bis
Ende März verlängert, obwohl es bereits Unruhen gab. Die Prägung der
neuen Münzen endete am 3. Juli, ebenso der Verkauf der konfiszierten Güter
gegen Bezahlung mit dem alten Geld.[221]

Die Kehrseite der immensen Gewinne waren rapide Preissteigerungen.
Diese Teuerung traf diejenigen besonders hart, deren Löhne nicht der Inflation angepasst wurden. Arbeiter, Söldner oder Pfarrer konnten wie fast
alle Lohnempfänger für ihr Geld immer weniger kaufen. Bauern, Metzger,
Müller und Bäcker hielten ihre Waren zurück, Handwerker arbeiteten nur
gegen Naturalentlohnung. Die staatlichen Kassen füllten sich mit wertlosem Geld. Es gab Tumulte. Die Übergriffe auf Münzmeister, Geldwechs-
ler, andere Krisenprofiteure sowie untätige Obrigkeiten konzentrierten
sich auf den mitteldeutschen Raum, sind aber auch aus Augsburg, Speyer
oder Biberach überliefert. Gefordert wurde die Rückkehr zur sittlichen
Ökonomie, zu werthaltigen Münzen und bezahlbaren Preisen.

In Bayreuth zerstörte die aufgebrachte Menge im März 1621 Wechselbuden und verlangte vom Bürgermeister und vom Magistrat, die Taxen für Brot- und Bierpreise herabzusetzen. In Halberstadt wurden die Häuser des Münzmeisters und anderer Spekulanten gestürmt. Auch in Halle kam es Anfang 1622 zu Tumulten. Empörte Bürger zerstörten im Februar in Magdeburg etliche Gebäude vermutlicher Kipper und Wipper. Bei diesen Unruhen starben 16 Menschen, weitere 200 sollen verletzt worden sein. Der Magistrat konnte die aufgebrachte Menge nur mit der Zusage beruhigen, ihren berechtigten Forderungen nachzugeben. Ähnliches ereignete sich in Spandau, Brandenburg, Goslar, Zerbst, Erfurt, Freiberg, Eisleben und Helmstedt.[222] Kursächsische Städte warnten vor Unruhen, denn der Pöbel beschuldige die Obrigkeiten, den Betrug zu dulden. Studenten hätten gefährliche Pasquille angeschlagen.[223] Ein Flugblatt rief dazu auf, die Kipper und Wipper auszurotten, denn sie verdürben nicht nur das Land, sondern missfielen auch Gott: «Das Brot ist klein / das Bier ist teuer / Gott gebe den Kippern das Höllische Feuer.»[224]

Zeitungen, Flugschriften und Lieder erörterten Ursachen und Folgen der Münzmanipulationen und machten die als unsittlich bewerteten Praktiken auch dort bekannt, wo die Bevölkerung wie in Bayern oder Hamburg davon wenig spürte. Sie schürten die Wut auf die Kipper und Wipper, die als Münzbetrüger galten. Sie waren der ideale Sündenbock, weil sie von den wirklich Verantwortlichen ablenkten und als Gegenbild des guten Christen die allgegenwärtige Angst vor teuflischen Mächten und um das eigene Seelenheil personalisierten. Der unchristliche Geiz, die Habsucht und die ungebremste Gier hatten demnach die Hyperinflation verursacht. Die Texte bestätigten die Vorstellungen ihrer Leser: Schuld waren vom Teufel verführte Menschen, die ihre Seelen verkauft hatten.[225] Unbußfertige Kipper und Wipper gehörten zur Teufelssekte und mussten vom Abendmahl ausgeschlossen werden, um Gottes Zorn zu besänftigen und Strafen zu vermeiden.[226]

> Fraget jemand wer dies ist?
> Es ist auf teutsch ein falscher Christ /
> Sein Name heisset Münzen Wipper /
> Sein Diener wird genannt ein Kipper /
> Der Belial ist sein Patron /
> Der nimmt sein Seel zum Gewinn davon.[227]

Pfarrer wie Wolfgang Jakob Christmann veröffentlichten Flugschriften, in denen Gott selbst das Urteil sprach: «Darum so gehet hin ihr Verfluchten in das ewige Feuer, das bereitet ist dem Teufel und seinen Engeln.»[228] Sein Kollege Johann Geyffelbach betonte zwar, dass alle Menschen durch ihre Sünden die schweren Zeiten verursacht hätten, doch die Schuldigen werde Gott strafen. Die Kipper und Wipper hätten sich vom Mammon fesseln lassen, sie handelten mit Geld statt Waren und damit wider göttliche, weltliche und natürliche Rechte. «Du Wipper aber bist der mann / Der alles Unheil gerichtet an.»[229] Der Autor sah in der Inflation zwar eine gerechte Strafe Gottes, in den menschlichen Verursachern aber kein Werkzeug Gottes, sondern des Teufels. Wenn der Satan Gottes Wille vollzog, durften sich die Menschen dann dessen Anschlägen entziehen?

Das Wittenberger Konsistorium lehnte die Zulassung der Kipper und Wipper zum Abendmahl ab.[230] Die Jenaer Theologenfakultät kam im September 1621 zum gleichen Ergebnis. Die letzten betrübten Zeiten hätten begonnen. Gott strafe die Menschen mit Armut, Habgier und Wucher. Die Welt geize nach dem schnöden Mammon, obwohl der Untergang unmittelbar bevorstehe. Die Gebote Gottes und die Pflichten gegenüber dem Vaterland müssten auch im Münzwesen beachtet werden. Das Gutachten der Jenaer Theologen wolle weder den weltlichen Obrigkeiten Maß und Ziel vorschreiben noch dem Aufruhr gegen «die Juden / Kipper / Wipper / Münzer und dergleichen Leute» das Wort reden, sondern an die Gewissen derjenigen appellieren, die am Münzbetrug beteiligt seien. Das Unheil entspringe dem gerechten Zorn Gottes, gefalle ihm aber nicht. Er wolle Ordnung. Deswegen müssten neben seinen Zehn Geboten auch alle weltlichen Satzungen und die Gesetze des Reichstags eingehalten werden. Dagegen verstoße die von Münzmeistern, Juden, Kippern und Wippern verursachte monetäre Unordnung. Wenn Juden eigens dazu ins Land geholt würden, sei dies unverantwortlich, denn sie seien wahre Gotteslästerer, schmähten Jesus und Maria und lehrten, dass es kein Totschlag sei, wenn ein Jude einen Christen töte. Sie hätten Brunnen vergiftet, pflegten am Karfreitag ein Christenkind zu martern und saugten als Wucherer den armen Christen das Blut aus. Die Juden dienten der Gemeinschaft wie Mäuse einem Weizenhaufen.

Daneben erging sich das Gutachten der Jenaer Theologen in langatmigen Erwägungen zum Münzwesen. Sie verbanden die Teuerung nicht mit dem Krieg und ordneten sie auch nicht den apokalyptischen Plagen zu, weil sie ihres Erachtens nicht gottgewollt, sondern von Menschen verursacht worden war. Sie traf auch die Pfarrer, die nur noch über ein Viertel ihres Verdienstes verfügten. «Die Münzer [...] fressen alles hinweg wie die Heuschrecken.» Die Reichsstände müssten schnell und einmütig eine neue Ordnung beschließen. Die Kipper und Wipper seien von den jüdischen Wucherern nicht zu unterscheiden und deswegen aus der christlichen Gemeinschaft auszuschließen.[231] Der Hass der lutherischen Theologen konzentrierte sich auf die Münzbetrüger im Allgemeinen und die Juden im Besonderen. Kein Vorurteil erschien den Theologen zu absurd, um nicht die Mitschuld der Juden zu untermauern. Luthers Hetze war nicht vergessen. Dem Gutachten gelang die Quadratur des Kreises: Es benannte Schuldige, deren Handeln Gott missfiel, obwohl er es selbst den Menschen als Strafe zugedacht hatte.

Bewusst übersehen wurde bei den Schuldzuweisungen, dass die Kipperei und Wipperei nur mit Wissen, Willen und vor allem der Hilfe vieler Bauern und Bürger, insbesondere aber der Obrigkeiten möglich war. Über Letztere wurde aus guten Gründen geschwiegen. Cniphard Wipper jedoch hielt in seiner *Expurgatio oder Ehrenrettung der armen Kipper und Wipper* diese selbst für unschuldig, denn sie führten nur die Aufträge der Münzherren aus, deren Bild und Umschrift das Geld ziere. Diese seien die eigentlichen Erzkipper, denn ihre Regalien stammten vom Reich, gegen dessen Konstitutionen sie zum Schaden des deutschen Landes arbeiteten. Die Kipper und Wipper, Wechsler und Juden würden benutzt. Auch hier gelte, kleine Diebe hänge man, mittlere lasse man laufen und große setze man an die fürstliche Tafel. Angesichts des Krieges sammelten die Obrigkeiten die guten Münzen, wechselten sie ein und bezahlten davon ihre Schulden.[232]

Nach der ersten Euphorie zeigte sich schnell, dass die wundersame Geldvermehrung nicht funktionierte. Der Geldverkehr auf dem Lande und den städtischen Märkten brach zusammen. Als niemand mehr Kippergeld annahm, hörten die Prägungen auf. Im Herbst 1622 vereidigte der niedersächsische Münzprobationstag die Münzmeister neuerlich auf die Reichsmünzordnung. Die anderen Reichskreise folgten. Seit dem Sommer 1623 stabilisierte sich das Geldwesen. Ein kaiserliches Edikt regelte Ende des Jahres den Wert der Kippermünzen und setzte den Silbergulden auf ein Achtel seines Nennwertes herab.[233] Auch sonst wurde das Kippergeld auf etwa ein Zehntel oder weniger abgewertet und verboten.[234] Neben den

immensen Verlusten blieben Rechtsprobleme. Alte Schulden waren mit
Kipper- und Wippergeld beglichen worden, neue mit dem stabilen Geld
nicht zu bezahlen.[235] In Frankfurt wurde bei Darlehen die Schuldsumme je
nach Wert des Guldens bei Vertragsabschluss neu berechnet.[236]

Dennoch gelang der Übergang zu neuen Münzen und festen Kursen
mitten im Krieg. Die Kipper- und Wippermünzen hatten in erster Linie
auf den lokalen Märkten, im Kleinhandel und in den öffentlichen Kassen
für Unordnung gesorgt. Da in diesem Bereich konkrete Leistungen und
Waren getauscht und keine spekulativen Geschäfte getätigt wurden, funktionierte die Rückkehr zum stabilen Geld. Den neuen Münzen wurde vertraut, weil diese einen realen Gegenwert an Edelmetallen besaßen. Reichs-
münze blieb der Silbertaler, der sich im Norden mit dem Groschen als
Kleinmünze durchsetzte. Im Süden entwickelte sich hingegen der Silbergulden zum Standard mit dem Kreuzer als Kleinmünze.[237]

Der volkswirtschaftliche Schaden der Kipper- und Wipperzeit ist
schwer zu beziffern. Hunger und Not derjenigen, die für ihr Geld keine
Lebensmittel kaufen konnten, standen den Gewinnen derjenigen gegen-
über, die wie Wallenstein und andere das Inflationsgeld krisensicher in
Land und Leute anlegten. Verloren hatten diejenigen, deren Kredite,
Waren oder Leistungen mit wertlosem Geld bezahlt worden waren. Es
blieb die Angst vor nicht wertbeständigem Geld als Ausdruck von Gottes
Zorn und als Vorbote der Apokalypse. Obwohl sich die Inflation in dieser
Form nicht wiederholte, hielt sich die Angst vor Manipulationen am Geld
während des Krieges, zumal auch Sachwerte keine Sicherheit versprachen.

5. An den Rhein und nach Norden oder warum
der Krieg immer neue Gebiete erfasste

Grenzüberschreitungen

Schon vor der Schlacht am Weißen Berg wurde auch an Rhein, Main,
Donau sowie an Oder und Neiße gekämpft. Siege weckten neue Begehrlichkeiten, Niederlagen den Ruf nach Revanche. Jedes gewonnene bzw.
befreite Gebiet bedurfte der Sicherung seines Vorfeldes. Gegner lauerten

überall und warteten nur auf einen Moment der Schwäche. Die sozio-kulturellen Umwälzungen in Böhmen, Mähren und Schlesien schürten die Angst vor ähnlichen Umgestaltungen in Deutschland. Planten Papst, Kai-ser und Bayernherzog, Jesuiten und Spanier ein katholisches Reich, das nur noch in Mittel- und Norddeutschland Platz für lutherische Restpositionen ließ? Wollten sie der deutschen Freiheit den Garaus machen? Ein illus-triertes Flugblatt beschuldigte den Papst und «Widerchristen» schon 1620, ein «Mörderspiel» im «löblichen deutschen Land» angezettelt zu haben. Alle frommen Fürsten müssten sich gemeinsam gegen die «wilden frem-den Nationen» wehren: «Lasst uns, O Gott, fein einig sein, gleichwie zwei Turtel Täublein fein.» Im Zentrum des Bildes steht zwischen zwei Säulen, die Frieden und Krieg symbolisieren, die Germania mit Zepter und Reichsapfel. Über sie spannen zwei Tauben das Band der Liebe und Ein-tracht. Gott soll den Sieg und den Frieden geben, damit das im Krieg ver-wüstete Land wieder bebaut werden kann.[1]

Das Konzept einer einträchtig handelnden deutschen Reichsnation wurde in vielen Texten gegen die bewährte Feindbildtrias aus Papst, Jesui-ten und Spaniern in Stellung gebracht. Erasmus Widmann wollte laut der Widmung seines Friedensspiels *Kampff und Streyt zwischen Concordia und Discordia* das «liebe Vaterland bei der wohlhergebrachten / und mit so großen Kosten und vielfaltiger Mühe / Gut und Blut / erlangten Liber-tät / Privilegien, Reputation, und löblicher Polizei von beschwerlicher Konfusion und Ruin allerseits» erhalten.[2] Dies schien ihm jedoch nur möglich zu sein, wenn der Friede die Glaubensfreiheit garantiere. Johann David Wunderer überlegte, «ob das Heilige Evangelium, das ist die wahre Christliche Religion und Freiheit des Gewissens, mit dem weltlichen Schwert» erkämpft werden dürfe und «wie weit sich die Verteidigung evangelischer Religion und Gewissens Freiheit zu erstrecken gebühre».[3] Andere Flugschriften erklärten die deutsche Freiheit und das Vaterland zur höchsten Instanz. Sie ergänzten ihre Parolen mit dem alten Vorwurf, die Spanier wollten Deutschland erobern und in ihre Servitut bringen.[4]

Die Schriften riefen zum Frieden und zum Krieg. Sie spielten den Ak-teuren in die Karten, die den Status quo verändern wollten. Die Ambitio-nen der Sieger trafen auf die Uneinsichtigkeit der Verlierer, insbesondere des Winterkönigs. Seine Sache unterstützten nach der Niederlage am Weißen Berg nur noch einige Söldnerführer mit Mansfeld an der Spitze. Die Spanier dachten nicht daran, aus der linksrheinischen Pfalz und der

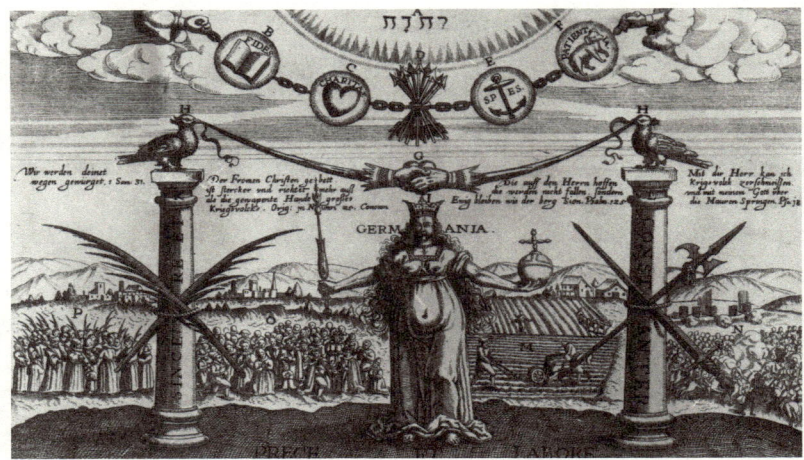

Das Blatt bittet Gott um Frieden und ruft die deutsche Nation zu Eintracht und Einigkeit auf, um das Mörderspiel, das der Papst und die Widerchristen angezettelt hätten, zu beenden.

Wetterau abzuziehen, weil sie hier ihre Nachschublinie in die Niederlande sicherten und ein Zentrum der Calvinisten ausschalteten. Der Krieg um die Pfalz war zwar ebenso wie derjenige um Böhmen oder Mittel- und Norddeutschland kein Religionskrieg, dennoch spielte der Glauben in den Rechtfertigungen eine wichtige Rolle. Ferdinand II., Friedrich V. und Maximilian von Bayern waren überzeugt, dass Gott diesen Krieg als Strafe verhängt habe und dass er ihnen und ihrer gerechten Sache zum Sieg verhelfen werde. Solche Gewissheiten trieben den Krieg voran. Der Siegeszug der Liga und der Spanier verschob den religiösen Status quo zugunsten der Katholiken. Im Kurfürstenrat gab es nur noch zwei Protestanten, von denen der eine mit dem Kaiser kooperierte und der andere in der Neutralität verharrte.

Die meisten Konkordienlutheraner hielten loyal zum Kaiser. Sie vertrauten dessen Zusage, auch in Böhmen das Luthertum nicht anzutasten. Darüber hinaus erhofften sie sich die kaiserliche Unterstützung für ihre territorialen Ziele, sei es in den Lausitzen, in Niederhessen oder am Niederrhein. Die Stände der Union starrten wie das Kaninchen auf die Schlange und hofften auf das Eingreifen europäischer Mächte. Das Bündnis versagte in dem Moment, als es dringend gebraucht wurde, um die Freiheit des Glaubens und der Nation zu verteidigen. Sein Nichtengage-

ment in Böhmen mag politisch klug gewesen sein, der Ulmer Frieden war
es nicht. Das Bündnis war jedoch viel zu schwach, um die Pfalz und den
Mittelrhein wenigstens gegen die Spanier zu sichern.

Dem Brüsseler Statthalter Erzherzog Albrecht kamen die militärischen
Aktivitäten in der Pfalz wegen des 1621 auslaufenden Waffenstillstandes in
den Niederlanden ungelegen. Er ließ seinen Gesandten in Den Haag vor-
fühlen, ob die Provinzen nicht Frieden schließen und sich «unter den Gehorsam ihres natürlichen Fürsten» begeben wollten. Die Antwort war eindeutig: Die «Hoch- und Freiheit der vereinigten Niederlande» stehe außer
Zweifel, der Erzherzog selbst habe sie ja als «freie Respublica» anerkannt.[5]
Alle Feinde schienen sich 1620 gegen Spanien verbündet zu haben. Die
Besetzung der Pfalz verärgerte den englischen Hof, der Herzog von Savoyen griff mit Unterstützung Venedigs die Spanier in Oberitalien an, und
der Kaiser machte Maximilian von Bayern zum Kurfürsten, sodass der
Frieden in Deutschland in weite Ferne rückte. Die Madrider Regierung
wünschte zwar gute Beziehungen zu Bayern, aber nicht um den Preis eines
«ewigen Krieges».[6]

Dies war die in Wien und München unsagbare, aber logische Konsequenz der politischen Entscheidungen des Jahres 1621. Der internationale
Druck gegen die habsburgisch-bayerische Koalition hatte nicht ausge-
reicht, um diese doch noch zum Einlenken zu bewegen. König Jakob I.
ignorierte den Rat des englischen Unterhauses, ein Bündnis mit den Generalstaaten zu schließen und wenigstens einen Entlastungsangriff gegen
Flandern zu führen. Er wollte seinen Sohn mit der spanischen Prinzessin
verheiraten[7] und lieber als Friedensstifter denn als Kriegsfürst in die Geschichte eingehen. Daran scheiterten die Pfälzer Bündnispläne: Gustav II.
Adolf zog es vor, die schwedische Macht im Baltikum gegen Russland und
Polen, Christian IV. die seinige in Norddeutschland zu konsolidieren.

Der Dänenkönig hatte sich mit dem Erwerb evangelischer Bistümer für
seine Söhne, mit seiner aggressiven Handelspolitik und den hohen Sund-
zöllen auch unter den deutschen Protestanten viele Feinde gemacht. Dies
belastete die Verhandlungen, zu denen er für Februar 1621 nach Segeberg
eingeladen hatte. Friedrich V. erschien persönlich. Das große Bündnis zwischen Dänemark, England, den Generalstaaten, Schweden und den evangelischen Reichsfürsten kam aber nicht zustande. Die Versammlung forderte den Kaiser auf, Friedrich V. aus der Reichsacht zu lösen und ihn in
der Kurpfalz mit all seinen Titeln zu restituieren, die Glaubensfreiheit in

Böhmen und im Reich wiederherzustellen und die Armee der Liga zu entlassen. Ansonsten sollten 30 000 Mann mobilisiert werden.[8] Christian IV.
und die regierenden Herzöge von Braunschweig-Lüneburg appellierten
unmittelbar an General Spinola, unbeteiligte Reichsstände nicht weiter
mit Krieg zu überziehen.[9]

Ob diese Friedensinitiative größere Erfolgschancen besessen hätte, wenn
den Worten auch Taten gefolgt wären, sei dahingestellt. Der Kaiser saß in
der Falle des Bayernherzogs, der die ihm gemachten Zusagen einklagte und
über eine Armee verfügte. Ohne englische Hilfe war Friedrich V. nicht in
der Lage, seinem Anspruch auf die böhmische Königswürde Nachdruck zu
verleihen. Der Pfälzer Exilhof beharrte dennoch auf seiner Forderung und
verärgerte auch diejenigen, die mit großem Unbehagen das weitere Vordringen der katholischen Armeen verfolgten. Christian IV. legte Friedrich V. in
harschem Ton nahe, sich einer Friedensregelung nicht zu widersetzen und
auf die Wenzelskrone zu verzichten. Der Pfalzgraf wiederholte seine Position, er sei rechtmäßig gewählt worden, Böhmen habe mit dem Reich nichts
zu tun, und er führe keinen Krieg gegen den Kaiser, sondern gegen Erzherzog Ferdinand und seine Verbündeten.[10]

Hilfe erhielt der Pfalzgraf jetzt aber aus England – wenn auch nur in
Form von Geld und nicht von Truppen. Zwischen 1620 und 1632 investierte
das Inselreich fast anderthalb Millionen Pfund in seine Sache.[11] Den Pfälzer Exilhof in Den Haag finanzierten die Generalstaaten. Die englischen
Vermittlungsversuche – Restitution in der Pfalz unter Verzicht auf Böhmen – lehnte Ferdinand II. mit formalen Argumenten ab: Friedrich V.
habe die Waffen nicht niedergelegt, und er könne nichts ohne die Reichsstände entscheiden, weshalb er eine Versammlung nach Regensburg einberufen habe.[12] Während Jakob I. Frieden vermitteln wollte, arbeitete sein
Schwiegersohn an einer großen antihabsburgischen Kriegskoalition und
lieferte seinen Gegnern die Argumente, ihre Armeen nicht zu entlassen.

Der Bayernherzog strebte, um wenigstens einen Teil seiner Kriegskosten schnell ersetzt zu bekommen, die rasche Einnahme der Oberpfalz an.
Das Gebiet grenzte an Bayern und war wegen des Montanwesens wirtschaftlich attraktiv. Die Ligatruppen stießen jedoch auf einen unbequemen
Gegner: Graf Mansfeld. Er vereinte etwa 20 000 Mann unter seinem
Kommando und verlegte sein Hauptquartier im Sommer 1621 von Pilsen
nach Waidhaus in der Oberpfalz. Hier schlossen sich ihm weitere Söldner
an. Mit dieser Armee an einem strategisch wichtigen Punkt störte er emp-

findlich die Pläne Maximilians von Bayern. Ihm hatte der Kaiser die Exekution der Acht gegen Friedrich V. in der Oberpfalz übertragen.[13] Mansfeld verhinderte 1621, dass die spanisch-kaiserlich-katholischen Truppen nach Belieben in Deutschland schalten und walten konnten.

Erzherzog Albrecht hatte wie Maximilian von Bayern eine Kommission für die spanischen Operationen in der Rheinpfalz erhalten. Um nicht in einen Krieg mit England verwickelt zu werden, ließ König Philipp III. die linksrheinische Pfalz zwar besetzen, verzichtete im März aber offiziell auf jegliche Annexion.[14] Im Zuge dieses spanischen Vorstoßes mussten sich jedoch auch die Wetterauer Grafen mit den Spaniern arrangieren, die immens hohe Kontributionen forderten. Dem Pfälzer Großhofmeister Graf Johann Albrecht von Solms empfahlen seine Standesgenossen, nicht nach Braunfels zurückzukehren, sondern in einer Stadt wie Bremen privat zu leben. Vergeblich hofften die Wetterauer Grafen auf die Unterstützung ihrer unter Spinola dienenden katholischen Verwandten wie Johann VIII. von Nassau-Katzenelnbogen oder Ernst von Isenburg-Grenzau.[15]

Der Feldzug der Spanier ins Rhein-Main-Gebiet schien die Flugschriften zu bestätigen, die in ihnen den größten Feind der deutschen Nation sahen. Dass die Besetzung der Pfalz selbst am spanischen Hof umstritten war, blieb der Öffentlichkeit verborgen. Den Protestanten erschien die Lage eindeutiger, als sie war: Die Spanier sicherten ihre Nachschublinien und schalteten die Reformierten aus, um der angestrebten Universalmonarchie wieder ein Stück näher zu kommen. Eine Flugschrift mutmaßte sogar, die lutherischen Unionsfürsten hätten sich gegen Spinolas Truppen nicht gewehrt, weil deren Opfer Calvinisten gewesen seien. Der Pfalz müsse geholfen werden, denn Gott habe die Union gegen «die babylonische Hure und wider das Tier, das sie trägt, verordnet». Er werde die lutherischen Fürsten mit heiligem Zorn zwingen, ihre Pflicht zu tun.[16]

Ein anderer Text nahm die Fürsten in Schutz vor Urteilen des gemeinen Mannes, der behaupte, Spinola seien die Städte freiwillig übergeben worden.[17] Das *Spanisch Mucken Pulver* beschuldigte die Eindringlinge in gewohnter Manier, mit Hilfe der Jesuiten die Protestanten ausrotten, eine fünfte Monarchie errichten und die ganze Welt beherrschen zu wollen. Sie hätten das Feuer in Böhmen entzündet und auch Ungarn, Österreich und Oberdeutschland in Brand gesteckt. Der Papst, die Jesuiten und die Spanier säten überall Misstrauen, um die Harmonie und die Ordnung im Reich zu zerstören. Sie seien Tyrannen und Todfeinde der Evangelischen, hielten ihre Versprechungen nicht und bekämpften selbst ihre früheren Helfer, um die Weltherrschaft zu erringen.[18]

Die veröffentlichte protestantische Meinung kultivierte unter Verweis auf die biblische Vier-Reiche-Lehre und die apokalyptischen Prophezeiungen die antispanischen Haltungen. Gott wolle, dass dieser Gefahr widerstanden werde. Die deutsche Nation müsse mobilisiert und geeint gegen Papst, Spanier und Jesuiten ins Feld geführt werden. Das Vorgehen des Bayernherzogs und der Liga blieb auch in den evangelischen Texten häufig unkommentiert, weil es das Bild eines nationalen und überkonfessionellen Abwehrkampfes störte, in dem die Protestanten lediglich die ersten Opfer waren.

Spinola ließ, kurz bevor er im April 1621 mit einem großen Teil seiner Soldaten in die Niederlande zurückziehen musste, seine Truppen in die Landgrafschaft Hessen-Kassel ausschwärmen. Landgraf Moritz schied daraufhin aus der Union aus. Sein im April in Bingen geschlossener Vertrag mit den Spaniern wurde zum Vorbild für die anderen Unionsstände, die nun um fast jeden Preis Frieden suchten. Der Mainzer Kurfürst und der Darmstädter Landgraf vermittelten den Mainzer Akkord, einen dreimonatigen Waffenstillstand. Die Union entließ ihre Truppen und überließ den Spaniern alle eroberten Gebiete.[19] Die Verteidigung der rechtsrheinischen Pfalz oblag somit allein den verbliebenen Pfälzer Soldaten sowie den kleinen englischen und niederländischen Hilfskorps. Da Johann II. von Pfalz-Zweibrücken als Statthalter in Heidelberg im Sommer 1621 zurücktrat, fehlte ihnen jede übergreifende politische Koordination. Die Union löste sich im Mai auf ihrer Heilbronner Tagung vollständig auf, obwohl ein englischer Gesandter mit 30 000 Pfund und der Zusage erschienen war, Jakob I. werde die Kurpfalz verteidigen, falls Friedrich V. seine Friedensvorschläge akzeptiere. Der aber lehnte ab. Er glaubte, Friedensverhandlungen seien vergeblich, wenn ihnen nicht mit kriegerischen Mitteln Nachdruck verliehen werde.[20]

War es das Versprechen des Friedens, das den Protestanten in dieser Phase Sicherheit vorgaukelte? Die Flugschrift *Spanischer Schlafftrunck* behauptet, Justus Lipsius habe den Spaniern geraten, die Niederländer nicht mit Gewalt, sondern mit Zugeständnissen zu besiegen. Auch den Deutschen werde ein solcher Schlaftrunk verabreicht, um sie in Sicherheit zu wiegen. Die Spanier würden die Pfalz besetzt halten, um Deutschland in ein «absolutum dominium und regnum» zu verwandeln. Wer habe Spinola aufgefordert, «in einem so freien Reich / sein Vorhaben» ins Werke zu setzen?

Es seien diejenigen gewesen, die wie die Jesuiten ihr Vaterland verraten hätten und ihren gerechten Lohn noch empfangen würden.[21]

Die Liga beschloss im März, ihre Armee auf 15 000 Mann zu verkleinern. Dies reichte, um den vereinbarten «Lohn» einzutreiben, die Oberpfalz und die Kurwürde. Der Kaiser, der selbst mit Bethlen Gábor und Ungarn beschäftigt war, konnte seinem Schwager keine Zugeständnisse abringen. Auch die Pfälzer Partei tat alles, um mit ihrer Uneinsichtigkeit jeglichen Kompromiss zu hintertreiben. Damit ersparte Friedrich V. seinen Gegnern die Probe aufs Exempel.

Ferdinand II. und die Spanier hätten einen Frieden akzeptiert, der ihnen Böhmen und die Nachschubwege am Oberrhein garantierte. Doch wer sollte Maximilian seine exorbitanten Kriegskosten ersetzen? Oberösterreich befand sich in seinem Pfandbesitz, die Wittelsbacher Kur forderte er vehement, und die Oberpfalz besetzte er gerade. Wie hätte unter diesen Bedingungen ein Frieden aussehen können? Die Möglichkeit einer achten Kur zog niemand in Erwägung. Die politische Steuerung versagte, weil alle Akteure die Reichs- und Religionsverfassung in ihrem Sinn festschreiben wollten. Keiner traute dem anderen über den Weg, und der Leidensdruck war noch nicht hoch genug, um innovative Lösungen zu begünstigen. Die Akteure setzten auf Krieg. Bayern und Spanien trugen diesen in die Pfalz und in den Reichs-Staat und ließen Friedrich V. nur die Chance zur militärischen Gegenwehr. Ein Friedensschluss hätte 1621 eine hohe Kompromissbereitschaft auf allen Seiten erfordert. Davon waren die Akteure weit entfernt, zumal mit Kardinal Klesl nun diejenige Kraft am Kaiserhof fehlte, die für Kompromisse plädiert hatte.

Der böhmische Krieg – da hatten die Pfarrer und Kometendeuter recht – erwies sich als bescheidenes Präludium. Der Komet hatte den ohnehin fatalen Hang vieler Theologen und Publizisten verstärkt, den Krieg als Gottes Willen gemäß anzusehen. Sie erzeugten die trügerische Gewissheit, Gott werde den wahren, also den eigenen Glauben letztlich zum Sieg führen. Während besonnene Stimmen daran erinnerten, dass niemand wisse, was Gott wirklich wolle, betrieb der Kaiser selbst auf die Gefahr hin, Kurfürst Johann Georg ins gegnerische Lager zu treiben, die Rekatholisierung Böhmens. Für die Spanier war der katholische Glaube in der linksrheinischen Pfalz kein vorrangiges Ziel.

Das Ende der Kurpfalz

Der vertriebene und geächtete Winterkönig war durch Norddeutschland ins niederländische Asyl gezogen. Dass die Kampfhandlungen in Böhmen, in den Lausitzen, in der Pfalz und in der Wetterau zu ein und demselben Krieg gehörten, bezweifelte niemand. Die wiederauflebenden Kriege in den Niederlanden, im Ostseeraum und im Veltlin beeinflussten zwar auch das Geschehen in Böhmen und Deutschland, doch sie besaßen jeweils eine eigene Geschichte. Die vielen Kriege überlagerten sich in der Wahrnehmung der Zeitgenossen nicht zu einem Freiheitskampf gegen die spanische Hegemonie oder zu einem fundamentalistischen Glaubenskrieg. Das Prinzip dynastischer Herrschaft und eines einzigen Bekenntnisses aller Untertanen geriet an vielen Orten in Widerstreit mit den zündenden Ideen der Glaubensfreiheit, nationaler Autonomie und republikanischer Selbstregierung. Die monarchische Homogenisierung stieß vor allem dort auf Widerstand, wo Stände und Untertanen ihre Freiheit oder ihren Glauben bedroht sahen. Die Verhältnisse gestalteten sich jedoch überall anders, und zu Solidarität über Ländergrenzen hinweg kam es höchst selten.

Die protestantische Publizistik pflegte ihr katholisches Feindbild. Der sächsische Kurfürst blieb außerhalb der Kritik, obwohl er auf den Spuren seines Vorgängers Moritz wandelte. Johann Georg und sein Hofprediger Matthias Hoë von Hoënegg wussten sich im Einklang mit den lutherischen Reichsständen, wenn sie den Kampf gegen die Calvinisten betonten, die ihres Erachtens die wahre evangelische Lehre verfälschten. Für die ehemaligen Mitglieder der Union war Johann Georg jedoch nicht neutral, sondern den eigenen Glaubensgenossen in den Rücken gefallen. Friedrich V. erläuterte im Mai 1621 noch einmal Kurfürsten, Fürsten und Ständen, dass nicht er schuld an dem Blutvergießen sei. Er habe sich nur verteidigt und nie den Kaiser angegriffen.[22]

Nachdem Spinola mit etwa 10 000 Soldaten in die Niederlande gezogen war, blieben noch fast 20 000 Spanier unter der Führung von Don Gonzalo Fernández de Córdoba im Reich zurück.[23] Die vielleicht 6000 Pfälzer Soldaten hielten zusammen mit den englischen Freiwilligen die rechtsrheinischen Gebiete und drei zentrale Festungen, Heidelberg, Mannheim und Frankenthal. Die Heidelberger Regierung ahnte freilich, dass die Kurpfalz unter den derzeitigen Bedingungen nicht zu verteidigen war.

Der Tod König Philipps III. am 31. März und Erzherzog Albrechts am 15. Juli 1621 änderte manches. Im Unterschied zur besonnenen Politik des bisherigen Statthalters forcierte seine Witwe, Erzherzogin Isabella, die vollständige Eroberung und Besetzung der Pfalz, um diesen Unruheherd auszuschalten. Sie ließ Frankenthal belagern[24] und stieß dort im Herbst auf Mansfelds Armee.

Maximilian von Bayern hatte sich zunächst geweigert, die Acht gegen Friedrich V. in der Oberpfalz zu vollstrecken, weil ihn der Ulmer Vertrag in Deutschland zum Frieden verpflichtete. Sein böhmisches Mandat erstreckte sich seines Erachtens jedoch auf die Exekution des geächteten Ernst von Mansfeld. Und er rechnete dem Kaiser vor, dass mit der Oberpfalz seine Kosten nicht einmal annähernd abgegolten seien.[25] Der Kurwechsel erfolgte mit einer geheimen Urkunde am 22. September 1621. Ferdinand II. erklärte, die Vorfahren hätten die «ansteckende[n], faule[n] und schädliche[n] Gliedmaße» vom Leib getrennt, damit nicht das ganze Gebäude zerfalle. Da die Verbrechen Friedrichs V. notorisch seien, werde sein Besitz eingezogen. Er und seine Nachkommen verlören die Kurwürde und die Pfälzer Lande an Maximilian und dessen Lehenserben.[26] Der Kurwechsel sollte allerding vorerst geheim bleiben, um das Einverständnis des spanischen Königs und des Kurfürsten von Sachsen einzuholen.[27]

Die Ligatruppen hatten im Sommer 1621 die Oberpfalz besetzt. Mansfeld, der diese Gegend als eine Art Verfügungsraum betrachtete, wurde mit 140 000 Gulden der freie Abzug versüßt. Er tat so, als wolle er seine Armee auflösen oder sie dem Kaiser unterstellen, dachte aber weder an das eine noch das andere. Stattdessen marschierte er in die Rheinpfalz. Im Oktober stand er mit mehr als 10 000 Soldaten in der Gegend von Mannheim und entsetzte das von den Spaniern belagerte Frankenthal. Die Stadt bedankte sich mit 12 000 Gulden.[28] Danach zog er in die rechtsrheinischen Gebiete des Bistums Speyer und besetzte Bruchsal.

Maximilian von Bayern hatte sich in der Oberpfalz huldigen lassen, beließ ansonsten jedoch zunächst alles beim Alten. Erst nach 1623 begann er mit gegenreformatorischen Maßnahmen. Zunächst mussten die reformierten Prediger die Oberpfalz verlassen, danach die lutherischen. Als Folge seiner endgültigen Belehnung im Februar 1628 wurden auch die Untertanen vor die Wahl gestellt, den katholischen Glauben anzunehmen oder binnen sechs Monaten auszuwandern. Schon im nächsten Jahr war die Oberpfalz wieder katholisch; knapp 100 Adelsfamilien hatten das Land verlassen, ebenso viele den Glauben gewechselt.[29]

Ferdinand II. und die geistlichen Ligafürsten beschuldigten nun aber Maximilian, er habe Mansfeld entkommen und zur Bedrohung ihrer Länder werden lassen. Der Bayernherzog ergriff auch diese Gelegenheit. Er ließ Tilly mit dem Auftrag an den Rhein marschieren, die Acht gegen den Condottiere zu vollstrecken und Heidelberg zu erobern. Im Winter 1621/22 plünderten Tillys Truppen die nördliche Pfalz, Cordobas Spanier die linksrheinische und Mansfelds Söldner einen breiten Riegel im Süden mit den Brennpunkten Bruchsal und Hagenau. Sie kontrollierten zudem den wichtigen Rheinübergang bei Germersheim, konnten jedoch Zabern nicht besetzen und quartierten sich in pfälzischen sowie geistlichen und habsburgischen Gebieten ein. Diese Provokation veranlasste den Kaiser, Mansfeld neuerlich mit der Acht zu belegen.[30]

Spinola und seine spanischen Truppen besetzten während ihres Marsches in die Niederlande das Herzogtum Jülich und vertrieben die dort stationierten brandenburgischen Soldaten. Am Niederrhein und in Westfalen formierte der Kölner Kurfürst Ferdinand von Bayern eine zweite Ligaarmee von etwa 12 000 Mann unter dem Freiherrn Johann Jakob Bronckhorst-Batenburg, genannt Graf Anholt. Der kriegswillige und von Ludwig Camerarius im Auftrag Friedrichs V. zum Eingreifen aufgeforderte Christian IV. von Dänemark ließ sich unter den gegebenen Bedingungen nicht als *Vindex libertatis Germaniae* gewinnen, als Retter der deutschen Freiheit.[31] Er lehnte einen Feldzug ab, weil die Union aufgelöst worden sei und der englische König nur verhandeln wolle.[32] Graf Mansfeld und der die geistlichen Fürsten im niedersächsischen Kreis tyrannisierende Herzog Christian von Braunschweig-Wolfenbüttel waren seines Erachtens keine regulären Kriegsparteien, sondern sorgten nur für weitere Verwüstungen, ohne dem Krieg eine Wende geben zu können.[33]

Es schien, als hole der Krieg 1621 noch einmal Atem. Das Jahr verging ohne größere Schlacht. Danach konzentrierten sich die bewaffneten Auseinandersetzungen auf das Dreieck zwischen Neckar, Main und Rhein. Hier stießen die spanischen und die katholischen Truppen auf das durch Werbungen in der Schweiz und in Frankreich vergrößerte Heer Mansfelds[34] und zwei neue Armeen. Markgraf Georg Friedrich von Baden-Durlach und Herzog Christian von Braunschweig-Wolfenbüttel hatten jeweils mehr als 10 000 Mann geworben. Letzterer, ein jüngerer Sohn des Herzogs

Heinrich Julius, war seit 1616 Administrator des Stifts Halberstadt. Er erklärte, die deutsche Freiheit und den evangelischen Glauben vor den Habsburgern schützen zu wollen, weil diese das Reich nach spanischem Muster in eine absolute und katholische Monarchie umgestalten wollten.[35] Zudem stilisierte Christian eine romantisch-ritterliche Liebe zu Elisabeth, der vertriebenen Königin von Böhmen, der er die Kurpfalz zurückerobern wolle.[36]

Der «tolle Halberstädter», wie er genannt wurde, verfügte über eine Bestallung Friedrichs V. zur Werbung von 1000 Reitern. Mit seinem weitaus größeren Heer zog er nach Süden. Er eroberte Anfang Dezember das mainzische Amöneburg (bei Marburg), bemächtigte sich etlicher hessischer Adelssitze im Busecker Tal in der Nähe von Gießen und bedrohte die oberhessischen Ämter Alsfeld und Homberg an der Ohm. Landgraf Ludwig verweigerte ihm mit Hilfe der Kölner Ligatruppen unter Anholt den Durchmarsch.[37] Bei Kirdorf wurde Christian abgedrängt und zog sich nach Westfalen ins Winterlager zurück. Zuvor aber besetzte er noch Lippstadt und das Bistum Paderborn, wo ihm der Domschatz in die Hände fiel. Dieser enthob ihn vorerst aller finanziellen Sorgen, zumal sich das Bistum Münster mit 300 000 Gulden von Einquartierungen freikaufte. Im Januar 1622 eroberte der Herzog Soest und marschierte danach mit ungefähr 11 000 Soldaten erneut nach Süden.[38]

In der Pfalz hatten Mansfelds Truppen Tilly neckaraufwärts abgedrängt, sodass dieser vorerst Heidelberg nicht erobern konnte. Auch Friedrich V. begleitete inzwischen Mansfelds Heer. Er soll bei seiner Ankunft erklärt haben, einen guten Frieden oder einen guten Krieg zu brauchen.[39] Er bekam keines von beiden. Bei Mingolsheim, südlich von Wiesloch, standen sich die Armeen Mansfelds und Tillys am 27. April gegenüber. Die Schlacht endete mit einem Sieg der mit etwa 18 000 Mann überlegenen Kräfte Mansfelds, der knapp 500 Gefallene zu beklagen hatte. Tilly verlor wohl 2000 seiner 15 000 Soldaten, konnte aber unbehelligt in Richtung Wimpfen abziehen. Der Sieg wurde in der Mansfeldschen Armee und von vielen Protestanten als Zeichen Gottes gedeutet.[40] Der in der Nähe bei Sinsheim lagernde Markgraf Georg Friedrich verschenkte den vollständigen Triumph, als er die Truppen Tillys vorbeiziehen ließ. Angeblich sah er keine Ehre darin, ein bereits geschlagenes Heer anzugreifen. Er sollte dies schon acht Tage später bitter bereuen.[41]

Der Markgraf war Oberbefehlshaber der Unionstruppen gewesen. Gegen ihn wurde am Wiener Reichshofrat seit mehr als zwanzig Jahren in einer Erbschaftsangelegenheit verhandelt. Da in seiner Nachbarschaft eine katholische Armee agierte, fürchtete er, sein Erbe an seine katholischen Vettern zu verlieren, die im spanischen Heer dienten. Als er im Herbst 1621 eine Vorladung nach Wien erhielt und seine Appellation an Kaiser und Stände verworfen wurde, warb er eine Armee, um die deutsche Libertät, sein Land und sein Erbe zu verteidigen, und verständigte sich mit Friedrich V. und Mansfeld auf eine gemeinsame Kriegführung.[42]

Tilly verstärkte sich nach der Niederlage bei Mingolsheim mit spanischen Truppenverbänden. Mansfeld und der Markgraf vereinigten ihre Armeen am 1. Mai bei Schwaigern, trennten sich jedoch drei Tage später wieder. Dieser zweite grobe Fehler binnen einer Woche erklärt sich wohl mit logistischen Problemen; die fast 30 000 Soldaten konnten auf engstem Raum nur wenige Tage mit dem Nötigsten versorgt werden. Während Mansfeld in die nördliche Pfalz zog, Ladenburg besetzte und sich mit dem anrückenden Christian von Halberstadt verbinden wollte, sah sich das markgräfliche Heer am 6. Mai zwischen Obereisesheim und Wimpfen einer nun überlegenen ligistisch-spanischen Armee gegenüber.

Die Ausgangslage sprach gegen den Markgrafen, denn seine etwa 12 000 Soldaten wurden links von einem Waldstück, rechts von Obereisesheim und dem Neckar und nach hinten durch ein sumpfiges Gelände in ihren Entfaltungsmöglichkeiten gehemmt. Seine eigentliche Front hatte er mit 70 mit Eisenspitzen und Mörsern bestückten Wagen gedeckt, die später das Ausschwärmen seiner Infanterie behinderten. Die 20 000 Soldaten Tillys und Cordobas konnten sich dagegen frei entfalten. Die Schlacht begann gegen fünf Uhr morgens mit einer Kanonade und dauerte den ganzen Tag. In der größten Mittagshitze schwiegen die Waffen. Danach führte ein konzentrierter Angriff von Tillys rechtem Flügel zum Rückzug der Reiterei des Markgrafen. Am Abend flohen die badischen Truppen, nachdem ein Geschoss ihr Munitionslager zerstört und Tilly die Wagenburg gestürmt hatte.[43] Jede Seite verlor etwa 2000 Mann, der Markgraf wohl ein paar mehr, konnte seine Truppen aber schnell reorganisieren.[44]

Um diese Schlacht bei Wimpfen ranken sich unterschiedliche Legenden. Zum einen gelten sie einer «weiß gekleideten Frau», die über dem Schlachtfeld erschienen sei und den Truppen Tillys den Weg zum Sieg gewiesen habe, zum anderen dem sogenannten weißen Regiment, der Leibgarde des Markgrafen, die sich angeblich für das Vaterland und die Freiheit opferte.[45] Für die politische Zukunft der Pfalz hing nun alles davon ab, ob sich das Heer Christians von Halberstadt mit demjenigen Mansfelds vereinigen konnte. Dieser entsetzte Mitte Mai das von Erzherzog Leopold belagerte Hagenau und zog Anfang Juni in das fruchtbare Gebiet zwischen Rhein und Odenwald, das Zentrum der Landgrafschaft Hessen-Darmstadt.[46] Ihm folgte der Markgraf mit 6000 Fußsoldaten und 1200 Reitern. Friedrich V. und die Weimarer Herzöge logierten im Darmstädter Schloss, der Feldherr im Rathaus. Der Landgraf weigerte sich, Kontributionen zu zahlen, die Festung Rüsselsheim zu übergeben und seinen Sohn als Geisel zu stellen. Als er die friedlichen Absichten des Kaisers erläutern wollte, erklärte ihm Friedrich V., sein Kampf richte sich nur gegen den Erzherzog, nicht gegen den Kaiser. Friede sei möglich, wenn ihm die Kurpfalz und Böhmen die Freiheit zurückgegeben werde.[47]

Unterdessen verstärkte Tilly sein Heer mit den westfälischen Ligatruppen und mit aus Böhmen heranziehenden spanischen Reiterkorps. Er schnitt Mansfeld den Weg nach Aschaffenburg ab und fügte ihm auf der Lorscher Heide empfindliche Verluste zu.[48] Während der kranke Mansfeld einige Zeit untätig am Neckar verharrte, überquerte Tilly den Main, um den von Norden anrückenden Christian von Halberstadt zu stellen, der kurz zuvor das Eichsfeld ausgeplündert hatte. Dieser erreichte am 12. Juni den Main und besetzte Höchst, nachdem er den Widerstand der Mainzer Garnison und der Bürgerwehr gebrochen hatte. Danach ließ er eine Schiffsbrücke bauen und stellte sich am 20. Juni den überlegenen Kräften Tillys zur Schlacht. Als er die Aussichtslosigkeit seiner Lage erkannte, befahl er den Rückzug. Unter dem Geschützfeuer Tillys geriet der Mainübergang zur kopflosen Flucht. Die Brücke brach zusammen. Drei Kanonen und ein großer Teil des Trosses gingen verloren. Mehr als 2000 Soldaten starben; die meisten von ihnen ertranken in den Fluten.[49]

Trotz dieses Desasters konnte Christian mehr als zwei Drittel seiner Soldaten, gut 10 000 Mann, viele allerdings ohne ihre Waffen, auf der anderen Mainseite versammeln und sich bei Pfungstadt mit Mansfelds Truppen vereinigen. Die Schlacht bei Höchst hatte weder Christian[50] noch Mansfeld, wohl aber Friedrich V. demoralisiert, dem das Gemetzel und die Kriegsgräuel zuwider waren und der beide Heerführer aus seinen Diensten entließ. Markgraf Georg Friedrich von Baden-Durlach löste seine Truppen ebenfalls auf. Mansfeld und der Herzog verließen die ausgezehrte Pfalz und zogen ins Elsass, wo sie die Bewohner des Bistums Straßburg drangsalierten. Am 26. August 1622 urteilte der Wiener Reichshofrat, dass Georg

Friedrich die obere Markgrafschaft den Erben des Eduard Fortunat von Baden-Rodemachern abzutreten und ihnen alle im Erbstreit angefallenen Kosten zu erstatten habe.[51] Erzherzog Leopold setzte daraufhin Markgraf Wilhelm als neuen Landesherrn in Baden-Baden ein.[52]

Zu dieser Zeit entfaltete die von Ludwig Camerarius herausgegebene *Cancellaria Hispanica* ihre Wirkung. Er hatte die Quellenauszüge so ausgewählt und so angeordnet, dass sie suggerierten, der Krieg solle jeden Widerstand in Deutschland gegen eine erbliche Kaiserkrone und die habsburgische Hegemonie brechen.[53] Die *arcana imperii* der Kaiserlichen schienen die schlimmsten Befürchtungen der Protestanten zu bestätigen. Die öffentliche Belehnung Maximilians mit der Pfälzer Kurwürde war ernsthaft gefährdet. Selbst der Papst ließ seine Kapuziner ausschwärmen, um das katholische Europa auf den Kurwechsel einzustimmen. Die von Jakob I. angestrengte Friedenskonferenz in Brüssel wurde Ende des Jahres 1622 ergebnislos abgebrochen; weder der Kaiser und die Liga noch die Spanier zeigten sich verhandlungswillig. Camerarius, der nach dem Tod des Grafen Johann Albrecht von Solms-Braunfels 1623 die Pfälzer Politik leitete, machte den Exilhof zur Schaltzentrale eines gegen die Habsburger gerichteten europäischen Protestantismus, ohne jedoch schlagkräftige Bündnisse schmieden zu können.

Die Ligaarmee belagerte im August 1622 Heidelberg, während Erzherzog Leopold die Städte besetzte, die bisher unter Mansfelds Soldaten gelitten hatten. Obwohl Heidelberg auch von der Bergseite aus mit Feuerkugeln und Granaten beschossen wurde, hielt sich der Schaden in Grenzen. Die Artillerie verbreitete zwar Angst und Schrecken, schoss jedoch wenig präzise; die größte Gefahr ging von Zufallstreffern aus. Eine Flugschrift beschrieb – auch dies sicherlich in propagandistischer Absicht –, dass die Heiliggeistkirche von drei Geschossen ohne größeren Schaden getroffen worden sei. Die Einwohner hätten die Gassen mit Tüchern überspannt, um den Belagerern die Sicht zu nehmen. Tilly ließ schließlich die Vorstadt in Brand schießen und stürmen. Danach wurde Heidelberg eingenommen und geplündert. Die das Schloss verteidigenden Pfälzer Soldaten durften mit ihren Waffen und fliegenden Fahnen abziehen.[54] Stadtkommandant Heinrich von Merven gab den Bürgern die Schuld an der Eroberung, weil sie ihre Posten aufgegeben hätten. Ein Bürger beschuldigte ihn hingegen, die gute alte Ordnung systematisch ausgehöhlt und schwere taktische Fehler gemacht zu haben, sodass der Feind leichtes Spiel gehabt habe.[55] Der

Dichter Julius Wilhelm Zincgref verfasste anlässlich der Belagerung sein *Soldaten Lob*. Er heroisierte die Verteidigung des eigenen Volkes und den Heldentod fürs Vaterland in einem Freiheitskampf, der ewigen Ruhm bedeute:

> Ein solch hübschen Tod beschert Gott nur den frommen.
> Wer knechtisch ist gesinnet, muss unter Herren kommen.
> Die ihn mit einem Zaum nach ihrem Willen führen,
> weil er der Freiheit müd sich selbst nicht mag regieren.[56]

Tillys Heer zog nach der Einnahme Heidelbergs vor die Festung Mannheim, die am 2. November übergeben wurde. Die Garnison durfte, altem Kriegsbrauch gemäß, mit Sack und Pack und Geleitschutz nach Frankfurt abziehen. Komplizierter gestaltete sich die Einnahme Frankenthals. Eine Belagerung im Winter warf große logistische Probleme auf. Tilly ließ daher die umliegenden Dörfer niederbrennen und legte einen Teil seiner Truppen in etwas weiter entfernte Siedlungen, um von dort aus die gut befestigte Stadt zu kontrollieren. Viele seiner Soldaten zogen bis in die Wetterau ins Winterlager, weil sie in der Pfalz keine Nahrung fanden.[57] Die englische Besatzung übergab Frankenthal der Brüsseler Regentin Ende März 1623 unter der Bedingung, dass binnen 18 Monaten ein Ausgleich zwischen Friedrich V. und dem Kaiser erfolgen müsse.[58] Die linksrheinische Pfalz stand nun unter Sequester; sie wurde von einer spanischen Verwaltung unter dem Gubernator Wilhelm Verdugo regiert, die sich «der Römisch Kaiserlichen Majestät verordnete Regierung in der Unterpfalz» nannte.[59]

Die Spanier verzichteten auf eine forcierte Rekatholisierung, um ihre nur vorläufige Verwaltung dieser Gebiete zu unterstreichen. Die alten Orden erhielten allerdings einzelne Klöster zurück. Die gegenreformatorische Zurückhaltung änderte sich 1625, als Kaiser Ferdinand II. bei der Infantin zugunsten des katholischen Glaubens intervenierte.[60] Treibende Kraft der Gegenreformation war der Mainzer Erzbischof Johann Schweikart von Kronberg. Wegen des Priestermangels setzte sich der katholische Glaube jedoch nur langsam durch und war erst Ende der 1620er Jahre wenigstens der äußeren Form nach in der ganzen Rheinpfalz restituiert.[61]

Kurfürst Maximilian regierte seit dem Winter 1622/23 die rechtsrheinische Pfalz. Er setzte in Heidelberg Heinrich von Metternich als Statthalter ein. Das Zentrum des deutschen Calvinismus war in katholischer Hand. Als eine seiner ersten Amtshandlungen schenkte Maximilian große Teile der in der Heiliggeistkirche aufbewahrten *Bibliotheca Palatina*, die mit ihren zahllosen Inkunabeln und Wiegendrucken wohl wertvollste deutsche Büchersammlung, Papst Gregor XV. Dieser hatte sich an den Mainzer Erzbischof mit der Bitte gewandt, die Heidelberger Bücher sicherzustellen. Der fromme Maximilian glaubte, sich dem päpstlichen Wunsch nicht entziehen zu dürfen.

Die Bibliothek wurde in Heidelberg unter Aufsicht des päpstlichen Bibliothekars Leone Allacci verpackt. Um das Gewicht zu reduzieren, ließ er viele Einbände entfernen. Nachdem in München umgeladen worden war, machte sich die mit fast 200 Kisten bepackte Maultierkarawane auf den Weg über die Alpen. Am 9. August 1623 erreichte die Kriegsbeute von etwa 5000 Drucken und 3500 Handschriften Rom[62] – ein «Kulturtransfer», dem in diesem Krieg noch viele andere folgen sollten. Die mitteleuropäischen Kulturgüter wurden umverteilt.

Mancher Konkordienlutheraner konnte seine klammheimliche Freude über den Untergang der calvinistischen Pfalz kaum verbergen. Dennoch war ihre Eroberung kein Glaubenskrieg. Entstanden war allerdings mit dem Kurfürstentum Bayern ein neues Großterritorium, das zusammen mit dem Kaiser dem Reichs-Staat bis an den Main die Gesetze diktierte. Wer garantierte, dass diese Koalition nicht weiter nach Norden vorstieß, um den dortigen Protestanten ihren Willen und den katholischen Glauben aufzuzwingen? Noch war der Krieg nicht überall, und er wurde, abgesehen von den Gebieten, in denen sich die Soldaten aufhielten, unter Schonung von Menschen und Ressourcen geführt. Der Krieg war ein großes Geschäft, das sich seiner Basis nicht selbst berauben durfte.

Waffen- und Munitionsproduzenten, die Hersteller von Rüstungen und Schutzkleidung oder Pferdezüchter machten ebenso große Gewinne wie die Händler dieser Waren. Die Ausgaben für den Krieg ließen die Hauptumschlagplätze für kriegswichtige Güter wie Amsterdam oder Hamburg prosperieren. Benötigt wurden Unmengen an Waffen und der kostbare Salpeter zur Herstellung des Schießpulvers. Die Produktion von Feuerwaffen war technologisch anspruchsvoll. Der niederrheinisch-belgische Raum, die Gebiete um Essen und Nürnberg oder auch Suhl im Thüringer Wald wurden zu Zentren einer hochspezialisierten Produktion von Klingen und Säbeln, Gewehren und Pistolen. Nürnberg entwickelte sich zum Mittelpunkt des Geschützgusses, litt aber unter der Konkurrenz der schwedischen Importe. Der in Lüttich geborene Kaufmann Louis de Geer baute seit 1627 in der Nähe von Norrköping in Kooperation mit Amsterdamer Firmen eine blühende Kupfer- und Waffenindustrie auf. Rüstungskonsortien arbeiteten international vernetzt für Freund und Feind.[63] Die Grafschaft Oldenburg überlebte den Krieg ohne größere Feindeinbrüche, weil ihre schweren Kaltblüter als Zugtiere für die Artillerie und den Nachschub beinahe unersetzlich waren. Der Krieg machte wenige sehr reich, gab vielen Menschen Arbeit und Brot, brachte jedoch den meisten Not und Elend.

Die Masse der Bevölkerung spürte den Krieg anfangs nur indirekt durch zusätzliche finanzielle Belastungen. Sie schaute dem kriegerischen Treiben voller Sorge um den eigenen Frieden und Wohlstand zu und hoffte, dass die Soldaten ihre Gegend verschonten. Als sich im Winter 1622/23 das Ligaheer nach Hessen und Westfalen verschob, zeichnete sich jedoch ab, dass dieser Krieg ganz Deutschland erfassen würde. Nach der Besetzung der Kurpfalz diktierten der Kaiser, die Spanier und Kurfürst Maximilian die neue Ordnung. Es gab keine Armee mehr, die sich ihnen hätte widersetzen können.

Ein anonymer Autor verglich Friedrich V. von der Pfalz mit dem biblischen David. Die freien böhmischen Stände hätten ihn gewählt. Die Übernahme der Krone sei zum Vorteil des Reiches erfolgt, da die Habsburger die Freiheit der Pfalz und des Römischen Reiches vernichten wollten. Der Kaiser werde es mit dem Reich halten wie mit Ungarn und Böhmen. Da die Pfalz stets die «Freiheit Teutscher Nation» befördert habe, sei sie von den Habsburgern ausgeschaltet worden. Damit aber lägen die Karten offen auf dem Tisch, und es sei besser, «für die Religion und die Freiheit des Vaterlands ritterlich und bald gestorben / als unter dem spanischen / österreichischen / jesuitischen, kapuzinischen / abgöttischen Joch und der teuflischen Inquisition [...] gepeinigt [zu] werden».[64]

Die gegen die Spanier, den Papst und die Jesuiten gerichteten Pamphlete wurden mit jedem Sieg dieser Feinde glaubhafter. Ferdinand II. und Kurfürst Maximilian erschienen den Protestanten als bloße Vollstrecker des päpstlichen und spanischen Willens. Die Katholiken erklärten, sie bekämpften nur die unbotmäßigen calvinistischen Ketzer. Die Lutheraner, allen voran Kursachsen, sahen noch immer keine Gefahr im Verzug und wähnten sich durch den Religionsfrieden auf der sicheren Seite. Dafür blickten die Nachbarn besorgt auf Deutschland, wo aus ihrer Sicht nicht nur der Sieg der Gegenreformation, sondern auch ein Umsturz der Reichsverfassung drohte. Beides tangierte ihre Sicherheit.

Eine instabile Ordnung

Eigentlich hätte der Kaiser 1623/24 einen Reichstag einberufen müssen. Stattdessen lud er die Kurfürsten und einige ausgewählte Fürsten nach Regensburg ein, um feierlich die Kurwürde an Maximilian von Bayern zu übertragen. Für allgemeine Friedensverhandlungen schien die Zeit noch nicht reif zu sein. Die Probleme, die 1613 zur Vertagung des Reichstags geführt hatten, waren nach wie vor ungelöst, und Ferdinand II. musste die Forderungen Maximilians erfüllen. Um die kaiserlich-bayerische Ordnung zu stabilisieren, benötigte der Kaiser die Ligaarmee. Die Gefahr war gering, dass diese reichsständische Versammlung, die weder ein Reichs- noch ein Kurfürstentag war, sein Vorgehen missbilligte.[65]

Die kaiserlichen Friedensaufrufe beruhten auf der militärischen Dominanz der katholischen Truppen. Ferdinand II. konnte, selbst wenn er gewollt hätte, Kurfürst Friedrich V. nicht restituieren, und er nahm auch keine Rücksicht auf Johann Georg von Sachsen. Entgegen allen Zusagen mussten seit Herbst 1622 die lutherischen Pfarrer und Lehrer Böhmen verlassen. Der Kurfürst fühlte sich getäuscht und sagte seine Reise nach Regensburg ab. Daraufhin beließ es auch Georg Wilhelm von Brandenburg bei einer Delegation mit eng begrenzten Vollmachten. Die Herzöge von Braunschweig-Wolfenbüttel und Pommern ignorierten die kaiserliche Einladung, Landgraf Ludwig von Hessen-Darmstadt wollte nur die hessischen Erbstreitigkeiten in seinem Sinn befördern. Die kaiserliche Proposition kündigte die Kurübertragung an und beendete alle Friedensillusionen. Sachsen und Brandenburg protestierten gegen das Verfahren, das Friedrich V. mit der Reichsacht belegt hatte, weil sie entgegen der Wahlkapitulation nicht gehört worden waren.

Der Mainzer Kurerzkanzler monierte nicht die kaiserliche Achterklärung, verwies jedoch auf die Schriften, die das Vorgehen für einen Rechtsbruch hielten. Es gehe zu Lasten des Bruders und der Nachfahren Friedrichs, die keines Majestätsverbrechens oder strafwürdiger Handlungen gegen Kaiser und Reich beschuldigt seien. Er empfahl eine vollständige Amnestie, um in Frieden leben zu können. Der Kaiser beharrte jedoch darauf, dass der Kurfürstenrat vervollständigt werden müsse und sein Vorgehen in Böhmen nicht gegen den Religionsfrieden verstoße. Eine Lösung im Sinne der Pfälzer Agnaten wollte er offenhalten.[66]

Die Kurbelehnung Maximilians am 25. Februar 1623 bedeutete eine schwere Hypothek. Der Triumph des Bayernherzogs schien vollständig, obwohl Pfalzgraf Wolfgang Wilhelm von Neuburg als nächster katholischer Agnat ebenso opponierte wie die Kurfürsten von Sachsen und Brandenburg. Die Erzbischöfe von Mainz und Trier äußerten verfassungsrechtliche Bedenken.[67] Der spanische Staatsrat warnte vor dem Kurwechsel.[68] Der Papst begrüßte ihn, weil mit ihm eine zweite mächtige katholische Dynastie im Reich entstand. Die Zeremonie selbst war schlecht besucht. Die Anerkennung Maximilians durch die protestantischen Kurfürsten erfolgte mit deutlichem zeitlichen Abstand. Auf einem wenig später entstandenen Gemälde der feierlichen Kurübertragung finden sich aber selbstverständlich die sechs Kurfürsten.[69] Der Reichsapfel, das Symbol des Erztruchsesses, schmückte Maximilians Wappen und die Bavaria.[70]

Im Kurkolleg saßen nun nur noch zwei evangelische Mitglieder. Zu Lasten des konfessionellen Proporzes auf dem Reichstag wurden mit Johann Georg von Hohenzollern und Ulrich von Eggenberg zwei neue katholische Reichsfürsten aus der unmittelbaren Umgebung des Kaisers kreiert.[71] Dieser Fürstenschub machte Schule. Außerdem vermehrten binnen eines Jahres zwei weitere Hohenzollern, die Grafen von Salm, drei Liechtensteiner, Kardinal Dietrichstein sowie Wallenstein den Reichsfürstenstand, 100 Familien wurden geadelt und 70 in den Grafenstand erhoben.[72] Die geistlichen Reichsstände klagten am Reichshofrat erfolgreich auf die Rückgabe ihres nach 1552 säkularisierten Besitzes. Für die vom Krieg bisher verschonten evangelischen Reichsstände Nord- und Mitteldeutschlands wurde die Lage bedrohlich. Die Ligavertreter beschlossen, ihre Armee zu halten; der päpstliche Gesandte versprach Geld und Söldner, und der Kaiser wollte 8000 Soldaten abstellen.

Als Ferdinand II. von Regensburg nach Prag reiste, sah er unterwegs das Elend, das Tillys und Mansfelds Soldaten, aber auch die zur Verteidigung Mährens gegen Bethlen Gábor einquartierten Kosaken angerichtet hatten.[73] Durch die Hyperinflation waren die Preise für Lebensmittel auf das Zwölffache gestiegen. Der Kaiser hatte den enteigneten böhmischen Großgrundbesitz zu den alten Preisen verschleudert und die Käufer reich und mächtig gemacht. Der böhmische Statthalter Karl von Liechtenstein hatte das schlesische Jägerndorf erworben, Ulrich von Eggenberg Böh-

misch Krummau, Albrecht von Wallenstein die Güter, die später zum
Herzogtum Friedland zusammengefasst wurden. Die einst blühende böhmische Wirtschaft war ruiniert. Viele Protestanten mussten das Land verlassen. Weit rigoroser als die Pfälzer Reformierten sorgten die Habsburger
für konfessionelle Einheitlichkeit.

Das bewährte System Begnadigung gegen Bekehrung funktionierte
auch in Böhmen. Die Menschen wechselten ihren Glauben, um nicht Besitz und Heimat einzubüßen. Erzwungene Konversionen waren im konfessionellen Zeitalter alltäglich. Was die Betroffenen wirklich glaubten, blieb
im Dunkeln. Wegen des Priestermangels lasen auch konvertierte evangelische Pfarrer die Messe. Sie nannten ihre Frauen nun Haushälterinnen und
spendeten das Abendmahl unter beiderlei Gestalt.[74] In der Prager Universität übernahmen die Jesuiten das Kommando. Sein neuer Beichtvater, der
Luxemburger Jesuit Wilhelm Lamormaini, überredete Ferdinand II., Böhmen zu rekatholisieren. Im Juli 1624 wurden alle Protestanten aus den
Zünften ausgeschlossen, ihnen waren Handel und Gewerbe, Heiraten
nach evangelischem Ritus und das Testamentieren verboten. Ihre Schulen
wurden geschlossen, und sie mussten den katholischen Gottesdienst besuchen.[75]

Von der Geldentwertung, die der Kaiser zumindest mitverursacht hatte,
profitierte auch Maximilian von Bayern. Im Frühjahr 1623 wurde eine für
ihn günstige Regelung der Kriegskosten vereinbart. Ferdinand II. schul-
dete demnach dem Kurfürsten noch zwölf Millionen Gulden, die mit
neuem Geld zu begleichen waren. Der Betrag wurde je zur Hälfte auf das
Land ob der Enns und die Oberpfalz versichert. Die Zinsen von fünf Prozent – immerhin 600 000 Gulden jährlich – sollten mit den Erträgen der
beiden Gebiete abgegolten sein.[76] Maximilian dachte nicht mehr daran, die
Kurpfalz zu restituieren, zumal an ihr die Kurwürde haftete. Auch dort
begann die Rekatholisierung, die bis 1628 abgeschlossen war; wer nicht
konvertieren wollte, musste das Land verlassen. Die Kurpfalz gehörte
fortan zur bayerischen Machtbasis und war als Nachschub- und Rückzugsraum der im Norden operierenden Ligaarmee unverzichtbar.[77]

Maximilian regierte mit dem Rückhalt des Kaisers, des Papstes und der
Spanier ein riesiges Herrschaftskonglomerat, Bayern, Oberösterreich, die
Oberpfalz und die linksrheinische Kurpfalz. Er vergaß aber nie, wie abweisend Madrid dem Kurwechsel gegenübergestanden hatte. Bei einem
erfolgreichen Abschluss der Heiratsverhandlungen zwischen Madrid und

London wäre die Kurpfalz die denkbar beste Morgengabe gewesen. Als Armand Jean du Plessis bzw. Kardinal Richelieu 1624 die Leitung des Staatsrates übernahm, gewann Bayern in Paris an Ansehen. Im Louvre wurde wieder zwischen dem inneren Krieg gegen die Hugenotten und einer an der Staatsräson orientierten Außenpolitik unterschieden. Dieser Staatspragmatismus ist Richelieu von den Katholiken auch deshalb angekreidet worden, weil er nur das eine Ziel besessen habe, das Reich und Europa zu destabilisieren.[78]

Bayern, eine starke katholische Macht am Rhein, die nicht von Spanien abhängig war, erschien Richelieu als ein fast perfekter Verbündeter. Während Frankreich antihabsburgische Allianzen unter dem Signum der deutschen oder der italienischen Freiheit förderte, propagierte die Pfälzer Exilregierung in Den Haag den Glaubenskrieg. Sie ging davon aus, dass die europäischen Mächte für die Restitution Friedrichs V. keinen Krieg riskierten. London, Den Haag, Kopenhagen und Stockholm bildeten das magische Viereck, an das sich die Pfälzer Allianzappelle richteten. Wenn die spanische Hegemonie bekämpft werden sollte, gab es mehr Optionen. Dann kamen noch Paris, Venedig oder Turin hinzu. Selbst Papst Urban VIII. begrüßte antispanische Pläne. Er lehnte später die Unterstützung der Habsburger gegen König Gustav Adolf ab, weil dieser keinen Krieg gegen die Katholiken führe: «Die grausamen Österreicher und die schelmischen Spanier würden ihr Vorhaben (uns zu vernichten) erreicht haben, wenn Gott nicht nach seiner Barmherzigkeit vom äußersten Norden den König Schwedens nach Deutschland gerufen hätte.»[79]

Die europaweite Allianz gegen die Habsburger und das Bündnis zwischen München und Paris kamen vorerst jedoch nicht zustande. Maximilian benötigte für seine expansive Reichspolitik die Rückendeckung des Kaisers. Er war zur Schaukelpolitik gezwungen, die das Risiko barg, zwischen allen Stühlen zu enden. Ohne die Unterstützung einer Großmacht war sein zusammengesetzter Kurstaat weder auf deutscher noch europäischer Bühne handlungsfähig. Die prestigeträchtige Pfälzer Kurwürde blieb heikel, solange es im Reich Widerstand gab, Spanien ihr mit Vorbehalten begegnete und England sie nicht anerkannte.

Maximilian blickte deswegen vor allem nach Norden, wo die potentiellen Verbündeten Friedrichs V. saßen. Eine handschriftlich zirkulierende Denkschrift des im Genfer Exil lebenden österreichischen Ständeführers Tschernembl betonte, dass sich das Reich in einem Religionskrieg befinde, der das protestantische Bekenntnis und die Libertät zu vernichten drohe. Dagegen müssten alle Mächte, selbst die Türken, mobilisiert werden. Falls der Sieg misslinge, weil Gott seinen Segen verweigere, sei die Unterwerfung das kleinere Übel.[80] Der Pfälzer Exilhof argumentierte zuversichtlicher: Der Kampf für die gemeinsame Sache, gegen Katholiken, Spanier, Kaiser und Liga, müsse weitergeführt werden, da Gott den Protestanten, obwohl er sie jetzt für ihre Sünden büßen lasse, letztendlich zum Sieg verhelfen werde.

Die wirklichen Kriegsziele der Parteien blieben verschwommen. Kaiser Ferdinand kämpfte an allen Fronten, gegen die Türken und Bethlen Gábor in Ungarn, gegen die Protestanten in Böhmen, in den Erblanden und im Reich sowie an der Seite der Spanier überall in Europa, wo deren Macht angefochten wurde. Kurfürst Maximilian setzte auf seine Armee, um seinen Herrschaftskomplex und die katholische Position im Reich zu sichern. Friedrich V. wollte die Rückkehr zum *status quo ante bellum* ebenfalls mit militärischen Mitteln erzwingen. Die Könige von Dänemark und Schweden sowie die Regenten der Niederlande verfochten im Reich langfristig ähnliche Ziele. Der englische König hoffte wie viele lutherische Reichsstände auf einen von ihm zu vermittelnden Frieden, der Böhmen den Habsburgern überließ, die Pfalz aber Friedrich V. oder seinen Erben zurückgab. Paris wollte die Habsburger, nicht den katholischen Glauben schwächen.

Diese unterschiedlichen Vorhaben waren bei den Allianzverhandlungen kaum zu vereinen. Der Krieg ging weder als allgemeiner Glaubenskrieg noch als europaweiter Kampf gegen die Habsburger weiter, sondern als ein Krieg um die Auslegung des Augsburger Religionsfriedens, die verfassungsrechtliche Stellung des Kaisers und die Absicherung der bayerischen Kurwürde. Die fremden Mächte engagierten sich mit Geld oder erschienen mit Hilfskorps auf dem deutschen Kriegsschauplatz, weil sie fürchteten, der Kaiser könne Deutschland monarchisch beherrschen und als Folge dessen die Habsburger Europa.

Die Reichsstände, die wie der Landgraf von Hessen-Kassel oder der niedersächsische Kreis der neuen Ordnung ablehnend gegenüberstanden, zogen sich die Ligaarmee auf den Hals. Die lutherischen Territorien Mittel- und Nordostdeutschlands sollten nun den Krieg zu spüren bekommen. Bisher hatte der Kurfürst von Sachsen die Lausitzen und Schlesien unterworfen, die Anhalter Fürsten und die ernestinischen Herzöge hatten auf der Seite des Winterkönigs gekämpft. Die Bevölkerung hatte unter Musterplätzen und Einquartierungen gelitten. Vier Weimarer Herzöge dienten 1621/22 als hohe Offiziere im Heer des Grafen Mansfeld. Einer von ihnen, Wilhelm IV., betrachtete die Armee als militärische Schicksalsgemeinschaft und gründete den Orden der Beständigkeit. Seine Mitglieder verpflichteten sich, den Krieg bis zum Erreichen der eigenen Ziele fortzusetzen, sich gegenseitig in der Not beizustehen und aus einer etwaigen Gefangenschaft zu lösen. Die soldatische Ehre sollte verteidigt, gegeneinander keine Gewalt angewendet werden.[81]

Mit dieser Schwurgemeinschaft begannen die bündischen Aktivitäten Wilhelms IV. von Sachsen-Weimar. Dazu gehörten die in erster Linie von Ludwig von Anhalt-Köthen organisierte Fruchtbringende Gesellschaft und der im Oktober 1622 – «in den jetzigen Nöten deutschen Landes» – gegründete Teutsche Friedbund.[82] In dessen Gründungsurkunde hieß es: Die kaiserlich-katholische Übermacht werde die Freiheit und das ganze Reich zugrunde richten, falls man nicht für «Gerechtigkeit, Frieden, Freiheit und Wohlfahrt des Vaterlands, einmütig und redlich bis auf den letzten Blutstropfen fechte». Um die Kriege in Deutschland zu beenden, sollten beide Bekenntnisse erlaubt, die Fundamentalgesetze und die «uralte Deutsche Freiheit» erhalten, die Waffen niedergelegt und Veränderungen rückgängig gemacht werden. Kein Besitz «außerhalb des Vaterlands Deutscher Nation» dürfe künftig «wider Deutschland» gebraucht werden, und der Reichstag müsse die Gesetze beschließen, die zu «Ehren und zu Ruhe und Wohlfahrt des Vaterlandes» notwendig seien.[83]

Mit diesem Reformprogramm übertraf der Teutsche Friedbund sogar die publizistischen Forderungen. Frieden war demnach erst möglich, wenn das Vaterland die Freiheit zurückgewonnen hatte. Der Bundesbrief und der Bundesvertrag adressierten «Deutschland» und die «deutsche Nation» als zu verteidigendes «Vaterland». Mitten in den Kipper- und Wipperjahren sollte zudem die Finanzkraft bürgerlicher Patrioten genutzt werden. Die Bemühungen, die Verantwortung für das Vaterland auf nichtregierende Gruppen auszudehnen, die bisher nur als Objekte des Patriotismus gedient hatten, sind bemerkenswert.[84] Die Verfassung des Teutschen Friedbundes führte jedenfalls alle Stichworte des nationalen Diskurses zusammen.

Dies tat auch die Fruchtbringende Gesellschaft, die im Sommer 1622, also unmittelbar vor der Gründung des Deutschen Friedbundes, mit ihrem

Programm, einem Mitgliederverzeichnis und mit einem Kupferstich Peter Isselburgs von einem Gesellschaftstreffen an die Öffentlichkeit trat. Isselburg stach zu dieser Zeit Porträts der beiden Herzöge Wilhelms IV. von Weimar und Friedrichs II. von Sachsen-Altenburg,[85] die von ihnen bei ihren Söldnerwerbungen eingesetzt wurden. Die geselligen Gesprächsrunden der Fruchtbringenden Gesellschaft gewannen im Kontext des Kampfes gegen die Habsburger ihre Funktion.[86] Ihre auf Sprache und Tugend basierenden, als deutsch ausgegebenen Werte Freiheit, Freundschaft, Redlichkeit, Wahrhaftigkeit, Vertrauen etc. stießen auf weit größere Resonanz als das Militärbündnis. Die Sozietät schuf sich mit ihren Gesellschaftsbüchern, Briefen und Bildern eine legitimierende Tradition.[87] Sprachwissenschaftler und Dichter wie Opitz, Hille, Gueintz, Buchner, Harsdörffer, Schottelius, Moscherosch, Andreae, Rist, Logau oder Zesen bildeten freilich eine verschwindende Minderheit unter den mehr als 500 Mitgliedern, die während des Krieges aufgenommen wurden. Die Fruchtbringer boten mitteldeutschen Fürsten und Adligen, fremden Räten, Offizieren und Kriegskommissaren Zugang zu einer höfischen Geselligkeit, die neben der Muttersprache die Idee der Freiheit gegen fremde oder monarchische Beherrschung verfocht.

Die Reinhaltung und der korrekte Gebrauch der deutschen Sprache sollten das unsichtbare Band festigen, das von Natur aus alle umschlinge, die sich der gleichen Muttersprache bedienten. Durch den Kampf der Fruchtbringer gegen fremde Wörter und Sprachfetzen und für eine eigenständige nationale Literatur sollten die innere Einheit und der Friede des «fast zu Grunde gerichteten Teutschen Reichs» gefördert werden.[88] Ähnliche Sozietäten entstanden während des Krieges in Straßburg, Nürnberg oder Hamburg. Ihre Anregungen korrespondierten mit Ideen, die das Reich und die Nation als übergreifende, sinnstiftende Einheiten neu justieren wollten. Deutsch schien eine verbindende Eigenschaft zu sein, Deutschsein ein auch gegen die Konfessionalisierung gerichteter säkularer Wert, der Eintracht, Einigkeit und Zusammenhalt verhieß.

Die höfischen Damen des thüringisch-fränkischen Raumes organisierten sich etwa zur gleichen Zeit, um die Tugenden und die deutsche Kultur zu pflegen. Sie gründeten angeblich schon 1617 in Amberg die Académie des Loyales, die von der Fürstin Anna von Anhalt-Bernburg, der Gemahlin Christians I. von Anhalt, geleitet wurde. Der Damenorden nannte sich auch Edle Academie der Aufrichtigen oder Güldener Palm-Orden und existierte mit über 100 Mitgliedern bis 1652.[89] Darüber hinaus gab es eine Tugendliche Gesellschaft. Gräfin Anna Sophia von Schwarzburg, eine Schwester Ludwigs von Anhalt-Köthen, und Amöna Amalia, dessen Frau, sollen diese 1619 zu erbaulichen Gesprächen ins Leben gerufen haben. Die Vereinigung besaß eine Satzung. Unter der Devise «Tugend bringt Ehre» sollte zum Vorbild für die ganze Nation nicht nur Vergnügliches, sondern Fruchtbares verrichtet werden. In Zeiten der Gefahr müssten die wahre Religion sowie Land und Leute beschützt werden.[90] Der Appell richtete sich an Väter, Ehemänner, Vettern und Brüder.

Diese Damenorden existierten als Gesprächsrunden und auf dem Papier. Sie zeigen, was an den kleineren mitteldeutschen Höfen gedacht wurde. Mit den höfischen Spielereien, den politisch motivierten Maskeraden sowie den Frieden und Freiheit eines Goldenen Zeitalters verherrlichenden Schäferspielen wurden überkonfessionelle und überständische Handlungsmuster erprobt. Die humanistisch gebildeten, reformierten und lutherischen Protagonisten kämpften für die eigene Sprache, Einigkeit im Vaterland und die Freiheit. Sie suchten Belege für ihre Vorstellungen in der deutschen Geschichte.[91] Der katholische Mainzer Rat Michael Kreps formulierte ein ähnliches Anliegen: «Und soll uns Politische der gelehrte Theologen Zank und Uneinigkeit nicht so viel hindern können».[92] Zacharias Geizkofler, Reichspfennigmeister und Berater von Kaiser Matthias, erläuterte seine Wertschätzung für Christian von Anhalt, den führenden Kopf der Union: «Dann so weit wir in Religion discrepiren, also nahe sind unsere Herzen und Intentionen konjungiert, ob dahin Mittel gefunden werden möchten, das Misstrauen aufzuheben.»[93]

Herzog Wilhelm IV. ergriff 1622 mit dem Teutschen Friedbund die Initiative, weil Kurfürst Johann Georg untätig blieb, obwohl ihn lutherische Reichsständen aufforderten, nach dem Ende der Union eine neue Einung zu bilden, um die «Religion und die deutsche Libertät» zu verteidigen.[94] Der Teutsche Friedbund konnte allerdings das Machtvakuum an der Spitze der Protestanten nicht füllen. Er fand wenig Unterstützung. Nürnberg wollte sich zum Beispiel nur beteiligen, wenn der Kurfürst die Führung übernehme. Ludwig von Köthen sagte Wilhelm IV. Ende Januar 1623 immerhin 35 000 Taler zu.[95] Diese wurden dringend benötigt, denn der Herzog vereidigte Anfang des Jahres die Soldaten auf sich, die Friedrich II. von Sachsen-Altenburg im spanischen Auftrag geworben hatte, aber nicht bezahlen konnte. Die etwa 1000 Reiter und 500 Fußsoldaten meuterten

und drangsalierten die Untertanen im Erfurter Landgebiet, wo sie einquartiert worden waren.[96]

Der Weimarer Herzog besaß damit eine kleine Armee, die er nicht einmal kurzfristig unterhalten konnte und schnell gewinnbringend einsetzen
musste. Er bot sie König Christian IV. von Dänemark, Friedrich Ulrich
von Braunschweig-Wolfenbüttel[97] und Kurfürst Johann Georg zum Schutz
der evangelischen Religion und der «hochgefährdeten Freiheit der Deutschen» an.[98] Alle lehnten ab, sodass sich Wilhelm IV. in den Dienst Christians von Halberstadt begab, der Truppen für den Kampf gegen Tilly warb
und mit dem Kalenberger Vertrag vom 24. Februar 1623 ein Militärbündnis
gegründet hatte.[99]

Die hektische protestantische Politik kurzlebiger Bündnisse war eine
Reaktion auf die neue Ordnung im Reichs-Staat, die auf dem Zusammenspiel des Kaisers mit Kurfürst Maximilian beruhte. Beide dominierten
Deutschland südlich des Mains in einer bisher unbekannten Form. Sie
blickten nach Norden, auf die von dort drohenden Gefahren für ihre Vormachtstellung. Kursachsen beließ es bei papierenen Protesten, und Kurbrandenburg wagte keine eigenständige Politik. Evangelische Fürsten wie
die ernestinischen Herzöge, Landgraf Moritz von Hessen-Kassel und die
Welfen beklagten zwar den Verlust der deutschen Freiheit und den Umsturz der Reichsverfassung, konnten daran aber nichts ändern.

Vorstoß nach Norden

Im April 1623 urteilte der Reichshofrat im hessischen Erbschaftsstreit zugunsten des kaisertreuen Landgrafen Ludwig V. von Hessen-Darmstadt.
Moritz von Hessen-Kassel sollte den Marburger Teil des Erbes Landgraf
Ludwigs an seinen Vetter abtreten, weil er 1605 mit der Einführung des
reformierten Glaubens gegen den Willen des Erblassers verstoßen habe.[100]
Zur Exekution des Urteils rückte die Ligaarmee in die Landgrafschaft ein
und übte dort vom Herbst 1623 bis Januar 1625 faktisch die Regierungsgewalt aus. Selten ist eine Entscheidung des Reichshofrates so schnell
vollstreckt worden. Moritz leistete keinen ernsthaften Widerstand, sodass
schon im Frühjahr 1624 der Darmstädter Landgraf Oberhessen übernahm.
Er besetzte zudem weite Teile der Kasseler Stammlande als Pfand für die
entgangenen Einkünfte und aufgewandten Kosten. Von der angeblichen
Friedensbereitschaft des Kaisers war wenig zu spüren, als auch noch im

niedersächsischen Kreis neue alte Gegner auftauchten: Graf Mansfeld, Herzog Christian sowie Christian IV. von Dänemark, der sein Eingreifen in den deutschen Krieg vorbereitete.

Nach ihrer Entlassung aus den Diensten Friedrichs V. im Juli 1622 hatten Mansfeld und Herzog Christian mit den Generalstaaten, den Habsburgern, dem französischen König und den Hugenotten verhandelt. Sie zogen mit den Resten ihrer Heere durch Lothringen und die spanischen Niederlande, um in den Dienst der Republik zu treten. Am 29. August gelang Mansfeld bei Fleury ein glanzvoller Durchbruch gegen überlegene Kräfte Cordobas. Er hatte sein Heer beweglicher gemacht, 200 Bagagewagen verbrannt und sich, bis auf zwei Feldkanonen, auch von seiner Artillerie getrennt. Sein Heer war durch Flucht und Tod fast auf die Hälfte geschrumpft.[101] Bei Fleury verloren die beiden Condottieri knapp 3000 Mann, darunter Herzog Friedrich von Sachsen-Weimar und Graf Heinrich von Ortenburg. Christian von Halberstadt musste sich den linken Unterarm amputieren lassen.[102] Dennoch wurde dieser Sieg auch mit der Überlegenheit der deutschen Waffen begründet: «Das spanische Geschütz tät keinen Schaden nicht.»[103]

Danach halfen Mansfelds Soldaten, das von Spinola belagerte Bergen-op-Zoom zu entsetzen. Als sein niederländischer Soldvertrag ausgelaufen war, marschierte Mansfeld ins deutsch-niederländische Grenzgebiet. Seine Reiter streiften im Stift Münster umher und störten dort die spanischen Verbände, die ohne Rücksicht auf die Reichsgebiete versuchten, ihren Ring um die Republik zu schließen. Mansfeld kontrollierte jedoch den Niederrhein, das Emsland und hielt Kleve, Jülich und Soest besetzt. Die Haager Regierung, die Mansfeld loswerden, aber weiter von ihm profitieren wollte, empfahl Friedrich V., den Söldnerführer 10 000 Mann zu Fuß und 2000 Reiter werben zu lassen. Mit diesem Heer zog er in die vom Krieg bislang verschonte Grafschaft Ostfriesland. Unterwegs plünderten seine Soldaten Westfalen aus und eroberten Lippstadt.[104] Im Winterlager drangsalierten sie den mit den Habsburgern sympathisierenden Grafen von Ostfriesland und brachten die 150 000 Taler in ihren Besitz, die als Erbabfindung für seine Schwester gedacht waren.[105]

Mansfelds Truppen, zu denen sich im Januar auch diejenigen Christians von Halberstadt gesellten, plünderten Ostfriesland systematisch aus und entvölkerten die Grafschaft mit eingeschleppten Krankheiten. Der Söldnerführer verhandelte mit den Regierungen in Brüssel und Den Haag. Zudem überwarf er sich mit dem Halberstädter, der mit seinem Heer im

Februar in den Dienst seines Bruders Friedrich Ulrich von Braunschweig-Wolfenbüttel trat[106] – angeblich um dessen Gebiete vor Mansfeld zu schützen. Der Vertrag der beiden Brüder legitimierte den Aufenthalt der Truppen Christians im niedersächsischen Kreis.[107] Zwischenzeitlich hatten die Kreisstände beschlossen, eine Armee von 10 000 Mann aufzustellen, um sich vor Durchzügen und Einquartierungen zu schützen, damit es ihnen nicht wie Böhmen oder der Pfalz ergehe, die ihrer Freiheit und Religion beraubt und unter das päpstliche Joch gebracht worden seien.

Der niedersächsische Reichskreis bezahlte die Söldner mit einem Darlehen König Christians IV., der seinen Sohn Friedrich als Administrator des Stifts Osnabrück einsetzen wollte. Das Domkapitel wählte jedoch unter dem Druck der Waffen Anholts Eitel Friedrich von Hohenzollern, den Bruder eines bayerischen geheimen Rates.[108] Alles deutete darauf hin, dass auch im Norden die nach 1552 vollzogenen Konfessionswechsel rückgängig gemacht werden sollten. Die früheren kaiserlichen Zusicherungen schienen Makulatur zu sein.

Wie Mansfelds diente Christians Armee, der sich Wilhelm IV. von Weimar mit etwa 4000 Soldaten anschloss, in erster Linie als Drohkulisse und Beleg dafür, dass das große Kriegsbündnis, das in Den Haag geplant wurde, langsam Gestalt annahm. Den Pfälzer Diplomaten schwebte eine calvinistisch-lutherische Internationale vor. Neben dem Stuartkönig galt es, die Könige von Dänemark und Schweden, den nieder- und obersächsischen Reichskreis sowie die Hansestädte für die Sache der Republik und des Pfalzgrafen zu gewinnen. Das weitere Vorgehen sollte mit einem Angriff Bethlens auf die kaiserlichen Erblande ebenso koordiniert werden wie mit den in der Liga von Lyon zusammengefassten Bemühungen Frankreichs, Savoyens und Venedigs, das Veltlin von den Spaniern zu befreien. Die Liga nahm im Juni 1623 Mansfeld in Dienst, der seine Truppen unter Beachtung der Neutralität Bayerns in die Freigrafschaft und nach Burgund führen sollte.[109] Da sich die Zahlungen verzögerten, fiel das Heer vorerst jedoch weiter Ostfriesland zur Last.

Ferdinand II. und Maximilian rätselten, welche Ziele die beiden Condottieri verfolgten. Aber Herzog Christian und Graf Mansfeld wussten das selbst nicht recht. Die Verhandlungen mit Bethlen Gábor verliefen in Konstantinopel zwar erfolgversprechend, doch er begann seinen Feldzug erst Ende August. Der Halberstädter konnte nicht warten, zumal ihn die Ligaführung ultimativ aufgefordert hatte, den niedersächsischen Kreis zu verlassen. Tilly marschierte im Mai 1623 von Assenheim aus entlang der Fulda und Werra nach Norden, um sich mit den westfälischen Ligatruppen Anholts zu vereinigen, der die Reichsstifte Köln, Trier und Lüttich gegen Mansfeld schützen sollte. Sie wollten die Armee Herzog Christians stellen, bevor er sich mit Mansfeld vereinigte.

Der Krieg war nun auch im hessisch-thüringischen Grenzgebiet angekommen. Beispielsweise alarmierte Ende Mai 1623 die Nachricht, dass 1000 Kroaten im Anzug seien, die etwas abgelegene hessische Exklave Schmalkalden im Thüringer Wald. Die Bürger begannen mit Schanzarbeiten. Diesmal war es noch ein Gerücht, doch schon Anfang Juli marschierte ein größerer Trupp kaiserlicher Soldaten an der Stadt vorbei. Die Landesdefension wurde mobilisiert. Eine Woche später lagerten fast 1000 kaiserliche Reiter in den benachbarten Dörfern, und Landgraf Moritz quartierte mehr als drei Monate lang seine Soldaten in Schmalkalden und den umliegenden Siedlungen ein. Anfang August kam es zu einem ersten ernsthaften, letztlich aber glimpflich verlaufenden Zwischenfall. Die Bürger und einige hessischen Soldaten hatten den Tross der kaiserlichen Truppen angegriffen, einen Esel erbeutet und in die Stadt gebracht. Die Soldaten kehrten daraufhin um. Der Amtmann verhütete Schlimmeres. Er gab den Esel zurück und entschuldigte sich. Von Mitte bis Ende Oktober lagerten dann zwei- bis dreihundert kaiserliche Reiter in der Stadt. Die Bürger und das Landvolk mussten ihre Gewehre auf der Burg deponieren. Als die Reiter am 31. Oktober die Stadt verließen, wurden 2000 Gulden Brandschatzung fällig. Schon am nächsten Tag zogen erneut Tausende von Reitern an Schmalkalden vorbei.[110]

Für mehr als anderthalb Jahre, vom November 1623 bis zum Juni 1625, quartierten sich danach 300 Reiter unter Führung des Obristen von Schönburg in Schmalkalden ein. Für deren Unterhalt wurde eine Vermögenssteuer erhoben: Jeder Haushalt zahlte wöchentlich pro 100 Gulden Besitz sechs Pfennige. Die Kosten von insgesamt 76 000 Talern trugen zu einem Drittel die Stadt und zu zwei Dritteln das umliegende hessische Landgebiet. Im Mai wehrten sich die Bauern, weil einzelne Abteilungen in ihre Dörfer verlegt werden sollten. Bei diesen Tumulten erschlugen die Soldaten in Herges fünf Bauern und steckten den Ort in Brand. Im August wurde ein Soldat hingerichtet, der eine Magd vergewaltigt hatte. Beim Abzug der Truppe im Juni 1625 musste jedem Reiter der Wert eines Doppeltaftuches von sechs Ellen entrichtet werden. Die Bauern töteten einen

Soldaten, als er das Geld aus der Vogtei Herrenbreitungen abholen wollte.[111]

Die Schmalkaldener Kriegsgeschichte, die im Sommer 1625 mit immer neuen Einquartierungen, Kontributionen und dem Ausbruch der Pest eigentlich erst begann, zeigt, wie sehr auch die Orte die apokalyptische Trias spürten, die am Rande der breiten Marschkorridore lagen. In den ersten Kriegsjahren wurde, und dies machte die Einquartierungen ein wenig erträglicher, noch streng auf Disziplin geachtet. Die Soldaten erhielten im Gegenzug, da trotz aller Klagen noch genügend Ressourcen vorhanden waren, pünktlich die ihnen zustehenden Leistungen. Hatte die Bevölkerung bei Einquartierungen ursprünglich nur das sogenannte Servis, Unterkunft, Holz, Licht und Salz, zu entrichten, so waren schon seit geraumer Zeit Nahrungsmittel und Pferdefutter hinzugekommen. Tilly ließ seit 1623 die Verpflegung in die Ordinanzen einrechnen.[112] Die Bewohner wehrten sich allerdings gegen Söldner, die mit Gewalt mehr forderten und ihren eigenen Lebensstandard bedrohten.

Christian IV. von Dänemark hatte unterdessen Tilly vor dem Überschreiten der niedersächsischen Kreisgrenze gewarnt,[113] ihn aber nicht davon abhalten können. Der Halberstädter flüchtete daraufhin mit seinen etwa 20 000 Soldaten in Richtung Niederlande. Tilly fing ihn jedoch kurz vor der Grenze ab und schlug ihn am 6. August 1623 bei Stadtlohn vernichtend. Christian hatte den von ihm besetzten Hügel nicht halten können, weil seine Fußtruppen, 16 Kanonen und der Tross im Sumpf feststeckten. 6000 seiner Soldaten fielen, 4000 gerieten in Gefangenschaft, darunter auch die Herzöge Wilhelm IV. von Sachsen-Weimar und Friedrich II. von Sachsen-Altenburg, die dem Kaiser übergeben wurden. Mit weniger als 1000 Toten und Verwundeten waren Tillys Verluste vergleichsweise gering.[114]

Volkmar Happe berichtet in seiner Chronik mit großer Genugtuung über diese Schlacht, in der die Soldaten, die zuvor in Thüringen übel gehaust hätten, von Gott bestraft worden seien: «Ach, wie sind die armen Teufel kränklich nackt und bloß wieder zurückgekommen, denen zuvor bei dem armen Bauern kein Frevel, teuflischer Mutwillen und Bosheit zu viel. Allhier hat der gerechte Gott grausam gerechnet.»[115]

Der in Ostfriesland lagernde Mansfeld war Christian nicht zu Hilfe geeilt, weil er den strikten Befehl seines französischen Dienstherrn besaß, die Neutralität der Ligaarmee zu beachten und zum Schutz der Republik in seinem Quartier zu bleiben. Mit der Niederlage Christians waren die weit ausgreifenden pfälzisch-oranischen Angriffspläne im Keim erstickt. Bethlen Gábor durfte auf keine Hilfe aus dem Norden hoffen. Sein Vorstoß kam an der March zum Stehen. Im Mai 1624 schloss er den Wiener Frieden mit dem Kaiser, der den Nikolsburger Frieden vom Dezember 1621 bestätigte.[116]

Tilly durfte auf Anweisung Maximilians den über die nahe Grenze in die Niederlande flüchtenden Halberstädter nicht verfolgen.[117] Der deutsche und der niederländische Krieg blieben getrennt. Mansfeld verharrte in Ostfriesland, und es gelang Tilly nicht, ihn zu verdrängen. Tillys Vorstoß in die Grafschaft Oldenburg verpuffte. Er zog sich nach Süden zurück und besetzte angesichts des schlechten Wetters und vieler kranker Söldner die Landgrafschaft Hessen-Kassel. Landgraf Moritz trat schließlich auf Druck seiner Landstände am 17. März 1627 zugunsten seines Sohnes Wilhelm V. zurück.

Kurfürst Johann Georg von Sachsen beließ es bei Protesten auf Papier. Dem protestantischen Widerstand fehlte ein Haupt. Die reformierten Hohenzollern waren politisch zu schwach und von den Brennpunkten des Geschehens zu weit entfernt, Württemberg fühlte sich von Bayern umzingelt, das lutherische Hessen-Darmstadt war vom kaiserlichen Wohlwollen abhängig, die Welfen standen unter dem Druck Tillys, und die Bemühungen des Weimarer Herzogs verliefen im Sande. Der politische Widerstand bündelte sich daher auch weiterhin am kleinen Pfälzer Exilhof in Den Haag. Er bestand aus etwa 200 Personen, meist deutscher, böhmischer oder englischer Herkunft,[118] die nun vor allem von England finanziert wurden.[119] In Den Haag liefen die Fäden der nichtkatholischen Politik Europas zusammen. Die meisten der großspurig lancierten Projekte kamen jedoch nicht zustande. So sollten im Habsburgerreich Aufstände geschürt werden, die Türken in Ungarn und Böhmen für evangelische Könige sorgen, der Zar Polen angreifen, die Franzosen sich mit Hilfe Venedigs und Savoyens des Veltlins bemächtigen und nicht zuletzt Dänen, Engländer und Schweden ein Bollwerk gegen das Vordringen der Liga in Norddeutschland errichten.[120] Die Pläne dienten nur einem Ziel, der Befreiung der Kurpfalz.

Auf niederländische Vermittlung hin verständigten sich Anfang 1624 Mansfeld und die ostfriesischen Stände. Die Soldaten wurden entlassen und traten fast vollständig in niederländische Dienste. Mansfeld erhielt 300 000 Gulden, die erneut die Den Haager Regierung vorstreckte. Mit

diesem Geld finanzierte er diverse Reisen nach London und Paris, um sein
Großprojekt, eine internationale Allianz gegen die Habsburger, zu lancieren.[121] Er erhielt schließlich den Oberbefehl über ein Heer, das offiziell im
Dienste Friedrichs V. stehen sollte.[122] Die europäischen Mächte investierten aus Angst vor den Habsburgern in den deutschen Krieg.

Der erst 1629 beendete Aufstand der Hugenotten hemmte allerdings
Kardinal Richelieu bei seiner weiträumig konzipierten Außenpolitik, die
Spanien, unabhängig von aller katholischen Solidarität, zum Hauptfeind
machte. Konfessionelle Motive spielten für die französische Diplomatie
fortan nur noch eine sekundäre Rolle. Nicht Expansion um jeden Preis,
sondern die Sicherung eines stabilen Status quo durch Stützpunkte, Festungen und Passagerechte war das Ziel dieses großen Staatsmannes. Sein
erster diplomatischer Coup zu Lasten Spaniens war der im Juni 1624 in
Compiègne geschlossene Vertrag mit den Generalstaaten, denen 3,2 Millionen Livres zur Fortführung ihres Krieges zugesagt wurden. Ein ähnliches
Bündnis schloss die Republik mit England, wo der Stuarthof das spanische
Heiratsprojekt ad acta legte.

Karl, der Prinz von Wales, war im April 1623 in Begleitung von George
Villiers, dem Herzog von Buckingham und ersten Minister seines Vaters,
nach Madrid gereist. Sie hatten eine sofortige Entscheidung gefordert, da
mittlerweile vier Jahre lang verhandelt worden sei und sich am Londoner
Hof die Stimmen mehrten, die den Sinn einer Heirat zwischen Karl und
der Infantin Maria anzweifelten, weil die Spanier die einzige Schwester des
Prinzen aus den Pfälzer Stammlanden ihres Gemahls vertrieben hatten.
Als der spanische Hof vor der Rückgabe der Pfalz und der Heirat die Konversion des Prinzen und der Erben Friedrichs V. zum katholischen Glauben verlangte, hatte Madrid den Bogen überspannt.[123] König Jakob gab
den Forderungen des Parlaments und der Patrioten nach und verhandelte
mit Frankreich über eine gemeinsame Eingreiftruppe in der Pfalz, die
unter dem Kommando Mansfelds stehen sollte.[124] Gleichzeitig begannen
Bündnisgespräche mit Dänemark und norddeutschen Fürsten, um den
Vorkriegsstatus zu restituieren.[125]

Der Pfälzer Exilhof hoffte, auch Gustav Adolf von Schweden überzeugen zu können. Nachdem dieser den Waffenstillstand mit Polen verlängert
hatte, reiste der gewiefte Pfälzer Diplomat Ludwig Camerarius im Herbst
1623 nach Stockholm. Er glaubte, eine europäische Allianz werde Friedrich V. nach Böhmen zurückführen und Gustav Adolf könne die Kaiser-

krone reizen.[126] Unter dem Druck Englands und Frankreichs verständigten sich im Juli 1624 die Könige von Schweden und Dänemark, gemeinsam gegen Kaiser und Liga vorzugehen. Im November heiratete die französische Prinzessin Henriette Marie den englischen Thronfolger Karl.[127] Im Winter zeichnete sich dann erstmals eine große europäische Allianz zugunsten des Pfalzgrafen ab. Der englische König hatte dafür an verschiedenen Höfen werben lassen und hinhaltend Krieg gegen Spanien geführt. In Deutschland verschlechterte sich die Pfälzer Position allerdings, weil der Kurfürstenverein im Juli Maximilian von Bayern aufnahm. Johann Georg von Sachsen machte dafür die gleichen reichspatriotischen Gründe geltend, die der Kaiser angeführt hatte. Das Kurkolleg müsse vollständig sein, um Frieden zu erreichen.[128]

Im Frühjahr 1625 griff Frankreich Genua an. Der Nachschub der Spanier konnte aber nicht unterbunden werden, weil der Herzog von Feria, der spanische Statthalter in Mailand, die Stadtrepublik unterstützte, sodass sich die französischen Truppen zurückziehen mussten. Auch Richelieu sah ein, dass seine Ressourcen begrenzt waren, zumal Hugenottenaufstände den Süden Frankreichs weiter erschütterten.[129] Aus spanischer Sicht besserte sich die Lage 1625, als über das Veltlin neu verhandelt wurde und die unkoordinierten Aktionen der feindlichen Liga erfolglos blieben. Richelieu ließ seine gegen Spanien gerichteten Friedensvorschläge an den großen deutschen Höfen sondieren; Friedrichs Stammlande sollten zurückgegeben und das Bündnis nordeuropäischer Staaten sollte mit Reichsständen ergänzt werden.[130] Gustav Adolf entschied sich jedoch für einen Angriff auf Polen, nachdem seine Vorbedingungen für einen Krieg im Reich – große Häfen an der Nord- und Ostsee sowie englische und niederländische Kriegsschiffe als Sicherung gegenüber Dänemark – abgelehnt worden waren.[131]

Unterdessen versöhnte sich in Deutschland der nimmermüde Mansfeld mit Christian von Halberstadt und stellte mit englischen und französischen Geldern ein neues Heer auf. Er zog in die Niederlande, konnte jedoch die aufsehenerregende Kapitulation Bredas im Juni 1625 nicht verhindern. Sein Heer logierte im Herzogtum Kleve und am Niederrhein, später an der Weser. Kurfürst Maximilian kamen diese Aktivitäten gerade recht; er ließ auf einem eigens einberufenen Ligatag beschließen, die Truppen Tillys gegen «des Reiches Erz- und Hauptfeind» zu verstärken.[132] Der bayerische Kurfürst stand fest an der Seite der Habsburger, obwohl ihn Richelieu lockte. Dessen Angebote besaßen aber den großen Nachteil, dass sie ihm den Besitz der Kurpfalz nicht garantierten und ihn an eine Macht banden, die mit Protestanten paktierte. Maximilian wollte zwar Frieden, aber einen, der sein Gewissen nicht belastete, ihm seine Gewinne und dem Reich die neue Ordnung dauerhaft sicherte.

Die Ligaarmee operierte im niedersächsischen Kreis, um Mansfeld und Christian von Halberstadt auszuschalten. Sie provozierte die Herzöge von Braunschweig und den König von Dänemark, die davon ausgingen, dass nun die säkularisierten Stifte rekatholisiert und die evangelischen Administratoren abgesetzt werden sollten. Dies betraf Prinzen aus ihren Häusern und brachte zudem das protestantische Übergewicht im Kreis ins Wanken. Nach den Erfahrungen in Böhmen, in der Pfalz und zuletzt in Hessen wollte vor allem König Christian IV. den Anfängen wehren.

Die dänische Intervention

Zu Beginn des Jahres 1625 ließ der dänische König den vielen Worten Taten folgen. Der 1577 geborene Christian IV. regierte seit 1596 und richtete sein Hauptaugenmerk auf das Militär. Er rüstete auf, baute Festungen und vergrößerte die Flotte. Die Kriege mit Schweden um die Vorherrschaft in der westlichen Ostsee sahen keinen eindeutigen Sieger. Sie verdeutlichten aber, dass mit Gustav Adolf nun ein ebenbürtiger Konkurrent auf seine Chance wartete, die Dänen aus ihrer beherrschenden Stellung am Öresund und Belt zu verdrängen.

Die Ostsee war im späten Mittelalter der wirtschaftliche und politische Operationsraum der Hanse. Das von Lübeck dominierte Bündnis autonomer Handelsstädte kontrollierte den dortigen Warenverkehr. Um 1500 verlor die Hanse ihre Vorrangstellung.[133] Ihre Politikfähigkeit, also ihr Recht, Verträge zu schließen und Kriege zu führen, wurde von den sich staatlich formierenden Ostseeanrainern und auch innerhalb des Reichs-Staates in Frage gestellt. Dass die Hanse 1648 in den Friedensvertrag aufgenommen wurde,[134] widersprach dessen innerer Logik. Die Hansestädte mussten sich jedoch vor wie nach dem großen Krieg mit den umliegenden Staaten arrangieren. Dies gelang leidlich, weil die Konkurrenten Dänemark und Schweden mit ihren Nebenländern Norwegen und Finnland seit dem Ende der Kalmarer Union 1520 um die Vorherrschaft im Ostseeraum stritten.[135]

Schon in der ersten Hälfte des 16. Jahrhunderts hatten sich die beiden nordischen Mächte aus politischen Gründen der lutherischen Reformation angeschlossen.[136] Die alte Kirche verlor ihre Herrschaftsrechte. Die Säkularisationsgewinne erweiterten die finanziellen Spielräume der Kronen beträchtlich. In den gemischten Verfassungssystemen Skandinaviens wurden die Monarchen durch den Hochadel, in Schweden teilweise von Bürgern und Bauern kontrolliert.

Auch Schweden rüstete auf, um die dänische Einkreisung zu sprengen, die mit den Provinzen Schonen und Blekinge das Land vom Sund und von der Ostsee sowie durch Halland und Norwegen vom offenen Meer trennte. Eine Kriegsflotte wurde aufgebaut – ein wichtiger Schritt auf dem Weg zur schwedischen Großmacht. Während die Mobilisierung andernorts anlassbezogen erfolgte und der Zustimmung der Stände bedurfte, gab es in Schweden bereits seit 1543 ein kleineres stehendes Heer von etwa 8000 Mann samt der erforderlichen Infrastruktur. Die staatlich kontrollierte Armee basierte auf einem zentralisierten Staat, der die höheren Stände einband, weil er ihnen Beamten- und Offiziersstellen bot. Die Krone achtete darauf, dass die Bauern nicht ruiniert wurden. Diese zahlten hohe Steuern und ließen sich in Konskriptionslisten erfassen, ohne zu rebellieren. Sie identifizierten sich mit dem schwedischen Staat und mit der Politik Gustav Adolfs. Erst nach seinem Tod und als der Krieg fast alle jungen Männer ganzer Landstriche hinwegraffte, kam es zu stärkerem Widerstand. Der König hatte das stehende Heer und die Marine stets für notwendig erklärt, um das eigene Land vor Invasionen und Blockaden zu schützen. Tatsächlich baute er eine Armee auf, die offensiv vorgehen und erobern konnte. Seine ansehnliche Flotte wurde nur von der spanischen und der niederländischen übertroffen.[137]

Die dänischen Könige aus dem Hause Oldenburg hatten sich in den 1530er Jahren gegen Lübeck und die Hanse durchgesetzt und beherrschten bis 1658 die Gebiete beiderseits des Öresunds. Sie konnten diese wichtige Wasserstraße sperren und verfügten deswegen über hohe Zolleinnahmen, die ihnen eine recht aggressive Politik erlaubten. Christian IV. verwickelte sein Land in zahlreiche Kriege,[138] um die Hanse endgültig zu unterwerfen, Einfluss auf die säkularisierten norddeutschen Bistümer zu gewinnen und die dänische Vorherrschaft im westlichen Ostseeraum zu stabilisieren. Den Kalmarkrieg hatte er zwar gründlich vorbereitet, doch dieser endete 1613 mit einem Patt. Schweden war auch im westlichen Ostseeraum zum bedrohlichen Rivalen geworden.

Als Christian IV. sich 1625 gegen das Votum des dänischen Reichstags zur Intervention in Deutschland entschloss, handelte er als Herzog von

Holstein und Reichsfürst. Er wusste, dass Mansfeld und Herzog Christian ebenfalls Truppen warben. Zudem schien die oft beschworene europäische Koalition Englands, der Niederlande und Dänemarks, vielleicht sogar mit Schweden und Frankreich Gestalt anzunehmen. Im fernen Siebenbürgen mobilisierte wieder einmal Bethlen Gábor seine Soldaten. Frankreich sagte Subsidien in Höhe von jährlich 500 000 Livres zu. England wollte einen dänischen Vorstoß finanziell und mit gezielten militärischen Aktionen im Westen des Reiches unterstützen. Christian IV. unterschätzte allerdings die Angst der niedersächsischen Kreisstände vor den ligistisch-kaiserlichen und den dänischen Absichten, und er überschätzte die Bereitschaft seiner europäischen Partner, ihren Zusagen Taten folgen zu lassen.

Der dänische König griff im Juni mit vorwiegend deutschen Söldnern an. Für den «Kejserkrig» gab es gute Gründe, die Angst vor der spanischen Universalmonarchie und der Gegenreformation sowie die Ablehnung der dem Kreis im Vorjahr von der Liga auferlegten Kontributionen, die auch Holstein hart trafen. *Pro religione et libertate* ließ Christian IV. auf eine Medaille eingravieren.[139] Er wollte Gustav Adolf eine Grenze aufzeigen. Die Schweden tangierten bei ihren Bemühungen um das *dominium maris Baltici* im südlichen Ostseeraum dänische Interessen, als sie die vom Reichsrat in Kopenhagen festgelegte Scheidelinie zwischen Bornholm und Gotland überschritten. Trotz der von den Dänen inzwischen akzeptierten geteilten Hoheit über die Ostsee[140] blieb die 1624 erzielte Übereinkunft brüchig. Die beiden nordischen Königreiche wollten jedenfalls nicht gemeinsam in Deutschland eingreifen.

Christian IV. tat es, um nicht in den Zangengriff der Habsburger und der Wasa zu geraten. Er sah den Vorstoß der katholischen Armee als Angriff auf sein Königreich, seinen Glauben und seinen Reichskreis.[141] Von seiner Offensive versprach er sich die Sicherung des deutschen Vorfeldes und die Zurückdrängung der gegenreformatorischen Kräfte; immerhin hatte der Vatikan Dominikaner und Jesuiten nach Dänemark gesandt, um Konversionen vorzubereiten. Alle nichtlutherischen Ausländer mussten sich daraufhin registrieren lassen oder das Land verlassen. Ein königliches Edikt vom 9. März 1625 verbot den katholischen Glauben und bedrohte katholische Geistliche mit dem Tod.[142]

Christian IV. wollte die katholische Armee von den dänischen Grenzen fernhalten. Schon im Februar hatte er Herzog Johann Ernst von Sachsen-Weimar, der eigentlich schwedische Dienste anstrebte, um die Werbung von

4000 Reitern gebeten. Darüber hinaus sollten weitere 10 000 Soldaten mobilisiert werden. Auf dem Kreistag in Lüneburg ließ sich der Dänenkönig im
April als Herzog von Holstein zum Kreisobristen wählen.[143] Er hatte 1616
Glückstadt gegründet und 1621 das mächtige Hamburg gezwungen, seine
Oberhoheit zu beachten. Im selben Jahr war Prinz Friedrich von Dänemark
zum Koadjutor von Bremen, 1623 zum Administrator von Verden, aber nicht
von Osnabrück gewählt worden. Im niedersächsischen Kreis wurde Christian IV. zum Teil für einen gefährlichen Eroberer gehalten. Er verfügte über
liquide Mittel von anderthalb Millionen Talern – ausreichend, um einen
Krieg zu beginnen, nicht, um ihn über Jahre hinweg zu führen.

Der Dänenkönig versicherte dem Kreistag im März 1625, auf dem nur
eine knappe Mehrheit für seine Rüstungspläne stimmte,[144] die Soldaten
nur im eigenen Kreis einzusetzen. Tilly hatte die Stände auch im Namen
des Kaisers vor feindseligen Handlungen gewarnt.[145] Ferdinand II. stufte
die niedersächsischen Rüstungen als Bruch des Landfriedens ein, weil die
Stände gemeinsam mit einem fremden König handelten. Er autorisierte
Maximilian zu Gegenaktionen, verbot den Kreisständen, Christian IV. zu
unterstützen und ohne seine ausdrückliche Genehmigung zu rüsten. Mit
dieser Auslegung des Reichsrechts unterstrich der Kaiser in den Augen
seiner Gegner seine monarchischen Ambitionen. Die Kreisstände ließen
sich davon nicht mehr irritieren; sie waren entschlossen, ihre Freiheit zu
verteidigen. Der Kaiser nannte sie Rebellen. Für die Frage, ob gewaltsamer
Widerstand auch dann Landfriedensbruch sei, wenn der Kaiser seine
Kompetenzen überschritt und zum Tyrannen wurde, gab es keine Entscheidungsinstanz. Siege legitimierten die Gewalt gegen den Herrscher,
Niederlagen delegitimierten. Reichspolitisch geriet Ferdinand II. aber auch
deswegen in die Defensive, weil der Ulmer Deputationstag scheiterte. Der
Kaiser handelte ohne Konsens der Reichsstände. Die bisher neutralen
Fürsten begannen, ihre Positionen zu überdenken.

Christian IV., dessen Rüstungen wegen seiner säumigen Verbündeten
alles andere als planmäßig verlaufen waren, richtete mit seinen etwa 17 000
Soldaten sein Augenmerk auf die Weser und besetzte unter anderem Verden, Nienburg und Hameln. Seine unerfahrenen Soldaten besaßen mit
Johann Philipp Fuchs von Bimbach, der die Infanterie und die Artillerie
befehligte, sowie mit Johann Ernst von Sachsen-Weimar, der die Kavallerie
führte, kriegserfahrene Obristen. Sie achteten auf Disziplin und verhängten bei Unbotmäßigkeiten harte Strafen.[146]

Der überraschende Vorstoß des Dänenkönigs an die Weser wurde in Wien, München und Dresden aufs Schärfste missbilligt. Auch Kurfürst Johann Georg verurteilte die militärischen Aktionen des niedersächsischen Kreises, weil der Kaiser keinen Eroberungskrieg führe, sondern Rebellen bekämpfe. Mit seinem gemäßigten Vorgehen zeige Ferdinand II., dass er die Lutheraner nicht zur Konversion zwingen wolle, für die im Übrigen Luthers Gehorsamsgebot gelte. Besser hätte er Tillys Einsatzbefehl nicht formulieren können, und dies, obwohl er wegen der Gegenreformation in Böhmen nachhaltig verärgert war. Georg Wilhelm von Brandenburg lavierte. Er war mit seinem Schwager Gustav Adolf verbündet und wollte an die Seite des Dänenkönigs treten.[147] Der sächsische Kurfürst hielt ihn davon ab, weil Tilly die Deutschen gegen die dänische Expansion und die illegitime Gewalt Mansfelds verteidige. Auf Befehl Maximilians, der sich beim Kaiser rückversichert hatte,[148] überschritt Tilly Ende Juli 1625 mit 16 000 Soldaten bei Höxter die Kreisgrenze, um die illegalen, vom Kaiser nicht genehmigten Truppenansammlungen aufzulösen.

Für Christian IV. wurde die Lage rasch bedrohlich, zumal ihn die Hansestädte Bremen und Hamburg nicht nur wirtschaftlich, sondern auch politisch bekämpften; seine Handelsembargos und Zölle schmälerten die Profite der Händler. Der Krieg brachte jedoch vor allem Hamburg einen ungeahnten Wirtschaftsaufschwung. Die Elbe wurde mehr denn je zum Strom der Heeresversorgung. Noch scheuten Christian IV. und Tilly das Risiko einer Schlacht und versuchten, den Gegner auszumanövrieren. Den Dänenkönig behinderte jedoch ein schwerer Unfall, sodass er das Kommando nicht ausüben und seinen strategischen Vorteil nutzen konnte. Die katholischen Ligasoldaten waren unbeliebt und wurden von den Bauern feindselig behandelt. Die Söldner zahlten mit gleicher Münze zurück. In grausamen Kleinkriegen gehörten Plünderungen und Gräueltaten zur Tagesordnung. Anfang September, bevor beide Heere ins Winterlager gingen, kam es bei Nienburg zu einem größeren Scharmützel.

Für Christian IV. rächte sich, dass er ohne feste Bündniszusagen in den Krieg gezogen war. Die Allianzverhandlungen in Den Haag verzögerten sich wegen des Todes von König Jakob I. und Moritz von Oranien. Ende November hatten nur England, die Generalstaaten und Dänemark Vertreter entsandt. England wollte den Krieg gegen Spanien zur See, erst in zweiter Linie die Befreiung der Kurpfalz. Karl I. hatte sich mit der niederländischen Republik verständigt. Die Verhandlungen mit Dänemark kreisten daher nur noch um die Frage, ob England und die Niederlande zusätzliche Mittel zum Kampf gegen Kaiser und Liga bereitstellen konnten. Das englische Parlament lehnte den das Königtum stärkenden Landkrieg ab. Karl I. löste es daraufhin auf und handelte sich den innenpolitischen Dauerkonflikt ein, der England außenpolitisch lähmte und dem er schließlich selbst zum Opfer fallen sollte.

Die dänischen Gesandten forderten in Den Haag mehr Geld für den Krieg im Reich, Sicherheitszusagen und die Schwächung der Gegner durch gezielte Angriffe an anderen Stellen. Zudem erinnerten sie daran, nicht gegen Spanien oder den Kaiser Krieg zu führen und laut Kreisbeschluss auch nicht für die Restitution des Pfalzgrafen zu kämpfen, sondern lediglich die Freiheit der Kreisstände zu verteidigen. Die am 9. Dezember 1625 von England, Dänemark und den Generalstaaten unterzeichnete Haager Allianz zielte laut Präambel auf die Wiederherstellung der deutschen Freiheit, des Religionsfriedens und der Reichsgesetze. Davon seien auch die Nachbarn betroffen, die Frieden wünschten, aber vorbeugen müssten, dass das Reich nicht unterdrückt werde. Der Dänenkönig sollte im nächsten Jahr knapp 30 000 Soldaten zu Fuß und 7000 bis 8000 Reiter ins Feld führen. England versprach monatlich etwa 300 000, die Generalstaaten 50 000 Gulden. Die von England und Frankreich finanzierte Armee Mansfelds wurde Christian IV. unterstellt. Frankreich, Schweden, Venedig, Savoyen und die evangelischen Reichsstände sollten aufgefordert werden, dem Bündnis beizutreten.[149]

Die ersehnte große Allianz, die den Pfalzgrafen zumindest in Heidelberg wiedereinsetzen und die deutsche Freiheit hätte retten können, war auch dies nicht. Daran war vor allem Richelieu wenig gelegen, denn dies hätte zu neuen Spannungen mit Bayern geführt. Es zeigte sich zudem bald, dass die Generalstaaten ihre Gelder unmittelbar gegen Spanien einsetzten und nicht den dänischen Feldzug durch Aktionen an der Westgrenze des Reiches unterstützten. Vor allem aber sah sich Christian IV. plötzlich mit einer Armee konfrontiert, die dem Krieg eine neue Dimension gab. Ihr Oberbefehlshaber Albrecht von Wallenstein tat das, wovon alle Condottieri träumten: Er setzte die Regeln. Sie galten nicht nur für seine Armee, sondern großräumig auch für die Gebiete, in denen sie operierte. Er besaß darüber hinaus eine politische Vision, ein geeintes Reich unter kaiserlicher Führung, das seine auswärtigen Gegner in die Schranken wies.

6. Wallenstein oder wie der Krieg funktionierte

Der Aufstieg

Friedrich Schiller hat Wallenstein ein die Zeiten überdauerndes Denkmal gesetzt. Im Gegensatz zu der protestantischen Heroisierung Wallensteins als Kämpfer für ein geeintes und starkes Deutschland formte die katholisch-habsburgische Geschichtsschreibung im 19. Jahrhundert einen machtbesessenen, den eigenen Vorteil suchenden, zur Illoyalität neigenden und Verrat begehenden Feldherrn. Die historische Forschung weiß heute manches besser, folgt aber nach wie vor den bohrenden Fragen Schillers: War der Generalissimus ein zaudernder Oberbefehlshaber oder ein genialer Stratege, ein skrupelloser Verräter oder ein friedliebender deutscher Patriot, ein machtgieriger Militärdiktator oder ein bis zum Schluss loyaler Diener seines Kaisers?

Der am 24. September 1583 in Hermanitz in Ostböhmen als Albrecht Wenzel Eusebius von Waldstein geborene Wallenstein war ein begnadetes Organisationsgenie und der mit Abstand erfolgreichste Kriegsunternehmer seiner Zeit. Die Größe seiner Armee und die Kühnheit seiner Projekte, die Radikalität, mit der er sie umsetzte, auch die Härte und Entschlossenheit, mit der er Widerstand brach, speisten die Vorstellung, ihm sei alles zuzutrauen. Über seine Ziele wurde viel spekuliert. Man fragte sich, ob er die ehrwürdige Reichsverfassung umstürzen und den Kaiser zum wirklichen Monarchen machen wolle. Ob er an der Spitze seiner Armee selbst nach der Macht in Böhmen oder gar im Reich strebe. Ob er Deutschland zu einen und dem Kaiser zu unterwerfen hoffe, um den Wiener Habsburgern ein wirkliches Imperium zu erobern. Wer konnte den böhmischen Adligen stoppen, der binnen weniger Jahre als Herzog von Mecklenburg in die erste Reihe der Reichsfürsten aufstieg? Keiner verstand es besser, alle verfügbaren Ressourcen zu mobilisieren und zu seinem Vorteil zu nutzen. Zusammen mit seinem Finanzjongleur Hans de Witte zeigte er, wie eine riesige Armee finanziert werden konnte und was der Bevölkerung bei akribischer Planung und disziplinierter Umsetzung zuzumuten war.

Wallensteins Eltern gehörten zum alten, wenn auch nicht reichen böh-

Anthonis van Dyck (1599–1641), Albrecht Wenzel Eusebius von Wallenstein.

mischen Adel. Sie hatten ihren Sohn lutherisch-utraquistisch und zweisprachig erzogen. Nach ihrem frühen Tod kam der elfjährige Albrecht in die Obhut Heinrich Slawatas, eines Schwagers seiner Mutter. Der ließ den Jungen zunächst von den Böhmischen Brüdern, dann in der Lateinschule im schlesischen Goldberg unterrichten. Dort lernte er Latein und Italienisch, etwas Spanisch und Französisch. Mit 16 Jahren schrieb sich Wallenstein 1599 an der lutherischen Universität Altdorf ein, die er jedoch bald wieder verließ, weil er durch verschiedene Gewaltdelikte auffällig geworden war. 1612 immatrikulierte er sich in Padua. Zwischenzeitlich kämpfte der junge Adlige 1604 als Fähnrich im Heer gegen die Türken, wo er an der Hand verletzt und zum Hauptmann befördert wurde.[1]

Nach seiner Kavalierstour durch Deutschland, Frankreich und Italien kam er mit den Olmützer Jesuiten in Kontakt und konvertierte – wohl aus Karrieregründen – zum katholischen Glauben. Als Kämmerer trat er 1607 in den Hofdienst der Habsburger. Die von den Jesuiten vermittelte, sehr vorteilhafte Heirat mit der etwa gleichaltrigen Witwe Lucretia von Landeck brachten ihm 1609 den Besitz ansehnlicher Güter östlich von Brünn. Der frühe Tod seiner Gattin machte ihn 1614 zum wohlhabenden Witwer und Grundherrn. Er zählte zum Gefolge des Kaisers, orientierte sich allerdings früh an Erzherzog Ferdinand, dem kommenden starken Mann in Wien. Für ihn rüstete er 1616/17 im Krieg gegen Venedig 180 Kürassiere und 80 Musketiere aus, die durch diszipliniertes Verhalten auffielen. Der Erzherzog beauftragte ihn daraufhin mit dem Entwurf eines Artikelbriefs für die Kavallerie. Wallenstein betonte die Bedeutung einer guten Ausrüstung, der Gottesfurcht und des korrekten Verhaltens.[2]

Als Frucht seiner häufig bewiesenen Treue zu den Habsburgern wurde Wallenstein bei der soziokulturellen Umgestaltung Böhmens nach der Schlacht am Weißen Berg von ihnen unterstützt. Zwei seiner Regimenter hatten an ihr teilgenommen. Er selbst war jedoch verhindert gewesen, weil er schon damals am Podagra oder Schlagfluss litt, also an der Gicht. Diese rheumatischen Gelenkentzündungen, die auf eine zu fleischhaltige Kost und zu hohen Alkoholkonsum zurückgeführt wurden, behinderten ihn bis zu seinem Tod. Er versuchte, Diät zu halten, trank vorwiegend leichte Weine und Malzbier. Doch war es überhaupt die Gicht, die Wallenstein zusetzte? Neuere Untersuchungen scheinen die alte Vermutung zu bestätigen, dass er wohl auch an Syphilis litt.[3] Diese Krankheit greift das zentrale Nervensystem an und könnte einige der krassen Fehlwahrnehmungen Wallensteins erklären.

Karl von Liechtenstein, der neue habsburgische Statthalter in Böhmen, ernannte Wallenstein zum Militärkommandanten von Prag und beteiligte ihn an dem Prager Konsortium, das mit den Münzmanipulationen enorme Summen verdiente, die später Zinsen in gutem Geld brachten. Zwischen 1622 und 1624 betätigte sich Wallenstein als Immobilienspekulant und kaufte Güter im Wert von 4,6 Millionen Gulden und verkaufte solche für 2,74 Millionen Gulden.[4] Die Differenz entsprach ziemlich exakt seinen Münzgewinnen. Wallenstein lieh Kaiser Ferdinand II. zwischen 1619 und 1623 darüber hinaus mehr als 1,6 Millionen Gulden[5] – so stand es jedenfalls in den Büchern.

Der aufstrebende kaiserliche Generalwachtmeister heiratete im Juni 1623 ein zweites Mal: Die 22-jährige Isabella von Harrach brachte ein großes Vermögen in die Ehe ein. Sie hatte enge verwandtschaftliche Beziehungen zur unmittelbaren Umgebung des Kaisers; Wallensteins Schwiegervater, Freiherr Karl von Harrach, war nach Johann Ulrich von Eggenberg der wichtigste Geheime Rat Ferdinands II. Diese Verbindung zahlte sich aus. Der Kaiser übertrug Wallenstein 1622 die Herrschaften Friedland und Reichenberg als ewige Erblehen. Dieser erwarb weitere 49 Besitzungen, darunter seine künftige Hauptstadt Gitschin bzw. Jitschin (Jičín). Ferdinand II. ernannte ihn zum Pfalzgrafen, und er durfte seine mehr als 60 Grundherrschaften zu einem Majorat zusammenfassen. Am 12. März 1623 erhob der Kaiser diesen Besitz zum Fürstentum, am 7. September ernannte er Wallenstein zum Reichsfürsten und am 13. Juni 1625 zum Herzog von Friedland.[6] Dass Wallenstein zwischenzeitlich in den wohl nicht unbegründeten Verdacht der Untreue und des Unterschleifs bei der Bezahlung seiner Regimenter und der Gütertransaktionen geraten war, schadete seiner Karriere nicht.[7] Darüber hinaus war es im Umfeld der Hofburg sicher kein Nachteil, dass Wallenstein sich nicht nur sprachlich im deutschen Umfeld verankerte. «Sein Hof ist deutsch. Seine Haushalte sind deutsch.» Regierung und Justiz bedienten sich der deutschen Sprache: «Ich will nicht, daß bei der Kanzlei was böhmisch sollte tractiert werden.»[8]

Den Krieg im Reich hatten bis 1625 die Ligatruppen dominiert. Eine kaiserliche Armee gab es nur noch auf dem Papier. Die Regimenter waren unterbesetzt, ihre Befehlshaber teilweise beurlaubt. Die noch intakten kaiserlichen Verbände kämpften vor allem im Südosten gegen Bethlen. Die Kriegskosten überstiegen die in Wien vorgesehenen Mittel beträchtlich, um mehr als 600 000 Gulden, wie die Hofkammer berechnete.[9] Die Ressourcen waren erschöpft. Kurfürst Maximilian, der die Aufstellung einer kaiserlichen Armee anmahnte, wurde auf bessere Zeiten vertröstet. Der Bayer ahnte nichts von den Geheimverhandlungen mit Wallenstein und nichts davon, was mit dem neuen kaiserlichen Heer auf das Reich, die Ligaarmee und ihn selbst zukommen sollte.[10]

Wie Maximilian hatten auch die Spanier Ferdinand II. gedrängt, seine militärischen Anstrengungen spürbar zu erhöhen, um nicht unvorbereitet einer Koalition europäischer Mächte gegenüberzustehen. Nach dem Verlust Böhmens und der Kurpfalz sowie den schnellen Exekutionen gegen Markgraf Georg Friedrich von Baden und Landgraf Moritz von Hessen-Kassel war für die Protestanten der Ligavorstoß ein weiterer Beleg für den zielstrebigen Angriff auf die verbliebenen Zentren der deutschen Freiheit und des evangelischen Glaubens. Dieser Eindruck verdichtete sich zur Gewissheit, als der Kaiser den niedersächsischen Ständen im Mai 1625 Truppenwerbungen ohne seine ausdrückliche Erlaubnis untersagte und der Vorstoß der Ligaarmee mit diesem Verbot begründet wurde.[11]

In Wien herrschte Alarmstimmung; in den Niederlanden kamen die Spanier kaum voran, Bethlen Gábor rüstete auf, und die europaweiten Bündnisbestrebungen richteten sich gegen die Habsburger. Die Hofburg verhandelte deswegen mit Albrecht von Wallenstein über die Aufstellung einer eigenen Armee. Er hatte dies dem Kaiser schon früher einmal angeboten. Über seine Motive und Ziele ist viel gerätselt worden. Auf Maßnahmen, die auf gegenreformatorische und territoriale Gewinne hinausliefen, reagierte Wallenstein allerdings skeptisch bis abweisend, weil sie seines Erachtens das Reich spalteten. Er verfocht die Strategie, das Reich solle unter dem Kaiser zu einer großen europäischen Macht zusammengefügt werden, um dann geeint alle äußeren Feinde zurückzudrängen. Darunter verstand er Kriege gegen Türken, Dänen, Schweden und Franzosen, wohl auch gegen die Spanier. Es gehört zu den ironischen Momenten dieses Krieges, dass Wallenstein erst getötet werden musste, bevor Ferdinand II. mit dem Prager Frieden versuchte, wenigstens eine Einigung im Reich deutscher Nation zu erreichen.

Der Friedländer veränderte die Kriegführung. Er baute die von den meisten Feldherren favorisierte Defensivtaktik zu einer nachhaltigen Ermattungsstrategie aus. Auch wenn er diesen wohl erst von Hans Delbrück in die Debatte eingeführten Begriff nicht gebrauchte, plante Wallenstein genau dies.[12] Er dachte nicht nur strategisch, sondern politisch. Er wollte den Reichs-Staat dem Kaiser unterwerfen, nicht nur eine gegnerische Armee besiegen. Die widerstrebenden Protestanten sollten gefügig gemacht und ihnen alle Mittel zum Widerstand genommen werden, indem sie den gegen sie geführten Krieg finanzieren mussten. Wallenstein hielt die Einigkeit im Reich für die Voraussetzung eines erfolgreichen Türkenkriegs. Diese Prämisse durchzog wie ein roter Faden seine Operationen. Deswegen musste seine Armee stetig wachsen, durfte aber nicht den Risiken einer Schlacht ausgesetzt werden.

Der Kaiser ernannte Wallenstein im April 1625 zum Capo, zum Oberbefehlshaber über alle kaiserlichen Truppen im Reich und in den Niederlanden.[13] Über die künftigen Befugnisse des Friedländers und die Größe seiner Armee beriet der Hofkriegsrat. Niemand bezweifelte seine außerordentlichen Fähigkeiten. Es bestand lediglich die berechtigte Sorge, die vielen Soldaten könnten dem eigenen Land zur Last fallen und die neutralen Reichsstände provozieren. Am 12. Mai informierte Ferdinand II. Kurfürst Maximilian, dass unter Wallensteins Kommando in Kürze eine neue Armee von 15 000 Mann zu Fuß und 6000 zu Pferd zur Verfügung stehen werde. Sie solle eigenständig operieren und nicht nur der Ligaarmee assistieren, wie es Maximilian gewünscht hatte und wie es ihm im Münchner Vertrag auch zugesichert worden war.[14]

Im Hintergrund der Vereinbarungen zwischen dem Kaiser und Wallenstein standen militärische und maritime Großprojekte. Zusammen mit Spanien und der Liga sollten die Küsten kontrolliert und der in der Nord- und Ostsee dominierende holländische Handel empfindlich gestört werden. Ferdinand II. wollte seinen Einfluss im Norden ausbauen und die Spanier, deren Flotte die Ostsee überwachen sollte, in den Niederlanden unterstützen,[15] damit die spanischen, flandrischen und die Kaufleute der Hanse den Ostseehandel unter ihre Kontrolle bringen konnten. Fürst Eggenberg hoffte, dass die kaiserliche Standarte wieder auf dem Meer wehen werde, wodurch die Präzedenz, auch die Macht und Hochachtung erhalten und großer Ruhm auf das Reich und die deutsche Nation fallen würden. Mit einer starken Flotte könnten entlegene Teile des Hauses Habsburg einbezogen und anderen Potentaten Gesetze aufgezwungen werden.[16] Kurfürst Maximilian lehnte diese Pläne ab, weil sie seine Macht einschränkten.[17] Der Kaiserhof und der am 25. Juli zum General ernannte Wallenstein behielten jedoch die Herrschaft über das Reich und die Ostsee fest im Blick.[18] Der Friedländer war nach dem Kaiser der mächtigste Repräsentant der habsburgischen Macht. Er überragte auch die geheimen Räte in Wien[19] – und zwar bevor seine Armee marschierte.

Keplers Horoskope

Der unbändige Ehrgeiz Wallensteins und sein untrügliches Gespür, als Kriegsunternehmer im großen Stil mehr erreichen zu können, gaben ihm die Zuversicht, enorme Risiken auf sich zu nehmen. Ein Horoskop Keplers bestätigte seine positive Selbsteinschätzung. Dies ist wichtig, weil seine Feinde daraus eine Waffe gegen ihn schmiedeten. Sie konstruierten eine verwerfliche und abergläubische, die Grundsätze des katholischen Glaubens missachtende dunkle Seite des Herzogs. Lieferte sich der ansonsten so zielstrebig planende und handelnde Wallenstein den Sternen und geheimen Mächten aus? Dieser Punkt wird nie restlos zu klären sein. Offenbar ließ sich Wallenstein darin beeinflussen, wie er seine Erfahrungen und Wahrnehmungen verarbeitete. Wie viele seiner Zeitgenossen zog er Kraft und innere Gewissheit aus der Vorsehung und Vorbestimmtheit durch das Schicksal, ohne die eigene Deutungshoheit aufzugeben. Dies gab ihm die nötige Zuversicht, auch merkwürdige und unpopuläre Entscheidungen zu treffen.

Wallenstein war nach dem alten julianischen Kalender am 14. September 1583 unter einer äußerst günstigen Planetenkonstellation geboren worden. Der für Autorität und Selbstbeherrschung verantwortlich gemachte Saturn und der Gerechtigkeit und Optimismus symbolisierende Jupiter standen im ersten Haus, bestimmten also das Leben Wallensteins, der allerdings im Geltungsbereich des neuen gregorianischen Kalenders geboren worden war – Sterndeuter waren flexibel, und das galt wohl auch für Keppler. Auf Vermittlung eines gemeinsamen Bekannten hatte er das erste Horoskop erstellt, als Wallenstein sich 1608 im Gefolge Erzherzogs Matthias in Prag aufhielt. Er prognostizierte eine erfolgreiche Biographie und eine reiche Heirat. Merkurs Einfluss werde dafür sorgen, dass eine Menge Volk Wallenstein zum Führer mache.

Kepler selbst beurteilte Horoskope kritisch. Er fertigte sie dennoch an, weil er das Geld benötigte. Er hatte 1571 im schwäbischen Weil der Stadt das Licht der Welt erblickt und in Tübingen Theologie studiert. Da er als undogmatischer Lutheraner in Württemberg keine Pfarrerstelle erhielt, ging er als Mathematiklehrer an die Grazer Stiftsschule. Sie wurde von den protestantischen Ständen kontrolliert und konkurrierte mit der neu gegründeten Jesuitenuniversität, dem Zentrum der innerösterreichischen Gegenreformation. In seiner ersten Schrift *Mysterium Cosmographicum* erläutert Kepler 1596, dass die vielfältigen Übereinstimmungen zwischen geometrischen Formen und planetarischen Entfernungen nicht Zufall, sondern Schöpfungen Gottes seien. Im Zentrum der Planetenbahnen stehe, ganz wie es Nikolaus Kopernikus gelehrt habe, die Sonne als bewegender Geist. Astronomen waren für Kepler die Priester des Buches der Natur, die das von Gott geschaffene Universum zu erklären hatten. Menschliche Vernunft war mit der göttlichen Offenbarung verbunden.[20]

1600 wechselte Kepler als Gehilfe des kaiserlichen Hofmathematikers Tycho Brahe nach Prag und wurde ein Jahr später dessen Nachfolger.[21] Der kurzsichtige und kränkelnde Gelehrte erhielt aber nur ein kleines, unregelmäßig ausgezahltes Gehalt, obwohl sich sein Dienstherr sehr für Astronomie, vor allem aber für Astrologie interessierte. Kepler schrieb gelehrte Bücher über die feststehende Sonne, Fixsterne, Planeten und Kometen, aber auch kleinere Traktate und Kalender, die unter anderem Weissagungen enthielten; diese Texte waren lukrativer als die gelehrten Folianten. Hier deutete auch er die Schweifsterne als Vorboten künftigen Unheils. Um dieses abzuwenden, rief er nicht nur zur Buße, sondern auch zum konfessionellen Ausgleich auf.[22]

Nach dem Erscheinen des Kometen 1607, der nach seinem Entdecker Halleyscher Komet genannt wurde, fasste Kepler das zeitgenössische Wissen zusammen: Der bis dahin maßgeblichen aristotelischen Tradition, Kometen als im Licht der Sonne strahlende Ausdünstungen der Erde zu deuten, widersprach er entschieden. Seines Erachtens handelte es sich um feste Himmelskörper, die sehr weit von der Erde entfernt auf elliptischen Bahnen in noch zu bestimmenden Abständen auftauchten. Unbekannt sei, welche Kraft sie in ihren Bahnen halte, doch angesichts ihrer riesigen Distanz zur Erde seien Auswirkungen auf ein bestimmtes Land auszuschließen.[23]

Während die wissenschaftlichen Abhandlungen Keplers Genie bezeugten, schätzten ihn die Zeitgenossen als Sternendeuter. Dass er in seinem ersten Almanach 1595 einen harten Winter, einen Bauernaufstand und die türkische Invasion zutreffend vorhergesagt hatte, begründete seinen Ruf als Astrologe. Mit seiner der natürlichen Einwirkung der Sterne entnommenen Vorhersage lag er 1617 erneut goldrichtig. Er hatte für Mai 1618 gewaltige Händel dort prognostiziert, wo das Gemeinwesen über eine große Freiheit verfüge. Im Kalender für das Jahr 1619 druckte er die alte Vorhersage noch einmal ab und verwies auf den Prager Fenstersturz.[24] Bis zu seinem Tod verfasste Kepler immer wieder astrologische Werke, um sich das Geld für seine astronomischen Forschungen nicht erbetteln zu müssen. Seine zu dieser Zeit erscheinende *Harmonice mundi* kündigte er ausländischen Verlegern mit dem Hinweis an, dass er dieses Werk als deutscher Mann, nach deutscher Art und in deutscher Freiheit geschrieben habe.[25]

Kepler wollte Weissagungen aus dem Stand der Gestirne nicht vorschnell verwerfen.[26] Solche Vorhersagen sah er als Möglichkeit, die Erdenbürger im Sinne Gottes zu ermahnen.[27] Er hielt eine gewisse Wirkung unerklärlicher Himmelserscheinungen auf die Psyche und das Verhalten der Menschen für möglich.[28] Massenhysterien, mit denen er auch durch

die Hexenanklage gegen seine Mutter konfrontiert wurde, verstand er im
Sinne moderner Erklärungen als Einbildungen oder entkräftete sie als
«Weiberklatsch». Die Anklage gegen seine Mutter wurde fallengelassen,
und er selbst erhielt eine Anstellung als Hofastronom Kaiser Ferdinands II.

Nach 1628 lebte Kepler als Astrologe Wallensteins im schlesischen
Sagan.[29] Mit seinen astronomischen Studien wollte er die kosmologische
Harmonie des Weltalls mit Gott im Zentrum als dessen Ordnungsmodell
beweisen. Seine Theorien ähnelten der Suche nach geheimem Wissen und
esoterischen Geheimlehren. Mit den Niederschriften seiner Erkenntnisse
aus Beobachtungen schuf er unverzichtbare Grundlagen für die modernen
Naturwissenschaften. Im 17. Jahrhundert galten ungewöhnliche und unerklärliche Erscheinungen als Zeichen Gottes, und das Auftauchen eines
Kometen war eine Strafandrohung. Der melancholische Kaiser Matthias
erwartete seinen Tod. Tatsächlich starb im Dezember 1618 seine erst 33-jäh-
rige Gemahlin Anna.[30] Er selbst folgte ihr drei Monate später. Gemeinsam
hatten sie das Kapuzinerkloster in Wien gestiftet und die Gruft testamen-
tarisch zur Grablege der Habsburger bestimmt.

Wallenstein verglich sein Leben mit dem Keplerschen Horoskop und
notierte penibel alle Abweichungen. Die Heirat mit der reichen Witwe
war ebenso eingetroffen wie vieles andere, nur die Zeitpunkte hatten sich
gegenüber der Vorhersage ein wenig verschoben. Man weiß nicht, was
Wallenstein, weil er an die Weissagungen glaubte, dafür tat, dass sie eintrafen. Er ließ jedenfalls 1624 bei Kepler anfragen, ob dieser die Stunde seiner
Geburt neu berechnen könne, denn es gebe Abweichungen. So sei er nicht
1604, sondern ein Jahr später schwer krank gewesen. Wie gewünscht, kor-
rigierte Kepler das Horoskop. Er hoffte auf Wallensteins Unterstützung,
um seinen rückständigen Lohn vom Kaiserhof zu erhalten. Die neue Version sagte große Erfolge und einige Krankheiten voraus. Erst im März 1634
stünden die Sterne sehr ungünstig. Mehr könne nicht gesagt werden.[31]
Präziser wollte sich Kepler trotz allen Drängens auch später nicht festlegen.[32] Er starb 1630 während des Regensburger Kurfürstentages.

Wallenstein wurde im Februar 1634 ermordet. Das Horoskop hatte ihm
für Herbst 1624 bis Herbst 1625 eine sehr gute Zeit prophezeit.[33] In diesen
Monaten stellte er sein Heer auf. Ob Keplers Vorhersagen bei seinen Pla-
nungen eine Rolle spielten, bleibt Spekulation. Die Quellen weisen in eine
andere Richtung. Wallenstein nutzte die Sterne, wie es ihm passte. Dass
Astrologen für ihn verbreiten sollten, er wage die Schlacht nicht, wenn die

Sterne ungünstig stünden, behauptete 1628 die gegen ihn gerichtete sogenannte zweite Kapuzinerrelation.[34] Der päpstliche Nuntius und der venezianische Gesandte berichteten 1629 Ähnliches aus Wien.[35] Wallenstein
hatte diese Spuren anscheinend jedoch selbst gelegt, um seine Gegner zu
verwirren.

Friedlands Wohlstand

Das Jahr 1625 hatte Wallenstein auch mit Blick auf sein Herzogtum nicht
ungenutzt verstreichen lassen. Noch bevor alle Details seines Vertrags mit
dem Kaiser geklärt waren, stellte er die Wirtschaft auf die Produktion
kriegswichtiger Güter um. Er hatte bisher sein Herzogtum gezielt gefördert, gewinnträchtige Unternehmen angesiedelt, eine fürsorgliche Politik
betrieben und unter anderem Armenhäuser bauen lassen. Nun organisierte
er eine großbetrieblich strukturierte und zentral gelenkte Kriegswirtschaft.
In ganz Europa wurden vor allem Pulvermacher, Bergbausachverständige
und Waffenschmiede angeworben. Facharbeiter mit Spezialkenntnissen
durften das Herzogtum nicht mehr verlassen, kriegswichtige Rohstoffe
nicht ausgeführt werden. Gewerbe und Landwirtschaft produzierten in
Friedland mehr und günstiger als in den Nachbarregionen.

Wallenstein wollte den für Schießpulver unverzichtbaren, aber knappen
und teuren Salpeter (meist Kaliumnitrat) im großen Stil produzieren.[36]
Die natürlichen Vorkommen befanden sich hauptsächlich in Asien, und
der Import über Venedig war kostspielig. In Kriegszeiten erreichte bei weitem nicht genügend Salpeter Mitteleuropa. Gewinnen ließ er sich auch
hier, wo tote Lebewesen mit Dung und Urin zusammengekommen waren
und das Gemisch auskristallisieren konnte. Die hochprivilegierten Salpetersieder suchten danach oder stellten diesen Rohstoff in einem komplizierten und aufwändigen Verfahren her. Sie kratzten kleinste Mengen von
den Wänden und vermengten in den Gruben ihrer Salpetergärten stick-
stoffhaltige organische Abfälle wie Dung, Kot und Blut mit Kalk und Asche.
Das Gemisch wurde von Bakterien binnen zwei Jahren zu Nitraten umgesetzt. Es musste danach durch Sieden gereinigt werden. Der Kalisalpeter
kristallisierte beim Abkühlen als Erstes aus.[37]

In Friedland entwickelte sich die Salpetersuche zu einer Art Gold-
rausch. Selbst der neugestaltete Gitschiner Marktplatz wurde umgegraben,
um den Pulvermühlen genügend Rohstoffe liefern zu können.[38] In Raspe-

nau entstand rund um einen Eisenhammer die Waffenschmiede Wallensteins. Die Eisengießereien spezialisierten sich auf Artilleriekugeln, Werkzeuge für Schanzarbeiten und andere Rüstungsgüter.[39] Das Herzogtum
entwickelte sich zu einer blühenden Wirtschaftsregion. Wallenstein folgte
merkantilistischen Grundsätzen. Es sollten möglichst wenige Fertigwaren
eingeführt und möglichst viele Produkte exportiert werden. Die aus ganz
Europa angeworbenen Handwerker sollten alles herstellen, was für den
täglichen Bedarf der Bauern und Soldaten sowie für den Luxuskonsum des
Hofes benötigt wurde. Investiert wurde in die Infrastruktur. Es entstanden
Schulen und Krankenhäuser. Der Herzog sorgte für die effektive Nutzung
der Ressourcen, die größtmögliche Produktivität und für billige Grundnahrungsmittel. Er übertrug Jakob Bassevi, mit dem er im Prager Münzkonsortium zusammengearbeitet hatte, die Abwicklung des Groß- und
Fernhandels. Die Frondienste wurden in Geldleistungen umgewandelt,
weil dies effektiver erschien. Diejenigen, die das Herzogtum verlassen hatten, nun aber zurückkehrten und ihre Güter bewirtschafteten, wurden für
drei Jahre von allen feudalen Lasten befreit. Das Gleiche galt für Neusiedler.[40] Friedland war, so berichtete der habsburgische Finanzrat Freiherr von
Wolkenstein 1633, die *terra felix*, ein glückliches Land, im Unterschied zur
terra deserta, dem restlichen Böhmen.[41]

Ähnliche Reformen führten die Herrscher auch andernorts durch, meist
aber nicht ansatzweise so planmäßig und mit viel geringerem Erfolg. Der
Wohlstand Friedlands verdankte sich in erster Linie der genialen Idee
Wallensteins, das eigene Territorium als Versorgungsbasis und logistisches
Zentrum seiner Armee zu nutzen. Ernteüberschüsse wurden in neu errichteten Kornspeichern gelagert, um in Notzeiten zur Verfügung zu stehen.
Darüber hinaus ließ Wallenstein nicht nur Rüstungsgüter, sondern auch
Schuhe und Uniformen sowie ein haltbares zwiebackähnliches Grundnahrungsmittel herstellen. Er wollte dem Kaiser helfen, und er wollte verdienen. Die Wohlstandsmehrung der Untertanen erlaubten es ihm, höhere
Steuern und Abgaben abzuschöpfen, jährlich 700 000 Gulden.[42] Alle Lieferungen für das Heer wurden zudem dem Kaiser in Rechnung gestellt, der
sich so bei seinem Feldherrn immer höher verschuldete.

Wie Wallenstein seine Armee auch über große Entfernungen hinweg
mit dem Herzogtum Friedland verknüpfte, war eine logistische Meisterleistung. Es gab allerdings Anlaufschwierigkeiten. Als im Februar 1626
etwa 3000 Tonnen Getreide aus Friedland zur Truppenversorgung in die

Gegend von Dessau geliefert werden sollten, dauerte der Transport viel zu lange. Dann streikten die Flößer, weil ihnen der Lohn nicht ausgezahlt worden war. Die Hälfte des Getreides wurde feucht und verdarb.[43] Das musste geändert werden. Hans de Witte organisierte und finanzierte danach die Proviantlieferungen aus Friedland und Böhmen. Er garantierte, dass die jeweils benötigten riesigen Mengen an Proviant oder Rüstungsgütern, Musketen, Pistolen oder Harnische, rechtzeitig und vollständig bereitstanden. De Wittes Vertreter saßen in 70 Städten, in den politischen und wirtschaftlichen Metropolen Europas, aber auch in Suhl oder Aachen, wo ebenfalls kriegswichtige Güter produziert wurden.[44] Die Rüstungswirtschaft boomte.

Die Hauptstadt Gitschin wurde unterdessen als Musterresidenz geplant und ausgebaut. Die Stadt wuchs rasend schnell. 1630 gab es 560 Häuser, viermal mehr als 1622. Wallenstein animierte seine Höflinge und Offiziere, sich in seiner Hauptstadt anzusiedeln.[45] Er ließ ein prächtiges Schloss bauen. Der Hofstaat, Höflinge und Bedienstete, zählte fast 1000 Personen. Darunter befanden sich Mitglieder der angesehensten Familien der Monarchie, Liechtensteins, Harrachs, Hardeggs, und auch Angehörige des hohen Reichsadels aus den Häusern Solms und Limburg.[46] Der Herzog setzte so ein unübersehbares Zeichen in der Prestigekonkurrenz der mächtigen böhmischen Barone. Auch im Reich, wo sich manche Kurfürsten einen solchen Glanz nicht mehr leisten konnten, blickte man nicht ohne Neid nach Friedland.

Kriegskredite

Eine kaiserliche Instruktion beauftragte Wallenstein 1625, die Gewalttaten Mansfelds zu beenden. Andere Gegner durfte der Herzog nur nach Rücksprache mit dem Kaiser bekämpfen. Er sollte strikt auf Kriegsdisziplin achten und befreundete oder neutrale Stände schonen. Brandschatzungen bedurften der kaiserlichen Erlaubnis. Wallenstein erhielt allerdings das Recht, in allen eroberten Gebieten «leidliche Contributiones» einzuziehen, um davon seine Armee zu unterhalten.[47] Diese Kontributionen waren der Schlüssel zum Erfolg. Sie blieben von Anfang an nicht auf die eroberten und kraft Kriegsrecht auszuplündernden Gebiete beschränkt. Wallenstein veränderte darüber hinaus den Charakter dieser Kriegsabgaben. Aus Strafgebühren wurde eine exakt berechnete, flächendeckende und permanente

Kriegssteuer. Sie durfte das Land nicht ruinieren, damit es weiterhin kontributionsfähig blieb. Durch langfristige Zahlungen wollte der Herzog ganz Deutschland und die angrenzenden Meere unter seine Kontrolle bzw. die des Kaisers bringen. An dessen geheimen Rat Maximilian Graf Trauttmansdorff schrieb er den programmatisch zu verstehenden Satz, dass das amerikanische Gold und Silber etwa 30 Jahre lang in diese Aufgabe investiert werden müsse, nur dann könne etwas «ersprieslichs daraus erfolgen».[48]

Hier deutete sich die Strategie an, die Wallenstein während seiner beiden Generalate konsequent verfolgte. Seine riesige Armee diente dazu, den Gegner zu unterwerfen, nicht ein feindliches Heer in der Schlacht zu besiegen oder auszumanövrieren. Diese Ermattungsstrategie brachte es mit sich, dass das Operationsgebiet ständig ausgeweitet werden musste. Dazu bedurfte es einer Armee, deren Größe alle damals bekannten und logistisch für möglich gehaltenen Dimensionen sprengte. Im Zentrum dieses Systems standen, von der Masse der Soldaten einmal abgesehen, keine herausragenden militärischen Neuerungen, sondern kontinuierlich fließende Gelder. Dafür bürgte de Witte. Er musste die zugesagten, aber noch nicht realisierten Kontributionen vorfinanzieren, damit Wallenstein über sie verfügen oder die Rückstände mit dem nötigen Nachdruck eintreiben konnte.[49] Um die riesigen Summen bereitzustellen, benötigte auch de Witte die Hilfe seiner Faktoreien, die Teilsummen über ihre regionalen Finanzierungsnetzwerke aufbringen mussten. Den meist recht beachtlichen Rest übernahm er selbst.[50] Mit neuen und immer größeren Krediten wurden die Schulden einschließlich der Zinsen pünktlich zurückgezahlt. Geriet dieser Finanzfluss ins Stocken, brach das gesamte Kreditgebäude zusammen. Die Geldbeschaffung funktionierte tatsächlich etliche Jahre, weil sich der Umfang ständig erhöhte und weil es auch nach einem Kriegsjahrzehnt noch genügend Kapital gab, das gewinnbringend angelegt werden konnte.

So wie sich die Dinge entwickelten, waren die Kontributionsforderungen Wallensteins allerdings illegal. Da sie nicht kraft Kriegsrecht von den eroberten Gebieten gefordert wurden, hätten sie von den Reichs- oder Landständen bewilligt werden müssen. Die kaiserliche Vollmacht, Kontributionen einzuziehen, widersprach den Buchstaben und dem Geist der Reichsverfassung und degradierte die auf ihre deutsche Freiheit stolzen Fürsten zu Untertanen Wallensteins. Seine Armee wurde zu einer unkontrollierten Macht, zu einem Militärstaat im Reichs-Staat. Fürsten und Städte brachten die Gelder dennoch auf, weil Wallenstein mit der Selbstversorgung seiner Soldaten drohte, also mit Plünderungen und Brand-schatzungen.

Die Armeefinanzierung des Friedländers war eine wohlkalkulierte rie-sige Erpressung. Seine Kommissare legten den Regierungen die Anzahl der einquartierten Soldaten und die Verpflegungsordinanzen vor, also die Wochen- oder Monatssätze, die den einzelnen Dienstgraden zustanden, und verlangten prompte Bezahlung. Der Herzog perfektionierte die bisher als *ultima ratio* gehandelte Vorstellung, dass der Krieg den Krieg ernähren müsse. Die eingezogenen Gelder erreichten die Soldaten aber nie vollstän-dig. Zuerst bedienten sich die Offiziere. Erzeuger und Händler wollten ebenfalls verdienen, und auch sie bereicherten sich zu Lasten der Söldner.

Wallenstein ordnete den Bedürfnissen seiner Soldaten vieles unter. Er rechnete alle Kosten einschließlich des Soldes in die Ordinanzen ein und legte diese auf die betroffenen Gebiete um. Die Verpflegungssätze, die er im November 1625 musterhaft für das Stift Halberstadt erließ, waren überaus großzügig berechnet; die Pauschalen wurden für Obristen verfünf- und für Hauptleute verdreifacht. Für die gemeinen Soldaten veranschlagte er den üblichen Sold. Die Fußknechte sollten neun oder zehn, die Reiter 15 Gulden erhalten. Der Friedländer verpflichtete sich dadurch das Offizierskorps auf Kosten des Gebietes, das die Kontributionen bezahlen musste.[51] Deswegen konnte er wie kein anderer Heerführer Disziplin und die Bezahlung der von den Soldaten verbrauchten Waren garantieren. Ein großer Teil der Kontri-butionen verblieb so im Land und kurbelte die lokale Wirtschaft an. Selbst erpresste Kriegssteuern dürfen nicht ungeschmälert in die Schadensbilanz des Krieges übernommen werden, denn sie flossen zum großen Teil in die regionale Wirtschaft zurück. Dieser kamen auch die Gelder zugute, mit denen Spanien, Frankreich, England, die Niederlande oder der Papst die Armeen unterstützten. Dass sie meist für Verpflegung und Kriegsgerät, also für konsumtive Zwecke, ausgegeben wurden, erhöhte die stimulierenden Effekte. Bei längeren Einquartierungen übten die Soldaten zudem ihre er-lernten Handwerke aus, um selbst etwas zu ihrem Unterhalt beizutragen. Sie unterboten dann jedoch häufig die Preise der ansässigen Handwerker, die sich über die Konkurrenz heftig beschwerten.

Einquartierungen bedeuten auf beiden Seiten, sich arrangieren zu müs-sen. Nur dann konnten die Untertanen die ungeheuren Zusatzlasten be-wältigen. Wurden die Soldaten jedoch gewalttätig, erpressten weitere Leis-tungen und zerstörten kostbare Geräte, drohten die verzweifelten Bauern, ihre Dörfer und ihre Heimat zu verlassen. Dies alarmierte jede Herrschaft, in deren Augen nichts schlimmer war als verlassene Höfe, von denen keine Steuern und Abgaben eingezogen werden konnten. Menschenleere Dörfer bedeuteten für Soldaten, dass diejenigen fehlten, die sie bedienen sollten. Bei konkreter Fluchtgefahr mussten daher die Belastungen gesenkt und vor allem kalkulierbar gemacht werden.[52]

Eine nahezu vollständig mit privaten Geldern und Krediten finanzierte Armee hatte es vor Wallenstein nicht gegeben. Kriegsunternehmer schossen normalerweise allenfalls die Werbungskosten eines Regiments von bis zu 3000 Söldnern vor.[53] Deren Unterhalt dürfte – die Angaben schwanken sehr – in einem Jahr über eine halbe Million Gulden gekostet haben. Ein Kenner wie Johann Jakob von Wallhausen berechnete die Ausgaben für ein gutes Infanterieregiment auf 540 000 Reichsgulden jährlich.[54] Die teureren, aber kleineren Reiterregimente verschlangen etwa 400 000 Gulden.[55] Die Finanzierung von mehr als 20 000 Soldaten war deswegen nur möglich, wenn auf Steuern oder andere regelmäßige Einnahmen zurückgegriffen werden konnte.

Zu Beginn seines Feldzuges erpresste Wallenstein Kontributionen aus den Erblanden, insbesondere aus Böhmen und Schlesien. Dass er Nürnberg nicht zum Musterplatz machte, ließ er sich mit 100 000 Gulden entgelten. Von Reichsstädten wie Ulm oder Frankfurt forderte er kaum weniger, auch Eger, Nördlingen oder Mühlhausen mussten Kontributionen entrichten. Die Städte ächzten unter den ihnen auferlegten Lasten, doch sie zahlten auch in den folgenden Jahren. Nürnberg gab Wallenstein bis 1629 etwa 350 000 Gulden und versprach weitere 240 000 für die nächsten zwölf Monate.[56] Dass diese Gelder angesichts der häufig beklagten allergrößten Armut kontinuierlich flossen, verweist auf die auch über das erste Kriegsjahrzehnt hinaus hohe Kreditfähigkeit der Korporationen, der Kommunen und ihrer wohlhabenden Bürger. Die satten Kriegsgewinne wurden reinvestiert. Metropolen wie Nürnberg bürgten dafür, dass fällige Zinsen pünktlich bedient wurden.

Die großen deutschen Messeplätze erlebten zwar einen rückläufigen Warenumsatz, konnten ihren Platz im internationalen Wirtschafts- und Finanzgeschäft aber behaupten. Dies änderte sich nach 1630, als Frankfurt und vor allem Leipzig direkt vom Krieg betroffen waren. Die Verkehrswege wurden unsicher, Produktion und Handel nahmen ab und die Seuchen zu. Die Finanziers und das Kapital scheuten Unsicherheiten aller Art.

Dazu gehörte auch die in Kriegsgebieten drohende Gefahr politisch moti-
vierter Beschlagnahmungen. Finanzjongleure, Bankhäuser, Fürsten und
reiche Bürger versuchten ihr Geld möglichst gewinnträchtig und dennoch
krisensicher anzulegen. Die risikoreichen Investitionen in den Krieg und
die nicht zu unterschätzende Kapitalflucht steigerte den Kapital- und
Wechselverkehr zwischen den großen europäischen Finanzplätzen Hamburg, Amsterdam, London, Antwerpen, Frankfurt und Venedig. Viel
schwieriger bis unmöglich war es hingegen, höhere Beträge per Wechsel
abseits dieser Zentren zu transferieren.[57] De Witte konnte 1625 und in den
folgenden Jahren noch aus dem Vollen schöpfen.

Unter dem Marsch der Armee Wallensteins in ihren niedersächsischen
Einsatzraum litt insbesondere die Landgrafschaft Hessen-Kassel. Offiziell
war sie kein erobertes Gebiet. Den Friedländer scherte dies wenig. Er
überschritt seine Vollmachten, weil ihn sein Finanzierungsmodell nur noch
graduell zwischen Freund und Feind unterscheiden ließ. So bekamen seine
Soldaten regelmäßig ihren Sold; dies verringerte Übergriffe gegen die Bevölkerung, aber auch Desertionen und Meutereien. Bauern und Bürger
wurden für ihre Lieferungen entschädigt. Das System stieß jedoch an seine
Grenzen, wenn die Kontributionspflichtigen die Gelder nicht mehr aufbringen konnten. 1625/26 war die Armee aber für ihren Feldherrn und seine
europaweiten Gläubiger noch ein großes Geschäft. Deswegen konnte und
musste sie wachsen.

Im April hatte Wallenstein die ersten Werbeoffiziere losgeschickt, Anfang September brach er von seinem Musterplatz Eger aus mit etwa 18 000
Soldaten auf. Er wählte geschickt ein Einsatzgebiet, das vom Krieg bisher
weitgehend verschont worden war. In Absprache mit dem kaiserlichen
Beichtvater Larmormaini entschied er sich für die Stifte Halberstadt und
Magdeburg. Aus Wiener Sicht mussten beide zum katholischen Glauben
zurückgebracht werden, weil sie nach 1552 evangelisch geworden waren.
Die beiden Stifte lagen zentral an der Elbe, dem Fluss, über den die Versorgung aus Böhmen, insbesondere aus Friedland, leicht möglich erschien.
Die Hofburg betrachtete die beiden Bistümer als angemessene Pfründe für
den elfjährigen Kaisersohn Leopold Wilhelm.[58] Das 1620 in Mühlhausen
gegebene Versprechen, evangelische Bistumsadministratoren hätten nichts
zu befürchten, galt offensichtlich nicht mehr. Als Wallenstein im Spätsommer 1625 losmarschierte, ging es für dieses Jahr allerdings nur noch um die
besten Winterquartiere.

Wallenstein und de Witte bildeten den Höhepunkt des Kriegsunterneh-
mer- und freien Söldnertums. Die Zukunft gehörte staatlichen Heeren, und
der Herzog bereitete diesen Wechsel vor. Er zeigte, was bei perfekter Planung und Organisation möglich war. Seine neue Armee wuchs bis Ende 1625
auf mehr als 60 000 Mann, das Zweieinhalbfache der ursprünglichen Pla-
nungen. Im nächsten Jahr verdoppelte sie sich, 1628 standen auf dem Papier
130 000, 1630 sogar 150 000 Soldaten unter dem Kommando des Herzogs.
Tatsächlich waren es wohl nie mehr als 100 000.[59] Wallensteins Heerlisten
überliefern ein interessantes Detail. Betrug der Anteil deutscher Söldner zunächst 61 Prozent, erhöhte er sich fünf Jahre später auf 87 Prozent.[60] Er-
gänzende Werbungen erfolgten dort, wo die Heere standen: Die jungen
Männer zog es zu den Soldaten. Der wachsenden Armut der Bevölkerung
stand trotz der allgegenwärtigen Todesangst die relative Sicherheit des
Soldatenlebens gegenüber. Der stetige Zufluss an Männern, die das Söld-
nertum als Befreiung von ihren täglichen Kalamitäten begriffen, hielt die
Kriegsmaschinerie am Laufen. In einem Teufelskreis wurden die Bedingungen geschaffen, die dem Krieg die Soldaten zuführten; nur durch den Frieden war dieser zu beenden.

Ferdinand II. hatte im Sommer 1625 alle Bedenken seiner Räte ignoriert. Die Möglichkeit, seine protestantischen Gegner weit entfernt von
den eigenen Landen in die Schranken zu weisen, war zu verlockend. Über
die Motive Wallensteins ist viel spekuliert worden. Abgesehen von der
Ruhm- und Gewinnsucht kannte er die Pläne, die neue Ordnung, von der
er persönlich profitierte, rückgängig zu machen. Gewann Friedrich V. die
Wenzelskrone zurück, waren alle Besitzwechsel Makulatur. Friedland und
sein Reichtum hätten sich in nichts aufgelöst. Die Interessen des Kaisers
waren in dieser Hinsicht die gleichen wie Wallensteins.

Söldner

Das Soldatenhandwerk war beliebt, weil es eine flüchtige Geborgenheit in
einem Meer von Ungewissheiten bot. Die Söldner kannten die Risiken
und Gefahren, wenn sie einen der Muster- und Laufplätze aufsuchten. Sie
wussten um die Gehorsamspflicht, die Todesgefahr und die geringe gesellschaftliche Anerkennung ihres Standes außerhalb der Militärgesellschaft.
Wer sich anwerben ließ, galt als «arbeitsscheuer Müßiggänger».[61] Von außen betrachtet, garantierte der Solddienst ein leichtes Leben, einen schein-

bar kontinuierlich fließenden Sold und die Hoffnung auf Beute. Gemessen an der alltäglichen Tristesse aus Hunger, Armut und Not, war der Krieg eine verlockende Alternative für nachgeborene Söhne von Bauern und Handwerkern, für Knechte, Arbeiter, Tagelöhner, Vaganten und Bettler sowie junge Männer, deren Gewerbe der Krieg zerstört hatte.[62] Sie gingen freiwillig zu den Soldaten, doch die Verhältnisse ließen ihnen oft keine Wahl. Auch für entlaufene Leibeigene oder straffällig gewordene Personen bot der Soldatenberuf einen Ausweg. Der gemeine Mann, ein Patrizier oder Adliger ließ sich normalerweise nur anwerben, wenn er im angestammten Milieu keinen angemessenen Platz fand. Schon zu Beginn des Kriegs betrug der übliche Sold von vier rheinischen Gulden im Monat etwa das Doppelte dessen, was angelernte Arbeiter und gut bezahlte Knechte erhielten. Später erhöhte sich dieser Sold auf mehr als das Doppelte. Er musste zusammen mit der potentiellen Beute auch das hohe Risiko abgelten.[63]

Die Forderung, die Todesangst trotz aller Gefahren zu überwinden und das eigene Leben einzusetzen, stärkte das Gefühl, den Bedrängnissen des zivilen Lebens enthoben zu sein.

Söldner experimentierten auch mit magischen Praktiken. Die Feldprediger bekämpften vor allem den alten Aberglauben, sich mit bestimmten Zauberformeln gegen das Eindringen von Stahl und Eisen «fest» machen oder durch Betrinken die eigene Angst überwinden zu können. Die überkonfessionell angewandte Passauische Kunst – der Name ist wohl auf einen geschäftstüchtigen Passauer Scharfrichter zurückzuführen – wurde von den Pfarren als teuflische Zauberei verschrien, hatte meist aber wenig Teuflisches an sich. Sie basierte auf christlichen Versatzstücken und Formeln. Dabei spielten geweihte Hostien und überhaupt Dinge, die mit dem Altar in Berührung gekommen waren, eine wichtige Rolle. Es wurden Papierkügelchen mit christlichen Sprüchen geschluckt, christliche Symbole oder Textamulette getragen oder kleine geweihte Gegenstände unter die Haut geschoben.[64] Die *Kön. Schwed. Victori Schlüssel*, eine von einem anonymen «Liebhaber teutscher Freyheit» verfasste Flugschrift, erläuterte, dass der König all dies verboten habe, weil er überlegt und mutig handelnde, keine tollkühnen und ihrer Vernunft beraubten Soldaten benötige. Tapferkeit entstehe aus wahrem Glauben, die Furcht aus Gottlosigkeit und schlechtem Gewissen. Die Kaiserlichen hätten Pommern ausgeraubt und die Jungfrauen geschändet. Solche Disziplinlosigkeiten resultierten aus

ihrem Unglauben.[65] Die feindlichen Söldner hätten ihre Seelen dem Teufel
überschrieben.

Söldner orientierten sich habituell am Adel. Sie trugen Waffen, jagten
Wild und zahlten keine Steuern, Abgaben oder Zölle. Sie achteten penibel
auf ihre Ehre und ihren Status.[66] Daran, unter die Soldaten zu gehen,
konnten allenfalls leibeigene junge Männer gehindert werden. Es gehörte
standesunabhängig zu den mit der deutschen Freiheit verbundenen Rechten, jederzeit Kriegsdienst nehmen zu dürfen, sofern Kaiser und Landesherren die Werbungen nicht untersagt hatten und sich das Unternehmen
nicht gegen sie richtete.

Krieg für die gute, die eigene Sache war überdies allen Christen erlaubt.
Nur die hohen Obrigkeiten durften in der mehr oder weniger staatlich
geordneten Welt des 17. Jahrhunderts legitime Kriege führen. Gott hatte
ihnen das Schwert gegeben, um die Untertanen zu schützen, Übeltäter zu
strafen und den Frieden zu sichern oder wiederherzustellen. Die Soldaten
kämpften in ihrem Auftrag, und auch sie konnten, wie Luther ausgeführt
hatte, in den Stand der Seligkeit kommen, obwohl sie töten mussten.[67] Die
Humanisten lobten aufgrund antiker Vorlagen den seligmachenden Tod
fürs Vaterland, selbst Theologen priesen ihn. Ob die Söldner glaubten, für
die Freiheit oder ihre Konfession, das Vaterland oder ihren Kriegsherrn zu
sterben, weiß man nicht. Anerkannt waren diese hehren Werte, doch die
Soldaten verpfändeten ihre Haut an denjenigen, der ihnen das meiste bot
oder versprach.

In einer an den deutschen evangelischen Kriegsmann gerichteten
Schrift setzte ein evangelischer Feldprediger voraus, dass das Vaterland
vom römischen Antichristen, dem pfäffischen Haufen und den Spaniern
angegriffen werde. Es sei die Pflicht der Soldaten, das Vaterland zu verteidigen, um nicht Haus und Hof sowie den evangelischen Glauben einzubüßen. Schon die heidnischen Germanen hätten der deutschen Freiheit ihr
Leben geopfert und erreicht, dass «wir ein frei Volk und keinem Fremden
untertan sein». Jeder müsse mit seinem Leben für den Glauben und das
Vaterland eintreten. Gott werde der gerechten Sache und den Protestanten
den Endsieg nicht versagen. Der Soldat solle sich an die Zehn Gebote
halten, seine Feinde nicht verachten und nicht für Sold, sondern für das
Vaterland kämpfen. Die Spanier wollten Deutschland entweder beherrschen oder im Blut schwimmen sehen. Um seine Aufgabe erfüllen zu können, müsse der Soldat auf Völlerei und welsche Hoffart verzichten sowie

auf Sauberkeit achten, denn ansonsten kämen Seuchen und andere Krankheiten in die Lager, «dadurch das Volk wie die Mucken dahin sterben, also
dass sie ihrem Feind die Mühe [sie] tot zu schlagen selbst sparen». Der
Soldat solle gehorchen. Die Vorgesetzten dürften wiederum keine willkürlichen Befehle geben und sollten das Leben der Söldner schonen. Diese
sollten dem Gegner unerschrocken gegenübertreten, denn es sei besser,
«ehrlich gestorben, dann schändlich geflohen». Niemand dürfe sich von
den Feinden anwerben lassen, um gegen das Vaterland und das Evangelium zu kämpfen. «Die Verräterei ist dem Feind sehr lieb und angenehm,
der Verräter aber ganz und gar verhasst.»[68]

Der anonyme Appell illustriert das Dilemma eines Glaubenskrieges,
den Gott wegen der vielen Sünden der Menschen zwar verhängt hatte, in
dem er aber die wahre evangelische Religion und das deutsche Vaterland
nicht dem Antichristen und den katholischen Feinden überlassen wollte.
Deswegen mussten die Söldner ihr Leben wagen. Der Kampf auf Seiten
der Katholiken galt dem Prediger als Verrat an Gott und dem Vaterland,
weil diese mit den Fremden gemeinsame Sache gemacht, die Uneinigkeit
nach Deutschland gebracht und die nationale Eintracht zerstört hätten.
Die Wirkung solcher Appelle zeigte sich in vielen Belegen dafür, wie die
Söldner zwischen Freund und Feind und nicht nur zwischen dem eigenen
Kriegsherrn und dessen Gegnern unterschieden. Sie selbst lasen, wenn sie
das überhaupt konnten, derart anspruchsvolle Texte eher selten. Diese
dienten als Argumentationshilfen für die Geistlichen in den Heeren, um
ihre Schäfchen an ihre Pflichten zu erinnern. In den konfessionalisierten
Milieus war es nicht nur bloßer Zufall, bei welchem Werbeoffizier die
Söldner landeten und für welche Sache sie ins Feld zogen. Dass sie ihren
Kriegsherren aufrichtig dienten, wurde selten bezweifelt, vorgeworfen
wurde ihnen, dass sie jedem dienten, der sie bezahlte.

Geworben wurden die Söldner von Hauptleuten und Obristen, die von
den Kriegsherren, Königen oder Fürsten, dazu bevollmächtigt worden waren. Die Bestallungsbriefe nannten die Anzahl der zu werbenden Knechte,
den Sold sowie den Lauf- und Musterplatz. Die bekannten Söldnerführer
waren militärische Großunternehmer mit selbständigen Subunternehmern.
Ernst von Mansfeld, Christian von Halberstadt oder Georg Friedrich von
Baden-Durlach und natürlich Wallenstein zählten zu dieser Kategorie.
Ihre Soldaten gehorchten ihnen, solange sie für Sold und Verpflegung, hin
und wieder auch für Beute sorgten.[69]

Die Verwandlung in einen Soldaten begann auf den Laufplätzen, wo die Trommel geschlagen und nach erfolgtem Eintrag in die Musterrolle das Lauf-, Werbe- oder Antrittsgeld ausgezahlt wurde. Satirische Flugblätter thematisierten die Musterungen. Eindrucksvoll wurde ein Monster in den Bildmittelpunkt gerückt, das die Männer verschlang und als Soldaten wieder ausschied. Priester waren beliebte Objekte dieser Transmutation; da sie den konfessionellen Streit und Krieg gepredigt hatten, sollten sie nun Gewalt verüben und erleiden.[70]

Von den Musterungen profitierten zuerst die Wirte, in deren Gasthäusern oder Höfen die Werbungen stattfanden, sowie die ortsansässigen oder angereisten Gewerbetreibenden, die alle für künftige Soldaten wichtigen Dinge überteuert anboten. Die Geworbenen investierten große Teile ihres Laufgeldes in angemessene Kleidung und Ausrüstung. Sie benötigten wenigstens einen Spieß und eine Schutzhaube, die sie kaufen mussten, wenn sie bei der Einschreibung noch keine Ausrüstung besaßen oder der Kriegsherr Waffen wie Piken, Hellebarden, Pistolen, Schwerter, Musketen und manchmal sogar die notwendige Schutzkleidung wie Helme, Harnische, Lederkoller etc. nicht zur Verfügung stellte. Wenn er dies doch tat, behielt er allerdings einen Teil des Soldes zurück. Die Kriegsherren und Söldnerführer zogen aus den Konzessionen für die Händler Extraprofite.[71] Wer einen Spieß mitbrachte, diente als einfacher Knecht, wer eine Muskete besaß, als Doppelsöldner.[72]

Soldaten kleideten sich traditionell in schillernden Farben, um aufzufallen und ihre Unabhängigkeit von ständischen Schranken und Kleiderordnungen zu demonstrieren.[73] Der provozierende Aufzug änderte sich mit der allgemeinen Mode im 17. Jahrhundert, als die Versittlichungs- und Disziplinierungstendenzen die Söldner erreichten und aus den gefürchteten Landsknechten mehr oder weniger disziplinierte Soldaten machten.[74] Der bunte Wams, Pluderhosen und die übergroßen Schamkapseln, an denen man «Hoffart und Verschwendungssucht» ablas,[75] wichen auch aus praktischen Gründen einer schlichteren, warmen und wetterfesten Kleidung.[76] Sie sollte möglichst aus Leder gefertigt sein, weil sich im Fell und in Strickwaren wie in den Nähten das Ungeziefer sammelte; Läuse und Flöhe scheinen noch vor dem Feind die größten Peiniger der Soldaten gewesen zu sein. Uniformen prägten erst gegen Ende des Krieges vermehrt das Erscheinungsbild.

Nach erfolgreicher Werbung zogen die angehenden Soldaten in kleinen Trupps zu den Sammelplätzen. Ihre Vorgesetzten achteten darauf, dass sie sich nicht mit dem Laufgeld aus dem Staub machten, um woanders erneut zu kassieren.[77] Um solche Betrügereien zu verhindern und die Söldner besser kontrollieren zu können, war im 16. Jahrhundert der Passport eingeführt worden. Dieses Papier wies seinen Inhaber als Mitglied eines bestimmten Regimentes aus, nannte besondere Kenntnisse, Rang und vieles mehr. Es belegte in einem feindlichen Umfeld, dass es sich um keinen Deserteur handelte.[78] Wer keinen Pass besaß, durfte aus dem Land getrieben oder verhaftet werden; das Papier war überlebenswichtig. Auch Peter Hagendorf, der mehr als 20 Jahre lang ein Kriegstagebuch führte und etwa 22 000 Kilometer zurücklegte, notierte nach einem Überfall, dass er nicht nur seine ganze Habe, sondern auch seinen Pass eingebüßt habe.[79]

Mit der Ankunft auf dem Sammelplatz wurden den Söldnern die Offiziere und Unterführer vorgestellt und die Artikelbriefe vorgelesen, die vor allem aus Verboten und Gehorsamsvorgaben bestanden und von nun an ihr Leben bestimmten. Bei einer Neuaufstellung erhielt der Fähnrich in einer feierlichen Zeremonie die Fahne, das Symbol des Fähnleins bzw. der Kompanie.[80] Danach leisteten alle den Eid auf die Fahne und unterlagen von da an der strengen Militärjustiz. Die eidliche Verpflichtung konstituierte einen selbständigen Schwurverband. Er bildete eine Korporation innerhalb der Armee, die wiederum ein vertraglich konstituiertes, mobiles Gemeinwesen mit eigenen Gesetzen, Ritualen und strenger Gehorsamspflicht darstellte. Ein solcher Soldatenstaat funktionierte nach den Regeln der Ständegesellschaft. An der Spitze standen die Offiziere, unter den Mannschaften dominierten die erfahrenen gegenüber den unerfahrenen Söldnern. Den letzten Platz in dieser Hierarchie nahmen die Invaliden, die Kranken und Verwundeten ein, die für den Krieg nicht mehr taugten und froh sein konnten, im Tross mitziehen zu dürfen.[81]

Die umfangreichen Kriegsartikel basierten auf alten Ordnungen, die 1570 der Speyrer Reichstag zusammengefasst hatte, um die «Frechheit des Teutschen Kriegsvolks» zu unterbinden. Das Kriegswesen stand unter Aufsicht und Kontrolle der Reichskreise. Soldaten durften beispielsweise nur in kleinen Verbänden durch das Reichsgebiet geführt werden, es mussten verantwortliche Offiziere benannt und Verstöße exekutiert werden. Taxordnungen und Musterbestallungen sollten zu Disziplin führen und die Versorgung des Heeres in den bürgerlichen Wirtschaftskreislauf einbinden. Prinzipiell musste der Soldat für seine Verpflegung selbst bezahlen. Dafür erhielt er den Sold.[82] Blieb dieser aus, hatte der Quartiergeber das

Essen trotzdem zu stellen, jedoch nur auf Rechnung und gegen spätere Rückerstattung.[83]

Der Soldat sollte seinen Vorgesetzten unbedingten Gehorsam leisten, die ihn bei Feigheit vor dem Feind mit dem Tode bedrohten. «Der gottesfürchtige Soldat fürchtete die Rute Gottes als gerechte Strafe für den eigenen Mangel an Gottesfurcht: für die Furcht vor dem Feind.»[84] Der Söldner sollte mutig sein Leben riskieren, ohne es mutwillig aufs Spiel zu setzen. Der christliche Kriegsmann verzichtete demnach auf Laster und Ausschweifungen wie Trunksucht und Hurerei und versetzte niemanden unnötig in Angst und Schrecken. Da diese Regeln während des Krieges häufig verletzt wurden, galten Söldner als Werkzeuge des Teufels.[85] Allerdings wurden Disziplinlosigkeiten und schwerere Übergriffe mit dem Tode bestraft.

Nur mit Erlaubnis ihrer Obristen durften sich die Soldaten versammeln, um Verschwörungen und Meutereien zu verhindern. Diese drohten, wenn die versprochenen Leistungen wie Sold, Lebensmittel oder feste Quartiere zu lange ausblieben. Soldaten desertierten dann einzeln und in kleinen Gruppen oder rebellierten gemeinsam. Befehlsverweigerungen und Bedrohung der Vorgesetzten galten als Meuterei und wurden hart bestraft. Was die Söldner als legitimen Protest ansahen, war für die Offiziere Ungehorsam. Je länger solche Konflikte dauerten, desto schwieriger wurde eine Verständigung, zumal die Bestrafung der Rädelsführer – ihnen drohte der Tod – häufig erneut Unruhe heraufbeschwor.

Über Vergehen, die mit Leibes- und Lebensstrafen geahndet wurden, urteilten in den Armeen des 17. Jahrhunderts nicht mehr erfahrene Söldner, sondern studierte Juristen. Die Kameradengerichtsbarkeit der Spieß- und Schultheißengerichte und der durch sie abgesicherte eigene Rechtsraum der Söldner waren aus den Artikelbriefen verschwunden. Die Soldaten durften nun auch zum Exerzieren, zum Schanzen und zu den verachteten körperlichen Arbeiten verpflichtet werden. Der Drill hielt nicht nur zum Erlernen der Techniken des Waffengebrauches, sondern auch als Disziplinierungsmittel Einzug in die Armeen.[86] Laut Justus Lipsius verbesserte Drill die körperlichen und geistigen Fähigkeiten der Söldner, vor allem aber ihr sittliches Verhalten.[87]

Die unbändige Angst vor Gott, den bösen Mächten und der Zukunft, die das Abendland befallen hatte, erfasste auch die Söldner. Sie lernten jedoch, ihre Unsicherheit durch einen Ehrenkodex, aggressives und forderndes Auftreten sowie Gewaltausbrüche zu überspielen. Darunter litten

Bauern und Bürger. Für die meisten einfachen Soldaten gab es kein Zurück in eine zivile Existenz, der sie entflohen oder durch die langen Dienstzeiten entfremdet waren. Den «Heimatverlust» kompensierten sie mit der Verankerung in der privilegierten militärischen Gesellschaft und der nie versiegenden Hoffnung auf Gewinn und Aufstieg. Verglichen mit den Verhältnissen, aus denen sie kamen, lebten die Söldner im Großen und Ganzen relativ gut. Wann die Soldaten sich fremdes Eigentum aneignen durften, war nicht eindeutig geregelt. Die Artikelbriefe sagten darüber nur, dass auch im Feindesland ohne Erlaubnis der Obristen auf keinen Fall geplündert werden durfte.

Das Leben und Verhalten der Söldner war in allen denkbaren Situationen reglementiert. An der Spitze standen die Gehorsamsforderungen. Raufen und Vollsaufen, das Spielen um Geld und vieles andere waren streng verboten – Ausnahmen bestätigten freilich die Regel. Deren Verletzung wurde häufig geduldet, weil niemand seine ausgebildeten Soldaten verlieren wollte. Auf dem in den Lagern ausgewiesenen Mummplatz, wo sich auch die Latrinen und die Huren befanden, waren das Spielen um Geld, das Fluchen und handgreifliche Streitigkeiten gang und gäbe. Hier ging es hoch her. Dieser abgegrenzte Raum bildete das kontrollierte Ventil im ansonsten öden Lageralltag,[88] der ganz andere Gefahren bereithielt. Die meisten Soldaten starben nicht auf den Schlachtfeldern im Kampf Mann gegen Mann oder getroffen von feindlichen Kugeln. Die größten Verluste entstanden in den Lagern und auf den langen Märschen. Hier war der Soldat Nässe und Kälte ausgesetzt, schlief in Notunterkünften und auf Stroh oder Laub. Unzureichende oder falsche Ernährung und die mangelhafte Hygiene schwächten die Körper, die ein leichtes Opfer sich endemisch ausbreitender Krankheiten und Seuchen wie Typhus oder Ruhr, Grippe oder Pest waren. Die genauen Zahlen sind unbekannt. Die Heere der Liga und des Kaisers verloren in Böhmen binnen eines halben Jahres etwa die Hälfte ihrer knapp 30 000 Soldaten, vor allem durch Typhus. Vielen südländischen Söldnern, die mit unzureichender Kleidung ausgerüstet waren, setzte der Winter zu. Bis zu ein Viertel eines Heeres starb Jahr für Jahr und musste ersetzt werden.[89]

Der Tod der Söldner entlastete die Söldnerführer von ausstehenden Soldzahlungen. Tote wurden häufig in den Regimentslisten weitergeführt und den Kriegsherren in Rechnung gestellt. Diese Unterschlagungen waren ein kaum zu kontrollierender Zusatzprofit. Während die meisten Söldner

problemlos ersetzt werden konnten, waren die alten Haudegen, die kampferprobten Söldner, die ihre Narben wie Trophäen zur Schau stellten, bei
den Offizieren hoch angesehen und begehrt. Diese «Eisenbeißer» oder
«alte Kriegsgurgeln» bildeten das Rückgrat jeder Armee. Sie blieben ihren
Regimentern treu und wurden bei Gefangennahme von ihren Hauptleuten
ranzioniert, also freigekauft. Auch für diese Lösegelder gab es Regeln und
Absprachen. Das schwedisch-kaiserliche Ranzionskartell sah 1642 als Lösung für einen Obristen 1000, für einen Leutnant 50, für einen Musketier
vier Reichstaler vor.[90]

Die einfachen Söldner wechselten in der Gefangenschaft meist die
Fronten. Sie dienten dann in der Armee des bisherigen Gegners. Ausgelöst
wurden neben den erfahrenen Soldaten die Offiziere, die aus Prestige- und
Geheimhaltungsgründen nicht für den Feind kämpfen sollten. Meistens
war man in der Lage, die geforderten Gelder aufzubringen. Der böhmische
Feldzug hatte beispielsweise jedem überlebenden Obersten oder Hauptmann der Ligaarmee wenigstens 30 000 Gulden eingebracht; Maximilian
von Bayern ließ genau Buch führen.[91] Tilly bekleidete als loyaler Feldherr
bis zu seinem Tod den Rang eines Generalleutnants, eines stellvertreten-
den Oberkommandierenden. Wie die Obristen unterstand auch er uneingeschränkt dem Kriegsherrn.[92] Diese Ausnahme bestätigte jedoch eine
andere Regel. Die selbständigen Kriegsunternehmer waren keine Untertanen oder Vasallen ihrer Auftraggeber. Sie dienten nicht, sondern übten
ein lukratives Geschäft aus.[93] Dabei mussten sie zwar die Interessen ihrer
zahlenden Herrscher verfolgen, schufen aber in ihren Heeren oder in den
Regimentern eine eigene Ordnung, die sie auch auf das Gebiet auszudehnen versuchten, in dem sich ihre Truppen befanden. Wallenstein perfektionierte mit Blick auf die Kontributionen und die von ihm angestrebte
imperiale Neuordnung das Ineinandergreifen von militärischer und poli-
tisch-ökonomischer Disziplin.

Unterschlagungen und Gewinnverteilung, von der die Söldnerführer und
Offiziere besonders profitierten, konnte niemand verhindern. Die Offiziere
erwarben oft in kürzester Zeit riesige Vermögen, während die einfachen
Soldaten arm blieben. Bei ihnen wechselten Überfluss und größte Not oft
von Tag zu Tag. Ungewissheit bestimmte ihr Leben. Was sie besaßen, trugen
sie, ihre Frauen und Helfer mehr oder weniger am Leib. Vorsorge war ihnen
nur in sehr bescheidenem Umfang möglich, und der soziale Aufstieg in
wirklich lukrative Positionen gelang selten. Einfache Soldaten wurden bei

Bewährung zu Doppelsöldnern, Kavalleristen, Gefreiten, Unteroffizieren bzw. Rottmeistern, vielleicht sogar zu Weibeln, Wachtmeistern oder Feldwebeln befördert. Diese Ämter hatten für die Disziplin zu sorgen und zogen den Hass der gemeinen Söldner auf sich. Bei Auflösung eines Regiments wurden die niederen Dienstgrade früher verabschiedet, damit sie sich vor ihren ehemaligen Untergebenen in Sicherheit bringen konnten.

Der Zeitzeuge Grimmelshausen erläutert in seinem Roman die Besonderheiten des soldatischen Aufstiegs. Ein Feldwebel betont, Adlige seien für Kriegsämter «am tauglichsten», weil «edelgeborene Officirer von der Soldateska besser respectiret werden als diejenige, so zuvor gemeine Knechte gewesen». Ein anderer widerspricht: «Welcher Narr wollte dann dienen und sich in augenscheinliche Todesgefahr begeben, wann er nicht hoffen darf, durch sein Wohlverhalten befördert und also um seine getreuen Dienste belohnt zu werden.» Der erste lenkt daraufhin ein: Ein redlicher Mann werde nicht übersehen, «maßen man heutigen Tags viel findet, welche vom Pflug, von der Nadel, von dem Schuster Leist und vom Schäferstecken zum Schwert gegriffen, sich wohl gehalten und durch solche ihre Tapferkeit weit über den gemeinen Adel in Grafen- und Freiherren-Stand geschwungen. Wer war der kaiserliche Johann von Werd?»[94]

Johann von Werth war ein niederrheinischer Bauernsohn, der 1652 als Freiherr in seiner böhmischen Herrschaft Benatek starb. Er lernte wohl nie richtig Lesen und Schreiben, trat als gemeiner Reiter in die spanische Armee ein und stieg als Soldat von Fortune bis in die höchsten Dienstgrade auf. Als Kavalleriegeneral entschied er manche Schlacht. Zwischenzeitlich lernte er, seine Unterschrift zu malen, weil die sonst üblichen drei Kreuze soziokulturell deklassierten. Als der Kaiser ihn 1635 in den Freiherrnstand erhob, behauptete die Urkunde eine altadelige Herkunft, die keiner Überprüfung standhielt. Obwohl Werth alle Voraussetzungen erfüllte, ließ das selbständige Armeekommando auf sich warten. Er wechselte offensichtlich auch deshalb den Dienstherrn. Oberkommandierender wurde er nie. Ein des Lesens und Schreibens unkundiger Aufsteiger, der als Trinker, Raucher und Verschwender verschrien war, überforderte das Vorstellungsvermögen der Kriegsherren und die Zustimmungsbereitschaft ihrer höfischen Gesellschaften.[95]

Während des Dreißigjährigen Krieges gab es vielleicht zehn solcher spektakulären Karrieren von ganz unten nach ganz oben. Ein etwas anderes Bild boten die Offizierschargen. Bei der Erstaufstellung der Armee Wallensteins

stammten 1625 sieben Obristen aus dem Adelstand, einer war frisch nobili-
tiert und einer keinem Stand zuzuordnen. Die Affinität zwischen Adel und
hohen Offiziersrängen war und blieb hoch. Dagegen kamen niedere Offiziere häufiger aus dem wohlhabenden Bürgertum. Zwischen 1630 und 1636
waren im Fußregiment Hardegg die fünf Stabsoffiziere und zu Beginn auch
neun von zehn Kompaniechefs Adlige. Schließlich führten 15 Adlige und
zwölf Nichtadlige Kompanien, davon kamen zehn aus dem eigenen Regiment, die einen Bewährungsaufstieg hinter sich hatten.[96]

Die Scheidelinie zwischen Adel und Nichtadel in den Offiziersrängen lag
beim Hauptmann oder Rittmeister. Das Sozialprestige des Adels war der
Schlüssel zum Erfolg. Adlige besaßen die Legitimation zur Herrschaft und
Anspruch auf Gehorsam; Adel schuf Autorität und Distanz. Der Adelstitel
war für hohe Offiziere normalerweise eine *conditio sine qua non*. Der Kriegs-
dienst eröffnete allerdings auch dem niederen Adel die Chance auf höchste
militärische Ämter und in deren Folge auf Grafen- oder Fürstendiplome.[97]
Für eine erfolgreiche Offizierslaufbahn reichten jedoch adelige Herkunft,
Geld und militärisches Interesse nicht mehr aus. Neben wirtschaftlichem
Geschick benötigte man Kenntnisse der neuesten Waffentechnik, logistische
Fähigkeiten sowie ein gewisses Maß an Selbstkontrolle und Führungsquali-
täten.[98] Die Kriegsherren achteten zudem auf die Einbindung ihrer hohen
Offiziere in die eigene Landesherrschaft. Sie ermöglichten ihnen den Erwerb von Herrschaften und belehnten sie. Dadurch wurden die Söldnerführer soziopolitisch an ihre Kriegsherren gebunden und waren zur Loyalität
nicht nur verpflichtet, sondern konnten dazu unter Androhung des Entzugs
ihrer Güter gezwungen werden. Die Zeit der Condottieri, die ihren Kriegsherren gefährlich werden konnten, ging zu Ende.

Militärgesellschaft

Nach der Vergatterung auf dem Musterplatz begann für die Söldner der
reguläre Dienst, meist mit einem längeren Fußmarsch ins Einsatzgebiet.
Tag für Tag, bei Wind und Wetter, wurden wenigstens 20 Kilometer zu-
rückgelegt. Dabei behielten die Soldaten Pistolen und Degen am Mann.
Die schweren Waffen, die bis zu sieben Meter langen Spieße, Piken,
Doppelmusketen, Luntengewehre, aber auch Stützgabeln, Pulver, Helme,
Rüstungen, Blei für die Kugeln etc., wurden auf Schiffen oder Wagen mit-
geführt und erst kurz vor dem Einsatz ausgegeben. Der Marsch war eine

körperliche Tortur und eine logistische Herausforderung. Neben dem Transport der Waffen und Ausrüstungsgegenstände mussten die Söldner und das mitziehende Zug- und Schlachtvieh versorgt werden. Ein Soldat benötigte Tag für Tag etwa ein Kilo Brot, ein Pfund Fleisch oder Fisch und drei Liter des gewöhnlichen dünnen Bieres.[99] Auch wenn diese Ration weit häufiger unter- als überschritten wurde, bedeutete dies bei einer Armee von 20 000 Mann, dass rechnerisch täglich 20 Tonnen Brot, zehn Tonnen Fleisch und 60 000 Liter Bier bzw. die nötigen Ausgangsprodukte herangeschafft werden mussten. Die Pferde der Kavallerie und diejenigen, welche wie die Ochsen die Wagen mit Ausrüstungsgegenständen oder die Kanonen zogen, benötigten Futter, die Kühe, Schafe, Schweine und alle anderen Tiere, die in den nächsten Tagen das Fleisch liefern sollten, große Weideflächen. Dass mit einer Armee mehr als 10 000 Stück Vieh zogen, natürlich verteilt auf die einzelnen Marschkolonnen, war keine Seltenheit.[100] Es fraß Wiesen und Felder kahl, während die Soldaten und der Tross die Vorräte und in der Not auch das Saatgut derjenigen verzehrten, die in den betroffenen Gebieten weiterleben mussten.

Das Verhältnis zwischen Soldaten und ortsansässiger Bevölkerung war meist spannungsgeladen. Doch es gab Gegenbeispiele. Abgefangene Briefe aus dem Sommer 1625 zeigen einen eher vertrauten, freundschaftlichen Umgang der Einwohner von Schmalkalden, Allendorf, Eschwege und Witzenhausen mit den gerade abmarschierten, bei ihnen zuvor einquartierten Ligasoldaten Tillys, den Feinden der Landgrafschaft Hessen-Kassel. Unter ihnen befanden sich nun allerdings auch Männer aus dem Einquartierungsgebiet. Sie hatten sich werben lassen und warteten auf die Briefe ihrer Verwandten. Zudem schrieben Quartierwirte an «ihre» Soldaten, bedankten sich für Briefe und wünschten ihnen und allen rechtschaffenen Soldaten Glück. Einige dieser Briefe gingen auch an Personen im Tross. Sie bezogen sich auf geschäftliche oder eheliche Verbindungen und offenbarten die große Not unverheirateter Mütter von Soldatenkindern. Der hessische Untersuchungsbeamte sprach von einem Haufen Buhlbriefe, den Dirnen an bayerische Soldaten geschrieben hätten. Die ständische Hierarchie blieb auch hier gewahrt, die Tochter des Schultheißen schrieb einem Offizier, das Dienstmädchen dessen Diener.[101]

Nachdem die Ligatruppen im Sommer fortgezogen waren, kamen die Söldner Wallensteins, die sich im August und September auf ihrem Zug in die Stifte Halberstadt und Magdeburg im hessisch-thüringischen Grenzraum ein bis zwei Wochen regenerierten.[102] In Schmalkalden erhielten einige dieser Truppenverbände ihre volle Ausrüstung. Wallenstein hatte den Waffenhändlern aus dem benachbarten Suhl kurz vor seinem Abmarsch aus Eger die hessische Exklave als Ort der Übergabe genannt. Diese wussten, worauf sie sich eingelassen hatten. Als sie die Lieferbedingungen des Großauftrags für die Vollausrüstung von sieben Regimentern eigenmächtig verändern wollten, hatte der Herzog sie kurzerhand festnehmen lassen. Aus Suhl war Folgendes zuvor schon nach Eger geliefert oder in Hersbruck bereitgestellt worden: 6000 Musketen, Vorderladergewehre, das Stück zu zweieinhalb Reichstalern; 2278 Piken, 5 bis 6 Meter lange hölzerne Spieße, das Stück zu 36 Kreuzern; 715 gemeine und 30 durchbrochene Hellebarden, gut 2 Meter lange Hieb- und Stoßwaffen, zu je einem Gulden; 27 Partisanen, etwa 2,5 Meter lange Stoßwaffen vor allem für Offiziere, zu je einem Reichstaler; 74 Bandeliere, lederne Schultergürtel, um Ausrüstungsgegenstände zu tragen, zu je einem Viertel Reichstaler; 146 Musketengabeln zu je 9 Kreuzern. Summa summarum musste de Witte dafür 24 701 Gulden und 57 Kreuzer entrichten. Ebenfalls aus Suhl kamen 12 000 Rüstungen.[103]

Die Erfolge Wallensteins waren in erster Linie das Ergebnis einer perfekten Logistik. Der exakt geplante Einsatz der Truppen musste akribisch genau umgesetzt werden. Kleinste Verzögerungen konnten das ganze Unternehmen in Gefahr bringen. Beim Marsch der einzelnen Kolonnen von 2000 und mehr Söldnern zuzüglich des Trosses durfte es keine Stockungen geben. Ansonsten waren die Quartiere nicht rechtzeitig frei für die Nachrückenden, und die ohnehin prekäre Versorgung brach zusammen. Die Heere wälzten sich normalerweise in kleinen Einheiten entlang großer Flüsse vorwärts. Nur auf dem Wasser ließ sich der Nachschub aus entfernteren Gegenden einigermaßen sicher bewerkstelligen. Auf dem platten Land mussten die Soldaten und das Vieh aus der unmittelbaren Umgebung ernährt werden. Die ortsansässige Bevölkerung hungerte, und dies noch lange nach Abzug der Truppen. Härter traf es die Bewohner, wenn die Soldaten bei ihnen ins Winterlager gingen und vier bis fünf Monate blieben. Wallenstein hatte auch hier Vorsorge getroffen und schon im Juli Offiziere und Soldaten schriftlich ermahnt, dass sich Befehlshaber anzumelden hätten, bevor sie im Fürstentum Anhalt Quartier nähmen. Niemand dürfe die Untertanen durch Raub und Plünderungen belästigen.[104]

Während die soziale Disziplinierung des gemeinen Mannes und dessen Einordnung in die hierarchisch strukturierten Gemeinwesen zunehmend besser gelangen, waren die heterogenen Söldnerverbände schwerer zu kontrollieren, obwohl für sie das einfache Prinzip von Befehl und Gehorsam galt. Die Soldaten kamen aus unterschiedlichen soziokulturellen Milieus und sprachen viele Dialekte. Sie kämpften zwar für einen Kriegsherrn, bildeten aber keine konfessionell, landsmannschaftlich oder national homogene Einheit. Gegen Ende des Krieges setzte sich ein bayerisches Regiment aus 534 Deutschen, 217 Italienern, 54 Polen, 51 Slowenen, 26 Griechen, je 24 Burgundern und Lothringern, 18 Dalmatiern, 15 Franzosen, je 14 Böhmen und Türken, elf Spaniern, fünf Ungarn, je zwei Kroaten und Schotten, dazu einem Iren und einem Sizilianer zusammen.[105] In diesem Völkergemisch gehörten religiöse und nationale Konflikte zur Tagesordnung. Um die Unruhe in Grenzen zu halten, wurden in den Quartieren nicht nur die Offiziere und gemeinen Soldaten, sondern auch die nationalen Gruppierungen voneinander getrennt.[106]

Was nie gelang, war die konfessionelle Vereinheitlichung der Armeen oder wenigstens des Offizierkorps. Über das Bekenntnis des Grafen Ernst von Mansfeld gibt es nur Vermutungen, dasjenige des mit seinem Tagebuch berühmt gewordenen Söldners Peter Hagendorf ist nicht bekannt. Unter der Kriegsfahne Marias mit dem Jesuskind kämpften auch Protestanten. Bei Beförderungen wurde die Konfessionsfrage zwar gestellt, war aber nicht entscheidend. Sachverstand, Tapferkeit und Fortune ließen sich nicht durch Glaubenstreue ersetzen. Dennoch konnte die Zugehörigkeit zu einer anderen Konfession ein Anlass für Verdächtigungen sein. Zum Leidwesen des Kurfürsten befand sich 1629 in der Ligaarmee angeblich kein einziger katholischer Hauptmann. Franz Wilhelm von Wartenberg vermutete nach dem Sieg Gustav Adolfs bei Breitenfeld 1631, dass die Niederlage durch unkatholische Offiziere herbeigeführt worden sei.[107]

Zur Disziplinierung bei Durchzügen und Einquartierungen bewährten sich zu Beginn des Krieges auch die Landesdefensionstruppen. Allein durch ihre Anwesenheit und ihre Geländekenntnisse wurden häufig Übergriffe der Soldaten verhindert. Seit dem späteren 16. Jahrhundert wurden ausgewählte und militärisch geschulte Untertanen zur Verteidigung des eigenen Landes eingesetzt.[108] Um zu verhindern, dass die Milizionäre ihre Waffen gegen die eigene Herrschaft richteten, erhielten sie kleinere Vergünstigungen, die sie aus der Masse ihrer Nachbarn heraushoben. Sie sollten stolz darauf sein, Familie, Hof und Vaterland verteidigen zu dürfen. Das Milizsystem konnte jedoch nur funktionieren, wenn alle Untertanen nicht übermäßig belastet und die gegenseitigen Verpflichtungen des Herrschaftsverhältnisses beachtet wurden. Die Wetterauer Grafen forderten beispielsweise von den Gemusterten Waffen- und Bewegungsexerzieren, Gehorsam, Standhaftigkeit, Selbstzucht, einen tugendhaft-sittlichen Lebenswandel und Gottesfurcht. Sie durften ihre Seitenwehr auch in der Kirche tragen. Waren sie dienstlich verhindert, mussten ihre Nachbarn die anfallenden Arbeiten für sie mit verrichten. Die Grafen glaubten, dass ihre gedrillten Untertanen sich mit ihren Pflichten identifizierten und männlicher als Söldner kämpften, da sie Frauen und Kinder, Haus und Hof, Glauben und Vaterland verteidigten.

Die Milizionäre wurden mit guten Suhler Gewehren, mit haltbarem Proviant sowie wetterfester Kleidung ausgerüstet und durchliefen neben der militärischen auch eine theoretische Schulung, die auf patriotische Tugenden größten Wert legte. Während sie Aufgaben wie die Sicherung von Durchzügen oder die Verteidigung der Heimat gegen marodierende Soldatenhaufen erfolgreich lösten, überforderte sie der Einsatz in fernen Gegenden. Die Bauern desertierten scharenweise, weil sie sich um ihre Angehörigen, auch um Haus und Hof Sorgen machten und nicht einsahen, dass sie wie Söldner kämpfen, aber keinen Sold erhalten und auch noch die ungeliebten Schanzarbeiten unter feindlichem Beschuss verrichten sollten.[109] Für große Kriege und den Einsatz fern der Heimat war diese frühe Form des «Untertanen in Uniform» nicht geeignet. Die hoffnungsvollen Ansätze des Milizsystems versandeten während des Krieges. Die Zukunft gehörte nicht den Untertanen in Uniform, sondern den stehenden Heeren und Berufssoldaten, die zusätzlich ein bürgerliches Gewerbe ausübten.

Problematisch war in allen Armeen die Versorgung verwundeter oder kranker Soldaten. Die Feldschere kümmerten sich um sie, so gut sie konnten, doch selbst wenn der Patient so schmerzhafte wie gefährliche Prozeduren wie das Amputieren von Gliedmaßen überlebte, war er danach ein dienstunfähiger Invalide, der, auf sich selbst gestellt, zufrieden sein musste, wenn er im Tross mitziehen durfte. Dort lebten diejenigen, die dem Söldner wirklich halfen: seine Frau oder Begleiterin, seine Kinder, Diener oder Knechte. Das mobile Soldatenpaar war eine eingespielte Institution zum Überleben und zum gemeinsamen Gewinn. Flugblätter schilderten Soldatenfrauen, die als Zeichen der Treue mit einem Hündchen dargestellt wurden, ihren «feldfreien / ungebundenen / rittermäßigen Stande» und die angeblichen Vorteile ihres Lebens.[110] Ledige bzw. ungebundene Frauen, die im Tross mitzogen, wurden hingegen auf Bildern mit einem Hahn charakterisiert, dem frühneuzeitlichen Symbol sexueller Freizügigkeit.[111] Die während der Einquartierungen oder auf dem Marsch geborenen Kinder der Soldatenpaare wurden, wenn irgend möglich, ordentlich getauft. Sie erschienen mit ihren ortsansässigen Paten in den Kirchenbüchern der Gemeinden. Der Soldat erhielt ein Zeugnis des Pfarrers, das die eheliche Geburt und Taufe des Kindes bestätigte.

Zum Tross zählten auch die regulären leichten Truppen, die für Nachschub und die Logistik unverzichtbar waren. Er bot Marketendern, Prostituierten, Zahnbrechern, Schmieden, Bäckern und Metzgern sowie Entwurzelten aller Art einen Rest von Sicherheit und Geborgenheit. Wer hier nicht mehr geduldet war, dem blieb nur noch das Nomadenleben des fahrenden Volkes und der Marodeursbanden. Allein die Zugehörigkeit zu diesem «Gesindel» bedeutete in vielen Gegenden ein Todesurteil.[112]

Das Wissen um dieses Angewiesensein war die wirksamste Waffe des Tross- oder Hurenweibels und des Profoses. Sie waren für die Disziplin verantwortlich, organisierten die Strafverfolgung und übten das Amt des Scharfrichters aus. Sie sorgten für die nötige Ordnung in der Unordnung und überwachten die hygienischen Verhältnisse sowie den Lagermarkt. Da die Soldaten sich meist selbst versorgten, benötigten sie die Marketender, die Waren aller Art anboten. Wenn der Sold ausblieb, verschwanden die Marketender, und die Soldaten mussten sich aus dem Land versorgen. Die Versuche der Kriegs- und Feldherren, die Zulieferung des Proviants selbst sicherzustellen, scheiterten oft an logistischen Unzulänglichkeiten und an der Größe der Truppenverbände.[113] Einzig Wallenstein und de Witte gelang eine kontinuierliche Proviantzufuhr aus entfernteren Gebieten.

Da der Tross oft deutlich größer als die regulären Truppen war, bildete er die eigentliche Landplage. Bauern und Bürger fürchteten das mitziehende «Diebesgesindel» mehr als die Soldaten. Es bildete auch das bevorzugte Ziel bäuerlicher Vergeltungsaktionen, die sich für die illegalen Übergriffe revanchierten, die noch unberechenbarer als angeordnete Plünderungen oder Brandschatzungen waren. Prag hatte nach der Schlacht am Weißen Berg im November 1620, Heidelberg nach seiner Eroberung im Herbst 1622 die Wut der Soldateska zu spüren bekommen, und viele andere Städte und Landstriche machten in den folgenden Jahren noch weit schlimmere Erfahrungen.

Waffen

Eine militärische Revolution oder grundlegende Umwälzungen bei den Waffen und Gefechtsstrategien gab es in der ersten Hälfte des 17. Jahrhunderts nicht.[114] Das Zusammenspiel der Infanterie, Kavallerie und Artillerie wurde effektiver. Die leichter auszubildenden Musketiere verdrängten die letzten Bogenschützen, obwohl deren Schussgeschwindigkeit höher, deren Reichweite und Treffergenauigkeit zumindest nicht geringer waren. Das Schießen mit einer Muskete war im Vergleich zu der hohen Kunst, einen Bogen treffsicher zu führen, leicht erlernbar. Ihr Nachteil war das Gewicht von zehn Kilo und mehr, sodass treffsicher nur aufgelegt auf eine Stützgabel geschossen werden konnte. Erst Gustav Adolfs Soldaten besaßen Musketen, die nur fünf Kilo wogen und einigermaßen zielsicher auch freihändig abgefeuert werden konnten. Mit ihren Büchsen, dem Pulver und den passenden Kugeln standen die Musketiere bis zehn Reihen tief gestaffelt, um mit Hilfe der Salventechnik feindliche Angreifer in Schach zu halten. Die vorderste Reihe schoss und trat dann nach hinten, um neu zu laden, während die anderen Linien nacheinander feuerten. Je weniger Reihen diese Aufstellung erforderte, desto weniger Ziele bot die Infanterie der feindlichen Artillerie. Die Musketiere waren dann jedoch anfällig gegen Reiterangriffe, wenn nicht genügend Pikeniere sie mit ihren Körpern schützten. Diese galten als arme Hunde, weil sie zwischen den Fronten standen. Während die Mobilität der anderen Waffengattungen ständig stieg, blieben ihre Formationen vergleichsweise statisch.

Drill und Exerzieren begleiteten den Soldaten ebenso wie seine Waffen. Nur dadurch ließen sich die Kommandos so verinnerlichen, dass sie auch unter widrigen Umständen wie Kälte, Sturm, Regen, Dunkelheit auf dem Gefechtsfeld mit schlafwandlerischer Sicherheit exakt ausgeführt wurden. Um etwa die Technik der Salve bei anstürmendem Feind zu beherrschen, musste der Soldat nach dem bekannten Kriegsbuch Wallhausens nicht weniger als 143 Handgriffe erlernen. Die Pikeniere kamen mit 21 Befehlen aus.[115] Die neue Dynamik auf dem Schlachtfeld ging von den Arkebusieren aus, die oft Crabaten oder Kroaten genannt wurden. Diese leichte Reiterei kämpfte nicht mehr mit der Arkebuse, der Armbrust, sondern mit einem kurzen Karabiner. Sie mussten nicht nur auf dem Pferderücken treffsicher schießen, sondern die Waffe auch auf dem Gefechtsfeld im Sattel nachladen. Die Arkebusiere erfüllten zudem Aufklärungs- und Sicherungsaufgaben fernab der eigenen Armee und mussten sich dann selbst versorgen. Sie waren von Bauern und Bürgern gefürchtet.

Die kaiserlich-katholischen Heere bevorzugten nach wie vor die bewährte, wenn auch modifizierte Tercios-Aufstellung: Die spanische Grundformation bestand aus tief gestaffelten Quadern von 3000 und mehr Infanteristen, die mit ihren langen Piken und ihrem Musketenfeuer das Schlachtfeld beherrschten. Diese großen marschierenden Vierecke, verstärkt mit Kürassieren, gepanzerten und mit Schwert und Pistole bewaffneten Reitern auf den Flügeln, waren allein aufgrund ihres Umfanges von der gegnerischen Kavallerie nur schwer zu überrennen.[116] Die Aufstellung blieb während des Dreißigjährigen Krieges auch deswegen erfolgreich, weil sie flexibel gehandhabt wurde.

Bei den protestantischen Verbänden dominierte die stärker linear ausgerichtete Aufstellung in kleinere und beweglichere Einheiten. Die nassau-oranischen Reformen hatten den Krieg als Ganzes von der Finanzierung über die Werbungen, den Drill an den Waffen bis zur Taktik, Strategie und Feuerkraft betroffen. Sie griffen auf antike Vorbilder zurück. Infanteristen und Kavalleristen ließen sich mit der neuen Linientaktik effektiver einsetzen, sodass sich alle Waffengattungen besser entfalten konnten. Hinzu kam die Feuerkraft einer beweglicher gewordenen Artillerie, die für mehr als nur Verwirrung sorgte. Diese Dynamik und Flexibilität erwiesen sich zwar der eher statischen spanischen Kampfweise überlegen, benötigten jedoch mehr geschultes Führungspersonal. Graf Johann VII. von Nassau-Katzenelnbogen gründete deswegen zu Beginn des 17. Jahrhunderts in Siegen eine Militärakademie, die zwischen 1616 und 1619 Johann Jakob von Wallhausen leitete, ein erfahrener Offizier und Autor diverser militärischer Handbücher.[117] Diese Investition zahlte sich aus.

Die neue Aufstellung verbreiterte das Schlachtfeld und zwang fast alle Soldaten, sich im Kampf Mann gegen Mann mit Säbel, Pike oder Pistole zu bewähren. Durchbrüche ließen sich nur mit einer sehr hohen Feuerkraft der eigenen Musketiere und durch den schnellen Einsatz der Eingreifreserven verhindern. Entscheidend war, dass die wenigen Reihen unter Feindeinwirkung geschlossen blieben und jeder Einzelne exakt die Formation hielt.

Für das Schlachtfeld des 17. Jahrhunderts galten folgende Regeln: Die Feuerkraft der Gewehre und Geschütze brach den Verbund der Pikeniere, diese wiederum stoppten Reiterattacken. Alles kam darauf an, dass die richtigen Einheiten zur richtigen Zeit an der richtigen Stelle eingriffen. Selbst die Artillerie, die Königin der Waffen, damals das «Sammelbecken aller technischen Truppen»[118] einschließlich der für Brücken, Sperren und Minen zuständigen Pioniere, unterlag der neuen Gefechtsfelddynamik. Während die schweren Geschütze bei Belagerungen zum Einsatz kamen, wurden die Feldgeschütze leichter und beweglicher. Sie benötigten eine speziell ausgebildete und technisch versierte Bedienung. Artilleristen mussten sich mit Metallverarbeitung, Pulver und Flugbahnen, aber auch mit Mess- und Richtverfahren auskennen. Normierungsversuche der Geschosskaliber waren nicht sonderlich erfolgreich. Obwohl nicht mehr jedes Geschütz speziell angefertigte Kugeln benötigte, mussten diese auf die einzelnen Rohre angepasst werden.

Die Waffen- und Büchsenmeister hatten ihre Geschütze meist selbst gebaut und vermieteten sie mitsamt dem Personal an die jeweiligen Kriegs- und Feldherren. Sie waren für einen unfallfreien Ablauf und ein möglichst präzises Schießen verantwortlich. Die schweren Geschütze mussten von zehn, zwölf, oft mehr Pferden bzw. Ochsen in Stellung gebracht werden. Die leichten Feldgeschütze, die mit den Schweden die Schlachtfelder eroberten, wogen hingegen nicht mehr als drei Zentner, ließen sich bequem von einem oder zwei Pferden bewegen und konnten während einer Schlacht aus verschiedenen Stellungen feuern. Die Artillerie verbreitete dadurch auf dem Gefechtsfeld nicht nur wegen des Rauchs und Donners, sondern wegen ihrer schnelleren Schussfolge und gestiegenen Treffergenauigkeit unter tief gestaffelten Infanterieeinheiten Angst und Schrecken. Um aus der Abwehr eine schnelle, überraschende und gezielte Vorwärtsbewegung einzuleiten, wurden der Artilleriebeschuss und die Reiterattacken zunehmend wichtiger. Doch keine taktischen Finessen oder waffentechnischen Verbesserungen, sondern die militärische Erfahrung der Kampftruppen und der Offiziere entschieden über den Ausgang einer Schlacht. In dieser Hinsicht scheinen die kaiserlich-katholisch-spanischen Offiziere ihren evangelischen Gegnern überlegen gewesen zu sein.[119] Obwohl die Artillerie auch Angriffe wirkungsvoll vorbereiten und effektiv unterstützen konnte, wählten die Feldherren defensive Taktiken, um ihre teuren Armeen zu schonen. Ziel einer klugen Strategie war es nicht, den Gegner zu überrennen, sondern ihn zu zermürben und auszumanövrieren. Wallenstein perfektionierte diese Taktik.

7. Das Meer oder wie imperiale Visionen scheiterten

Siegeszug

Wallensteins Heer marschierte in kleinen Einheiten seit Ende August 1625 von Eger durch Franken, das hessisch-thüringische Grenzgebiet zwischen Werra und Fulda und über Göttingen an die Elbe. Tilly überließ ihm bei ihrer ersten Unterredung am 13. Oktober aus militärisch-strategischen Gründen und in aller Freundschaft die beiden Stifte Magdeburg und Halberstadt als Winterquartiere. Das Herzogtum Braunschweig-Wolfenbüttel nahm Wallenstein gleich mit in Beschlag. Er sicherte sich vom Krieg noch fast unberührte Landstriche. Zudem wollte er die Ligaarmee kontrollieren, die den bayerischen Kurfürsten immer mächtiger machte. Dies sei, so vertraute er seinem Schwiegervater Karl von Harrach an, nicht *ragione de statu*.[1] Der Friedländer besetzte den Raum an der mittleren Elbe, der in den folgenden Jahren strategisch besonders wichtig werden sollte. Von hier aus konnte er die Erblande gegen Mansfeld, den dänischen oder den schwedischen König sichern,[2] einen schnellen Vorstoß an die Ostsee führen, aber auch den habsburgischen Südosten verteidigen, wo ein Angriff Bethlen Gábors erwartet wurde.

Wallensteins Strategie ging auf. Mit der Besetzung Magdeburgs durch kaiserliche Truppen verband sich ein deutliches Signal an die Reichsstände und Ostseeanrainer; Ferdinand II. und sein Feldherr meinten es ernst mit der monarchischen Durchdringung des Reichs-Staates von den Alpen bis an die Küsten und wohl auch mit der Gegenreformation. Sie zeigten Präsenz in einem Raum, der bisher als kaiserfern galt und selbst von Karl V. nicht hatte unter Kontrolle gebracht werden können. Wer sich, wie etliche niedersächsische Kreisstände, dem Kaiser widersetzte, musste zumindest mit Einquartierungen rechnen. Die Dänen und die Schweden durften sich durch diesen Vorstoß bedroht fühlen.

Mit Wallenstein begann 1625 der machtpolitische Aufstieg Ferdinands II., der den Kaiser beinahe zum wirklichen Herrscher über Deutschland gemacht hätte. Die abwägenden Wiener Gutachten nannten allerdings weder konfessionelle noch gar politische oder maritime Ziele. Im Mittelpunkt stand die Abwehr drohender Gefahren, die mit

Mobilisierungen und europäischen Bündniskonstellationen begründet wurden.[3] Darüber hinausgehende Pläne blieben Geheimpapieren vorbehalten, die Wallenstein kannte und denen er mit seiner Strategie der Verteidigung im Feindesland entsprach.[4]

Die Protestanten sahen in der Wahl des Operationsgebietes der kaiserlichen Armee eine Bestätigung ihrer Vermutung, dass nun der Gegenreformation zum Sieg verholfen werden solle. Die ebenfalls im Herbst 1625 erfolgte Wahl des Grafen Franz Wilhelm von Wartenberg, eines illegitimen Sprösslings der bayerischen Wittelsbacher, zum Bischof von Osnabrück untermauerte diese Einschätzung. Die älteren Zusicherungen, die Bistumsadministratoren hätten nichts zu befürchten, schienen nichts mehr wert zu sein. Die Kreisdeputierten trafen sich unter Leitung sächsischer und brandenburgischer Vermittler zu Sondierungsgesprächen mit den Vertretern Tillys und Wallensteins in Braunschweig. In der Sache gab es keinerlei Annäherung. Tilly forderte die Kreisstände auf, ihre und die Truppen Christians IV. von Dänemark zu entlassen und seine und die Armee des Kaisers zu unterstützen. Die Kreisstände verlangten den vorherigen Abzug aller fremden Soldaten und eine Bestätigung der Mühlhäuser Zusagen, die keine Veränderungen in den Bistümern versprachen. Der evangelische Glaube und die deutsche Freiheit sollten selbst bei anderslautenden Urteilen des Reichshofrates unangetastet bleiben und Religionsstreitigkeiten gütlich gelöst werden. Zu solchen Zugeständnissen waren die beiden Heerführer weder willens noch befugt.[5] Der Kaiser beließ es bei der Erklärung, der (katholischen) Reichsjustiz ihren freien Lauf lassen zu wollen.[6]

Die Verhandlungen wurden Anfang März 1626 ergebnislos abgebrochen. Die Kreisstände warfen den beiden Feldherren vor, frühere Zusagen zum Nachteil der Protestanten zu verwässern. Der Dänenkönig solle die Waffen niederlegen und darauf vertrauen, dass Tilly und Wallenstein das Kreisgebiet räumten. Frieden sei auf dieser Basis nicht möglich.[7]

Wallenstein hatte von Anfang an wenig von diesen Gesprächen gehalten. Er drängte den Kaiser, die Armee zu finanzieren und auszubauen.[8] Im März 1626 beschwerte er sich über Tilly, der ihn tyrannisiere, und drohte mit Rücktritt.[9] Ferdinand II. schickte jedoch kein Geld; er hatte keines. Die Bistümer Halberstadt und Magdeburg trugen die Einquartierungslasten im Winter 1625/26 alleine. Wallenstein organisierte die Kontributionen so effektiv wie möglich. Er formte Steuerdistrikte, denen er die Unterhaltung bestimmter Truppenteile zuwies. Es fehlte jedoch eine funktionierende Zentralverwaltung, die das Ganze koordinierte, sodass immer wieder einzelne Soldatenhaufen für sich selbst sorgten. Hinzu kam, dass das fremdländische Aussehen mancher Soldaten die ansässige Bevölkerung verunsicherte. Der Landeshauptmann berichtete Herzog Friedrich Ulrich von Braunschweig-Wolfenbüttel, Wallenstein lasse die Gegend von sehr gut bewaffneten Zigeunern und ihren Weibern auskundschaften. Gemeint waren damit die Kroaten und Ungarn der leichten Reiterei des Obersten Johann Ludwig Hektor Graf von Isolani, die den Bauern mit ihren Bärten und ihrer bunten Kleidung orientalisch vorkamen.[10]

Im Frühjahr 1626 eröffnete Herzog Johann Ernst von Sachsen-Weimar die Kriegshandlungen. Er marschierte ins Bistum Osnabrück und erzwang die Koadjutorwahl Friedrichs, eines Sohnes König Christians IV. Er konnte das Stift regieren, weil Bischof Wartenberg vor den feindlichen Truppen geflohen war. Der dänische König verlegte nun sein Hauptquartier von Rotenburg nach Wolfenbüttel, um die erwartete Vereinigung der Heere Tillys und Wallensteins zu unterbinden. Christian von Halberstadt marschierte durch Tillys Reihen ins nördliche Hessen, wo Landgraf Moritz die Ligaarmee von ihrem oberdeutschen Nachschub abschneiden wollte, auf die Hilfe des unberechenbaren Herzogs aber verzichtete. Christian musste sich zurückziehen, erkrankte und starb am 16. Juni 1626. Er erlebte gerade noch Tillys Offensive, die mit der Belagerung, Eroberung und Plünderung Mündens begann. Angeblich überlebten von 2500 Bürgern und Bauern, Schiffsleuten und Soldaten, die diese Stadt verteidigt hatten, gerade einmal 20. Getötet wurden auch viele Frauen und Kinder.[11]

Landgraf Moritz unterschrieb einen Unterwerfungsvertrag. Er stellte alle Feindseligkeiten gegen den Kaiser ein, gestattete dessen Truppen den Durchzug und durfte keine fremden Soldaten in seine Festungen aufnehmen.[12] Damit schied er aus der antihabsburgischen Koalition aus. Sein Darmstädter Vetter verlangte dennoch mehrere Millionen Gulden, die ihm der Reichshofrat als Entschädigung für entgangene Einnahmen und die Kosten der Wiederbeschaffung seines oberhessischen Erbes zugebilligt hatte. Mit Hilfe spanischer, ligistischer und kaiserlicher Truppen nahm er deswegen weite Teile Hessen-Kassels in Pfandbesitz. Dann aber starb Landgraf Ludwig von Darmstadt, und Landgraf Moritz dankte im Frühjahr 1627 zugunsten seines Sohnes Wilhelm V. ab. Die beiden neuen Fürsten verständigten sich auf die Abtretung der niederen Grafschaft Katzenelnbogen und der Exklave Schmalkalden.[13]

Ernst von Mansfeld marschierte im März 1626 durch Mecklenburg und Brandenburg, besetzte Zerbst und das Fürstentum Anhalt und erschien auf dem rechten Elbeufer. Offensichtlich wollte er sich den Weg nach Südosten an die Seite Bethlen Gábors freikämpfen. Wallensteins Armee hielt mit zwei Regimentern die Stadt Dessau sowie die dortigen Brücken über Elbe und Mulde besetzt, um den eigenen Nachschub aus Friedland zu sichern. Die Bauern waren zum Schanzen gezwungen worden, sodass auch das rechte Elbeufer gut befestigt war. Mansfeld suchte dennoch die Schlacht, weil er um die Abhängigkeit seines Gegners von der Elbe wusste. Glückte die Einnahme der Brücken, wurde Wallenstein von seiner böhmischen Nachschubbasis abgeschnitten und geriet zwischen die Fronten König Christians IV. und Mansfelds, dem sich dann auch der Weg nach Böhmen, Schlesien und Ungarn geöffnet hätte.

Die beiden von Oberst Johann von Aldringen umsichtig geführten und von 86 Kartaunen wirkungsvoll unterstützten Regimenter Wallensteins hielten dem Anrennen der deutlich größeren Armee Mansfelds stand. Der Herzog konzentrierte die Hauptmacht seiner Armee an diesem neuralgischen Punkt und siegte am 25. April aufgrund einer beherzten Reiterattacke in einer strategisch glänzend geführten sechsstündigen Schlacht.[14] Zum Schluss flogen die Pulverwagen Mansfelds in die Luft. Er verlor mehr als 3000 Mann und floh mit seinen verbliebenen 5000 Söldnern in die Altmark, wo er seine Truppen in Havelberg reorganisierte. Wallenstein verfolgte den Grafen bis nach Zerbst und ließ die Stadt plündern.[15] Dass ihm Mansfeld entkam, führte in Wien zu vernehmlicher Kritik an seiner defensiven Strategie, denn der Graf zog nach Schlesien und bildete eine akute Gefahr für die Erblande.

König Christian IV. hatte Mansfeld und Johann Ernst von Weimar befohlen, nach Schlesien zu ziehen und sich Bethlen Gábor zu unterstellen. Über dessen Absichten war allerdings nichts Genaueres bekannt. Wallenstein folgte den beiden Heerführern in Eilmärschen mit etwa der Hälfte seiner Streitmacht, während er den Rest zur Besetzung der eroberten Gebiete zurückließ.[16] Die Verbindung der beiden Söldnerführer mit dem Fürsten von Siebenbürgen scheiterte, weil dieser vor seinem Feldzug erst noch Katharina, eine Schwester Georg Wilhelms von Brandenburg, heiratete. Bethlen war nun der Schwiegersohn eines Kurfürsten und der Schwager König Gustav Adolfs, der seit 1620 mit der brandenburgischen Prinzessin Maria Eleonora verheiratet war.[17]

Der Stich aus dem *Theatrum Europaeum* dokumentiert den Verlauf der Schlacht bei Dessau 1626. Die Armee Wallensteins hält die Brücken über Elbe und Mulde. Seine Soldaten besiegten diejenigen des Grafen Ernst von Mansfeld und verfolgten diese nach Zerbst.

Wallensteins Auftrag lautete, Mansfeld auszuschalten. Er zögerte keinen Augenblick und marschierte mit seinem Heer in neun Tagen von Zerbst nach Sagan in Schlesien. Am 2. September stand er im mährischen Olmütz, um der feindlichen Armee den Weg nach Westen zu versperren. Die Soldaten hatten in 25 Tagen mehr als 600 Kilometer zurückgelegt, also etwa 25 Kilometer pro Tag. Dabei waren mindestens 3000 Soldaten gestorben – mehr als in großen Schlachten fielen. Die beiden Condottieri hatten sich zwischenzeitlich getrennt. Während Herzog Johann Ernst nach Ungarn zog, um Bethlen zu unterstützen, marschierte Mansfeld nach Westen, um Kremsier an der March einzunehmen. Hier musste er zwar Wallenstein den Vortritt lassen, doch da dieser der Schlacht auswich, entkam Mansfeld und vereinigte seine Truppen erneut mit denjenigen Johann Ernsts. In Wien brodelte die Gerüchteküche.[18]

Der Herzog richtete sein Hauptaugenmerk ohnehin auf Bethlen Gabor. Deswegen ließ er die beiden Condottieri gewähren und marschierte über Neutra nach Neuhäusl. Ende September standen sich beide Heere im Tal der Eipel gegenüber. Bethlen, der sich mit türkischen und deutschen Hilfs-

truppen verstärkt hatte, zog sich jedoch schnell zurück; der Herzog verfolgte ihn nicht.[19] Er wollte seine arg strapazierten und kranken Soldaten,
die Basis seiner und der Macht des Kaisers, keiner weiteren Gefahr aussetzen, denn es fehlte an allem, insbesondere an Proviant. Zudem wollte Wallenstein vor einer Neuordnung der Verhältnisse im Osten und einem Krieg
gegen die Türken die kaiserliche Macht im Reich stabilisieren. Er ging in
Mähren ins Winterlager. Der glänzende Stratege und Organisator hatte
logistische Probleme kennengelernt, die er abseits seiner Versorgungswege
nicht meistern konnte. Da die erhofften Gelder aus Wien ausgeblieben
waren, musste er seine Soldaten in Mähren und Böhmen einquartieren.
Damit trat das ein, was die Befürworter eines Präventivkrieges unbedingt
hatten vermeiden wollen: Wallensteins Armee stand im eigenen Land und
musste versorgt werden. Am Kaiserhof fragten sich nicht nur die alten Kritiker, ob sie den Erblanden noch diene oder nicht eher schade.

Der Krieg war 1626 in die böhmisch-mährischen Gebiete zurückgekehrt, in denen er acht Jahre zuvor begonnen hatte. Den Gegnern der
Habsburger misslang jedoch die Koordination der west- und nordeuropäi-
schen mit den südöstlichen Kräften. Mansfeld, der einen Angriff auf Wien
plante, und Johann Ernst, der gemeinsam mit Bethlen vorgehen wollte und
auf die Unterstützung durch einen Bauernaufstand wie in Oberösterreich
hoffte,[20] stritten über die nächsten Ziele. Sie wussten nichts von der an-
wachsenden Kritik an Wallenstein. Ein Feldherr, dessen Soldaten den eigenen Landen zur Last fielen und der keinerlei Anstalten machte, den Feind
zu besiegen, musste in den Verdacht der Illoyalität geraten. Seine Gegner
mutmaßten, er ordne die eigenen Interessen denjenigen seines Auftrag-
gebers über.

Wallenstein drohte daraufhin mit Rücktritt und versetzte dadurch den
Kaiserhof erst recht in Angst und Schrecken. Seine Demission hätte das
Ende der kaiserlichen Armee bedeutet. Die Hofkammer, die kaiserliche
Finanzverwaltung, teilte dem Hofkriegsrat mit, man habe angenommen,
Wallenstein werde seine Truppen ohne kaiserliche Mittel unterhalten.
Geld habe man keines, und wenn die Soldaten nicht abzögen, müssten sie
wenigstens weiträumig verteilt werden.[21]

Ende November, als Wallenstein mit Harrach und Eggenberg in Bruck
an der Leitha verhandelte, hatte sich die Lage des Kaisers verbessert;
Mansfeld und Bethlen Gábor waren abgedrängt, und im Harz hatte Tilly
den Angriffsschwung des Dänenkönigs gestoppt. Die Brucker Absprachen

blieben geheim. Ein anonymer Autor berichtet, dass diese sich gegen Kurfürst Maximilian und die Liga richteten. Wahrscheinlich hatte der Kapuziner Valeriano Magni, Sekretär und Beichtvater Harrachs, dieses angebliche Protokoll verfasst. Wallenstein hatte demnach versichert, die Schlacht nur vermieden zu haben, um den Krieg von den Erblanden fernzuhalten. Die Reichsstände müssten jedoch gezwungen werden, die kaiserliche Armee so lange zu unterhalten, bis alle Gegner im Reich die Waffen niedergelegt hätten. Um dies zu erreichen, könne die Armee nicht groß genug sein, denn ganz Europa müsse sie fürchten. Sie dürfe nichts für den Kaiser erobern und auf keinen Fall den Gefahren einer Schlacht ausgesetzt werden. Ihre einzige Aufgabe bestehe darin, den Gegner durch die Last ihrer Unterhaltung zum Frieden zu zwingen. Auch müsse Wien die gegenreformatorischen Aktivitäten aufgeben, weil diese die lutherischen Soldaten in die Arme der Feinde treibe. Besser sei es, die Kontributionen unnachsichtig einzuziehen und die feindlichen Länder dem eigenen Heer zur Beute, die anderen als Quartiere zu überlassen, und dies so lange, bis alle Gegner um Frieden bäten. Danach müsse Krieg gegen Bethlen Gábor und die Türken geführt werden. Er, Wallenstein, mache seine Siege nicht vom Zufall abhängig und werde nichts tun, was seine Strategie gefährde. Deswegen habe er sich nicht tiefer nach Ungarn locken lassen.[22]

Diese Erklärung war wohl nicht authentisch, aber glaubhaft, und sie wurde im Laufe der Zeit immer überzeugender. Wallenstein wollte die Macht des Kaisers und der Erblande steigern, indem er das von ihm für den Kaiser unterworfene Reich durch einen neuen Religionsfrieden eine, um einen Türkenkrieg zu führen.[23] Ein erschöpftes Reich war dafür keine günstige Voraussetzung. Wahrscheinlich ist, dass Magni Wallensteins Intention, das Reich zu einem Erschöpfungsfrieden zu zwingen, richtig wiedergab. Er stellte allerdings die Religionsfrage und die Option des Türkenkrieges so dar, dass dessen Gegner aufgeschreckt wurden. In Bruck hatte die geniale Strategie jedoch offensichtlich überzeugt. Die möglichst große Armee sollte Deutschland zur Last fallen und so alle Gegner ausmanövrieren.[24]

Wallenstein ging es darum, den Feind zum Frieden zu zwingen. Bisher waren in allen Schlachten nur Söldner getötet und Fahnen verloren worden. Der Feind hatte sich wieder regeneriert und die Sieger daran gehindert, ihr Ordnungskonzept durchzusetzen. Diesen Kreislauf wollte Wallenstein beenden. Dass er bereits im Spätherbst 1626 auf einen Religionsfrieden setzte, wie dies Magni darstellt, darf füglich bezweifelt werden. Warum hätte Wallenstein dem gegenreformatorisch gesinnten Kaiser, seinen Räten und Maximilian von Bayern Argumente gegen sich liefern sollen? Auch die Ermattungs- und Unterwerfungsstrategie konnte nicht im Sinne des Kurfürsten sein, der ja Teil dieses Reiches und nicht gewillt war, die deutsche Freiheit zugunsten einer monarchischen Herrschaft des Kaisers aufzugeben. Vorerst blieb daher alles beim Alten. Der Kaiserhof sah keine Möglichkeit, das riesige Heer zu unterhalten, weshalb Wallenstein alles erhielt, was er forderte, einschließlich des Rechts, selbst Werbe- und Bestallungspatente ausstellen zu dürfen.[25]

Magnis Bericht zeigte die beabsichtigte Wirkung. Obwohl er vielleicht – wie ein Gegenbericht erläuterte – viele Unwahrheiten enthielt, bestätigte er die alten Vorbehalte gegen den Friedländer. Er erklärte jedoch plausibel die hinhaltende Kriegführung und die nachsichtige Haltung gegenüber den Protestanten. Kurfürst Maximilian veröffentlichte Magnis Text auf dem Ligatag im Februar 1627. Die Ligafürsten wurden zu Gegnern Wallensteins, weil sie ihre Länder von dessen Einquartierungen schützen wollten.[26] Sie fürchteten um die deutsche Freiheit, denn sie durften nun vermuten, dass der Herzog «autoritatem Caesaris et statum Monarchicum in Deutschland» zu ihren Lasten stabilisieren wolle.[27]

Der Friedländer hatte seine politischen Ziele mit einer einzigen Schlacht und einem Gewaltmarsch erreicht. Bethlen Gábor schloss im Dezember 1626 in Pressburg Frieden. Die Türken konnten ihn nicht unterstützen, weil sie von den Persern beim Versuch der Rückeroberung Bagdads besiegt worden waren. Mansfeld starb auf dem Weg nach Venedig Ende November in der Nähe von Sarajewo, und nur 14 Tage später folgte ihm Herzog Johann Ernst in den Tod. Er hatte seine Soldaten nach Schlesien geführt und den kaiserlichen Truppen einige Scharmützel geliefert.[28] Dänische Kriegskommissare versuchten im folgenden Jahr vergeblich, die kleine Streitmacht nach Norddeutschland zurückzubringen. Sie wurden im Juli von Wallenstein an der Oderfestung Kosel aufgerieben.

Widerstand

Während die Hofburg die mittelfristig ausgelegte Strategie Wallensteins mangels realistischer Alternativen akzeptierte, rebellierten die unter der bayerischen Besatzung leidenden oberösterreichischen Untertanen. Eine in den Bahnen des Reichsrechts kanalisierte friedliche Konfliktaustragung war nicht möglich, wo Soldaten die hergebrachte Ordnung untergruben und Kontributionen mit Gewalt erzwangen. Da die Bauern in ihrer trostlosen Lage den langwierigen Rechtsweg nicht abwarten konnten, griffen sie zur Gewalt.

Zum Bersten gespannt war 1626 die Situation im Lande ob der Enns, in der Umgebung der Städte Linz und Steyr. Das weitgehend evangelische Oberösterreich stand seit Jahren unter bayerischer Pfandherrschaft. Die Besatzung verursachte erhebliche Kosten. Wirklich kritisch wurde die Lage, als der Kaiser im Herbst 1624 anordnete, alle evangelischen Pfarrer und Lehrer müssten das Land sofort verlassen und durch Katholiken ersetzt werden. In diesem Moment überlagerte sich der Unmut über die fremden Besatzer mit demjenigen über den Landesherrn, der den evangelischen Glauben verbot und katholische Priester oktroyierte, die meist aus Italien kamen und kaum Deutsch sprachen.

Nachdem die Bauern im Frühjahr 1625 in Natternbach einen der Priester vertrieben hatten und fünf Rädelsführer verhaftet worden waren, zeigte der bayerische Statthalter Adam Graf Herberstorff ein Einsehen. Er ließ die Inhaftierten frei, weil es unbillig sei, deutschen Bauern einen italienischen Priester aufzuzwingen. Kaiser und Kurfürst Maximilian rügten diese Milde heftig. Als wenig später in Frankenburg der neue Pfarrer verjagt wurde, statuierte Herberstorff ein grausames Exempel. Er lud die Bauern aus fünf Pfarreien und zwei Marktflecken vor und versprach ihnen Straffreiheit. Dann aber ließ er sie von Soldaten umstellen, griff 36 Personen heraus und zwang sie, paarweise um ihr Leben zu würfeln. 17 Verlierer wurden gehenkt, einer begnadigt.[29] Das Frankenburger Würfelspiel, bei dem der Zufall und die unkalkulierbare Gunst des Statthalters über Leben und Tod entschieden, sollte abschrecken. Stattdessen steigerte es den Hass ins Unermessliche. Ein neues Rekatholisierungspatent, das den Bauern nur die Wahl ließ, zu konvertieren oder bis Ostern ihre Heimat zu verlassen, brachte das Fass zum Überlaufen. Die Bauern lieferten ihre Waffen nicht ab, sondern wehrten sich unter der Führung Stefan Fadingers, eines reichen Bauern aus St. Agatha, und seines Schwagers, des Wirts Christoph Zeller.

Es folgten Übergriffe auf die katholischen Priester und die bayerischen Soldaten sowie Plünderungen der Waffenkammern vor allem von Wels und Steyr. Ein Strafkommando des Statthalters geriet am 21. Mai bei Peuerbach in einen Hinterhalt und verlor etwa 500 Mann. Die Bauern profitierten von ihrer Schulung im Zuge des Landesdefensionswesens. Sie verhielten sich diszipliniert und taktisch geschickt, sodass vermutet wurde, ihre Anführer seien Adlige und erfahrene Soldaten. Die Untertanen forderten die Freigabe der Religion, besetzten zentrale Plätze wie das reiche Stift Kremsmünster und sicherten die Pässe und Grenzen. Sie formierten einen Bauernstaat. Ihre Kanzlei unterzeichnete als «gemain paurschaft im Erzherzogtum ob der Enns». Diese genossenschaftlich-gemeindliche Organisation galt als besonders gefährlich, weil sie die Herrschaftsordnung außer Kraft setzte. Die gemeine Bauernschaft rief dazu auf, die fremden Soldaten zu töten, die katholischen Priester gefangen zu nehmen und den Besitz der Geistlichen zu plündern. Die Hauptstadt Linz wurde seit Juni belagert.

Kaiser Ferdinand II. wandte sich mit einem offenen Patent an die rebellierenden Bauern.[30] Sie dürften sich nicht gewaltsam widersetzen, sondern hätten ihm als Landesherrn ihre Beschwerden vorzutragen und seinen Bescheid abzuwarten. Er wolle sie diesmal nicht bestrafen, wenn sie ihre Waffen niederlegten, sich zu ihrem Hauswesen begäben und künftig gehorsam seien. Dann könnten sie ihre Klagen in geziemender Weise vorbringen. Ansonsten werde er die Zwangsmittel einsetzen, die ihm als ordentlicher Obrigkeit zustünden. Die Bauern ließen sich jedoch nicht mehr beirren. Sie setzten die Belagerung von Linz fort und erklärten, nur wenn ihnen die Wahl ihres Glaubens überlassen werde, wollten sie den Kaiser als Landesherrn anerkennen und die Landesschulden bezahlen.

In dieser Phase entstanden die zwölf Artikel der «Ostereichischen Ob der Ens gesambten Bauerschafft». Sie orientierten sich an den zwölf Artikeln, die 101 Jahre zuvor als Programmschrift im großen deutschen Bauernkrieg verfasst worden waren, und wandten sich direkt an den Kaiser. Wie 1525 stand die Forderung nach der freien Predigt des Wortes Gottes an der Spitze. Überdies verlangten sie das Ende der bayerischen Besatzung, die Ablösung der katholischen Amtspersonen und der Jesuiten sowie eine Beteiligung der Bauern am politischen Regiment, ein Generalpardon und die Restitution ihres Besitzes.[31]

Die Hofburg machte keine Zugeständnisse und wollte Straffreiheit nur zugestehen, wenn die Bauern die Rädelsführer auslieferten. Das lehnten die Untertanen rundweg ab, obwohl ihr Sturmangriff auf Linz scheiterte und 200 von ihnen ihr Leben verloren. Auch der schwer verletzte Fadinger starb. Die Bauern änderten daraufhin ihre Taktik, sperrten die Donau und versuchten, Linz auszuhungern. Ein Gegenschlag starker kaiserlicher Verbände zwang sie Ende August, die Belagerung abzubrechen. Die gefangen genommenen Bauern wurden zum Schanzen nach Wien und Raab gebracht. Kaiser und Kurfürst Maximilian zogen große Truppenverbände in Oberösterreich zusammen. Während sich die Bauern in Enns unterwarfen, brach im Hausruckviertel ein neuer Aufstand aus. Er richtete sich gegen die bayerischen Besatzer unter Herzog Adolf von Holstein. Die Bauern besiegten auch dessen Truppen dreimal. Erst 8000 Ligasoldaten unter Graf Gottfried Heinrich von Pappenheim konnten diesen Aufruhr beenden. In den Schlachten bei Eferding und Gmunden fielen im November noch einmal viele Bauern.[32] Die Anführer wurden zum Tode verurteilt und in Linz hingerichtet.[33]

Insgesamt verloren in diesen Auseinandersetzungen um die Freiheit im Land ob der Enns vermutlich etwa 12 000 Bauern ihr Leben. Am 30. April 1627 leisteten die bäuerlichen Deputierten in Linz Abbitte. Sie gestanden, ohne rechtmäßige Ursache die Waffen ergriffen, einen landesverderblichen Aufstand initiiert und das Vaterland ruiniert zu haben. Sie baten um Gnade und wollten fortan allen herrschaftlichen Auflagen nachkommen.[34] Der Aufstand war gescheitert, doch die Bauern hatten den Abzug der italienischen Priester, das Aussetzen der Rekatholisierung sowie indirekt auch das Ende der bayerischen Pfandherrschaft erreicht. Als die gegenreformatorischen Maßnahmen drei Jahre später neuerlich begannen, regte sich wiederum Widerstand. Gustav II. Adolf wollte den Bauern mit 10 000 Soldaten zu Hilfe zu kommen, konnte seine Zusage aber nicht einhalten. Österreichische Soldaten schlugen den Aufstand nieder. In Oberösterreich hatte sich gezeigt, dass organisierte, bewaffnete und militärisch erfahrene Bauern kleinere Truppenverbände in die Flucht schlagen konnten. Gegen größere Armee-Einheiten waren sie chancenlos.

Die Ligasoldaten wurden zur selben Zeit an einem anderen Ort von einer noch gefährlicheren Spielart des bewaffneten Widerstandes bedroht, von den sogenannten Harzschützen. Die Widerstandsnester der etwa 1000 Bauern, Handwerker und Bergleute waren berüchtigt. Sie hatten aus purer Not mit erbeuteten Schusswaffen ihre Dörfer verlassen und lebten in den dichten Wäldern des Harzes. Ihre Kommandounternehmen bildeten für kleinere Soldatentrupps eine tödliche Gefahr, denn sie waren geländekundig, größtenteils beritten und fanden an vielen Orten Unterschlupf.

Im Herbst 1625 hatte der Herzog von Braunschweig-Wolfenbüttel beim Kaiser über die enormen Schäden geklagt, die Tillys Soldaten in seinem

Land anrichteten. Er hatte drohend hinzugefügt, die Untertanen täten, nachdem ihnen fast alles genommen worden sei, dasjenige, was ihnen ansonsten nie in den Sinn gekommen sei. Wenn auch noch die kaiserliche Armee das Land verwüste, könne er seinen Bauern die Gegenwehr nicht verdenken und auch nicht länger verbieten.[35] Tatsächlich überfielen seit 1626 die Harzschützen vorwiegend die Soldaten der Liga. Sie verhielten sich wie Partisanen und erbeuteten vor allem Geld, Pferde, Nahrung und Kleidung.[36] Die Harzschützen wurden sogar von Obrigkeiten wie Graf Philipp Reinhard von Solms unterstützt, dem dänischen Statthalter in Wolfenbüttel. Er nannte deren Anführer Hans Müller einen treuen «Patrioten, Nachbarn und Beschützer des Vaterlandes», der unter dem besonderen Schutz des Dänenkönigs und seiner Verbündeten stehe.[37] Ein zeitgenössischer Beobachter glaubte, dass ein allgemeiner Aufstand bevorstehe, wenn der Krieg noch lange weitergehe.

Es rumorte jetzt jedenfalls überall, wo Soldaten auftauchten – unabhängig davon, ob sie die Bevölkerung drangsalierten oder nicht. Die Angst eilte den Söldnern voraus, denn Flugschriften berichteten über Gräueltaten. Martin Opitz schrieb in einem Gedicht: «Ist noch ein Ort dahin der Krieg nicht kommen sey / So ist er dennoch nicht gewesen Furchte-frey».[38] Den besten Schutz vor den Soldaten bot die Flucht in einen befestigten Ort, möglichst unter Mitnahme des Viehs und des mobilen Besitzes. Wo dies nicht möglich war, wurden das Vieh und Gegenstände von Wert vergraben oder anderweitig versteckt. Verluste konnten dann nicht vermieden werden, wenn das eigene Leben in Gefahr geriet. Doch auch dann war es wichtig, wenn irgend möglich nur ein Versteck zu verraten. Davon konnte das Überleben beim nächsten Überfall abhängen. Soldaten auf der Suche nach Beute wollten nicht töten, und sie folterten meist auch nicht aus Lust, sondern um die Verstecke zu erfahren. Hatten sie diese gefunden, ließen sie ihre Opfer laufen. Schwieriger wurde es, wenn danach andere Soldaten mit den gleichen Absichten kamen. Überlebenswichtig konnte dann sein, ob es noch etwas zu verraten gab. Es gelang den Betroffenen offensichtlich jedoch recht gut, stets nur einen Teil der Verstecke preiszugeben.[39]

Die Idee, die fremden Quälgeister mit Gewalt zu vertreiben, war zwar naheliegend, endete aber oft in einem Blutbad, bei dem die Soldaten die Oberhand behielten. Doch es gab Ausnahmen. In der thüringischen Herrschaft Schwarzburg vertrieben Hunderte von Bauern Anfang Februar 1627 die braunschweigischen Soldaten, obwohl sie von der eigenen Herrschaft nachdrücklich zum Frieden aufgefordert worden waren. Die Bauern erklärten, sie wollten lieber sterben als zusehen, wie ihre Frauen und Kinder verhungerten.[40] Für die selbst am Rande des Existenzminimums lebenden Untertanen waren die soldatischen Müßiggänger eine Provokation. Diese zusätzlichen Kostgänger zeitigten zusammen mit den exorbitanten Kontributionen schnell existentielle Auswirkungen. Durchzüge und Einquartierungen galten als schwere Katastrophe. Die Situation verschlimmerte sich dramatisch, wenn die Disziplin litt und die Soldaten sich auf eigene Faust versorgten. Zwar waren auch die Offiziere an Ordnung interessiert, doch sie standen meuternden und plündernden Soldaten häufig hilflos gegenüber. Sie konnten nur exemplarisch, dann allerdings mit drakonischer Härte strafen, und sie übersahen gravierende Vorfälle, um ihre Söldner nicht zu verlieren.

Wenn sich marodierende Soldaten dauerhaft von ihren Verbänden trennten, gab es kein Pardon. 1637 ließ der kaiserliche Feldmarschall Graf Melchior von Hatzfeld 112 Mann, so das *Theatrum Europaeum*, teils «hängen, verbrennen, rädern, vierteilen». Die Betreffenden hatten sich mit 300 Mitläufern, die später «nur» in Eisen gelegt und an gefährlichen Orten, also unter Feindbeschuss, schanzen mussten, über 15 Meilen von der Armee entfernt, in den Lausitzen gebrandschatzt und mit Untertanen, sonderlich «Weibsbildern und schwangeren Frauen[,] nichtchristlich prozediert». Hinzu komme, dass sie sich in den Besitz eines festen Hauses gebracht und dieses verproviantiert hätten. Daraus wurde geschlossen, dass sie ihre Meuterei als Dauerzustand betrachteten. Über die Anzahl der Hingerichteten wird man spekulieren können, nicht über die Bestrafung als solche, denn kein Befehlshaber durfte sich einen solchen Ungehorsam bieten lassen. Das *Theatrum Europaeum* erwähnte zudem, bei den Merodebrüdern habe es sich meistenteils um Franzosen und Wallonen gehandelt.[41] Bezeichnend ist, dass wie in vielen anderen Fällen die Hauptschuld an den Verbrechen nichtdeutschen Soldaten zugeschrieben wurde.

Wenn streifende Rotten oder Gruppen gartender Knechte, also umherziehende Söldner auf der Suche nach einem neuen Dienstherrn, die ein Vagabundendasein führten und letztlich von Diebstahl und Bettelei lebten, Bauern und Bürger tyrannisierten, war meist keine sanktionierende Ordnungsmacht zur Stelle. Versagte der obrigkeitliche Schutz, fühlten sich die Bauern nicht an ihren Eid gebunden und zum Gehorsam verpflichtet. Sie mussten sich arrangieren und griffen manchmal zur Selbsthilfe. Einzelne

Soldaten, marodierende Haufen, streifende Rotten, Vor- und Nachhuten, Fouragier- und Beutetrupps lebten dann gefährlich. Die sich wehrenden Bauern verhielten sich keinen Deut besser als die Söldner, auch sie mordeten und quälten ihre Peiniger, und dies nicht nur spontan, sondern oft in geplanten Aktionen.

Der Schwarzburger Chronist Volkmar Happe berichtet ausführlich über die Folgen einer Einquartierung von mehreren tausend Soldaten durch Herzog Friedrich II. von Sachsen-Altenburg im Erfurter Landgebiet 1622/23. Als sich etliche Bauern in Udestedt und den Nachbardörfern widersetzten, wurden sie «jämmerlichen ermordet, alles geplündert, geraubet, geschändet und verderbet [...]. Doch haben sich die Bauern auch männlich gewehrt, sonderlich in Udestedt, das sie mit Wagen und andern verwahret und tapfer Feuer unter die gottlosen Kriegsgurgeln, auch manchen tollen Hachen [jugendlicher Nichtsnutz] das Licht ausgelöscht worden mit Flegeln und andern, also dass Herzog Friedrich mit großen Stücken vor das Dorf rücken und es damit beschießen müssen. Davon denn sehr schimpflich allenthalben diskutiert worden, sind auch viel schändlich Lieder und Pasquillen davon gedichtet und man den Herzog nur Fritzen mit der leeren Taschen intituliert.»[42] Eine ähnliche Geschichte spielte in Ober-Simmern nördlich von Erfurt. Hier sollen 118 Söldner von den Bauern zum Essen eingeladen und betrunken gemacht worden sein. Dann erschlug angeblich jeder Bauer neun von ihnen. Danach läuteten die Glocken, um das Gelingen der Aktion zu verkünden und die Bauern der benachbarten Dörfer aufzufordern, ebenso zu verfahren.[43]

Diese von den Zeitgenossen erzählten Geschichten, ob wahr oder nicht, zeigen den Unmut, der sich aufgestaut hatte. Wenn sich Bauern mit Gewalt wehrten, um Soldaten zu vertreiben, oder koordinierte Raubzüge unternahmen, hatten sie die hergebrachte Ordnung aufgekündigt: Sie sahen keine Möglichkeit mehr, in der gewohnten Art und Weise zu überleben. Bauernhaufen, die im Westerwald bis zu 300 Mann stark waren, wurden ebenso zur Landplage wie marodierende Soldaten oder gartende Knechte, die nicht in ihre Heimatorte zurückkehrten. Die Gewalt führte auf allen Seiten zu Verwerfungen und Entwurzelungen aus den tradierten Ordnungsgefügen.

Dänische Niederlage

Durch Wallensteins Feldzug im Südosten war der im Juni 1626 mit Tilly verabredete Plan hinfällig geworden, das Herzogtum Holstein, Schleswig und das Königreich Dänemark anzugreifen. Aber nun sollte der Krieg doch in ein fremdes Land getragen werden. Maximilian von Bayern hatte dies bisher strikt abgelehnt. Der spanische Gesandte, der mit Wallenstein über ein größeres Hilfskorps verhandelte, verlangte die Besetzung der wichtigsten Hafenstädte sowie eine Verkehrs- und Handelssperre gegen die Niederlande.[44] Allerdings gerieten die Spanier dort, in Oberitalien und auf den Meeren in die Defensive, sodass sie die Aktionen im Ostseeraum nicht mehr wirkungsvoll unterstützen konnten. Die spanische Präsenz in Deutschland beschränkte sich inzwischen auf die linksrheinische Pfalz, auf etliche Garnisonen in der Wetterau und in Westfalen sowie auf Operationen am Niederrhein.

Die Ligatruppen hatten nach siebenwöchiger Belagerung und starkem Beschuss am 11. August 1626 Göttingen eingenommen, waren jedoch vor Northeim von Christian IV. abgedrängt worden. Tilly wich zurück, um sich mit den von Wallenstein zurückgelassenen Truppen zu verstärken. Der Dänenkönig wollte die Schlacht vermeiden, wurde jedoch von Tilly am 27. August bei Lutter am Barenberg gestellt. Das Gefecht dauerte nur knapp zwei Stunden. Tillys Kavallerie entschied das Treffen durch einen schnellen Angriff der ihm von Wallenstein überlassenen Kürassiere Desfours. Der aus seiner verschanzten Stellung heraus ungeschickt agierende Christian IV. entkam nach Wolfenbüttel. 3000 seiner Männer waren gefallen, 2500 gefangen genommen und 2000 desertiert. Darüber hinaus verlor er seine Artillerie und große Teile des Trosses mit den beiden Wagen, die angeblich voller Gold waren.[45] Der König konnte jedoch seine Reiterei zügig reorganisieren und sich nach Stade, an die Mündung der Elbe, und ins Erzbistum Bremen zurückziehen. Der Kaiser hatte ihn als Herzog von Holstein zwischenzeitlich geächtet. Viele Kreisstände und etliche seiner deutschen Offiziere suchten daraufhin die Aussöhnung mit Ferdinand II., denn ihnen drohten der Entzug der Lehen und ihres Besitzes.

Im Herbst wurde auch der bisher lavierende Kurfürst Georg Wilhelm von Brandenburg in das Kriegsgeschehen hineingezogen. Wallenstein hatte zwei seiner Regimenter in der Altmark stationiert und Kontributionen umgelegt. Damit tangierte er die Steuerhoheit eines Kurfürsten. Dieser suchte aber nicht die Konfrontation, sondern auf Rat seines Ministers Graf Adam von Schwarzenberg die Aussöhnung mit dem Kaiser. Als Zeichen seines guten Willens erkannte Georg Wilhelm die Kurwürde Maximilians an und gab sein Land «der Ausbeutung durch Wallensteins Truppen» preis.[46] Christian IV. reorganisierte im Winter seine Truppen in Holstein und Mecklenburg. Er bot alles auf, was ihm noch zur Verfügung stand. Die ihm von der Haager Allianz zugesagten Mittel flossen freilich nur spärlich, weil Holland und England nach der dänischen Niederlage bei Lutter befürchteten, in ein verlorenes Unternehmen zu investieren. Immerhin verstärkten einige auf holländischen Schiffen nach Norddeutschland gebrachte schottische und englische Verbände sowie etwa 4000 Franzosen das dänische Heer, das nun wieder fast 30 000 Soldaten zählte. Es stand unter dem Oberbefehl des Markgrafen von Baden-Durlach und sollte Norddeutschland vor den Armeen Tillys und Wallensteins schützen.

In der dänischen Armee kämpfte auch der schottische Oberst Robert Monro. Der Söldnerführer hielt in seinem Tagebuch aufschlussreiche Details dieses Krieges fest. Nachdem er 1625 mit den Harzschützen unliebsame Bekanntschaft gemacht hatte – sie überfielen und töten den Hauptmann seiner Nachhut –, wurden seine Einheit im folgenden Jahr im fruchtbaren Holstein eingesetzt. Die Bürger dort lebten seines Erachtens wie Adlige und die Bauern wie Gentlemen. Die Soldaten seien bestens versorgt worden und hätten sich im Winterlager 1626/27 diszipliniert verhalten.[47] Der Krieg begann für Monro mit dem Marsch nach Stade. Unterwegs wurde ein weiterer Hauptmann von Bauern getötet. Da diese geflohen seien, hätten sie als Vergeltung das Dorf niedergebrannt.[48] Während die Dänen sich noch einmal zum Kampf rüsteten und die Festung Nienburg ausbauten, beschuldigte Tilly die holsteinische und mecklenburgische Ritterschaft, das deutsche Vaterland zu ruinieren. Sie holten fremde Nationen, auch Türken und Tartaren, ins Reich, doch die allmächtige Hand Gottes werde diejenigen strafen, die sich gegen den Kaiser auflehnten, wie Pfalzgraf Friedrich V. 1620 erfahren habe.[49]

Unterdessen drangsalierten die vielen Soldaten die beiden sächsischen Reichskreise. Bauern kampierten aus Not oder Angst in den umliegenden Wäldern. In Hessen und selbst in Franken sah es aufgrund der auch hier nicht enden wollenden Einquartierungen und Durchzüge kaum besser aus. Die militärischen Aktionen begannen 1627 im März. Tilly blockierte zwar erfolglos dänische Festungen wie Northeim, Nienburg oder Wolfenbüttel,[50] setzte jedoch seinen Vormarsch fort, unterwarf die westelbischen Gebiete und überschritt die Havel.

Wallenstein begann seinen Feldzug erst im Juni, nachdem er vom Kaiser das Herzogtum Sagan einschließlich der beiden Städte Sagan und Glogau als erblichen Besitz übertragen bekommen hatte. Dafür reduzierten sich die kaiserlichen Schulden bei seinem Feldherrn um gut 150 000 Gulden. Der Kaufpreis war sehr niedrig angesetzt, denn, nur zum Vergleich, Wallenstein berechnete dem Kaiser für die Lieferung von 70 000 Sack Getreide aus Friedland den Marktpreis von 537 000 Gulden.[51] Er befreite Schlesien von den Truppen des verstorbenen Herzogs Johann Ernst von Sachsen-Weimar. Seine mehr als 40 000 Soldaten eroberten unter großen eigenen Verlusten binnen weniger Wochen die zentralen Festungen Jägerndorf, Kosel, Teschen und Troppau. Die feindlichen Truppen wurden von Gabriel Pechmann verfolgt und in der Neumark aufgerieben. Der Oberst bezahlte die kühne Aktion mit seinem Leben. In Wien aber war der Jubel groß.[52] Wallenstein schrieb aus Neiße seinem Schwiegervater: «In ein paar Tagen marschiere ich nach Deutschland. Der aus Bayern [...] wollte gern solches verhindern, der Possen aber wird ihm nicht angehen, denn er wollte allein gern *dominus dominantium* im Reich sein.»[53] Der Friedländer marschierte nach Norden, um Tilly und den Bayern das Feld nicht alleine zu überlassen. Da sich die Dänen nach Wismar zurückzogen, erreichte er unbedrängt die Elbe.[54] Sein neuer Oberst Hans Georg von Arnim zog durch das inzwischen kaiserfreundliche Brandenburg. Er brachte die wichtigsten Festungen in seine Hand und bemächtigte sich im August Mecklenburgs. Die Dänen zogen sich auf die Insel Poel zurück, wo sie auf die Schiffe warteten, die sie nach Holstein bringen sollten.[55]

Die Kaiserlichen standen an der Ostsee. Wie der Dänenkönig musste nun auch Gustav Adolf mit Wallenstein rechnen. Christian IV. wies unterdessen die als Friedensvorschlag getarnte Kapitulationsaufforderung des Kaisers zurück,[56] während die Schweden Krieg in Polen führten. Wallenstein unterstützte den polnischen König mit etlichen Regimentern.[57] Während die Ligaarmee bisher nur bei ihrem Feldzug in Böhmen außerhalb des Reichs-Staates operiert hatte, bildete für Wallenstein die Reichsgrenze kein wirkliches Hindernis. Wenn es ihm nützlich erschien, kämpften seine Soldaten in Ungarn und Polen, bald auch in Dänemark, in den Niederlanden und in Oberitalien, wo sie die Spanier unterstützten.

Tilly empfing Wallenstein bei Lauenburg an der Elbe mit großem Prunk.

Das vereinte Heer zog nach Holstein, wo Festungen wie Pinneberg, Oldesloe, Segeberg, Elmshorn oder Itzehoe rasch erobert oder kampflos übergeben wurden. Wegen einer Beinverletzung fiel Tilly für den Rest dieses Feldzuges aus, sodass Wallenstein den Siegesruhm ungeschmälert einheimste. Mitte Oktober kapitulierte Rendsburg, danach wurden Kiel, Flensburg und Hadersleben gewonnen, die dänische Grenze überschritten und Jütland besetzt.[58] Die noch vom Feind gehaltenen Festungen Nienburg und Wolfenbüttel ergaben sich. Die Besatzungen durften nach Lübeck abziehen.[59] Die kaiserlichen Truppen gingen 1627 in Brandenburg und Pommern ins Winterlager. Zwischenzeitlich hatte die Ligaarmee die Dänen auch links der Elbe vertrieben, sodass ihnen nur Stade blieb.[60]

Christians IV. Armee war binnen sechs Wochen zusammengebrochen. Ihre Reste hatten sich auf die dänischen Inseln zurückgezogen, wo sie vor Wallenstein sicher waren, der über keine Flotte verfügte und den Frieden suchte. Seinem Vertrauten Gerhard von Questenberg schrieb er, eine günstigere Gelegenheit werde sich dem Kaiser so schnell nicht wieder bieten.[61] Mit Tilly hatte er sich auf Friedensbedingungen verständigt. Christian IV. sollte die Waffen niederlegen, sich aus allen deutschen Städten zurückziehen, das Amt des Kreisobristen aufgeben und für seine Erben auf alle Ansprüche in den Stiften ebenso verzichten wie auf das Herzogtum Holstein. Darüber hinaus sollte er die Kriegskosten ersetzen, künftig keine kaiserfeindlichen Bündnisse eingehen und die freie Fahrt durch den Sund garantieren.[62] Der Kaiserhof glaubte, noch härtere Bedingungen durchsetzen zu können.

Wallenstein hatte in einem knappen halben Jahr Schlesien befreit, Brandenburg und Mecklenburg unter seine Kontrolle gebracht und den Dänenkönig vom Festland verdrängt. Erfolgreicher konnte ein Feldzug kaum verlaufen. Seinem Kaiser erläuterte er, warum sein Heer nur mit dieser Größe erfolgreich sein könne. Er habe nicht nur gegen die Dänen gekämpft, sondern auch auf Bethlen, die Türken und die Franzosen achten müssen. Zudem erfolgten die Proviantlieferungen, die pünktliche Zahlung der Kontributionen oder die Einräumung von Winterquartieren nicht immer freiwillig. Seine Truppen am Rhein und in der Wetterau, die offiziell französische Vorstöße verhindern sollten, hielten ihm den Rücken gegen skeptische Katholiken und die feindlichen Protestanten frei. Wegen der eigenen militärischen Erfolge sei es jetzt möglich, Frieden zu schließen und den in Mühlhausen versammelten Kurfürsten entgegenzukommen.[63]

Die kaiserliche Regierung bemühte sich unterdessen um die Hansestädte und bot ihnen an, ihren Handel zu schützen und sie wieder in ihren
früheren Flor zu bringen. Der kaiserliche Sondergesandte Hofmarschall
Georg Ludwig von Schwarzenberg erschien zusammen mit Dr. Menzel,
dem kaiserlichen Residenten in Hamburg, im Dezember 1627 vor den Gesandten des wendischen Hansequartiers in Lübeck. Sie empfahlen die
Gründung einer Handels- und Schifffahrtskompagnie unter spanischer
Protektion und kaiserlicher Hoheit, der das Monopol des gesamten Ost-
seehandels mit Spanien zugesichert werden solle. Da England, Holland
und Dänemark eine Blockade über Spanien verhängt hatten, war dieses
Privileg wenig wert. Der Hofburg waren diese Verhandlungen jedoch so
wichtig, dass Schwarzenberg über deren Fortgang per Kurier berichten
und Wallenstein informieren sollte, damit dieser für einen Hafen wie Wismar als Flottenstützpunkt sorge. Deswegen müsse er östlich von Elbe und
Weser sein Winterlager beziehen.[64]

Der Hofmarschall berichtete Franz Christoph Graf von Khevenhüller,
dem kaiserlichen Gesandten in Spanien, dass die Wiener Pläne sowohl von
Wallenstein als auch von Hamburg, Magdeburg und Rostock wohlwollend
aufgenommen worden seien. Da der bevorstehende Mühlhäuser Konvent
den Kaiser aber wohl entwaffnen wolle, weil den Ständen ein sicherer
Friede lieber sei als ein ungewisser Krieg, müsse Ferdinand II. hart bleiben
und Dänemark bis zum Sund erobern, damit er nicht nur dem Namen
nach ein Monarch sei. Der spanische König solle seine Armada vor England und Holland kreuzen lassen.[65] Ende Januar 1628 ließ Schwarzenberg
die Katze aus dem Sack: Das ganze Projekt sei ein bloßer «praetext der
Armierung» in der Ostsee.[66]

Wie der Kaiserhof träumte auch Wallenstein von einer kaiserlichen
Flotte. Er befahl seinem General von Arnim, die pommerschen Seehäfen
notfalls auch gegen den Willen Herzog Bogislaws XIV. zu besetzen, um
jeden Export von Getreide aus Pommern oder Mecklenburg zu unterbinden.[67] Wollte Wallenstein die Fürsten an der Ostseeküste wirtschaftlich in
die Knie zwingen oder die Niederlande von der Proviantzufuhr abschneiden? Sicher ist, dass der Herzog zwar Frieden mit Dänemark, aber auch
eine wirkliche kaiserliche Herrschaft im Reich wünschte. Dazu gehörte
seines Erachtens eine Flotte, die auf der Ostsee kreuzte. Ein taktisches
Bündnis mit den Dänen schien ihm kurzfristig vorteilhaft zu sein, denn er
hielt angesichts der Präsenz kaiserlicher Truppen an und möglicherweise

bald auch auf der Ostsee ein Eingreifen Gustav Adolfs in das deutsche
Kriegsgeschehen nur für eine Frage der Zeit.

Friedenswunsch und Kriegsziele

Auf dem Mühlhäuser Kurfürstentag wurde im Herbst 1627 die Kritik an
der riesigen Armee Wallensteins und den Plänen des Kaisers lauter. Den
Herzog scherte dies wenig. Er quartierte das Regiment Merode in der
unmittelbaren Umgebung Mühlhausens ein[68] – als wolle er alle Vorwürfe
bestätigen. Kurfürst Maximilian war aufgebracht. Er hatte im Sommer Dr.
Esaias Leuker nach Wien gesandt, um herauszufinden, ob der Kaiser wirklich plane, das Reich monarchisch zu regieren.[69] Leuker berichtete Un-
geheuerliches. In vertraulichen Gesprächen habe der spanische Botschafter
Aytona berichtet, Ferdinand II. müsse Wallenstein gewähren lassen, der
mit seinem Heer seine Vorstellungen durchsetze.[70] Der Kurfürst reiste daraufhin nicht nach Mühlhausen, wo persönlich nur seine Kollegen aus
Mainz und Sachsen erschienen. Johann Georg klagte hier über die Einquartierungen und forderte, an den Friedensverhandlungen mit Dänemark
beteiligt zu werden. Die bayerische Instruktion war eine einzige Anklageschrift gegen Wallenstein, der die «uralte Freiheit und Libertät» des Reichs
«in eine unverschuldete Servitut und Dienstbarkeit» verändern wolle.
Werde seine Armee nicht deutlich verkleinert, müsse die Liga ihre Soldaten aus dem Norden abziehen, um ihre Mitglieder vor den dreisten Zumutungen der kaiserlichen Truppen zu schützen.[71] Die bayerischen Gesandten unterschieden zwischen dem guten Kaiser und seinem bösen
General. Die katholischen Kurfürsten forderten ein kaiserliches Mandat,
das pauschal und ohne Einzelfallprüfung alle nach dem Passauer Vertrag
säkularisierten geistlichen Güter ihren früheren Besitzern zurückgebe.[72]
    Für die Mühlhäuser Versammlung komponierte Heinrich Schütz die
Eröffnungsmusik. Sie feierte Kaiser und Kurfürsten als Beschützer des
Friedens – was sonst?[73] Die am 19. Oktober verlesene kaiserliche Proposition bestand aus den üblichen Versatzstücken, das notleidende Vaterland,
die Rebellion gegen das Haus Habsburg und der nahe Frieden. Der Kaiser
verlangte eine Entschädigung für seine Kosten. Friedrich V. sollte weiterhin mit der Acht belegt sein, seinen Söhnen die Rheinpfalz zurückgegeben
werden. Der Dänenkönig müsse auf alle Gebiete, Rechte und Ansprüche
im Reich verzichten, die Kriegskosten erstatten und die Sundzölle senken.

Für die Rückgabe der nach 1552 säkularisierten Stifte bereite der Kaiser eine allgemeine Rechtsgrundlage vor.[74] Der kaiserliche Gesandte Peter Heinrich von Stralendorf sollte bei den katholischen Delegierten vertraulich sondieren, ob nicht als Frucht des erfolgreich geführten Krieges unrechtmäßige Übernahmen des Kirchengutes durch die Protestanten gänzlich rückgängig gemacht werden sollten.[75]

Der Konvent ermunterte nach 26 Sitzungen Anfang November den Kaiser zur pauschalen Regelung der Restitutionsfrage. Der von Sachsen und Brandenburg erzwungenen Submissionsklausel – die Stände müssten gehört werden und die Entscheidungsreife dieser Frage erklären[76] – war aus kaiserlicher Sicht mit deren Bitte und einem Beschluss Genüge getan. Bei den Kontributionen sollten Missbräuche und Unregelmäßigkeiten verhindert werden. Wallenstein versprach, noch besser Disziplin zu halten und Fehlverhalten streng zu ahnden. Quasi als Beglaubigung dessen wurde im Feldlager zu Rendsburg der kaiserliche Obrist Adam Wilhelm Schellhardt von Donfurt, Freiherr zu Görzenich, der im Vorjahr in der Wetterau sein Unwesen getrieben hatte, zum Tode verurteilt.[77]

Ferdinand II. forderte den Erzkanzler auf, dafür zu sorgen, dass die katholischen Kurfürsten und Fürsten die Kriegslasten bereitwillig trügen, da sie davon profitierten. Ein neuer Ligatag müsse die Gegenwehr verstärken. Unerörtert blieb die Frage, gegen wen sich die siegreiche Koalition eigentlich noch wehren musste. Der Mainzer Kurfürst Georg Friedrich von Greiffenclau antwortete, niemand bezweifle den Einsatz des Kaisers für Frieden und Vaterland, doch dem Kriegsglück sei nicht zu trauen. Deswegen zögen die Kurfürsten einen baldigen Frieden mit Dänemark jedem Krieg vor. In der Pfälzer Angelegenheit wolle man dem Kaiser nichts vorschreiben, doch die Kurfürsten von Bayern und Mainz müssten als unmittelbar Betroffene gehört werden. Vordringlich sei, bald einen römischen König zu wählen. Das Reich gerate ansonsten in größte Gefahr, wenn Ferdinand II. stürbe. Er solle sich um das Einverständnis Kursachsens bemühen, damit es nicht so aussähe, als werde mit der Macht der siegreichen Waffen das Herkommen zur Seite geräumt. Das Kriegsvolk, unter dem das ganze Land leide, sei noch vor Beginn der Friedensverhandlungen drastisch zu reduzieren.[78]

Der in Dresden lebende Straßburger Sebastian Dadler modellierte 1627/28 eine Friedenswunschmedaille in unterschiedlichen Ausfertigungen. Auf der Vorderseite vertreibt der Frieden den Krieg. Die Umschrift spricht vom goldenen Frieden und bittet Gott, dass die Waffen verschwinden. Die Rückseite zeigt eine das Glück verkörpernde Frau, die eine Krone, ein Zepter und einen Geldsack hält, nach denen ein Krieger greift. Zwischen ihnen liegt eine Kugel als Zeichen des unbeständigen Glücks, dem auch die Umschrift gilt.[79] Eine thematisch ähnliche Medaille bildet auf der Vorderseite die Siegesgöttin mit dem Palmzweig und einem zerbrochenen Schwert ab, die auf zerborstenem Kriegsgerät steht. Auf der Rückseite dominieren eine Palme, ein pflügender Bauer und eine blühende Landschaft. Eine dritte Medaille Dadlers versinnbildlicht den Wunsch nach Frieden 1628 durch weibliche Personifikationen der Eintracht und der Gerechtigkeit und einen Pelikan, der mit seinem Blut seine Jungen nährt. Die Umschrift greift dies auf: «Gott geb Fried im gantzen Land: Erhalte Lehr-, Wehr- und Nehrstand.» Die Rückseite zeigt das Jesuskind mit Schaf und Löwe sowie die Umschrift, dass in Christus Friede und Eintracht herrsche.[80]

Die Medaillen belegen die großen Hoffnungen, die sich in Dresden mit dem Konvent in Mühlhausen und dem Frieden im Norden verbanden. Kurfürst Johann Georg konnte allerdings nicht verborgen geblieben sein, dass die Begehrlichkeiten des Kaisers und auch Maximilians von Bayern größer geworden waren. Die Dresdener Delegation gab sich dennoch mit pauschalen Zusagen zufrieden, und der Kurfürstentag übertrug dem Kaiser die Regelung der heiklen Kirchengüterfrage, die dieser im katholischen Sinn zu nutzen gedachte.

Laut einem Wiener Gutachten resultierte die Zerrüttung im Reich aus der unterschiedlichen Auslegung des Augsburger Religionsfriedens. Der Kaiser müsse dessen Sinn gegen die calvinistischen Interpretationen herausarbeiten und durchsetzen. Dies könne zwar den Krieg verlängern, doch der niedersächsische Reichskreis sei am besten in kaiserlicher Macht und Gewalt zu halten, wenn die Stifte mit katholischen Fürsten besetzt und die Reichslehen denjenigen entzogen würden, die mit König Christian IV. rebelliert hätten. Auch die Hansestädte sollten die kaiserliche Herrschaft mehr als bisher spüren. Nur dann könnten die Niederlande vom Ostseehandel und die Schweden vom Reich ferngehalten werden. Ein genereller Friede sei erst sinnvoll, wenn der Kaiser an der Nord- und Ostsee dauerhaft präsent sein werde. Zudem müsse bald ein römischer König gewählt werden, denn derzeit garantiere nur Ferdinand II. den legitimen Einsatz der kaiserlichen und auch der Ligaarmee. Mit seinem Tod würden alle Be-

Die drei Medaillen des in Dresden lebenden Sebastian Dadler von 1627/28 gelten dem Wunsch nach Frieden. Der Krieg soll vertrieben werden, damit die Menschen die Felder bestellen können und alle Stände erhalten bleiben.

fugnisse Maximilians und Wallensteins erlöschen und Franzosen, Dänen oder Schweden in dieses Machtvakuum stoßen.[81]

Das Gutachten deutete ein ähnliches Vorgehen im Reich wie in Böhmen an, Umverteilungen zugunsten von Katholiken und kaisertreuen Ständen, Betonung monarchischer Herrscherrechte, Hegemonie im Ostseeraum. Die Hofburg knüpfte wie der Escorial an die universalmonarchischen Ideen an, die Karl V. zum Verhängnis geworden waren. Ferdinand II. fühlte sich dank der Erfolge Wallensteins und dem Zögern der Protestanten stark genug, den kaisertreuen Kurfürsten von Sachsen zu verprellen. Dessen Sohn August wurde als Administrator des Erzstifts Magdeburg zur Seite geschoben, weil der Kaiser dort seinen minderjährigen Sohn Leopold Wilhelm versorgen wollte und Papst Urban VIII. diesem die Provision erteilte.[82] Kurfürst Maximilian hielt sich zurück, da er die endgültige Übertragung der Pfalz auf ihn und seine Erben nicht gefährden wollte. Bayern zog sich aus Oberösterreich zurück und erhielt dafür die erbliche Kurwürde, die Oberpfalz und auch die rechtsrheinische Kurpfalz.

Zuvor waren die Colmarer Verhandlungen mit den Gesandten Friedrichs V. ergebnislos abgebrochen worden. Die Unterhändler, die Herzöge von Lothringen und Württemberg, konnten nur feststellen, dass der Kaiser und Friedrich V. in fast allen Punkten unterschiedlicher Ansicht waren – vor allem in der Religionsfrage.[83] Die Pfälzer wollten zwar ihre böhmischen Ansprüche aufgeben und Maximilian den Kurfürstentitel auf Lebenszeit zugestehen, die Restitution sollte aber die gesamte Kurpfalz umfassen und an keine religiösen Auflagen gebunden sein.[84]

Ferdinand II. stärkte 1628 jedoch nicht nur Kurfürst Maximilian, sondern auch dessen Widersacher Wallenstein, der die Übernahme eines alten Reichsfürstentums anstrebte. Herzog Johann Friedrich erreichten jedenfalls Warnungen, dass der Friedländer seinen Blick auf Württemberg gerichtet habe.[85] Im Herbst 1627 war die Entscheidung jedoch gegen die mit dem Dänenkönig verbündeten Herzöge Adolf Friedrich I. von Mecklenburg-Schwerin und Johann Albrecht II. von Mecklenburg-Güstrow gefallen. Sie wurden als notorische Rebellen kurzerhand mit der Acht belegt und ihre Länder eingezogen. Der Kaiser erwartete Wohlverhalten. Wallenstein verdrängte 1628 eine alte Dynastie aus ihren angestammten Landen – ein ungeheurer Vorgang, der in den reichsfürstlichen Häusern lange nachhallte. Die Mecklenburger hatten das Pech, über große Teile der deutschen Ostseeküste zu herrschen, und diese sollte den Händen eines sichereren kaiserlichen Parteigängers anvertraut werden, um die maritimen Pläne verwirklichen zu können.

Selbst Wiener Räte hatten dagegen geltend gemacht, dass für die Herzöge von Mecklenburg möglicherweise Schweden in den Krieg ziehen werde. Zudem könne diese neuerliche Auszeichnung Wallensteins im Reich falsch verstanden werden, denn er habe erklärt, man benötige keine Kurfürsten oder Fürsten, es solle wie in Frankreich oder Spanien auch in Deutschland nur einen Herrn geben. Die Stände glaubten, dass solche Äußerungen «von höhern Orten» kämen. Der Herrscherwechsel düpiere Dänemark, Schweden und die Kurfürsten. Er signalisiere, dass der Kaiser in allen Punkten hinter Wallenstein stehe. Mache man ihn jetzt zu mächtig, werde man dies später vielleicht bereuen. Andere Gutachten deuteten jedoch an, dass der Friedländer gebraucht werde, weil ohne ihn die Armee zerfalle. Mit ihm herrsche ein treuer Diener des Kaisers an der Ostsee, der die Handels- und Flottenprojekte verwirklichen könne. Er habe «ganz Teutschland zum Gehorsam gebracht» und Ferdinand II. «zu einem Herrn vom Adriatischen bis auf das Teutsche Meer gemacht».[86]

Wallenstein war im Januar das Herzogtum Mecklenburg pfandweise für seine vorgelegten Kriegsgelder übertragen worden. In der geheimen Belehnungsurkunde hieß es, der Kaiser überlasse ihm «den ganzen Stato» mit allen Hoheiten und Rechten, wie ihn die alten Herzöge besessen hätten, gegen einen gerechten Kaufpreis. Das war eine verklausulierte Umschreibung für ein Geschenk. Ferdinand II. trennte nämlich zwischen den landesherrlichen Einkünften, die Wallenstein gnadenhalber und für den Unterhalt seiner Armee überlassen wurden, und dem Domänenbesitz, den der Friedländer kaufen musste, wobei sich der Preis noch einmal um die kaiserliche Gnadengabe von 700 000 Gulden verringerte.[87] Die mecklenburgischen Stände huldigten ihrem neuen Landesherrn Anfang April unter Vorbehalt der Religion sowie ihrer Gerechtigkeiten. Seine Vorgänger verließen im Mai das Land.[88] Über den wahren Sachverhalt einer nicht nur pfandweisen Übertragung informierte sie das kaiserliche Manifest vom 9. Juni 1629.

Ferdinand II. hatte das, was im Reich als Feloniedrohung bekannt war, zugunsten eines Parvenüs in die Tat umgesetzt. Der Aufschrei unter den Reichsständen hielt sich dennoch in Grenzen. Wer wollte es sich schon mit dem unbeschränkt schalten und walten könnenden Feldherrn verderben, der mit seinen Einquartierungen über das Wohl und Wehe ganzer Landstriche entschied? Dass der Kaiser seine Macht so offen demonstrierte, wurde nicht vergessen. Momentan jedoch erschien die habsburgische Herrschaft im Reichs-Staat gefestigter denn je. Wer wollte Wallenstein unter diesen Umständen den Sitz auf dem Reichstag streitig machen? Der von den Reichsständen offiziell nie anerkannte Besitzwechsel erwies sich jedoch als eine schwere Hypothek. Der spanische Gesandte Marques de Aytona erklärte, der Kaiser habe Wallenstein so mächtig gemacht, dass er jetzt der Gebieter sei und dem Kaiser nur den Titel lasse.[89]

Für die 300 000 Einwohner des landwirtschaftlich geprägten Mecklenburg bedeutete die Herrschaft Wallensteins das Ende der Einquartierungen. Dafür wurden Kontributionszahlungen von monatlich 30 000 Talern fällig. Der Herzog nutzte darüber hinaus die agrarischen Ressourcen des Landes zur Heeresversorgung. Er schuf in Güstrow eine Zentralregierung und ließ das Schloss prächtig ausbauen; es schien, als wolle er sesshaft werden. Darüber hinaus sorgte er für eine effiziente Verwaltung und trennte diese vom Justizwesen. Die landständische Verfassung blieb unangetastet. Wallenstein kümmerte sich um eine vorbildliche Armenordnung, die Vereinheitlichung von Maßen und Gewichten, die Post oder die Eisenwerke, die wie in Friedland kriegswichtige Güter produzieren sollten. An der Küste förderte er Salpetersiedereien und Pulvermühlen.[90] An den Religionsverhältnissen änderte er nichts; den katholischen Glauben unterstützte er jedoch mit neuen Schulen. In Güstrow eröffnete er eine Ritterakademie, an der etwa 20 Edelknaben auch aus Böhmen von deutschen, wallonischen, französischen und italienischen Lehrern unterrichtet wurden. Einige junge Adlige schickte Wallenstein nach Gitschin, um sie von den dortigen Jesuiten erziehen zu lassen.[91]

Nachdem sich der Herzog an der Ostseeküste etabliert hatte, formulierten die kaiserlichen Räte noch kühnere Hoffnungen. Sie wollten nicht sehen, dass mit Mecklenburg nach der Kurpfalz ein zweites gewaltiges Hindernis auf dem Weg zum Frieden geschaffen worden war. Die alten Herzöge drangen auf Revision und suchten Verbündete, denn nur ein entmachteter Wallenstein würde Mecklenburg wieder herausgeben. Ferdinand II. aber brauchte ihn als Sicherheitsgaranten in einer umkämpften Region. Er hatte große Pläne. Eine kaiserlich-spanische Flotte sollte in der Nord- und Ostsee operieren, der Dänenkönig das Herzogtum Schleswig abtreten und ein Kanal die Nordsee mit der Ostsee verbinden, um den Sund zu umgehen.[92] Es wurde sogar gemunkelt, Wallenstein wolle König von Dänemark werden. Auf dem Lübecker Hansetag im März ließ der

Kaiser seine Projekte vorstellen. Er stilisierte sich als Vater des Vaterlandes, der die Hansestädte gegen die benachbarten Königreiche unterstützen werde, weil diese die Handelsfreiheit einschränkten. Seine Gesandten erinnerten an das Vorgehen Englands gegen die Hanse, an die «Deutsche Redlichkeit, Ansehen und Reputation» sowie an die Sundzölle. Bisher habe der Kaiser sich wegen der Rebellionen im Reich um diese Dinge wenig kümmern können. Dies solle nun mit Hilfe der spanischen Flotte und des Monopols im Spanienhandel anders werden.

Diese Ideen stießen bei den Hansestädten auf wenig Gegenliebe. Zwar profitierten ihre Kaufleute von der Abhängigkeit Spaniens vom baltischen Getreide, doch auch sie wussten, dass der Kaiser und die Spanier der Hanse nicht trauten und sie deswegen beherrschen, zumindest aber kontrollieren wollten. Die Delegierten des Hansetages erklärten, zu Abschlüssen nicht bevollmächtigt zu sein. Grundsätzlich müssten Handelsstädte aber neutral bleiben und dürften sich mit fremden Königen nicht verfeinden.[93] Hinzu kam, dass Spanien wegen vieler Handelsschikanen kein attraktiver Partner und die kaiserliche Garantie ungewiss war. Wohin die Reise wirklich ging, erfuhren die Hanseaten, als Wallenstein Stralsund belagerte und Rostock im Oktober 1629 einnahm. Lübeck verstärkte daraufhin seine Bollwerke.[94]

Noch blickten die Habsburger jedoch zuversichtlich auf die Ostsee. Wallenstein sollte die wichtigsten Häfen in Pommern besetzen und dem Kaiser den Weg zur Seemacht bahnen. König Philipp IV. versprach Geld und die Ausrüstung von 24 Kriegsschiffen für den Fall, dass der Kaiser und die Liga den Generalstaaten den Krieg erklärten. Kurfürst Maximilian lehnte dies ab.[95] Wallenstein überlegte deshalb, alle deutschen Seehäfen in seine Hand zu bringen und gegen Angriffe vom Land her zu befestigen. Er ließ sich vom Kaiser am 21. April 1628 zum «General-Obersten-Feldhauptmann» ernennen, der mit allen Rechten über das Kriegsvolk anstelle des Kaisers handeln dürfe, und auch zum «General des oceanischen und baltischen Meeres».[96] Was dem neuen Admiral fehlte, waren Kriegsschiffe: Lübeck versprach ihm lediglich zehn, der polnische König 24. Die Spanier, die anderen Hansestädte und die Dänen hätten jedoch mitspielen müssen, um Schweden zu isolieren und die Niederländer aus der Ostsee auszuspreren. Dies gelang nicht; Wallenstein verfügte Ende des Jahres 1629 über 20 nur bedingt einsatzbereite kleine Schiffe.[97] Die Wirklichkeit hatte die imperialen Pläne eingeholt. Sie blieben Visionen. Die Schweden aber waren endgültig alarmiert.

Peter Hagendorf, der wegen seiner Aufzeichnungen bekannteste Söldner des Dreißigjährigen Krieges, hatte sich, aus Italien kommend, am 3. April 1628 in Ulm für das Regiment Pappenheim anwerben lassen. Von dort aus zog er auf einen Musterplatz im Badischen, wo er und seine Kameraden es sich gut gehen ließen. Das Regiment marschierte dann über Frankfurt durch die Wetterau und Westfalen nach Braunschweig.[98]

Die Hauptlast des Krieges trugen die mindermächtigen Reichsstände. Hans Heberle berichtet von Einquartierungen der kronbergschen Reiterei im Ulmer Landgebiet. Die Bauern hätten alle Waffen in den Amtshäusern abgeben und wichtige Unterlagen nach Ulm bringen müssen. Wenig später sei Oberst Kratz mit etlichen tausend Soldaten eingefallen. Im Mai kam das Reiterregiment Montecuccoli nach Geislingen und blieb bis Ende Juli. Es hielt laut Heberle auf Ordnung und Disziplin. Wegen des Überfalls auf einen Warenzug wurden zehn Soldaten öffentlich hingerichtet. Als weitere Durchzüge das Ulmer Landgebiet belasteten, beschwerten sich die Untertanen beim Rat, der anordnete, den Reitern nur das übliche Servis zu geben: Holz, Stroh, Heu, Licht und Salz. Zudem zahlte die Stadt Ulm, die das Geld auf die Untertanen umlegte, die üblichen Ordinanzen von 50 Talern für die Rittmeister bis hinab zu drei Talern für den einfachen Reiter. Die Soldaten waren damit nicht zufrieden, drangsalierten die Bauern und raubten sie aus, obwohl einige von ihn deswegen mit dem Tode bestraft wurden. Die kronbergschen Reiter verließen die Alb Anfang 1631. Heberle notiert: «Sie sind in das Land kommen wie die lumpigen und lausigen Bettler und sind hinaus geritten wie lauter Fürsten und Grafen.»[99]

In dem am Südwesthang des Thüringer Waldes gelegenen Schmalkalden zeigte sich ein ähnliches Bild. Im Januar 1628 quartierte sich Tillys Leibkompanie, etwa 300 Söldner plus Tross, für drei Jahre ein. Da die Soldaten in der Stadt logierten, musste das umliegende Land den größten Teil der Kosten tragen. Wöchentlich wurden 845 Taler für Verpflegung fällig. Die Soldaten kamen laut vereinzelter Kirchenbucheinträge aus allen Teilen Deutschlands. Verstorbene wurden durch Neugeworbene auch aus der Umgebung Schmalkaldens ersetzt. Die lutherischen Pfarrer durften auf Intervention des kaiserlichen Obristen nicht auf die Katholiken schimpfen und keine Lieder wie die Lutherchoräle «Erhalt uns Gott bei deinem Wort» oder «Ein feste Burg ist unser Gott» anstimmen. Insgesamt blieb es jedoch friedlich; Bürgerinnen heirateten Soldaten, und die Eingesessenen wurden Paten von Soldatenkindern.[100]

Der Lübecker Friede

Seit dem Auftauchen Wallensteins wuchs der Groll Kurfürst Maximilians. Der Feldherr und sein Kaiser waren auf Kosten der Kurfürsten und aller Reichsstände immer mächtiger geworden. Die Ligaarmee drohte, zur kaiserlichen Hilfstruppe zu verkommen. Maximilian sammelte Argumente gegen Wallenstein, und der Kapuzinerpater Alexander von Hales leistete ihm mit zwei Berichten gute Dienste. Hales war im April 1628 nach Prag gereist, wo sich der Kaiserhof und der Herzog aufhielten. Er berichtete über die außergewöhnliche Klugheit, die großen Kenntnisse und die ungeheuerliche Freigiebigkeit des Feldherrn. Selbst seinen Machtwillen und Jähzorn setze er zum eigenen Vorteil ein. Seine Soldaten überfluteten das ganze Reich, um mit unerträglichen Lasten alle und alles zugrunde zu richten. Er habe die kaiserlichen Räte bestochen und von sich abhängig gemacht, um Kaiser und Reich zu tyrannisieren. Er wolle die Liga ruinieren und mit niemandem mehr teilen. Maximilian dürfe seine verständliche Wut aber nicht öffentlich zeigen. Stattdessen solle er die Abneigung gegen den Herzog in Brüssel und Madrid schüren. Wallenstein reagiere ängstlich und zögerlich, sobald ihm jemand dezidiert entgegentrete.

In einem zweiten Bericht erläuterte Hales den Zweck, den Wallenstein mit seiner riesigen Armee wirklich verfolge. Deutschland sei den kaiserlichkatholischen Waffen ausgeliefert. Stürbe Ferdinand II., stünde Wallenstein als Herr einer intakten Armee, die außer ihm nur dem Kaiser verpflichtet sei, automatisch an der Spitze des Reiches. Er werde sich von seinen Soldaten und von ganz Deutschland zum erblichen König ausrufen lassen und das Reich unter seine Kontrolle bringen, bevor er sich Bayern zuwende. Den Reichstag, auf dem der Kaiser seinen Sohn zum römischen König wählen lassen wolle, sabotiere Wallenstein, weil er die Form des Regiments im Reich generell verändern wolle. Er werde sich mit den Dänen, dem Pfalzgrafen und den früheren Herzögen von Mecklenburg verständigen. Seine monarchische Herrschaft und der Umsturz der Reichsverfassung seien nur zu verhindern, wenn die Stände eine große Armee mobilisierten und diese auch gegen den Kaiser einzusetzen drohten, falls Wallenstein nicht entlassen werde. Dieser fürchte nur Kurfürst Maximilian. Ferdinand II. sei von ihm abhängig, zudem melancholisch und wolle nicht aus seiner behaglichen Untätigkeit gerissen werden.[101]

Die beiden Berichte sollten Maximilians Vermutungen bestätigen. Ge-

schickt entwarf Hales das Bild eines klug und zielstrebig agierenden Feldherrn, der im Begriff stand, sich selbst an die Spitze des Reichs-Staates zu
setzen.[102] Nicht alles, was Hales berichtete, war pure Spekulation, manches
wird von anderen Quellen bestätigt. Für die Absicht Wallensteins, sich
nach dem Tod des Kaisers die Königskrone anzueignen, gibt es freilich
keine Belege, für die Idee eines monarchisch regierten Reiches hingegen
schon. Wallensteins Optionen waren jedoch begrenzt, denn die Reichsvikare, Kursachsen und Kurbayern, hätten nach dem Tod des Kaisers sein
Kommando gewiss nicht verlängert und ihn auch nicht weiter gewähren
lassen.[103] In dieser Situation wäre ihm nur eine Militärdiktatur geblieben,
um seine Macht zu behaupten und seine Gegner auszuschalten.

Nachdem ihm die Pfälzer Kur und die Kurlande erblich übertragen
worden waren, musste Maximilian von Bayern auf den Kaiser keine Rücksichten mehr nehmen. Zusammen mit dem spanischen Gesandten betrieb
er offen die Absetzung Wallensteins. Die Wahl eines römischen Königs
diente ihm als Druckmittel. Maximilian ließ die Kurfürsten von Mainz
und Sachsen und auch den spanischen König wissen, dass im Reich kein
Religionskrieg tobe, sondern Wallenstein zu viele Soldaten habe und «im
Reich den Meister spiele». Er lasse es gegenüber dem Kaiser, den Kurfürsten und den Reichsständen am nötigen Respekt fehlen.[104]

Dem Mainzer Erzkanzler schrieb Maximilian im Mai, ein Offizier des
Herzogs habe geäußert, falls man Wallenstein nur noch zehn Wochen gewähren lasse, sei es um die Kurfürsten geschehen.[105] Und wieder schien es,
als wolle der Herzog von Mecklenburg die schlimmsten Befürchtungen
bestätigen: Er quartierte Truppen in den Lausitzen ein und verärgerte den
Kurfürsten von Sachsen, der sich beim Kaiser und bei Maximilian von
Bayern beschwerte. Letzterer ließ diese Gelegenheit nicht ungenutzt und
beschwor Ferdinand II., den guten Willen des Dresdener Kurfürsten nicht
länger zu strapazieren und die eingelagerten Truppen abzuziehen.[106] Als
der Kaiser dem Mainzer Erzbischof die Reduktion der Armee ankündigte,
stimmte Wallenstein nur der Entlassung von 4000 Reitern zu.[107] Er führte
das Kommando und ließ sich zu nichts zwingen.

Die in Bingen versammelten katholischen Kurfürsten verlangten Ende
Juni 1628 unverblümt die Demission Wallensteins und radikale Einschnitte
bei der Armee.[108] Ferdinand II. ordnete daraufhin an, die kaiserlichen
Truppen in Oberdeutschland auf 5000 Mann zu Fuß und 3000 Reiter zu
verringern. Ende des Jahres begann Graf Rambold von Collalto mit den

Abdankungen, die vor allem Schwaben und Franken sowie die Lausitzen, Thüringen und Mecklenburg entlasteten. Der Kaiser kam dadurch seinem Ziel aber keinen Schritt näher. Als er im Februar 1629 dem Ligatag die Einberufung eines Kurfürstentages vorschlug, wollten die katholischen Kurfürsten dort über den allgemeinen Frieden und erst danach über die Königswahl beraten.[109]

Im Norden setzte der Dänenkönig unterdessen seinen Kleinkrieg fort, den Wallenstein ohne Flotte nicht unterbinden konnte. Zwar hatte der dänische Reichsrat schon Anfang 1628 um Friedensverhandlungen gebeten, doch diese kamen nicht in Gang. Christian IV. gewann unter anderem Fehmarn zurück und versenkte die sieben kleinen Schiffe Wallensteins, die im Hafen von Greifswald lagen.[110] Der Herzog geriet militärisch in die Defensive und politisch in Erklärungsnot. Was nutzte seine große Armee, wenn sie nicht einmal den besiegten König von der Küste fernhalten und die Häfen schützen konnte?

Stralsund widersetzte sich offen den maritimen Plänen Wallensteins. Die Stadt lehnte eine kaiserliche Besatzung ab, und Generalleutnant Arnim konnte sie nicht erobern. Im Juni erhielt Stralsund Unterstützung durch knapp 1000 dänische Soldaten unter dem Obersten Graf Heinrich von Holk, darunter auch die Schotten mit Robert Monro an der Spitze, der bei den Kämpfen verwundet wurde. Sie waren auf dem Wasserweg in die Stadt gekommen. Die Bürger verhielten sich gegenüber den fremden Hilfstruppen laut Monro undankbar; sie gaben den Soldaten nicht, was ihnen an Unterkunft und Verpflegung zustand. Die Bürger seien «träge, liederliche Feiglinge und wollüstige Verschwender» gewesen und erst durch die Kämpfe «tüchtige Haushälter» geworden. Auch die deutschen Soldaten kritisierte Monro, weil sie bei Gefahr zu schnell ihre Posten verließen, und dies, obwohl sie «eine kriegerische Nation und schon lange durch die Gewohnheit des Krieges abgehärtet» seien. Als die Schotten eigenmächtig Quartiere forderten, sei einer von ihnen mit dem Tode bestraft worden. In Stralsund habe es viele Schurken gegeben, die wegen persönlicher Vorteile die Stadt an den Feind verraten wollten. Dies hätten die dänischen Wachsoldaten verhindert.[111]

Anfang Juli zog Wallenstein mit etlichen Regimentern vor die störrische Hafenstadt. Selbst Gottfried Heinrich von Pappenheim fragte sich, was er damit bezwecken wollte.[112] Er band eine riesige Armee an einem kleinen Stück der Ostseeküste und riskierte eine Niederlage, denn die Seeseite konnte er nicht vollständig abriegeln. Während Richelieu in einer ähnlichen Situation das ebenfalls zum Meer hin offene La Rochelle erobert hatte, gelang dies Wallenstein in Stralsund nicht. Stattdessen wurde die Stadt zum Prestigeobjekt und zum ersten schwedischen Stützpunkt in Deutschland. Gustav Adolf hatte ihr Mitte Mai die Hilfe Schwedens und ein langjähriges Schutzbündnis angeboten. Er sandte Pulver und bestärkte die Stadt in ihrem Vorsatz, ihre Freiheit und die evangelische Religion mit allen Mitteln zu verteidigen.[113] Ein schwedisches Hilfskorps erschien Ende Juni, durfte aber erst an Land gehen, nachdem der Rat eine zwanzigjährige Defensivallianz unterzeichnet und einen schwedischen Kommandanten ernannt hatte. Es war das erste Bündnis des Königs mit einer deutschen Stadt.[114] Da Stralsund jedoch offiziell zum Herzogtum Pommern gehörte, handelte es sich reichsrechtlich um eine illegale Einung. Die Bürger wollten ihre Freiheit verteidigen und weder ihrem Landesherrn noch dem Kaiser tributpflichtig werden. Die Schweden hatten die Chance ergriffen, an der südlichen Gegenküste und in Deutschland militärisch einzugreifen.

Seit Anfang Juli 1628 attackierten die kaiserlichen Truppen Stralsund. Gleichzeitig verhandelte Wallenstein über einen Waffenstillstand mit Herzog Bogislaw von Pommern. Den Kapitulationsvertrag[115] lehnte die Stadt ab, weil sie keine Garnison aufnehmen und nichts unterzeichnen werde, bevor die Belagerung aufgehoben sei. Dabei überstimmte die Bürgerschaft, die in den Verfassungskämpfen kurz zuvor ihre Kontroll- und Mitwirkungsrechte erheblich ausgebaut hatte, den Rat, der sich am 24. Juli zur Übergabe bereiterklärte.[116] Wallenstein hatte jedoch inzwischen eingesehen, dass er Stralsund nicht erobern musste. Dies hätte seine Kräfte gebunden und den nordischen Königen lediglich einen Vorwand zum Eingreifen geliefert. Bei einer Eroberung hätten die Soldaten zudem ihr Recht auf Plünderung geltend gemacht. Dies wiederum hätte Wallensteins Plan gefährdet, sich im Norden als Friedensbringer zu inszenieren. Er brach die Belagerung Anfang August in dem Moment ab, als Christian IV. mit 100 Schiffen vor Rügen auftauchte.

Der Vertrag erlaubte es Herzog Bogislaw, sich als fürsorglicher Landesvater zu präsentieren, und Wallenstein, sein Gesicht zu wahren. Beide hatten die Stadt zu nichts zwingen können. König Gustav Adolf ließ verlauten, die gegen die Reichsordnung von kaiserlichen Truppen angegriffene Stadt habe ihn um Hilfe gebeten, die er gewährt habe. Seine Soldaten blieben zum Schutz der Bürger in Stralsund. Die schwedische Garnison zählte im Sommer 1628 wohl mehr als 5000 Köpfe.[117]

In der Öffentlichkeit bedeutete Wallensteins Abzug eine Niederlage. Sein Mythos der Unbesiegbarkeit bröckelte. Mit der Belagerung hatte er das ohnehin geringe Vertrauen der Hansestädte verspielt. Sie verweigerten ihm die dringend benötigten Schiffe. Wallenstein musste auf den kleinen Wismarer Hafen ausweichen, wo seit Januar auch die vor den Schweden in Sicherheit gebrachten polnischen Kriegsschiffe ankerten. Doch mit diesen 25 Schiffen konnte der auf dem Land erfolgreiche Feldherr auf der Ostsee wenig ausrichten. Die kleine Flotte verharrte untätig im Hafen,[118] und in Deutschland gaben viele Wallenstein die Schuld an der Ausweitung des Krieges, weil er «gleichsam einen Diktator abgäbe, auch des Kaisers Befehl selbst nicht weiter respektierte».[119]

Immerhin konnten wenigstens die Dänen vor Rügen abgeschlagen werden. Ihre 7000 Soldaten landeten daraufhin am 21. August auf Usedom und eroberten drei Tage später Wolgast. Wallenstein startete von Greifswald aus mit vielleicht 8000 Mann den Gegenangriff. Er besiegte Christian IV. Anfang September und nahm 500 dänische Soldaten gefangen. Noch am gleichen Tag wurde das gut befestigte Wolgast zurückerobert. Die Dänen flüchteten auf ihre Schiffe und entkamen.

Nachdem auch die Festung Krempe in Holstein im November kapituliert hatte, hielten dänische Truppen nur noch Glückstadt. Christian IV. war auf dem Festland besiegt. Mitte Januar sollten die Friedensverhandlungen in Lübeck beginnen. Der Kaiser bevollmächtigte Wallenstein und Tilly.[120] Auf dänischer Seite verhandelten Kanzler Christian Friis und der deutsche Kanzler Levin Marschalk.[121] Er war wohl auch der Autor einer scharfsinnigen Flugschrift, die sich als Kopie einer Denkschrift Aldringens an den Kaiser ausgab. Der stets gut informierte Menzel, kaiserlicher Resident in Hamburg, nannte jedenfalls Marschalk als Autor und charakterisierte ihn als einen «sehr gefährlichen Mann».[122]

Die Flugschrift riet zu einem skrupellosen, nur als machiavellistisch zu bezeichnenden Vorgehen. Der Kaiser solle Dänemark gegenüber diplomatisch agieren, die benachbarten Staaten, auch die Türken hofieren und den viel zu großen Einfluss der Reichsstände sukzessiv reduzieren. Auf den machtgierigen Kurfürsten von Bayern sei besonders zu achten, denn er wolle selbst Kaiser werden. Kursachsen tanze hingegen gerne mit dem Kaiser. Wolle Ferdinand II. «Meister von Teutschland spielen», müsse er die

Nord- und Ostsee beherrschen. Dies sei gegen die «Wasser Könige» nur mit Hilfe der Hansestädte möglich. Wallenstein werde hingegen, sobald er über Schiffe verfüge, gegen Österreich und Spanien agieren. Sobald der Kaiser mit den Dänen Frieden geschlossen habe, müsse er die Kurfürsten dazu bringen, eine stehende Armee zu bewilligen, die dann in die ketzerischen Städte gelegt werden könne, um diese zum katholischen Glauben zurückzubringen. Wegen der Pfalz solle man bald «Kurbayern, bald England das Maul schmieren». Da es schwierig sei, «ein so groß / mächtig und gewaltig freies Reich / als Deutschland ist [...] umzukehren», müsse man pragmatisch vorgehen und notfalls den gemeinen Pöbel gegen die Mächtigen unterstützen.[123] Andere Flugschriften wie der *Hansische Wecker* oder die *Hellautende Saigerglock* stießen ins selbe Horn: Dem Kaiser sei nicht zu trauen, er wolle die Hansestädte unterwerfen und die deutsche Libertät beenden.

Ferdinand II. wurde die Absicht unterstellt, die Reichs- und Religionsverfassung nach böhmischem Vorbild umstürzen zu wollen. Die Texte wirkten glaubhaft, weil der Kaiser sich immer mehr als Beherrscher des Reiches gebärdete. König Christian IV. sollte für den Krieg bezahlen und Schleswig und Holstein zusammen mit Jütland an den Kurfürsten von Sachsen übergeben, damit dieser die Lausitzen den Habsburgern restituierte. Glaubte man in Wien wirklich, Johann Georg werde sich darauf einlassen? Die Albertiner waren mit dem ebenfalls lutherischen dänischen Königshaus eng verwandt, und über die nun zur Disposition gestellten Gebiete konnte der Kaiser nur kraft des Siegers verfügen. Im Unterschied zu solch harschen Forderungen und irrwitzigen Konzepten suchte Wallenstein einen realistischen Kompromiss. Er wusste, dass neben Kurfürst Maximilian viele Räte am Wiener Hof gegen ihn arbeiteten und dass seine Macht auf tönernen Füßen stand. Sie beruhte auf seiner Armee, dem Wohlwollen des Kaisers und dem Geld, das de Witte organisierte. Der Finanzier geriet im Sommer 1628 jedoch in große Schwierigkeiten. Auf der Frankfurter Herbstmesse wurden Wechsel in Höhe von 360 000 Gulden fällig. Von den fest versprochenen Geldern fehlten ihm aber mehr als 300 000 Gulden. Zwar konnte der Bankrott noch abgewendet werden, doch de Witte wirkte angeschlagen; weder der Kaiser noch Wallenstein hatten die versprochenen Summen überwiesen.[124] Der Kollaps seines riesigen Kreditsystems schien unabwendbar zu sein. Deutschland war erschöpft und Wallenstein über den Kaiserhof verbittert, der die Dinge treiben ließ.

Seinem Statthalter in Mecklenburg schrieb er im Oktober 1629: «Wollen sie Krieg führen, menagieren, dem Reich gusto und nicht disgusto durch die Einquartierungen geben, so suchen sie ihnen unsern Herr Gott zum General und nicht mich!»[125]

Der Herzog verstellte sich nicht. Die Einquartierungen sollten dem Reich nicht gefallen, sondern es gefügig machen. Seine übergeordneten Ziele geboten den Frieden mit Dänemark. Mit seinem Entgegenkommen verärgerte er jedoch Kurfürst Maximilian und den eroberungslustigen Kaiser – noch mehr allerdings Gustav Adolf, dessen Gesandte zu allem Überfluss von den Friedensverhandlungen ausgeschlossen wurden. Während sich im Norden neue Konstellationen abzeichneten, versuchte Richelieu, den bayerischen Kurfürsten als Führer einer antihabsburgischen Allianz zu gewinnen. Maximilian lehnte ab, ließ den Gesprächsfaden aber nicht abreißen. Am Kaiserhof hätten alle Alarmglocken schrillen müssen, denn Richelieu verhandelte auch mit Gustav Adolf, um ihn für seine Politik zu gewinnen. Und er stieß auf offene Ohren, denn der König bereitete ohnehin einen Krieg gegen den Kaiser vor.[126]

Wallenstein witterte die Gefahr und tat das, was er von der kaiserlichen Politik stets vergeblich gefordert hatte: Er plädierte gegen Eroberungen und Rekatholisierungen. Ferdinand II. ermahnte ihn, die Könige von Spanien und Polen in den Frieden einzuschließen. Ende Februar erläuterte Wallenstein seine Bedenken: Frankreich, England, Schweden und Holland wollten den Dänenkönig mit großen Versprechungen vom Friedensschluss abhalten. Die Verhandlungen seien festgefahren. Ferdinand II. möge ihn instruieren, welche Zugeständnisse er machen dürfe, denn seine Truppen ließen sich in diesen ausgezehrten Landstrichen nicht länger unterhalten. Zudem sei Dänemark nicht wirklich besiegt und auf der Ostsee auch nicht zu schlagen. Ohne die Rückgabe Jütlands, Schleswigs und Holsteins bleibe Frieden eine Illusion. Daher müssten alle auf die Auflösung des dänischen Staates zielenden Forderungen fallengelassen werden.[127]

Wallenstein verhandelte im Geheimen mit dänischen Gesandten in seiner Residenz Güstrow. Der Kaiser billigte sein Vorgehen. Anfang Mai 1629 einigte man sich: Die «Königreiche und souverainen Lande» blieben Christian IV. erhalten. Er musste sich im Reich auf die Führung der holsteinischen Reichstagsstimme beschränken. Wie Kaiser und Reich verzichtete er auf Regressforderungen, seine Söhne gaben alle Rechte in den Reichsstiften auf.[128] Über die Verhältnisse in der Ostsee kam keine Einigung zustande.

Beide Parteien beharrten auf ihren Ansprüchen. Der spanische Kommissar Gabriel de Roy hatte im Herbst 1628 englische und holländische Waren in verschiedenen Hansestädten konfisziert. Als der Hansetag protestierte, ernannte der Kaiser den Spanier zu seinem Generalkommissar.[129] Dieser kreuzte daraufhin sogar mit einigen Schiffen in der Ostsee, angeblich um die Hansestädte von der See her zu decken. Tatsächlich wollte er den freien Handel im Auftrag Madrids unterbinden. Auch als kaiserlicher Kommissar blieb Roy ein Agent der Spanier.[130]

Der am 17. Juni 1629 publizierte Lübecker Frieden war dagegen ein Werk der Verständigung. Christian IV. wechselte an die Seite des Kaisers, der den Vertrag gegenüber den Reichsständen als Zeichen seines großen Friedenswillens ausgab. Als Erfolg durfte Ferdinand II. verbuchen, dass er den Frieden für das Reich geschlossen hatte. Den Ausschluss der Kurfürsten begründete er damit, dass Christian IV. als Reichsstand keinen Krieg gegen den Kaiser habe führen dürfen. Friedensverhandlungen seien diesem Rebellen nur gnadenhalber eingeräumt worden.[131] Ferdinand II. stellte sich damit nicht nur hinter Wallenstein, er inszenierte auch seine neu gewonnene Macht und seinen Anspruch, den Reichs-Staat ohne die Kurfürsten nach außen zu vertreten. Der Kaiser war auf dem besten Weg, dem Reich seine Herrschaftsvorstellungen aufzuzwingen. Der Unmut der mächtigen Reichsstände wuchs.

Wallenstein wird in dem Lübecker Vertrag als Herzog von Friedland und Sagan bezeichnet, da er erst am 9. Juni reichsöffentlich zum Herzog von Mecklenburg ernannt wurde. Mit dem Ostseeherzogtum hatte er Großes vor. Er begann mit dem Bau eines Ost- und Nordsee verbindenden Kanals.[132] Das Projekt Ostseeflotte war jedoch ohne die Hanse nicht zu verwirklichen. Um diese Städte nicht weiter zu provozieren, ließ der Herzog sie in Ruhe Handel treiben. Vor Stralsund hatte er dazugelernt. Als Landesherr herrschte er über Rostock, und auch diese Stadt durfte weiter ihre Geschäfte selbst mit Schweden treiben. Hamburg und Lübeck blühten mit ihrer von Wallenstein akzeptierten Neutralität als Handels- und Finanzmetropolen auf.

Politisch kam der Friedländer allerdings nicht zur Ruhe. Da die alten Herzöge auf Revision drangen und Gustav Adolf sein Eingreifen vorbereitete, galt Wallensteins Hauptaugenmerk seiner Armee. Ohne diese Basis musste seine geliehene Macht bei einem schwedischen Angriff wie ein Kartenhaus zusammenbrechen. Deswegen durfte er seine Soldaten nicht entlassen, obwohl es für sie nach dem Lübecker Frieden keinen Gegner mehr gab. Der Reichs-Staat war allerdings dem Kaiser noch nicht unterworfen, und die Ligaarmee wurde nicht entlassen. Sie diente nun als Gegengewicht zu Wallenstein. Während der Herzog auf Geheiß des Kaisers viele Soldaten auf andere europäische Kriegsschauplätze abstellte, achtete Maximilian auf Neutralität. Er hatte gegenüber Dänemark für einen Siegfrieden geworben und empfahl einen Ausgleich mit Frankreich.

Wallenstein schloss einen Kompromissfrieden, weil er um die schwedische Gefahr und die eigene Schwäche wusste. Er wandte sich deswegen auch gegen das Restitutionsedikt vom März 1629 – die Haderquelle, die das Reich, wie noch gezeigt wird, auf Jahre hinaus spaltete. Angeblich beruhigte er den kursächsischen Geheimen Rat Friedrich Lebzelter im Herbst 1629, dass er und seine Soldaten sich nie an der Beraubung, geschweige denn der Ausschaltung der Evangelischen beteiligen würden. Bei der Bestallung seiner Offiziere achte er nur auf Qualität, nicht auf den Glauben. «Die Gewissen dependierten allein von Gott, gegen den auch ein jeder seine Religion zu verantworten hätte und sollte man also billig wenigst untereinander politisch in Frieden leben.» Er selbst habe im Krieg alles erreicht und wünsche nichts lieber als Frieden. Doch der Kaiser besitze viele mächtige Feinde, den Papst, den König von Frankreich, die Venezianer, den Herzog von Mantua, Bethlen Gábor, die Holländer, die Schweden.[133] Dass der Papst und Frankreich diese Liste anführten und die Protestanten nicht genannt wurden, zeigt, dass Wallenstein es ernst meinte. Er wollte Frieden, um das geeinte Reich gegen die auswärtigen Feinde zu führen. In Wien und München war seine offene Ablehnung der Rekatholisierungspolitik mehr als nur ein Stein des Anstoßes. Sie sollte dem Condottiere bald zum Verhängnis werden.

Europäische Kriegsschauplätze

Während in Lübeck ein zukunftsträchtiger Friedenskompromiss gefunden worden war, standen an den Grenzen des Reichs-Staates, in Polen, in den Niederlanden und in Oberitalien, die Zeichen auf Sturm. Die dortigen Kriege gerieten aus habsburgischer Sicht außer Kontrolle: Die Schweden setzten sich in Polen, die Franzosen in Italien und die Generalstaaten in Brabant fest. Die Feinde schienen überall auf dem Vormarsch zu sein. Nur in Deutschland waren die Protestanten besiegt oder hielten still, weil auch sie für ihre politischen Ziele die Hilfe des Kaisers benötigten, der seine

monarchischen Ambitionen kaum noch verbarg. Ferdinand II. wollte die
Spanier unterstützen und in Polen Gustav Adolf auf Distanz halten. Wallenstein sandte König Sigismund III. vier Fuß- und fünf Kavallerieregimenter unter Führung Arnims. Gustav Adolf hatte inzwischen seine
Hegemonie im Baltikum stabilisiert und kämpfte in Polen und an der südlichen Ostseeküste. Dort aber stieß er auf kaiserliche Truppen. Ein Arrangement der beiden expansiven Imperien schien unmöglich. Wallenstein
suchte eine Entscheidung außerhalb des Reichsgebietes. Arnim erreichte
dieses Ziel nicht, obwohl seine Truppen zusammen mit polnischen Soldaten die Schweden bei Hönigfelde nahe Stuhm Ende Juni schwer besiegten.[134] Polen schloss dennoch Ende September aufgrund französischer und
englischer Vermittlungen den Waffenstillstand von Altmark. Die Bedingungen kamen Gustav Adolf sehr entgegen. Obwohl er große Gebiete wie
Kurland zurückgeben musste, behielt er alle Zolleinnahmen auf die Güter,
die in Häfen wie Danzig oder Königsberg angelandet wurden. Diese Gelder machten ein Drittel der schwedischen Staatseinkünfte aus.[135]

Noch von Polen aus versuchte der schwedische König, die Entwicklung
in Deutschland zu beeinflussen. Er beschwerte sich beim kurfürstlichen
Kollegium über das feindliche Verhalten des Kaisers und wandte sich Anfang August 1629 direkt an seinen Schwager Georg Wilhelm von Brandenburg. Zwei große Heere aus dem Reich griffen ihn an, obwohl er sich stets
friedlich verhalten habe und keine Bündnisse mit den Feinden des Kaisers
eingegangen sei. Da die verbündeten Armeen den wahren Glauben ausrotten wollten, nachdem sie zuvor die «deutsche Freiheit» unterdrückt hätten,
wendeten sie sich nun gegen fremde Königreiche.[136] Gustav Adolf instru-
mentalisierte die Glaubensfrage, um Verbündete in Deutschland zu finden.
Die kaiserliche Expansion ziele auf eine flächendeckende Gegenreformation
und die Universalmonarchie. Es gehe nicht mehr nur um die Ordnung im
Reichs-Staat, sondern um diejenige Europas: Die Protestanten müssten zu-
sammenhalten, um die Reichsverfassung zu bewahren.

Während Gustav Adolf an der Ostsee einen Abwehrkampf inszenierte,
gerieten die Spanier in den Niederlanden noch mehr unter Druck. Im April
hatte Friedrich Heinrich von Oranien die Belagerung von Herzogenbusch
begonnen. Wallensteins gegen die Dänen nicht mehr benötigte Truppen
sollten die Stadt entsetzen. Er ließ ein Armeekorps unter Raimondo Montecuccoli und dem katholischen Grafen Johann VIII. von Nassau-Siegen
nach Westen ziehen. Die Verteidiger kapitulierten jedoch bereits Mitte Sep-

tember. Wallensteins Truppen gingen am Niederrhein und in der Eifel ins Winterlager. Die Generalstaaten quartierten im Gegenzug Soldaten in Westfalen ein, weil der Einsatz der kaiserlichen Verbände die Neutralität des Reiches gebrochen habe. Die beiden Kriege in Deutschland und in den Niederlanden verschmolzen jedoch auch jetzt nicht.

Als Wallenstein im Juni noch größere Verbände zur Unterstützung der Spanier nach Oberitalien entsenden sollte, schilderte er dem Wiener Hofkriegsratspräsidenten seine Zwangslage. «In Polen habe ich 15 000 geschickt, ins Niederland 17 000. Nach Mailand begehrt man 14 000, dahier in Pommern und in der Mark Brandenburg muss ich zum wenigsten 12 000 lassen [...], um Magdeburg muss ich 6000 lassen, im Reich eine gute Anzahl, gegen Metz müssen wir und nicht die Liga posto machen.»[137]

Der vom Kaiser angeordnete Italienzug war unter Führung des Grafen Rambold Collalto militärisch erfolgreich. Er sollte die Alpenpässe in Graubünden sichern und zusammen mit den Spaniern die kaiserlichen Interessen im mantuanischen Erbfolgekrieg wahren.[138] Im Doppelherzogtum Mantua und Monferrat war Vincenz II. von Gonzaga ohne männlichen Erben Ende des Jahres 1627 gestorben. Er hatte Karl I. von Gonzaga-Nevers, den Mann seiner Nichte und Inhaber der französischen Herzogtümer Nevers und Rethel, zu seinem Nachfolger bestimmt. Dieser besaß die Unterstützung Frankreichs und ließ sich im Januar 1628 in Mantua huldigen. Damit störte er die Pläne der Spanier und des mit Eleonora von Gonzaga, einer Schwester des Erblassers, verheirateten Kaisers. Nevers war allerdings auch nach Ansicht des Reichshofrates die Investitur kaum zu verweigern. Auf Anraten des spanischen Gesandten sollte Ferdinand II. daher die Gebiete lediglich unter Sequester stellen, einen deutschen Reichsfürsten als Kommissar einsetzen und die zentralen Orte besetzen,[139] um sie später dem spanischen Parteigänger Ferrante II. Gonzaga, dem Herzog von Guastalla, zuzuspielen. Der umtriebige Herzog Karl Emanuel von Savoyen spekulierte jedoch ebenfalls auf die Nachfolge im Herzogtum Montferrat, das in weiblicher Linie vererbt werden durfte.

Herzog Karl I. besetzte Casale, eine der größten Festungen Norditaliens, und verstärkte seine Truppen mit etlichen Tausend französischen und eidgenössischen Söldnern. Die Spanier belagerten Casale, und der Herzog von Savoyen übernahm die von ihm beanspruchten Gebiete im nördlichen Montferrat. Ferdinand II. schickte Graf Johann VIII. von Nassau als Sequesterkommissar. Die deutschen Truppen lagerten den Winter über in der

Nähe der Schweizer Grenze. Die Eidgenossen fürchteten einen Angriff und begannen mit Rüstungen, um ohne «Unterschied der Religion für ihr Vaterland zu streiten und in Defension ihrer Freiheit Leib und Gut beieinander zu lassen».[140] Sie taten, was in Deutschland das Schrifttum als vorbildhaft forderte.

Trotz angedrohter Acht verweigerte Karl I. dem Kaiser die Übergabe Mantuas und widersetzte sich auch den Wünschen Richelieus, mit dem Herzog von Savoyen über Montferrat zu verhandeln. Er verständigte sich stattdessen mit den Spaniern. Anfang des Jahres 1629 griff Frankreich militärisch in das oberitalienische Geschehen ein, nachdem La Rochelle kapituliert hatte und mit England Frieden geschlossen worden war. Die von Hugenotten bewohnte Stadt am Golf von Biscaya war seit 1627 von zunächst 20 000, dann etwa 30 000 Soldaten unter Führung König Ludwigs XIII. belagert worden. Kardinal Richelieu wollte die hugenottische Sonderstellung und die Kontakte La Rochelles mit dem englischen Feind ein für alle Mal beenden. Das Ganze zog sich so lange hin, weil die Stadt von England mit Proviant und Munition versorgt wurde. Die französische Seeblockade verhinderte schließlich auch dies, und La Rochelle kapitulierte nach enormen Verlusten Ende Oktober 1628.[141]

Richelieu erhielt dadurch freie Hand, seinen Vorstellungen in Oberitalien Nachdruck zu verleihen. Casale wurde zur französischen Garnison. Mantua verblieb Herzog Karl, den das kaiserliche Heer nicht vertreiben konnte. Er kapitulierte im Juli 1630. Die Stadt wurde gebrandschatzt. Bei der Belagerung verloren etwa 10 000 Menschen ihr Leben. Dieser Krieg gestaltete sich so verlustreich, weil 1629/30 zu allem Überfluss auch noch eine Hungersnot und die Pest Oberitalien heimsuchten. Die Reiter der Apokalypse erreichten in diesen Jahren nicht nur Deutschland.

Im Frühjahr 1630 besetzten die Franzosen die Festung Pinerolo und Teile Savoyens, um hier die spanische Straße zu blockieren. Alle Bemühungen der Spanier, Pinerolo und Casale zurückzuerobern, scheiterten. Frankreich riskierte den Krieg, weil Richelieu glaubte, dass sich weder die Spanier noch der Kaiser einen langen Konflikt in Oberitalien leisten konnten. Tatsächlich wurde auf dem Regensburger Kurfürstentag 1630 ein Frieden vereinbart, den König Ludwig XIII. jedoch nicht ratifizierte, weil er die französische Handlungsfreiheit gegenüber dem Kaiser auch in anderen Konflikten eingeengt hätte. Erst der Vertrag von Cherasco brachte am 6. April 1631 die Waffen zum Schweigen.[142] Pinerolo blieb von den Franzosen besetzt, die mit Savoyen einen Kaufvertrag schlossen und deren Juristen nachwiesen, dass die Festung gar kein Reichslehen sei.[143] Da der Kaiser diese Regelung nicht anerkannt hatte, wurde sie in § 92 des Westfälischen Friedensvertrages ausdrücklich und auf Dauer bestätigt.

Während dieser Nebenkriege blickte Richelieu auf Deutschland. Er wollte Gustav Adolf mit der Zusage von Soldaten und Subsidien zum Eingreifen veranlassen.[144] Der Friede mit England und die Lage in den Niederlanden führten zu neuen Plänen einer großen Offensiv- und Defensivallianz von Frankreich, Schweden, England, den Generalstaaten und Venedig. Der im Juni 1630 geschlossene Vertrag zwischen Frankreich und den Generalstaaten sicherte Letzteren eine Million Livres jährlich zum Kampf gegen die Spanier. Schwieriger verliefen die Verhandlungen Richelieus mit Schweden, obwohl Gustav Adolf den Krieg in Deutschland ohnehin plante. Die Festsetzung Wallensteins an der südlichen Ostseeküste und die maritimen Pläne des Kaisers störten massiv die schwedische Hegemonie, denn im Baltikum und in Preußen kontrollierte Schweden inzwischen die Flüsse, die in die Ostsee mündeten, und damit den Handel. Da ein großer Teil des Staatshaushaltes auf diesen Zöllen beruhte, schien es nur konsequent zu sein, die Erwerbspolitik nach Südwesten fortzusetzen.

Der schwedische Reichstag und auch der Reichsrat hatten einem Präventivkrieg in Deutschland prinzipiell zugestimmt. Der König zögerte jedoch, weil er um die eigene Schwäche wusste und sich fragte, warum ihn eine katholische Macht, die gerade die Hugenotten besiegt hatte, in einen Krieg gegen den Kaiser trieb, der die Protestanten begünstigen musste. Er verhandelte deswegen auch über die Fortsetzung des 1629 auslaufenden niederländisch-schwedischen Bündnisses. Wegen monatlich 50 000 Reichstalern wollten die Schweden aber nicht auf die für den niederländischen Handel schmerzlichen Zölle verzichten. Die Generalstaaten unterstützten dennoch den deutschen Kriegszug Gustav Adolfs mit unregelmäßigen Subsidien.[145] In England widersetzte sich das Parlament den Plänen König Karls I., Gelder für diesen Krieg zu bewilligen. Daraufhin schloss er Frieden mit Frankreich und ein Jahr später auch mit Spanien, ohne die Pfalzfrage gelöst zu haben.[146]

Das Restitutionsedikt

Am Kaiserhof fiel inzwischen die Entscheidung, die dem Krieg eine dramatische Wende geben sollte. Es ging um die Frage, wie die nach 1552 eingezogenen oder von evangelischen Administratoren verwalteten geistlichen Güter ohne langwierige Einzelfallprüfungen den Katholiken zu restituieren seien. Das offenkundige Unrecht sollte durch ein kaiserliches Dekret korrigiert und von den Soldaten Wallensteins und Tillys sofort durchgesetzt werden. Die Katholiken verlangten die Rückgabe der Erzstifte Bremen und Magdeburg, der Bistümer Minden, Halberstadt, Verden, Lübeck, Ratzeburg, Meißen, Merseburg, Naumburg, Brandenburg, Havelberg, Lebus und Kammin sowie vieler Reichsstifte und landsässiger Klöster. Betroffen waren insbesondere die Herzogtümer Württemberg und Braunschweig-Wolfenbüttel, die das Kirchengut nach 1552 säkularisiert hatten. Nicht wenige Katholiken hielten die Siege der kaiserlich-katholischen Armeen für ein Zeichen Gottes, endlich die an die Ketzer verlorenen Seelen zum wahren Glauben zurückzuführen.

Die jesuitischen Beichtväter in München, Mainz oder Wien forcierten diese Überlegungen.[147] Die katholischen Kurfürsten hatten den Kaiser zu einer pauschalen Lösung ermuntert, und der Mühlhäuser Konvent hatte 1627 diesem Vorgehen zugestimmt. Der Reichserzkanzler unterstützte die kaiserlichen Maßnahmen bei der Rückführung der geistlichen Güter in Württemberg an den Konstanzer Bischof. Der Text des Augsburger Religionsfriedens erschien klar und eindeutig.[148] Kurfürst Maximilian forderte den Ausschluss der Calvinisten. Nur so glaubte er seine Kurwürde und den Besitz der Pfalz dauerhaft gesichert.[149] Ferdinand II. war überzeugt, mit seinem Restitutionsedikt kein neues Recht zu schaffen, sondern ein Reichsgrundgesetz zu interpretieren und für dessen rasche Umsetzung zu sorgen. Er wollte Rechtssicherheit und säte den größten Unfrieden. Die Protestanten sahen in dem Edikt den Einstieg in eine reichsweite Gegenreformation. Das böhmische Menetekel stand ihnen warnend vor Augen.

Was bewog den Kaiser, das konfessionelle Maximalprogramm noch vor der Königswahl seines Sohnes zu verkünden? War es der katholische Glaube, der ihn ganz und gar beherrschte? Oder war es der Ausbau seiner Macht? Die kaiserliche Monarchie ließ sich gegenüber evangelischen Fürsten, deren Territorien von zahllosen katholischen Immunitäten durchbrochen waren, leichter durchsetzen als gegenüber mächtigen, ein geschlossenes Gebiet beherrschenden und auf ihre Freiheit pochenden Dynasten.[150] Die Reichshofräte hatten den Entwurf des Restitutionsedikts am 14. Oktober 1628 fertiggestellt. Er wurde den katholischen Kurfürsten vorgelegt. Trotz partieller Einwände stimmten auch sie prinzipiell zu. Die Liga erklärte ihre Hilfe bei der Durchsetzung.[151] Graf Collalto, Präsident des Hofkriegsrates, blieb skeptisch. Er hielt die Intention des Edikts für gut, fürchtete aber einen «Religions-Krieg». Jeder werde behaupten, dass ihm mit Gewalt genommen werde, was er schon vor 1552 besessen habe, und dies, obwohl er sich zum Rechtsweg erboten und erklärt habe, alles zurückzugeben, was ihm nicht rechtmäßig zustehe.[152]

Die Einwände verhallten nicht ungehört, doch die Würfel waren gefallen. Gestritten wurde um die Verteilung der Beute. Statt der alten Orden, die so eklatant im Kampf gegen die Reformation versagt hatten, sollten vor allem die Jesuiten bedacht werden. Der kaiserliche Beichtvater Wilhelm Lamormaini forderte die Übertragung der ehemaligen Frauenklöster an den eigenen Orden und begeisterte Kaiser und Papst mit dieser Idee.[153] Dagegen wehrten sich die alten Orden wie die Zisterzienser oder Benediktiner. Es entbrannte ein wilder Kampf und Flugschriftenkrieg. Gegen die Jesuiten wandte sich auch der berühmte katholische Publizist Caspar Schoppe, der ihnen vorwarf, nicht nur in der Kirche, sondern auch über die Fürsten herrschen zu wollen. Um ihr Ziel zu erreichen, verrieten sie jeden, der ihnen im Weg stehe. Die Jesuiten hätten den großen Krieg verschuldet, und erst nach ihrer Vertreibung werde es Frieden geben.[154] Ein Calvinist hätte dies nicht besser ausdrücken können.

Die Liga forderte im März 1629 den Kaiser auf, alles aus dem Weg zu räumen, was einen Kurfürstentag verhindere, damit endlich über den allgemeinen Frieden beraten werden könne. Der sächsische Kurfürst müsse persönlich erscheinen. Ihm solle versichert werden, dass ihn das Edikt nicht betreffe und es den Religionsfrieden nicht aus den Angeln hebe. Beschlossen wurde aber auch, die Ligaarmee mit 27 000 Mann weiter zu unterhalten.[155]

Ferdinand II. publizierte das Restitutionsedikt am 6. März 1629. Es sollte laut Präambel den Reichsgesetzen endlich Geltung verschaffen. Die Protestanten hätten kein Recht, auf Kompositionsverfahren zu beharren. In Fällen, in denen die Bestimmungen des Religionsfriedens eindeutig seien, bedürfe es weder weiterer Versicherungen noch rechtlichen Gehörs. Das Edikt unterstrich die katholische Deutung des Religionsfriedens. Die

Säkularisierung geistlicher Güter nach 1552 war demnach illegal, den Calvinisten nichts zugesichert worden und der geistliche Vorbehalt im Unterschied zur *Declaratio Ferdinandea* ein Teil des Religionsfriedens. Mit der Gründung der Union und den böhmischen Unruhen hätten die Protestanten einen das ganze Vaterland zerstörenden Krieg angezettelt. Das Kammergericht solle, wo entsprechende Verfahren anhängig seien, gemäß dem Edikt urteilen und allen Geschädigten schnell zur Exekution verhelfen. Kaiserliche Kommissare sollten die illegal eingezogenen Stifte und geistlichen Güter aufspüren, summarische Verhöre durchführen und dort, wo die «Okkupierung der Stifter [...] ganz notori» sei, diese ihren rechtmäßigen Herren zurückgeben. Wer sich widersetze, verfalle der Acht und Aberacht.[156] Der Schutz des Religionsfriedens erstrecke sich nur auf das katholische und das Augsburger Bekenntnis in seiner unveränderten, 1530 übergebenen Fassung. Das Edikt machte alle Reformierten zu Sektierern, denen die Reichsacht und der Verlust ihres Standes und Besitzes drohten. Die Protestanten hatten es 1566 abgelehnt, dass der Reichstag über diese heikle Frage entschied – nun tat es Ferdinand mit einem Federstrich.

Der Kaiser verstand das Restitutionsedikt als eine ihm zustehende und aus Gründen der Rechtssicherheit dringend gebotene Normfeststellung. Er gab ihm die Form eines Urteils, um die höchst unsichere Rechtsgrundlage zu kaschieren. Faktisch war das Edikt keine definitive Interpretation, sondern ein neues Gesetz, denn es regelte allgemeine Sachverhalte und galt für künftige Streitigkeiten.[157] Derartige Ordnungen hatten die Kaiser – von wenigen und meist gescheiterten Ausnahmen wie dem Wormser Edikt oder dem Interim abgesehen – bisher nur im Zusammenspiel mit dem Reichstag erlassen. Die kaiserliche Anmaßung traf das evangelische Deutschland bis ins Mark, und auch etlichen katholischen Ständen missfiel dieser kaiserliche Machtspruch, obwohl sie dessen Inhalte begrüßten. Kurfürst Maximilian und der Mainzer Erzkanzler sahen mit großer Sorge, wie selbstverständlich der Kaiser monarchische Rechte beanspruchte. Der Gedanke, dass das Edikt den Weg für ein politisch und religiös geeintes, mächtiges Reich geöffnet habe, ist eine Wunschvorstellung katholischer Historiker des 19. Jahrhunderts.

Das Edikt versetzte die reformierten, aber auch etliche der lutherischen Stände in helle Aufregung, die sich bisher gegenüber dem Kaiser mehr als loyal verhalten hatten. Drohten nun Säuberungen nach böhmischem Muster? Waren die kaiserliche und die Ligaarmee deswegen über ganz

Deutschland verteilt worden? Stand das säkularisierte Kirchengut generell zur Disposition des Kaisers und der Katholiken? Die Informationsdefizite ließen allenthalben Gerüchte ins Kraut schießen. Herzog Johann Philipp von Sachsen-Altenburg schrieb Ende Mai 1629 sichtlich aufgeregt an Kurfürst Johann Georg, dass das Edikt auf keinen Fall akzeptiert werden könne. Man müsse beraten, sich verbünden und notfalls mit Waffengewalt dagegen vorgehen. Der Kaiser habe seine Kompetenzen überschritten, den Rechtsweg nicht eingehalten und Dinge entschieden, über die ihm keine Deklarationsgewalt zustünden. Bleibe das Edikt in Kraft, «gebe man den Katholischen das Schwert in die Hände».[158]

Auch andere protestantische Fürsten baten den sächsischen Kurfürsten, eine Versammlung aller evangelischen Stände einzuberufen. Kaspar von Schönberg, der Leiter der Dresdener Politik, verteidigte zwar das Edikt als recht und billig, doch Johann Georg widersprach nun seinem Kaiser. Er verwies in mehreren Schriften auf sein Gewissen, seine Pflichten gegenüber Kaiser und Reich, aber auch gegenüber seinen Untertanen. Das Edikt bringe weit mehr Nach- als Vorteile. Es werde «ein solches Unheil entstehen, welches nicht wird zu löschen sein».[159] Auslegungen oder Veränderungen einer allgemeinen, auf einem Reichstag in Kraft gesetzten Maßnahme dürften nur mit Wissen und Zustimmung der Reichsstände erfolgen. Er verstehe den Sinn des Ediktes nicht, werde ihm nicht gehorchen und bitte, ihn deswegen für entschuldigt zu halten.[160]

Johann Georg fand endlich zu einer klaren Sprache. Er war enttäuscht und verärgert. Seine reichsständische Klientel distanzierte sich von ihm und seiner Politik. Delegierte der Ernestiner sowie der benachbarten Grafen und Herren hatten sich Anfang Juni in Jena getroffen und dem Kaiser ihre Ablehnung des Ediktes übermittelt.[161] Nach langem Zögern vereinbarten die beiden evangelischen Kurfürsten in Annaburg, den Regensburger Kurfürstentag nicht persönlich zu besuchen und eine Versammlung aller Protestanten nach Leipzig einzuberufen. Angesichts der akuten Bedrohung des evangelischen Glaubens verstummten sogar die hasserfüllten Polemiken der Lutheraner gegen die Calvinisten.

Die kaiserlichen Räte begegneten unterdessen der Forderung nach einem Reichstag mit der kühnen Konstruktion, dass der Kaiser Glaubenssachen entscheiden dürfe, weil die Reichsversammlung ihn 1566 verpflichtet habe, alle Stände beim Religionsfrieden zu schützen. Dass der sächsische Kurfürst dem Edikt nicht gehorchen wollte, erschien den Wiener Räten belanglos, denn für ihn gelte es ohnehin nicht. Er dürfe alles behalten, was ihm 1620 in Mühlhausen garantiert worden sei. Dies geschehe aus politischem Respekt und wegen seiner oft bewiesenen Treue zum Hause Österreich. Ferdinand solle ihm gegenüber zwar nichts zurücknehmen, aber Johann Georg die näheren Umstände durch einen eigenen Gesandten erklären.[162] Mit Graf Trauttmansdorff machte sich im Juli 1629 der fähigste Wiener Diplomat auf den Weg nach Dresden.[163]

Während der Kaiser den Kurfürsten umhegte, um die Wahl seines Sohnes zum römischen König nicht zu gefährden, schwärmten seine Kommissare aus, um das Edikt durchzusetzen. Sie sollten sich auf keine Einreden einlassen und sich bei Widerstand an die nächstgelegenen Truppen des Kaisers oder der Liga wenden. Auf Drängen Bischof Heinrichs von Knöringen wurde in der Stadt Augsburg noch im August der katholische Glauben verbindlich eingeführt, obwohl fast 90 Prozent der Bürger evangelisch waren. Die Kommissare erklärten dem verdutzten Magistrat, dass sein Vertrag mit dem Bischof von 1548 weiter gelte. Deswegen dürfe dieser den unkatholischen Glauben in der Stadt verbieten. Kaiserliche Soldaten errichteten vor dem Rathaus einen Galgen. Der Rat wich der Gewalt und verbot die evangelische Predigt. Die Protestanten durften auch den Gottesdienst in den Nachbarterritorien nicht mehr besuchen. Viele von ihnen wollten ihre Immobilien verkaufen und auswandern, darunter auch der Architekt Elias Holl, dessen prächtiger Rathausbau zu Beginn des Krieges vollendet worden war. Zwei Schreiben des sächsischen Kurfürsten an den Kaiser zugunsten seiner Augsburger Glaubensbrüder blieben wirkungslos.[164]

Offensichtlich hatten vermögende evangelische Bankiers bereits zuvor die Stadt Augsburg verlassen. Ein Beispiel ist Marx Conrad von Rehlinger, ein kämpferischer Protestant und kaiserlicher Rat von Haus aus, der mit Wissen Eggenbergs bis Ende der 1620er Jahre mit dem Pfälzer Rat Ludwig Camerarius eine intensive Korrespondenz pflegte. Teile davon waren durch Aktenpublikationen auch der Öffentlichkeit bekannt geworden. Von einem Sekretär der Reichskanzlei erfuhr Rehlinger, dass einige dieser Briefe ihn angeblich kompromittierten. Er transferierte daraufhin fast sein gesamtes mobiles Vermögen ins Ausland bzw. an sicher geglaubte Orte wie Hamburg und Leipzig und floh selbst im Frühjahr 1629 in die Schweiz.[165] Im selben Jahr denunzierte ihn Kurfürst Maximilian beim Kaiser,[166] und er wiederholte seine Anklage, die auf Sympathien für den Winterkönig und die finanzielle Unterstützung der schwedischen Armee lauteten, auf dem Regensburger Kurfürstentag 1630. Der Kaiser konfiszierte daraufhin am 16. Oktober das Rehlingersche Vermögen, weil dieser «wider unsere Kaiserliche Person höchst strafmäßig vergriffen und sich obberührter aller seiner Hab und Güter ipso facto verlustig gemachet».[167] Der Hofkammerrat Reinhard von Walmerode exekutierte das Mandat, indem er vor allem den Immobilienbesitz beschlagnahmte.[168] Rehlinger gewährte später dem Heilbronner Bund einen Kredit, und er erledigte für Herzog Bernhard von Sachsen-Weimar einen großen Teil der logistischen Aufgaben, transferierte dessen französische Subsidien über Lyon in die Schweiz und nach Straßburg und verwaltete einen großen Teil von dessen Privatvermögen.[169] Rehlinger war fraglos ein Leidtragender des Restitutionsedikts und der verschärften kaiserlichen Rekatholisierungspolitik. Seinen Erben wurden aber alle Güter im Osnabrücker Friedensvertrag restituiert.[170]

Während die Konfiskation der vor dem Zugriff der kaiserlichen Vollstrecker nicht in Sicherheit zu bringenden Güter des wohlhabenden Bankiers problemlos verlief, verweigerte Herzog Ludwig Friedrich von Württemberg die Restitutionen, die seine Landesherrschaft zur Farce zu machen drohten.[171] Seit 1627 war am Reichshofrat um den Besitz von mehr als 50 Württemberger Klöstern prozessiert worden. 1630 erschien eine kaiserliche Kommission in Lorch. Der dortige Administrator verwehrte ihr jedoch den Zutritt zum Kloster und ließ das bewaffnete Landvolk in Stellung gehen. Der Kaiser befahl daraufhin dem in Memmingen wartenden Wallenstein die Exekution. Nach anfänglichem Zögern gehorchte der Herzog und schickte den Obersten Ossa mit etlichen Regimentern nach Württemberg, um für die schnelle Umsetzung des Edikts zu sorgen, das er für einen groben Fehler hielt.[172] Seit August wurden die schwäbischen Klöster, beginnend mit Lorch und Adelberg, restituiert.[173] Die in den Klosterdörfern abgesetzten lutherischen Pfarrer mussten ihre Pfarreien verlassen, um heimlichen Gottesdiensten vorzubeugen.[174]

Gesandte der evangelischen Stände des schwäbischen und fränkischen Kreises baten 1629 in Wien, die drückenden Kriegslasten zu reduzieren und das Edikt auszusetzen. Der Kaiser versprach, die Einquartierungen zu vermindern und niemanden gegen den Religionsfrieden zu beschweren. Über die Rückgabe geistlicher Güter und die Rekatholisierungen wollte er jedoch nicht mehr verhandeln; ihm erschien der Sachverhalt eindeutig.[175] Die Protestanten sahen dies anders.

Das politische Gerangel, die Militäreinsätze und der Ausschluss der reformierten Stände widersprachen allen Zusicherungen, das Edikt diene der Rechtssicherheit und sei nicht mit gegenreformatorischen Absichten verbunden. Die reformierten Wetterauer Grafen ließen sich von den Herborner Theologen erneut bestätigen, dass sie zur Augsburger Konfession gehörten. Johann Ludwig von Nassau-Hadamar konvertierte dennoch zum katholischen Glauben. Er war 1629 nach Wien gereist, um die fiskalischen Prozesse gegen die Nassauer zu beenden, was ihm gelang. Überdies wurden ihm und nicht dem Trierer Erzbischof die Einnahmen der Diezer Klöster zur Ausstattung eines Jesuitenkollegs in Hadamar überlassen.[176] Die Verteilung der Säkularisationsbeute erfolgte willkürlich; belohnt wurde kaiserfreundliches Verhalten.

Die Klagen über fehlende Exekutionen im Reich verstummten. Nach dem Restitutionsedikt schufen die kaiserlichen Kommissare und Soldaten binnen kürzester Zeit neue Fakten. Die Befürchtung der Protestanten, dass flächendeckend die Gegenreformation begonnen habe, war berechtigt. Ende 1629 wurde beispielsweise der katholische Glaube im Bistum Halberstadt restituiert. Der 15-jährige Kaisersohn Leopold Wilhelm übernahm die Mitra. Er war 1626 in Passau und Straßburg zum Nachfolger seines Onkels Leopold gewählt worden und amtierte seit 1628 auch in Halberstadt als Bischof. Er sollte darüber hinaus noch in Bremen eingesetzt werden, wo ihm der Papst das Sukzessionsrecht zugesprochen hatte.[177] Da dort jedoch der kaisertreue Johann Friedrich von Holstein als Administrator regierte, musste er sich mit dem Amt des Koadjutors zufriedengeben. Als Ersatz erhielt er zunächst das Stift Hersfeld. Sein Bremer Konkurrent, der Osnabrücker Bischof Franz Wilhelm von Wartenberg, wurde 1629/30 mit Verden und Minden abgefunden.[178]

Das Geschacher schrie zum Himmel. Schon in Halberstadt und auch in Magdeburg gab es allerdings Probleme – nicht wegen der Minderjährigkeit des Prätendenten oder des tridentinischen Kumulationsverbots, sondern weil Wallenstein die Einkünfte beschlagnahmt hatte. Magdeburg, das Widerstandsnest der deutschen Protestanten, weigerte sich allerdings wie zuvor Stralsund, Soldaten aufzunehmen und 150 000 Gulden an Kontributionen zu zahlen. Da die Stadt aufgrund ihrer beherrschenden Lage an der Elbe die Kornlieferungen aus Böhmen empfindlich stören konnte, wurde sie seit März 1629 belagert.[179] Lübeck, Hamburg und Braunschweig vermittelten und handelten rasch einen bemerkenswerten Kompromiss für Magdeburg aus. Wallenstein verzichtete gegen Zahlung der Kontributionen und eine

Gehorsamserklärung auf die Umsetzung des Restitutionsediktes und auf Einquartierungen.[180] Ein anonymer Bericht vom 13. Oktober spricht sogar davon, dass er aus Gnade auch noch die Kontribution erlassen habe.[181] Mit seiner offenen Missachtung des Edikts machte sich Wallenstein in der Hofburg viele Feinde. Seine Lageanalyse teilten allerdings auch die Kurfürsten. Eine Mainzer Denkschrift warnte den Kaiser vor einem schwedischen Angriff. Auch Bethlen Gábor sei nicht zu trauen.[182] Selbst der neue Mainzer Kurfürst Anselm Kasimir, Sohn eines Konvertiten und Vorkämpfer der Gegenreformation, riet zu größerer Flexibilität.

Obwohl die meisten Katholiken hofften, dass das Restitutionsedikt der Einstieg in eine generelle Rekatholisierung sei, nahm man zunächst Rücksicht auf die beiden protestantischen Kurfürsten. Die von ihnen nach 1552 säkularisierten Klöster wurden von der Rückführung ausgenommen. Dennoch erschien Johann Georg als der große Verlierer. Er hatte alle Wendungen der kaiserlichen Politik mitgetragen und stand nun vor den Trümmern seiner Ausgleichsbemühungen. Dass seine Gebiete von der Restitution befreit waren und er die Lausitzen behalten durfte, machte die Sache in den Augen vieler Protestanten noch schlimmer. Hatte er um eigener Vorteile willen den evangelischen Glauben verraten? Der Kurfürst brauchte den Leipziger Konvent, um sich als tatkräftiger Führer der Protestanten in Szene zu setzen.

Das Edikt wurde sogar von katholischen Ständen als Angriff auf die deutsche Freiheit, die Kontroll- und Mitwirkungsrechte der Reichsstände und als Einstieg in das kaiserliche Dominat gewertet. Ferdinand II. gefährdete die Identität des Reichs-Staates als eines nicht monarchisch regierten Gemeinwesens, das in altrepublikanischer Manier niemandem untertan ist und sich seine Gesetze selbst gibt. Er beherrschte Deutschland und ließ sich von Aegidius Sadeler in monarchisch-imperialer Pose malen, hoch zu Ross, in antiker Umgebung und als Sieger über Ketzer und Türken.[183]

Gegen die schleichende Umwandlung der Reichsverfassung machten etliche Flugschriften mobil. Niemand habe dem Kaiser oder Reichshofrat das Entscheidungsrecht über die Auslegung des Religionsfriedens zugestanden. Die Streitigkeiten könnten nicht durch einen kaiserlichen Machtspruch, sondern nur durch gütlichen Vergleich, den ordentlichen Rechtsweg oder auf einem Reichstag beigelegt werden. Ansonsten müsse protestiert und appelliert bzw. mit einer Bitte um *restitutio in integrum* die Aufhebung dieser unbilligen Entscheidung erreicht und deren Exekution gestoppt wer-

Aegidius Sadeler heroisiert 1629 den lorbeerbekränzten Kaiser Ferdinand II. hoch zu Ross als Sieger über Ketzer und Türken. Gewürdigt wird seine unerschütterliche Einsatzbereitschaft für den rechten (katholischen) Glauben.

den. Helfe auch dies nicht, sollten die Protestanten beraten und notfalls zu den Waffen greifen.[184]

Kurfürst Maximilian spürte, dass nur noch der Unmut über Wallensteins Einquartierungen und Kontributionen von den gravierenden Folgen des Restitutionsedikts ablenkte. Es drohte ein Gegenschlag der Protestanten, die mit den Holländern verhandelten, um das Edikt und den geistlichen Vorbehalt zu Fall zu bringen und um Pfalzgraf Friedrich V. und die Mecklenburger Herzöge zurückzuführen.[185] Ein Kurfürstentag, der den Protestanten Zugeständnisse machte, widersprach jedoch der bayerischen Staatsräson. Wallenstein, der das Edikt ablehnte und den Kaiser auf Kosten der deutschen Freiheit stärkte, war daher das ideale Opfer, um die reichsständische Kritik aufzugreifen, ohne die gegenreformatorischen Absichten aufzugeben.

Auf dem Mergentheimer Ligatag Anfang 1630 übte sich Kurfürst Maximilian noch in Zurückhaltung, weil er die Rachsucht Wallensteins fürchtete.

Er konzentrierte sich auf die inneren Probleme der Liga. Die Initiative ergriff der Mainzer Erzkanzler. Beraten werden solle über die verfassungsrechtliche Stellung des Kaisers, die Eigenmächtigkeiten Wallensteins und die europäischen Dimensionen des Krieges.[186] Die Ligavertreter forderten einen Kurfürstentag, um über den Frieden im Reich zu verhandeln. Sie wollten sich vom Kaiser nicht in einen europäischen Krieg verwickeln lassen.

Verschiedene Friedensoptionen standen im Raum. Der Kaiser wollte das Edikt durchsetzen, die Protestanten forderten dessen Aufhebung und ihre Restitution auf dem Stand von 1618, die Liga das nach 1552 säkularisierte Kirchengut. Ferdinand II. wollte die Spanier unterstützen, Wallenstein Deutschland unterwerfen, um gegen die Türken zu ziehen. Während Madrid zu Zugeständnissen an die Lutheraner bereit war, um den Frieden im Reich zu ermöglichen, waren die mächtigen katholischen Reichsstände strikt dagegen. Die uneinigen Protestanten spielten im politischen Kalkül der Liga kaum noch eine Rolle, sofern sie nicht offen opponierten oder sich mit auswärtigen Mächten verbündeten. Das Restitutionsedikt führte jedoch genau dazu und rückte den Frieden in weite Ferne.

Der Medailleur Sebastian Dadler formte wohl in kursächsischem Auftrag 1629 eine ikonographisch anspruchsvolle Medaille, die den Triumph der Beständigkeit betonte. Hoffnung und Geduld ziehen ihren Wagen, und aus dem Himmel wird die Krone gereicht. Auf der Rückseite sieht man die Religionsverfassung in Gestalt einer Säule und darauf ein Auge, das wiederum vom Auge Gottes bestrahlt wird – die Augsburger Konfession als Augapfel. Diese wird von Gott beschützt und triumphiert am Ende. Die Medaille rechtfertigt die kursächsische Politik des Vertrauens auf Gott, der sein Volk und sein Wort – so die Umschrift – bei dem wahren Frieden behüten möge.[187] Nach dem Restitutionsedikt und ein Jahr vor den Jubiläumsfeiern anlässlich der Übergabe des Augsburger Bekenntnisses 1530 setzte der Dresdener Hof alle Mittel ein, um die Öffentlichkeit von der eigenen Standhaftigkeit in der Glaubensfrage zu überzeugen.

Entlassung

Kaiser Ferdinand II. war auf dem Höhepunkt seiner Macht angelangt, aber auch an einem Wendepunkt. Die Armee Wallensteins hatte Deutschland noch fest im Griff, und die Katholiken standen wegen des Restitutionsediktes hinter ihm. Die Protestanten waren besiegt oder ausmanövriert; nur die beiden evangelischen Kurfürsten mussten noch überzeugt werden. Gefahren drohten jedoch von den Kurfürsten, die den Kaiser vielleicht zwingen würden, Wallenstein für die Wahl seines gleichnamigen Sohnes zum römischen König zu opfern. Darüber hinaus musste mit einem militärischen Eingreifen Schwedens und möglicherweise auch Frankreichs gerechnet werden. Da Angriffe auf das deutsche Vaterland die Reichsstände bisher über konfessionelle Grenzen hinweg geeint hatten, forderte der Kaiser zuversichtlich die Einberufung eines Wahltages.[188] Der Mainzer Erzkanzler formulierte Bedenken, um das Einberufungsrecht nicht an den Kaiser zu verlieren; er und die Kurfürsten dürften in ihrer «habenden Libertät und Freiheit» nicht beeinträchtigt werden.[189] Im Grunde benötigte aber auch er den Konvent, um sich dort als Wahrer der Reichsverfassung in Szene zu setzen. Anfang Juni 1630 sollte in Regensburg über den Frieden beraten werden. Damit standen die umstrittenen Kriege des Kaisers in Mantua und in den Niederlanden, die drohenden Interventionen Schwedens und Frankreichs, aber nicht die römische Königswahl auf der Tagesordnung. Darüber sollte erst während der Beratungen entschieden werden.[190]

Den Kurfürstentag besuchten der Kaiser und die vier katholischen Kurfürsten persönlich. Kursachsen und Kurbrandenburg ließen sich durch Gesandte mit eng begrenzten Vollmachten vertreten – ein schwerer Dämpfer für die kaiserlichen Wahlpläne. Die große Bedeutung, die ganz Europa dieser Zusammenkunft beimaß, zeigte die Anwesenheit des päpstlichen Nuntius und Gesandter aus Frankreich, Spanien, Venedig, Florenz, England und etlichen anderen Ländern. Darüber hinaus füllten unzählige Bittsteller und Querulanten, Bettler und Prostituierte die Reichsstadt.

Die Probleme des Reichs-Staates, insbesondere die Frage, ob Wallenstein den Kaiser zum wirklichen Monarchen machen oder vielleicht selbst die Macht anstreben wollte und welche Rolle das Restitutionsedikt dabei spielte, betrafen auch das übrige Europa. Die Beratungen begannen am 3. Juli mit der kaiserlichen Proposition. Sie verwies auf die Kriege in den Niederlanden und in Oberitalien sowie die feindseligen Absichten der Schweden, die just in diesen Tagen auf Usedom landeten. Der Kaiser empfahl ein Bündnis zum Schutz des Reiches und zur Abwehr gegen alle, die den Frieden gefährdeten. Die Lasten sollten gerechter verteilt werden. Die sächsischen und brandenburgischen Gesandten forderten den Widerruf des Restitutionsedikts, ansonsten könne es keinen Frieden geben. Die katholischen Kurfürsten lehnten es ab, das Reich in fremde Kriege zu verwickeln, und forderten eine massive Verringerung der kaiserlichen Armee und einen anderen Oberbefehlshaber.

Auf Wunsch Kurfürst Maximilians wurde zuerst über die kaiserliche Armee beraten. Sie sei ohne Wissen der Kurfürsten aufgestellt worden, als es in Deutschland keinen Feind mehr gegeben habe. Seitdem drangsaliere sie das Reich, und Wallenstein behandle die Fürsten wie seine Sklaven. Er müsse durch einen angesehenen Reichsfürsten ersetzt werden, der die deutschen Sitten und Gebräuche beachte. Die Kurfürsten ließen nicht mehr locker. Die verkleinerte Armee solle unter der Kontrolle des Reiches stehen und über deren Unterhalt der Reichstag entscheiden. In Mantua müsse Frieden geschlossen werden. Der Kaiser habe ohne Zustimmung der Kurfürsten dort gar nicht intervenieren dürfen, zumal die italienischen Fürstentümer dem Reich wenig nutzten. Schweden könne durch die Rückführung der Herzöge von Mecklenburg besänftigt werden. Über die Absetzung Wallensteins müsse nicht verhandelt werden, denn er breche permanent die Reichsverfassung, die auch für den Kaiser verbindlich sei, erst recht für seinen Feldherrn. Es könne nicht sein – so der Vertreter Kurbrandenburgs –, «dass der Knecht mehr Freiheit haben solle als der Herr». Der Erzkanzler ergänzte, dem Capo sei eine ungemessene Gewalt gegeben worden. «Daher er mehr ein Dominatum gegen dem Reich, als das Officium eines Obristen exerziere, ja sich mehrer Gewalts unterfange, als kein Kaiser niemals getan.»[191]

Die Kurfürsten wollten den Kaiser kontrollieren und mussten dazu das Eigenleben der Armee beenden. Ferdinand II. bemühte sich mit einer Mischung aus Schuldbekenntnissen und Zugeständnissen, Wallenstein zu retten. Als die Kurfürsten ihre Abdankungsforderung ultimativ wiederholten, dämmerte es auch den kaiserlichen Räten, dass sie keine Wahl mehr hatten – außer einem Putsch des Kaisers oder seines Generals. Dazu wollten die Räte jedoch keinesfalls raten, denn nach einem offenen Bruch werde sich das ganze Reich gegen den Kaiser und die Habsburger verbünden. Stattdessen müsse mit Bayern und Mainz getrennt verhandelt werden, um als Kompensation wenigstens die Königswahl Ferdinands III. zu erreichen. Dieser könne die beiden zu vereinigenden Armeen führen.[192]

Wallenstein besaß auch am Kaiserhof nur noch wenig Rückhalt. Die Jesuiten waren seine offenen Feinde, weil er ihre gegenreformatorischen Absichten kritisierte. Zudem hatte er die höfischen Netzwerke nie gepflegt und sich rar gemacht. Seine Vertrauten rückten von ihm ab. Ferdinand II.

grollte dem Herzog wegen dessen Kritik am Restitutionsedikt und am Krieg in Mantua. Am 13. August erklärte er in dürren Worten, die Kriegsdirektion verändern zu wollen. Wallenstein war lästig geworden. Warum er den Herzog so schnell und ohne Zugeständnisse opferte, ist nicht bekannt. Die im 19. Jahrhundert vermuteten französischen Intrigen sind nicht belegt.[193] Richelieu begrüßte jedenfalls den Sturz Wallensteins, was ihn mit seinem politischen Wunschpartner Maximilian von Bayern verband.

Charles Brulart de Léon und die französische Delegation, zu der mit dem Kapuzinerpater Père Joseph ein enger Vertrauter Richelieus zählte, wollten in Regensburg ein Bündnis mit Bayern schließen. Maximilian hielt sich jedoch bedeckt, weil Frankreich ihm den Besitz der Pfalz nicht garantieren konnte. Die Franzosen waren deswegen auf den Trierer Kurfürsten Philipp Christoph von Sötern angewiesen, den sie mit Subsidien auf ihre Seite gezogen hatten. Wallensteins Ablösung könnte freilich der Preis dafür gewesen sein, dass die französische Delegation mit den Kaiserlichen über die Kontrolle des Veltlins, die Oberhoheit in den lothringischen Bistümern und den Anspruch Karls I. von Nevers auf Montferrat und Mantua verhandelte. Zwar hatten die Truppen Collaltos Mantua am 18. Juli erstürmt, doch dies verbesserte Ferdinands II. Position nur unwesentlich. Die Kurfürsten wandten sich einhellig gegen diesen Krieg. Aus ihrer Sicht gehörten Mantua und Montferrat zwar zum Reich, waren aber keine Reichsstände, «und hat das Reich außer des juris feudalis (...) sonsten einigen Nutz oder Vorteil nicht daran».[194]

Der Kaiser benötigte Frieden in Italien, um die Kurfürsten zu beruhigen. Nach eingehenden Beratungen kam Mitte Oktober ein Vertrag zustande. Ferdinand II. akzeptierte die Herrschaftsübernahme Karls I. von Nevers und verpflichtete sich, ihn zu belehnen. Frankreich sagte zu, nicht weiter gegen Kaiser und Reich Krieg zu führen. Wegen dieser Passage ratifizierte der wütende Ludwig XIII. den Vertrag nicht. Es musste neu verhandelt werden, und im 1631 geschlossenen Frieden von Cherasco fehlte die beanstandete Klausel.

Die kaiserlichen Räte lehnten Maximilian von Bayern als neuen Oberbefehlshaber ab, weil man niemanden so mächtig werden lassen dürfe, dass man vollständig von ihm abhängig sei. Da der Kaiser den Kurfürsten nicht einfach übergehen könne, müsse ein bayerisches Direktorat an Bedingungen geknüpft werden. Über die Nachfolge Ferdinands III. dürfe es zudem keine Zweifel geben.[195] Als Druckmittel könne die Liga dienen, denn das

Gewaltmonopol gebühre dem Kaiser. Nur er könne dieses armierte Sonderbündnis legitimieren. Maximilian habe dies bisher auch beachtet.

Die Kurfürsten beharrten darauf, dass die kaiserlichen Wahlkapitulationen ihre Mitwirkungsrechte bei allen Entscheidungen über Krieg und Frieden festschrieben. Ein vom Kaiser abhängiger Oberbefehlshaber und die Vereinigung der beiden Armeen komme nicht in Frage, weil dies die monarchischen Tendenzen verstärke und der deutschen Freiheit schade. Maximilian verzichtete schließlich auf den Oberbefehl, weil er weder vom Kaiser abhängig werden noch das Restitutionsedikt exekutieren wollte. Die Ligaarmee durfte im Gegenzug mit 20 000 Mann selbständig bleiben, und Tilly übernahm zusätzlich das Oberkommando über das auf 40 000 Mann zu verkleinernde kaiserliche Heer.[196] Zu dessen Finanzierung wurden 96 Römermonate jährlich bewilligt, die Tilly notfalls als Kriegskontributionen einziehen durfte; das System Wallenstein hatte sich zumindest in dieser Hinsicht bewährt.

Als die kaiserlichen Räte nach dieser militärischen Umgestaltung auf die Königswahl drängten, lehnten die Kurfürsten diese aus formalen Gründen ab; der Konvent sei deswegen nicht einberufen worden. Die sächsischen und brandenburgischen Gesandten erklärten, eine Königswahl zum jetzigen Zeitpunkt erwecke bei in- und ausländischen Fürsten den Eindruck, als erfolge sie aus Furcht vor den kaiserlichen Waffen.[197]

Von Regensburg aus forderten Kaiser und Kurfürsten Gustav Adolf auf, seinen durch nichts zu rechtfertigenden Einfall ins Reich unverzüglich zu beenden. Er antwortete, er sei durch kaiserliche Provokationen zum Eingreifen gezwungen worden und hege keine Feindschaft gegen das Reich.[198] Aufmerksam registriert wurde die Parole auf den schwedischen Fahnen: «Gott hilft fechten wider die Ungerechten».[199] Gab sich die schwedische Invasion den Anstrich eines Glaubenskrieges, oder ging es um Gottes Beistand in einem Krieg gegen einen kaiserlichen Usurpator? Dreh- und Angelpunkt der Spekulationen war das Restitutionsedikt, für das viele Protestanten den sächsischen Kurfürsten mitverantwortlich machten. So beschwerte sich der braunschweigische Gesandte beim Darmstädter Kanzler über die Ausgleichspolitik, die nur den Privatnutzen einzelner lutherischer Stände, nicht das «gemeine kirchliche Beste» zum Ziel gehabt habe.[200]

Landgraf Georg II., der wie sein Schwiegervater Johann Georg die kaiserlichen Vorstellungen unterstützte, hatte in Regensburg ein allerdings ausdrücklich als «privat» bezeichnetes Positionspapier vorgelegt. Demnach sollten alle Exekutionen aufgrund des Restitutionsedikts ausgesetzt und dieses durch eine neu zu vereinbarende und erträglicher zu gestaltende Absprache ersetzt werden.[201] Selbst katholische Theologen rieten, den Protestanten entgegenzukommen. Kurfürst Anselm Kasimir von Mainz erläuterte Fürst Eggenberg, die Evangelischen würden sich wohl kaum an Kontributionen beteiligten, wenn sie befürchten müssten, damit die gegen sie gerichteten Exekutionen zu finanzieren. Die Kaiserlichen stimmten daraufhin neuen Kompositionsverhandlungen zu.[202] Diese sollten im Februar 1631 in Frankfurt beginnen und bis dahin keine weiteren Restitutionen vorgenommen werden.[203]

Die überraschende Wende könnte der Brief des Kurfürsten von Sachsen ausgelöst haben, der Ferdinand II. informierte, dass er weder die Armee mitfinanzieren noch Proviant oder Waffen liefern werde. Zudem seien er und Georg Wilhelm von Brandenburg übereingekommen, einen Konvent der Protestanten nach Leipzig einzuberufen.[204] Maximilian von Bayern war schockiert. Er hatte stets für die Einbindung Sachsens plädiert und nicht damit gerechnet, dass auch für den «Bierjörg» das Maß einmal voll sein könnte. Die Protestanten organisierten sich just in dem Moment, als die Schweden Bündnispartner suchten. Maximilian signalisierte Johann Georg sein Interesse an einem Ausgleich,[205] um den Führer der Protestanten von einer Verbindung mit Gustav Adolf abzuhalten.

Die Regensburger Versammlung brachte keinen Frieden, wohl aber die Absetzung Wallensteins und die Finanzierung der kaiserlich-ligistischen Armee durch die Reichskreise. Für die Spanier war dies ein Desaster. Der Garant militärischer Erfolge war entlassen, kein römischer König gewählt worden, und Kaiser und Reich engagierten sich weder in den Niederlanden noch in Italien. Ferdinand II. hatte viel verloren und nichts gewonnen.

Dass die Regensburger Beschlüsse die schwedische Invasion erleichterten, ist unstrittig. Ungeklärt ist, warum Wallenstein seine Entlassung ruhig und gefasst hinnahm. Er war im Januar 1630 von Halberstadt nach Gitschin gereist, hatte im April drei Wochen in Karlsbad gekurt, um dann fast drei Monate lang in Memmingen abzuwarten, wie sich die Dinge in Mantua und Regensburg entwickelten. Über seine Pläne wurde gerätselt. Gerüchte machten selbst vor Umsturzplänen nicht halt. Wollte er den Kurfürstentag auseinandertreiben? Warum zog er nicht an die Ostsee, um die Schweden abzuwehren, nachdem am 20. Juli Stettin kapituliert hatte?

Während die Deutschen nach Italien, Regensburg und Memmingen blickten, festigte Gustav Adolf seine Position in Pommern.

Die kaiserlichen Gesandten Johann Baptist Verda von Verdenberg und Questenburg überbrachten Wallenstein die Nachricht seiner Ablösung Ende August. Sie erklärten, dass die Kurfürsten einen neuen Oberbefehlshaber gewünscht und diesen mit einer eng begrenzten Vollmacht versehen hätten. Nun wollten sie hören, was für ihn, Wallenstein, getan werden könne, ihn aber auch daran erinnern, dass der Kaiser die Kurfürsten nicht verprellen dürfe. Wallenstein versicherte seinen Gehorsam. Er bat, ihn bei seinem reichsfürstlichen Stand zu schützen und seinen Gegnern keinen Glauben zu schenken. Falls das Kurkolleg die Herzöge von Mecklenburg restituieren wolle, möge Ferdinand II. mit Kursachsen wegen der Überlassung der Lausitzen an ihn verhandeln.[206] Die Kurfürsten reagierten darauf nicht mehr; sie wollten ihm nur seine Güter in den Erblanden belassen.

Wallenstein blieb noch etwa einen Monat lang im Fuggerpalast in Memmingen und regelte, was zu regeln war. Danach zog er über Nürnberg und Prag nach Gitschin. Dort wurde er feierlich empfangen. «Er befand sich weder im Exil noch in der Isolation.»[207] Vielleicht war der Herzog sogar froh, vom Kommando über eine nicht mehr zu finanzierende Armee befreit zu sein; de Witte hatte signalisiert, dass es an allem fehle, insbesondere an Geld. Der mächtige Heerführer ließ alles mit sich geschehen, obwohl es keine Anzeichen gab, dass seine Armee ihm nicht mehr gehorchte. Es bleibt nur die Erklärung, de Witte war bankrott und Wallenstein loyal. Nur deswegen hatte der Herzog den kaiserlichen Anweisungen gehorcht, alle Werbungen beendet und Soldaten zur Exekution des Restitutionsedikts abgestellt. Sein Verhalten entkräftet alle Mutmaßungen über angebliche Absichten, sich selbst an die Stelle des Kaisers zu setzen. Wer hätte ihn im Sommer 1630 daran hindern können, dies wenigstens zu versuchen?

Der Friedländer sabotierte auch das neue Heer nicht. Er belieferte es, wenn seine Waren bezahlt wurden. Der abwechselnd in Prag und Gitschin residierende Wallenstein benötigte nun Geld dringender denn je, denn mit seiner Demission war die Kreditblase geplatzt, auf der seine Finanzierung beruhte. Hans de Witte befand sich in allergrößten Schwierigkeiten. Die fest versprochenen, aber nicht gezahlten Gelder summierten sich ins Ungeheuerliche. Der Finanzier war «über alle Maßen bestürzt». Seine Faktoreien meldeten leere Kassen. Die Geldbeschaffung brach zwar nicht unangekündigt, aber doch mit einem Schlag zusammen.[208] Mitte August ließ de

Witte Wallenstein wissen, dass er die 20 000 Taler für dessen Hofhaltung nicht mehr auszahlen könne, weil aus Mecklenburg keine Gelder eingingen. Der Feldherr versicherte, alles zurückzuerstatten, doch dazu benötige er jetzt neues Geld. Das hatte de Witte nur zu oft gehört. Das Spiel mit Kontributionen und Antizipationen war zu Ende.[209]

In der Nacht vom 10. auf den 11. September stürzte sich der Finanzmogul in den Brunnen seines Prager Hauses.[210] Die Lage war aussichtslos. Er verfügte nur über Papiere und unbezahlte Forderungen. Seine Kasse war gähnend leer. In ihr befanden sich, wie die Inventur ergab, gerade einmal 247 Gulden. Im Vergleich zu den bewegten Summen war dies weniger als nichts.[211] Das Konkursverfahren erstreckte sich über ein Jahrzehnt und endete mit kaiserlichem Entscheid vom 19. Juni 1640. Mehr als 900 000 Gulden waren noch an die Gläubiger ausgezahlt worden, alle weiteren Forderungen wurden an die kaiserliche Kammer verwiesen. Ein kleiner Rest auf der Habenseite verblieb de Wittes Frau und seiner Familie.[212]

De Witte wurde schnell vergessen, und Wallenstein schien auf die Rolle eines böhmischen Magnaten reduziert zu werden. Das Kreditdesaster berührte zwar auch seine Haushaltung, doch er hatte sein Vermögen krisensicher in Land und Leute angelegt. Dass seine Feinde, allen voran Kurfürst Maximilian, gegen ihn agierten, hatte er erwartet. Was ihn störte, war das schnelle Nachgeben des Kaisers. Er hat ihm dieses «Bauernopfer» nie vergessen. Diese Hypothek lastete auf seinem zweiten Generalat.

Wäre 1629/30 ein allgemeiner Vergleichsfrieden im Wallensteinschen Sinn analog zu demjenigen von Lübeck möglich gewesen? Kaiser und Kurfürsten verzichteten auf die Probe aufs Exempel. Sie verspielten so die Chance, sich ohne fremde Einwirkungen über die künftige Gestalt der Reichs- und Religionsverfassung zu verständigen. Ferdinand II. reagierte zwar auf die Kritik an Wallenstein, in dem viele einen potentiellen Militärdiktator erblickten, hielt jedoch, unterstützt vom katholischen Reichsteil, unbeirrt am Restitutionsedikt fest. Dass er einer Illusion folgte, wenn er glaubte, das Reich nach böhmischem Muster beherrschen zu können, hätte ihm spätestens in Regensburg auffallen müssen. Im Sommer 1630 war es freilich zu spät. Die katholischen Stände wollten Restitutionen und gegenreformatorische Aktivitäten, nicht aber einen übermächtigen Kaiser und schon gar keinen selbstherrlichen Feldherrn. Die beiden letzten Punkte teilten sie mit den Protestanten, die aufgrund der Erfahrungen in Böhmen, in der Pfalz und anderswo das Edikt als reichsweiten Einstieg in die Gegenreformation verstehen mussten. Ferdinand II. zwang sie zur wenig geliebten Koalition mit den Schweden, die sich als gottgesandte Retter inszenieren und feiern ließen.

Wallenstein hatte das Spiel mit der Macht gesucht und war gescheitert, im günstigsten Fall auf seinen Ausgangspunkt zurückgeworfen. Er hatte dem Kaiser das Reich nicht unterwerfen können, weil er den Einfluss der Reichsstände unterschätzt und mit seiner Kritik an den Plänen Ferdinands II., vor allem am Restitutionsedikt, seine katholischen Gönner verprellt hatte. Gescheitert war er am diplomatischen Ränkespiel, dem er zeit seines Lebens fernstand. Er hatte dafür gekämpft, einen vom Kaiser monarchisch regierten, mehrkonfessionellen Reichs-Staat zu formieren. Wien verfolgte Wallensteins wichtigste Ziele weiter, die Monarchisierung des Reiches und die Vertreibung der fremden Invasoren mit Ausnahme der Spanier. Die Aufmerksamkeit galt nun den Schweden. In Gitschin war man darüber stets bestens unterrichtet, denn der Kontakt riss weder zu den Offizieren noch zum Kaiserhof ab. Der Herzog fühlte sich allerdings in seiner Rolle als Magnat, Beobachter, Ratgeber und virtueller Ränkeschmied zunehmend unwohl. Er wusste, wie bedrohlich Gustav Adolf auch ihm werden konnte. Wandte dieser sich gegen Schlesien und Böhmen, verlor er alles. Vorsorglich verlegte Wallenstein eine Garnison nach Friedland und traf Kriegsvorbereitungen.

8. Werkzeug Gottes oder wie Gustav Adolf die Phantasie beflügelte

Motive

König Gustav Adolf wurde für die Protestanten zum Helden dieses Krieges.[1] Das Erscheinen des «Löwen aus Mitternacht» löste apokalyptische Hoffnungen und Ängste aus. Sein früher Tod machte ihn zum Märtyrer des wahren Glaubens. Ein König oder Streiter aus dem Norden war im Alten Testament prophezeit worden. Der Arzt, Alchimist und Astrologe Paracelsus hatte im 16. Jahrhundert einen langen Krieg und einen goldenen Löwen aus dem Norden prophezeit, der ganz Europa, Asien und Afrika beherrschen werde. Mit ihm beginne die Zeit des Friedens auf Erden, die erst mit der Wiederkunft des Herrn enden werde.[2] Die Paracelsus-Schrift war populär und erlebte zwischen 1630 und 1632 wenigstens 22 Neuauflagen. Ihr Inhalt wurde auch in der Flugschrift *Vom Lewen aus Mitternacht* paraphrasiert, die den Frieden und eine Periode vollkommener Harmonie ankündigte.[3]

Überdies hatte der Lutheraner Philipp Nicolais 1597 geweissagt, 1628 würden Könige aus dem Norden erscheinen, um Rom zu zerstören.[4] Seine Schrift korrespondiert mit den unzähligen eschatologischen oder chiliastischen Texten, die den Dreißigjährigen Krieg mit oder ohne die apokalyptischen Reiter und Plagen in den Kontext der Endzeit rücken.[5] Viele Flugschriften stellten den schwedischen König als Befreier vom Papsttum und von einem Kaiser dar, der nicht dem Wohl des Reiches, sondern nur demjenigen seiner Dynastie und des katholischen Glaubens diene. Die Protestanten stilisierten Gustav Adolf zum Retter vor der kaiserlich-katholischen Tyrannei und zum Werkzeug Gottes. Er habe das Schwert von Gott empfangen, um die Hure Babylon, den Anti- und Widerchristen samt seinen Hilfstruppen zu vernichten und das tausendjährige Reich der Glückseligen zu begründen. Die Katholiken lehnten den König als fremden Aggressor und Eroberer ab. Es bleibt zu fragen, ob der schwedische Präventivkrieg dem wahren Glauben und der Abwehr habsburgisch-katholischer Machtspiele diente oder ob Gustav Adolf dort weitermachen wollte, wo er im Baltikum und in Polen aufgehört hatte. Ging es ihm weniger um die Religion als um die Herrschaft über die Ostsee und auf dem Kontinent, um ein neues schwedisches Imperium in der Tradition der Goten?

Die schwedische Entwicklung zur gefürchteten Großmacht beruhte auf zahlreichen Zufällen und dem scheinbar unerschütterlichen Willen des jungen Königs, ein Reich zu erobern und die Ostsee zum schwedischen Binnenmeer zu machen. Gustav Adolf führte die Kriege seiner Vorfahren gegen Dänemark und Polen fort und fürchtete die Rekatholisierung. 1587 war der Wasa Sigismund III., der Sohn Johanns III. von Schweden, zum polnischen König gewählt worden.[6] Mit dem Jesuitenzögling rückte eine schwedisch-polnische Personalunion unter katholischen Vorzeichen in greifbare Nähe. Der schwedische Hochadel stimmte unter der Bedingung zu, dass seine Privilegien, alle Freiheiten der evangelischen Kirche und die Autonomie Schwedens garantiert würden. Hielt sich der künftige König in

Polen auf, sollte der Staatsrat Schweden regieren. Nach dem Tod Johanns III. 1592 erschien Sigismund zur Krönung in Schweden, musste aber die Confessio Augustana als Staatsreligion und die ständische Verfassung bestätigen. Katholische Sitten und Gebräuche wurden in Schweden verboten.[7] Daran scheiterte die schwedisch-polnische Personalunion. Der schwedische Reichstag setzte König Sigismund III. 1599 ab.

Schweden gelang es, das durch den Zerfall der Hanse und des Deutschen Ordens im Baltikum entstandene Machtvakuum zu füllen.[8] Dänen und Schweden kämpften nicht nur gegeneinander, sondern auch gegen Russland, Polen-Litauen und den habsburgischen Kaiser. Gustav Adolf bestieg 1611 als 17-jähriger den schwedischen Thron und verhalf der lutherischen Konfessionalisierung zum Sieg. Gleichzeitig wehrte er den Angriff Christians IV. von Dänemark im sogenannten Kalmarkrieg ab. Im Frieden von Knäred, den König Jakob I. von England vermittelt hatte, machte Schweden Zugeständnisse.[9] Gustav Adolf schienen Kriege gegen Russland und gegen seinen Vetter Sigismund von Polen vordringlich zu sein, der ein Verteidigungsbündnis mit Kaiser Matthias geschlossen hatte.

1614 formulierte ein offizieller Vertrag den schwedischen Anspruch auf das Dominium maris baltici, den die niederländische Republik respektieren sollte.[10] In den Nachbarländern wurde sehr genau registriert, dass Gustav Adolf bei seiner Krönung am 12. Oktober 1617 in der Kathedrale von Uppsala Schweden in eine Reihe mit dem Volk Israel gestellt und als von Gott auserwählte Nation bezeichnet hatte.[11] Bei den Feierlichkeiten trat er als König Berik auf, der einst die Goten geeint hatte. In seiner Rede verwies er auf deren Eroberungszüge an der baltischen Küste, von wo aus sie ihre Waffen siegreich in die Welt geführt hätten.

Die Goten, die zur Zeit der Völkerwanderung das Römische Reich besiegt hatten, dienten dem jungen König als Vorbild und Rechtfertigung seiner Kriege südlich der Ostsee.[12] Das Figurenprogramm der *Vasa*, des 1628 bei der Jungfernfahrt gesunkenen königlich-schwedischen Flaggschiffs, symbolisierte diesen Gotizismus als «mythische Quelle des nationalen Selbstvertrauens».[13] Am Heck befanden sich aber nicht nur gotische Krieger, sondern ebenso 25 Figuren mit brennenden Fackeln und Blasinstrumenten, die auf die alttestamentarische Erzählung des Sieges Gideons über die Midianiter anspielten. Das Bildprogramm mahnte Gustav Adolf und alle Schweden, dem Siegeszug der Goten nachzueifern, nun aber als auserwähltes Volk, das wie Gideon Gottes Weisungen befolgt.

Der Streit mit Dänemark dauerte an. Der junge König hielt den Krieg mit Polen allerdings für vordringlich. Er suchte die Unterstützung seines Schwagers Kurfürst Georg Wilhelm von Brandenburg.[14] Die deutschen Dinge behielt er zwar im Auge, im Mittelpunkt stand jedoch der Anspruch auf die Kontrolle der Ostsee.[15] Gustav Adolf erhöhte die ohnehin hohen Rüstungsausgaben weiter. Die Kriegsflotte bestand 1630 aus 27 Kampf- und 13 Transportschiffen, nachdem er das Heer von 16 000 auf 40 000 Mann vergrößert hatte, die vorwiegend in schwedischen und finnischen Dörfern ausgehoben worden waren. Zweieinhalb Prozent der Bevölkerung standen unter Waffen[16] – weit mehr als in jedem anderen europäischen Land. Taten ließen nicht lange auf sich warten. Die Russen wurden 1617 aus der Ostsee verdrängt, 1621 Riga und schließlich ganz Livland erobert.[17] Gustav Adolf griff Polen an und brachte seinen Vetter Sigismund in höchste Bedrängnis, obwohl dieser seit 1627 vom Kaiser mit Truppen Wallensteins unterstützt wurde.

Schweden stieg von einem eher peripheren Bauernland zur Vormacht im Ostseeraum und zur europäischen Großmacht auf. Dazu hatten der konsequente Ausbau der Armee, das politische Wollen des Königs und die Öffnung gegenüber calvinistischen niederländischen Einwanderern beigetragen, die Innovationen im Handel und in der Infrastruktur, vor allem aber im Bergbau, in der Metallverarbeitung und der Waffenproduktion anstießen. Der berühmte Kanonenkönig Louis de Geer stammte aus den südlichen Niederlanden. Er baute seit 1627 in Norrköping und Umgebung die schwedischen Erzbergwerke aus, um im Lande zu produzieren, was die Armee benötigte. Schwedisches Kriegsgerät wurde auch in Amsterdam verkauft. Der Außenhandel blühte, zumal durch Eroberungen neue Absatzgebiete hinzukamen.[18]

1630 kontrollierte Schweden den finnischen Meerbusen und weite Teile der gegenüberliegenden Ostseeküste. Schweden führte Krieg in fremden Ländern auf deren Kosten. Aus der Sicht des Königs waren diese Kriege nötig, um die drohende Einkreisung durch Polen, Dänemark und die Habsburger abzuwenden und den baltischen Handel samt der dortigen Zolleinnahmen unter Kontrolle zu bekommen. Tatsächlich aber ging es inzwischen um die Bildung eines Großreiches rund um die Ostsee. Konfessionelle Motive spielten eine nachrangige Rolle. Die Siege an der polnisch-litauischen Ostseeküste brachten Schweden jedoch nicht an das gewünschte Ziel. Die imperiale Logik forderte für jedes eroberte Gebiet die Kontrolle des Vorfeldes, also ein neues Glacis.[19] Mit der polnischen rückte dann auch die deutsche Ostseeküste ins Blickfeld. Als sich Wallenstein und der Kaiser dort festsetzten, hielt Gustav Adolf die schwedische Freiheit und Sicherheit für bedroht. Er wollte den Anfängen wehren und griff an. Die kaiserlich-katholischen Kräfte stießen auf eine lutherische Großmacht, einen charismatischen König und eine kriegserfahrene Armee, die sich anschickte, die Ostsee zum schwedischen Binnenmeer zu machen.

Wie zuvor schon die Dänen führten auch die Schweden aus ihrer Sicht einen präventiven Befreiungskrieg, um den Kaiser abzudrängen und den alten Zustand mindermächtiger Fürsten und Städte an der Ostseeküste wiederherzustellen. Gustav Adolf hoffte auf die Hilfe der deutschen Protestanten, verfolgte primär jedoch machtpolitische Ziele. Er plante einen Eroberungsfeldzug, der seine Hegemonie im Ostseeraum absichern und das schwedische Reich ausbauen sollte.[20] Die riesige Armee ließ sich nur in Feindesland unterhalten. Der publizistisch gut vorbereitete Kampf gegen die universalmonarchischen Absichten der Habsburger war in Schweden populär. Oxenstierna brachte das 1646 im Reichsrat noch einmal auf den Punkt: «Nun ist securitas, dass Deutschland nicht absolut wird, sonst gehen die Schweden, Dänemark und die anderen unter.»[21]

Schärfster Rivale des schwedischen Hegemonialanspruchs im Ostseeraum blieb Christian IV., der mit dem Sund den westlichen Ausgang kontrollierte. Dessen Niederlage und der Lübecker Frieden waren für Gustav Adolf kein Grund zur Freude, sondern eher zur Sorge, da er es nun mit der katholisch-habsburgischen Weltmacht an seiner Gegenküste zu tun hatte. Sie wollte die Ostsee kontrollieren und den Sund sperren, um die Republik der Niederlande wirtschaftlich in die Knie zu zwingen. Gustav Adolf hatte seit den 1620er Jahren gegen Papst und Kaiser predigen und vor der Gefahr einer Invasion warnen lassen.[22] 1627 erklärte er im Reichsrat, aus zwei Gründen sei ein offensives Vorgehen unvermeidlich: «Schwedens Verteidigung, Deutschlands Eroberung».[23] Ende des Jahres 1628 fiel die Entscheidung für einen Präventivkrieg. Im Mai des folgenden Jahres wandte sich der König erneut an den Reichstag. Nun sprach er von der Verteidigung des Vaterlandes und erstmals auch von der drohenden Rekatholisierung. Der Kaiser wolle die evangelische Religion ausrotten, Deutschland unter sein Joch bringen und dann «Mitternacht» angreifen. Man müsse daher handeln. Ein Friede könne zwar schändlich erbettelt werden, würde aber nur halten, wenn in den kaiserlichen Landen eine schwedische Armee

stehe. Die Kräfte, um dies zu erreichen, finde man in Deutschland.[24] Der
Reichstag stimmte für den Krieg und ordnete Truppenaushebungen an.
Nach dem von Frankreich vermittelten Altmarker Waffenstillstand mit
Polen konnte sich Gustav Adolf auf Deutschland konzentrieren. Seit der
Verteidigung Stralsunds und der Eroberung der Insel Rügen im März
1630[25] befand er sich in einem verdeckten Krieg mit dem Kaiser.

Vor dem Reichstag hatte der König auf die Bitten der Nachbarn und
anderer Könige verwiesen, «die unterdrückten Religionsverwandten vom
päpstlichen Joch zu befreien».[26] Es gab allerdings nur eine französische
Aufforderung zur Intervention in Deutschland. Für einen gerechten Präventivkrieg war dies zu wenig. Der französische Gesandte Hercule-Girard
Charnacé hatte in Schweden, ein wenig übertreibend, beteuert, das deutsche Volk warte auf Gustav Adolf wie auf einen Messias.[27] Die letzten
königlichen Patente auf schwedischem Boden, die seine Landsleute zur
Buße aufriefen und die Feinde des Glaubens anprangerten, erschienen
auch in deutscher Sprache.[28] Der Angriff wurde als christlicher Feldzug
inszeniert und begann Ende Mai mit der Einschiffung von 13 000 Mann in
Älvsnabben bei Stockholm.

Eine offizielle Kriegserklärung unterblieb. Der Reichsrat Johann Adler
Salvius verfasste ein in fünf Sprachen, zwei Varianten und mehr als 20 Auflagen gedrucktes Manifest.[29] Es rechtfertigt die Invasion mit den angeblichen Hilfersuchen aus dem Reich und listet die feindlichen Maßnahmen
des Kaisers auf. Er habe die Gegner Schwedens gestärkt, königliche Briefe
an Bethlen Gábor abgefangen, schwedische Handelsgüter beschlagnahmt
und die Gesandten zum Lübecker Friedenskongress schimpflich abgewiesen. Darüber hinaus sei er für Ehrverletzungen und Beleidigungen Gustav
Adolfs verantwortlich, habe das mit Schweden verbündete Stralsund angegriffen und plane mit dem Aufbau der kaiserlichen Marine einen Angriff auf
Schweden.[30]

Das Manifest vermied das Wort Krieg und sprach davon, die Ordnung
wiederherzustellen. Die «bewaffnete Repressalie»[31] solle die antikaiserliche
Front in Deutschland stärken, aber weder die katholischen Reichsstände
noch den potentiellen Verbündeten Frankreich verprellen. Die an sich nahe-
liegenden Glaubensmotive standen nicht im Vordergrund; sie hätten den
hohen theologischen Anforderungen an einen gerechten Präventivkrieg
auch nicht genügt. Als souveräner Herrscher besaß Gustav Adolf jedoch die
Befugnis, einen gerechten Krieg zu führen, dessen Ziel es war, den Frieden

wiederherzustellen. Da Bitten der unmittelbar betroffenen Reichsstände fehlten, betonten die Schweden den Schutz der deutschen Untertanen vor der unbilligen und willkürlichen Gewalt des Herrschers. Der Kaiser und die in Regensburg versammelten katholischen Kurfürsten lehnten diese Gründe ab.[32] Sie sprachen von einem bevorstehenden Religionskrieg.[33]

In allen Verlautbarungen zum schwedischen Kriegseintritt spielten wirtschaftliche Argument so gut wie keine Rolle. Schweden strebte jedoch die Vorherrschaft im Ostseeraum auch aus ökonomischen Gründen an. Das Zollsystem, das mehr als 60 Prozent der Staatseinnahmen erbrachte, sollte an der deutschen Gegenküste etabliert, das schwedische Kupfer und die Produkte der Waffenindustrie sollten im Reich abgesetzt werden.[34] Die Hilfe für die bedrängten Protestanten war eher ein willkommener Vorwand als ein echter Beweggrund. Die evangelischen Flugschriften unterstellten hingegen die Glaubensfrage als Motiv des schwedischen Eingreifens. So flehte im *Schwedische[n] Beruf* die christliche Kirche Gott um Hilfe an, und dieser bot ihr seine Hand. Ein Engel wies Gustav Adolf den Weg ins Römische Reich.[35] Andere Blätter verbildlichten ihn als von Gott auserwählten und von ihm mit dem Schwert bewaffneten Helden.[36]

Für die so unterrichtete evangelische Öffentlichkeit kam er als Befreier von der Tyrannei der Katholiken. Engel prophezeiten ihm den Sieg, wenn er allen Bedrängten beistehe und das sündhafte Treiben rasch beende, das Rauben und Stehlen, die Vertreibung der Diener Gottes, die Schändung von Frauen und Jungfrauen, Mord und Blutvergießen, Fressen und Saufen, Plündern und Brandschatzen.[37] Der König erschien wie die Heerführer des Alten Testaments als mit Gott im Bunde stehender Held, der sein Volk zum Sieg führt.

Die Rettung des evangelisch-lutherischen Glaubens wurde als die Mission ausgegeben, um dem König die Protestanten als Verbündete zuzuführen. Er erschien als der «wohlwollende Hegemon»[38], der eingriff, um die Dinge zum Guten zu wenden, ohne selbst Beherrschungsabsichten zu hegen. Diese Deutung stand auf tönernen Füßen, wurde aber geglaubt und erlebte im 19. Jahrhundert eine erstaunliche Renaissance.[39]

Mit der Landung einer schwedischen Armee von etwa 3000 Reitern und 10 000 Fußsoldaten am 6. Juni 1630 bei Peenemünde auf der Insel Usedom war das kleine Fenster zum Frieden, das sich 1629 vielleicht aufgetan hatte, wieder geschlossen. Die Landungsflotte bestand aus 37 Kriegs-, Fracht- und Transportschiffen.[40] Im Laufe des Jahres 1630 wurden weitere

Die evangelische Kirche bittet den sich vom Krieg in Polen verabschiedenden König Gustav Adolf, ins Reich zu kommen. Ein Engel weist ihm den Weg.

2300 Mann aus Schweden, 2800 aus Finnland, 2000 aus Livland und über 13 000 aus Preußen nach Deutschland verlegt.[41] Darunter befand sich auch die von dem Schotten Monro befehligte freie Schwadron, insgesamt vier Kompanien.[42] Zusammen mit den 6000 in Stralsund stationierten Schweden und unter Berücksichtigung der üblichen Verluste wuchs diese Streitmacht bis Ende des Jahres auf etwa 35 000 Soldaten an. Die schwedische Rüstungsindustrie hatte für diesen Feldzug 8424 Musketen, 14 742 Degen, Tausende Piken, Hellebarden, Pistolen, Harnische und Helme, 124 Geschütze und Mörser sowie Schanzwerkzeuge und über 100 000 Palisadenpfähle zur Verfügung gestellt.[43]

Aufladung

Der schwedische Feldzug begann in dem Moment, als sich in Regensburg die Kurfürsten versammelten und die Lutheraner das Jubiläum der Übergabe des Augsburger Bekenntnisses am 25. Juni 1530 in eher gedrückter Stimmung begingen. Trotz des Restitutionsedikts und der Aufrufe zum gemeinsamen Widerstand lud der Dekan der Wittenberger Theologen wie schon 1617 nur die Kirchen zum Mitfeiern ein, die sich zur unveränderten

Augsburger Konfession bekannten. Der Dresdener Hofprediger Hoë von Hoënegg schrieb das Drehbuch für die dreitägigen Feierlichkeiten im ganzen Land.[44] Andere lutherische Obrigkeiten, die unter den Exekutionen der kaiserlichen Waffen litten, beschränkten die Festivitäten auf einen Tag. Der Nürnberger Rat hatte Angst, dass größere Feiern den Kaiser im benachbarten Regensburg provozieren könnten. Deswegen werde die Stadt an die Vorgänge vor hundert Jahren nicht in Form eines Jubel-, sondern in der eines Dank- und Bußfestes erinnern.[45]

Mit ihren Feiern setzten die Protestanten ein Zeichen gegen die aus ihrer Sicht willkürliche Handhabung des Religionsfriedens durch den Kaiser und die Katholiken. Dass diese Glaubensdemonstration mit dem Kurfürstentag zusammenfiel, ging in der öffentlichen Wahrnehmung beinahe unter. Hier dominierte die Parallelität der Jubelfeiern mit der Landung der Schweden. In ihrer Juliausgabe berichtete die Stralsunder *Continuatio Relationis*, das vor hundert Jahren Karl V. übergebene Augsburger Bekenntnis solle jetzt von den Papisten ausgerottet werden. Nun sei jedoch die Nachricht von der Ankunft Gustav Adolfs mit 100 Schiffen eingetroffen. Zweifellos werde er diese Streitmacht zum Schutz der bedrängten Kirche einsetzen.[46]

Während die protestantische Publizistik die Schweden feierte, hielten sich die evangelischen Reichsstände zurück. Der Ruhe und Frieden, die Jagd und ausgiebige Mahlzeiten mit reichlich Bier liebende sächsische Kurfürst war ein deutscher Patriot. Er begriff Gustav Adolf als das, was er war, ein Fremder, ein Feind und gefährlicher Rivale um die Führung der deutschen Lutheraner. Anfänglich unterstützten nur vertriebene oder schwache Reichsfürsten die Schweden. Da sich Johann Georg ein Jahr lang ihren Bündnisangeboten entzog, kritisierte die Publizistik unverblümt die fehlende Einigkeit der Protestanten.

Das Blatt *Deß Heiligen Römischen Reichs-Hoheit* erinnerte an die Übergabe des Augsburger Bekenntnisses durch den sächsischen Kurfürsten. Luther, der 1530 nicht in Augsburg war, fixiert das von ihm gebrachte Licht auf der Bibel, und der gekrönte Adler beschützt die Szene. Der Himmel ist düster.[47] Gezeigt werden sollte, dass der lutherische Glaube zum Reich gehört, das ihn schützen muss. Die gleiche Thematik griff das *Jubiläische Freudenlob* auf. Ein im festen Fundament der Bibel wurzelnder und von der Hand Gottes an goldenen Ketten gehaltener Palmbaum stellt die Augsburger Konfession dar, die von Brandenburg, Sachsen und Schweden verteidigt wird.[48]

Der *Zustand der Christlichen Kirchen Anno 1630* zeigte, worauf es den lutherischen Publizisten ankam. Der schwedische Löwe aus Mitternacht steigt mit dem Schwert voran von seinem Schiff, das ein Engel steuert. Ihn begleiten als Verbündete ein Seehahn, das Symbol der Hanse, ein holländischer Schipper und ein schwarzer Löwe, das Wappen des Magdeburger Administrators Christian Wilhelm. Der Löwe stößt an Land auf das siebenköpfige Tier der Apokalypse, das auf den maroden Stützen der christlichen Kirche thront, den evangelischen Territorien. Die Kirche ruht auf ihrer kursächsischen Plattform, die wiederum von der Bibel sowie den Säulen der Vorsehung, Allmacht und Barmherzigkeit gestützt wird. Das Licht der Sonne fällt auf das Schiff und auf einen Pfarrer, der auf dem felsigen Ufer steht.[49] Das anspruchsvolle ikonographische Programm betont die Zuversicht, die deutsche Protestanten mit der schwedischen Landung verbanden.

Der Retter Gustav Adolf wurde 1630 als Jäger dargestellt, der den Habicht Tilly erlegt, oder als schwedischer Herkules, der, von Gott geleitet, sein Werk vollbringt.[50] Wer diese Blätter gezeichnet, gestochen und die Texte dazu formuliert hat, ist oft nicht bekannt. Salvius, Verfasser des Kriegsmanifestes und seit 1630 schwedischer Resident in Hamburg, wurde drei Tage nach der Landung beauftragt, für die deutsche Libertät und Glaubensfreiheit zu wirken und generell die Sache der Schweden zu propagieren. Er sollte Bündnispartner gewinnen und Verträge zur Unterstützung der Schweden mit Soldaten, Geld oder Proviant schließen, um die eigene Kreditfähigkeit zu erhöhen.[51] Er wird einige Blätter in Auftrag gegeben, manche wohl selbst verfasst haben.

Während Kaiser und Kurfürsten in Regensburg Wallenstein entließen, erinnerten die Lutheraner an die Grundlagen ihres Bekenntnisses, und die Schweden begannen ihren Feldzug. Der Herzog versuchte nicht, die Reste seiner Armee an der Ostsee gegen die Schweden zu formieren. Das schwedisch besetzte Stralsund beglückwünschte den König zu seiner Landung.[52] Unter den Protestanten keimten erstmals seit langer Zeit Hoffnung und Zuversicht. Sie erwarteten den von den apokalyptischen Reitern angekündigten Endkampf der Könige, das harmonische tausendjährige Reich und das Jüngste Gericht. Dass Gott korrigierend eingriff, war für sie selbstverständlich.[53] Beim Verlassen des Landungsschiffes war Gustav Adolf gestolpert. Kolportiert wurde, er habe beim Betreten deutschen Bodens auf Knien gebetet, Gott wisse, dass er allein zu seiner Ehre und wegen der «bedrängten armen Kirchen» den Zug unternehme.[54] Religiöse Fragen

Das Blatt artikuliert die mit der Landung Gustav Adolfs auf Usedom 1630 verbundenen Hoffnungen der Protestanten. Der schwedische Löwe betritt mit dem Schwert voran das Land, in dem die evangelische Kirche noch auf der kursächsischen Plattform steht, obwohl das siebenköpfige Tier der Apokalypse andere ehemals evangelische Territorien erobert hat.

standen bei seinen ersten Aktionen und Verträgen jedoch keineswegs im Vordergrund. Er und seine Berater wussten aber nur zu gut, dass die Behauptung eines Glaubenskrieges der Weg war, die Unterstützung des evangelischen Deutschland zu gewinnen.

Nach der Sicherung der Inseln Usedom und Wollin marschierten die Schweden nach Stettin, wo Gustav Adolf dem kinderlosen Herzog Bogislaw XIV. von Pommern im Juli ein Bündnis aufdrängte, das einer schwedischen Machtübernahme gleichkam. Es richtete sich angeblich weder gegen den Kaiser noch gegen das Reich, sondern sollte die alte Reichsverfassung in ihrer freiheitlichen Form und den Religionsfrieden schützen.[55] Neben der Öffnung Pommerns für schwedische Truppen, neuen Zöllen und einer Kontribution von 200 000 Reichstalern musste Bogislaw zugestehen, dass der Kurfürst von Brandenburg als sein Erbe nur zum Zug kommen solle, wenn er sich am Kampf gegen den Kaiser beteilige oder Schweden die entstehenden Kosten ersetze.[56] Der Vertrag ließ eigentlich keinen Zweifel daran, dass Gustav Adolf Pommern zur Kontrolle der Ostsee und als deutsche Operationsbasis besitzen wollte. Den pommerschen Ständen erklärte er frank und frei, nun seien seine Waffen in ihrer Stadt, nach Kriegsrecht seien sie sein.[57] Das war eine glasklare Ansage. Oxenstierna unterschied im Januar 1631 zwischen Bündnissen mit Ostseeanrainern und solchen mit Reichsständen im Binnenland. Erstere sollten ewig gelten, letztere nur für die Dauer des Krieges.[58]

Die Schweden wollten ihre Grenzen in den Reichs-Staat vorschieben. Ob dies durch ewige Bündnisse, staatsrechtliche Annexionen, imperiale Strukturen oder Personalunionen geschehen sollte, wussten sie selbst noch nicht. Der pommersche Übernahmevertrag entsprach dem schon 1624 von Oxenstierna entworfenen Generalplan für asymmetrische Bündnisse, die von der Ungleichheit der Partner ausgingen. Für Sicherheitsgarantien mussten die Verbündeten ihre Länder dem schwedischen Militär öffnen und den Oberbefehl des Königs akzeptieren.[59] Diese Verträge führten zu außen- und militärpolitischer Gleichschaltung bei innerer Autonomie. Im komplementären Reichs-Staat bedeutete dies meist nur den Wechsel des Hegemonen, statt des Kaisers der König von Schweden. Während dieser sich Interventionen jederzeit vorbehielt, wurde ein reziprokes Verhalten ausgeschlossen. Die imperiale Ordnung überlagerte die staatliche, ohne diese vollständig zu verdrängen. Eine vertrauensvolle gleichberechtigte Zusammenarbeit war nicht intendiert.

Das Bündnis mit Pommern richtete sich zudem gegen einen unbeteiligten Dritten – auch dies ein Signum imperialer Politik. Georg Wilhelm von Brandenburg, der Schwager Gustav Adolfs, wusste nun, dass das Erbe Pommerns mit dem Schwedenkönig nicht zu realisieren war. Dem um Neutralität bittenden brandenburgischen Gesandten von Wilmersdorf nahm Gustav Adolf im Sommer alle Illusionen. Da der Kaiser das Evangelium ausrotten wolle, habe der Kurfürst die Wahl: «Hier streitet Gott und der Teufel. Will S. Ld. es mit Gott halten, wohl, so trete Sie zu mir. Will Sie es aber lieber mit dem Teufel halten, so muss Sie fürwahr mit mir fechten. Tertium non dabitur, des seid gewiss.»[60]

Der schwedische König besaß große Pläne und wollte sich weder von seinem Schwager noch von sonst jemandem aufhalten lassen. Mit fünf Armeen und über 100 000 Mann gedachte er den Norden Deutschlands als imperialer Eroberer unter seine Kontrolle zu bringen. Unter seiner Führung sollten 40 000 Soldaten die Ostseeküste sichern, zwei weitere Armeen die Oder behaupten, Brandenburg unter Druck setzen und nach Schlesien marschieren, eine vierte Heeressäule von Magdeburg aus die Elbe und eine fünfte die Weser kontrollieren. Reichskanzler Axel Oxenstierna, der in Jena studiert hatte und die deutschen Verhältnisse genau kannte, riet von solchen Plänen ab und empfahl, das Naheliegende zu tun.[61] Dabei ließ er offen, was er, abgesehen von der Behauptung Pommerns und den Verpflichtungen gegenüber Magdeburg, darunter verstand.

Gustav Adolf beschuldigte die mecklenburgischen Stände, gegen ihre Eide und Pflichten böswillig ihre angestammten Landesfürsten verlassen und sich Wallenstein unterworfen zu haben. Als Glied der evangelischen Kirche müsse er auf die Bewahrung «unserer allein seligmachenden Religion» dringen.[62] Der König nutzte das Glaubensargument, um die Deutschen auf seine Seite zu ziehen, denn er kam nur langsam voran. Ungebeten und in feindlicher Absicht in Deutschland eingefallen, stieß er auf größeren Widerstand als erwartet. Die Hilfe der Protestanten blieb aus. Gustav Adolf war deswegen gezwungen, das zündende Argument des Religionskrieges in seinen Verlautbarungen stärker als beabsichtigt einzusetzen.

Ende 1630 befand sich der König in großen Schwierigkeiten. Er hatte Schanze für Schanze und Ort für Ort erobern müssen. Nun musste er das von kaiserlichen Truppen belagerte Magdeburg entsetzen, den Raum oderabwärts bis Frankfurt gegen Angriffe aus Schlesien decken und Mecklenburg unter seine Kontrolle bringen, um die Küste nicht aus den Augen zu verlieren. Neue Soldaten ließen sich in Schweden weder rekrutieren noch finanzieren. Da die Reichsfürsten ihn nicht freiwillig unterstützten, wurde der König zum gelehrigen Schüler Wallensteins. Die Deutschen mussten den schwedischen Krieg seit 1631 finanzieren. Die Belastungen der schwedischen Steuerzahler sanken von 1630 bis 1633 von etwa drei Millionen auf weniger als 130 000 Reichstaler und damit auf fast ein Zwanzigstel.[63] Der Blutzoll war freilich hoch; von den mehr als 25 000 Rekruten, die 1630/31 nach Deutschland verschifft wurden, lebte zwei Jahre später nur noch die Hälfte. In Schweden gab es Aufstände gegen die Konskriptionen, und viele Rekruten desertierten.[64]

Hilfe erhielten die Schweden nur von Frankreich. Der am 23. Januar 1631 im neumärkischen Bärwalde geschlossene Vertrag sicherte ihnen jährlich 400 000 Reichstaler Subsidien. Dies war zwar nur ein Tropfen auf den sehr heißen Stein, doch damit ließen sich wenigstens die dringendsten Verpflichtungen erfüllen. Die französischen Gelder gingen jedoch selten pünktlich und vollständig in den Finanzzentren Amsterdam oder Hamburg ein. Die Zusage erhöhte allerdings die schwedische Kreditwürdigkeit auf den internationalen Geldmärkten.[65] Das Bündnis mit Frankreich sollte den freien Handel auf der Ost- und Nordsee absichern und die alten Rechte der Reichsstände restituieren. Gustav Adolf sagte zu, ein Heer von 30 000 Fußknechten und 6000 Reitern aufzubieten, die Neutralität der Ligastände zu wahren, sofern er nicht von ihnen angegriffen werde, und die katholische Religion in den eroberten Gebieten gemäß der Reichsordnung zu respektieren. Diese Zusagen hinderten ihn, sich als unbedingter Streiter für die protestantische Sache zu präsentieren. Die Duldung der Katholiken gemäß dem Religionsfrieden führte zu neuem Streit, weil um dessen Auslegung heftig gerungen wurde.[66]

Der Leipziger Konvent

Kurfürst Johann Georg gewann 1630 die Überzeugung, die Protestanten müssten sich als dritte Partei formieren, um Kaiser und Katholiken einerseits, den Schweden andererseits entgegenzutreten.[67] Seine Räte beugten sich im September in Zabeltitz und am Jahresende in Annaburg den besseren Argumenten ihrer brandenburgischen Kollegen. Die Schweden sollten gegen den Kaiser als Druckmittel dienen.[68] Johann Georg berief kurzfristig den Leipziger Konvent ein.[69]

Herzog Wilhelm IV. von Sachsen-Weimar verzichtete daraufhin fürs Erste auf das Bündnis mit Schweden. Der Weimarer Landtag sollte im Januar 1631 beraten, wie «unserm geliebten Vaterlande deutscher Nation» der Friede endlich wiedergebracht werden könne, ohne die «wahre christliche Religion» und die «alte deutsche Freiheit» einzubüßen.[70] Er selbst drang in Leipzig auf ein Bündnis der Protestanten und das Ultimatum an den Kaiser, Aufhebung des Restitutionsedikts oder Krieg. Georg Wilhelm von Brandenburg lavierte unter dem Druck der Schweden, während Johann Georg kein Bündnis mit den protestantischen Ständen oder gar den Schweden eingehen wollte. Er informierte den Kaiser über den von ihm einberufenen Leipziger Konvent, um sein verfassungskonformes Vorgehen zu dokumentieren und zu zeigen, dass sein Langmut gegenüber den gegenreformatorischen Absichten Wiens zu Ende ging.[71] Ein im Februar in Leipzig aufgegriffener kaiserlicher Kommissar wurde wie ein Spion streng verhört.[72] Johann Georg demonstrierte Entschlossenheit, um Ferdinand II. zu beeindrucken.

Dadler entwarf eine Medaille, die auf der Vorderseite das von Gott beschützte Leipzig zeigte. Die Umschrift lautete, Johann Georg wache für Gottes Ehre und veranstalte einen Konvent, dem der Herr ein gutes Ende geben möge.[73] Der Kurfürst ließ sich als Führer der Protestanten stilisieren. Von der Ausschließlichkeit des unveränderten Augsburger Bekenntnisses war in Leipzig keine Rede mehr. Zur Eröffnung des sehr gut besuchten Kongresses erinnerte Ende Februar der Oberhofprediger Matthias Hoë von Hoënegg an Psalm 83, die Klage des Gottesvolks angesichts der vielen Feinde. Er verzichtete auf alle anticalvinistischen Ausfälle und konzentrierte seine Predigt, gut lutherisch, auf den römischen Antichristen als Hauptfeind. Das Tier der Offenbarung und «Hurenweib» zu Rom müsse vor dem Jüngsten Tag vernichtet werden.[74] Gott werde, wenn die Protestanten seine Feinde bekämpften und Buße täten, «sein still sein» beenden und die Widersacher vertilgen.[75] Hoë band Gottes Eingreifen an menschliches Handeln und betonte nun sogar die Gemeinsamkeiten aller Protestanten. Wegen seines Aufrufs zum Kampf schalten ihn katholische Flugschriften prompt einen Aufrührer.[76] Er predigte zum Abschluss des Konvents Mitte April, die «Werkzeuge» Gottes würden bald erscheinen, um das Papsttum zu vernichten, und erbat Hilfe für denjenigen, der «des Herrn Krieg führe». Nur einfältige Leute sähen nicht, dass es jetzt um die Religion gehe.[77]

In Leipzig herrschte eine fast schon irenische Verständigungsbereitschaft, sodass sich am Ende alle ihres guten Willens versicherten.[78] Bei diesen Beratungen fehlten nur Landgraf Georg von Hessen-Darmstadt und der Herzog von Pommern, dem Tilly das sichere Geleit verweigert hatte. Auch Johann Georg betonte am 23. März, dass Einigkeit das einzige Mittel zur Rettung des geliebten Vaterlandes sei. Zwar seien nicht alle evangelischen Stände vertreten und einige Gesandte nicht ausreichend bevollmächtigt, doch er selbst werde drei Regimenter zu Fuß und zwei zu Ross aufbieten, um sich und seine Nachbarn zu schützen. Jedem stehe es frei, sich gemäß der Reichskreisordnung zu armieren.[79] Die Stände beklagten am 28. März die hohen Belastungen, zu denen sie entgegen der deutschen Libertät, «darinnen doch die Ehre und Würdigkeit des heiligen Römischen Reichs mit beruhet», gezwungen würden. Die kaiserlichen Offiziere täten so, als ob sie ein absolutes Dominat besäßen und die Stände ihrer Jurisdiktion unterworfen seien.[80] Der Konvent protestierte daraufhin feierlich gegen das kaiserliche Edikt[81] und erklärte, den eigenen Glauben und die deutsche Freiheit schützen und entgegenstehenden Befehlen des

Kaisers nicht mehr gehorchen zu wollen. Es ging um Gegenwehr, und es stellte sich die Frage eines Bündnisses mit den Schweden.

Nur drei Fürsten plädierten für ein sofortiges Bündnis mit Gustav Adolf, darunter Kurbrandenburg. Landgraf Wilhelm V. von Hessen-Kassel verhandelte bereits mit dem König. Er hatte am 11. November 1630 zur Bewahrung der deutschen Libertät und Reichsverfassung die Eventualkonföderation von Stralsund geschlossen[82] und sprach in Leipzig von einer militärischen Gegenverfassung, die sich vor allem gegen den Kaiser und die Liga richten sollte.[83] Wilhelm IV. von Sachsen-Weimar hoffte auf neue Kriegsdienste, und Graf Philipp Reinhard von Solms-Lich besaß eine schwedische Vollmacht. Er plädierte für offensives Vorgehen, weil der Gegner defensive Bemühungen ohnehin als «Offension» betrachten werde.[84] Doch die schwedischen Bündnisangebote waren wenig attraktiv. Sie machten Verbündete zu Statthaltern einer schwedischen Provinz, da der König die uneingeschränkte Öffnung des Landes und das absolute militärische Oberkommando verlangte.[85] Zu solchen Konditionen wollte niemand abschließen.

Den Leipziger Abschied vom 12. April, den Johann Georg zwei Tage später dem Kaiser übermittelte,[86] rechtfertigte einleitend noch einmal die Zusammenkunft. Da die evangelischen Stände wie ihre Vorfahren mit den katholischen in Eintracht und Frieden leben wollten, sei eine gütliche Vermittlung unumgänglich. Sie hätten eine Deputation zu Verhandlungen bevollmächtigt. Die in Leipzig versammelten Stände würden gemäß der Kreisordnung rüsten, bedrohten aber niemanden. Die Maßnahme diene lediglich der Vorsorge und der Hilfe für diejenigen, die entgegen der Reichsverfassung mit Gewalt angegriffen würden.[87] Die in Regensburg für die kaiserliche Armee zugesagten Gelder sollten für dieses Heer von etwa 40 000 Soldaten verwandt werden. Auf dringenden Wunsch Kursachsens wurde freilich kein formales Bündnis geschlossen, obwohl die meisten Stände mit einem entsprechenden kurbrandenburgischen Entwurf einverstanden waren. Gegenüber Schweden sollte wohlwollende Neutralität gewahrt werden. Diejenigen, die sich mit Gustav Adolf verbünden wollten, durften weiter der Leipziger Union angehören.[88] Diese sollte eine dritte Partei im Reich bilden, den Kaiser von weiteren gegenreformatorischen Maßnahmen abhalten und dem Schwedenkönig signalisieren, dass die deutschen Protestanten zwar in seinem Windschatten operieren wollten, doch nicht bedingungslos auf der Seite Schwedens standen.

Der Gesandte Ludwigs XIII. plädierte in Leipzig für einen Friedensschluss mit den katholischen Ständen, für Widerstand gegen die römische Königwahl und gegen kaiserliche Truppenwerbungen. Der Konvent müsse Ferdinand II. unmissverständlich zu verstehen geben, keine neuen Vergehen gegen die Reichsordnung und den inneren Frieden zu dulden. Ludwig XIII. werde eine ähnliche Versicherung von den katholischen Ständen erwirken. Diese seien bereit, über Härten des Restitutionsedikts zu verhandeln, müssten aber sicher sein, nicht von den Protestanten angegriffen zu werden.[89]

Die Probe aufs Exempel einer bewaffneten Neutralität blieb der Leipziger Union jedoch erspart, weil die Stände von den Kriegsereignissen überrollt wurden. Johann Georg mobilisierte 11 000 Mann, die der aus kaiserlichen Diensten ausgeschiedene Hans Georg von Arnim kommandierte. Er hielt weiter engen Kontakt zu Wallenstein. Auch die fränkischen, schwäbischen und niedersächsischen Kreisstände rüsteten. Der rechte Enthusiasmus fehlte jedoch. Der niedersächsische Kreistag beschloss erst im November, 500 Reiter und 6000 Fußknechte zu werben. Er empfahl die Annahme des schwedischen Bündnisangebotes, obwohl Gustav Adolf dadurch alle Kompetenzen gewann und den Kreisständen nur Pflichten auferlegt wurden.[90] Angesichts der Machtverhältnisse und der Restitutionen gab es dazu keine realistische Alternative mehr.

Isoliert schien im Herbst 1631 der Darmstädter Landgraf zu sein, der weiter auf die in Regensburg verabredeten Vergleichsverhandlungen in Frankfurt setzte. Er befahl seinen Untertanen, jeden Morgen um zehn Uhr eine Viertelstunde lang die Glocken zu läuten und für den Frieden zu beten. In dieser Zeit hatte die Arbeit zu ruhen. Überdies ordnete er für jeden Donnerstag einen Gottesdienst mit halbstündiger Predigt und einem Friedensgebet an. Wer sich säumig zeigte, sollte mit einem Reichstaler, im Wiederholungsfall mit Gefängnis bestraft werden.[91] Wilhelm V. von Hessen-Kassel und nun auch wieder Wilhelm IV. von Sachsen-Weimar verhandelten hingegen schon in Leipzig mit den schwedischen Vertretern über ein Bündnis. Die Bedenken wegen des offensiven Charakters spielten nun keine Rolle mehr, und hinsichtlich der militärischen Führung fand sich eine elegante Lösung. Herzog Wilhelm IV. sollte die Soldaten der Reichsstände als Generaladjutant befehligen.[92]

Kaiser Ferdinand II. verbot per Mandat vom 14. Mai 1631 alle Rüstungen und drohte mit den schweren Strafen für Landfriedensbruch. Seines Erach-

tens entsprachen die Leipziger Beschlüsse nicht der Kreisordnung, weil sie
die Ausführung seines Edikts verhinderten und ihn der Mittel beraubten,
sich gegen die Schweden zu verteidigen. Johann Georg entgegnete, der Kaiser habe die Reichsordnung selbst mit seinem Edikt verletzt, die Entscheidung den Reichsständen entzogen und Exekutionen ohne rechtmäßige Urteile angeordnet. Dass Gesetze in bösen Zeiten keine Geltung mehr besäßen, sei in einer *Libera Republica* und im *Imperio Romano* bisher nicht vorgekommen. Die Leipziger Absprachen dienten nur der Verteidigung und dem Schutz der Untertanen vor unrechtmäßiger Gewalt. Zudem existiere eine katholische Liga, und die Reichsverfassung garantiere Gleichbehandlung.[93]

Ferdinand II. zog daraufhin alle Register. Er drohte mit dem Entzug der Lehen und Privilegien bei weiteren Rüstungen. Einige Reichsstädte sollten ihm über den Vollzug seiner Anordnung berichten. Zudem erinnerte der Kaiser die Vasallen der evangelischen Stände und die Reichsritter daran, dass der Leipziger Schluss der Reichsordnung widerspreche und sie deswegen im Fall einer Mobilisierung ihren Lehenspflichten nicht nachkommen dürften.[94] Der Kaiser agierte wie ein absoluter Monarch. Solche Lehensvorbehalte gegenüber den Aftervasallen besaßen im Reich keine Tradition, waren aber bezeichnenderweise bereits von Karl V. nach dem Schmalkaldischen Krieg eingeklagt worden.

Gustav Adolf versuchte, die Rüstungen der protestantischen Stände für seine Zwecke zu nutzen. Philipp Reinhard von Solms überredete Wilhelm IV. von Weimar, zusammen mit dem Landgrafen von Hessen-Kassel 7000 Soldaten unter dem Vorwand des Leipziger Schlusses zu werben.[95] Sie sollten in den Festungen Kassel und Ziegenhain zusammengezogen und den Schweden unterstellt werden. Der Landgraf kündigte Tilly tatsächlich alle Kontributionen auf und informierte die Wetterauer Grafen, dass er über 4000 Fußknechte und 1000 Reiter verfüge sowie 1000 Musketiere in Kürze erwarte. Sie sollten seinem Beispiel folgen und 2000 Mann zu Fuß und 500 zu Pferd finanzieren. Die Grafen überkamen jedoch Skrupel. Sie wollten vor einem Beschluss des oberrheinischen Kreises keine Bindungen eingehen, um nicht vom Landgrafen abhängig zu werden, da dieser den «Meister» spielen wolle. Noch standen die Schweden weit entfernt im Nordosten des Reiches, während Tilly in Mittel- und Oberdeutschland Herr der Lage war. Insgesamt stieg im Frühling 1631 die Anzahl der in Deutschland stationierten Soldaten kräftig an. Neben den Werbungen der Leipziger Union und der wachsenden schwedischen Armee kehrten auch die kaiserlichen Truppen aus Italien zurück. Deswegen wurde Hans Heberle als Ulmer Milizionär aufgeboten. Er schwor im Juni auf die Kriegsartikel und berichtete von treulosen Katholiken, die dem feindlichen Kriegsvolk zur Einnahme der Stadt hätten verhelfen wollen. Glücklicherweise sei ihr Verrat rechtzeitig bemerkt worden. Die kaiserlichen Soldaten seien jedoch plündernd durch das Ulmer Landgebiet gezogen, bis der Magistrat einen Akkord mit ihnen geschlossen habe.[96]

Kurfürst Maximilian verbündete sich am 30. Mai in Fontainebleau mit König Ludwig XIII.[97] Er kompensierte so den Vertrag von Bärwalde und den Leipziger Schluss. Auch das Bündnis der beiden katholischen Mächte sollte die Reichsverfassung gegen den Kaiser schützen. Richelieu und sein Deutschlandspezialist Père Joseph hofften auf die bayerische, vielleicht sogar auf die deutsche Neutralität im Kampf zwischen Schweden und dem Kaiser. Die Kalkulation konnte nicht aufgehen. Auch Maximilian misslang die Bildung einer dritten Partei, da er die für ihn vorteilhafte Kooperation mit den Habsburgern nicht gefährden durfte.[98] Die Liga beschloss im Mai, die eigenen Truppen noch einmal um knapp 10 000 Mann zu verstärken. Der Abschied sprach von einem gemeinen Aufstand, der angesichts der großen Verbitterung der Unkatholischen zu befürchten sei. Maximilian hatte die Delegierten warnen lassen. Wenn sie jetzt zögerten und nicht ihr ganzes zeitliches Vermögen einsetzten, werde der Feind den Schlüssel zu ihrem Geld schon finden.[99] Das waren prophetische Worte – ein Jahr später standen die Schweden in Bayern.

Maximilian hatte jedoch den von Tilly favorisierten schnellen Angriff auf die schwedischen Eindringlinge abgelehnt, weil dies seine Neutralität und sein Bündnis mit Frankreich gefährdet hätte. Richelieu wünschte keinen Religionskrieg, und der Kurfürst von Bayern hatte dem Kaiser Waffenhilfe gegen die Schweden zugesagt.[100] Angesichts dieser Zwickmühle befahl er Tilly, sich auf den Schutz der Ligaterritorien zu konzentrieren. Dieser schien mit der Verantwortung für zwei große Armeen überfordert zu sein, zumal seine Soldaten weit verstreut in Nord- und Mitteldeutschland standen.

Magdeburg

Die «Herrgottskanzlei», das stark befestigte und wohlhabende Magdeburg, das schon so manchem Gegner und zuletzt Wallenstein getrotzt hatte, war eine schwer zu erobernde Schlüsselfestung an der Elbe. Von hier aus ließen sich Brandenburg und Sachsen kontrollieren und das Reich vor Angriffen aus dem Norden schützen. Das wussten Tilly und Gustav Adolf. Ersterer hatte vor Magdeburg im Frühjahr 1631 etwa 25 000 Soldaten zusammengezogen. Er wollte die symbolträchtige Stadt unbedingt in die Knie zwingen, um sie als Operationsbasis gegen die Schweden zu nutzen. Zudem erhoffte er sich von der Eroberung eine demoralisierende Wirkung auf die Invasoren und die Leipziger Union.

In der Stadt gärte es. Im Gegensatz zum Magistrat lehnten die Bürger im Frühjahr 1631 während der Belagerung durch die neu formierte kaiserliche Armee alle Übergabeforderungen ab. Der schwedische Agent Johannes Stalmann hatte im Frühsommer die innerstädtischen Unruhen genutzt.[101] In seinem Gefolge war auch Christian Wilhelm von Brandenburg, der 1628 vom Domkapitel abgesetzte frühere Administrator, ein Onkel Kurfürst Georg Wilhelms, unerkannt in die Stadt gekommen. Anfang August 1630 war der Rat übertölpelt und ein Generalrezess verfasst worden, der ein Schutzbündnis mit Schweden einschloss. Verteidigt werden sollten die Freiheit der Stadt und das göttliche Wort. Christian Wilhelm befahl Mitte August dem Stiftsadel, seine Lehensreiter nach Magdeburg zu senden, und dem gemeinen Mann, sich zum Zuzug zu rüsten.[102]

Als die Blockade der Stadt im Oktober 1630 in eine Belagerung überging, übernahm der schwedische Oberhofmarschall Dietrich von Falkenberg das Kommando über die 2500 Soldaten und die 5000 bewaffneten Bürger. Zeitungen berichteten, dass die Kaiserlichen etliche tausend Soldaten um die Stadt zusammengezogen hätten.[103] Die Magdeburger vertrauten seinem Versprechen und der Stärke ihrer Mauern. Die Stadt hatte 1550/51 und zuletzt 1629 allen Eroberungsversuchen getrotzt. Die Bürger sorgten sich diesmal vielleicht etwas zu wenig um ihre Verteidigung. In der entscheidenden Phase waren nur etwa 2000 Soldaten einsatzbereit. Der Rest war desertiert oder krank, angeblich wegen des schlecht gebrauten Bieres.[104] Die apokalyptischen Beschwörungen der lutherischen Prediger verunsicherten die Bewohner dann zusätzlich. Wenn die Stadt eine wichtige Rolle im Heilsplan Gottes spielte, war eine katholische Eroberung vielleicht sogar eine gerechte Strafe und die Voraussetzung der ewigen Erlösung.[105]

Gustav Adolf hatte versprochen, Magdeburg zu Hilfe zu kommen. Er verfügte zu Beginn des Jahres 1631 nur über knapp 40 000 Soldaten, von denen die Hälfte in Garnisonen gebunden war. Mit der Eroberung der Oderfestungen Gartz und Greifenhagen wurde der Weg in die Mark Brandenburg frei und nach Schlesien möglich. Tilly, der noch im November 1630 in Regensburg über seine neuen Aufgaben und die Reorganisation der beiden Armeen verhandelt hatte, begann seinen Feldzug schon im Januar. Er marschierte mit etwa 7500 Mann an die Oder und inspizierte das von seinen Truppen besetzte Frankfurt. Obwohl sich die Heere fast begegneten, wagten die beiden Oberbefehlshaber keine Schlacht. Tillys aufwändiger Marsch verhinderte, dass Gustav Adolf direkt in die Mark Brandenburg ziehen konnte. Stattdessen kämpfte er im mecklenburgisch-pommerschen Grenzgebiet. Ziel war das von kaiserlichen Truppen unter dem Obersten Franz von Marrazani gehaltene Neubrandenburg. Er unterzeichnete nach einem Artilleriebeschuss den angebotenen Akkord und durfte mit seinen Leuten abziehen. Danach besetzten die Schweden noch im Januar einige kleinere Städte und Festungen auf dem Weg nach Demmin, das Ende Februar ebenfalls durch Akkord in ihre Hände fiel.[106]

Die Schweden erstürmten schließlich im April nach zweitägiger Belagerung Frankfurt an der Oder, wo ein Stadttor zu lange offen geblieben war. Etwa ein Viertel der 6000 von Ernest Montecuccoli kommandierten kaiserlichen Soldaten wurde niedergemacht, die Stadt drei Stunden lang geplündert. Die Bürger litten entsetzlich. Die Schweden, die selbst fast 1000 Mann eingebüßt hatten, fanden 900 Zentner Pulver, 1200 Zentner Blei und 14 Geschütze. Der schottische Kommandant Monro hatte seine Soldaten angeblich nicht von den Brandschatzungen abhalten können, «denn die ganze Straße stand voll mit Reiteseln, Reitpferden, Kutschen und verlassenen Wagen, angefüllt mit Reichtümern aller Art, Tafelsilber, Juwelen, Gold, Geld, Ketten, Kleidern, so dass ich später nie mehr sah, dass man den Offizieren so schlecht gehorchte».[107]

Gustav Adolf wandte sich von Frankfurt aus an die in Leipzig tagenden protestantischen Stände, um «ihrer heroischen Resolution endlichen Schluss» zu vernehmen.[108] Frankfurts Eroberung deutete er als Zeichen Gottes, als Anfang der Restauration seiner Kirche und des Religions- und Profanfriedens. Unterdessen zogen die Schweden durch die Mark nach Berlin. Hier ließ Gustav Adolf ungerührt seine Kanonen auf die Residenz seines Schwagers richten. Georg Wilhelm musste sich Mitte Mai auf einen kapitulationsartigen Vertrag einlassen, der den Schweden die Festungen Küstrin, Brandenburg und Spandau überließ und den Einzug von Kontributionen gestattete.[109] Zudem sollte der Kurfürst den weiteren schwedischen Vorstoß mit Geld und Proviant unterstützen.[110] In Spandau fanden die Besatzer offenbar Waffen und Munition für 20 000 Soldaten und reichlich Proviant. Die Verhandlungen mit Kursachsen verliefen hingegen erfolglos. Johann Georg lehnte jede Unterstützung beim Entsatz Magdeburgs ab,[111] verweigerte sich jedoch auch den Hilfsersuchen der Gegenseite.

Tilly hatte Pommern und Mecklenburg aufgegeben und Brandenburg seinem Schicksal überlassen. Sein Oberst Graf Pappenheim malte die Lage tiefschwarz, Tilly dürfe die Belagerung Magdeburgs nicht zugunsten der Wiedereroberung der Oderfestung Frankfurt aufheben, weil ansonsten der Feind die Elbe schließen könne. Zöge er den Schweden nach Schlesien nach, stünde das Reich dem Feinde offen, bliebe er aber im Reich, seien die Erblande verloren. Es müssten deswegen unverzüglich neue Soldaten geworben werden. Die Hofburg verhandelte zwar bereits mit Wallenstein, doch dieser zögerte.

Mitte des Jahres wurden auch Gustav Adolfs Briefe drängender. Er wollte klare Fronten und lehnte die in Leipzig verabredete bewaffnete Neutralität der Protestanten ab. Johann Georg beharrte jedoch auf der Bildung einer dritten Partei.[112] Flugblätter mahnten ihn, endlich aufzuwachen und an der Seite des schwedischen Löwens für den evangelischen Glauben zu kämpfen. Der *Deutsche Wecker* bahrte den schlafenden Kurfürsten in einer Kirche auf. Vor ihm kniete in Frauengestalt «der Deutschen Land, verwüst durch Brand und Morden». Sie klagte, dass der Kurfürst nicht seine Waffen nehme und sein Land beschütze, wo doch der nordische Löwe den bösen Adler besiegen wolle. Bemerkenswerterweise betont das Blatt die Eintracht aller christlichen Kirchen gegen den Kaiser. Gegen ihn wenden sich Jesuiten, Kapuziner, Russen, Polen, Tartaren und Mohren, weil er die Einheit in der Vielfalt der Kirchen bedrohe: «Welch Wunderwerk! Sie all in einer Kirche lehren.»[113] Die Einigkeit von Katholiken, Lutheranern und Calvinisten, das Verbot aller Schmähschriften und das Ende des Krieges empfahl auch die unter dem Pseudonym Friedrich Guthertz erschienene *Christliche Brüderschaft*.[114]

Als jetzt im Frühjahr 1631 das schwedische Heer näher rückte, ließ Tilly in aller Eile die Magdeburger Vorstädte einnehmen und die Mauern sturmreif schießen. Der schwedische Obrist Falkenberg und der Rat lehnten jedoch nach wie vor alle Übergabeforderungen ab.[115] Die Hauptarmee Gustav Adolfs kampierte weniger als hundert Kilometer oder vier Tagesmärsche entfernt bei Potsdam, seine Patrouillen streiften dicht vor Magdeburg, als Tilly frühmorgens am 20. Mai die Stadt stürmen ließ.[116] Die ersten

Das deutsche Land fordert den in einer Kirche aufgebahrten Kurfürsten von Sachsen auf, sich den Schweden anzuschließen, die Deutschland aus seiner Not und von der Tyrannei des Kaisers befreien wollen. Gegen Ferdinand II. wandten sich alle Kirchen, weil er die Einheit in der Vielheit des Glaubens bedrohe.

Attacken wurden abgewehrt, doch dann brach das Bollwerk der Verteidiger in der Nähe des Neustädter Tores an der Elbe. Es begann ein Kampf Mann gegen Mann. Der Söldner Peter Hagendorf wurde schwer verwundet: «Bin ich durch den Bauch, vorne durchgeschossen worden, zum anderen durch beide Achseln, so dass die Kugel ist in dem Hemd gelegen. Also hat mir der Feldscher die Hände auf den Rücken gebunden, damit er können den Meißel einbringen.»[117] Oberst Falkenberg fiel, als er einen Gegenangriff organisieren wollte. Gegen neun Uhr fluteten Tillys Soldaten in die Stadt und kontrollierten sie bereits zwei Stunden später vollständig. Es herrschten Chaos und Panik. Noch während der Kämpfe brach ein Feuer aus, das in den Wirren nicht gelöscht werden konnte. Angefacht von den einfallenden Winden, weitete es sich zur Katastrophe aus.

Eine Flugschrift erläuterte, keiner wisse, «obs von Käys. oder von denen in der Stadt ihren eigen Soldaten / oder obs von Ungefähr» entstanden sei.[118] Dies gilt trotz unzähliger Schuldzuweisungen und erbitterter historiographischer Kontroversen bis heute. Tillys Soldaten hätten aus Rache, die Schweden als Zeichen für die Bösartigkeit des Feindes, die Bürger aus Gründen der Selbstaufopferung den Brand gelegt haben können, damit die Stadt nicht dem Feind oder dem Antichristen in die Hände falle.[119]

Die Menschen verbrannten oder wurden in den Kellern verschüttet, aus denen sie sich nicht herausgetraut hatten, um nicht der Soldateska in die Hände zu fallen. Auch Söldner, die beim Plündern die brennenden Häuser nicht rechtzeitig verließen, fanden den Tod. Otto Guericke, Bürgermeister und Erfinder der Luftpumpe, berichtete, die Brände seien auf Befehl Graf Pappenheims an «allen Enden eingelegt worden».[120] Der General hatte möglicherweise aus taktischen Gründen befohlen, ein oder zwei Häuser anzuzünden; dies berichtete auch Graf Jobst Maximilian von Gronsfeld. Das Feuer habe dann auf eine Apotheke übergegriffen, und die Explosionen hätten es so angefacht, dass es nicht mehr zu bändigen gewesen sei, obwohl Tilly sofort Befehl zum Löschen gegeben habe.

Jeder kannte die Folgen einer militärischen Eroberung. Nach Kriegsrecht war die Stadt für eine bestimmte Zeit den Siegern auf Gnade und Verderb ausgeliefert. Die Bürger zogen sich in ihre Häuser zurück, um sich hinter verschlossenen Türen und in den Kellern zu verstecken oder sich mit allen verfügbaren Mitteln zu wehren. Der Häuserkampf wurde mit enormer Verbissenheit geführt. Die Söldner mussten mit Fallen, kochendem Wasser sowie anderen Flüssigkeiten und Kugeln rechnen; Widerstand schreckte die Soldaten selten ab, steigerte jedoch womöglich ihre Wut.[121]

Die schlecht versorgten und von den Strapazen gezeichneten Belagerer wollten es den «reichen Pfeffersäcken» zeigen. Sie nahmen, was nicht nietund nagelfest war, und ließen die Frauen und ihre hilflosen Männer spüren, wer die neuen Herren waren.

Nachdem die eingedrungenen Soldaten ein Tor geöffnet hatten, stürmten laut Otto Guericke «Hungarn, Croaten, Polacken, Heyducken, Italienern, Hispaniarden, Franzosen, Wallonen, Nieder- und Oberdeutschen etc.» in die Stadt. «Da ist nichts als Morden, Brennen, Plündern, Peinigen, Prügeln gewesen.» Alle Bewohner mussten ihre gesamte Habe herausgeben, und dennoch wurden die «Menschen, Weiber und Kinder» grausam ermordet. Die Stadt habe den ganzen Tag gebrannt, schreibt Guericke, sodass am Abend auch alle Soldaten abzogen, um nicht selbst ein Opfer der Flammen zu werden. «Mit den Weibern, Jungfrauen, Töchtern und Mägden aber, die keine Männer, Eltern oder Verwandte gehabt, so ihrenthalben Ranzion erlegen, noch bei hohen Offizieren Hilfe oder Rat suchen können, ist es mit vielen fast übel abgelaufen, sind teils genotzüchtigt und geschändet, teils zu Konkubinen behalten worden.»[122] Wie sich das Grauen steigern ließ, demonstrierte das *Theatrum Europaeum*. Kinder hätten an den Brüsten ihrer toten Mütter gesogen und dabei so jämmerlich geschrien, «dass es einen Stein in der Erden hätte erbarmen, und die gräulichsten Tyrannen zu Mitleiden beweisen mögen».[123]

Kurz zuvor heißt es dort lapidar: «In Summa, was vor Jammer, Elend und Not gewesen, kann nicht beschrieben oder ausgesprochen werden.»[124] Die Söldner betrachteten das Plündern, selbst die Vergewaltigungen als ihr gutes Recht, als Ausgleich für ihre Entbehrungen, Vorsorge für schlechte Zeiten und nicht zuletzt als Ausdruck ihrer Überlegenheit. Wenn sie Güter zerstörten, die sie nicht gebrauchen konnten, ging es ihnen weniger um einen Angriff auf zivile Lebensformen als um eine symbolische Bestrafung. Der Soldat, der eine Magdeburger Familie in Sicherheit brachte und darüber das Beutemachen vergaß, verhielt sich systemwidrig und wurde von seiner Frau wegen dieser unverzeihlichen Verantwortungslosigkeit gegenüber der eigenen Familie heftig gescholten.[125]

Der schwerverletzte Hagendorf notierte, seine Frau sei in die brennende Stadt gegangen «und hat wollen ein Kissen holen und Tücher zum Verbinden und worauf ich liegen könnte. So hab ich auch das kranke Kind bei mir liegen gehabt. Ist nun das Geschrei ins Lager gekommen, die Häuser fallen alle übereinander, so dass viele Soldaten und Weiber, welche mausen wollen, darin müssen bleiben. So hat mich das Weib mehr bekümmert, wegen des kranken Kindes, als mein Schaden. Doch Gott hat sie behütet. Sie kommt nach anderthalb Stunden gezogen mit einer alten Frau aus der Stadt. Die hat sie mit sich hinausgeführt, ist eines Seglers Weib gewesen und hat ihr helfen tragen Bettgewand. So hat sie mir auch gebracht eine große Kanne von 4 Maß Wein und hat außerdem auch 2 silberne Gürtel gefunden und Kleider, so dass ich dafür 12 Taler eingelöst habe zu Halberstadt. Am Abend sind nun meine Gefährten gekommen, hat mir jeder etwas verehrt, einen Taler oder einen halben Taler.»[126]

Unter den Protestanten grassierte fortan die Angst, «magdeburgisiert» zu werden. Der plötzliche Untergang einer so mächtigen Stadt erinnerte nicht nur den benachbarten Fürsten Christian den Jüngeren von Anhalt-Bernburg an den Fall Babylons.[127] Mit einem gewissen zeitlichen Abstand überboten

sich die Berichte der Augenzeugen und ihre Schilderungen verwester Leichen, verstümmelter Kadaver und brennender Menschen. Neben dem bekannten Horror und den unvorstellbaren Grausamkeiten gab es aber offensichtlich auch Soldaten, die den Bürgern halfen, dem Inferno zu entkommen.
Die Ratsfamilie Friese überlebte, weil die Kinder um das Leben ihrer Eltern
bettelten. Der Soldat, der den Vater töten wollte, ließ ihn auf Bitten des
jüngsten Sohnes leben, denn dieser wollte ihm den Dreier geben, eine kleine
Münze, die er am Sonntag bekommen hatte.[128] Solche Erinnerungen zeigen,
dass «gewisse Tabus vor Gewaltanwendung, vor allem in Bezug auf Ehe-
frauen und Kinder [...] durchaus auch weiterhin gültig waren».[129] An den
Plünderungen, Vergewaltigungen und Folterungen änderte dies nichts.

Das spektakuläre Geschehen wurde rasend schnell bekannt. 20 Zeitungen, 205 Flugschriften und 42 illustrierte Flugblätter berichteten über die
Vorgänge.[130] Die nach dem Leipziger Konvent schleppend angelaufenen
Rüstungen der Protestanten wurden beschleunigt. Diese begannen notgedrungen, Sympathien für den ungeliebten Schwedenkönig zu entwickeln,
obwohl dieser sein Versprechen, die Stadt zu retten, nicht eingehalten
hatte. Was als Beginn eines Siegeszuges kaiserlicher Waffen und der Ligaarmee gedacht war, entpuppte sich rasch als Pyrrhussieg.

Tilly berichtete Ferdinand II. nüchtern: Magdeburg sei durch göttlichen Beistand unter kaiserlichen Gehorsam gebracht worden.[131] Er ver-
schwieg, dass von der Stadt fast nichts mehr vorhanden war, was ihm und
seiner Armee hätte dienen können. Nur der Dom, in den sich 1000 Menschen geflüchtet hatten, und das Kloster der Prämonstratenser, das
600 Frauen Schutz geboten hatte, blieben vom Feuer verschont. 1700 von
1900 Häusern waren den Flammen zum Opfer gefallen. 1632 zählte Magdeburg noch 449 Einwohner.[132] Guericke spricht von etwa 20000 Toten,
die aber niemand gezählt habe, zumal noch ein Jahr später in den ein-
gestürzten Kellern zahllose Leichen und Leichenteile gefunden worden
seien. Sein Bericht beschreibt das Leid und Entsetzen, gibt dem Mitgefühl
aber wenig Raum.[133] Der Krieg war so, wie er war. Das Leben ging für die
Überlebenden weiter. Tilly hatte gesiegt und wurde doch zum Verlierer.
Das Feuer vernichtete die Kornvorräte seines fest eingeplanten Versor-
gungsstützpunktes. Katholische Blätter feierten seinen Sieg bei einem
«Freischießen» oder als erfolgreiche Brautwerbung.[134]

Die protestantische Publizistik machte ihn hingegen für die Katastrophe
verantwortlich und stellte ihn an den Pranger. Sie sprachen von der «Magde-

Das Blatt feiert aus katholischer Sicht die Eroberung Magdeburgs als erfolgreiche Werbung um die Magdeburger Jungfrau.

burger Bluthochzeit». Tilly hatte die Jungfrau, die Magdeburg im Wappen führte, geschändet. Seine Gegner schmiedeten daraus eine ätzende Waffe im Medienkrieg. Das Flugblatt *Klaegliches Beylager der Magdeburgischen Dame* zeigt den werbenden Tilly und die ihn abweisende Dame Magdeburg, der die Hand Gottes eine Krone reicht. Im Text wird die Hochzeit zur Vergewaltigung, die zwar den Leib, aber nicht die Seele der Jungfrau zerstört habe. Sie opferte sich für die evangelische Freiheit und gewann die Märtyrerkrone.[135]

Die protestantischen Autoren demonstrierten am Beispiel Magdeburgs die Brutalität, ja die Bestialität der kaiserlich-katholischen Kriegführung. Sie lenkten so auch davon ab, dass Gustav Adolf die «feste Burg» nicht befreit hatte. Er bekundete sein großes Mitleid und Bedauern, machte jedoch Magdeburg, weil es aus Geiz die besten Verteidigungsmittel ausgeschlagen habe, und die beiden Kurfürsten, die ihn am schnellen Durchzug gehindert hätten, für die Katastrophe verantwortlich.[136] Vielleicht aber hatten ihn die Umstände vor einem Desaster bewahrt, denn hätte er Magdeburg rechtzeitig erreicht, wäre er dort auf weit überlegene Kräfte Tillys gestoßen. Die Lage der Schweden blieb prekär, weil ihnen verläss-

liche Verbündete im Feindesland fehlten. Selbst Herzog Wilhelm IV. von
Weimar, Generalleutnant der schwedischen Armee, erklärte sich nun als
Landesherr für neutral. Ein schwedischer Deutschlandexperte empfahl, für
die Zeit des Krieges eine Liga deutscher Fürsten unter der absoluten Führung des schwedischen Königs zu gründen. Damit die Reichsstände sich
darauf einließen, bedürfe es aber eines großen Sieges.[137] Daran fehlte es
noch.

In dieser Phase, in der auch für den Kurfürsten von Sachsen die Entscheidung zwischen Tilly und Gustav Adolf unerbittlich näher rückte, ver-
spotteten katholische Flugblätter die Uneinigkeit der Protestanten. In *Ein
Newes Lied. Von dem Leipziger Schluß* zogen die katholischen Mächte mit
den Tanzpartnerinnen zu einem Ball, die Protestanten wie Magdeburg,
Böhmen oder die Pfalz für sich begehrt hatten. Tilly handelte, während der
Leipziger Konvent vor allem feierte.[138]

Die Vernichtung des lutherischen Magdeburg, der Herrgottskanzlei,
besaß nicht nur strategische, sondern vor allem große symbolische Bedeutung. Sie war Menetekel und Fanal. Gott hatte der Stadt und den Protestanten Grenzen aufgezeigt. Die Katastrophe war, da waren sich die Sieger
einig, Gottes Wille, Tilly und die kaiserliche Armee waren sein Werkzeug
gewesen. Gustav Adolf, der angeblich von Gott gesandte Hoffnungsträger,
hatte sein Versprechen nicht halten können. War der schwedische Feldzug
bloßes Menschenwerk, ein Eroberungskrieg? Um seinen Nimbus zu wahren, benötigte der König dringend einen möglichst spektakulären Erfolg.
Seine Chance war ein Sieg über Tilly.

Breitenfeld

Am 5. Juli 1631 kehrten die Herzöge von Mecklenburg in Begleitung Gustav Adolfs nach Güstrow zurück.[139] Das Freudenfest half, die Botschaft zu
verbreiten, auf die es dem König nach dem Magdeburger Desaster ankam:
Der Erfolg war auf der Seite desjenigen, der sich mit ihm verband. Während Tilly und Gustav Adolf sich Kursachsen näherten, wollte Maximilian
von Bayern den Kurstaat weiter schonen. Tillys Heer marschierte jedoch
nicht gegen die anrückenden Schweden, sondern in das hessisch-thüringische Grenzgebiet bei Mühlhausen. Seine Soldaten brannten Franken-
hausen nieder und erschienen vor Erfurt, das bereitwillig Proviant und
Munition lieferte, aber keine Besatzung aufnahm. Herzog Wilhelm IV.

war geflohen, und sein Bruder Bernhard befehligte hessische Truppen.[140] Die beiden die Regierung in Weimar führenden Brüder Ernst und Albrecht kapitulierten vor der das Land verheerenden kaiserlichen Soldateska. Die nach dem Leipziger Schluss geworbenen Truppen wurden entlassen und das schwedische Bündnis aufgekündigt, weil Kurfürst Johann Georg den Ernestinern jeglichen Beistand gegen Tilly verweigerte.[141]

Im Vertrauen auf schwedische Hilfe wagte hingegen Landgraf Wilhelm V. den hinhaltenden Widerstand. Er wies Tillys Forderungen unter immer neuen Vorwänden zurück, musste schließlich aber doch seine Hilfstruppen entlassen.[142] Tilly führte im Sommer etliche kleinere Attacken an der hessischen Grenze und widmete sich erst danach dem schwedischen Vorstoß an der Elbe.[143] Herzog Bernhard von Weimar eroberte die Stifte Hersfeld und Fulda; er machte reiche Beute, denn der Fuldaer Abt war mit seinen Vertrauten nach Würzburg geflohen.[144] Der Ligageneral Graf Otto Heinrich von Fugger vertrieb Bernhard aber bald aus dem Fulda-Werra-Raum. Die beiden lieferten sich bei Rothenburg an der Fulda ein weiteres Gefecht, während der Landgraf das zu Mainz gehörende Fritzlar besetzte.

Die schwedische Armada rückte unterdessen langsam gegen Magdeburg und Sachsen vor. Gustav Adolf schrieb aus Jerichow an seinen General Johan Banér, dass seine Landkarten hier endeten.[145] Er zog weiter – ein imperialer Eroberer braucht keine papierenen Wegweiser. Im Juli und September besetzten die Schweden Havelberg und Wernigerode. Tilly musste reagieren. Obwohl sich die beiden Heere bei Werben an der Elbe beinahe gegenüberlagen, wagten beide Feldherren erneut keine Schlacht. Tilly beließ es bei einem kurzen Beschuss der Stadt und zog sich nach einigen Scharmützeln wegen Proviantmangels ins Stift Magdeburg zurück. In Werben schloss Landgraf Wilhelm V. als erster Reichsstand freiwillig ein Militärbündnis mit Gustav Adolf auf Basis der Eventualkonföderation von 1630.[146] Gustav Adolf versicherte, Hessen-Kassel gegen die Liga zu unterstützen und nur mit Zustimmung des Landgrafen Frieden zu schließen. Der König gewann Quartiere und die Kontrolle über die hessischen Festungen sowie das absolute Direktorium. Er übertrug das Kommando dem Landgrafen, der die Truppen gemäß seinen Befehlen führen sollte. Zudem erhielt Wilhelm V. einen schwedischen Kriegsrat zur Unterstützung und als Aufpasser.[147] Der Landgraf akzeptierte das ungleiche Bündnis und verzichtete sogar auf den ansonsten üblichen Treuevorbehalt gegenüber dem Kaiser.

Gustav Adolf war der Oberherr. Über seine weiteren Ziele in und mit Deutschland ließ er alle im Unklaren. Das Geschehen trieb ihn voran, und er ließ sich treiben, um die schwedische Herrschaft auszubauen, das Vorfeld zu kontrollieren, seinen Ruhm zu mehren, sich dem protestantischen Deutschland als Führer zu empfehlen und die Reichspolitik mit- und umzugestalten. Die auf ihre Freiheit pochenden evangelischen Fürsten, allen voran der Kurfürst von Sachsen, besaßen gute Gründe, die ausgestreckte Herrscherhand nicht oder nur zögernd zu ergreifen. Kurfürst Georg Wilhelm von Brandenburg hatte vertragliche Zugeständnisse machen müssen. Johann Georg von Sachsen sollte ebenso behandelt werden, zierte sich aber lange.

Im Sommer musste allerdings auch Tillys Lagebeurteilung desaströs ausfallen. Er trieb den Kurfürsten von Sachsen in die Arme Gustav Adolfs. Mit seinen Einmarschdrohungen und der ultimativen Aufforderung, die nach dem Leipziger Schluss geworbenen Truppen unter kaiserliches Kommando zu stellen,[148] sorgte er für eine politische Wende in diesem Krieg, denn er einte die bisher so zögerlichen Protestanten. Der Kurfürst ließ den Delegierten Tillys angeblich ausrichten, dass das sächsische Konfekt, das man sich aufgespart habe, auch Nüsse enthalte und nicht leicht zu verdauen sein werde.[149]

Warum sich Tilly ausgerechnet in dem Moment, als in Frankfurt am Main neue Ausgleichsgespräche beginnen sollten, den bis an die Grenze der Selbstaufgabe kaisertreuen Kurfürsten zum Gegner machte, bleibt sein Geheimnis. Wollte er die Frankfurter Verhandlungen torpedieren, obwohl inzwischen selbst die katholischen Theologen zum Vergleich rieten?[150] Er musste die sächsische Flanke sichern und benötigte dringend Proviant. Anfang September ließ er Merseburg einnehmen. Damit trug er den Krieg nach Sachsen. Unabhängig von ihrer herrschaftlichen Zuordnung besetzte er danach Städte wie Weißenfels, Naumburg oder Jena. Zudem forderte Tilly den Kurfürsten noch einmal auf, sich dem Kaiser anzuschließen, ansonsten werde er ihn zum Gehorsam zwingen. Johann Georg antwortete, er hätte nicht erwartet, dass dies der Dank für seine Kaisertreue sei. Das Plündern und Anzünden seiner Städte, das Foltern seiner Regierungsräte und Beamten, die öffentliche Schändung der Frauen und das flehentliche Bitten seiner Untertanen zwängen ihn, über Mittel nachzudenken, die Abhilfe schaffen könnten.[151] Der Kurfürst akzeptierte das schwedische Bündnisangebot am 11. September 1631 in Torgau. Der Krieg hatte sich aus seiner

Sicht verändert. Er war «nunmehr vor einen Religionskrieg zu achten». Kirchen und Schulen aber mussten verteidigt werden.[152] Kurz vor seinem Tod beklagte Gustav Adolf die aus seiner Sicht stets zweideutige Haltung der Reichsfürsten. Sie wollten den Kaiser noch immer «liebkosen», obwohl dieser offenkundig den «Religions- und Prophanfrieden» gebrochen habe.[153]

Mit der ihm nun unterstellten sächsischen Armee verfügte der König über mehr Soldaten, als Tilly aufbieten konnte. Sachsen sollte befreit und der Krieg in die kaiserlichen Erblande getragen werden. Die Vereinigung der kampferprobten Schweden mit den unerfahrenen Sachsen erfolgte vier Tage später bei Düben. Als Johann Georg erfuhr, dass am 15. September 1631 Leipzig vor der Armee Tillys kapituliert hatte, optierte er für eine sofortige Schlacht. Bei Breitenfeld nördlich von Leipzig trafen die Armeen zwei Tage später aufeinander, und danach war alles anders.[154] Die beiden Heerführer hatten eine Entscheidung gesucht. Tilly kommandierte etwa 37 000 Mann. Er vertraute auf seine kampferprobte Infanterie, die nach spanischem Muster auf zwölf große Tercios verteilt war. Sie ließen sich zwar nur schwer überrennen, besaßen aber den Nachteil, dass jeweils nur etwa die Hälfte der Soldaten aktiv in das Kampfgeschehen eingreifen konnte.

Die Schweden und Sachsen zogen mit gut 40 000 Soldaten und einer überlegenen Artillerie von Norden heran, als sie unter den Beschuss der Kanonen Tillys gerieten. Die eigenen Geschütze erwiderten das Feuer. Gustav Adolfs Schlachtordnung bestand aus kleinen Einheiten. Sie war deutlich breiter, vor allem aber beweglicher und aufgrund der starken Reservekräfte tiefer gestaffelt als diejenige des Gegners. Die in höchstens sechs Reihen hintereinander aufgestellten Musketiere konnten ihre Formation schnell öffnen und schließen, sodass sie die Entfaltung der Kavallerie wenig behinderten. Darüber hinaus trafen die in und zwischen den Reitern operierenden Musketiere den Feind wirkungsvoller, als dies mit den Pistolen und Karabinern der Reiterei möglich war.

Das von Gustav Adolf befehligte schwedische Zentrum bestand aus mit Kavallerie verstärkter Infanterie. Die Zahl der mit leichten Musketen bewaffneten Schützen, die keine Stützgabeln benötigten, war zu Lasten der Pikeniere vergrößert worden. Auf dem linken Flügel, östlich der Straße von Leipzig nach Düben, operierten die teils neu geworbenen, teils aus Miliztruppen bestehenden sächsischen Verbände, die über zu wenige Musketen klagten. Sie wären Gustav Adolf beinahe zum Verhängnis geworden.

Das linke Zentrum bildete die schwedische Kavallerie unter dem erfahrenen General Gustav Horn, der in Rostock, Jena und Tübingen studiert hatte, und auf dem rechten Flügel stand der Rest der von General Johan Banér befehligten Reiterei.

Nach dem fast zweistündigen Artilleriefeuer griff Tilly mit der Masse seiner Infanterie den linken Flügel der Schweden an. Die sächsische Kavallerie geriet schnell in Unordnung. Sie riss die anderen sächsischen Verbände mit. In großer Konfusion und Panik schossen die Soldaten teilweise auf die vor ihnen stehenden eigenen Soldaten und desertierten unter Plünderung des schwedischen Trosses und unter Verlust von 3000 Mann nach Eilenburg. Der Kurfürst folgte ihnen, angeblich um sie zu sammeln und sicher nach Leipzig zu bringen.[155] Peter Hagendorf berichtet in lakonischer Kürze, die ganze bayerische Armee sei besiegt worden, außer den vier Regimentern auf dem rechten Flügel, die auf die Sachsen getroffen seien und diese «alsbald in die Flucht geschlagen» hätten.[156]

Allein zwei sächsische Kavallerieregimenter hielten den Angriffen stand und unterstützten den nunmehr linken Flügel der Schweden unter Horn, der mit der Infanterie aus der zweiten Reihe eine abknickende Front gegen die Kaiserlichen bildete und mit seiner Kavallerie eine Gegenattacke startete. Die größere Flexibilität der Schweden war ausschlaggebend, denn sie konnten während des Kampfes schnell ihre Richtung ändern. Dagegen verlor Tilly durch seinen Schwenk den Kontakt mit den Truppen Pappenheims. Gustav Adolf griff gegen fünf Uhr das überdehnte Zentrum des Gegners an, in dem nur noch drei Reiterregimente standen. Die unter starken Beschuss geratenen Truppen Tillys wichen zwar geordnet zurück, gerieten dann aber unter das Feuer der schwedischen Artillerie, die ihre Stellung gewechselt hatte. 6000 Kaiserliche fielen, 3000 weitere wurden auf der Flucht gefasst oder von Bauern erschlagen, etwa 7000 waren verwundet. Der durch einen Schuss verletzte 72-jährige Tilly wurde im Schutz der einbrechenden Dunkelheit in Sicherheit gebracht.

Über diese Schlacht, die der schwedisch-protestantischen Zweckkoalition ungeahnte Möglichkeiten eröffnete, berichtet ausführlich Oberst Monro: «An diesem Donnerstag, dem 7. September 1631 zogen wir dann gegen 12 Uhr trotz des wütenden Feuers der feindlichen Artillerie und des Geländevorteils, den der Feind hatte, unsere Geschütze vor, bis sie vor dem Feind standen. Dann brüllten unsere Kanonen los, große und kleine, und zahlten dem Feind mit gleicher Münze zurück. Dieses Artilleriefeuer dauerte dann auf beiden Seiten etwa zweieinhalb Stunden. Während dieser Zeit standen unsere Schlachtreihen der Infanterie und der Kavallerie fest wie eine Mauer, obwohl die Kanonenkugeln ab und zu große Lücken in die Formationen unserer Leute rissen. Aber durch die Wachsamkeit der Offiziere und dadurch, dass alle Hände mit anpackten, wurden die Lücken sofort wieder geschlossen, und die Verwundeten wurden auf die Seite zu den Feldschern gebracht. [...] Dann feuerte die feindliche Infanterie zwei Musketensalven in die Sachsen, die sich nun mit der Infanterie und der Reiterei zur Flucht wandten, wobei sie der Feind verfolgte, bereits Viktoria rief, als sei die Schlacht schon gewonnen, und so noch vor dem Sieg triumphierte. Aber unsere Kavallerie und Infanterie griff den Rest der feindlichen Reiterei und Infanterie dort an, wo ihr General seinen Posten hatte. Sie wurden gezwungen, sich in völliger Unordnung nach der anderen Seite gegen Leipzig zu zurückzuziehen, während die Infanterie der schwedischen Armee noch immer stand und bisher nicht einen einzigen Musketenschuss abgefeuert hatte. [...] Der Sieg war unser, und wir lagerten in der Nacht auf dem Schlachtfeld, die Lebenden fröhlich und vergnügt, jedoch ohne Trunk während dieser Nachtwache, ihrer toten Kameraden und Freunde wegen, die auf dem Feld der Ehre lagen. Die Lebenden waren froh, dass der Herr ihre Tage verlängert hatte, so konnten sie sich der letzten ehrenvollen Pflicht unterziehen, ihre toten Kameraden zu begraben. Freudenfeuer aus den Trümmern der feindlichen Munitionswagen und der weggeworfenen Piken des Feindes wurden angezündet, da es an Leuten mangelte, die diese Piken noch brauchen konnten. Die ganze Nacht über aber gaben die Sachsen, unsere tapferen Kameraden, Fersengeld, weil sie dachten, es sei alles verloren. Dafür plünderten sie unsere Wagen und unser Gepäck als gute Belohnung für diese elenden Tröpfe, die ihren Herzog im Stich gelassen und die gute Sache und ihr Land verraten hatten, während wir als Fremde unser Leben für ihre Freiheit einsetzten.»[157]

Monro berichtet ohne diplomatische Rücksichten. Er beobachtete eine ihm unverständliche Passivität und mangelnde Bereitschaft, mit dem eigenen Leben für die Freiheit und Wohlfahrt des Vaterlandes einzutreten. Die Sachsen hatten sich seines Erachtens kläglich verhalten und den Tross der eigenen Verbündeten geplündert – schlimmer ging es aus Sicht eines Offiziers nicht mehr. Doch statt eines Strafgerichts wurden die Sachsen hofiert. Gustav Adolf brauchte sie als Verbündete, weil sie ihm politisch und militärisch den Rücken bei seinen weiteren Vorstößen freihalten sollten.

Nach dieser verheerenden Schlacht verfügte Tilly auf seinem Sammelplatz in Halberstadt über gerade noch 13 000 einsatzfähige Soldaten. Am
23. September marschierte die geschlagene Armee ins Stift Hildesheim
und zog von dort über Corvey ins Bistum Paderborn. Auf dem Weiter-
marsch durch Hessen wurden einige Armeekorps bei Ziegenhain in ein
Gefecht mit der dortigen Garnison verwickelt. Danach verstärkte sich
Tilly mit den Fuggerschen und den Aldringischen Verbänden und zog
durchs Fuldische zurück an den Main.[158] Er wählte diesen Weg, um auf
seinem Rückzug nach Oberdeutschland bzw. Bayern, das nun vor den
Schweden gesichert werden musste, nicht in eine weitere Schlacht verwickelt zu werden.

Die schwedischen Sieger sammelten sich mit ihren 120 erbeuteten Fahnen
in Halle. Sie hatten etwas mehr als 2000 Soldaten eingebüßt, die durch die
ihren Dienstherrn wechselnden Kaiserlichen mehr als wettgemacht wurden. Die Propaganda feierte den spektakulären Sieg als Triumph der Protestanten und als göttliche Strafe für die Einäscherung Magdeburgs. Tilly
hatte zwar die Jungfrau bezwungen, doch die Hochzeit war ihm gründlich
vergällt worden. Die Vermählungsmetapher ließen sich die Flugblätter
nicht entgehen. Da Tilly das Hochzeitsgewand nicht mehr haben wollte
und nicht bezahlen konnte, drohte «der zornige Frantzösische Schneider»
ihm einen «Sterbekittel» anzufertigen.[159] Ein anderes Blatt sah das «Magdeburger Konfekt» gründlich verdorben,[160] ein weiteres stellte die Niederlage als Prügelstrafe Gustav Adolfs dar.[161] Anders als die unverhüllte Häme
der Medien deuteten die lutherischen Prediger den Fall Magdeburgs auch
als ein Zeichen, dass Mauern, Wälle und Zwinger zum Schutz nicht ausreichten. Hinzutreten müssten «Gottesfurcht, Gerechtigkeit und Einigkeit». Jeder solle sich Magdeburg, das im «großen Lutherischen Jubel Jahr»
noch eine feste Stadt gewesen, heute aber ein «Steinhaufen» sei, ein Exempel sein lassen.[162]

Magdeburg war ein Wendepunkt. Die zuvor uneinigen und besiegten
Protestanten hatten sich zusammengefunden und die kaiserlich-katholischen Heerscharen entscheidend besiegt. Der Zorn Gottes hatte Magdeburg ausgelöscht, dessen Einwohner aber zu Märtyrern gemacht, denn mit
der Apokalypse dieser Stadt begann die Zurückdrängung des Antichristen.
Der Löwe aus Mitternacht bezwang bei Breitenfeld die Monster der Apokalypse – den Papst, den Kaiser, die Jesuiten, die Liga –[163] und rettete den
wahren Glauben.

Es lag in der Macht der Pfarrer und Publizisten, Niederlagen als Strafen Gottes, Siege als Zeichen der Versöhnung und des Aufbruchs in eine neue Ära zu interpretieren. Biblische Analogien gab es dafür reichlich, und Gottes Wille war eine disponible Größe. Der Sieg von Breitenfeld sorgte im evangelischen Milieu für Gewissheit; der Deutungskosmos war wieder im Lot. Gott hatte seinem Werkzeug Gustav Adolf den Sieg verliehen und drängte ihn weiter auf die Bahn gegen den Antichristen, die ihn zunächst an Main und Rhein in die sogenannte Pfaffengasse führte.

Dass der König nach Breitenfeld der strahlende Held war, während für Johann Georg nach der schmählichen Flucht seiner Soldaten nicht einmal eine Statistenrolle blieb, ließ diesem keine Ruhe. Sebastian Dadler fertigte wohl auf sein Geheiß erneut eine Medaille, die das Geschehen nun so deutete, dass der kursächsische Anspruch auf die Führung der deutschen Protestanten gewahrt blieb. Auf der Vorderseite finden sich drei triumphierende Allegorien – Gerechtigkeit, Beständigkeit, Gottesfurcht –, darüber die Segenshand, die Strahlkraft Gottes (Jehova) und die Inschrift «Gott mit uns». Die Rückseite zeigt eine Schlachtenszene, über der ein Engel mit Flammenschwert schwebt. Die lateinische Umschrift erinnert daran, dass der Sieg Gottes Hilfe zu verdanken war. Jeder Hinweis auf Gustav Adolf fehlt.[164] Ihn verherrlichte Dadler im gleichen Jahr als Soldat Christi, der den apokalyptischen Drachen und weitere Ungeheuer vertrieben hat.[165]

Die weltlichen Sieger hielten in Halle Kriegsrat. Gustav Adolf hatte seine Ziele erreicht. Die deutsche Ostseeküste war in seiner Hand, ebenso das Vorfeld bis zur Elbe. Eine habsburgisch-katholische Bedrohung Schwedens gab es nicht mehr. Die nord- und mitteldeutschen Protestanten durften aufatmen. Die gegenreformatorische Dynamik des Restitutionsedikts war gestoppt, die Katholiken befanden sich auf dem Rückzug. Gustav Adolf dachte jedoch nicht an einen Kompromissfrieden oder die Sicherung des Erreichten. Er strebte weiter, ohne sein Ziel zu kennen. Sein Kompass war nicht der Kampf gegen den Antichristen, sondern er wollte in die Bistümer im Zentrum des Reiches, die gute Winterquartiere versprachen. Politisch hätte er sich im Herbst 1631 mit einer «wohlwollenden Hegemonie», der auch von den Reichsständen akzeptierten Dominanz über ein protestantisches norddeutsches und nun nach Süden zu erweiterndes Glacis zufriedengegeben. Gustav Adolf wäre damit an die Stelle des Kaisers getreten.

Sebastian Dadlers Medaille verherrlicht Gustav Adolf als Sieger über den Drachen der Apokalypse und weitere Ungeheuer.

Was also wollte Gustav Adolf im Herbst 1631? Zunächst einmal durchkreuzte sein Feldzug die Friedensabsichten Johann Georgs, den der König für einen unsicheren Kantonisten hielt. Der Kurfürst setzte weiter auf den Frankfurter Kompositionstag, um auf der Basis des Leipziger Schlusses einen allgemeinen Reichsfrieden auszuhandeln und der Reichsverfassung neue Geltung zu verschaffen; eine Beteiligung Schwedens war dort nicht vorgesehen. Johann Georg lehnte auch Partikularverhandlungen zwischen Sachsen und dem Haus Österreich ab. Er wollte keinen separaten Frieden, sondern das in Agonie liegende «Vaterlande deutscher Nation» retten.[166]

Gustav Adolf zog es mit aller Macht in die Pfaffengasse, alles Weitere konnte später geregelt werden. Er diktierte nun dem katholischen Reich das Gesetz des Handelns, während die kursächsische Armee die Habsburger beschäftigen sollte. Arnim, der sächsische Oberbefehlshaber, fiel jedoch nicht, wie in Halle verabredet, in Schlesien, sondern in Böhmen ein und eroberte Mitte November Prag und Friedland. Die böhmischen Exulanten feierten bei ihrer Rückkehr Freudenfeste. Aufständische Bauern plünderten die walleinsteinische Herrschaft Neuschloss. In Münchengrätz war sogar der Hauptmann mit den Aufständischen verbündet; der Herzog bestrafte ihn später mit dem Tod. Wallensteins Güter wurden von Exulanten beansprucht. Um diese zu retten, musste er sich entweder schnell mit Sachsen und Schweden arrangieren oder neuerlich in kaiserliche Dienste treten und Böhmen von den feindlichen Soldaten und den lästigen Rückkehrern in ihrem Gefolge befreien.[167]

Nicht nur Arnim, auch die Schweden korrespondierten mit Wallenstein über einen Wechsel ins antihabsburgische Lager und einen möglichen Frieden. Es blieb jedoch bei Andeutungen, die nicht belastbar waren. Dies gilt auch für die 12 000 Soldaten, die der Friedländer angeblich von den Schweden als Voraussetzung einer Erhebung forderte. Die Sachsen zog es vielleicht auch wegen Wallenstein nach Böhmen. Mit ihm sprach Arnim am 30. November über die Bedingungen eines Friedens, wohl eines deutschen Friedens. Der sächsische Oberbefehlshaber erfuhr nun, dass der Herzog eine neue kaiserliche Armee aufbaute.[168] Der sächsische Einfall in Böhmen hatte den Friedländer offenbar endgültig in die offenen Arme des Kaisers getrieben.

Gustav Adolf ignorierte das böhmische Theater. Er marschierte von Halle aus nach Süden über Querfurt nach Erfurt. Nachdem Gespräche mit den Gesandten der Stadt ergebnislos verlaufen waren, ritt Herzog Wilhelm IV. von Weimar am 31. September mit einem Reiterregiment vor die Stadt und erhielt Einlass. Er hatte mit seiner undurchsichtigen Bündnispolitik die Gunst des schwedischen Königs verspielt und stand unter Bewährung. Dennoch vertraute ihm Gustav Adolf ein Kommando an und beförderte ihn zum Generalleutnant – das Bündnis mit Sachsen-Weimar unterzeichnete der König jedoch nie.[169] Wilhelm erklärte den Erfurter Bürgern, die für den Oberst Monro allesamt «Katholiken, Jesuiten und Mönche» waren,[170] die Stadt müsse eine Garnison aufnehmen und die Stadtschlüssel übergeben. Nach kurzer Beratung willigte der Magistrat in das Unvermeidliche ein.

Der schwedische König zog am 2. Oktober in die reiche Stadt. Er hörte sich geduldig die Klagen der Bürger an, wies jedoch alle Einwände unter Verweis auf die Kriegszeiten und das Recht des Siegers zurück. Vor seinem Offizierskorps und den städtischen Honoratioren erklärte er, nicht als Eroberer, sondern aus Erbarmen mit dem jämmerlichen Zustand seiner Blutsfreunde, Glaubensgenossen und der «notleidenden Libertät» gekommen zu sein, um das «allgemeine evangelische Wesen» und die «politische Freiheit» auf eine feste Basis zu stellen. Gott habe ihm geholfen, Pommern, Mecklenburg, die Mark, Sachsen und Magdeburg zu befreien. Jeder müsse das Seine zum Sieg beitragen. Wer nicht mit ins Feld ziehe, solle Geld aufbringen. Die Erfurter Garnison sei unverzichtbar, denn dieser Ort, in dem vielen Bewohnern nicht zu trauen sei, dürfe nicht in die Hände der Feinde fallen. Die katholische Religion in der Stadt werde geduldet, sofern die Kontributionen regelmäßig eingingen.[171]

Die schwedische Machtübernahme kommentierte der Dichter Paul Fleming nicht als Eroberung, sondern als Befreiung aus Mainzer Gefangenschaft. Der Priester Caspar Heinrich Marx, in den 1630er Jahren Mitglied der katholischen Minderheit in Erfurt, betrachtete hingegen nicht nur die schwedische Garnison und Beute suchende Soldaten, sondern auch die lutherische Mehrheit mit Argwohn. Er monierte, dass die Protestanten ihrem Hass auf die Papisten freien Lauf ließen und der Rat 1633 mit schwedischer Rückendeckung alle Geistlichen vertrieben habe, die ihm nicht die Treue schwören wollten.[172] Die schwedische Besatzung dauerte fast 20 Jahre, abgesehen von einer kurzen Unterbrechung als Folge der Niederlage bei Nördlingen. Erfurt wurde zum Hauptstützpunkt des Vormarsches der Schweden und zur Drehscheibe ihrer Deutschlandpolitik.[173]

Gustav Adolf übergab Herzog Wilhelm IV. die Militärverwaltung Thüringens. In der Bestallungsurkunde rückte der König sich selbst erneut ins rechte Licht. Die von Gott verliehenen Siege verpflichteten ihn, die «siegreichen Waffen ferner zu transportieren». Deswegen habe er den Herzog beauftragt, mit anderen Fürsten, Grafen und Städten in Thüringen ein Armeekorps aufzubauen, das aus den Kontributionen sowie den konfiszierten Geldern und Gütern unterhalten werden solle. Er habe den Herzog zum «Gouverneur und Statthalter» über Erfurt ernannt. Zur Unterstützung und Kontrolle erhielt dieser einen schwedischen Kriegsrat, der dem König kontinuierlich berichten sollte.[174] Wilhelm IV. verpflichtete sich, alle Aufträge des Königs auszuführen; eine Bestätigung erhielt er nie.[175] Es blieb bei dem angesprochenen einseitigen Verhältnis.

Der König orientierte sich rhetorisch an den Wünschen der Protestanten, ließ sie aber spüren, wie wenig er ihnen traute und dass nur er das Sagen hatte. Für die auf ihre Autonomie stolzen Reichsfürsten war dies eine bittere Lektion. Sie mussten Gustav Adolf zugestehen, was sie dem Kaiser verweigert hatten. Der König, der sein Eintreten für die deutsche Freiheit bei jeder Gelegenheit betonte, nahm ihnen diese mit dem Recht des Stärkeren. Selbst die Weimarer Ernestiner, von denen mit Wilhelm IV. und Bernhard zwei der vier noch lebenden Brüder führende Positionen in der schwedischen Armee bekleideten und deren Bruder Ernst kurz darauf zum Statthalter in Franken ernannt wurde, erreichten keine territorialen Zugeständnisse. Gustav Adolf verteilte seine Gunst und die eroberten Landstriche nach Gutdünken und war für seine Allianzpartner unberechenbar.

Bevor der König am 7. Oktober über Arnstadt und Ilmenau nach Franken abmarschierte, ließ er zur Abschreckung noch einen Soldaten auf dem Erfurter Marktplatz hängen, der ein katholisches Bürgerhaus geplündert hatte.[176] Als protestantischer Racheengel gebärdete er sich nicht. Stattdessen warb er in der gemischtkonfessionellen Stadt um Vertrauen. Er wollte sie zu einer Regierungszentrale und uneinnehmbaren Festung ausbauen. Ob Schweden in Deutschland imperiale oder hegemoniale Strukturen anstrebte, ist letztlich unerheblich.[177] Der König setzte die Regeln. Ihm ging es weniger um eine evangelische Werte- als um eine auf ihn ausgerichtete Machtordnung. In die inneren Belange seiner Partner griff er selten ein. Er setzte sich an die Stelle des Kaisers und ging davon aus, dass beim bloßen Austausch der Regierungen die eingespielten Strukturen Stabilität verbürgten.

Pfaffengasse

Das schwedische Heer zog in zwei großen Marschkolonnen nach Franken: Gustav Adolf über den Thüringer Wald nach Schweinfurt, Generalleutnant Wolfgang Heinrich von Baudissin über Schmalkalden nach Neustadt. 14 000 schwedische Fußsoldaten und 6000 zu Pferd lagerten zwei Tage lang in der Herrschaft Schmalkalden und verhielten sich aus Sicht der Einheimischen «gar feindlich»[178]; laut Oberst Monro waren sie gut untergebracht.[179] In Franken nahm Gustav Adolf zuerst Königshofen in Besitz, danach Schweinfurt, das seine Tore Mitte Oktober bereitwillig öffnete. Würzburg kapitulierte vor der wieder vereinten schwedischen Armee. Die Festung Marienberg musste vier Tage lang gestürmt werden. Die Soldaten wurden niedergehauen, die dorthin geflohenen Nonnen und Bürgersfrauen gefangen genommen. Bischof Graf Franz von Hatzfeld war geflohen. Die Schweden machten in seiner Residenz reiche Beute und sandten viele Bücher nach Uppsala, andere landeten in Gotha.[180]

Ein Teil des in Franken geraubten Viehs trieben die Soldaten zurück bis nach Meiningen, um es dort zu einem Viertel des üblichen Marktpreises zu verhökern.[181] Ein solches Überangebot ließ auch im Krieg die Preise purzeln. Der Verlust der Vorbesitzer wurde zum Gewinn der Käufer. Derartige Umverteilungen waren an der Tagesordnung. Als die Bauern des bayerischen Dorfes Machtlfingen in einer vergleichbaren Situation den inzwischen betrunkenen schwedischen Freibeutern ihren Raub wieder abnehmen wollten, mussten sie feststellen, dass diese zusammen mit den

Bauern von Herrsching einen Teil der Beute verzehrten.[182] Von Göttingen aus wurden seit 1626 von Soldaten und Bürgern gemeinsam regelmäßig Plünderungszüge ins benachbarte kurmainzische Eichsfeld unternommen. Die dortigen Bauern und spanische Soldaten revanchierten sich auf ähnliche Weise. Das erbeutete Vieh wurde meist auf dem Göttinger Markt an Angehörige der Garnison oder an Bürger verkauft. Überraschend sind nicht die Plünderungen, sondern dass Bürger und Bauern den Soldaten dabei kaum nachstanden. Göttingen war eine «zentrale Verteilungsstelle von Plünderungsgut, die Bürger fungierten als Hehler».[183]

Es gehört zu den Erfahrungen dieses Krieges, dass auf Solidarität unter Nachbarn kein Verlass mehr war. Bürger und Bauern beteiligten sich an Plünderungen und kauften billig das geraubte Vieh, das die Soldaten loswerden wollten. Dies war besonders übel, wenn sie dadurch den vormaligen Besitzern die Chance nahmen, ihren Besitz durch Zahlung eines Lösegeldes zurückzuerhalten. Die ohnehin großen Animositäten steigerten sich merklich, wenn Katholiken die Bereicherung am Hab und Gut von Protestanten und umgekehrt vorgeworfen wurde.[184] Der lutherische Pfarrer Martin Bötzinger aus Poppenhausen schreibt in seinen Aufzeichnungen, die Protestanten hätten in der Zeit der Schwedenherrschaft ihren katholischen Nachbarn geholfen und deren Vieh so gut wie möglich verwahrt. Als im Jahr darauf Wallenstein und Tilly kamen, habe man bei den Katholiken «keine Treue und Sicherheit» gefunden. Sie hätten sogar beim Rauben und Niederbrennen geholfen.[185]

Dieses Verhalten war Teil der Selbsterhaltungsstrategien, die dieser Krieg lehrte. Wenn sich Soldaten näherten, waren Leben und Besitz in Gefahr. Gegen kleinere Soldatenhaufen konnten sich die Bauern notfalls mit Gewalt wehren. Besser war es allerdings, sich mit den Söldnern zu verständigen und jede Eskalation zu vermeiden. Ansonsten wurden schnell Teile der Einrichtungen oder der kostbaren Ackergeräte zerstört, wenn nicht ganze Dörfer angezündet. Kamen die Soldaten als Feinde, gehörten das Einfliehen in befestigte Orte und der Kauf von Schutzbriefen (Salva Guardia) zu den Maßnahmen, um die Bedrohung zu mindern und die Felder weiterhin bebauen und ernten zu können.[186]

Wenn Soldaten die Nutz- und Zugtiere entführten, Unwetter oder Mäuseplagen die Vorräte vernichteten, musste man sich mit den nicht betroffenen Nachbarn arrangieren. Wurde dann die Solidarität verweigert, blieb nur die Selbsthilfe. Zugvieh war für jeden bäuerlichen Betrieb überlebenswichtig. Pferde und Ochsen wurden jedoch häufig gestohlen und mussten oft mehrfach zurückgekauft werden. Bargeld war deswegen von größter Bedeutung. Es garantierte die schnelle Umverteilung der Beute und hielt den Wirtschaftskreislauf in Gang. Die addierten Ausgaben und Verluste eines Gebietes überstiegen häufig bei weitem den Gesamtwert aller Güter. Ihre Kriegskontributionen bezifferte die Stadt Schwäbisch Hall auf mehr als 3,5 Millionen Gulden. Der gesamte Besitz ihrer Bürger war vor dem Krieg jedoch nur etwas mehr als eine Million Gulden wert gewesen. Geld und Waren müssen also in erheblichem Umfang in die städtische Wirtschaft zurückgeflossen sein.[187] Die Substituierung der Kriegsverluste gelang fast überall in erstaunlichem Maß. Gebäude wurden repariert oder wieder aufgebaut, Äcker bestellt und geerntet, Rinder und Pferde erworben. In bayerischen Hofmarken verloren die Bauern zwischen 1632 und 1648 doppelt so viele Pferde und Rinder, als dort 1671 insgesamt vorhanden waren.[188]

Parallel zum schwedischen Vormarsch erschien auch Tilly in Franken. Er hatte sich im Oktober bei Aschaffenburg mit den Truppen Karls IV. von Lothringen verstärkt, der von den Franzosen aus seinem Herzogtum vertrieben worden war. Trotz zahlenmäßiger Überlegenheit wagte Tilly es nicht, die Schweden anzugreifen, sondern zog in die Markgrafschaft Ansbach und die bayerische Oberpfalz. Gegen den offen geäußerten Verdacht, Maximilian habe nur den Schutz Bayerns im Sinn gehabt und Tilly den Rückzug befohlen, sprechen die Briefe des greisen Feldherrn. Er rechtfertigte sich mit der Stärke und den sicheren Stellungen des Feindes, dem Proviantmangel, einer drohenden Meuterei und den Weintrauben, die seinen Soldaten nicht bekommen seien.[189] Tilly war müde. Er wollte 1631 keine weitere Schlacht und fand Rückendeckung bei Maximilian, der die geistlichen Ligafürsten ihrem Schicksal überließ. Das Flugblatt, in dem Gustav Adolf einen Postboten aussandte, um den berühmten Feldherrn zu suchen, der sich verkrochen habe, hatte so unrecht nicht und tat seine propagandistische Wirkung.[190]

Die Schweden waren im Siegermodus, und die protestantischen Pamphlete gewannen Oberwasser. Auf der anderen Seite verschlossen sich zwar auch strikte Verfechter gegenreformatorischer Positionen wie Adam Contzen, der Beichtvater Kurfürst Maximilians, nie der Einsicht, dass unter bestimmten Umständen ein Friede ausgehandelt werden müsse. Sie vertrauten auf den göttlichen Beistand und sahen vorerst keine Notwendigkeit für Kompromisse.[191] Sie hofften, dass sich das Blatt bald wieder wenden würde. Andere Katholiken meinten, Gott habe niemandem den Sieg versprochen. Nicht göttliche Vorsehung, menschliche Klugheit müsse im Krieg die eigenen Schritte lenken.[192]

Auf katholischer Seite folgten der Niederlage von Breitenfeld erste Neutralitätsbestrebungen[193] und vage Friedensangebote. Selbst in München wurde über Glaubenskriege und Neutralität aus Gründen der Staatsräson diskutiert.[194] Doch nach einer Intervention Contzens änderte der Kurfürst Ende 1631 die bayerische Instruktion zum Ligatag in Ingolstadt. Ursprünglich sollte es heißen, da die Pläne Gottes unbekannt seien, bleibe offen, ob er die Katholiken zum Sieg führen oder wegen ihrer Sünden ins Unglück stürzen wolle. Deswegen müsse notfalls Frieden gesucht werden. Contzen verdammte diese Haltung als mangelndes Gottvertrauen, denn die Helden des Alten Testaments hätten auf Geheiß Gottes gegen jede Übermacht gekämpft.[195] Maximilian schloss sich seiner Meinung an, weil er wie der Kaiser überzeugt war, einen Heiligen Krieg zu führen, der den Katholiken die Übermacht im Reich bringen werde.

Diese Gewissheit eines siegreichen Kreuzzuges für den eigenen Glauben prägte nach Breitenfeld auch wieder die evangelischen Pamphlete. Auch sie inszenierten den Krieg nach alttestamentarischen Mustern.[196] Aus dem Strafgericht Gottes mit den erlittenen apokalyptischen Plagen wurde der heilsgeschichtliche Endkampf. Die Gewissheit, dass Gott mitkämpfte, mobilisierte viele Gläubige. Die göttliche Beauftragung war eingeführt und erschien plausibel. Die Katholiken hatten auf die Hilfe Marias und den göttlichen Beistand vertraut und die Siege Tillys und Wallensteins als Belege für Gottes Hilfe gedeutet.[197] Nach Breitenfeld ging es für viele Protestanten nicht mehr nur um die Reichsverfassung oder die Sicherheit Schwedens, sondern direkt um die Vernichtung des Antichristen. Jeder schwedische Sieg bestätigte das Muster des gottgewollten Krieges, weil er die Protestanten von den Zumutungen der Katholiken befreite. Indem Gustav Adolf seine Erfolge als Siege Gottes ausgab, unterstrich er diese Deutung – unabhängig davon, ob er sich selbst als Werkzeug Gottes sah oder nicht. Der mediale Komplex, Autoren, Verleger, Drucker und Händler, verdiente gut daran, zumal der König und seine deutschsprachige Umgebung aus durchaus irdischen Gründen nicht widersprachen.[198]

Gustav Adolfs Siegeszug war im gemischtkonfessionellen Franken nicht zu stoppen. Nürnberg unterstellte sich nach kurzem Zögern ebenso wie die

Markgrafen von Ansbach und Bayreuth sowie die evangelischen Stände und Ritter dem Schutz des Königs. Er versicherte, sein Blut für alle «deutschen Patrioten» einzusetzen.[199] Würzburg und Bamberg behandelte er als Kriegsbeute. Er setzte eine neue Landesregierung mit zwei königlichen Statthaltern ein, verzichtete aber auf weitere Umgestaltungen. Den evangelischen Reichsstädten erklärte er, er werde «unsere Glaubens-Verwandte / aus dem unziemlichen Bedruck und Gewissens-Pressuren der Papisten mit Göttlicher Hilfe» retten. Er komme nicht «als Feind / sondern als Freund».[200] In einem Mandat für katholische Empfänger hielt der König hingegen fest, dass er die Untertanen «aus der Landesverderbern Hände mit Restitution ihrer Seelen und Leiber Freiheit erlediget» habe. Seines Erachtens hätten sich alle «als redliche Patrioten ihres Vaterlands Teutscher Nation» gegen die bei «allen freien Teutschen verhassten absoluten Dominats angesehene Prozeduren» wenden müssen und nicht gegen ihn kämpfen dürfen. Da dies nicht der Fall gewesen sei, übernehme er kraft Kriegsrecht die Regierung.[201]

In den protestantischen Städten Frankens, deren Händler seinen Krieg unterstützten und davon finanziell profitierten, stieß der König auf eine «breite, teils enthusiastische Sympathiebewegung». Angeblich knieten Nürnberger Bürger vor Stichen mit seinem Konterfei und beteten. Zwar lehnte er Divinisierungen seiner Person ab, doch als «*destinatus liberator & restaurator patriae*» ließ er sich gerne feiern. Die religiös motivierte und «schwärmerische Massenbewegung inmitten des Krieges» galt einem charismatischen König, der auch als «ein schlicht-frommer Christ», als Redner in deutscher Sprache und als Oberbefehlshaber die Massen mitzureißen verstand.[202]

Noch im November legten die Schweden Garnisonen nach Aschaffenburg und Hanau. Die stolze Stadt Frankfurt entzog sich zwar einem förmlichen Bündnis, musste jedoch den Durchzug gestatten und eine Garnison in Sachsenhausen dulden. Darüber hinaus verhandelte Gustav Adolf in der Messestadt mit den beiden hessischen Landgrafen und den Wetterauer Grafen über die weitere Zusammenarbeit. Georg von Hessen-Darmstadt, der bisher fest auf der Seite des Kaisers gestanden hatte, musste zwar seine Festung Rüsselsheim den Schweden überlassen, durfte aber neutral bleiben und wurde nicht einmal zu Kontributionen und Quartierstellungen verpflichtet. Der König sah in ihm offensichtlich einen Vermittler zum Wiener Kaiserhof.[203] Die anderen Stände des Rhein-Main-Gebietes arrangierten sich mit Gustav Adolf. Die Wetterauer Grafen stöhnten unter den hohen Kontributionen. Philipp Reinhard von Solms-Lich forderte sie dennoch auf, die Allianzbedingungen anzunehmen. Als Gegenleistung für die Zusage von Kontributionen in Höhe von monatlich 25 000 Gulden erhielten die Grafen ein schwedisches Schutzversprechen.[204]

Statt der Soldaten Tillys, Wallensteins oder der Spanier lagerten nun schwedische Truppen in der Grafenregion. Dass Standesgenossen wie Ludwig Heinrich von Nassau-Dillenburg oder Wolfgang Heinrich von Ysenburg sie befehligten, machte die Lage nicht besser. Der schwedische Kommandant von Hanau behandelte die Reichsgrafen wie Untertanen, die als calvinistische Sektierer froh sein müssten, dass sein König sie nicht vertrieben habe. Solche Äußerungen, die enormen Kontributionen, Einquartierungen und die Forderungen, Landesdefensionstruppen für die schwedische Armee abzustellen, störten den sozialen Frieden in der Wetterau. Kleinere schwedische Schenkungen aus Mainzer Besitz verbesserten die Stimmung nur wenig. Gustav Adolf behielt sich bei diesen Donationen undefinierte Zugriffsrechte vor. Alles blieb in der Schwebe, und das sollte wohl so sein, denn noch war unklar, wie eine künftige Ordnung Deutschlands aus schwedischer Sicht aussehen sollte.

Im Winter 1631/32 schlossen die Schweden zahlreiche Bündnisse mit Reichsständen wie den Herzögen von Braunschweig und von Württemberg oder Reichs- und Hansestädten. Gustav Adolf wurde als Oberhaupt anerkannt und im Februar als «Haupt und Direktor der evangelischen Defensionsverfassung» bezeichnet.[205] Über schwedisch garantierte Gebietsgewinne, Paderborn, Fulda, Corvey, evtl. sogar Münster, durfte sich Landgraf Wilhelm V. freuen, die Braunschweiger Herzöge über Hildesheim. In Thüringen gingen die Weimarer Herzöge letztlich leer aus, weil mit Herzog Georg von Braunschweig-Lüneburg ein weiterer schwedischer Heerführer das mainzische Eichsfeld beanspruchte. Erfurt behielt Gustav Adolf und stärkte die Stadt sogar gegenüber den Ernestinern, indem er ihr das umliegende Landgebiet unterstellte.[206] Die Weimarer Herzöge mussten sich mit Erfurt als Stachel in ihrem thüringischen Territorium abfinden.

Aus Angst vor den anrückenden Schweden löste sich der Frankfurter Kompositionstag kurz nach seiner Eröffnung auf. Die katholischen Gesandten wähnten sich in der Reichsstadt nicht mehr sicher. Die protestantischen Delegierten wunderten sich über deren abrupten Aufbruch, denn der Krieg mache nichts besser.[207] Es war absehbar, dass die Schweden als Nächstes das Kurfürstentum Mainz unter ihre Kontrolle bringen wollten. Erzbischof

Anselm Kasimir floh nach Köln. Gustav Adolf stieß jedoch zunächst weiter nach Süden vor und besetzte etliche Städte an der Bergstraße. Danach zog er an den Rhein, wo mit Hilfe der Ortskenntnisse eines Niersteiner Fährmanns der Übergang gelang. Die italienischen Verteidiger der Oppenheimer Sternschanze verließen gegen die Zusicherung des freien Abzugs sofort ihre Stellung[208] und wurden in die schwedische Armee aufgenommen. Monro kommentiert: «Aber sie zeigten sich undankbar und blieben nicht, sondern liefen in Bayern alle davon. Nachdem sie einmal die warme Sommerluft verspürt hatten, waren sie vor dem nächsten Winter alle verschwunden.»[209]

Die Oppenheimer Bürger waren froh, die Spanier bzw. Italiener los zu sein. In Erfelden, wo der König am 21. Dezember über den Rhein gesetzt hatte, wurde im nächsten Jahr eine Erinnerungssäule errichtet. Sie zierte ein gekrönter Löwe mit Schwert und Reichsapfel.[210] Die Schweden zogen weiter nach Mainz. Als die Verteidiger die Aufforderung zur Übergabe ablehnten, eröffneten die Schweden am 20. Dezember von Süden, von Kastel im Norden und von ihren Batterien auf dem Rhein aus das Feuer. Nach zweitägigem Beschuss bot der Stadtkommandant einen Akkord an, und am 23. Dezember durfte die Besatzung abziehen.[211] Da er in Mainz keine Regierung vorfand, nahm Gustav Adolf auch das Erzstift kraft Kriegsrecht in Besitz. Die Untertanen mussten ihm huldigen. Er versprach ihnen den schwedischen Schutz und Glaubensfreiheit.[212] Der katholische und auch der reformierte Glauben wurden toleriert, das Luthertum gefördert. Ob er Mainz für sich, für seinen Kanzler Oxenstierna oder für einen treuen Parteigänger unter den Reichsständen reservieren wollte, blieb offen – die Rückgabe an einen katholischen Geistlichen war wohl nicht vorgesehen.

Im Dezember fielen zudem Falkenstein und Königstein auf der rechten Rheinseite in die Hände hessischer Truppen. Die Spanier gaben die von ihnen in der Wetterau besetzten Festungen wie Friedberg und Braunfels kampflos preis.[213] Mannheim erhielt Anfang Januar eine schwedische Besatzung. Rheinabwärts sowie nahe- und moselaufwärts wurden die Spanier aus ihren Garnisonen vertrieben. Nachdem auch Kreuznach Anfang März kapituliert hatte, brach Gustav Adolf mit der Hauptarmee nach Franken auf. In der Pfalz setzten seine Generäle Horn, Christian von Birkenfeld und Bernhard von Weimar den Befreiungsfeldzug fort.[214] Im November 1632 übernahmen sie die Festung Frankenthal. Damit endete das zwölfjährige spanische Intermezzo. Die zugunsten des Krieges in den Niederlanden ausgedünnten spanischen Truppen hatten nur noch hinhaltenden Wider-

stand geleistet. Die Weltmacht gab ihre deutschen Stellungen nahezu
kampflos preis. Die 25 000 Soldaten, die Philipp IV. Anfang 1632 aufzubieten befohlen hatte, erschienen nicht bzw. viel zu spät auf dem deutschen
Schauplatz.

Gustav Adolf befehligte eine an fast allen Fronten siegreiche Armee.
Seine Truppen hatten Rostock, Wismar und Dömitz eingenommen. Im
Stift Bremen mussten die Kaiserlichen weichen, die Ligatruppen Magdeburg und Halberstadt aufgeben. Die deutschen Küsten wurden von Schweden kontrolliert, sodass keine feindlichen Truppen den Seeweg zum Mutterland stören konnten. Gustav Adolf hatte jedoch Schwierigkeiten, in den
eroberten Gebieten die Ordnung wiederherzustellen. Er glaubte sich nach
der Lektüre von Hugo Grotius berechtigt, die eroberten Länder wie
schwedische Provinzen zu behandeln. Selbst Landgraf Wilhelm V. erhielt
die aufgrund des Restitutionsedikts eingezogenen Landstriche nur unter
dem Vorbehalt zurück, dass diese beim Aussterben der Dynastie an die
schwedische Krone fielen.[215]

Der König übertrug das anachronistisch gewordene Lehensrecht in eine
moderne vertragsrechtliche Form. Die von ihm Bedachten vergrößerten
die schwedische Klientel im Reichsverband. Die Neuvergabe war einfach,
wo der König wie in Würzburg oder Mainz davon ausging, nach der Flucht
der vormaligen Herrscher schalten und walten zu können, wie es ihm beliebte. Graf Philipp Moritz von Hanau erhielt das Mainzer Amt Orb und
weitere ehemals Mainzer Gebiete und wurde zum schwedischen Obristen
über 1000 Fußsoldaten bestellt. Die Grafen von Solms durften sich neben
der Rückgabe von Braunfels über kleinere territoriale Arrondierungen
freuen. Dem Grafen von Erbach wurde das Mainzer Miltenberg als Musterplatz seines Regimentes zugewiesen. Graf Vollbrecht von Stolberg erhielt die 1581 an Mainz gefallene Grafschaft Königstein zurück. Ebenfalls
im Frühjahr schenkte Gustav Adolf seinem Reichskanzler Axel Oxenstierna
die Zisterzienserabtei Eberbach im Rheingau. Die Masse des Mainzer
Erzstifts blieb in schwedischer Hand.

Langsam bildete sich eine schwedisch-deutsche Führungsschicht des
von Gustav Adolf in welcher Form auch immer regierten evangelischen
Reiches. Dass er sich als Oberhaupt der evangelischen Stände empfand
und auch bezeichnete, mochte den mindermächtigen Fürsten gefallen, für
die Kurfürsten war es ein Affront. Der schwedische König suchte nach
der idealen Verfassung, die es ihm erlaubte, die Reichsfürsten zu beherr-

schen, ohne dass diese sich von ihm ab- und dem Kaiser zuwandten. Er musste das evangelische Deutschland so organisieren, dass es erfolgreich Krieg führen konnte, die schwedische Hegemonie aber nicht in Frage stellte. Was konnte unter schwedischem Dominat von der deutschen Freiheit übrig bleiben?[216] Gustav Adolf favorisierte eine Einung der Protestanten unter seiner Leitung.[217] Oxenstierna setzte dieses Projekt mit dem Heilbronner Bund 1633 um. Es war eine wohlwollende Hegemonie, oder präziser, ein von den Deutschen finanziertes schwedisches Sicherheitssystem.

Wie Wallenstein nutzte der schwedische König seine Soldaten, um die selbstbewussten Reichsstände gefügig zu machen. Er befehligte sechs größere Armeen, die zwischen Schlesien und Westfalen, der Ostsee und dem Oberrhein standen, und er unterhielt Garnisonen in mehr als hundert Städten. Ein schwedisches Verzeichnis addierte für Ende 1631 die eigenen Truppen samt ihrer deutschen Verbündeten auf über 100 000 Mann.[218]

Armeeteil/Kommandeur	Fußvolk		Reiterei	
	Regimenter	Mann	Kompanien	Mann
Rheinarmee/König	29	13 520	107	5 300
Hessische Armee/ Landgraf Wilhelm	15	8 000	32	2 000
Mecklenb. Armee	5,5	2 900	12	1 000
Fränkische Armee/Horn	18	5 161	92	3 119
Herzog Wilhelm von Weimar	5,5	3 000	24	1 000
Magdeburg. Armee/Banér	24	10 437	69	1 800
Armee Unterelbe/Tott	17	10 050	8	1 000
Erfurter Garnison	3,5	2 245	5	300
Garnisonen in Stralsund, Bützow, Warnemünde, Demmin, Anklam, Wolgast, Greifswald, Stettin, Damm, Kolberg, Stolp und Landsberg	14	9 916	4	500
Summe	134,5	88 739	361	16 019

Wie viele dieser Soldaten schwedischer Herkunft waren, ist unbekannt. Zu Beginn des deutschen Feldzuges bestand die Armee zu etwas mehr als der Hälfte aus geborenen Schweden. In der Schlacht von Lützen im November 1632 waren es nur noch gut zehn Prozent. Die Mehrheit bildeten deutsche Söldner und ein Block von fast 14 000 meist calvinistischen Schotten.[219]

9. Schicksal oder wie der Krieg seinen Helden verlor

Die Rückberufung

Angesichts des schwedischen Siegeszuges erwogen Kaiser Ferdinand und Kurfürst Maximilian, die Schweden in einen durch Frankreich zu vermittelnden Frieden einzubeziehen.[1] Im Zentrum ihrer Überlegungen stand allerdings der Ausgleich mit Brandenburg und Sachsen. Gustav Adolf hatte Landgraf Georgs Friedensplan an den Reichsrat weitergeleitet.[2] Er wollte selbst an den in Mühlhausen geplanten Beratungen teilnehmen, um seinen Anspruch zu untermauern, die Reichspolitik mitzugestalten. Die ihm übermittelten bayerischen Friedensbedingungen hatte er rundweg abgelehnt.[3] Er verlangte den Rückzug der Liga aus den protestantischen Gebieten und das Ende ihrer Unterstützung für den Kaiser. Darauf konnte sich Kurfürst Maximilian nicht einlassen.[4]

Gustav Adolf hatte in den deutschen Krieg eingegriffen, um die eigene Herrschaft über die Ostsee durch die Kontrolle der Gegenküste zu sichern. Dazu musste er die Macht des Kaisers zurückdrängen. Die Protestanten waren uneinig und hatten sich nicht mit allen Mitteln gegen Ferdinand II. gewehrt. Die schwedische Invasion und die Entlassung Wallensteins stoppten eine Entwicklung, die das Heilige Römische Reich in ein Imperium, ein monarchisch geführtes, aggressiv-expansives Reich hätte verwandeln können. Diese Vision endete mit dem schwedischen Siegeszug. Schemenhaft zeichnete sich Anfang 1632 eine schwedische Hegemonie in einem evangelischen nördlichen und mittleren Deutschland ab, während das katholische südlichere Reich unter habsburgisch-wittelsbachischer Kontrolle verblieb. Die Gefahr einer pragmatischen Reichsteilung schreckte die protestantische Publizistik auf. Sie forderte unbeirrt einen Romzug des Königs, um das Übel an der Wurzel auszurotten, das Papsttum zu vernichten und ein evangelisches Reich zu etablieren.

Ferdinand II. und Maximilian signalisierten unterdessen Zugeständnisse in der Glaubensfrage. Auf dem angesichts des schwedischen Vorstoßes in die Pfaffengasse schlecht besuchten Ingolstädter Ligatag wurde Ende 1631 über Wege zum Frieden beraten. Sollte man den Protestanten mehr entgegenkommen? Sollte man die eigenen Rüstungen verstärken? In der Wiener Hofburg herrschte seit Tillys Niederlage bei Breitenfeld Untergangsstimmung. Die Kassen waren leer, eine kaiserliche Armee, die diesen Namen verdient hätte, gab es nicht mehr. Tilly schien mit dem doppelten Kommando überfordert zu sein und nur auf Maximilian zu hören. Ferdinand II. berief deswegen Wallenstein etwa 15 Monate nach seiner Entlassung erneut an die Spitze einer von ihm aufzustellenden Armee. Es war das klare Eingeständnis einer Niederlage. Questenberg hatte dem Herzog schon im April 1631 angedeutet, dass sich der Wind am Kaiserhof drehte. Der Einfluss der Beichtväter und anderer Gegner des Friedländers sei zurückgedrängt worden. Gegen Schweden und Sachsen müsse gleichzeitig Krieg geführt werden, und niemand wisse, wie dies geschehen könne. Zur Verteidigung der Erblande sei eine eigene Armee notwendig, weswegen über seine Rückberufung diskutiert werde.[5]

Während die kursächsischen Truppen im Herbst Prag eroberten und der Dinkelsbühler Ligatag den Kaiser daran erinnerte, dass sein Capo gemäß den Regensburger Beschlüssen «von rechtem deutschen Geblüt geboren, im Reich begütert und angesessen» sein müsse,[6] verhandelten Questenberg und Eggenberg mit Wallenstein. Der Kaiser hatte wie Kurfürst Maximilian, der im Februar Auskunft über den Stand der kaiserlichen Rüstungen erbeten hatte, an den Kaisersohn Ferdinand III. als neuen Oberbefehlshaber gedacht. Er war mit Maria, der Schwester Philipps IV. von Spanien, verheiratet und König von Ungarn und Böhmen. Doch er wurde jetzt weder Capo noch römischer König.[7] Wallenstein übernahm im Dezember das Kommando über die kaiserliche Armee, zunächst nur für drei Monate, aber ohne den Kaisersohn als Aufpasser.[8] Der Mainzer Erzbischof versicherte, nie etwas gegen Wallenstein gehabt, sondern nur die Abdankungsforderung der Kurfürsten vertreten zu haben.[9]

Laurenz Nicolai Tungel, schwedischer Resident in Dresden, erklärte dem Sekretär Gustav Adolfs, Wallenstein habe das Kommando übernehmen müssen, weil seine Korrespondenz mit dem schwedischen König durch eine Indiskretion des Grafen Thurn bekannt geworden sei. Er wolle aber nichts tun, was dem schwedischen König schaden könne.[10] Wallenstein wollte nicht offen rebellieren,[11] und Gustav Adolf konnte dem potentiellen Verräter keine schwedischen Soldaten anvertrauen.

Im April 1632, kurz bevor Wallenstein ins Feld zog – Gustav Adolf stand inzwischen in Bayern –, verhandelte er mit dem Fürsten Eggenberg in Göllersdorf über die genaue Ausgestaltung seines Kommandos. Der erste Minister kam als Bittsteller. Ein Vertrag oder ein Protokoll über die Vereinbarungen ist nicht überliefert und hat es wohl nicht gegeben; dass ein solches Dokument und alle Kopien nach Wallensteins Ermordung vernichtet wurden, ist unwahrscheinlich. Die Aussagen derjenigen, die wie der sächsische Befehlshaber Arnim eine Vollmacht gesehen haben wollten,[12] sind vage. Wallenstein und Eggenberg beließen es wohl bei mündlichen Absprachen. Diese müssen dem Herzog alle Gewalt über die Armee einschließlich der Anbahnung von Friedensverhandlungen eingeräumt haben, denn weniger als in seinem ersten Generalat hätte er nicht akzeptiert. In militärischen Fragen durfte ihm auch der Kaiser nicht hineinreden.

Das große Ziel seiner Mission war eine Einigung im Reich und dessen Befreiung von fremden Mächten. Die kursierenden Texte mit den angeblichen Göllersdorfer Absprachen waren nicht authentisch, werden der Wahrheit aber nahegekommen sein.[13] Wallenstein durfte veranlassen, was ihm für Krieg und Frieden nötig erschien. Er war unverzichtbar. Der schwedische Vorstoß hatte die Hofburg gezwungen, alle Wünsche des Herzogs von Friedland zu erfüllen. Dies alles ist ohnehin nur mit Blick auf den Hochverratsvorwurf von Bedeutung. Im Frühjahr 1632 besaß Wallenstein das absolute Vertrauen des Kaisers, und es wurde ihm überlassen, alles zu tun, was er für notwendig und richtig hielt. Er nutzte die Blankovollmacht. Seine Befugnisse konnte er eigentlich kaum überschreiten, aber sie konnten denjenigen lästig werden, die sie ihm gegeben hatten. Als Ferdinand II. begann, an der Loyalität seines Feldherrn ernsthaft zu zweifeln, war dessen Sturz unvermeidlich; daran hätten schriftliche Vereinbarungen nicht das Geringste geändert.

Über den Winter 1631/32 hatte der neue alte Generalissimus Wallenstein eine schlagkräftige Armee von knapp 40 000 Soldaten formiert, mit der er im Frühjahr ins Feld zog.[14] Sein Name begeisterte Offiziere und Mannschaften. Es gab ein paar Probleme bei der Beschaffung von Waffen, Pulver und Harnischen, doch am 23. Mai wurde Prag zurückerobert. Zuvor hatte Wallenstein mit Arnim vergeblich über einen Frieden zwischen dem Kaiser und Sachsen verhandelt.[15] Das Scheitern hing an den neuen Loyalitäten. Kurfürst Johann Georg wollte angesichts der proschwedischen Stimmungen nicht wie einst Moritz zum «Judas von Meißen» werden und das Odium des Verrats auf sich nehmen, und der Herzog wiederum wollte seine Kompetenzen nicht gleich zu Beginn überstrapazieren.

Maximilian von Bayern, der Regensburg mit Hilfe einer Kriegslist am 3. Mai eingenommen hatte,[16] forderte das sofortige Eingreifen der neuen Armee, um die Donau abzuriegeln und die Schweden am Marsch durch Bayern und nach Wien zu hindern. Der Generalissimus ließ sich nicht beirren. Er ging vorsichtig zu Werke. Der Heeresausbau besaß für ihn unbedingten Vorrang; er durfte die einzige intakte Armee nicht aufs Spiel setzen. Die allenfalls hinhaltenden Widerstand leistenden Sachsen ließen sich problemlos aus Böhmen vertreiben. Wallenstein folgte dann jedoch nicht dem abziehenden Arnim, um Kursachsen zu erobern, wie Gustav Adolf vermutet hatte, sondern schwenkte nach Westen. Er wollte Böhmen und die Erblande sichern. In diesem Punkt deckten sich seine Interessen mit denjenigen Ferdinands II., der rasche militärische Erfolge wünschte. Der Herzog gab allerdings seine defensive Strategie nicht auf. Seine Soldaten lagerten in den Erblanden, statt die Protestanten zu besiegen und auszuplündern.

München

Gustav Adolf hatte zu Beginn des Jahres 1632 in Mainz und Frankfurt, den alten Zentralorten des Reiches, eine glänzende Hofhaltung entfaltet.[17] Der Schwedenkönig steuerte zielstrebig die Städte an, mit denen sich politische Vorstellungen vom Reich verbanden. Magdeburg und Mainz hatte er vom katholischen Joch befreit, in Erfurt und Nürnberg hielt er programmatische Ansprachen, in Augsburg und München demütigte er seine Feinde. Wenn sich dahinter ein Plan verbarg, dann derjenige eines evangelischen Reiches unter seiner Führung. Gustav Adolf ließ seine Klientel in diesem Glauben. Wie schwierig seine Lage wirklich war, zeigte sich um die Jahreswende. Gesandte kamen und gingen, doch die Hoffnung auf eine zweite Front gegen die Habsburger erfüllte sich nicht. Das europäische Kräftefeld war ausgereizt. Zu den Türken, die sich im Krieg mit dem persischen Safawiden-Reich befanden, gab es keine engeren Kontakte. Die Gespräche mit dem zaristischen Russland betrafen in erster Linie Polen. Die losen Kontakte mit Spanien und die intensiven mit Frankreich blieben ohne greifbare Ergebnisse. Ein Krieg gegen Philipp IV. von Spanien hätte zwar in der Logik des schwedischen Vorstoßes an den Rhein gelegen, doch die Regierungen in Stockholm und Madrid hüteten sich vor weiteren Eskalationen. Richelieu blickte sorgenvoll auf die schwedischen Aktivitäten, da er das linksrheinische Gebiet als französisches Glacis betrachtete. Nun tauchten die Schweden als Rivalen auf.[18] Ein Modus Vivendi musste unter Berücksichtigung der bayerischen Interessen gefunden werden.[19]

Gustav Adolf bereitete im Januar seiner Gemahlin Maria Eleonora einen großartigen Empfang in Frankfurt. Dort erschienen auch Oxenstierna und Pfalzgraf Friedrich V., der sein niederländisches Exil verlassen hatte, um an der Befreiung Heidelbergs teilzunehmen. Gustav Adolf erwies ihm alle Ehren, die einem böhmischen König gebührten – eine offene Kampfansage an Ferdinand II.[20] Er fühlte sich jedoch zu nichts verpflichtet und ließ keinen Zweifel daran aufkommen, dass die absolute schwedische Kontrolle und die Duldung der Lutheraner die Voraussetzungen einer Rückgabe der Kurpfalz waren.[21]

Auch der schwedische König suchte nach Frieden und glaubte wie alle Kriegsparteien, die Bedingungen diktieren zu können. Nachdem Sachsen und Brandenburg seiner Bitte nicht entsprachen und keine Vorschläge für Friedensverhandlungen machten, wandte er sich an Landgraf Wilhelm V. Dieser präsentierte Anfang März ein protestantisches Maximalprogramm: Aufhebung des Restitutionsedikts, Rückgabe aller geistlichen Güter sowie volle Gewissensfreiheit für Lutheraner und Reformierte. Zudem sollten nur Reichstage über die Auslegung des Religionsfriedens entscheiden, die Protestanten ihren Glauben in katholischen Gebieten ungehindert ausüben dürfen und die geistlichen Kurfürsten von der Königswahl zugunsten der evangelischen Fürsten ausgeschlossen werden, die auf dem Deputationstag Sitz und Stimme besaßen. Gustav Adolf wäre zum Protektor der Protestanten ernannt worden, die katholischen Stände hätten ihre Waffen niederlegen, die Jesuiten das Reich verlassen müssen und der Papst sowie die Spanier sich in Reichsangelegenheiten nicht mehr einmischen dürfen.[22]

Dieses Programm, das die Macht im Reichs-Staat am Reichstag und beim schwedischen Protektor konzentrierte, machte sich der König nicht zu eigen. Er selbst wollte im Reich mehr sein als ein bloßer Beschützer der Augsburger Konfession, und seine Absichten liefen nicht darauf hinaus, die selbstherrlichen evangelischen Fürsten zu stärken. Für die militärische Kampagne plante Gustav Adolf 1632 die Zurückdrängung der feindlichen Armeen, die Destabilisierung der bayerischen und der kaiserlichen Herrschaft sowie die Befreiung Heidelbergs und der Pfalz. Der Hauptstoß zielte nach Südosten. In Schwaben sollte eine oberdeutsche Drehscheibe gebildet werden, um von dort aus die von Wallenstein neu aufgestellte kaiserliche Armee zu besiegen sowie München und Wien zu erobern.

Gustav Adolf war von seinen schnellen Erfolgen selbst überrascht. Ihm kam zugute, dass die Befestigungen der meisten eroberten Orte dem Stand der modernen Waffentechnik nicht mehr entsprachen. Es fehlten Sternbastionen, die Mauern waren zwar hoch, aber viel zu dünn und nicht mit Erdwällen gegen Artilleriebeschuss geschützt, die Zwinger zu eng und vieles mehr. Wirkliche Festungen wie Frankfurt an der Oder, Würzburg oder Mainz hatte er aufgrund groben Fehlverhaltens der Verteidiger oder durch Akkord in seinen Besitz gebracht.[23]

Inzwischen hatte sich das Tempo seines Vormarsches erheblich beschleunigt. Gustav Adolf führte den deutschen Krieg vorwiegend mit deutschem Geld.[24] General Banér und Herzog Wilhelm IV. verdrängten die westfälischen Ligatruppen unter Pappenheim aus Magdeburg, Goslar, Göttingen und dem Eichsfeld, während der Landgraf Minden und das mainzische Amöneburg unter seine Kontrolle brachte. In Westfalen gewannen die Schweden langsam die Oberhand.[25] Sie kämpften in vielen Regionen Deutschlands, wobei ihnen die Koordination ihrer Verbände allerdings sichtlich Probleme bereitete.

In Franken eröffnete General Horn im Februar die Kampfhandlungen, als er Bamberg besetzte und ausplünderte. Bischof Georg II. Fuchs von Dornheim hatte die Übergabe zu lange hinausgezögert. Die Bürger wurden entwaffnet, und im Dom predigten evangelische Pfarrer. Die Ligatruppen setzten jedoch einen erfolgreichen Gegenstoß: Am 9. März war Bamberg in ihren Händen. Gustav Adolf brach daraufhin von Frankfurt aus auf, um Tilly zu stellen. Während des Marsches erließ er zwei Mandate zum Schutz der Frankfurter Fastenmesse und der Sicherheit von Handel und Wandel.[26]

Angesichts der anrückenden schwedischen Hauptarmee verließ Tilly Ende März das Bistum Bamberg Richtung Donau und zog sich in die Festung Ingolstadt zurück. Die Schweden erschienen vor Nürnberg, und Gustav Adolf wurde feierlich in die Stadt geleitet. Er bedankte sich für den überschwänglichen Empfang und forderte alle Kraftanstrengungen, um Gottes Willen zu vollziehen. Er habe sein und das Leben seiner Landsleute «dem allgemeinen evangelischen Wesen und der deutschen Freiheit zum Besten» gewagt.[27] Von Nürnberg aus folgten die Schweden Tilly nach Bayern und besetzten am 7. April Donauwörth. Die dortigen Ligasoldaten wurden niedergemacht, die Bürger trotz Plünderungen mehr oder weniger geschont. Tilly musste auf breiter Front die Donau verteidigen, konnte die Schweden aber nicht aufhalten. Maximilian kam ihm mit etlichen Abteilungen der Landmiliz zu Hilfe. Er informierte Wallenstein und den Kaiser, der Feind wolle durchbrechen, es «stinkt ihm das Maul nach der Donau und Österreich».[28] Im Feldlager bei Rain, an der Mündung des Lechs in die Donau, entschied der Kurfürst, den Feind nicht anzugreifen, die eigenen Truppen aber auch nicht zurückzuziehen, sondern die gesamte Lechlinie bis Augsburg zu verteidigen. Die evangelischen Bürger litten schwer unter diesem Entschluss, denn die bayerischen Soldaten wurden vorrangig bei ihnen einquartiert.[29]

Gustav Adolf besetzte das linke Donauufer zwischen Ulm und Donauwörth sowie das Gebiet links des Lechs. Bei Rain ließ er eine Pontonbrücke errichten[30] – eine technische Sensation. Der Gegner wurde durch Artilleriebeschuss, Krach und dichten Qualm vom eigentlichen Vorhaben abgelenkt. Am 15. April gelang der Lechübergang. Das Ligaheer wurde schwer geschlagen, Tilly von einer Kanonenkugel am Bein getroffen. Er starb am 30. April 1632. Sein Tod wurde allgemein bedauert, am meisten von Kurfürst Maximilian. Doch in die Trauer mischte sich auch eine gewisse Erleichterung. Der greise Feldherr hatte der Dynamik Gustav Adolfs wenig entgegengesetzt und war zuletzt nur noch ausgewichen; es konnte nur besser werden. Die alte kaiserlich-ligistische Armee brauchte einen neuen Oberkommandierenden. Der Kaiserhof war diesmal nicht zu übergehen. Die evangelische Publizistik verfolgte Tilly über den Tod hinaus. Das Flugblatt *Tillisches Leichbegangnuß* zeigt seinen aufgebahrten Körper, den Offiziere mit brennenden Stadtmodellen umstellen, während Gustav Adolf die Jungfrau Magdeburg heiratet.[31]

Nach Tillys Tod zogen sich die Ligasoldaten über Neuburg nach Ingolstadt zurück.[32] Monro machte für den schwedischen Sieg die überlegene Artillerie verantwortlich, die mit 72 unablässig feuernden Ordonanzgeschützen den Weg für die eigenen Truppen freigeschossen habe. Der Feind sei weggerannt, bevor das Gefecht begonnen habe.[33]

Gustav Adolf wandte sich nach Süden, lieferte sich mit der bayerischen Besatzung vor Augsburg ein Feuergefecht und forderte die Stadt auf, sich seinem Schutz zu unterstellen. Der Kommandant erkannte seine Lage und räumte am 20. April mit fliegenden Fahnen seine Stellungen. Der König zog am 24. April feierlich in die Stadt ein, besuchte zusammen mit Friedrich V. den Gottesdienst und ließ sich von der Bürgerschaft huldigen.[34] Dieser Ablauf entsprach einem Kaiserbesuch. Gustav Adolf setzte den alten Rat wieder ein, gab den Protestanten ihre früheren Rechte zurück und verfügte die Aufnahme etlicher evangelischer Familien ins Patriziat. Der nach Genf geflohene lutherische Bankier Marx Conrad von Rehlingen kommentierte diese Maßnahme kritisch, weil er fürchtete, dass die Nürnberger und Augsburger Geschlechter künftig die Augsburger nicht mehr für adelig hielten.[35]

Der Andechser Abt Maurus Friesenegger bemängelte in seiner von ihm selbst ins Deutsche übertragenen Fassung der *Ephemerides Andecenses*, dass sich Augsburg ohne Schwertstreich ergeben habe. Zudem hätten die Schweden viele andere bayerische Städte eingenommen und überall «übel gehauset».[36] Die Eroberung des symbolträchtigen Augsburg führte auch in der Publizistik zu neuen Deutungen. Flugblätter feierten den König als endzeitlichen Sieger über den Drachen und Widder. Bisher hatte Gott die Protestanten für ihre Sünden bestraft, nun nahm er sie wieder gnädig an. Der Schwanz der Hydra wies auf einem Flugblatt den Weg über München hinaus.[37] Gemeint waren Wien und vielleicht sogar Rom.

Ein «Ulrich von Hutten der Jüngere» verlangte den *Newe[n] Römerzug*. Gustav Adolf und die Protestanten seien schuldig, ihre von Gott verliehenen Siege auch gegen den Papst und seinen Anhang fortzusetzen.[38] *Magische Figuren* prognostizierten Gustav Adolf den Triumph über das Papsttum, den Teufel und den apokalyptischen Drachen.[39]

Das Gerücht, dass der Wasa-König den Kaiserthron anstrebe, hielt sich schon geraume Zeit. Nun wurde er zum Gott stilisiert, *Augusta Angustiata, a deo per deum Liberata. Teutsch: Geängstigt ward Augsburg die Stadt: Gott durch Gott ihr geholfen hat.*[40] Gustav Adolf war «der Mann, der helfen kann». Das Flugblatt antwortete auf ein 1631 publiziertes Gedicht, das nach Breitenfeld gefragt hatte: «Wer ist denn nun der Held und mann / Der endlich Deutschland helfen kann?» Der König erklärte in dieser fiktiven Antwort: «Ich wills auch tun, wanns Gotts Will ist, durch meinen General Jesum Christ.»[41] Obwohl unmittelbare Divinisierungen selten erfolgten,

Das Blatt feiert den schwedischen König als endzeitlichen Sieger. Die Hydra weist ihm den Weg über München hinaus nach Wien und womöglich Rom.

stand Gustav Adolf als von Gott beauftragter Retter im Zentrum der protestantischen Deutungen. Ein Text, das «der heiligen christlichen Kirchen als auch deroselben Feinden und Verfolgern» gewidmet war, rückte ihn, mit dem Himmel verbunden und von Gott eingesetzt, in den endzeitlichen Kontext: Er breche die Herrschaft des Antichristen.[42] Dank ihm stand die Kirche wieder felsenfest. Sie war der Eckstein, der auf dem Evangelium ruhte und den Glauben – Bibel, Anker und Licht – trug. In über hundert Jahren hatten das «böse Rom» und dessen Hilfstruppen die wahre Kirche nicht zu Fall gebracht. Nun verjagten Gott und der Löwe alle Feinde. Jesus griff durch ihn zum Schwert. Das Weltende war nahe. Die Sonne lachte den evangelischen Christen.[43]

Die Schweden zogen von Augsburg vor Ingolstadt, konnten die Festung aber nicht erobern. Bei einem Erkundungsritt wurde Gustav Adolf von einem Schuss, der sein Pferd tötete, leicht verletzt. Markgraf Christoph von Baden fiel. Da Maximilian mit der Hauptarmee nach Regensburg abgezogen war, brach Gustav Adolf die Belagerung ab und marschierte über Landshut nach München. Am 17. Mai 1632 übergaben ihm die Ältesten die Torschlüssel, und er zog begleitet von Friedrich V. in die bayerische Hauptstadt ein. Während der zehn Tage, die sich die Schweden in München aufhielten, bedienten sie sich – gemäß dem Vorbild Maximilians in Heidelberg – aus den Münchner Kunstsammlungen. Die wertvollsten Schätze hatte der Kurfürst allerdings in Sicherheit gebracht. Die im Zeughaus ver-

Dank Gustav Adolf ruht 1632 die evangelische Kirche wieder auf einem festen Fundament. Auf der linken Seite stehen mit ihm die wahren Christen, die von der Sonne beschienen werden; ihre Feinde auf der rechten Seite werden von der Hand Gottes mit dem Schwert und mit Blitzen vertrieben.

grabenen Geschütze wurden entdeckt und fortgeführt.[44] Zum Stadtkommandanten ernannte der König den katholischen Obersten Jakob Hepburn[45] – ein Zeichen, dass er nicht den alten Glauben bekämpfte. Der König nahm sogar an einer Messe teil und ließ sich den Ritus erklären.

Gegen Zahlung von 300 000 Reichstalern versprach Gustav Adolf die Schonung der Stadt, nicht der Residenz. Geplündert wurden die Häuser geflohener Bürger und Fürstendiener. Da München aber lediglich 100 000 Reichstaler aufbringen konnte, mussten einige Geiseln den Abzug begleiten. Kurfürst Maximilian sorgte durch Griff in die Landschaftskasse dafür, dass ein großer Teil der Abzugsgelder bald bezahlt wurde; er befürchtete, die Schweden könnten ansonsten seine Hauptstadt erneut heimsuchen. Wegen des ausstehenden Rests von 132 000 Reichstalern erhielten die Geiseln erst bei der Übergabe Augsburgs an bayerische Truppen im März 1635 ihre Freiheit zurück.[46]

Abt Friesenegger lobte die Disziplin der Schweden, «denn alles Leben, Eigentum und Ehre war unter ihm [Gustav Adolf] sicherer als selbst unter der kurfürstlichen Garnison». Anders sei es im umliegenden Landgebiet hergegangen, das wohl den schwedischen Soldaten zur Beute überlassen worden sei.[47] Diese kontrollierten das westliche Bayern und Schwaben.

Am Oberrhein scheiterte die Frühjahrsoffensive des kaiserlichen Obristen Wolfgang Rudolf von Ossa gegen die Markgrafschaft Baden-Durlach. Auch der Sommerfeldzug gegen die schwedisch besetzte Kurpfalz und gegen Württemberg brachte nicht die gewünschten Erfolge. Horn setzte über den Rhein und eroberte sehr zum Unwillen Richelieus weite Teile des Elsass. Ende des Jahres blieb den Kaiserlichen nur die Festung Breisach.[48] Gustav Adolf, der fremde Arzt, so ein Flugblatt, hatte den Star in den Augen Maximilians und Tillys gestochen.[49] Selbst Richelieu hielt es nun für möglich, dass der König nach der Machtübernahme in Deutschland nach Rom marschierte, um die katholische Religion zu vernichten.[50]

Die Bilder des Schwedenkönigs waren widersprüchlich. Während Teile der Publizistik den eschatologischen Endkampf gegen Papst und Kaiser an die Wand malten, versuchte Gustav Adolf, den katholischen Glauben zu verstehen und die Katholiken nicht zu provozieren. Er wusste, dass die katholische Religion in Deutschland nicht zu verdrängen war, sondern als Basis eines Friedens geduldet werden musste. Richelieu fürchtete den schwedischen Expansionsdrang, während die evangelischen Publizisten den Endsieg forderten.

Gräueltaten

In Bayern lernte die schwedische Armee eine Form der Ablehnung kennen, die sie so in Deutschland bisher nicht erfahren hatte. Nun bewegten sich die Soldaten nicht mehr in Landstrichen, deren Bewohner evangelisch waren oder denen diese Glaubensvariante vertraut war. In Niederbayern war alles anders. Die katholischen Bauern kannten Protestanten nur vom Hörensagen und als gottverdammte Ketzer. Sie mussten bekämpft werden, um nicht Gottes Zorn auf sich zu ziehen. Bauern machten Soldaten nieder, die sie einzeln oder in kleinen Gruppen antrafen. Überrascht notierte Oberst Monro: «Auf dem Marsch verübten die Bauern Grausamkeiten an unseren Soldaten, die seitwärts zum Plündern weggingen, indem sie ihnen die Nasen und Ohren abschnitten, Hände und Füße abhackten und ihnen die Augen ausstachen, dazu andere Untaten begingen, die ihnen die Soldaten sofort heimzahlten. Sie brannten auf dem Marsch viele Dörfer nieder und brachten die Bauern um, wo man sie antraf.»[51]

Die bösen Erfahrungen, die Tillys und Wallensteins Soldaten im Norden gemacht hatten, blieben den Schweden im Süden nicht erspart. Die andersgläubige Bevölkerung verhielt sich offen feindselig und schreckte vor massiven Gewalttaten nicht zurück, und dies, noch bevor die Soldaten geraubt, geplündert oder erpresst hatten. Die Söldner rächten sich und legten einige hundert bayerische Dörfer in Schutt und Asche.[52] Diese Spirale der Gewalt ist nicht ungewöhnlich. Für einen Söldnerführer war es eine Selbstverständlichkeit, für einen toten Kameraden Vergeltung zu üben – zumindest auf dem Papier und in seinen Berichten. Wie alle Bauern wehrten sich die bayerischen gegen feindliche Soldaten, die ihre tägliche Nahrung, ihren Besitz, ihre Frauen und Töchter bedrohten. Sie rebellierten auf diese Weise auch gegen ihren Landesherrn und dessen Verwaltung, die sie vor den protestantischen Eindringlingen nicht geschützt hatten. Und sie bekämpften jene Ketzer, die alles verachteten, was ihnen selbst heilig war. Die Gewalt konnte sich allerdings ebenso gegen Soldaten der eigenen Konfession richten, wenn deren Verhalten den christlichen Geboten nicht entsprach, weil sie raubten, folterten oder vergewaltigten.

Wenn Bauern den Aushebungen zur Landmiliz keine Folge leisteten oder desertierten, hieß dies nicht, dass sie mit den fremden Eindringlingen sympathisierten. Im Gegenteil, sie flohen aus der Armee, um ihre Familie, Hab und Gut, Haus und Hof zu beschützen. Die Schweden wurden als Fremde und Ketzer auch dort beargwöhnt, wo es zu keinen Übergriffen kam. Die Einheimischen verbanden mit ihnen alle denkbaren Schandtaten. Ihres Erachtens mussten Obrigkeiten ihrer Schutzpflicht nachkommen und durften nicht einfach stillsitzen oder in entfernten Gegenden Krieg führen, wenn unbillige Gewalt drohte. Wo der Fürst selbst oder sein Amtmann für die Bauern einstand, konnte das Schlimmste meist verhindert werden. Eine die Dinge treiben lassende Obrigkeit erschien den Untertanen unnütz oder als Teil eines göttlichen Heilsplanes, der die Menschen dadurch strafte, dass «ungestraft gesündigt werden konnte».[53]

Dass dieses Deutungsmuster nicht in Fatalismus umschlug, hing mit der Angst vor körperlichen Schmerzen zusammen. Die in Quellen überlieferten Gräueltaten von Bauern und Soldaten müssen sich so nicht zugetragen haben; sie waren jedoch denk- und sagbar geworden. Die Berichte über Quälereien aller Art steigerten die Angst und konnten schnell zur Eskalation führen. Damit sich der aufgestaute Hass nicht ungebremst entlud, Soldaten getötet oder ganze Dörfer eingeäschert wurden, mussten Herrschaft, Verwaltung und Armeeführung kooperieren. Dies war möglich, solange die zivile und die militärische Ordnung leidlich funktionierten. Auch im Krieg waren Bauern und Soldaten aufeinander angewiesen und fanden meist zu einem erträglichen Miteinander. Das Bild von den Soldaten, die raubend, plündernd und brennend durch die Lande zogen, ist in dieser Pauschalität falsch.

Die von der Regierung und der Armeeführung gemeinsam organisierten Sicherheitsbriefe und das System des organisierten Einfliehens in feste Amtshäuser, Burgen oder Städte sorgten dafür, dass die Felder auch dort bebaut und geerntet werden konnten, wo feindliche Soldaten lagerten.[54] Verglichen mit dem platten Land, bot die Stadt nicht nur wegen ihrer Mauern ein Vielfaches an Sicherheit. Gewalttätige Übergriffe blieben auf engem Raum selten unentdeckt. Die Eingeflohenen waren allerdings den Eingesessenen lästig, weil sie den Platz und die Nahrung beanspruchten, die ihnen fehlten. Sie hielten sich deswegen für berechtigt, die Flüchtlinge wirtschaftlich auszubeuten, was zu neuen Animositäten führte.

Die Gefahr, dass sich mit zunehmender Dauer des Krieges die soldatische Disziplin verschlechterte, wurde dadurch eingedämmt, dass größere Truppenverbände immer mehr in Garnisonen gelegt wurden. Hier konnte weit besser auf Disziplin geachtet und Übergriffe bestraft werden, als dies auf dem Land möglich war. Die Bauern konnten so im dritten Kriegsjahrzehnt in den entsprechenden Gegenden ungestörter säen und ernten. Nur deswegen funktionierte das Kontributionssystem weiterhin. Die Soldaten erhielten ihren Sold und konnten die benötigten Waren kaufen.[55]

Die Bilanz in Bayern war 1632 jedoch verheerend. Gustav Adolf hatte die Parole ausgegeben, das Land zu ruinieren, damit der Feind keinen Nutzen mehr daraus ziehen konnte. Der Kurfürst befahl Ende Mai, die Landbevölkerung müsse die eigenen Soldaten aufnehmen und pflegen, die feindlichen niedermachen, ohne Rücksicht darauf, ob sie krank oder gesund seien.[56] Das Ligaheer hauste allerdings zwischen Ingolstadt und Regensburg womöglich noch ärger als der Feind. In verschiedenen Regionen kam es zu Bauernaufständen. Zwischen Salzach und Inn wehrten sich die Bauern im Winter 1633/34 gegen die katholischen Truppen des Kaisers und der Liga. Im Dezember rotteten sich bei Wasserburg mehrere tausend Untertanen zusammen, um die Soldaten mit Gewalt zu vertreiben. Wenn im Zuge dieses Konflikts der eine oder andere Sitz von Grund- und Hofmarksherren brannte, mussten nicht unbedingt Soldaten gezündelt haben.[57]

Maximilian zeigte Verständnis für seine armen Bauern, betonte aber, dass er Quartiere für seine Soldaten benötige und notfalls mit Gewalt einschreiten werde. Am 18. Januar 1634 wurde ein Bauernhaufen bei Ebersberg mit Geschützfeuer niedergemäht. Es gab mehr als 200 Tote. Bei der gerichtlichen Aufarbeitung überzeugte der Rebellionsvorwurf die Richter nicht. Sie verurteilten die Rädelsführer der Bauern wegen aggressiven Verhaltens in einer Notwehrsituation zu milden Haftstrafen. Die wenigen Todesstrafen bezogen sich auf die Ermordung von Soldaten.[58] Die Geistlichen sollten die Untertanen daran erinnern, dass alle Lasten und das Elend, das sie zu ertragen hätten, Strafen Gottes seien, «damit Er uns von unserem sündigen Leben zu wahrer Buß und Bekehrung bringen und leiten will».[59] Anders hätte dies ein lutherischer Pfarrer auch nicht ausgedrückt.

Der Krieg hinterließ Spuren. Sitten verrohten, weil die Gräuel, über die überall gesprochen und geschrieben wurde, das eigene Verhalten veränderten. Dies bekamen die Schweden in Bayern zu spüren, aber auch in Schwaben, wo die katholischen Bauern rebellierten. Bei Bregenz rottete sich ein großer Bauernhaufen zusammen, vertrieb die schwedischen Garnisonen aus Ravensburg und Wangen und drangsalierte die reichsstädtischen Bürger. Im Stift Kempten statuierten die Schweden ein Exempel an aufständischen Bauern. Als diese in eine katholische Kirche flüchteten, äscherten sie das Gotteshaus und die umliegenden Dörfer ein. Die Erinnerung an den großen Bauernkrieg gut hundert Jahre zuvor, der in Oberschwaben eines seiner Zentren gehabt hatte, war wieder lebendig. Die Obrigkeiten fürchteten neue Erhebungen; Tilly hatte schon 1628 vor der Gefahr eines allgemeinen Aufstandes gewarnt.[60]

Im Stift Fulda widersetzten sich katholische Bauern den hessischen Kontributionsforderungen, aber die Soldaten brachen ihren Widerstand.[61] Ähnliche Vorfälle ereigneten sich 1632 in der Wetterau: Diezer Bauern rotteten sich zusammen und überfielen die katholischen Gebiete um Hadamar. Den Grafen gelang es nur mit Mühe, den Landfrieden wiederherzustellen. Die Region drohte unregierbar zu werden. Nur die Truppenkommandanten verfügten noch über die Autorität und Sanktionsgewalt, um die Ordnung sicherzustellen. Der Amtmann Martin Naurath berichtete im Februar 1632, in vielen Orten lagerten Soldaten, es herrsche die Pest, und bis zu 300 Mann starke Bauernhaufen bildeten einen ständigen Gefahrenherd.[62]

Am stärksten beunruhigte der erneute Aufstand im Lande ob der Enns. Wie sechs Jahre zuvor hielten die Rebellen etliche Dörfer und schlugen kleinere Armee-Einheiten in die Flucht. Seit dem letzten Aufstand war der katholische Glaube mit aller Härte durchgesetzt worden. Wallenstein, der im benachbarten Mähren seine Armee aufstellte, forderte hohe Abgaben. Martin Laimbauer, ein umherziehender evangelischer Prediger, berichtete vom wahren Glauben und von dessen Beschützer Gustav Adolf. Die Bauern schworen erneut zusammen und baten den König um Hilfe, die er ihnen am 11. September schriftlich zusicherte, obwohl ihm zu dieser Zeit klar war, dass sein Marschweg wegen Wallenstein in eine andere Richtung führte.[63] Die Bauern mussten sich ohne schwedische Hilfe der militärischen Übermacht in der Schlacht bei Efferdingen beugen. Viele von ihnen starben, andere wurden in Linz oder Wien hingerichtet bzw. zum Schanzen unter Feindeinwirkung verurteilt, was einem Todesurteil gleichkam.[64]

Wenn die Landesherrschaft keinen Schutz mehr bot, dennoch aber hohe Abgaben forderte, um die gewaltbereiten Soldaten zu finanzieren, standen die Untertanen mit dem Rücken zur Wand. Schnelle Abhilfe war dringend geboten. Die hergebrachte Ordnung, Rat und Hilfe gegen Schutz und Schirm, hatte dann ihre Basis verloren. Der langwierige Rechtsweg versprach keine Abhilfe; es musste sofort gehandelt werden. Die Bauern fühlten sich im Sinne der sittlichen Ordnung, die niemand ungestraft verletzen durfte, im Recht. Soldaten vertreibe man, so hielt die Gemeinde Mühlberg in Thüringen ihrem Pfarrer vor, nicht mit Gebeten, sondern mit Gewehren. Als 1626 der Herzog von Sachsen-Lauenburg seine Werbe- und Musterplätze in den fränkischen Kreis legte, wehrten sich die Bauern des Sinngrundes. Die Männer dieser Spessartdörfer schworen zusammen, stellten Miliztruppen auf und gaben sich selbst eine Ordnung, die unter anderem verbot, Bagagewagen zu plündern oder Soldaten und ihre Weiber unehrenhaft zu strafen. Das Kriegsvolk verstand die Lektionen und mied die Gegend.[65]

Um 1630 verließen beim Herannahen von Armee-Einheiten die Untertanen häufig Haus und Hof, weil sie keine Vorräte mehr besaßen und ihre Felder nicht bebauen konnten. Sie kündigten ihren Status als Untertanen auf, um sich direkt den Soldaten anzuschließen, ihr Recht selbst in die Hand zu nehmen oder mit Raubzügen ihren Lebensunterhalt zu sichern. Diese Gegenden fielen dann als Einquartierungsgebiete aus. Wenn ihnen niemand aufwartete, reagierten Soldaten wütend, zerschlugen Fenster, Öfen und Mobiliar, vernichteten die verbliebenen Vorräte oder das Getreide auf dem Halm und äscherten Gebäude ein.[66] Die Obrigkeiten ordneten deswegen bei Einquartierungen an, dass die Untertanen nicht nur alle geforderten Leistungen erbringen müssten, sondern auch in ihren

Häusern zu bleiben hätten. Die Offiziere verboten Übergriffe gegen die Bevölkerung und deren Hab und Gut. Sie traten häufig an die Stelle der regulären alten Obrigkeiten.

Wurden die in den Ordinanzen festgelegten Quoten nicht erreicht, drohte Selbstversorgung. Die Untertanen büßten dann ihre letzten Vorräte ein, und die Ordnung brach zusammen.[67] Hatten die Bauern einmal den Weg in die Illegalität gewählt, verhielten sie sich keinen Deut besser als marodierende Söldner. Sie lockten einzelne Soldaten oder kleine Trupps in Hinterhalte, überfielen Proviant- und Geldtransporte und sorgten dafür, dass weder Güter noch Korrespondenzen feindlicher Armeen passieren konnten.[68] Laut Monro hatte eine «Rotte schurkischer Bauern [...], die ja von jeher die Feinde der Soldaten sind», einen Hauptmann getötet. Es sei «keine Sühne» zu erhalten gewesen, «denn die Bauern waren geflohen. So brannten wir ihr Dorf nieder.»[69]

Im Frühjahr 1633 rebellierten etwa 4000 Bauern aus dem Sundgau gegen ihre schwedischen Besatzer. Nachdem sie einen Obersten massakriert und Soldatentrupps niedergemacht hatten, revanchierten sich die Söldner fürchterlich. In einer ersten Bauernschlacht bei Altkirch starben über 1000 Untertanen. Danach wurde das Dorf Blotzheim umstellt und eingeäschert, wobei angeblich Hunderte von Einwohnern verbrannten. Von den über 1000 Gefangenen wurden am folgenden Tag 39 Rädelsführer gehängt, andere niedergemacht, die kein Lösegeld angeboten hatten. Dabei seien, so der Bericht im *Theatrum Europaeum*, die meisten «gefroren und mit der Teufelskunst behaftet» gewesen, sodass man ihnen mit Eisen und Blei nichts habe antun können. Sie hätten mit Prügeln totgeschlagen werden müssen. Rheingraf Otto Ludwig habe bei Dammerskirch 1500 Bauern auf einem Friedhof eingeschlossen und töten lassen. Auch die Untertanen im benachbarten Breisgau hätten mit Gewalt unterworfen werden müssen. 130 seien von den Schweden gehängt, andere zum Schanzen gezwungen worden.[70] Noch im selben Jahr wurden die aufständischen Bauern im elsässischen Städtchen Reichshofen besiegt, die Rädelsführer gehängt.[71]

Diese Berichte und vor allem die Zahlenangaben sind nicht wörtlich zu nehmen. Bei gedruckten Nachrichten war nicht das wahre Geschehen entscheidend; die Sensationsgier schrieb mit. Gewaltschilderungen unterlagen dem Überbietungseifer. Da sich auch die Mär von den gegen Kugeln festen Soldaten gut verkaufte, wurde sie auf die Bauern übertragen. Bauernkriege waren allerdings kein erfolgversprechendes Rezept zur Minderung der Kriegslasten. Ihren Heroismus bezahlten die Untertanen gegen die kampferprobten und besser bewaffneten Soldaten oft mit dem Leben, die Hinterbliebenen mit dem Verlust von Hab und Gut. Klüger war es, die ungeschützten Dörfer zu verlassen und sich so allen Übergriffen auf Leib und Leben zu entziehen. Die Bauern und ihre Familien durften hoffen, dass nicht alle Verstecke gefunden wurden. Auf diese Weise konnten wenigstens Teile des Viehbestandes und Bargelds gerettet werden. Das Geld benötigten die Bauern auch, um das von den Soldaten fortgetriebene Vieh auszulösen. Schulden oder Geldmangel waren nach dem Krieg nicht das vorrangige Problem der bäuerlichen Wirtschaft. Weder die bayerischen Räte noch der Reichsabschied von 1654 nahmen sich diesem Punkt an.[72]

Die Brutalität der fremden oder der deutschen Soldaten muss nicht gegeneinander aufgerechnet werden. Sie alle wussten ihre Forderungen durchzusetzen. Zum Sinnbild aller Folterqualen dieses Krieges ist der sogenannte Schwedentrunk geworden. Dem Opfer wurde eine Mischung aus Jauche, Fäkalien, kochendem Wasser und anderen Mixturen eingeflößt und durch Sprünge auf den Bauch wieder herausgepresst. So sollte es dazu gebracht werden, alle Verstecke zu verraten. Foltern dieser Art wurden zweifellos angewandt, aber dass die Schweden diese erfunden und monopolisiert hätten, ist keineswegs sicher.[73] Es waren auch nicht die häufig verteufelten Kroaten und keineswegs stets Soldaten, die sich solcher Foltermethoden bedienten, um die Zungen zu lösen. Lappländer, Kroaten oder Kosaken, Ungarn oder Finnen, aber auch Italiener und Spanier wurden aufgrund ihres Aussehens und ihrer Kleidung als Fremde identifiziert und als Quälgeister denunziert. Doch längst nicht immer hatten diejenigen, die darüber so schrecklich präzise und scheinbar teilnahmslos berichteten wie Grimmelshausen oder Moscherosch, diese Folterqualen erlebt oder mit eigenen Augen gesehen.

Grimmelshausens Roman griff die Verrohung auf und überbot sie noch. Die Bilder von Jacques Callot und Hans Ulrich Franck scheinen ebenfalls die Allgegenwärtigkeit von Folter und Qualen zu belegen. Nasen und Ohren, Brüste und Geschlechtsteile wurden abgeschnitten, die Exzesse fanden statt. Wann, wo und wie oft sie erfolgten und wer die Täter waren, ist freilich selten bekannt. Vergleichbare Berichte liegen aus vielen Kriegen vor, insbesondere als Scheußlichkeiten der Türken.[74] Auch Vergewaltigungen waren an der Tagesordnung, obwohl die Notzucht, sofern verfolgt, grundsätzlich mit dem Tode bestraft wurde. Das Problem war, dass es kaum Strafverfahren gab. Die Scham der Frauen, die schwierigen Nachweise und eine spätere Heirat verhinderten Prozesse. Die Täter gingen straffrei aus, wenn die Ehre der Frau nachträglich wiederhergestellt wurde. Wichtig scheint in diesem Zusammenhang noch etwas zu sein: das offenkundige Unvermögen der Männer, die ihnen anvertrauten weiblichen Personen vor den Vergewaltigern schützen zu können. Dass die Notzucht häufig in aller Öffentlichkeit erfolgte, offenbarte die Ohnmacht der Einheimischen gegenüber fremden Soldaten. Die Bauern schwiegen auch bei offiziellen Ermittlungen, weil sie sich mitschuldig fühlten.[75]

Die Frage, ob zum Gewohnheitsrecht des Siegers auf Plünderung und Beute auch die Vergewaltigung von Frauen zählte, war strittig. Zwar stand laut Hugo Grotius alles, was den Besiegten gehörte, zur Disposition der Sieger, und in einem gerechten Krieg besaßen sie das Recht auf Beute, um den Gegner abzuschrecken oder zur Aufgabe zu zwingen.[76] Bei Vergewaltigungen gehe es jedoch nicht um Bestrafung oder Sicherheit, sondern um ungebremste sexuelle Lust. Dieses Verbrechen müsse daher im Krieg wie im Frieden bestraft werden.[77] Seine Argumentation hinkte jedoch, wenn die Intention der Notzucht primär darin bestand, die Männer zu bestrafen, indem man ihnen ihre Ohnmacht vor Augen führte. Das war nun aber sicher nicht Peter Hagendorfs Motiv, als er nach der Eroberung Landshuts 1634 schrieb: «als meine Beute ein hübsches Mägdelein bekommen».[78] Weitere Angaben machte er nicht; jeder wusste, was er meinte. Als seine Truppe abmarschierte, schickte er das Mädchen nach Landshut zurück.

Der Ulmer Superintendent Conrad Dietrich, der schon 1618 mit einer Kometenpredigt hervorgetreten war, belehrte 15 Jahre später den gemeinen Mann, dass man in einem rechtmäßigen Krieg dem Feind durch Plündern an all seinen Gütern Schaden zufügen dürfe. Dies sei «jeder kriegenden Soldatesca in natürlichen, göttlichen und weltlichen Rechten zugelassen», nicht jedoch den Mitgliedern des Trosses. Verboten sei es allerdings, mit «henkerischen Martermitteln» Beute auszupressen und die «Fleischliche Lust- und Hurenfülle» auszuleben und dies im «Angesicht der Ehemänner, Vater und Mutter». Frauenschänden solle mit dem Tod bestraft werden. Auch dürften beim Plündern keine mutwilligen Exzesse wie das Zerschlagen von Möbeln und Fenstern vorgenommen werden. Für die Betroffenen hatte er nur den Trost parat, dass alles nach Gottes Wille geschehe. Dieser habe diese Strafen wegen der Sünden der Menschen verhängt. Zudem erinnerte Dietrich daran, dass alle Güter fahrende Habe und Eigentum

Gottes seien. Ihm falle es leicht, allen alles zurückzugeben, und deswegen sei Buße angesagt.[79]

Während die Soldaten davon ausgehen durften, einen rechtmäßigen Krieg zu führen und deswegen nicht nur einen Anspruch auf ausreichende Versorgung, sondern auch auf Beute zu haben, klagten die Untertanen über die Lasten. Drohte Hunger und überfiel die Menschen die Angst, morgen nichts mehr zu essen zu haben, galten die üblichen Verhaltensmuster nicht mehr. Ob die Furcht vor dem Hungertod die Menschen wirklich zum radikalen Tabubruch des Kannibalismus trieb, ist strittig. Berichtet wird davon an etlichen Stellen, unter anderem durch den Pfarrer Michael Lebhardt Plebanus aus dem Dorf Agawang bei Augsburg. Hier sollen im Februar 1635 vier Frauen die Leichen von fünf Männern verspeist haben.[80] Es bleiben jedoch Zweifel, denn der Pfarrer identifizierte die Eingeweide auf einen Blick als menschliche.

Meist sind es Erzählungen vom Hörensagen oder Sensationsberichte, die Anthropagie thematisieren. Im Winter 1635/36, als zu den Kriegslasten und der Pest auch noch eine Hungersnot Deutschland heimsuchte, kamen, so berichtet das *Theatrum Europaeum*, etliche Männer und Frauen zum Ruffacher Totengräber, um nach noch nicht begrabenen Leichnamen zu fragen, die sie in ihrer großen Not angeblich «ohn einigen Ekel [...] mit Lust essen» wollten.[81] Doch auch diese Erzählung wurde überboten. 150 Seiten später waren es der Bruder, der die tote Schwester, eine Tochter, die ihre Mutter verspeist haben sollten. Bei Worms kochten Bettler angeblich diejenigen, die sie zuvor erwürgt hatten. Die Hände und Füße habe man nach ihrer Vertreibung in den Töpfen noch sehen können.[82] An anderer Stelle heißt es über die Hungersnot 1637 in Franken, die Reisenden seien «ermordet, jämmerlich zermetzelt, zerhackt, gekocht, gesotten, gebraten und aufgegessen» worden.[83]

Darstellungen, die den Tabubruch noch dadurch verstärken, dass die Hungernden ihn ohne Gewissensbisse verüben und Menschenfleisch wie eine normale Mahlzeit zubereiten, orientieren sich an der bekannten antiken Schilderung einer extremen Hungersituation. Bei der römischen Belagerung Jerusalems 70 n. Chr. soll es zum Kannibalmord einer Mutter am eigenen Sohn gekommen sein.[84] Darüber hinaus verweisen die Schilderungen über die Zubereitung menschlicher Gliedmaßen auf die Reiseberichte Hans Stadens, der den Kannibalismus der Tupinamba in Südamerika 1557 schildert.[85] In der von Theodor de Bry 1593 besorgten Neuausgabe waren diese Details aus verlegerischen Gründen durch entsprechende Kupferstiche unterstrichen worden.[86] Dieses Wissen dürfte die Berichte im *Theatrum Europaeum* geprägt haben. Der Krieg als «Theater des Schreckens» kulminierte im absoluten Tabu- und Zivilisationsbruch, der alle Erfahrungsmöglichkeiten sprengte.

Auch der Chronist Heberle schilderte eine dieser Ungeheuerlichkeiten. 1638 seien während der Belagerung Breisachs die im Gefängnis Verstorbenen von den Mitgefangenen verspeist worden.[87] Über diesen Vorfall informierte später ein weitverbreiteter *Alter und Newer Schreibkalender* für das Jahr 1650 unter der Überschrift «Chronic des jetzigen Teutschen Kriegs».[88] Der Leipziger Schöppenstuhl verurteilte 1639 einen alten Mann aus Heldrungen wegen Kannibalismus zum Tode. Er hatte laut Selbstanzeige seine Frau erstochen und Teile ihres Körpers verzehrt. Die Schöppen hielten die Schilderungen dieses reuigen Sünders für wahr.[89] Ob der alte Mann wirklich seine Frau getötet und gegessen hatte oder ob er dies im Hungerdelirium nur träumte, bleibt ungeklärt. Die Schöppen glaubten ihm. Der lange Krieg verrohte die Vorstellungskraft vielleicht noch mehr als das Verhalten.

Wer die Bilder der Gewalt durch Visualisierung oder Verschriftlichung der Erinnerung übergab, wollte sich häufig selbst beruhigen. Deswegen findet sich am Beginn solcher Erzählungen nicht selten der zum Topos werdende Hinweis, dass man lieber geschwiegen hätte.[90] Die grässliche Wahrheit müsse jedoch ans Licht. Die Autoren formulierten das in ihren Augen Unbeschreibliche und steigerten dadurch die Angst vor ungewissen Bedrohungen, die jeden ereilen konnten und bei denen Gott deswegen nicht half, weil er die Täter selbst bevollmächtigt hatte, die sündigen Menschen zu strafen.[91] Dieser Zirkelschluss der Schuld war mit menschlichen Mitteln nicht zu durchbrechen und deswegen umso bedrohlicher. Die Frage nach Gottes Wille stellte sich in diesem Elend mehr denn je, und sie wurde zumindest in einem handschriftlichen Bibeleintrag auch negativ beantwortet: «Es sei jetzt gewiß, daß kein Gott ist.»[92] Die Botschaft der geistlichen Texte war allerdings eine andere. Gott hatte die Gewalt, das Elend und die Qualen sowie die Angst davor gesandt, um der sündigen Kreatur seine helfende Hand zu bieten. Wer über seine Angst berichtete, hatte diese überwunden. Die Erzähler distanzierten sich von ihrer Furcht, um anderen ein Vorbild für das notwendige Gottvertrauen zu sein. Die übergroße Angst, die als gesellschaftliche Krise das Zusammenleben der

Menschen belastete, ließ sich demnach nicht erst durch die aufklärerische Kritik, sondern auch im Rahmen der alten Ordnung bewältigen.[93]

Vor Nürnberg

Während die schwedische Armee Bayern verwüstete und Wallenstein Böhmen von den Sachsen befreite, wurde in Dresden um eine sinnvolle Strategie gerungen. Sowohl die prokaiserlichen als auch die proschwedischen Kräfte überschätzten jedoch das eigene Gewicht und die Kampfkraft ihrer 20 000 Soldaten, die Böhmen zwar leicht erobert hatten, sich aber noch leichter wieder hatten vertreiben lassen. Der Kurfürst wollte Frieden, doch jedes Arrangement mit dem Kaiser musste sich gegen den schwedischen Bündnispartner richten. Gustav Adolf befürchtete den Frontenwechsel, sobald die kaiserliche Armee Kursachsen bedrohte. Im Sommer 1632 sandte er Pfalzgraf August von Sulzbach nach Dresden, um vor einem Separatfrieden zu warnen. Ein allgemeiner Friede solle stattdessen die Reichsverfassung wiederherstellen und ein Bündnis der Protestanten, ein *Corpus Evangelicorum*, unter schwedischer Führung deren Einhaltung überwachen. Zudem müssten alle evangelischen Fürsten restituiert, die schwedischen Verbündeten mit geistlichen Gebieten entschädigt und das Herzogtum Pommern der Krone Schwedens unterstellt werden, sodass diese wie Dänemark als Reichsstand die Reichspolitik mitgestalten könne.

Johann Georg hielt ein protestantisches Bündnis, das nicht unter seiner Leitung stand, für inakzeptabel. Seines Erachtens hatten alle ausländischen Armeen mit dem Friedensschluss das Reich zu verlassen. Seine Gegenvorschläge liefen auf ein Normaljahr 1620 für das Reich, nicht aber für die habsburgischen Erblande hinaus. Er wollte Pommern nicht den Schweden überlassen und keinen evangelischen Bund gründen.[94] Da alle Friedenskonzepte unausgegoren waren, ging der Krieg weiter. Die direkte Konfrontation der beiden Lichtgestalten Wallenstein und Gustav Adolf rückte näher.

Der Schwedenkönig hatte im Frühjahr 1632 die Armee geteilt. Herzog Wilhelm IV. von Sachsen-Weimar sollte seine Truppen in Thüringen ergänzen, um sich dann mit der Hauptarmee zu vereinigen. Johan Banér blieb mit etlichen Regimentern in Bayern. Dorthin sollte auch Herzog Bernhard von Weimar ziehen,[95] während Horn den Oberrhein sicherte.[96] Gustav Adolf hatte nach der Eroberung Münchens die Initiative verloren, weil er von den Ereignissen in Böhmen und der Wendung Wallensteins nach Westen überrascht worden war. Die Schweden drohten von ihren weit entfernten Basen an der Ostseeküste und ihrem wankelmütigen sächsischen Verbündeten abgeschnitten zu werden. Der König wandte sich deswegen mit seinen etwa 15 000 Soldaten hastig über Donauwörth, Weißenburg, Eichstätt, Dillingen und Pappenheim in die Gegend von Fürth. Er wollte Nürnberg befestigen, um es gegen den anrückenden Wallenstein zu sichern, denn die Reichsstadt war der Schlüssel zu Bayern, Böhmen und Franken.[97]

Mit dem Nürnberger Rat beriet der König über den allgemeinen Frieden und eine evangelische Kriegsallianz unter Führung Kursachsens, Hessen-Kassels oder Schwedens. Bei dieser Gelegenheit sprach sein Sekretär Sattler davon, dass Gustav Adolf dereinst zum römischen König oder Kaiser gewählt werden könne.[98] Der König hat dies nie kommentiert. Er verließ Nürnberg noch im Juni, um Wallenstein, von dem er annahm, dass er von Eger aus nach Regensburg marschieren werde, den Weg zu verlegen.[99] Kurfürst Maximilian, der mit den Resten der Armee Tillys eigentlich Bayern von den schwedischen Besatzern säubern wollte, sah sich deswegen gezwungen, den weiter nördlich ziehenden Friedländer zu verstärken. Die beiden Armeen vereinigten sich am 1. Juli bei Waldsassen.

Mit seinen nunmehr 45 000 Soldaten säuberte Wallenstein die östliche Umgebung Nürnbergs von versprengten schwedischen Einheiten. Mitte Juli lagerte er seine Truppen im Gebiet zwischen Zirndorf und der Alten Veste entlang der Rednitz in einem gewaltigen Feldlager. Erneut wollte er seinen Gegner in einem Stellungskrieg zermürben und ausmanövrieren. Die Rechnung ging auf. Gustav Adolf musste die Herausforderung annehmen. Er baute vor den Toren, aber in enger Verbindung mit Nürnberg ebenfalls ein befestigtes Lager auf. Es begann die größte Abnutzungsschlacht dieses Krieges. Wallenstein wollte die Schweden von Sachsen abschneiden und den Kurfürsten vor die Alternative stellen, Frieden zu schließen oder sein Land besetzen und verwüsten zu lassen. Das eigentliche Opfer dieses Plans war Bayern, denn nur dorthin konnten die Schweden abziehen. Maximilian war Wallenstein auf den Leim gegangen.

Die Strategie des Friedländers führte zu vielen kleinen Scharmützeln, aber zu keiner Schlacht. Die Nürnberger litten entsetzlich, denn sie mussten die Soldaten mitversorgen. Wallenstein blockierte die Zufuhr, verbot seinen Truppen aber jegliche Offensivaktion. Er hinderte auch die Verbände, die

Ende August Gustav Adolf zu Hilfe kamen, nicht am Durchmarsch. Die fünf kursächsischen Regimenter sowie die Soldaten Landgraf Wilhelms V. aus dem Rhein-Main-Gebiet, Banérs aus Schwaben, Herzog Bernhards aus Bayern und Herzog Wilhelms IV. aus Magdeburg und Thüringen durften unbehelligt passieren. Vielen seiner Offiziere war dies unverständlich, doch Wallenstein wusste, was er tat. Die zusätzlichen Soldaten sollten den Hunger und die Not im Lager und in Nürnberg weiter vergrößern.

Die Schweden verfügten schließlich über fast 50 000 Mann, die auf Dauer vor Nürnberg nicht zu ernähren waren. Zwar hatten die Stadtbewohner die Soldaten lange vorbildlich versorgt, doch als die Vorräte zur Neige gingen, kam es zu Unruhen. Die 138 Bäcker konnten den zusätzlichen Bedarf nicht mehr befriedigen. Vor ihren Läden schlugen sich die Wartenden um das verfügbare Brot. Der Rat setzte Preistaxen fest. Die Todesfälle stiegen dramatisch. 1632 starben in Nürnberg, das 1620 etwa 40 000 Einwohner gezählt hatte, fast 30 000 Menschen. Vor dem Tiergärtner Tor stapelten sich die Leichen.[100] Es fehlten Totengräber. Die Ansammlung so vieler Menschen, Pferde und anderer Tiere auf engstem Raum hatte zur hygienischen Katastrophe geführt.

Krankheiten und Desertionen dezimierten beide Heere weit mehr als üblich. Die Schweden verloren fast 30 000 Mann. In ihrem Lager wurde die Situation unerträglich. Gustav Adolf musste angreifen, abziehen oder tatenlos zusehen, wie seine Soldaten von Krankheiten dahingerafft wurden. Er wählte aufgrund einer falschen Feindaufklärung, die den geplanten Abzug des Gegners meldete, den Angriff und rannte Anfang September fünf Tage lang vergebens gegen die festen Stellungen Wallensteins. Dessen Soldaten verharrten hinter ihren Schanzen und konnten nicht überrannt werden. Das Gelände war für die Angreifer ungünstig. Auf dem morastigen Untergrund ließen sich die schweren Geschütze nicht richtig in Stellung bringen. Bis Mitte September lagen sich die Truppenverbände noch gegenüber, dann zogen die Schweden nach Westen und Süden ab, wie Wallenstein es erwartet hatte. Auch er löste daraufhin sein Lager in aller Eile auf, folgte dem König aber nicht nach Bayern.[101] Seine Defensivtaktik war aufgegangen. Gustav Adolf galt als Verlierer einer Schlacht, die eigentlich keine war. Wallenstein schrieb Ferdinand II., der König habe sich «gewaltig die Hörner abgestoßen», «unbesiegbar» sei nicht er, sondern der Kaiser.[102] Der Patrizier Lukas Behaim fasst das Geschehen zusammen: «Vom Feinde drei Monat belagert, vom Freund vier Monat ausgefressen.»[103]

Dass Wallenstein das Land seines Erzfeindes Maximilian den Schweden preisgab, kaschierte er mit einem Schreiben an den Kaiser, in dem er forderte, das versprochene Geld endlich zu schicken. Ansonsten würden die eigenen Soldaten in Kürze noch höhere Verluste als jetzt die Schweden zu beklagen haben.[104] Deren Hauptarmee zog erst west- und dann südwärts über Windsheim und Dinkelsbühl zum Lech und überschritt Anfang Oktober die Donau. Was hatte sie vor? Maximilian von Bayern fühlte sich von Wallenstein düpiert, der diese schwedische Attacke auf das schutzlose Bayern billigend in Kauf genommen, wenn nicht gar geplant hatte. Der Herzog erinnerte intern an Maximilians alte Forderung, keine kaiserlichen Truppen in Bayern einzuquartieren. Ohne die Klagen des Kurfürsten zu beachten, wandte er sich über Kulmbach nach Sachsen. Maximilian und die Ligatruppen trennten sich Mitte Oktober bei Coburg von ihm und marschierten nach Bayern zurück. Wallenstein gab ihnen zwei kaiserliche Regimenter unter Aldringen als Verstärkung mit. Alle Zeichen deuteten auf ein Winterlager, nicht auf eine Schlacht.

Gustav Adolf erkannte jedoch gerade noch rechtzeitig, welche Gefahr sich in seinem Rücken zusammenbraute, denn auch Pappenheim marschierte mit seinen Verbänden nach Sachsen.[105] Er hatte Teile der Landgrafschaft Hessen-Kassel unterworfen, konnte dann aber Maastricht nicht entsetzen. In der Zwischenzeit eroberten die Schweden viele Orte zurück. Sie stießen ins Elsass sowie nach Baden und in die Ortenau vor. Sächsische und schwedische Truppen fielen in Schlesien ein und eroberten unter anderem Großglogau und Breslau. In den befreiten Orten wurde im Herbst wieder lutherisch gepredigt.[106]

Nun aber stand Sachsen auf dem Spiel. Gustav Adolf machte deswegen kehrt und zog in Eilmärschen nach Norden, um sein Bündnis mit Kurfürst Johann Georg zu retten. Ende Oktober hatte Wallensteins Feldmarschall Graf Holk, der 1630 von dänischen in kaiserliche Dienste gewechselt war, Leipzig, wenig später Halle und andere befestigte Städte wie Zwickau, Meißen und Altenburg in seine Gewalt gebracht.[107] Der kaiserliche Feldzeugmeister Matthias Gallas war vom Vogtland aus mit knapp 12 000 Soldaten in Sachsen eingefallen und hatte sich zwischen Plauen und Weida mit der Hauptarmee vereinigt.[108] Dieses Heer zog in die Gegend von Lützen, wo Wallenstein das Schreiben Ferdinands II. empfangen haben dürfte, in dem dieser sich skeptisch über die schwedischen Friedensinitiativen äußerte und die Meinung des Herzogs darüber erbat, wie man mit Sachsen

FELDZÜGE VON 1630–1633

und Brandenburg in ein vertrautes Verhältnis kommen und verhindern könne, dass jeder unter dem Prätext *libertatis et religionis* Truppen gegen den Kaiser werbe. Auch sollte er überlegen, wie sich Kaiser und Reich generell besser vor schwedischen und ausländischen Invasionen schützen könnten.[109]

Wallenstein hatte andere Sorgen. Die schwedische Hauptarmee saß ihm im Nacken. Sie war von Neustadt über Erfurt nach Sachsen gezogen und hatte sich bei Naumburg verschanzt, um die zurückgebliebenen Einheiten und den Angriff der Kaiserlichen abzuwarten. Dieser erfolgte jedoch nicht. Der Friedländer schickte angeblich sogar einige Verbände ins Winterlager. Dies war wohl eine Finte. Gustav Adolf entschied, die Schlacht sofort zu suchen, obwohl seine Soldaten in 17 Tagen fast 500 Kilometer zurückgelegt hatten und müde waren.

Lützen

Am 16. November 1632 fand bei Lützen die bis dahin schwerste Schlacht dieses Krieges statt. Sie dauerte den ganzen Tag. Wegen des dichten Nebels begannen die Kämpfe allerdings erst gegen elf Uhr mit dem üblichen Geschützfeuer. Wallenstein selbst kommandierte den linken, Holk den rechten Flügel. Gustav Adolf hatte die schwedische Reiterei unter seiner Führung auf dem rechten, die deutsche Kavallerie unter Bernhard von Weimar auf dem linken Flügel postiert. Die beiden Zentren kämpften verbissen um jeden Meter entlang der Straße nach Leipzig. Auch auf den Flügeln wogte der Kampf hin und her. Der verspätet auf dem Schlachtfeld erschienene Pappenheim wurde bald von einer Kugel tödlich getroffen. Kurz darauf muss auch Gustav Adolf gefallen sein. Sein verwundetes Pferd erreichte ohne Reiter die eigenen Reihen. Der ausgeplünderte tote Körper wurde erst viel später geborgen. Er hatte, wie es seinem Temperament entsprach, das Risiko der Schlacht gesucht. Sein Tod war für das Projekt eines Reiches rund um die Ostsee ein unersetzlicher Verlust.

Den Oberbefehl riss Bernhard von Weimar an sich. Der Tod des Königs und der Aufstieg Bernhards waren Teil jener Zufälle, die das Künftige entscheidend beeinflussten. Auf dem Schlachtfeld explodierten in der Abenddämmerung die kaiserlichen Munitionswagen. Die Kämpfe gingen noch eine Stunde weiter. Gesiegt hatte eigentlich niemand. Wallenstein verließ den Kampfplatz als Erster, um seine Soldaten nach Leipzig in Sicherheit

zu bringen. Er berichtete dem Kaiser noch am selben Tag, dass Pappenheim und wohl auch der schwedische König gefallen seien, er selbst habe
zwar etliche tausend Mann verloren, den Schweden seien jedoch ganze
Regimenter niedergehauen worden. Da in der Nacht die Stellungen nicht
zu halten gewesen seien, habe man sich nach Leipzig zurückgezogen. Der
Kaiser gratulierte Ende November zum Sieg.[110]

Wallensteins Rückzug machte die Schweden zu Siegern. Ihnen fielen 20
zurückgelassene Geschütze in die Hände. Herzog Bernhard hatte wegen
des Rückzugs der Kaiserlichen die eigenen Rückzugspläne aufgegeben und
seinen Soldaten befohlen, nicht zu weichen. Er sammelte seine Restarmee
in Weißenfels, wohin auch der königliche Leichnam gebracht wurde.[111]
Beide Heere beklagten schwere Verluste von jeweils etwa 6000 Gefallenen.
Beim Zählen der eroberten Fahnen ergab sich ein anderes Bild: Die
Schweden hatten fünf, die Kaiserlichen aber 60 vom Schlachtfeld entführt.
In Wien glaubte man noch geraume Zeit, dass Wallenstein als strahlender
Sieger Lützen verlassen habe.[112]

Der Friedländer ließ 200 Mann in Leipzig zurück und marschierte
über Zwickau nach Böhmen, um seine Truppen zu reorganisieren. Leipzig war für die Kaiserlichen nicht zu halten und fiel an Sachsen, Chemnitz und Zwickau eroberten die Schweden. Oxenstierna übernahm die
schwedische Kriegsdirektion, also die politische Leitung, und teilte die
Armee in zwei Korps, die unter Bernhard von Weimar in Franken und
unter Georg von Braunschweig-Lüneburg in Westfalen operieren sollten.
Johann Georg sagte dem Reichskanzler zu, auch nach dem Tod des
Königs das evangelische Wesen zu stützen. Er hielt jedoch sein Bündnis
mit Schweden für beendet, strebte nach der Führung der deutschen Protestanten und wollte Friedensverhandlungen einberufen. Oxenstierna
forderte hingegen, die Allianz zu stärken, um militärisch nicht ins Hin-
tertreffen zu geraten.[113]

Die Publizistik stilisierte Herzog Bernhard zum neuen Hoffnungsträger
und Konkurrenten Wallensteins. Er war erfolgreich, bei den Soldaten beliebt und im Unterschied zu Horn oder Banér ein Reichsfürst. Für die
Protestanten schien er der prädestinierte Nachfolger Gustav Adolfs zu
sein, nicht nur militärisch, auch politisch. Der Straßburger Lehrer und
Schriftsteller Samuel Gloner stellte 1640 die beiden Lichtgestalten als
Kämpfer gegen den Antichristen dar.[114] Während Bernhard als schwedischer Feldherr reüssierte, behielt Reichskanzler Oxenstierna die politischen

Der Stich der Schlacht bei Lützen 1632 bietet neben dem Schlachtengewimmel ein Schema der Aufstellung der Armeen Wallensteins und Gustav Adolfs links und rechts der umkämpften Straße nach Leipzig sowie die Medaillons des gefallenen Gustav Adolf (links) und Herzogs Bernhard von Sachsen-Weimar (rechts), der das Kommando übernommen hatte.

Fäden fest in seiner Hand. Er kämpfte bis zum Friedensschluss 1648 für die schwedischen Interessen auf dem Kontinent.

In Südwestdeutschland operierten unterdessen die unter Gustav Horn kämpfenden Schweden weiterhin sehr erfolgreich. Sie hatten am 16. August die Kaiserlichen bei Wiesloch besiegt und belagerten danach die Festung Benfeld im Elsass. Alle Entsatzversuche blieben erfolglos. Benfeld ergab sich Anfang November. Die Kapitulationsbedingungen legten unter anderem fest, dass der katholische Gottesdienst bestehen bleiben solle. Auch Molsheim und Schlettstadt, Endingen, Colmar und Hagenau unterstellten sich den Schweden. Das in Schwaben zurückgelassene kleine Armeekorps unter Banér agierte weniger erfolgreich. Die evangelischen Stände baten deswegen Horn um Hilfe. Er überquerte den Rhein, erzwang die Übergabe Freiburgs und drang über den Schwarzwald nach Schwaben vor.[115] Zwischenzeitlich starb Pfalzgraf Friedrich V. im November 1632 in Mainz; er hatte noch erfahren, dass Heidelberg und der größte Teil der Kurpfalz befreit worden waren.

Wallenstein suchte und fand Schuldige: Für die Niederlage machte er Verrat und Feigheit verantwortlich. Offenbar hatten etliche Offiziere ohne seinen ausdrücklichen Befehl das Schlachtfeld vorzeitig verlassen. Die Fahnenflüchtigen, deren er habhaft werden konnte, zwölf Offiziere und fünf Reiter, wurden nach Kriegsrecht hingerichtet, 40 weitere Namen an den Galgen geschlagen und ein Kopfgeld auf ihr Ergreifen ausgesetzt. Wer sich tapfer ausgezeichnet hatte, erhielt Geld und Güter.[116] Wallenstein demonstrierte, dass nur er über Strafe oder Belohnung, Tod oder Leben entschied. Das Klima in der kaiserlichen Armee war rauer geworden. Der Generalissimus reagierte öfter jähzornig und unbeherrscht – sei es wegen seines Gichtleidens, der Folgen der Syphilis oder auch, weil sein alter Führungsstil, Offiziere und Soldaten mit Geld an sich zu binden, nicht mehr griff; de Witte fehlte an allen Ecken und Enden.

Der schwedischen Armee erging es jedoch kaum besser. Gustav Adolfs sechsjährige Tochter Christina konnte ihren Vater nicht ersetzen. Für sie übernahm ein Regentschaftsrat unter Vorsitz Oxenstiernas die Regierung. Er hatte in Rostock, Wittenberg und Jena studiert und kannte die deutschen Verhältnisse. In einer ausführlichen Denkschrift forderte er im Frühjahr 1633, ganz im Sinne Gustav Adolfs, die dauerhafte Präsenz Schwedens in Pommern und Preußen sowie ein Bündnis protestantischer Fürsten unter schwedischer Leitung. In Mitteldeutschland sollten zudem einige schwedische Vorposten bestehen bleiben. Das Kurfürstentum Mainz reservierte er für sich selbst; der schwedische Reichskanzler als Nachfolger des deutschen, Symbol und Programm zugleich. Oxenstierna fügte sein Fürstentum in die bestehende Reichsverfassung ein; er beließ es bei der alten Ordnung und tauschte nur das Führungspersonal. Statt der katholischen Reichsritter vom Mittelrhein und aus Franken, die bisher die Mainzer Pfründen unter sich aufgeteilt hatten, begünstigte er deren evangelische Brüder und Vettern. Sie bildeten die schwedische Regierung in Mainz und erhielten große Teile des Besitzes der geflohenen Katholiken. Mit Hilfe einer zielstrebigen Donationspolitik schuf sich Oxenstierna eine ihm treu ergebene, weil ihm zu Dank verpflichtete und von ihm abhängige Klientel.

Die Rolle der Schweden in Deutschland veränderte sich dennoch. Ohne den König fehlte es an glaubhaften Visionen, die den schwedischen Vorstoß in Deutschland bisher begleitet und befördert hatten. Mit dem von Gott beauftragten Gustav Adolf wirkte selbst das Streben nach der Kaiserkrone oder nach einem als evangelische Wertegemeinschaft konzipierten Großreich für deutsche Protestanten attraktiv. Die Rolle eines Werkzeugs Gottes und eines wohlwollenden Hegemonen war einem charismatischen und dynastisch legitimierten König auf den Leib geschrieben, aber nicht einem fremden Staat. Während die Reichsstände sich schließlich hinter Gustav Adolf gesammelt und ihm untergeordnet hatten, musste der Reichskanzler als Vertreter eines fremden Staates diese bündnismäßig organisieren, um sie politisch führen zu können.

Mit dem König verloren die Schweden ihre Integrationsoption. Komplexe Strategien politischer Durchdringung vom Mutterland weit entfernter Gebiete waren fortan schwerer zu realisieren. Auf einmal machten ein Staat und seine Organe in Deutschland Ansprüche geltend. Obwohl sich dessen antihabsburgischen Interessen mit denjenigen protestantischer Stände deckten, offenbarte sich nun das Aufgezwungene der Zusammenarbeit.

Der Reichskanzler Oxenstierna, dem der königliche Nimbus fehlte und der auch nie als Gottes Werkzeug angesehen wurde, versuchte, diesen Unterschied zu überspielen. Voraussetzung aller Pläne zur künftigen Rolle Schwedens in Deutschland blieb jedoch die intakte Armee. Um deren Oberkommando stritten sich die beiden Brüder Wilhelm IV. und Bernhard von Sachsen-Weimar. Während ersterer als Generalleutnant den höheren Rang besaß, hatte Gustav Adolf letzterem das Kommando für den Fall seines Todes anvertraut und dieser die Armee auch in Lützen zum Sieg geführt.[117] Herzog Wilhelm fügte sich am 8. November in das Unvermeidliche und verkündete den Soldaten, dass er aufgrund einer Krankheit die Truppen nicht mehr führen könne und seinem Bruder die volle Gewalt bis zu seiner Genesung übergebe.[118]

Auf einer Konferenz hoher Offiziere teilte Oxenstierna Anfang 1633 in Altenburg das Oberkommando zwischen seinem eher bedächtigen Schwiegersohn Gustav Horn und dem ungestüm-genialen Bernhard von Sachsen-Weimar. Diese Doppelspitze stellte Oxenstiernas politische Führung nicht in Frage,[119] zumal auch Wilhelm V. von Hessen und Herzog Georg von Lüneburg ihre Kommandos im westfälischen und im niedersächsischen Kreis behielten. Graf Thurn sollte die schwedische Armee in Schlesien führen und dort den sächsischen Oberbefehlshaber Arnim neutralisieren. Der verwundete Johann Banér erhielt die ehrenvolle Aufgabe, den königlichen Leichnam nach Schweden zu überführen. Der Artilleriegeneral Torstensson befand sich noch in kaiserlicher Haft.[120]

Das eigentliche Problem bildete die weitere Finanzierung der großen Armee. Die französischen Subsidien flossen 1633 spärlicher, weil die schwedische Dominanz in Südwestdeutschland die Pläne Richelieus störte. Seines Erachtens sollten die Schweden nur gegen die Habsburger, nicht gegen die Katholiken im Reich kämpfen und ihre Macht auch nicht auf linksrheinische Gebiete ausdehnen. Da diese Abgrenzung kaum realistisch war, solange keine französische Armee im Reich operierte, wurden Verträge geschlossen, die dieses Eingreifen vorbereiteten. Herzog Karl von Lothringen musste, als französische Truppen in seinem Land standen, eine Kapitulation unterzeichnen, die ihn zum Vasallen der Krone Frankreichs machte. Er durfte nur mit Zustimmung Ludwigs XIII. Bündnisse schließen, musste Durchzüge und Werbungen dulden sowie französische Angriffe unterstützen. Der Trierer Erzbischof Philipp von Sötern, der zugleich Bischof von Speyer war, trat aufgrund von Subsidien und einem Schutzversprechen an die Seite König Ludwigs XIII., dem er auch seine beiden wichtigen Festungen Ehrenbreitstein und Philippsburg übergab.[121]

Werkzeug Gottes

Für die Protestanten galt der unmittelbare Nachruhm Gustav Adolfs dem Retter des evangelischen Glaubens und der deutschen Freiheit. Erst Friedrich Schiller schrieb Anfang der 1790er Jahre skeptisch, der schwedische König habe es der Gnade seines frühen Todes zu danken, nicht zum Despoten geworden zu sein. Sein «schützender Genius» habe ihn «in der Fülle seines Ruhms und in der Reinigkeit seines Namens» sterben lassen. Der Dichter bezweifelte, «ob er bei längerem Leben die Tränen verdient hätte, welche Deutschland an seinem Grabe weinte».[122] Gustav Freytag schloss sich Schillers Urteil an: Als der König sich zum Oberherrn der deutschen Fürsten machen wollte, «da war er [...] der Nachkomme eines alten Normannenhäuptlings [...] Daher meinen wir, er starb gerade da, wo sein gewaltiges Begehren gegen ein Grundgesetz des neuen Staatenlebens zu ringen begann.»[123] Trotz dieser Einschränkung wurde der schwedische König im 19. Jahrhundert zum deutschen Kriegshelden umgemodelt, weil er in das preußisch-protestantisch-kleindeutsche Wunschbild passte.

Die Hand Gottes lenkt auf dem mit Anspielungen reich dekorierten Blatt aus dem Jahr 1632 den Triumphwagen Gustav Adolfs, der alles wegräumt, was sich ihm in den Weg stellt.

Zeitgenössische Flugschriften setzten Gustav Adolf zu Lebzeiten oder kurz nach seinem Tod durch Buchstabenspielereien mit Gott gleich. «Deus heißt auf Deutsch Gott, und aus diesen vier Buchstaben kommt Sved.»[124] In einer anderen liest man: «In Summa: Gott hat ihn zum Heiland erwecket / Und sein Panier zum Trost der Kirchen aufgestecket: Darum er billig SUED und rückwärts DEUS heißt.»[125] Auf einem von Gott gelenkten Triumphwagen stehend, räumt Gustav Adolf alles zur Seite, was sich ihm in den Weg stellt, während er auf den Sitz des Kaisers zurast.[126]

Was die griechische Mythologie zu bieten hat, wurde für die evangelische Triumphfahrt und die göttliche Mission vereinnahmt. Ein Blatt zeichnete den König als von Gott gelenkten Herkules, der gegen die Hydra kämpft, die gerade die evangelische Kirche zerstört.[127] Eine gereimte Flugschrift verglich 1632 das Eingreifen der Schweden mit dem Krieg um Troja. Gustav Adolf war Achilles, die geraubte Helena die deutsche Freiheit, spezifiziert als das Evangelium und die «guten Reichsgesetze», die nun in die Hände der Spanier gefallen seien. Der König sollte sie mit Gottes Hilfe zurückbringen. Der christliche Gott habe seine Waffen geschmiedet und ihn auf die deutsche Bahn gelenkt. Der Held aus Mitternacht sei gottesfürchtig, sodass sich die Unsterblichkeit im «Deutschen Krieg» mit ihm vermählt habe. Iphige-

Gott steuert den als Herkules mit Keule gezeichneten Gustav Adolf, um das Tier der Apokalypse zu besiegen, das die christliche Kirche zerstören will.

nie, also Magdeburg, habe «für alle müssen brennen». Den Sieg bei Breitenfeld kommentiert der Löwe: «Schau das hat Gott getan.» Am Ende wendet sich der Autor unmittelbar an den Gotteshelden: Er solle alle Feinde aus dem Reich vertreiben, «das helfe dir der dich gesendet unser Gott». Der Adler fliege schon, um ihm die Krone zu bringen.[128]

Für die Popularität Gustav Adolfs spielte der geweissagte Löwe aus Mitternacht eine wichtige Rolle. Das Löwenmotiv und die Endzeiterwartungen bis hin zum gottgewollten Krieg waren allerdings vor Gustav Adolf schon mit anderen protestantischen Hoffnungsträgern wie Friedrich V. von der Pfalz oder König Christian IV. verbunden worden. Die proschwedischen Pamphlete mussten daher das Bisherige überbieten. Die Flugblätter zeigten recht drastische Darstellungen des kämpfenden Löwen, der die als Drache oder Ungeheuer gezeichnete römische Kirche besiegte. Ein Blatt präsentierte Gustav Adolf in Begleitung eines Löwen mit den eroberten Städten, die aus dem Gefängnis des Papsttums befreit worden seien.[129]

Der medial inszenierte, teilweise divinisierte schwedische König, der mit militärischen Mitteln die reine evangelische Lehre und die Freiheit wiederherstellte,[130] sollte den Protestanten Mut machen und verhindern, dass die Schweden ihre Mission abbrachen. Der mitternächtliche Löwe, der durch die Pfaffengasse rennt und dabei den Bären und den Adler, Bayern und den Kaiser, in die Flucht treibt, bürgte für eine offene Erfolgsgeschichte; der Löwe soll Rache üben und weiterkämpfen.[131] Er siegt im Auftrag Gottes, um das sündige Babylon zu zerstören. Für einen «Liebhaber teutscher Freyheit» war der geweissagte Held «ein großer goldfarbener Löw, welcher von Mitternacht gegen Teutschland hergezogen».[132] Dieser erscheint als Erlöser und künftiger Kaiser, indem er Wien bedroht.[133] Wie er die deutsche Freiheit aus den Fängen des Papsttums und seiner Helfer gerettet hatte,[134] werde er die Christenheit von diesem Joch erlösen.[135]

Diese Aufgabe wurde dem siegreichen Schwedenkönig im Übrigen auch in den Niederlanden oder in England zugewiesen. Joost van den Vondel, der wohl bekannteste niederländische Dichter des 17. Jahrhunderts, war der Ansicht, dass nach Gustav Adolfs Tod nur noch die niederländische Republik die deutsche Freiheit schützte. Nach dem Untergang Magdeburgs hatte er den König als Retter der Freiheit gepriesen, die nicht nur religiöse Toleranz, sondern auch Antimonarchismus, Verteidigung der Rechte des Volkes und Widerstand gegen Tyrannei bedeute. In England wurde die deutsche Freiheit zu dieser Zeit als aus dem religiösen Diskurs hervorgegangenes politisches Recht verstanden und auf alle Protestanten bezogen.[136]

Die Prophetien wurden geglaubt, weil sie Gustav Adolf, den Retter und Befreier der Protestanten, in einen antiken und biblischen Kontext brachten. Erstaunlicherweise fehlt die eigentlich naheliegende Identifikation des Königs mit dem Reiter auf dem weißen Pferd, der gleich zweimal in der Offenbarung des Johannes auftritt und den siegreich beendeten Krieg sowie die Durchsetzung des Wortes Gottes verkörpert.[137] Die generelle Scheu, sich im Zusammenhang mit dem Antichristen und dem Jüngsten Gericht konsequenter im Arsenal der Offenbarung zu bedienen, ist auffällig. Offensichtlich gab es eine Tabuisierung beim Blick auf die letzten Tage der Menschheit. Benennbar waren in diesem Kontext nur die konkreten Feinde, das Papsttum mit seinem Anhang und die Türken, sowie die vage Drohung mit dem nahen Ende. Details hätten die damit verknüpften konkreten politischen Ziele tangiert und die disziplinierenden Absichten behindert.

Der Verdacht jedoch, das Volk sei mit der Inszenierung des Gottgewollten lediglich getäuscht worden, unterschlägt, dass diese Deutung der Dinge dem komplexen Gefüge religiöser und politischer Erwartungen in den protestantischen Milieus entsprach.[138] Konstruktionen wie der Löwe aus

Mitternacht legitimierten einen Krieg heilsgeschichtlich, der nicht gerechter war als andere Kriege, machte jedoch Soldaten und Betroffene gleichermaßen zu Mitwirkenden am offenbarten Heilsplan. Mehr noch, der Krieg gegen den Antichristen machte den Weg frei für das Jüngste Gericht, und wenn die apokalyptischen Plagen Buße, Reue und Verhaltensänderungen bewirkten, konnten die Menschen besser gewappnet vor den Weltenrichter treten.

Die Vorstellung, dass der Schwedenkönig den Antichristen besiegen werde, gab dem realen Krieg eine zusätzliche transzendentale Dimension. Kämpften und starben seine Soldaten jenseits des Mains, gar jenseits der Donau nur für die schwedische Sicherheit? Gustav Adolf handelte, während die lutherischen Reichsfürsten zögerten – allein dieser Unterschied machte den göttlichen Auftrag plausibel. «Der Mitternächtische Löw ist hier: Er zaust die Federn von dem Rumpf und macht des Adlers Klauen stumpf.»[139] Für diesen König war das passive Verhalten des sächsischen Kurfürsten unverständlich. Eine den Tod des Helden beklagende Flugschrift endet:

> «Die ewige FAMA ruft durch die Welt /
> Der Deutschen Josua / der schwedischen Held /
> Stehet / betet / fechtet / und stirbt im Feld /
> Lebt im Sieg / bei Gott den Triumph hält.»[140]

Doch hatte ihn sein «Verhängnis» nicht «in andere Bahnen» fortgerissen, «an deren Ziel wohl eine Kaiserkrone winken mochte, nicht aber der Heiligenschein»?[141] Droysens Alternative entpuppt sich als Wunschgebilde des 19. Jahrhunderts. Vom Kaisertum war Gustav Adolf weit entfernt. Die Schweden konnten im Bund mit den deutschen Protestanten und diversen fremden Mächten den Kaiser, die Liga und das katholische Europa zwar massiv bedrängen, die Habsburger aber nicht in die Knie zwingen.

Der tote König wurde allerdings auch von den Zeitgenossen noch stärker verklärt als der lebende. Gustav Adolf hatte glorifizierende Deutungen zugelassen, weil sie ihm halfen, das schwedische Vorfeld in Deutschland abzusichern. Seine Erfolge und die Aura des göttlichen Auftrags hatten ihn jedoch daran gehindert, den Krieg im rechten Moment zu beenden. Wenn Gott auf der Seite des auserwählten Volkes kämpft und Siege ein Zeichen der Prädestination und des göttlichen Bundes, Niederlagen und

Notzeiten ein Signum der Krise sind, mit der Gott sein Volk straft und sich selbst überlässt,[142] durfte der König seinen erfolgreichen Kriegszug nicht vorzeitig abbrechen. Nach der Schlacht bei Breitenfeld wurde aus dem umstrittenen Präventivkrieg ein imperialer Eroberungsfeldzug, der als Religionskrieg die Optionen aller Akteure beträchtlich reduzierte. Der Tod des angeblich von Gott auserwählten Helden bewegte jedenfalls die öffentliche Meinung. Die Katholiken, insbesondere die Jesuiten, deuteten den frühen Tod Gustav Adolfs als Strafe Gottes und als ein Zeichen, dass er für den falschen Glauben und egoistische machtpolitische Ziele gefochten habe.[143] Im Gegensatz dazu verklärten die Protestanten seinen Tod als Zeichen seiner Auserwähltheit und als «eiligen Sprung zum lieben Gott». Biblische Analogien sollten das von Gott gewollte Hinscheiden bezeugen,[144] das zum Kreuzestod des Gottessohnes in Beziehung gesetzt wurde.[145]

Die Trauerpredigten intonierten stets die Melodie, der König habe einen gerechten, von Gott gewollten Krieg geführt und sich für die deutschen Protestanten, die evangelische Wahrheit, die Gewissensfreiheit und die deutsche Freiheit aufgeopfert.[146] Ein Autor empfiehlt, ihm deswegen jährlich ein Totengedenken in allen evangelischen Akademien und großen Städten zu widmen.[147] Er habe zwar, so sein früherer, nun in Weimarer Diensten stehender Hofprediger Nicephor Kessel, für die Freiheit, die Religion und nicht zuletzt für das Hab und Gut der Deutschen gekämpft, doch mit dem Krieg «nicht unsere Sachen, sondern Gottes Sachen geführet». Sein Werk müsse fortgesetzt werden, bis «Gerechtigkeit und Friede sich wieder küssen» werden. Gustav Adolf habe die Deutschen nie unter ein «schwedisches Joch» bringen, sondern ihnen nur ihre Freiheit zurückgeben wollen.[148] Er sei ein «*legatus Dei altissimi*, ein Abgesandter Gottes des Höchsten» und «ein auserkorener Märt[yr]er Christi seines Heilands, ein Herzog vieler bedrängter Seelen, ein Fürst Christlicher Glaubens-Bekenner, ein Graf, so da ausbreitet die liebe Wahrheit, ein Feldherr des heiligen Kreuzes, ein Spiegel der Geduld und Beständigkeit, und dann ein Erbe des Ewigen Lebens und Seligkeit, wie ihm dann der Seelen nach allbereit widerfahren».[149]

Die Predigten geizten nicht mit Superlativen und biblischen Analogien, als die Stimmung in Deutschland zu kippen drohte.[150] An seinem Sarg trauerten neben Personifikationen der befreiten Landschaften auch die Augsburger Konfession, die Freiheit Teutscher Nation sowie Schweden.[151] Eine

Erinnerungsmedaille zeigt das Brustbild Gustav Adolfs und auf der Rückseite das von einem Lorbeerkranz umgebene Schwert. Die Umschrift verweist auf den sterbend Triumphierenden. Diese Darstellung erschien leicht variiert dreimal im Laufe des Todesjahrs. Die Nachfrage muss enorm gewesen sein.[152] Eine andere Gedenkmedaille beteuerte, der Gote Gustav Adolf habe als «Conservator» Schwedens und «Liberator» Deutschlands nicht nur Polen und Österreich, sondern auch das siebenköpfige Tier der Apokalypse und die Hure Babylon besiegt.[153] Eine weitere Medaille, die Dadler anlässlich der Bestattung des Königs am 2. Juli 1634 in Stockholm fertigte, zeigt auf der Vorderseite den in voller Rüstung auf seinem Totenbett ruhenden König, während seine Seele von Putten der Sonne mit dem Gottesnamen zugeführt wird. Auf der Rückseite wird noch einmal detailliert der Triumphzug des Königs dargestellt, der die Hure Babylon mit seinem Wagen vernichtet. Sein Blick gilt dem apokalyptischen Weib, in diesem Fall also wohl dem Gottesvolk und der Kirche, mit den Symbolen des wahren Glaubens und dem Freiheitshut.[154]

Die Flugschriften forderten unverdrossen, jetzt keinen Frieden zu schließen,[155] weil das Haus Habsburg und die Ligisten noch zu keinem beständigen Kompromiss bereit seien.[156] Blätter wie «der Schwede lebet noch» postulierten Gustav Adolfs Fortleben bis zum endgültigen Sieg über das Papsttum.[157] Der «mitternächtische Löwe», so belehrte eine andere Schrift, sei nicht nur Gustav Adolf gewesen. Man dürfe die Prophezeiungen nicht mit so «engen kindischen Augen ansehen». Der Löwe kämpfe weiter, bis das siebenköpfige Tier besiegt sei.[158]

Die Schweden blieben an einen Krieg gefesselt, der ihre imperialen Ambitionen unterstrich. Sie mussten die Folgen der heilsgeschichtlichen Deutung auch deswegen tragen, weil ihnen ein realistischer diesseitiger Friedensplan fehlte. Eine gedruckte Oratio, die 1632 wohl Graf Philipp Reinhard I. von Solms-Lich noch vor dem Tod des Schwedenkönigs verfasst hatte, sprach von göttlicher Vorsehung. Er sei das «außerwählte Rüstzeug und [der] treue Knecht Gottes», dessen Heldentaten «zu Beschützung der löblichen Teutschen Nation Freiheit und Religion» nicht genug gelobt werden könnten. «Unser geliebtes Vatterland Teutscher Nation» hoffe, dass durch seine Waffen ein beständiger Friede geschaffen werde. Dies setze die Zulassung des evangelischen Adels in den geistlichen Stiften, die Aufnahme der Calvinisten in den Religionsfrieden und die Rettung des freien Reiches deutscher Nation vor der Tyrannei des Papstes

Die anlässlich der Bestattung Gustav Adolfs 1634 gefertigte Medaille zeigt auf der Vorderseite den König in voller Rüstung auf dem Totenbett. Die Rückseite mit dem Triumphzug nimmt Bezug auf die Apokalypse.

voraus. Zudem müsse es künftig allen Untertanen der Papisten möglich sein, die evangelische Religion anzunehmen. Der Untergang von «Babylon, der großen Hure», stehe unmittelbar bevor, und dem König habe «Gott die Vollstreckung solcher Weissagung anbefohlen». Babylon lasse sich jedoch nur «durch Kriegsgewalt» ausrotten. Die Freiheit Deutschlands bleibe prekär, bis Rom erobert und die Jesuiten vertrieben seien. Im Krieg für die Freiheit und die wahre Religion bestehe die «ungezweifelte Hoffnung auf die Hilf vom Himmel». Deswegen dürfe dieser erst beendet werden, wenn man die «Victori gänzlich von dem Feinde erhalten / oder derselbe ganz überwunden und ausgetilgt sei».[159]

Jeder gottgewollte Krieg ist fundamentalistisch. Der Logik des Erfolgs konnte sich auch Oxenstierna nicht entziehen. Berauscht von den eigenen Siegen und der öffentlichen Resonanz, hatte Gustav Adolf den Frieden diktieren wollen. Die Pamphlete und Predigten, die den apokalyptischen Endkampf einflüsterten, verkündeten keine neuen «Wahrheiten», sondern folgten gängigen Mustern, denen Gustav Adolf entsprochen hatte. Die Mitte Europas als apokalyptischer Kampfplatz bot den Menschen, die sich in einer hoffnungslosen Lage sahen und den Krieg als Strafe Gottes deuteten, eine Zukunft verheißende Sinnkonstruktion. Sie kannten die biblische Erzählung, Gott sandte Kriege und Katastrophen als Strafen und Prüfungen für sein Volk, das sich von ihm abgewandt hatte. Mit den schwedischen Siegen schien die Leidenszeit zu Ende zu sein.

Der gottgewollte Krieg, in dem die Feinde auf einem überschaubaren Kampfplatz vernichtet wurden, ließ sich nicht mit einem irdischen Kompromiss beenden. Es dauerte noch viele Jahre, bis bei allen Akteuren die Einsicht reifte, dass die Berufung auf einen chiliastischen Endkampf die diesseitige Welt zerstörte. Der Dreißigjährige Krieg besaß eine religiöse Dimension, die in dem Moment, als der Krieg zum biblischen Endkampf stilisiert wurde, das Problem aufwarf, ob und wie Gott das innerweltliche Handeln beeinflusste. Diejenigen, die angesichts des Krieges betonten, dass die Menschen nicht wissen könnten, was Gott wolle, machten implizit bereits den Einzelnen für sein Tun und Lassen verantwortlich und forderten ihn auf, Vorsorge zu treffen. Sie artikulierten Positionen, die heute gemeinhin mit der Aufklärung verbunden werden. Gustav II. Adolf habe das Schwert nicht direkt von Gott erhalten oder sei nicht von ihm gesandt worden, um sein Strafgericht zu beenden und die Widerchristen zu vernichten. Dennoch war die religiöse Deutung keine bloße Instrumentalisierung. Mit Gustav Adolf an der Spitze hatte der gottgewollte Krieg, der dem Leiden einen transzendentalen Sinn verlieh, glaubhaft gewirkt. In Erfurt, das unter der schwedischen Garnison beträchtlich litt, wurde an diesen König noch während des Krieges erinnert. Ein Gastwirt stiftete 1647 einen Messingleuchter für die Predigerkirche. Er zeigt Gustav Adolf auf einem springenden Pferd über einem Löwen. Ein Engel hält den Lorbeerkranz.[160] Dies ließ sich auch 15 Jahre nach dem Tod des Königs nicht anders deuten, als dass er mit Gott im Bunde mehr und Größeres vorhatte. Und selbst Samuel Pufendorf, der naturrechtlich inspirierte Aufklärer, strickte an dieser Legende, wenn auch in einer weltlich-imperialistischen Form. Gustav Adolf habe nach dem Sieg über Wallenstein das deutsche Kriegswesen Oxenstierna und Bernhard von Weimar überlassen wollen, um selbst mit einer stattlichen Armee über die Niederlande nach Spanien zu ziehen und «die Wurzel der österreichischen Macht vollends auszurotten».[161]

10. Verwirrspiele oder warum Wallenstein sterben musste

Der Heilbronner Bund

Wallenstein scherte sich auch nach der Niederlage bei Lützen wenig um die kaiserliche Aufforderung, die Erblande von weiteren Einquartierungen zu verschonen. Er übersah, dass der Tod des großen Rivalen Gustav Adolf auch ihn verzichtbar gemacht hatte. Noch aber waren die Weichen für seine Ablösung nicht gestellt. Er fühlte sich jedoch als Oberbefehlshaber übergangen, als im Spätsommer 1633 der aus Italien kommende Herzog von Feria mit Hilfe Aldringens Konstanz, Breisach, Bregenz und Rheinfelden in seinen Besitz brachte, um die spanische Straße und den Weg des Kardinalinfanten Ferdinand in die Niederlande zu sichern. Dieser spanische Vorstoß war mit ihm nicht abgesprochen. Wallenstein hat wohl nicht mehr erfahren, dass Feria und die Mehrheit seiner Soldaten im folgenden Winter hungernd und entkräftet an der Pest starben.[1]

Der inzwischen 50-jährige Reichskanzler Oxenstierna setzte unterdessen die Politik Gustav Adolfs nahtlos fort. Er konnte sich auf die deutschen Angelegenheiten konzentrieren, da der zwischen Russland und Polen ausgebrochene Krieg Schweden im Osten entlastete. Gleichwohl musste er den Blutzoll und die Kosten des Krieges für Schweden drastisch reduzieren, also die evangelischen Reichsstände dazu bringen, die schwedische Armee vollständig zu finanzieren. Im Idealfall sollten sie eine Pufferzone zwischen der schwedischen Hegemonie im Norden und der habsburgisch-bayerischen im Süden bilden. Deswegen wurde im Frühjahr 1633 in Heilbronn über das schon von Gustav Adolf geplante Bündnis des ober- und niederrheinischen, fränkischen und schwäbischen Reichskreises beraten. Oxenstierna erinnerte wiederum an die königliche Majestät, die bei Lützen die «Teutsche Freiheit mit ihrem edlen Heldenblut versiegelt» und allen Nationen bewiesen habe, dass nichts in der Welt höher «dann die Freiheit zu achten» sei. Das Bündnis sollte Frieden gemäß den Reichssatzungen und eine Entschädigung für Schweden erzwingen.[2] Verhandelt wurde, ob der Kaiser und die Liga öffentlich als Feinde auszurufen seien, wie die Armee finanziert werden könne und wer der Direktor des Bundes sein solle.

Auch die Stände wünschten zum Schutz ihrer Obrigkeitsrechte eine Einung und akzeptierten die schwedischen Vorstellungen. Kursachsen konnte die Schweden nicht ersetzen, weil es weder die Restitution der Pfalz noch die schwedischen Donationen garantieren konnte und wollte. Kurfürst Johann Georg blieb dem Bündnis ebenso fern wie die beiden sächsischen Reichskreise. Er suchte Frieden an der Seite Ferdinands II. und wollte keiner ausländischen Macht die Direktion eines Bündnisses deutscher Stände überlassen. Daran hänge die «unästimierliche teutsche Libertät», über die nicht einmal der Kaiser verfügen könne.[3] Da der Kurfürst von Sachsen keine Gegenwehr organisierte, erblickte am 23. April 1633 der Heilbronner Bund das Licht der Welt. Er sollte der «Teutschen Libertät Observanz, des Heiligen Reiches Satzungen und Verfassungen» neuerlich stabilisieren. Oxenstierna musste als Direktor einen beratenden Bundesrat *(consilium formatum)* akzeptieren, in dem die Reichsstände die Mehrheit besaßen.[4]

Das Beispiel der Wetterauer Grafen verdeutlicht, was sich die kleineren Reichsstände vom Heilbronner Bund versprachen. Der Krieg hatte ihre Herrschaftsausübung zersetzt. Die Einquartierungen, die Kontributionen und die vielen Übergriffe der Soldaten überforderten die gräflichen Verwaltungen. Im Westerwald verunsicherten die Truppen des Grafen Gronsfeld die Bevölkerung, und die spanischen Verbände streiften bis in die Wetterau. Die zur Abwehr aufgebotene Landmiliz war nur im Verbund mit schwedischen Truppen zur erfolgreichen Gegenwehr in der Lage. Der Westerwald bildete eine Militärgrenze zwischen dem protestantisch-schwedisch dominierten oberrheinischen und dem katholisch-ligistisch beherrschten niederrheinisch-westfälischen Kreis. Mit Abschluss des Heilbronner Bundes wurde daraus eine Bundesgrenze. Die Grafen hofften auf Entlastung. Gespräche über eine breite Neutralitätszone verliefen jedoch im Sande, weil beide Seiten Kompromisse ablehnten. Die Grafen fürchteten, dass eine Neutralitätszone die Grenze lediglich in die Wetterau verschob, sodass andere Orte hätten befestigt werden müssen.

Der ständige Kleinkrieg zermürbte unterdessen die Untertanen, weil er Ackerbau, Gewerbe und Handel empfindlich störte. Als Oxenstierna auch noch grenzüberschreitende wirtschaftliche Aktivitäten verbot, widersprach der aus dem niederländischen Krieg nach Siegen zurückgekehrte Graf Johann Moritz. Er machte seinem Dillenburger Vetter Ludwig Heinrich erbitterte Vorwürfe, weil er einen Grenzkrieg mit Kölner Bauern führe.

Viehdiebstahl als Vergeltung für Überfälle fremder Soldaten sei eine Revanche an wehrlosen Frauen und Kindern. Statt weitere Übergriffe zu provozieren, sei es besser, Restitutionsforderungen an den Kurfürsten zu richten und den Kleinkrieg in rechtliche Bahnen zu lenken. Seine Untertanen seien auf den Handel über Grenzen hinweg angewiesen, um die Kontributionen bezahlen zu können.

Johann Moritz hatte in den Niederlanden gelernt, Handelsbeziehungen mit dem Feind als Teil der Kriegsökonomie zu akzeptieren. Es leuchtete ihm nicht ein, dass seine armen Bauern die Erträge ihrer Arbeit nicht den hungernden Kölner Untertanen verkaufen durften und diese dadurch geradezu einluden, plündernd in seine Grafschaft einzufallen.[5] Diese Selbsthilfe notleidender Untertanen ist auch aus anderen Gebieten des Reiches belegt. Das Tagebuch des Pfarrers Johannes Braun berichtet über zahlreiche Raubzüge in Franken, bei denen die Bewohner eines Dorfes ein anderes heimsuchten und deren Häuser in Schutt und Asche legten.[6]

Der Heilbronner Bund sollte die Verhältnisse im Reich stabilisieren. Er fügte die schwedische Hegemonie in die Kreis- und Reichsverfassung ein. Dank seines Verhandlungsgeschicks, seiner Kompromissbereitschaft und seiner Zähigkeit triumphierte Oxenstierna und schrieb die schwedische Hegemonie fürs Erste fest. Kurfürst Johann Georg konnte sich mit Oxenstierna noch weniger verständigen als mit Gustav Adolf. Der schwedische Reichskanzler beschuldigte den Kurfürsten wiederholt des Verrats an der evangelischen Sache, dieser nannte ihn einen «Plackscheißer», der mit dem Bund die Protestanten gespalten habe.[7] Johann Georg blieb isoliert, zumal mit den Kurpfälzern, dem Sprecher der Heilbronner Bundesstände, ein alter Konkurrent auf die Bühne der Reichspolitik zurückgekehrt war. Oxenstierna schloss mit Ludwig Philipp, dem Bruder des 1632 gestorbenen Friedrichs V., einen Rückgabevertrag, behielt sich jedoch die Verfügung über die Festungen vor. Der neue Regent musste zudem den Lutheranern die gleichen Rechte wie den Reformierten einräumen.

Ferdinand II. erkannte den Heilbronner Bund als Verhandlungspartner nicht an, weil er von einer auswärtigen Macht dominiert werde. Auch Richelieu reagierte verhalten. Sein Gesandter, Marquis de Feuquières, Feldmarschall und Statthalter von Metz und Toul, forderte die Stände auf, die katholische Religion zu schützen und die französischen Interessen im linksrheinischen Reichsgebiet zu beachten. Was dem Kardinal vorschwebte, war ein Balancesystem in Deutschland zwischen Schweden, das sich an der

Ostseeküste dauerhaft festsetzen und die Protestanten führen sollte, und Frankreich, das zum Protektor der Katholiken werden und seine Hegemonie bis zum Rhein ausdehnen wollte. Der Kaiser wäre politisch auf die Erblande beschränkt worden. Frankreich verlängerte nun sein Bündnis mit Schweden bis zum Friedensschluss.[8] Die Bundesstände konnten allerdings die vereinbarten 78 000 Soldaten nie unterhalten. Die jährlichen Belastungen von knapp zehn Millionen Reichstalern überstiegen ihre Möglichkeiten bei weitem, zumal auch noch die alten Soldrückstände beglichen werden sollten. Beinahe gleichzeitig mit der Bundesgründung meuterten die schwedischen Truppen, als sich beide Armeen unter Bernhard von Weimar und Graf Gustav Horn bei Neuburg an der Donau vereinigten, um Bayern zu besetzen. In Landsberg am Lech richteten schwedische Verbände unter Lennart Torstensson ein Massaker an, weil die Offiziere angeblich die Kontrolle über ihre Mannschaften verloren hatten. Die Anführer dieser Meuterei wurden nie bestraft. Denkbar ist, dass sie von den deutschen Obristen wie Adam von Pfuhl oder Joachim von Mitzlaff ausging und Bernhard von Weimar sehr eigennützige Ziele verfolgte. Dafür spricht, dass vor allem die deutschen Regimenter rebellierten.

Gustav Horn verhandelte in Heilbronn mit Oxenstierna, der die Meuterei mit einem Monatssold beendete. Die höheren Offiziere belehnte er mit eroberten Gebieten. Bernhard von Weimar kam deswegen nach Heilbronn und erhielt im Juni Würzburg und Bamberg mit dem Titel eines Herzogs von Franken als Mannlehen der schwedischen Krone. Er ließ sich Ende Juli in Würzburg huldigen. Sein Bruder Ernst regierte das neue Herzogtum als Statthalter.[9] Aus schwedischer Sicht war Franken Kriegsbeute und eine kaiserliche Bestätigung der Belehnung nicht nötig. Die beiden Ernestiner garantierten die Religionsfreiheit, forcierten allerdings die evangelischen Bildungsideale und versuchten, den selbständigen fränkischen Adel unter ihre Herrschaft zu zwingen. Diese war aber zu kurz, um wesentliche Veränderungen zu etablieren.

Bernhard unterzeichnete 1633 als Kreisstand die Heilbronner Bundesakte und schloss ein Bündnis mit Schweden, das ihn verpflichtete, 2500 Mann zu unterhalten. Er war jetzt nicht nur Armeebefehlshaber, sondern auch Bündnispartner der Schweden.[10] Horn musste sich mit dem Besitz des Deutschen Ordens um Mergentheim als selbständigem Fürstentum begnügen. Die beiden Feldherren waren die größten Gewinner der Meuterei.[11] Das alleinige Oberkommando über die schwedischen Truppen, das Bernhard aus persönlichem Ehrgeiz und aus nationalen Gründen forderte, erhielt er allerdings nicht.[12]

Irrungen und Wirrungen

Die kaiserlichen Truppen hielten 1633 ihre Stellungen in Böhmen und im Allgäu, während die Spanier etliche Städte am Rhein eroberten. Die Franzosen setzten Karl IV. von Lothringen unter Druck, fielen ins Elsass ein und eroberten die Grafschaft Hanau-Lichtenberg. Dennoch war es nicht das Jahr kriegerischer Umbrüche, sondern höchst verwirrender Friedenssignale: Georg von Hessen-Darmstadt empfahl einen deutschen Kompositionstag und der dänische König einen Schweden einschließenden Frieden. Wallenstein führte undurchsichtige Verhandlungen, die Argwohn erweckten.[13] Der Kaiser und Sachsen bevorzugten eine deutsche Lösung, Oxenstierna strebte eine dauerhafte Präsenz im Reich an.

König Christian IV. hatte sich Ende des Jahres 1632 an Ferdinand II. und Wallenstein gewandt.[14] Der Kaiser und Kurfürst Maximilian hielten das dänische Vermittlungsangebot zwar für den falschen Weg, wollten es aber nicht vorschnell ablehnen.[15] Johann Georg forderte einen allgemeinen Waffenstillstand als Vorbedingung. Wallenstein wurde von den dänischen Gesandten unter dem Siegel strikter Geheimhaltung um seine Einschätzung gebeten.[16] Die Antwort fiel offensichtlich ermutigend aus, denn Christian IV. lud im Mai zu Gesprächen nach Breslau ein und erbat Geleitbriefe vom Herzog.[17]

Das dänische Friedensprojekt war umstritten. Der Heilbronner Bund reagierte abwartend, Oxenstierna ablehnend. Er wollte Christian IV. nicht durch eine erfolgreiche Friedensvermittlung stärken[18] und erinnerte daran, dass Wallenstein das Friedensangebot Gustav Adolfs abgewiesen habe. Der Reichskanzler vertraute darauf, dass neben dem Heilbronner Bund auch Sachsen und Brandenburg letztlich an der Seite Schwedens bleiben würden, weil sie alleine gegen die feindliche Armee nicht bestehen konnten. Flexibler als der Kaiser stellte Wallenstein das Restitutionsedikt, das er nach wie vor für einen schweren Fehler hielt, zur Disposition und zeigte sich auch in der Pfalzfrage zu Lasten Maximilians gesprächsbereit. Allerdings rieten auch die kaiserlichen Räte zur unbedingten Annahme des dänischen Angebotes. Es gebe keine realistische Möglichkeit, die vielen

Feinde, die sich gegen die Habsburger verschworen hätten, vollständig zu besiegen. Weitere Positionen könnten verloren gehen, wenn die Unkatholischen es darauf anlegten, den alten Glauben auszurotten. Die eigenen Rüstungen müssten zwar verstärkt werden, doch letztlich bleibe nur das Vertrauen auf Gott, der den Kaiser nicht verlassen werde, wie er mit der Vernichtung Gustav Adolfs bewiesen habe.[19]

Alle wollten Frieden, aber nur zu ihren Bedingungen. Sogar Oxenstierna und Wallenstein versicherten sich gegenseitig ihre friedliche Gesinnung. Ihre Korrespondenz drehte sich um den Austausch hoher Offiziere; Torstensson befand sich in bayerischer, Otto Friedrich von Harrach, ein Schwager Wallensteins, in schwedischer Gefangenschaft.[20] Mit diesen Verhandlungen begann ein undurchsichtiges Verwirrspiel voller Gerüchte, Finten und auch ehrlich gemeinter Friedensangebote. Oxenstierna und Wallenstein, der Kaiserhof und Johann Georg von Sachsen, Richelieu und Maximilian von Bayern zogen alle Register. Sie, ihre Offiziere, Gesandten und Vertrauten beteiligten sich an immer neuen Mutmaßungen, in deren Zentrum ein möglicher Frontenwechsel Wallensteins stand. Die meisten der wahrscheinlich von den böhmischen Emigranten lancierten Gerüchte liefen darauf hinaus, den Herzog zum König von Böhmen zu machen, damit er mit Schweden oder Sachsen, vielleicht sogar mit beiden Frieden schließe. Wallensteins Einschätzung, dass die Schweden Frieden und nach Hause wollten und die evangelischen Kurfürsten selbst sähen, in welchem Labyrinth sie steckten, traf den Nagel auf den Kopf,[21] führte aber nicht zum Frieden.

Der Herzog ließ die irrlichternden Gerüchte nicht nur zu, er befeuerte sie. Er nutzte die Verratsvermutungen, um sich selbst im Zentrum des Interesses zu halten. Mit dem Tod Gustav Adolfs war die charismatische Gegnerfigur weggefallen, die zu seiner Rückberufung geführt hatte. 1633 stand der vor der Schwierigkeit, seinen Nimbus der Unersetzlichkeit zu behaupten. Die Gerüchte und die Sorge, er könne zum Militärdiktator werden, kamen ihm gerade recht; sie schmeichelten ihm, unterstrichen seine Bedeutung, seine Macht und seine Unabhängigkeit. Er war klug genug, die eigenen Ambitionen mit dem populären Wunsch nach einem allgemeinen, gerechten und den Protestanten gegenüber fairen Frieden zu verschleiern. Dies unterschied ihn von dem in konfessionellen Vorstellungen gefangenen Kaiser. Der kranke Wallenstein setzte sich noch einmal so in Szene, als lägen alle Schlüssel in seiner Hand. Er hatte wenig zu verlieren und trieb angesichts des vermeintlich nahen Todes ein riskantes Spiel, das ihn zum Helden oder Schurken machen musste.

Laurens Nicolai, der schwedische Resident in Dresden, berichtete im Mai von intensiven Kontakten zwischen Wallenstein und Arnim. Die exilierten böhmischen Stände wollten den Friedländer als künftigen König, denn das Land stehe vor dem Untergang und sei faktisch schon in seiner Gewalt. Er «sei Kaiser, würde keine Kinder kriegen [...], bekümmere sich nicht viel um Religion [...] und halte seine Versprechen». Laut Nicolai glaubten in Böhmen einflussreiche Leute, Wallenstein zum Bruch mit dem Kaiser bewegen zu können, wenn Schweden stillhalte. Das Eisen müsse geschmiedet werden, solange es heiß sei. Schweden riskiere nichts, denn die Gespräche würden so oder so alte Wunden aufreißen und Wallenstein dem Kaiser verdächtig machen.[22] Oxenstierna wünschte weitere Versicherungen und wollte wissen, was Sachsen und Arnim davon hielten. Anfang Juni sprach Nicolai mit Wilhelm von Kinský, dem Dresdener Führer der böhmischen Flüchtlinge. Dabei wurde auch der Bericht eines Emigranten namens Bubna über ein Gespräch mit Wallenstein erörtert. Demnach sollte der Herzog gesagt haben, wenn Graf Thurn, der schwedische Kommandant in Schlesien, mit seinen Soldaten zu ihm stoße, werde man Böhmen den Böhmen zurückgeben. Wer die Armeen befehlige, könne auch ohne Zustimmung des Kaisers einen Frieden erzwingen. Johann Georg von Sachsen wolle der Vornehmste unter den Protestanten sein: «Was ist aber derselbe ein Vieh, und was führt er für ein Leben.»[23] Oxenstierna war verunsichert. Warum sollte der Herzog einem völlig unbedeutenden Emigranten derart brisante Angebote unterbreiten? Bubna sollte deswegen klären, ob Wallenstein einen allgemeinen oder einen partikularen Frieden wolle. Es komme nicht nur auf die beiden Heerführer an. Ohne Vollmachten aller Prinzipale seien Verhandlungen kaum denkbar. Wolle Wallenstein nur für sich mit Schweden verhandeln, könne über die Restitution der böhmischen Freiheit gesprochen werden. Sobald die Stände ihm die Krone aufsetzten, sei ein separater Frieden schnell geschlossen, der allgemeine werde dann von selbst folgen.[24] Wallenstein reagierte auf dieses Angebot offensichtlich nicht mehr. Glaubte er, genügend Verwirrung gestiftet zu haben, oder versandeten die Gespräche, weil der Vermittler sie mit eigenen Vorstellungen überfrachtet hatte?[25] Vielleicht wusste Wallenstein nicht einmal, dass ihm die böhmische Krone angeboten werden sollte.[26]

Aufgrund seiner geopolitischen Lage war Dresden die Drehscheibe dieser Friedensverwirrspiele um Wallensteins Absichten. Kurfürst Johann Georg saß zwischen allen Stühlen. Als er Georg Wilhelm von Brandenburg, der mit den Schweden um das pommersche Erbe stritt, zum Frontenwechsel an die Seite des Kaisers überreden wollte, schraubte Ferdinand II. den Preis in schwindelerregende Höhen und verlangte unter anderem die Anerkennung des Restitutionsedikts.

Nicolai notierte im Sommer immer neue Gerüchte in sein Tagebuch. So wollte der Kaiser nun selbst Wallenstein die Krone Böhmens anbieten, um ihn bei der Stange zu halten. Der französische Botschafter berichtete, der Kaiser und sein Sohn hätten wegen der Übereinkunft des Herzogs mit dem kursächsischen General Arnim Verdacht geschöpft. Und am 2. Juli notierte Nicolai, Kinský habe ihm berichtet, Wallenstein wolle mit Sachsen und Brandenburg gegen die Franzosen vorgehen, in denen er die Urheber aller Kalamitäten im Reich sehe.[27] Tatsächlich verhandelten der Herzog und Arnim seit Juni. Wallenstein hatte das ganze Frühjahr über nahezu untätig in Böhmen abgewartet. Erst Ende Mai waren seine 25 000 Soldaten nach Schlesien aufgebrochen, um sich mit noch einmal so vielen Soldaten zu vereinigen, die Gallas befehligte,[28] und gemeinsam die Sachsen unter Arnim zu verdrängen. Am 6. Juni vereinbarte der Herzog jedoch einen ersten Waffenstillstand, um Friedensgespräche einzuleiten. An diesen nahmen auch der sächsische Feldmarschall Franz Albrecht von Sachsen-Lauenburg und der kurbrandenburgische Oberst Konrad von Burgsdorff, nicht aber der schwedische General Graf Thurn teil. Diese Waffenruhe endete mit kurzen Unterbrechungen erst Anfang Oktober.

Wallenstein empfahl die Vereinigung der feindlichen Armeen. Der Frieden solle den Vorkriegszustand wiederherstellen, um dann die Schweden und Franzosen zu zwingen, das Reich zu verlassen. Arnim konnte Johann Georg aber nicht von den lauteren Absichten Wallensteins überzeugen. Ging es dem Generalissimus wirklich um einen Frieden auch ohne und gegen den Kaiser, oder folgte er nur seinen privaten Rachegefühlen, damit sich alles um ihn drehte?[29] Dresden und Berlin suchten die Rückendeckung Schwedens, bewerteten Wallensteins Offerte als bloße Kriegslist. In den Papieren des bei Oldendorf gefallenen Generals Johann von Merode fand sich ein Brief mit der Aufforderung, Wallenstein solle die evangelischen Armeen in Schlesien hinhalten.[30] Dies bestätigte alle, die Wallensteins Offerten nur für eine Kriegslist hielten. Oxenstierna reduzierte seine

Offerte auf das Wesentliche: Suche der Herzog Frieden, oder wolle er als ein «Generalissimus, der die kaiserliche Armee in seinen Händen und Gewalt habe, vor sich mit uns traktieren [...] und dem Kaiser, auch der Liga die Konditionen vorschreiben»? Der Reichskanzler hielt selbst nur den zweiten Weg für realistisch und nannte seine Bedingungen.[31] Wallenstein informierte Ferdinand II., der seine Gespräche billigte.[32] Was blieb ihm anderes übrig? Er hoffte auf eine Übereinkunft mit Sachsen und Brandenburg, als die dänische Friedensvermittlung mit der Einladung nach Breslau in ihre entscheidende Phase zu treten schien. Wallenstein riet, den Versammlungsort zu akzeptieren und die günstige Gelegenheit zu nutzen. Er garantiere für die Sicherheit der Stadt und der Postverbindungen.[33]

Im Sommer war es auch der Hofburg mit den Friedensverhandlungen ernst. Laut der kaiserlichen Instruktion vom 26. August sollten die Gesandten zwar das Restitutionsedikt nicht in Frage stellen, wohl aber über dessen Exekution mit sich reden lassen und diese notfalls so lange aussetzen, bis auf einem Reichstag ein geeignetes Verfahren gefunden worden sei. Allerdings sollten die Gesandten besonders auf die Stifte Magdeburg, Bremen, Halberstadt und Hersfeld achten, die der Kaisersohn Leopold Wilhelm noch vor dem Edikt erhalten habe. Wegen der Pfalz müsse mit Kurfürst Maximilian und den Spaniern verhandelt, über Mecklenburg dürfe nur mit Zustimmung Wallensteins verfügt werden. Er werde einem Frieden aber sicher nicht im Wege stehen. Mecklenburg oder Pommern dürften nicht an Schweden fallen. Die beiden evangelischen Kurfürsten müssten einsehen, dass diese streitbare Nation im Reich nicht mitgestalten dürfe. Solange schwedische Truppen in Deutschland stünden, werde es keinen Frieden geben. Eine Amnestie sei nur auf den mit dem Leipziger Schluss begonnenen letzten Krieg zu beziehen.[34]

Der Heilbronner Bundestag beschäftigte sich im August 1633 ebenfalls mit den Breslauer Friedensverhandlungen. Einigkeit herrschte darüber, dass ein Vermittler nötig sei, enge Kontakte mit Sachsen und Brandenburg gehalten werden müssten und Oxenstierna sowie die Bundesräte die Gespräche führen sollten. Das Ziel müsse ein sicherer Religionsfriede sein, der die katholische Jurisdiktion in evangelischen Gebieten und den geistlichen Vorbehalt beende. In politischen Fragen wolle man die Verhandlungen durch Vorabfestlegungen nicht aussichtslos machen. Der Frieden müsse aber von den auswärtigen Vermittlern und allen Beteiligten garantiert und in die künftigen Wahlkapitulationen integriert werden.[35]

Die Breslauer Verhandlungen mussten wegen der dort ausgebrochenen Pest abgesagt werden. Die Protestanten lehnten Prag als Tagungsort ab.[36] Unterdessen unterrichtete Arnim Oxenstierna am 10. September in Gelnhausen über seinen Waffenstillstand mit Wallenstein. Er sprach von einem friedenswilligen Wallenstein, der vom Kaiser abgesetzt werden solle und mit den Evangelischen paktieren wolle.[37] Oxenstierna berichtete dies Bernhard von Weimar und fügte hinzu, dass Ferdinand II. Schweden und Frankreich nicht an Friedensverhandlungen beteiligen wolle. Laut Arnim habe Wallenstein seine Entlassung noch nicht vergessen. Helfe man ihm jetzt, werde er sich revanchieren. Er habe die unsicheren Offiziere entlassen und wolle Arnim etliche Regimenter unterstellen.

Oxenstierna witterte Betrug, zumindest aber eine Kriegslist, zumal selbst Arnim daran zweifelte, dass Wallenstein sich seiner Armee, vor allem General Holks, noch sicher sein könne. Dieser hatte etliche sächsische Städte geplündert. Besonders hart traf es Altenburg, wo viele Frauen zu Tode geschändet und die Männer zu Tode geprügelt worden waren. Leipzig hatte sich gewehrt, musste aber einen Akkord eingehen und viel Geld bezahlen. Die kaiserlichen Verbände waren jedoch mit der Pest infiziert, und Holk war in diesen Tagen an der Seuche gestorben.[38] Alles in allem glaubte Oxenstierna, Schweden könne bei den Gesprächen mit Wallenstein nur gewinnen. Selbst wenn es ein Scherz sei, werde dieser die Gegner spalten. Bernhard von Weimar antwortete, auch er fürchte, der Herzog könne sich seiner Offiziere nicht so sicher sein, um ein derart riskantes Unterfangen in die Tat umzusetzen.[39]

Arnims Misstrauen wuchs, und die sächsische Armee in Schlesien wurde verstärkt. Das merkwürdig passive Verhalten Wallensteins im Frühjahr und Sommer 1633 erklärt sich wohl mit seiner Absicht, Sachsen von Schweden zu trennen. Die Gerüchteküche brodelte weiter, und der Kaiser setzte ein Zeichen, als er Offiziere ohne Rücksprache mit Wallenstein ernannte. Dieser griff daraufhin noch während des Waffenstillstandes mit Sachsen die in Steinau verschanzte schwedische Hauptmacht an, die sich am 12. Oktober ergab.[40] 50 Fahnen und 17 Geschütze wechselten ihren Besitzer. Graf Thurn, der schwedische Befehlshaber, den die Zeitgenossen für einen mäßig begabten Offizier hielten, wurde gefangen genommen und mit sofortiger Hinrichtung bedroht. Er erkaufte sich seine Freilassung mit dem Befehl, alle von schwedischen Truppen bzw. böhmischen Exulanten besetzten schlesischen Städte den Kaiserlichen zu übergeben.[41] Glogau und Liegnitz folgten seiner Anordnung, Breslau nicht.[42] Dass Thurn allen schwedischen Kommandanten die Kapitulation befahl, ist wohl nur mit dem Todesurteil zu erklären, das 1621 gegen ihn verhängt worden war; Wallenstein ließ ihn laufen.[43] Vielleicht gab es sogar ein geheimes Einvernehmen und ein weiteres Verwirrspiel. Das Ergebnis des Krieges um Schlesien öffnete den Kaiserlichen das Tor in die Lausitzen, nach Sachsen und Brandenburg und zur Ostsee. Wallenstein gab sich jedoch mit der Eroberung von Frankfurt an der Oder, Landsberg, Görlitz und einigen anderen Orten zufrieden. Er drohte, sein Winterlager in Ostmittel- und Norddeutschland aufzuschlagen, falls die beiden Kurfürsten nicht auf die Seite des Kaisers schwenkten. Sie hätten dazu aber nicht nur ihren Vertrag mit den Schweden brechen, sondern sich auch sicher sein müssen, dass der Kaiser und Wallenstein noch an einem Strang zogen.

Das Ränkespiel des Herzogs ging nach Steinau munter weiter. Seine Attacke in der Zeit des noch währenden Waffenstillstandes mit Sachsen beruhigte seine Widersacher in Wien und München nicht, und die Schweden trauten ihm fortan noch weniger als zuvor. Sachsen und Brandenburg unterstellten ihm ihr Kriegsvolk nicht.[44] In Wien wurde an Wallensteins Loyalität gezweifelt. Machte er mit Thurn, Arnim oder Oxenstierna gemeinsame Sache? Warum hatte er Arnim diesen langen Waffenstillstand gewährt? Und vor allem, waren die Gespräche wirklich gescheitert, wie Wallenstein dem Kaiser Ende September berichtet hatte?[45] Ruinierte dessen Armee nicht vielmehr weiterhin die Erblande?

Im Oktober verhandelte der Friedländer erneut mit Franz Albrecht von Sachsen-Lauenburg und Oberst Burgsdorff. Diesmal überreichte er einen Vertragsentwurf. Die beiden Kurfürsten sollten ihm ihre Armeen unterstellen, um den Frieden im Reich wiederherzustellen. Sie lehnten ab,[46] sodass Wallensteins Absichten verborgen blieben. Am Kaiserhof war das Wohlwollen aber endgültig aufgebraucht, als sich der Herzog weigerte, Regensburg und Bayern zu sichern, um den Vorstoß Bernhards abzuwehren. Ihm hatte Oxenstierna nach der schwedischen Niederlage in Schlesien befohlen, sich schnellstmöglich nach Bayern oder Böhmen zu wenden, um den Druck der Kaiserlichen auf Sachsen zu neutralisieren. Bernhard stand mit 12 000 Mann Anfang November vor Regensburg. Kurfürst Maximilian bat den Kaiser und Wallenstein um Hilfe, doch der Herzog wies alle Hilfsbegehren zurück. Noch am 14. November beteuerte er, nichts deute auf einen Angriff gegen das gut befestigte Regensburg hin. Am gleichen Tag marschierte Bernhard dort ein. Die bayerischen Soldaten zogen mit Sack und Pack, aber mit eingerollten Fahnen ab.[47]

Zwei Tage später ließ Wallenstein seine Armee nach Bayern aufbrechen, beendete den Feldzug jedoch Anfang Dezember bei Furth an der Grenze zu Bayern, wo er 2000 Kavalleristen zurückließ, um die Pässe nach Böhmen zu sichern. Seine Armee führte er zurück in die böhmischen Winterquartiere. Als der über diese Wendung entsetzte Kaiser Wallenstein befahl, den Vormarsch fortzusetzen, lehnte dieser unter Berufung auf das Votum seiner Obristen ab und vertröstete Ferdinand II. auf das kommende Frühjahr.[48] Diese Befehlsverweigerung wurde in Wien als Illoyalität ausgelegt. Die böhmischen Amtleute berichteten nach Wien, es sei den Menschen egal, ob sie von den Schweden oder den Kaiserlichen ausgemergelt würden.[49]

Herzog Bernhard hielt mit Regensburg eine Schlüsselfestung an der Donau, die noch dazu mitten in Bayern lag. Er forderte, den Krieg endlich in die Erblande zu verlagern, um ihn «in Teutschland zu enden».[50] Die Publizistik betonte, die Bürger hätten die Eroberung als Befreiung empfunden und es habe keine Plünderungen gegeben. Martin Opitz nannte Bernhard einen Friedensfürsten und einen Beschützer der öffentlichen Freiheit, «zum Wohle Deutschlands geboren». Er solle nun die Hauptstadt des Kaisers bedrohen.[51]

Unterdessen führte Wilhelm V. von Hessen-Kassel eine Art Privatkrieg gegen die westfälischen Bistümer und drang ins Stift Münster ein. Georg von Braunschweig-Lüneburg besetzte Höxter und Corvey. Beide Heere konkurrierten mehr, als dass sie kooperierten. Dies änderte sich, als die reorganisierten Ligatruppen zum Entsatz von Hameln anrückten. Ihnen versperrten die beiden nun verbündeten evangelischen Armeekorps bei Hessisch-Oldendorf nordwestlich von Hameln den Weg. In der Schlacht vom 8. Juli wurden die Ligasoldaten eingekreist und massakriert: Etwa 4000 Soldaten fielen, 2500 kamen zusammen mit einigen hohen Offizieren in Gefangenschaft. 44 Fahnen, 15 schwere Geschütze und die meisten Bagagewagen fielen den Hessen und Schweden in die Hände. Deren Verluste beliefen sich – die Zahlangaben schwanken sehr – auf vielleicht 500 Mann.[52] Dies war einer der spektakulärsten Siege dieses Krieges überhaupt. Herzog Georg besetzte danach das zuvor belagerte Hameln und später das Stift Osnabrück, Landgraf Wilhelm V. Fulda, Corvey und Paderborn.[53]

Während der Krieg die Gewichte 1633 nur mäßig verschob, waren die Gerüchte über die Friedensgespräche für Wallenstein fatal. «Ein Jahr lang hatte Wallenstein den Krieg nicht geführt, um den Frieden zu gewinnen, und hatte den Frieden nicht gewonnen.»[54] Schweden, Sachsen und vielleicht sogar Franzosen hatten von ihm mehr als Worte erwartet, denn auch sie wussten, dass sich die Schlinge um seinen Hals zuzog. Ob sie wirklich mit einem Verräter gemeinsame Sache und diesen zum König von Böhmen machen wollten, ist eine andere Frage. Sachsen und Wallenstein setzten auf einen Frieden zu Lasten Schwedens; Oxenstierna tat alles, um dies zu verhindern. Für ihn galt: lieber einen schlechten Krieg mit unsicheren deutschen Verbündeten als einen schnellen Frieden, der das Reich zum Gegner der Schweden machte.

Ein präventiver Mord

Die besonderen Umstände des Verlusts von Regensburg markieren den Anfang vom Ende Wallensteins. Der Wiener Hof lastete ihm Ungehorsam an und unterstellte Verrat. Die Autorität Ferdinands II. erscheine beschädigt, weil bei anderen Potentaten der Eindruck entstehen könne, der Kaiser besitze einen Mitregierer, und wir hätten «in unseren eigenen Landen keine freie Disposition mehr übrig».[55] Der spanische Botschafter berichtete seinem König Philipp IV., Wallenstein wirble in der Hofburg viel Staub auf. Er kenne zwar dessen Vertrag nicht genau, doch ihm seien auf jeden Fall der Oberbefehl und das Recht übertragen worden, Frieden zu schließen.[56] Die Wiener Räte suchten nach Mitteln und Wegen, den Herzog auszuschalten, ohne die Loyalität seiner Armee zu gefährden.

Die an sich richtige Strategie Wallensteins, die einzige intakte kaiserlich-katholische Armee nicht aufs Spiel zu setzen, war im schwer bedrängten katholischen Deutschland nicht zu vermitteln. Dass der Herzog zu lange gezögert, auf Frieden und seine Kontakte zu Arnim und an den Dresdener Hof gesetzt und keine Anstalten gemacht hatte, die Pfalz oder Bayern zurückzuerobern, wurde nicht nur als ein kapitaler Fehler bewertet, sondern als Verrat am Kaiser und an der katholischen Sache. Bisher hatte Ferdinand II. lediglich Verwunderung über die hinhaltende Taktik seines Generals geäußert, nun war das Fass übergelaufen.

Graf Trauttmansdorff, der im Dezember in Pilsen mit Wallenstein sprach, berichtete von einem müden und resignierten, nicht aber von einem zum

Verrat bereiten Feldherrn. Dessen Friedensinitiativen seien hilfreich, obwohl er weder mit den Spaniern zusammenarbeiten noch die Ernennung Ferdinands III. zum Oberbefehlshaber akzeptieren wolle. Er wisse von den feindlichen Umtrieben am Kaiserhof und von den Gerüchten über geplante Giftmordattentate gegen ihn, habe aber die Hoffnung geäußert, dass man ihn nicht durch offen erklärtes Misstrauen zum Rücktritt zwingen werde.[57] Selbst dafür war es aber nun wohl zu spät. Bogislaw von Chemnitz, Zeitzeuge und Historiker in schwedischen Diensten, fand in seiner Geschichte des Dreißigjährigen Krieges die folgende Erklärung. Wallenstein habe mit Schweden und Sachsen nur verhandelt, um seine Gegner zu verwirren und Zwiespalt zu säen. Erst als der Kaiser ihn des Verrats verdächtigte, habe er versucht, die ihm unterstellte Verschwörung in die Tat umzusetzen.[58]

Die interne Meinungsbildung am Kaiserhof blieb diesmal lange geheim. Noch im Dezember wussten nur wenige Eingeweihte, was sich in Wien zusammenbraute. Selbst Kurfürst Maximilian mutmaßte in seiner Klage über Wallensteins Zögern noch, dass er Württemberg zu Lasten Bayerns mit Einquartierungen verschone, weil er vielleicht schon eine kaiserliche Investitur auf das Herzogtum und die benachbarten Reichsstädte besitze. Bartholomäus Richel, bayerischer Gesandter in Wien, der im Sommer 1633 mit einer anonymen Schrift gegen Wallenstein hervorgetreten war, drang mit aller Macht auf dessen Absetzung.[59] Richel meldete am 31. Dezember, Ferdinand II. werde Wallenstein das Kriegsdirektorium nehmen, wolle sich zuvor aber der hohen Offiziere versichern. Überdies müsse entschieden werden, wie mit dem Herzog weiter zu verfahren sei; ihn ganz frei zu lassen sei ebenso bedenklich, wie ihn in Haft zu nehmen.[60] Welche Alternative blieb dann aber außer seinem Tod?

Die Loyalität der hohen Offiziere bildete aus Wiener Sicht das größte Problem, das einer sofortigen Absetzung im Wege stand. Als Spion in der engsten Umgebung Wallensteins leistete Octavio Piccolomini wichtige Dienste. Er verfasste das Gutachten, das die militärische Unfähigkeit und den Verrat des Herzogs belegen sollte. Während Wallenstein Matthias Gallas, Johann von Aldringen und einigen weiteren hohen Offizieren vertraute, waren diese zu gefährlichen Feinden geworden. Sie ließen ihn im Stich, weil sie um ihre Pfründen fürchteten und nicht gegen den Kaiser und das mächtige Haus Habsburg rebellieren wollten.[61]

Selbstverständlich bemerkte auch Wallenstein, dass sich die Schlinge zuzog. Seit Ende Dezember setzte er alles auf eine Karte. Nun wollte er die

Maske fallen lassen und sich mit den Feinden verbünden, um einen gerechten Frieden zu ermöglichen. Um die Jahreswende 1633/34 gewann der Verratsvorwurf des Kaiserhofes feste Konturen. Auch Wallenstein erkannte seine missliche Lage und wehrte sich. Er bat Graf Kinský und Franz Albert von Sachsen-Lauenburg zu sich, um seine Friedenspläne Sachsen, Brandenburg und Schweden zu übermitteln. Kinský erschien am 8., Herzog Franz Albert am 20. Januar in Pilsen.

Wallensteins letztes Projekt, das er, krank im Bett liegend, dem sächsischen Obersten von Schlieff diktierte, betonte noch einmal seinen unbedingten Friedenswillen. Spanien strebe eine Monarchie und das Dominat im Reich an, den König von Frankreich dürfe man nicht über den Rhein kommen lassen, die Pfalz müsse restituiert werden. Da die Schweden nur die großen Häfen besitzen wollten, könne ein Ausgleich mit Brandenburg gefunden werden. Herzog Bernhard sei im Elsass oder in Bayern abzufinden. Alles Weitere wollte Wallenstein nur mit Arnim bereden. Über seine Gespräche mit von Schlieff und Kinský teilte er Trauttmansdorff mit, dass Brandenburg und Sachsen Frieden wollten und der Kaiser das Werk vorantreiben solle.[62] Der Friedländer glaubte, sich weiterhin alle Türen offen halten zu können. Johann Georg instruierte Arnim am 18. Februar zu weiteren Verhandlungen. Er solle herausfinden, in wessen Auftrag Wallenstein handle. Der Kurfürst wollte nur dann einen Vertrag schließen, wenn Wallensteins Vorgehen mit dem Kaiser abgesprochen sei.[63] Johann Georg blieb loyal. Arnim brach seine Reise nach Pilsen ab, als er von Wallensteins Tod erfuhr.

Während der Friedländer Anfang Januar 1634 das Bündnis mit Sachsen und die Loyalität seiner Offiziere suchte, riet Gundaker von Liechtenstein dem Kaiser, Wallenstein auszuschalten. Alle Probleme rührten daher, dass die Armee von dem ungehorsamen Herzog abhänge, der nicht tue, was ihm der Kaiser befehle. Dies schade dessen Autorität und erwecke den Eindruck, als besäße Wallenstein die Macht. Im schlimmsten Fall könne er sich mit den Feinden der Habsburger verbinden und mit deren Hilfe die Erblande aufteilen. Da in politischen Fragen stets das Ärgste anzunehmen sei und Wallenstein unbändiger Ehrgeiz treibe, müsse vorgesorgt und dessen Ungehorsam beendet werden. Zwei oder drei geheime Räte sollten sein Verhalten prüfen und ein Urteil darüber fällen, ob er liquidiert werden dürfe. Bei extremen Übeln müssten extreme Gegenmittel ergriffen werden. Für den Erhalt des Staates dürfe alles getan werden, was sich nicht gegen

Gott richte. Danach aber sei Frieden zu schließen, denn die Armee könne nicht länger unterhalten werden, und es sei besser, jetzt etwas zuzugestehen, als den Staat ganz zu verlieren.[64] Etwa zur gleichen Zeit nutzte Wallenstein eine bewährte Waffe, um seine Offiziere zum Treueschwur zu bewegen. Er drohte mit seinem Rücktritt. Die in Pilsen versammelten 49 Offiziere beschworen ihn zu bleiben. Seine engsten Vertrauten, Graf Adam Erdmann Trčka und Graf Christian Ilow, vermittelten daraufhin den sogenannten Pilsener Revers. Der Herzog versprach am 13. Januar, sein Generalat nicht aufzugeben, und alle anwesenden hohen Offiziere schworen ihm ihre absolute Loyalität. Sie verpflichteten sich schriftlich, bis zum letzten Blutstropfen für ihn zu kämpfen.[65] Diese Aktion, insbesondere den Verzicht auf den in solchen Texten üblichen Treuevorbehalt gegenüber dem Kaiser, bewertete man in der Hofburg als Beweis für die verschwörerischen Absichten und den Ungehorsam. Der Pilsner Revers war der letzte und schwerste Fehler Wallensteins, weil er den Wiener Akteuren die Gewissheit gab, jetzt handeln zu müssen, um die Monarchie zu retten.

Piccolomini äußerte die schwersten Vorwürfe. Wallenstein beabsichtige, sein Heer mit denjenigen seiner Feinde zu vereinen, den Kaiser gefangen zu nehmen und die böhmische Krone zu beanspruchen.[66] Er wiederholte damit nur die längst erhobenen Anschuldigungen. Während einer geheimen Besprechung Ferdinands II. mit seinen engsten Vertrauten, Fürst Eggenberg, dem Wiener Bischof Anton von Wolfradt und Graf Trauttmansdorff, wurde die Gefangennahme oder Liquidierung des Herzogs beschlossen. Am 24. Januar ächtete der Kaiser mit einem streng geheim zu haltenden Absetzungsmandat seinen Feldherrn, annullierte den Pilsener Schluss und gewährte den Unterzeichnern Pardon.[67] Diese Amnestie war nötig, damit die hohen Offiziere nicht aus Angst vor Strafe an der Seite Wallensteins verharrten. Gallas sollte sie von ihrem Eid entbinden und die Armee vorläufig führen; Ferdinand III. wollte nicht direkt mit dem Tod des Herzogs in Verbindung gebracht werden. Wallensteins Ära war zu Ende. Sie musste freilich noch beendet werden.

Die letzten Ziele des Friedländers sind wie so vieles in seinem Denken, Handeln und Verhalten rätselhaft geblieben. Er hatte Ferdinand II. häufig kritisiert, wenn dieser die Spanier in Italien oder in den Niederlanden unterstützte, statt seine Herrschaft im Reich zu konsolidieren. Die gegenreformatorische Politik und das Restitutionsedikt des Kaisers hatte er offen in Frage gestellt, weil es den Protestanten den Weg zum Frieden versperrte. Doch reichte dies zusammen mit den Verhandlungen mit dem Feind, um ihn zu liquidieren? Es bleiben der Pilsener Revers und die Frage, was wem damit signalisiert werden sollte. Richtete er sich nur an die eigenen Offiziere oder auch an den Kaiserhof oder gar an die zögernden potentiellen Bündnispartner? Ein solcher Akt konnte bei 47 Unterzeichnern nicht geheim bleiben. Der Eid war – und dies dürfte weder Wallenstein noch seinen Offizieren verborgen geblieben sein – ein quasi öffentlich angekündigter Militärputsch. Wer ein solches Signal aussandte, musste sich seiner Sache entweder sicher oder derart verzweifelt sein, dass ihm nur noch die offene Rebellion blieb.

Der stets vorsichtig taktierende, defensive Strategien bevorzugende Wallenstein war in eine ausweglose Lage geraten. Der Pilsner Revers richtete sich wohl in erster Linie an die Sachsen und Schweden. Sie hatten bezweifelt, dass das Offizierskorps Wallenstein noch unterstützte. Er zeigte es ihnen. Billigend in Kauf nahm er, dass der Kaiser sich diese Ungeheuerlichkeit nicht bieten lassen konnte. Damit waren die Fronten geklärt. Oxenstierna und Kurfürst Johann Georg, Arnim und Herzog Bernhard blieben dennoch skeptisch. Ferdinand II., der ja wusste, dass einige hohe Offiziere längst auf seiner Seite standen, durfte den Feldherrn nicht länger gewähren lassen. Er musste verhindern, dass dieser die einzige Armee dem Feind zuführte. Auf dem Spiel standen nicht mehr nur «die Autorität des Kaisers und sein Selbstbewußtsein»[68], vielmehr war die Zukunft der Habsburgermonarchie insgesamt gefährdet.

Aus dem unbedingten Parteigänger und Feldherrn der Habsburger war ein von allen Seiten beargwöhnter unsicherer Kantonist geworden, der seinen Vorteil, vielleicht auch nur noch sein Überleben sichern wollte, aber noch immer vor der offenen Rebellion zurückschreckte. Seine politischen Ziele – ein unter dem Kaiser geeintes Reich, das fair mit den Protestanten umging und gemeinsam die äußeren Feinde bekämpfte – verschwanden hinter einer Nebelwand von Möglichkeiten. Wallenstein war in seinem Gespinst gefangen: Die Gefahr für die etablierte Ordnung ging weniger von ihm als von seinen Gegnern aus, die ihm alles zutrauten. Tatsächlich hatte Wallenstein die unbedingte Loyalität seiner Offiziere verloren, und ohne die Armee besaß er nichts, was ihn zum attraktiven Bündnispartner machte. Es gehört schon viel Phantasie dazu, in ihm das potentielle Haupt des Friedens und der nationalen Wohlfahrt und damit «eines europäischen Bundes gegen den habsburgischen Dominat» sehen zu wollen.[69] Tatsächlich machte jedes von geschwätzigen Neidern vorgetragene und in der Wiener Hofgesellschaft begierig kolportierte Gerücht die unterstellte Illoyalität glaubwürdiger. Wallensteins extravagantes, oft prahlerisches, zwischen immenser Großzügigkeit und unvorstellbarer Grausamkeit schwankendes Verhalten hatte ihn auch bei seinen Soldaten und Offizieren längst in Misskredit gebracht. Das geheime Patent Ferdinands II., Wallenstein wegen notorischer Rebellion zu verhaften, war ein Todesurteil. Die Tat sollten kaisertreue Offiziere bei sich bietender Gelegenheit ausführen. Der Wiener Hof hielt sich an Boteros Vorgaben der christlichen Staatsräson: Hochverräterische Pläne durften zwar ohne langwieriges Rechtsverfahren, nicht aber durch Verstoß gegen göttliches und natürliches Recht abgewehrt werden. Deswegen wurde ein geheimer Prozess geführt und die Zustimmung des kaiserlichen Beichtvaters Lamormaini eingeholt.[70] Die Hofburg wartete danach auf die Exekution und darauf, die Güter Wallensteins neu verteilen zu können.

Als Octavio Piccolomini am 11. Februar in Pilsen eintraf, war er sich mit Gallas einig, dass die Festnahme oder diskrete Beseitigung Wallensteins in dessen Hauptquartier unmöglich war. Beide reisten nacheinander ab, um nicht aufzufallen und zusammen mit Aldringen die Exekution gewissenhaft vorzubereiten. Sie sicherten sich sukzessive das Kommando über die Armee und ordneten an, dass Befehle Wallensteins, Ilows und Trčkas nicht mehr befolgt werden durften. Mit dem nun publizierten Absetzungspatent vom 18. Februar, das die Vergehen Wallensteins und seiner vertrauten Offiziere auflistete und auf Konspiration lautete, war der Feldherr verloren.[71] Die Soldaten wurden informiert, dass jede Unterstützung Wallensteins als Treuebruch bewertet werde.[72] Piccolomini ritt mit 3000 Kroaten nach Pilsen, wo er im Handstreich das Hauptquartier unter seine Kontrolle bringen wollte. Die Verbindungswege zwischen Pilsen bzw. Eger und Regensburg wurden gesichert, um das befürchtete Eingreifen Herzog Bernhards zu unterbinden. Die Soldaten erhielten die Zusicherung, dass ihnen ihr rückständiger Sold ausgezahlt werde. Die notwendigen Gelder dazu sollten aus dem Verkauf der «Rebellengüter» kommen.

Am 19./20. Februar ließ Wallenstein von den anwesenden 27 Offizieren einen zweiten Pilsener Schluss unterzeichnen, der klarstellte, dass sich der erste Revers weder gegen den Kaiser noch gegen die katholische Religion gerichtet habe.[73] Der Herzog sandte jedoch den sächsischen Unterhändler Franz Albrecht von Sachsen-Lauenburg mit der dringenden Bitte um Unterstützung an Bernhard von Weimar nach Regensburg. Er wurde bei seiner Rückkehr abgefangen, verhaftet und dem Kaiser übergeben.[74] Herzog Bernhard berichtete am 24. Februar seinem Bruder Wilhelm IV., dass der Friedländer seine Truppen in Eger zusammenziehe, um sich angeblich mit den ihrigen zu verbinden. Dies könne aber auch eine Finte sein, Wilhelm möge sich zu seinen Truppen ins Bambergische begeben und auf die Mainlinie achten.[75] Bernhard selbst hielt sich bedeckt. Als er am 26. Februar nach Franken aufbrach, wollte er abwarten, wie sich die Verhältnisse in der kaiserlichen Armee entwickelten.[76] Er belagerte Kronach, während Horn im bayerisch-schwäbischen Grenzgebiet Mindelheim und Kempten eroberte. Kaufbeuren verließen die Kaiserlichen freiwillig, Biberach nach einem Akkord. Horn zog daraufhin vor Memmingen.[77]

Dass Wallenstein das große Spiel um die Macht verloren hatte, wussten seine Gegner und potentiellen Partner nicht; sie ahnten es vielleicht. Dennoch mussten sie auf alles gefasst sein. Trauen wollte ihm niemand. Eine neuerliche Kriegslist war ebenso wahrscheinlich wie Verrat. Der schwerkranke Wallenstein, die ihm treu gebliebenen Offiziere und seine Leibwache waren am 22. Februar von Pilsen aus in das grenznah zu Sachsen und zum schwedisch besetzten Franken gelegene Eger aufgebrochen, wo sie zwei Tage später ankamen. Hier führten der irische Oberst Walter Butler, der Schotte John Gordon, Stadtkommandant von Eger, und dessen Landsmann, der Calvinist Walter Leslie, mit Hilfe weniger eingeweihter Soldaten am Abend des 25. Februar 1634 den Wiener Liquidationsbefehl aus. Kinský, Ilow und Trčka und etliche andere Offiziere wurden während des offiziellen Abendessens in der Egerer Kaiserburg getötet. Wallenstein starb kurz darauf durch einen Partisanenstoß des irischen Hauptmanns Walter Deveroux.[78]

Die an der Liquidierung beteiligten Offiziere und Soldaten wurden reich belohnt. Gallas übernahm das Herzogtum Friedland und den Löwenanteil des wallensteinschen Besitzes, Piccolomini und Aldringen erhielten ebenso größere Herrschaften wie Butler, der schon im Dezember 1634 an der Pest starb, Leslie, der nach der Tat zum katholischen Glauben konvertierte, und Gordon.[79]

Für seinen Nachruhm war die Ermordung das Beste, was Wallenstein in seiner verzweifelten Lage passieren konnte. Um ihn herum war es einsam geworden. In der Hofburg und unter den katholischen Reichsständen be-

saß er nur noch Gegner. Die Protestanten warteten ab. Der größte Teil seiner Truppen gehorchte ihm nicht mehr und wäre ihm wohl auch nicht ins gegnerische Lager gefolgt. Er hatte sich immer tiefer in ein selbstgesponnenes Netz verstrickt, das Außenstehenden als Verrat erscheinen musste. Und zum Schluss hätte er auch als Überläufer nur noch wenig zu bieten gehabt. Zudem wird Verrat, nicht der Verräter geschätzt. Von der vielleicht erträumten Wenzelskrone oder einem Reichsfürstentum war Wallenstein im Februar 1634 weit entfernt. Bogislaw von Chemnitz schildert seinen Tod als ein «liederliches, unlöbliches und schändliches Ende wie ein Rebell». Und er notierte, dass die Exekution von einem «schrecklichen Windbraus» begleitet worden sei.[80] Chemnitz deutete dies nicht explizit als Zeichen Gottes, doch was sonst sollte sich der Leser unter dieser Bemerkung vorstellen? Pufendorf, auch er in schwedischen Diensten, lobte die Kaisertreue Wallensteins und hielt das Gerede vom bevorstehenden Seitenwechsel für eine seiner vielen Kriegslisten. Diese hätten jedoch den Kaiser argwöhnisch gemacht, und deswegen habe es dem Herzog plötzlich Ernst sein müssen.[81]

Die große Sorge der Hofburg und der neuen Armeeführung, dass ganze Einheiten sich mit Wallenstein solidarisieren könnten, erwies sich als unbegründet. Die Soldzusagen stabilisierten die neue Ordnung. Der von Herzog Bernhard, Oxenstierna und anderen erhoffte Machtkampf in der

Die Stiche stammen von Matthäus Merian d. Ä. aus dem *Theatrum Europaeum*. Sie illustrieren die Ermordung des vor dem Fenster stehenden Wallenstein sowie den Überfall auf seine Offiziere beim Abendessen am 25. Februar 1634 in Eger.

kaiserlichen Armee blieb aus. Einzig das in Troppau stationierte Infanterieregiment des lutherischen Oberstleutnants Albrecht Freiberg rebellierte und übernahm Anfang März im Namen des Herzogs von Friedland die Kontrolle über die Stadt, in der die Reformation eingeführt wurde.[82] Am 19. März beendete Johann Freiherr von Götz auch diese Episode.[83]

Wallensteins Macht war eine vom Kaiser geliehene gewesen. Sie brach wie ein Kartenhaus in sich zusammen, als dieser ihn nicht mehr deckte. Falls der Herzog einen Frieden gegen den Kaiser und für sich die Wenzelskrone angestrebt haben sollte, hatte er zu lange gezögert. Falls er jedoch loyal zu Ferdinand II. stand und den vielen Gerüchten nur deswegen nicht entgegengetreten war, um sich im Gespräch zu halten und die Gegner zu verwirren, war ihm das Spiel mit zu vielen Bällen vollständig entglitten. Vielleicht hatte auch die Hofburg zu lange gute Miene zum bösen Spiel gemacht. Als es Wallenstein ernst zu werden schien, handelte der Kaiser. Aus Wiener Sicht waren die Exekution und das präventive Ausschalten eines Verräters und potentiellen Militärdiktators unumgänglich. Dafür war es unwichtig, ob er aus patriotischen oder egoistischen Motiven handelte. Wallensteins Tod schien die einzige Möglichkeit, eine Militärrebellion und seine Machtübernahme in Böhmen und vielleicht sogar im Reich zu verhindern. Beweise, dass der Herzog dies vorhatte, gab und gibt es nicht. Für den Kaiserhof waren die Indizien jedoch mehr als ausreichend.

Der Oberbefehl der kaiserlichen Armee fiel an Ferdinand III., Gallas sollte ihm assistieren. Mit Wallensteins Tod verlor der Kaiser seine Schulden und konnte dessen Güter gewinnbringend veräußern. Für die Seelen der Rebellen ließ er 3000 Messen lesen. In der herzoglichen Kanzlei fanden sich keine kompromittierenden Schriften. Der Hochverrat ließ sich nie eindeutig belegen. Dies war nach Auffassung des Kaiserhofes auch nicht mehr nötig, denn mit dem ersten Pilsner Revers galten er und seine Anhänger als notorische Reichsrebellen, die zu Recht mit der Reichsacht belegt worden waren; dies war gängige Praxis bei landfriedensbrüchigem Verhalten.[84] Der Pilsner Eid entsprach aber nicht den Anforderungen an ein *notorium crimen rebellionis*. Wallenstein hatte keine Waffen gegen den Kaiser geführt, und er war vor seiner Tötung nicht über die über ihn verhängte Acht informiert worden.[85]

Das kaiserliche oberste Feldgericht erklärte dennoch Anfang März, dass der Pilsner Revers den Tatbestand der Meuterei gegen den Kaiser erfüllt habe und die Unterzeichner unabhängig vom gewährten kaiserlichen Pardon hätten verfolgt werden dürfen.[86] Allen Überlegungen, nachträglich einen ordentlichen Prozess zu führen und ein Urteil zu verkünden, erteilten die Räte eine Absage. Die Verbrechen Wallensteins und seiner Vertrauten zögen zwangsläufig die Todesstrafe und die *damnatio memoriae*, die Tilgung des Andenkens, nach sich. Die tyrannische Gewalt des Herzogs habe nicht durch seine Zitation und ein ordentliches Verfahren, sondern nur mit Gegengewalt gebrochen werden können. Die ganze Welt, vor allem die Kurfürsten und Reichsstände, müssten informiert werden. Dieser Bericht oder eine andere Relation solle publiziert werden – nicht als Rechtsurteil, sondern zur Darstellung des Sachverhalts.[87]

Nach und nach fanden sich zudem weitere Indizien für Wallensteins vermeintlichen Verrat. Dazu gehörte der Bericht des böhmischen Emigranten Sesyma Raschins von Riesenburg, der Nachrichten zwischen Wallenstein und den Schweden übermittelt hatte. Er wusste angeblich von Gesprächen über Mecklenburg und machte Andeutungen, dass Wallenstein nach der Krone Böhmens gestrebt habe.[88] Mit der Publikation dieser Erinnerungen eines Emigranten, der sich das Wohlwollen der neuen Herren in Böhmen erkaufen wollte, reagierte der Kaiserhof auf die nicht sehr zahlreichen Druckschriften, die sich – auch in Frankreich und Italien – kritisch mit dem Geschehen in Wien, Pilsen und Eger beschäftigten.[89] Sie gingen davon aus, dass Wallenstein durch einen feigen Meuchelmord beseitigt worden sei, weil er sich gegen die spanischen Machenschaften gewandt habe. Für den Herzog hätten der Frieden, die deutsche Freiheit, der religiöse Ausgleich und das Wohl der deutschen Nation höchste Priorität besessen. Anderen aufrechten, für die deutsche Sache engagierten Offizieren in kaiserlichen Diensten werde es ähnlich ergehen.[90]

Die *Relation aus Parnasso* berichtete, dass wegen des verderblichen Kriegswesens im Reich und der undisziplinierten Soldateska Frau Fama eingangs das Wort erbeten habe, um von dem unerhörten Egener Mord zu berichten. Die Attentäter wurden hier – nach ihrer Anhörung und einer gründlichen Erörterung des Falles – zu den bei Meineid und Meuchelmord üblichen Strafen verurteilt.[91] Die Hofburg reagierte auf die publizistischen Attacken mit der offiziösen Staatsschrift *Außführlicher und gründtlicher Bericht der vorgewesten Fridtländischen / und seiner Adhaerenten abschewlichen Prodition.* Sie hatte der Reichsvizekanzler Stralendorf erarbeitet und 1634/35 in zahlreichen Auflagen in Wien und mit leicht variierenden Titeln auch andernorts drucken lassen.[92] Die Wiener Räte wollten damit auch verhindern, dass Wallenstein posthum zum Helden und Märtyrer stilisiert wurde.

Die Religionsfrage thematisierten die erstaunlich zahlreichen prokaiserlichen Druckschriften nicht. Sie wollten auf keinen Fall Spekulationen weiter anheizen, dass der Herzog ermordet worden sei, weil er keinen Glaubenskrieg habe führen wollen. Stattdessen setzten sie auf Reizwörter wie Tyrann, Untreue und Meineid. Sie wollten Wallenstein denunzieren und verwiesen als Beleg auf den Pilsner Revers.[93]

Auch aus großer zeitlicher Distanz ist das Rätsel um Wallenstein nicht zu entschlüsseln. Er hatte gezeigt, dass und wie erstens ein riesiges Heer diszipliniert geführt werden, zweitens eine Ermattungsstrategie politisch erfolgreich sein und drittens die Verbindung von Armee und merkantil orientierter Landesherrschaft den Wohlstand mehren konnte. Seines Erachtens schlossen sich jedoch viertens Reichspatriotismus und konfessioneller Fundamentalismus gegenseitig aus. Wallenstein scheiterte, weil er den Kaiser und die katholischen Reichsstände nicht von seinen Vorstellungen überzeugen konnte. Aussagen darüber, was er angeblich oder tatsächlich wollte, beruhen oft auf unklaren Zuschreibungen derjenigen, die den toten Wallenstein für ihre Zwecke missbrauchten. Ob er böhmischer oder deutscher Patriot, beides oder keines von beidem war, erregte die zeitgenössischen Gemüter im Unterschied zu der Historiographie des 19. Jahrhunderts wenig. Wichtig war für die Protestanten seine Kritik an der Restitutionspolitik. Sie lehnten jedoch seine Idee eines mächtigen Kaiserstaates ab und beharrten auf der deutschen Freiheit. Kränze flochten dem toten Wallenstein seine Gegner, doch auch sie waren froh, den Ränkeschmied losgeworden zu sein. Die Zeitung *Züricher Wochentliche Ordinari* druckte ein Spottgedicht, das vieles von dem prägnant auf den Punkt brachte, was an diesem Aufsteiger verstörte.

> Hier liegt der Friedland ohne Fried,
> Des Reiches Fürst und doch kein Glied.
> War ohne Schiff ein Admiral,
> Ohn offene Schlacht ein General.
> Ein Landsäß in dem Herzogstand,
> Im Kopf ein Herr in keinem Land.
> Im Krieg, im Sieg ein Friedensmann,
> Von süßen Worten ein Tyrann.
> Gut Römisch und ein Mameluck,
> Aufrichtig, voll der Untreu Stuck.
> Wollt endlich mehr als Kaiser sein ...[94]

Wallenstein war weitgehend vergessen, bevor ihn Friedrich Schiller und seine Zeitgenossen neu entdeckten, seine Vorstellungen und Handlungen neu vermaßen und ihn bis zu einem gewissen Punkt vom Odium des Verrats befreiten. Damit begann eine fast beispiellose Kontroverse. Für seine späteren Bewunderer war er ein Held, mit dessen Tod der Gedanke eines mächtigen Reichs-Staates unter Führung des Kaisers für mehr als zwei Jahrhunderte in der Versenkung verschwand.[95] Friedrich Meinecke verglich die Ermordung Wallensteins mit der Bartholomäusnacht.[96] Heinrich von Srbik unterstellte, Wallenstein sei ermordet worden, weil er «der Gleichberechtigung christlicher Bekenntnisse und des politischen Selbstbestimmungsrechts der Staaten» gegen den «habsburgisch-katholischen Universalismus» die Bahn habe ebnen wollen.[97] Es wurde und wird spekuliert. Sicher ist, dass im Bild von Wallenstein wie in dem von Gustav Adolf das vorzeitige Ende die Machtbesessenheit überlagert und ihr Leben in ein günstigeres Licht taucht. Das kollektive Gedächtnis speicherte den Herzog nicht als verachtenswerten Überläufer und den schwedischen König nicht als haltlosen Eroberer. Dies erklärt ihren Heldenstatus, ändert aber nichts an ihren Taten.

Ein Kriegsjahr

Nach Wallensteins Liquidierung sollte der neue Oberbefehlshaber Ferdinand III., König von Ungarn und Böhmen, zeigen, dass die Armee zu mehr taugte als zum strategischen Ausmanövrieren des Gegners.[98] Die Ende April in Wien beschlossenen Feldzugspläne kamen den bayerischen Wünschen entgegen.[99] Oberdeutschland sollte von den Schweden befreit werden, um Frieden zu schließen. Beflügelt wurden diese Hoffnungen durch die Nachricht, dass Kardinalinfant Ferdinand, ein Bruder Philipps IV., mit einer in Mailand aufgestellten Armee in die Niederlande ziehen und auf seinem Weg durch das Reich zusammen mit den kaiserlichen Verbänden und den Resten der Armee Ferias eine spektakuläre militärische Tat vollbringen wolle.

Die Kriegsoperationen begannen 1634 erneut eher zögerlich. Nach ihrer Musterung in Pilsen marschierte die reorganisierte kaiserliche Armee an die Donau. Dort vereinigte sie sich mit den Truppen Aldringens. Weitere kaiserliche Verbände operierten zur gleichen Zeit unter dem Kommando von Rudolf und Hieronymus Colloredo in Böhmen und Schlesien, sicherten die Festung Breisach und lagerten um den Bodensee, um diese für den spanischen Nachschub wichtige Region zu kontrollieren. Die kölnischen Ligatruppen banden unterdessen in Westfalen die feindlichen Kräfte.[100]

Die schwedisch-protestantischen Truppenverbände waren noch zersplitterter. Herzog Bernhard und Horn, die Heerführer des kriselnden Heilbronner Bundes, konnten sich weder über die Ziele noch die Strategie verständigen. Horn belagerte im Mai vergeblich Überlingen, Bernhard ebenso erfolglos Kronach und Forchheim. Rheingraf Otto Ludwig suchte Erfolge im Elsass, Herzog Wilhelm IV. in Thüringen. Eine weitere Armee unter Georg von Lüneburg stand im niedersächsischen Kreis, und Banér zog mit seinen Verbänden nach Schlesien, um Arnim und die sächsischen Truppen zu unterstützen und zu kontrollieren. Landgraf Wilhelms V. Heer kämpfte im hessisch-westfälischen Grenzgebiet ähnlich auf sich gestellt wie das kursächsische im Osten.[101]

Die militärischen Erfolge des Rheingrafen führten sogar dazu, dass die Franzosen im Elsass Brückenköpfe gewannen. Der Bischof von Straßburg überließ ihnen die Festungen Zabern und Hagenau, damit diese nicht in die Hände der Protestanten fielen. Frankreich setzte fortan alles daran, am Oberrhein präsent zu bleiben, wo es Stützpunkte, Einflusszonen und sichere

Passagen gewann. 1634 operierten die Franzosen jedoch primär in Lothringen. Der aus seinem Herzogtum vertriebene Herzog Karl IV. unterstützte die kaiserlich-katholischen Kräfte, kämpfte vor allem aber gegen die französische Okkupation seines Landes.[102]

Kardinal Richelieu wollte 1634 keinen Krieg mit dem Kaiser, hielt diesen aber für möglich, weil sich in Lothringen und im Elsass die französischen und die habsburgischen Interessen kreuzten. Er suchte die Kooperation mit dem Heilbronner Bund, weil sein Wunschpartner Kurfürst Maximilian die Schweden nur mit Hilfe der kaiserlichen Armee aus seinem Land vertreiben konnte. Richelieu verfolgte konsequent die französische Staatsräson, wobei er die Interessen des Staates und der Bourbonen in eins setzte. Diese Identität galt für seine Kooperationspartner und auch seine Gegner so nicht. Nach dem Tod Gustav Adolfs musste Oxenstierna statt der vagen imperialen Pläne den Staat in den Vordergrund rücken. König Philipp IV. wiederum hatte im spanischen Interesse auf die enge Verflechtung mit der Wiener Kaiserlinie zu achten, denn nur deren Krone legitimierte eine europäische Hegemonie. Die Ziele der Hofburg deckten sich allerdings selten mit den spanischen, und sie standen denjenigen entgegen, die den Reichs-Staat durch eine Garantie der deutschen Freiheit befrieden wollten.

1634 hatten die Schweden den schnellen Vorstoß der Kaiserlichen an die Donau nicht erwartet und kamen zu spät. Als sie im Juli ihre Truppen in der Nähe von Günzburg vereinigten, mussten sich die schwedischen Besatzer Regensburgs mit Ferdinand III. auf einen Akkord verständigen. Er garantierte der Stadt ihre alten Freiheiten und den evangelischen Glauben.[103] Der Kaisersohn wollte sich nicht nur als Feldherr, sondern auch als Friedensstifter empfehlen. Maximilian von Bayern hätte Regensburg lieber annektiert und bewertete die Kapitulationsbedingungen als Angriff auf seine Mitbestimmungsrechte. Sein notariell beglaubigter Protest düpierte die Habsburger. Wallensteins Tod hatte an Maximilians wachem Misstrauen gegenüber der Kaisermacht nichts geändert.[104]

Vier Tage bevor sie Regensburg verloren, hatten die Schweden Landshut erobert. Sie wüteten schrecklich in der Stadt. Die flüchtenden Bürger wurden danach von den heranrückenden eigenen, also bayerischen Soldaten noch einmal ausgeplündert. Die Kaiserlichen hatten vor Regensburg mehr als 10 000 Soldaten durch Krankheit oder Desertion verloren. Auch aus dem Osten trafen wenig erfreuliche Nachrichten ein. Banér hatte im März Landsberg zurückerobert, Frankfurt an der Oder kapitulierte Anfang Juni. Das

Die Belagerung der von Herzog Bernhard von Weimar besetzten Stadt Regensburg durch kaiserliche Truppen unter Ferdinand III. endete im Juli 1634 mit einem Akkord, der Übergabe der Stadt und dem freien Abzug der Besatzer. Gut zu erkennen sind der Dom und die steinerne Brücke.

vereinigte schwedische und sächsische Heer schlug Colloredo Mitte Mai bei Liegnitz vernichtend. Etwa 4000 kaiserliche Soldaten waren gefallen, 1400 wurden gefangen genommen und in die sächsische Armee eingegliedert.[105]

Auf dem Rückzug sollen die kaiserlichen Truppen übel gehaust haben. Der Bericht im *Theatrum Europaeum* spricht von Hetzjagden, bei denen die Menschen wie Vieh zusammengetrieben worden seien. Die Soldaten hätten die Frauen in ihre Lager gebracht, «um nackend und bloß mit ihnen zu tanzen und sonst zu gehorchen gedrungen». Dies mag die Lust der Soldaten und die Phantasie der Leser befriedigt haben, der Zwang, sich bis auf die Haut auszuziehen, bedeutet allerdings auch, dass die Betroffenen nicht nur ihrer Kleidung, sondern auch der Kontrolle über sich beraubt wurden. Sie waren fremdem Willen unterworfen, und das vergrößerte ihre Scham.

Aufgezählt werden in diesem Bericht alle erdenklichen Scheußlichkeiten vom Schwedentrunk bis zum Abschneiden der männlichen Genitalien und der weiblichen Brüste.[106] Wie auch immer die Soldaten die Menschen quälten und verstümmelten, alltäglich waren solche Gräueltaten nicht. Söldner auf dem Rückzug, die ihr Hab und Gut eingebüßt hatten, reagier-

ten jedoch häufig gewalttätig und unberechenbar. Berichtet wurde darüber
auch, um die Verursacher zu verunglimpfen. Schon wenige Seiten später
beschreibt das *Theatrum Europaeum* noch grausamere Foltern der «Crabaten» vor Höchstadt.[107] Die Crabaten oder Kroaten wurden wegen ihres
fremden Aussehens und ihrer hohen Mobilität gern für solche Verfehlungen verantwortlich gemacht. Als Krieger an der Militärgrenze und im
ständigen Guerillakrieg mit den Türken lebten sie nach anderen Gewaltge-
setzen als denjenigen, die in den regulären Staatenkriegen üblich waren.[108]
    Die Kroaten teilten das Los der Verunglimpfung mit anderen fremd aus-
sehenden Soldaten wie den Iren, Lappländern, Türken oder Kosaken. Sie
alle wurden mit Quälereien in Verbindung gebracht. Die Schotten des Regiments MacKay beschreibt ein Flugblatt als Iren mit Kilt, Pfeil und Bogen
und als starkes ausdauerndes Volk, das «schwarz als die Zigeuner sei».[109] Die
Phantasie kannte keine Grenzen, je exotischer, desto besser. Zumindest die
Schotten waren auf den europäischen Kriegsschauplätzen aber keine Unbekannten. Dänen, Schweden und Franzosen nahmen zwischen 1625 und 1642
fast 50 000 Schotten in ihre Dienste.[110] Fast 30 000 kämpften für die Schweden in Mitteleuropa.[111] Rekrutiert durch eine Art Wehrpflicht waren hingegen die Finnen in der schwedischen Armee. Ihr Christentum wurde in Frage
gestellt, weil die Schamanen der Lappen unter anderem Wetterzauber prak-
tizierten.[112]
    Heberle steigerte in seinem Zeitregister das Grauen und den Schrecken
von Jahr zu Jahr, obgleich er nicht den publizistischen Marktgesetzen unterlag. Er übernahm dabei die Formulierungen gedruckter Berichte. So erzählt
er, dass um die Osterzeit 1635 kaiserliche Reiter in die Alb gekommen seien,
die es ärger denn je getrieben hätten. Sie nahmen nicht nur alles, sondern
jagten die Menschen «wie die wilden Tiere» in die Wälder. Deswegen seien
die Bauern erneut nach Ulm geflüchtet. Wegen der Pest, der Kosten und des
Fehlens eines Pfarrers seien ein Jahr lang keine Leichenpredigten gehalten
worden. Trotz dieses gewaltigen Unglücks konnte Heberle das Haus seines
Vaters in Neenstetten für 600 Gulden kaufen und zwei Drittel der Summe
bar bezahlen. Geld war vorhanden, und es wurde im Vertrauen auf eine
bessere Zukunft in den Erwerb von Land und Immobilien investiert. Insbesondere der kleinbäuerliche Besitz unterlag einer enormen Fluktuation.
Während in Oberbayern im Stichjahr 1671 die Hälfte der Großbauern ihre
Güter geerbt hatten, galt dies nur für 15 Prozent der Söldner und Häusler.[113]
Auch die Fährnisse des Krieges verkrafteten reiche Bauern besser als arme.

1635 schloss Ulm – Heberle nennt den Magistrat «unsere gnädigen Herren und Obervorgesetzte der Stadt und gemeinen Vaterlandes» – einen Akkord mit den Kaiserlichen, sodass die Landbewohner in ziemlich gutem Frieden gesessen hätten.[114] Im thüringischen Schmalkalden lagerten im Oktober 1634 1500 Schweden, die große Mengen an Proviant und dazu 3000 Taler forderten. Sie flohen, als sich die Kroaten des Generals Isolani näherten, die Meiningen und Schleusingen plünderten und angeblich Suhl, Kaltenordheim, Themar sowie weitere Dörfer bis auf die Grundmauern niederbrannten. Trotz eines teuren Schutzbriefes quartierten sich immer mehr Kroaten in Schmalkalden ein. Isolani verlangte monatlich 2000 Taler. Die Kroaten kosteten die Stadt fast 100 000 Reichstaler, und dennoch raubten sie die umliegenden Dörfer aus. Dabei fiel ihnen jedoch erstaunlich wenig Vieh in die Hände. Der Rest war offensichtlich in den Wäldern gut versteckt oder nach Schmalkalden in Sicherheit gebracht worden. Während dieser Einquartierung erschienen schwedische und sächsische Soldaten und plünderten die teilweise verwaisten Dörfer.[115]

Das *Theatrum Europaeum* berichtete, dass es bei diesen Einquartierungen zu schweren Tumulten gekommen sei und die Kroaten 100 Bürger niedergehauen hätten. Aus Böhmen herangezogene Soldaten Banérs hätten die Kroaten bis auf wenige getötet und sich Schmalkaldens bemächtigt.[116] Diese Vorfälle führt auch der zu Beginn des 18. Jahrhunderts schreibende Johann Conrad Geisthirt auf, der das Geschehen allerdings auf den 2. Januar 1634 datiert.[117] Anfang des Jahres hielten sich jedoch keine Kroaten in Schmalkalden auf, und die Kirchenbücher verzeichnen in diesem Jahr keine signifikante Häufung von Toten. Geisthirt schöpfte wohl aus dem *Theatrum Europaeum* und verwechselte die Jahreszahl. Doch woher stammte die Fehlinformation? Die generellen Aussagen, dass es «schrecklich und erbärmlich» herging, die Landeskinder vertrieben worden seien «und Fremde […] das Reich» innehatten, sind nicht zu bezweifeln. Auch wurde zwischen Freund und Feind häufig nicht mehr unterschieden. «Wer Geld hatte, war Feind, wer nicht hatte, wurde doch dafür gehalten und deswegen gemartert, gefoltert, auf Leib und Gut gepeinigt.» Die Einheimischen versuchten angeblich, die Fremden im Tyrannisieren noch zu überbieten, die Vertriebenen andere zu vertreiben.[118]

Trotz einer weithin gesicherten Überlieferung des großen Kriegsgeschehens bleiben viele der kolportierten Einzelheiten auch dann vage, wenn es für sie in den Medien zahlreiche Belege gibt. Dies gilt auch für die

Der aus 18 Blättern bestehende Zyklus Jacques Callots (1592–1635) zeigt zunächst Raub, Brandschatzungen und Willkür der Soldaten. Sie werden jedoch ihrer gerechten Strafe zugeführt, enden am Galgen, sterben am Straßenrand oder fallen der Rache der Bauern anheim. Auf diesem letzten Blatt werden die Soldaten vom König belohnt, die sich korrekt verhalten haben.

18 Kupferstiche, die Jacques Callot 1633 zu den Themen «Les Misères et les Malheurs de la guerre», Elend und Unglück des Krieges, veröffentlichte. In diesem Zyklus dominieren Bilder von Brandschatzungen und Raub, der Bestrafung und dem Tod der Soldaten. Ohne zu beschönigen, wird der gesetzlos gewordene Krieg attackiert. Das letzte Bild verweist auf die gerechte und siegreiche Autorität, die straft und belohnt.[119]

Offen bleibt, ob diese Stiche überhaupt einen konkreten Krieg meinen, da Europa an vielen Stellen in Flammen stand und jegliche Ordnung überall mit Füßen getreten wurde. Zeichnete Callot bloß die Forderung nach einer starken und gerechten Autorität oder vielleicht sogar eine Hommage an Ludwig XIII.? Die Erstveröffentlichung erfolgte in Paris, und andere Werke Callots galten dem siegreichen König.[120] Die Serie ist in erster Linie eine Todesmahnung. Der Krieg ist ein Glücksspiel, in dem das Ende stets mitbedacht werden muss. Es kann grausam sein, nicht nur für denjenigen, der wegen seiner Verbrechen gerichtet wird. Die kriegerische Gewalt, die sich gegen Opfer und Täter richtet, ist nicht als «politische, sondern moralische Kategorie» zu verstehen.[121] Viele zeitgenössische Stiche und Bilder sind nicht unbedingt eine Anklage gegen den Krieg an sich, sondern vielmehr gegen unkontrollierte Gewalt, die Angst macht und bestraft werden muss.

Der Krieg in Mitteleuropa konzentrierte sich im Sommer 1634 auf Böhmen. Die schwedischen Verbände unter Banér wollten die in Leitmeritz begonnenen Friedensgespräche zwischen den kaiserlichen und den kursächsischen Gesandten stören. Der sächsische Befehlshaber Arnim, der ebenfalls gegen einen Separatfrieden war, zog nach dem erfolgreichen Feldzug in Schlesien vor Prag. Dort erschien auch Banér.[122] Nach dem Fall Regensburgs Ende Juli marschierte Ferdinand III. zurück nach Böhmen, stoppte aber, als er am nächsten Tag erfuhr, dass die beiden feindlichen Heere wieder abgezogen waren. Die sächsische Armee räumte Böhmen, um die Friedensgespräche nicht weiter zu stören. Ihr Oberbefehlshaber Arnim hielt dies für falsch, denn er wollte, wie einst Wallenstein, dass nicht nur Schweden und Frankreich, sondern auch die Reformierten sowie die Protestanten Schlesiens in den Frieden eingeschlossen wurden. Nach Bekanntwerden der Pirnaer Noteln beantragte er seinen Abschied. Nach dem Prager Frieden bewilligte der Kurfürst seine Entlassung.[123]

Nördlingen

Ferdinand III. marschierte im August 1634 mit dem kaiserlich-ligistischen Heer donauaufwärts, erstürmte Mitte des Monats Donauwörth und belagerte danach Nördlingen. Die Stadt bat Bernhard von Weimar um Hilfe. Er sandte sofort 500 Soldaten, die bei Befestigungsarbeiten und der Verteidigung halfen. Nördlingen war eine wichtige Drehscheibe zwischen Franken und Schwaben. Die schwedischen Heerführer mussten auf die Belagerung der Stadt reagieren, obwohl weiteres Ungemach drohte. Der Kardinalinfant Ferdinand hatte mit etwa 15 000 Spaniern Bayern erreicht und verständigte sich mit Maximilian auf eine gemeinsame Schlacht, um die schwedische Dominanz in Süddeutschland zu brechen. Bayerische Kriegskommissare begleiteten die spanischen Verbände durch das Inntal und bis nach Nördlingen. Sie regelten Versorgungsfragen und verhinderten Übergriffe auf die Bevölkerung.[124] Die beiden katholischen Heere vereinigten sich Anfang September. Die habsburgische Streitmacht betrug dadurch über 40 000 Soldaten und besetzte eine vorteilhafte Stellung im hügeligen Gelände südlich Nördlingens.[125]

Warum aber suchten die schwedischen Befehlshaber, deren Heer Mitte August einschließlich der württembergischen Landmilizen lediglich 25 000 Mann zählte, diese Schlacht in einem für sie eher ungünstigen Augenblick? Herzog Bernhards und Horns Truppen waren im August plündernd durch die Alb gezogen. Heberle berichtet über unersetzliche Verluste.[126] Die Schweden erschienen in der Gegend von Nördlingen vier oder fünf

Tage zu spät, um die Belagerung der Stadt zu verhindern. Im benachbarten Württemberg ordnete Herzog Eberhard am 26. August an, neben den im Feld befindlichen Landmilizen solle sich auch der restliche Auszug bereithalten, um notfalls Gegenwehr zu leisten und das Herzogtum zu verteidigen. Die Alarmierung werde durch jeweils drei Kanonenschüsse von den Festungen Urach und Neuffen erfolgen. Dann habe sich jeder «getreue Patriot und Untertan» unverzüglich zu dem ihm zugewiesenen Sammelplatz zu begeben zur «Rettung unsers geliebten Vaterlands, ja eines jeden Ehr, Leib und Leben, Weib, Kinder, Haus, Hof, Hab und Gut», vor allem aber der «allein seligmachenden evang[elischen] Religion». Die Gemeinden hafteten dafür, dass genügend Brot ausgebacken war, um die Milizionäre zu verpflegen. Vieh, Früchte und wertvolle Mobilien mussten in den befestigten Amtsstädten in Sicherheit gebracht werden.[127]

Herzog Bernhard plädierte bei den Kriegsberatungen vor Nördlingen für den sofortigen Angriff, Horn trug Bedenken, stimmte aber schließlich zu. Dem Weimarer wurde später die Hauptschuld am folgenden Desaster gegeben. Da es den Schweden nicht möglich war, den feindlichen Armeen die Zufuhr abzuschneiden, umgingen sie diese weiträumig, um deren linke Flanke anzugreifen. Mit ihrer Attacke überraschten sie am 5. September das kaiserlich-spanische Heer und gewannen etliche Hügel, nicht jedoch den alles beherrschenden Albuch. Ihn befestigten die Kaiserlichen in der folgenden Nacht, in der die Kämpfe nur kurz abflauten. Als die spanische Artillerie um fünf Uhr gefeuert hatte, griff die Hornsche Infanterie den Hügel an, wurde aber mehrmals zurückgeworfen. Nach fünf Stunden befahl der General den Rückzug hinter die von Herzog Bernhard befehligten Truppen. Da diese aber etwa gleichzeitig in das enge Tal zurückgeworfen worden waren, gab es keine Ausweichmöglichkeiten. Die schwedische Armee war den anstürmenden feindlichen Truppen nahezu hilflos ausgeliefert. Horn geriet mit 4000 Mann in Gefangenschaft, weitere 6000 bis 8000 fielen, die Artillerie ging verloren. Die habsburgischen Sieger büßten nur 2000 Mann ein und machten reiche Beute. Die vielen eroberten Fahnen wurden im katholischen Europa verteilt. Die Ehre, den Sieg errungen zu haben, beanspruchten die beiden Ferdinande und auch Kurfürst Maximilian.

Das Bild dieser Schlacht zeigt keine Kampfszene, sondern das alles entscheidende Detail. Peter Paul Rubens malte die *Begegnung König Ferdinands von Ungarn mit dem Kardinalinfanten Ferdinand vor der Schlacht bei Nördlingen* für den *Pompa Introitus* des Infanten in Antwerpen, um ihn als neuen Statthalter der südlichen Niederlande zu feiern. Venus will Mars noch zurückhalten, doch der Lorbeerkranz wird den beiden siegreichen Feldherren schon vor der Schlacht durch einen Adler gereicht.[128] Im Vordergrund liegt die Belgica, neben ihr die Germania. Letztere trägt schwarze Trauerkleidung und stützt sich auf die Reichskrone, hebt aber hoffnungsvoll den Kopf, weil sie von ihren schwedischen Unterdrückern befreit wird. Rubens erinnert an die unzähligen Opfer, indem er aus dem Krug des Flussgottes der Donau Wasser gemischt mit Schlachtenblut fließen lässt.

Herzog Bernhard berichtete Oxenstierna, die Niederlage sei so arg, wie sie ärger nicht habe sein können.[129] Als er einige Tage später in Heilbronn seine Truppen sammelte, erschienen weniger als 14 000 Soldaten.[130] Peter Hagendorf befand sich nicht mehr unter ihnen. Er hatte das Gemetzel auf schwedischer Seite wie durch ein Wunder unverletzt überstanden. In seinem Tagebuch hielt er fest: «Die Spanischen haben uns großen Schaden getan, denn auf diesen Tag ist die ganze schwedische Armee geschlagen worden, zu Fuß und zu Pferd, die Spanischen haben alles niedergemacht.» Er geriet in Gefangenschaft und heuerte bei seinem alten kaiserlichen Regiment an, wo er sogar in eine Korporalstelle eingewiesen wurde.[131] Erfahrene Mannschaftsdienstgrade waren bei der hohen Fluktuation wertvoll. Der unter dem Zwang der Umstände erfolgte Wechsel in den Dienst einer feindlichen Armee galt nicht als Verrat. Die demoralisierten schwedischen Soldaten plünderten zwischenzeitlich auf der Alb und nahmen mit, was dort noch vorhanden war. Heberle und seine Nachbarn flohen nach Ulm, wurden aber am Abend nicht mehr in die Stadt eingelassen, sodass sie vor den Toren nächtigen mussten.[132]

Die Schlacht von Nördlingen markiert eine weitere Wende in diesem langen Krieg. Ihr Ausgang schien diejenigen zu bestätigen, die das Zaudern und Zögern Wallensteins heftig kritisiert hatten. Was dieser prestigeträchtige Sieg wirklich wert war, musste sich allerdings noch zeigen – beim Vorstoß der eigenen Truppen an Rhein und Main, bei den Friedensverhandlungen und bei den Beratungen der Heilbronner Bundesgesandten in Frankfurt. Bei Letzteren waren die Folgen der Niederlage unmittelbar zu spüren.

Die Delegierten verließen am 13. September Frankfurt, als dort die ersten Flüchtigen eintrafen. Zuvor hatten sie Oxenstierna versichert, binnen 14 Tagen sechs Monate der bewilligten Bundeshilfe zu entrichten.[133] Im Römer wurde ein Abschied verlesen, der so nicht ausgehandelt worden war. Die Gesandten wollten dadurch vor der Messe die Fama verbreiten,

Die von Peter Paul Rubens (1577–1640) gemalte *Begegnung König Ferdinands von Ungarn mit
dem Kardinalinfanten Ferdinand vor der Schlacht bei Nördlingen* erfasst die Bedeutung des
Moments: Der Lorbeerkranz wird beiden bei ihrer Begrüßung schon vor der Schlacht von
einem Adler gereicht.

dass ein großes protestantisches Bündnis unter Einschluss der mächtigen
nord- und mitteldeutschen Fürsten geschlossen worden sei. Tatsächlich
war der Konvent im Streit auseinandergegangen. Von einer Erweiterung
des Bundes konnte keine Rede sein. Oxenstierna hatte seine Vorstellungen
nicht durchsetzen können.[134] Selbst die von ihm nach der Niederlage bei
Nördlingen angestrebte neue Verteidigungslinie am Main war illusorisch.
Die Kurfürsten von Sachsen und Brandenburg erklärten ihre Neutralität
und stellten alle Kampfhandlungen ein. Herzog Wilhelm IV. verließ Franken, um Thüringen zu sichern, konnte aber Isolanis Kroaten nicht daran
hindern, den südlichen Thüringer Wald auszuplündern und die Suhler
Waffenschmiede empfindlich zu treffen.[135]

Die Stadt Nördlingen litt immens unter der siegreichen kaiserlichen Armee und musste 100 000 Gulden Bußgeld entrichten. Dies war ein knappes

Drittel der Summe, die Augsburg nach sechsmonatiger bayerischer Belagerung, großem Hunger und vielen Toten im März 1635 bei seiner Kapitulation auferlegt wurde. Die Gelder sollten zudem nur die Unkatholischen aufbringen. Die Religionsverhältnisse wurden in Augsburg auf den Stand nach der Exekution des Restitutionsediktes zurückgeführt. Die Protestanten durften allerdings auf eigene Kosten eine Kirche bauen und einen Pfarrer anstellen.[136] Kurfürst Maximilian musste sich in diesem Punkt den Wünschen des Kaisers beugen, der die im Frühjahr 1635 kurz vor dem Abschluss stehenden Friedensverhandlungen mit Sachsen nicht an der Durchsetzung katholischer Maximalforderungen scheitern lassen wollte.

Nach dem Sieg von Nördlingen überschwemmten die kaiserlich-katholischen Verbände die oberdeutschen Lande.[137] Die Stadt Giengen an der Brenz wurde geplündert und teilweise niedergebrannt, das ulmische Geislingen ebenso. Die kaiserlichen Soldaten kamen im Oktober in das Ulmer Landgebiet und blieben den ganzen Winter, sodass viele Bauern mit ihren Familien in der Stadt logieren mussten. Dort war es eng, die Nahrungsmittel wurden knapp, und zu allem Überfluss wütete die Pest, der mehrere hundert Menschen zum Opfer fielen. Der Chronist spricht unter Verweis auf die gedruckte Neujahrspredigt des Ulmer Pfarrers Konrad Dieterich von 15 000 Toten im Jahr 1635.[138]

Während Württemberg von Ferdinand III. und Karl IV. von Lothringen besetzt wurde, floh Herzog Eberhard nach Straßburg. Am 19. September fiel Stuttgart, etliche kleinere Städte in der Umgebung wurden eingeäschert. Auch Heilbronn soll in Schutt und Asche gelegt und in Reutlingen der Akkord nicht eingehalten worden sein. Wie Württemberg unter kaiserliche, kamen die Länder Markgraf Friedrichs von Baden-Durlach unter bayerische Sequesterverwaltung.[139] Friedrich Schiller schreibt anderthalb Jahrhunderte später: «Alle Mitglieder des Heilbronner Bundes zitterten vor der Rache des Kaisers; was fliehen konnte, rettete sich nach Straßburg, und die hülflosen Reichsstädte erwarteten mit Bangigkeit ihr Schicksal. Etwas mehr Mäßigung gegen die Besiegten würde alle diese schwächern Stände unter die Herrschaft des Kaisers zurückgeführt haben. Aber die Härte, die man auch gegen diejenigen bewies, welche sich freiwillig unterwarfen, brachte die übrigen zur Verzweiflung und ermunterte sie zu dem tätigsten Widerstand.»[140]

Verglichen mit der Lage in Süddeutschland, waren die Verhältnisse in der Mitte und im Norden weniger eindeutig. Kurfürst Johann Georg erzwang

unter Berufung auf den Leipziger Konvent die Einquartierung seiner aus
Böhmen zurückgezogenen Truppen in Thüringen und im Fürstentum Anhalt, obwohl hier bereits schwedische Verbände lagerten. Wilhelm IV. von
Weimar entwarf dagegen ein scharfes Protestschreiben, von dessen Absen-
dung selbst Oxenstierna abriet.[141] Kursachsen hatte zum Frankfurter Bundestag zwar Delegierte gesandt, die aber nur empfahlen, den Heilbronner
Bund aufzulösen und einen Friedensvertrag mit dem Kaiser auszuhandeln.[142]
Georg Wilhelm von Brandenburg verlangte vor seinem Beitritt die Garantie
seiner Nachfolge im Herzogtum Pommern. Die Bundeserweiterung war
endgültig vom Tisch, als sich der niedersächsische Kreis dieser Forderung
anschloss. Die Schweden sollten allenfalls mit katholisch-geistlichen Gebieten entschädigt werden. Auf Pommern konnte Oxenstierna jedoch nicht
verzichten.[143] Auch die oberdeutschen Stände sparten nicht mit Kritik und
erklärten, am Ende ihrer Leistungsfähigkeit angelangt zu sein. Ihr Bemühen,
die schwedischen Fesseln zu lockern, zeigte sich vor allem in ihrer Bereitschaft zur Kooperation mit Frankreich.

Dem alten Erz- und Erbfeind, mit dem die Protestanten auch früher
schon gegen den Kaiser zusammengearbeitet hatten, wurde am 26. August
die Besetzung der Festung Philippsburg gestattet. Gesandte des Heilbronner Bundes verhandelten in Paris und unterzeichneten am 1. November
einen Vertrag. Frankreich wollte den Bund mit jährlich 500 000 Livres und
12 000 Mann unterstützen. Dafür verlangte es ein Vetorecht bei einem
Friedensschluss, eine Stimme im Bundesrat und die Kontrolle des Elsass.
Oxenstierna verweigerte die Ratifikation. Auch einigen Bundesständen
gingen diese Zugeständnisse zu weit,[144] weil alle Vorteile bei Frankreich
lägen, das nur den Frieden blockieren, nicht aber in den Krieg gegen die
Habsburger eingreifen wolle.

Der Kaiser forcierte in dieser Phase die Feindschaft mit Frankreich nicht
weiter, obwohl ihm dessen Auftreten in Philippsburg und im Elsass reichlich
Anlass dazu geboten hätte. Er wollte den Frieden, weil er wusste, dass der
Sieg bei Nördlingen und die Auflösungstendenzen des Heilbronner Bundes
die eigene Schwäche nur kurzfristig überdeckten. Wien konnte den Krieg in
seiner bisherigen Form nicht länger finanzieren und ignorierte im Winter
1634/35 die Forderungen Kurfürst Maximilians und dessen Bruders Ferdinand, die eine große militärische Offensive im Sinn hatten und religionspolitische Zugeständnisse ablehnten. Stattdessen verhandelten die Kaiserlichen unbeirrt mit Kursachsen und reaktivierten die Zusammenarbeit mit

Spanien, um gemeinsam die Integrität des Reiches zu schützen. Obwohl Ferdinand II. und Philipp IV. darunter Unterschiedliches verstanden, wurden die Niederlande unter Verweis auf den Burgundischen Vertrag von 1548 ausdrücklich als Teil des Reiches bezeichnet. Damit akzeptierte der Kaiser, dass der spanische König einen Anspruch auf Hilfe gegen die niederländischen Rebellen hatte.[145]

Die Truppen des Kardinalinfanten zogen im Herbst durch Württemberg, überschritten bei Aschaffenburg den Main, durchquerten die Wetterau, um dann dem Rhein zu folgen. Die Grafenregion erlebte einen verheerenden Durchzug, zumal gleichzeitig die Armee Landgraf Wilhelms V. von Norden nach Friedberg vorstieß. Kaiserliche Verbände unter Octavio Piccolomini marschierten durch die östliche Wetterau, um in den Stiften Fulda und Hersfeld ihre Winterquartiere zu nehmen.[146] Die nun vom Grafen Jost Maximilian von Bronckhorst-Gronsfeld befehligten Ligatruppen eroberten die Stadt Heidelberg und belagerten im Dezember 1634 das Schloss. Daraufhin überschritt der französische Marschall de la Force mit mehr als 17 000 Soldaten bei Mannheim den Rhein und zwang die Belagerer zum Abzug. Die Franzosen ließen die Ligatruppen abziehen, weil sie angeblich nur den Herzog von Lothringen als ungehorsamen Lehensmann, nicht aber die Liga bekämpften. Gallas nannte den Akkord fatal, denn die Franzosen könnten nun unter dem Vorwand des Kampfes gegen Herzog Karl überall intervenieren, und Ferdinand II. bezeichnete den Krieg gegen die Franzosen als das «Hauptwerk».[147]

Der Heilbronner Bund betraute Bernhard von Weimar mit dem alleinigen Oberkommando. Seine hungernden Soldaten, die bei Nördlingen ihre gesamte persönliche Habe verloren hatten, gehorchten ihm allerdings nur noch bedingt. Sie hatten sich vor den Kaiserlichen durch Württemberg gewälzt, sammelten sich in Frankfurt und verlangten ihren ausstehenden Sold. Die Frankfurter Bürger und die fremden Kaufleute zahlten.[148] Die Soldaten gingen in der linksrheinischen Pfalz ins Winterquartier.

Die Lage der oberdeutschen Protestanten schien hoffnungslos. Franken, Baden und Württemberg waren vom Feind besetzt. Die Fürsten befanden sich ebenso im Straßburger Exil wie die Gesandten von Augsburg, Ulm und Nürnberg, denen die kaiserlichen Soldaten den Rückweg vom Frankfurter Bundestag abgeschnitten hatten. Dass die feindlichen Truppen auch das Elsass besetzten, den letzten protestantischen Rückzugsraum in Oberdeutschland, konnte nur die französische Armee verhindern. Ihr überstellte

Rheingraf Otto Ludwig das Oberelsass unter Vorbehalt der Rechte des
Reiches. Die Franzosen legten Garnisonen in die größeren Städte und
sorgten im Sommer 1635 durch Ankauf von Vieh und Getreide für eine
Teuerung in der Gegend von Colmar und Schlettstadt.[149]

Das Elsass blieb ein militärischer Brennpunkt des Krieges. Während die
Reste der Armee Bernhards in der Pfalz und im Rhein-Main-Gebiet noch
etwas planlos umherirrten, operierten der Rheingraf und französische Verbände weiter südlich erfolgreich. Herzog Bernhard genoss jedoch weiterhin
höchste Wertschätzung; Oxenstierna, der Heilbronner Bund und Richelieu
bemühten sich um seine Dienste. Der Kaiser bot ihm Franken als eigenes
Herzogtum, eine Pension von 20 000 Reichstalern und den Befehl über ein
kaiserliches Heer von 20 000 Mann.[150] Bernhard ging darauf nicht ein; er
kämpfte weiter gegen die Habsburger. In seinem Sog blieben auch die
Schweden an den Krieg in Oberdeutschland gekettet, den Oxenstierna nicht
mehr führen wollte und der seine klaren Fronten verloren hatte, weil Frankreich immer tiefer in ihn hineingezogen wurde.[151]

Zu allem Unglück gab es 1633 und 1635 in Mitteleuropa zwei verheerende
Missernten, und viele Menschen fielen der Pest zum Opfer. Insbesondere
das Auftauchen der Seuche löste panische Ängste aus. Pestsäulen, Pest-
kreuze oder Passionsfestspiele erinnern bis heute an diese Geißel Gottes. Sie
hatte Mitteleuropa fest im Griff. Angeblich wurden 1634 in Wien zeitweise
wöchentlich 600, in Nürnberg sogar 1000 Tote begraben.[152] Friesenegger
berichtet über das in der Nähe von Kloster Andechs gelegene Dorf Erling,
wo über 200 Menschen gestorben und von 87 Ehepaaren nur 20 am Leben
geblieben seien.[153] Da die Übertragungswege des Pestbazillus durch Ratten
und Flöhe noch unbekannt waren, glaubte man, dass die Seuche sich durch
vergiftete Luft ausbreite. Die obrigkeitlichen Pestmandate machten Gott
verantwortlich, der die Sünden der Menschen bestrafe, forderten jedoch
gleichzeitig größte Sauberkeit, Isolierung der Kranken und Absperrung infi-
zierter Orte. Wer die Möglichkeit besaß, floh beim Herannahen der Pest.
Universitäten, Regierungen und Verwaltungen zogen oft für Jahre an andere
Orte um.[154]

Erstaunlicherweise war zwar häufig von der Pest als einer Strafe Gottes,
nicht jedoch von den apokalyptischen Reitern die Rede, obwohl nun tatsächlich die drei großen Geißeln der Menschheit, Krieg, Hunger und Tod,
zusammenkamen und die Erinnerung an Gustav Adolfs vermeintlichen
Kampf gegen den Antichristen noch nicht verblasst war. Nun aber verhan-

delte der Kurfürst von Sachsen mit dem Kaiser, einem Verbündeten des Antichristen, über einen Frieden.

11. Der Prager Frieden oder warum der Krieg weiterging

Die Prager Koalition

Seit Juni 1634 verhandelten kursächsische und habsburgische Delegierte über einen deutschen Frieden. Kurfürst Johann Georg ließ die Heilbronner Bundesstände informieren, der Kaiser die katholischen Kurfürsten, direkt beteiligt werden wollte aber niemand. Die Reichsstände warteten ab, und der Krieg ging weiter. Banérs Armee hatte die Delegationen im Juli zum Ortswechsel vom böhmischen Leitmeritz ins sächsische Pirna gezwungen. Böhmen und die Erblande waren für die Schweden Feindesland, Sachsen nicht. Diese Konstellation verdeutlicht, wie kompliziert die Lage und wie dornig der Weg zu einem allgemeinen Frieden war. Graf Trauttmansdorff, der kaiserliche Prinzipalgesandte, zeigte sich darüber verstört, dass nicht nur schwedische, sondern auch sächsische Soldaten die Verhandlungen störten. Er brach die Gespräche jedoch nicht ab, was in Dresden als Zeichen des unbedingten kaiserlichen Friedenswunsches verstanden wurde. Auch in Pirna gab es allerdings die üblichen Probleme bei Friedensgesprächen ohne vorherigen Waffenstillstand. Trauttmansdorff klagte über abgefangene kaiserliche Kuriere und fragte, wie der sächsische Kurfürst als Lehensmann des böhmischen Königs gegen diesen Krieg führen könne, während die Friedensverhandlungen, bei denen ihm sehr viel zugestanden worden sei, Fortschritte gemacht hätten.[1]

Der Kurfürst hatte separate Friedensgespräche ursprünglich abgelehnt. Seine Unterhändler betonten deshalb, Sachsen suche den Frieden, sodass «keine Flamme des Kriegs übrigbleibe».[2] Der Kaiser wollte jedoch mit dem Kurfürsten lediglich einen deutschen Frieden aushandeln, der dann allen kriegführenden Parteien aufgezwungen werden sollte. Das hieß, dass jedes Ergebnis letztlich auch ein Kriegsbündnis sein musste, um den bilateralen Absprachen den nötigen Nachdruck zu verleihen. Über den katholischen Glauben in den Erblanden oder den Verbleib der Oberpfalz bei

Bayern wäre wohl mit den Reichsständen und den fremden Mächten ein
Vergleich möglich gewesen. Ferdinand II. wollte aber mit ihnen nicht
verhandeln. Schweden und etliche protestantische Stände kämpften des-
wegen weiter für die deutsche Freiheit. Sie verstanden darunter die freie
Ausübung des evangelischen Glaubens, die Verfügung über das mediate
Kirchengut und das Mitregiment im Reichs-Staat.

Bei den allgemeinen Friedensbedingungen, Kirchlichem, Justizwesen,
Militärischem, Sicherheitsgarantien, machte Sachsen Zugeständnisse. Dafür kamen die Kaiserlichen dem Kurfürsten bei dessen speziellen Forderungen weit entgegen. Er durfte die Lausitzen als böhmische Lehen ebenso
annektieren wie vier Ämter des Erzbistums Magdeburg. Sein Sohn August
wurde dort als Administrator auf Lebzeiten bestätigt.[3] Selbst bei den heiklen Themen Restitution und Amnestie zeigte sich Ferdinand II. flexibel.
Seine Zugeständnisse bezogen sich aber nur auf Veränderungen, die nach
der Landung Gustav Adolfs erfolgt waren, nicht auf Böhmen, die Kurpfalz
oder Hessen-Kassel. Die verfassungspolitischen Vorschläge Kursachsens
wie die paritätische Besetzung der Reichsgerichte wurden vertagt.

Strittig blieb der Umgang mit dem Restitutionsedikt und den Protestanten in Böhmen. Hier endete die kaiserliche Kompromissbereitschaft.
Während der Kurfürst das Kirchengut gemäß dem Besitz im Jahr 1612 zu-
ordnen und auch den geistlichen Fürsten das Reformationsrecht zubilligen
wollte, betonte Ferdinand II. im Konsens mit den katholischen Kurfürsten
die Rechte der alten Kirche und verwarf die Idee der Glaubensfreiheit.
Über mögliche Kompromisse stritten die Beichtväter am Kaiserhof. Kurmainz und Kurköln forderten, einen Reichstag über das Verhandlungsergebnis entscheiden zu lassen, und informierten Papst Urban VIII. Dieser
erklärte, außer ihm sei niemand zu Konzessionen an die Protestanten befugt, und er werde niemanden dazu bevollmächtigen. Immerhin gestand
der Kaiser zu, dass evangelische Inhaber die Kirchengüter weitere 40 Jahre
behalten durften, die sie nach dem Mühlhäuser Kurfürstentag am 12. November 1627 besessen hatten. Das Restitutionsedikt wurde ausgesetzt, um
in Ruhe über eine endgültige Regelung zu verhandeln.[4]

Diese Normaljahresregelung war eigentlich nicht neu. Der Religionsfriede hatte den Besitz des Kirchengutes an den Status quo bei Abschluss
des Passauer Vertrages 1552 gekoppelt. Ansonsten übernahmen die Pirnaer
Noteln wichtige Bestimmungen des Edikts; die Bistumsadministratoren
erhielten keinen Sitz auf dem Reichstag, außer in Teilen Schlesiens galt in

den Erblanden das *ius reformandi* weiter, und der Religionsfrieden bezog sich nur auf die unveränderte Augsburger Konfession. Der Prager Frieden schloss die reformierten Stände aus. Sie sollten sich erst dem Kaiser unterwerfen, bevor sie amnestiert werden konnten. Schweden und Frankreich erhielten eine Beitrittsoption, falls sie auf territoriale Ansprüche verzichteten und ihre Armeen aus Deutschland zurückzogen.

Da davon auszugehen war, dass die fremden Mächte wie auch etliche Reichsstände diesen Bedingungen nicht zustimmen würden, trafen die Delegierten Vorsorge für den Fall der Ablehnung. Der Frieden sollte notfalls mit Gewalt durchgesetzt und das Reich hinter dem Kaiser geeint werden. Jeder Reichsstand musste sich mit seiner Unterschrift unter den Friedensvertrag zu einer Reichssteuer von 80 Römermonaten verpflichten, um die einheitliche, auf Kaiser und Reich zu vereidigende Armee zu finanzieren. Nur dem Kurfürsten von Sachsen wurde ein eigenes Korps zugestanden. Dieser Angriff auf die deutsche Libertät erschien dadurch noch bedenklicher, dass die reichsständische Kontrolle durch ein Bündnisverbot ausgehebelt wurde. Davon wurden lediglich der Kurfürstenverein und die vom Kaiser bestätigten alten Erbeinungen ausgenommen.[5]

Die sogenannten Pirnaer Noteln vom 24. November 1634 entwarfen eine im monarchischen bzw. monarchisch-oligarchischen Sinn veränderte Reichsverfassung. Die willigen Reichsstände sollten die unwilligen zum Frieden zwingen. Die Übereinkunft war nicht verfassungskonform zustande gekommen und formulierte nur eine Friedensoption. Dies musste auch den Beteiligten klar gewesen sein. Die Darmstädter Delegierten informierten Ende Dezember den schlecht besuchten Bundestag in Worms über die Pirnaer Verhandlungen. Sie behaupteten fälschlich, dass künftig die drei Konfessionen reichsrechtlich anerkannt und alle Stände in den Frieden eingeschlossen seien.[6] Ob dies unwissentlich oder absichtlich geschah, ist nicht bekannt. Die meisten Bundesstände versuchten jedenfalls daraufhin, Anschluss an die von Kursachsen und Hessen-Darmstadt geführte Friedenspartei zu gewinnen. Oxenstierna löste den Bundesrat auf und brachte sich und seine Regierung in Mainz in Sicherheit.[7] Der Konvent wurde vertagt, um im Januar endgültig über die Friedensartikel zu befinden.

Kurz vor dem Ende der Pirnaer Gespräche gewährten die kaiserlichen Delegierten einen kleinen Einblick in die angespannte Atmosphäre. Nach einem Essen gaben sie eine offiziöse Erklärung zum Lebenswandel Ferdinands II. ab. Für eine gute Stimmung hätten sie Tokajerwein, die Sachsen gutes Bier ausgeschenkt.[8] Nun müssten sie aber das Gerücht dementieren, der Kaiser sei überaus trinkfreudig und habe sich in seiner Ehe nicht immer korrekt verhalten. Zwar sei er bei einem Besuch in Dresden trunken gewesen, doch er habe nur dem Kurfürsten die Waage gehalten. Dieser Rausch sei sein erster und letzter gewesen. Er habe nie geflucht und nie eine andere Frau als seine Gemahlin berührt. Dies gelte auch für seinen Sohn Ferdinand III.[9] Das kursächsische Protokoll des Dr. Fabricius dokumentierte die Äußerungen. Was aber bedeutete diese Notiz für Johann Georg, der in der zeitgenössischen Korrespondenz hin und wieder als Bierjörg firmierte? Der Kurfürst war ein korpulenter Vertreter des trinkfreudigen deutschen Fürstenstandes. Wie stand es um seine Ehre? Den kaiserlichen Gesandten war es wichtig, Ferdinand II. vom Makel der Trunkenheit zu befreien, die kurfürstlichen wussten wohl um die Aussichtslosigkeit eines solchen Unterfangens.

Der Frieden sollte im Januar 1635 unterzeichnet werden. Die abschließende Konferenz wurde von Aussig nach Prag verlegt und begann erst im April. Die kaiserliche Delegation verlangte etliche Änderungen gegenüber den Pirnaer Noteln, denn die militärische Lage hatte sich zu ihren Gunsten geändert, und die katholischen Stände verlangten Verbesserungen. Der Kölner Erzbischof äußerte sogar, Deutschland würde noch in Finsternis und Unglauben verharren, wenn sich seine Vorgänger ebenso ängstlich verhalten hätten wie der jetzige Kaiser.[10] Der Augsburger Bischof hielt den Frieden für unnötig, denn danach hätten die Katholiken «einen üblen Krieg zu ihrem endlichen Untergang geführt». Werde der Krieg jedoch zielstrebig weitergeführt, könne man dem Gegner «rechtmäßige leges und conditiones vorschreiben».[11] Ein bayerisches Gutachten bat, in der Glaubensfrage Verbesserungen auszuhandeln, wollte sich aber Ferdinand II. anschließen, damit katholische und evangelische Stände gemeinsam gegen alle Reichsfeinde vorgehen könnten.[12] Selbst in Wien keimten Bedenken. Eine Denkschrift betonte, dass auch ein von Gott angeordneter Krieg nicht immer von den Israeliten gewonnen worden sei. Da jedoch der Ausgang allein Gott bekannt sei, «so muss von diesem Krieg menschlicher Vernunft nach diskutiert und geredet werden».[13] Kardinal Dietrichstein berief einen Theologenkonvent, der Lamormaini und die Jesuiten überstimmte, die sich gegen das Prager Abkommen wandten. Der gottgewollte Krieg musste mit einem irdischen Frieden beendet werden.

Auch die Protestanten mussten sich entscheiden. Oxenstierna drohte auf dem zweiten Wormser Tag des nur noch als Torso und durch die Armee Herzog Bernhards vorhandenen Heilbronner Bundes, Oberdeutschland sich selbst zu überlassen, um den Norden des Reiches zu stabilisieren. Dort gerieten die Dinge ebenfalls in Bewegung. Die Stimmung kippte in Deutschland; zu offensichtlich ging es der schwedischen Führung nur noch um die eigene Macht. Der nicht immer geschickt operierende Oxenstierna konnte Gustav Adolf nicht ersetzen. Die Präsenz des Königs hatte oft genügt, um die Entscheidungsträger und das Volk auf seine Seite zu ziehen. Dies gelang dem Reichskanzler nicht mehr, als ein gegen Schweden gerichteter Frieden immer näher rückte. Die Bundesstände kannten freilich nicht einmal den genauen Wortlaut der Pirnaer Noteln. Sie wollten abwarten und sich alle Optionen offenhalten.

Der Friedenswunsch war übermächtig. Wieder war es Sebastian Dadler, der dies auf einer Medaille treffend zum Ausdruck brachte. Die siamesischen Zwillinge Krieg und Frieden kämpfen hier miteinander, werden aber von zwei Engeln mit einem Kranz und einem Flammenschwert behindert. Die Umschrift nennt Deutschland mit sich selbst uneins. Der Text auf der Rückseite erklärt, dass Gott aus Mitleid den Frieden geben und den Krieg vertreiben werde.[14] Für Dadler und seine kursächsischen Auftraggeber blieben Krieg und Frieden Gottes Wille. Der Kurfürst war nur das Werkzeug.

Herzog Bernhard sah dies anders. Er forderte das absolute Kommando über die Bundesarmee. Der dann Mitte März geschlossene Vertrag sah vor, dass er das Oberkommando in Absprache mit dem Bundesrat führen und nur gemeinsam mit dem Bund Frieden schließen durfte.[15] Die politische Kontrolle stand auf dem Papier. Der Herzog verfügte mit der Armee über die Macht.[16]

Angesichts der offensichtlichen Schwierigkeiten der Protestanten und der unverhohlenen Kritik katholischer Kurfürsten und Fürsten erzwangen die Kaiserlichen bei den abschließenden Prager Beratungen Nachbesserungen der Pirnaer Noteln. Von einer Sicherung ihres Glaubens waren die Reformierten, von der angestrebten Parität die Protestanten und alle Reichsstände von dem, was unter deutscher Freiheit verstanden worden war, nach dem Wortlaut des Prager Friedens meilenweit entfernt.[17] Laut Präambel wurde ein christlicher, allgemeiner, ehrbarer, billiger und sicherer Friede im Reich aufgerichtet, die «Blutstürzung» beendet und das «geliebte

Die siamesischen Zwillinge Krieg und Frieden werden von Engeln am Kampf gehindert. Deutschland ist mit sich selbst uneins, doch Gott wird, so die Schrift auf der Rückseite, aus Mitleid den Krieg vertreiben.

Vaterland der hochedlen Teutschen Nation» vor dem Untergang gerettet. Da während des Krieges kein Reichstag möglich gewesen sei, habe der Kaiser mit dem Kurfürsten von Sachsen als einer Säule des Reiches verhandelt. Von der Amnestie, die nur für das Geschehen nach 1630 galt, nahm der Friedensvertrag ausdrücklich die böhmische und die pfälzische Angelegenheit sowie zahlreiche weitere Stände und deren Güter aus. Eine Anlage nannte die nichtamnestierten Stände. Ihnen wurde vorgeworfen, die kaiserlichen Dienste ohne Erlaubnis verlassen, gegen den Kaiser in der wallensteinschen Sache gehandelt oder sich generell feindselig verhalten zu haben. Dies betraf alle Mitglieder des Heilbronner Bundesrates, die Grafen von Löwenstein, Hohenlohe, Ysenburg-Büdingen und Erbach, den Herzog von Württemberg sowie Markgraf Friedrich von Baden-Durlach. Darüber hinaus sollten sich die reformierten Grafen von Öttingen, ein Graf von Eberstein, die Grafen von Nassau-Saarbrücken, Hanau-Münzenberg, Hanau-Lichtenberg und Wied sowie Landgraf Wilhelm V. von Hessen vor ihrer Aufnahme in den Frieden mit dem Kaiser aussöhnen.[18] Er allein entschied über die Amnestieverfahren.

Ferdinand II. wollte die reformierten Reichsstände ausschalten, die sich «gar zu Vasallen der Cron Schweden und Frankreich gemacht» und «das Reich ihr Vaterland der werten deutschen Nation [...] fast in eine überzwungene Provinz» der «fremden, ausländischen Nationen» überführt hätten.[19] Ohne diese renitenten Calvinisten würden sich Eintracht und Einigkeit, so das Wiener Kalkül, in einem vom Kaiser wirklich regierten Reich mit loyalen lutherischen Restpositionen quasi von selbst einstellen. Der Kaiser schloss allerdings auch lutherische Fürsten wie den Herzog von Württemberg aus. Eberhard III. erfuhr davon im Straßburger Exil. Er büßte als Preis der Aussöhnung große Teile seines Landes ein, die Vertrauten des Kaisers wie den Grafen Schlick und Trauttmansdorff übergeben wurden.

Die in Prag beschlossene Vereinigung aller reichsständischen Armeen zum «der Römischen Kaiserlichen Majestät und des Heiligen Römischen Reichs Kriegsheer» war auch verfassungsrechtlich Neuland. Daran änderte nichts, dass 20 000 der 80 000 Soldaten dem Generalkommando Kurfürst Johann Georgs bzw. einem evangelischen General unterstellt wurden.[20] In den Nachverhandlungen erhielt Maximilian von Bayern das Kommando über einen Teil der katholischen Truppen.[21] Während der Prager Frieden die nationale Einigung und Einheit anstrebte, setzte sich bei der Aufteilung der Reichsarmee das konfessionelle Lagerdenken durch. Das neu formierte Heer sollte unter Ferdinand III. alle zur Räson bringen, die sich dem Frieden verweigerten. Ein solches Gewaltmonopol bildete die Basis monarchischer Herrschaft, die im Mehrebenensystem des Reichs-Staates keine Tradition besaß und zum Ausgangspunkt aller gegen den Frieden gerichteten Aktivitäten wurde. Richelieu, der nicht gegen katholische Interessen handeln wollte, konnte die Schweden und die evangelischen Reichsstände nun unterstützen, da sie wie Frankreich die monarchische Stellung des Kaisers als Voraussetzung einer spanisch-habsburgischen Universalmonarchie bekämpften.[22]

Die Aufgabenverteilung nach dem Friedensschluss sah vor, dass Ferdinand III. mit dem Haupttheer die Rheinlinie sichern und der Kurfürst von Sachsen die Schweden zurückdrängen solle. Mit den ihnen abverlangten Unterschriften bewilligten die Reichsstände, auch die Reichsritter und Hansestädte, nunmehr 120 Römermonate. Das Bündnisverbot hob den Heilbronner Bund und die Liga auf. Dies und die exorbitante Reichssteuer machten die Reichsstände faktisch zu Untertanen des Kaisers, der Wallensteins Ermattungskrieg mit politischen Mitteln fortsetzte. Die Prager Verbindung von Friedensoption, kaiserlicher Reichsarmee, Bündnisverbot, Ausschaltung der Calvinisten, katholischer Deutung des Religionsfriedens und nationaler Rhetorik ging zu Lasten der deutschen Freiheit. Die Partizipationsmöglichkeiten der Reichsstände wurden erheblich beschränkt.

Den komplementären Reichs-Staat, wie er sich seit 1495 entwickelt hatte,[23] gab es nach dem Prager Frieden nicht mehr, denn dieser war eine Übereinkunft zur Fortführung des Krieges bis zum Sieg des Kaisers. Ferdinand II. hatte nach Bayern auch Sachsen mit großen territorialen Zugeständnissen auf seine Seite gezogen. Die Koalition der Mächtigen übte den Druck aus, der die Mindermächtigen so sehr ängstigte, dass sie den Friedensvertrag ratifizierten, ohne die Nebenabsprachen überhaupt zu kennen. Selbst die gut gerüsteten, den kaiserlich-kursächsischen Friedensschalmaien gegenüber skeptischen, zudem lange mit Schweden verbündeten Herzöge Wilhelm IV. von Sachsen-Weimar und Georg von Braunschweig-Lüneburg schwenkten erstaunlich schnell auf den neuen Kurs ein. Sie hatten zwar wie Landgraf Wilhelm V. von Hessen-Kassel Nachbesserungen der Pirnaer Artikel verlangt und, falls der Kaiser dies nicht zugestehe, damit gedroht, eine dritte Partei zu bilden, verzichteten dann aber auf ihr geplantes Militärbündnis.[24] Herzog Wilhelm IV. zog seine fünf Regimenter aus dem Eichsfeld ab und unterstellte sie Kurfürst Johann Georg. Die meisten nicht amnestierten Reichsstände schlossen Frieden mit dem Kaiser. Lediglich Landgraf Wilhelm V. und Herzog Bernhard von Weimar verharrten im antikaiserlichen Lager; sie konnten durch diesen Frieden nichts gewinnen.

1635 war noch unklar, für wen die Armee Bernhards künftig ins Feld ziehen werde. Richelieus Gesandter, der Marquis de Feuquières, sollte den störrischen Herzog und sein Heer unter französische Kontrolle bringen. Der König bot ihm als Ersatz für das verlorene fränkische Herzogtum ein Fürstentum im Elsass und die Finanzierung einer Armee von 12 000 Mann an. Der Herzog spielte auf Zeit, sodass Ludwig XIII. schließlich 400 000 Livres jährlich offerierte. Dafür verpflichtete sich Bernhard, eine Armee von 12 000 Fußsoldaten und 6000 Reitern samt der Artillerie aufzustellen und zu unterhalten. Er wurde zum Führer der Truppen des Heilbronner Bundes ernannt,[25] sollte diese jedoch nach Anweisungen des französischen Königs dirigieren. Bernhard erhielt eine persönliche Jahresgage von 200 000 Livres. Das ihm versprochene Fürstentum im Elsass sollte er mit allen Rechten regieren, die das Haus Österreich dort bisher besessen habe. Bevollmächtigte beider Seiten unterzeichneten den Vertrag am 27. Oktober 1635 in Saint-Germain-en-Laye.[26]

Für Bernhard, dessen Armee in Burgund, Lothringen und im deutsch-französischen Grenzraum operierte, waren damit die Weichen zur Eroberung eines eigenen Fürstentums gestellt. Mit der Übereinkunft, dass es kein französisches Lehen sei und auch nicht unter französischer Aufsicht stehen werde, hatte sich Bernhard durchgesetzt. Dies erlaubte dem Herzog die Illusion, den Oberrhein nicht für Frankreich, sondern als Reichsfürst unter seine Kontrolle zu bringen. Angewiesen blieb er aber so oder so auf den mächtigen Nachbarn. Wenn er sich ein Reichsfürstentum auf Kosten Österreichs schuf, benötigte er über einen Friedensvertrag hinaus einen Patron. Dafür kam nur der französische König in Frage. Für Ludwig XIII. bedeutete es keinen Unterschied, ob sich Bernhard als Vasall oder Reichsfürst die Habsburger zum unversöhnlichen Feind machte.

Mit seinen Aktionen band der Herzog die kaiserlichen Verbände am Oberrhein. Vereinnahmen ließ er sich von Frankreich nicht. Er führte Krieg gegen das Haus Habsburg, um sein Fürstentum und um die Gelder zur Besoldung seiner Soldaten. Die französischen Subsidien deckten allenfalls ein Drittel der Kosten seiner Armee, die auf 18 000 Soldaten anwuchs.[27] Ende 1635 hatte Frankreich im Südwesten die Hegemonie zwar noch nicht gewonnen, doch mit Bernhards Hilfe den schwedischen Rivalen abgedrängt. Der Herzog kämpfte im Großraum Pfalz, Burgund und Elsass gegen kaiserlich-spanische und lothringische Verbände. Er lernte, seine Armee verantwortlich zu führen. Das, was ihn bei Lützen ausgezeichnet hatte und ihm bei Nördlingen zum Verhängnis geworden war, die Attacke um nahezu jeden Preis, wich einer besonnenen Kampfführung und einem strategisch ausgefeilten Einsatz der Waffengattungen.[28]

Der Prager Frieden war für die auf ihre Freiheit stolzen Reichsfürsten eine arge Zumutung, eine monarchische Provokation, zu der Johann Georg von Sachsen willig seine Hand gereicht hatte. Während die Kurfürsten und Landgraf Georg von Hessen-Darmstadt wenigstens über die Verhandlungen informiert worden waren, tappten die meisten Reichsfürsten lange im Dunkeln. Sie beargwöhnten ohnehin den Vorrang der Kurfürsten und mussten nun feststellen, dass es für viele von ihnen ohne Aussöhnung mit dem Kaiser, also Unterwerfung und Bitte um Gnade, keinen Frieden gab. Überdies verprellten sie mit ihrer Ratifikation des Friedensvertrages ihren Bündnispartner Schweden. Dies hatte Kursachsen akzeptiert, weil Ferdinand II. einen Universalfrieden unter Einbeziehung aller kriegführenden Mächte kategorisch ablehnte.

Verglichen mit den Friedenskonzepten, die noch im Frühsommer 1634 beispielsweise die Wetterauer Grafen ausgearbeitet hatten, war der Prager

Frieden eine herbe Enttäuschung. Jene hatten die Vorrechte des Kaisers
beschränken, das Restitutionsedikt und den geistlichen Vorbehalt aufheben, den Einfluss des Papstes und der Jesuiten auf die Reichspolitik
unterbinden und die paritätische Besetzung der Reichsgerichte erzwingen
wollen.[29] Als die Karten endlich auf dem Tisch lagen, war das Entsetzen
groß.

Selbst Herzog Johann Philipp von Sachsen-Altenburg übermannten
größte Skrupel. Seine Räte forderten auf Anfrage Kurfürst Johann Georgs,
es dürfe niemand, der mit Kursachsen gekämpft habe, ausgeschlossen werden, und die schwedischen Interessen müssten ebenfalls berücksichtigt werden, um nicht das Blut des Königs mit Undank zu belohnen.[30] Der Herzog
erkundigte sich bei dem offiziell noch in schwedischen Diensten stehenden
Wilhelm IV. von Sachsen-Weimar, ob dieser Friede als christlich und billig
angenommen werden könne. Die Weimarer Räte argumentierten angesichts
des Frontenwechsels ihres Herzogs realistisch, ein «magerer» Friede sei besser als ein «fetter» Krieg. Der Prager Friede verstoße weder gegen Gottes
Wort noch gegen die Reichsverfassung. Die Bedenken des Altenburger
Herzogs wurden mit dem allgemeinen Argument übergangen, dass der Kai-
ser zu keinen größeren Zugeständnissen habe gezwungen werden können.
Sachsen-Altenburg ratifizierte den Friedensvertrag.[31] Die Angst vor den im
Land lagernden sächsischen und den nicht weit entfernten kaiserlichen
Truppen überwand alle Bedenken.

Aus kaiserlich-kursächsischer Sicht erfüllte der Frieden alle Kriterien
für ein hinter dem Kaiser geeintes Reich, das die Schweden und Franzosen
verdrängen könne. Der Wunsch nach Frieden und Einigkeit ließ fast alle
Reichsstände den komplexen Vertrag ratifizieren, obwohl sie an dessen
Zustandekommen nicht beteiligt gewesen waren. Dennoch blieben Zweifel bestehen, die sich darin zeigten, dass etliche armierte protestantische
Fürsten ihre Soldaten nicht entließen oder dem Kaiser bzw. Kurfürst
Johann Georg unterstellten.[32] Sie bemängelten die spürbar gestärkte kaiserliche Stellung und die Religionsbestimmungen, die das Restitutionsedikt nur für 40 Jahre aussetzten. Da es keinen Waffenstillstand gab, fehlte
zudem ein klarer Bruch mit dem Krieg. Die meinungsbildenden Schriften
betonten die nationale Komponente, interpretierten den Frieden jedoch
entlang der konfessionellen Fronten. Ihr Verweis auf die Freiheit der Nation einte nicht, sondern spaltete; der Topos meinte aus kaiserlich-sächsi-
scher Sicht ein von den Fremden zu befreiendes, monarchisch-oligarchisch

regiertes Reich. Viele Protestanten verstanden darunter jedoch politische Partizipationsrechte und den ungehinderten Besitz des Kirchengutes.

Nationale Begeisterung

In den Ratifikationsurkunden überboten sich die nationalen Floskeln: Das «geliebte Vaterland der hochedlen Teutschen Nation», die «Lieb und Treu des Vaterlandes», «die werte Teutsche Nation», «treulich, Teutsch und aufrecht». Das Reich sollte vom «fremden Dominat und ausländischen Potentaten und Nationen» befreit, der Frieden zum «Band der Teutschen Einigkeit» werden.[33] Das Flugblatt *Des H. Römischen Reichs von GOTT eingesegnete Friedens-Copulation* zeigt Kaiser und Kurfürst, die sich mit der in der Mitte thronenden «*Res publica Romana*» die Hände reichen. In deren Schoß sitzt die Verkörperung des Friedens, Gott gibt aus den Wolken seinen Segen. Im zugehörigen Gedicht werden der Kaiser und das Haus Sachsen als Stützen des Reiches glorifiziert. Falls Gott den Frieden einsegne, werde denen nichts fehlen, «die durchs ReichsMutter-Herz in Eintracht sein vermählt».[34] Hinweise auf die deutsche Freiheit oder die Gewissensfreiheit fehlen. Beides forderten diejenigen, die dem Frieden reserviert gegenüberstanden. 1636 titelte Anastasius Philadelphus: *Ein güldener Discurs. Von der Freyheit des Gewissens und Glaubens …*[35]

Die Publizisten erinnerten auch an das Recht der Deutschen, jederzeit Kriegsdienst nehmen zu dürfen, während der Kaiser die in fremden Armeen kämpfenden deutschen Offiziere und Soldaten, «die noch ihr Vaterland der deutschen Nation lieb hätten», aufforderte, ihren Dienst zu quittieren.[36] 1636 erschien unter dem Pseudonym «Salomon Heerman von Teutschen Brodt» die Flugschrift *Deutscher freyer Soldat*, die den Kriegsdienst gegen das Vaterland und die Gefahren für die Freiheit thematisierte. Sie forderte Einigkeit, denn ansonsten erhielten die Ausländer die Gelegenheit, «die Hoheit des Kaysertums von Teutscher Nation wegzubringen, den Teutschen Gesetze und Ordnungen vorzuschreiben, die freien Teutschen unter das schmähliche Joch der Dienstbarkeit zu bringen, die freien Handlungen in ihre Gewalt zu nehmen, Wasser und Land ihres Gefallens mit unerträglichen Zöllen und Imposten zu belegen und sich dessen eigenes willen zu unterziehen, wessen bisher einiger Römischer Kaiser sich gegen den freien Teutschen niemals unterfangen hat».[37] Das alte Recht der Deutschen auf fremde Kriegsdienste müsse zurückstehen, wenn fremde Mächte das Vater-

Kaiser Ferdinand II. und Kurfürst Johann Georg reichen sich die Hände; sie bringen dem Reich 1635 den Frieden. Gott gibt aus den Wolken seinen Segen.

land unterwerfen wollten. Die nationale Aufwallung übertönte die eigentlichen Vertragsinhalte.

Ferdinand II. schien am Ende seines Lebens begriffen zu haben, dass das Reich mit konfessionellen Maximalpositionen nicht zu befrieden war. Von Reichsabsolutismus[38] konnte zwar keine Rede sein, aber der Kaiser hatte doch Bedingungen durchgesetzt, die das Konzept eines Vergleichsfriedens sprengten. Statt mit den Kritikern zu verhandeln, erklärten er und der Kurfürst diese zu Feinden des Reichs. Sie vertrauten darauf, dass sich der auf eine neue verfassungsrechtliche Grundlage gestellte Reichs-Staat durch eine erfolgreiche Kriegführung stabilisieren werde. Der Verzicht auf eine Generalamnestie grenzte freilich zu viele Stände aus. Kurfürst Johann Georg forderte den Kaiser mehrmals vergeblich auf, wenigstens in diesem Punkt einzulenken. Ferdinand II. blieb stur, weil seine Gegner zum Ruin des Vaterlandes beigetragen hätten.[39]

In der Publizistik dominierte der Streit. Die Katholiken beklagten die Aussetzung des Restitutionsedikts, die Protestanten die fehlende Glaubensfreiheit in Böhmen und den Erblanden sowie den Ausschluss der Reformierten. Die Auswirkungen auf das Vaterland und die Reichsverfassung wurden kontrovers diskutiert. Beide Parteien beriefen sich auf die deutsche Freiheit, die Befürworter des Prager Friedens, um den Kampf gegen das «ausländische Dominat» zu begründen, die Kritiker, um ihr Mitregiment im Reichs-Staat einzuklagen. Letztere geißelten die Form des Aushandelns, die unvollständige Amnestie und die hohen Steuern. Sie sahen eine neue Abhängigkeit von einem machtbesessenen Kaiser und bekämpften das «prätendierte *dominatum absolutum*».[40] Ihres Erachtens widersprach dieser Frieden der politischen Kultur des Reiches. Sein einziger Zweck sei, «die Hoheit des Hauses Österreich zu befördern / ihm das Kaisertum / samt beiden Kronen Ungarn und Böhmen eigentümlich / und erblich zu machen [...] und endlich die so lang im Werk gewesene spanische Monarchie anzurichten».[41]

Diese verfassungsrechtliche Kritik ist umso erstaunlicher, als die meisten Texte gegen fremde Armeen, Sitten und Gebräuche, Moden und Wörter wetterten. Sie machten insbesondere die Übernahme der französischen Sprache und Mode für das Verderben und den allgemeinen Sittenverfall verantwortlich, den sie als Vorstufe fremder Beherrschung deuteten.[42] Ihre mit der deutschen Freiheit verbundenen Hoffnungen hatten nicht den Ausbau der kaiserlichen Stellung im Sinn, sondern waren Ausdruck der Antikriegsstimmung. Die Nation benötige die Rückbesinnung auf die eigenen kulturellen Werte, um zu Einigkeit und Recht, Freiheit und Frieden jenseits des Glaubensstreites und des Mächtegerangels zu finden.

Die Dichter stilisierten den «teutschen Michel» unter anderem zum Streiter für die deutsche Sache.[43] Gegen alle Sprachverderber wetterte er 1642: «Ich teutscher Michel / versteh schier nichel / In meinem Vaterland, es ist ein Schand».[44] Den Kampf gegen Wendehälse, die jede Mode übernähmen, illustriert ein Streitgespräch zwischen Ernst German von Teutschenheimb, «der sein altes Teutsches erbares Gemüht ungescheut eröffnet», und Wendelin Frantzmännlein, «welcher mit den Monden seine Kleidung / mit der Kleidung sein Gebärde / und mit dem Gebärde sein Gemüht / wendelt». Er passe sich jedem Wandel an, damit es ihm gut gehe; die missliche Lage des Vaterlandes interessiere ihn wenig.[45]

1629 hatte sich Johann Ellinger über den «Allmodischen Kleyder-Teuffel» lustig gemacht. Als alle Nationen für den türkischen Kaiser in ihrer Tracht gemalt werden sollten, sei der Deutsche nackt mit einem Ballen Stoff dargestellt worden. Der Künstler habe dies damit begründet, dass die Deutschen nicht bei ihren alten Gewändern blieben, sondern alle Nationen nachäfften und sich «bald so, bald anders» kleideten.[46] Daniel von Czepko band deswegen 1632 das Vaterland zukunftsträchtig an «Freiheit und Recht», betonte allerdings, es sei «uns aber nun und wir ihm unbekannt».[47]

«Deutsch» und «Freiheit» schienen neben der Sprache die verbindenden Eigenschaften zu sein, um ständische und konfessionelle, territoriale und emotionale Grenzen zu überbrücken. Justus Georg Schottels *Lamentatio Germaniae*, die Klage der sterbenden Germania vor ihren Kindern, dokumentierte einen Patriotismus, der nicht mehr Partei für eine Konfession, sondern für die Pluralität ergriff. Die Forderung nach «nationaler Versöhnung und Frieden» suchte einen Minimalkonsens, wurde aber von «Überfremdungsängsten» begleitet.[48] Die Bewohner des Reiches sollten erkennen, dass sie in erster Linie nicht Katholiken oder Protestanten, sondern Deutsche waren, deren Vorfahren lieber den Tod als die Knechtschaft ertragen hätten.[49] Diese Autoren machten nicht die Fremden, sondern die Deutschen selbst für die Misere verantwortlich.

Die kursächsische Regierung bemühte sich redlich gegenzusteuern. Sie strich die großen Verdienste Johann Georgs und der Unterhändler heraus. Der Heerprediger M. Caspar Volgnad stellte den Kurfürsten in eine Reihe mit Moritz von Sachsen und Gustav II. Adolf, «denn Gott habe diese drei Helden auserwählt, um seine Kirche vor des Papstes Gräueln und die deutsche Libertät von vorgehabter tyrannischer Unterdrückung» zu retten.[50] An Moritz haftete freilich der Makel des Verrats, und Gustav Adolf war Schwede. Das beste Argument für den Prager Frieden blieb daher: «Es ist besser ein schlechter und magerer, doch gewisser Vertrag als ein reicher, aber ungewisser Sieg.»[51]

Die vermutlich von Dr. David Döring, einem der sächsischen Delegierten in Prag, verfasste Broschüre *Vindicae Pacificationis Pragensis oder Rettung des [...] aufgerichteten Friedens* verwies auf die militärische Schwäche der Protestanten. Als Dank für seine Verdienste um den Frieden werde der Kurfürst nun beleidigt.[52] Der kursächsische Hauptdelegierte Abraham von Sebottendorf sah das genauso. Gegen den Frieden werde in der Armee, unter den Pfarrern und am Hof agitiert. Die Mehrheit halte zum Feind und beschimpfe den Kaiser und seine Anhänger.[53] Die lutherischen Pfarrer in Sachsen beschuldigten ihren Kurfürsten, er habe die Schweden, die ihr Blut für die evangelische Sache vergossen hätten, und die Glaubensbrüder in Böhmen im Stich gelassen. Der Friede mit dem Kaiser als Parteigänger des Papstes widersprach den Grundüberzeugungen aller, die in Gustav Adolf ein Werkzeug Gottes gegen den Antichristen gesehen hatten. Flugschriften warfen den Unterhändlern und selbst dem Kurfürsten vor, von den Spaniern bestochen worden zu sein.[54] Die kursächsische Regierung griff zur Androhung von Repressionen. Ein «Abmahnungs- u. Verwarnungs-Patent» verbot das frevelhafte Räsonieren und boshafte Kommentieren des Prager Friedens und der Delegierten, die ihn ausgehandelt hatten.[55] Die Regierung wusste, wie sehr diese Kritik schadete.

Joachim Gerdson ließ 1636 ein den Frieden bejahendes Gutachten der irenisch gestimmten Helmstädter Theologen mit einem geharnischten Kommentar drucken.[56] Er wandte sich gegen die Friedenseuphorie, die insbesondere die Lutheraner blind gemacht habe. Eingangs parallelisierte er den Prager Frieden mit dem Interim und schalt die evangelischen Fakultäten, die ihre Knie vor dem «Pragerischen Baal» gebeugt hatten. In seinem Kommentar fragte Gerdson, was geschehen werde, wenn alle Protestanten ihre Waffen niedergelegt hätten.[57] Seine Kritik betraf den Wortbruch gegenüber den Schweden und den Pakt mit dem Antichristen. Er zwinge die Protestanten, «mit den Papisten und Verfechtern des antichristischen Papsttums wider ihre wohlverdienten Glaubens- und Bundesgenossen offensive zu kriegen».[58] Sie lieferten sich dem Kaiser aus. Heiße es nicht Gott versuchen, wenn man alle Mittel zur Verteidigung aus der Hand gebe?[59]

Der zweite angegriffene Prager Unterhändler war der Darmstädter Kanzler Wolff von Todenwarth.[60] Er bat den Jenaer Theologen Johann Gerhard 1635 um Rat, ob ein evangelischer Reichsstand den Prager Frieden annehmen könne oder den Krieg fortsetzen müsse, bis auch für die Untertanen in Böhmen, Österreich und Mähren die Glaubensfreiheit zurückgewonnen worden sei. Gerhards Antwort erschien 1636 auf Deutsch und Latein.[61] Gott habe das deutsche Volk für seine Sünden mit dem Krieg bestraft und nun aus Not und Elend befreit. Jeder könne diesen Frieden annehmen. Der Einwand, er sei unchristlich, weil er die nachbarlichen Seelen dem «päpstischen Aberglauben» und der Gefahr ewiger Verdammnis überlasse, zeige nur die unsinnige Liebe zum Krieg. Es bleibe dem Kaiser überlassen, ob er seinen Untertanen «ein frei öffentliches Exercitium gestatte».

Wie Johann Gerhard verwiesen die lutherischen Autoren gebetsmühlenhaft auf die Gefahren für das Vaterland und die Notsituation des Krieges. Bogislaw von Chemnitz sprach hingegen Johann Georg von Sachsen jede reichspatriotische Gesinnung ab. Er habe mit dem Kaiser einen Frie-

den gegen die Freiheit des Reiches und die Interessen des Vaterlandes geschlossen.[62] Hatte der Kurfürst alle Bedenken über Bord geschmissen, um
die beiden Lausitzen Kursachsen angliedern zu dürfen?

Das Ende einer Illusion

Der Prager Frieden beendete den Krieg nicht. In Thüringen oder in der
Wetterau herrschten 1635/36 die Pest, eine Hungersnot und Gewalt. Die
apokalyptischen Reiter schienen losgelassen zu sein und das Ende der Welt
nahe. Die Vorräte waren aufgebraucht, jeder kämpfte ums Überleben. Ob
Besatzer oder Beschützer, alle Soldaten beeinträchtigten und drangsalierten die Bevölkerung. In dieser trostlosen Situation setzten die vom Frieden
ausgeschlossenen Stände ihre Hoffnung auf Frankreich. Der württember-
gische Kanzler verhandelte. Landgraf Wilhelm V. hatte bereits im Februar
1635 eine französische Pension akzeptiert. Nach dem Friedensschluss zeigte
sich das staatsmännische Geschick Richelieus. Die Erfolge der Kaiserlichen ließen Frankreich wieder enger mit Schweden zusammenarbeiten,
um den Kaiser vom Rhein fernzuhalten. Da die Schweden zu keiner
Offensive in der Lage waren, die Kaiserlichen aber schon im Januar 1635
Philippsburg erobert,[63] die Spanier am 26. März Trier besetzt und den Kurfürsten gefangen genommen hatten, musste Richelieu handeln.[64]

Die französische Kriegserklärung an Spanien vom Mai 1635 war wohl
unumgänglich, erfolgte aber trotz des zuvor geschlossenen Bündnisses mit
den Niederlanden und dem folgenden mit Savoyen überhastet. Richelieu
strebte keinen Eroberungskrieg an, er wollte lediglich die Zusammenarbeit
der beiden habsburgischen Machtblöcke stören.[65] Die Spanier vertrauten
auf den schlechten Zustand der französischen Armee und die Hilfe des
Kaisers, der den Franzosen nicht einfach Teile des Reiches überlassen
konnte. Frankreich sollte nun die Schrecken des Krieges spüren. Die Frie-
densfühler Philipps IV. stießen in den Niederlanden jedoch ins Leere.[66]
Ende Juni standen französische Truppen vor Brüssel: Diesmal überhörten
Kaiser Ferdinand II. und sein Sohn die spanischen Hilferufe nicht und
entsandten das Korps Piccolomini. Sie widersetzten sich jedoch allen Plänen eines sofortigen gemeinsamen Angriffs auf Frankreich.[67]

Auch Maximilian von Bayern forderte bei den Verhandlungen über die
militärische Strategie für das Jahr 1635 eine Offensive gegen Frankreich,
denn Ludwig XIII. strebe nach der Kaiserkrone und der Rheingrenze. Am

Ende aller Planspiele sollte die vereinigte Reichsarmee in vier Abteilungen offensiv vorgehen: Die kaiserliche Hauptarmee unter Gallas und die nicht zum Schutz des eigenen Landes benötigten bayerischen Verbände unter Karl von Lothringen, zusammen mehr als 50 000 Mann, sollten Frankreich und Bernhard von Weimar direkt angreifen, Piccolomini zusammen mit den Kölner Ligatruppen den Kasseler Landgrafen abdrängen und die kursächsische Armee die Schweden aus Deutschland vertreiben.[68] Die kaiserlich-bayerische Hauptarmee kämpfte 1635 am Oberrhein, im Elsass und in den habsburgischen Vorlanden. Im August ergab sich Frankfurt, Anfang September folgten Heidelberg und Mannheim. Richelieu sandte daraufhin 10 000 der in Lothringen stationierten Soldaten nach Deutschland, und Herzog Bernhard entlastete die von kaiserlichen Truppen eingeschlossene schwedische Garnison in Mainz.[69] Da die kaiserlichen Truppen inzwischen den Rhein beherrschten und Bernhards Armee nicht ewig in Mainz bleiben konnte, musste er durch die Pfälzer Mittelgebirge abziehen. Er verlor fast alle Geschütze, die vergraben oder versenkt wurden, damit sie dem Feind nicht in die Hände fielen. Gallas erbeutete dennoch 19 Kanonen, teilweise mit französischen Wappen. Geschütze seien ihm genügend in die Hände gefallen, schrieb er dem Kaiser, doch ihm fehlten die Pferde, um sie fortzubringen.[70]

Nachdem die scharenweise desertierenden französischen Soldaten nach Metz zurückgeführt worden waren, operierte seit Herbst 1635 nur noch Bernhard im linksrheinischen Reichsgebiet gegen überlegene kaiserlich-bayerische Verbände. Die Ligatruppen Gronsfelds überschritten den Rhein, um zusammen mit kaiserlichen Soldaten Lothringen von den französischen Besatzern zu befreien. Bei Moyenvic lagen sich die feindlichen Armeen vom 12. Oktober bis 23. November gegenüber. Gallas, der als Erster abzog, verlor 12 000 Mann, die Franzosen nicht weniger. Im Dezember kapitulierte die hungernde schwedische Besatzung von Mainz und durfte nach Metz abziehen.[71] Sie hatten die feindliche Armee lange genug blockiert. Dies war der Sinn des möglichst langen Ausharrens in den belagerten Festungen. Hanau, das weiter von dem Schotten James Ramsay gehalten wurde, war nun die letzte schwedische Bastion im Rhein-Main-Gebiet.

Die habsburgisch-bayerische Waffenbrüderschaft war unterdessen 1635 durch die Heirat Kurfürst Maximilians mit der ältesten Kaisertochter Maria Anna, seiner Nichte, neuerlich bekräftigt worden. Auch als fast 65-Jähriger hatte er die Hoffnung auf einen Erben nicht aufgegeben. Europa

spottete über diese Verbindung und deutete sie als Abkehr Bayerns von
Frankreich. Beides war voreilig. 1636 wurde der Kurprinz Ferdinand Maria,
zwei Jahre später Maximilian Philipp geboren,[72] und auf Absprachen mit
Frankreich verzichtete der Kurfürst vor allem dann nicht, wenn die Habsburger seinen Wünschen nicht entsprachen.

Während im Südwesten dem kaiserlichen Siegeszug Herzog Bernhard
und Frankreich im Wege standen, hing in der Mitte und im Norden die
Zukunft des Prager Friedens von der Einbindung Oxenstiernas und Landgraf Wilhelms V. ab. Die Braunschweiger Herzöge und der Kurfürst von
Brandenburg hatten im August die Seite gewechselt. Der wegen seiner
habsburgfreundlichen Politik in Berlin unter Druck geratene Graf Adam
von Schwarzenberg meldete am 30. Oktober 1635 den Vollzug der Friedens-
bestimmungen. Brandenburg habe seine Reitertruppen dem sächsischen
Kurfürsten unterstellt, die kaiserlichen Abberufungsmandate publiziert, dem
kaiserlich-sächsischen Kriegsvolk die Pässe geöffnet und Proviant geliefert.[73]

Der zum kaiserlichen Kommissar im ober- und niedersächsischen Kreis
ernannte Johann Georg vollstreckte die Wiener Politik, statt durch honorige
Zugeständnisse zu versuchen, Schweden einzubinden. Es gab keine Amnes-
tie- und Entschädigungsangebote, die diesen Namen verdient hätten – dies
auch dann nicht, als sich längst abzeichnete, dass die kursächsische Armee
nicht in der Lage war, die Schweden zum Abzug zu zwingen. Die reorganisierten schwedischen und die von Frankreich finanzierten Verbände Bernhards von Weimar bildeten für die evangelischen Reichsstände schon 1636
eine Rückversicherung gegen die Zumutungen des Prager Friedens.

Ferdinand II. überzog. Die Reichsstände wollten Frieden, aber nicht
seine Untertanen werden. Hätte Oxenstierna Angebote erhalten, die ihm
einen Rückzug ohne Gesichtsverlust ermöglichten, wäre Frieden denkbar
gewesen. Dann wären vielleicht sogar die «kaiserliche und des Reichs
Armee» sowie das Bündnisverbot akzeptiert worden. Diese Chance wurde
wieder einmal vertan. In weiser Voraussicht vereinbarten Schweden und
Frankreich im April in Compiègne, nur mit gegenseitiger Zustimmung
Frieden zu schließen. Richelieu hatte lange gezögert. Er musste das schwedische Heer mitfinanzieren, damit Oxenstierna nicht dem Prager Frieden
beitrat. Dieser benötigte französische Subsidien, lehnte es jedoch ab, als
«Degen» Frankreichs zu operieren, und ratifizierte den von ihm selbst vereinbarten Vertrag nicht. In dieser Situation versäumten es Ferdinand II.
und Kurfürst Johann Georg, ihm das Angebot zu unterbreiten, auf das er

wartete. Dem Reichskanzler blieb schließlich keine Wahl. Er verständigte sich am 30. März 1636 in Wismar mit Frankreich, gegen Subsidien für sechs Monate auf Verhandlungen mit dem Kaiser zu verzichten.[74] Auch dieser Vertrag wurde nicht ratifiziert.[75]

Im Winter 1635/36 ließen die Verbündeten Schweden reihenweise im Stich, und die meist deutschen Offiziere verhandelten ungeniert mit dem Feind. Der neue Oberkommandierende Johan Banér – Horn war in Gefangenschaft und Bernhard an die Seite Frankreichs gewechselt – zog seine Truppen aus Schlesien und Sachsen zurück, um neben Pommern Magdeburg und Mecklenburg zu behaupten. Er verfügte im Herbst über knapp 20 000 Soldaten, die zwischen Halle und Bernburg dem Druck von fast doppelt so starken sächsischen Kräften unter Wolf Heinrich von Baudissin, dem Nachfolger Arnims, standhalten wollten. Oxenstierna forderte trotz allem einen «durchgehenden, guten, heilsamen, sicheren und reputierlichen Frieden». Er glaubte die schwedische Ehre bedroht, ließ aber in Schönbeck an der Elbe weiterverhandeln, auch weil das eigene Offizierskorps kaum noch auf ihn hörte. Die kursächsisch-kaiserlichen Angebote blieben jedoch vage, und der kaiserliche Gesandte Graf Ferdinand Sigmund Kurz tat alles, um eine Einigung zu sabotieren. Die Gespräche scheiterten an einer Prestigefrage: Kaiser und Kurfürst forderten stereotyp den schwedischen Beitritt zum Prager Frieden vor weiteren Verhandlungen über finanzielle Entschädigungen.[76] Zudem gab es erhebliche Differenzen über die Höhe der Entschädigungen, die nach Ansicht Ferdinands II. die Protestanten alleine aufbringen sollten. Von der nationalen Solidarität, die er im Umfeld des Prager Friedens rhetorisch beschworen hatte, distanzierte er sich bei der ersten Bewährungsprobe. Auch von der deutschen Redlichkeit und dem gegenseitigen Vertrauen, das Kurfürst Johann Georg bei jeder Gelegenheit anführte, zeigte sich wenig. Da Brandenburg den Schweden bei deren wichtigstem Anliegen – dem Herzogtum Pommern – keinen Schritt entgegenkam, fühlte sich Oxenstierna hingehalten und setzte ganz auf die französische Karte.

Die gegen Schweden gerichtete nationale Aufladung bildete 1635 auch den Hintergrund zu einem bizarren Kommandounternehmen, bei dem Johan Banér aus seinem Hauptquartier Egeln entführt werden sollte, weil er nur den schwedischen Interessen, nicht der deutschen Freiheit und Wohlfahrt diene. Das Vorhaben wurde jedoch verraten.[77] Johannes Stalmann, der ehemalige Kanzler Magdeburgs und Halberstadts, sowie Jacob

Kappaun, der ebenfalls Gustav Adolf gedient hatte, waren die Drahtzieher
der geplanten Entführung und wurden nach Magdeburg zitiert. In seiner
Verteidigungsschrift verwies Stalmann auf formale und inhaltliche Fehler
der Vorladung; er und Kappaun seien nicht mehr in schwedischen Diensten und die Unterzeichner der Zitation keine Landesherren. Vor einem
unparteiischen Gericht wollten sie sich gerne verantworten.[78] Stalmann
starb noch im selben Jahr in den Erblanden. Die Episode verdeutlicht aber,
wie schnell die Schweden vom willkommenen Helfer der Protestanten
zum Feind der deutschen Nation geworden waren. Die nationale Rhetorik
hatte ihre Wirkung nicht verfehlt. Der Kaiser hatte mit einem Avocatorial-
mandat die deutschen Offiziere und Soldaten am 31. Juli 1635 aufgefordert,
ihre schwedischen Dienste zu quittieren. Widrigenfalls drohten schwere
Strafen und die Konfiskation der Güter.[79]

Kurfürst Johann Georg verhandelte am 18. September 1635 in Barby mit
einer Delegation dieser Offiziere. Schon die Gespräche erfüllten den Tatbestand der Meuterei. Möglich wurden sie, weil sich die schwedische
Macht in Deutschland aufzulösen schien und die Offiziere nach der Devise
handelten, rette sich, wer kann. Sie hatten nach der Niederlage bei Nördlingen viele der ihnen von den Schweden übertragenen Güter wieder verloren und waren Untertanen der Fürsten, die den Prager Frieden inzwischen ratifiziert hatten. Drei der vier Unterhändler gehörten überdies zur
Fruchtbringenden Gesellschaft. Dem Kurfürsten erklärten sie, nicht gegen
ihr Vaterland kämpfen zu wollen, aber ihre Pflichten gegenüber Schweden
und ihre Ehre beachten zu müssen, «welche jedem Teutschen Biedermann
lieber als sein Leben» sei. Ihre Bedenken seien «redlich, aufrecht und
deutsch gemeint». Johann Georg entgegnete, die Reichsverfassung verbiete
dem «deutschen Kriegsvolk», gegen das «Heilige Reich deutscher Nation»
zu kämpfen. Die Pflichten, «welche einem jeden in die Natur gepflanzet
und er daraus Ehr und Gewissens halber verbunden ist, [forderten] seines
eignen Vaterlands Hoheit, Wohlstand und Beruhigung allem andern, was
in der Welt sein mag, vorzuziehen».[80]

Neben den drei Fruchtbringern quittierten etliche andere Offiziere 1635
bzw. 1636 ihre schwedischen Dienste.[81] Die einfachen Soldaten folgten
ihnen allerdings nur zögerlich. Kolonel Claus Dietrich von Sperreuter
begleiteten beispielsweise nur 80 Reiter bei seinem Frontenwechsel. Der
große Rest blieb unter schwedischem Kommando – wohl nicht zuletzt
deshalb, weil General Knyphausen mit 15 000 Reichstalern erschienen

war.[82] Die patriotische Rhetorik verpuffte dort, wo sie von materiellen Vorteilen konterkariert wurde.

«Salomon Heerman von Teutschen Brodt» berichtet 1636 tagesaktuell über den Kriegsdienst gegen die eigene Nation. Der anonyme Autor erklärt die konfessionelle Solidarität als nachrangig gegenüber dem Frieden und der inneren Einheit des Vaterlandes. Uneinigkeit zwischen Katholiken und Protestanten nutzten die Fremden, um «die Hoheit des Kaisertums von Teutscher Nation wegzubringen, den Teutschen Gesetze und Ordnungen vorzuschreiben, die freien Teutschen unter das schmähliche Joch der Dienstbarkeit zu bringen [...] und sich dessen eigenen Willens zu unterziehen, wessen bisher einiger Römischer Kaiser sich gegen den freien Teutschen niemals unterfangen hat».[83]

Auch der *Teutsche Brutus* wies den Vorwurf der Undankbarkeit zurück. Die Schweden seien selbst schuld, wenn sich die Deutschen nicht für sie einsetzten, denn sie hätten mit den gewaltigen Zollsteigerungen an der Ostsee viele Menschen ins Unglück gestoßen und Städte wie Regensburg oder Augsburg ihrem Schicksal überlassen. Das Reich sei ausgezehrt und müsse die fremden Ärzte endlich loswerden. «Es ist wohl ein kluges Kriegskünstlein, den Feind in seinen eigenen Landen konsumieren, alles darinnen aufzehren, hinter sich lauter Aschenhaufen lassen, und dann über Meer weg.» Die Deutschen akzeptierten niemanden an der Spitze, der nicht von ihrer Sprache und ihrer Geburt sei. Gott strafe sie mit den Franzosen, weil sie deren Gewohnheiten und Sprache nachgeahmt hätten. Ein Franzose werde aber nie zum Kaiser gewählt.[84] Dies könne, so die Befürchtung des Autors, im Fall der Schweden anders sein. Auch ihnen dürfe niemand gegen das deutsche Vaterland beistehen, denn dies verlängere nur Elend, Hunger und Barbarei. Jeder, der den Schweden diene, versündige sich gegenüber seinen angeborenen Pflichten und werde von Gott dafür gestraft. Er kämpfe «wider Gott, wider die hohe Obrigkeit, wider ihr Gewissen, wider ihre Freiheit und wider ihr eigen und ihrer Kinder und Nachkommen bestes Handeln». Die Schweden wollten Deutschland nicht beschützen, sondern in ihre Dienstbarkeit bringen. Ihnen gehe es um die Region, nicht um die Religion.[85]

Der schwedischen Armee gelang jedoch am 22. Oktober 1635 ein Achtungserfolg. Der wenig beliebte sächsische Oberbefehlshaber Baudissin wollte dem abziehenden Banér nördlich der Elbe bei Dömitz den Weg verlegen. Das Manöver kostete ihn nicht nur 5000 Mann – etwa 700 Reiter

entkamen –,[86] sondern steigerte auch das Prestige Banérs und sicherte den
Schweden neuen Zulauf. Sie gewannen Werben und Magdeburg zurück.
Frankreich vermittelte im September den Waffenstillstand von Stuhms-
dorf zwischen Schweden und Polen.[87] Daraufhin konnten 10 000 Soldaten
unter Lennart Torstensson aus Preußen abgezogen werden, um die schwedische Deutschlandarmee zu verstärken.

Die Heeresreformen Banérs, der neue Aufstellungen und Kampftaktiken
der Infanterieregimenter erprobte, zahlten sich aus. Die Schweden kämpften
1636 an drei Fronten. Pommern musste verteidigt, in Westfalen mussten die
Hessen unterstützt und von Magdeburg aus der mit kaiserlichen Truppen
verstärkten kursächsischen Armee Widerstand geleistet werden. Letzteres
gelang nicht. Nach kurzer Belagerung ging am 13. Juli 1636 Magdeburg verloren, das nun wieder 2600 Einwohner zählte.

Im fernen Danzig schrieb der junge Schlesier Andreas Gryphius seine
«Tränen des Vaterlandes», das Sonett, das bis heute für die Leiden dieses
Krieges steht: «Wir sind doch nunmehr ganz, ja mehr den ganz verhee-
ret […] Dreimal sind schon sechs Jahr, als unser Ströme Flut, von Leichen
fast verstopft, sich langsam fort gedrungen, doch schweig ich noch von dem,
was ärger als der Tod, was grimmer denn die Pest, und Glut und Hungersnot, das auch der Seelen Schatz so vielen abgezwungen.»[88] Gryphius reflektierte nicht nur das Leiden in dem inzwischen 18 Jahre andauernden Krieg,
sondern auch den Glaubenszwang, dem die Protestanten mit dem katholischen Siegeszug und dem Prager Frieden etwa in Schlesien und den Erblanden ausgesetzt waren. Danzig blieb zwar ein evangelisches Refugium,
doch mit der Zurückdrängung der Schweden geriet die südliche Ostseeküste neuerlich in die Gefahr der Gegenreformation.

Schwedischer Behauptungswille

Während Kurfürst Maximilian sich in Wien über die Untätigkeit von Gallas beschwerte – die Zeiten Wallensteins schienen zurückgekehrt zu sein –,
brachte die kaiserlich-bayerische Armee Süddeutschland langsam unter
ihre Kontrolle. Lediglich der von Frankreich unterstützte Bernhard von
Weimar, der Zabern und die Burg Hohenbaar eroberte, blieb der Stachel
im Fleisch dieser Übermacht.[89]

Der Krieg gegen Spanien nahm 1636 eine unvorhergesehene Wende.
Kardinalinfant Ferdinand und Prinz Thomas von Savoyen fielen im Som-

mer 1636 mit 25 000 Soldaten aus den südlichen Niederlanden in der Picardie ein. Der aus Dank für die Nördlinger Waffenhilfe in die Niederlande gesandte Piccolomini und der von Kurfürst Maximilian abgestellte Reitergeneral Johann van Werth unterstützten den Feldzug mit 12 000 Mann. Die französischen Soldaten leisteten nur hinhaltenden Widerstand. In Paris herrschte Panik, denn die deutschen Soldaten hatten Mitte August mit Corbie an der Somme die letzte größere Festung vor Paris eingenommen, und die Reitertruppen Werths streiften bis vor die etwa 150 Kilometer entfernte Hauptstadt.

In seinem Tagebuch berichtet der Söldner Peter Hagendorf von diesem Feldzug. In der Champagne sah er Rosmarin auf dem Feld wachsen wie in Deutschland Heide. Die Städte erschienen ihm nicht nur schön, sondern auch stark befestigt. Bei Widerstand zündete seine Truppe die Dörfer an und verbrannte auch die Bauern. Er selbst wurde am 28. November zum Kompanieführer bestellt.[90] Der spanische Kardinalinfant hatte verkünden lassen, dass dieser Angriff auf französisches Gebiet wegen der ständigen friedbrüchigen Einfälle französischer Truppen in Italien und in Burgund auch namens des Kaisers erfolgt sei;[91] mit der Hofburg war diese verklausulierte Kriegserklärung allerdings nicht abgesprochen. Am 18. September 1636 publizierte jedoch auch Ferdinand III. im Namen seines Vaters ein Kriegsmanifest, um den Feldzug in Burgund zu rechtfertigen.[92]

Der «Schreckensmonat» oder «das Jahr von Corbie» ging für Paris glimpflich zu Ende. Die französische Festung an der Somme wurde im November zurückerobert. Im Gegensatz zu Piccolomini wollten weder der Kaiser noch die Spanier die französische Hauptstadt wirklich angreifen. Ferdinand II. vermied alles, was Ludwig XIII. noch mehr hätte provozieren können,[93] hielt aber an dem Plan fest, den Krieg nach Frankreich zu tragen. Während die Gefahr im Norden von den Franzosen gebannt wurde, zog Gallas an der Seite Karls von Lothringen im Herbst von Breisach aus in die Freigrafschaft und nach Burgund. Viele ihrer 40 000 Soldaten wurden ein Opfer der Pest und der ungewöhnlich heftigen Regenfälle. Die Eroberung des Städtchens St. Jean de Losne misslang; die Belagerung musste am 2. November abgebrochen werden.[94] Vor den Fluten der Saône wich Gallas mit den Resten seines Heeres bis nach Breisach zurück, weil der Kaiser strikt verboten hatte, die spanische Freigrafschaft als Winterlager zu nutzen. Er fürchtete die Einstellung der spanischen Subsidien.[95] Die Armee war durch den langen Rückzug mehr oder weniger ruiniert.

Der Vorstoß der Kaiserlichen nach Burgund bestärkte Richelieu in seiner Meinung, dass er das Elsass unter französische Kontrolle bringen müsse, um Lothringen zu behaupten.[96] Der Plan eines weiteren Gegenangriffs kaiserlicher und spanischer Verbände, den Fürst Thomas von Savoyen ausarbeitete, blieb unausgeführt. Er basierte auf der Annahme, dass Richelieu nur zum Frieden bereit sein werde, wenn der Krieg nach Frankreich getragen und Paris bedroht würde. Gallas und Colloredo wandten sich entschieden gegen eine neue Offensive, weil diese die eigenen Leute überfordere, die gegen Schweden den Meister spielen und auch noch Kräfte in Reserve halten sollten. Vor einem Angriff auf Frankreich müsse der innere Frieden sicher und das Reich geeint sein.[97] Davon war man 1636 weit entfernt, denn die Schweden kapitulierten keineswegs.

Während Banér die Deutschlandarmee stabilisierte, überzeugte Oxenstierna den Reichsrat, das Engagement in Deutschland weder überstürzt zu beenden noch sich ganz von Frankreich abhängig zu machen. Seines Erachtens zeigte die Eroberung von Corbie, dass die Franzosen die schwedische Hilfe vielleicht noch dringender benötigten als umgekehrt. Von imperialen Kriegszielen war freilich nur noch wenig zu spüren. Der Reichsrat Per Brahe erklärte am 30. Juli 1636 im Stockholmer Staatsrat: «Amnestie ist ehrenwert, Entschädigung ist nützlich, aber entscheidend ist die Armeesatisfaktion.»[98] Er meinte, Schweden könne auf die Forderungen nach Amnestie aller Reichsfürsten und territorialen Entschädigungen verzichten, auch auf Pommern, nicht jedoch auf diejenigen der Armee, damit die Soldaten nicht dem eigenen Land zur Last fielen. Selbst um derartige Rückzugspositionen durchzusetzen, durfte man nicht überstürzt aus dem Krieg ausscheiden, sondern musste diesen ausweiten.

Die in der Nähe von Magdeburg bei Werben lagernden Verbände Banérs versuchten im Spätsommer 1636 erst gar nicht, die am 15. Juli in die Hände der Kaiserlichen gefallene prestigeträchtige Stadt zu entsetzen, sondern orientierten sich westwärts. Die sächsisch-kaiserliche Armee folgte ihnen Richtung Lüneburg. Banérs Zug war allerdings eine Finte, um sich den freien Abzug nach Mecklenburg zu sichern, wo er sich mit einigen Regimentern der aus Preußen herangezogenen Armee verstärken wollte. Seine Gegner zogen ihm erneut nach und eroberten etliche Städte wie Perleberg und Pritzwalk.

Mit seinen 17 000 Soldaten umging Banér den etwa gleich starken Feind, der südöstlich von Wittstock Stellung bezogen hatte, und griff am

4. Oktober von Süden her an. Seine stärksten Kräfte hatte er auf den beiden Flügeln konzentriert, die gleichzeitig attackierten. Das gewagte Manöver gelang, obwohl die Verbindung angesichts der weit gespreizten Aufstellung schwierig zu halten war. Banér kam zugute, dass Hatzfeld keine vorgeschobenen Beobachter auf seinem linken Flügel postiert hatte, weil er von dort keinen Angriff erwartete. Als er seinen Fehler bemerkte, war es zu spät. Bei Anbruch der Dunkelheit feuerten zwei schwedische Kanonen im Rücken der kaiserlich-kursächsischen Truppen, die sich nun zurückzogen. Sie verloren ihre gesamte Artillerie und die Bagage.[99]

Diesen wichtigen Sieg der letzten schwedischen Feldarmee in Deutschland errangen drei schwedische, vier schottische und nur noch ein deutscher General.[100] Das kaiserliche Abberufungsmandat hatte gewaltige Spuren hinterlassen. Der Aderlass führte dazu, dass das Offizierskorps nicht mehr von Deutschen dominiert wurde. Dies hatte zur Folge, dass schwedische Verbände auch im protestantischen Deutschland häufig als Feinde betrachtet wurden. Die neu formierte Armee hatte jedoch Stärke gezeigt. Georg Wilhelm von Brandenburg wich nach Königsberg aus. Die nicht amnestierten Reichsstände schöpften neuen Mut. Hatzfeld zog sich mit seinen Truppen plündernd nach Westfalen zurück. Er begründete dies mit der lakonischen Feststellung: «Zu fechten sind zu wenig, zu essen sind derer zu viel.»[101] Banér wandte sich im November auf der Suche nach Quartieren nach Süden und bezwang Erfurt, das auf Drängen Kursachsens dem Prager Frieden beigetreten war.[102] Die Stadt schloss am Neujahrstag 1637 einen Vertrag mit den Schweden. Banér belagerte noch Leipzig und eroberte im Februar 1637 Meißen und Torgau sowie etliche andere sächsische Städte.[103] Unterwegs wurde übel gehaust. Am 11. November hatten 100 streifende schwedische Reiter die Stadt Schmalkalden geplündert. Die Verluste – ein Chronist sprach ihnen den Wert von einer Tonne Gold zu – wurden Haushalt für Haushalt penibel aufgezeichnet. Nur wenige Tage später mussten 2500 schwedische Söldner einquartiert werden. Sie blieben eine Woche lang. Über den Winter gingen die Einquartierungen weiter.[104]

Die schwedische Offensive endete mit der erfolglosen Belagerung und Beschießung der nach neuesten Erkenntnissen befestigten Stadt Leipzig. Das ausgeplünderte Thüringen geriet unterdessen ins Visier kaiserlicher und hessen-darmstädtischer Truppen, die zwischen Erfurt und Jena lagerten und die Stadt an der Saale Ende Januar für vier Tage unter ihre Kontrolle brachten. Im *Theatrum* ist die Rede von einem Schaden von sechs

Tonnen Gold und davon, dass die «berühmte Universität auf einmal ruiniert und ausgetilgt worden» sei.[105] Beides war übertrieben.

Als im Juni Gallas mit 30 000 Mann an der Elbe zwischen Wittenberg und Torgau auftauchte, war der schwedische Vorstoß nach Mitteldeutschland fürs Erste gescheitert. Banér entkam Ende Juni mit 14 000 Soldaten aus dem seit März belagerten Torgau. Da ihm der direkte Weg nach Pommern von Gallas und brandenburgischen Truppen versperrt wurde, gebrauchte er eine List. Er ließ den Tross und die Frauen, auch die eigene, Richtung polnische Grenze marschieren, um den Anschein zu erwecken, auf diesem Weg abziehen zu wollen. Er und seine Soldaten wandten sich jedoch westwärts, verbündeten sich bei Eberswalde mit General Wrangel, fanden eine Furt und brachten so die Soldaten sicher nach Pommern. Die Küste zwischen Wismar und Stettin blieb in schwedischer Hand.[106] Banér musste allerdings zusehen, wie Gallas mit Landsberg, Gartz und Demmin eine Festung nach der anderen eroberte und Ende August die Ostsee erreichte. Im Frühjahr 1638 hatten die Schweden alles eingebüßt, was sie nach dem Sieg bei Wittstock gewonnen hatten – abgesehen von Erfurt, das von kaiserlichen Truppen belagert wurde. Die schwedische Garnison in der Erfurter Cyriaksburg wurde von der Stadt besoldet.[107] In Westfalen hielten die Schweden noch Minden, Nienburg, Vechta und Osnabrück.[108]

Was der Prager Frieden für die nichtamnestierten Reichsstände bedeutete, zeigte sich beispielhaft im Rhein-Main-Gebiet. Wegen vieler Verfehlungen des Grafen Wolfgang Heinrich übergab Ferdinand II. schon am 7. Juli 1635 die Grafschaft Ysenburg-Büdingen Landgraf Georg von Hessen-Darmstadt.[109] Im September verteilte er den walramischen Besitz des Hauses Nassau. Der Mainzer Erzbischof und Landgraf Georg wurden ebenso bedacht wie Herzog Karl von Lothringen, die beiden katholischen Grafen Johann Ludwig von Hadamar und Johann VIII. von Siegen, Fürst Adalbert von Lobkowitz und nicht zuletzt Reichsvizekanzler Graf Ferdinand Sigmund Kurz sowie Graf Adam von Schwarzenberg. Dass der reformierte Ludwig Heinrich von Nassau-Dillenburg vom Kaiser begnadigt wurde, hatte er seinen Festungen und seinem Regiment zu verdanken.[110] Als kaiserlicher Oberst besetzte er 1638 Braunfels, Montabaur, Amöneburg und schließlich auch Hanau, das er zuvor gegen die Habsburger verteidigt hatte.[111]

Der ebenfalls reformierte Landgraf Wilhelm V. von Hessen-Kassel wagte als erster und einziger Reichsstand den offenen Widerstand. Er hätte sich mit dem Kaiser arrangieren müssen, um amnestiert zu werden. Dies hätte die Rückgabe aller eroberten Gebiete, die Zahlung der 120 Römermonate und die Integration der hessischen Soldaten in die Reichsarmee vorausgesetzt.[112] Der Landgraf versicherte jedoch Oxenstierna seine Loyalität, verstärkte seine Garnisonen Kassel und Ziegenhain und zog mit 4000 von Peter Melander kommandierten Soldaten nach Westfalen. Er tat dies, weil der vom Kaiser unterstützte Landgraf Georg II. den alten Streit um das oberhessische Erbe zu seinen Gunsten beenden und Hessen-Kassel unter seine Kontrolle bringen wollte. Der Darmstädter Kanzler Anton Wolff übergab dem Kaiser eine ausführliche Anklageschrift gegen Wilhelm V., und General Lothar Dietrich von Bönninghausen zerstörte etliche nordhessische Dörfer. Da er die Festung Ziegenhain nicht erobern konnte, zog er sich ins Stift Hersfeld zurück.[113] Als danach Piccolomini mit weiteren 12 000 Mann die Landgrafschaft heimsuchte, stimmte Melander einem Waffenstillstand zu. Wilhelm V. verhandelte mit einem Gesandten Ferdinands III., der auf seine Forderungen einzugehen schien. Im Dezember 1635 schloss der Landgraf mit dem Kölner Kurfürsten einen Waffenstillstand. «Um das gute alte Teutsche Vertrauen wieder aufzurichten», sah dieser gegen die Zahlung von 50 000 Reichstalern einen Teilabzug der Kasseler Armee aus Westfalen vor. Wilhelm V. ratifizierte den Prager Frieden, vorbehaltlich der kaiserlichen Zustimmung.[114] Die Habsburger bestätigten diesen Vertrag allerdings nicht.

Der Landgraf widerrief daraufhin im Mai 1636 seine Ratifikation und entsetzte im Juni das vom kaiserlichen General Lamboy belagerte Hanau, den Stammsitz seiner Gemahlin Amalie Elisabeth.[115] Diese Aktion führte zum endgültigen Bruch mit dem Kaiser, der ihn am 19. August zum Reichsfeind erklärte, seiner Herrschaft enthob, seine Länder konfiszierte und Georg II. als Administrator einsetzte. Die Kaiserlichen unter dem zum Reichsgrafen und Feldmarschall ernannten Johann Götz drängten die hessischen Truppen nach Westfalen ab. In der Landgrafschaft machten die Besatzer angeblich alles nieder und quälten die Bevölkerung. Wilhelm V. schloss am 16. Oktober 1636 den Weseler Vertrag mit Frankreich, um die Freiheit der Reichsfürsten wiederherzustellen. Gegen die Verpflichtung, 10 000 Soldaten zu unterhalten, gewährte Frankreich umfangreiche Subsidien und Hilfe im Kampf um die vollständige Restitution.[116]

Hanau blieb vorerst der große Unruheherd in der Wetterau. Unter den Ausfällen der schwedischen Garnison litten Städte wie das gut befestigte

Aschaffenburg, das zum Territorium des Mainzer Erzbischofs gehörte.
Kommandant Ramsay ließ sich durch nichts erschüttern und provozierte
seine Gegner mit gewagten Ausritten oder Unternehmen, wie im April
1637, als er der französischen Besatzung von Ehrenbreitstein Proviant zuführte. Er sandte Getreide auf neutralen Schiffen, und der Coup gelang.
Die große Not wurde dadurch ein wenig gelindert. 1637 belagerten die Soldaten Johann van Werths die Festung. Er ließ aus Köln schwere Mörser
heranführen, lange Leitern konstruieren und attackierte zunächst ohne
sichtbare Erfolge die vor der Festung gelegenen Batterien und Schanzen.
Aus der Festung heraus beschossen die Franzosen Koblenz und zerstörten
etliche Bürgerhäuser.[117] Die ausgehungerten französischen Besatzer gaben
jedoch am 27. Juni 1637 auf. Der mit dem Kölner Kurfürsten als Vertreter
des in kaiserlicher Haft befindlichen Trierer Landesherrn geschlossene
Akkord gestattete ihnen den freien Abzug.[118] An dieser Belagerung nahm
auch Peter Hagendorf teil. Nach der Übergabe der Festung marschierte er
mit seinen Verbänden rheinaufwärts bis in die Gegend von Offenburg, um
dort gegen Herzog Bernhard von Sachsen-Weimar zu kämpfen.[119]

Nachdem die französischen Truppen Ehrenbreitstein geräumt hatten,
war Hanau die letzte feindliche Bastion im Rhein-Main-Gebiet. Ramsay
gab auch dann nicht auf, als der Kaiser den reformierten Philipp Ludwig von
Hanau-Münzenberg mit der Grafschaft restituierte. Der in kaiserliche
Dienste gewechselte Ludwig Heinrich von Nassau drang jedoch am 23. Februar 1638 mit einem Trupp Soldaten in die Stadt ein und übergab sie ihrem
alten Herrn. Ramsay wurde nach Dillenburg abgeführt, wo er 1639 starb.[120]

Der katholische Pfalzgraf Wolfgang Wilhelm von Pfalz-Neuburg unterwarf sich ebenfalls nicht der militärischen Ordnung des Prager Friedens,
weil seine kurpfälzischen Erbansprüche unberücksichtigt geblieben waren.
Kurfürst Ferdinand von Köln formierte die westfälische Ligaarmee weiterhin eigenständig. Andere Reichsstände verhielten sich ebenso und beriefen
sich dabei auf den Artikel des Friedensvertrages, der es ihnen erlaubte, Garnisonen in ihren Ländern zu unterhalten.[121]

Die mit dem Prager Frieden formulierten Hoffnungen auf das baldige
Ende des Krieges hatten sich in nichts aufgelöst. Die sächsischen Teile der
neu formierten Reichsarmee kämpften im Norden gegen die Schweden,
die Kaiserlichen im Westen gegen die Franzosen und gegen Herzog Bernhard mit seiner «weimarisch deutschen Armee»[122], darüber hinaus auch
noch zusammen mit den Kölner Ligatruppen gegen Hessen-Kassel. Nir-

gends gelangen entscheidende Erfolge. Der Kaiser und der sächsische Kurfürst beharrten dennoch bis 1645 mit einer fast schon pathologischen Sturheit auf ihrer Ansicht, das Reich besitze einen inneren Frieden, der endlich durchgesetzt werden müsse. Dagegen verlangten Oxenstierna oder Landgraf Wilhelm V. einen Frieden, der ihnen territoriale Gewinne, eine Abfindung für ihre Soldaten und die deutsche Freiheit garantierte. Richelieu wollte in erster Linie die Isolation Frankreichs vermeiden und die Habsburger schwächen.

Dass die Kurfürsten und die Mehrheit der Reichsstände tatsächlich hinter dem Kaiser geeint waren, zeigte sich auf dem Regensburger Kurfürstentag 1636/37. Doch dies war nur eine Momentaufnahme, zumal die kaiserliche Armee den Krieg nach Frankreich getragen hatte und auch die Schweden wieder offensiv wurden. Die Ziele der in Deutschland operierenden Armeen waren Eroberungen, vor allem aber Quartiere für die Soldaten und feste Plätze als Faustpfänder für neue Friedensverhandlungen. Zwischen den Fronten der kaiserlich-sächsisch-bayerischen, der schwedischen und der weimarisch-französischen Armeen agierten noch zwei hessische sowie das welfische und das kurkölnische Heer. Kriegsgebiete waren Deutschland, das Königreich Böhmen und Teile der Erblande. Versuche, den Krieg nach Frankreich zu tragen, gab es in den folgenden Jahren nicht mehr, und die Kämpfe im Veltlin oder in Lothringen gehörten mehr zum niederländischen und zum spanisch-französischen als zum deutschen Krieg.

Ein neuer Kaiser

«Rette sich, wer kann» war nach 1635 das Motto des Krieges. Während die großen Mächte um ein paar Faustpfänder rangen, hielten die kleinen still. Sie hatten Angst vor der mächtigen Prager Siegerkoalition aus Kaiser, Spanien, Bayern und Kursachsen. Nur der Kasseler Landgraf und Herzog Bernhard von Sachsen-Weimar kämpften neben den Schweden für die deutsche Freiheit und gegen die erdrückende kaiserliche Dominanz. Bernhard war der letzte (und vielleicht einzige) große deutsche Feldherr auf dem Kriegsschauplatz. Seine Risiken waren begrenzt. Er besaß kein eigenes Fürstentum und hatte wenig zu verlieren, denn seine Gelder waren in der Schweiz und in Amsterdam angelegt und dem Zugriff des Kaisers entzogen.

Trotz des Eingreifens Frankreichs wurde der Krieg nach 1636 nicht europäischer als zuvor. Die parallelen Kriege wirkten auf das mitteleuropäische Geschehen vor allem dadurch, dass die Ressourcen nur einmal eingesetzt werden konnten. In Dänemark und im Baltikum, im Veltlin, in den Niederlanden, auf der italienischen und spanischen Halbinsel und selbst in Lothringen und Burgund wurde nicht um den Vollzug des Prager Friedens gerungen. Dieser schien zum Befreiungsschlag für den Kaiser zu werden. Die scheinbar überwältigende Zustimmung der Reichsstände bewertete man in Wien als Signal, dass der Widerstand bis auf vermeintlich leicht überwindbare Reste zusammengebrochen sei. Die Schweden schienen abgedrängt zu sein, und die habsburgisch-bayerischen Heere trugen den Krieg nach Frankreich. Der Dänenkönig drängte an die Seite des siegreichen Reichsoberhauptes. Die oft beschworene nationale Einigkeit schien nur noch eine Frage der Zeit zu sein.

Der Schein trog. Schweden und Franzosen wurden wegen der drohenden monarchischen Herrschaft im Reich in eine gemeinsame Front gezwungen, und die reformierten Kräfte in Deutschland hofften, dass sich die Verhältnisse bald zu ihren Gunsten änderten. Wer mit wem gegen wen und warum Krieg führte, war weiterhin nur in der Perspektive der Gegnerschaft zum Haus Habsburg eindeutig. Die konfessionelle Konfrontation war noch weiter in den Hintergrund gedrängt. Kurfürst Johann Georg und viele Lutheraner kämpften für den Prager Frieden. Maximilian von Bayern beargwöhnte den Machtzuwachs des Kaisers. Heimlich verhandelte er mit Richelieu, obwohl er wusste, dass nicht Frankreich, sondern nur der Kaiser ihm den Kurfürstentitel und die Pfalz garantierte.

Große Teile der kaiserlichen Armee lagerten im Winter 1635/36 am Oberrhein und in Schwaben. Die Übergriffe der Soldaten zwangen Hans Heberle im Februar zu seiner sechsten Flucht hinter die Ulmer Mauern. Die Stadt half ihren Untertanen, die bis nach Augsburg zogen, weil dort das Brot etwas billiger war, im März mit Saatgetreide aus. Heberle schildert 1636 als ein gutes Jahr. Es gab nicht nur Brot, sondern auch wieder Fleisch zu kaufen.[123] Die Kaiserlichen trugen den Krieg nach Frankreich, sodass die Soldaten am Oberrhein nicht mehr aus Schwaben versorgt werden mussten. Die Getreidetransporte vom Magazin in Donauwörth an den Oberrhein verdoppelten zwar den Preis, doch dieser war dann immer noch günstiger als die Marktpreise etwa in Speyer. Die aus den Erblanden kommenden Fuhrknechte der Ochsenkarren galten als wichtiges Personal, das pünktlich bezahlt werden musste.[124]

Ferdinand III., König von Ungarn und Böhmen, zog 1636 von Breisach durch das verwüstete Oberdeutschland nach Regensburg, um auf dem Kurfürstentag zum römischen König und Nachfolger seines Vaters gewählt zu werden. Auf seiner Fahrt über die Donau kann ihm das Elend nicht entgangen sein, über das Thomas Crowne, ein Mitglied der englischen Delegation, die wegen der ungeklärten Pfalzfrage den Kurfürstentag besuchte, in seinem Tagebuch ausführlich berichtet. Seine Aufzeichnungen bieten ein Bild der Verwüstung und des Grauens. In den niederrheinischen Städten herrschte die Pest. Die Engländer flohen vor Wegelagerern und trafen zwischen Mainz und Frankfurt keine Menschenseele mehr an. In Mainz seien die Menschen vom Hunger so geschwächt gewesen, dass sie den Almosen nur hinterherkriechen konnten. Thomas Lord Howard, Earl of Arundel, habe in Nürnberg die Pirckheimer Bibliothek mit vielen Illustrationen Albrecht Dürers zum Spottpreis von 350 Talern gekauft. Der Weg zwischen Nürnberg und der Donau habe erneut durch eine einzige Wüstenei geführt. Die Gesandtschaft habe in zerstörten Dörfern übernachten und von den mitgeführten Vorräten leben müssen.[125]

Als Ferdinand III. Mitte Oktober in Regensburg eintraf, dürfte er vom Sieg der Schweden bei Wittstock am 4. Oktober erfahren haben. Auch die Berichte vom Oberrhein konnten seine Stimmung nicht aufhellen: Die kaiserliche Armee kehrte als Torso aus Burgund zurück. Ferdinand III. zitierte Gallas zur Berichterstattung nach Regensburg. Dort wurde er aber nicht, wie von vielen erwartet, seines Kommandos enthoben, sondern auf seine neuen Aufgaben vorbereitet und zu seinen Soldaten ins schwäbisch-württembergische Winterlager entlassen. Er und Colloredo wehrten sich dagegen, weiter offensiv gegen Frankreich vorzugehen, weil die eigenen Kräfte nicht ausreichten und nicht alle Reichsstände mit dem Kaiser ausgesöhnt seien. Gallas marschierte im nächsten Jahr mit dem größten Teil seiner Armee nach Sachsen, um das Kurfürstentum von den Schweden zu befreien. Angesichts sich ständig ändernder Anforderungen und Einsatzorte schrieb er dem Grafen Trauttmansdorff, die kaiserlichen Soldaten müssten so «komplexioniert» gemacht werden, dass sie in der Luft stehen, von Luft leben und, sobald irgendwo eine Gefahr auftauche, «hinfliegen und was andere versäumt oder verscherzt, ersetzen könnten».[126] Piccolomini erhielt erneut den Marschbefehl in die Niederlande, um dort die Spanier zu unterstützen.

Der Zug der kaiserlichen Armee vom Rhein über Franken nach Sachsen zwang den tapferen Hans Heberle Mitte Januar 1637 zu einer weiteren

Flucht nach Ulm. Im Februar plünderte ein Reitertrupp sein Heimatdorf.
Von den sechs versteckten Kühen wurden vier gefunden und fortgetrieben.
Selbst seine Schuhe musste der Schuster einem Soldaten überlassen. Im
restlichen Jahr zeigte sich jedoch in dieser Gegend der Alb kaum noch
Kriegsvolk, sodass die Nahrungsmittelpreise wieder sanken.[127] Ob die kai-
serlichen Soldaten als Freunde oder Feinde ihr Winterlager in Neenstetten
und Umgebung nahmen, war für die Bauern egal. Auf der Suche nach
Nahrung war sich nur mehr jeder selbst der Nächste. Immerhin hatten
die Soldaten zwei Kühe nicht gefunden und dem Schuster lediglich seine
Schuhe genommen.

Mit dem kaiserlichen Heer in Sachsen erfuhr der Krieg noch einmal
eine kleine Wende. Der von Banér glänzend organisierte schwedische
Rückzug führte bis nach Pommern, wo Herzog Bogislaw XIV. im März
kinderlos verstorben war. Die Schweden übernahmen mit Hilfe der Landstände die vorläufige Regierung in Stettin. Die Rechte des eigentlichen
Erben, des Kurfürsten Georg Wilhelm von Brandenburg, blieben formal
unangetastet. Dies änderte sich erst 1640, als die Besatzer in Stettin eine
schwedisch-pommersche Regierung installierten, die im Namen der Königin agierte. Auch die Einrichtung von zwei Hofgerichten und Konsistorien
sowie das Verbot von Appellationen an das Reichskammergericht deuteten
nicht mehr auf ein vorläufiges Regiment.[128]

Um den Regensburger Kurfürstentag war lange gerungen worden. Der
Mainzer Kurerzkanzler hatte schließlich nicht nur zu einem Wahl-, sondern
auch zu einem Kollegialtag eingeladen. Dass in Regensburg den Wünschen
der Habsburger weitgehend entsprochen wurde, erklärt sich mit der Angst
der einst so selbstbewussten Kurfürsten. Sie hatten 1630 Ferdinand II. ge-
demütigt, ihn zur Entlassung Wallensteins gezwungen und dennoch seinen
Sohn nicht zum römischen König gewählt. 1636 beherrschten die kaiserlichen Truppen den Reichs-Staat, und das finanzielle Engagement der Spanier half, die Wünsche des Kaisers durchzusetzen. Sie zahlten etwa eine
Million Gulden an den Kaiser, die Kurfürsten und ihre Räte.

Mit Ferdinand III., den Erzbischöfen von Mainz und Köln sowie Maximilian von Bayern erschienen vier wahlberechtigte Kurfürsten persönlich
in Regensburg. Sachsen und Brandenburg waren wie die meisten Reichsstände und auch Dänemark, Polen, Frankreich, Spanien sowie die Kurie
durch Gesandte vertreten. Die Kurfürsten mussten zunächst klären, ob die
Königswahl trotz der Abwesenheit des in Linz inhaftierten Trierer Kur-

fürsten Philipp Christoph von Sötern stattfinden konnte. Sie stimmten dem Kaiser zu. Der Erzbischof habe mit seiner Unterstützung der Franzosen gegen das Reich gehandelt, und ein leerer Stuhl widerspreche den Regularien der Goldenen Bulle nicht. Die Hofburg hatte zwischenzeitlich sogar erwogen, Sötern freizulassen, falls ansonsten die Wahl gefährdet sei. Er blieb jedoch bis 1645 in kaiserlicher Haft, weil er die habsburgischen Bedingungen für seine Freilassung, die Annahme des Kaisersohnes Leopold Wilhelm als Koadjutor sowie die Übergabe der Festungen Trier, Ehrenbreitstein und Philippsburg an kaiserliche Truppen, ablehnte. Die Einigung kam vielleicht aber auch deswegen nicht zustande, weil etliche Mitglieder des Trierer Domkapitels von der langen Abwesenheit des Kurfürsten profitierten, zuvorderst die Familie Metternich.[129]

Das zweite politische Problem des Kurfürstentages war Karl Ludwig, der in London lebende älteste Sohn des Kurpfalzgrafen Friedrich V. Er verwies auf die Goldene Bulle, die eigene Unschuld und verlangte seine vollständige Restitution. Nur so könnten der Friede, die Freiheit und das «alte aufrichtige Vertrauen» wiederhergestellt werden.[130] Die englische Gesandtschaft unterstützte ihn. Der Protest des Kurprinzen gegen die aus seiner Sicht nichtige Königswahl[131] wurde zu den Akten genommen. Kaiser und Kurfürsten hielten die Pfalzfrage für erledigt.

Da jedoch seit über 20 Jahren kein Reichstag mehr stattgefunden hatte, mussten sich die Kurfürsten nolens volens mit vielen brisanten Themen auseinandersetzen. Im Mittelpunkt stand die Umsetzung des Friedens. Wie konnten die nicht amnestierten Reichsstände zum Einlenken und die fremden Mächte zum Abzug gebracht werden? Die Kurfürsten verlangten Zugeständnisse des Kaisers. Ihre Druckmittel waren die Königswahl und die Steuerforderungen.[132] Zum Bruch wollten sie es aber nicht kommen lassen. Die kaiserliche Interpretation der deutschen Freiheit – Freiheit von Fremdbestimmung – gewann so gegenüber der reichsständischen – die politische Freiheit des Mitbestimmens – die Oberhand. Die Kurfürsten erteilten allen Einmischungen fremder Mächte in die inneren Angelegenheiten des Reichs-Staates eine klare Absage. Sie lehnten Gebietsabtretungen an Schweden ab, forderten die von Frankreich besetzten lothringischen Gebiete zurück und wollten den vom Papst nach Köln einberufenen Friedenskongress besuchen.

Mehr hatte Ferdinand II. nicht erwarten dürfen, zumal die Zugehörigkeit Lothringens zum Reichs-Staat zweifelhaft war. Die kurbrandenburgischen Gesandten hatten eine ausgiebige Beratung aller für den Frieden im Reich wichtigen Punkte gefordert. Jeder «redliche deutsche Patriot», vor allem aber die Kurfürsten, müssten darüber nachdenken, wie die Waffen zum Schweigen gebracht werden könnten. Bevor man zur Wahl schreite, müsse geklärt sein, was den fremden Kronen eingeräumt werden dürfe. Grundsätzlich gehöre die Friedensfrage auf einen Reichstag.[133] Da die Schweden weite Teile Brandenburgs besetzt hielten und in der Pommernfrage nicht einlenkten, hatte sich aber auch Georg Wilhelm dem Kaiser angeschlossen. Hinsichtlich der Amnestie der Stände, die noch nicht mit dem Kaiser verglichen waren, erreichten die Kurfürsten nur gewisse Vergünstigungen für Herzog Eberhard III. von Württemberg. Der Kaiser hatte den Reichs-Staat neu formiert. Die nichtamnestierten Stände wurden marginalisiert, und mit Frankreich und Schweden sollte jeweils über einen Separatfrieden verhandelt werden.

Die Kurfürsten forderten Ferdinand II. auf, möglichst bald einen Reichstag einzuberufen. Sie reklamierten jedoch ein Notfallrecht und bewilligten die vom Kaiser geforderte Reichssteuer in Höhe von 120 Römermonaten. Dieses bisher unbekannte Recht – Beschlüsse anstelle des Reichstags fassen zu dürfen – schrieben sie darüber hinaus in der nun erstmals «Reichsgrundgesetz» genannten Wahlkapitulation für Ferdinand III. fest. Stärker als je zuvor inszenierten sich die Kurfürsten 1636 als Kontrollinstanz des Kaisers und als Mitregierung des Reichs-Staates. Sie betonten, sich auch ohne die Zustimmung des Kaisers jederzeit selbst versammeln zu dürfen und den diplomatischen Vorrang vor den Gesandten auswärtiger Republiken zu genießen. Ferdinand III. musste zusagen, ihr Wahlrecht zu erhalten und sich «keiner Sukzession oder Erbschaft des […] Römischen Reiches an[zu]maßen». Während sie den rheinischen Kurverein vom Prager Bündnisverbot ausnahmen, durfte der neugewählte König nur Verträge mit auswärtigen Mächten schließen oder fremdes Kriegsvolk ins Reich führen, wenn er zuvor die Zustimmung der Kurfürsten nicht nur einzeln, sondern auf einem Kollegialtag erhalten hatte. Überdies sollte er neben den Hof- und Reichsämtern den Kriegsrat und auch die höheren Offiziersstellen mit geborenen Deutschen besetzen.[134]

Während die Reichsfürsten die weitere Oligarchisierung der Reichsverfassung beargwöhnten und auf dem Westfälischen Friedenskongress rückgängig machten, wurden auch die Kurfürsten bei zahlreichen Entscheidungen der Hofburg weiterhin übergangen. Der mit Reichssteuern finanzierte Kriegszug in die Niederlande und nach Frankreich, die weitere Haft des Trierer Kurfürsten oder die Exekution gegen Hessen-Kassel waren allein mit Bayern abgesprochen. Die Stimme des ganzen Kurkollegs erschien in einem monarchisch regierten Reich verzichtbar, nicht jedoch diejenige Kurbayerns und Kursachsens.

Während die Habsburger den Krieg gegen Frankreich und Schweden entschiedener führen wollten, hofften die Kurfürsten auf den baldigen Frieden. Bayern hatte seine Ziele mehr als erreicht. Die beiden rheinischen Erzbistümer waren restituiert. Die evangelischen Kurfürsten mussten nun fürchten, dass der Krieg ihnen sowohl die Lausitzen als auch die Anwartschaft auf Pommern raubte. Ihre Länder waren zeitweise von Schweden besetzt. Sie optierten für den Frieden, wandten sich jedoch gegen einen sofortigen Waffenstillstand.

Nach diesen Beratungen und den üblichen, mit großem Pomp gestalteten Einzügen, Jagden und Audienzen schritten die Kurfürsten kurz vor Weihnachten zur Wahl. Zu Ferdinand III. gab es keine Alternative. Das vom Grafen Stadion, dem Deutschmeister, lancierte Gerücht, Ludwig XIII. wolle die römische Königskrone erwerben, war ein durchsichtiges Manöver der Habsburger, um die eigenen Reihen zu schließen. Wenn Richelieu überhaupt an eine Gegenkandidatur gedacht hatte, dann an die von Kurfürst Maximilian von Bayern.[135] Auch der neue polnische König Wladislaw IV. wurde ins Gespräch gebracht, besaß aber keine realistische Chance.

Die nicht direkt beteiligten Botschaften mussten Regensburg verlassen, als am 21. Dezember die Reichskrone und die anderen Reichsinsignien aus Nürnberg und Aachen eintrafen. Einen Tag später leisteten die Wähler im Chor der Domkirche die vorgeschriebenen Eide. Danach wurden die Stadttore verschlossen. Die Schlüssel befanden sich im Konklave. Nach der einstimmigen Wahl vervollständigten die Notare das Protokoll, und der Mainzer Erzbischof informierte den im vollen Ornat mit Krone, Reichsapfel und Reichsschwert im Dom wartenden Ferdinand II. Sein Sohn nahm die Wahl an und leistete den Eid auf die Wahlkapitulation. Als ihm der brandenburgische Gesandte die Krone aufsetzte, feuerten die Kanonen, und alle Glocken der Stadt läuteten. Danach erfolgte die Proklamation des Königs vor dem Volk.[136]

Am 30. Dezember wurde Ferdinand III. feierlich gekrönt. Auf dem Weg zum Festmahl warfen die Pfennigmeister goldene und silberne Münzen

ins Volk. Zwei Tage nach der Krönung seiner Gemahlin Maria Anna, am
23. Januar 1637, verließ der kranke Kaiser Ferdinand II. Regensburg. Als er
am 8. Februar Wien erreichte,[137] war er vom Tod gezeichnet. Er sprach vor
allem mit seinem Beichtvater und verschied am 15. Februar 1637 um neun
Uhr vormittags.[138] Mit dem Tod dieses Kaisers der Gegenreformation fiel
ein Hindernis für einen Verständigungsfrieden fort. Er hatte Innerösterreich rekatholisiert, in Böhmen die Religionskonzessionen rückgängig
gemacht, die Kurwürde von der Pfalz auf Bayern transferiert, sich stets geweigert, den Protestanten den Besitz des Kirchengutes zu garantieren, und
mit dem Restitutionsedikt eine Quelle des Unmuts geschaffen. Die Friedenshoffnungen verbanden sich nun mit seinem Sohn, der gerade noch
rechtzeitig zum römischen König gewählt worden war, um ein unkalkulier-
bares Interim mitten im Krieg zu vermeiden.

Während der Papst die Wahl rasch bestätigte, waren die Reaktionen in
England und den Niederlanden eher verhalten, in Frankreich ablehnend.
Ferdinand II. hatte in Regensburg erklärt, dass Philipp IV. rechtmäßiger
Herr der Niederlande sei, die ebenso wie Lothringen zum Reich gehörten.
Daher könne es keinen Nichtangriffspakt oder eine Neutralitätserklärung
geben. Die Kurfürsten pflichteten ihm bei, der niederländische Gesandte
reiste ab. Kursachsen und Kurbrandenburg protestierten nicht.[139] Auch sie
hofften, den Prager Frieden gegen Schweden durchsetzen zu können.

Alternative Friedenspläne

Dem Frieden kamen Kaiser und Kurfürsten in Regensburg keinen Schritt
näher. Papst Urban VIII. bemühte sich seit 1634, wenigstens die katholischen Mächte zu versöhnen, und initiierte einen Friedenskongress in
Köln. Ferdinand II. monierte, dass er vom Heiligen Vater wie König Ludwig XIII. behandelt werde, der mit den Protestanten paktiere. Die Franzosen forderten, auch ihre protestantischen Verbündeten einzuladen. Anfang
des Jahres 1635 signalisierten sie jedoch wie der Kaiser und die Spanier ihre
Bereitschaft, den Kongress zu besuchen. Kardinal Martio Ginetti, der
päpstliche Legat und Vermittler,[140] verharrte vom Herbst 1636 bis 1640 in
Köln, ohne die Beratungen eröffnen zu können. Der Krieg zwischen
Frankreich und Spanien blockierte den Frieden in der katholischen Welt.

König Ludwig XIII. entschuldigte sich im April 1637 beim Papst, dass er
zwar einen Gesandten bestimmt habe, ihm und seinen Verbündeten aber

keine Pässe und Geleitbriefe ausgestellt worden seien.[141] Richelieu entwickelte ein eigenes Friedenskonzept, das er bis zu seinem Tode verfolgte. Ihm ging es um die Sicherheit aller Beteiligten und einen Frieden, der Europa in eine machtpolitische Balance bringen sollte. Dies war ohne Einbindung Schwedens, der Niederlande und der deutschen Protestanten unmöglich.[142] Zudem sollte Frankreich nicht alleine den beiden habsburgischen Mächten gegenüberstehen. Damit brachte er die Kurie in arge Verlegenheit, denn Papst Urban VIII. widerstrebte es, mit Ketzern an einem Tisch zu sitzen.

Richelieu wollte Zeit gewinnen und forderte neben den Reichsständen die Zulassung der Kräfte, die wie Graubünden, die Generalstaaten oder Bernhard von Weimar als Gegner der Habsburger galten.[143] Kaiser Ferdinand III. weigerte sich jedoch, Pass- und Geleitsbriefen für Reichsstände auszustellen, weil ihre Beteiligung in Köln den Prager Frieden ausgehöhlt hätte. Er war nur bereit, die notwendigen Sicherheitsgarantien für die noch «unversöhnten» Reichsstände *(nondum reconciliati)* wie Hessen-Kassel oder Bernhard von Weimar auszufertigen.[144]

Urban VIII. musste zur Kenntnis nehmen, dass sich die konfessionellen Fronten nicht mit denjenigen der Staatsräson deckten und vor allem Frankreich ohne seine protestantischen Partner zu keinem Friedensschluss bereit war. Was von seiner Initiative blieb, war die von französischer Seite ins Spiel gebrachte Idee eines Kongresses an zwei Orten und mit Vermittlern, die verhindern sollten, dass der Papst unmittelbar mit Häretikern verhandeln musste.[145] Der Kölner Friedenskongress scheiterte an der Uneinigkeit der katholischen Mächte. Doch ob die Protestanten die Kurie als Vermittler akzeptiert hätten, ist mehr als zweifelhaft; für sie war der Papst der Antichrist. Freilich hatten die evangelischen Kurfürsten in Regensburg zugestimmt, Delegierte nach Köln zu senden. Die anderen Reichsstände blieben ohnehin ausgeschlossen. Das evangelische Deutschland fand zu keiner einheitlichen Position.

Unterdessen schloss Richelieu im März 1637 ein Abkommen mit England, das es Frankreich wenigstens erlaubte, Söldner auf der Insel zu werben. Das Inselreich stellte überdies 30 Schiffe für einen Feldzug gegen den Kaiser zur Verfügung. Dafür durfte Ludwig XIII. einem Frieden in Deutschland nur zustimmen, wenn die Pfalz an die Erben Friedrichs V. fiel.[146] Bei den Verhandlungen mit Schweden ging es Richelieu vor allem darum, dass Oxenstierna keinen Separatfrieden mit dem Kaiser schloss.

Dieser verlangte einen koordinierten Angriff auf die kaiserliche Stellung
und akzeptierte Frankreich als neue Ordnungsmacht im Südwesten. Richelieu wollte die Spanier in den Niederlanden und in Italien zurückdrängen. In Deutschland strebte er einen Festungsgürtel am Rhein an. Weitere
territoriale Ambitionen hegte er nicht. Der am 6. März 1638 von Johan Adler Salvius und dem Grafen d'Avaux in
Hamburg geschlossene, auf drei Jahre befristete Vertrag versprach Schweden
jährlich 400 000 Reichstaler, die es zur weiteren Kriegführung dringend benötigte. Den gemeinsamen Angriff auf die Erblande sollten die Schweden
durch Brandenburg und Sachsen, die Franzosen durch Süddeutschland führen. Beide Parteien verpflichteten sich, nur noch in Friedensverhandlungen
einzuwilligen, wenn diese auf einem Kongress unter Beteiligung der mit
ihnen verbündeten Reichsstände erfolgten. Als Verhandlungsorte wurden
Köln bzw. Hamburg oder Lübeck genannt. Ziel sollten eine Generalamnestie, angemessene territoriale Entschädigungen für Schweden und Frankreich
sowie die Wiederherstellung des verfassungsrechtlichen Vorkriegszustandes
sein. Dies schien die beste Versicherung gegen jede Form der habsburgischen Universalmonarchie zu sein. Richelieu akzeptierte, dass sich Schweden nicht am französischen Krieg gegen Spanien beteiligte. Er durfte dennoch zufrieden sein; mit dem Hamburger Vertrag war die Gefahr eines
schwedischen Separatfriedens gebannt.[147] Für Oxenstierna bedeutete diese
Anlehnung an Frankreich den Abschied von allen imperialen Träumereien
und von konfessionellen Motiven, falls es diese überhaupt jemals gegeben
hatte. Nun ging es um Schadensbegrenzung sowie territoriale und finanzielle Entschädigungen.

Schon im Januar 1638 wollte Johan Adler Salvius mit dem Grafen Kurz,
dem zu spät kommenden kaiserlichen Gesandten, gar nicht mehr bzw. nur
im Beisein des Grafen d'Avaux und nicht über einen Separatfrieden, sondern allein über die Vorbereitung eines allgemeinen Friedenskongresses verhandeln. Über die Teilnahme der Reichsstände gingen die Meinungen noch
weit auseinander. Der Kaiser konzedierte lediglich, dass die nach dem Prager
Frieden nicht amnestierten Fürsten auf dem Friedenskongress erscheinen
durften. Die Beteiligung der Reichsstände, die diesen Frieden ratifiziert
hatten, lehnte er jedoch nach wie vor strikt ab. Für Deutschland gab es aus
kaiserlicher Sicht über den Prager Frieden hinaus nichts zu verhandeln.

Die weitere Vorbereitung der Friedensverhandlungen erfolgte zwei-
gleisig, auf reichsständischen Versammlungen und in Verhandlungen des

Kaisers mit den fremden Mächten. Ferdinand III. musste zur Kenntnis nehmen, dass Schweden sich an Frankreich gebunden hatte, Dänemark sich nicht ins kaiserliche Fahrwasser begeben wollte und ein Friedenskongress den Prager Frieden auch formal aufheben würde. Dem Kaiser blieb gar nichts anderes übrig, als voll und ganz auf die Hilfe der Spanier zu setzen. Er fühlte sich durch die Beschlüsse des Regensburger Kurfürstentages in seiner starren Haltung bestätigt. Deutschland brauchte zehn weitere Jahre Krieg, um endlich einen Frieden zu schließen, dem alle Akteure zustimmen konnten, weil er ein habsburgisches Dominat ausschließen und den fremden Kronen die geforderten Entschädigungen und Sicherheitsgarantien bieten musste. Vorerst suchten Kaiser und Kurfürsten noch einen nationalen Weg aus dem Krieg. Deswegen nahmen sie die fremden Mächte nur als aggressive Eindringlinge wahr. Sie unterschätzten darüber hinaus die schwedischen und französischen Sicherheitsbedürfnisse. Richelieu gelang es jedoch nicht, den deutschen Krieg vollständig in den Hegemonialkampf der Habsburger und Bourbonen zu integrieren, weil Oxenstierna Schweden nicht in einen Krieg mit Spanien verwickeln wollte. Wie schon Gustav Adolf kämpfte er nicht für ein Machtgleichgewicht in Europa, sondern für die Hegemonie im Ostseeraum und für Entschädigungen in Deutschland.

Formeln wie der «europäische Krieg in Deutschland»[148] oder die Auffassung, das Kriegsgeschehen sei nach 1638 im Wesentlichen durch Entwicklungen außerhalb des Reichs-Staates geprägt worden,[149] gelten für die letzte Phase des Dreißigjährigen Krieges in gleichem Maße wie für die erste. Alle europäischen Mächte, die zwischen 1618 und 1648 in Mitteleuropa eingriffen, taten dies, weil sie eine Verschiebung der Kräfteverhältnisse in Mitteleuropa zugunsten des Hauses Habsburg wünschten oder fürchteten. Dies und ein militärisches Geschehen, bei dem weniger der Sieg auf den Schlachtfeldern als der erfolgreiche Kampf um Quartiere und Nachschub über das Wohl und Wehe der Armeen entschied, standen lange der Einsicht im Wege, dass alle Beteiligten sich auf einen Frieden verständigen mussten. Da der Papst nicht mit Ketzern an einem Tisch sitzen und der Kaiser die Reichsstände an den Verhandlungen mit fremden Mächten nicht beteiligen wollte, Schweden und Frankreich aber genau dies forderten, wurde das Rad der Fortuna einfach weitergedreht.

Mit dem Tod Gustav Adolfs und Wallensteins hatte der Krieg seinen Charakter verändert. Der gottgewollte, Heilige oder apokalyptische Krieg bot mit dem französischen Engagement keine sinnvolle Projektion dessen mehr, was in Mitteleuropa geschah. Im blutigen Gerangel um Quartiere, Faustpfänder und territoriale Ansprüche verblasste die konfessionelle Dimension. Stattdessen wurde der Krieg für viele zur erlebten und überlebten irdischen Apokalypse. Regellose Gewalt, Seuchen und Tod übernahmen das Regiment und behielten es bis zum Friedensschluss. Der Krieg um die extrem begrenzten Ressourcen verlor seine Ordnung. Er wurde mobiler, unübersichtlicher und grausamer. Ob nun das logistische Desaster zum Zusammenbruch der politischen Ordnung oder das erkennbare Bemühen, diese aufrechtzuerhalten, in die logistische Katastrophe führte, ist letztlich gleichgültig.[150] Die Folge waren derart enorme Bevölkerungs- und Sachwertverluste, dass selbst das göttliche Strafgericht als weltliches Disziplinierungsmittel nicht mehr wirkte.

12. Uneinsichtigkeiten oder warum sich das Leiden verlängerte

Herzog Bernhards Krieg

Herzog Bernhard von Sachsen-Weimar hatte auf die Aussöhnung mit Ferdinand III. verzichtet und nicht um Gnade gebettelt. Stattdessen kämpfte er weiter gegen die Habsburger für den wahren Glauben und die deutsche Freiheit. Dabei vergaß er nie seine persönlichen Ambitionen. Er suchte am Rhein ein eigenes Fürstentum als Ersatz für das Herzogtum Franken. Anfang 1637 korrespondierte er mit Marx Conrad von Rehlinger, der dem Heilbronner Bund 40 000 Reichstaler vorgestreckt und auch schon in die schwedische Armee investiert hatte. Rehlinger informierte ihn, dass die Schweizer Kantone bisher auf die kaiserliche Drohung, dass der Krieg gegen sie ausgeweitet werde, wenn sie weiter Herzog Bernhard unterstützten, nicht reagiert hätten. Er versuche alles, doch die evangelischen Orte wollten trotz ihres Reichtums keinen Krieg riskieren. Rehlinger riet, die privaten Gelder des Herzogs außerhalb Frankreichs anzulegen: Venedig biete drei bis vier, Amsterdam bis viereinhalb und London sogar sechs bis sieben Prozent. Das Geld solle zunächst von Lyon nach Venedig gewechselt werden.[1]

Anfang 1637 reiste Herzog Bernhard nach Paris. Er beharrte auf seiner Unabhängigkeit als Reichsfürst, machte auch zeremoniell keine Zugeständnisse und forderte, persönlich zum Kölner Friedenskongress zugelassen und nicht nur durch Frankreich vertreten zu werden.[2] Er setzte durch, seine Armee alleine und ohne einen französischen Aufpasser zu kommandieren. Dafür nahm er Abstriche bei seinen finanziellen Forderungen in Kauf. Sein Feldzug sollte zuerst die Franche-Comté von den habsburgischen Truppen säubern und dann über den Rhein hinweg weitergeführt werden.[3]

Parallel zu Bernhards Gesprächen verlor der von Richelieu unzureichend unterstützte Herzog Heinrich von Rohan das Veltlin gegen die gemeinsam operierenden spanischen, kaiserlichen und Bündner Truppen. Mit seinen wenigen französischen Soldaten musste er bis Anfang Mai 1637 das Tal der Adda räumen.[4] Desillusioniert zog sich der General nach Genf zurück und schloss sich wenig später dem Weimarer Herzog an, zu dessen engsten Beratern er fortan gehörte.[5]

Im Mai befand sich Bernhard wieder bei seiner Armee in der Nähe der Festung Langres am Oberlauf der Marne. Zusammen mit dem Herzog von Longueville, dem neuen Führer der französisch-burgundischen Armee, besiegte er Herzog Karl von Lothringen, der weiter für große Unruhe im französisch-deutschen Grenzraum sorgte und sich in der Freigrafschaft einquartiert hatte. Danach zog Bernhard über Besançon und Mömpelgard an den Rhein. Bei Rheinau, nördlich von Kehl, nutzte er die vielen Inseln, um den Fluss Anfang August zu überqueren und diesen Übergang durch eine Schanze bei Wittenweier zu sichern. Der bayerische General Johann von Werth, der noch im Juni die französische Besatzung von Ehrenbreitstein zur Kapitulation gezwungen hatte, konnte nach dem langen Marsch und mit seinen wenigen Soldaten Bernhards Brückenkopf nicht zurückgewinnen,[6] verwickelte dessen Truppen jedoch in etliche verlustreiche Scharmützel. Die Weimarer gaben daraufhin ihre Stellung am Rhein auf und zogen Anfang September unbehelligt durch das Unterelsass ab. Dort waren die kaiserlich-spanischen Truppen unter Friedrich von Savelli zugunsten der Unterstützung Kursachsens in seinem Kampf gegen die Schweden ausgedünnt worden. Die zwischen Straßburg und Molsheim operierende Weimarer Armee sah sich im Herbst drei feindlichen Heeren gegenüber, den Bayern unter Werth, den Kaiserlichen unter Savelli und den Truppen Karls von Lothringen.[7] Bernhard war klug genug, mit seinen knapp 7000

Soldaten diesen Kampfplatz zu räumen und sich ins Bistum Basel und
nach Mömpelgard zurückzuziehen.

Savelli und Werth gingen davon aus, dass der Herzog nach den Verlusten des vergangenen Jahres nicht mehr über den Rhein kommen, sondern
in die Freigrafschaft und nach Burgund abziehen werde. Sie hatten sich
getäuscht. Am 28. Januar 1638 setzte Bernhard mit etwa 6000 Mann und
14 Kanonen weiter östlich bei Stein über den Hochrhein, um die sogenannten Waldstädte unter seine Kontrolle zu bringen. Er bemächtigte sich
Säckingens, Waldshuts und Laufenburgs mit seiner Rheinbrücke. Seit dem
5. Februar blockierte er das von Savellis Soldaten besetzte Rheinfelden,[8]
um auch die dortige Brücke zu kontrollieren. Der Coup gelang auch ohne
die 400 Musketen und 60 Zentner Lunten, die Rehlinger in Bern nicht
hatte beschaffen können, weil es den Zeugherren verboten war, Waffen und
Munition zu verkaufen. Am 6. März versicherte der Bankier, dass er alles
daransetze, 1000 Musketen, Lunten und die 24-pfündigen Kugeln zu beschaffen. Im April berichtete Rehlinger, dass Solothurn noch immer die
Durchfuhr verweigere, Breisach nachts von Basel aus Proviant zugeführt
werde und man die Schweizer nur zu einer Änderung ihrer Politik bewegen könne, wenn ihnen die Zufuhr von Salz gesperrt werde. Überdies sei
es schwierig, Gelder von Lyon nach Basel, Zürich oder Straßburg zu
wechseln, deswegen bleibe momentan nur ein Bargeldtransport.[9]

Die kaiserlich-bayerische Armee mobilisierte die letzten Reserven. Die
an den Oberrhein dirigierte Reitertruppe nötigte bei ihrem Durchzug
Ende Februar den armen Schuster aus Neenstetten zu dessen achter Flucht
nach Ulm.[10] Bernhards Vorstoß mitten im Winter wurde weniger als Beginn eines neuen Feldzugs am Oberrhein, sondern mehr als Maßnahme
zur Sicherung der Verbindungswege zur Donau und einer Kampagne in
Schwaben gedeutet. Der Herzog ließ seine Gegner über seine weiteren
Pläne im Ungewissen. Werth eilte mit allen im Breisgau stationierten Soldaten durch den Schwarzwald, um Rheinfelden zu entsetzen. Mit ihm zog
der Söldner Hagendorf über Sulz, Horb, Rottweil und Villingen nach Laufenburg. Als sie am 28. Februar Kloster Beuggen erreichten, wurde der Verband von Bernhards Dragonern aufgehalten, sodass sie einen Umweg nach
Rheinfelden machen mussten. Diese Zeit nutzte der Herzog, um Truppen
und Geschütze von jenseits des Rheins heranzuführen und seine Armee in
Stellung zu bringen. Sein linker Flügel wurde zwar bis nach Beuggen
zurückgedrängt, doch seine rechte Flanke unter Georg Christoph von

Taupadel attackierte erfolgreich den linken Flügel des Gegners. Dadurch wurden aber sein rechter und linker Flügel weit auseinandergerissen, sodass Bernhard im Zentrum auf verlorenem Posten stand. Als der Feind die vermeintliche Gelegenheit nutzte, um den Weimarer Tross zu plündern, konnte der Herzog seine Truppen neu formieren und vier verlorene Geschütze zurückerobern. Der Wild- und Rheingraf Johann Philipp fiel, und Heinrich von Rohan wurde in dieser Schlacht so schwer verwundet, dass er am 13. April in Königsfelden starb. Der erst kurz zuvor in die Dienste Bernhards gewechselte Berner General Johann Ludwig von Erlach geriet mit einigen anderen hohen Offizieren in Gefangenschaft.[11] Savelli informierte den Kaiser über seinen grandiosen Sieg und ließ seine Truppen auf der Suche nach Proviant ausschwärmen.

Bernhard hatte etwa 150 Soldaten und drei Kanonen eingebüßt. Er zog sich nach Säckingen zurück, verstärkte sich mit den südlich des Rheins zurückgebliebenen Verbänden und griff am frühen Morgen erneut an – eine jener schnellen Aktionen, für die er berühmt war. Die Kaiserlichen waren nicht gefechtsbereit.[12] Als sie nach ihrer ersten Salve die Musketen neu luden, überquerten die Weimarer Soldaten den tiefen Graben, hinter dem die Kaiserlichen sich verschanzt hatten, und gingen zum Nahkampf über. Werths Eliteregimenter konnten das Desaster nicht verhindern. 500 kaiserliche Soldaten fielen, etwa 3000 gerieten in Gefangenschaft, auch Werth und Savelli sowie die Generäle Adrian Graf von Enkevort und Klaus Dietrich von Sperreuter.

Herzog Bernhard veranstaltete ein Bankett, an dem auch die gefangenen Offiziere teilnehmen mussten.[13] Viele der geschlagenen Soldaten, darunter Hagendorf, flüchteten nach Rheinfelden. Dort fehlten Pulver und Blei, und da an einen Entsatz nicht zu denken war, übergab der kaiserliche Kommandant die Stadt am 22. März. Die Besatzung durfte ohne Waffen und Proviant nach Breisach abziehen. Die Überläufer aus dem weimarischen Heer wurden gefangen abgeführt.[14] Hans Heberle litt unter den zurückflutenden demoralisierten kaiserlichen und Bernhards offensiv streifenden Soldaten, was ihn und seine Familie im März und April zu drei weiteren Fluchten nach Ulm zwang. Im Juni klagte er, dass keine Sommerfrucht habe ausgesät werden können.[15]

Die in der Schlacht bei Beuggen gefangen genommenen Offiziere wurden nun auf den nahe gelegenen Hohentwiel gebracht. Der Festungskommandant Konrad Widerholt unterstellte sich Bernhard von Weimar,

nachdem sich Herzog Eberhard mit dem Kaiser ausgesöhnt hatte und im
Oktober 1638 aus seinem Straßburger Exil nach Stuttgart zurückgekehrt
war.[16] Werth, der prominenteste Gefangene, wurde nach Vincennes bei Paris
gebracht und erst 1642 gegen den schwedischen Feldmarschall Gustaf Horn
ausgetauscht. Savelli gelang die Flucht. Er schloss sich dem aus Westfalen
kommenden Grafen Johann von Götz an, der die bedrängte Festung Breisach entsetzen sollte. Sein Abzug als Folge der Schlacht bei Kloster Beuggen
führte in Westfalen dazu, dass sich Karl Ludwig und Ruprecht, die beiden
Söhne des Winterkönigs, Faustpfänder sicherten. Mit ihren in Holland auf-
getriebenen 60 000 Reichstalern kauften sie den Schweden die Stadt Mep-
pen ab. Zudem vereinigten sie ihre 1700 Soldaten bei Stadtlohn mit denjenigen des schwedischen Generals James King und belagerten Lemgo. Sie
zogen ab, als sich der kaiserliche Feldmarschall Melchior von Hatzfeld mit
8000 Mann näherte. Er beendete in einer Schlacht bei Vlotho an der Weser
am 17. Oktober 1638 alle Träume der Pfälzer Prinzen. Die kümmerlichen
Reste ihrer Armee wurden in die schwedischen Verbände eingegliedert.[17]

Herzog Bernhard war zwischenzeitlich mit seiner auf 12 000 Soldaten
angewachsenen Armee vom Hochrhein in den Breisgau marschiert und
hatte Freiburg am 12. April 1638 eingenommen. Gleichzeitig zog General
Taupadel über den Schwarzwald nach Schwaben, um die Sammlung der
Gegner zu unterbinden. Gefahr drohte aber nicht nur aus dem Osten, wo
sich die geschlagenen kaiserlichen und bayerischen Truppen zwischen
Tübingen und Rottweil formierten, sondern auch vom Herzog von Lothringen, der im April aus der Freigrafschaft an den Rhein eilte. Bernhard
wollte zuerst den aus Westfalen heranrückenden Götz mit seinen 13 000
Soldaten östlich des Schwarzwaldes stellen. Dieser verweigerte jedoch die
Schlacht und entkam durch das Kinzigtal an den Rhein. Bernhard marschierte daraufhin in zwei getrennten Abteilungen ebenfalls zurück, um
dem Gegner den Weg nach Breisach zu verlegen.[18]

Zu dieser Zeit erschien Johann Hofmann, der Jenaer Amtmann und
frühere Sekretär Bernhards. Im Auftrag von dessen Weimarer Brüdern forderte er den Herzog auf, sich aus Liebe zum deutschen Vaterland mit dem
Kaiser auszusöhnen, nur dann sei die notwendige Belehnung zur gesamten
Hand zu erhalten. Bernhard erklärte, es bleibe dem Urteil seiner Brüder
überlassen, ob er nicht Gott mehr gehorchen müsse als den Menschen,
wenn das Vaterland seiner Freiheit beraubt und in eine schimpfliche
Knechtschaft gebracht werde. Nach der Schlacht von Nördlingen habe

man dem Feind alle Waffen in die Hand gegeben, und dieser nutze seinen Vorteil, um seine ehemaligen Gegner und jetzigen Verbündete zugrunde zu richten. Er selbst leiste deswegen dem König von Frankreich einen Reiterdienst.[19] Auf ein Einlenken Bernhards durfte niemand mehr hoffen. Ferdinand III. belehnte die Ernestiner dennoch am 3. August 1638.[20] Über die ziel- und planlos erscheinenden Marschwege der bei Beuggen geschlagenen Soldaten berichtet das Tagebuch Hagendorfs. Seine Einheit verließ Rheinfelden am 24. März 1638 und marschierte über den Schwarzwald nach Durlach, von dort nach Bretten, Heilbronn und weiter ins Altmühltal, wo sie bei Weißenburg am 11. April auf die Bagage ihres Regiments stießen. Er traf dort seine Frau, und sie zogen zusammen über Schwandorf und Donauwörth nach Langenau, wo sie bis August lagerten, als Graf Philipp von Pappenheim das Regiment übernahm.[21] Hier kreuzten sich Hagendorfs und Heberles Lebens- und Leidenswege.

Heberle hatte im Juni die schützenden Mauern Ulms verlassen. Dann war erneut das Kriegsvolk, dem Hagendorf angehörte, nach Langenau gekommen, blieb sieben Wochen und verursachte bei seinem Abzug in Weidenstetten große Schäden.[22] Während Heberle Ende September und Anfang Oktober einen weiteren verheerenden Durchzug erlebte, zog Hagendorf über Geislingen und Esslingen nach Weil der Stadt und seit dem 12. September weiter über Horb und Rottweil bis nach Neustadt, wo er am 16. Oktober mit der Armee des Grafen Götz nach Breisach aufbrach.[23] Marschwege dieser Art waren notwendig, um die Soldaten zu versorgen, die in den umkämpften Gebieten keine Nahrung fanden.

Breisach, die auf einem Felsen hoch über dem Rhein gelegene Festung, stand seit Juni 1638 im Zentrum des Kriegsgeschehens und der öffentlichen Aufmerksamkeit. Herzog Bernhard fehlten für eine erfolgversprechende Belagerung nach wie vor Infanteristen. In der Festung lebten 3000 kaiserliche Soldaten unter dem Kommando des erfahrenen Johann Heinrich von Reinach. Sie waren von Götz Ende Mai mit 200 Musketieren verstärkt und mit 500 Säcken Mehl verproviantiert worden. Als Bernhard Anfang Juni vor Breisach erschien, wurde er mit einer heftigen Salve begrüßt. Er zog sich nach Neuenburg zurück und dirigierte von dort aus die Besatzung des Rheintals und die Belagerung Breisachs. Zunächst gelang es ihm, einige Vorwerke und die Rheinbrücke zu erobern, sodass aus dem Elsass kein Proviant mehr zugeführt werden konnte. Dennoch unterbrach er die Belagerung, um den herannahenden Götz in der Rheinebene zu stellen. Dieser wich Anfang Juli über den Rhein ins Elsass aus. Bernhards Kavallerie folgte ihm. Die kaiserlichen Verbände überquerten daraufhin erneut den Rhein, um sich am 7. August in Offenburg mit den Verbänden Savellis zu vereinigen.[24] Ihr Marsch nach Breisach wurde bei Rheinau von Bernhard gestoppt.[25]

Als Götz eine defensive Stellung bezog, erkannte der Herzog, dass das Schlachtfeld seiner Kavallerie nicht entgegenkam, und verlagerte seine Truppen nach Wittenweier, wo es am 9. August zum Gefecht kam. Mehr als 10 000 Soldaten standen sich auf beiden Seiten gegenüber. Götz griff an. Savelli rückte jedoch allzu forsch vor, ohne das rückwärtige Gebiet zu sichern. Die kaiserlichen Truppen brachten den von Taupadel geführten linken Flügel Bernhards in arge Bedrängnis, während dessen rechter Flügel die kaiserliche und bayerische Kavallerie zurückwarf. Mit einer Finte täuschte Bernhard den Gegner und attackierte das feindliche Zentrum. Götz zog nach Offenburg ab. Er hatte den fünften Teil seiner Mannschaft, den Tross und zwölf Geschütze verloren. Bernhard beklagte 600 Gefallene und etwa 1000 Verwundete. Den für Breisach vorgesehenen Proviant fing er ab und schloss Mitte August erneut den Belagerungsring. Die Situation in der Festung wurde schnell prekär, der Hunger übermächtig.[26]

Die Schuld an der katastrophalen Niederlage der Kaiserlichen wurde dem unvorsichtigen Vorgehen Savellis zugeschrieben. Da er aber mächtige Gönner besaß, entging er dem Kriegsgericht und behielt sein Kommando.[27] Götz sammelte seine Soldaten in Rottweil, um einen dritten Entsatzversuch zu wagen. Der mit 5000 Soldaten aus Flandern zurückgekehrte General Wilhelm von Lamboy verstärkte seine Armee. Den mit 4000 Mann anrückenden Karl von Lothringen fing Bernhard jedoch Mitte Oktober noch jenseits des Rheins bei Thann im südlichen Elsass ab und nahm 600 Soldaten gefangen. Götz griff von Süden her die Belagerer an, musste sich aber unter schweren Verlusten zurückziehen. Der Söldner Hagendorf gab ihm die Schuld, dass sie mit «Schand und Spott» hätten abziehen müssen, denn er «war nicht recht bayrisch, sondern mehr weimarisch».[28] Unterdessen prüfte der unermüdliche Rehlinger für den Herzog, ob und zu welchem Preis Getreide in Savoyen eingekauft werden könne.[29]

Breisach kapitulierte am 17. Dezember 1638. Die Übergabeverhandlungen hatte der vorderösterreichische Kanzler Isaak Volmer geführt.[30] Flugschriften und Zeitungsmeldungen berichteten über den Hunger in der Festung, tote Gefangene seien aufgegessen worden. Dieser Tabubruch, wenn er stattfand, überbietet das, was sich normalerweise in einer belagerten Festung abspielte. Dort herrschte Angst, denn es drohten Hunger, Seuchen und die ungezügelte Gewalt der Eroberer nach einer Erstürmung, mit der jederzeit gerechnet werden musste. Die zeitgenössischen Militärhandbücher empfehlen einen Vorrat für mindestens ein Jahr an Getreide, Mehl in Tonnen, haltbarem Gemüse, gesalzenem und geräuchertem Fleisch, gedörrtem Fisch, Salz etc. Jeder wusste, dass dies selten der Fall war und eine Belagerung schnell zu Hunger führte.[31] Spione und Überläufer gaben Auskunft, wie lange der Gegner noch durchhalten konnte. Dies war für die weitere Strategie und Feldzugsplanung entscheidend.

Den Übergabevertrag mit dem Kommandanten schloss Herzog Bernhard in seinem Namen, nicht als Beauftragter der französischen Krone. Die etwa 450 halb verhungerten Soldaten durften in Ehren abziehen. Bernhard blieben 135 schwere Kanonen, Munition und etwa eine Million Taler.[32] Götz wurde ein geheimes Einvernehmen mit Bernhard vorgeworfen. Als Graf Philipp von Mansfeld ihn am 29. November 1638 verhaftete, meldete Hagendorf lakonisch, man habe ihn «in der Kutsche zum Kaiser geführt».[33] Er wurde in Wien vor ein Kriegsgericht gestellt, doch das Verfahren endete mit seiner völligen Rehabilitation.[34] 1643 stand er wieder an der Spitze der kaiserlichen Armee.

Die zurückflutenden bayerischen und kaiserlichen Soldaten zwangen Heberle, sich um den Jahreswechsel 1638/39 in Ulm in Sicherheit zu bringen. Hagendorf feierte Weihnachten, wie er schreibt, mit Donauwasser und ohne einen Bissen Brot.[35] Auch Heberle bewertet das Jahr, in dem er nicht weniger als sechsmal in die Reichsstadt floh, als «unfriedlich» und «unruhig». Wenigstens seien die Winterfrüchte ganz gut gewachsen, sodass 1639 kein Hunger geherrscht habe. Im Mai mussten die Neenstetter dann aber schon wieder nach Ulm. Heberle schreibt, immer wenn sie einen kleinen Vorrat besäßen, büßten sie durch die Fluchten alles ein. So kämen sie nie auf einen grünen Zweig.

Im folgenden Winter jagten der Chronist und seine Nachbarn Wölfe, die ihnen die wenigen noch vorhandenen Schafe und Ziegen, aber auch Hunde und Katzen rissen. Diese Plage war neu, gehört aber auch zu dem vierten apokalyptischen Reiter, der nicht nur mit Hunger, Pest und dem Schwert, sondern auch durch wilde Tiere tötet.[36] Vor dem Krieg war kaum einmal ein Wolf gesehen worden.[37] Auch Abt Friesenegger berichtet über viele Wölfe, die unter den Menschen und dem Vieh großen Schaden angerichtet hätten. Die Bauern seien zur Jagd aufgefordert worden. 1640, 1642 und 1645 bezeichnete er die Wölfe noch vor allen anderen Plagen als das größte Übel.[38] Der oberhessische Bauer Caspar Preis erzählt, im Mai 1643 sei ein Wolf auf seinen Hof gekommen und habe seine Magd und seinen Knecht angefallen. Die, wie sich später herausgestellt habe, trächtige Wölfin habe auch seine Frau angegriffen, sei von ihm aber getötet worden.[39] Dass Wölfe auf der Suche nach Beute bis in die Dörfer kamen, Menschen und Vieh anfielen, machte sie zu gefährlichen Bestien. Die Wölfe waren ein Symbol der Apokalypse. Gott hatte sie womöglich gesandt, doch die Menschen ließen nicht zu, dass die Natur sich den von der Kultur geprägten Lebensraum vollständig zurückeroberte. Sie wehrten sich.

Im oberrheinischen Kriegsgebiet ernannte Herzog Bernhard noch 1638 Johann Ludwig von Erlach zum Gouverneur von Breisach und ließ wenigstens fünf Medaillen prägen, die an seinen Sieg erinnerten. Eine davon zeigt Bernhard in Siegerpose auf einem Pferd und auf der Rückseite einen Altar, auf dem ein Schwert mit Lorbeerkranz und ein Fürstenhut liegen. Dahinter finden sich Standarten mit den Namen der eroberten Städte: Freiburg, Kenzingen, Neuenburg, Rheinfelden, Elsass-Zabern, Säckingen, Laufenburg und Waldshut. Aus den Wolken reicht eine Hand den Lorbeerkranz, die andere eine Krone.[40] Bernhard zog sich nach diesem Triumph mit dem größten Teil seiner Armee nach Burgund und in die Freigrafschaft zurück, wo er ausreichend Vorräte vermutete. Die Soldaten stießen dort jedoch auf den Widerstand der Bauern, den sie mit Gewalt niederschlugen.[41]

Bernhard wählte Breisach als Sitz seiner fürstlich-sächsischen Regierung und achtete peinlich genau darauf, dass die Franzosen nicht die Oberhand gewannen. Die Festung war das Tor zu Deutschland. Er konnte nun den spanischen Nachschub unterbrechen und das von französischen Truppen kontrollierte Elsass sichern, das in Paris nicht mehr als Ausland betrachtet wurde.[42] Ob Bernhard das Oberrheingebiet nur als Verfügungsmasse für Entschädigungen der Ernestiner bei einen Friedensvertrag betrachtete, sei dahingestellt.[43] Naheliegend war dies angesichts des Streits mit seinen Brüdern nicht, zumal der alte Zankapfel Jülich-Kleve und auch Franken so, wie die Dinge standen, als Kompensationen nicht mehr in Frage kamen. Bernhard richtete sich jedenfalls am Oberrhein ein, vergab Herrschaften und handelte wie ein Landesherr.[44] Er weigerte sich, die eroberten Landstriche Frankreich zu übergeben.[45]

Herzog Bernhard von Weimar lässt sich in Siegerpose hoch zu Ross abbilden. Den Altar auf der Rückseite zieren ein Lorbeerkranz, ein Schwert und ein Fürstenhut. Die Standarten zeigen die von Bernhard eroberten Städte.

Erlach wurde nach Paris gesandt, wo er Ludwig XIII. zur Finanzierung einer größeren Armee bewegen sollte, damit Bernhard zusammen mit den Schweden die Erblande angreifen könne. Überdies wollte er als Landgraf des Ober- und Unterelsasses, Landesherr im Bistum Basel und als Reichsfürst anerkannt werden.[46] Die Formulierungen waren korrekt. Den Titel eines Landgrafen im Oberelsass führten die Habsburger, denjenigen des Landgrafen im Unterelsass die Straßburger Bischöfe. Einen Landgrafen des Elsass gab es eigentlich nicht, obwohl Erzherzogin Claudia den Titel einer Landgräfin im Elsass gebrauchte.[47]

Der französische König gestand Bernhard 1638 das Elsass zwar zu, wollte die eigenen Truppen aber nicht sofort zurückziehen, um sicherzustellen, dass bei einem Tod Bernhards dessen Armee und die eroberten Gebiete an Frankreich fielen. Der Herzog lehnte dies ab. Er erinnerte daran, dass er Ludwig XIII. stets treu gedient und den Feind aus Frankreich verjagt habe. Bernhard verfolgte zwar nur im Kampf gegen die Habsburger mit Frankreich dasselbe Ziel, doch in diesem Krieg waren beide aufeinander angewiesen.[48]

Bernhard strebte nach einem eigenen Fürstentum, das sich nicht auf das Elsass und Breisach beschränken, sondern alle vorderösterreichischen Gebiete einschließlich der vier Waldstädte umfassen sollte. Dies hatte ihm Ludwig XIII. zugestanden – in Abhängigkeit von Frankreich. Er aber verlangte die volle Herrschaftsgewalt in Gestalt eines Reichsfürstentums.

Dafür wollte er alles, was er in der Freigrafschaft erobert hatte, dem König überlassen.[49] Das Gerücht, dass er, der alle französischen Heiratsofferten, unter anderem die Tochter Rohans oder eine Nichte Richelieus, ignoriert hatte,[50] die hessische Witwe Amalie Elisabeth heiraten und sich an die Spitze einer dritten Partei im Reich setzen wollte, bleibt Spekulation. Bernhard hatte sich jedenfalls 1639 von solchen Plänen eindeutig distanziert, denn sie seien «dem Vaterland gar wenig dienlich». Eine dritte Partei bedeute nur einen weiteren, dritten Krieg. Dieser aber gebe den Fremden die Gelegenheit, Deutschland unter sich aufzuteilen. Nach seiner Zählweise hatten die Schweden 1630 den ersten und der Kaiser zusammen mit dem Kurfürsten von Sachsen nach dem Prager Frieden den zweiten Krieg begonnen.[51]

Völlig aus der Luft gegriffen sind die Andeutungen eines möglichen Kaisertums, die nach Bernhards Tod Georg Rodolf Weckherlin beschwor. Er nannte den Herzog «Teutschlands Held», dem nichts Kaiserliches gefehlt habe als der Name. Mit dieser panegyrischen Wendung wollte er die «Stiefsöhne» Deutschlands wecken, die «träge, furchtsam und unklug, durch seinen [Bernhards] Rat und Hilfe gefreit, nicht frei bleiben» wollten.[52] Bernhard erging es wie Wallenstein. Seine Gegner beschuldigten ihn der Hybris und des Reichsverrats. Er wusste, dass ihn weitere Erwerbungen auf Kosten der Habsburger nur noch stärker an Frankreich banden.

Im Frühjahr wollte Bernhard seine Armee ins Reich führen. Er ließ bei der Landgräfin sondieren, ob sie ihre Truppen mit den seinigen vereinigen und, koordiniert mit Banér, gegen Österreich vorgehen wolle. Dann starb er am 18. Juli 1639 in Neuenburg. Da kurz zuvor ein vermutlicher Meuchelmörder gefasst worden war, der im peinlichen Verhör gestand, er und 13 andere hätten sich verschworen, den Herzog und seine hohen Offiziere zu töten, wurde viel über eine Vergiftung spekuliert. Bei der Öffnung des Leichnams wurde nur das «pestilenzische Gift», also wohl Pestbakterien, in Lunge und Leber gefunden.[53] Richelieu hatte den ihm zu mächtig gewordenen Feldherrn offensichtlich nicht beseitigen lassen.

Der Andechser Abt notierte in seinem Tagebuch, dass Bernhard an der Pest gestorben sei, und bezeichnete ihn als «eine wahre Geißel Gottes!».[54] Doch welcher Feldherr war das aus Sicht seiner Gegner und vielleicht auch der Untertanen nicht? Die Militärs nahmen auf das Leben der Untertanen und Soldaten nur dann Rücksicht, wenn es ihren Interessen diente. Der Krieg brauchte Menschen, die das Feld bestellten, Kontributionen zahlten und bei Einquartierungen die Soldaten bedienten. Priorität genossen die Bauern aber ebenso wenig wie die einfachen Soldaten. Beide konnten und mussten im Todesfall ersetzt werden, obwohl dies gegen Ende des Krieges immer schwieriger wurde. Wie Gustav Adolf oder Wallenstein starb Bernhard von Sachsen-Weimar, ohne seine Pläne vollenden zu können. Militärisch und politisch war er in den 1630er Jahren ein wichtiger Akteur, dessen Stimme zählte. Davon zeugen die Heirats- und Bündnisprojekte mit den Rohans, den Pfälzer Wittelsbachern oder der Landgrafenwitwe. Sein Nachruhm in Deutschland fiel dennoch bescheiden aus, weil er mit den Franzosen, dem Erbfeind, paktiert hatte. Zunächst waren es die Ernestiner, die ihn als Kämpfer für den lutherischen Glauben und die deutsche Freiheit mit der Überführung des Leichnams und der Beerdigung in Weimar im Dezember 1655 heimholten und für ihre Interessen nutzten.[55]

Im 19. Jahrhundert, als die Rollen von historischen Helden und Schurken verteilt wurden, eignete er sich wegen der undurchsichtigen Kontakte zu Frankreich trotz seiner militärischen Glanztaten nicht zum deutschen Heros. Die protestantische Geschichtsschreibung fand jedoch Formeln, um ihn wenigstens der evangelisch-deutschen Heldengalerie anzunähern. In dem kurz vor seinem Tod diktierten Testament hatte Bernhard das Kommando über seine Armee vier Generälen übergeben: Johann Ludwig von Erlach, Reinhold von Rosa, Johann Bernhard Ohm und Graf Wilhelm Otto von Nassau. Sie sollten insbesondere darauf achten, dass das eroberte Land «bei dem Reich Teutscher Nation erhalten werde» und an seine Brüder komme. Falls diese kein Interesse zeigten, solle es Frankreich angeboten werden, doch so, dass bei einem Universalfrieden die Lande dem Reich restituiert würden.[56]

Kaiser Ferdinand III. zeigte sich an der weimarischen Armee interessiert. Seine Gesandten versuchten, die Befehlshaber auf ihre Seite zu ziehen. Sie boten an, den toten Herzog mit allen militärischen Ehren nach Weimar zu überführen. Auch Pfalzgraf Karl Ludwig, der Sohn des Winterkönigs, wollte die Truppe übernehmen. Ihm fehlte allerdings die entschiedene Rückendeckung Englands, und zudem wurde er, als er in Paris verhandeln wollte, als lästiger Konkurrent festgesetzt. Erfolgreich verliefen Erlachs Gespräche mit den Delegierten Richelieus. Sie garantierten die Fortsetzung der mit Bernhard geschlossenen Kontrakte unter der Bedingung, dass sich diese Armee dem König unterstelle und dort für die «allgemeine Libertät» kämpfe, wohin

sie dirigiert werde. Die Breisacher Garnison solle je zur Hälfte aus deutschen und französischen Soldaten bestehen.[57] Der Vertrag wurde am 9. Oktober in Breisach unterzeichnet. Bei diesen Verhandlungen waren auch
Gesandte der Brüder Bernhards anwesend. Anfang November leisteten die
«Deutschen» der französischen Krone das «gewöhnliche *Juramentum
militaris fidelitatis*», nicht aber einen Treueeid.[58] Die weimarische Armee
blieb ein bis zu einem gewissen Grad selbständiger Teil des französischen
Heeres. Richelieu garantierte für das nötige Geld, das Frankfurter Bankiers
bereitstellten, und gewann neben 17 000 erfahrenen Soldaten die Kontrolle
über den Oberrhein.[59] Während Banér davon ausging, dass die Franzosen
ihr Spiel und die Weimarische Armee gewonnen hatten,[60] schloss der Kaiser
mit Spanien und Erzherzogin Claudia von Tirol, die für ihren unmündigen
Sohn regierte und zu deren Lasten die Verluste am Oberrhein gingen, im
September 1639 den Ebsdorfer Vertrag zur Rückeroberung dieser Gebiete.[61]

General von Erlach erhielt eine hohe Provision und eine Bestätigung als
nunmehr französischer Gouverneur von Breisach. Darüber hinaus wurde
er Oberbefehlshaber der von Bernhard eroberten vorderösterreichischen
Gebiete. Frankreich hatte die habsburgischen Positionen am Oberrhein
übernommen und war endgültig im deutschen Krieg angekommen. Die
weimarische Armee trat in französische Dienste. Sie marschierte über
Speyer in die Pfalz und eroberte Kreuznach. Danach suchte sie den Rheingau und die Wetterau heim, um sich mit der Armee der Landgräfin zu
verbünden und in Oberhessen zu überwintern.[62] Diese Ausweitung ihres
Operationsgebietes entsprach den Vorstellungen Frankreichs, das mit Hessen-Kassel verbündet war. Jean-Baptiste von Guébriant, einer der hohen
französischen Offiziere Bernhards, übernahm nun die Führung dieses französischen Armeekorps in Deutschland.

Der Bericht eines weimarischen Offiziers versuchte unterdessen zu erklären, warum Breisach und andere Gebiete an die Franzosen gefallen
seien; die deutschen Offiziere dieser Armee hätten dies nicht gewollt. Unter wiederholtem Hinweis auf die «teutsche Librtät» entfaltete er sein
französisches Feindbild. «Das alte Sprichwort laute: Den Franzosen hab zu
Freund und nicht zu Nachbarn. Wer aber ihn zum Meister nimmt, der
sonst frei sein kann, der muss ja alle Sinn verloren haben, wie es leider uns
ergangen.» Es scheine derzeit, «dass ausländische Potentaten, Völker und
Nationen, [...] über uns herrschen [...], das Römisch Reich unter sich teilen, die teutsche Librtät zu nicht machen».[63] In die gleiche Bresche schlug

eine andere Schrift, die Schweden und Frankreich vorwarf, sich als Beschützer der Protestanten und der deutschen Freiheit auszugeben, während der französische König in seinen Landen die Hugenotten unerbittlich verfolge und die Schweden «in ihren eigenen Landen arme elende Sklaven [seien], die von keiner Freiheit wissen».[64]

In Deutschlands Mitte

Nach der Achterklärung Wilhelms V. hatten kaiserliche und ligistische Truppen die Landgrafschaft Hessen-Kassel verwüstet. Dem Landtag war im Februar 1637 die Schlichtung zwischen den beiden hessischen Linien misslungen. Die kaiserlichen Truppen, die im sogenannten Kroatenjahr 18 Städte, 48 Schlösser und 300 Dörfer zerstörten,[65] drohten Kassel einzunehmen. Caspar Preis hielt in seiner Stausebacher Chronik fest, dass sein in der Nähe von Marburg gelegenes Dorf alleine in diesem Jahr siebenmal ausgeplündert worden sei und es überhaupt nur noch fünf Kühe und drei Schweine gegeben habe, die in Kirchhain in Sicherheit gebracht worden seien, wohin sie das Futter bringen müssten.[66]

Landgraf Wilhelm floh zu seiner Armee in Westfalen, die unter anderem Vechta und Bielefeld eroberte.[67] Im Sommer übersiedelten Wilhelm und seine Familie nach Bremen. Im August zog er seine Soldaten bis nach Ostfriesland und in die Grafschaft Oldenburg zurück. Er starb am 1. Oktober in Leer und hinterließ zwölf unmündige Kinder, viele Schulden und mit Amalie Elisabeth eine tatkräftige und resolute Witwe, die bis zum Ende des Krieges die hessische Regierung erfolgreich lenkte. Sie unterhielt ein Netz von Residenten, tauschte sich mit hochrangigen Personen in ganz Europa aus und wurde wegen ihrer Zuverlässigkeit geschätzt. Ihre Armee kommandierte Peter Eppelmann, der sich wie sein Onkel Melander nannte und seit 1606 mit der Familie als von Holzappel geadelt war. Seine kleine Herrschaft an der unteren Lahn wurde 1643, nach Melanders Wechsel in kaiserliche Dienste, zur Reichsgrafschaft erhoben. Dieser Aufsteiger hatte in niederländischen, venezianischen und schweizer Diensten Karriere gemacht und führte eine hessische Armee ohne territoriale Basis. Sie hatte im Norden etliche feste Orte und fast ganz Ostfriesland unter ihre Kontrolle gebracht und finanzierte sich durch Kontributionen.[68]

Wilhelms Testament setzte die Könige von Frankreich und England sowie die Republik der Niederlande als Vormünder seiner Erben ein. Ge-

org II. von Hessen-Darmstadt machte dagegen seine Rechte als kaiserlicher Administrator und das *ius agnati* geltend.[69] In dieser Gemengelage
landete Amalie Elisabeth ihren ersten Coup, als sie das Land ihrem acht-
jährigen Sohn Wilhelm huldigen ließ. Sie brüskierte damit den Kaiser und
den Darmstädter Landgrafen, der die Landstände auf seine Seite ziehen
wollte.[70] Nach Ansicht der niederhessischen Landstände hatte der Tod des
Landgrafen den dringend nötigen Ausgleich verhindert, wodurch «dieses
arme fast zu Stumpf und Stiel verderbte Land [...] endlich errettet worden
wäre».[71]

Anfang 1638 schien eine Verständigung nahe. Hessen-Kassel sollte den
Prager Frieden annehmen, das Kriegsvolk entlassen und alle Eroberungen
in Westfalen oder Ostfriesland binnen vier Wochen nach der kaiserlichen
Ratifikation ihren früheren Besitzern zurückgeben. Der reformierte Glaube
sollte wie in Brandenburg oder Anhalt zur unveränderten Augsburger
Konfession gezählt werden, das Stift Hersfeld bei Hessen-Kassel verblei-
ben.[72] Landgraf Georg II. verzichtete auf die Vormundschaft, die ihm der
Kaiser am 10. April zugunsten des Mainzer Kurfürsten entzogen hatte.[73]

Letztlich scheiterte der Ausgleich an der Religionsfrage. Zwar hatte
Graf Trauttmansdorff dem päpstlichen Nuntius, der sich über den Verbleib
des Stifts Hersfeld bei Hessen beschwert hatte, erklärt, man dürfe nicht
20 000 Mann wegen einer Wüste opfern, doch der Kaiser überlegte es sich
anders. Er lehnte es ab, dass die hessische Konfession von allen Kurfürsten
garantiert wurde, denn lieber wolle er sterben, als «das Geringste wider ihr
Gewissen, die Religion und ksl. Hoheit weiter [zu] bewilligen».[74] Der im
Juli 1639 vorliegende neue Vertrag wurde zwar vom Kaiser, nicht aber von
Amalie Elisabeth ratifiziert.[75] Die hessischen Truppen eroberten unterdessen in Westfalen Städte wie Geseke oder Soest, und die Landgräfin kehrte
nach Kassel zurück. Sie verbündete sich im August 1639 erneut mit Frankreich.[76]

Amalie Elisabeth, die im vergangenen Jahr Herzog Bernhards Angebot,
die deutschen anithabsburgischen Kräfte zu bündeln,[77] abgelehnt und
dabei den Topos der von allen verlassenen armen Witwe bemüht hatte,
verband sich im Oktober 1639 mit August und Georg von Braunschweig-
Lüneburg. Ihr ging es nur um ihre und die Reputation ihres Hauses sowie
die Interessen der Landgrafschaft Hessen-Kassel. Ihr Heerführer Melander wollte hingegen das Defensivbündnis mit Braunschweig auf Köln,
Pfalz-Neuburg und die Landgrafschaft Hessen-Darmstadt ausdehnen und

so eine Neuverhandlung des Prager Friedens erzwingen. Amalie Elisabeth trennte sich von ihm. Melander trat in pfalz-neuburgische und schließlich in kaiserliche Dienste. Er wurde zum Feldmarschall befördert, in den Reichsgrafenstand erhoben und in den Wetterauer Grafenverein aufgenommen.

Schweden hatte nach seinem Bündnis mit Frankreich sein Engagement in Deutschland neuerlich verstärkt. Im Juni 1638 waren zusätzliche Truppen in Greifswald und Usedom gelandet.[78] Banérs Soldaten eroberten Gartz zurück und machten den Ort zu einem Steinhaufen.[79] Es folgten Scharmützel mit den kaiserlichen Verbänden und die Besetzung von Malchin, Bernau und Wolgast.[80] Danach gerieten weite Teile Pommerns und Mecklenburgs, der Uckermark und der Mark Brandenburg unter schwedische Kontrolle. Für Gallas und seine Armee wurde die Lage kritisch, zumal aufgrund des Krieges nur wenige Äcker bestellt worden waren. Die Menschen hungerten.

In dieser Situation forderte der Kaiser eine Reichssteuer in Höhe von 150 Römermonaten. Auf dem obersächsischen Kreistag in Leipzig kam es zu heftigen Disputen. Sachsen und Brandenburg wollten den Krieg fortsetzen, weil sie um ihre Hegemonie und um Pommern fürchteten. Die Ernestiner widersprachen. Der Weimarer Vertreter verlangte, den Schweden ein Stück von Pommern zu überlassen und endlich Frieden zu schließen.[81] Im Winter fluteten die Reste der kaiserlichen Truppen zurück bis nach Schlesien und Böhmen, weil sie im Norden nirgends Quartiere fanden. Der niedersächsische Kreistag lehnte die Aufnahme ab, und Gallas wagte nicht, diesen Beschluss der offiziell mit dem Kaiser verbündeten Stände zu ignorieren.[82] Letztlich hatte er ein weiteres Heer ohne Schlacht ruiniert und wurde nach Wien zitiert. Dort gab er den Oberbefehl ab und übernahm das Amt des Hofkriegsratspräsidenten.

Der schwedische Vorstoß führte im Januar 1639 bei Lauenburg über die Elbe. Banér zog ins Lüneburgische, suchte dann aber Braunschweig und Magdeburg, Halberstadt und Quedlinburg heim. Über Halle drang er weiter nach Süden vor. Sein Siegeszug, dem auch Chemnitz und Zwickau zum Opfer fielen, endete im März vor Freiberg. Der Sturm auf die reiche Bergstadt misslang. Knapp einen Monat später besiegte Banér aber bei Chemnitz die vom neuen Feldmarschall Rudolph von Marzin geführten kursächsischen Verbände und erbeutete den gesamten Tross mit sechs Kanonen, reichlich Munition und Proviant sowie der Kanzlei des Befehlshabers. Marzin wurde von Kurfürst Johann Georg der Prozess gemacht. Banér erstürmte danach Pirna, eroberte Leitmeritz sowie weitere böhmische Städte und quartierte sich auf den Wallensteinschen Gütern ein. Ende Mai standen seine Soldaten vor Prag. In Wien herrschte Panik, doch die Schweden konnten wenig ausrichten, weil ihnen schwere Belagerungsgeschütze fehlten. Banér war zwar tief in feindliches Gebiet eingedrungen, erreichte letztlich aber wenig, weil die rückwärtigen Räume nicht gesichert waren. Als seine Soldaten in dem ausgemergelten Böhmen Hunger litten, konnte er keinen Proviant zuführen und musste sich zurückziehen. Der desolate Zustand seiner Armee und der Frust über die fehlende Möglichkeit, die böhmischen Gebiete dauerhaft zu kontrollieren, ließen den Feldmarschall zur Taktik der verbrannten Erde greifen. Auch der Feind sollte keinen Nutzen mehr aus diesem Land ziehen.[83]

1639 wurden die Reste der Armeen, die Breisach befreien sollten, ebenso wie das Heer des in Westfalen operierenden Hatzfeld nach Böhmen beordert. In Reserve blieben lediglich die Truppen Piccolominis, die in den Niederlanden für die Spanier kämpften. Sie besiegten am 7. Juni 1639 bei Diedenhofen in Luxemburg die von Marquis de Feuquières kommandierte französische Armee. Piccolomini machte etwa 5000 Gefangene. Er erhielt als Belohnung das Herzogtum Amalfi. Auf Befehl Ferdinands III. sollte auch sein Heer im Winter 1639/40 nach Deutschland zurückkehren. Den Oberbefehl über die neue kaiserliche Armee führte Leopold Wilhelm, Bruder Ferdinands III. und mehrfacher Bischof. Er galt als der Deutsche unter den Habsburgern, helle Haut, blonde Haare und freigiebig, und als entschiedener Gegner Trauttmansdorffs und dessen angeblich spanischem Regiment in der Hofburg. Alle Schlachten, in denen der Erzherzog den Oberbefehl hatte, gingen verloren.[84]

Während Banér noch Mitte Oktober 1639 die Festung Bautzen eroberte, führte der schwedische Oberst Hans Christoph Graf von Königsmarck erfolgreiche Kleinkriege. Er war 1620 als Fußsoldat in das kaiserliche Regiment Sachsen-Lauenburg eingetreten, 1630 in die Dienste Gustav Adolfs gewechselt und 1635 Oberst geworden. Nun tyrannisierte er Westfalen, das Eichsfeld und Thüringen. Er quartierte sich im Juni in Neustadt ein, um bis nach Königshofen und Schweinfurt zu streifen.[85] Im Herbst 1639 stand er vor Würzburg und erpresste 30 000 Reichstaler Brandschatzung. So ging es weiter. Selbst der Landgraf von Hessen-Darmstadt zahlte.

Piccolomini sollte 1640 im Rücken Banérs operieren und Königsmarck das Handwerk legen. Ihn zog es dann jedoch schon im Winter nach Böhmen, weil er dort Proviant und die Bereitschaft der Magnaten vermutete, seine Armee zu unterstützen. Er überquerte im Februar die zugefrorene Elbe bei Kolin. Die schwedischen Garnisonen ergaben sich, und Piccolomini logierte in Gitschin. Banér setzte sich erst nach Westen, dann nach Norden ab.[86] Er begründete dies auch mit dem Ruin des Landes, wo zwischen Prag und Wien fast kein Mensch mehr zu finden sei.[87] Anfang Mai vereinigte er sich in Thüringen mit anderen Gegnern des Kaisers, vor allem mit der ehemals weimarischen Armee. Diese Streitmacht von über 30 000 Mann plünderte das Land aus. Sie traf auf gut 10 000 kaiserliche Soldaten, die sich bei Saalfeld verschanzt hatten. Der Stellungskrieg war die erste gemeinsame Waffenaktion schwedischer und französischer Verbände. Er führte zu hohen Verlusten auf beiden Seiten. Die Soldaten und der Tross, insgesamt knapp 100 000 Personen, konnten im Saaletal auf Dauer nicht ernährt werden, zumal das Frühjahr nass und kalt war und sich Epidemien ausbreiteten.[88]

Der über das Geschehen in und um Saalfeld berichtende Jan Hector von Sturnbrich übertrieb in der üblichen Weise, wenn er von 200 000 «Soldaten, Huren und Buben» schrieb, die sich damals scharmützelnd gegenübergelegen und großen Hunger gelitten hätten. Die Stadtteiche seien wegen «der Päpstler Fischtage» trockengelegt worden. Das Wasser der Saale sei von Aas und Unrat völlig verunreinigt, und der Gestank sowie die vielen Würmer und Fliegen aufgrund verwesender Körper seien unerträglich gewesen. Die Bürger hätten die Quartierlasten tragen und überdies Schanzen, Straßen ausbessern und Botengänge verrichten müssen. Erst als es nichts mehr zu essen gegeben habe, seien die Schweden am 13. und die Kaiserlichen am 17. Juni 1640 abgezogen.[89]

Das Kampfgeschehen verlagerte sich im Herbst nach Westfalen und in den niedersächsischen Kreis, wo Banér Winterquartiere suchte. Dann aber begann er im November einen überraschenden Winterfeldzug, der ihn über Erfurt nach Süden führte. Am 21. Januar 1641 tauchten seine und die französische Armee vor Regensburg auf. Sie erschreckten eine kaiserliche Jagdgesellschaft und bombardierten die Stadt, in der sich erstmals seit mehr als einem Vierteljahrhundert wieder ein Reichstag versammelt hatte. Erobern konnte Banér Regensburg nicht, da plötzlich Tauwetter einsetzte und die Donau zum unüberwindlichen Hindernis gemacht hatte. Darüber hinaus fehlten ihm erneut Belagerungsgeschütze. Er gab sich daher mit dieser Machtdemonstration zufrieden und zog am 27. Januar nach Böhmen. Die französisch-weimarische Armee wandte sich nach Franken.

Der Reichstag

Im Frühjahr 1639 hatte der Mainzer Erzkanzler Anselm Kasimir von Wambolt einen Kurfürstentag in Frankfurt angesetzt, um über die Hindernisse zu beraten, die einem Frieden noch im Wege stünden. Der Kaiser begrüßte die Initiative, obwohl er fürchtete, dass die Kurfürsten zu selbständigen Sprechern des Reiches werden könnten. Er wollte deswegen ebenfalls Gesandte abordnen. Bei den Beratungen über deren Instruktion tauchte dann der Gedanke auf, einen Reichstag einzuberufen, bei dem der Kaiser anders als bei einem Kurfürstentag das Heft in der Hand hielt.[90] Die Kurfürsten berieten seit Februar 1640 in Nürnberg. Sie hatten auf Vorschlag Bayerns zunächst die kreisausschreibenden Fürsten und dann alle Reichsstände dazu eingeladen.[91] Diese Ausweitung zu einem Quasireichstag ohne kaiserliche Prärogative alarmierte Ferdinand III. Hinzu kam, dass bayerische Delegierte im Januar 1640 im schweizerischen Einsiedeln mit Frankreich verhandelten. In diesem Fall beruhigte ein Spion jedoch die Hofburg. Die Franzosen hatten die bayerischen Vorschläge rundweg abgelehnt; Richelieu wollte sich weder in der Pfalzfrage binden noch das schwedische Bündnis beenden, noch den Abzug seiner Truppen aus Deutschland zusagen.[92] Auf dem Kurfürstentag suchte Maximilian deswegen mehr denn je den Rückhalt der Reichsstände, um den Kaiser zur Aufgabe seines Bündnisses mit Spanien und zum Frieden zu bewegen.

Ferdinand III. lud schließlich im Mai zu einem Reichstag nach Regensburg ein, der am 26. Juli eröffnet werden sollte. Hier legte er mit seiner Eröffnungsrede die Tagesordnung fest. Zudem war bei Beschlüssen seine ausdrückliche Zustimmung vonnöten, damit sie als Reichsabschied Gesetzeskraft erhielten. Mit seiner Einladung forderte der Kaiser, den Kurfürstentag zu beenden, weil dort über Fragen wie die Restitution Württembergs oder Verhandlungen mit Frankreich und Schweden beraten werde, die seine Präeminenz tangierten.[93] Die Gesandten zogen von Nürnberg nach Regensburg.

Zu dieser Zeit verhandelte der Reichshofrat Kurt von Lützow in Hamburg mit dem schwedischen Residenten Salvius über einen Separatfrieden. Der Kaiser wollte das Argument entkräften, er stehe dem Frieden im Weg.

Die schwedischen Gebietsansprüche – Pommern sowie Sicherheitsplätze an der Ostseeküste – berührten die habsburgischen Interessen nicht. Die Gegenstrategie war denkbar einfach: Ferdinand III. ließ den Schweden 25 Tonnen Gold anbieten, die von den Protestanten aufgebracht und durch den Pfandbesitz von Rügen und Stralsund abgesichert werden sollten. Er wollte die Schweden aus ihrem Bündnis mit Frankreich herauskaufen. Als dies nicht gelang, bot er das Herzogtum Pommern an, falls der Kurfürst von Brandenburg zustimme; der schwarze Peter wurde damit an den Kurfürsten weitergereicht.[94] War der Friede mit Schweden unter Dach und Fach, konnten sich Kaiser und Reich gegen das ungeliebte Frankreich wenden. Bayern war mit der Pfalzfrage erpressbar.[95]

In Hamburg besaßen beide Gesandten keine Vollmachten zu größeren Zugeständnissen.[96] Als diese um den Jahreswechsel 1640/41 eintrafen, zog sich Salvius zurück. Banér stand vor Regensburg, und Oxenstierna wollte Frankreich bis zum Friedensschluss an eine gemeinsame Kriegführung binden. Die schwedische Großmacht glaubte, sich weder einen Separatfrieden noch das Verprellen der Franzosen oder der Hohenzollern leisten zu können. Von nun an galt: ein allgemeiner Friede in Deutschland oder gar keiner.

Die kaiserliche Reichstagsproposition vom 13. September 1640 unterschied sich wenig von den auf dem Kurfürstentag beratenen Themen, zumal Kurmainz den Habsburgern die Protokolle zugänglich gemacht hatte.[97] Die Reise nach Regensburg hatten neben dem Kaiser nur Markgraf Wilhelm von Baden-Baden sowie einige Bischöfe und mindermächtige Fürsten gewagt. Nicht eingeladen waren die Erben der Kurpfalz, Braunschweig-Lüneburg und die Landgräfin. Obwohl ihnen Ferdinand III. mit Zustimmung des Kurfürsten von Sachsen Sitz und Stimme verweigerte, wurden ihre Gesandten zu den Wortführern der reichsständischen Opposition: Ihre Anliegen, die Verschmelzung von Reichstag und Friedenskongress sowie eine Generalamnestie auf dem Stand von 1618, waren unter den Protestanten ausgesprochen populär.

Die auf einen Konsens zielenden Beratungen des Reichstags waren schwerfällig. Jede der drei Kurien, der Kurfürsten, der Fürsten- und der Städterat, diskutierte die proponierten Themen, dann wurden die Voten verglichen. Der Kaiser replizierte, und falls keine Einigung zustande kam, wurde neu beraten oder der Punkt vertagt. In Regensburg fanden 185 Sitzungen der Kurfürsten und 153 der Fürsten sowie 26 gemeinsame Beratun-

gen statt. Kaiser und Reich waren sich mit Ausnahme Kurbrandenburgs
über territoriale Abtretungen an Schweden einig, konnten sich aber weder
über Kompensationen für die Hohenzollern noch auf eine allgemeine
Amnestie verständigen. Da Kursachsen die Gravamina der Protestanten
ablehnte, wurden sie nicht übergeben.[98]
Bei den anderen Themen spielte die konfessionelle Zugehörigkeit eine
untergeordnete Rolle. Es gab keinen ernst zu nehmenden Versuch, die
Reichssteuern als Druckmittel gegen den Kaiser einzusetzen. Die Stände
forderten aber, die beiden vom Reichstag verbannten Fürstentümer in den
Prager Frieden aufzunehmen und den geistlichen Besitz auf dem Stand
von 1627, den weltlichen auf demjenigen von 1630 zu restituieren. Kurfürst
Maximilian plädierte als Wortführer der gemäßigten katholischen Partei
für eine Generalamnestie. Er brachte Ferdinand III. in Verlegenheit; dieser
hatte etwa in Württemberg den ehemaligen Kirchenbesitz teils verkauft,
teils an seine Vertrauten verschenkt. Dennoch erließ der Kaiser am 20. August eine Generalamnestie, die aber wenig wert war, weil sie bis zur Aussöhnung aller Stände mit dem Reichsoberhaupt ausgesetzt blieb.

Da der Kaiser den Schweden Pommern anbot, erkannte der junge Kurfürst Friedrich Wilhelm die Gefahr, dass man ihm die Schuld am Scheitern
der Friedensverhandlungen geben werde. Im Gegensatz zu seinem Vater
kooperierte er mit den Schweden und unterzeichnete am 24. Juli 1641 einen
Waffenstillstand. Oxenstierna hatte die Geheimgespräche zwischen Lützow
und Salvius dazu genutzt, Frankreich Zugeständnisse abzuringen. Das neue
Abkommen garantierte Schweden jährliche Subsidien in Höhe von 120 000
Gulden. Beide Mächte wollten den Krieg gemeinsam bis zu einem Friedensvertrag führen.

Der Kaiser hatte das diplomatische Gerangel im Norden verloren. Da
von einem Separatfrieden mit Schweden keine Rede mehr sein konnte,
musste er sich mit den Forderungen Ludwigs XIII. auseinandersetzen.
Während die Kurfürsten um ihre Führungsrolle fürchteten und einen allgemeinen Friedenskongress ablehnten, forderten die in Regensburg selbstbewusst auftretenden Fürsten genau dies. Der Kompromiss sah vor, dass
alle Reichsstände ihre Vertreter abordnen, diese aber nur von den kaiserlichen Verhandlungsführern angehört werden sollten; das Verfahren unterstrich den Standpunkt Ferdinands III., das Reich zu vertreten.

Der Regensburger Reichsabschied vom 10. Oktober 1641 vertagte die Religionsbeschwerden auf einen Deputationstag und verkündete eine Reichs-

steuer von zweimal 120 Römermonaten. Jeder, «so von Teutschem Geblüt», sei zur Rettung des geliebten Vaterlands «und eines jeden selbsteigene Teutsche Freiheit» verpflichtet, die Reichsarmee zu unterhalten.[99] Nur ein Bruchteil der Gelder ging fristgerecht beim neuen Reichspfennigmeister Hubert Bleimann ein. Bis Anfang der 1650er Jahre rechnete er jedoch Zahlungen in Höhe von fast drei Millionen Gulden ab.[100] Die Reichsstände konnten sich auch im Krieg solchen Bewilligungen nicht einfach entziehen. Sie hatten sich mit Ausnahme Kurfürst Friedrich Wilhelms erneut hinter dem Kaiser versammelt, um gemeinsam gegen die fremden Mächte vorzugehen. Die Kritik wollte aber nicht verstummen. «Man hätte die Dienstbarkeit durch Gesetze befestiget / und wäre mit der Freiheit auf diesem Reichs Tage zu Grabe gegangen.»[101]

Die Verhandlungen zwischen Lützow, dem französischen Grafen d'Avaux und Johan Adler Salvius führten dann Ende 1641 zum sogenannten Hamburger Präliminarfrieden. Am 25. März 1642 sollte in Westfalen ein Friedenskongress beginnen. In Münster sollten der Kaiser, Spanien, Frankreich und die Republik der Niederlande mit Hilfe päpstlicher und venezianischer Mediatoren verhandeln, in Osnabrück der Kaiser und die ihn beratenden Reichsstände mit den Schweden unter Assistenz dänischer Vermittler. Frankreich und Schweden benannten die Pfälzer Wittelsbacher, Hessen-Kassel und Braunschweig-Lüneburg als ihre Bündnispartner, Frankreich darüber hinaus Savoyen, die Generalstaaten und Kurtrier. Auch ihnen musste der Kaiser Geleitbriefe ausstellen. Die Kongressstädte und die Verbindungsstraßen zwischen ihnen wurden für neutral erklärt. Strittig blieb die generelle Zulassung der Reichsstände. Ein Waffenstillstand wurde nicht vereinbart. Der Vorfrieden bestand aus zwei Abkommen, einem Vertrag zwischen dem Kaiser und Schweden sowie einem Brief Lützows an d'Avaux und dessen Antwort an den dänischen König. Diese Form wurde notwendig, weil der französische König das Kaisertum Ferdinands III. nicht anerkannte. Da die Absprachen nur zögernd ratifiziert wurden – von Spanien erst 1644 –, verschob sich der Kongressbeginn erheblich.[102]

Schwedische Siege

Der Krieg ging weiter und ergriff immer mehr Regionen gleichzeitig. Die Vorstöße und Rückzüge über Hunderte von Kilometern beruhten selten auf weitsichtigen Strategien, sie waren meist vom Mangel diktiert. Große

Heere konnten in dem ausgemergelten Land nicht länger an einem Ort verharren. Die Kampfverbände wurden aus logistischen Gründen kleiner und mobiler. Die schweren Geschütze blieben in den Zeughäusern. In den 1640er Jahren dominierten die beweglichen Reitertruppen. Sie konnten große Landstriche kontrollieren und zur Versorgung heranziehen.[103]

Während die Reichsstände in Regensburg nach Banérs Abzug berieten, versuchte dieser, sich in Böhmen festzusetzen. Erzherzog Leopold Wilhelm, Piccolomini und der Lothringer Franz von Mercy als Kommandant der bayerischen Truppen wollten ihm den Weg verlegen. Sie zogen an der Donau etwa 22 000 Soldaten zusammen. Wiederum war Heberle direkt betroffen. Nachdem Anfang Februar die in Geislingen einquartierten kaiserlichen Regimenter abgezogen waren, marschierten drei Tage später bayerische Soldaten durch Neenstetten und plünderten alles, was noch vorhanden war.[104] Sie zogen von dort weiter in den Bayrischen Wald, wo ihnen am 19. März bei Neunburg vorm Wald Erik Slang auflauerte. Der alte Haudegen hielt die Stellung, bis die schwedische Hauptmacht über den Gebirgskamm nach Böhmen entkommen war. Er und 90 schwedische Offiziere, 1600 Reiter und 180 Musketiere gerieten in Gefangenschaft.[105] Ein Teil von ihnen wurde ins Ulmer Landgebiet gebracht. Da die Kavalleristen keine Pferde mehr besaßen, nannte der Volksmund sie «Steckenreiter».[106]

Aus Angst vor ihren Verfolgern durchquerte die schwedische Hauptarmee Böhmen in Eilmärschen und erreichte unter hohen Verlusten im April Sachsen.[107] Banér starb am 20. Mai 1641 in Merseburg. Ihm werden neben seinem unsteten Lebenswandel Alkoholexzesse nachgesagt; dies unterschied ihn jedoch allenfalls graduell von vielen seiner Zeitgenossen. Nach seinem Tod meuterten die Obristen, weil die Soldaten seit geraumer Zeit keinen Sold mehr erhalten hatten. In Wien hoffte man erneut, die deutschen Offiziere würden mit ihren Mannschaften überlaufen. Die Umworbenen trauten jedoch dem Kaiser nicht.[108] In dem Gerangel um die Nachfolge Banérs setzte sich der Artilleriegeneral Lennart Torstensson gegen seinen Konkurrenten Adam von Pfuhl durch. Der neue Oberbefehlshaber war schwer gichtkrank und musste in einer Sänfte getragen werden. Er besaß aber glänzende politische Verbindungen, genoss den Ruf eines herausragenden Strategen und brachte neben 7000 schwedischen Rekruten auch frisches Geld auf den Kriegsschauplatz.

Das Kriegsgeschehen hatte sich im Frühsommer 1641 auf die Belagerung der seit 1627 von 7000 ligistischen bzw. kaiserlichen Soldaten besetzten Festung Wolfenbüttel konzentriert. Herzog August II. von Braunschweig war mit dem Kaiser noch nicht ausgesöhnt. Er sollte das von seinen Truppen besetzte Stift Hildesheim an Kurköln übergeben, seine Verbände der Reichsarmee eingliedern und dann erst Wolfenbüttel zurückerhalten. Der Herzog ging darauf nicht ein. Die welfischen Truppen unter Generalmajor Hans Caspar von Klitzing belagerten die nach modernen Gesichtspunkten befestigte eigene Residenzstadt. Die zu Schanzarbeiten herangezogenen Bauern stauten die Oker unterhalb der Stadt. Im Unterschied zu vielen anderen Belagerungen sollte Wolfenbüttel das Wasser nicht abgegraben, sondern die Stadt durch Aufstauen der Oker geflutet werden; viele Bewohner mussten in die oberen Stockwerke ihrer Häuser flüchten, der Marktplatz wurde zum See. Die kaiserlichen Verbände, die den Schweden gefolgt waren und in der Nähe lagerten, entschlossen sich nach einigem Zögern zum Entsatz. Darüber hinaus erschienen die westfälischen Ligatruppen unter Joachim Christian Freiherr von Wahl. Guébriants Franzosen und Königsmarcks loyale Schweden unterstützten die Belagerer. Gekämpft wurde am 29. Juni um die Schanzen rund um den Staudamm. Gegen Abend ordnete Erzherzog Leopold Wilhelm nach dem Verlust von 3000 Soldaten den Rückzug an. Auch die siegreichen Belagerer verloren 2000 Mann und waren zu müde, um die Kaiserlichen zu verfolgen.[109] Diese lagerten im Lüneburgischen, drangsalierten die Bevölkerung und blieben eine stete Bedrohung für die Belagerer, die am 12. September aufgaben, sodass die Deiche geöffnet werden konnten.[110]

Die Schweden zogen nach Osten ab, Guébriant wandte sich nach Westen, um die hessische Landgräfin gegen Kurköln zu unterstützen. Der Kaiser beorderte daraufhin seine in den Niederlanden kämpfenden Verbände unter dem Grafen Wilhelm von Lamboy ebenso auf den niederrheinischen Kriegsschauplatz wie Hatzfelds Truppen, die in Franken ihr Winterlager aufgeschlagen hatten. Die hessisch-französische Armee vernichtete jedoch das Heer des anrückenden Lamboys in der Schlacht auf der Kempener Heide bei Krefeld am 17. Januar 1642. 2000 kaiserliche Soldaten starben, Lamboy und 3000 Mann gerieten in Gefangenschaft, nur etwa 2000 entkamen und konnten sich Hatzfeld anschließen. Guébriant wurde zum Marschall von Frankreich ernannt und eroberte in den folgenden Monaten etliche Städte im Erzstift Köln und am Niederrhein. Wieder war eine ganze kaiserliche Armee verschwunden, diesmal diejenige, die 1642 die an allen Fronten in arge Bedrängnis geratenen Spanier unterstützen sollte.

Zudem schoben sich die französischen und hessischen Truppen nun wie ein Keil zwischen die westfälische Operationsbasis Hatzfelds und die spanischen Truppen in Flandern. Kurfürst Maximilian von Bayern kamen Zweifel: Der Kaiser konnte seine Versprechen nicht einlösen, und die siegreichen Truppen fielen seinem Bruder in Kurköln zur Last. Den Kaiserlichen gelang es 1642, eine neue Armee zu formieren. Graf Hatzfeld, dem sich der gegen Gustav Horn ausgetauschte Johann von Werth angeschlossen hatte, vermied jedoch jeden Feindkontakt, um die kostbare Truppe keiner Gefahr auszusetzen. Die Misserfolge im Nordwesten wurden von Ferdinand III. bis zu einem gewissen Grade politisch dadurch ausgeglichen, dass er sich im Januar 1642 mit den Herzögen von Braunschweig-Lüneburg verglich, deren Gesandte er noch wenige Monate zuvor vom Reichstag verwiesen hatte. Er garantierte ihnen nicht nur den Besitz, sondern auch die Neutralität der welfischen Herzogtümer.[111] Die kaiserliche Besatzung verließ am 23. September 1643 Wolfenbüttel, das Stift Hildesheim fiel an Kurfürst Ferdinand von Köln, der die dortigen Protestanten dulden musste.

Torstensson hatte im Winter 1641/42 in der Nähe von Werben die schwedische Armee reorganisiert. Der Versuch der bei Eisleben lagernden kaiserlichen Truppen, diese aus ihren Quartieren zu vertreiben, scheiterte am Schnee, am mangelnden Proviant und daran, dass die Bauern zwar schwedische Trupps überfielen, den Kaiserlichen aber keinen Weg durch die Sümpfe wiesen. Die Schweden befanden sich in einer vergleichsweise komfortablen Lage. Sie besaßen die Ostseeküste und Garnisonen in Erfurt, Chemnitz und Westfalen. Ihre Truppen standen in Schlesien und kontrollierten darüber hinaus das Kurfürstentum Brandenburg, das den Schweden Durchmarsch- und Besatzungsrechte gewährt hatte.

Im April 1642 zog Torstensson mit etwa 15 000 Soldaten durch die Mark Brandenburg, während Königsmarck in Sachsen streifte. Anders als Banér, der über die Elbe vorgestoßen war, wählte Torstensson den Weg über die Oder. Er stand Ende April vor Glogau, als er erfuhr, dass die kaiserliche und die sächsische Armee anrückten. Daraufhin befahl er, sofort zu stürmen, und versprach seinen Soldaten, die Stadt plündern zu dürfen. Die Beute war stattlich, Kanonen, Pulver und vor allem reichlich Getreide, das in der schlesischen Hauptfestung gelagert wurde. Die Schweden eroberten weitere Städte und lagerten sich vor Schweidnitz. Die kaiserlichen und sächsischen Truppen folgten ihnen. Als sie sich am 31. Mai 1642 zur Schlacht stellten, stand Königsmarck in ihrem Rücken. Die Sachsen verloren fast 2000 Mann, weitere 2000 gerieten in Gefangenschaft. Ihr Befehlshaber, Franz Albrecht von Lauenburg, starb eine Woche später an seinen Verwundungen. Torstensson zog weiter nach Mähren und eroberte Olmütz. Erneut machten die Schweden reiche Beute, 300 000 Taler Brandschatzung, viele Pferde und Handfeuerwaffen, Blei, Pulver und 3000 Musketen. Etwa 10 000 Bücher wurden verpackt und nach Stockholm gesandt. Wrangels Reiter streiften bis vor Wien.[112] Die Schweden behaupteten Olmütz bis zu ihrem Abzug 1650. Damals lebten dort noch 1675 Menschen, 1641 waren es 30 000 gewesen.

Torstensson bedrohte Wien, konnte die habsburgische Hauptstadt aber nicht erobern. Er hatte sich mit seinem rasanten Vorstoß etliche feste Plätze tief im Feindesland gesichert. Der Rückzug wurde freilich zur Tortur, weil die in Brünn formierte kaiserliche Armee den stark geschrumpften Schweden folgte. Diese belagerten dennoch Ende Oktober das gut befestigte, aber nur von wenigen Soldaten besetzte Leipzig. Königsmarck unterstützte das Unternehmen mit Soldaten aus den Garnisonen Erfurt und Chemnitz. Als die Kaiserlichen mit mehr als 25 000 Soldaten zum Entsatz heranrückten, zogen die Schweden nach Norden ab. Die Kaiserlichen folgten ihnen. Sie rechneten nicht damit, dass Torstensson sich zur Schlacht stellen würde, und dies an dem Ort, an dem Gustav Adolf elf Jahre zuvor einen seiner größten Siege gefeiert hatte. Das zweite Gefecht bei Breitenfeld traf die Kaiserlichen am 2. November unvorbereitet. Den Soldaten fehlte es an Munition, manchen auch an ihren Waffen, die noch nicht ausgegeben waren, als die ersten Schüsse fielen.

Die kaiserliche Artillerie richtete zwar anfangs einigen Schaden unter den Schweden an, doch der linke Flügel hielt den Angriffen der von Wrangel umsichtig kommandierten schwedischen Infanterie nicht stand. Er wich zurück. Damit war die Schlacht eigentlich schon entschieden. Trotz bis zu 4000 Gefallenen oder Verwundeten war der schwedische Sieg eindeutig. Die Kaiserlichen verloren 8000 Mann, 46 Kanonen, 40 Munitionswagen und den Tross samt Kriegskasse, Kutsche, Kanzlei, Hofstaat und der Musikkapelle Erzherzogs Leopold Wilhelm.[113] Er selbst schlug sich mit den kümmerlichen Resten seiner Armee nach Böhmen durch und stellte die Offiziere seines linken Flügels wegen Feigheit vor ein Kriegsgericht; die höheren wurden erschossen, die niederen gehängt, ebenso einige Soldaten zur Abschreckung.

Breitenfeld war mit fast 50 000 beteiligten Soldaten die letzte große Feld-
schlacht dieses Krieges. Sie wurde – das war eher unüblich – von beiden
Parteien offensiv geführt. Der Sieg stabilisierte zwar die schwedische Vor-
herrschaft im Norden und Osten,[114] ihm folgte jedoch keine Offensive ins
Zentrum des Reiches wie elf Jahre zuvor. Königsmarck zog mit seinen Sol-
daten nach Westfalen. Die verwundeten Schweden kamen ins Hospital in
Halle. Die Mehrheit der Reiterei quartierte sich in Zeitz ein, die Leipziger
Garnison kapitulierte im Dezember. Die Stadt zahlte 150 000 Reichstaler
Kriegskontributionen. Johann Georg von Sachsen nahm dieses Desaster
nicht zum Anlass, die Fronten zu wechseln, wie Torstensson gehofft hatte.
Die Schweden befanden sich im lutherischen Sachsen in Feindesland. Um
den Kurfürsten zum Einlenken zu zwingen, belagerten sie im Dezember er-
neut und wiederum erfolglos Freiberg. Unter dem Strich hatte der schnelle
Vorstoß Schweden 1642 die beiden Stützpunkte Olmütz und Leipzig eingebracht, die sie bis zu ihrem Abzug aus Deutschland zäh behaupteten.

Torstenssons Sieg bestätigte 1642, dass die Schweden ein gewichtiger
Machtfaktor waren. Einen Triumphzug wie 1631/32 gab es freilich nicht.
Deutschland suchte keine strahlenden Sieger, sondern verlangte nach Frieden. Lohnende Ziele, in denen noch Milch und Honig flossen, gab es nicht
mehr. Die Wiener Lageanalyse fiel trostlos aus, obwohl weite Teile der
Erblande wie Innerösterreich vom Krieg verschont geblieben waren. Allerdings hatte die kaiserliche Armee in einem Jahr drei große Schlachten verloren, auf der Kempener Heide, bei Schweidnitz und in Breitenfeld. Feindliche Soldaten standen in Niederösterreich und hielten eine Festung in
Mähren. Am Hof und in der Armeeführung häuften sich die Vorwürfe,
und auch nationale Ressentiments brachen sich Bahn. Der deutsche Flügel
sei zwar bei Breitenfeld zurückgewichen, doch nur, weil ihn die Welschen
nicht unterstützt, aber zuvor alle Reserven an sich gezogen hätten. Hatzfeld lehnte den Oberbefehl ab, denn die Welschen hätten es verbockt und
sollten die Sache nun auch auslöffeln.[115] Die Hoffnungen auf einen Macht-
wechsel in Frankreich nach dem Tode Ludwigs XIII. erfüllten sich nicht.
Unter Königin Anna, der Schwester des spanischen Königs und der
Schwägerin Ferdinands III., änderte sich nichts an der antihabsburgischen
Politik.

Ohne Beteiligung der Schweden gab es keinen Frieden. Dies dämmerte
auch der alten Gewinnerkoalition von Kaiser und Kurfürst Maximilian.
Der bayerischen Regierung in Heidelberg wurde erlaubt, Kontributionen

an die französischen Garnisonen zu zahlen, damit diese ihre Streifzüge einstellten. Die Bischöfe von Bamberg und Würzburg erkauften sich ihren regionalen Frieden durch Zahlungen an die schwedische Besatzung in Erfurt.[116] Die starren Fronten gerieten ins Wanken. Es galt, das Neben- und Miteinander so zu gestalten, dass das Überleben möglich und ein unverzichtbarer Rest an Ordnung aufrechterhalten wurde. Von einem gottgewollten Krieg sprach niemand mehr.

Vor dem Friedenskongress

Seit Januar 1643 berieten die Gesandten der deputierten Reichsstände in Frankfurt über den Landfrieden, eine Reform der höchsten Reichsgerichte, die Religionsbeschwerden und den allgemeinen Frieden. Die Reichsfürsten forderten ihre Zulassung zum Friedenskongress und das *ius belli ac pacis*, das Recht, über Krieg und Frieden mitzuentscheiden.[117] Kaiser und Kurfürsten lehnten das volle Stimmrecht aller Reichsstände unter Verweis auf den Regensburger Reichsabschied, die hohen Kosten und mit der Begründung ab, dass auf dem Kongress über die inneren Angelegenheiten des Reiches gar nicht verhandelt werde. Die Kompromisssuche gestaltete sich schwierig. Die Fürsten schlugen vor, den Deputationstag nach Westfalen zu verlegen. Auch das war umstritten, obwohl die kaiserlichen Vertreter den Gedanken aufgriffen.

Der schwedische Gesandte Johan Adler Salvius durchhieb den gordischen Knoten. Er lud 1643 alle evangelischen Reichsstände ein, Gesandte zum Friedenskongress abzuordnen. Die Kronen wollten die Knechtschaft und den Entzug der ständischen Mitbestimmungsrechte nicht zulassen, denn ihre Sicherheit beruhe auf der Freiheit der deutschen Stände.[118] Frankreich schwenkte im Frühjahr 1644 auf diese Linie ein. Die Stände zögerten, um sich nicht direkt gegen den Kaiser zu stellen, und berieten untereinander. Beispielhaft erscheinen die Verhandlungen der ernestinischen Herzöge. Während der Weimarer Wilhelm IV. auf seine Partizipationsrechte pochte, ließ Friedrich Wilhelm II. von Altenburg offen, ob seine Gesandten nicht doch nur den Kaiser beraten sollten. In weiteren Gesprächen, an denen auch Ludwig von Anhalt-Köthen teilnahm, stimmten sich die Ernestiner über ihre Instruktionen und ihren internen Sessionsstreit ab. Altenburg sollte vor Weimar votieren, daraus aber keine Präzedenzrechte ableiten dürfen.[119]

Im Winter 1644/45 brach der unter den Kriegslasten stöhnende fränkische Reichskreis den Bann und beschloss, den Kongress zu beschicken.
Andere Reichsstände folgten. Der Fürstenrat entschied sich für eine Verlegung, der Kurfürstenrat für die Auflösung des Frankfurter Deputations-
tages.[120] Obwohl der Kaiser auf die Fortsetzung der Verhandlungen
drängte, kam kein Abschied mehr zustande. Dennoch zeigte der Deputationstag, dass die Reichsstände wieder zu den Verfahrensweisen zurückkehren wollten, die sich vor dem Krieg eingespielt hatten.

Der Verlust etlicher Armeen und die vielen Nadelstiche durch die
schnellen schwedischen Vorstöße erschütterten die Zuversicht des Wiener
Hofes, zumal auch Spanien wankte. Der Nachschub in die Niederlande
wurde durch den Verlust Breisachs empfindlich gestört. Die niederländi-
sche Flotte setzte der spanischen auf den Weltmeeren mächtig zu, in Katalonien und Portugal gab es seit 1640 schwere, von Frankreich unterstützte
Revolten, die im Falle Portugals zur Abspaltung führten. Der Herzog von
Braganza pochte auf seine alten Rechte und gewann als König Johann IV.
die Anerkennung der Stände – eine weitere Staatsgründung zu Lasten der
Habsburger. Zu allem Überfluss wurde am 19. Mai 1643 die spanische
Landarmee bei Rocroi an der Mosel von den Franzosen unter dem jungen
Louis II. de Bourbon, Duc d'Enghien, später Prinz de Condé, schwer ge-
schlagen. Wichtige Festungen in den südlichen Niederlanden wie Arras,
Gravelingen und Dünkirchen fielen an Frankreich.[121]

In Deutschland beherrschten drei große Armeeblöcke das Geschehen:
die Habsburger und Bayern im Süden, die Schweden im Osten und die
Franzosen im Westen. Verbunden mit ihnen oder zwischen den schnell
wechselnden Fronten suchten die Heere des sächsischen Kurfürsten, der
hessischen Landgräfin, der Welfen und des Kölner Kurfürsten Quartiere
und Faustpfänder. Da sich niemand anderes fand, befehligte Erzherzog
Leopold Wilhelm auch 1643 die vereinigten kaiserlichen, bayerischen und
sächsischen Truppen, die 70 000 Mann zählten. Davon standen 30 000 in
den Erblanden, etwa 15 000 unter Hatzfeld am Niederrhein, über 20 000
Bayern unter Franz von Mercy und Johann von Werth am Oberrhein sowie
ein paar Tausend Sachsen in Magdeburg, die den prestigeträchtigen Ort
vor den Schweden schützen sollten.

Torstensson wandte sich im Frühjahr erneut nach Böhmen und Mähren. Er umging die kaiserlichen Einheiten bei Königgrätz, um Kontakt mit
dem Fürsten Georg I. Rákóczi von Siebenbürgen aufzunehmen. Doch die

Verhandlungen dauerten lange, und Rákóczis Truppen tauchten erst Anfang des nächsten Jahres in Ungarn auf. Während die schwedischen Soldaten sich in Mähren, Schlesien und Sachsen von den Strapazen der Vorjahre erholten, vertrieb Königsmarck mit seinem Korps den Obersten Joachim Ernst von Krockow aus Pommern, der dort eine der vielen vergeblichen Kriegsverlagerungen versucht hatte.[122]

Die langen Marschwege und die vielen kleinen Gefechte waren auch an der französischen Deutschlandarmee nicht spurlos vorbeigegangen. Guébriant marschierte nach seinem erfolgreichen Einsatz am Niederrhein mit der weimarisch-französischen Armee den Main entlang nach Württemberg, wo er jedoch von den Bayern vertrieben wurde. Er zog sich nach Breisach zurück. Im Zuge dieser Auseinandersetzungen floh Heberle mit Hab und Gut das 17. Mal in diesem Krieg nach Ulm.[123]

Im Dezember 1642 war Kardinal Richelieu, im Mai 1643 Ludwig XIII. gestorben. Kardinal Julius Mazarin, der neue leitende Minister, forderte militärische Erfolge, um die eigene Position zu stärken. Guébriant zog daraufhin im Juni 1643 über den Schwarzwald, um die Bayern zu schlagen und einen Großangriff auf die Erblande vorzubereiten. Mercy drängte ihn jedoch von der Donau ab und verhinderte, dass die Franzosen Rottweil einnahmen. Zudem eroberte er strategisch wichtige Gebiete im nördlichen Schwarzwald und im Elsass.

Beim zweiten, am 18. November erfolgreichen Versuch, sich Rottweils zu bemächtigen, wurde Guébriant verwundet. Für ihn übernahm Josias Rantzau, ein früherer dänischer Kommandeur, der 1645 Marschall von Frankreich wurde, das Kommando und zog an die obere Donau, um dort ins Winterlager zu gehen. Sein Hauptquartier sowie den Alarm- oder Sammelplatz legte er nach Tuttlingen, wo er am 24. November von der durch Hatzfelds Truppen verstärkten bayerischen Armee angegriffen wurde. Mercy war um den Schwarzwaldkamm herummarschiert, dann nach Süden abgebogen und hatte bei Sigmaringen die Donau überquert. Er griff aus Südosten an. Im dichten Schneegestöber gelang seinen Truppen eine nahezu lautlose Annäherung, sodass die französischen Soldaten nicht einmal mehr ihre Waffen erreichten, während Johann von Werth ihre Geschütze fortführte, die sie unvorsichtigerweise auf dem Friedhof außerhalb Tuttlingens deponiert hatten. Nacheinander kapitulierten alle französischen Einheiten in Tuttlingen, in Mühlheim und Möhringen sowie eine Woche später auch in Rottweil. Fast alle Offiziere und 6000

Soldaten gerieten in Gefangenschaft. Die alte Armee Herzog Bernhards gab es danach nicht mehr. Frankreich hatte seine deutsche Rheinarmee verloren, deren Reste sich ins Elsass zurückzogen.[124] Die Karten schienen wieder einmal neu gemischt. Die bayerischen Truppen gingen in Schwaben und im Ulmer Landgebiet in die Winterquartiere. Johann von Werth lagerte in und um Geislingen. Heberle und seine Nachbarn flohen nach Ulm, wo sie im Dezember ausgewiesen wurden, weil die Soldaten diesmal als offizielle Verbündete in Quartier lagen und von den Bewohnern versorgt werden mussten.[125] Im Sommer 1645 verbot der Rat den Bauern wegen der Einquartierungen, die Dörfer zu verlassen; sie wurden sogar mit Gewehren ausgestattet, um die Ernte zu schützen. Laut Heberle fielen jedoch 1500 Reiter gleichzeitig über die Bauern her und raubten sie aus.[126]

Obwohl die eingespielten Routinen im Verhältnis zwischen Bauern und Soldaten ihre Gültigkeit nicht verloren, wurde die Situation an dieser sozialen Nahtstelle immer instabiler. Eskalationen waren jederzeit und selbst bei nichtigsten Anlässen möglich. Wenn die Bauern bewaffnet wurden, musste sich der Rat seiner Sache schon sehr sicher sein, denn wer garantierte ihm, dass sie ihre Gewehre nicht nutzten, um selbst Beutezüge zu unternehmen? Es spricht daher einiges dafür, dass die Situation im Ulmer Landgebiet nicht zum Bersten gespannt war und den Soldaten lediglich signalisiert werden sollte, dass Plünderungen nicht gefahrlos waren.

Der dänisch-schwedische Krieg

Am 3. Oktober 1643 erreichte Torstensson in der nordmährischen Deutschordensveste Eulenburg die geheime Nachricht, die Stockholm Anfang Juni per Kurier verlassen hatte. Er sollte alle Aktionen in Mähren und Schlesien sofort einstellen und die dänischen Herzogtümer Holstein und Schleswig sowie Jütland besetzen, um dann über den Kleinen Belt auf die Insel Fünen zu ziehen. Schweden wollte Dänemark eine Lektion erteilen, dessen voraussichtlich parteiische Vermittlung auf dem Friedenskongress verhindern, die Sunddurchfahrt erzwingen und die Gebiete annektieren, mit denen der südliche Nachbar die werdende Großmacht vom offenen Meer trennte.

Die Dänen behinderten nicht nur die schwedischen Importe, sondern auch die von holländischen Händlern organisierten Waffenexporte. Schweden, das die Ostsee beherrschte und eine Großmacht auf dem Kontinent war, durfte sich nicht länger von der Nordsee und dem Atlantik abschneiden lassen. Christian IV. sollten die vielen Provokationen heimgezahlt werden. Er hatte aufgerüstet, Hamburg und Pommern durch Kriegsschiffe blockiert und mit Polen und Russland verhandelt.[127] Die im Reichsrat angeführten Motive boten freilich erneut keine hinreichende Begründung für einen legitimen Präventivkrieg. Vorrangig war ein machiavellistisch anmutendes Gewinnkalkül: Dänemark schien eine leichte Beute für die hochgerüstete schwedische Kriegsmaschinerie zu sein.

Torstensson schlug Gallas einen Waffenstillstand vor, da die Gesandten sich ohnehin in Kürze in Westfalen zu Friedensgesprächen treffen würden. Bis Gallas aus Wien Antwort erhalten hatte, waren die Schweden aber längst abgezogen.[128] In Wien glaubte man an einen Sieg der eigenen Strategie. Gallas sollte den Schweden folgen. Schon im Dezember brachte Torstensson die ersten dänischen Festungen in Holstein in seinen Besitz. Nur Glückstadt und Krempe konnten erst im Januar 1644 erobert werden. Jütland stand offen. Torstenssons Versuch, mit kleinen Schiffen sein Heer auf die Insel Fünen zu bringen, scheiterten jedoch im Februar zweimal unter erheblichen Verlusten. Noch misslicher war, dass auch der schwedische Feldzug in Norwegen stecken blieb und Hatzfeld mit seiner kleinen westfälischen Armee im Rücken Torstenssons auftauchte. Zu allem Überfluss erschien im Sommer 1644 auch noch Gallas mit der kaiserlichen Hauptarmee auf dem Kriegsschauplatz, um den schwedischen Rückzug nach Süden zu blockieren. Der Torstenssonkrieg schien in einer Katastrophe zu enden, zumal auch die Flotte, die den Weg nach Fünen sichern sollte, nicht auftauchte.

Die spanischen und bayerischen Verbündeten des Kaisers hatten im Februar 1644 gegen diese Verlagerung protestiert und wie einige hohe Offiziere empfohlen, die Erblande von allen Feinden zu säubern. Ferdinand III. bestand jedoch darauf, Christian IV. zu unterstützen, der im Norden nicht aufhören sollte, die Schweden unter Druck zu setzen.[129] Als Gallas im Juli bei Hamburg an die Elbe kam, fand er weder dänische Verbündete noch Geld oder Proviant. Christian IV. war bei seiner Flotte, die nach einem Seegefecht am 1. Juli die in die Kieler Förde geflüchteten schwedischen Schiffe blockierte. Er forderte Gallas auf, die vor der Küste ankernden Schweden vom Land her anzugreifen. Wieder zögerte der Feldmarschall zu lange. 1000 schwedische Reiter überquerten durch eine

Furt am 4. August die Förde und erstürmten die dänische Schanze. Am 12. August segelten die Schweden bei günstigem Wind und Dunkelheit davon.[130] Der schwedische Versuch, die Seehoheit zwischen den dänischen Inseln zu gewinnen, war dennoch vorerst gescheitert. Erst mit niederländischer Hilfe konnte die überraschte dänische Flotte am 23. Oktober 1644 vor Fehmarn versenkt werden.[131] Die Dänen willigten daraufhin in Friedensgespräche ein, die unter der Leitung französischer und holländischer Vermittler im August 1645 zum Frieden von Brömsebro führten. Dänemark verlor Ösel und Gotland, zwei norwegische Provinzen und das südschwedische Halland, schwedische Schiffe durften den Öresund zollfrei passieren, und Hamburg wurde von den lästigen Elbzöllen befreit.[132]

Torstensson vernichtete 1644 bei seinem Abzug nach Südosten eine weitere habsburgische Armee. Zunächst ließ er weite Landstriche südlich und östlich der Eider verwüsten, um dann in einem schnellen Zug nach Süden durchzustoßen. Gallas konnte sich nicht zum Angriff entschließen, sodass seine hungernden Truppen den Schweden nacheilen mussten. Unterdessen war der unermüdliche Königsmarck ins Erzbistum Bremen eingedrungen. Er stand im Rücken von Gallas und blockierte den aus Westfalen heranziehenden Hatzfeld. Dann zog sich Königsmarck nach Mitteldeutschland zurück. Er konnte die am 9. August 1644 begonnene Belagerung von Chemnitz zwar nicht verhindern, doch er sicherte Erfurt und Leipzig und besetzte darüber hinaus Torgau und Halberstadt. Dem Heerverderber Gallas, der im September seine Stellungen an der Elbe aufgab, um sich im anhaltischen Bernburg in vermeintliche Sicherheit zu bringen, stand dagegen das Schlimmste noch bevor. Seine Soldaten desertierten, wann immer sich eine Gelegenheit bot, und seine Offiziere drohten mit Abschied. Es fehlte an Proviant und Geld.[133] Torstensson folgte Gallas in Eilmärschen und erwies sich seinem Gegner in allen militärischen Belangen haushoch überlegen, sodass das kaiserliche Heer fast vollständig aufgerieben wurde.

Die Schweden besetzten die festen Orte in der Umgebung von Bernburg mit Reiterposten und verwüsteten im September das umliegende Land. Die kaiserlichen Truppen fanden keine Nahrung und waren von ihrem Nachschub aus Böhmen und Sachsen abgeschnitten. Torstenssons Hungerstrategie ging vollends auf, als wiederum Königsmarck mit seinen Leuten erschien und der Ring geschlossen werden konnte. Gallas musste seine gesamte Ausrüstung in Bernburg zurücklassen, um mit seinem Fußvolk nach Magdeburg zu entkommen, während seine Kavallerie über die Elbe setzte. Die Schweden verfolgten sie bis in die Nähe von Jüterbog, wo sich die Kaiserlichen am 23. November 1644 zum Kampf stellten. Nur ein kleiner Rest entkam. Gallas selbst aber saß mit seiner Infanterie bei Magdeburg in der Falle. Die überlebenden 4000 kaiserlichen Soldaten entkamen dank des Treibeises und eines Elbehochwassers nach Wittenberg. Viele von ihnen wechselten in die schwedische Armee.[134] Torstenssons Soldaten tyrannisierten nach diesen Strapazen das wehrlose Sachsen.[135] Dem verdutzten Kurfürsten erklärte der Feldherr, entweder er willige in einen Waffenstillstand ein, oder er werde sein Land zur Wüste machen. Der Kurfürst verhandelte, und Torstensson war seinem großen Plan eines konzentrierten Angriffes auf die kaiserlichen Erblande ein gutes Stück näher gekommen. Die Schweden sollten von Norden, Rákóczi von Osten und die Franzosen unter Henri Turenne von Westen vorstoßen.

Die Schweden vor Wien

Nach dem großen Erfolg von Tuttlingen starteten die bayerischen und kaiserlichen Truppen am Oberrhein eine Offensive. Der französische Feldherr Turenne konnte Mazarins Forderung, weite Landstriche jenseits des Schwarzwaldes zu besetzen, nicht umsetzen. Stattdessen ließ Mercy die Festung Hohentwiel von 1000 kaiserlichen Soldaten blockieren und marschierte über den Schwarzwald, um die Gebiete zurückzugewinnen, die 1638 an Bernhard verloren gegangen waren. Der Stadtkommandant von Freiburg hatte auf Befehl der Breisacher Regierung die Vorstädte niederlegen lassen, um freies Schussfeld zu bekommen, musste aber am 27. Juli 1644 kapitulieren.

Während der Kämpfe lagerte Turenne mit 10 000 Mann etwa zehn Kilometer entfernt bei Pfaffenweiler. Er griff nicht ein, sondern wartete auf die vom Herzog von Enghien aus Verdun herangeführte Verstärkung. Die 10 000 Elitesoldaten kamen trotz eines Gewaltmarsches von fast 33 Kilometern am Tag ein wenig zu spät. Nachdem sie sich mit den Truppen Turennes am 2. August bei Krozingen vereinigt hatten, verfügten die Franzosen über knapp 20 000 Mann. Die Schlacht um die Rückeroberung Freiburgs erfolgte in drei Etappen zwischen dem 3. und dem 10. August 1644. Enghien griff am 3. August unter großen Verlusten den von bayerischer

Infanterie besetzten Schönberg südlich von Freiburg an. Mercy zog seine
Soldaten in der Nacht zurück. Am 5. August berannten Enghiens Truppen
den Schlierberg, den sie aber nicht einnehmen konnten. Am 10. August
folgten schließlich die Gefechte beim Kloster St. Peter. Mercy zwang die
Franzosen zur Flucht, doch seine Soldaten verweigerten die Verfolgung[136]
und zogen sich nach Villingen zurück, während die Franzosen nach Norden auswichen. Die beiden Armeen marschierten nahezu parallel auf der
einen und der anderen Seite des Schwarzwaldes.

Die Franzosen durchzogen die Markgrafschaft Baden, die Bistümer
Speyer und Worms sowie die Pfalz. Sie eroberten im September die seit
1635 von den Kaiserlichen gehaltene Festung Philippsburg. Mainz kapitulierte am 17. September. Die kaiserliche Position am Mittelrhein brach zusammen. Mercy eroberte Anfang Oktober noch Pforzheim und Mannheim. Dann ging seine Armee in Franken, Schwaben und am Bodensee ins
Winterlager. Die Franzosen kontrollierten im Winter 1644/45 den Mittelrhein und besetzten im folgenden Jahr Lothringen. Herzog Karl entzog
sich weiterer Zugeständnissen und vergrößerte die stattliche Zahl hoch-
rangiger Exulanten in den Niederlanden.[137]

Nach 1642 war 1644 das zweite Katastrophenjahr der Habsburger und
ihrer Verbündeten. Das Abdrängen der Schweden führte in ein Desaster,
in Ungarn war der Fürst von Siebenbürgen auf dem Vormarsch, und am
Rhein übernahmen die Franzosen das Kommando. Eigentlich hätte der
Wiener Hof seine Delegierten bei den schleppend beginnenden Friedensverhandlungen in Westfalen anweisen müssen, möglichst schnell zu einer
Vereinbarung zu kommen. Stattdessen setzte Wien unter Aufbietung der
allerletzten Reserven mit dem Neuaufbau einer Armee in Böhmen alles
auf eine Karte, die einer Entscheidungsschlacht.

Torstensson tat dem Kaiser den Gefallen und zog Anfang 1645 nach Böhmen. Dort versperrte ihm eine von Generalfeldmarschall Melchior Graf von
Hatzfeld kommandierte kaiserliche Armee den Weg. Sein Sieg sollte für die
Friedensverhandlungen ein Zeichen setzen und den Prager Frieden retten –
gegen Ende des Krieges wollten alle Feldherren ihre Gegner nicht mehr
ausmanövrieren, sondern besiegen. Die Schlacht fand am 5. März bei Jankau
südöstlich von Prag statt. Hatzfelds Streitmacht bestand aus 9000 österreichischen, etwa 5000 erfahrenen bayerischen Soldaten und 1400 sächsischen
Söldnern. Torstensson verfügte über 9000 Kavalleristen und 6500 Infanteristen, war aber wegen seiner Krankheit nicht in der Lage, länger zu reiten

und persönlich seine Kommandos zu geben. Die Schweden hatten einen Hügel in der Nähe der kaiserlichen Truppen besetzt und feuerten ihre Geschütze auf die von Werth geführte und zunächst erfolgreiche feindliche Reiterei, die sich jedoch in einer Senke quasi verfing. Gleichzeitig verhinderten die Attacken der schwedischen Infanterie, dass sich die Kaiserlichen neu formierten. Sie mussten sich am frühen Nachmittag zurückziehen, stellten sich aber außerhalb der Schussweite schwedischer Kanonen neu auf und griffen, als dort schwedische Musketiere auftauchten, noch einmal an.

Die Schlacht begann ein zweites Mal, und die Kaiserlichen waren so erfolgreich, dass sie die Zeit fanden, den schwedischen Tross zu plündern und auch die Ehefrau von Torstensson gefangen zu nehmen. Dieser Zeitvertreib gab den Schweden die Möglichkeit, sich ihrerseits neu zu formieren und zurückzuschlagen. Die Frauen und die Geschütze wurden befreit. Hatzfeld beklagte schließlich vergleichsweise viele Gefallene, darunter General Götz und andere erfahrene Offiziere. Er selbst geriet mit etwa 4000 Soldaten ebenfalls in Gefangenschaft.[138] Die Schweden verloren wohl deutlich mehr als die häufig kolportierten 600 Mann. Die bisher oft schlachtentscheidende bayerische Reiterei wurde bei Jankau vernichtet.

Ferdinand III. floh von Prag über Pilsen und Regensburg nach Linz und Wien. Seine Kinder und seine Stiefmutter ließ er nach Graz in Sicherheit bringen. Er selbst blieb in der gefährdeten Hauptstadt. Ende März 1645 erreichten die Schweden die Donau und streiften in Niederösterreich, wo sie die Festungen Krems und Korneuburg in ihre Hände brachten. Nach Ansicht des päpstlichen Nuntius war die Moral am Kaiserhof noch schlechter als die Lage. Es fehle an allem, «Liebe und Gehorsam der Untertanen, Klugheit und Richtungsgebung der Minister, und schließlich Entschlossenheit des Fürsten».[139]

Das große Ziel, die Eroberung Wiens, misslang den Schweden jedoch erneut. Torstenssons schneller Winterfeldzug machte die koordinierte Aktion mit französischen und den siebenbürgischen Truppen Georgs I. Rákóczi zunichte. Der Schwede agierte mehr als einen Monat vor der Zeit. Die Franzosen begannen ihre Kampagne erst Ende März 1645, Rákóczi, als er vom schwedischen Sieg bei Jankau erfuhr. Torstensson kontrollierte die Donau und machte Stammersdorf bei Wien zu seinem Hauptquartier. Die Schlösser des habsburgischen Hochadels waren in seiner Hand, die Bibliothek der Dietrichsteins in Nikolsburg wurde Königin Christina gesandt, Trautsons Burg Falkenstein zur Ruine gemacht.[140]

Torstensson zögerte jedoch, ohne seine Verbündeten einen Angriff auf
Wien zu wagen: Seine Soldaten waren von den Strapazen und dem so früh
im Jahr vorhersehbaren Mangel an Nahrungsmitteln geschwächt, die Do-
nauübergänge blockiert. Wien wurde von etwa 30 000 Mann verteidigt.
Nicht alle waren ausgebildete Soldaten, doch auch junge Rekruten, bewaffnete Bürger und Studenten konnten Teile der Stadtmauer oder eine
Schanze sichern. Da sich das Zusammentreffen mit Georg I. Rákóczi verzögerte, wollte Torstensson die Zwischenzeit nutzen. Er zog nach Mähren
und belagerte Brünn, um nicht von seinen Versorgungsbasen in Pommern
oder Thüringen abgeschnitten zu werden. Die Belagerung misslang. Kommandant de Souches, ein Hugenotte aus La Rochelle, hatte die Festung
verstärkt, und den Schweden fehlte erneut schwere Artillerie.

Inzwischen stand das siebenbürgische Heer in Ungarn. Die Vorhut, die
im Mai mit den Schweden Kontakt aufnahm, verlangte die Übernahme
ihres Soldes für zwei Monate. Torstensson hatte das Geld nicht, und seine
Lage vor Brünn wurde aussichtslos; 8000 seiner Leute starben an der Pest,
und der Kaiser unterbreitete das verlockende Angebot, jeden Deserteur
mit 50 Talern zu begrüßen. Obwohl sich Rákóczis Hauptmacht Wien näherte, war damit nicht viel gewonnen. Seine leichte Kavallerie nutzte wenig
bei einer Belagerung. Die schwedische Schwäche schien ihm Grund genug, mit dem Kaiser zu verhandeln, zumal seinem Vorstoß der türkische
Rückhalt fehlte. Die Osmanen hatten mit der Invasion Kretas einen Krieg
gegen Venedig begonnen und wollten keinen unkalkulierbaren Waffengang an der nördlichen Front. Rákóczi durfte sich nach dem Friedensschluss von Linz im Dezember 1645 als Retter der ungarischen Protestanten feiern lassen. Die Freigabe der Religion in Ungarn war der Preis, den
Ferdinand III. zahlte.[141] Der Kaiser garantierte die ständischen Rechte und
die religiöse Freiheit auch der Bauern. Rákóczi gab seine Eroberungen
zurück und kündigte sein Bündnis mit Schweden und Frankreich auf.

Torstensson brach im August die Belagerung Brünns ab, um erneut vor
Wien zu ziehen, das er nun aber stärker befestigt und besser vorbereitet als
im Februar vorfand. Ihm blieb nur der Rückzug, der am 25. September 1645
begann und über Mähren, Böhmen und Sachsen bis nach Thüringen führte.
Am 23. Dezember übergab der schwerkranke, kaum noch transportfähige
Feldmarschall den Oberbefehl an Admiral Karl Gustav von Wrangel.[142] Der
Feldzug zeigte zweierlei: Die Schweden waren den Kaiserlichen militärisch
überlegen, konnte sie aber nicht entscheidend besiegen. Problematischer

war, dass die schwedische Politik kein Konzept besaß, um die Erfolge ihrer Armee dauerhaft zu sichern. Über die Frage, was eigentlich geschehen solle, falls Wien tatsächlich erobert werde, hatte sich offensichtlich niemand ernsthafte Gedanken gemacht. Hatte sich für Gustav Adolf die Kaiserfrage gestellt, fehlte dieser Möglichkeit in den 1640er Jahren ein glaubwürdiger Kandidat. Niemand wusste, welche politische Form eine schwedische Hegemonie über Deutschland hätte haben sollen. Die Regierung in Stockholm schien folgerichtig nicht unglücklich darüber zu sein, dass die Einnahme Wiens nicht gelang. Sie besaß andere Prioritäten, die sich in Deutschland auf Pommern und die Kontrolle der Küste beschränkten.

Die größte Gefahr eines Zangenangriffs auf Wien war Ende des Jahres 1645 gebannt,[143] dennoch aber eine tiefe Bresche in die bisher starre konfessionelle Haltung der Habsburger geschlagen worden. Musste das, was den Ungarn recht war, den Deutschen nicht billig sein? Der schwedische Vorstoß sorgte dafür, dass die Friedensgespräche in Münster und Osnabrück nun ernsthafter als bisher geführt wurden und der Kaiser gewaltige Abstriche an seinem Maximalprogramm machte. Aus schwedischer Sicht waren Dänemark und Kurbrandenburg neutralisiert, drei kaiserliche Hauptarmeen vernichtet, und man besaß Festungen in den Erblanden. Die Lage des Kaisers war desolat. Kursachsen verhandelte notgedrungen mit den Schweden über einen Waffenstillstand, der am 6. September 1645 in Kötzschenbroda unterzeichnet wurde.[144] Der Kurfürst durfte seine Pflichten gegenüber Kaiser und Reich erfüllen und Ferdinand III. drei Kavallerieregimenter überlassen. Er erhielt alle Länder und Rechte zurück mit Ausnahme Leipzigs, der gräflichen Lehen in Thüringen und der Schutzverwandten Städten Erfurt, Mühlhausen und Nordhausen. In Torgau wurde ein freier Elbübergang eingerichtet. Das Kurfürstentum zahlte monatlich 11 000 Taler Kontributionen an die Schweden und ließ schwedische Truppen jederzeit ungehindert passieren. Die schwedische Blockade Magdeburgs wurde aufgehoben.[145]

Die Neutralität Sachsens bis zum Ende des Krieges bestätigte am 31. März 1646 der Friede von Eilenburg, der die Kontributionen auf 8000 Taler pro Monat reduzierte und faktisch das Ende des Krieges für das Kurfürstentum war. Diese Übereinkunft des nebst Kurfürst Maximilians stets loyalen kaiserlichen Gefolgsmannes bedeutete zwar keinen dramatischen Schwenk der sächsischen Politik, reagierte aber auf die augenfällige Schwäche der Habsburger, die keinen Schutz mehr bieten konnten. Auch Maximilian von Bayern musste sich 1645 aus militärischen Gründen von dem Ziel verabschieden, den Prager Frieden doch noch durchzusetzen.

11 000 französische Soldaten hatten Ende März 1645 bei Speyer den Rhein überschritten und waren bis in die Gegend von Schwäbisch Hall vorgestoßen. Franz von Mercy stellte sich bei Ellwangen zur Schlacht, doch Turenne zog an ihm vorbei und weiter nach Mergentheim, um die Vorräte des fruchtbaren Taubertals zu plündern. Mercy beschloss, Turenne mit einem Angriff zu überraschen. Er näherte sich am 5. Mai von Süden und fand die französischen Truppen bei Herbsthausen. Sie waren noch nicht in Schlachtaufstellung, als die bayerische Artillerie zu feuern begann. Werth umging das kleine Dorf, sodass Turennes Kavallerie in die Zange genommen wurde. Die französische Infanterie geriet zum großen Teil in Gefangenschaft, die heranrückenden Reiterregimenter konnten nur noch den Rückzug decken. Turenne verlor angeblich 5000, Mercy nur 1000 Soldaten. Er verfolgte die flüchtenden Franzosen bis zum Main.[146]

Die Schlacht bei Herbsthausen war nicht kriegsentscheidend, sorgte aber in München und Wien für neuen Mut. Mercys Kräfte reichten aber nicht aus, den deutschen Südwesten dauerhaft zu stabilisieren. Mazarin lehnte Turennes Rücktrittsangebot ab und beorderte zusätzlich die Armee Enghiens nach Deutschland. 6000 hessische Soldaten unter Geyso und 4000 schwedische unter Königsmarck beteiligten sich am nächsten Feldzug gegen Bayern. Die Schweden trennten sich jedoch von den Franzosen, die Mercy bis ins Nördlinger Ries zurückdrängten. Dort gingen dessen Truppen am 3. August um Alerheim in Stellung. Enghien nahm die Schlacht gegen den Rat Turennes und der erfahrenen Offiziere an. Zunächst sollte das Dorf Alerheim erstürmt werden.

Die Kampfhandlungen begannen nachmittags mit einem Artillerieduell. In dem verbissenen Gemetzel wurde Mercy von einer Musketenkugel tödlich getroffen. Der Verlust dieses genialen Feldherrn entschied möglicherweise über den Ausgang der Schlacht. Die Franzosen steckten Alerheim in Brand und zwangen so die Verteidiger zum Rückzug. Werth überquerte daraufhin ein für unpassierbar gehaltenes Gelände und drängte den rechten Flügel der Franzosen noch einmal zurück. Seine Reiter plünderten dann wohl den zurückgelassenen Tross und scherten sich nicht um die hessischen Korps, die intakte Reserve des Gegners.

Während General Gottfried Huyn von Geleen mit etlichen Obristen in Gefangenschaft geriet, kehrte Werth mit seinen Reitern auf das Schlachtfeld zurück. Er griff die Hessen jedoch nicht von hinten, sondern von der Seite an und verstärkte so die Fluchtbewegung der eigenen Truppen. Dann übernahm er als dienstältester General das Kommando und sammelte die Truppen zum Rückzug. Die Verluste waren bei den Verlierern vielleicht sogar geringer als bei den französischen Siegern unter Enghien, die über Heilbronn und durch die Grafschaft Hohenlohe nach Schwaben abmarschierten.[147] Die Folgen dieser Schlacht spürte wieder einmal Heberle. Er floh im Juli vor den Franzosen und Schweden nach Ulm – zum 21. Mal in diesem Krieg. Offiziell waren diese Soldaten nun Feinde. Sie hätten aber, so Heberle, die Schweden lieber siegen sehen als den Kaiser: «von wegen der Religion und des Glaubens halber».[148]

Der Sieg bei Alerheim brachte den Franzosen keine größeren Gewinne, und die bayerische Armee konnte mit Hilfe der kaiserlichen Truppen 1646 fast alle Verluste wettmachen. Wichtig waren allerdings die Folgen der beiden Schlachten von Jankau und Alerheim für die Verhandlungen in Westfalen. Der Krieg drehte sich längst im Kreis, die Ziele verschwammen. Was wollten die Schweden vor Wien? Und wie gedachten die Franzosen den deutschen Südwesten auf Dauer als Glacis zu sichern? Dienten die Feldzüge nur noch dazu, Macht zu demonstrieren, um den Gegner einzuschüchtern und zu demoralisieren? Sollten die Habsburger aus dem Reich vertrieben werden, wie die unter dem Pseudonym Hippolithus a Lapide verfasste berühmte Kampfschrift *Dissertatio de ratione Status in imperio nostro Romano-Germanici* von Bogislaw von Chemnitz forderte? Seines Erachtens wurde die Staatsräson des Reiches nicht aufgrund der Reichsgesetze, sondern fälschlicherweise nach den auf das römische Recht zurückgehenden Prinzipien erörtert. Dadurch sei alles auf den Kaiser und seine aus der *Lex Regia* abgeleitete monarchische Gewalt ausgerichtet. Reichsrecht und Reichsabschiede zeigten jedoch, dass die höchste Gewalt nicht beim Kaiser, sondern beim Reich liege. Es sei eine Aristokratie, auch wenn der Kaiser aus der Masse der Stände herausrage. Deren Rechte seien zu wenig verteidigt worden. Jeder müsse sich nun daran erinnern, dass die Väter sich als Deutsche verstanden und lieber den Tod als die Knechtschaft hätten leiden wollen. Deswegen sollten Katholiken und Protestanten ihren Streit beenden und ihre Waffen gegen das Haus Habsburg vereinigen, denn der Glaube sei in diesem Krieg um die Reichsverfassung nur ein Vorwand. Es gehe letztlich um die Alternative deutsche Freiheit oder Unterwerfung unter den habsburgischen Kaiser. Um dies zu verhindern, empfahl

Chemnitz Eintracht und Einigkeit und, als Kampfansage, die Vertreibung des Hauses Österreich aus dem Reich. Sein Besitz sei dem Fiskus zu übereignen. Nur so könne die von den Habsburgern unterdrückte Freiheit wiederhergestellt werden. Ein tugendhafter Kaiser müsse künftig stets aus einem anderen Geschlecht gewählt, der Reichshofrat abgeschafft und eine stehende Reichsarmee sowie eine entsprechende Kriegskasse eingerichtet werden.[149] Die Vorstellung eines Reichs ohne die Habsburger war eine Utopie, und für den Glauben zog nach einem Vierteljahrhundert Krieg niemand mehr ins Feld.

Ein Frieden gegen die Wiener Habsburger wäre angesichts des spanischen Verbündeten und aufgrund der jenseits des Alpenkammes vorhandenen Ressourcen – dort gab es praktisch keinen Dreißigjährigen Krieg – nicht durchsetzbar gewesen. An einem Kompromissfrieden führte kein Weg vorbei. Er musste in Münster und Osnabrück ausgehandelt werden, denn Gottes Wille und Beistand hatten sich als Argumente der Siegeszuversicht verbraucht. Das Gemetzel der apokalyptischen Reiter war Menschenwerk geworden, und so musste auch der Friede ein solches sein.

III.
DER FRIEDEN

Ein universaler, christlicher, gerechter Frieden – wer hätte sich dem verweigern wollen? Der Frieden war auch in der Frühen Neuzeit das höchste Gut, wurde während des Dreißigjährigen Krieges immer wieder gefordert, ließ aber sehr lange auf sich warten. Die apokalyptische Trias beherrschte das Feld, und es fehlten weitsichtige Lösungen, um sie zu vertreiben. Als sich die ersten Gesandten 1644 in Münster und Osnabrück versammelten, gab es keinen Waffenstillstand und kein Einvernehmen über den Teilnehmerkreis und das Prozedere. Um einem Frieden näher zu kommen, musste zuerst geklärt werden, wer überhaupt gegen wen mit welchem Ziel den Krieg in der Mitte Europas führte, dessen Dauer zwar nach Jahren gezählt wurde, dessen Beginn in Böhmen aber fast nichts mehr mit den Kämpfen in den 1640er Jahre verband. Spanier, Dänen, Schweden und Franzosen hatten in Deutschland interveniert und ihr Eingreifen auch mit Gottes Wille begründet. Der Allmächtige hatte nach zwei Jahrzehnten das irdische Schlachtfeld jedoch ziemlich geräuschlos verlassen.

Die Menschen mussten Frieden schaffen, oder sie würden sich selbst vernichten. Die Alternative stand allen Akteuren vor Augen, und sie erbaten Gottes Beistand, damit der Friedensschluss gelinge, hüteten sich inzwischen aber, ihre Vorschläge und Vereinbarungen als gottgewollt auszugeben. Der Strafgedanke hatte sich verbraucht; die Ketzer waren ebenso wenig besiegt wie der Antichrist. Der Westfälische Friede wurde ein Meisterwerk, weil er die transzendentalen Ziele außer Acht ließ und sich auf das politisch Machbare konzentrierte. Die brisanten Glaubens- und Verfassungskonflikte, die Entschädigungen und die schwierige Einbindung des Reichs-Staates in das europäische Staatengefüge konnten gelöst werden, weil die neuen Ideen der Souveränität und Staatsräson kreativ und innovativ umgesetzt wurden. Es zeigte sich, dass nicht vermeintlich einfache und einheitliche Lösungen zum Ziel führten, sondern Ausnahmen, Sonderbestimmungen und Öffnungsklauseln. Der Friedensvertrag spiegelt eine komplizierte Realität, kein zukunftsweisendes Programm.

Dennoch beruhte der Friedensvertrag auf den neuen Prinzipien, ebender Staatsräson und der Souveränität. Sie vertrieben den zweiten Reiter der

Apokalypse, der den Frieden genommen hatte, und mit ihm auch die beiden anderen, die für Hunger und Tod standen. Die Staatsräson, die zusammenfasste, was allen Gemeinwesen wichtig war, Selbstbestimmung, Sicherheit und Prosperität, begünstigte in Verbindung mit der unteilbaren Souveränität Bodins den ersten siegreichen Reiter auf dem weißen Pferd. Gestärkt wurde die Stellung der Monarchen wie in den Republiken diejenige der Ständeversammlungen. Die mit den Habsburgern verbundene Idee der Universalmonarchie fand keine Fürsprecher mehr. Zusammen fundierten und stabilisierten Staatsräson und Souveränität das neuzeitlich-plurale Staatengefüge, das längst nicht mehr feudal-hierarchisch geordnet war. Metaphorisch gesprochen, gab es im Weiteren nicht einen, sondern viele Reiter auf weißen Pferden, die langsam lernten, sich gegenseitig zu akzeptieren und sich dafür verantwortlich zu fühlen, dass die anderen drei möglichst wenig Schaden anrichten konnten.

Der bis dahin größte Friedenskongress beendete allerdings nur den auch in Böhmen geführten deutschen Krieg und, mit einem eigenständigen Vertrag, denjenigen in den Niederlanden. Deren nördlicher Teil gewann wie die Schweiz den Status einer souveränen Republik. Das Paket war schwer zu schnüren. Es bedurfte vieler Ausnahme- und Sonderregelungen, die Kaiser und Reich von Böhmen und Burgund fernhielten, die Erblande aus dem Religionsvergleich ausklammerten und in vielen Details flexibel mit dem neuen Ordnungsgefüge umgingen. Der Reichs-Staat wurde über die Garantie seiner Verfassung durch den Kaiser und die Kronen von Schweden und Frankreich mit den souveränen europäischen Staaten verknüpft.

13. Arrangements oder was zu regeln war

Die Ziele

Der honorige Frieden sollte dem Ruhm Gottes dienen, die Angst mindern, das innerweltlich zerrüttete Vertrauen wiederherstellen, Stabilität und Sicherheit, Freiheit und Selbständigkeit garantieren sowie der Ehre, dem Prestige und der Reputation der Herrscher dienen.[1] Auf die Delegierten,

die seit 1643 in Münster und Osnabrück eintrafen, wartete eine wahre Her-
kulesaufgabe. Der Kongress gewann den Charakter eines Laboratoriums,
in dem versuchsweise Lösungen für komplexe Probleme empfohlen und
ausgelotet wurden. Die widrigen Umstände des Krieges, die Wünsche der
Prinzipale und andere von den Delegierten nicht zu beeinflussende Stör-
faktoren stellten vorläufige Ergebnisse immer wieder in Frage. Eine kurze
Flugschrift unkte zu Beginn, die Verhandlungen könnten angesichts der
vielen Konflikte und gewaltigen Gegensätze unmöglich ein glückliches
Ende nehmen. Vielleicht werde aber wenigstens ein Weg gefunden, dass
die «armen Leute ein Stück Brot behalten, das Land in etwas bauen und
bei ihrem häuslichen Wesen bleiben können».[2] Eine Medaille kombinierte
die Angst und die Hoffnung, die sich mit den Friedensverhandlungen verbanden. Auf der Vorderseite watet die Germania in Rüstung durch einen
Sumpf vor einem brennenden Dorf. Sie hebt eine Hand zum Himmel, aus
dem ihr wiederum eine Hand gereicht wird. Die Rückseite erläutert: «Aus
meiner Angst ich teutsches Land, darin ich stecke / Meine Hand heb auf
um Hilf, o Gott zu Dir, der Du auch solches andeutest mir.»[3]

Die Gesandten blickten wie ihre Regierungen auf das Kriegsgeschehen
und hofften, dass ein glücklicher Umstand ihnen doch noch half, dem
Gegner die eigenen Bedingungen aufzuzwingen. Es dauerte geraume Zeit,
bis etwa auch Kaiser Ferdinand III. einsah, dass Kompromisse nötig waren,
denen die jeweiligen anderen zustimmen konnten. Da es keine Verlierer
geben durfte, bestanden diese selten in einfachen Lösungen. Ausgelotet
werden musste beispielsweise, wann ein Akteur den ehrenvollen Krieg dem
aus seiner Sicht schändlichen Frieden tatsächlich vorzog und wann er nur
damit drohte.[4] Welche Ziele waren für wen unverzichtbar, welche nur womöglich temporäre Verhandlungsmasse? Hing die Ehre der Kronen an
Breisach, an Pommern oder an zwölf Millionen Gulden? War der ehrenvolle Friede nicht generell ein Popanz, ein Konstrukt, um Zugeständnisse
zu erpressen? Blockierte beispielsweise Spanien den Frieden mit Frankreich, weil der König ohne territoriale Kompensationen seine Ehre verletzt
sah oder weil er glaubte, den Sieg doch noch erringen zu können?

Die schwierige Ratifizierung des Hamburger Präliminarfriedens hatte
gezeigt, welche Probleme sich vor den Gesandten auftürmten. Darüber
hinaus wollte der Kaiser nur mit den äußeren Feinden einen Frieden für
sich und das Reich aushandeln, während die Franzosen einen universalen
Frieden anstrebten, der nicht nur ihren Krieg mit den beiden Habsburger

Auf der Medaille verbinden sich Angst und Hoffnung. Die Germania watet durch einen Sumpf; dahinter brennt ein Dorf. Ihrer erhobenen Hand streckt sich eine Hand vom Himmel entgegen. Der Text auf der Rückseite erläutert dies.

Linien beendete, sondern auch die Reichsverfassung in ihrem Sinne neu justierte. Die Schweden führten keinen Krieg gegen Spanien, auch nicht gegen das Reich, sondern nur gegen den Kaiser und betrachteten wie die Franzosen die Reichsstände als ihre Verbündeten, ohne die kein gesicherter Frieden zustande kommen könne. Deswegen sollten deren Vertreter an den Verhandlungen teilnehmen.

Kardinal Richelieu, dessen Ideen die französische Außenpolitik auch über seinen Tod hinaus bestimmten, hatte die Notwendigkeit einer kontinentalen Friedensordnung vertreten. Der französische Gesandte Claude de Mesmes, Comte d'Avaux betonte im April 1644, zuerst über den Frieden und die Freiheit des Reiches verhandeln zu wollen. Dies war aus französischer Sicht die Voraussetzung eines allgemeinen Friedens. Er riet seiner Regierung, alle Gebietsforderungen zurückzustellen, um nicht für das Scheitern der Verhandlungen verantwortlich gemacht werden zu können.[5] Auch die Schweden besaßen territoriale Ansprüche. Sie bevorzugten einen Frieden, der im Großen und Ganzen die Vorkriegsverhältnisse wiederherstellte. Auf dieser Basis glaubten sie, ihre territorialen und finanziellen Ziele verwirklichen, die habsburgische Hegemonie brechen und die eigene über die Ostsee ausbauen zu können. Der Schlüssel für einen honorigen Frieden lag mithin aus der Sicht der beiden Kronen bei Kaiser und Reichsständen, auf deren Politik sie auch künftig Einfluss nehmen wollten. Im Unterschied zu den eigenen Staaten sollte für sie der Reichs-Staat deswegen gegenüber Einwirkungen von außen nicht abgeschlossen und damit nicht souverän im Sinne Bodins sein.

Die eigenmächtige Abordnung reichsständischer Gesandter und die Niederlage im böhmischen Jankau zwangen Ferdinand III. zum Einlenken im sogenannten Admissionsstreit, der Zulassungsfrage. Am 29. August 1645 forderte er alle Reichsstände auf, den Kongress zu besuchen. Er begründete seinen Sinneswandel mit den Propositionen, also den Vorschlägen und Forderungen, der beiden Kronen, aus denen hervorgehe, dass die zu beratenden Themen auch die Kurfürsten und Reichsstände tangierten, denen er an ihren hergebrachten Rechten nichts entziehen wolle.[6] Diese Einladung zur Mitberatung war ein diplomatischer Erfolg der beiden Kronen. Ferdinand III. gab endgültig seinen Alleinvertretungs- und Souveränitätsanspruch auf und machte den Weg frei für Verhandlungen über die Reichsverfassung, an deren Ende gewiss kein monarchisch regiertes Reich stehen würde.

Ob der Kaiser das Recht besaß, den Reichsständen das *ius belli ac pacis* zuzugestehen, ist umstritten. Aus Sicht der meisten evangelischen und auch einiger katholischer Fürsten war der Reichs-Staat ein auf der deutschen Freiheit basierendes gemischtes Verfassungsgefüge, in dem ihnen aufgrund des Herkommens und der Grundlagenverträge das Mitregiment zustand. Der Kaiser konnte nicht über Rechte verfügen, die sie zu seiner Kontrolle besaßen. Der ohne ihre Mitwirkung geschlossene Prager Frieden stand nun zur Disposition, und der Kongress entschied unter Beteiligung der fremden Kronen über die innere Ordnung des Reichs-Staates, die Restitution der Kurpfalz, den Besitz geistlicher Güter, die Anerkennung der Reformierten sowie die verschiedenen Amnestie- und die Entschädigungsansprüche. Mit der Zulassung der Reichsstände war bereits einem zentralen Punkt der französischen und schwedischen Sicherheitsvorstellungen entsprochen.

Die bis dahin eher unverbindlichen Gespräche nahmen mit der Ankunft der reichsständischen Gesandtschaften langsam den Charakter konkreter Verhandlungen an. Die zwischen Frankreich und Schweden abgestimmten Friedensvorschläge vom 11. Juni 1645 und die Ankunft des kaiserlichen Prinzipalgesandten Graf Maximilian von Trauttmansdorff Ende November leiteten in die engere Arbeitsphase des Kongresses über. Bis zum Friedensschluss sollte es dennoch mehr als drei Jahre dauern. Die Gesandten berieten in kleinen und größeren Zirkeln, bei Banketten und jeder sich bietenden

Gelegenheit, um ihre Vorstellungen zu lancieren, Kompromisse auszuloten, Vereinbarungen zu treffen und ihnen vorläufig Verbindlichkeit zu verleihen. Vollversammlungen gab es nicht. Lediglich die Reichsstände tagten, wenn auch getrennt in Münster und Osnabrück, in Kurien gemäß der Verfahrensordnung des Reichstages. Wenn sich kein Konsens abzeichnete, und dies galt vor allem für die Religionsangelegenheiten, wurden neue Verhandlungsmodi erprobt.

Im Mittelpunkt stand der deutsche Krieg. Ihn führten, so die offizielle Version, der Kaiser und der König von Spanien mit ihren Verbündeten gegen die Kronen von Schweden und Frankreich mit ihren Anhängern. Diese Definition kam dem Alleinvertretungsanspruch des Kaisers entgegen und vermied Diskussionen über den Status der Reichsstände. Da Richelieu den europäischen Frieden als ein Balancegefüge auf der Basis zweier Bündnissysteme in Deutschland und Italien skizziert hatte,[7] mussten aber auch die Reichsstände mitwirken, um ein monarchisch regiertes Reich abzuwehren.[8]

Richelieus Nachfolger Mazarin dachte allerdings weniger an ein geregeltes Nebeneinander als an einen von Paris aus gesteuerten Kontinent. Deswegen erhöhte er die Gebietsforderungen, wobei er alte Rechtstitel, legitime Ansprüche und Eroberungen sowie Sicherheitsinteressen geltend machte. Neben der Restitution des Trierer Kurfürsten forderte er die Anerkennung der französischen Erwerbungen von Pinerolo, Lothringen, der Bar sowie von Metz, Toul und Verdun. Des Weiteren verlangte er Gebiete von Spanien und am Oberrhein.[9] Die Frage, wie etwa das Elsass aus dem Reich entlassen werden solle, blieb offen. Mazarin forderte jedoch die Zustimmung des Kaisers und auch der Reichsstände, die seines Erachtens Anteil an der deutschen Souveränität besaßen. Mit ihrem Einverständnis durfte Frankreich auf einen stabilen Zustand ohne ständige Revisionsforderungen hoffen. Im Gegenzug wollte Mazarin die deutsche Freiheit garantieren, nicht aber – wie von Schweden gewünscht – größere Sicherheiten für die Protestanten, die Frankreich nur in ihrer Rolle als Gegner des Kaisers unterstützte.[10]

Die Schweden interessierten sich weniger für gesamteuropäische Visionen. Sie verlangten finanzielle Entschädigungen *(satisfactio militum)* als Kompensation für ihren Blutzoll und die Kriegsaufwendungen sowie Gebietsgewinne zur Kontrolle der Gegenküste *(satisfactio coronae)*. Ihre Nebeninstruktion forderte das Herzogtum Pommern.[11] Dass man sich da-

rüber mit dem Kurfürsten von Brandenburg verständigen müsse, erklärte
Adler Salvius seiner Königin, ansonsten bedrohten dieser mächtige Nachbar und seine potentiellen Helfer wie Polen, Dänemark oder die Niederlande dauerhaft die schwedische Stellung.[12] Er erinnerte sie daran, dass die
mächtigen Reichsstände ihrer Staatsräson unabhängig von Kaiser und
Reich durch Bündnisse mit europäischen Mächten Nachdruck verleihen
könnten. Garant dafür, dass sich in Mecklenburg oder Pommern nie wieder eine starke Macht festsetze, müsse die Reichsverfassung sein. Die Stabilität des Friedens *(assecuratio pacis)* hänge an der vollständigen Amnestie
und Restitution der Reichsstände und an der Aufnahme Schwedens in
ihren Kreis. Königin Christina und ihr Anhang strebten nach einem
schnellen Friedensschluss und waren zu Zugeständnissen bereit. Reichskanzler Axel Oxenstierna bestand hingegen darauf, die eigenen Ziele ungeschmälert durchzusetzen.

Der Kaiser hatte bis 1645 hartnäckig die Formel wiederholt, dass das
Reich mit dem Prager Frieden eine Ordnung besitze, die verwirklicht werden müsse und gegebenenfalls auf einem Reichstag verändert werden
könne. Die Kurfürsten folgten ihm, weil sie um ihre Vorrangstellung fürchteten. Die evangelischen Fürsten wollten hingegen den Druck der Großmächte nutzen, um die deutsche Freiheit – Landeshoheit und Mitregiment – der Reichsverfassung zu implementieren. Nach der Niederlage von
Jankau änderte der Kaiserhof sein Konzept für die Friedensverhandlungen
grundlegend. Er entsandte nun den Chefdiplomaten Maximilian Graf
Trauttmansdorff, der mit einem Gefolge von mehr als 100 Personen und
einer von Ferdinand III. eigenhändig und ungewöhnlicherweise in Ich-
form verfassten Geheiminstruktion in Münster erschien. Diese enthielt
größere Zugeständnisse, als letztlich benötigt wurden, und basierte auf
Gutachten der geheimen Räte, die der Kaiser während des ganzen Jahres
angefordert hatte. Demnach sollte eine Trennung von den Reichsständen
unbedingt vermieden und weiterhin eine starke Armee unterhalten werden, um ihnen das Gefühl zu vermitteln, der Kaiser könne und wolle sie
weiter schützen. Nur so sei der Triumph der antihabsburgischen Koalition
zu verhindern.[13]

Angesichts der katastrophalen militärischen Lage brauchte die Hofburg
den Frieden dringender denn je. Die Reichsstände sollten «mit mir [dem
Kaiser] als dem Haupt und Vater» vereint und das gute alte Vertrauen neuerlich gefestigt werden, um gemeinsam die fremden Kronen zu einem das

Reich möglichst wenig belastenden Frieden zu bewegen. Dafür durfte Trauttmansdorff im Notfall sogar die Amnestie der Reichsstände auf dem Stand von 1618 bewilligen. Dies galt aber nur für das Reich, nicht für «meine» Königreiche und Provinzen und nicht für die Pfälzer Frage. Die Stände sollten sich über ihre politischen und religiösen Gravamina untereinander selbst verständigen. Nicht zur Disposition stellte Ferdinand III. den Geistlichen Vorbehalt und das Bündnis mit Spanien. Das Kirchengut sollte im Besitz derjenigen bleiben, die es momentan besaßen oder 1618 besessen hatten. Der protestantischen Forderung nach konfessioneller Parität wollte er mit dem Zugeständnis von drei bis vier Lutheranern im Reichshofrat begegnen. Unter bestimmten Umständen dürfe auch eine prinzipielle Gleichstellung eingeräumt werden. Insgesamt wurde die bisherige strikt gegenreformatorische Haltung für das deutsche Reichsgebiet aufgegeben, nicht jedoch für die Erblande. Hier sollte weiter das *ius reformandi* gelten. Damit war eine Kompromisslinie vorgezeichnet. Die habsburgischen Gebiete sollten innerhalb des Reichs-Staates eigene, katholische und monarchische Wege gehen.

Die Pfalzfrage ließ sich nach Ansicht des Kaisers nur mit einer achten Kur lösen. Als konfessioneller Ausgleich solle jedoch eine neunte Kur für das Haus Habsburg verlangt werden. Die Oberpfalz müsse bei Bayern bleiben. Mit Schweden und Frankreich solle Trauttmansdorff schnell zu einem Ergebnis kommen und dabei möglichst die eine Krone gegen die andere ausspielen. Am besten sei es, sich zuerst mit Schweden auf der Basis der Schönbeckschen Traktate von 1635 zu verständigen. Notfalls müssten Pommern und einige Stifte geopfert werden. Brandenburg könne dafür mit Halberstadt und einigen Ämtern des Stifts Magdeburg entschädigt werden. Frankreich sei das Elsass, notfalls auch Breisach anzubieten. Der Breisgau dürfe jedoch nur abgetreten werden, wenn sonst alles zu scheitern drohe. Sitz und Stimme auf dem Reichstag solle der französische König auf keinen Fall erhalten. Dass «unsere» Feinde «uns» von der spanischen Linie des Hauses trennen, sei unbedingt zu vermeiden. Sollte Philipp IV. keinen Frieden schließen wollen, sei seinen Gesandten zu erklären, dass man selbst keine Wahl habe, weil man sonst die Kaiserkrone aufs Spiel setze.[14] Damit war ein Tabu gebrochen. Erstmals stand die Bindung der Wiener Hofburg an das friedensunwillige Spanien zur Disposition. Schon Ende des Jahres 1644 hatte der Wiener Nuntius nach Rom gemeldet, dass der Kaiser von den vielen Desastern überwältigt sei und vor einem großen Dilemma stehe: «Er möchte Frieden, aber Frieden mit den Spaniern zusammen zu bekommen, ist ein langes Geschäft. Sich von ihnen trennen, möchte er nicht.»[15]

Spanien suchte in Münster einen Frieden, der seine hegemoniale Stellung auf dem Kontinent ausbauen und ihm zumindest die Gebiete zurückgeben sollte, die Frankreich besetzt hielt. Darüber hinaus sollte die Pariser Regierung die Unterstützung der Unabhängigkeitsbewegungen in den Niederlanden, in Portugal, Katalonien und Italien aufgeben. Die spanische Delegation blockierte alle Gespräche mit den «Rebellen» dieser «abtrünnigen» Provinzen. Die Niederlande bildeten die durch die politische Entwicklung auf dem Kongress erzwungene Ausnahme.

Herzog Karl IV. von Lothringen und Pfalzgraf Karl I. Ludwig, der Sohn Kurfürst Friedrichs V., pochten auf ihre vollständige Restitution, konnten aber nur von außen Einfluss auf die Verhandlungen nehmen. Die Vertreter Polens, Ungarns oder Siebenbürgens versuchten, ihre Interessen zu wahren. Die vom Bürgerkrieg gezeichnete Britische Insel, der Zar und der Sultan waren in Westfalen nicht vertreten.[16] Für die dänischen Vermittler gab es nach dem Ausbruch des Krieges mit Schweden nichts mehr zu tun. Sie reisten ab. Der Kongress, nicht der Frieden war europäisch. Allenfalls die großen Konzile der Christenheit waren mit dem vergleichbar, was sich in Westfalen abspielte.[17]

Nur für die päpstlichen Vermittler besaß die Durchsetzung des «wahren Glaubens» die höchste Priorität. In Münster und Osnabrück fanden jedoch keine Religionsgespräche im Sinne von Glaubensverhandlungen statt, und die Berufung auf Gottes Wille sorgte bei den Diplomaten für Misstrauen. Die gut lutherischen Altenburger Gesandten zeigten sich höchst irritiert, als der Magdeburger Vertreter Kurt von Einsiedel vom bevorstehenden Ende des Antichristen in Rom sprach und sich deswegen gegen einen schnellen Friedensschluss wandte. Sie informierten ihren Regierungschef von Brand, der vor solchen Gedanken eindringlich warnte. Neue Extrema und ein Umsturz des Religionsfriedens hülfen nicht weiter. Niemandem sei der baldige Ruin des Papstes offenbart worden. Dies liege allein in der Macht Gottes, der keine menschliche Hilfe benötige. Ein «treuer Patriot und friedliebender Politicus» müsse nur darauf achten, «wie dem lieben Vaterland Ruhe zu schaffen» sei.[18]

Das Aushandeln des Friedens war Menschenwerk. Es galt, die Ansprüche mit den als gerecht und billig eingestuften Entschädigungserwartungen in Einklang zu bringen. Dies war für Kaiser und Reich schon deswegen ein gravierendes Problem, weil Verhandlungen darüber die staatsrechtliche Konstruktion des Reichs-Staates tangierten. Obwohl Kurfürsten und Stände vom Kaiser lehensabhängig blieben, waren sie doch nicht dessen Untertanen. Sie galten auch nicht als souverän, da ihre Autonomie nicht von allen Mächten anerkannt war. Mit der Berufung zum Friedenskongress verflüssigte sich die ohnehin vage Trennung zwischen außen und innen im Reichsverband. Die Verhandlungen der europäischen Souveräne mit den Reichsständen mündeten in die Verzahnung zweier grundverschiedener politischer Systeme.

Das Nebeneinander der Herrscher und politischen Gemeinwesen Europas beruhte auf den anarchischen Grundsätzen der Macht, die durch die Ideen der Souveränität und Staatsräson rationalisiert wurden. Die Angst vor den bösen Absichten der Nachbarn begleitete jedoch die interessengeleitete Pluralität. Jeder war sich selbst der Nächste. Er durfte nicht darauf vertrauen, dass Zusagen eingehalten und Souveränitäten beachtet würden. Zur Vorsorge für den Verteidigungsfall gehörten neben den eigenen Rüstungen Bündnisse und die Annexion oder wenigstens die Kontrolle der Gebiete, die dem Feind als Einfallstore dienen konnten. Politische Garantien und territoriale Entschädigungen bildeten in Friedensverträgen die zwei Seiten einer Medaille.

Die Reichsstände blieben Teil des komplex-komplementären staatlichen Mehrebenengefüges, in dem sie zusammen mit dem Kaiser ihre Sicherheit korporativ organisierten. Der Reichs-Staat kannte keine monarchische Herrschaft, die mit Anspruch auf unbedingten Gehorsam für das Gesamtgefüge handeln durfte. Der Ewige Landfrieden, die Reichsgerichte und die Selbststeuerung auf den Reichstagen regelten das geordnete Mit- und Nebeneinander. Weder der kaiserliche Anspruch auf monarchische Herrschaft noch der exzessive Ausbau der kurfürstlichen Kontrollrechte entsprachen der Reichsverfassung. Beides hatte die Fürsten verärgert, die alles daransetzten, den Reichstag neuerlich zum Zentrum zu machen, und die darin von den beiden Kronen unterstützt wurden.

Die komplementäre Mehrebenenstaatlichkeit des Reiches und das plural verfasste Staateneuropa waren durch den Krieg enger denn je miteinander verzahnt. Der Kongress musste die beiden Systeme entweder neuerlich trennen oder institutionell so verbinden, dass die Mächte die Garantie der deutschen Freiheit mittrugen. Die Diplomaten setzten schließlich auf eine Öffnung des Reichs-Staates gegenüber den Garantiemächten. Sie verzichteten deswegen unter anderem darauf, den Friedensraum und die gleichwohl handlungsleitenden Prinzipien wie Freiheit, Souveränität und Staatsräson explizit zu benennen.

Die Kongressorte

Im Frühjahr 1643 entband der Wiener Reichshofrat Johann Krane die städtischen Magistrate in Münster und Osnabrück von ihren Eiden und verpflichtete sie zu strikter Neutralität.[19] Alle fremden Truppen und die Regierungen der beiden Stifte mussten die beiden Städte verlassen. Dies fiel dem in Osnabrück residierenden Grafen Gustaf Gustavsson von Wasaburg, einem natürlichen Sohn König Gustav Adolfs, schwerer als Bischof Ferdinand, der als Kölner Erzbischof ohnehin in Bonn residierte. Die beiden Kongressorte und die Verbindungswege zwischen ihnen wurden für mehr als fünf Jahre zu einer befriedeten neutralen Zone in einem Meer kriegerischer Gewalt.

Während des Kongresses zeichneten beide Kommunen für die Sicherheit verantwortlich. Osnabrück organisierte seine Polizeitruppen in eigener Regie, Münster engagierte mit Johann von Reumont einen erfahrenen Offizier, der die bis zu 1200 Soldaten der Stadt befehligte. Sie sollten Gewalttätigkeit frühzeitig unterbinden, Verbrechen aufklären, Konflikte regeln und das massenhaft einströmende fahrende Volk disziplinieren. Gegenüber Bettlern, Gauklern, Dirnen und all denjenigen, die an einem Ort mit vielen Fremden ihre Geschäfte machen wollten, war die Ordnung jedoch nur schwer durchzusetzen. Dennoch mussten die Gespräche und Verhandlungen, die Ballett- und Theateraufführungen, die pompösen Einzüge und die unzähligen Bankette möglichst ungestört verlaufen können.

Nach der beträchtlichen Ausweitung des Teilnehmerkreises fehlte es in Münster, mehr noch in dem eher ländlichen Osnabrück an zumutbaren Quartieren. Als Gesandtenunterkünfte standen in beiden Städten einige Palais der Domherren und Adligen sowie etliche größere Bürgerhäuser zur Verfügung. In Münster konnten auch leer stehende Räume in den Klöstern genutzt werden. Die Gesandtschaften mussten sich ihre Quartiere selbst suchen und Miete bezahlen. Darüber kam es jedoch häufig zum Streit, der bei beträchtlichen Rückständen die Abreise der Delegierten verzögerte. Die städtischen Magistrate griffen nur bei größeren Unstimmigkeiten ein.

Schon 1643 forderten die kaiserlichen Gesandten in Münster Domkapitel und Rat auf, gegen den Mietwucher einzuschreiten.[20] Die französischen Vertreter mokierten sich über die ungepflasterten und dreckigen Gassen Osnabrücks.[21] Sie hielten nur das Rathaus, den Dom und drei Straßen mit Bürgerhäusern für repräsentabel. In Münster sah es, abgesehen vom Prinzipalmarkt, dem Domplatz und den Straßen in ihrer engeren Umgebung, nicht viel besser aus. Trauttmansdorff versandte einen seiner ersten Briefe aus «Münster hinter dem Saustall».[22] Angesichts der in beiden Kommunen auch innerhalb des Mauerringes betriebenen Landwirtschaft, des freilaufenden Borstenviehs und der nur unzureichend geregelten Abfallbeseitigung waren die hygienischen Verhältnisse höchst bedenklich. Zu diesen Missständen trugen die Gäste natürlich auch selbst bei; im Quartier des Grafen Lamberg stürzte nachts ein Page aus dem Fenster, «als er harnen wollen».[23]

Die Gesandten beschwerten sich nicht nur über Mist, Dreck und Gestank, sondern auch über das nasskalte Wetter und den ständigen Regen. Schwarzbrot war für südländische Delegierte eine neue Erfahrung und eine Zumutung. Sie fanden an diesem Ende der Welt Cäsar und Tacitus bestätigt, die über die rohen Sitten und urtümlichen Gepflogenheiten des alten Germanien berichtet hatten.[24]

Osnabrück besaß damals etwa 7000, Münster vielleicht 11 000 Einwohner. Münster musste mehrere Tausend Menschen zusätzlich verkraften, in Osnabrück logierten hingegen nur etwa 500 Fremde.[25] Auch sie überforderten die Infrastruktur. Schon die Versorgung mit Lebensmitteln und Brennholz bereitete große Schwierigkeiten. Es fehlte zudem eine Druckerei, um Texte oder Neuigkeiten schnell zu vervielfältigen. In Münster wurde auf Ersuchen Kranes ein Postamt eingerichtet. Die unzähligen Berichte und Rückfragen der Gesandten sowie die Antworten ihrer Prinzipale sollten nicht länger als unbedingt notwendig unterwegs sein. Ein Schreiben von Münster nach Wien benötigte 15, nach Paris zehn, nach Stockholm 16, nach Dresden sechs, nach Madrid rund 30 Tage. Kuriere waren zwar schneller, aber auch sehr viel teurer und keineswegs sicherer. Das kaiserliche Postprivileg oder die Geleitszusagen schützten Depeschen nicht davor, abgefangen und geöffnet zu werden. Wichtige Nachrichten wurden deswegen chiffriert auf die Reise geschickt. Dies führte zu Verzögerungen, wenn man, wie die kaiserliche Botschaft bei einer entscheidenden Instruktion aus Wien, den Chiffrierschlüssel nicht fand.

Die Gesandtschaften arrangierten sich mit der Zeit mit den Verhältnissen in den entlegenen westfälischen Bischofsstädten.[26] Einige Delegierte reisten mit Frau und Kindern an oder ließen diese nachkommen. Köche und Diener, Leibgardisten und Kavaliere, Mediziner oder Schneider gehörten ohnehin wie Juristen und Schreiber zu den größeren der 109 Delegationen. Diese vertraten 16 Souveräne, 66 Reichsstände und 27 andere Herrschaften. Da etliche Gesandte aus Kostengründen mehrere Stimmen führten, waren 194 Herrschaften, darunter 140 Reichsstände und 38 mehr oder weniger autonome Mächte wie die oberitalienischen Fürsten und Republiken, die Reichsritter oder die Hansestädte zumindest zeitweise vertreten.[27]

Der internationale Teil der Friedensverhandlungen fand vorwiegend in Münster statt. Hier residierten mit Ausnahme der Schweden die ausländischen Gesandtschaften sowie die beiden offiziellen Vermittler: der Venezianer Alvise Contarini und Nuntius Fabio Chigi, der spätere Papst Alexander VII. Sie sehnten sich zurück in den Süden, wo es seltener regnete, die Sonne öfter schien, die Menschen nicht mit den Tieren unter einem Dach lebten und das Brot weiß war. Bei den beiden Vermittlern liefen alle Fäden der Münsteraner Beratungen zusammen. Die Gespräche verlagerten sich jedoch mehr und mehr nach Osnabrück, wo die Delegierten der Reichsstände mit den schwedischen, zuletzt auch mit den französischen und kaiserlichen Gesandten über die Reichsverfassung berieten. Hier residierten neben den Schweden die Deputierten der evangelischen Fürsten und Städte. Hinzu kamen die beiden kaiserlichen Vertreter Lamberg und Krane, ein französischer Resident und der Würzburger Gesandte Philipp von Vorburg. Seit November 1645 ergänzte ein österreichischer Delegierter die kleine katholische Fraktion. In Münster gab es im Gegenzug unter Führung der Gesandten Brandenburg-Kulmbachs und Württembergs einen kleinen evangelischen Fürstenrat.

Die französische Gesandtschaft zählte mehr als 600, manche Berichte sprechen von über 1000 Personen, die Schweden gaben sich angeblich mit 165, die Spanier mit 112 zufrieden. Der Aufwand war immens. Frankreich kostete der Kongress wohl eine halbe Million Reichstaler. Die Spanier standen ihnen trotz einer deutlich kleineren Delegation kaum nach. Die Schweden, die Niederländer und der Kaiser investierten etwa die Hälfte. Die anderen Vertretungen mussten sich mit spürbar geringerem Aufwand bescheiden. Beispielsweise reiste die Gesandtschaft des Herzogtums Sachsen-Altenburg mit zwei Delegierten und insgesamt elf Personen in einer sechsspännigen Kutsche, einer leichten Kalesche und mit einem Reitpferd im August 1645 nach Westfalen. Die Gesandten erhielten bis zum Sommer 1648 immerhin 14 000 Reichstaler ausgezahlt. Sie gehörten zu den wenigen, die nicht permanent über Geldmangel und hohe Schulden klagten.[28] Andere fürstliche Gesandtschaften bestanden aus sieben oder acht Personen, Mecklenburg und Anhalt schickten nur drei. Die Berechnungen, die von Gesamtkosten des Kongresses in Höhe von mehr als drei Millionen Talern ausgehen, scheinen realistisch zu sein. Die Gelder kamen vor allem der städtischen Wirtschaft sowie den Händlern, Bauern und Handwerkern der nahen und weiteren Umgebung zugute.[29]

Was alle Gesandten in Münster und Osnabrück einte, war der Mangel an Geld. Das Wetteifern um prunkvolle Aufzüge und glanzvolle Festivitäten verschlang Unsummen. Keine der größeren Vertretungen durfte bei diesem Überbietungswettbewerb zurückstehen. Der Eindruck, man könne mit den Rivalen nicht mehr mithalten, wäre fatal gewesen und musste unbedingt vermieden werden. Die um die Präzedenz erbittert streitenden Spanier und Franzosen trieben den Aufwand in immer neue Höhen. Die reichsständischen Gesandten konnten da nicht mithalten und waren dennoch bemüht, ihre Prinzipale würdig zu repräsentieren.

Besonders geeignet für eine demonstrative Zurschaustellung des eigenen Status waren die Einzüge der Diplomaten. Hier zeigte sich, wer mit wie vielen Pferden vorfahren durfte und konnte. Nach der Begrüßung vor der Stadt schlossen sich alle Kutschen dem Neuankömmling an. Besonders der Empfang des Herzogs von Longueville blieb in der Erinnerung haften. Er erschien mit 108 Reitern in einheitlichen Uniformen, 31 bewaffneten Fußsoldaten, 54 livrierten Dienern, neun prunkvoll ausgestatteten Kutschen und vier kostbaren Bagagewagen.[30]

Hohe kirchliche Feiertage und Prozessionen boten weitere Möglichkeiten, sich mit den anderen prestigeträchtig zu messen, zu essen und zu trinken. Dem Alkohol sprachen die Diplomaten eifrig zu. Geselligkeit galt als ein wichtiges Mittel, um Einigkeit herbeizuführen. Die von den jeweiligen Regierungen zur Verfügung gestellten Gelder reichten bei weitem nicht aus, um die Kosten zu decken. Die Diplomaten mussten aus eigener Tasche zuschießen. Dies war üblich, sprengte am Ende eines langen Krieges und angesichts der Dauer des Kongresses aber auch die wohlgefüllten Kassen höchster Würdenträger. Der kaiserliche Gesandte Graf Johann

Ludwig von Nassau-Hadamar erhielt monatlich 1000 Gulden Aufwandsentschädigung, verbrauchte aber in den ersten beiden Jahren mehr als 150 000 Gulden. Er war so hoch verschuldet, dass er Münster nicht verlassen konnte, weil seine Gläubiger drohten, einen Skandal zu verursachen. Ähnlich erging es den Spaniern.[31] Auch die beiden Vertreter der Wetterauer Grafen waren überschuldet und klagten, dass sie «nicht ohne Schamröte» bei schlechtem Wetter zu Fuß durch den Osnabrücker Matsch waten müssten. Sie könnten sich keine Kutsche leisten, über die selbst die geringsten Städteboten verfügten. Der zum Wetterauer Corpus gehörende Johann von Sayn-Wittgenstein stellte ihnen hin und wieder eine Kutsche aus dem brandenburgischen Arsenal zur Verfügung.[32]

Nicht nur wegen ihrer desolaten finanziellen Situation nahmen fast alle Gesandten Verehrungen bzw. Geldgeschenke gerne an. Diese wurden weniger als Bestechungen, sondern als Anerkennungen oder Prämien verstanden, um den eigenen Vorstellungen Nachdruck zu verleihen. Welche Bedeutung solche «Realdankbarkeiten» bei der Entscheidungsfindung besaßen, lässt sich natürlich nicht mit Sicherheit bestimmen, doch ohne Schmieralien halfen die besten Argumente und alten Rechte wenig.[33] Als unzugänglich für derartige Gaben galten nur die beiden Vermittler, die Franzosen, die ihrerseits aber nicht mit Geldgeschenken geizten, und Graf Trauttmansdorff. Er empfahl jedoch seinem Kaiser, Adler Salvius 50 000 bis 60 000 Taler zu versprechen, sobald der Frieden unter Dach und Fach sei. Salvius empfing auf jeden Fall 10 000 Taler von Brandenburg, das angeblich nur deswegen auch noch das Stift Minden als Kompensation für Pommern annektieren konnte. Die vom Krieg vor allem wegen ihrer Kaltblüter weitgehend verschonte Grafschaft Oldenburg belieferte in Münster und Osnabrück fast alle Gesandtschaftsküchen mit frischen Fischen, Wild, Käse und anderen Köstlichkeiten. Der Graf setzte zudem neben seinen Pferden auch noch Silber und Gold ein, um einen Weserzoll zu erhalten.

Die Delegierten

Zentrale Figur des Kongresses war der kaiserliche Prinzipalkommissar Trauttmansdorff. Der 61-jährige erfahrene Diplomat und Obersthofmeister setzte seine Instruktion selbstbewusst und eigenständig um. Er war schon von Kaiser Rudolf II. zum Reichshofrat, 1635 zum Reichsgrafen von Trauttmansdorff-Weinsberg und 1637 zum Präsidenten des Geheimen Rates ernannt worden. In Westfalen erwarb er sich schnell die Achtung auch seiner Gegner, weil er die gemeinsamen Interessen von Kaiser und Reichsständen betonte und als bis dahin nicht verhandelbar geltende habsburgische Positionen zur Disposition stellte, ohne die Spanier zu vergrätzen. Graf von Peñaranda stimmte nach seinem ersten Treffen mit Trauttmansdorff dessen Vorstellungen zu, ein Vergleich mit Schweden müsse erreicht werden, um den Intrigen und Bündnisplänen Bayerns mit Frankreich entgegenzuwirken.[34]

Trauttmansdorff tat alles, um die offenkundige Diskrepanz zwischen seiner flexiblen Haltung in der Reichs- und Religionspolitik und seinem Beharren auf der Gegenreformation in den Erblanden durch die Betonung der Einigkeit herunterzuspielen.[35] Die anderen kaiserlichen Vertreter gewannen neben ihm nur schwer Profil. Der konvertierte Graf Johann Ludwig von Nassau-Hadamar war ein gewiefter Diplomat und besaß als Mitglied des Wetterauer Grafenvereins Routine beim Ausgleich konfessioneller Streitigkeiten. Der 1608 in Brünn geborene Graf Johann Maximilian von Lamberg, seit 1641 Reichsgraf, führte ein Diarium, das in erster Linie aufschlussreich Einzelheiten über die gesellschaftlichen Ereignisse, die Etikette und das Zeremoniell liefert.[36] Er hatte den Grafen Johann Weikhard von Auersberg als ständigen Residenten in Osnabrück abgelöst, nachdem dieser zum Obersthofmeister Ferdinands IV. befördert worden war. Bei den Verhandlungen trat der strenggläubige Katholik Lamberg wenig in Erscheinung, unterschrieb aber als ranghöchster noch anwesender kaiserlicher Botschafter den Friedensvertrag.[37] Wichtige Aufgaben besaßen auch der um 1595 in Westfalen geborene Reichshofrat Johann Baptist von Krane und der etwas ältere elsässische Kanzler Dr. Isaak Volmar. Letzterer verfasste ebenfalls ein Diarium und leitete nach der Abreise Trauttmansdorffs die Suche nach Kompromissen zur Reichs- und Religionsverfassung. Er kannte die komplizierten territorialen Verhältnisse im deutschen Südwesten und besaß das Vertrauen der Erzherzogin und Regentin Claudia von Tirol.

Die schwedische Delegation führten Johan Oxenstierna, der Sohn des Reichskanzlers, und Johan Adler Salvius, seit 1636 Repräsentant in Hamburg und im Reich. Er kannte die deutschen Verhältnisse und wusste, dass nur Kompromisse zum Frieden führen würden. Über seine Vorstellungen, die manchmal von den Maximalpositionen seines sich inszenierenden und als eitel geltenden Kollegen abwichen, korrespondierte er direkt mit Königin Christina. Diese ließ sich wiederum bei Problemen von Hugo Grotius beraten, dem schwedischen Gesandten in Paris. Der junge Oxenstierna versuchte mit einer wahrhaft königlichen Karosse und umgeben von vielen Edelleuten, Eindruck zu schinden. Die politische und persönliche Rivalität der beiden schwedischen Vertreter blieb niemandem verborgen, sodass die anderen Delegierten strategisch überlegten, bei wem sie ihre Anliegen vorbrachten.

Die beiden französischen Vertreter Claude de Mesmes, Comte d'Avaux und der im April 1644 in Begleitung eines portugiesischen Gesandten erschienene Abel Servien, Comte de la Roche des Aubiers gehörten zum Amtsadel. Ihre mehr persönliche als politische Rivalität äußerte sich zu Beginn des Kongresses in vielen Streitigkeiten, die sich vor allem auf die französische Politik gegenüber den Niederlanden bezogen. Servien, der das unbedingte Vertrauen Mazarins besaß, trat abgesehen von der Religionsfrage stets eine Spur entschiedener als sein Kollege auf, der schon unter Richelieu die französische Deutschlandpolitik mitgeprägt hatte.[38] Beide mussten sich seit dem Sommer 1645 mit Henri II. d'Orléans, dem Herzog von Longueville, als Hauptbevollmächtigtem arrangieren. Er war ein natürlicher Neffe Ludwigs XIII., hatte 1639 die französische Deutschlandarmee kommandiert und war 1643 zum Fürsten von Neuenburg ernannt worden.[39] Der neue Delegationschef legte aufgrund seiner Abstammung großen Wert auf die Anrede «Altesse», Hoheit, denn dies hob ihn aus der Masse der Exzellenzen heraus.[40] Die beiden anderen Gesandten stritten dennoch weiter.[41] Die Spanier besaßen mit Gaspar de Bracamonte y Guzmán, Graf von Peñaranda, der im Sommer 1645 in Münster erschien und von Olivares gefördert worden war, und mit Diego de Saavedra, einem der führenden politischen Denker Spaniens, zwei weitere herausragende Botschafter.

Die Gesandtschaft der Generalstaaten bestand aus bis zu 100 Personen und aus acht offiziellen Botschaftern; die Provinz Holland entsandte zwei, die anderen sechs Provinzen je einen. Ihr Sprecher war Barthold van Gent, Herr von Meynerswijk, der Botschafter Gelderlands. Als Vertreter einer Provinz, die aus einem alten Herzogtum hervorgegangen war, stand ihm dieser ehrenvolle Vorrang zu. Ihm folgten Johann van Matenesse aus der holländischen Ritterschaft noch vor dem Amsterdamer Adriaen Pauw, einem ausgewiesenen Diplomaten, der unermüdlich für den Frieden kämpfte, und Johann van Knuyt, dem seeländischen Vertreter, sowie Godert van Reede, dem Vertreter Utrechts, der sich dem Friedensschluss lange widersetzte.[42]

Aus der Masse der reichsständischen Delegierten ragte der einer morganatischen Ehe Herzog Ferdinands von Bayern entsprossene Franz Wilhelm von Wartenberg heraus. Er war 1625 zum Bischof von Osnabrück gewählt und zum Administrator des Stifts Hildesheim ernannt worden. Papst Urban VIII. hatte ihm 1630 die Bistümer Verden und Minden verliehen. Dieser Reichsfürst bestimmte maßgeblich die Politik Kurfürst Ferdinands von Köln und führte die Gruppe der lange auf ihren gegenreformatorischen Maximalpositionen beharrenden Katholiken an, zumal seine Bistümer fast vollständig von den Schweden besetzt waren. Auf dem Kongress vertrat Wartenberg phasenweise bis zu 17 Voten, vor allem aber die eigenen Interessen. Aufgrund seiner kompromisslosen Konfessionspolitik verlor er allerdings auch im eigenen Lager an Einfluss.[43] Zu den katholischen Maximalisten zählten neben ihm der Prior Adami von Murrhart, der die schwäbischen Reichsprälaten vertrat, und der Gesandte der Augsburger Katholiken, Johann Leuchselring, der die Voten von 15 katholischen Freien und Reichsstädten führte. An der Spitze der konzilianten katholischen Gesandten stand der Würzburger Delegierte Johann Philipp von Vorburg. Er war ein Mitglied der überkonfessionellen Gruppe, die 1648 die letzten Kompromisse aushandelte und so den Friedensvertrag ermöglichte.[44] Die bayerische Delegation sollte zunächst die französischen Entschädigungsansprüche unterstützen, damit deren Gesandte sich für die gegenreformatorischen Ziele einsetzten.[45] In der entscheidenden Phase des Jahres 1648 trugen die bayerischen Deputierten jedoch viel dazu bei, den Kompromiss im katholischen Lager durchzusetzen.

Graf Johann VIII. von Sayn-Wittgenstein hatte als reformiertes Mitglied des Wetterauer Grafenvereins dem Consilium formatum des Heilbronner Bundes angehört und führte seit 1645 das kurbrandenburgische Votum. Er vertrat die Interessen Kurfürst Friedrich Wilhelms und überzeugte ihn vor allem, dass er mit der Preisgabe Vorpommerns viel Wohlwollen für großflächige territoriale Kompensationen gewinnen könne.[46]

Der 1604 geborene Wolfgang Conrad von Thumbshirn stand zusammen mit dem Leipziger Juristen August Carpzow an der Spitze der kleinen Gesandtschaft des mindermächtigen, in der Sitzordnung des Reichstags jedoch weit vorne platzierten Herzogtums Sachsen-Altenburg. Die Gesandten gerieten dadurch überraschend in die Führungsrolle des noch inoffiziellen Corpus Evangelicorum. Bei den Religionsverhandlungen bemühte sich Thumbshirn intensiv um eine politische Einigung. Er formulierte entschei-

dende Vertragspassagen und schreckte vor geheimen Absprachen mit den
kaiserlichen Gesandten und den kompromissbereiten Katholiken nicht zurück. Er arbeitete eng mit dem Braunschweig-Calenberger Gesandten Jakob
Lampadius zusammen, dem es vorrangig um die Modifizierung der Reichsverfassung ging und der die Übermacht der Kurfürsten gegenüber den Fürsten brechen wollte.[47] Die auch ansonsten eng kooperierenden ernestinischen
und welfischen Delegierten führten mit unkonventionellen Strategien nicht
nur die Religionsverhandlungen aus der Sackgasse heraus, in die sie 1647
geraten waren.

Auch die anderen Gesandten der Reichsstände besaßen viel politische
Erfahrung aufgrund ihrer Arbeit in den geheimen Räten und reichsständischen Versammlungen. Sie kannten das Reichsstaatsrecht. Mit dem Wis-
sen um die Komplexität der Verhältnisse rangen sie um die Kompromisse,
die eine funktionsfähige Reichs- und Religionsverfassung und einen sicheren Frieden garantieren würden. Trauttmansdorff schalt sie «einen Haufen
Praeceptores und Schulmeister», die «nichts denn Verwirrung machten».[48]
Dieser Vorwurf war überzogen, obwohl sein Ärger über den schleppenden
Verhandlungsgang verständlich ist. Nach den Erfahrungen mit dem Prager
Frieden achteten die Juristen jedoch peinlich genau darauf, dass die Bestimmungen ihre Prinzipale nicht übervorteilten und mit dem Reichsrecht
sowie den Traditionen des komplementären Reichs-Staates harmonierten.

Die Delegierten führten keineswegs nur die Aufträge ihrer Regierungen
aus. Sie beeinflussten mit ihren Depeschen und Gutachten deren politisches Wollen. In gewisser Weise schrieben die Gesandten sich so ihre Aufträge selbst. Sie entwickelten unabhängig von politischen und konfessionellen Zuordnungen einen der Sache geschuldeten Korpsgeist, der half, die
gewaltigen Gegensätze zu überbrücken. Der Wille, unter allen Umständen
eine Verständigung zu erreichen, unterschied die Verhandlungen in Osnabrück von denjenigen in Münster. Trotz aller Bemühungen der Vermittler
konnte dort die Unvereinbarkeit der antagonistischen Zielsetzungen zwischen Frankreich und Spanien nicht überwunden werden.

Das Zeremoniell

Um überhaupt verhandeln zu können, mussten sich die Gesandten über
formale Dinge wie Präzedenzen und Titel, Anreden und Ehrbezeugungen
verständigen.[49] Ein verbindliches und anerkanntes diplomatisches Regel-

werk gab es nicht. Es wurde aber nötig, weil es den Umgang ungemein erleichterte, die Vielfalt bändigte und eine europäische Ordnung herstellte, die mit dem Zurücktreten der Lehnshierarchie verloren gegangen war. Manches, wie der Ehrenvorrang der Kaiserlichen, der ständische Rang der Herrscher und ihrer Gesandten, ergab sich von selbst, anderes musste bis ins kleinste Detail ausgehandelt und normiert werden. Nur so ließ sich verhindern, dass bei den feierlichen Ein- und Auszügen oder den gegenseitigen Besuchen ein heilloses Durcheinander entstand, das alle Bemühungen um eine Verständigung von vornherein aussichtslos gemacht hätte. Vorteilhaft war sicherlich, dass es keine Vollversammlungen gab, auf denen alle Delegierten gemäß ihrem Rang hätten platziert werden müssen. Bei den Beratungen der Reichsstände galten das eingespielte Zeremoniell und die Praxis des Reichstags.

Obwohl viele protokollarische Fragen nie gelöst wurden, spielten sich in Münster und Osnabrück Regeln für den Umgang im offenen Kreis der europäischen Mächte ein. Die Gleichrangigkeit aller Souveräne war an sich unstrittig, doch ihre Gesandten benötigten eine festgelegte Reihenfolge, um sich nicht in unauflösliche Präzedenzstreitigkeiten zu verwickeln. Neben dem Kaiser durften nur die nicht lehensabhängigen Könige und Fürsten sowie die Republik Venedig Immunität genießende Botschafter bzw. Ambassadeure ernennen, die Anspruch auf den Exzellenztitel besaßen. Sie vertraten ihre Herren unmittelbar und genossen deswegen annähernd die gleichen Ehren, wurden teilweise sogar den persönlich anwesenden Fürsten vorgezogen und durften sechsspännig vorfahren. Alle anderen Delegierten galten als Agenten oder Deputierte. Da Vasallität immer weniger bedeutete und staatliche Unabhängigkeit auch den diplomatischen Verkehr bestimmte, wurden alle Könige zu Majestäten. Die von Kaiser und Reich lehensabhängigen italienischen Fürsten durften schließlich ebenfalls Botschafter ernennen.

In diesen exklusiven Kreis rückten die Gesandten der niederländischen Republik auf. Damit war allerdings der Wettlauf um den Titel Exzellenz eröffnet, den die kurfürstlichen Delegierten nun ebenfalls beanspruchten. Die venezianischen Botschafter drohten mit ihrer Abreise, falls sie nicht mit denjenigen der gekrönten Häupter gleichgestellt und auf jeden Fall vor den Vertretern der Kurfürsten gereiht würden. Während diese auf gar keinen Fall hinter denjenigen von Republiken platziert werden wollten, forderten die fürstlichen Delegierten ebenfalls den Exzellenztitel.[50] Der Kompro-

miss sah vor, dass nur die kurfürstlichen Prinzipalgesandten den Botschaf-
terstatus erhielten. Frankreich opponierte, musste aber zurückstecken, als
der Kaiser diese Rangerhöhung im April 1645 zugestand. Die Macht, die
sich dem Schutz der deutschen bzw. der ständischen Freiheit verschrieben
hatte, konnte keinen Titel ablehnen, der die Kurfürsten auch gegenüber
dem Kaiser als unabhängig auswies. Gegen diese Privilegierung protestierten die Vertreter der Fürsten. Sie führten aus, dass sich ihre Legations-
rechte nicht von denjenigen der Kurfürsten unterschieden, konnten jedoch
weder in Münster und Osnabrück noch auf den folgenden europäischen
Kongressen ihren Exzellenzanspruch durchsetzen.

Problematisch und folgenreich war die erbitterte Rivalität der Könige
von Frankreich und Spanien um den Rang hinter dem Kaiser, der naturge-
mäß die Spanier bevorzugte. Die Franzosen wollten dies nicht zugestehen
und drohten offen mit Gewalt, beispielsweise bei der Einholung des päpstlichen Nuntius. Am 19. März 1645 kam es beim Einzug des Nuntius Chigi
zum Streit. Der französische Gesandte d'Avaux bestritt zwar nicht den
Vorrang des kaiserlichen Botschafters, wohl aber der ihn begleitenden
Reiter. Er setzte sich mit seiner Kutsche direkt hinter die kaiserliche und
sicherte diesen Coup durch französische Soldaten. Er entschuldigte sein
rabiates Vorgehen später damit, dass er befürchtet habe, die kaiserlichen
könnten die spanischen Gesandten mitführen, sodass diese vor den französischen rangiert hätten.[51] Die Spanier waren diesem Spektakel jedoch
ferngeblieben; überhaupt mieden sie alle Veranstaltungen, bei denen die
Franzosen ihnen den Vortritt hätten verwehren können. Dieser Präze-
denzstreit begleitete den Kongress bis zu seinem Ende und blockierte ihn
nur deswegen nicht, weil «man sich – im Wortsinn – aus dem Weg ging».[52]
Auch wegen dieses Konflikts wurde in Münster zwischen Spanien und
Frankreich nur schriftlich und unter Vermittlung der päpstlichen und
venezianischen Botschafter verhandelt.

Das formale Prozedere und die Inanspruchnahme der beiden Mediatoren
gestaltete die Verhandlungsführung in Münster äußerst schwerfällig. Chigi
und Contarini verstanden ihre Rolle als Übermittler. Sie prüften jedoch die
Texte, um sie gegebenenfalls und nach Rücksprache mit ihren Verfassern zu
entschärfen. Danach warteten sie geduldig, bis die andere Seite sich mit
ihren Prinzipalen verständigt und eine neue Antwort formuliert hatte. Obwohl beide Mediatoren keine eigenen Vorschläge unterbreiteten, gerieten sie
in den Verdacht der Parteinahme. Die Spanier misstrauten Contarini, die

Franzosen Chigi, weil er sich religionspolitischen Zugeständnissen an die Protestanten vehement widersetzte und die katholischen Reichsstände in diesem Punkt nachdrücklich zum Widerstand aufrief.[53] Phasenweise übernahmen deswegen die Gesandten Bayerns und der niederländischen Republik das heikle Geschäft der Mediation zwischen den beiden katholischen Vormächten.[54]

Nach dem Rückzug der Dänen einigten sich die Delegierten in Osnabrück auf direkte Gespräche und Verhandlungen gemäß der Verfahrensordnung des Reichstags.[55] Der Kompromiss galt auch für die reichsständischen Beratungen in Münster, beinhaltete aber den Verzicht auf die Benennung als Reichstag. Mithin tagten zwischen 1645 und 1648 zwei reichsständische Versammlungen mit einer ständisch-konfessionellen Scheidelinie. In Osnabrück versammelten sich die evangelischen Fürsten und Städte. Sie verständigten sich in deutscher, notfalls lateinischer Sprache. In Münster berieten sich vor allem Kurfürsten und Katholiken. Hier verständigten sich Spanier, Franzosen und Niederländer auf Französisch, Italienisch und Niederländisch. Latein wurde zwar im mündlichen Verkehr, nicht aber – dies im Unterschied zu allen Verträgen mit Kaiser und Reich – in offiziellen Texten verwandt.

Die kaiserlichen Gesandten verhinderten mit Hilfe der kurfürstlichen, dass die Reichsstände als Corpus direkt mit den Botschaftern Schwedens oder Frankreichs verhandelten.[56] Damit war aus ihrer Sicht wenigstens formal sichergestellt, dass die fremden Kronen nicht über die innerreichischen Angelegenheiten entschieden. Die Kaiserlichen konnten jedoch weder verhindern, dass die reichsständischen Vertreter mit den Gesandten der Kronen sprachen, noch, dass über die Religionsgravamina die katholischen und evangelischen Reichsstände getrennt berieten und ihnen Schweden und Franzosen direkt assistierten.[57]

Grundprobleme

1645 verzichtete der Kaiser auf seinen mit der Zulassung der Kurfürsten ohnehin ausgehöhlten Anspruch, das Reich alleine zu vertreten. Damit akzeptierte er den Vorkriegszustand. Die Reichsstände besaßen seit 1495 vertraglich verbriefte Befugnisse zur Mitentscheidung in allen wichtigen Reichsangelegenheiten, und sie hatten Bündnisse mit fremden Mächten geschlossen. Ihre Teilnahme gab den Verhandlungen neuen Schwung. 1644

hatte der Austausch der jeweils von beiden Seiten als unzureichend zu-
rückgewiesenen Vollmachten kostbare Zeit in Anspruch genommen, weil
die Franzosen auf der Nennung ihrer Verbündeten auch in der kaiserlichen
Vollmacht bestanden. Ferdinand III. willigte ein,[58] betonte aber, dass die
Pfalz und Böhmen nicht amnestiert würden.[59]

Während der Kaiser seine Karten langsam offenlegte, wollten Schweden
und Frankreich den Verhandlungsbeginn nicht mit Gebietsforderungen
belasten. Offiziell verlangten die Franzosen zunächst nur die Wiederherstellung der deutschen Freiheit und die Zulassung aller Reichsstände, die
Schweden darüber hinaus die Bereinigung der evangelischen Religionsbeschwerden, vor allem die Widerrufung des Restitutionsedikts. Die gemeinsame Erklärung der beiden Kronen, ihre Truppen aus Deutschland
abzuziehen, wenn der Kaiser eine allgemeine Amnestie auf dem Stand von
1618 und eine Sicherheitsgarantie für den Frieden gewähre, war ein Trick.
Ferdinand III. und Kurfürst Maximilian konnten wegen der Pfalzfrage
diesem Junktim nicht zustimmen.

Das von Frankreich und Schweden avisierte Bündnis aller Reichsstände
gegen den Kaiser war ebenfalls illusionär. Es entsprach den Interessen
Frankreichs mehr als denjenigen Schwedens, das ein verfassungsrechtlich
abgesichertes und international garantiertes Gleichgewicht von Katholiken und Protestanten im Reichs-Staat anstrebte. Servien wandte dagegen
ein, der Kaiser habe stets Mittel und Wege gefunden, sich der Reichsordnung zu entziehen. Er vertraute Volmar schon im Oktober 1644 an, man
werde die eroberten Reichsgebiete nicht zurückgeben, weil das Land west-
lich des Rheins seit alters zu Frankreich gehöre. Mazarin hielt diese Annexion und zusätzlich Besatzungsrechte in rechtsrheinischen Festungen für
unbedingt erforderlich. Darüber hinaus war er der irrigen Ansicht, Breisach deswegen behaupten zu können, weil die Reichsfürsten wüssten, dass
Österreich sie unterjochen, Frankreich hingegen ihre Freiheit sichern
wolle. Mit der Befreiung vom habsburgischen Dominat verbanden die
Reichsstände jedoch nicht die Oberhoheit des französischen Königs, sondern den Fortfall jeglicher monarchischer Herrschaft über sie.

Die Schweden erklärten offen, ihre Truppen nicht zurückzuziehen,
bevor ihre territorialen und finanziellen Entschädigungen geklärt seien. In
der ersten französischen und der nicht in allen Punkten gleichlautenden
ersten schwedischen Proposition fehlten substantielle Verhandlungsange-
bote. Dennoch bezweifelte niemand, dass territoriale Zugeständnisse nötig

waren. Schweden wollte mit Pommern und Frankreich am Oberrhein ent-schädigt werden. Nach damaligen Gepflogenheiten waren solche Erwer-bungen legitim, sofern ein triftiger Rechtsanspruch vorlag und die Gebiete erobert worden waren. Deswegen hatte König Gustav II. Adolf bei seinem Siegeszug auf der Inbesitznahme kraft Kriegsrecht bestanden.

Nachdem in Osnabrück Delegierte des fränkischen Reichskreises, Hes-sens, Braunschweigs, Mecklenburgs und Lübecks, in Münster neben dem Kaiser Wartenberg (für sich und Köln) sowie die Mainzer Gesandten ver-sammelt waren, konnten Schweden und Franzosen die Verhandlungen nicht weiter hinauszögern. Am 24. Februar 1645 übergab Servien eine Pro-position. Sie betonte den Einsatz für die deutsche Freiheit, forderte die Zulassung aller Reichsstände zum Kongress, die Freilassung des Trierer Erzbischofs sowie belastbare Sicherheitsgarantien. Er verprellte mit die-sem Alleingang sowohl die Schweden als auch seinen Kollegen d'Avaux. Die kaiserlichen Delegierten erwiderten am 7. März, Sicherheitsgarantien gehörten nicht an den Verhandlungsbeginn. Falls die Reichsstände den Verträgen zustimmen sollten, müsse der Kaiser dies auch von den französi-schen Ständen verlangen.[60] Die Franzosen entgegneten, dass Frankreich im Gegensatz zum Reich eine Monarchie sei und man auf die Zulassung aller Reichsstände bestehe.

Die schwedische Delegation hatte die in Osnabrück versammelten Pro-testanten gebeten, ihre Vorstellungen festzulegen. Der Kasseler Gesandte Reinhard Scheffer überreichte daraufhin Ende März 1645 das gewünschte Gutachten. Es forderte die vollständige Amnestie und Restitution auf dem Stand von 1618 und die Wiederherstellung der alten Reichsverfassung. Darunter wurden unter anderem die konfessionelle Parität im Kurkolleg sowie die Fixierung der kaiserlichen und kurfürstlichen Rechte verstanden. Beide okkupierten die Majestätsrechte, denn die Goldene Bulle lege *hoc statu imperii aristocratico mixto*, nicht *imperatori soli* fest.[61] Steuern oder Kriege dürften nur mit Zustimmung aller Reichsstände beschlossen wer-den. Mehrheitsentscheidungen in Glaubensfragen sollten künftig ver-boten, die Reformierten gleichberechtigt in den Religionsfrieden einge-schlossen, Reichshofrat und Kammergericht paritätisch besetzt und die Reichsacht sowie Exekutionen nur nach vorheriger Anhörung der Ange-klagten und der Reichsstände verhängt werden. In dem Gutachten, das der französischen Delegation übergeben wurde, war das Verbot von Mehr-heitsbeschlüssen in Glaubensfragen durch die Bitte ersetzt worden, das

reichsständische Bündnisrecht durchzusetzen.[62] Die protestantischen Delegierten wussten, dass Frankreich nicht gegen die Katholiken agieren
wollte. Zu mehr als der allgemeinen Formulierung einer Wiederherstellung der Reichsverfassung war Servien nicht zu bewegen.

Die Hauptpropositionen der beiden Großmächte lagen am 11. Juni 1645
vor. Die Franzosen betonten, in den deutschen Fragen nur im Sinn der
Reichsstände, deren Entschädigungsansprüchen und ihrer Aussöhnung mit
dem Kaiser handeln zu wollen. Deswegen müssten der Krieg zwischen den
beiden Kronen und dem Kaiser schnell beendet und ein beständiger Friede
sowie eine Generalamnestie auf dem Stand des Jahres 1618 verkündet werden. Allen Reichsständen seien die Souveränitätsrechte, ihre alte Freiheit
und die Mitbestimmung in allen Reichsangelegenheiten zu garantieren.[63]
Jede Königswahl zu Lebzeiten des Kaisers müsse verboten werden, damit
sich das Kaisertum nicht bei einer Dynastie verfestige. Den Kronen stehe
wegen ihrer Mühen, Kosten und Schäden eine Kriegsentschädigung zu,
ebenso der Landgräfin von Hessen und anderen Verbündeten. In den Krieg
zwischen Frankreich und Spanien dürfe der Kaiser nicht mehr eingreifen.
Den Friedensvertrag müssten auch die Reichsstände unterzeichnen.[64]

Die schwedische Proposition formulierte die gleichen Ziele, argumentierte einleitend jedoch mit dem eigenen 15-jährigen Kampf für die Freiheit
und den Frieden in Deutschland, der niemanden und nichts ausschließen
dürfe, auch nicht die Reformierten. Streitigkeiten über die geistlichen Güter
seien auf dem Stand von 1618 und Religionskonflikte gütlich beizulegen. Die
Kronen müssten entschädigt, die rechtmäßigen Forderungen ihrer Soldaten
erstattet werden. Falls gegen den Friedensvertrag verstoßen werde, sollten
die Kronen neben den Reichsständen dem Geschädigten zu seinem Recht
verhelfen.[65] Dieses von den Schweden skizzierte System kollektiver Sicherheit griff Forderungen Richelieus auf, wenn auch nicht für Europa, sondern
nur für das Reich.

Auf den ersten Blick scheint es, als hätte Hessen-Kassel die Interessen
der Kronen antizipiert bzw. die Agenda für die folgenden Verhandlungen
über die politischen und religiösen Gravamina gesetzt. Die Kasseler hatten
ihre Beschwerden jedoch mit den evangelischen Delegierten abgestimmt,
vor allem mit Jacob Lampadius. Landgräfin Amalie Elisabeth war nicht –
wie häufig vermutet – die Protagonistin des radikalen Flügels in Westfalen.
Gegen jede Form einer monarchischen oder kaiserlich-kurfürstlichen Alleinregierung waren sich die Kronen mit den protestantischen Fürsten und

Städten einig. Die Franzosen ignorierten die Religionsgravamina, die Schweden das Interventionsverbot in den spanisch-französischen Krieg. Letztere beharrten jedoch auf der völligen Restitution der Kurpfalz, während Frankreich sich aus Rücksicht auf Bayern mit einer solchen Lösung schwertat. Über ihre territorialen Ansprüche hatten sich die beiden Großmächte insofern verständigt, als für Schweden Pommern, für Frankreich das Elsass unverzichtbar sein sollten. Beides wurde nicht ausgesprochen, um die Reichsstände nicht in die offenen Arme des Kaisers zu treiben.

Die Forderung nach einstimmigen Voten auf dem Reichstag schoss freilich deutlich über das Ziel hinaus. Ein solches Vetorecht hätte den Reichs-Staat unregierbar gemacht. Eine Königswahl zu Lebzeiten des Kaisers war laut Goldener Bulle möglich, und daran wollten die meisten Reichsstände nicht rütteln. Dass sie den Friedensvertrag ratifizieren sollten, hatten sie zwar nicht gefordert, entsprach aber ganz ihren Vorstellungen eines Mitregiments.[66] Die Reichsverfassung nahm diesen breiten Raum in den Propositionen der beiden fremden Mächte ein, weil für sie die Rückbindung des Kaisers an die Reichsstände der Kernpunkt eines ehrenvollen, allgemeinen, christlichen und stabilen Friedens war.

Mit der Übergabe der Propositionen war ein Anfang gemacht. Der nächste Schritt zum deutschen Verfassungskongress erfolgte im Juli 1645, als sich in Lengerich die kaiserlichen mit den Gesandten der Kurfürsten von Mainz, Köln, Bayern und Brandenburg verständigten, Ferdinand III. zu empfehlen, alle Reichsstände mit vollem Stimmrecht zum Kongress einzuladen.[67] Die Versammlung sollte allerdings kein Reichstag sein, weil die Kurfürsten noch immer hofften, Beschlüsse zur inneren Ordnung vermeiden zu können. Ende Juli begannen die protestantischen Gesandten in Osnabrück mit ihren Beratungen. Ihnen übergaben die kaiserlichen Gesandten am 25. September ihre Antworten auf die Hauptpropositionen der beiden Kronen. Erst danach wurde dieser Text den Vermittlern ausgehändigt, die ihn am 16. Oktober an die Franzosen und am 22. an die Schweden weiterleiteten.

Die Kaiserlichen wollten die Reichsstände in die Verhandlungen einbeziehen. Inhaltlich begrüßten sie ausdrücklich, dass der seit 1630 (sic) zwischen dem Kaiser, dem spanischen König und ihren Verbündeten sowie den beiden Kronen und deren Anhängern geführte Krieg durch Restitution und Amnestie mit einem christlichen, allgemeinen und ewigen Frieden beendet werden solle. Den Reichsständen stehe die Landeshoheit *(superioritas terri-*

torialis) zu. Gegen die Aufnahme der Reformierten in den Religionsfrieden, eine Verständigung über die geistlichen Güter, den Konsens des Reichstags und das Bündnisrecht der Reichsstände gebe es keine Einwände, sofern die Rechte des Kaisers und der Kurfürsten gewahrt blieben. Das Verbot der Königswahl zu Lebzeiten des Kaisers widerspreche jedoch der Goldenen Bulle und allen Reichsgesetzen. Der Kaiser sei zu Satisfaktionen weder an Schweden noch an Frankreich verpflichtet, behalte sich aber vor, seinerseits solche zu fordern. Der Friede solle wie üblich mit der Gesandten Hand und Siegel bekräftigt und vom Kaiser und den Reichsständen sowie den beiden Kronen und ihren Ständen bestätigt werden.[68] Als Schutzherr der Christenheit, als Lehensherr und als enger Verwandter könne er sich nicht verpflichten, den spanischen König in seinem gerechten Krieg allein zu lassen.[69] Die inneren Angelegenheiten des Reiches seien – so die hier letztmals wiederholte Formel – im Prager Frieden geregelt. Sie gehörten auf einen Reichstag, wo darüber ohne Einmischung Schwedens und Frankreichs verhandelt werden könne. Der Kaiser hoffte, keine Rechte aufgeben zu müssen, und zählte Fragen der Militär-, Lehens- und Gerichtshoheit nicht zu den zustimmungspflichtigen Reichsgesetzen. Damit blieb alles offen, denn der Streit drehte sich ja darum, ob der Kaiser nur über die Rechte verfügte, die ihm die Stände überlassen hatten, oder ob er der Ausgangspunkt aller legitimen Gewalt im Reich war.[70]

Die evangelischen Fürsten und Städte beauftragten einen Ausschuss mit der Ausarbeitung ihrer Gegenvorstellungen. Den Vorsitz übernahmen Thumbshirn und Carpzow. Darüber hinaus gehörten dem Gremium der Braunschweiger Jakob Lampadius, Tobias Oelhafen von Schöllenbach als Vertreter der fränkischen Grafen und der Straßburger Marcus Otto für die Städte an. Lampadius bearbeitete die allgemeinen Fragen, Thumbshirn die Religionsbeschwerden, Oelhafen das Justizwesen und Otto die politischen Bedenken. Sie besprachen jedoch die einzelnen Abschnitte immer wieder gemeinsam, sodass der Text die Ansicht dieses Ausschusses wiedergibt.

In der Verfassungsfrage führte das Gutachten aus, dass der Krieg 1618 und nicht erst 1630 begonnen habe und sich die Amnestie und Restitution auf die Zeit vor den böhmischen Unruhen beziehen müsse. Die Stände seien keine Feinde der beiden Kronen, seien aber mit Krieg überzogen worden. Der Kaiser habe die Spanier zu diesen Verhandlungen hinzugezogen, weil sie am «Deutschen Kriege» interessiert seien. Es führe allerdings nur zu neuen Konfusionen, wenn die Reichsstände über portugiesische, katalonische, navarrische, italienische, niederländische und andere Sachen beraten müssten. Vermenge man diese auswärtigen Kriege «mit dem Deutschen Unwesen», werde das eine durch das andere gehemmt.[71] Dies gelte auch für die lothringischen Angelegenheiten, über die nur mit Zustimmung Frankreichs verhandelt werden könne. Die Kronen hätten dem Kaiser und bestimmten Ständen den Krieg erklärt. Damit hätten die Protestanten nichts zu tun und dürften deswegen auch zu eventuellen Kriegsentschädigungen nicht herangezogen werden.[72]

Bei der Reichsjustiz müsse die konfessionelle Parität in den Spruchkörpern ebenso sichergestellt werden wie das reichsständische Mitregiment in allen politischen, militärischen und finanziellen Fragen. Die Anmaßung der Kurfürsten, allgemeine Dinge alleine zu regeln, widerspreche der Reichsverfassung. Ihre und die kaiserlichen Vorrechte müssten benannt und festgeschrieben werden. Alle wichtigen Angelegenheiten sollten auf dem Reichstag entschieden werden. Auch der Städtekurie sei dort ein gleichberechtigtes Votum zuzubilligen. Ungeeignete Personen dürften nicht mit Standeserhöhungen und schon gar nicht mit Sitz und Stimme im Reichstag bedacht werden. Beim Treuevorbehalt sei zwischen dem Kaiser und dem Reich zu unterscheiden, und die Stände müssten sich mit auswärtigen Mächten auch gegen den Kaiser verbünden dürfen, wenn dieser ihre Rechte missachte.[73] In der Glaubensfrage seien die evangelischen Beschwerden auszuräumen, weil es sonst keinen beständigen Frieden geben könne. Nur gütliche Vergleiche dürften zu Änderungen führen. Der Religionsbann hänge an der Landeshoheit. Die Katholiken schmälerten das *ius superioritas* der evangelischen Stände, wenn sie ihnen verwehrten, ihre Mediatklöster zu reformieren. Ein Friede setze voraus, dass den Protestanten alles zurückerstattet werde, was ihnen seit 1618 ungerechterweise genommen worden sei.

Der Religionsfriede habe den evangelischen Untertanen katholischer Obrigkeiten ausdrücklich die Wahlfreiheit zugesichert, bleiben oder abziehen zu dürfen. Dagegen seien ihnen die Ausübung ihres Glaubens, der Besuch von Gottesdiensten in der Nachbarschaft und vieles mehr verboten worden. Sie würden zu keinen Ehrenämtern oder Lehrberufen zugelassen und sogar von christlichen Begräbnissen ausgeschlossen. Wolle jemand auswandern, setze man ihm so kurze Termine zum Verkauf seiner Güter, dass der Erlös zum großen Teil von der zu entrichtenden Nachsteuer aufgezehrt werde. Teilweise seien Kinder von ihren Eltern getrennt worden. Künftig dürfe niemand wegen seines evangelischen Glaubens zum Verkauf seiner Güter gezwungen, als Untertan und Bürger abgelehnt oder von Ehrenämtern und Gemeinschaften ausgeschlossen werden. Das Restitutionsedikt verstoße als Edikt gegen den Religionsfrieden, als Gesetz hätten die Reichsstände daran mitwirken müssen, und als Urteil fehle der vorherige Prozess.[74]

Von diesem Forderungskatalog wurden nach eingehenden Beratungen nur die Religionsgravamina übergeben. Sie legten den Grundstein für die Religionsartikel des Friedensvertrages, vor allem für die Bestimmungen, die als Vorstufen individueller Freiheitsrechte gelten dürfen. Die Protestanten ließen in dieser hart umkämpften Frage nicht mehr locker. Worum es dabei ging, zeigte die Anfang Februar präsentierte Kritik der katholischen Stände, dass der Religionsfrieden nur zwischen dem Kaiser und den Reichsständen «und nicht den Untertanen aufgerichtet, denselben auch principaliter nicht angehe».[75]

Am 29. November erschien Trauttmansdorff in Münster. Er hoffte auf einen schnellen Abschluss, bevor der Feind weitere habsburgische Gebiete unter seine Kontrolle brachte. Es gelang ihm, in vielen Fragen die Reichsstände auf seine Seite zu holen, denn auch ihnen widerstrebte die Einmischung der fremden Kronen in die inneren Belange des Reichs-Staates. Sie honorierten das Entgegenkommen des Kaisers, konnten aber nicht umhin, mit den Botschaftern der beiden Kronen zu kooperieren, damit deren Einfluss weiterhin ihren Interessen zugutekam. Während die Kurfürsten dem Kaiser alle Rechte zubilligten, die ihm nicht durch die Reichsverfassung oder durch die Wahlkapitulationen ausdrücklich genommen worden waren, widersprachen die fürstlichen Gesandten solchen Generalklauseln.

Die Verfassungsbestimmungen des Friedensvertrages waren schon im Mai 1646 weitgehend ausgehandelt.[76] Sie trugen den schwedischen Ängsten Rechnung, die zur gleichen Zeit Reichskanzler Oxenstierna im Reichsrat vortrug: «Nun ist securitas, daß Deutschland nicht absolut wird, sonst gehen die Schweden, Dänemark und die anderen unter.»[77] Deswegen solle das Verfassungsgleichgewicht zwischen Kaiser und Ständen neu justiert und von allen beteiligten Mächten garantiert und überwacht werden. Während nach einem praktikablen System kollektiver Sicherheit weiter gesucht wurde, scheiterten alle schwedischen Vorstöße, die Kurfürsten zu entmachten, obwohl sie dabei von den reichsfürstlichen Delegationen unterstützt wurden. Im August 1646 erklärte beispielsweise Thumbshirn seinem Herzog, warum die politischen Gravamina zu einem großen Teil gegen das kurfürstliche Kollegium gerichtet seien. Diese wollten einen *Statum oligarchicum* einführen und die Fürsten nicht mehr an den Majestätsrechten beteiligen.[78]

Die Verfassungsfragen ruhten danach bis zum Frühjahr 1647, als sie von einem schwedischen Papier erneut aufgegriffen wurden. In der Fürstenratssitzung vom 10. Mai wurde dazu nichts beschlossen, obwohl die Altenburger Gesandten vorgeschlagen hatten, die schwedische Forderungsliste stark zu kürzen und die meisten Punkte auf den Reichstag zu verschieben. Volmar veränderte einige Artikel des kaiserlichen Friedensentwurfes; er strich die Vorbehaltsklausel der kaiserlichen und kurfürstlichen Rechte und billigte den Städten das *Votum decisivum* zu.[79] Eine erste Formulierung der Verfassungsbestimmungen fand sich dann im sogenannten Trauttmansdorffianum, das am 13. Juni 1647 die bisherigen Ergebnisse festhielt. Die Unterschiede zum kurzen Artikel VIII des Osnabrücker Friedensvertrages sind gering.[80]

Entschädigungen

Der Spielraum für Verfassungsänderungen ohne Systembruch war begrenzt. Deswegen konnte rasch ein Grundkonsens auf der Basis des Vorkriegszustandes erzielt werden. Bei den Entschädigungen, die unter Stichworten wie Amnestie und Restitution, Satisfaktion oder Rekompens verhandelt wurden, war ein solcher Konsens lange nicht in Sicht. Sie standen den Siegern beim Friedensschluss offenbar zu. Schweden, Franzosen und einige Reichsstände betrachteten sich als Sieger, weil sie fremde Gebiete besetzt hielten. Durften sie sich deswegen einfach bedienen?

Die Franzosen spezifizierten ihre territorialen Forderungen auf Lothringen, das Elsass, den Sundgau, die Waldstädte sowie die Festungen Breisach und Philippsburg. Die Schweden taten sich mit der Konkretisierung 1645 schwerer. Sie wichen aus und warteten auf ein Angebot Trauttmansdorffs. Im Herbst 1645 glaubte auch der Kaiserhof, dass das Elsass und Pommern geopfert werden müssten. Dennoch bot Wien nur die Übergabe der Bistümer Metz, Toul und Verdun sowie eine achte Kur als Lösung der Pfalzfrage an. Damit signalisierten die Kaiserlichen zwar Konzessionsbereitschaft, doch ihr Entgegenkommen beschränkte sich auf die Übertragung von Rechten an Gebieten, die Frankreich schon seit mehr als hundert Jahren innehatte.

Mazarin forderte neben dem Ober- und Unterelsass die rechtsrheinischen Festungen Breisach und Philippsburg. Diese Gebiete sollten, zu einem
Reichslehen zusammengefasst, dem französischen König Sitz und Stimme
auf dem Reichstag verschaffen.[81] Seine Gesandten äußerten sogar, die Erblande gehörten eigentlich nicht zum Reich. Volmar belehrte sie, dass diese
Unabhängigkeit nur für die Königreiche Ungarn und Böhmen gelte.[82] Die
Schweden spezifizierten ihre Gebietsforderungen am 20. November 1645
auf Pommern und Kammin, den Ostseehafen Wismar sowie die säkularisierten Stifte Bremen und Verden. Darüber hinaus nannten sie Magdeburg, Halberstadt, Minden, Osnabrück und Schlesien.[83]

Trauttmansdorff und mit ihm fast alle reichsständischen Gesandten
empörten sich über die maßlosen Annexionswünsche dieser Verteidiger
der deutschen Libertät.[84] Er versuchte den jungen Oxenstierna davon zu
überzeugen, dass an eine Abtretung Schlesiens und der norddeutschen
Stifte, an die Aufgabe des geistlichen Vorbehalts oder die Freistellung der
Religion in den Erblanden nicht zu denken sei. Am 12. Februar 1646 einigte
man sich, dass Vorpommern mit Kammin und das Stift Verden als Reichslehen an Schweden fallen sollten. Brandenburg stimmte diesem Arrangement auf seine Kosten nicht zu, und in Schweden stritten die um Königin
Christina gescharte Friedens- und die um den Reichskanzler gruppierte
Kriegspartei, ob dies ausreichend sei oder nicht.[85]

Trauttmansdorffs Geheimverhandlungen weckten den Argwohn der
Franzosen. Ihnen versicherte Kurfürst Maximilian, er werde keinen Separatfrieden dulden. Der Prinzipalgesandte berichtete nach Wien, Maximilian wolle sich das Wohlwollen der Franzosen mit dem Elsass erkaufen.[86]
Während der katholische Fürstenrat Satisfaktionen ganz ablehnte, äußerte
sich der protestantische nicht.[87] Die Reichsstände baten aber die Franzosen um Mäßigung.[88] Auch in Paris gab es inzwischen Stimmen, die sich
mit Metz, Toul und Verdun zufriedengeben wollten, um wegen der Rheingrenze nicht den Rückhalt der Reichsstände zu verlieren.

Servien verfolgte andere Pläne. Die drei Bistümer in Lothringen und
das Elsass sollten seines Erachtens zwar unter französische Herrschaft
kommen, aber nicht aus dem Reich ausscheiden. Die Hofburg, die Anfang 1646 Frieden um nahezu jeden Preis wünschte, stellte am 2. März das
Schicksal des Elsass dem Verhandlungsgeschick Trauttmansdorffs anheim. Straßburg, das Bistum des Kaiserbruders Leopold Wilhelm, sollte
er aber nicht preisgeben. Die Alternative zu Lasten Spaniens, die Über-

gabe der Freigrafschaft und Burgunds an Frankreich, lehnte die Hofburg ab.

Kurfürst Maximilian informierte den Pariser Nuntius und dieser Mazarin, dass der Kaiser das Elsass opfern werde.[89] Die französischen Unterhändler verlangten daraufhin die lothringischen Bistümer, das Elsass und Breisach, verzichteten aber auf den Breisgau und die Waldstädte. Die Kaiserlichen boten ihre Rechte im Unterelsass sowie diejenigen über Hagenau und Weißenburg an.[90] Am 3. April schrieb Trauttmansdorff, dass ihm die schwedischen Forderungen «leicht» vorkämen, weil im Gegenzug «E. Ksl. Mt. Länder» zurückgewonnen würden, «aber der Franzosen Traktat, weil man bei demselben von des Haus Österreich Landen etwas abgehen lassen soll, ist mir von Herzen und der Seele zuwider».[91] Acht Tage später eröffnete er den Spaniern, sie müssten sich den Frieden mit dem Elsass erkaufen, mit oder ohne ihre Einwilligung.

Am 16. April räumten die Kaiserlichen den Franzosen die *superioritas* über den österreichischen Besitz im Elsass mit der von Volmar empfohlenen Formel «Ober- und Unterelsass mit Sundgau unter dem Titel Landgrafschaft Elsass» ein. Der Begriff *superioritas* sollte über den geringen Umfang der habsburgischen Rechte hinwegtäuschen.[92] Die Bistümer Metz, Toul und Verdun, die Stadt Metz sowie die Festungen Moyenvic in Lothringen und Pinerolo in Piemont wurden ebenso zu souveränem Besitz abgetreten,[93] um den König vom Reichstag fernzuhalten. Kurfürst Maximilian war anderer Ansicht. Als Reichslehen bleibe das Elsass beim Reich, und der König werde die Katholiken auf dem Reichstag unterstützen.[94] Auch evangelische Gesandte wie die Altenburger Delegation hielten eine Belehnung für erwägenswert. Dadurch werde Frankreich an die Reichskonstitution, vor allem an den Religionsfrieden gebunden. Die Beratungen des Reichstages blieben ohnehin nicht geheim, und die Protestanten hätten von einem König als Mitstand mehr zu erwarten als von einem solchen, der von außen einwirken werde.[95]

Die Franzosen wussten aber auch um die mit der Souveränität verbundene Chance, die elsässischen Reichsstände vollständig zu unterwerfen, obwohl deren reichsunmittelbarer Status in der kaiserlichen Erklärung mit einer Schutzklausel bedacht worden war. D'Avaux beruhigte Mazarin, man werde das Elsass und den Sundgau wie jede andere Provinz dem Königreich eingliedern können.[96] Dass Frankreich damit die Freiheit, für die es kämpfte, den oberrheinischen Reichsständen entzog, schien d'Avaux kein Problem zu sein.

Die französische Regierung hatte ein gutes Jahrzehnt zuvor anlässlich der Verhandlungen mit Bernhard von Weimar genaue Informationen über die politische Situation im Elsass eingeholt. Nun sandte sie mit Théodore Godefroy einen Kenner der Reichsverfassung nach Münster. Er hatte schon damals betont, dass eine uneingeschränkte Bodinsche Souveränität die Verhältnisse im Reich nicht richtig abbilde.[97] Die Franzosen nahmen dennoch das Angebot der Kaiserlichen mit der Bitte um Präzisierungen zu den Diözesanbereichen der lothringischen Stifte und der Hoheitsrechte im Elsass an. Auf die Gegenforderungen, Frankreich müsse bei der Amnestie- und der Pfalzfrage dem Kaiser entgegenkommen und den Herzog von Lothringen zum Kongress zulassen, gingen sie in ihrer Antwort nicht ein.[98]

Bei den Gebietswechseln stießen zwei unterschiedliche Strukturen aufeinander, das souveräne Frankreich und der komplementäre Reichs-Staat. Frankreich leitete in der Folgezeit seine Souveränitätsansprüche im Elsass aus den Rechten der Reichsvogtei und der Landgrafschaft ab. Innerhalb des Reichs-Staates verbanden sich damit jedoch nur minimale Rechte gegenüber den freien Reichsstädten und fast keine gegenüber dem Bischof von Straßburg, den Grafen von Hanau-Lichtenberg oder den Reichsrittern. Die französische Regierung gab sich mit den verschleiernden Zessionsformeln zufrieden. Trautmansdorff versicherte den betroffenen Reichsständen, der Kaiser wolle sie keinem fremden Herrn unterwerfen.

Neben dem rechtsrheinischen Breisach fiel auch Philippsburg an die Franzosen, das ihnen der inzwischen aus kaiserlicher Haft entlassene Philipp von Sötern überließ. Trauttmansdorff erreichte nur noch kleinere Einschränkungen des Besatzungsrechts. Auf dieser Basis wurden die sogenannten September-Artikel unterzeichnet.[99] Mit Spanien war dies alles nicht abgesprochen. Um die Stimmung aufzuhellen, forcierte der Kaiserhof eine neue Verbindung zwischen beiden Linien: Ferdinands III. Tochter Maria Anna sollte den spanischen Thronfolger Don Balthasar ehelichen. Doch dieser starb an den Blattern. Daraufhin heiratete Maria Anna dessen Vater, König Philipp IV. Mit dem 1661 geborenen Karl II. wurde zwar noch einmal der Fortbestand der spanischen Linie gesichert, aber er war regierungsunfähig und nicht in der Lage, die Dynastie weiterzuführen; ganz Europa wartete 39 Jahre lang auf seinen Tod, um endlich das spanische Erbe verteilen zu können.

Die an Frankreich abgetretenen Gebiete schieden aus dem Reichsverband aus. Um weiteren französischen Mediatisierungen vorzubeugen, wurde eine Schutzklausel für die elsässischen Reichsstände in den Friedensvertrag aufgenommen.[100] Sie sollten in «der Freiheit und Reichsunmittelbarkeit» bleiben, «in der sie sich bisher befunden haben». Aus französischer Sicht hieß dies nicht, dass sie weiter zum Reich gehörten, zumal der Artikel mit dem Hinweis endete, dass diese Bestimmung die Oberherrschaft nicht beeinträchtigen solle. Statt der milden Herrschaft eines Kaisers waren die elsässischen Stände nun mit einem absoluten Königtum konfrontiert.

Die französischen Gesandten hatten auf dem *supremum dominium* bestanden. Servien erklärte 1647: Die Dekapolis, der elsässische Zehn-Städte-Bund, unterstehe künftig der Krone Frankreichs, wie er bisher Kaiser und Reich unterworfen gewesen sei. Die Kommunen befänden sich auf französischem Grund und Boden, und es würde ein seltsames Ansehen gewinnen, «wenn das Elsass der Krone Frankreich, die darinnen liegenden zehn Reichsstädte aber des Römischen Reichs sein sollten».[101] Die Landvogtei wechselte nicht nur ihren Inhaber: Mit der Souveränität des französischen Königs gewann die Oberherrschaft eine neue Qualität. Die französischen Gesandten hatten es abgelehnt, den Rechtsstatus jedes elsässischen Reichsstandes im Friedensvertrag zu fixieren. Ebenso hatten sie auf der vollständigen Übergabe der lothringischen Diözesen beharrt.[102]

Frankreich ging aus dem Gerangel um die Gebietsabtretungen fraglos als Gewinner hervor, zumal die Souveränitätsrechte ausschlossen, dass der König vor ein Reichsgericht zitiert werden konnte. Trauttmansdorff durfte jedoch für sich in Anspruch nehmen, gut verhandelt und den Breisgau sowie die Waldstädte den Habsburgern und dem Reichs-Staat gerettet zu haben. Zudem zahlte Frankreich 1,2 Millionen Reichstaler an die Tiroler Linie der Habsburger, die aber mit den Schulden verrechnet wurden, die auf den elsässischen Gebieten lasteten.[103] Die Preisgabe des Elsass verärgerte die Spanier, weil Frankreich nun ihre Nachschubwege am Oberrhein blockieren konnte. Sie sahen sich gezwungen, Frieden mit den Generalstaaten zu schließen. Den Frieden des Kaisers mit Frankreich verhinderte nun nur noch das Assistenzverbot. Laut Trauttmansdorff durfte Neutralität jedoch vom Erzhaus nicht verlangt werden, denn es wäre «zwischen dem herausigen und drinnigen Haus ein Individuum».[104]

Bei diesen Entschädigungsverhandlungen spielten die Reichsstände keine Rolle. Die Entscheidungen fielen im Kreis der Großmächte, und der Kaiser vertrat wie selbstverständlich den Reichs-Staat. Trauttmansdorff er-

bat die Zustimmung der Reichsstände nur dann, wenn er dadurch seine
Verhandlungsposition stärken wollte. Entscheidend war nicht, wer das Ergebnis ratifizierte, sondern wer es beeinflussen konnte. Dies waren die drei
loyalen Kurhöfe in München, Mainz und Dresden. Erst als sie zugestimmt
hatten, wurden die Absprachen den Gesandten vorgelegt. Zwischenzeitlich hatten die kaiserlichen Deputierten weiter verhandelt, aber alles unter
den Vorbehalt der reichsständischen Zustimmung gestellt. Trauttmansdorff nutzte diese Rückbindung, um die Reaktionen auf seine Angebote zu
testen. Der Kaiser war nach wie vor der Ansicht, dass er das Reich nach
außen vertrete und die Reichsstände ihn daran nicht hindern dürften.
Wenn er sie dennoch einschaltete, geschah dies aus seiner Sicht freiwillig.

Wie bei den Entschädigungsverhandlungen mit Frankreich ging es
auch bei denjenigen mit Schweden um Besitzwechsel zu Lasten einzelner
Reichsstände und der katholischen Kirche. Die Wiener Räte waren zwar
der Ansicht, der Kaiser dürfe um der allgemeinen Wohlfahrt willen notfalls
den Einspruch der betroffenen Reichsstände ignorieren, doch sei dies unüblich, schwer durchzusetzen und daher davon abzuraten. Könne er sie und
ihren Besitz nicht mehr schützen, müsse er wenigstens die Kurfürsten
informieren und um ihre Bedenken bitten.[105]

Die Gespräche mit Schweden waren seit Februar 1646 unterbrochen, weil
sich Stockholm viel Zeit für die Antwort ließ. Was der Kaiser bot, war verlockend, doch ein Separatfrieden hätte Schweden isoliert. Dänen, Polen und
Russen, Niederländer und Franzosen sowie die von den Abtretungen betroffenen Reichsstände, allen voran Kurfürst Friedrich Wilhelm von Brandenburg, warteten wohl nur auf einen solchen Anlass. Die Mehrheit im Reichsrat forderte ganz Pommern, die Königin und ihre Anhänger wollten sich mit
Vorpommern und Stettin begnügen. Auch Johann Oxenstierna und Adler
Salvius waren sich nicht einig. Die harte Haltung schien am 6. Mai 1646 von
Erfolg gekrönt. Trauttmansdorff erhöhte sein Angebot. Er bot nun Pommern, Wismar, Bremen und Verden. Der Kurfürst von Brandenburg sollte
mit Halberstadt entschädigt werden. Salvius warnte, die Zugabe sei ohne
dessen Zustimmung wenig wert; der Krieg werde weitergehen und der Kurfürst vom Reich unterstützt werden. Tatsächlich protestierten die Reichsstände.[106] Trauttmansdorff entgegnete, der brandenburgische Einspruch
dürfe den Friedensprozess nicht aufhalten.

Graf Wittgenstein ergriff die Initiative und trieb den Preis für die Zustimmung des Kurfürsten in die Höhe. Welche Kompensationen sollte

man für Pommern fordern? Genannt wurden Magdeburg, Halberstadt, Minden, Osnabrück, Glogau und Sagan, zudem Münster, Hildesheim, Schweidnitz und Jauer. Da Friederich Wilhelm jedoch beabsichtigte, fremde Länder zu erobern und als Seemacht zu reüssieren, konnte er auf einen ausgebauten Hafen wie Stettin nicht einfach verzichten. Er fügte sich erst nach zähen Verhandlungen in das Unvermeidliche.[107]

Die schwedische Delegation erhielt im September 1646 die Weisung, auf Hinterpommern, notfalls auch auf Stettin zu verzichten, nicht aber auf Kammin, Kolberg und Wollin.[108] Das diplomatische Ringen konzentrierte sich auf die Odermündung. Kurbrandenburg geriet in die Rolle des Störenfrieds. Friedrich Wilhelm erhielt auf französischen Vorschlag ein letztes Angebot, die Anwartschaft auf das Stift Magdeburg. Nach dem Tod des jetzigen Administrators, eines Sohnes des Kurfürsten von Sachsen, sollte das reiche Stift an die Hohenzollern fallen. Die Vermittler erreichten den Kurfürsten in Den Haag, wo er am 7. Dezember Luise Henriette, die älteste Tochter des Prinzen Friedrich Heinrich von Nassau-Oranien, geheiratet hatte. Er lehnte auch diese Offerte ab, und die Großmächte bereiteten eine Einigung gegen ihn vor. Evangelische Gesandte wie der Altenburger Thumbshirn erklärten, das Reich sei nicht verpflichtet, ewig für die Ansprüche des Kurfürsten zu kämpfen. Dieser schulde dem Reich viele Steuern und habe mit seiner Sturheit die harte Haltung der Schweden provoziert, mit denen er seit 1641 verbündet sei.[109] Ohne seine Zustimmung sollte er keine Kompensationen bekommen. Da auch die Generalstaaten Friedrich Wilhelms Bündnisangebot ablehnten, lenkte dieser am 13. Januar 1647 ein und verzichtete auf Vorpommern und Stettin, forderte aber zusätzliche Entschädigungen.[110]

D'Avaux war es gelungen, Schweden zum Verzicht auf Hinterpommern, nicht jedoch auf das rechte Oderufer zu bewegen. Die Einigung erfolgte am 11. Februar 1647. Neben Hinterpommern, Halberstadt und Kammin sowie der Anwartschaft auf Magdeburg fiel Minden an den Kurfürsten.[111] Mit der Säkularisierung dieser Stifte, die nach 1555 evangelisch geworden waren, gab der Kaiser erstmals katholische Rechte und Ansprüche preis. Deswegen war Krieg geführt worden. Die Enttäuschung der Katholiken erscheint verständlich. Bischof Wartenberg drohte nun noch einmal mit dem Zorn Gottes und mit dessen Strafen. Da jedoch die apokalyptische Reiterei Deutschland ohnehin schon so lange fest in ihrem Bann hielt, wirkte der Versuch, mit dem angeblichen Willen Gottes Politik zu machen, wenig überzeugend. Erzbischof Ferdinand von Köln beließ es daher bei dem Vorwurf, es scheine so zu sein, «als ob man dem Reich den Frieden mit geistlichen Gütern zu verhandlen und zu erkaufen gemeint». Falls Gebietsabtretungen nötig seien, möge der Kaiser solche anbieten, worüber er und nicht Gott – gemeint war die katholische Kirche – allein verfügen könne.[112]

Die Vorverträge mit Schweden vom Februar 1647 wurden in den Osnabrücker Vertrag übernommen.[113] Offen blieb die Regelung für Wismar, das als Kondominat von Schweden und Mecklenburg vorgesehen war, dann aber an Schweden fiel, weil der Herzog den Kompromiss ablehnte und mit Ratzeburg und Schwerin entschädigt wurde.[114] Neben Vorpommern kamen das Stift Verden und das Erzbistum Bremen als weltliches Herzogtum mit zwei Reichstagsvoten an Schweden. Der Stadt Bremen, die der Kaiser 1646 fälschlich für reichsunmittelbar erklärt hatte, wurden ihre alte Freiheit und ihre Privilegien bestätigt – eine offene Formulierung. Dies war ganz im Sinne der reichsstädtischen Delegierten, die ihr noch nicht gefestigtes Reichstagsvotum nicht durch die Aufnahme semiautonomer Städte wie Bremen, Erfurt oder Magdeburg in ihr Corpus belasten wollten.

Aus dem territorialen Geschacher im Norden ging neben den Schweden auch Kurfürst Friedrich Wilhelm als großer Gewinner hervor. Seine Länder wuchsen um mehr als ein Drittel,[115] und mit Minden und Magdeburg gewann er nützliche Stützpunkte zwischen der Mark und den Besitzungen am Niederrhein. Die hohenzollerschen Lande wurden so – deswegen unterstützte Frankreich wohl die Forderungen des Kurfürsten – zur Barriere zwischen Schweden und den Zentralgebieten des Reichs-Staates, wo Frankreich seine Klientel formieren wollte.

Offen blieb die finanzielle Entschädigung Schwedens. Während des Krieges waren die Unterhaltskosten der Armee auf die betroffenen Gebiete und über Kredite in die Zukunft abgewälzt worden. Mit dem Frieden endete diese Möglichkeit. Die schwedische Regierung wollte verhindern, dass ihr die Soldaten mit dem Verlangen nach der üblichen Abdankungsprämie zur Last fielen. Sie präsentierte im Sommer 1647 ihre Forderung von zwölf Millionen Reichstalern; einfache Soldaten sollten mit einem Jahressold, die Offiziere mit Land abgefunden werden.[116] Man einigte sich auf fünf Millionen.[117] Etliche Reichsstände wie Hessen-Kassel oder Braunschweig-Lüneburg wollten ebenfalls Entschädigungen durchsetzen. Der Welfenherzog wünschte die Übergabe des Hochstifts Osnabrück, das aber

auch Franz Wilhelm von Wartenberg für sich reklamierte. Der Friedensvertrag fixierte die Ungeheuerlichkeit einer alternierenden Sukzession
zwischen einem katholischen Bischof und einem evangelischen Welfen-
prinzen.[118] Dies widersprach allen Gepflogenheiten, funktionierte aber erstaunlich gut.

14. Der Vertrag oder warum es so lange dauerte

Der Hessenkrieg

Da es keinen Waffenstillstand gab, ging der Krieg weiter. Die kaiserliche
Hauptarmee stand 1646 in Franken, ohne recht zu wissen, wohin und gegen wen sie sich wenden sollte. Erzherzog Leopold Wilhelm verharrte im
Nichtstun, als Johann Georg von Sachsen den Waffenstillstand mit Schweden am 31. März in Eilenburg bis Kriegsende verlängerte. Dem Kaiser
drohte weiteres Ungemach. Maximilian von Bayern strebte an die Seite
des französischen Kriegsgegners. Die 8000 französischen Soldaten unter
Turenne, die im Sommer 1646 bei Wesel über den Rhein zogen, sollten
möglichst weit entfernt von Bayern kämpfen und die Schweden nicht nur
unterstützen, sondern auch davon abhalten, das westliche und südliche
Deutschland unter ihre Kontrolle zu bringen. Wenn die Schweden den
katholischen Glauben zurückdrängten und nach einem Sieg über Bayern
ganz Deutschland beherrschten, hätte dies auch der französischen Verhandlungsposition in Westfalen geschadet.

Schweden und Franzosen halfen daher der Landgräfin Amalie Elisabeth
von Hessen-Kassel gegen Georg II. von Hessen-Darmstadt, der auf die
Unterstützung der kaiserlichen Armee vertraute.[1] Die Waffenruhe zwischen
den beiden Landgrafschaften war im Oktober 1645 zu Ende gegangen, als
der neue Kasseler Generalleutnant Johann Geyso auf dem Rückmarsch von
der Schlacht bei Alerheim Friedberg attackierte. Zwar konnte er die Festung
nicht bezwingen, doch im November brachte er unter dem Vorwand der
Quartiersuche Butzbach und danach Marburg unter seine Kontrolle. Die
Besatzung des Schlosses kapitulierte nach heftigem Beschuss am 25. Januar
1646 und durfte mit Sack und Pack nach Gießen abziehen. Da der Kom-

mandant das Schloss unbedingt hatte halten sollen, wurde er wegen Befehlsverweigerung enthauptet.[2]

Den letzten Akt im sogenannten Hessenkrieg, der seit den 1620er Jahren
diesen Landstrich in Atem hielt, hatte Amalie Elisabeth gut vorbereitet.
Gutachten renommierter Juristenfakultäten bestätigten ihr 1644 das Recht,
den hessischen Hauptakkord von 1627 aufzukündigen. Sie hatte das Fehlen
einer Unterschrift sowie die maßlosen, gegen das Naturrecht verstoßenden
Bedingungen bemängelt.[3] Mit seinem Artillerieangriff auf das Marburger
Schloss verstörte Geyso jedoch das protestantische Deutschland und den
evangelischen Fürstenrat in Osnabrück. Die Landgräfin vertraute dagegen
auf die Rückendeckung Frankreichs und Schwedens und präsentierte am
7. Januar in Osnabrück ihre Entschädigungsforderungen. Kernpunkte bildeten das Stift Hersfeld und die Restitution der Marburger Erbschaft. Ihre
Gesandten traten auf dem Friedenskongress von da an fast nur noch in eigener Sache und allenfalls als Anwälte der Reformierten in Erscheinung. Die
Verfassungs- und Glaubensfragen überließen sie ansonsten anderen Delegierten, um weder den Kaiser noch die Mitstände zu verärgern.[4]

Mit der Besetzung Marburgs begann die letzte und blutigste Phase des
Hessenkrieges. Landgraf Georg II. mobilisierte und verbündete sich am
26. Juli 1646 mit dem Kaiser. Dessen Armee war in die Wetterau gezogen
und hatte sich dort im Juni mit bayerischen und westfälischen Ligatruppen
verstärkt. Sie trafen auf die schwedische Hauptarmee, die noch im Mai in
Thüringen gelagert hatte[5] und über Erfurt zunächst nach Niederhessen
und Westfalen gezogen war. Nachdem sie Höxter und Paderborn erobert
hatten,[6] marschierten die Schweden nach Süden. Am 8. Juli standen sich
beide Heere bei Kirchhain in der Nähe von Marburg gegenüber. Die Kaiserlichen wollten die bei Amöneburg verschanzten Schweden aushungern.
Das Vorhaben misslang gründlich, da sie selbst ihre Lebensmittel teilweise
aus Franken heranführen und schließlich zusehen mussten, wie die Schweden und Franzosen nach Süden abzogen. Nach den Aufzeichnungen des
katholischen Bauern Caspar Preis litten die armen Leute schrecklich, und
die zum Kurfürstentum Mainz gehörende Stadt Amöneburg ging mit dem
Schloss in Flammen auf. Preis floh mit seiner Familie ins über 50 Kilometer entfernte mainzische Fritzlar, wo sie zusammen mit ihrem Vieh, zwei
Ochsen und einer Kuh, überwinterten.[7]

Die Alliierten eroberten weitere feste Plätze wie Steinheim und Aschaffenburg. Dann trennten sie sich. Die hessische Armee zog sich in die

Festung Ziegenhain zurück;[8] etwa 500 Soldaten besetzten im August die Exklave Schmalkalden.[9] Schweden und Franzosen zogen den Main hinauf, gewannen im September Nördlingen und die Festung Rain am Lech. Wieder wurde der Donauraum zum Kampfgebiet. Die Schweden plünderten das vorderösterreichische Günzburg, überrannten Donauwörth, überschritten die Donau und setzten sich im bayerischen Schwaben fest. Erzherzog Leopold Wilhelm, der ihnen zunächst gefolgt war, überquerte bei Regensburg die Donau und brachte seine Armee in Sicherheit, während Schweden und Franzosen Landsberg am Lech eroberten und München bedrohten.[10] Kurfürst Maximilian floh und machte den Erzherzog für das Desaster verantwortlich.

Die Details wiederholten sich. Augsburg hielt einer dreiwöchigen Belagerung und einem Sturm in der Nacht zum 11. Oktober stand. Der Erzherzog konnte aber nicht verhindern, dass die Alliierten ins südliche Schwaben und weiter an den Bodensee zogen, um dort zu überwintern.[11] Anfang Januar 1647 eroberte General Wrangel Bregenz, Mitte des Monats Feldkirch. Das *Theatrum Europaeum* fasste zusammen: «Hatte also nunmehr, welches Zeit dieses dreißigjährigen Teutschen Kriegs noch nit geschehen, der unverdrossene schwedische Held, Marschall Wrangel, hierdurch den Pass in Italien, Tirol und Schweiz auf einmal eröffnet.»[12] Der prestigeträchtige Einfall gipfelte in einer zweiwöchigen Plünderung. Entnervt von der unablässigen Kritik Kurfürst Maximilians und des Grafen Trauttmansdorff, der nach Wien meldete, nicht vernünftig verhandeln zu können, wenn der Oberkommandierende ständig auf Frieden dränge, trat Leopold Wilhelm zurück. Zum dritten Mal übernahm der schwerkranke Gallas das Oberkommando. Er starb wenige Wochen später. Sein Nachfolger wurde der Calvinist Peter Melander.[13]

Da die kaiserliche Armee die bayerischen Lande nicht schützen konnte, schlossen Maximilian von Bayern und sein Bruder, Kurfürst Ferdinand von Köln, am 14. März 1647 den Ulmer Waffenstillstand mit Frankreich, Schweden und der hessischen Landgräfin. Von einer allgemeinen Waffenruhe, die sich der Kaiser erhofft hatte, konnte allerdings keine Rede sein. Der bayerische Oberstkämmerer Maximilian Kurz hielt seinem Bruder, dem Reichsvizekanzler Kurz von Senftenau, vor, die Österreicher wollten nur die Missgunst der Spanier vermeiden und verschlössen sich den «redlichen teutschen» mit den durch «*vinculo sanguinis* und *Germana sinceritate* bekräftigten Erinnerungen».[14] Die Blutsbande und die Rechtschaffenheit wurden also zum Argument gegen die Spanier – anders hätten die Protestanten dies auch nicht vertreten. Maximilians Friedensstrategie ging nicht auf. Die schwedischen Generäle hielten den Waffenstillstand für unnötig. Der Einbruch Wrangels in Vorarlberg zeigte doch, dass es noch Gebiete gab, die diesen Krieg ernähren konnten.

Franzosen und Schweden sagten in Ulm lediglich zu, gegen die Lande der Kurfürsten von Bayern und Köln nichts Feindliches mehr zu unternehmen. Als Gegenleistung mussten die beiden Wittelsbacher ihre Truppen von der kaiserlichen Armada abziehen und durften weder zu deren Unterhalt etwas beitragen noch Werbungen in ihren Landen gestatten. Zur Sicherheit erhielten die Schweden die bayerisch besetzten Reichsstädte Memmingen und Überlingen. Dafür zogen sie sich aus Rain, Donauwörth, Wemding und Mindelheim zurück. Augsburg wurde neutralisiert, der evangelische Glaube dem katholischen gleichgestellt.[15]

Der politisch stets an der Seite der Habsburger agierende lutherische Landgraf von Hessen-Darmstadt hielt dem Druck der von Geyso umsichtig geführten Kasseler Armee nicht stand. Diese hatte am 8. Oktober 1646 das oberhessische Alsfeld erstürmt und anderthalb Monate später bei Frankenberg die darmstädtischen Truppen zersprengt. Landgraf Georg bat um einen Waffenstillstand.[16] Turenne eroberte im Mai 1647 auch noch Darmstadt. Dennoch wollte Georg II. nicht aufgeben und verschanzte sich mit seinen Truppen in der Festung Gießen. Geyso und die Landgräfin ließen aber nicht mehr locker. Rheinfels, die letzte darmstädtische Bastion in der Niedergrafschaft Katzenelnbogen, ergab sich im Juli. Danach zerfaserte der Hessenkrieg in Einzelaktionen, bis der Einfall der kaiserlichen Truppen in Niederhessen das Blatt noch einmal zu wenden schien. Als diese Marburg erobern, aber nicht halten konnten,[17] waren die Würfel gefallen. Schwedische und französische Truppen verwüsteten Darmstadt und Umgebung. Geyso besiegte bei Grevenbroich am 14. Juni 1648 – in der letzten großen Feldschlacht des Krieges – den kaiserlichen Generalfeldmarschall Lamboy. Nachdem sich auch in Osnabrück wegen der hessischen Entschädigungen Kompromisse abzeichneten, verständigten sich unter Vermittlung Herzog Ernsts des Frommen von Sachsen-Gotha Georg II. und Amalie Elisabeth im April 1648 auf einen Vertrag, der in den Westfälischen Frieden aufgenommen wurde.[18] Die Landgrafschaft Hessen-Kassel gewann Marburg und ihre führende Position in Hessen zurück.[19] Die kühnen Entschädigungs- und Annexionsträume der Landgräfin reiften jedoch nicht. Sie hatte das Stift

Paderborn, die Abteien Corvey, Fulda und Hersfeld sowie umfangreiche Gebiete von Kurmainz, Kurköln und Münster gefordert, musste sich aber mit Hersfeld, vier schaumburgischen Ämtern und einer Abfindung von 600 000 Reichstalern zufriedengeben, die von den katholischen Nachbarn Mainz, Köln, Paderborn, Münster und Fulda aufgebracht werden sollte.[20]

Religionsfragen

Die evangelischen Stände hatten Ende Dezember 1645 ihre Gravamina übergeben, die primär die reichsrechtliche Gleichstellung der Protestanten und die Freigabe des lutherischen Glaubens in katholischen Gebieten vorsahen. Ihnen lag das evangelische Verständnis des Religionsfriedens zugrunde. Jeder Gläubige besitze das Recht, sich der Reformation zuzuwenden. Den absoluten obrigkeitlichen Bekenntnisbann, den die Katholiken vertraten, lehnten die Protestanten ab, nämlich dass die Religionsfreiheit zwar nur den Reichsständen zustehe, die Untertanen aber auswandern oder bleiben dürften.[21]

Als der Magdeburger Hauptgesandte Kurt von Einsiedel abberufen wurde, bat er die Altenburger Thumbshirn und Carpzow als nun ranghöchste lutherische Vertreter, den zweiten Magdeburger Gesandten Johann Krull bei der Führung des evangelischen Fürstenrates zu entlasten, vor allem in der Religionsfrage. Die Lutheraner wollten die Direktion der reformierten brandenburgischen Gesandten und zudem verhindern, dass mit Magdeburg ein Delegierter die Stimme führte, dessen Zulassung zum Kongress umstritten war. Die Bestätigung des Altenburger Direktoriums erfolgte im Fürstenrat am 27. Dezember 1645.[22]

Die katholischen Gegenvorschläge vom 8. Februar 1646 zeigten einmal mehr den strittigen Status des Religionsfriedens: Handelte es sich um ein Fundamentalgesetz, das den evangelischen Reichsständen einige detailliert formulierte Zugeständnisse gemacht hatte, oder war es ein Vertrag zweier gleichberechtigter Parteien? Im ersten Fall durften die Protestanten lediglich beanspruchen, was ihnen bewilligt worden war. Das Reich war grundsätzlich katholisch, und über alle Streitigkeiten entschieden der Kaiser oder die Reichsgerichte. Auf dieser Basis hatte Ferdinand II. das Restitutionsedikt erlassen. War der Religionsfrieden jedoch ein Vertrag, waren beide Parteien gleichberechtigt und mussten sich im Konfliktfall einigen. Aufgrund des *ius reformandi* durfte aus evangelischer Sicht kein Stand um

Land und Leute oder seine Rechte gebracht werden. Der geistliche Vorbehalt war demnach von Anfang an nichtig; die Protestanten hatten ihn
nie akzeptiert. Sie verlangten, dass jeder die evangelische Religion in katholischen Gebieten öffentlich und unbehelligt ausüben dürfe, und sie begründeten dies mit dem Emigrationsrecht und der *Declaratio Ferdinandea*, die
allerdings nicht in den Religionsfrieden aufgenommen worden war. Ihr
Verständnis erlaubte es den Protestanten, weiterhin Kirchengut zu säkula-
risieren, Plätze in den Stiftskapiteln zu besetzen und den Bistumsadministratoren Sitz und Stimme auf den Reichstagen zu sichern. Streit sollte
gütlich beigelegt werden.[23] Zum zentralen Streitpunkt wurden die Rechte
der Untertanen. Die Protestanten verlangten ein Bleiberecht für Angehörige ihrer Konfession in katholischen Gebieten. Die Katholiken beharrten auf dem Ausweisungsrecht, boten aber eine Fristenregelung an. Wer
freiwillig abzog, musste ihres Erachtens seine Güter verkaufen. Sie wollten
die Ketzer dauerhaft von katholischen Gebieten fernhalten und das Restitutionsedikt samt der Ausweisungspraxis retten.

Die Augsburger Konfessionsverwandten boten daraufhin erstmals an,
dass auch sie Katholiken in ihren Gebieten dulden wollten, also dass beide
Teile den «Landstände[n] und Untertanen, so mit ihrer Obrigkeit in der
Religion nicht einstimmig», ein Bleiberecht zugestünden. Die Rechte der
Andersgläubigen präzisierten sie dahingehend, dass diese den Gottesdienst
«in andern benachbarten Landen pflegen, dahin ihre Kinder in Schulen
schicken, zu Kranken, Copulationen und Kindtaufen evangelische Pfarrer
holen, auch solche privatos Praeceptores halten und privatim Gott dienen»
dürften. Es stehe «in derselben freien Willkür», ob und wann sie mit Weib
und Kind abziehen und das Ihrige verkaufen wollten. Der Religionsfriede
kenne kein obrigkeitliches Ausweisungsrecht, und das Kammergericht
habe 1582 erklärt, nie geurteilt zu haben, «dass die Untertanen wider ihren
Willen zu verkaufen und das Land zu räumen schuldig sein sollten».[24] Es
gehe nicht darum, Stände und Untertanen den Obrigkeiten gleichzu-
machen, sondern sie «allein bei ihrer Gewissensfreiheit […] ruhiglich zu
lassen». Selbst die Juden würden in vielen Territorien geduldet: «Warum
sollte denn solche *Jus humanae societatis* nicht vielmehr den evangelischen
Untertanen» gewährt werden?[25]

Die Protestanten hielten es für absurd, dass sich ganze Königreiche nach
einem möglicherweise gottlosen Herrscher richten müssten. Niemand
dürfe willkürlich Gesetze erlassen, warum solle dies in Glaubens- und Ge-

wissensfragen anders sein?[26] Thumbshirn und seine Kollegen setzten sich vehement für die Gewissensfreiheit der Untertanen ein. Obwohl sie mit der Berufung auf das Recht menschlicher Gesellschaft naturrechtliches Freiheitsdenken in die Debatte einführten, ging es ihnen nicht um individuelle Freiheitsrechte im modernen Sinn. Ihr Adressat waren Katholiken und Protestanten, die als Mitglieder einer im Reich legitimierten Konfession vor Verfolgungen und Diskriminierungen geschützt werden sollten. Mit der Sicherung der Gewissensfreiheit, der Duldung und dem Eigentumsschutz wurden jedoch Grundrechte formuliert, die das Individuum vor Übergriffen der Macht bzw. des Staates schützten. Sie entsprechen modernen Freiheitsrechten, galten jedoch nicht für alle, sondern nur für die übergroße Mehrheit. Dass Juden, Sektierer, orthodoxe Christen, Muslime oder auch Sinti und Roma davon nicht profitierten, war eine Einschränkung, die jedoch nichts am richtungweisenden Charakter dieser Bestimmungen ändert.

Die protestantischen Stände, die mit ihren Freistellungsforderungen auf den Reichstagen nicht durchgedrungen waren, setzten nun alles daran, die unbefristete Duldung evangelischer Gläubiger in katholischen Gebieten rechtlich zu verankern. Die wahre Lehre sollte nicht länger ausgeschlossen werden dürfen.[27] Die Protestanten widersprachen der katholischen Auffassung auch durch Verweise auf die generelle Mobilitätsfreiheit der Untertanen. «Denn es sind ja die Deutschen [...] ein frey Volk.» Das Emigrationsrecht könne in diesem Kontext nur bedeuten, dass es «in der Untertanen Willkür, in der Obrigkeit Macht aber keineswegs stehe, dieselbe wider ihren Willen aus dem Lande zu treiben».[28] Besitze der Landesherr einen anderen Glauben als die Mehrheit, sei ihm eine Kirche seiner Konfession in der Hauptstadt zu gestatten. Die Untertanen, die sich seiner Konfession anschlössen, dürften kein *Publicum exercitium* erhalten, müssten aber ihre Konfession leben dürfen, sofern sie weder Unruhen noch Ärgernisse hervorriefen. Ansonsten hätten sie billig das Feld zu räumen «und würde ihnen frei gelassen, ihre Güter durch andere zu bestellen oder ihrer Gelegenheit nach zu verkaufen».[29] Das hieß, selbst im Falle einer Ausweisung durfte die Freiheit des Eigentums nicht eingeschränkt werden.

Die katholischen Stände wiesen diese Interpretation des Religionsfriedens im April 1646 zurück. Trauttmansdorff riet zum Einlenken. In Wien war man bereit, einige Stifte zu opfern, ihre Administratoren zum Reichstag zuzulassen und die Reformierten in den Frieden aufzunehmen. Die

katholischen Stände lehnten diese Konzessionen ab. Obwohl die von
Bischof Wartenberg angeführten katholischen Maximalisten protestierten,
erhielt Trauttmansdorff von der katholischen Mehrheit eine Verhand-
lungsvollmacht, musste aber zwei Ständevertreter als Aufpasser akzeptieren. Auch Kurfürst Maximilian lenkte ein. Er wollte sich vom Kaiser und
den katholischen Kurfürsten und Ständen nicht trennen.[30]
Die Protestanten beharrten auf der reichsrechtlichen Gleichheit. Alles,
worüber man sich verständige, müsse als ewige Deklaration des Religionsfriedens gelten. Auf Initiative der kursächsischen Delegation, die erst im
Frühjahr 1646 in Westfalen erschienen war, gelang zunächst die Bestimmung eines Normaljahrs als Basis für den Besitz der geistlichen Güter.
Kurfürst Johann Georg hatte eigentlich nicht im Beisein fremder Mächte
über innerdeutsche Fragen verhandeln wollen und deswegen und um den
Prager Frieden nicht zu desavouieren, auf das Direktorium der evangelischen Stände verzichtet. Seine Gesandten Johannes Ernst Pistorius und
Dr. Johann Leuber erklärten am 23. Juni in ihren wohl mit Trauttmansdorff
abgesprochenen «Privat-Vorschlägen», dass der Kurfürst mit einer befristeten Überlassung der Kirchengüter für 100, besser für 200 Jahre einverstanden sei. Sie empfahlen zudem 1624 als Normaljahr. Die habsburgischen
Erblande und die Lausitzen sollten davon ausgenommen werden. Kursachsen wiederholte zudem seine Bitte, die evangelische Religion in Österreich und vor allem im Königreich Böhmen zuzulassen.[31]
Die Vorverlegung des im Prager Frieden auf 1627 fixierten Normaljahres
begünstigte in erster Linie die niedersächsischen Stände, da alle danach erfolgten Besitzveränderungen rückgängig gemacht werden sollten.[32] Die Regelung schützte zudem das dauerhafte Bleiberecht der Protestanten, die 1624
ihren Glauben in katholischen Territorien unbehelligt ausgeübt hatten.[33]
Trauttmansdorff präsentierte am 12. Juli 1646 den evangelischen Ständen in
Münster den sächsischen Vorschlag zusammen mit der katholischen Erklärung. Danach hätte es uneingeschränkt beim obrigkeitlichen Religionsbann
und dem Auswanderungsrecht bleiben und der nächste Reichstag über die
Paritätsvorstellungen entscheiden sollen.[34]
Die evangelischen Stände forderten 1621 als Normaljahr und beharrten
darauf, dass evangelische Untertanen unter katholischen Obrigkeiten nicht
ausgewiesen oder diskriminiert werden dürften, wenn sie sich wie getreue
Untertanen verhielten. Der Verkauf ihrer Güter müsse nicht vor der Emi-
gration erfolgen, denn es könnten ja Verwalter eingesetzt werden. All dies

solle auch für Katholiken unter protestantischer Obrigkeit gelten. In Religions- und Steuersachen sowie in allen Fragen, in denen die Reichsstände nicht als Corpus auftraten, sollten statt Mehrheitsbeschlüssen nur noch gütliche Einigungen Rechtskraft erhalten.[35] Die Protestanten setzten sich durch. Der Friedensvertrag legte fest, dass bei konfessionell motiviertem Streit die Stände sich in zwei Corpora teilen und eine Entscheidung durch gütlichen Vergleich *(amicabilis compositio)* herbeiführen mussten.[36] Im Sommer 1646 gab es aber viel Widerspruch. Der Kaiser, der bayerische Kurfürst und die katholischen Maximalisten wollten auf keinen Fall den landesherrlichen Religionsbann aufgeben. Adler Salvius machte geltend, dass Osnabrück seit mehr als hundert Jahren evangelisch sei und es nicht rekatholisiert werden dürfe, nur weil dort 1623 kurzzeitig ein katholischer Bischof geherrscht habe.[37]

Die evangelischen Fürsten kamen den Katholiken formal entgegen und verzichteten auf die Bestätigung der *Declaratio Ferdinandea*. Heinrich Langenbeck, der Vertreter Braunschweig-Celles und Grubenhagens, erklärte vermittelnd: Zur Diskussion stünden die Gewissensfreiheit der Protestanten in katholischen Gebieten und die Bedingungen eines freiwilligen Abzuges. Das Ausweisungsrecht sei abzulehnen. Etwas anderes sei es jedoch, wenn sich ein Protestant in katholischen Gebieten ansiedeln wolle, denn er könne ja in evangelischen Territorien leben. Sei er aber einmal rezipiert, müsse man «denselben auch des Bürgerrechts und Freiheit gleich andern mitgenießen lassen».[38]

Der Kaiser und der sächsische Kurfürst mahnten unterdessen die Fürsten von Braunschweig, Altenburg und Weimar sowie den Magdeburger Administrator, ihre Gesandten zu mehr Entgegenkommen anzuhalten. Johann Georg schrieb dem Altenburger Herzog, die Katholiken hätten genug zugestanden. Thumbshirn und Carpzow hielten im August 1646 dagegen, die Zugeständnisse seien voller einschränkender Klauseln. Zudem glaubten die Katholiken noch immer, wenn sie bei den Entschädigungsfragen einlenkten, könnten Protestanten und Katholiken eine Armee formieren und Schweden und Franzosen aus dem Reich jagen. Sie wollten gar keinen Frieden. Alle Wiener Aktionen folgten dem spanischen Muster: «Teutschland soll [...] ein Theatrum bleiben, darauf die spanischen Kriegs-Tragödien ihren Ausgang nehmen sollen.» Das Reich habe sich bisher aus guten Gründen nicht in den burgundischen Krieg eingemischt: «Ratio, dieweil die Ursachen des Krieges nicht von Burgund herkommen, auch jetzt daher nicht rühren». Sie hätten mit den sächsischen Gesandten vertraulich kommuniziert, aber nicht nach deren Wünschen votiert, weil sie dazu nicht angewiesen worden seien. Sie sähen nicht, wie dies der eigenen Ehre und Reputation sowie dem «Nutzen des evangelischen Wesens» diene. Kursachsen wolle die Verhandlungen auf den nächsten Reichstag verschieben, und der Kurfürst plane, den *statum oligarchicum* im Reich einzuführen. Dagegen müssten sich Fürsten und Stände wehren, um nicht «von aller *participatione Jurium Majestaticorum* ganz ausgeschlossen [zu] sein». Im Übrigen hätten alle Reichsstände laut Religionsfrieden ihre lutherischen Untertanen zu dulden.[39]

Die in Lengerich versammelten evangelischen Gesandten aus Münster und Osnabrück präsentierten am 18. August ihre «Endliche Gegenerklärung». Die Untertanen sollten bei der «Libertät ihres Gewissens» gelassen, nicht diskriminiert und der Verkauf ihrer Güter nicht erzwungen werden. Die Besitzer müssten sie durch Verwalter bewirtschaften lassen und zur Regelung ihrer Angelegenheiten ungehindert ein- und ausreisen dürfen.[40] Trauttmansdorf verhandelte direkt mit den Schweden, lehnte aber die Gleichstellung der Protestanten ab. Diese verknüpften daraufhin ihre Vorstellungen mit den schwedischen Entschädigungsforderungen. Beide Seiten lancierten das Gerücht, die anderen wollten den Kongress zerschlagen und einen Religionskrieg führen. D'Avaux erklärte Adler Salvius, Frankreich habe keinen «religion krieg, sondern bellum stat[um] geführet», und dabei bleibe es.[41] Gegenüber Mazarin sprach allerdings auch er davon, dass der Krieg zu einem Religionskrieg werden könne. Dies – so dessen Antwort – müsse unter allen Umständen vermieden und die Religionsfrage ausgeklammert werden, um weitere Zugeständnisse an die Protestanten zu vermeiden.[42]

Unterdessen versuchten auf evangelischer Seite Mitte Oktober die Gesandten der Ernestiner, die als Vertreter einer harten konfessionellen Linie galten, und diejenigen des Kurfürsten von Sachsen, der für mehr Zugeständnisse plädierte, sich zu verständigen. Thumbshirn verwies auf die habsburgische Politik in diesem Krieg, die nur darauf gerichtet gewesen sei, die eigene Macht zu stärken, um «in Teutschland ihr perpetuierlich Regiment und Kaisertum zu stabilisieren» und «sowohl Katholische als Evangelische zu subjugieren».[43] Allerdings verzögere Trauttmansdorff nun eine Einigung, bis sich die Spanier mit Frankreich verständigt hätten. Dagegen betonten die Sachsen den guten Willen des Kaisers. Dennoch stimmten sie den ernestinischen Bedenken zu, ohne auf der Autonomie der evangelischen Untertanen zu beharren.[44]

Im November 1646 einigte sich der Kongress auf 1624 als Normaljahr und die Überlassung etlicher Stifte «bis zur Religionsvergleichung». Damit schien das Eis gebrochen zu sein, obwohl es über die Untertanenrechte auch in den Geheimgesprächen zwischen dem Würzburger Vorburg einerseits und Thumbshirn sowie den ernestinischen und welfischen Gesandten andererseits noch keine Annäherung gab. Das Normaljahr garantierte, dass jeder Deutsche, der sich zu einer der drei offiziell anerkannten Konfessionen bekannte, seinen Glauben an seinem Wohnort ausüben durfte, wenn dieser dort am 1. Januar 1624 geduldet worden war.

Trauttmansdorff verhandelte im Herbst und Winter 1646/47 ohne die Rückendeckung der untereinander zerstrittenen Katholiken direkt mit den Schweden. Salvius zeigte sich kompromissbereit. Das Gleichheitsprinzip solle nur für die Dinge gelten, die im Friedensvertrag nicht geregelt sein würden. In der «Endlichen Erklärung» vom 30. November 1646, mit der Trauttmansdorff den Verhandlungsstand zusammenfasste, blieb vieles vage.[45] Das Normaljahr sollte bis zur Wiedervereinigung der Konfessionen gelten, dem Vorbehalt, der letztlich für alle religionspolitischen Regelungen galt. Bei den Untertanenrechten sollten alle Verträge bis auf die erbländischen Majestätsbriefe in Kraft bleiben.[46]

Die evangelischen Stände kamen daraufhin den Katholiken einen kleinen Schritt entgegen. Protestanten sollten sich binnen zwei Jahren nach Friedensschluss bei ihren katholischen Obrigkeiten melden, um eine uneingeschränkte Duldung zu erlangen. Wer dies nicht tat oder wer als Nichtkatholik später zuzog, hätte demnach bei einer Ankündigungsfrist von 15 Jahren zum Abzug, nicht aber zum Verkauf seiner Güter gezwungen werden können. Er sollte dann seinen Besitz von Katholiken verwalten lassen und jederzeit ein- und ausreisen dürfen, um seine Angelegenheiten zu regeln.[47]

Im Februar 1647 bestätigte Trauttmansdorffs Deklaration das Normaljahr auch für das mediate Kirchengut und definierte die Rechte evangelischer Bistumsadministratoren.[48] Die «Endliche Erklärung» der Protestanten vom 9. März kam dem Text des Friedensvertrages schon recht nahe. Das Ausweisungsrecht wurde kategorisch abgelehnt, die freie Hausandacht solle jedem zustehen, der sich binnen eines halben Jahres registrieren lasse.[49] Die daraufhin Anfang März den Schweden übergebene kaiserliche *Declaratio ultima* entsprach in vielen Punkten dem evangelischen Konzept mit der Ausnahme, dass in den Erblanden der Religionsbann ungeschmälert in Kraft bleiben müsse. Aufenthaltsrechte wurden generell nur den anderskonfessionellen Untertanen zugestanden, die 1624 fixierte Zusicherungen besaßen. Nach dem Ulmer Waffenstillstand lenkten die Kaiserlichen ein. Auch Mitglieder einer Konfession, die es 1624 in dem betreffenden Territorium nicht gegeben hatte, sollten nicht zur Auswanderung und zum Verkauf ihrer Güter gezwungen werden.[50]

Diesen Zugeständnissen stimmten nicht alle katholischen Stände zu, wohl aber die Gesandten der wichtigeren. Gleichzeitig veränderte sich die Haltung derjenigen, die bisher die Freistellung der Gewissen auch in den kaiserlichen Erblanden gefordert hatten. Die Altenburger Gesandten wurden von ihrer Regierung angewiesen, endlich zum Schluss zu kommen. Nachdem das Menschenmögliche getan worden sei, müsse alles weitere Gott anheimgestellt werden.[51] Kompromisslos beharrten auf den eigenen Gravamina zu diesem Zeitpunkt nur noch Magdeburg, die Welfen, Mecklenburg, Hessen-Kassel und Baden-Durlach. Der Frieden schien in greifbarer Nähe, als Trauttmansdorff im Mai den Protestanten bei den Untertanenrechten weiter entgegenkam. Anfang Juni reiste er zur scheinbaren Schlusskonferenz nach Münster. Dort wurde jedoch deutlich, dass nicht alle katholischen Stände die kaiserlichen Zusagen mittrugen.[52]

Trauttmansdorff arbeitete daraufhin einen Friedensvertrag mit Schweden aus. Das sogenannte Trauttmansdorffianum bestätigte die Trennung und rechtliche Gleichstellung der beiden Religionscorpora sowie die achte Kur. Es kam auch bei den Entschädigungsempfehlungen dem endgültigen Friedensvertrag nahe. Nach dem Ulmer Waffenstillstand wollte der Kaiser den Frieden mit Zugeständnissen in der Religionsfrage erkaufen. Trauttmansdorff drängte, aber die schwedischen und französischen Gesandten verzögerten ihre Zustimmung, die Reichsstände mussten Instruktionen einholen, und den katholischen Maximalisten gingen die Zugeständnisse viel zu weit.

Nebeneinander

Trauttmansdorff, der die Friedensverhandlungen entscheidend vorangebracht hatte, resignierte und reiste im Sommer 1647 ab. Er hinterließ einen Vertragsentwurf und vier ungelöste Probleme, die Restitution des Pfalzgrafen, die Entschädigungen der beiden Kronen, die Einigung zwischen Frankreich und Spanien sowie die Religionsfrage.[53] Nachdem grundsätzlich entschieden war, dass die politischen Amnestien und Restitutionen auf dem Stand von 1618 erfolgen sollten, mussten Kompromisse gefunden werden. Die katholischen Stände beharrten auf der bayerischen Kurstimme, der Kaiser lehnte es kategorisch ab, Böhmen und die Pfalz in die generelle Regelung aufzunehmen. Da es keine Alternative gab, wurde Karl Ludwig, der Sohn Friedrichs V., mit der Rheinpfalz und einer neu zu schaffenden achten Kur belehnt, sodass Bayern im erblichen Besitz der alten Pfälzer Kurwürde und der Oberpfalz bleiben konnte. Die Reichsstände stimmten dem Vorschlag zu und waren froh, einen alten Streitpunkt vom Tisch zu haben.[54] Böhmen und die kaiserlichen Erblande sollten in die generelle Amnestieregelung nicht einbezogen werden.

Die Religionsverhandlungen stockten, weil sie mit den Entschädigungsforderungen verbunden waren. Oxenstierna drohte, Schweden könne den Krieg noch 24 Jahre lang führen.[55] Im August 1647 ruhten die Gespräche. Die Gesandten erwarteten eine große Schlacht in der Gegend von Eger, das General Wrangel am 17. Juli erobert hatte.[56] Schweden forderte die exorbitante Summe von 20 Millionen Reichstalern Kriegsentschädigung, während etliche Regimenter des Grafen Königsmarck bedrohlich nahe der Kongressstädte streiften.[57] Überdies gab es allerlei Gerüchte: Frankreich werde sich mit Spanien vergleichen und den Protestanten harte Friedensbedingungen diktieren. Dagegen werde Schweden zu einem neuen Militärbündnis drängen. Allerdings, so der Altenburger Regierungschef Brand, herrsche überall solche Armut, dass von neuen Kriegsbündnissen keine Rede sein könne, «welches die meisten von dem antichristlichen Haufen» auch empfänden.[58]

Die katholischen Reichsstände bemängelten in ihrem Gutachten vom 7. Oktober die mit hundert Jahren letztlich endgültige Übertragung des Kirchengutes an die Protestanten und die Ausübung der evangelischen Religion in katholischen Territorien.[59] Sie lehnten dies, unterstützt vom päpstlichen Nuntius, mehrheitlich weiterhin ab. Dagegen wanden sich katholische Stände wie Mainz, Köln oder Bamberg; auch Bayern ging auf Distanz.[60] Die Protestanten drängten auf einen Abschluss, zumal der neuerliche Bündniswechsel Bayerns an die Seite des Kaisers zum Rückzug der schwedischen Armee nach Mitteldeutschland führte. Thumbshirn warf Bischof Wartenberg vor, die Verhandlungen sechs Monate lang sinnlos verzögert zu haben, um seine «Privat-Passion zu kühlen, und sollte das

ganze Reich und Vaterland Deutscher Nation darüber zu Grund und
Scheitern gehen».[61] Ferdinand III. wies im Oktober und November 1647
seine Gesandten zweimal an, den katholischen Ständen zu erläutern, wie
wichtig ein schneller Friedensschluss sei.[62]

In diesem Verhandlungsstadium wurde wenigstens eine Lösung für
die Reformierten gefunden. Kurbrandenburg, Hessen-Kassel, Pfalz-Zweibrücken, Anhalt und etliche Grafen verlangten, ihr Bekenntnis als Teil der
Augsburger Konfession anzuerkennen. Katholiken und Lutheraner wollten
ihnen aber nicht das *ius reformandi*, sondern nur den Schutz des Religionsfriedens dort zugestehen, wo sie ihn auch 1618 genossen hatten.
Thumbshirn hatte dem Kasseler Gesandten im Herbst 1645 erklärt, man
habe einmütig gekämpft, «um die *libertatem Reipublicae Germanicae*» zu
erhalten. Die Lutheraner wollten zwar die Reformierten in den Frieden
aufnehmen, doch sollten diese in ihren Landen die Gewissensfreiheit der
Lutheraner respektieren und nicht mehr deren Kirchen übernehmen. Die
von den Reformierten verlangte Gegenseitigkeit verweigerten die Lutheraner zunächst.[63] Johann Oxenstierna bestätigte ihre Auffassung, denn
«in Schweden halte man Sachsen, Kulmbach, Ansbach, Braunschweig,
Darmstadt, Mecklenburg für schwedische Glaubensgenossen und wahre
Lutheraner, hingegen Pfalz, Kurbrandenburg, Hessen-Kassel, Anhalt außer Zerbst halte man nicht dafür, sondern für Calvinisten, welche eine
andere Art Leute wären als die Lutheraner».[64] Mit neuen Formulierungen
integrierte man die Reformierten in den äußeren Religionsfrieden als
einen Teil des Landfriedens, ohne ihnen das Reformationsrecht zuzubilligen.[65] Im Sommer 1647 einigte man sich, auf den Religionsbann nach
einem Konfessionswechsel des Herrschers zu verzichten.[66] Ein reformierter Fürst über lutherische Untertanen solle sich mit einer Hofpredigerstelle
begnügen.

Die Religionsverhandlungen zwischen Protestanten und Katholiken
steckten hingegen in einer Sackgasse. Hoffnungsvoll stimmte lediglich,
dass die mächtigeren Stände auf beiden Seiten zum Frieden drängten. Fer-
dinand III. solle, so der überraschende Vorschlag Kurbrandenburgs,[67] die
Friedensartikel, aus kaiserlicher Machtvollkommenheit vorgreifend, in
Kraft setzen und danach alle Reichsstände zum Beitritt auffordern. Dieses
Verfahren entsprach dem oft kritisierten Vorgehen beim Prager Frieden.
Dass ein Protestant nun vorschlug, der Kaiser solle den «Meister von
Teutschland» spielen, zeugt von einer offenbar ausweglosen Lage.

Der Wiener Hof hielt einen solchen Vorgriff für möglich, verwies jedoch auf die Unwägbarkeiten und verlangte vorab bindende Zusagen. Die Kurfürsten lehnten ab.[68] Dann stellte auch noch eine neue kaiserliche Hauptinstruktion vom 6. Dezember die generelle Einigung wieder in Frage. Nach der Rückkehr Kurfürst Maximilians ins kaiserliche Lager forderte Ferdinand III. das uneingeschränkte *ius reformandi*, keine Rückgabe konfiszierter Güter sowie den Vorrang der Katholiken in allen gemischt-konfessionellen Reichsstädten.[69] Die katholischen Maximalisten zeigten dennoch keine Bereitschaft zur Verständigung. Am 9. Dezember endete die Geduld der wichtigeren katholischen Stände. Mainz, Köln, Trier, Bayern, Salzburg, Bamberg, Würzburg und Eichstätt distanzierten sich von der Mehrheit, um mit den Evangelischen auf der Basis des Trauttmansdorffianum direkt zu verhandeln.

Offiziell berieten die kaiserlichen mit den schwedischen Gesandten in Osnabrück, während in den Nebenräumen kompromissbereite evangelische und katholische Ständevertreter zur Rücksprache bereitstanden. Dieses Verfahren, das die Neinsager isolierte, kannte keine reichsrechtlichen Vorbilder, erwies sich jedoch als sehr effektiv. Die gemäßigten Vertreter – d'Avaux sprach schon im Dezember 1647 von einer dritten Partei[70] –, einigten sich auf eine Reihenfolge der zu erledigenden Punkte. Erst wenn ein Konsens erzielt, protokolliert und unterzeichnet war, sollte die nächste Frage aufgerufen werden. Die Ergebnisse waren für alle Stände bindend.

Auf katholischer Seite zeichnete sich neben dem bayerischen Gesandten Johann Adolf Krebs insbesondere Johann Philipp von Vorburg aus. Er war der Vertreter des Würzburger Bischofs Johann Philipp von Schönborn, der seit November 1647 als Erzbischof von Mainz und Reichserzkanzler großen Einfluss besaß. Im protestantischen Lager agierten erneut Thumbshirn, Heher und Langenbeck, der als ranghöherer Vertreter der Welfen Lampadius in den Hintergrund drängte.[71] Das unorthodoxe Verfahren schuf die Basis für den Frieden. Die Vereinbarungen verhinderten nach 1648 Konfessionskonflikte zwar nicht, kanalisierten sie aber in den Bahnen des Reichsrechts. Da viele Reichsstände einen funktionierenden Reichs-Staat benötigten, booteten ihre Vertreter die katholischen Totalverweigerer und die zögernden evangelischen Kurfürsten aus.[72]

Als die kaiserliche Delegation ihre Änderungswünsche zurückzog, um ihren Friedenswillen zu demonstrieren, einigte sich der Ausschuss am 3. März über die Besetzung des Reichskammergerichts; von den 50 Assessoren sollten 24 evangelisch sein.[73] Obwohl die Protestanten die Parität knapp verfehlten, durften sie zufrieden sein. 14 Tage später war auch die Gewissensfreiheit vom Tisch; statt der allgemeinen Freistellung, der Bestätigung der *Declaratio Ferdinandea* und dem uneingeschränkten *ius reformandi* wurden abgestufte Rechte für die reichsrechtlich legitimierten Andersgläubigen festgeschrieben.[74] Weder ein päpstlicher Protest noch der Widerstand der katholischen Maximalisten konnten daran noch etwas ändern.

Die Beteiligung der Reformierten regelte der Formelkompromiss, auf den sich Lutheraner und Reformierte verständigt hatten; sie verzichteten untereinander auf das *ius reformandi*. Prinzipiell waren sich alle einig, dass die für Katholiken und Augsburger Konfessionsverwandte geltenden Regelungen auch den Reformierten zugutekommen sollten.[75] Diese bildeten gemeinsam mit den Lutheranern das *Corpus evangelicorum*.[76] Am 24. März erreichten die Protestanten noch die Parität für Augsburg, Biberach, Ravensburg und Dinkelsbühl. Für Aachen gelang dies nicht.[77]

Um zu verhindern, dass die katholische Ständemehrheit die evangelische Minderheit auf den Reichstagen majorisierte, galt die *itio in partes* für alle Fragen mit konfessionellem Hintergrund. Die Stände mussten sich dann in ein *Corpus catholicorum* und ein *Corpus evangelicorum* teilen, um sich anschließend erst untereinander und danach mit den anderen zu einigen. Die beiden Religionscorpora wurden als selbständige Körperschaften in die Reichstagsverfassung eingefügt.[78] Diese Regelung bewährte sich, weil sie selten angewandt wurde; schon die Drohung mit dem komplizierten Verfahren genügte, um die Parteien zum Einlenken zu bewegen. Es war das *Corpus evangelicorum*, das sich nach 1648 um die Untertanen kümmerte, die von katholischen Obrigkeiten in ihrer Gewissensfreiheit beeinträchtigt wurden oder sich angegriffen fühlten.

Die Vereinbarungen der dritten Partei finden sich im Friedensvertrag. Es gab drei abgestufte Formen der erlaubten Bekenntnisausübung: öffentlich, nichtöffentlich, aber als Gemeinde, und die Hausandacht. An der Spitze stand die am 1. Januar 1624 geltende, obrigkeitlichen Veränderungen nunmehr entzogene Landeskonfession. Ihre Mitglieder genossen das Recht auf das *exercitium publicum religionis*, die öffentliche Ausübung des Glaubens, mit Kirchen, Glocken etc. Der Zustand des Jahres 1624 musste wiederhergestellt werden, selbst wenn spätere Verträge andere Regelungen vorsahen. Auch aus Lehensrechten – etwa denjenigen des Königreichs

Böhmen – durften keine Befugnisse zur Veränderung des Glaubens abgeleitet werden.[79] Der Osnabrücker Vertrag regelte in den Paragraphen 31 bis 37 des Artikels V detailliert die Rechte der evangelischen Untertanen in katholischen Gebieten, die aber ebenso im umgekehrten Fall galten. Wo 1624 von der Mehrheit abweichende Konfessionen ausgeübt worden waren, galt dies mit allen Nebenrechten wie der Besetzung von Konsistorien, Schulen oder Kirchenämtern weiterhin. Den Gläubigen verblieben die in ihrem Besitz befindlichen Kirchen, Klöster oder Spitäler einschließlich aller Einkünfte.[80]

Denjenigen, die sich zu einer im Normaljahr nicht vorhandenen, aber reichsrechtlich legitimierten Konfession bekannten, gleichgültig, ob sie ihren Glauben gewechselt hatten oder eingewandert waren, wurde die *devotio domestica,* die Hausandacht, uneingeschränkt garantiert. Sie durften ihren Glauben leben, in ihren Häusern ihre Andachten halten, ihre Kinder entweder in Schulen der Nachbarterritorien oder von Privatlehrern unterrichten lassen und mussten nicht am offiziellen Gottesdienst teilnehmen. Sie sollten mit Nachsicht geduldet, nicht kriminalisiert, diskriminiert und nicht aus Gesellschaften von Kaufleuten oder Zünften, Erbengemeinschaften, Spitälern oder gar von öffentlichen Begräbnissen ausgeschlossen werden. Sie mussten jedoch alle übrigen Pflichten in schuldigem Gehorsam erfüllen und durften nicht zum Anlass von Unruhen werden. Darüber hinaus – davon waren die katholischen Stände nie abgerückt – konnten sie unter Wahrung einer Frist von zunächst fünf, später drei Jahren nach der ersten Ankündigung ausgewiesen werden. In diesem Fall mussten ihnen Zeugnisse ihrer Geburt und Abkunft, ihres erlernten Berufes und ihres unbescholtenen Lebenswandels ausgestellt werden. Ungewöhnliche Reverse oder Abzugsgebühren waren ebenso untersagt wie obrigkeitliche Eingriffe in ihr Vermögen. Den Ausgewiesenen stand es frei, ihren Besitz zu veräußern oder ihn zu behalten und durch einheimische Verwalter bewirtschaften zu lassen. Zur Aufsicht über ihr Eigentum, zur Führung von Prozessen oder zur Eintreibung von Schulden durften sie jederzeit frei und ohne Geleitbrief zurückkehren.[81]

Bei all diesen religiösen Festlegungen darf nicht vergessen werden, dass sie die Protestanten begünstigten, die ihren Glauben im Gegensatz zu den Katholiken ohne kirchliches Exerzitium und geweihte Personen oder Räume ausüben konnten. Der kurmainzische Gesandte Dr. Meel hatte diesen gravierenden Unterschied im Februar 1648 offen ausgesprochen.[82]

Die Gewährung privater Gewissensfreiheit bedeutete nicht Toleranz im
heutigen Sinn, zumal die Drohung, ausgewiesen werden zu können, fortbestand. Trotz dieser restriktiven Bedingungen drückte die deutsche Freiheit
doch mehr aus als die oft gescholtene ständische Libertät. Ihre überständische Dimension bezog sich seit dem 16. Jahrhundert auf Eigentums-,
Mobilitäts- und Rechtsweggarantien. Die Religionsartikel des Westfälischen Friedens gingen noch einmal deutlich darüber hinaus. Sie normier-
ten besonders geschützte Grundrechte für alle, die einer der reichsrechtlich
anerkannten Konfessionen angehörten, und beschränkten die Landeshoheit
zugunsten einer verfassungsrechtlich abgesicherten, letztlich individuellen
Freiheit. Die während des Kongresses von einigen protestantischen Delegierten durchgesetzten Freiheitsrechte für alle Gläubigen der drei großen
Konfessionen können daher mit Fug und Recht zu Vorläufern der Grund-
und Bürgerrechte gezählt werden.

Wenn ein Bekenntnis von der Herrschaft und den Nachbarn nicht unterdrückt oder diskriminiert werden durfte, profitierten die Gläubigen davon.
Thumbshirn, Lampadius und die anderen wollten das Luthertum fördern,
dachten aber auch an den inneren Frieden, an Ordnung und Sicherheit im
politischen Gemeinwesen. Darüber hinaus sollte verhindert werden, dass
Untertanen, Familien und ganze Gemeinden durch Willkür ihrer Obrigkeiten ihre Heimat einbüßten. Die Liste der Diskriminierungsverbote war
detailliert und umfangreich. Die drohende Ausweisung blieb an Regeln gebunden, die jeden Einzelnen vor Repressalien und Vermögensverlusten
schützten. Die Staatsrechtslehre hat die Parität als zukunftsträchtige Leistung der Religionsbestimmungen ins Zentrum gerückt und die Freiheitsrechte eher am Rande behandelt. Doch Letztere verbürgten einer konfessionellen Minderheit ein lebenswertes Dasein. Die genannten Rechte müssen
überdies zum Freiheitsstatus eines jeden Bürgers und Untertanen gehört
haben, denn es wäre wohl kaum vertretbar gewesen, konfessionelle Minderheiten besserzustellen als ihre der Landeskonfession angehörenden Nachbarn.

Dieser Frieden ist ein überaus bemerkenswerter Meilenstein auf dem
Weg zu Toleranz und zu den Menschenrechten. Die Bestimmungen besaßen «eine Schrittmacherfunktion für die Freiheit des Individuums».[83]
Die fixierten Freiheitsrechte des Artikels V waren keine unverbindlichen
und jederzeit widerrufbaren Zugeständnisse, sondern verfassungsrechtlich
geschützte, vor unabhängigen Gerichten einklagbare Rechtsnormen. Sie

wurden 1650 der Öffentlichkeit präsentiert: «Fröliche Zeitung / Wie das gehalten werden soll / Es sey einer Catholisch oder Ausgurgischer Confession: Auch die ReichsTage gehalten werden sollen / und wie auch des lieben längstgewünschten Friedens wohl / recht und nützlich gebrauchen und geniessen sollen mögen. Als wegen völliger Exekution des 1648. Jahres, am 14./24. Octobr. Zu Osnabrück und Münster geschlossen und den 16./26. Juni Anno 1650 zu Nürnberg Richtigkeit erlanget hat.» Der Bericht beschäftigte sich mit Böhmen und den kaiserlichen Erblanden. Die Untertanen dort sollten nicht benachteiligt werden dürfen, wenn sie die Rückgabe ihrer Güter einklagten. Dann werden die Begleitrechte der Gewissensfreiheit erläutert und betont, dass niemand wegen seiner Religion in «bürgerlichen Handlungen und Rechten» benachteiligt werden solle. Dazu gehöre auch, dass die Emigranten ihre Güter nicht verkaufen müssten und zu deren Aufsicht jederzeit ein- auch ausreisen könnten. In den Reichsgerichten herrsche nun Parität.[84]

Johann Jacob Moser zählte die freie Religionsausübung im 18. Jahrhundert zu den Rechten eines jeden Deutschen. «Ein jeder Teutscher darf seine Religion nach eigenem Belieben ändern, so oft er will. Wann er um der Religion willen aus dem Lande ziehen will, muß ihm solches erlaubt werden, 1. wann es gleich sonst ordentlicher Weise verboten wäre, ja 2. gar, wann er gleich ein Leibeigener wäre.»[85] Dies gelte auch für Juden und durchreisende Griechen, Mohammedaner etc., doch folge für sie daraus nicht das Recht zur öffentlichen oder privaten Religionsausübung gemäß den Bestimmungen von 1648. Zudem dürfe einer Privatperson wegen ihrer Religion keine Erbschaft[86] und keiner Frau das Recht, ihre Konfession selbst zu bestimmen, vorenthalten werden.[87] Überdies zählte Moser die nur für Leibeigene und Inhaftierte eingeschränkte Freizügigkeit sowie die Freiheit in Ansehung der Geburt und des Besitzes, dazu das Recht, jederzeit Militärdienst zu nehmen, sofern sich dieser nicht gegen Kaiser und Reich richte, zu den Grundrechten jedes Deutschen.[88]

Wenn die veröffentlichten Meinungen zu den Freiheitsrechten in Deutschland nicht die Radikalität derjenigen der französischen Philosophen dieser Zeit erreichten, so hing dies auch damit zusammen, dass hier manches von dem Rechtswirklichkeit war, was dort Forderung blieb. Der Frieden ermöglichte eine Entwicklung, die in Deutschland die Freiheit nicht mehr etablieren und mit Gott nicht brechen musste, um Tyrannei und Despotismus zu verhindern. Die Bürger und Untertanen nutzten das

Reichsrecht, um ihre Vorstellungen durchzusetzen. Der schier unendliche
Streit, die vielen Klagen und Prozesse auch über konfessionelle Beein-
trächtigungen sind kein Zeichen besonderer Repressionen und Unter-
drückungen, sondern zeigen, dass die Freiheit und Toleranz verwirklicht
waren, die solche Konfliktaustragungen zuließen.

Für die kaiserlichen Erblande galten die Religionsbestimmungen und
auch die Freiheitsrechte nicht. Für sie wurde der obrigkeitliche Religionsbann in der Form festgeschrieben, wie ihn die Katholiken ausgelegt hatten.
Die evangelischen Stände billigten die erbländischen Sonderregelungen,
weil sie wiederum Ausnahmen davon durchsetzen konnten. Paragraph 38
des Artikel V schützte die Augsburger Konfession in den schlesischen Herzogtümern Brieg, Liegnitz und Münster-Oels sowie in Breslau. Für Niederösterreich gestand der Kaiser aus Gnade zu, dass die protestantischen Stände
ihre Besitzungen nicht aufgeben mussten und nicht ausgewiesen wurden,
wenn sie ihre sonstigen Pflichten erfüllten. Den schlesischen Protestanten
wurde gestattet, drei Kirchen auf eigene Kosten in Schweidnitz, Jauer und
Glogau zu bauen. Schweden und die evangelischen Stände behielten sich
vor, für die Glaubensfreiheit in den habsburgischen Gebieten auf den künftigen Reichstagen einzutreten.[89]

Darüber hinaus sollte die allgemeine Amnestie auch für die erbländischen Untertanen gelten, denen eine sichere Rückkehr in ihr ehemaliges
Vaterland versprochen wurde. Sie mussten sich jedoch den Gesetzen dieser
Länder unterwerfen. Der Friedensvertrag verließ an dieser Stelle den nor-
mierenden Duktus und erläuterte, dass Enteignungen vor 1630 nicht zurückerstattet würden, obwohl sich die Schweden dafür eingesetzt hätten,
dem Kaiser aber nichts hätten vorschreiben können. Die Güter, die eingezogen wurden, weil ihre Inhaber für Schweden oder Franzosen gekämpft
hatten, mussten in ihrem derzeitigen Zustand restituiert werden. Wegen
ihrer privaten Ansprüche und Forderungen wurden die evangelischen allen
anderen Untertanen in Böhmen und den Erblanden gleichgestellt.[90] Die
reichsrechtlich gemachte Unterscheidung zwischen dem Reich und den
Erblanden ermöglichte dort die nahezu vollständige Rekatholisierung. Der
Westfälische Frieden hat insofern dazu beigetragen, dass die katholische
Habsburgermonarchie und die konfessionell gemischte deutsche Nation
auch kulturell getrennte Wege gingen.

Letzte Gefechte

Der Krieg stand 1647 im Zeichen des doppelten Bündniswechsels Kurfürst Maximilians von Bayern. Der französische Erz- und Erbfeind war unpopulär, und die Ulmer Abrede hatte Frankreich nicht von Schweden getrennt. Die Abberufungsmandate Ferdinands III. erinnerten den Kurfürsten im Frühjahr 1647 daran, dass die bayerische Armee reichsrechtlich noch immer eine kaiserliche war.[91] Als die Reitergenerale Johann von Werth und Johann von Sporck in kaiserliche Dienste wechselten[92] und ihnen knapp 800 Soldaten folgten, setzte der erboste Maximilian auf beide Offiziere ein Kopfgeld von 10 000 Talern aus.

Frankreich hatte mit dem Ulmer Waffenstillstand vom 14. März 1647 Entlastung gesucht. Es kämpfte in Flandern inzwischen alleine gegen die Spanier, weil sich die Generalstaaten angesichts ihrer Friedensgespräche in Münster aus diesem Krieg zurückzogen. Philipp IV. brauchte Frieden in den Niederlanden, um die Aufstände in Katalonien und Portugal entschiedener bekämpfen zu können. Die Generalstaaten stellten keine territorialen Forderungen, grenzten nicht unmittelbar an das spanische Mutterland und waren ein potentieller Verbündeter gegen den französischen Expansionsdrang. Vor diesen Argumenten verblassten alle anderen, auch der Schutz des katholischen Glaubens.

Die Verhandlungen in Münster dauerten vom Einzug der niederländischen Delegation bis zur Paraphierung des Friedensvertrags am 8. Januar 1647 fast genau ein Jahr. Danach verging ein weiteres Jahr, bevor am 30. Januar 1648 die Vertragsurkunden ausgetauscht wurden. Nach dem Tod des niederländischen Statthalters Friedrich Heinrich am 14. März 1647 hatte sich sein Sohn und Nachfolger Wilhelm II. zum Fürsprecher der Friedensgegner gemacht, die in den Provinzen Utrecht und Seeland ihre stärksten Bastionen besaßen. Mit dem feierlichen Eid auf den Frieden am 15. Mai 1648 wurde jede der sieben Provinzen souverän. Der Kaiser entließ sie mit dem anerkannten Besitz der eroberten Gebiete in Übersee aus dem Reichslehensverband.[93]

Dem Münsteraner Frieden zwischen Spanien und der niederländischen Republik hätte eigentlich derjenige zwischen Spanien und Frankreich folgen können; dies war aber nicht der Fall. Als Marschall Turenne 1647 von Lothringen nach Flandern marschieren wollte, meuterten seine deutschen Verbände. Sie standen offensichtlich noch immer im Bann Herzog Bernhards von Weimar[94] und fürchteten, nach Katalonien geführt zu werden. Elf von Generalmajor Rosa befehligte Regimenter verlangten deutsche Offiziere, ihren rückständigen Sold und überschritten im Juli eigenmächtig den Rhein. Der Kaiser sandte ihnen mit Lothar Dietrich von Bönninghausen den General entgegen, der selbst zu den Franzosen übergelaufen war, aber Pardon erhalten hatte. Er konnte etwa 300 Söldner für die Habsburger gewinnen. Weitere 1500 schlugen sich nach Westfalen zum Grafen Königsmarck durch. Den Rest zwang Turenne, der den Meuterern nachgezogen war, unter die französischen Fahnen zurückzukehren.[95]

Die vom Bodensee nach Franken gezogene schwedische Hauptarmee unter Wrangel marschierte im Frühjahr 1647 nach Böhmen, ohne dort die kaiserlichen Truppen besiegen zu können. Deren Oberbefehlshaber Peter Melander beschränkte sich wie einst Wallenstein auf eine rein defensive Taktik. Da er nach dem Ulmer Waffenstillstand auf Bayern keine Rücksicht mehr nehmen musste, ließ er sich in den Erblanden nicht ausmanövrieren. Mit geschickten Gegenschlägen wie dem Reitergefecht bei Triebl am 22. August 1647 sorgte er für empfindliche Verluste der Schweden,[96] die sich im Herbst bis nach Westfalen zurückzogen. Die kaiserlichen Verbände folgten ihnen durch Thüringen, überquerten bei Jena die Saale und überwinterten im verwüsteten Niederhessen.[97] Unterdessen kehrte Kurfürst Maximilian an die Seite des Kaisers zurück. Er beschwor ihn jedoch, den katholischen Ständen zu verdeutlichen, dass dieses Bündnis weder beabsichtige noch in der Lage sei, ihre Forderungen gegen die Protestanten durchzusetzen.[98]

Turenne überquerte im Februar 1648 bei Mainz abermals den Rhein, während Wrangel aus dem Weserraum nach Süden vorstieß. Die beiden Armeen formierten sich bei Dinkelsbühl zum gemeinsamen Angriff auf die Erblande. Sie eroberten Donauwörth und Windsheim und verständigten sich, auf der Donaulinie zu attackieren. Die schwedischen Generale wollten den Krieg aus Deutschland, das sich zum Vorteil ihrer Armeen erholen müsse, in die Erblande verlagern, zuvor aber den abtrünnigen Bündnispartner Bayern ruinieren.[99]

Melander zog mit der kaiserlichen Armee in die Gegend von Nürnberg, die bayerischen Truppen unter General Gronsfeld lagerten bei Ingolstadt. Obwohl die kaiserliche Armee nichts riskieren wollte, da in diesem Stadium der Verhandlungen kaum etwas zu gewinnen, aber sehr viel zu verlieren war, musste Bayern geschützt werden. Die feindlichen Armeen trafen bei Zusmarshausen zwischen Augsburg und Ulm am 17. Mai 1648 aufeinander. Melander wurde von einem Pistolenschuss getötet. Die Kaiserlichen verloren 2000 Mann, die siegreichen Alliierten deutlich weniger. Die kaiserlich-bayerische Armee blockierte zwar die Donaulinie,[100] konnte aber nicht verhindern, dass die Schweden ein viertes Mal Bayern verwüsteten. Kurfürst Maximilian floh nach Salzburg.

Königsmarck trennte sich vom schwedischen Hauptheer, um in Böhmen vorzustoßen. Seine Soldaten erschienen im Juli in einem sorgfältig geplanten und präzise ausgeführten Kommandounternehmen vor Prag, überrumpelten eine Wache und besetzten am 26. Juli die Kleinseite einschließlich des Hradschin. Dabei fielen ihnen viele Adlige in die Hände, für die sie hohe Lösegelder erpressten. Sie plünderten die eroberten Stadtteile drei Tage lang. Die von Milizionären verteidigte Neustadt konnten sie bis zum Friedensschluss bzw. bis dieser neun Tage später in Prag bekannt wurde, nicht mehr besetzen.[101] Königsmarck ließ jedoch vieles von dem, was von den rudolfinischen Sammlungen noch vorhanden war, und auch die Bestände etlicher Bibliotheken nach Schweden bringen.[102] Unter dem Beutegute befanden sich etwa 500 Gemälde, darunter Werke von da Vinci, Raffael, Tizian und Dürer. Königsmarck handelte im Auftrag der Königin, die ihm geschrieben hatte, dass ihr nur die kulturellen Schätze wirklich wichtig seien.[103]

Verständigungen

Nach der Verständigung über die Religionsverfassung wurden in der ersten Hälfte des Jahres 1648 die territorialen Fragen beigelegt. Dazu gehörten die Entschädigungen für Brandenburg, Braunschweig-Lüneburg, Hessen-Kassel und Baden-Durlach sowie die Restitution der rheinischen Kurpfalz. Eine weitere Initiative der konfessionsübergreifenden dritten Partei führte im Mai zur Einigung über die Reichsverfassung, die als Artikel VIII in den Osnabrücker Vertrag aufgenommen wurde.

Die Landeshoheit, *ius territoriale*, definierte den Status reichsständischer Obrigkeit. Sie garantierte die ungehinderte Ausübung der Herrschaft in geistlichen und weltlichen Sachen und die uneingeschränkte Mitbestimmung in Reichsangelegenheiten. Die Stände wurden nicht souverän, errangen jedoch ein Bündnisrecht unter sich und mit Auswärtigen zu ihrem Schutz und ihrer Sicherheit – *pro sua cuiusque conservatione et securitate*.

Verboten waren Bündnisse gegen Kaiser und Reich, gegen den Landfrieden und den Westfälischen Frieden.[104] Normiert wurde reichsfreundliches Verhalten. Der Artikel bestätigte die reichsständische Auslegung der deutschen Freiheit, verzichtete aber auf diesen Reizbegriff. Die Einheit des Reichs-Staates stellte 1648 niemand in Frage. Der Westfälische Frieden setzte das Einungsverbot des Prager Friedens wieder außer Kraft. Die Bündnisse sollten dem Erhalt des Status quo und der Abwehr aller monarchischen Ambitionen des Kaisers dienen, sich aber nicht gegen Kaiser und Reich oder den Westfälischen Frieden richten dürfen. Die städtische Reichstagskurie erhielt zwar eine mit den beiden höheren Kurien gleichrangige Stimme, konnte das sogenannte *votum decisivum* auf dem Reichstag aber nie realisieren. Der nächste Reichstag sollte alle offengebliebenen Fragen regeln.

Über die Rechte und Pflichten des Kaisers schwieg der Friedensvertrag. Dessen Reservatrechte und seine auch weiterhin zentralen Befugnisse im Zusammenspiel mit den Reichsständen wurden nicht eigens festgelegt. Die Reichsgrundgesetze und das Herkommen blieben in Kraft; der Kaiser verlor gegenüber dem Vorkriegszustand keine Rechte. Die Stände konnten ihn zu nichts zwingen. Er legte die Beratungsgegenstände der Reichstage fest und musste allen Beschlüssen weiterhin zustimmen, um ihnen Gesetzeskraft zu geben.

Die schwedische Geldentschädigung wurde im Juni 1648 auf fünf Millionen Reichstaler festgelegt. Die Details der Bezahlung regelte dann der Nürnberger Exekutionstag. Nach dieser Übereinkunft gaben die Schweden ihren Widerstand gegen die Sonderregelungen für die Erblande auf. Im Juli gelang auf Vorschlag der dritten Partei die Verständigung über Form, Vollzug und Garantie des Friedensvertrages. Der Osnabrücker Handschlag bestätigte am 6. August die kaiserlich-schwedische Einigung. Die Schweden weigerten sich allerdings, ohne Zustimmung der Franzosen die Übereinkunft als Friedensvertrag zu unterzeichnen.[105]

Frankreich ging es nun noch um zwei Punkte. Der burgundische Reichskreis sollte nicht in den Frieden eingeschlossen und dem Kaiser verboten werden, die spanische Kriegführung durch die Weitergabe der zu entlassenden Truppen zu unterstützen. Während der kaiserliche Gesandte Volmar darüber in Münster verhandeln wollte, ließen die Vertreter der dritten Partei nicht mehr locker, auch diese Probleme sollten in Osnabrück gelöst werden, wo alle wichtigen Stände vertreten seien.[106] Mit Servien, der angesichts des drohenden französischen Staatsbankrotts und des Aufstands der Fronde den Frieden nicht länger verzögern durfte, wurde im August verhandelt. Wohl als Drohung betonte er erneut, dass Frankreich auch einverstanden sei, das Elsass als Reichslehen mit Sitz und Stimme auf dem Reichstag zu übernehmen. Der Fürstenrat witterte seine Chance, die eigenen Mitbestimmungsrechte zu stärken und das Elsass im Reich zu halten.[107] Im Übrigen erklärten sich die Franzosen bereit, nur mit den Reichsständen Frieden zu schließen, falls der Kaiser das Assistenzverbot für Spanien ablehne.[108] Sie schlugen das gleiche Verfahren wie beim Osnabrücker Handschlag vor, sodass Ferdinand III. vor vollendete Tatsachen gestellt worden wäre.[109]

Um zu verhindern, dass der burgundische Kreis offiziell vom Reich getrennt wurde, bot der Fürstenrat die Formulierung an, das Reich werde deswegen in keinen auswärtigen Krieg ziehen. Allerdings dürften den einzelnen Reichsständen und dem Kaiser «ihrer Freiheit den Reichsgesetzen gemäß» nicht vorgegriffen werden.[110] Dieser Klausel widersprach Servien heftig.[111] Die Kaiserlichen erkannten die Zeichen der Zeit und akzeptierten das französische Ultimatum: keine Hilfe für Spanien und keine Beteiligung am Krieg im burgundischen Reichskreis. Dies fiel der Hofburg schwer. Die Stände erinnerten den Kaiser jedoch daran, er dürfe nicht aus dynastischen Interessen die Wohlfahrt und den Nutzen des gemeinen Vaterlandes und den deutschen Frieden verhindern.[112] Kurfürst Maximilian wollte mit den anderen Ständen auch ohne kaiserliche Zustimmung den Frieden unterzeichnen.[113] Ferdinand III. lenkte ein. Der Abschluss verzögerte sich jedoch noch einmal, weil die kaiserlichen Gesandten den passenden Chiffrierschlüssel nicht fanden und die Wiener Anweisungen erst nach geraumer Zeit entschlüsseln konnten.[114]

Der Friedensvertrag war in wesentlichen Teilen das Produkt einer kleinen Gruppe von Gesandten mindermächtiger Reichsstände. Während die mächtigen Herrscher ihre Partikularvorstellungen ohne Rücksicht auf das Ganze verfolgten, waren die kleineren eher gezwungen, sich mit den Verhältnissen zu arrangieren. Ihre Staatsräson endete nicht an den Grenzen des eigenen Territoriums. Ihre Sicherheit basierte auf einer verbindlichen und stabilen übergreifenden Ordnung, die ihnen nur die Reichsverfassung bieten konnte. Diese war im Krieg von vier Seiten unter Druck geraten, erstens durch die monarchischen Ambitionen des Kaisers, zweitens wegen der Annexionsgelüste der mächtigen Kurfürsten und Fürsten und drittens derjenigen der intervenierenden fremden Mächte. Darüber hinaus erschütterte viertens ein

konfessioneller Fundamentalismus, der Kompromisse als gegen Gottes
Wille ablehnte, das eingespielte Reichsgefüge. Um aus den Sackgassen her-
auszukommen, orientierten sich die Diplomaten an der Räson des Reiches,
seiner Verfassung und der deutschen Freiheit. Ihr Einsatz für die politische,
die positive Freiheit zur Mitbestimmung brachte mit der Gewissensfreiheit
auch die bürgerliche, die negative Freiheit von Zumutungen auf die Agenda,
und so setzten sie konkrete Freiheitsrechte konfessioneller Minderheiten
gegenüber der Obrigkeit durch. Um zu verdeutlichen, dass der Reichs-Staat
zwar vom Kaiser repräsentiert wurde, ihm aber nicht unterworfen war, benannten die Reichsstände 15 außerordentliche Deputierte, die zusammen
mit den kaiserlichen und den Botschaftern der beiden Kronen den Friedensvertrag am 24. Oktober 1648 in Münster unterzeichneten.[115]

Das Reichsgrundgesetz

Das aufgrund der zeremoniellen Bedürfnisse komplizierte Prozedere der
Vertragsunterzeichnung dauerte bis gegen neun Uhr in den Abend. Dann
endlich läuteten alle Münsteraner Kirchenglocken, und der Geschützdon-
ner von den Wällen verkündete, dass das Friedenswerk vollbracht sei.[116]
Nach unzähligen Toten und unvorstellbaren Grausamkeiten hatten die
Vernunft, gepaart mit Ernüchterung und der Sehnsucht nach Ruhe und
Ordnung, sowie die Einsicht gesiegt, dass ein unfertiger Friede besser war
als jeder Krieg. Paragraph 98 des Vertrages legte fest, dass der Frieden noch
am Tag der Unterzeichnung öffentlich verkündet und per Eilboten zu den
Befehlshabern der kämpfenden Armeen gesandt werden musste, damit alle
Kriegshandlungen sofort eingestellt wurden. Die Friedensnachricht erreichte beispielsweise am 30. Oktober Würzburg, in der Nacht darauf
Nürnberg. Nach so langer Zeit war der Freudentaumel von Skepsis ge-
dämpft. Konnte dieser Friede halten, was der Text versprach?[117]
Pax sit christiana, universalis, perpetua, «es möge ein christlicher allgemeiner und immerwährender Friede» gehalten werden.[118] Der Kongress unterstellte sein Ergebnis dem Schutz Gottes, erklärte jedoch jeden Protest, auch
denjenigen unter ausdrücklicher Berufung auf Gottes Wille, für nichtig.
Der Friede sollte bis zu einem Vergleich der christlichen Konfessionen gelten. Aus fundamentalistischer Sicht war er eine säkulare Mogelpackung, weil
die Wahrheitsfrage offenblieb. Der Papst zog die erwartete Konsequenz; er
erkannte den Frieden wegen der Eingriffe weltlicher Mächte in geistliche

Belange nicht an.[119] Auf Chigis doppelten Protest vor und nach der Unterzeichnung des Friedens folgte das am 3. Januar 1651 publizierte, auf den 26. November 1648 rückdatierte Breve Innozenz' X. Die Feststellung, dass der Friede nur Fragen der Kirchenverwaltung regele, die Angelegenheit der weltlichen Obrigkeiten sei, interessierte diejenigen nicht, die der religiösen Ordnung prinzipiell den Vorrang einräumten.

Der Frieden definierte sich selbst als *perpetua lex et pragmatica imperii sanctio*, als «ein dauerndes Verfassungsgesetz des Heiligen Reiches».[120] Für Europa, die *res publica christiana*, wurde kein Friede vereinbart, denn der Krieg zwischen Frankreich und Spanien ging weiter. Der Escorial lehnte kategorisch die Unabhängigkeit Portugals und Kataloniens oder Gebietsabtretungen in Italien und Burgund ab; auch der Aufstand in Neapel[121] ließ den König nicht einlenken. Da die Franzosen in Lothringen keine Zugeständnisse machten, gab es keinen Frieden, obwohl im Herbst 1647 viele Artikel eines potentiellen Vertrages verglichen waren.[122]

Der Westfälische Friede sorgte daher nur für eine politische Ordnung in der Mitte des Kontinents. Als ewiges Reichsgrundgesetz wurde er in den nächsten Reichsabschied und die kaiserliche Wahlkapitulation aufgenommen und zählte zu den *leges et constitutiones fundamentales imperii*.[123] Er war für alle Verbündeten und Anhänger des Kaisers und der beiden Kronen verbindlich, ob sie den Vertrag ratifiziert hatten oder nicht.[124] Alle Seiten gewährten einander «immerwährendes Vergessen und Amnestie» *(perpetua oblivio et amnestia)* für alles, was während des Krieges vorgefallen war.[125] Der «christliche, allgemeine und immerwährende Frieden» sollte «treue Nachbarschaft» und «echte Freundschaft» begründen.[126] Die «Kriegs-Consortes» wurden zu «Friedens-Consortes».[127] Sie alle durften wegen ihrer Unterstützung der Kriegsparteien nicht mehr belangt werden, schlossen aber untereinander keinen Frieden.[128]

Die ganze Unsicherheit über das hybride Vertragswerk – ein multilateraler Friedensschluss als deutsche Verfassung – manifestierte sich in der Zwitterstellung der Reichsstände. Als Mitunterzeichner waren sie Vertragsparteien, wurden aber auch als Verbündete des Kaisers und der Kronen genannt.[129] Das Reich als Ganzes erschien nicht im Friedensvertrag. Dies war konsequent, denn die beiden Kronen hatten stets betont, nur gegen den Kaiser, nicht gegen die Reichsstände Krieg zu führen.[130] Sie garantierten zusammen mit dem Kaiser den Vertrag. Jeder Geschädigte durfte ihre Unterstützung anfordern, falls seine gütlichen oder rechtlichen Bemühungen

binnen drei Jahren zu keiner Abhilfe geführt hatten. Die Kronen konnten
aber erst um Hilfe gebeten werden, wenn alle reichsinternen Regelungs-
bemühungen vergeblich geblieben waren. Sie mussten dann notfalls mit
Waffengewalt dem Geschädigten zu seinem Recht verhelfen, durften ihre
Hilfe aber nicht aufdrängen und blieben an die allgemeinen Prinzipien des
Natur- und Völkerrechtes gebunden.[131]

Ob die Reichsstände zu den Garantiemächten zählten, weil 15 von ihnen
das Vertragswerk unterzeichneten, ist eine theoretische Frage. Sie konnten
ihren Teil zur Lösung etwaiger Konflikte binnen der dreijährigen Frie-
denspflicht beitragen. Dies galt ebenso für den Kaiser und die Schweden.
Lediglich der französische König hätte als Garantiemacht die ohnehin
theoretische Souveränität des Reichs-Staates in Frage stellen können. Er
hat dies mehrfach angedroht, aber nie unter Verweis auf Artikel XVII
Paragraph 6 des Friedensvertrages interveniert. Johann Jacob Moser sah
deswegen den Sinn der Garantieklausel darin, die Parteien zur Güte zu
zwingen, damit «die Garants des Friedens ihnen [nicht, G. S.] als Fried-
brecher behandeln und durch die Waffen zur Räson bringen».[132] Die Klausel, die angeblich die deutsche Nationalstaatswerdung blockierte, wurde
weder zum Passepartout für Eingriffe Schwedens oder Frankreichs, noch
markiert sie die oft beschworene Epochenscheide zwischen dem Streben
nach Universalmonarchie und dem modernen Staateneuropa.[133]

Im Westfälischen Friedensvertrag finden sich keine Bestimmungen, die
einen Paradigmenwechsel der internationalen Beziehungen mit Blick auf
Souveränität, Territorialität und Gleichrangigkeit auch nur andeuten. Die
komplex-komplementären Herrschaftsstrukturen des Reiches konnten in
das Staaten- und Mächtegefüge Alteuropas eingefügt werden, weil Souveränität (noch) nicht die einzige Teilhabeberechtigung war.[134] Die Macht,
als souveräner politischer Akteur zu handeln, teilten sich im Reich der gewählte Kaiser und die Stände. Dadurch konnte auf legalem Weg keine des-
potische Reichsregierung entstehen, und dies bedeutete einen Sicherheits-
gewinn für die europäischen Nachbarn. Da die Mitte Europas strukturell
nichtangriffsfähig war, musste sich niemand von Kaiser und Reich bedroht
fühlen. Der Reichs-Staat schien vor einer Unterwerfung geschützt, weil
nach den Erfahrungen des Dreißigjährigen Krieges jeder Versuch die europäischen Mächte auf den Plan rufen musste.

Dass die Reichsverfassung überstaatlich garantiert wurde, entsprang
dem abgrundtiefen Misstrauen.[135] Die multilaterale Regelung untermau-

erte die Interdependenzen zwischen dem Reichs-Staat, den Reichsständen und den europäischen Staaten. Sie erinnert an Richelieus Konzept kollektiver Sicherheit. Die französische Delegation hatte die Idee eines allgemeinen Friedens *(pax universalis)* verfochten, um durch eine Neuordnung des staatlichen Nebeneinanders die habsburgische Dominanz zu brechen.[136] Die Sicherheitsgarantien kamen insofern den französischen Vorstellungen entgegen, obwohl die Reichsstände nicht zu Souveränen erklärt wurden. Das *ius territoriale* bestätigte ihre Selbständigkeit – eine von der Loyalitätspflicht gegenüber Kaiser und Reich wirkungsvoll begrenzte Autonomie. Sie waren in ihrem Verhältnis zum Reichs-Staat keine und in dem zum europäischen Mächtesystem eingeschränkte Völkerrechtssubjekte.[137] Die große Zeit der Kurfürsten auf internationalem Parkett kam erst, als sie im 18. Jahrhundert europäische Kronen trugen.[138]

Als multilateraler garantierter deutscher Verfassungsvertrag schuf der Frieden in Europa kein System kollektiver Sicherheit. Das «Westfälische System» ist insofern eine Legende. Was nach 1648 unter Souveränität verstanden wurde, galt für die internationalen Beziehungen auch schon zuvor. Das Nebeneinander souveräner Staaten statt Hierarchie und Universalmonarchie[139] war längst zur Leitlinie außenpolitischen Handelns geworden. Die autonomen Könige unterwarfen sich seit Jahrhunderten niemandem, der sie nicht besiegt hatte, außer Gott und dem Wollen ihrer Stände. Die selbständigen Republiken wie Venedig, die Eidgenossen und nun auch die Niederlande taten es ihnen gleich. Das Heilige Römische Reich Deutscher Nation wurde in dieses Gefüge eingebunden, damit es kein monarchisch regierter und zentralisierter Staat werden konnte.

Die Präambel des Friedensvertrags erinnert nur vage an europaweite Zusammenhänge: «Nachdem die vor vielen Jahren im Römischen Reich entstandenen Streitigkeiten und inneren Unruhen sich so weit ausgedehnt hatten, dass nicht nur Deutschland, sondern auch etliche benachbarte Königreiche, vornehmlich Schweden und Frankreich, dergestalt in Mitleidenschaft gezogen waren, dass ein langwieriger und erbitterter Krieg entstand.» Der in Deutschland geführte Krieg wurde nun beendet, und der komplex-komplementäre Reichs-Staat und das plurale Nebeneinander der europäischen Mächte wurden miteinander verzahnt.

Das Gewand des Hergebrachten verhüllte Kompromisse, deren Tragweite oft selbst denjenigen, die sie formulierten, nicht völlig bewusst war. Der Frieden verband die zukunftsträchtigen Ideen von Staatsräson und

Souveränität mit den tradierten Formen autonomer Herrschaft zu einem
fein gesponnenen Netz von Abhängigkeiten, das Frieden und Freiheit in
Mitteleuropa wiederherstellte. Die von der deutschen Historiographie
lange als Souveränitätsverlust charakterisierte Einbindung des Reichs-
Staates in das europäische Mächtegefüge erscheint heute als weit in die
Zukunft weisende politische Großtat. 1648 ging jedoch niemand davon aus,
dass sich aus den pragmatischen Regelungen der deutschen Frage ein auf
Souveränität, Gleichrangigkeit und territorialer Integrität basierendes
System der internationalen Beziehungen entwickeln könnte.

Außerhalb des Reichs-Staates regelte der Frieden nur Angelegenheiten
im Lehensreich und im Königreich Böhmen. Er nahm die Unabhängigkeit
der niederländischen Republik zur Kenntnis und gewährte der Stadt Basel
sowie den übrigen Orten der Schweiz völlige Freiheit und Exemtion gegenüber dem Reich. Dies bedeutete die Befreiung von allen Pflichten und
damit die völkerrechtliche Souveränität, obwohl die Eidgenossen ihre Freiheiten auch noch nach 1648 vom Heiligen Römischen Reich herleiteten
und sich dessen Lehensordnung wie auch der deutschen Kulturnation zu-
gehörig fühlten. Für die staatsrechtliche Zäsur hatte der Baseler Bürgermeister Johann Rudolf Wettstein fast im Alleingang gesorgt. Er regte an,
die eidgenössische Freiheit auf dem Friedenskongress bestätigen zu lassen,
stieß damit bei den übrigen Orten aber auf wenig Begeisterung. Er reiste
mit einer Instruktion nach Westfalen, die er selbst zusammen mit den Vertretern Zürichs und Schaffhausens verfasst hatte. In Münster erkannte
Wettstein, dass es mit einer bloßen Bestätigung der kaiserlichen Privilegien nicht mehr getan war. Er musste auf die völlige Lösung vom Reich
hinarbeiten, um den Status der Souveränität zu gewinnen. Franzosen und
Schweden nahmen den von ihm verfassten Artikel im Juli 1647 in ihre Entwürfe auf. Die Kaiserlichen taten es ihnen nach, und ein entsprechendes,
auf den 16. Mai datiertes Dekret Ferdinands III. traf im November in
Münster ein. Die Exemtion wurde trotz des Widerstandes der evangelischen Fürsten in Artikel VI des Osnabrücker Vertrages fixiert.[140]

Dass die längst bestehende Realität endlich formal bestätigt wurde, hing
mit den politischen Verwerfungen im deutschen Südwesten zusammen, wo
die Habsburger große Gebiete und ihre hegemoniale Stellung an Frankreich verloren. Für die Kaiserdynastie konnte eine unabhängige Eidgenossenschaft eher ein Koalitionspartner gegen Frankreich sein als eine
Schweiz, die fürchten musste, dass ihre Zusammenarbeit mit Kaiser und

Reich als Zeichen ihrer Reichszugehörigkeit gedeutet wurde. Für die Reichsstände waren weniger die Eidgenossen als der freie Handel auf dem Rhein wichtig. Alle während des Krieges ohne die Zustimmung von Kaiser und Reich eingeführten neuen Zölle wurden aufgehoben und die Regulierung der Schulden auf den nächsten Reichstag verschoben.[141] Frankreich nahm die linksrheinischen habsburgischen Territorien im Elsass und im Sundgau, die Festungen Breisach und Philippsburg ebenso zu souveränem Besitz wie Metz, Toul und Verdun sowie die südwestlich von Turin gelegene, strategisch wichtige piemontesische Festung Pinerolo.[142] Damit der Streit zwischen den Herzögen von Savoyen und Mantua um Montferrat nicht neuerlich aufflammte, wurde der am 6. April 1631 geschlossene Frieden von Cherasco bestätigt, Pinerolo ausgenommen.[143] Der Kaiser sollte den Herzog von Savoyen belehnen und der Reichstag dies alles bestätigen;[144] das Herzogtum blieb offiziell ein Reichsstand.

Verglichen mit Frankreich, gewann Schweden weit größere Reichsgebiete, Vorpommern, die Odermündung und Wismar sowie die beiden Bistümer Bremen und Verden als weltliches Herzogtum. Diese Fürstentümer blieben Reichsstände. Die schwedische Krone erhielt Sitz und Stimme auf dem Reichstag und wurde eine wichtige Kraft im Norden des Reiches. Damit Schweden nicht die deutsche Freiheit und die Interessen Frankreichs bedrohe, wurde Kurfürst Friedrich Wilhelm von Brandenburg mit Hinterpommern, den Stiften Halberstadt, Kammin und Minden sowie der Anwartschaft auf Magdeburg sehr großzügig entschädigt und gestärkt. Er sollte die schwedische Macht begrenzen und einem nach Norden vorstoßenden Kaiser Grenzen setzen. Für Frankreich war das Reich damit ausbalanciert; im Norden hielten sich Schweden und Brandenburg, im Süden die Habsburger und Frankreich die Waage. Kursachsen, Kurbayern und die mindermächtigen Stände galten als potentielle Verbündete Frankreichs.

Mit dem Westfälischen Frieden begann die Emanzipation der politischen Macht aus den Fängen kirchlicher Bevormundung. Der Schritt erfolgte, als ein kaum zu überbietendes Entsetzen apokalyptische Endzeitvorstellungen innerweltlich real hatte werden lassen. Fundamentalistische Ansätze sind seitdem in der westlichen Hemisphäre verpönt, weil sie Gott auf eine bestimmte Haltung festlegen und wenig Spielraum für Kompromisse und menschliches Handeln lassen. In Westfalen wurden viele Probleme gelöst, weil die Diplomaten weder den Drohungen des strafenden Gottes noch den Erfordernissen der offenbarten Heilsordnung, sondern der Staatsräson der beteiligten Mächte folgten. Thumbshirn stellte am Ende ernüchtert fest: «Ratio status ist ein wunderliches Thier, es verjaget alle anderen Rationes.»[145] Die größten Zugeständnisse mussten die Habsburger machen. Ihr Einlenken rettete ihr Kaisertum, das Reich und die deutsche Freiheit. Nicht die Reichsverfassung, sondern deren Missachtung hatte den Krieg verursacht. Deswegen scheiterten alle Überlegungen, die Macht des Kaisers und der Kurfürsten einzuschränken und den Reichstag zur eigenständigen Machtzentrale auszubauen. Die alten Mitregierungs- und Kontrollrechte wurden aber in eine moderne Vertragsform gegossen.

Das föderativ-dynamische Nebeneinander verschiedener Bekenntnisse und Loyalitäten sowie sich gegenseitig kontrollierende und aufeinander bezogene Herrschaftsgefüge sollten Frieden und Freiheit, Eintracht und Einigkeit sichern. Die Reichsstände, vorgeblich die Sieger von 1648, entzogen sich selbst das *ius reformandi*. Die Kriminalisierungs- und Diskriminierungsverbote schützten die Untertanen vor Übergriffen der absolutistisch regierenden Obrigkeiten, die durch das konservativ wirkende Rechtssystem des Reichs diszipliniert wurden. Die eingespielten Verhältnisse, d. h. Schutz und Schirm, aber auch Kontrolle durch Kaiser und Reich bestanden fort. In den stände- und landschaftslosen Gebieten überwachten die Reichsgerichte Rechtmäßigkeit und Sozialverträglichkeit der von Grafen, Rittern, Prälaten und städtischen Obrigkeiten verkündeten Normen. Hier ersetzte die Reichsjustiz die Kontrolle, die in den größeren Territorien Landstände, Beratungsgremien und Verwaltungen ausübten.

Das Reichsgrundgesetz Westfälischer Frieden unterstützte innerhalb des Reichs-Staates die Entwicklungen, die eine weitere Differenzierung des Gefüges komplementärer Staatlichkeit ermöglichten. Die größeren Reichsstände wurden durch territoriale Zugewinne noch mächtiger, ohne das Reich verlassen zu wollen oder zu können. Nur bei gravierenden Verstößen gegen die Loyalitätspflicht wie im Falle des Wittelsbacher Alleinganges an der Seite Frankreichs im Spanischen Erbfolgekrieg zu Beginn des 18. Jahrhunderts oder wie beim preußischen Überfall auf Sachsen 1756 wurden gegen mächtige Reichsstände Exekutionen eingeleitet. Bei den Mindermächtigen lag diese Schwelle erheblich niedriger. Ihnen drohten bereits beim Verdacht tyrannischer Herrschaft oder übermäßiger Schuldenwirtschaft kaiserliche Kommissionen und Strafmaßnahmen. Im Unterschied zu Österreich oder Preußen konnten sie vom Reich zu etwas gezwungen werden. Diese Ungleichheit war der Preis für ihre Sicherheit. Solange das Reich bestand, konnten die Großen die Kleinen nur unter dem hohen Risiko annektieren, als Landfriedensbrecher behandelt zu werden. Die politische Bedeutung der Mindermächtigen beruhte auf der sie schützenden Rahmenordnung der Reichsverfassung, die nicht wie das System europäischer Staaten anarchisch oder chaotisch, sondern regelhaft und verlässlich verfasst war.

Der Exekutionstag

Mit den Unterschriften unter den Friedensvertrag war längst noch nicht alles geregelt. Viele reichsständische Gesandte blieben in Münster und Osnabrück – nicht nur wegen der von ihnen angehäuften Schulden. Sie berieten über die Umsetzung des Friedensvertrages sowie die Verteilung der aus den Erblanden abziehenden schwedischen Soldaten oder der Kriegsentschädigungen. Spanien und Frankreich verhandelten weiter über einen Frieden, wenn auch vergeblich.[146] Der Austausch der Ratifikationsurkunden verzögerte sich bis zum 18. Februar 1649.[147] Über deren Inhalt wurde noch bis in den Januar gestritten. Die letzte reichsständische Konferenz in Westfalen fand im Mai statt. Thumbshirn und Carpzow, die vor allem den Religionskompromiss in entscheidender Weise vorbereitet hatten, verließen Münster am 11. Juni und kamen zwölf Tage später in Altenburg an. Zu diesem Zeitpunkt waren bereits etliche Gesandte in Nürnberg zum Exekutionstag erschienen, der offiziell im April begonnen hatte.

Mit dem Eintreffen der Friedensnachricht endeten überall die direkten Kampfhandlungen. Bis zur endgültigen Demobilisierung und Abdankung der Soldaten sowie der Übergabe der festen Plätze an ihre neuen, meist auch alten Herren verging noch geraume Zeit. Die spanischen Besatzer zogen 1652 aus Frankenthal, die schwedischen erst 1654 aus Vechta ab. An manchen Orten dauerte der Dreißigjährige Krieg länger. Dennoch «schwebte das Reich nicht zwischen Krieg und Frieden».[148] Niemand wollte die Kriegshandlungen wiederaufnehmen, obwohl der Frieden viele Probleme lediglich stillgestellt hatte. Die Zukunft musste zeigen, ob die Kompromisse hielten.

1648 standen noch Armeen der Schweden, Franzosen, Spanier und Lothringer im Reich, des Kaisers, Bayerns und Hessen-Kassels in fremden Territorien. Brandenburgische, sächsische und Kölner Truppen erfüllten Sicherungsaufgaben in den eigenen Gebieten. Insgesamt waren in Deutschland noch etwa 150 000 Soldaten in Dienst. Für Schweden kämpften mehr als 60 000 Mann. Sie hielten 115 Städte, feste Plätze oder Garnisonen. Die Franzosen besetzten mit nur etwa 9000 Soldaten immerhin 56 Orte im Reich, die Hessen mit vielleicht 11 000 Mann 37 Garnisonen. Die über 40 000 kaiserlichen, über 20 000 bayerischen und etwa 12 000 westfälischen Soldaten waren zumeist in den eigenen Ländern stationiert und hielten 33 feste Plätze andernorts. Die lothringischen Söldner hatten sieben feste Orte zwischen Rhein und Saar in ihrer Gewalt; die Spanier Frankenthal.[149] Etwa die Hälfte dieser Soldaten musste entlassen werden, der Rest verblieb in Diensten ihrer Kriegsherren oder strebte von sich aus in andere Kriegsdienste, etwa in Venedig. Einige Söldner rotteten sich zu marodierenden Banden zusammen, die ein massives Sicherheitsproblem darstellten. Sie verhalfen ehemaligen Kollegen zu neuen Anstellungen als Wachleute.[150] Ein Teil der Söldner und des Trosses fand aufgrund der Bevölkerungsverluste und entsprechender Förderprogramme der Regierungen zurück in die zivile Gesellschaft.

Schwedischer Oberbefehlshaber war seit Herbst 1648 der junge Pfalzgraf Karl Gustav, ein Sohn Johann Casimirs von Pfalz-Zweibrücken-Kleeburg, der 1615 die Stiefschwester Gustav Adolfs geheiratet hatte. Wie Friedrich V. war auch er aus seinem Fürstentum vertrieben und von Gustav Adolf protegiert worden. Zu Beginn der 1630er Jahre besaß er großen Einfluss, wurde jedoch nach dem Tod des Königs kaltgestellt. Sein Sohn Karl Gustav wuchs am Königshof auf, kannte die Königin von Kindesbeinen an und galt lange als Heiratskandidat. Axel Oxenstierna und der schwedische Adel wollten von diesem «Deutschen» aber nichts wissen. Zudem verhielt sich Karl Gustav wie viele hochgeborene Offiziere; er trank und besaß voreheliche Kinder.[151] Christina lehnte seit 1647 jede Ehe ab, wollte Karl Gustav aber die Nachfolge auf den Thron sichern. Seine Ernennung zum Generalissimus über den schwedischen Kriegsetat in Deutschland war eine Art Bewährungsprobe.[152] Als er mit neuen Truppen Mitte Juli 1648 in Wolgast an Land ging, war dies auch für Schweden das letzte Aufgebot.

Das nordische Königreich dominierte das Kriegsgeschehen. Seine Truppen waren über ganz Deutschland und Böhmen verteilt, sodass einige hohe Offiziere am Sinn eines Friedens zweifelten, der für sie den Rückzug aus vielen besetzten Gebieten bedeutete. Sie erwarteten Entschädigungen, die Söldner ihre rückständigen Gelder und eine Abdankungsprämie. Diese sollten von den fünf Millionen Reichstalern bezahlt werden, die bis 1654 den Schweden ausgehändigt wurden. Da der Kaiser wegen seiner Forderungen auf den österreichischen, Kurfürst Maximilian auf den bayerischen Reichskreis verwiesen worden war und in Burgund weiter Krieg herrschte, hatten die restlichen sieben Kreise diese Summe aufzubringen. Das Geld floss aber größtenteils in den Wirtschaftskreislauf Mitteleuropas. Kaiser und katholische Stände hatten den Entschädigungen nur widerwillig zugestimmt und dann versucht, diese auf andere abzuwälzen. Unabhängig von der Konfession musste jedoch jeder einzelne Kreisstand seinen Anteil tragen, eine gesamtschuldnerische Haftung des Reichs-Staates gab es nicht.[153] Dass die schwedischen Soldaten, von kleineren Meutereien abgesehen, ruhig blieben und geduldig auf ihre Abfindungen von zwölf Reichstalern für einen Fußknecht, von 33 für einen Reiter warteten,[154] hing auch mit dem besonnenen Verhalten ihres Befehlshabers Karl Gustav zusammen. Die Soldaten logierten allerdings weiterhin in Deutschland und verursachten hohe Kosten.[155]

Auf dem Exekutionstag scheiterten die Schweden mit ihrem Antrag, den Kaiser für die noch ausstehende Entschädigung haftbar zu machen. Stattdessen sollte der Bischof von Münster, der mit Vechta auch den schwedischen Pfandbesitz stellte, die restlichen Gelder eintreiben und abrechnen. Im Sommer 1650 waren alle Abzugsmodalitäten ausgehandelt, die in der zweiten Jahreshälfte umgesetzt wurden. Nachdem der Bischof von Münster 1654 mit einem eigenen Kredit die restlichen Gelder den Schweden ausgehändigt hatte, zogen diese auch aus Vechta ab.[156] Problematischer gestaltete sich die Auflösung der spanischen Garnison in Frankenthal, die den Franzosen ein Dorn im Auge war, weil sie das nun französische Elsass bedrohte. Kaiser Ferdinand III. stand vor der Frage, wie er sein weiteres Verhältnis zu Spanien gestalten wollte; immerhin hatte er einen großen Teil seiner Truppen den Spaniern überlassen, was dem Friedensvertrag widersprach. Darüber und über vieles andere mehr verhandelten seine Gesandten mit denjenigen Schwedens, Frankreichs und der Reichsstände seit Mai 1649 in Nürnberg. Letztere mussten wegen der Verzögerungen 260 000 Reichstaler zusätzlich an die Schweden zahlen sowie den Unterhalt für Frankenthal und Heilbronn, das dem Kurfürsten von der Pfalz bis zur Räumung Frankenthals zugewiesen worden war, und auch für Vechta übernehmen. Dafür war ihr Status als Mitakteur und Vertreter des Reiches neben dem Kaiser unstrittig.[157] Auch Spanien handelte 1651 noch eine Entschädigung der Reichsstände von 500 000 Reichstalern aus und räumte daraufhin Anfang Mai 1652 die Festung Frankenthal,[158] in der noch 324 von einst 18 000 Einwohnern lebten.[159]

15. Bilanzen oder wie der Krieg bewältigt wurde

Opfer

Die genaue Zahl der vor und nach dem Krieg in Deutschland lebenden Menschen ist unbekannt. Alle Angaben sind kontrollierte Schätzungen, die auf der Hochrechnung lokaler und regionaler Datensätze basieren. Sie wurden aus Kirchenbüchern, Steuer- oder Haushaltslisten gewonnen. Die so berechneten Zahlen weisen jedoch große Abweichungen auf, weil schon die Annahmen über die Größe vormoderner Familien oder den jeweils zu berücksichtigenden Raum differieren. Realistisch erscheinen ungefähr 15 bis 17 Millionen Menschen, die 1618 auf dem Gebiet des Reichs-Staates lebten – also etwa im heutigen Deutschland und Österreich. Bei unstrittigen Kriegsverlusten von 20 bis 40 Prozent waren es um 1650 noch etwa zehn bis 13 Millionen.[1] Zu dieser Zeit stagnierte freilich fast überall in Europa der Bevölkerungszuwachs, und auch in anderen Ländern klagte man über die vielen Toten. Der Abt des Konvents von Port-Royal auf Jamaika wollte 1654 gewusst haben, dass über ein Drittel der Weltbevölkerung gestorben sei. Die Register in der Île-de-France vermelden einen Verlust von einem Viertel binnen eines Jahres. In Westpolen ging die Zahl der besteuerbaren Haushalte um die Hälfte zurück.[2] Die schwedischen Kriegsverluste an jungen Männern summieren sich ins Ungeheuerliche. Im Unterschied zu anderen Ländern, wo die Stagnation anhielt, war um 1650 in Deutschland ein solcher Tiefpunkt erreicht, dass es nur noch aufwärtsgehen konnte.[3]

Günther Franz, Geschichtsprofessor und hochrangiges SS-Mitglied, veröffentlichte 1940 eine aus den Quellen gearbeitete Bevölkerungsgeschichte dieses Krieges.[4] Noch in der Auflage von 1975 finden sich Sätze, die deutlich machen, was er zeigen wollte: «Der Kern des Volkes war gesund geblieben […] Gewiß haben Hunger und Pest viele Schwache und Kranke dahingerafft. Aber sie haben auch wahllos gewütet und viel gutes Erbgut vernichtet […] Eine naturgemäße Auslese hat er nicht dargestellt.«[5] Die von Franz zusammengetragenen Daten sind bisher nicht bezweifelt worden. Er markierte vier Großräume unterschiedlich starker Verluste, Verwüstungsregionen mit über 50, Zerstörungsgebiete mit 30 bis 50, Übergangslandschaften mit zehn bis 30 Prozent sowie die wenig betroffenen Randgebiete in Niederdeutschland und in den Alpen mit weniger als zehn Prozent Einbußen. Die am schwersten betroffene Zone zog sich diagonal von Pommern und Mecklenburg im Nordosten über Thüringen und Hessen in der Mitte bis nach Württemberg und an den Oberrhein im Südwesten. In Mecklenburg war 1640 noch jede dritte, 1651 nur noch jede achte Bauernstelle besetzt. In Hinterpommern fehlten am Ende des Krieges zwei Drittel der ländlichen Bevölkerung, in der alten Grafschaft Henneberg waren es sogar drei Viertel.

Für Württemberg berechnete Wolfgang von Hippel Einbußen von 57 Prozent; die Verluste der einzelnen Ämter schwankten zwischen 31 und 77 Prozent.[6] Die Katastrophe brach hier 1634/35 in Gestalt der bei Nördlingen siegreichen habsburgischen Heere über das Land herein. Wie überall waren sie dort am größten, wo die Armeen zogen oder standen, an großen Flüssen, Durchgangsstraßen und strategisch wichtigen Punkten. Das Land wurde stärker geschädigt als die Städte, deren Mauern Schutz vor der Soldateska, nicht jedoch vor Seuchen und Hungersnöten boten. Der stetige Zuzug der Landbevölkerung schönte freilich die städtischen Bevölkerungsbilanzen beträchtlich.

Mehr als die Hälfte ihrer Bevölkerung verloren Brandenburg, Magdeburg, Hessen, Franken, Bayern, Schwaben sowie das Elsass. Sachsen büßte hingegen nur zwischen zehn und 20 Prozent ein. Im Städtedreieck Leipzig, Dresden und Chemnitz starben oder flohen jedoch bis zu zwei Drittel der Bewohner. In den Lausitzen waren 1647 ein Drittel aller Bauernstellen unbesetzt, ein Viertel der Bevölkerung tot. Auch Böhmen, Mähren und Schlesien kamen mit zehn bis 30 Prozent Bevölkerungsverlust glimpflich davon. Teile der österreichischen Erblande und Nordwestdeutschlands blieben von solchen Einbrüchen fast völlig verschont. Doch selbst die vom Krieg kaum tangierte oldenburgische Küstenregion verzeichnete trotz aller Wanderungsgewinne nur einen minimalen Bevölkerungsanstieg.[7] Die Steiermark und Krain erlebten hingegen einen Zuwachs von etwa 17 Prozent, Schleswig und Holstein immerhin von etwa einem Prozent.[8]

Die apokalyptische Trias forderte ihren Tribut. Die Pest sowie andere eingeschleppte Krankheiten führten als Folge der kriegsbedingten Mangelernährung zu noch mehr Toten als üblich. Sie rafften insbesondere junge und alte Menschen hinweg – also diejenigen, deren Sterberisiko in der Vormoderne am höchsten war. Von den Millionen von Toten starb nur ein geringer Prozentsatz an militärischer Gewalt; ihr fielen in erster Linie die Söldner zum Opfer. Auch sie erlagen aber wohl viermal häufiger Krankheiten und Seuchen, die in den Lagern und auf dem Marsch ausbrachen, als dem Tod auf dem Schlachtfeld oder bei Belagerungen, dem insgesamt vielleicht eine halbe Million Soldaten zum Opfer fielen.[9]

Bei den zivilen Toten ergeben sich nur wenige eindeutige Muster. Vor- und fürsorgliche Maßnahmen der Obrigkeiten konnten Menschenleben retten. Wo das System aus Kontributionen und Einfliehen in ummauerte Städte oder feste Häuser funktionierte, freies Geleit zur Bestellung der Felder ausgehandelt und vor anrückenden Soldaten rechtzeitig gewarnt wurde, damit die Bauern sich und ihre bewegliche Habe in Sicherheit bringen konnten, blieben die Verluste vergleichsweise gering. Zudem wurde dann der überlebenswichtige Kreislauf von Aussaat und Ernte weniger gestört. Im fränkischen Amt Heilsbronn, wo das System des Einfliehens gut organisiert war, überstanden etwa 50 Prozent der Bauern den Krieg mit glimpflichen Einbußen.[10] Die dennoch sehr hohen Verluste betrafen eine vom Krieg schwer gezeichnete Region. Der Krieg behinderte jedoch auch dort Gewerbe, Handel und Landwirtschaft, wo sich keine Soldaten aufhielten. Der Steuerdruck und die Unsicherheit der Straßen machten viele Menschen arm, hungrig und krank. Ihre ausgemergelten Körper konnten dem Hunger nicht lange widerstehen. Alte, Kranke und Kinder starben auch hier zuerst und Arme eher als Reiche.

Der massenhafte vorzeitige Tod erhöhte – so zynisch das klingen mag – die sozialen Chancen der Überlebenden. Die damalige Arbeitsbelastung verlangte vollständige Familien. Witwen oder Witwer mussten möglichst schnell wieder heiraten, um die Daseinsvorsorge zu bewältigen. Haus und Hof, Arbeit und Kinder forderten Mann und Frau in den Bauern- oder Handwerkerhaushalten. Da die Pest vor allem junge Leute dahinraffte, wurden gerade die Kohorten empfindlich reduziert, die im oder nach dem Krieg Familien hätten gründen können. Ihr Fehlen ließ sich dadurch nicht vollständig kompensieren, dass Männer und Frauen, die zu normalen Zeiten keine Heiratserlaubnis erhalten hätten, nun Familien gründen durften, um eine der vielen verlassenen Bauern- oder Gewerbestellen zu übernehmen. Diese demographische Reserve konnte die Lücken jedoch nicht schließen, genauso wenig wie die sinkende Mortalitäts- und die steigende Geburtenrate, die sich vor allem mit dem gegenüber der Vorkriegszeit niedrigeren Heiratsalter erklärt. Der langsame Bevölkerungsanstieg war dennoch ein hoffnungsvolles Signal und unterschied die Mitte vom Rest Europas, wo der Umschwung erst Ende des 17. Jahrhunderts einsetzte. Deutschland galt deswegen in der zweiten Jahrhunderthälfte trotz neuerlicher Kriege und etlicher Pestwellen als ein Land von Kindern. Dieser Kindersegen hellte auf Dauer die Bevölkerungsbilanz auf. Dafür spielten die häufig überschätzten Wanderungsbewegungen so gut wie keine Rolle. Die meisten Menschen zogen aus dem umliegenden Land in die Städte. Größere Bilanzgewinne einzelner Staaten durch Fernwanderung sind seltene Ausnahmen. Die Obrigkeiten betrieben eine intensive Peuplierungspolitik, weil die Anzahl der Menschen als wichtigste ökonomische Ressource galt. Aus Frankreich und den Alpenregionen dürften allenfalls 200 000 Personen eingewandert sein, also etwa ein bis zwei Prozent der Gesamtbevölkerung. Die französischen Glaubensflüchtlinge, die nach der Widerrufung des Edikts von Nantes 1685 ihre Heimat verließen, wollten in die Niederlande und nach England emigrieren. Sie kamen nach Deutschland, weil ihnen besondere Vergünstigungen geboten wurden, erwiesen sich aber als großer Gewinn für die deutsche Wirtschaft und Kultur.

Nach dem tiefen demographischen Einschnitt des Dreißigjährigen Krieges fehlten der Wirtschaft für einen schnellen Aufschwung die Konsumenten. Der Menschenmangel sorgte für höhere Löhne und bessere sozioökonomische Bedingungen, aber nicht für Produktionssteigerungen. Viele der im Krieg zerstörten Gebäude oder Geräte wurden nicht ersetzt, weil sie nicht gebraucht wurden. Das Wachstum begann zögernd und blieb lange auf niedrigem Niveau. Dennoch notierten ausländische Reisende, dass sich Deutschland nach dem Krieg schnell erholt habe, dass der Wiederaufbau gut vorankomme. Sie wiesen allerdings auch auf einige besonders krasse Gegenbeispiele hin.[11]

Landwirtschaft

An der ständisch-feudalen Gesellschaftsordnung änderten der Krieg und der Frieden nichts. Unzeitgemäße Auswüchse wie die sogenannte zweite Leibeigenschaft und die ostelbische Gutsherrschaft wurden nicht korrigiert. Im größten Teil Deutschlands bestand hingegen das System der Grundherrschaft, bei der die Bauern ihre Höfe als (fast) freie Eigentümer bewirtschafteten. Der Dienst- und Abgabendruck sowie die staatlichen Steuerforderungen lasteten allerdings schwer auf ihren Bilanzen. Nach dem Krieg wurde gezählt: die Überlebenden und das vorhandene Zug- und Nutzvieh, die intakten Gebäude und die bestellten Äcker. Die registrierten Zahlen waren real, weil sie den administrativen Vorgaben entsprachen. Jeder wusste, dass die von Bürgermeistern, Schultheißen oder Amtleuten der Zentrale gemeldeten Zahlen nicht folgenlos blieben. Diese Angaben mussten die Verluste und Schäden übertreiben. Die Zahlen dokumentierten ein unbeschreibliches Elend und bestätigten die ständigen Klagen. Papier war geduldig. Auch den landesherrlichen Kommissionen blieben jedoch, wie zuvor den Plünderern, ein Teil des Geldes, des guten versteckten Viehs und der noch vorhandenen Ressourcen verborgen.

Ökonomisch bedeutete der Dreißigjährige Krieg dennoch eine Zäsur. Die These vom jegliche Kultur vernichtenden und Deutschland als Wüstenei im tiefsten Elend zurücklassenden Krieg verzerrt allerdings die Wirklichkeit. Wo Soldaten selten oder nicht erschienen, blieb die Leistungsfähigkeit der Landwirtschaft und der Gewerbe erhalten. Auch in Kriegsgebieten wie in der westfälischen Grafschaft Ravensburg zahlten die Bauern Jahr für Jahr wenigstens 100 000 Reichstaler Kontributionen. In oberbayerischen Regionen blieb der bäuerliche Wohlstand während und nach dem Krieg ungebrochen. In den Marschgebieten wurde durch Eindeichungen neues Land gewonnen.[12] In anderen Gegenden lagen viele Dörfer wüst. Im Unterschied zum späten Mittelalter war dies jedoch kein Dauerzustand. Die Überlebenden hatten gelernt, allen Widrigkeiten zu trotzen. Immer wieder fanden sie Mittel und Wege, Teile ihres mobilen Kapitals, Geld, Arbeitsgeräte und Nutztiere, trotz mehrfacher Plünderungen dem Zugriff der Soldateska zu entziehen. Gut über den Krieg gekommen war, wer die Verhältnisse flexibel genutzt hatte.

Der Viehbestand sank fast überall, in manchen Gebieten Württembergs, Thüringens, Mecklenburgs oder Pommerns wenigstens auf dem Papier auf unter zehn Prozent des Vorkriegsstandes.[13] In Württemberg standen laut den Steuerrenovationsberichten von 1655 der um mehr als die Hälfte geschrumpften Bevölkerung genügend Ackerland und Gebäude zur Verfügung.[14] Dem Krieg folgte ein quälend langsamer Aufschwung; er war mehr als nur eine vorübergehende Periode des Stockens. Dies wirkte auf alle Sektoren von Handel und Gewerbe zurück. Viele überregionale Wirtschaftsbeziehungen waren zerfallen. Die Regierungen griffen zwar regulierend in das Sozial- und Wirtschaftsgefüge ein, ohne aber schnell nachhaltige Verbesserungen bewirken zu können. Die Getreidepreise pendelten sich nach dem Krieg auf etwa der Hälfte des Vorkriegsniveaus ein. In Deutschland begann der Aufschwung in der Landwirtschaft allerdings schon um 1675 und damit deutlich früher als in anderen Teilen Europas.[15] Trotz der Preissteigerungen für Nahrungsmittel blieben bis um 1700 viele Bauernstellen unbesetzt. Die Anbaufläche genügte, um den Bevölkerungszuwachs zu ernähren.[16] Bei diesen Verhältnissen lohnte sich weder die Refeudalisierung, also die Selbstbewirtschaftung der guts- und grundherrlichen Hofflächen, noch die Entfeudalisierung, die Lösung der Bauern aus ihren sozioökonomischen Zwangsverhältnissen. Die kleinbäuerliche Wirtschaft auf der Basis einer Selbstausbeutung der ganzen Familie und die limitierte Zwangsarbeit auf den herrschaftlichen Gütern garantierten weiterhin eine sozialverträgliche Produktion. Die grundherrlichen Gegenleistungen, etwa Brot und Bier, bildeten einen wichtigen Bestandteil der bäuerlichen Haushaltung. In den ostelbischen Gebieten galt dies prinzipiell auch. Doch da es in dieser dünn besiedelten Landschaft kaum nahe gelegene große Märkte gab, wurde hier für den Fernabsatz produziert. Die gutswirtschaftliche Organisation entsprach diesen Anforderungen am besten. Sie band die unfreien Bauern über gewaltige Fronlasten, Gesinde- und Kinderzwangsdienste an die Güter.

Der ländlich-agrarische Bereich blieb der mit großem Abstand wichtigste Wirtschaftszweig, der nach dem Krieg etwa zwei Drittel der Wertschöpfung in Deutschland erbrachte.[17] Dass ein Drittel der vor dem Krieg bewirtschafteten Flächen brachlag und von Gebüsch überzogen war, war für die erholungsbedürftige Natur gut, für die Kultur schlecht. Die Guts- und Grundherren konnten jedenfalls lange nicht alle freien Bauernstellen besetzen, obwohl sie die Belastungen reduzierten. Es fehlte an geeigneten Kandidaten, da nicht jeder durch den Krieg Entwurzelte die nötigen Kenntnisse besaß und zu der harten bäuerlichen Arbeit bereit war.

Unbesetzte Bauernhöfe und brachliegendes Land schmälerten die Einkünfte der Guts- und Grundherren sowie des Staates. Letzterer benötigte Steuern nicht nur für den Luxusbedarf des Hofes, sondern für Investitionen in die Sicherheit, die Infrastruktur und die Ankurbelung der Wirtschaft. In manchen Landstrichen kam es zum regelrechten Wettbewerb

um die wenigen Bauern. Der Landshuter Rentmeister klagte 1655, dass die
bayerischen Domänengüter nicht zu besetzen seien, weil die kirchlichen
Grundherren ihre Höfe verschenkten und den neuen Inhabern auch noch
die Abgaben für viele Jahre erließen.[18]

Die in etlichen Gegenden üblichen Zuschreibungen der freien Flächen
zu den bewirtschafteten Höfen sorgten nur auf dem Papier für höhere Leistungen und Rekultivierungen. Dass die reale Wirtschaft davon wenig spürte,
hing nicht am mangelnden Arbeitswillen, sondern an der Nachfrage. Solange
diese stagnierte, wäre es töricht gewesen, ehemalige Acker- und Wiesen-
flächen unter den Pflug zu nehmen. Hinzu kam der Arbeitskräftemangel,
der trotz aller staatlichen Gegensteuerung mit der Verordnung von Höchst-
löhnen die Kosten für Knechte und Mägde in die Höhe trieb.

Viele Indizien zeigen, dass in der Nachbarschaft der prosperierenden
Residenzstädte die Konjunktur deutlich früher ansprang als andernorts. Im
Landgericht Dachau bei München gab es schon 1689 mehr Wohnstellen
als um 1600, und im Rentamt München waren 1683 nur noch weniger als
drei Prozent der fast 25 000 Hofstellen unbesetzt.[19] Die vielen Kleinbauern
waren 1671 in Oberbayern nicht existenzgefährdend verschuldet. Ihre Ver-
bindlichkeiten resultierten weniger aus dem Krieg als aus schlechten
Ernten, familiären Wechselfällen oder Investitionen.[20] Ein schottischer
Student bewunderte 1658 die wohlgeordnete Landwirtschaft in Bayern und
das große Angebot an Nahrungsmitteln, obwohl der Krieg diesen Landstrich besonders in Mitleidenschaft gezogen habe.[21]

Die Einzelbelege zeigen, dass sich die landwirtschaftliche Produktion
marktgerecht der Nachfrage anpasste. Während im 17. Jahrhundert in England neue Anbaumethoden und großbetriebliche Formen des Ackerbaus
und der Viehzucht ohne feudale Bindungen erprobt wurden, galten in
Deutschland die herrschaftlichen und genossenschaftlichen Traditionen
unverändert weiter. Hand- und Spanndienste oder Naturalabgaben hemm-
ten den effektiven Ausbau der bäuerlichen Wirtschaft ebenso wie die prak-
tizierte Fruchtwechselwirtschaft mit ihrem rigorosen Flurzwang und der
Allmende als einer mehr oder weniger verödeten Weidefläche. Der Gemein-
besitz verkam, weil er im Unterschied zum bäuerlichen Privatbesitz ungenü-
gend gedüngt und gepflegt wurde. Entsprechend gering waren die Erträge.
Allerdings garantierten die Allmende, auch die Waldweide und andere Formen genossenschaftlichen Wirtschaftens, den landarmen Schichten das
Überleben. Dies war in England anders und führte zu schweren Unruhen.

Wer die organisatorischen und technologischen Verspätungen in der deutschen Landwirtschaft beklagt, darf die soziopolitischen Kosten des Umbaus nicht vergessen, nämlich Aufruhr und Tumulte. In Deutschland unterblieben Intensivierungsmaßnahmen, weil sie noch nicht erforderlich waren. Der Merkantilismus, das Wirtschaftsgebaren, das von einer gleichbleibenden Menge an Geld ausging, setzte sich in Deutschland erst verspätet durch. Er wurde zudem nie in der rigorosen Form praktiziert, mit der England den Handelsprotektionismus oder Frankreich den staatlich gelenkten Wirtschaftsausbau förderten.

Die deutschen Obrigkeiten beschränkten sich nach dem Dreißigjährigen Krieg auf die Regulierung des Geldmarktes. Sie verkündeten befristete Moratorien, um Bankrotte und Zwangsvollstreckungen zu verhindern, und verhängten Einfuhrzölle, um die Getreidepreise zu stützen. Die Einkünfte der vom Getreidemarkt abhängigen Haushalte waren beispielsweise im Weserraum während des Krieges um 50 Prozent gesunken. Der Preis für Höfe und Felder blieb niedrig, und noch 1696 verzeichnete Dorothea von Münchhausen wüste Höfe, wobei das dazugehörige Land einen geringen Pachtertrag brachte. Die Einnahmeausfälle fing diese Adelsherrschaft durch eine intensivierte Eigenwirtschaft auf. Die Verkaufserlöse einer größeren Gutswirtschaft waren aufgrund der Marktpreise bei Missernten und geringem Angebot größer als in guten Erntejahren. Zudem hatte der Krieg zum partiellen Rückfall in die Tauschwirtschaft geführt, die erst um 1700 wieder zurückging.[22]

Zu Anfang des 18. Jahrhunderts begannen auch in Deutschland intensive Diskussionen um Agrarreformen. Die Aufteilung der Allmenden und die Besömmerung der Brachflächen mit Grünpflanzen wie Klee, Luzerne, Erbsen, Lupinen oder auch Kartoffeln wurden erprobt und empfohlen. Diese veränderte Einstellung war auch eine Folge des lange ungebremsten Raubbaus mit den scheinbar im Überfluss vorhandenen natürlichen Ressourcen. Nach dem Dreißigjährigen Krieg sanken nicht nur die Agrar-, sondern auch die Holzpreise, zumal die Waldflächen gewachsen waren. Dadurch blieb Deutschland zwar eine großflächige Verkarstung, nicht aber der Ruin des Hochwaldes erspart. Die negative Entwicklung wurde meist den Bauern zur Last gelegt, die ihre Schweine zur Eichelmast in die Wälder trieben. Die eigentliche Ursache war jedoch der steigende Energiebedarf. Der Autor des Artikels «Wald» klagte Mitte des 18. Jahrhunderts im Zedler, dem deutschen Universallexikon der Aufklärungszeit, dass sich selbst in Gebirgen die Holzarmut zeige und die Wälder bei Gott klagten, wie übel die Menschen haushielten.[23] Dass der Wald in Mitteleuropa flächendeckend überlebte, ist vor allem dem Markt bzw. den steigenden Holzpreisen zu danken. Das hölzerne Zeitalter forderte seinen Tribut. Ökologie und Nachhaltigkeit ergaben sich nicht von selbst, sondern als Folge rigider ordnungspolitischer Regelungen.

Die wachsende Bevölkerung sorgte nach 1700 dafür, dass die wüst- oder brachliegenden Flächen verschwanden. Die Nachfrage nach Lebensmitteln wuchs auch auf dem Land, wo das Heimgewerbe in vielen Gegenden der Motor eines bescheidenen Aufschwungs war,[24] der nur langsam die lange Nachkriegsdepression ablöste. Einzelne Indikatoren wie die Silber- und die Weizenpreise waren in vielen Städten schon seit den 1660er Jahren gestiegen. Die Trendwende erfolgte auf so niedrigem Niveau, dass sie von den Zeitgenossen nicht bemerkt wurde.

Gewerbe, Handel und Geld

Spekulationen darüber, ob der Krieg die deutsche Wirtschaft auf Dauer, für lange Zeit oder nur kurzfristig gestört oder gar zum Erliegen gebracht hat, sind in einem vorstatistischen Zeitalter, was sie sind. Es gab große regionale und sektorale Unterschiede. Die befestigten Städte kamen insgesamt ganz gut durch den Krieg. Ausnahmen wie die Zerstörung Magdeburgs oder spektakuläre Plünderungen und Brandschatzungen mit Tausenden von Toten bestätigen die Regel. Die städtische Infrastruktur war intakt geblieben. Zünfte, Gilden und Gaffeln behaupteten ihre Monopolstellung auf den städtischen Märkten. Die üblichen Produktionsformen – Handarbeit mit bescheidenem Mechanisierungsgrad – dominierten weiterhin. Trotz des häufig beklagten Arbeitskräftemangels wurden Erfindungen, die maschinelle an die Stelle menschlicher Arbeit setzten, nicht flächendeckend eingeführt. Der Reichstag verbot beispielsweise die Band- und Schnurmühlen, die in einem Arbeitsgang die Herstellung mehrerer Schmuckbänder erlaubten.

Das zentrale Argument gegen die Mechanisierung war der Gemeine Nutz, weil ansonsten viele Handwerker ihre Nahrung verlören. Bei dieser Argumentation wurde die Nachfrage nach Schmuckbändern als konstant betrachtet. Die städtischen Gewerbe produzierten mithin in bestimmten Warensegmenten teurer als nötig und waren deswegen im Fernhandel nicht mehr konkurrenzfähig. Die fürsorglichen Obrigkeiten wollten keine Handwerker brotlos machen, schadeten jedoch mit ihrer marktfernen Ordnungspolitik der Wirtschaft insgesamt. Auf Dauer hat wohl die gegen Innovationen gerichtete Haltung der Zünfte und Obrigkeiten mehr als der Krieg zur Verdrängung deutscher Produkte auf den Weltmärkten beigetragen.

Im Krieg waren blühende Gewerbezweige wie der Kupferbergbau im Mansfeldischen, die Salzsiederei in Halle oder der Waidanbau im Thüringer Becken mehr oder weniger zum Erliegen gekommen. Die Waidpflanze bildete die Basis der blauen Farbe. Die Produktion verfiel wegen der Unwägbarkeiten in der zweijährigen Zeit bis zur Ernte, des langwierigen und kostspieligen Verarbeitungsprozesses und der unsicheren Transportwege. Sie war allerdings schon vor dem Krieg rückläufig gewesen. Der Anbau in Monokultur hatte zu sinkenden Erträgen geführt, und mit dem Indigo gab es inzwischen einen intensiveren blauen Farbstoff, der das Waidpulver sukzessive verdrängte. Darüber hinaus lohnte sich angesichts steigender Nahrungsmittelpreise der Anbau von Getreide mehr. Die Thüringer Bauern verhielten sich marktkonform. Der Krieg hat diesen Strukturwandel wohl beschleunigt, aber nicht ausgelöst.[25]

Während des Krieges standen die Befriedigung der Grundbedürfnisse und die Produktion von Waffen und kriegswichtigem Gerät im Zentrum; beides garantierte reißenden Absatz. Die florierende Waffenindustrie passte sich der gesteigerten Nachfrage an. Standorte wie Nürnberg oder Aachen bekamen Absatzprobleme, weil sie der technischen Entwicklung ein wenig hinterherhinkten. Die Krise der Oberpfälzer Montanindustrie begann vor dem Krieg. Sie wurde durch den gestiegenen Bedarf hinausgezögert, aber nicht überwunden. Die Montangebiete, die ihre Produktion und ihren Absatz effektiver organisierten, prosperierten noch nach dem Krieg. Die ausländischen Investitionen in Waffen und Ausrüstungsgegenstände kamen zu einem großen Teil der deutschen Wirtschaft zugute. Die enormen Gewinne wurden krisensicher in den Niederlanden oder in den großen Handelsstädten angelegt und standen nach 1648/50 dem Wiederaufbau zur Verfügung.

Um die Produktion der auch im Fernhandel nachgefragten Waren zu stimulieren, setzten fast alle Obrigkeiten auf die Ansiedlung von Verlagen und Manufakturen, den Organisationsformen einer politisch gesteuerten merkantilen Wirtschaftsweise. Manufakturen zur Herstellung neuartiger

Textil-, Papier-, Waffen- oder Luxusprodukte entstanden auf staatliche Initiative und mit Steuergeldern. Sie erzielten selten Gewinne. Merkantiles
Verhalten entsprach jedoch dem mechanischen Denken der Barockzeit.
Die Theorie verlangte, möglichst viele Fertigwaren und keine Rohstoffe zu
exportieren, möglichst wenige Güter zu importieren. Aus den Überschüs-
sen sollte ein Staatsschatz gebildet werden, um für den Notfall gewappnet
zu sein. Die Bevorzugung der einheimischen Wirtschaft galt zudem als
probates Mittel, andere Staaten zu schwächen. In Deutschland waren die
Obrigkeiten jedoch auch in Krisenzeiten zur Kooperation gezwungen, weil
nicht überall ausreichend viele Nahrungsmittel oder Gewerbeprodukte
hergestellt wurden. Hier entwickelte sich mit dem Kameralismus eine
eigenständige Variante des Merkantilismus. Im Vordergrund standen höhere Staatseinnahmen. Der sogenannte Reichsmerkantilismus, die Schlie-
ßung der Grenzen gegenüber dem Ausland, kam jedoch nur selten und vor
allem dann zum Zuge, wenn im Krieg oder bei Hungersnöten alle anderen
Mittel ausgereizt zu sein schienen.[26]

Trotz aller staatlichen Interventionen verloren selbst die oberdeutschen
Handelsgesellschaften durch den Krieg und die Verlagerung der Warenströme an den Atlantik ihre einst marktbeherrschende Position. Ihr auf
herrschaftlichen Privilegien basierendes Geschäftsmodell wurde unzeit-
gemäß. Die Fugger mussten 1650 ihre Firma schließen und erlebten als
oberschwäbische Landesherren die effektive Arbeitsweise kaiserlicher De-
bitkommissionen. Das reiche Augsburg büßte während des Krieges die
Hälfte seiner Bevölkerung ein und wuchs im nächsten halben Jahrhundert
um lediglich 6000 auf 26 000 Einwohner. Die Bürger hatten angeblich
etwa 75 Prozent ihres Kapitals im Krieg verloren; die städtischen Schulden
waren auf 1,8 Millionen Gulden gestiegen. Nach dem Krieg blieb die Stadt
eine Handels- und Geldmetropole mit einem florierenden Kunsthand-
werk. 1689 kam der Kattundruck hinzu. Die Anzahl der Webermeister sank
von etwa 3000 vor dem Krieg auf 500 danach.[27] Dieser Rückgang wurde
mit Blick auf ganz Deutschland mehr als wettgemacht durch das Aufblü-
hen der verlagsmäßig organisierten Weberei auf dem Land. Leinen und die
billigeren Mischgewebe, «Zeug» genannt, wurden weit über die deutschen
Grenzen hinaus nachgefragt und bis nach Italien oder Polen exportiert.
Davon profitierte insbesondere die Calwer Zeughandelskompanie.[28]

Der Pfarrer Johann Valentin Andreae, einer der führenden lutherischen
Theologen Württembergs, veröffentlichte 1635 ein Klagelied. Sein Hilferuf

bezog sich auf die ökonomische Misere, die neben Pest und Hunger mit den bei Nördlingen siegreichen kaiserlichen Soldaten über Calw und Umgebung hereingebrochen war. Wenn die Tuchherstellung zum Erliegen komme, setze man ihnen das «Messer an die Kehle». Noch gebe es 243 Meister, die jetzt ebenso wie 64 weitere in der unmittelbaren Nachbarschaft keine Arbeit mehr hätten. Darüber hinaus hingen von Calw 1200 Zeugmacher und mehrere Tausend Spinnerinnen ab. Sie alle müssten mit Calw Hunger leiden.[29] Nach dem Krieg versuchte die Kompagnie in enger Kooperation mit den Obrigkeiten, ihre Monopolstellung durch neue Kontrakte abzusichern. Die Weber mussten sich verpflichten, ihre Produktion auf ein Viertel herunterzufahren, ihre Ware zu einem festen Preis und nur an die Kompanie zu verkaufen. Dies sicherte zwar kurzfristig das Überleben, verhinderte jedoch die Anpassung an veränderte Bedingungen.[30] In der verlagsmäßig organisierten Produktionsform fertigten nur noch formal selbständige Handwerker in Heimarbeit Waren, die sie exklusiv an einen Unternehmer abliefern mussten. Er stellte meist die Ausgangsprodukte und sorgte stets für den Verkauf. Diese dezentralisiert produzierenden Manufakturen konzentrierten sich auf Massenwaren, insbesondere Textilprodukte, vor allem Barchent, ein aus Leinen und Baumwolle bestehendes Mischgewebe. Die Heimarbeiter, deren Familien häufig mitarbeiten mussten, trugen das Absatzrisiko und blieben arm, gewannen aber eine Subsistenzbasis, die es mit der Zunahme der Bevölkerung für viele Dorfbewohner in der Landwirtschaft nicht mehr gab.[31] Darüber hinaus füllte das Heimgewerbe die Lücke, die städtische Weber hatten entstehen lassen. Traditionsbehaftet hatten sie zu wenig auf fremde Märkte und die dort nachgefragten leichteren Stoffe und Luxuswaren geachtet.

Vom relativen Niedergang der alten oberdeutschen Metropolen profitierten die vielen kleinen und großen Residenzstädte. Von den Fürstenhöfen ging eine Konsumdynamik aus, die das ganze wirtschaftliche Umfeld, nicht nur die Luxusgewerbe stimulierte. Residenzstädte zogen viele Bewohner des Umlandes, aber auch Fernwanderer an. In Berlin stellten die vom Großen Kurfürsten angeworbenen Hugenotten um 1700 ein Sechstel der Bevölkerung. Selbständige Kommunen wie Frankfurt, Hamburg oder Bremen prosperierten ebenso. Die beiden Hafenstädte besaßen einen freien Zugang zur Nordsee und waren führend am Welthandel beteiligt. Das Scheitern der Ostseepläne Wallensteins und der schwedische Besitz Vorpommerns und der Mündungen der großen deutschen Flüsse haben die Beteiligung Deutschlands am Welthandel wenig behindert. Hamburg konnte seine Einwohnerzahl von etwa 36 000 um 1600 auf 75 000 im Jahr 1662 mehr als verdoppeln und wurde zur reichsten Stadt Deutschlands, ein führender europäischer Handels- und Finanzplatz.

Es ist eine Legende, dass Deutschland durch den Krieg den Zugang zu den großen Märkten Westeuropas verloren hätte und zum armen Hinterland der westeuropäischen Seemächte geworden wäre. Der Blick auf die internationalen Warenströme sollte jedoch die Einsicht nicht verstellen, dass Exporte weniger als fünf Prozent zur Wertschöpfung beitrugen.[32] Zwar war Deutschland um 1700 im wirtschaftlichen Wettbewerb mit den Seemächten England oder den Niederlanden zurückgefallen, hatte jedoch gegenüber Frankreich aufgeholt. Heinrich Christoph Hochmann von Hohenau, Nürnberger Gesandter am Kaiserhof, übergab im Januar 1703 eine «Gründliche Vorstellung», die sich vehement gegen alle vom Kaiser im Zuge des Spanischen Erbfolgekrieges geplanten Handelsbeschränkungen aussprach. Mit vielen Ländern wie Spanien oder Italien gebe es eine positive Handelsbilanz. Zudem flössen seit Jahren weit größere Geldsummen aus Frankreich nach Deutschland, als «für französische Waren hinein gebracht wird».[33]

Kapital war in Deutschland auch nach dem Krieg vorhanden. Die großen Summen, die an Kontributionen und Entschädigungen für die gewaltigen Armeen aufgebracht werden mussten, wurden zum großen Teil durch private Kredite finanziert. Die Gelder blieben fast vollständig im Land. Schon während des Krieges hatte der konsumtive Verbrauch für Nahrung, aber auch für Waffen dafür gesorgt, dass die Wirtschaft nicht kollabierte. Die großen Geldmengen, die erfolgreiche Heerführer wie Carl Gustav von Wrangel und abgedankte Söldner nach dem Krieg abzogen, fallen gegenüber den Ausgaben während des Krieges kaum ins Gewicht. Selbst der Abfluss eines Teils der fünf Millionen Reichstaler Entschädigung ruinierte die deutsche Kreditwirtschaft nicht. Der Reichstag verbot 1654 lediglich die Kündigung privater Darlehen für drei Jahre, reduzierte alle Zinsverpflichtungen auf ein Viertel und bestätigte den Höchstzinssatz von fünf Prozent.[34]

Kaiser und Reich bevorzugten somit die öffentlichen Schuldner gegenüber den Kreditoren. Die Regelungen kamen einem Staatsbankrott nahe. Die finanzpolitische Ordnungsgesetzgebung richtete sich insbesondere gegen reiche Stadtbürger und geistliche Stiftungen, von denen manche in den Ruin getrieben wurden. Sie half den meist adligen Schuldnern, schreckte jedoch ausländische, insbesondere niederländische Investoren ab, zumal eine erneute Münzverschlechterung seit den 1650er Jahren Geldeinlagen in Deutschland entwertete. Die Inflation vertrieb – wie in der Kipper- und Wipperzeit – die guten Münzen.

Das Vorgehen, gedeckt von der hergebrachten Argumentation mit dem Gemeinwohl, mit Notstand und Notwendigkeit, sollte auch die staatlichen Kassen entlasten. Die opponierenden Landstände wurden als Verfechter von Partikularinteressen zurückgewiesen. Die Staatsräson verlangte höhere Steuern, und die Obrigkeiten beharrten auf ihren Notstandsrechten. Nürnberg konnte nach langwierigen Verhandlungen durch eine freiwillige Kapitalreduktion der Gläubiger die Schulden von 7,4 auf 3,1 Millionen Gulden verringern.[35] In oberschwäbischen Reichsstädten beeinflussten die reichen Fernhändler nicht nur die Gewerbestruktur, sondern halfen der Stadtkasse häufig mit Krediten aus.[36] Ihnen blieb allerdings kaum etwas anderes übrig, denn sie waren von ihren Schuldnern abhängig. Schulden- und Zinsmoratorien und neue Kredite belegen, dass öffentliche Schuldenwirtschaft und privater Reichtum nebeneinander bestanden.

Statt einer nachhaltigen wirtschaftlichen Modernisierung beließen es die Obrigkeiten bei einem modifizierten Weiter-so. Dagegen hatte Schweden während des Krieges vor allem im Montangewerbe einen Strukturwandel eingeleitet. Das Goldene Zeitalter der Niederlande basierte auf Kriegs- und Handelsgewinnen und drückte sich nicht nur in der wahnwitzigen Tulpenspekulation aus. Der englische Wohlstand beruhte auf dem Überseehandel, aber auch auf Agrar- und Wirtschaftsreformen. In Deutschland wurden die vom Krieg ausgehenden Wirtschaftsimpulse, die sich exemplarisch im Herzogtum Friedland, in den Gebieten mit Metallgewinnung und -verarbeitung oder in Handelsstädten zeigten, nach dem Krieg nur in einigen Metropolen konsequent fortgeführt. Im Herzogtum Friedland lebten am Ende des Krieges etwa 7500 Menschen. Als Gallas die Jesuiten 1651 mit der Rekatholisierung beauftragte, blieben noch 1000.[37]

Die These, dass dem hochentwickelten deutschen Gewerbe die Anpassung an die europa- und weltweiten Bedingungen des 17. und 18. Jahrhunderts ohne den Krieg besser gelungen wäre, ist pure Spekulation. Dies gilt auch für die kleinstaatliche Struktur als Hindernis ökonomischer Prosperität und maritimer Sichtbarkeit. Unter den Bedingungen einer nichtkapitalistischen Wirtschaft besaß die kleinräumige, fürsorglich-patriarchalische

Organisationsform markante Vorteile. Der obrigkeitliche Egoismus führte zu einem stimulierenden Wettbewerb zwischen den Reichsständen, und in Krisenzeiten konnte den Forderungen der Bürger und Untertanen besser entsprochen werden. Die Konflikte zwischen lokal-regionalen und nationalen Wirtschaftsinteressen führten dagegen in den westeuropäischen Staaten häufig zu Aufruhr und Tumulten.

Obwohl Deutschland nicht auf allen Weltmeeren präsent war und auch nicht wie Frankreich die Hegemonie auf dem Kontinent anstrebte, haben die Bauern und Handwerker hier nicht in erkennbar größerer Armut gelebt als diejenigen in den westeuropäischen Großstaaten. Der Dreißigjährige Krieg hinterließ in Deutschland einschneidende sozioökonomische Spuren, dennoch darf ihm nicht alles angelastet werden, was in den Bilanzen als Rück- oder Einschnitt erscheint.

Der deutsche Krieg war ein Teil der allgemeinen europäischen Krise des 17. Jahrhunderts, die auch andernorts aufgrund des ungebremsten Bevölkerungswachstums und der Klimaverschlechterung zur Verknappung der Lebensmittel und der verfügbaren Ressourcen führte. In Deutschland regulierte der Krieg für mehr als hundert Jahre das Problem, dass die Erträge einer nicht beliebig ausdehnbaren Anbaufläche nur eine bestimmte Anzahl von Menschen ausreichend ernähren konnten. Missernten, Seuchen und Kriege sorgten in vormodernen Gesellschaften für die notwendige Anpassung. Nach 1648 mangelte es in Deutschland nicht an materiellen Ressourcen, sondern an Konsumenten. Die im Krieg hohen Agrarpreise verfielen. Der Wiederaufbau generierte nur ein bescheidenes Wirtschaftswachstum, sodass es lange dauerte, bis wenigstens das Vorkriegsniveau wieder erreicht war. Ob nur die wirtschaftlichen Verluste wieder wettgemacht wurden oder die Nachkriegswirtschaft eine neue Qualität gewann, ist strittig.

Fürstenstaaten und Reichs-Staat

Für das politische System Europas und des Reichs-Staates bedeuteten der Dreißigjährige Krieg und der Westfälische Frieden keine tiefe Zäsur. Bei den Beratungen in Osnabrück dominierte verfassungsrechtlich das Prinzip, die den Kaiser stärkenden Regelungen des Prager Friedens rückgängig zu machen und den Vorkriegszustand zu restituieren. Wo Veränderungen nötig und unumgänglich waren, wurden diese mit der Berufung auf altes Herkommen oder als notwendige Korrektur von Fehlentwicklungen begründet. Das 1648 fixierte Verfassungsgleichgewicht zwischen Reichsoberhaupt und Reichsständen entsprach den Verhältnissen, die sich im 16. Jahrhundert eingespielt hatten. Die komplementäre Mehrebenenstaatlichkeit hatte sich bewährt und funktionierte auch im 17. und 18. Jahrhundert leidlich, solange niemand den prinzipiellen Konsens in Frage stellte. Das westfälische Verhandlungsergebnis pries niemand als bahnbrechende Reform oder gar als Durchsetzung von Toleranz, Verrechtlichung und Pluralisierung. Zukunftsträchtig war die gute alte Ordnung, die auf dem Papier rhetorisch auch dort wiederhergestellt wurde, wo der Verfassungsgeber Neuland betrat. Die Untertanen wünschten Frieden sowie die neue Trias von Einigkeit und Recht und Freiheit. Die Durchsetzung des Landfriedens wurde zur vorrangigen Aufgabe des christlichen Landesvaters, der sich in dem ihm von Gott anvertrauten Amt verzehrte. Er regierte den «Fürsten-Staat»[38] und verband Treue zu Kaiser und Reich mit der Förderung des gemeinen Nutzens. Musterbeispiel eines Fürstenstaates ist das 1641 von Ernst dem Frommen gegründete Herzogtum Sachsen-Gotha.[39]

1638 besaßen in diesem aus einer Landesteilung hervorgegangenen Fürstentum nur noch einige Dörfer in den abgelegenen Ämtern des Thüringer Waldes größere Viehbestände, ein Drittel der Häuser war verwüstet. Im Amt Gotha lebte noch ein Drittel der Vorkriegsbevölkerung, und von den Häusern war noch etwa die Hälfte bewohnbar. Die Zahl der Pferde war auf ein Viertel, die des Großviehs auf knapp acht Prozent gesunken, Schafe gab es nicht mehr. Lediglich ein Drittel des Winterfeldes wurde bestellt. Im Amt Tenneberg lebten hingegen noch mehr als die Hälfte der Menschen, im Amt Volkenroda noch 60 Prozent, doch von einst 13 619 Schafen gab es auch hier kein einziges mehr. Das Großvieh war auf ein Zehntel, die Anzahl der Pferde auf ein Viertel des Vorkriegsbestandes dezimiert worden.[40] In den 1640er Jahren fielen immer wieder schwedische, französische und kaiserliche Truppen in diese Ämter ein. Auch nach 1648 gab es Einquartierungen schwedischer Soldaten und Steuererhebungen, um die auf Sachsen-Gotha entfallenen 30 000 Gulden Kriegsentschädigung aufzubringen. Der Start dieses Kleinstaates hätte in keine ungünstigere Zeit fallen können.[41]

Herzog Ernst erließ unzählige Mandate, die das tägliche Leben im christlichen Sinne ordnen sollten. Im Zentrum standen Vorschriften zur Sonntagsheiligung, zu Bußpredigten und Betstunden, gegen Saufgelage und Luxus, was immer in den Zeiten darunter verstanden wurde. Angesichts des Arbeitskräftemangels setzte der Herzog Höchstlöhne fest, vereinheitlichte Maße und Gewichte und ließ Unglücksfälle wie Hagel, Feuer oder Seuchen amtlich als Strafen Gottes und Folgen des lasterhaften Lebenswandels deuten.[42] Die Kirchen füllten sich allerdings nicht. Der Wiederaufbau wurde energisch vorangetrieben. Bereits 1655 produzierte das Herzogtum einen Getreideüberschuss. Es gelang die Ansiedlung von Glashütten und Manufakturen.[43]

Der Fürstenstaat Gothascher Prägung zeigte Elemente absolutistischer Herrschaftspraxis. Herzog Ernst versuchte wie Kurfürst Friedrich Wilhelm I. von Brandenburg, Regierung und Verwaltung besser, die Kontrolle umfassender, die Abschöpfung der Ressourcen konsequenter und den Staat effizienter zu machen. Das neu zusammengesetzte Kurfürstentum gilt als Modellfall einer erfolgreichen Staatsbildung im Zeichen des Absolutismus. Der Kurfürst machte sich nach seinem Regierungsantritt 1640 zum alleinigen Zentrum des Staates, dessen Gebiete sich vom Niederrhein bis nach Ostpreußen erstreckten. Er setzte höhere Steuern durch, um die Staatsverwaltung und ein stehendes Heer zu finanzieren. Den Untertanen wurden neue Einnahmequellen in Handel und Gewerbe erschlossen. Die zunftfreien Großbetriebe produzierten mehr für den Luxus-, weniger für den Massenbedarf. Der Staat musste das Engagement der Unternehmer rückversichern. Flüchtlinge wurden zurückgeholt und Fremde angeworben, insbesondere Calvinisten aus den Niederlanden und aus Frankreich. Der Große Kurfürst wollte seinen Staat «formidable» und unabhängig von den Steuerbewilligungen der Stände machen, die 1652 letztmals zu einem Landtag in der Kurmark zusammentraten. Als oberster Kriegsherr übte Friedrich Wilhelm I. fortan die alleinige Finanzhoheit in der Mark aus.[44]

Weniger erfolgreich verlief ein ähnliches Konsolidierungsprogramm in der Kurpfalz, deren Schulden bei Kriegsende das steuerpflichtige Vermögen ihrer Untertanen überstieg. Um Gelder einziehen zu können, wurden alle Schulden und Zinszahlungen für zehn Jahre gestundet. Zudem verband die Regierung mit dem Einlösen von Schuldscheinen Auflagen. Wer Geld zurückerhielt, musste einen Teil davon zum Wiederaufbau von Mannheim investieren. Die Maßnahmen führten jedoch nicht zum erwünschten Erfolg, weil sie zu wenig durchdacht waren und von den französischen Invasionen seit den 1670er Jahren zunichtegemacht wurden.[45]

Während die Fürstenstaaten gefestigt aus dem Westfälischen Frieden hervorgingen, gerieten die meisten Freien und Reichsstädte in eine andauernde Schuldenkrise. Nur wenige konnten ihre frühere politische Bedeutung nach dem Krieg bewahren wie Hamburg, Bremen, Frankfurt und Augsburg, dazu mit Abstrichen noch Lübeck, Köln, Straßburg und Ulm. Wirtschaftlich wurden alle anderen von den großen landsässigen Handels- und Residenzstädten wie Wien, Leipzig oder München ins Abseits gedrängt. Am Reichs-Staat, dem politischen Rahmen der Fürstenstaaten, kritisierten bereits die Zeitgenossen seine machtpolitische Schwäche, seine langwierigen Entscheidungsverfahren, die mühsame Heeresaufbringung, die mangelnde Effizienz und Einigkeit sowie die inneren Kriege oder die fehlende politische und kulturelle Zentralität. Änderungsvorschläge zielten dennoch selten auf eine grundsätzlich andere Reichsverfassung, denn kaum jemand wollte die deutsche Freiheit mit einem monarchisch-nationalen Einheitsstaat wie Frankreich vertauschen.

Der Friedensvertrag hatte die Einberufung eines Reichstags binnen sechs Monaten nach der Ratifikation angeordnet, um unter anderem über das Verfahren bei der Wahl eines römischen Königs und die Festlegung der Wahlkapitulation zu beschließen. Die fürstlichen Delegationen hatten in Osnabrück verdeutlicht, dass sie den verfassungsrechtlichen Vorrang der Kurfürsten nicht länger dulden wollten. Kaiser und Kurfürsten begannen jedoch nach Abschluss des Exekutionstags ein abgekartetes Spiel, um ihre Stellung als Säulen des Reiches dauerhaft abzusichern.[46] Die Kurfürsten wählten 1653 – vor dem Zusammentritt des Reichstags – den Kaisersohn Ferdinand IV. zum römischen König. Ferdinand III. erhob unterdessen neun Grafen- und Freiherrenfamilien in den erblichen Reichsfürstenstand mit Sitz und Stimme auf dem Reichstag.[47] Er stärkte so die prokaiserliche Fraktion und relativierte das Gewicht der altfürstlichen evangelischen Häuser wie der Ernestiner oder der Welfen. Die Fürsten konnten zwar manches blockieren, aber wenig gestalten, und die kleineren Reichsstände mussten sich mehr denn je den Wünschen der mächtigen Kurfürsten beugen.

Die Wahlkapitulation Ferdinands IV. erweiterte 1653 das Verbot, gegen den Westfälischen Frieden vorzugehen, auf publizistische Kritik und engte die Meinungsfreiheit ein. Jeder, der gegen dieses «immerwährende Band zwischen Haupt und Glieder» etwas schreibe oder drucken lasse, solle bestraft werden.[48] Das Reichsgrundgesetz wurde sakrosankt. Der Abschied begründete 1654 den späten Zusammentritt des Reichstages mit dem langsamen Ratifikationsprozess, dem Nürnberger Exekutionstag und dem verzögerten Abzug der fremden Kriegsvölker. Beschlossen wur-

aber wer war denn nun Kaiser: Ferdinand oder Leopold?

den die Reorganisation des Reichskammergerichts und die Reduktion der Zinsverpflichtungen auf ein Viertel. Andere unerledigte Angelegenheiten des Friedensvertrages sollten erst auf dem nächsten Reichstag behandelt werden.[49]

Die Reichsfürsten, die auf dem Reichstag keine Positionsgewinne erzielen konnten, versuchten, wenigstens den Frieden gegen die undurchsichtige Kriegspolitik des Kaisers im burgundischen Reichskreis zu sichern. Johann Philipp von Schönborn, der Mainzer Kurfürst und Reichserzkanzler, wurde zum Zentrum dieser neuen antihabsburgischen Politik, die katholische und evangelische Reichsstände einte. Der am 14. August 1658 unterzeichnete Rheinbundvertrag[50] bildete auch eine Kompensation für König Ludwig XIV. Er trat dem Bündnis bei, nachdem Leopold I. gewählt und am 1. August 1658 vom Mainzer Erzbischof zum Kaiser gekrönt worden war.[51] Wieder hatten die Kurfürsten die Monita der Fürsten nicht angehört, geschweige denn in ihrer Wahlkapitulation berücksichtigt.

Die erneute Wahl eines Habsburgers war umstritten und erfolgte, weil eine geeignete Alternative fehlte. Niemand wollte den französischen König als Kaiser. Jacob von Sandrart, der Neffe Joachims, ließ 1657 ein Flugblatt zur Wahl erscheinen. Im Zentrum steht der Friede, der sein Füllhorn ausschüttet. Das ihn umringende Volk bittet ihn zu bleiben. Von Gott gesandt, fliegt der Heilige Geist (Friedenstaube) zu dem zur Wahl bereiten Kurfürstenkollegium. Das Gedicht erbittet einen langen Frieden, Mars möge sich zu den Türken wenden.[52]

Der 1663 einberufene Reichstag ging nicht mehr auseinander und machte Regensburg zu einem wichtigen Zentrum des Reichs-Staats. Kaiser Leopold I. kam dies gleich doppelt zugute. Er konnte alle Reichsstände jederzeit an einem Punkt erreichen, und ihre Gesandten, die oft jahrelang in Regensburg blieben, entwickelten ein Reichs-Staats-Bewusstsein, das die Kompromissfindung vereinfachte. Nach langen Beratungen wurde sogar eine Reichsdefensionsverfassung verabschiedet, die auf der Basis einer Mobilisierung durch die Reichskreise seit 1681 die Sicherheit des Reichs-Staates dezentral gewährleisten sollte.[53]

Aus Sicht der Kurfürsten war und blieb der Reichs-Staat eine Oligarchie, während die Fürsten vergeblich ein aristokratisches Regiment anstrebten. Niemand bezweifelte die Bedeutung des Kaisers, doch nur die Habsburger hielten den Reichs-Staat für eine wirkliche Monarchie. An der Bezeichnung der Staatsform des Reiches schieden sich die Geister. Samuel Pufendorf

Das Volk bittet 1657 den Frieden zu bleiben. Der Heilige Geist fliegt zu den Kurfürsten, die in Frankfurt ein neues Reichsoberhaupt wählen müssen.

ging von einem Reich aus, das er als irregulär bezeichnete, weil es nicht in das aristotelische Kategoriensystem passte. Seines Erachtens blieb nichts anderes übrig, «als das deutsche Reich, wenn man es nach den Regeln der Wissenschaft von der Politik klassifizieren will, einen irregulären und einem Monstrum ähnlichen Körper zu nennen».[54] In der von ihm noch selbst redigierten, 1706 postum erschienenen Ausgabe fehlt diese Passage. Stattdessen erläuterte Pufendorf nun, der Reichstag sei «ein gemeinsames Band, das das Reich zusammenhält».[55]

Gottfried Wilhelm Leibniz hielt das Reich 1670 für einen potentiellen Idealstaat, dazu müsse jedoch die Harmonie wiederhergestellt werden. Föderative Strukturen waren seines Erachtens notwendig, damit militärische Erfolge nicht nur den Kaiser stärkten. Dessen große Macht gefährde die deutsche Freiheit.[56] Die Reichspublizisten diskutierten die in den Normen von 1648 und den Institutionen des Reichs angelegten konstitutionellen Möglichkeiten. Johann Stephan Pütter fand 1754 die Formel, die im späten 20. Jahrhundert wiederentdeckt wurde. Er nannte das Reich einen «zusammengesetzten Staat», der «aus mehreren besonderen, jedoch einer gemeinsamen höheren Gewalt noch untergeordneten Staaten» bestehe.[57]

Da alle Reichsstände am Aushandeln der Kompromisse auf dem Reichstag beteiligt waren, befand sich ein kleiner Zipfel der reichs-staatlichen

Souveränität auch in Dessau, Berleburg oder Buchhorn. Diejenigen in Berlin, München oder Dresden besaßen jedoch ungleich mehr Gewicht. Darüber hinaus entschieden aufgrund der Personalunionen deutscher Fürsten und Kurfürsten im 18. Jahrhundert auch die Regierungen in Stockholm, Kopenhagen, Warschau oder London über die inneren Belange des Reichs-Staates mit, über Steuern, Krieg und Frieden. Sie handelten Rahmenordnungen aus, um übergreifende Justiz-, Exekutions-, Polizei- und Wirtschaftsfragen zu regeln. Diese «disaggregierte Souveränität»[58] harmonierte mit dem europäischen Staatensystem, das im Utrechter Frieden 1713 erstmals die Staatenbalance offiziell proklamierte. Der Reichs-Staat wurde nicht den europäischen Staaten, wohl aber den mächtigeren Reichsständen lästig, die ihre Sicherheit selbst besser organisieren zu können glaubten. Die Mindermächtigen waren hingegen auf Kaiser und Reich angewiesen. Sie mussten allerdings feststellen, dass es den Reichs-Staat «als handelndes politisches Gebilde eigener Art» und als Akteur in den internationalen Beziehungen kaum noch gab.[59]

Kaiser und Reich hatten sich beispielsweise am französisch-spanischen Krieg nach 1648 nicht mehr beteiligen dürfen, der auch im burgundischen Reichskreis tobte. Die Reichsstände wollten im Unterschied zum Kaiser mit der spanischen Machtpolitik nichts zu tun haben. Ferdinand III. fand dennoch Mittel und Wege, Philipp IV. tatkräftig zu unterstützen. Schon 1649 verabschiedete er etwa zwei seiner Regimenter unmittelbar an der italienischen Grenze. Auf die fast 7000 Söldner warteten in geringer Entfernung spanische Dienste.[60] Auch hier gab es unterschiedliche Interessen; die italienischen oder burgundischen Vasallen waren nur noch für die Habsburger, nicht für die Reichsstände wichtig.

Das «friedliebende Deutschland» – dies war nach 1648 wörtlich zu verstehen – wurde zwar nicht in den spanisch-französischen, wohl aber schon Ende der 1650er Jahre in den Nordischen Krieg hineingezogen. Die kaiserliche Armee belagerte 1659 vergeblich Stettin und Greifswald. Außer der Verwüstung weiter Landstriche blieb dieser Vorstoß ohne greifbare Ergebnisse. Es dauerte deswegen bis zum 5. Mai 1664, bevor die schwedische Investitur mit den 1648 übertragenen Reichslehen erfolgte. Die Reichshilfe Schwedens bei der Türkenabwehr vor Wien betrug in diesem Jahr exakt 793 Mann und demonstrierte, dass das Land seine reichsständischen Pflichten ernst nahm.

In den Kriegen der 1670er Jahre geriet Schweden in ein Dilemma. Es war mit dem Reichsfeind Ludwig XIV. verbündet. Der schwedische König stellte sein Reichskontingent, ließ aber seine Truppen 1674 in die Mark Brandenburg einmarschieren. Kurfürst Friedrich Wilhelm zog daraufhin seine Soldaten von der Rheinfront ab, um sein Land zu verteidigen. Kaiser und Reich ließen den schwedischen Landfriedensbruch ungeahndet. Erst nach dem Sieg des Kurfürsten bei Fehrbellin am 28. Juni 1675 folgte eine inoffizielle Kriegserklärung, die Reichsstände sprachen eine Garantie zugunsten Brandenburgs aus.[61] Die Niederlage bewirkte eine Neuordnung der schwedischen Politik. Die Krone verhielt sich seitdem, obwohl nach 1700 die Hegemonialpläne noch einmal aufflammten, wie ein treuer Reichsstand.

Der Westfälische Frieden markierte – dies wurde spätestens mit den Eroberungskriegen Ludwigs XIV. offensichtlich – nicht die endgültige Abkehr von der Idee der *monarchia universalis*.[62] Der französische König wollte den Kontinent kontrollieren; Kaiser Karl VI. strebte im 18. Jahrhundert Ähnliches an, Napoleon hätte dies fast realisiert. Es gab integrierende Europakonzepte, doch Souveränitätsansprüche, Staatsräson, nationale Interessen und das Denken in Machtbalancen bestimmten im 18. Jahrhundert die internationalen Beziehungen. Die originelle These Johannes Burkhardts, dass der Dreißigjährige Krieg geführt worden sei, um den souveränen und geschlossenen Staat zu verwirklichen,[63] überzeugt mit Blick auf den Kriegsbeginn in Böhmen. Der am niederländischen Vorbild orientierte Freiheitskampf ist ein auf der Tradition eines unabhängigen Königreichs Böhmen basierendes gescheitertes Staatsgründungsexperiment. Die faktisch längst vollzogene Trennung der Eidgenossenschaft und der Niederlande vom Reich wurde 1648 vertragsrechtlich bestätigt. Kaiser und Reichsstände stimmten lediglich zu, waren aber am Aushandeln der Friedensbedingungen nicht beteiligt. Die Herzöge von Savoyen und Lothringen erreichten keine Unabhängigkeitsbestätigung ihrer Lande. Sie taten sich bis zum Umbruch des europäischen Systems um 1800 schwer, als Souveräne anerkannt zu werden. Dies galt im Übrigen auch für die Reichsstände, denen 1648 zwar das *ius territorialis*, die Landesherrschaft, nicht aber die Souveränität zugesprochen worden war. Auf den Friedenskongressen in Nijmegen (1678/79), Rijswijk (1697) und Utrecht (1713) suchten sie ihre Position und mussten feststellen, dass die europäischen Mächte an der direkten Beteiligung der Reichsstände nicht mehr interessiert waren.

Obwohl sich die Prinzipien der Souveränität, territoriale Integrität und Undurchdringlichkeit der Grenzen, erst im 18. Jahrhundert herauskristallisierten, entwickelte sich das Staateneuropa schon nach 1648 in diese Richtung. Während sich Spanien, Frankreich, England, Dänemark oder Schweden über das zentralisierte Königtum der Idee des Nationalstaates näherten, wurde der Reichs-Staat auf einen anderen Weg gewiesen, den der Mehrebenenstaatlichkeit. Die Erfahrungen des Dreißigjährigen Krieges lehrten, dass der monarchische Herrschaftsanspruch des Kaisers weder von den Reichsständen noch von den europäischen Nachbarn akzeptiert wurde. Als Repräsentant des Reichs-Staates war der Kaiser jedoch unverzichtbar. Selbst die armierten Reichsstände taten sich schwer, auf europäischer Ebene als eigenständige Mächte akzeptiert zu werden. Das Corpus der Reichsstände verzichtete in Nijmegen auf eine eigenständige Vertretung. Kurfürst Friedrich Wilhelm I. machte hier die Erfahrung, dass er seine militärischen Eroberungen ohne mächtigen Partner diplomatisch nicht behaupten konnte. In Rijswijk durfte sich Kaiser Leopold I. als Sieger fühlen, denn die Gesandtschaften der einzelnen Reichsstände und auch die Deputation der Kreise konnten ihre abweichenden Vorstellungen nicht durchsetzen.[64] Der Kaiser vertrat den Reichs-Staat, der auf diese Weise als politischer Akteur im sich staatlich formierenden Europa präsent blieb. Dies änderte sich im 18. Jahrhundert, als die habsburgischen Kaiser wie auch die preußischen Könige zunehmend ihre Interessen als europäische Großmacht vertraten. Der Reichs-Staat verlor dadurch zwar seine politische Stimme, seine Sicherheit war jedoch weniger denn je durch Angriffe von außen bedroht, zumal die polnische und die englische Königskrone der Kurfürsten von Sachsen und Hannover das Risiko eines Angriffs auf den Reichs-Staat für potentielle Gegner, insbesondere für Frankreich, weiter erhöhte.

Die neuen Strukturen des europäischen Staatensystems, Souveränität und Nichteinmischung, Gleichgewicht und Konvenienz, standen quer zur Staatlichkeit des Reiches, das aber als ruhender und nichtangriffsfähiger Pol in der Mitte unverzichtbar war. Die 1648 erfolgte Öffnung der Reichsverfassung, das Deutschland mit Europa verbindende netzartige Gefüge dynastischer Herrschaft sowie die verschachtelten Politik-, Rechts- oder Konfessionsverhältnisse erforderten von Kaiser und Reichsständen ein modern anmutendes Mehrebenenregieren. Der Reichs-Staat besaß insofern bereits die offene, zerfasernde oder multiple Staatlichkeit, die heute zur Beschreibung des politischen Systems der Europäischen Union dient. Souverän ist demnach nicht, wer innerhalb seines Staatsgebietes autonom entscheidet, sondern wer auf allen Ebenen an den politischen Entscheidungsprozessen mitwirkt.[65] Auf internationaler Bühne agierten der habsburgische Kaiser und der preußische König an vorderster Front. Sie berücksichtigten die Interessen des Reichs-Staates jedoch nur, wenn diese sich mit den ihrigen deckten. Das und die Machtbalance des deutschen Dualismus führten im späten 18. Jahrhundert zu der Blockade der komplementären Staatlichkeit, die den Reichs-Staat nahezu funktionsunfähig machte, dem Napoleon dann 1806 ein Ende setzte.

Deutsche Nation

Der Westfälische Friede behandelt die deutsche Nation als eine politisch definierte und territorial abgrenzbare Größe. Diese umfasste den Geltungsraum der deutschen Freiheit und der Reichsgrundgesetze, also diejenigen Gebiete, die den Ordnungen des Reichs-Staates unterlagen und dessen Schutz genossen. Dies galt für die an Frankreich abgetretenen Gebiete nicht mehr, für die schwedischen Territorien aber ebenso wie für die nun kursächsischen Lausitzen. Die Eidgenossenschaft und die Niederlande wurden offiziell vom Geltungsraum der Reichsverfassung getrennt, de facto auch Lothringen und der burgundische Reichskreis. Die oberitalienischen Reichslehen und das Königreich Böhmen samt seinen Nebenlanden Mähren und Schlesien gehörten nicht zum Reichs-Staat, die habsburgischen Erblande in modifizierter Form. Böhmen wurde über die habsburgische Personalunion allerdings wieder enger mit dem Reichs-Staat verbunden. Die sogenannte Readmission der böhmischen Kur auf dem Reichstag unterstrich 1708 diese Entwicklung, die vor allem der habsburgischen Großmachtbildung diente.

Während die Zugehörigkeit zur politischen Nation mit bestimmten Pflichten und Loyalitätserwartungen verbunden war, bot die daneben fortbestehende national-kulturelle Identität lediglich einen mentalen Rückhalt auch in einer sprachlich, kulturell oder politisch fremden Umgebung. Diese Kulturnation war ein offenes, auf der gemeinsamen Muttersprache, Abstammung und Ethnizität basierendes Konstrukt.[66] Ihr rechneten sich auch die Mehrheit der Bewohner im Elsass, in der Schweiz oder die deutschsprechenden Böhmen zu. Im Baltikum verstanden sich weite Teile der Oberschicht in diesem Sinn als Deutsche. Sprachinseln gab es darüber hinaus in Siebenbürgen und in Ungarn, im 18. Jahrhundert zudem in Russ-

land oder in Amerika. Abgesehen von den Elsässern, leiteten diese Deutschen in der Frühen Neuzeit aus ihrer kulturellen Identität – soweit erkennbar – keine politisch-herrschaftlichen Zuordnungsoptionen ab. Im
18. Jahrhundert rechneten einige Publizisten auch die Niederlande, Schweden oder Dänemark der eigenen Nation zu, weil dort angeblich deutsche
Dialekte gesprochen würden. Die nach dem Siebenjährigen Krieg auch in
Deutschland ausbrechende Nationalgeistdebatte belegt jedoch, dass die
Kulturnation vor 1800 keineswegs dominierte.[67]

Die Deutschen, die im Reichs-Staat lebten, genossen den Schutz von
Kaiser und Reich. Sie waren verpflichtet, Steuern zu zahlen, ihren Obrigkeiten zu gehorchen, sich sittlich-tugendhaft zu verhalten und sowohl das
reichsständische als auch das deutsche Vaterland notfalls mit dem eigenen
Leben zu verteidigen.[68] Die Flugschriften forderten vor allem während der
Kriege gegen die Türken und Franzosen die deutsche Pflichtengemein-
schaft auf, den kriegstüchtigen und kampfesmutigen Vorfahren nachzueifern und die deutsche Freiheit zu verteidigen. Sie machten Heidelberg
und die zerstörte Pfalz zum Symbol der bestialischen französischen Kriegführung, um die seit dem 16. Jahrhundert verbreitete These vom französischen Erb- und Erzfeind wiederzubeleben.

Der Westfälische Frieden, der anderthalb Jahrhunderte als Reichsverfassung galt, war im Sinne einer herrschaftlichen und staatlichen Aus- und
Eingrenzung identitätsstiftend. Aus zeitgenössischer Sicht hatte der Krieg
die Freiheit bewahrt und die Unterwerfung unter die Herrschaft einer fremden Macht oder des eigenen Kaisers verhindert. Dieser Status musste gegen
den Kaiser, die Türken und Franzosen und im 18. Jahrhundert auch gegen
den preußischen König verteidigt werden. Die Freiheit, die von den Deutschen für sich und in Abgrenzung zu anderen in Anspruch genommen
wurde, hatte sich durch den Dreißigjährigen Krieg nur unwesentlich verändert. Sie bot in erster Linie Anknüpfungspunkte für eine das gemeinsam
erlittene und durchlebte Leid betonende Erinnerung. Das deutsche Vaterland war allerdings nicht verteidigt, sondern zerstört worden. Es gab keine
deutschen Helden, um die sich die föderative Nation hätte scharen können,
und der Krieg hatte keine neuen Feinde zurückgelassen. Der Dreißigjährige
Krieg wurde im 17. Jahrhundert nicht als Ursprung der Nation und die Nach-
kriegszeit nicht als ein nationaler Neuanfang wahrgenommen.

Die doppelte Bedrohung durch Türken und Franzosen war seit dem
16. Jahrhundert bekannt, nun kamen noch die Schweden dazu. An die

Stelle der panischen Angst vor Gottes Zorn und den apokalyptischen Reitern trat die Sorge, dem koordinierten Vorgehen der (Erb)Feinde zu erliegen. Nach der überstandenen irdischen Apokalypse des Dreißigjährigen Krieges verlor Gottes Wille für die innerweltlichen Dinge an Bedeutung. Die Überlebenden hatten der nicht enden wollenden Gewalt, dem Elend und Schrecken standgehalten und dadurch ihre Angst überwunden. Ihr täglicher Überlebenskampf war nur mit Egoismus zu bewältigen gewesen. Sie blickten mit größerer Zuversicht als vor dem Krieg in die Zukunft. Frieden und Stabilität blieben jedoch relative Größen. Hinter der apokalyptischen Reiterei – Seuchen, Missernten und Kriege –, die das Leben weiterhin bedrohte, wurde nun aber nicht mehr grundsätzlich Gottes Wille vermutet. Das überlange Strafgericht hatte die Drohung in sich zusammenbrechen lassen. Damit entfiel jedoch auch die wohlfeile Entschuldigung für alle diesseitigen Kalamitäten und die mangelnde Vorsorge. Menschen waren für den Krieg verantwortlich, und ihr Fehlverhalten konnte weitere Plagen verursachen. Diese Lehre aus den Erfahrungen des Dreißigjährigen Krieges ließ in Deutschland eine Ängstlichkeit vor der ungewissen, selbst zu gestaltenden irdischen Zukunft entstehen. Der Krieg beschleunigte in Mitteleuropa den epochalen Umbruch vom Leben in einer am Jüngsten Gericht und dem nahenden Ende orientierten, entwicklungslosen biblischen Ordnung zum diesseitigen Wandel durch Vernunft. Die Katastrophe wird insofern rückblickend doch zu einem Anfang. Mit ihr begann für die deutsche Nation der Säkularisierungsschub, der als sogenannte Aufklärung die westliche Hemisphäre bis heute prägt.

Gott verlor nach dem Dreißigjährigen Krieg seine irdische Allzuständigkeit. Die Frage jedoch, warum er die vielen Übel in der Welt zuließ, bereitete nicht nur den Gelehrten Kopfzerbrechen. In der täglichen Praxis wich die panische Angst vor Gottes Strafgericht einem «ängstlichen Immobilismus» gegenüber zeitlichen Bedrohungen und Zukunftsrisiken.[69] Diese Haltung entspricht der in der angelsächsischen Welt populären «German Angst»[70], die bestimmte Verhaltensweisen in der zweiten Hälfte des 20. Jahrhunderts zu einer spezifisch deutschen Mentalität begrifflich verdichtet. Möglicherweise reicht deren Ursprung ins 17. Jahrhundert zurück.

Schule und Wissenschaft

Die kulturelle Infrastruktur brach während des Krieges nicht völlig zusammen, und sie war auch, verglichen mit anderen Ländern, nicht unbedingt rückständig. Es fehlte zwar eine vorbildhafte und normsetzende Metropole, doch die vielen Residenzstädte sorgten als kleinere kulturelle Zentren dafür, dass es in Deutschland keine von der Entwicklung völlig abgekoppelten kulturellen Rückstandsgebiete gab.

Das etablierte Schulwesen verfiel während und nach dem Krieg vor allem in ländlichen Gebieten, wo keine oder nur noch wenige Menschen lebten. In den Städten blieben die Schulen, vor allem die Gymnasien, intakt. Schulische Ausbildung verbesserte nicht nur die Frömmigkeit, Disziplin und Gehorsam der jungen Menschen, sondern war die Voraussetzung für sozialen Aufstieg. Im Herzogtum Sachsen-Weimar existierte seit 1619 eine Schulpflicht für alle sechs- bis zwölfjährigen Jungen. Ernst der Fromme baute noch während des Krieges das Schulwesen in Sachsen-Gotha aus. Die bisher verantwortlichen Pfarrer und Gemeinden wurden entmachtet, um das Lehrprogramm über Lesen, Schreiben, Rechnen und die Glaubenslehre hinaus auf Realienkunde und sogar, wie beispielsweise in Gotha, auf die Grundzüge der Politik auszuweiten.[71] Lehrer und Schulen repräsentierten den Fürstenstaat vor Ort.

In der zweiten Hälfte des 17. Jahrhunderts entstanden im Nordosten Deutschlands überhaupt erstmals Grundschulen. Ein genereller Entwicklungsschub ist sowohl im evangelischen Norden als auch im katholischen Süden unverkennbar. Die Neuorientierung an praktischen Bedürfnissen kennzeichnete insbesondere das Schulwesen des Hallischen Pietismus. August Hermann Francke hatte das Gothaer Gymnasium besucht und setzte sich erfolgreich für tiefgreifende Reformen ein. Das Herzogtum Braunschweig-Wolfenbüttel blieb jedoch beim alten Kanon, christliche Unterweisung und klassische Eloquenz.[72] Die katholische höhere Schulbildung erfolgte weiterhin primär durch Jesuitengymnasien, von denen während des Krieges etliche neu gegründet worden waren. Damit war jedoch ein gewisser Sättigungsgrad erreicht. Neugründungen erfolgten unter anderem noch 1653 im katholisch gewordenen Hadamar und 1694 in Wetzlar, wo nun das Reichskammergericht mit seinen vielen katholischen Assessoren, Prokuratoren und Advokaten residierte.[73] Auch andere katholische Orden gründeten Gymnasien.

Die deutschen Universitäten hatten unter dem Krieg stark gelitten, einige blieben zeitweise geschlossen. Die großen Ströme wandernder Studenten aus dem Norden und Osten Europas machten um das Reich einen mehr oder weniger großen Bogen. Sie kehrten nach 1648 insbesondere an die Universitäten in den Kernländern der Reformation zurück. Heidelberg, die führende calvinistische Hochschule Europas, war nach der bayerischen Machtübernahme eine Jesuitenuniversität und wurde nach der schwedischen Eroberung ganz geschlossen. Die traditionsreiche Universität konnte erst 1661 als protestantische Hochschule wiedereröffnet werden. Die alte Heidelberger Bibliothek befand sich jetzt in Rom. Auch andere große Büchersammlungen wechselten im Krieg ihre Besitzer.

Die Universität Jena kam ganz gut durch den Krieg, obwohl Thüringen zu den stark zerstörten Gebieten zählte. Schutzbriefe sorgten dafür, dass Stadt und Universität erst seit Mitte der 1630er Jahre massiv in Mitleidenschaft gezogen wurden. Zwischen 1636 und 1640 waren überhaupt nur noch etwa 4000 Studenten an allen deutschen Hochschulen immatrikuliert, die Hälfte im Vergleich zu 1618. In Jena studierten 1641 246 junge Männer; 1650 waren es jedoch schon wieder mehr als 1000.[74] Der Nachkriegsandrang erklärt sich mit dem großen Nachholbedarf und dem Fehlen ausgebildeter Fachkräfte, die den Wiederaufbau organisieren konnten. Nach Jena kamen die Studenten wegen der lutherischen Theologie und wegen des berühmten Universalgelehrten Erhard Weigel, der bis Ende des Jahrhunderts an der Salana die Mathematisierung der Wissenschaften betrieb.[75]

Auch in Leipzig stiegen die Immatrikulationen schnell auf das Vorkriegsniveau, sanken aber tendenziell seit 1670 wieder ab. Wie in Jena hatte der Krieg auch hier an der Organisation des Studiums und dem Profil der Studenten wenig geändert.[76] Mit Blick auf das gelehrte Wissen wurde an den beiden mitteldeutschen Hochschulen vieles von dem vorbereitet, was dann im 1694 gegründeten Halle seinen Durchbruch erlebte. Generell bezogen sich die Universitäten auf das Alte und Bewährte oder suchten daran anzuknüpfen. Die innovativsten Köpfe wirkten freilich oft außerhalb der institutionalisierten, in ihren Traditionen gefangenen Hochschulen. Ein Beispiel dafür ist Gottfried Wilhelm Leibniz. Er hatte in Leipzig, Jena und Altdorf studiert, verfasste im Dienst des Mainzer Kurfürsten Johann Philipp von Schönborn politische Schriften und kam bei einem längeren Aufenthalt in Paris mit dem aufgeklärten Denken Descartes', Newtons oder Spinozas in Kontakt. Er wurde Bibliothekar Herzog Ernst Augusts von Hannover und wechselte auf Wunsch von dessen Tochter, der Königin Sophie Charlotte, in brandenburgisch-preußische Dienste. Dort spielte er eine entscheidende Rolle bei der Gründung der Berliner Akademie. Danach lebte er von 1712 bis 1714 in Wien, ohne seine Vorstellungen von einer Nationalakademie verwirklichen zu können.[77]

Obwohl sich Gelehrte wie Leibniz von den Universitäten fernhielten, blieben diese in Deutschland – im Gegensatz zu den meisten anderen Ländern – Mittelpunkte der Wissensgenerierung und der intellektuellen Auseinandersetzung. Die Staatswissenschaft und die historische Forschung entfalteten sich in der zweiten Hälfte des 17. Jahrhunderts auf den während des Krieges in Jena und Helmstedt gelegten Grundlagen. Dominicus Arumaeus und seine Schüler hatten an der Saale das *ius publicum* auf eine neue empirische, vorwiegend deutsche Grundlage gestellt. Sie folgten nicht mehr schematisch dem römischen Recht und gaben der Reichsverfassung eine an das Natur- und Völkerrecht angelehnte Basis, die ihres Erachtens der deutschen Freiheit besser entsprach als das römische Kaiserrecht. Das monarchische Reich wurde dadurch zugunsten seiner auf dem Reichstag repräsentierten Einheit relativiert, und die These von der Mischverfassung setzte sich durch.[78]

Während orthodox-lutherische Theologen wie Johann Gerhard in Jena oder Hoë von Hoënegg in Dresden das reine Luthertum und den absoluten Vorrang der weltlichen Obrigkeit beschworen, polemisierte in Helmstedt der Lutheraner Georg Calixt im irenischen Sinn gegen die Orthodoxie. Sein dortiger Kollege, der Jurist Hermann Conring, knüpfte an den Arumaeus-Kreis an und erteilte gegen Ende des Krieges nicht nur der schon von Luther bezweifelten *Translatio-imperii*-Vorstellung, sondern auch der biblischen Vier-Reiche-Lehre eine klare Absage. Erst auf dieser Basis konnte die Verbindung mit dem römischen Recht zugunsten eines genuin deutschen Verfassungsrechtes gelöst werden.[79] Nicht nur die Diplomaten in Westfalen, auch die Wissenschaftler emanzipierten sich vom religiösen Fundamentalismus.

Dass die deutsche Universitätslandschaft nicht verfiel, belegen auch die Neugründungen von Bamberg (1648), Duisburg (1654), Kiel (1665), Innsbruck (1673) und schließlich Halle (1694). Nicht alle Hochschulen reüssierten, und manche blieben Familienuniversitäten, wo Professorenstellen vererbt wurden. Die Landesherren investierten in die höhere Bildung. Ihre

Absolventen sollten die Wohlfahrt fördern und die Untertanen zu einem frommen, tätigen und gehorsamen Leben anhalten.[80] Der vom Westfälischen Frieden ausgelöste Trend zu pragmatischen Lösungen ergriff nun auch die Theologie. Die Kirchengeschichte löste sich von ihrer konfessionell-apologetischen Ausrichtung und wurde zu einer methodisch arbeitenden historischen Disziplin. Die protestantischen Ireniker erinnerten an den Glaubenskonsens der alten Kirche. Sie versuchten in Anlehnung an säkulare Stichworte wie Eintracht und Einigkeit, die Spaltung der abendländischen Christenheit zu überwinden. Die Bewegung ging zwar von Theologen aus, wurde aber von Fürsten oder Diplomaten vorangetrieben, sodass sich kirchliche und politische Motive mischten. Auf katholischer Seite forcierten Kurfürst Johann Philipp von Schönborn und später der im kaiserlichen Auftrag handelnde Christofero de Rojas y Spinola diese Einigkeitsbewegung, die sich von der römischen Kanonistik distanzierte und eine Reichskirche «im Sinne eines ‹national›-deutschen Episkopalismus» forderte.[81] Verschiedene Reunionsentwürfe erblickten das Licht einer interessierten Öffentlichkeit, scheiterten aber stets, wenn es konkreter wurde. Die maßgeblichen Theologen insistierten auf der einen, das hieß, auf ihrer Wahrheit.[82]

Architektur und Kunst

Die öffentliche und private Bautätigkeit war während des Krieges nicht zum Erliegen gekommen. Zerstörte Gebäude wurden, so gut es ging, renoviert oder wiederaufgebaut. Maurer, Zimmerleute und Maler wurden gebraucht. Die Erzbischöfe von Mainz und Trier errichteten neue Residenzen und Kanzleigebäude, ebenso die ernestinischen Herzöge in Weimar, Coburg und Gotha. In Plön wurde das Schloss zwischen 1633 und 1636 fertiggestellt. In Hamburg und Lübeck, Augsburg und Nürnberg entstanden prächtige öffentliche Bauten und eine Reihe von Bürgerpalais. Darüber hinaus wurden viele Wallanlagen und Bastionen ausgebessert, verstärkt oder neu geplant. Nach dem Krieg entstanden zwischen 1654 und 1658 die drei sogenannten Friedenskirchen in Schweidnitz, Jauer und Glogau. Ihre vom Westfälischen Frieden festgelegte Holzbauweise und der Wunsch, möglichst vielen Gläubigen Platz zu bieten, erzwangen eine fast einzigartige Architektur.

Es dominierten nachgotische und barocke Bauformen, die mit antikischem Zierrat ergänzt und geschmückt wurden, der sogenannte altdeut-

sche Stil. Die Kirchenbauten knüpften affirmativ an eine lange Geschichte
an, um den Krieg vergessen zu machen. Parallel dazu wurde in anderen
Stilrichtungen gebaut. Auftraggebern und Architekten ging es weniger um
die Fortentwicklung der Gotik als um die Abgrenzung von fremden Stilen,
die sie dennoch auch kopierten. Die gotischen Elemente verschwanden
Ende des Jahrhunderts aus den Kirchenneubauten zugunsten italienisch-
antikisierender Barockformen.[83]

Die architektonischen Gemeinsamkeiten der Neubauten in Deutschland bestanden nicht in einem bestimmten Stil, sondern in der Zuordnung
zur langen Reichsgeschichte. Mit eklektizistischem Kopieren und Anver-
wandeln des Fremden versuchte man etwas Eigenes zu kreieren. Dies
prägte die barocken Fürsten- und Klosterresidenzen. Dadurch entstand
eine augenscheinliche Ähnlichkeit unterschiedlichster Bauwerke. Der
böhmische Magnat Karl Eusebius von Liechtenstein stellte ganz im Sinn
des zeitgenössischen Alamodewesens, jedoch positiv gewendet, über ange-
messenes fürstliches Bauen fest: Der Deutsche besitze im Gegensatz zu
anderen Nationen keine eigenen Sitten und Arten. «Er aber ist diesfalls der
Weislichste, tuet nach und erwählt, was von denen andern Nationen das
Beste ist, und also sein Manier und Art zu leben, auch die allerbeste werden kann […]. Deswegen der Deutsche in vielem zu loben ob dieses Imi-
tierens willen.»[84]

Der Fürst löste elegant die lange Diskussion, ob es einen deutschen
Barockstil gab oder nicht. Das Kopieren nach deutscher Art spiegelt sich in
vielen öffentlichen Gebäuden, in Augsburg, Gotha und Rudolstadt, in
München und Dresden, in Salzburg und Würzburg, in Bruchsal oder
Münster. Bei aller Vielgestaltigkeit existierte jedoch offensichtlich eine als
deutsch zu identifizierende Art der Architektur. Dadurch konnte «ein
deutsches von einem französischen, englischen, russischen oder italienischen Schloss» unterschieden werden.[85] Den deutschen Baustil prägte die
Einheit in der Mannigfaltigkeit, denn es gab «keine hauptstädtische Akademie, keine zentrale Residenz» und auch keinen überragenden Baumeister, der bestimmte, «was als ‹verbindliche deutsche Architektur› zu gelten
habe».[86] Die föderale Ordnung und strukturierte Vielgestaltigkeit des
Reichs-Staates wurden auch architektonisch sichtbar. Die Ähnlichkeiten
unterstrichen die Zusammengehörigkeit.

Während die Baumeister reichlich zu tun hatten, waren die bildenden
Künstler weniger gefragt. Nach Joachim Sandrats «Teutscher Academie»

konnten sie zwischen Spieß und Bettelstab wählen, weil ihnen Auftraggeber und Mäzene fehlten. Die Zeiten waren hart. In vielen Werken dominierte der Krieg, die Ursache aller Gräuel. Die Künste warteten auf ihre
Wiedererweckung.[87] Allerdings lebten und wirkten während des Dreißigjährigen Krieges so bedeutende Künstler wie Velázquez, Rubens oder
Rembrandt. Sie arbeiteten aber nicht oder nur am Rande in Deutschland
und Böhmen.

Peter Paul Rubens kämpfte mit dem Pinsel für den Frieden, als Brüsseler
Hofmaler der Erzherzöge Albrecht und Isabella, in den Auftragswerken für
die französische Königin Maria von Medici und den englischen König
Jakob I.[88] Auch als Diplomat der Stadt Antwerpen trat Rubens für den
Frieden ein.

Im Unterschied zu Rubens malte Pieter Snayers viele großformatige
Schlachtenbilder. Der siegreiche Feldherr reitet auf diesen Bildern häufig auf
einem Schimmel im Vordergrund und im Bildzentrum. Dies verweist auf
den ersten Reiter der Apokalypse, denjenigen mit Krone und Bogen auf
einem weißen Pferd, der auszieht, um zu siegen. Im Mittelgrund bietet
Snayers ein realitätsnahes Panorama der Gegend, in der die jeweilige
Schlacht stattfand. Dazwischen werden Genreszenen aus dem soldatischen
Leben gezeigt. Die Besiegten sind in der Nähe der Pferdehufe des Siegers.[89]
Snayers Schlachtendarstellungen bestechen durch die genaue Wiedergabe
der taktischen Bewegungen im Gelände. Er hatte an keiner einzigen dieser
Schlachten teilgenommen, nutzte aber die Stiche der Militäringenieure und
schriftliche Berichte. Seine Bilder verdichten die zeitliche Abfolge des
Schlachtengeschehens und machen es dadurch sichtbar.[90]

Die Auftraggeber großformatiger Bilder wünschten Darstellungen von
siegreichen Schlachten und Kriegshelden, nicht von Plünderungen, Folter-
szenen oder Vergewaltigungen. Die Bildserien Jacques Callots oder Hans-
Ulrich Francks, in denen das Elend und die Not der Soldaten und ihrer
Opfer dominieren, wurden lange als Aufschrei und Anklage gegen den
Krieg gelesen. Doch Callots Bilderfolge illustriert nur das Leben eines Soldaten von der Anwerbung bis zum Tod. Er lebt mit den Gefahren der apokalyptischen Trias. Überlebt er, wird er ausgezeichnet oder wegen seiner
Vergehen bestraft. Er muss gehorchen, hat aber dennoch die Wahl.[91]

Die Friedensallegorien – Pax vertreibt Mars, der Friedenskuss zwischen
Pax und Justitia, der Triumphwagen des Friedens – trafen nach 1648 die
Stimmung der Zeit. Für die Deutung des Krieges als Phase des Übergangs

Das Gemälde *Hiob und seine Frau* des Lothringers Georges de la Tour (1592–1652) thematisiert eine der großen Fragen des Dreißigjährigen Krieges: Wenn Gott den Krieg will, um die Menschen für ihre Sünden zu strafen, dürfen diese sich dann widersetzen? Muss Hiob, wie die übergroße Frau fordert, etwas tun, statt nur Gott zu preisen und sein Elend zu ertragen? Hilft Gott vielleicht doch nur denjenigen, die sich selber helfen?

von der biblischen Ordnung zur menschlichen Selbstverantwortung erscheint Georges de la Tours Gemälde *Hiob und seine Frau* bedeutsam. Die übergroße, elegante Frau erdrückt den kranken, von Gott gepeinigten Hiob. Sie verspottet ihren Mann und fordert ihn auf, Schmerz und Trauer standzuhalten und etwas dagegen zu tun.[92] Er aber lobt weiterhin den Herrn und wird später dafür belohnt. Das Bild ist eindeutiger als die biblische Erzählung. Hiob soll aufstehen und seine Passivität überwinden, auch wenn er damit gegen Gottes Willen handelt. Muss der Mensch den Reitern der Apokalypse widerstehen und sein Schicksal selbst in die Hand nehmen? Ist dies die Botschaft des Künstlers?

Signifikant in ganz anderer Hinsicht ist die Darstellung Kaiser Ferdinands III. von Joachim von Sandrart, die allerdings nur als Stich von Franciscus van der Steen aus dem Jahr 1653 überliefert ist. Im Zentrum steht der

Der Stich von Franciscus van der Steen (1625–1672) basiert auf einem verschollenen Gemälde von Joachim von Sandrart. Der Kaiser thront auf dem Adler und stellt seinen Fuß auf die Weltkugel. Der Olivenzweig in seiner Linken ist eher eine Drohung. Ferdinand III. herrscht als Jupiter, seine Gemahlin ist die Bellona.

Kaiser als Jupiter. Er thront auf dem Adler und stellt seinen Fuß auf die Weltkugel. Den Olivenzweig hält er geradezu drohend in seiner Linken. Um ihn herum ist seine Familie als Teil der antiken Götterwelt dargestellt, seine Gattin als Bellona.[93] Der Frieden ist der Sieg des Kaisers, der den Adler, das Reich, und die Welt beherrscht. Der beinahe schon kontrafaktische Anspruch auf die Universalmonarchie lässt sich kaum deutlicher fassen. Der Kaiser war trotz aller Friedenssehnsucht der Deutschen als Führer der Christenheit im Kampf gegen die Türken gefordert. Seit ihrer Landung auf Kreta 1645 hatte sich die Auffassung durchgesetzt, dass Krieg zwischen den europäischen Herrschern die Christenheit gefährde. Der Niederländer Josst van den Vondel forderte deswegen 1653 sogar die Unterordnung der ganzen Christenheit unter Ferdinand III., um den gemeinsamen Erbfeind aufzuhalten.[94]

Der deutsche Barock, die Aneignung und Anverwandlung des Fremden und anderen, förderte die Vorbereitung eines universalen Geistes. Der Krieg hatte die Entfaltung der Künste beeinträchtigt und den Zerfall alter

Kunstzentren und regionaler Traditionen beschleunigt. Aus den Ruinen erhob sich eine neue Blüte der Architektur und der künstlerischen Ausgestaltung, die mit ihrem Eklektizismus Anschluss an die internationalen Standards fand und diese teilweise überbot.[95] Diese Internationalisierung wurde durch den Orts- und Besitzwechsel vieler Kunstwerke begünstigt. Die Kriegsbeute schuf neue Konstellationen. Davon profitierten der Vatikan, die Bibliothek in Uppsala und die Kunstsammlung des Stockholmer Schlosses Tre Kronor. Auch in Deutschland kam es zu dauerhaften Umverteilungen,[96] denn unter die Amnestie des Westfälischen Friedens fielen auch die erbeuteten Bücher und Kunstschätze, die dort blieben, wo sie sich 1648 befanden.[97]

Literatur und Musik

Die Dichter beschäftigten sich mit dem Krieg, und sie kämpften für den gerechten Frieden. Sie suchten nach Wegen, um der Gewalt zu entrinnen, und fanden Rückhalt an den Sprachsozietäten, die sie nach dem Vorbild der Fruchtbringenden Gesellschaft gründeten. Der Pegnesische Blumenorden in Nürnberg, die Tannengesellschaft in Straßburg oder der Elbschwanenorden in Hamburg wurden zu festen Bezugspunkten einer Literatur, die sich unter der eingeführten Epochenbezeichnung des Barocks um die Sprache, die Freiheit und das Vaterland sorgte. Die Dichter verdienten ihren Lebensunterhalt als Pfarrer, Bibliothekare oder Erzieher, wo sie als Vermittler und Multiplikatoren wirkten. Ihre Werke akzentuierten die humanistischen Bemühungen um eine nationale Dichtung. Stärker als ihre Vorgänger distanzierten sie sich von fremden Stilen und Inhalten. Sie verzichteten darüber hinaus auf konfessionelle Polemiken und bemühten sich, der griechischen und lateinischen Dichtung nachzueifern. Die Kriegsschuld suchten sie nicht bei überirdischen oder fremden Mächten, sondern bei den Deutschen, die wegen ihrer inneren Uneinigkeit für die Katastrophe verantwortlich seien.

Unzählige Aufrufe und Mahnungen der Barockdichter forderten Frieden und Freiheit für das Vaterland. Der Kriegsgott Mars sollte – analog zum Antichristen in der Offenbarung – in Ketten gelegt werden. Seine Rückkehr drohe, wenn Deutschland neuerlich in Trennung und Uneinigkeit versinke. Die «Tränen des Vaterlandes», der Kampfruf «Auf, auf, wer deutsche Freiheit liebt» und die Suche nach dem «friedejauchzende[n] Deutschland» wurden später als spezifische, der Wirklichkeit entrückte lyrische Ausdrucksformen charakterisiert, aber nicht ernsthaft in eine nationale Perspektive gerückt. Das flehentliche Sehnen des schlesischen Dichters Daniel von Czepko – «wo Freyheit ist und Recht, da ist das Vaterland, dies ist uns aber nun und wir ihm unbekannt» – galt jedoch schon 1632 keinem transzendentalen, sondern dem irdischen Vaterland, das Loyalität erwarten durfte, weil es Ordnung, Sicherheit und Freiheit verbürgte. Die Dichter artikulierten, was die von den Theologen und der Kriegsmaschinerie behauptete sogenannte Realität verbarg.

Am bekanntesten ist der «Abenteuerliche Simplicius Simplicissimus» des Jakob Christoffel von Grimmelshausen. Der Autor wurde um 1621 in Gelnhausen geboren und schrieb rückblickend den Schelmenroman dieses Krieges. Er hatte manches erlebt, war von Kroaten nach Hersfeld gebracht und dort von den Hessen entführt worden, um als Pferdejunge an der Schlacht von Wittstock 1636 teilzunehmen. 1637 kämpfte er unter dem kaiserlichen Feldmarschall Götz gegen Bernhard von Weimar am Oberrhein, 1639 wurde er Regimentsschreiber und verbrachte in dieser Funktion den Rest des Krieges, inzwischen zum katholischen Glauben konvertiert, in Offenburg. Nach dem Krieg erwarb er etwas Land und zwei Gasthäuser in Renchen, nördlich von Offenburg, wo er 1676 starb. Er schrieb Ende der 1660er Jahre den Roman, der ihn berühmt machte, der aber nicht als Erlebnis- oder Erfahrungsbericht missverstanden werden sollte. Mit seinen surrealen phantastischen Traumgebilden projektierte Grimmelshausen Alternativen, die keine Lösungen anstrebten, sondern vor Kriegen warnten, weil sie die wirklichen Probleme nicht lösten. Er legte seinen Finger in die Wunde, indem er die Diskrepanz zwischen dem Krieg als Strafe Gottes und als Menschenwerk aufspürte und die Realität, auch die Gräuel, überzeichnete.[98]

In der berühmten Jupiter-Szene vertraut sich der verkleidete Gott, den Simplex gefangen genommen hat, diesem an. Er sei ein großer Gott, wolle aber nicht alle Menschen ausrotten, sondern nur diejenigen strafen, die schuldig geworden seien. Simplex entgegnet ihm, alle Mühen seien vergeblich, wenn er nicht die ganze Welt mit Wasser oder Feuer heimsuche. Schicke Gott Kriege, quälten die bösen die guten und frommen Menschen, schicke er Teuerung, profitierten die Wucherer, schicke er das große Sterben, erbten die Geizhälse und die Überlebenden. Die Anspielung auf die Reiter der Apokalypse ist deutlich, ihr Versagen als gottgesandte Strafen ebenfalls, wenn diejenigen davon profitieren, die wegen ihrer Sünden und

Vergehen gezüchtigt werden sollen. Die Quintessenz konnte jeder ziehen: Wenn das Strafgericht Gottes nicht zu einer gerechten Ordnung, sondern zur Bereicherung der Sünder führt, büßt es seine Wirkung ein. Die apokalyptischen Reiter sind ohne Bezug auf das Ende der Welt fehlgeleitet.

Dies erkennt auch ein nachdenklich gewordener Jupiter, der daraufhin innerweltlich Abhilfe schaffen und einen deutschen Helden erwecken will, der die göttlichen Pläne mit dem Schwert durchsetzen soll. Dieser Leviathan werde – wie der erste Reiter der Apokalypse – den Frieden bringen, Leibeigenschaft, Zölle, Zinsen und alle Beschwernisse des Volkes aufheben und den Deutschen Überfluss und die Herrschaft über die ganze Welt schenken. Wer weiterhin herrschen oder als «Kriegsgurgel» sein Dasein fristen wolle, werde von dem Helden gegen die Türken geführt. Nachdem dieser den Universalfrieden erzwungen habe, werde er die Mächtigen der Welt und ihre Theologen zusammenrufen, damit sie sich auf die eine wahre Religion verständigten. Wer sich ihrem Spruch nicht unterwerfe, werde mit Pech und Schwefel bestraft.[99] Dieses von den Deutschen dominierte irdische Zwangsparadies, eine vom Kaiser mit Gelehrten regierte Welt, war der totalitaristische Traum vom ewigen Frieden.

Die Jupiter-Szene erinnert sowohl an das tausendjährige Reich der Offenbarung als auch an den Leviathan, den Hobbes ein paar Jahre früher als weltlichen Gott kreiert hatte. Hier regierten nun jedoch ein guter Held und die Klügsten der Nation zum Nutzen der ganzen Welt. Simplicius Simplicissimus zieht sich am Ende des Krieges als Einsiedler zurück. Sein Schöpfer Grimmelshausen war ein angesehener Bürger und lebte in relativem Wohlstand. Er hat seinen Roman mit den Versatzstücken angereichert, die das Publikum als Vision einer neuen und besseren Welt lesen wollte. Er präsentierte den Krieg als die Gegenwelt zu einer inzwischen wieder hoffnungsvollen Zukunft in weit grauenvolleren und martialischeren Bildern als diejenigen, die seine Zeitgenossen und Leser erfahren hatten.

Musikern erging es im 17. Jahrhundert wie Künstlern und Dichtern. Auch ihnen fehlten Auftraggeber und Mäzene. Kapellen wurden aufgelöst, Musiker nicht mehr bezahlt. Die Militärmusik konnte die Einbußen nicht auffangen. Sie wirkte nicht sonderlich inspirierend, obwohl die Pauken und Trompeten um Schalmeien und Pfeifen ergänzt wurden. Was blühte, war das geistliche Lied. Die Bittgesänge um Frieden sind Legion, die gesungenen Trostgedichte sollten zur wahren Gottesfurcht erziehen. Die musikalische Begleitung der Friedensfeste griff die neuen italienischen Standards auf, die über die Frankfurter Messe, Nachdrucke und vor allem durch wandernde Musiker in Deutschland bekannt wurden. Nach dem Krieg mussten viele Orgeln erneuert werden; in manche Dorfkirchen zog das Instrument überhaupt erst ein.[100] Die Musik und das Geschäft mit ihr wurden durch den langen Krieg beeinträchtigt, kamen aber nicht zum Erliegen.

Heinrich Schütz, der bedeutendste deutsche Komponist der ersten Hälfte des 17. Jahrhunderts, beschäftigte sich vor allem mit der geistlichen Vokalmusik, der Vertonung von Bibeltexten.[101] Zudem komponierte er zu allen möglichen politischen und höfisch-gesellschaftlichen Anlässen. Er lebte im vom Krieg besonders heimgesuchten mittleren Deutschland und beklagte häufig den Verfall, insbesondere der Musik. Der reformierte Kasseler Landgraf hatte dem neuen Orpheus, wie er genannt wurde, ein Stipendium gewährt, damit sich Schütz in Venedig vervollkomme. Er konnte dort seinen Beruf und seinen lutherischen Glauben vergleichsweise unbehelligt leben. Als Hofkapellmeister kam Schütz 1615 an den lutherischen Dresdener Hof, der mit dem reformierten Kasseler in einer eher konfliktreichen Beziehung stand. Der Streit zwischen den evangelischen Konfessionen hat den Wirkungskreis des Komponisten jedoch kaum behindert. Seine Kunst war begehrt, und er passte sich an. Statt großer Orchestermusik, die mangels Kapellen und Chören kaum noch gefragt war, komponierte er Choräle und religiöse Lieder für wenige Stimmen.

Schütz besaß Zugang zu den höfischen Gesellschaften. Obwohl er nicht zur Fruchtbringenden Gesellschaft gehörte, bewegte er sich in deren Umfeld. Er stand vielen Mitgliedern nahe, kommunizierte mit Martin Opitz und schrieb für Heinrich Posthumus von Reuß die Trauermusik. Während des Krieges verließ Schütz den Kurhof dreimal für längere Zeit; 1628/29 ging er erneut nach Venedig, 1633 bis 1635 und 1642 bis 1644 nach Dänemark. Venedig bzw. der dänische Königs- oder Prinzenhof waren für einen Komponisten attraktiver als das unter dem Krieg leidende Dresden. In der Markusrepublik lernte Schütz das Leben unter einer nichtmonarchischen Regierung kennen. Christian IV. von Dänemark regierte hingegen absolutistisch.

Schütz erlebte ein vielgestaltiges Europa: calvinistisch, aber kunst- und wissenschaftsfördernd in Kassel, republikanisch-weltoffen und katholisch in Venedig, orthodox-lutherisch und kaisertreu in Dresden, lutherisch und tendenziell eher antikaiserlich an den thüringischen Höfen, lutherisch und machtbewusst in Kopenhagen. In seinem Begleitgedicht an den toten

Heinrich Posthumus von Reuß schrieb Schütz: «All' Ordnung ist zertrennt / Gesetze sind verkehrt / Die Schulen sind verwüst / die Kirchen sind zerstört.» In einer Dedikationsvorrede machte er 1636 geltend: «Welcher Gestalt unter den andern freien Künsten auch die löbliche Musik von den gefährlichen Kriegsläufen in unserem lieben Vaterland Deutscher Nation nicht allein in großes Abnehmen geraten, sondern an manchem Ort ganz niedergelegt worden», liege vor Augen.[102] Auch viele andere Musiker komponierten Kriegsklagen, Seufzerlieder des mit Blut überschwemmten und verheerten Vaterlandes und den Wunsch nach Frieden.[103]

Zwar flohen Künstler, Musiker und Dichter vor dem Krieg, doch dieser Aderlass hielt sich in engen Grenzen, ihre kulturelle Verwurzelung brachte sie meist zurück. Der Krieg hinterließ keine kulturelle Wüstenei. Die deutschen Komponisten wurden im 18. und 19. Jahrhundert führend in der Welt. Die Baumeister fielen gegenüber anderen Ländern nicht ab, und die wissenschaftlichen Leistungen der deutschen Frühaufklärung konnten sich sehen lassen.

Konfessionsfragen

Die Religionsbestimmungen des Westfälischen Friedens haben den Glaubensstreit in Deutschland beruhigt. Gott wolle Frieden, und deswegen müssten die Prediger und Kontroverstheologen – so Samuel Pufendorf – darauf achten, dass der Weg, auf dem sie die Menschen zum Heil geleiteten, den weltlichen Frieden nicht störe. Herrschaft und Staat seien der Kirche vorgeordnet, müssten jedoch den richtigen Glauben nicht erzwingen.[104]

Die Katholiken waren uneins; sie feierten den Frieden eher verhalten, weil sie deutlich mehr erwartet hatten. Papst Innozenz X. lehnte den Frieden wegen der weltlichen Eingriffe in die geistliche Gewalt offiziell ab und ließ die allerdings wirkungslose Protestbulle «Zelo Domus Dei» übergeben, die auf den 26. November 1648 datiert war.[105] Die Lutheraner taten sich mit der Zuordnung der Reformierten zu den Augsburger Religionsverwandten schwer. Der Esslinger Pfarrer Tobias Wagner reflektierte in seiner Predigt am 11. August 1650, dass sich nicht jeder über den Frieden freuen könne. Er nannte die Angst vor einer Wiederkehr des Krieges und die Sorgen derjenigen, die sich als Protestanten aufgrund der Gebietswechsel zum Verlassen ihrer Heimat gezwungen sähen. Er empfahl Gottvertrauen. Denjenigen aber, die aufgrund ihrer apokalyptischen Weltdeutung den Frieden ablehnten, weil das Papsttum nicht vernichtet worden sei, warf er ein falsches Verständnis der Heiligen Schrift vor.[106] Johann Schmidt, Präsident des Straßburger Kirchenkonvents, erläuterte in seiner Dankpredigt vom 30. Juli 1650, jedermann könne nun «bei seiner Religion in seinem Gewissen unangefochten und ruhig sein».[107] Gott half denjenigen, die sich selber geholfen hatten. Er agierte in irdischen Angelegenheiten nicht mehr von sich aus, sondern stand den Gläubigen bei, die sich reuig und bußfertig verhielten und um seine Gnade und Unterstützung baten. Dieser Wandel von Gottes Wille zu Gottes Beistand brachte Freiräume für das aufklärerische Denken. An den dogmatischen Differenzen und dem daraus resultierenden Streit änderte dies jedoch nichts. Dass die Angehörigen einer großen Konfession in Gebieten mit einem anderen Landesbekenntnis geduldet werden mussten, die Freiheitsgarantien also die Ausweisungen eingrenzten, nannte Johann Jacob Moser eine «umschränkte und gemäßigte Gewissensfreiheit».[108]

Von den Obrigkeiten wurden die Freiheitsrechte allerdings häufig mit der Gehorsamspflicht ausgehebelt. Kam es darüber zum Streit, wandten sich die Protestanten nicht an die Reichsgerichte, sondern an das *Corpus evangelicorum* des Regensburger Reichstags. Sie versprachen sich davon öffentliche Aufmerksamkeit und schnelle Abhilfe. Journale und Zeitungen berichteten über solche Konflikte. Die Brisanz war bei konfessionellen Auseinandersetzungen deutlich höher als bei den üblichen sozialen oder rechtlichen Konflikten. Dadurch entstand der falsche Eindruck eines «unheiligen römischen Reiches».[109]

Der Glaube wurde im 18. Jahrhundert von Obrigkeiten und Untertanen instrumentalisiert. Beispielsweise half in Brandenburg-Preußen die Staatsreligion des Pietismus, renitente Untertanen zu disziplinieren. Hermann August Francke wollte die Menschen zu besseren Christen erziehen und fand im Soldatenkönig Friedrich Wilhelm I. einen kongenialen Partner. Damit begann das Bündnis von Thron und Altar, von Kaserne und Kirche. Der König ließ das Neue Testament und Gesangbücher unter den Soldaten verteilen und stellte in Halle ausgebildete Feldprediger ein. Da viele Untertanen gezwungenermaßen Soldaten waren, wurden die Armee und der Hallenser Pietismus zur Schule des preußischen Untertanenverbands. Friedrich Carl von Moser, Pietist und kritischer Publizist, schreibt: «Der Prediger schaffet dem Regenten im Ganzen weit wichtigere und wesentlichere Vorteile, als der scharfsinnigste Minister, der tapferste Soldat oder

der witzigste Cameralist, er macht ihm gute, wohlgezogene, ehrbare, treue Untertanen.»[110] Sie benötigten keinen Zwang, weil sie freiwillig gehorchten. Die Gehorsamspflicht der Untertanen endete, wo ihnen die Reichsgesetze Rechte verbürgten. Auch das Luthertum formte gehorsame Untertanen, keine rechtlosen Sklaven. Der Wunsch nach Ordnung und Stabilität verband beide Seiten. Der in seinem religiösen und wirtschaftlichen Handeln vergleichsweise freie deutsche Untertan, dem sein Eigentum und die ihm garantierten Freiräume nur auf rechtlichem Weg beschnitten werden durften, gehorchte Gesetzen, die er sich zwar nicht selbst gegeben hatte, die er aber mit seinem Verhalten beeinflussen konnte und die er aufgrund seines Interesses an einer berechenbaren Ordnung akzeptierte.

Die Kirchen kontrollierten mit dem Gewissen einen Bereich, der staatlichen Anordnungen weitgehend verschlossen blieb. Deswegen erinnerte Johann Gottfried Herder seinen Herzog Carl August von Sachsen-Weimar kirchenöffentlich, dass es die Religion sei, die das Leben und die Regierung der Fürsten sichere, die ihre Person und Würde heilige, «die allen Pflichten ihrer Untertanen unzerstörbare Festigkeit und Einheit gewähret».[111] Während das Luthertum die Fürstenstaaten stabilisierte, feierten die Aufklärer in Luther den Kämpfer gegen Rom, den Aberglauben und bloße Konventionen. Sie vereinnahmten ihn für ihre Zwecke der Vernunft, der Kritik und der Freiheit.[112] Man wisse gar nicht, so Goethe kurz vor seinem Tod zu Eckermann, was man Luther alles zu danken habe. «Wir sind frei geboren von den Fesseln geistiger Borniertheit, wir sind infolge unserer fortwachsenden Kultur fähig geworden zur Quelle zurückzukehren und das Christentum in seiner Reinheit zu fassen.»[113]

Luthers Gehorsamsforderung schreckte die meist in fürstlichen Diensten stehenden Staatsaufklärer nicht. Sie wollten die Untertanen zu rationalem Handeln und sittlichem Verhalten erziehen und glaubten nicht, dass die Menschen sich selbst vernünftig regieren könnten. August Ludwig Schlözer, der in der zweiten Hälfte des 18. Jahrhunderts vehement gegen Despotismus opponierte und die Rechte der Untertanen verteidigte, hatte panische Angst vor dem demokratischen Despoten.[114] Der Pöbel dürfe keine Gesetze machen. Die Freiheit solle durch die limitierte Herrschaft eines aufgeklärten Fürsten oder durch das republikanische Regiment der Besten gesichert werden. Für die Untertanen wurde gesorgt.

An der neugegründeten Reformuniversität Halle versuchten Christian Thomasius und Christian Wolff, die beiden lutherischen Lichtgestalten der deutschen Frühaufklärung, Verstand und Religion miteinander in Einklang zu bringen. Beide betonten die Unterordnung der Kirche unter den Staat. Der Glaube solle helfen, den Staat nach den Vorgaben der menschlichen Vernunft zu gestalten.[115] Thomasius wollte den Fürsten in Glaubensdingen keine Autorität zugestehen, denn dies sei ein Relikt aus der katholischen Vergangenheit.[116] Er plädierte für Toleranz. «Die Pflicht eines Fürsten als Fürsten bestehet darinnen, dass er den äußerlichen Frieden in seinem Staate erhalte. Sie fordert nicht, dass, wenn seine Untertanen einer falschen Religion zugetan sein, er dieselbe zu der wahren seligmachenden bringe und führe.»[117] Die Erfahrung lehre, so der Artikel «Tolerantz» im Zedlerschen Lexikon, dass die Menschen trotz unterschiedlicher religiöser Optionen friedlich miteinander leben könnten.[118]

Friedensfeiern

Der legendäre Postreiter, der die Nachricht vom Frieden verbreitete, steht am Beginn vieler spontaner Feiern. Die frohe Botschaft erreichte Wien am 3. November gegen zwölf Uhr Mittag und wurde mit «unglaublicher Freude» aufgenommen.[119] Das Reichshofratsedikt, das vier Tage später Stände und Untertanen anwies, die Restitutionen nicht zu verzögern, erinnerte daran, dass der Vertrag «zu männigliches Wissenschaft» bereits publiziert worden sei.[120] Dies bezog sich auf die inzwischen übersetzte Osnabrücker Übereinkunft vom 6. August[121] und den in Münster geschlossenen Vertrag «Teutscher Fried mit Franckreich» vom 24. bzw. 25. Oktober.[122] Insgesamt lassen sich mehr als 30 Drucke aus den Jahren 1648/49 nachweisen. Das neue Reichsgrundgesetz war schnell in mehreren zehntausend Exemplaren verbreitet. Wer sich informieren wollte, konnte dies tun.[123] Illustrierte Flugblätter und Lieder setzten eine breite Öffentlichkeit in Kenntnis.[124]

Wie die Obrigkeiten den Frieden verstanden haben wollten, beschreibt der Prediger Heinrich Tilemann aus Frauenprießnitz bei Jena so: Der Friede bilde einen «rechten Zaun und Wall um die Kirche, um eines jeglichen Haus, Hof und Güter, dass man leben kann [...], ruhig und still und vor Gewalt und Unterdrückung sicher sein».[125] Die Durchsetzung des Landfriedens war nach 1648 eines von vielen Problemen, das die Überlebenden beschäftigte, die sich nach einer Normalität sehnten, die sie kaum kannten. Der Frieden war die Stunde der Regierungen, die alles taten, um die Werte des Untertanenverbandes, Gehorsam, Disziplin und Sittlichkeit, zu propagieren und durchzusetzen. Die kirchlich geprägten Friedensfeste erfüllten diesen Zweck. Sie erinnerten an die Leiden und betonten, dass Gott den Menschen diesen Frieden geschenkt habe und ihn bei neuerlichem sündhaften und unsittlichen Lebenswandel wieder aufkündigen werde.

Viele Katholiken feierten den Frieden nicht offiziell oder nur verhalten, weil einige geistliche Fürsten ihn für eine Niederlage hielten. Die böhmischen Exulanten fragten sich, warum sie von der allgemeinen Amnestie und Restitution ausgenommen waren. Johann Amos Comenius, der im polnischen Lissa lebende, in Mähren geborene Philosoph und Pädagoge, beschwerte sich im Oktober 1648 bei Johann Mathiae, einem Berater der schwedischen Königin. Er, seine Landsleute und die deutschen Protestanten hätten die Schweden für Werkzeuge Gottes gehalten und die schwedischen Waffenerfolge in der Hoffnung bejubelt, in ihre alten Rechte wiedereingesetzt zu werden. 1624 sei jedoch die Freiheit Böhmens schon unterdrückt gewesen. In Anspielung auf die schwedische Entschädigung fragte er, ob Tonnen von Gold eine würdige Belohnung dafür seien, dass so viele tausend Seelen im Rachen des Antichristen verharren müssten.[126]

Trotz aller Kritik versprach der Westfälische Frieden eine bessere Zukunft. «Frieden ernährt, Unfrieden verzehrt».[127] Das Offensichtliche meißelten Steinmetze auf den Schlussstein des Torbogens im Gothaer Schloss. Sie taten dies Mitte des 17. Jahrhunderts auf Geheiß Herzog Ernsts, der sich mit seinen Kriegsgewinnen und dem Erbe seines Bruders Bernhard den großzügig dimensionierten Neubau leisten konnte, dem er programmatisch den Namen Friedenstein gab. Als in den 1640er Jahren vieles in Schutt und Asche lag, stimulierte dieser großzügige Schlossbau Gewerbe und Handel und schuf einen Mittelpunkt für den neuen Fürstenstaat.

Die Gegenüberstellung der segensreichen Wirkungen des Friedens und der negativen des Krieges findet sich in unzähligen Texten und Bildern, Pax oder Mars, ein Füllhorn mit Früchten oder mit Waffen, Ackerbau oder Kriegsgeschrei, Sicherheit oder brennende Städte. Die Medailleure würdigten den Frieden. Dadler hatte zu Beginn der Verhandlungen eine ikonographisch detaillierte Medaille auf den Frieden prägen lassen. Pax und Bellona kämpfen auf der Vorderseite, während der Friede den Krieg umschlingt und davonstürmt. Auf der Rückseite steht die allegorische Figur des Friedens auf derjenigen des Krieges. Den Hintergrund bildet eine

Die anlässlich des Nürnberger Exekutionstages entstandene Medaille Dadlers zeigt Kaiser Ferdinand III. hoch zu Ross vor Wien. Auf der Rückseite thront der Adler mit den Reichsinsignien über den Wappen Schwedens und Frankreichs sowie denjenigen der acht Kurfürsten.

Stadt, vor der Personifikationen der Gerechtigkeit und des Reichtums stehen. Das strahlende Licht von oben deutet an, dass der Friede ein Geschenk Gottes ist.[128] Zum Exekutionstag entwarf Dadler eine weitere Medaille, deren Vorderseite Kaiser Ferdinand III. zu Pferd vor der Stadt Wien zeigt. Die Rückseite gilt Nürnberg und dem Reich, das durch den gekrönten einfachen Adler mit Zepter, Schwert und Reichsapfel dargestellt wird, sowie den Wappen der acht Kurfürsten, Frankreichs und Schwedens.[129]

Das unausgesprochene «nie wieder Krieg» beherrschte das Denken und Handeln nach 1648. Die unzähligen Toten, die Gräuel und Verwüstungen durften nicht umsonst gewesen sein. Die Pfarrer forderten unverdrossen, von den Sünden abzulassen und Buße zu tun, damit Gott nie wieder in dieser Form strafen müsse. Die Untertanen sollten ihrer weltlichen Obrigkeit gehorchen, die ihnen zusammen mit Gott den Frieden gebracht habe. Beispielhaft ist das Gothaer Friedensfest im August 1650. Es begann mit der obligatorischen Erinnerung an die Schrecken des Krieges, die auch von den eigenen Religionsverwandten verursacht worden seien. Als die völlige Zerstörung des Reichs und der «teuer erworbenen Deutschen Libertät» drohte, habe Gott dies verhindert, weil ihn die von der Obrigkeit angeleiteten Untertanen durch ihre Bußfertigkeit und ihren Gehorsam besänftigt hätten. Der Friede sei auch der Lohn für verantwortlich handelnde Untertanen.[130]

Alle Pfarrer des Gothaer Fürstenstaates predigten über die gleiche Bibel-
stelle, die Gemeinden sprachen dieselben Gebete und sangen dieselben
Lieder. Das Friedensfest sollte die Einheit des neu zusammengesetzten
Herzogtums bestätigen. Münzen – jedes Schulkind erhielt einen Groschen –
riefen die beabsichtigte Wirkung in Erinnerung. Ihre Aufschrift machte
jeden Einzelnen für den Frieden verantwortlich: «Gott den Herren lobt
und ehrt, der den Frieden uns beschert. Fördert seine Furcht und Ehr, sonst
besteht er nimmer mehr.»[131]

Wie Herzog Ernst von Gotha forderten viele Obrigkeiten ihre Pfarrer
auf, die Überlebenden auch daran zu erinnern, dass sie selbst durch ihre
Reue, Bußfertigkeit und ihren Gehorsam den zürnenden Gott besänftigt
und den Frieden ermöglicht hatten. Gott reiche seinen von einer guten
Obrigkeit behüteten Schäflein seine barmherzige Hand. Hatten die armen
Sünder zu Beginn des Krieges in ihrer unbändigen Angst das Strafgericht
Gottes noch schicksalsergeben erwartet, so war es nun auch ihrem Verhal-
ten zu danken, dass der Weltenlenker ihnen den Frieden geschenkt hatte.
Damit gewann die jedem aufgegebene Selbstdisziplinierung eine neue
Verankerung. Sollte die Schreckenszeit nicht zurückkehren, durften die
Menschen weder Gottes Gesetze noch die der in seinem Auftrag handeln-
den weltlichen Obrigkeiten verletzen. Bauern und Handwerker wurden an
ihr Leiden erinnert, um die Ordnung des Friedens, des Reiches und der
Territorien zu stabilisieren.

Das 1649 von Johann Ebermaier veröffentlichte lange Gedicht «Triumphus pacis Osnabrugensis et Norimbergensis …» erläutert die Bedeutung des Friedens.[132] Das Titelkupfer zeigt den Frieden, der den Krieg
gewonnen hat. Die in einem Wagen sitzende Pax wird vom schwedischen
Löwen und vom kaiserlichen Adler gezogen. Deren Zügel führt die Germania, die einen Palmzweig hält. Die frühere Königin Europas hat nun,
wie es im Gedicht dazu heißt, Löwe und Adler zum Zwecke des Friedens
vereint. Aus den Wolken verkündet eine Fahne, Gott habe diesen Frieden
gegeben. Gefesselt werden hinter dem Friedenswagen Mars und personi-
fizierte Plagen wie der Krieg, die Pest, die Zwietracht, die Wut und der
Mangel mitgeführt. Am Himmel kämpft ein Adler mit einem geflügelten
Drachen, die Ordnung des Reiches gegen die Apokalypse. Das Gedicht
würdigt auch die Reichsstände als Förderer des Friedens. Sieger sind alle,
die sich zu den Tugenden und Werten bekennen, die den Frieden begleiten.[133]

Der Triumphwagen des Friedens wird vom schwedischen Löwen und vom kaiserlichen Adler gezogen. Die Zügel führt die Germania mit einem Palmzweig. Gefesselt werden neben Mars auch alle Plagen des Krieges mitgeführt.

Ähnliche Darstellungen von Triumphwagen mit dem Kaiser oder einzelnen Reichsständen wurden damals in großer Zahl publiziert.[134] Meist sitzen der Kaiser bzw. ein Fürst und der edle Frieden gemeinsam in der Karosse. Pax hält ihnen Justitia und den Glauben vor. Der Wagen fährt auf einen von der Staatsräson und der Vaterlandsliebe gestützten Triumphbogen zu. Auf einem Blatt führt Concordia die Zügel der Quadriga aus dem Kaiser, Spanien, Frankreich und Schweden, um Kaiser und Reich in ihren Freiheiten zu schützen. Der Wagen rollt auf den Rädern der Klugheit, Gerechtigkeit, Tapferkeit und Mäßigung.[135] In einer weiteren Variante fährt die gekrönte «*Pax optima rerum*» über den Nachlass des Krieges hinweg und zwischen den Säulen Vaterlandsliebe, Amnestie, Neutralität und Staatsräson hindurch.[136] Im Augsburgischen Triumphwagen sitzen Friede, Glaube, Freiheit und Gerechtigkeit.[137] In der sächsischen Variante befindet sich Kurfürst Johann Georg mit Pax in diesem Gefährt.[138] Der Frieden war populär, und die Obrigkeiten schmückten sich mit der allegorischen Figur.

Die Serie der offiziellen Dank-, Freudens- und Friedensfeiern hatte 1648 in Brüssel, Antwerpen und in sechs Städten der niederländischen Republik begonnen. In Mitteleuropa fanden mehr als 180 Friedensfeste statt – vorwiegend in evangelisch-lutherischen Gebieten, allein 98 in Franken und Schwaben. Noch im Herbst 1648 gab es wenigstens 40 Feiern, weitere 47 folgten nach der Ratifikation des Friedensvertrages 1649 und noch einmal 83 nach dem Ende des Nürnberger Exekutionstages im Juni 1650.[139]

Am 24. Oktober, dem Abend der Unterzeichnung des Friedensvertrages, konnte wohl nur in Münster gefeiert werden. Das Geläut der Glocken und etliche Musketensalven verkündeten das freudige Ereignis. Am nächsten Tag wurde der Vertragstext auf den großen Plätzen verlesen.[140] Danach dauerte es etliche Tage, bis der Friedensschluss überall in Deutschland bekannt, freudig begrüßt und spontan gefeiert wurde. In Memmingen geschah dies beispielsweise am 16. November so, als ob Ostern und Pfingsten auf einen Tag gefallen wären, berichtete der mit dem Ende des Krieges brotlos gewordene Söldner Peter Hagendorf.[141]

Während die meisten Obrigkeiten wegen der noch im Land stehenden Soldaten und der fehlenden Ratifikation die Friedensfeiern hinauszögerten, ordnete Herzog Eberhard III. von Württemberg für den 12. November ein gemeines Fried- und Freudenfest an. Adam Ulrich Schmidlin erinnerte in seinem Widmungsgedicht an die bösen Zeiten und das große Sterben. Nur wenige seien noch am Leben, doch Gott habe nun den Frieden geschickt. Das Kriegsgerät müsse in Sicheln und Sensen, die Geschütze in Glocken und die Piken in Weingärtnerpfähle verwandelt werden. «Der Schrecken und der Graus des bloßen Landvolks der muss verwandelt werden in Freud und Mutigkeit.»[142] Mit dem frohgemuten Aufbruch in die Friedenszeit sollten Leid, Elend und Zerstörung als Folgen des Krieges überwunden werden, ohne das Erlebte zu vergessen.

Würzburg feierte am 11. November 1648 bei schlechtem Wetter mit einer Prozession und einem Hochamt. Um zwölf Uhr mittags läuteten die Glocken, am Abend wiederholte sich dieses Prozedere gefolgt von Geschützsalven und einem Feuerwerk.[143] Ähnliche Feste fanden auch in anderen Städten des Stifts statt. Bischof Johann Philipp von Schönborn gehörte, anders als die meisten katholischen Stände, zu den katholischen Befürwortern des Westfälischen Friedens. Im ebenfalls katholischen Münster fand am 21. Februar 1649, nach dem Austausch der Ratifikationsurkunden, ein Freudenfest mit spektakulärem Feuerwerk statt. Dagegen erinnerte Mitte

Februar das lutherische Nürnberg nur mit einem Buß-, Bet- und Fasttag und am darauffolgenden Sonntag mit einem Dankfest an den Frieden. Diese Zurückhaltung änderte sich nach der Unterzeichnung des ersten Exekutionshauptrezesses. Der schwedische Feldmarschall Pfalzgraf Carl Gustav lud danach zum Friedensmahl am 5. Oktober, wobei er betonte, Schweden wolle das «Teutsche Reich» in friedlichem Wohlstand und «lang hergebrachter Freiheit» hinterlassen.[144]

Die glanzvollen und aufwändigen Festdekorationen galten auf Initiative Georg Philipp Harsdörffers der «Eintracht und Einigkeit» im Reich, aber auch mit Schweden und Franzosen. Das Festbankett wurde auf einem Gemälde Joachim Sandrarts sowie auf etlichen Kupferstichen nach dieser Vorlage für die Nachwelt festgehalten. Das Bild zeigt Chöre in den Ecken, die mit fast 50 Musikern für die musikalische Umrahmung sorgten.[145] Berühmt wurde die Sicht auf das Rathaus mit dem weißen und roten Wein spendenden Löwen. Das schwedische Wappentier hielt die Friedenssymbole in seinen Pranken, das zerbrochene Schwert und den Ölzweig.[146] Beim Auffangen des Weins kam es zu einem solchen Gedränge, dass das begehrte Nass größtenteils in der Erde versickerte. Das Nürnberger Fest ragt aus der Masse der kirchlich geprägten Friedensfeiern heraus, weil Dichter wie Birken oder Harsdörffer Regie führten. Beide gehörten zum Pegnesischen Blumenorden, einer 1644 in Nürnberg gegründeten Dichtergesellschaft, die sich wie die bekanntere Fruchtbringende Gesellschaft der deutschen Sprache, dem Frieden und der Einigkeit widmete.

Nachdem auch die Franzosen den Hauptrezess unterzeichnet hatten, fand am 14. Juli 1650 ein von der kaiserlichen Gesandtschaft ausgerichtetes Friedensfest auf dem städtischen Schießplatz hinter St. Johann statt. Es stellte mit der von Birken übernommenen Gesamtinszenierung alles Bisherige in den Schatten. Selbstverständlich idealisieren die überlieferten Bilder und Festbeschreibungen. Nicht alles muss in dieser Form tatsächlich zu sehen gewesen sein. Dies gilt für alle Feste. Für die mit der jeweiligen Veranstaltung verbundene Erinnerung war weniger das Fest als solches, das ein paar tausend Menschen als Teilnehmer oder Zuschauer erlebten, als die veröffentlichten Beschreibungen entscheidend. Sie legten fest, wie das Geschehen erinnert werden und welche Bedeutung sich mit ihm verbinden sollte.

In Nürnberg waren angeblich überaus anspruchsvolle ephemere Bauwerke mit vielfältigem Figurenschmuck in kürzester Zeit entstanden. Auf

Das Feuerwerk anlässlich des Vermählungsmahls zwischen dem Frieden und Deutschland
nach Abschluss des Nürnberger Exekutionstags endet mit der Bestrafung der Zwietracht,
deren Hütte in Flammen aufgeht.

dem Portal des Hauptgebäudes, dem Tempel der Eintracht und des Friedens, thronte das Symbol schlechthin, der Kuss von Frieden und Gerechtigkeit. Neben den Fahnen des Reichs, Frankreichs und Schwedens fanden sich
ein Bauer, ein Mann, der die Waffen zerbrach, sowie zwei Jungfrauen mit
Buch und Zaumzeug. Der Krieg war gebändigt, Ackerbau, Wissenschaft
und Literatur konnten zu neuer Blüte finden. Auf der Kuppel thronte ein auf
acht Säulen mit den Wappen der Kurfürsten platzierter Doppeladler mit
Kaiserkrone. In der Mitte des Festplatzes überragte eine Säule mit einer
Friedenspersonifikation das Geschehen.[147] Am Rande des Festplatzes stand
die Festung der Zwietracht, die am Ende des Festes in Flammen aufging.
Zuvor aber gab es für die geladenen Gäste ein Festessen in fünf Gängen,
wobei mit den Speisen sinnbildliche Darstellungen, «Schauessen», aufgetra-
gen wurden, die das Ganze szenisch umrahmten. Es folgte ein Schauspiel in
drei Aufzügen, das unter dem Titel «Teutscher Kriegs Ab- und Friedens
Einzug» von Nürnberger Patriziersöhnen aufgeführt wurde.[148]
    Im ersten Aufzug wird die Discordia, die den Frieden verhindern will,
von der Eintracht, dem Frieden und der Gerechtigkeit vertrieben. Allerdings fordert der Friede: «Nicht / Teutschland / klag die Waffen an / auf

die dein Blut geflossen.» Schuld am Krieg sei allein die Zwietracht. «Dies Tier hat dich zerrissen.» Die Deutschen sollen sich nicht selbst die Peitsche sein. Sie müssten den Frieden wollen. Wer einig ist, ist stark und kann sich selbst schützen. Auch die Gerechtigkeit appelliert wie selbstverständlich an das Schwert, mit dem sie die Laster tötet und das Recht schützt. Sie mahnt, künftig so zu leben, dass es Gott gefalle und er nicht mehr strafen müsse. Nicht immer könne der Frieden mit der Feder geschaffen werden. «Durch Eisen muss oft werden ausgegraben der Zeiten Gold. Kämpf, willst Du Frieden haben.» Der zweite Aufzug beschäftigt sich mit der Abdankung und der sozialen Integration eines Soldaten. Fama verkündet die neue Realität: «Seit vormals geleuchtet der Feuer-Komete der strahlengeschwänzte Schreckensprophete» sei Krieg gewesen, doch nun meinten es alle mit dem Frieden ehrlich. Den dritten Aufzug dominiert Mars, der vom Götterrat in dieses Reich gesandt worden sei, um «Teutschland durch sich selbst zu schmeissen». Doch nun habe Jupiter Frieden befohlen, und er gehorche. Er sei seiner Diener Diener. Nur wenn er aufgefordert werde, leiste er Götterhilfe. Er selbst ziehe jetzt in die Nachbarländer, während in Deutschland Venus das Regiment übernehme. «O Teutschland / nun bist Du mit dir selbst vertragen».[149]

Birken bot eine für ein Friedensfest eher ungewöhnlich kriegerische Perspektive. Die Menschen seien für den Krieg verantwortlich. Sie müssten sich von Zwietracht und Ungerechtigkeit befreien. Mars komme nur nach Aufforderung zur Hilfe und nur, um Frieden und Gerechtigkeit wiederherzustellen. Der Krieg sei Teil der diesseitigen Welt, eine notwendige Kalamität, um die Eintracht und den gerechten Frieden zurückzugewinnen. Birkens Inszenierung versicherte allen, ihr Handeln habe zur Verwirklichung des göttlichen Planes beigetragen. Gott habe die Menschen nicht mit Krieg gestraft, sondern ihnen geholfen, eine neue und bessere Ordnung zu finden. Deswegen flog am Ende eine an einer Schnur geleitete Rakete von der Friedenssäule in das Kastell der Discordia, das mit einem prächtigen Feuerwerk in Schutt und Asche versank.

Würzburg und Bamberg feierten im Juli 1650 mit Dankpredigten, Geschützdonner und Feuerwerken, die benachbarten brandenburgischen Städte Feuchtwangen, Schwabach und Heilsbronn im August.[150] Drei weitere Feste fanden am 24. Juli in Breslau, Glatz und in Prag statt.[151] Hier folgte nach dem Tedeum, Glockengeläut und 108 Salven ein Volksfest mit etlichen Feuerwerken.[152] In den habsburgischen Landen, allen voran in

Wien, wurde der Friede trotz des päpstlichen Protestes ausgiebig gefeiert, ebenso in München und Bayern.

Kursachsen feierte am 22. Juli.[153] Der Döbelner Seniorpastor Johann Schütze dichtete ein «Davidisches Triumphliedlein» und erinnerte an die apokalyptischen Plagen, die Angst, die Einquartierungen sowie das Menschen- und Viehsterben, die Brandschatzungen und die Kontributionen. Er betonte, dass er seine Friedenspredigt habe drucken lassen, «damit wir ein immerwährendes Memorial und Denkzettel möchten haben mit unsern Kindern wegen der in dem 32-jährigen Kriegswesen ausgestandenen überaus schweren Pressuren, Trüb- und Drangsal: Und dazu lernen erkennen, welch eine scharfe Rute Gottes der Krieg sei, auch daher Anlass nehmen uns für dergleichen Sünden, die den Krieg verursachen, durch Gottes Gnade ernstlich zu hüten».[154] Johann Koch druckte seine Zeitzer Festpredigt unter dem Titel: «Fröliche Friedens-Post / Nach der 32-jährigen Kriegs-Unruhe im Jahr nach unsers Friede-Fürst Christi Jesu Geburt».[155] Auch in Erfurt war beim Friedensfest am 1. September 1650 vom Ende des 32-jährigen Krieges die Rede.[156] Die Schreibkalender griffen diese Zählung auf und machten sie populär.

Die vor Kurfürst Johann Georg gehaltene akademische Festrede des Leipziger Rhetorikprofessors Hieronymus Kromayer lobte den Frieden als *laeta catastrophe*, die fröhliche Verwandlung der Tränen in Freude und die Wende, die durch kluge Politik und Gottes Segen den Weg in eine bessere Zukunft weise. Wenn der Krieg einen solchen «glücklichen Ausgang» nehme, gebe «es keinen Grund mehr zu sagen, dass der Krieg blindlings unternommen wurde».[157]

Im ernestinischen Thüringen fanden die Feiern im August 1650 statt, in Gotha am 11. und 12. August, in Weimar und Altenburg eine Woche später. Der Gothaer Herzog rückte mit den Feierlichkeiten seine Staatsbildung ins rechte Licht. Der Erfolg führte zur jährlichen Wiederholung am Sonntag nach dem 11. August, was sich bis um 1680 nachweisen lässt. Herrschaft und Untertanen dankten Gott für den Frieden und verpflichteten sich, die göttlichen und weltlichen Ordnungen einzuhalten. Dieses Versprechen wurde bei der Säkularfeier des Religionsfriedens 1655 auf die Ordnung des «Vaterlands deutscher Nation» ausgedehnt.[158]

Die jährliche Wiederholung der Feste verblasste mit der Zeit. Die Bußtage erinnerten bald nicht mehr an den Dreißigjährigen Krieg, sondern an die jeweils letzten Kriege. Dies war in Augsburg anders. Hier feiern seit

1650 bis heute an jedem 8. August, dem Tag des Vollzugs des Restitutionsedikts, die evangelischen Einwohner den Frieden. Am Mittwoch darauf
findet ein Kinderfest statt, bei dem jeder Schüler ein sogenanntes Frie-
densgemälde erhält.[159] Eine ähnliche Tradition des Friedensgedenkens
hatte sich in Coburg entwickelt, deren Spuren verlieren sich jedoch im
19. Jahrhundert.

Epilog

Gedächtnis

Der Krieg hatte die ganze Ohnmacht menschlicher Existenz offenbart. Nachdem die irdische Apokalypse über Jahrzehnte hinweg Wirklichkeit geworden war, hatte sich die Drohung mit Gottes Strafgericht verbraucht. Was konnte noch schlimmer werden als das, was während dieses Krieges täglich geschehen war, und warum hatte der Allmächtige kein Einsehen mit seinen Geschöpfen? Die Menschen sollten ihr Verhalten ändern. Dafür benötigten sie den Frieden, den sie selbst schaffen mussten. In vielen entvölkerten und verwüsteten Landstrichen verging danach geraume Zeit, bis die materiellen, und fast ein Jahrhundert, bis die demographischen Verluste ausgeglichen waren. Zwar waren die apokalyptischen Reiter abgedrängt, doch die Angst vor ihnen blieb.

Auch unerklärliche Naturereignisse verloren langsam ihren eschatologischen Schrecken, weil sie nicht mehr stets und von allen als Drohungen eines zornigen Gottes gedeutet und mit der biblischen Endzeit verknüpft wurden. Die Suche nach Hexen als den vermeintlichen Verursachern kleiner und größerer Katastrophen hatte ihren Höhepunkt mit dem Krieg überschritten. Die Toten, diejenigen, die gefoltert, gequält und bestialisch getötet worden waren, waren nicht vergessen. Die Überlebenden mussten ihre Erfahrungen verarbeiten.

Dieser Krieg war mehr als nur einer von vielen Störfällen der deutschen Geschichte. Er hatte in Mitteleuropa nur wenige Randgebiete nicht in seinen Bann gezogen. Während die Zeitgenossen darauf insistierten, dass sich so etwas nie wiederholen dürfe, lernten ihre Nachkommen, die Spuren des Krieges zu überwinden und den Westfälischen Frieden auch als Verfassungsordnung zu schätzen, die bis weit ins 18. Jahrhundert als vernünftig und ausbaufähig angesehen wurde. Die Zeitgenossen kritisierten allenfalls ihre mangelhafte Durchsetzung. Johann Gottfried von Meiern, der zwi-

schen 1734 und 1736 die Kongressakten publizierte, forderte «jeden patrio-
tisch gesinnten Deutschen» sowie das «gesamte Deutsche Reich und das
Vaterland» auf, dafür zu sorgen, dass gegen dieses «heiligste Gesetz» auf
keinen Fall verstoßen werde.[1] Die Feiern zum hundertjährigen Jubiläum
fielen 1748 allerdings bescheiden aus, weil die Aachener Friedensverhandlungen und der österreichische Erbfolgekrieg erst Mitte Oktober endeten.
Lediglich in acht evangelischen Städten gab es entsprechende Festivitäten.[2] Gedichte und Prosatexte lobten den Frieden, der die Probleme des
Reiches gelöst habe. Kritik war verpönt und durch die kaiserlichen Wahlkapitulationen verboten. Noch die letzte untersagte 1792 alle Druckwerke,
die sich gegen den Westfälischen Frieden richteten, weil dadurch «Aufruhr,
Zwietracht, Mistrauen und Zank im Reich angerichtet» werde.[3] Friedrich
Schiller urteilte hymnisch: «das interessanteste und charaktervolleste Werk
der menschlichen Weisheit und Leidenschaft».[4]

Die Lobpreisungen des Westfälischen Friedens verblassten freilich mit
dem Ende des Alten Reiches. Das Hübnersche reale Staats- und Zeitungs-
lexikon änderte seine Bewertung. Hatte es in früheren Ausgaben von diesem Frieden als «Glück für Deutschland» gesprochen, betonte es später,
dass mit ihm die Schweiz, die Niederlande und das Elsass von Deutschland abgerissen worden seien: «Der Glanz des Kaisertums erbleichte schon
damals» angesichts der «Souveränität der Reichsfürsten».[5] Der Gedanke
des Nationalstaates ergriff Deutschland und veränderte im 19. Jahrhundert
wiederum die Beurteilung der Vergangenheit. Das Heilige Römische Reich
hatte, gemessen an diesem Maßstab, versagt und wurde marginalisiert bzw.
zum Gegenentwurf des Angestrebten.

Im Unterschied zum Westfälischen Frieden war der Dreißigjährige Krieg
im 18. Jahrhundert historiographisch fast vergessen. Christian Gottfried
Hofmann, Jurist und Historiker in Frankfurt an der Oder, klagte schon 1722:
«Die meisten reden und schreiben von dieser traurigen Periode der deutschen Geschichte und der beklagenswürdigen Zerstörung unsers Vaterlandes nicht viel anders als von der Belager- und Einäscherung der Stadt Troja,
welche man heut zu Tage als eine Historie oder Fabel ansieht, an welcher
man keinen Teil zu nehmen Ursache habe.»[6] Zwar erschien 1736 als Vorgeschichte zu Nicolaus Hieronymus Gundlings gründlicher Analyse des Westfälischen Friedens eine kursorische Kriegsgeschichte von Christian Johann
Feustel, doch sie hinterließ kaum Spuren.[7] 1758, während des Siebenjährigen
Krieges, gab der Lehrer, Publizist und Übersetzer Friedrich Eberhard Ram-

bach eine deutsche Ausgabe der zehn Jahre zuvor erschienenen Geschichte des Dreißigjährigen Krieges des französischen Jesuiten Wilhelm Hyacinth Bougeant heraus. In der Vorrede schreibt Rambach, dass in diesem Krieg auch die Helden, die gegen «eine völlige Unterdrückung der Freiheit und Einführung einer despotischen Botmäßigkeit» kämpften, mit wenig Menschlichkeit agiert hätten. Der «merkwürdigste» unter ihnen sei Wallenstein gewesen, der einen «fürchterlichen Nachklang zurück gelassen» habe. Über seinen Tod schreibt Rambach: «Das war das Ende eines Mannes, von dem man nicht gewiss sagen kann, ob er um seiner Heldentaten oder um seiner Schandtaten willen groß zu nennen sei.»[8]

Darüber hinaus erschien im Siebenjährigen Krieg eine Übersetzung des damals mehr als ein Jahrhundert alten Buchs über die Staatsräson des Reiches von Bogislaw von Chemnitz. Der Kameralist Johann Heinrich Gottlob von Justi kommentierte und aktualisierte die Neuausgabe im Auftrag der preußischen Regierung. Sie sollte an die monarchischen Pläne der Habsburger erinnern und die Reichsstände für König Friedrichs II. angeblichen Kampf für die Freiheit der Protestanten begeistern.[9]

Konrad Repgen zählt sechs Darstellungen des Dreißigjährigen Krieges zwischen 1748 und 1786.[10] Erwähnenswert ist nur das 132 Seiten kurze Büchlein des Hallenser Privatdozenten Johann Christoph Krause, das er 1782 zum Lehrgebrauch veröffentlichte. Seine Gliederung in vier Kriegsphasen hat sich durchgesetzt. Er kommt zu dem Schluss, der Krieg sei mit «teutschem Geld und Volk auf teutschem Boden» geführt worden: «Dürftige Schweden, Italiener, Iren, Spanier, Franzosen, Dänen, Polen erpressten Reichtümer und schafften Barschaften und Kostbarkeiten hinaus.» Obwohl nahezu alles in Schutt und Asche gelegen habe, hätten Krieg und Frieden «auf den teutschen Reichszustand» positive Folgen besessen. Allerdings sei «Teutschland um ein Menschenalter zurückgekommen; es hat sich aber durch Fleiß seiner Einwohner, durch stille Wirksamkeit einiger Regenten und Patrioten bei seiner allgemeinen und besonderen Verfassung so erholt, dass es mit den blühendsten Staaten wetteifern kann. Welch ein Lobspruch für teutsche Menschen und teutsche Einrichtungen!»[11]

Angesichts der Französischen Revolution rückte Friedrich Schiller den Dreißigjährigen Krieg vor den Horizont eines Freiheitskampfes.[12] Der Frieden habe der deutschen Nation die innere Freiheit von Despotismus und Europa die äußere Freiheit, die Nichtunterwerfung unter einen Universalmonarchen, gebracht. Der katholische Rechtshistoriker Michael Ignaz

Schmidt beschäftigte sich etwa zur selben Zeit im Rahmen seiner elfbändi-
gen Geschichte der Deutschen ausführlich mit diesem Krieg. Er bewertete
die Habsburger Kaiser deutlich positiver als Schiller. Johann Georg August
Galettis parallel erschienene dreibändige Geschichte wurde wegen methodischer und inhaltlicher Mängel von den Zeitgenossen heftig kritisiert.[13] Zu
Beginn der 1790er Jahre beschäftigten sich gleich drei umfangreiche Darstellungen mit dem Dreißigjährigen Krieg, für den sich zuvor noch kaum
jemand interessiert hatte. Die Koalitionskriege und der Niedergang des
Alten Reiches hatten den Blick erneut auf die Misere des Dreißigjährigen
Krieges gelenkt.

Die Suche nach historischer Vergewisserung führte auch zu Martin
Luther als Glied einer deutschen Heldengalerie von Arminius zu Friedrich
dem Großen. Die protestantischen Burschenschaften Jenas und Nord-
deutschlands feierten Luther 1817 auf der Wartburg und forderten die nationale und staatliche Einheit. Im Vormärz wurde die protestantische Helden-
linie dann durch Gustav Adolf von Schweden ergänzt. Er habe für Luther
und für die Freiheit des evangelischen Glaubens und der deutschen Nation
sein Leben gelassen. Die Feier zum 200-jährigen Gedenken an die Schlacht
bei Lützen und die Gründung der Gustav-Adolf-Gesellschaft 1832 bestimmten ihn zu demjenigen, der im Dreißigjährigen Krieg den protestantischen Charakter der deutschen Nation repräsentiert habe.

Damit waren wichtige Spuren gelegt. Dass die Schweden nicht nur im
katholischen Süddeutschland, sondern auch in Brandenburg oder Sachsen
als Feinde wahrgenommen worden waren, wurde ausgeblendet; Gustav
Adolf entsprach zu gut den Sehnsüchten des protestantisch-deutschen Nationalismus. Der fremde Eroberer wurde zum deutschen Helden stilisiert.
Zwischenzeitlich entfaltete Schillers Wallenstein-Trilogie ihre Wirkung. Im
Prolog wird auf den Westfälischen Frieden verwiesen, der vor 150 Jahren
dem Reich nach «dreißig jammervollen Kriegsjahren» die feste Form gegeben habe, die jetzt zerfalle.[14] Mit dem verratenen Nichtverräter hatte Schiller
Wallenstein ein außerordentliches literarisches Denkmal gesetzt und sich
überdies an den Kritikern seiner Geschichte des Dreißigjährigen Krieges ge-
rächt. Seine Trilogie wurde populär, und seine Wertungen setzten sich durch.
Sie finden sich noch heute in fast allen Charakterisierungen des Herzogs an
den Stellen, wo die Quellen schweigen. Schiller erfand den zugleich forsch,
egoistisch und rechthaberisch auftretenden, ängstlich zaudernden und brutal
reagierenden Feldherrn und fürsorglichen Landesvater.[15]

Festzuhalten ist, dass sich die Deutschen im 18. Jahrhundert, vor allem die Reichsjuristen, intensiv mit dem Westfälischen Frieden beschäftigten, sich für den Dreißigjährigen Krieg jedoch wenig interessierten. Sie interpretierten mit ihren Werken und Einschätzungen die geltende Verfassungsordnung, zumal der Streit um die deutsche Freiheit oder die kaiserliche Monarchie bis zum Ende des Reiches ebenso weiterging wie derjenige zwischen Katholiken und Protestanten. Der Krieg spielte in der Argumentation nur dann eine Rolle, wenn wie bei Schiller das Prinzip des Guten durch Böses zur Geltung gebracht werden sollte. Die Schrecken dieses Krieges wurden vor 1800 eigentlich nicht sonderlich thematisiert.

Urkatastrophe

Mit Napoleons Neugestaltung Europas und den Befreiungskriegen schien die Leidenszeit des Dreißigjährigen Krieges zurückgekehrt zu sein. Der Wiener Kongress erinnerte an die Westfälischen Friedensverhandlungen. Seine Ergebnisse enttäuschten diejenigen, die auf die Bildung eines deutschen Nationalstaates gesetzt hatten. Historiker fragten nach den Lehren aus der Geschichte und machten das vergangene Geschehen zum politischen Argument. Einig waren sich fast alle darin, dass der Deutsche Bund in einen souveränen und mächtigen Staat überführt werden müsse, weil im Dreißigjährigen Krieg diese Möglichkeit verpasst worden sei. Das Goldene Zeitalter der Deutschen lag demnach in der Zukunft, und es unterschied sich diametral von einer Vergangenheit, deren politische Ohnmacht nur noch als düstere Vorgeschichte Beachtung verdiente. Die Verfechter einer habsburgisch-katholischen Linie plädierten für einen erneuerten, vom österreichischen Kaiser monarchisch regierten deutschen Reichs-Staat. Die preußisch-evangelische Historiographie setzte dagegen auf die Hohenzollern, die den protestantischen Nationalstaat verwirklichen sollten, den angeblich bereits Gustav Adolf geplant hatte.

Der Dreißigjährige Krieg wurde im 19. Jahrhundert zum Lehrstück und seine Geschichte zum politischen Argument. Der Krieg und der Westfälische Frieden wurden nicht mehr nur als eine soziokulturelle, sondern als eine politische Katastrophe gesehen. Die Umwertung des Krieges kündigte sich mit der Revision des Wallenstein-Bildes an. Christoph Förster griff 1834 die Vorlage Schillers auf und erklärte den Herzog von Friedland zum Opfer des habsburgisch-katholischen Despotismus.[16] August Friedrich

Gfrörer machte die Jesuiten für dessen Tod verantwortlich, weil sie im Auftrag des Papstes die überkonfessionelle Einheit Deutschlands und einen mächtigen Kaiser verhindert hätten.[17] Die These vom Hochverräter überzeugte nach Schillers Trilogie nicht mehr. Die Berichte der Zeitzeugen aus der Umgebung des Wiener Hofes, vor allem derjenige Franz Christoph Khevenhüllers, wurden als parteiisch zurückgewiesen; sie verdüsterten unberechtigterweise die großen Verdienste Wallensteins für den Kaiser.[18] Der Jenaer Historiker Ottokar Lorenz lehnte es 1878 ab, Wallensteins Schuld oder Unschuld überhaupt zu diskutieren. Er verstand Geschichtsschreibung in Anlehnung an Wilhelm Dilthey als eine rationale Konstruktion aus der Perspektive der je gegenwärtigen Nöte und Ängste. Aus dieser Sicht hatte der Machtpolitiker Wallenstein das Richtige gewollt, war aber an den Verhältnissen gescheitert.[19]

Gegen solche Deutungen stand seit 1869 Leopold von Rankes abwägende Studie, die darauf beharrte, dass Wallenstein auf die Tendenzen der Zeit reagiert habe und dem Kaiser absolute Autorität verschaffen wollte, weil nur dieser ihn wiederum stark und souverän machen konnte.[20] Friedrich Meinecke sah in dem Herzog denjenigen, der mit dem Feuer der Staatsräson gespielt habe. Er sei ermordet worden, weil damals die Idee, «dass das positive Recht der höheren Staatsnotwendigkeit zu weichen habe», nicht durchzusetzen gewesen sei.[21] Heinrich von Srbik verwies im 20. Jahrhundert noch einmal auf die Janusköpfigkeit Wallensteins. «Als Verräter des Kaisers ist Wallenstein gefallen, aber das Ziel, das er mit seiner Untreue verfolgte, war, neben und über dem persönlichen Vorteile, der Friede des deutschen Volkes auf der festen Grundlage religiöser Duldung.»[22]

Während Wallenstein eine höchst umstrittene Figur geblieben ist, deren Deutung Golo Mann, Hellmuth Diwald und Robert Rebitsch bereicherten, machte das 19. Jahrhundert Gustav Adolf zur Lichtgestalt. Im wilhelminischen Kaiserreich erschien er nicht mehr nur als das romantische Symbol eines unvollendeten evangelischen Reiches, sondern als pragmatisch handelnder Vorläufer Bismarckscher Machtpolitik.[23] Laut Heinrich von Treitschke hatte der Große Kurfürst seinem Onkel Gustav Adolf nachgeeifert, als er die Macht der Stände beschnitt und ein monarchisches Militärregiment etablierte.[24]

Der Dreißigjährige Krieg und der Westfälische Frieden hatten unterdessen längst als historische Legitimation in die ausufernde Debatte um den Nationalstaat Einzug gehalten. Die Erinnerung an den 200 Jahre zurückliegenden Westfälischen Frieden fiel mitten in der deutschen Revolution 1848 martialisch aus. Die Inszenierung folgte den Mustern des Alten Testaments: der Krieg als Zeit der Reinigung und Läuterung und das folgende Dahinsiechen als letzte Probe vor der Erlösung, dem Gelobten Land des Nationalstaates. Die Botschaft war eindeutig. Es musste alles getan werden, damit sich der Dreißigjährige Krieg nicht wiederholte. Fremde Mächte durften nie wieder das deutsche Vaterland verwüsten. Die mit viel Blut errungene «Glaubens- und Gewissensfreiheit» sollte «ein ewig teures bleiben».[25] Jacob Venedey, einst vor der Reaktion nach Paris geflohenes Mitglied des Frankfurter Paulskirchenparlaments, intonierte die neue Melodie zum Dreißigjährigen Krieg. «Nur Deutschland selbst litt durch ihn, litt in ihm das Martyrthum für die waltende Idee der neuen Zeit, für die Reformation, für die Freiheit des Gedankens. Und Gott wollte nicht, dass dieses Martyrthum ohne Krone und ohne Palme bleiben sollte.»[26]

Der Krieg Preußens gegen Dänemark markierte 1848 ein Kernproblem. Wo endete der künftige deutsche Nationalstaat? Im Falle Österreichs ging es um die Exklusion seiner außerdeutschen Gebiete. Das Paulskirchenparlament entschied sich für eine kleindeutsche Lösung und ein Erbkaisertum der Hohenzollern. Von da an lief die Entwicklung auf den preußisch-deutschen Nationalstaat zu, der mit Blut und Eisen, aber auch historiographisch erfochten werden musste.

Da es eine kontinuierliche, von Helden und nationalen Großtaten gespickte Erzählung von Arminius und den Germanen über das mittelalterliche Kaisertum und die Luthersche Reformation bis hin zur Gegenwart nur in der Logik von Kaiser und Reich gab, knüpften die Romantiker im national gewendeten kosmopolitischen Überschwang direkt am angeblich glanzvollen mittelalterlichen Reich an. Ihre Visionen blieben Utopie. Zudem ließ sich der österreichisch-preußische Dualismus angesichts der wirtschaftlichen Diskrepanzen nicht in die lange Geschichte eines mächtigen und geeinten deutschen Staates überführen. Auch die mit der Sprache, mit Luther und der Metapher Weimar beschworene Kulturnation war eine konfessionell tief gespaltene.

Im Dauerstreit zwischen protestantischen und katholischen Historikern um die richtigen Lehren aus der Geschichte wurde der Dreißigjährige Krieg zum heiß umkämpften Schauplatz. Die monarchischen Pläne Ferdinands II. und Wallensteins standen dabei gegen den schwedischen Siegeszug und ein protestantisches Kaisertum. Die beiden sich ausschließenden Meistererzählungen erklärten den Krieg entweder zu einem zwar gescheiterten, nun jedoch korrigierbaren imperial-monarchischen Wendepunkt oder zum Beginn des Aufstiegs Brandenburg-Preußens und seiner Mission zur Schaffung des deutschen Nationalstaates. Beides sollte in der Gegenwart vollendet werden. Die Historiker trieb die Sorge um, das vermeintliche Ziel der Geschichte, der souveräne Nationalstaat, könne erneut verfehlt werden. Während die Großdeutschen die Kontinuität bemühten, begründeten die Kleindeutschen die preußische Sendung mit dem doppelten Konzept des Guten durch Böses und des Phönix aus der Asche.

Es ist wenig verwunderlich, dass Johann Gustav Droysen in seiner Geschichte der preußischen Politik eine Blaupause für den preußisch-kleindeutschen Weg zum Nationalstaat lieferte. Der Dreißigjährige Krieg habe die «entarteten, verwucherten, unwahr gewordenen Zustände» des «alten Deutschland» beendet. «Wie ein tiefer Abgrund trennt er die Zeiten vorher und nachher.» Die deutsche Geschichte kenne zwar «keine nationalere Tat» als die Reformation, doch «es gelang uns nicht [...] Des Reiches Besserung scheiterte an der ‹Freiheit› der Fürsten und Stände, an ihrem Widerstand.» Es habe sich keine «nationale Monarchie» entwickelt, die den Nationalstaat hätte erzwingen können. Nach dem Westfälischen Frieden sei diese Aufgabe den Hohenzollern und dem unter dem «Greuel allgemeinen Untergangs» geborenen preußischen Staat zugewachsen.[27]

Um die Mitte des 19. Jahrhunderts nahte ein Ende der Leidenszeit, weil sich in der langen Verfallszeit die mächtigen Triebe des Neuen entwickelt hatten. Um den preußischen Auftrag zur Bildung des Nationalstaates vor Gott und der Geschichte zu untermauern, wurde die Vergangenheit umgedeutet. Am Anfang stand nun die Revolution Martin Luthers, die als nationale zwar am Kaiser und an den Katholiken gescheitert war, unter der Führung Brandenburg-Preußens jedoch vielversprechende politische Früchte trug. Statt des ohnmächtigen alten Kaisers und des ehrwürdigen Reiches rückten der preußische Machtstaat und das Königtum der Hohenzollern ins Zentrum der frühneuzeitlichen deutschen Geschichte.

Mit dieser Kaperung und Borussifizierung der deutschen Vergangenheit wurde der Dreißigjährige Krieg zur Urkatastrophe, zum historischen Tiefpunkt, der die Vergangenheit mit der Gegenwart verband und nun überwunden werden sollte. Die «kleindeutschen Geschichtsbaumeister» – eine überaus treffende Charakterisierung des Historikers Onno Klopp[28] – leisteten ganze Arbeit. Sie präzisierten und verbreiteten das preußisch-evan-

gelische Geschichtsbild. Ihr Obermeister, Heinrich von Treitschke, postu-
lierte 1879 massenwirksam einen doppelten Ursprung der Deutschen, das
Königtum der Germanen und dasjenige der Preußen. Seine *Deutsche Geschichte im 19. Jahrhundert* beginnt mit der Reformation, die scheiterte, weil
mit Karl V. ein Fremdling die deutsche Krone trug und romanische Völker
gegen die deutschen Ketzer führte. Zwar habe Moritz von Sachsen die
Protestanten gerettet, doch dadurch verlor das Kaisertum alle Macht. «In
schrankenloser Willkür schaltet fortan die Libertät der Reichsstände.» Im
Dreißigjährigen Krieg sei dann die Heimat des Protestantismus zum
Schlachtfeld geworden und das alte Deutschland in einer Zerstörung
ohnegleichen zugrunde gegangen. «Die grauenhafte Verwüstung schien
den Untergang des deutschen Namens anzukündigen, und sie ward der
Anfang eines neuen Lebens.» In den Tagen des Elends, zur Zeit des Westfälischen Friedens, begann «unsere neue Geschichte», und sie prägten zwei
Mächte, «die Glaubensfreiheit und der preußische Staat».[29] Wegen der
fehlenden Einheit hätten sich die Deutschen im Dreißigjährigen Krieg
zerfleischt und seien eine leichte Beute spanischer und französischer
Machtgier geworden. Die Nachbarn hätten Deutschland zum Spielball
und Spielfeld ihrer Interessen gemacht und mittels des Westfälischen Friedens in ihre Abhängigkeit gebracht.

Um die Idee einer preußischen Sendung mit Luthers Reformation begründen zu können, ging die protestantische Historiographie davon aus,
dass der Glaubensstreit den Dreißigjährigen Krieg verursacht habe. Die
katholische Geschichtsschreibung betonte dagegen den Charakter eines
Einigungskriegs. Ferdinand II. und Wallenstein hätten für ein erneuertes,
stärker zentralisiertes und militärisch erfolgreicheres Reich gekämpft und
mit ihren Plänen einer Herrschaft über die Ostsee ein mächtiges, auch
ökonomisch mit England und Frankreich konkurrierendes Deutschland
im Sinn gehabt.[30] Vermittelnde Positionen hatten es dagegen schwer.
Bernhard Erdmannsdörffer beklagte 1865, dass es «fast unmöglich» sei, «über
einen Standpunkt sich zu einigen, von welchem aus diese wichtige Periode
unserer Geschichte [der Dreißigjährige Krieg, G. S.] allen oder doch einer
zwingenden Mehrzahl einleuchtend und ohne vermeinte Verletzung be-
rechtigter Interessen oder Sympathien dargestellt werden könnte».[31]

Das preußisch-protestantisch-kleindeutsche Narrativ setzte sich im
Windschatten des Siegeszugs der preußischen Waffen durch, weil es den
Rückgewinn einstiger Größe und Geltung der militärisch offensichtlich

stärksten Macht übertrug. Preußen-Deutschland ließ die strukturelle Nichtangriffsfähigkeit des Alten Reiches hinter sich und war erstschlagfähig.
Der Präventivkrieg wurde zur Option des Bismarckreichs, um sich von den
Zumutungen und den angeblich traumatischen Folgen des Dreißigjährigen Krieges und des Westfälischen Friedens zu befreien. Die verheerenden
Auswirkungen dieser aggressiven Politik haben Europa im 20. Jahrhundert
in Schutt und Asche gelegt.

Preußen ist verschwunden, der deutsche Nationalstaat wurde auf der
Basis des Grundgesetzes europakompatibel. Der Mythos des Dreißigjährigen Krieges als absoluter Tiefpunkt und des nur Preußen zu verdankenden
Nationalstaates ist dennoch haften geblieben, weil nach dem Zweiten
Weltkrieg lediglich die Vorzeichen dieser Meistererzählung geändert wurden. Aus dem Ausgangspunkt eines glanzvollen Aufstiegs wurde der Beginn eines ins Verhängnis führenden Sonderweges. Die strukturelle Erklärung wirkte entlastend und entsprach den Bedürfnissen der zweiten Hälfte
des 20. Jahrhunderts. Auch das österreichisch-katholisch-großdeutsche
Gegennarrativ ist zugunsten einer österreichischen Nationalgeschichte
verschwunden. Wichtige Aspekte der älteren deutschen Geschichte – wie
der Kaiser als Garant einer nicht nur ständischen Freiheit, das Alte Reich
als reformierbare föderative Form nationaler Einigkeit – gingen darüber
verloren.[32]

Trauma

Zwischen den Darstellungen Droysens und Treitschkes lagen etwa 20 Jahre,
in denen der Dreißigjährige Krieg über die Urkatastrophe hinaus zum kollektiven Trauma des deutschen Volkes stilisiert wurde. Wenn in diesem
Krieg die preußische Mission zur Schaffung eines deutschen Nationalstaates
begann, galt für die Glaubwürdigkeit der Erzählung, je tiefer und böser das
Tal der Tränen war, das durchschritten werden musste, desto märchenhafter
würden der preußische Aufstieg und das durch ihn bewirkte Gute sein. Die
damals begründete Kulturgeschichtsschreibung ergänzte deshalb das Bild
des politischen und militärischen Desasters um das Narrativ des einzigarti-
gen Leidens des deutschen Volkes und seiner sittlichen Verwahrlosung. Das
Martyrium und die Ruinen Magdeburgs durften ebenso wenig umsonst
gewesen sein wie der schwedische Trunk oder die angeblichen Grausamkeiten der Kroaten und anderer fremder Völker. Als Herrgottskanzlei besaß

Magdeburg für die Protestanten einen ähnlichen Ruf wie Jerusalem für die alte jüdische oder Rom für die christliche Tradition. Schon Schiller beschreibt die Zerstörung als Wendepunkt: «Die deutsche Freiheit erhob sich aus Magdeburgs Asche.»[33]

Während die Historiker über die Frage der Schuld am Untergang der Elbmetropole erbittert stritten, wurde das Menetekel der totalen Zerstörung auf den Dreißigjährigen Krieg insgesamt bezogen. Waren bisher die Zerstörungsmeldungen im Allgemeinen geblieben und hatten die Gräuelberichte in fiktionalen und populären Darstellungen nur dazu gedient, den Schauder längst vergangener Zeiten hervorzurufen, wurden diese nun als historische Erfahrungen eines schutzlos gelassenen deutschen Volkes ausgegeben. Das protestantische Deutschland, vertraut mit dem Wechsel von Strafe, Buße und Erlösung, hatte seine Nationalgeschichte gefunden. Diese Sichtweise bildete die Folie für unzählige Erzählungen und Romane, die von Hunger und Not, Folter und Plünderungen, Tod und Verderben, aber auch von Liebe und Hoffnung berichten. Zwei Namen stehen im Zentrum der Imagination des unendlichen Schreckens: Hans Jakob Christoffel von Grimmelshausen und Gustav Freytag.

Grimmelshausens *Abenteuerlicher Simplicissimus Teutsch* wurde 1667/68 erstmals veröffentlicht. Bis 1713 erfolgten drei weitere Ausgaben, dann wurde das Werk vergessen, bis Eduard von Bülow es 1836 wiederentdeckte. Zwischen 1852 und 1864 erschienen zwei vollständige Ausgaben der Simplicianischen Schriften, denen nach der Reichsgründung weitere folgten.[34] Grimmelshausens detaillierte Schilderungen wurden für die Realität des Krieges gehalten. Seine szenarischen Darstellungen von Folter und Gräuel, Kampf und Zerstörung boten wiederum anderen Autoren wie Gustav Freytag reichhaltiges Material. Dieser beschrieb das irdische Jammertal durch mit Quellen belegte Einzelbeispiele, die er verallgemeinerte. Der Band *Aus dem Jahrhundert des großen Krieges* erschien 1859/60 im Rahmen seiner *Bilder aus der deutschen Vergangenheit*. Zwar geriet er in den Verdacht mangelnder methodischer Redlichkeit, doch der Publikumserfolg wischte alles vom Tisch.[35] Freytag prägte wie kein anderer das öffentliche Geschichtsbild für mehr als ein Jahrhundert und trug zur Vorstellung einer kollektiven Traumatisierung der Deutschen durch diesen Krieg entscheidend bei. Das Werk erfuhr bis 1909 mehr als 30 Auflagen. Vor allem Lehrer waren bis über die Mitte des 20. Jahrhunderts hinaus rührige Multiplikatoren seiner Sicht.[36]

Freytag schreibt: «Durch diesen Krieg wurde Deutschland gegenüber den glücklicheren Nachbarn, den Niederländern, den Engländern, um zweihundert Jahre zurückgeworfen.»[37] Da solche Aussagen nicht zu belegen sind, flüchtet er sich in Genrebilder. «Unerschwingliche Kriegssteuern waren ausgeschrieben; die Heere der verschiedenen Parteien lagen bis zur Abzahlung auf den Landschaften, und der Druck, welchen sie auf die elenden Bewohner ausübten, war so furchtbar, dass mehr als ein Verzweiflungsschrei der Völker sich in den Hader der immer noch verhandelnden Parteien mischte. Dazu kamen Plagen anderer Art, alle Länder wimmelten von ‹herrenlosem Gesindlein›, Banden entlassener Kriegsknechte mit Dirnen und Trossbuben, Scharen von Bettlern, große Räuberhaufen streiften aus einem Gebiet in das andere, sie quartierten sich gewaltsam in den Dörfern ein, welche noch Einwohner hatten, und setzten sich wohl gar in den verlassenen Hütten fest. Auch die Dorfbewohner, mit schlechten Waffen versehen, der Arbeit entwöhnt, fanden es zuweilen bequemer zu rauben als das Feld zu bestellen, und machten heimliche Streifzüge in benachbarte Territorien, die Evangelischen in katholisches Land und umgekehrt. Sogar die fremden Söhne eines gesetzlosen Lebens, die Zigeuner, waren an Zahl und Dreistigkeit gewachsen und lagerten phantastisch aufgeputzt, mit ihren hochbeladenen Karren, mit gestohlenen Pferden und nackten Kindern um den Steintrog des Dorfplatzes.»[38]

Freytag lässt seine Leser mitfühlen. Bei ihm erscheint die Gegenwart in der Vergangenheit, sodass seine Erzählung auch ohne konkrete Belege geglaubt wurde. Er macht den Dreißigjährigen Krieg zum deutschen Alleinstellungsmerkmal, denn es war «außer allem Vergleich mit anderen Niederlagen kultivierter Völker». Hier wurde «eine große Nation mit alter Kultur […] verwüstet».[39] Gleichzeitig bestätigte Freytag den preußischen Sendungsauftrag. Mit dem Westfälischen Frieden hätten die Fürsten ihr Ziel erreicht: «Deutschland war frei. Ja frei! Verdorben und kraftlos, durch hundert Jahre an seiner westlichen Grenze Tummelplatz und Beutestück für Frankreich.»[40]

Der Dreißigjährige Krieg habe Deutschland nicht nur verwüstet, er habe die Überlebenden auch in tiefer Resignation zurückgelassen. Aus eigener Kraft habe sich das deutsche Volk aus diesem Desaster und der Abhängigkeit von Frankreich nicht mehr befreien können.[41] Rettung brachte der aus fürstlichem Territorium entstandene neue Staat. Seine Fürsten «sammelten um sich ein Volk, das am Ende des 18. Jahrhunderts einer stärkeren deut-

schen Kraftentwicklung fähig schien, als das Erbe der Habsburger».[42] Die
Deutschen suchten den Platz, der ihnen vor Gott und der Geschichte zu-
stehe. Dafür müssten sie – die naheliegende Lehre des Dreißigjährigen
Krieges – jederzeit zum Kampf bereit sein.

Die kollektive Traumatisierung ist keine lange nachwirkende Folge des
Krieges, sondern die Erfindung einer Kampagne. Die neuen Mythen, so
stellte Ernst Cassirer 1946 fest, «wachsen nicht frei auf; sind keine wilden
Früchte einer üppigen Einbildungskraft. Sie sind künstliche Dinge, von
sehr geschickten und schlauen Handwerkern erzeugt.»[43] Die Mentalitäts-
geschichte des Dreißigjährigen Krieges ist zwar noch nicht geschrieben,
Nahrungsmangel, durch Folter erpresste Gelder sowie Raub, Vergewaltigung und Totschlag haben das menschliche Verhalten aber mit Sicherheit
verändert. Jedoch erst nach der Mitte des 19. Jahrhunderts tauchen die
Begriffe Urkatastrophe und kollektives Trauma verdichtet auf.

Das superlativierte Entsetzen setzte sich im kulturellen Gedächtnis fest.
Ricarda Huchs *Der große Krieg in Deutschland*, ein vor dem Ersten Weltkrieg publizierter dreibändiger historischer Roman, hat diese Sicht ebenso
fortgeschrieben wie Bertolt Brechts *Mutter Courage und ihre Kinder* von
1938/39. Das Theaterstück beschreibt die zunehmende Verwilderung und
die Konflikte zwischen Soldaten und Bauern. Der Krieg ist hier die Halt
bietende Ordnung der armen Leute.[44] Auch Günter Grass lässt das Dich-
tertreffen von Telgte trostlos enden. Das Friedensmanifest bleibt im Allgemeinen, benennt keine Schuldigen, fordert lediglich die Erneuerung der
alten Ordnung und bittet, das Reich nicht so zu zerstückeln, «daß niemand
mehr in ihm sein Vaterland, das einstmals deutsch geheißen, erkennen
werde».[45] Das Gasthaus, in dem sich die Dichter versammelten, brennt ab.

Der Krieg war ein gewaltiges Desaster, doch die Urkatastrophe und das
Trauma des deutschen Volkes schuf erst die Geschichtsschreibung des
19. Jahrhunderts. Die im Einzelfall, aber nicht kollektiv traumatisierten Zeitgenossen freuten sich über das Ende dieses überlangen Krieges und gestalteten ihre Zukunft im Vertrauen auf Gott und den Westfälischen Frieden.

Mythos

Die preußisch-deutsche Meistererzählung war im 19. Jahrhundert identitätsstiftend. Sie verband den von der großen Mehrheit angestrebten
Nationalstaat mit einem plausiblen Ursprung, einen Auftrag mit seiner

Vollendung. Das Narrativ überzeugte, weil es dem Muster großer Mythen entsprach. Es reduzierte Komplexität, ließ Aktuelles in der Vergangenheit erkennen und formte einen Homogenität verbürgenden Kern,
den es zu bewahren galt.[46] Die große nationale Erzählung vom Guten
durch Böses, vom Preußentum als dem Phönix aus der Asche wurde zum
wichtigen symbolischen Kapital. Die Gewissheit, im Einklang mit der
Geschichte zu handeln, sorgte für die mentale Durchschlagskraft, mit der
verhärtete Fronten wie diejenigen des Kulturkampfes überbrückt und alte
Kampfpositionen wie die gegenüber der Arbeiterbewegung geräumt werden konnten, ohne die obrigkeitsstaatlichen Grundlagen in Frage stellen
zu müssen. Friedrich Meinecke bedauerte 1917, dass die deutsche Freiheit
die deutsche Einheit verspielt und der preußische Staat deswegen die
«Keime und Möglichkeiten edlerer politischer Freiheit niedergehalten»
habe. Doch Preußen sei Kant und Fichte gefolgt, die Luthers Freiheit ins
Weltliche übertragen hätten. «Dienen, sich unterordnen [...] erniedrigt
also nicht, macht nicht unfrei, sondern wahrhaft frei.»[47]

Diese Umwertung der deutschen Freiheit führte zu einem Nationalstaat, der weniger aus Bürgern als aus Untertanen bestand. Er ruhte auf
«Blut und Eisen» und mündete in die Katastrophe von Naziregime, Zweitem Weltkrieg und Holocaust. Dafür sind diejenigen nicht verantwortlich,
die in bester Absicht das skizzierte Geschichtsbild den nationalstaatlichen
Gegebenheiten anpassten, die Kriegsgräuel zum Trauma stilisierten und
die Überwindung der Schmach von 1648 forderten. Sie bereiteten jedoch
den Boden für die hypertrophe Gründung des deutschen Nationalstaats in
Versailles, für den Ersten Weltkrieg oder den perfiden, Revanchegelüste
provozierenden Vergleich des «Schandfriedens» von Versailles mit dem
Westfälischen Frieden. Gustav Adolf wurde nun für die Idee einer nordischen Rasse vereinnahmt und in eine direkte Linie mit Adolf Hitler gestellt,[48] der mit seinem Westfeldzug auch die Schande des Westfälischen
Friedens habe tilgen wollen.[49]

Nach dem Zweiten Weltkrieg war alles anders. Das Reich war zerstört,
und der Westfälische Frieden wurde 1948 in bescheidenem Rahmen gefeiert. *Pax optima rerum*, der Friede an sich, nicht dessen konkrete Regelungen, war das höchste Gut. Die Inhalte des Vertrags wurden nicht neu bewertet. Mit dessen zugespitzter Umdeutung waren die Weichen falsch
gestellt worden. Dabei konnte es bleiben. Statt der Voraussetzung für den
preußischen Weg zum Nationalstaat hatte der Dreißigjährige Krieg nun

diejenige für das Verhängnis geschaffen. Die Bundesrepublik, die DDR und später das wiedervereinte Deutschland vollzogen den nur scheinbar vollständigen Bruch. Sie lehnten die preußische Tradition ab.

Die neuere deutsche Geschichte erschien als Aneinanderreihung von Brüchen, falschen Richtungsentscheidungen und dem Sonderweg zu Naziregime und Holocaust. Die nach 1945 notwendige Umdeutung wechselte lediglich die Vorzeichen der alten Meistererzählung. Helden wurden zu Schurken. Luther und König Friedrich II. gerieten auf die andere Seite, wurden aber mehr oder weniger schnell rehabilitiert. Das lutherische Gehorsamsgebot – zuvor ein Eckpfeiler deutscher Staatlichkeit – hatte nun jedoch autoritäre Einstellungen begünstigt, die kleinstaatliche Zersplitterung und die politische Ohnmacht hatten demnach den verspäteten, deswegen umso aggressiveren Nationalstaat hervorgebracht. Was zuvor als deutsche Kultur gegen die westliche Demokratie und Zivilisation ins Feld geführt worden war, wurde – teilweise von denselben Personen – als Weg ins Verhängnis verdammt.[50] Die staatliche Teilung sowie der Verlust der nationalen Souveränität wurden als eine angemessene Strafe empfunden.

Die Wiedervereinigung und die Ankunft im Westen machten Deutschland zum normalen Staat, aufgehoben und eingebunden in Europa. Die ältere Geschichte schien noch verzichtbarer als zuvor zu sein – etwas für Spezialisten, Ausstellungen und Festreden. Trotz vereinzelter Kritik an den alten Bewertungen des Dreißigjährigen Krieges[51] blieben die Einschätzungen des 19. Jahrhunderts unangefochten bestehen. Selbst auf dem Westfälischen Frieden lastete noch in der zweiten Hälfte des 20. Jahrhunderts das Odium, ein Siegfrieden fremder Mächte und Ausgangspunkt der politischen Ohnmacht und Unterdrückung der Deutschen gewesen zu sein. Nur vor diesem Hintergrund wird verständlich, warum ein Kenner wie Fritz Dickmann 1959 nicht etwa den Krieg, sondern den Westfälischen Frieden als «nationales Unglück» bezeichnete.[52] Nicht die Quellen, der Mythos diktierte seine Einordnung. Der Erlanger Historiker Hellmut Diwald äußerte sich Ende der 1970er Jahre ganz ähnlich: «Dieses ganze 1648, der Westfälische Friede, es ist und bleibt eine deutsche Tragödie, eine deutsche Katastrophe.»[53]

Wenn das Grundgesetz von 1648 die Sicherheits- und Freiheitsbedürfnisse der deutschen Nation bis zum Ende des Alten Reiches mehr oder weniger erfüllte, kann es jedoch weder eine Tragödie noch ein Beleg für

Ohnmacht und Zerfall gewesen sein. Im Gegenteil, der Frieden schob dem Irrweg, Identität an eine absolute Einheit, an einen Glauben, ein Wertesystem und eine Obrigkeit zu binden, einen Riegel vor. Der Zwang zur Toleranz und Duldung des anderen schützte in Deutschland lange vor 1800 den Einzelnen wenigstens ansatzweise vor staatlich-obrigkeitlicher Willkür. Während die preußenlastige politische Geschichtsschreibung eines Droysen oder Treitschke mit dem Umbruch nach 1968 an Bedeutung verlor, bildeten die kulturhistorischen Einschätzungen Gustav Freytags weiter den öffentlichen Kenntnisstand. Die stehengebliebene Erzählung von den Verwüstungen des Dreißigjährigen Krieges passte zu den konkreten Erfahrungen des Zweiten Weltkrieges. Die Politologen erfanden und bemühten ein Westfälisches System, ein 1648 angeblich geschaffenes vergleichsweise stabiles Staatensystem auf der Basis von Gleichheit und Souveränität; im Friedensvertrag finden sich davon nicht einmal Andeutungen. Noch problematischer ist die Rede von einem zweiten Dreißigjährigen Krieg zwischen 1914 und 1945. Sie beruht auf scheinbaren Analogien und geht wohl zurück auf Charles de Gaulle, der 1940/41 im Londoner Exil diesen Begriff gebrauchte. Er wurde von angesehenen Historikern aufgegriffen, unter anderem von Hans-Ulrich Wehler.[54] Sie gehen von der Gemeinsamkeit ungemein zerstörerischer und grauenhafter totaler Kriege aus, weil in ihnen die Ziele unbestimmt und unbegrenzt gewesen seien. Dem ideologischen Kampf zwischen Katholizismus und Protestantismus sei im 20. Jahrhundert derjenige zwischen Faschismus und Bolschewismus gefolgt.[55] Begründet wird die Analogisierung mit der inneren Einheit von Erstem und Zweitem Weltkrieg und der alles andere als friedlichen Zwischenkriegszeit. Die Unterschiede liegen jedoch auf der Hand: Die beiden Weltkriege wurden nicht nur in Deutschland und Böhmen geführt, die regionalen und inneren Kriege der Zwischenzeit waren begrenzt, und so etwas wie der Holocaust fehlt im 17. Jahrhundert vollständig.

Fazit

Die Reiter der Apokalypse waren nie in dem Buch mit den sieben Siegeln. Kriege, auch heilige, Hunger und Seuchen bedrohten einst und bedrohen heute das Leben unzähliger Menschen, die Folgen des Klimawandels und die Zerstörungskraft nuklearer Potentiale das Fortbestehen der Menschheit insgesamt. Die westliche Hemisphäre hat Gottes Strafen und das Jüngste

Gericht hinter sich gelassen. Die Dialektik der Aufklärung hat auch dazu geführt, dass die Menschen an die Stelle von Gott getreten sind. Es ist zu hoffen, dass sie die Reiter der Apokalypse noch besser unter ihre Kontrolle bringen, sie dort behalten und nicht loslassen. Die Geschichte des Dreißigjährigen Krieges zeigt, dass die fernere Vergangenheit nicht einfach vergangen ist. Sie wirkt bis in die Gegenwart und beeinflusst Handlungsstrategien.

Die Zeitgenossen zählten die Kriegsjahre seit 1618, und sie endeten 1648, manche aus guten Gründen auch erst 1650. Der 32-jährige Krieg ist in den Quellen der zweiten Hälfte des 17. Jahrhunderts präsent, dann verliert sich diese Bezeichnung zugunsten der runden Zahl. Was mit dieser bei Kriegen nicht ungewöhnlichen Definition nach Jahren verbunden wurde, war das mitteleuropäisch-deutsche Geschehen. Die dreißig Jahre zwischen dem Prager Fenstersturz und dem Westfälischen Frieden sind ein Teil der allgemeinen Krise des 17. Jahrhunderts, werden jedoch – wie die anderen Kriege auch – aus guten Gründen unabhängig von diesen erinnert. Der Dreißigjährige Krieg nimmt dadurch einen beschreibbaren Zusammenhang mit eigenständigen Ursachen, Abläufen und Folgen in den Blick. Wer daraus einen europäischen Krieg konstruiert, übersieht die zeitlichen und räumlichen Umstände, ohne zusätzliche Erkenntnisse zu gewinnen.

Die Charakterisierungen, Religions-, Mächte-, Bürger- oder Wirtschaftskrieg, kennzeichnen bestimmte, zeitweise dominierende Aspekte des Dreißigjährigen Krieges, nicht jedoch diesen insgesamt. Auch moderne Begriffe wie kleiner bzw. ungeordneter Krieg helfen nicht weiter. Der «Typus» Dreißigjähriger Krieg, der dadurch gekennzeichnet sein soll, «dass er von außen nur schwer zu beenden ist und ein militärisches Eingreifen zumeist das Gegenteil dessen bewirkt, was offiziell beabsichtigt ist»,[56] verfehlt die Wirklichkeit des 17. Jahrhunderts. Mit Ausnahme Spaniens erreichten die intervenierenden Mächte ja ihr Ziel, den Machtausbau der Habsburger zu stoppen. Die fremden Interventionen, das «Auftreten von Gewaltakteuren», die unter keiner staatlichen Kontrolle standen, und auch manche «Flüchtlingsbewegungen, die teilweise auf systematische Vertreibungen zurückgehen», mögen bestimmten heutigen Kriegen ähneln.[57] Die Suche nach dem gemeinsamen Nenner führt jedoch im Dreißigjährigen Krieg zu dem als gottgewollt ausgegebenen und verstandenen Krieg, der sich als Strafe gegen die armen Sünder richtete und von diesen als Kampf gegen die Ketzer oder den Antichristen rationalisiert wurde. Zum anderen war dieser Krieg ein aus dem Ruder gelaufener Verfassungskonflikt, in des-

sen Mittelpunkt die Ausgestaltung des Kaisertums der Habsburger stand.
Ferdinands II. gegenreformatorische Absichten verbanden sich in Innerösterreich, in Böhmen, in den Erblanden und wohl auch im Reich mit seinem Wunsch nach mehr monarchischer Herrschergewalt. Dem widersetzten sich seit 1618 die böhmischen Stände, die Freiheit und Unabhängigkeit
für ihr Königreich und ihren Glauben reklamierten. Im Reich wurde die
deutsche Freiheit als Verfassungsprinzip gegen diesen Kaiser wie zuvor nur
gegen Karl V. in Stellung gebracht. Vor allem evangelische Reichsfürsten
kämpften für ihr Mitregiment und die politische Kontrolle des Kaisers.
Die fremden Mächte griffen entweder zur Unterstützung, wie die Spanier,
oder zur Abwehr, wie Dänen, Schweden und Franzosen, der habsburgischen Ambitionen in den Dreißigjährigen Krieg ein. Aus ihrer Sicht
bedeutete ein monarchisches Regiment im Reich die Basis der Universalmonarchie, einer Hegemonie über Europa.

Diese machtpolitische Grundkonstellation durchzog unabhängig von
Gottes Willen und allen irdischen Allianzen den Dreißigjährigen Krieg. Sie
überwölbte die konfessionellen Fronten und verband die vier Phasen, in die
dieser Krieg eingeteilt wurde. Die sogenannten böhmisch-pfälzischen,
dänischen, schwedischen und schwedisch-französischen Teilkriege und das
Eingreifen Christians IV., Gustav Adolfs und Ludwigs XIII. galten einem
Ziel, nämlich die Habsburger daran zu hindern, neue Räume und Positionen
zu besetzen, die ihnen Interventionsmöglichkeiten auch gegenüber den benachbarten Königreichen gegeben hätten. Der Umbau des Reichs-Staates in
ein monarchisch regiertes, mit Spanien eng verbündetes Kaiserreich hätte
die europäische Konfiguration drastisch verändert. Solche imperialen Pläne
mussten frühzeitig und präventiv unterbunden werden. Während die Dänen
scheiterten, kam der schwedische Vorstoß den vom Restitutionsedikt in die
Enge getriebenen deutschen Glaubensgenossen zugute.

Die gewiss krisenhafte Zuspitzung der Glaubens- und Verfassungskonflikte vor und nach 1600 mündete nicht direkt in den Dreißigjährigen
Krieg und war auch nicht für seine lange Dauer verantwortlich. Zusammen
mit den inneren Kriegen in Westeuropa, dem Hunger als Folge der Klimaverschlechterung sowie den Hexenverfolgungen bildete der Glaubensstreit
den Horizont für die Angst vor einer ungewissen Zukunft und für den
Kampf um alte Ansprüche und Freiräume. Das Erscheinen des Kometen
im Herbst 1618 beglaubigte die größten Befürchtungen, weil nach den Pre-
digern nun auch Gott sein Strafgericht ankündigte.

Die Massenpsychose hat den Krieg nicht verursacht und ihn nicht immer wieder neu angefacht, doch die vermeintliche Gewissheit, nur den Willen Gottes auszuführen, war ein nicht zu unterschätzender Nährboden. Wer diesen Krieg führte, sich daran beteiligte oder nur geduldig wie Hiob das Leiden ertrug, durfte sich als Diener und Werkzeug des Allmächtigen begreifen. Dem irdischen Entscheidungsdilemma entkam er allerdings nicht. Seit der Reformation Luthers musste er sich zwischen wenigstens zwei Varianten des christlichen Glaubens entscheiden. Auf jeden Fall aber war es unstreitig eine schwere Sünde, Gott in sein Handwerk zu pfuschen oder ihn durch Nichtstun zu versuchen. Hatten der als Glaubenskrieger wahrgenommene Gustav Adolf oder der stellenweise an Hiob erinnernde, gleichwohl seinen irdischen Vorteil suchende Kurfürst Johann Georg von Sachsen den richtigen Weg zum Heil gewählt?

Während der türkische Erbfeind – auch er der Antichrist – sich seit dem 16. Jahrhundert anschickte, die Christenheit zu überrennen, hatte diese ihre Einheit eingebüßt. Auch im Reichs-Staat bedrohten religiöse, sozioökonomische und politische Konflikte die Handlungsfähigkeit und blockierten schließlich die Reichsinstitutionen. Die beiden konfessionell bestimmten Bündnisse Union und Liga suchten nicht den Krieg, erschwerten aber die von Kardinal Klesl angeregte Kompositionspolitik. Die Akteure verkannten die Brisanz der Lage. Während sie den Krieg billigend in Kauf nahmen, um ihren politischen und wohl auch religiösen Vorstellungen zum Erfolg zu verhelfen, entwickelte sich in Böhmen ein Konflikt, der nicht mehr beherrscht wurde. Das Krisenmanagement versagte auf ganzer Linie, weil sich jeder mit Gott im Bunde glaubte und darauf vertraute, dass der andere schon noch einlenken werde.

Im August 1619 gewann der bis dahin regionale Konflikt mit der doppelten Wahl des Pfalzgrafen zum böhmischen König und seines Vorgängers zum Kaiser eine neue Dimension. Hinzu kam, dass sich Ferdinand II. mit Herzog Maximilian von Bayern arrangierte; dafür zahlte der Kaiser einen hohen Preis, denn er musste zusagen, die Oberpfalz und die Pfälzer Kurfürstenwürde an die Münchner Wittelsbacher zu übertragen. Der Krieg um Böhmen und die Pfalz war ein politischer Konflikt, kein Religionskrieg. Mit dieser Einschätzung hatte der lutherische Kurfürst Johann Georg von Sachsen recht. Seine lange durch nichts zu erschütternde Unterstützung der Habsburger brachte ihm die Lausitzen ein, trug jedoch entscheidend dazu bei, dass der katholischen kaiserlich-bayrisch-spani-

schen Allianz nicht frühzeitig Grenzen gesetzt wurden. Kursachsen ließ
sich übertölpeln. Trotz aller Zusage rekatholisierte Ferdinand II. Böhmen
und Maximilian die Pfalz. Der Kurfürst machte jedoch das erste Kriegsjahrzehnt lang bis zum Restitutionsedikt gute Miene zum bösen Spiel, obwohl Tilly und Wallenstein die protestantisch-reichsständischen Kräfte
immer weiter zurückdrängten.

Die kursächsische Vermittlungspolitik führte nicht zum Ziel. Die Frage,
warum nach der Schlacht am Weißen Berg und nach der Unterwerfung
der Kurpfalz kein Frieden geschlossen, ja nicht einmal darüber verhandelt
wurde, verweist auf die Verantwortung des Kaisers. Ferdinand II. wollte
aber im Zusammenspiel mit dem nunmehrigen Kurfürsten von Bayern die
günstige Gelegenheit nicht verstreichen lassen und den Reichs-Staat in
seinem Sinn verändern. Als seit 1623 das Ligaheer und zwei Jahre später
auch Wallenstein mit seinen Soldaten in den deutschen Norden drängten,
wollten sie den noch vorhandenen Widerstand brechen, um die aus ihrer
Sicht illegal säkularisierten Bistümer und Stifte der katholischen Kirche zu
restituieren. Dieser Vorstoß provozierte das protestantische Europa, obwohl nur König Christian IV. von Dänemark als Herzog von Holstein und
Mitglied des niedersächsischen Reichskreises eingriff. Seine Armee unterlag jedoch 1626 bei Lutter den Ligatruppen und wurde 1627 von Wallenstein auf die Inseln abgedrängt.

Erneut wurden Gelegenheiten verpasst, nicht nur die, Frieden mit
Dänemark zu schließen, sondern auch die, den Krieg zu beenden. Mit
Wallenstein hatte nun jedoch ein Condottiere die große Bühne des Krieges
betreten, der ein klares Ziel verfolgte, weil er angetreten war, um dem Kaiser das Reich wirklich zu unterwerfen. Dafür schienen dem Friedländer
gegenreformatorische Pläne eher hinderlich. Wallenstein war militärisch
erfolgreich, weil er Machtpolitik betrieb und zeigte, wie der Krieg den
Krieg ernähren konnte. Seine Ermattungsstrategie nahm wenig Rücksicht
auf Freund und Feind. Weder die Territorien der Ligafürsten noch die
habsburgischen Erblande wurden mit Einquartierungen und Kontributionen verschont. Wallenstein machte sich viele Feinde, unterstützte die Spanier erkennbar widerwillig und befolgte kaiserliche Anordnungen nur
zögerlich oder gar nicht. Mit dem Lübecker Frieden wies er 1629 eigentlich
einen Weg aus diesem Krieg. Die den Dänen entgegenkommenden Kompromisse dienten aber seinen eigenen imperialen Plänen, die um eine kaiserliche Flotte auf der Ostsee kreisten. Da ihm 1629 die nötigen Schiffe

fehlten, durfte er den Dänenkönig nicht verprellen, wenn er schon Gustav II. Adolf provozierte. Der König, der nach seinen Siegen im Baltikum und gegen Polen die Ostsee als schwedisches Binnenmeer betrachtete, fühlte sich vom Kaiser und Wallenstein, dem neuen Herzog von Mecklenburg, an der südlichen Ostseeküste herausgefordert.

Das im März 1629 verkündete kaiserliche Restitutionsedikt, das alle nach 1552 erfolgten Säkularisierungen für illegitim erklärte und deren sofortige Restitution anordnete, hielt Wallenstein allerdings für einen kapitalen Fehler. Tatsächlich einte die Ablehnung die Protestanten wenigstens kurzfristig. Sie schlossen sich nach dem Untergang Magdeburgs den im August 1630 auf Usedom gelandeten Schweden an. Gustav II. Adolf kam als Eroberer, ließ sich jedoch, um die Protestanten als Verbündete zu gewinnen, als Glaubenskämpfer feiern. Die Publizistik machte ihn zum Werkzeug Gottes, ja selbst zum Gott, der den Antichristen in Rom und Wien besiegen werde. Der König selbst hat sich zu seinen politischen Plänen nie geäußert. Sein früher Schlachtentod bei Lützen beendete jedoch im Spätherbst 1632 alle Spekulationen; ein evangelisches Reich unter Führung des schwedischen Königs war nicht mehr möglich. Der schwedische Reichskanzler Oxenstierna wälzte die Lasten des Krieges auf die Reichsstände ab und strebte einen ehrenvollen Frieden mit territorialen und finanziellen Entschädigungen an.

Nachdem der Kaiser Wallenstein Anfang 1634 hatte töten lassen, siegte die Reichsarmee, unterstützt von spanischen Truppen, bei Nördlingen. Die schwedische Position in Oberdeutschland brach danach zusammen. Der im Zeichen dieses Sieges mit dem Juniorpartner Sachsen ausgehandelte Prager Frieden war ganz im Sinne Wallensteins ein verkapptes Kriegsbündnis gegen die fremden Invasoren. Fast alle Reichsstände außer Hessen-Kassel unterwarfen sich aus Angst vor der Reichsarmee diesem Friedensdiktat. Schweden war 1635 nicht beteiligt worden, und Frankreich trat nun in den Krieg ein. Herzog Bernhard von Sachsen-Weimar kämpfte mit französischen Geldern weiter gegen die Habsburger und für ein eigenes Fürstentum. In der letzten Phase des Krieges, als die Schauplätze immer schneller wechselten, die Heere schon aus Gründen der Versorgung wieder kleiner und mobiler wurden und die Diplomatie längst um einen allgemeinen Frieden rang, zeigte sich, dass der Kaiser das Reich weder militärisch noch politisch beherrschen konnte. Er geriet in die Defensive und musste auf dem Friedenskongress einlenken.

In Münster und mehr noch in Osnabrück suchten die Diplomaten Kompromisse. Nach schier nicht enden wollenden Verhandlungen gab es zwar keinen Frieden für Europa, wohl aber einen für den Reichs-Staat. Während die Reichspublizistik bis um 1800 dieses Grundgesetz voller Hochachtung kommentierte, rückte die historische Forschung im 19. Jahrhundert die territorialen Einbußen, die vermeintlich die deutsche Souveränität aufhebende Garantie und die imaginierte politische Ohnmacht in den Blick. Die in die Religionsartikel integrierten Freiheitsrechte blieben nahezu unbeachtet. Mit den Kriminalisierungs- und Diskriminierungsverboten war jedoch spektakulär Neuland betreten worden. Die einklagbaren Freiheitsrechte gehören zum Wurzelwerk der Menschen- und Bürgerrechte und suchen um die Mitte des 17. Jahrhunderts ihresgleichen in Europa.

Es ist nachvollziehbar, mit Schiller im Westfälischen Frieden das zu sehen, was dem 30-jährigen Gemetzel zwar nicht nachträglich einen Sinn verleihen kann, wohl aber zeigt, dass die Akteure daraus gelernt hatten. Der Frieden sollte die tatsächlichen und vermeintlichen Ursachen des Krieges in Deutschland bereinigen und dadurch Europa sicherer machen. Er fixierte die deutsche Freiheit, blockierte eine monarchische Alleinregierung und garantierte individuelle Freiheitsrechte. Er verknüpfte darüber hinaus das Gefüge komplementärer Mehrebenenstaatlichkeit mit dem Staateneuropa, sodass sowohl die Sicherheitsbedürfnisse der Reichsstände als auch diejenigen der auswärtigen Mächte befriedigt wurden. Die religiöse Wahrheitsfrage spielte hingegen weder bei den Verhandlungen noch im Vertragstext eine entscheidende Rolle. Der Einspruch des Papstes wurde mit einer Antiprotestklausel für nichtig erklärt.

Der Westfälische Frieden war ein zukunftweisendes Grundgesetz, dessen Bedeutung wohl erst wieder im Zuge der europäischen Einigung gewürdigt werden konnte. Das Prinzip des Guten durch Böses darf angesichts der langen Leidenszeit nicht überstrapaziert werden, doch der 1648 erreichte Konsens wäre ohne die Erfahrung, dass sich die Drohungen mit Gott als Disziplinierungsmittel und die Kriegsziele in der überlangen Leidenszeit verbraucht hatten, kaum denkbar gewesen. Die Staatsräson besiegte die Reiter der Apokalypse mit einem Frieden, der für das 17. Jahrhundert außergewöhnlich war und auch heute noch bemerkenswert erscheint, weil er, abgesehen vom Papst, niemanden als Verlierer zurückließ.

Wenn in jüngster Zeit der Ruf nach einem Westfälischen Frieden für den Nahen Osten ertönt, stellt sich die Frage, was eigentlich von diesem

Vertrag musterhaft genutzt werden soll. Gemeinsam ist beiden Kriegen, dass Gott von den Parteien auf den Kriegsschauplatz gerufen wurde und wird. Während jedoch in den 1640er Jahren die Menschen nur noch Gottes Beistand für ihren irdischen Frieden erbaten, scheint im Nahen Osten der Krieg als solcher Gottes Wille. Darüber hinaus sind die Analogien dünn. Das Kriegsgebiet, das Heilige Römische Reich Deutscher Nation, war kein gescheiterter Staat;[58] es konnte zu dessen alter Verfassungsordnung – modifiziert und mit einer internationalen Garantie versehen – zurückgekehrt werden. Überdies beruhte der Frieden auf heute undenkbaren Prinzipien. Alle Parteien wurden nicht nur am Aushandeln des Friedens beteiligt, sondern durch ihn wurden eine Amnestie und immerwährendes Vergessen garantiert. Wer wollte heute ein solches Dokument unterschreiben?

Die Lektüre des Westfälischen Friedensvertrages vermittelt vor allem die Einsicht, dass Alternativen zu den üblichen Wegen eine Lösung sein könnten. Die Herrschafts- oder Staatsräson kann, ohne das freiheitliche Wertgefüge zur Disposition zu stellen, fundamentalistische Positionen überwinden, wenn Sonder- und Ausnahmeregelungen die essentiellen Prinzipien aller Beteiligten wahren. Ein ausgehandelter Frieden muss keine Homogenität erzeugen und kann die Komplexität durchaus weiter steigern. Das Reichsgrundgesetz Westfälischer Frieden zeigt, dass eine akzeptierte Verfassungsordnung eine politische Nation generieren und formieren kann. Als die Reichsverfassung in der zweiten Hälfte des 18. Jahrhunderts durch den deutschen Dualismus zwischen Österreich und Preußen zunehmend unter Druck geriet, verwiesen beispielsweise publizierende Politiker wie Friedrich Carl von Moser oder Justus Möser, aber auch Dichter wie Christoph Martin Wieland und Friedrich Schiller auf diese als Kern der deutschen Nation. In der alten Bundesrepublik haben Dolf Sternberger und Jürgen Habermas, wenn auch mit unterschiedlichen Akzentuierungen, das spürbare nationale Defizit durch Verfassungspatriotismus beheben wollen.[59] Der Ansatz wurde auch wegen der angeblich fehlenden historischen Tiefe massiv kritisiert. Republikanisch-freiheitliche Verfassungen besitzen in Deutschland jedoch eine lange Geschichte, das wissen die Deutschen nur noch nicht.

Die Einordnung des Dreißigjährigen Krieges in einen heilsgeschichtlichen und einen freiheitlich-konstitutionellen Rahmen macht die Opfer und die Ängste, die Verwüstungen und Enthemmungen, die ihn begleiteten, natürlich nicht ungeschehen. Die Neuerzählung löst den Schrecken und das Leid jedoch aus dem einst plausiblen, heute jedoch falschen Zusammenhang mit der preußischen Mission zur Gründung des deutschen Nationalstaates. Stattdessen will sie die ambivalenten Folgen der Instrumentalisierung von Gottes angeblichem Willen ebenso aufzeigen wie die Tragfähigkeit von Lösungen, die Eintracht und Einigkeit mit religiöser Duldung und freiheitlicher Vielfalt verbinden. Der Westfälische Frieden hat den Nationalstaat nicht verfehlt, sondern die Freiheit bewahrt. Nur wer die ferne Vergangenheit durch immer wieder neu justierte selbstreferentielle Vergleiche zum Sprechen bringt, dem eröffnen sich diese Einsichten. Wer sich hingegen mit den scheinbar bewährten historischen Einschätzungen zufriedengibt, für den bleiben die alten Mythen wie die Urkatastrophe und das Trauma des deutschen Volkes unvergängliche Wahrheiten.

ANHANG

Dank

Die Reiter der Apokalypse verlassen meinen Schreibtisch. Vieles wäre hinzuzufügen, einiges wurde vergessen, anderes konnte nicht oder nicht mehr berücksichtigt werden. Paralleles muss jeder Autor ignorieren. Die Zweifel bleiben.

Mit diesem Buch habe ich nach Erreichen der Altersgrenze meine akademische Lehrtätigkeit an der Friedrich-Schiller-Universität in Jena beendet. Der Dreißigjährige Krieg war ein zentraler Gegenstand der Vorlesungen, Seminare und Module. Es ist unmöglich, allen zu danken, die in unzähligen Gesprächen und vielen anregenden Diskussionsrunden mich und meine Sicht dieses Geschehens beeinflusst haben. Zuletzt waren dies vor allem Frau Dr. Astrid Ackermann mit ihrer Habilitationsschrift über Bernhard von Sachsen-Weimar und Herr Christoph Nonnast mit seiner Dissertation über Sachsen-Altenburg auf dem Westfälischen Friedenskongress. Darüber hinaus arbeiten die Herren Marcus Stiebing und Ingo Leinert an ihren Dissertationen zur Politikberatung in Weimar und Jena um 1620 sowie zu den politischen Hintergründen des Konkordienwerks. Ihnen allen möchte ich danken, dass sie mich an ihrem Wissen teilhaben ließen. Frau Saskia Jungmann und Herr Christoph Oelmann haben mit nimmermüdem Eifer Literatur herangeschafft, Texte kopiert, Geschriebenes gelesen und das Literaturverzeichnis angefertigt – auch dafür vielen Dank.

Nicht vergessen werden soll Frau Anke Munzert, die Sekretärin und gute Seele des Lehrstuhls, die mit stoischer Ruhe, nimmermüdem Einsatz und in Kenntnis aller Wege der universitären Administration dafür sorgte, dass Probleme und Chaos sich flugs in Ordnung verwandelten. Ihr möchte ich ebenso danken wie Frau Christiane Schmidt, die das Manuskript gründlich las und nicht nur für sprachliche Verbesserungen sorgte, sowie dem Beck Verlag und seinem Cheflektor Herrn Dr. Detlef Felken, bei denen die Reiter der Apokalypse in guter Obhut sind.

Jena, im Dezember 2017

Anmerkungen

Prolog

1 Vgl. Dieter Langewiesche, Wozu Geschichtsmythen, in: ders. u. a. (Hg.), Mythen und Politik im 20. Jahrhundert. Deutsche – Tschechen – Slowaken, Essen 2013, S. 7–24, Zitat S. 7.

2 Helmut Plessner, Die verspätete Nation. Über die politische Verführbarkeit des bürgerlichen Geistes, Frankfurt a. M. ⁴1992; Bernd Faulenbach, Ideologie des deutschen Weges. Die deutsche Geschichte in der Historiographie zwischen Kaiserreich und Nationalsozialismus, München 1980.

3 Heinrich August Winkler, Der lange Weg nach Westen, München 2000.

4 Bernhard Erdmannsdörffer, Deutsche Geschichte vom Westfälischen Frieden bis zum Regierungsantritt Friedrichs des Großen: 1648–1740, Bd. 1, Berlin 1892, S. 102.

5 Gustav Freytag, Bilder aus der deutschen Vergangenheit, Bd. 3: Aus dem Jahrhundert des großen Krieges (1600–1700), Leipzig ⁵1867, S. 245.

6 Kevin Cramer, The Thirty Years' War and German Memory in the Nineteenth Century, Lincoln/London 2007, S. 218.

7 Joachim Frolichius, Cometologia oder Bericht von Cometen insgemein / und insonderheit dem jetzt erscheinenden / welcher im Octobri / lauffendes 1618 Jahrs sich herfür gethan / und bißhero gesehen wird …, VD17 23:266578R (1. 12. 2015). Abgesehen von den Titeln wurden bei allen frühneuzeitlichen Quellenzitaten Schreibweise und Grammatik den heutigen Gepflogenheiten angepasst.

8 Volker Leppin, Antichrist und Jüngster Tag. Das Profil apokalyptischer Flugschriftenpublizistik im deutschen Luthertum 1548–1618, Heidelberg 1999, S. 96–103.

9 Helwig Garth, Pragerische Cometen Predigt, VD17 23:275061C (1. 12. 2015).

10 Jürgen Hübner, Die Theologie Johannes Keplers zwischen Orthodoxie und Naturwissenschaft, Tübingen 1975, S. 44, Anm. 18.

11 Leppin (1999), Antichrist, S. 80 ff. u. 92.

12 Ebd., S. 165 ff.

13 Anselm Schubert, Die Reformation als Werk Gottes in der lutherischen Historiographie des 16. und 17. Jahrhunderts, in: Mariano Delgado/Volker Leppin (Hg.), Gott in der Geschichte, Fribourg/Stuttgart 2013, S. 255–269, hier S. 256 f.; Peer Schmidt, Zwischen Danielprophetie, Romidee und «servitut». Deutsche und spanische Antworten auf die universalmonarchische Legitimation Karls V., in: Volker Leppin u. a. (Hg.), Johann Friedrich I. – der lutherische Kurfürst, Heidelberg 2006, S. 31–54, hier S. 39.

14 Michael Tilly, Apokalyptik, Tübingen 2012.

15 Offb. 20, 1–6.

16 Wilhelm Baum, Joachim von Fiore und das kommende Reich des Geistes. In: Jahrbuch der Oswald-von-Wolkenstein-Gesellschaft 13, 2001/02, S. 77–97; Siegfried Wollgast, Krieg und Frieden im utopischen Denken des 17. Jahrhunderts in Deutschland, in: Klaus Garber u. a. (Hg.), Erfahrung und Deutung von Krieg und Frieden. Religion – Geschlechter – Natur und Kultur, München 2001, S. 201–245.

17 Julia Eva Wannenmacher, Auf der Suche nach dem Millenium. Von Joachim von Fiore bis zum Dritten Reich, in: Delgado/Leppin (2013), Gott, S. 159–182, hier S. 168.

18 Vgl. Jörg Frey, Das apokalyptische Millennium. Zu Herkunft, Sinn und Wirkung der Millenniumsvorstellung in Offenbarung 20,4–6, in: Christoph Bochinger u. a. (Hg.), Millennium.

Deutungen zum christlichen Mythos der Jahrtausendwende, Gütersloh 1999, S.10–72; Wolfgang Reinhard, Vom italienischen Humanismus bis zum Vorabend der Französischen Revolution, in: Hans Fenske u.a. (Hg.), Geschichte der politischen Ideen. Von der Antike bis zur Gegenwart, Frankfurt a.M. 1996 (zuerst 1981), S.241–376, hier S.265.

19 Matthias Pohlig, Exegese und Historiographie. Lutherische Apokalypsenkommentare als Kirchengeschichtsschreibung (1530–1618), in: Thomas Kaufmann u.a. (Hg.), Frühneuzeitliche Konfessionskulturen, Heidelberg 2008, S.289–317, hier S.303 f.

20 Wilhelm Schmidt-Biggemann, Apokalypse und Millenarismus im Dreißigjährigen Krieg, in: Klaus Bußmann/Heinz Schilling (Hg.), 1648 – Krieg und Frieden in Europa, o.O. 1998, Bd.1, S.259–263, hier S.259; Tilly (2012), Apokalyptik, S.122 ff. Vgl. Silvia Serena Tschopp, Heilsgeschichtliche Deutungsmuster in der Publizistik des Dreißigjährigen Krieges, Frankfurt a.M. u.a. 1991, S.198 ff.

21 Thomas Kaufmann, Römisches und evangelisches Jubeljahr 1600, in: Bochinger (1999), Millennium, S.73–136, hier S.124; Volker Leppin, Stabilisierende Prophetie. Endzeitverkündigung im Dienste der lutherischen Konfessionalisierung, in: Jahrbuch für Biblische Theologie 14, 1999, S.197–212, hier S.197.

22 Leppin (1999), Antichrist, S.45 ff. u. passim.

23 Martin Hille, Providentia Dei, Reich und Kirche. Weltbild und Stimmungsprofil altgläubiger Chronisten 1517–1618, Göttingen 2010, S.365.

24 Leppin (1999), Antichrist, S.286, bes. Anm.78.

25 Marion Gindhart, Das Kometenjahr 1618. Antikes und zeitgenössisches Wissen in der frühneuzeitlichen Kometenliteratur des deutschsprachigen Raumes, Wiesbaden 2006, S.46–49.

26 Matthias Asche/Anton Schindling (Hg.), Das Strafgericht Gottes. Kriegserfahrungen und Religion im Heiligen Römischen Reich Deutscher Nation im Zeitalter des Dreißigjährigen Krieges, Münster 2001.

27 Offb. 6,1–8. Vgl. Otto Böcher: Die Johannesapokalypse, Darmstadt [4]1998, S.47–56.

28 Leppin (1999), Antichrist, S.168.

29 Max Horkheimer/Theodor W. Adorno, Dialektik der Aufklärung, Frankfurt a.M. 1969.

30 François Lyotard, Das postmoderne Wissen, Wien [7]2012, passim.

31 Gerd Dethlefs, Schauplatz Europa. Das Theatrum Europaeum des Matthaeus Merian als Medium kritischer Öffentlichkeit, in: Klaus Bußmann/Elke Werner (Hg.), Europa im 17.Jahrhundert, Stuttgart 2004, S.149–179; Nikola Rossbach u.a. (Hg.), Das Theatrum Europaeum. Wissensarchitektur einer Jahrhundertchronik, Wolfenbüttel 2012, http://diglib.hab.de/ebooks/edoo0081/start.htm (25.3.2014).

32 Kai Lohsträter, Alles Kriegstheater? Das Theatrum Europaeum im Kontext der Kriegsberichterstattung des 17.Jahrhunderts, in: ebd. (ohne Paginierung, 16.12.2016).

33 Dethlefs (2004), Schauplatz, S.154 f.

34 Lohsträter (2012), Kriegstheater (ohne Paginierung).

35 Dethlefs (2004), Schauplatz, S.169.

36 Discursus Politicus oder Rathliches Bedencken / Von der notwendigen und wichtigen Frag / unnd Bescheidt: Ob es heylsam unnd nutzlich sey im heiligen Römischen Reich Teutscher Nation / Uniones und Bündnussen / aufzurichten / Einzugehen und zuschlissen, o.O. 1618, Zitate S.3–19, Flugschriftensammlung Gustav Freytag, Nr.4785.

37 Reinhart Koselleck, ‹Erfahrungsraum› und ‹Erwartungshorizont› – zwei historische Kategorien, in: ders., Vergangene Zukunft. Zur Semantik geschichtlicher Zeiten, Frankfurt a.M. [4]1985, S.349–375.

I. Spuren

1 Carl von Clausewitz, Vom Kriege, Bd.1, Berlin [3]1867, S.24.

2 Axel Gotthard, Der liebe vnd werthe Fried. Kriegskonzepte und Neutralitätsvorstellungen in der Frühen Neuzeit, Köln u.a. 2014, bes. S.26–40.

3 Alexander Schmidt, Vaterlandsliebe und Religionskonflikte. Politische Diskurse im Alten Reich (1555–1648), Leiden/Boston 2007, S.342 f.

1. Ungewissheiten oder warum die Freiheit ängstigte

1 Vgl. Giovanni Pico della Mirandola, Über die Würde des Menschen, hg. u. eingel. v. August Buck, Hamburg 1990.

2 Vgl. Michael North, Europa expandiert, Stuttgart 2007, S. 343.

3 Thomas von Aquin, Über die Herrschaft der Fürsten, Buch 1, Kap. 1, Stuttgart 1971, S. 5–10.

4 Dirk Lüddecke, Marsilius von Padua. Der Verteidiger des Friedens (1324), in: Manfred Brocker (Hg.), Geschichte des politischen Denkens, Frankfurt a.M. 2007, S. 93–107, Zitat S. 100.

5 Vgl. Caspar Hirschi, Wettkampf der Nationen. Konstruktionen einer deutschen Ehrgemeinschaft an der Wende vom Mittelalter zur Neuzeit, Göttingen 2005, bes. S. 65 f.

6 Thomas Maissen, Schlusswort. Überlegungen zu Funktionen und Inhalt des Humanismus, in: ders./Gerrit Walther (Hg.), Funktionen des Humanismus. Studien zum Nutzen des Neuen in der humanistischen Kultur, Göttingen 2006, S. 396–402, hier S. 400.

7 Vgl. zu diesem Abschnitt Georg Schmidt, Geschichte des Alten Reiches. Staat und Nation in der Frühen Neuzeit 1495–1806, München 1999, S. 28–32.

8 Hirschi (2005), Wettkampf.

9 Anton Schindling, Scarabaeus aquilam quaerit. Humanismus und die Legitimation von Krieg und Frieden, in: Maissen (2006), Funktionen, S. 343–361, hier S. 350 ff.

10 Erasmus von Rotterdam, Die Klage des Friedens, übertr. u. hg. v. Kurt Steinmann, Frankfurt a.M./Leipzig 2001.

11 Peter Schmidt, Bellum iustum. Gerechter Krieg und Völkerrecht in Geschichte und Gegenwart, Diss. jur., Frankfurt a.M. 2010, bes. S. 138–202.

12 Alfred Kohler, Expansion und Hegemonie. Internationale Beziehungen 1450–1559, Paderborn 2008, S. 56 f.

13 Vgl. Schindling (2006), Scarabeus, S. 344 ff.

14 Heinhard Steiger, Friede in der Rechtsgeschichte, in: ders., Von der Staatengesellschaft zur Weltrepublik? Aufsätze zur Geschichte des Völkerrechts aus vierzig Jahren, Baden-Baden 2009, S. 293–355, hier S. 294.

15 Zit. n. Jean Delumeau, Angst im Abendland. Die Geschichte kollektiver Ängste im Europa des 14. bis 18. Jahrhunderts, Reinbek 1989, S. 313.

16 Johann Wolfgang Goethe: Gespräch mit Dietmar, in: ders.: Gedenkausgabe der Werke, Briefe und Gespräche, hg. v. Ernst Beutler, Zürich 1949, Bd. 1, S. 152–155, Zitat S. 153.

17 Vgl. Georg Schmidt, Luther und die Freiheit seiner «lieben Deutschen», in: Heinz Schilling (Hg.), Der Reformator Martin Luther 2017, Berlin u. a. 2014, S. 173–194.

18 Winfried Schulze, Deutsche Geschichte im 16. Jahrhundert, Frankfurt a.M. 1987, S. 68.

19 Delumeau (1989), Angst, S. 311.

20 Samuel K. Cohn, The Black Death. The End of a Paradigm, in: Joseph Canning u. a. (Hg.), Power, Violence, and mass death in pre-modern and modern times, Aldershot 2004, S. 25–66, hier S. 53 f.

21 Volker Leppin, «Nicht seine Person, sondern die Wahrheit zu verteidigen». Die Legende vom Thesenanschlag in lutherischer Historiographie und Memoria, in: Schilling (2014), Luther, S. 85–107.

22 Peter Marshall, Die Reformation in Europa, Stuttgart 2014, S. 62–65.

23 Vgl. ebd., S. 71.

24 Johannes Burkhardt, Das Reformationsjahrhundert. Deutsche Geschichte zwischen Medienrevolution und Institutionenbildung 1517–1617, Stuttgart 2002, S. 26 u. passim.

25 Volker Leppin, Martin Luther, Darmstadt 2006, S. 154 ff.

26 Georg Schmidt, Luthers verführerisches Angebot: Gehorsam und Kirchenregiment, in: Werner Greiling u. a. (Hg.), Negative Implikationen der Reformation? Gesellschaftliche Transformationsprozesse 1470–1620, Köln u. a. 2015, S. 201–221, hier S. 206 ff.

27 Röm. 13,1. Otto Dibelius, Obrigkeit, Stuttgart 1963, S. 53 f. Zit. n. Johann Baptist Müller (Hg.), Luther und die Deutschen. Texte zur Geschichte und Wirkung, Stuttgart 1983, S. 124 f.

28 Vgl. Georg Schmidt, Speyer 1526. Wie eine Floskel die obrigkeitliche Reformation legitimierte und das Reich veränderte, in: Joachim Bauer/Stefan Michel (Hg.), Der «Unterricht der Visitatoren» und die Durchsetzung der Reformation in Kursachsen, Leipzig 2017, S. 35–52.

29 Luise Schorn-Schütte, Konfessionskriege und europäische Expansion. Europa 1500–1648, München 2010, S.74; dies., Geschichte Europas in der Frühen Neuzeit, Paderborn u.a. 2009, S.196.

30 Günter Vogler, Europas Aufbruch in die Neuzeit 1500–1650, Stuttgart 2003, S.318.

31 Vgl. auch zum Folgenden: Ingun Montgomery, Die curia religionis als Aufgabe des Fürsten. Perspektiven der Zweiten Reformation in Schweden, in: Heinz Schilling (Hg.), Die reformierte Konfessionalisierung in Deutschland. Das Problem der «Zweiten Reformation», Gütersloh 1986, S.266–290, hier S.266.

32 Vgl. auch zum Folgenden A. Schmidt (2007), Vaterlandsliebe, S.65–123.

33 Ebd., S.101–104.

34 Zit. n. ebd., S.109.

35 Vgl. Andreas Klinger, Freiheitskriege, in: Enzyklopädie der Neuzeit 3, Stuttgart 2006, Sp.1180–1185.

36 Zu Entstehung und Hintergrund des Begriffs: Wolfgang Mager, Genossenschaft, Republikanismus und konsensgestütztes Ratsregiment, in: Luise Schorn-Schütte (Hg.), Aspekte der politischen Kommunikation im Europa des 16. und 17.Jahrhunderts, München 2004, S.13–122, hier S.73.

37 Martin van Gelderen, Republikanismus in Europa. Deutsch-niederländische Perspektiven 1580–1650, in: Schorn-Schütte (2004), Aspekte, S.283–309, hier S.284 ff., Zitat S.286.

38 Herfried Münkler, Republikanismus in der italienischen Renaissance, in: Peter Blickle/Rupert Moser (Hg.), Traditionen der Republik. Wege zur Demokratie, Bern u.a. 1999, S.41–71, hier S.44 f.

39 Vgl. Paul Joachimsen, Der Humanismus und die Entwicklung des deutschen Geistes, in: Deutsche Vierteljahrsschrift für Literaturwissenschaft und Geistesgeschichte 8, 1930, S.419–480.

40 Vgl. auch zum Folgenden Georg Schmidt, Europa in der ersten Hälfte des 17.Jahrhunderts, in: Schütz-Jahrbuch 2011, S.31–40; Vogler (2003), Aufbruch, bes. S.13–45; Wolfgang Schmale, Geschichte Europas, Wien u.a. 2000; Winfried Schulze, Europa in der Frühen Neuzeit. Begriffsgeschichtliche Befunde, in: Heinz Duchhardt und Andreas Kunz (Hg.), «Europäische Geschichte» als historiographisches Problem, Mainz 1997, S.35–65.

41 Woldemar Freiherr von Biedermann (Hg.), Goethes Gespräche, Bd.1–10, Leipzig 1889–1896, hier Bd.2, Nr.358, S.209 f., Zitat S.210.

42 Johann Jacob Moser, Versuch des neuesten Europäischen Völker-Rechts in Friedens- und Kriegs-Zeiten, Tl.1, Buch 1, Frankfurt a.M. 1777, S.33, zit. n. Stephan Wendehorst, Johann Jacob Moser: Der Reichspublizist als Völkerrechtler, in: ders. (Hg.), Die Anatomie frühneuzeitlicher Imperien, Berlin u.a. 2015, S.303–324, hier S.320.

43 Dieter Mertens, Geschichte der politischen Ideen im Mittelalter, in: Hans Fenske (Hg.), Geschichte der politischen Ideen. Von der Antike bis zur Gegenwart, Frankfurt a.M. 1996, S.143–238, hier S.204 f.

44 Ulrike von Hirschhausen, A New Imperial History? Programm, Potenzial, Perspektiven, in: Geschichte und Gesellschaft 41, 2015, S.718–757, Zitat S.722.

45 Mertens (1996), Geschichte, S.174 f.

46 Ebd., S.207.

47 Schulze (1997), Europa, S.44 ff.

48 Alois Riklin, Machtteilung. Geschichte der Mischverfassung, Darmstadt 2006, S.160.

49 Wolfgang Mager, Zur Entstehung des modernen Staatsbegriffs, Wiesbaden 1968, S.24 ff.

50 Schulze (1987), Geschichte, S.223.

51 Vgl. A. Schmidt (2007), Vaterlandsliebe, passim.

52 Machiavelli, Discorsi. Staat und Politik, hg. v. Horst Günter, Frankfurt a.M. u.a. 2000, S.417 (Buch 3, Kap.41).

53 Herfried Münkler, Im Namen des Staates. Die Begründung der Staatsraison in der Frühen Neuzeit, Frankfurt a.M. 1987, S.173.

54 Robert von Friedeburg, Luther's Legacy. The Thirty Years War and the Modern Notion of «State» in the Empire, 1530s to 1790s, Cambridge 2016.

55 Friedrich Meinecke, Die Idee der Staatsräson in der neueren Geschichte, München ³1963, S.33 f.

56 Reinhard (1996), Humanismus, S. 251 ff.

57 Vogler (2003), Aufbruch, S. 259.

58 Meinecke (1963), Idee, S. 78.

59 Münkler (1987), Namen, S. 185.

60 Martin van Creveld, The Rise and Decline of the State, Cambridge 1999, S. 178.

61 Axel Gotthard, Konfession und Staatsräson. Die Außenpolitik Württembergs unter Herzog Johann Friedrich (1608–1628), Stuttgart 1992, bes. S. 10–13.

62 Meinecke (1963), Idee, S. 142; Dieter Janssen, Bellum iustum und Völkerrecht im Werk des Hugo Grotius, in: Horst Lademacher u. a. (Hg.), Krieg und Kultur. Die Rezeption von Krieg und Frieden in der Niederländischen Republik und im Deutschen Reich 1568–1648, Münster u. a. 1998, S. 129–154, bes. S. 130 f.

63 Vgl. zuletzt Amalie Fößel, Die deutsche Tradition von Imperium im späten Mittelalter, in: Franz Bosbach/Joseph Hiery (Hg.), Imperium, Empire, Reich. Ein Konzept politischer Herrschaft im deutsch-britischen Vergleich, München 1999, S. 17–30, Zitate S. 30.

64 Arno Buschmann (Hg.), Kaiser und Reich. Klassische Texte und Dokumente zur Verfassungsgeschichte des Hl. Römischen Reiches Deutscher Nation, München 1984, S. 159.

65 Vgl. Neue und vollständigere Sammlung der Reichsabschiede [...], Tle. 1–4, Frankfurt a. M. 1747, hier Tl. 3, S. 187 f.; Art. Müntzordnung, in: Zedler, Universal-Lexicon, Bd. 22, Sp. 561–578, hier Sp. 563.

66 Wolfgang Burgdorf, Protokonstitutionalismus. Die Reichsverfassung in den Wahlkapitulationen der römisch-deutschen Könige und Kaiser 1519–1792, Göttingen 2015.

67 Gabriele Haug-Moritz, Der Schmalkaldische Bund 1530–1541/42. Eine Studie zu den genossenschaftlichen Strukturelementen der politischen Ordnung des Heiligen Römischen Reiches Deutscher Nation, Leinfelden-Echterdingen 2002.

68 Georg Schmidt, Die Idee «deutsche Freiheit». Eine Leitvorstellung der politischen Kultur des Alten Reiches, in: ders./Martin van Gelderen/Christopher Snigula (Hg.), Kollektive Freiheitsvorstellungen im frühneuzeitlichen Europa (1400–1850), Frankfurt a. M. u. a. 2006, S. 159–189; Burgdorf (2015), Protokonstitutionalismus.

69 Vgl. Luise Schorn-Schütte, Gottes Wort und Menschenherrschaft. Politisch-Theologische Sprachen im Europa der Frühen Neuzeit, München 2015, S. 36 ff.

70 Anonymes Gutachten, 1530, in: Das Widerstandsrecht als Problem der deutschen Protestanten 1523–1546, hg. v. Heinz Scheible, Gütersloh ²1982, S. 67 f., Zitat 67.

71 Chaim Wirszubski, Libertas als politische Idee im Rom der späten Republik und des frühen Prinzipats, Darmstadt 1967.

72 Friedrich Hortleder, Der Römischen Keyser- und Königlichen Maiesteten, auch des Heiligen Römischen Reichs ... Handlungen und Ausschreiben ... von den Ursachen des Teutschen Kriegs Kaiser Carls des Fünfften ..., Bde. 1 u. 2, Gotha ²1645, hier Bd. 1, S. 954.

73 Art. Republick, in: Zedler, Universal-Lexikon, Bd. 31, Sp. 665.

74 Georg-Christoph von Unruh, Obrigkeit und Amt bei Luther und das von ihm beeinflußte Staatsverständnis, in: Roman Schnur (Hg.), Staatsräson. Studien zur Geschichte eines politischen Begriffs, Berlin 1975, S. 339–361, hier S. 354.

75 Regius Selinus (= Basilius Monner), Von der Defension und Gegenwehre / Ob man sich wider der Oberkeit Tyranney und unrechte Gewalt wehren / und gewalt mit gewalt Jure vertreiben müge, 1546, in: Hortleder, Maiesteten, hier Bd. 2, S. 156–173, bes. S. 157 ff. Vgl. Richard von Friedeburg, Self Defence and Religious Strife in Early Modern Europe. England and Germany, 1530–1680, Aldershot 2002, S. 80 f.

76 Georg Schmidt, Teutsche Kriege. Nationale Deutungsmuster und integrative Wertvorstellungen im frühneuzeitlichen Reich, in: Dieter Langewiesche/Georg Schmidt (Hg.), Föderative Nation. Deutschlandkonzepte von der Reformation bis zum Ersten Weltkrieg, München 2000, S. 33–61.

77 Antwort. Auff den Sendbrieff, so H. S. in der Bapisten Leger ... geschriben hatt, 1546, Flugschriftensammlung Gustav Freytag, Nr. 2031.

78 Horst Rabe, Reichsbund und Interim. Die Verfassungs- und Religionspolitik Karls V. und der Reichstag von Augsburg 1547/1548, Köln/Wien 1971; Volker Press, Die Bundespläne Kaiser Karls V. und die Reichsverfassung, in: Heinrich Lutz (Hg.), Das römisch-deutsche Reich im politischen System Karls V., München/Wien 1982, S. 55–106.

79 Nikolaus Mammeranus, Von anrichtung des newen Evangelii und der alten Libertet oder Freyheit Teutscher Nation… Köln 1552, Flugschriftensammlung Gustav Freytag, Nr. 2069.

80 Roland Sturm, Perspektiven des Staates im 21. Jahrhundert, in: Alexander Gallus/Eckhard Jesse (Hg.), Staatsformen. Modelle politischer Ordnung von der Antike bis zur Gegenwart. Ein Handbuch, Köln u. a. 2004, S. 371–399, Zitat S. 383.

81 Schmidt (1999), Geschichte, S. 44.

82 Martin Heckel, Deutschland im konfessionellen Zeitalter, Göttingen 1983, S. 48.

83 Zit. n. Peter Segl, Europas Grundlegung im Mittelalter, in: Jörg A. Schlumberger/Peter Segl (Hg.), Europa – aber was ist das? Aspekte seiner Identität in interdisziplinärer Sicht, Köln u. a. 1994, S. 21–43, hier S. 40. Vgl. Johannes Helmrath, Enea Silvio Piccolimini (Pius II.) – Ein Humanist als Vater des Europagedankens? In: Themenportal Europäische Geschichte (2007), http://www.europa.clio-online.de/2007/Article=118 (12. 3. 2013).

84 Felix Konrad, Von der ‹Türkengefahr› zu Exotismus und Orientalismus. Der Islam als Antithese Europas (1453–1914), http://www.ieg-ego.eu/de/threads/modelle-und-stereotypen/tuerkengefahr (1. 12. 2015).

85 Martin Wrede, Der Kontinent der Erbfeinde, in: Irene Dingel/Matthias Schnettger (Hg.), Auf dem Weg nach Europa. Deutungen, Visionen, Wirklichkeiten, Göttingen 2011, S. 56–78, hier bes. S. 61 ff.

86 Almut Höfert, Den Feind beschreiben. «Türkengefahr» und europäisches Wissen über das Osmanische Reich 1450–1600, Frankfurt/New York 2003, S. 62–65.

87 Ivan Parvev, «Krieg der Welten» oder «Balance of Power». Europa und die Osmanen, 1300–1856, in: Dingel/Schnettger (2011), Weg, S. 131–145, bes. S. 135 ff.

88 Höfert (2003), Feind, S. 116 f.

89 Josef Matuz, Das Osmanische Reich. Grundlinien seiner Geschichte, Darmstadt ³1994, S. 126 ff.

90 Holger T. Gräf, «Erbfeind der Christenheit» oder potentieller Bündnispartner? Das Osmanenreich im europäischen Mächtesystem des 16. und 17. Jahrhunderts – gegenwartspolitisch betrachtet, in: Marlene Kurz u. a. (Hg.), Das Osmanische Reich und die Habsburgermonarchie, München 2005, S. 37–51, bes. S. 39. Vgl. auch Emrah Safa Gürkan, Die Osmanen und ihre christlichen Verbündeten, in: Europäische Geschichte Online, 29, http://www.ieg-ego.eu/gurkane-2010-de (27. 3. 2013).

91 Hanns Leiner, Die Zuchtrute Gottes, in: Sonntagsblatt 18/2008, http://www.sonntagsblatt-bayern.de/news/aktuell/2008_18_24_01.htm (18. 2. 2013).

92 Offb. 20,8.

93 Delumeau (1989), Angst, S. 409 ff.

94 Kaufmann (1999), Jubeljahr, S. 117.

95 Leppin (1999), Antichrist, S. 99.

96 Jan Paul Niederkorn, Die europäischen Mächte und der «Lange Türkenkrieg» Kaiser Rudolfs II. (1593–1606), Wien 1993.

97 Peter H. Wilson, Europe's Tragedy. A History of the Thirty Years War, London 2009, S. 84.

98 Georg Schmidt, Der Wetterauer Grafenverein. Organisation und Politik einer Reichskorporation zwischen Reformation und Westfälischem Frieden, Marburg 1989, S. 360.

99 Winfried Schulze, Reich und Türkengefahr im späten 16. Jahrhundert, München 1978, S. 360 ff.

100 Bernd Roeck (Hg.), Deutsche Geschichte in Quellen und Darstellungen, Bd. 4: Gegenreformation und Dreißigjähriger Krieg 1555–1648, Stuttgart 1996, S. 129 ff.

101 Hille (2010), Providentia, S. 299.

102 Delumeau (1989), Angst, S. 406 f.

103 Georg Brentel, Ain Trost wider den Türcken […], Augsburg [1543], Titelblatt, VD16 B 7465 (1. 12. 2015).

104 [Rupert Rothut], Weckglock […], VD16 R 3315 (1. 12. 2015).

105 Norbert Haag, «Erbfeind der Christenheit». Türkenpredigten im 16. und 17. Jahrhundert, in: Gabriele Haug-Moritz u. a. (Hg.): Repräsentationen der islamischen Welt im Europa der Frühen Neuzeit, Münster 2010, S. 127–149, hier S. 145 f.

2. Verhärtungen oder wie die Menschen Gott vereinnahmten

1 Friedrich Schiller, Geschichte des Dreißigjährigen Krieges, in: ders., Sämtliche Werke, Bd. 4, München [7]1988, S. 363–745, Zitate S. 365–368.

2 Vogler (2003), Aufbruch, S. 414.

3 Theodore K. Rabb, The Struggle for Stability in Early Modern Europe, Oxford 1976. Vgl. Heinz Dieter Kittsteiner, Die Stabilisierungsmoderne. Deutschland und Europa 1618–1715, München 2010.

4 Wolfgang Behringer, Kulturgeschichte des Klimas. Von der Eiszeit bis zur globalen Erwärmung, München 2007, S. 159 ff.

5 Schorn-Schütte (2015), Gottes Wort, S. 25.

6 Ulrich Scheuner, Staatsräson und religiöse Einheit des Staats. Zur Religionspolitik in Deutschland im Zeitalter der Glaubensspaltung, in: Schnur (1975), Staatsräson, S. 363–405, bes. S. 385.

7 Georg Schmidt, Die zweite Reformation in den Reichsgrafschaften. Konfessionswechsel aus Glaubensüberzeugung und aus politischem Kalkül, in: Meinrad Schaab (Hg.), Territorialstaat und Calvinismus, Stuttgart 1993, S. 97–136.

8 Ernst Koch, Der Weg zur Konkordienformel, in: Vom Dissensus zum Konsensus. Die Formula Concordiae von 1577 (= Fuldaer Hefte, 24), S. 10–46, hier S. 32 f.

9 Vgl. Horst Rabe, Deutsche Geschichte 1500–1600. Das Jahrhundert der Glaubensspaltung, München 1991, S. 512 ff.

10 Irene Dingel, Augsburger Religionsfrieden und «Augsburger Religionsverwandtschaft» – konfessionelle Lesarten, in: Heinz Schilling u. a. (Hg.), Der Augsburger Religionsfrieden 1555, Heidelberg 2007, S. 157–176, bes. S. 166 ff.

11 Irene Dingel, Concordia controversa. Die öffentlichen Diskussionen um das lutherische Konkordienwerk am Ende des 16. Jahrhunderts, Heidelberg 1996, S. 17.

12 Vgl. dazu Hannes Ziegler, Trauen und Glauben. Vertrauen in der politischen Kultur des Alten Reiches im Konfessionellen Zeitalter, Diss. München 2015.

13 Michel Foucault, Sicherheit, Territorium, Bevölkerung. Geschichte der Gouvernementalität I, Frankfurt a. M. 2006, S. 146.

14 Münkler (1987), Namen, S. 224 f.; A. Schmidt (2007), Vaterlandsliebe, S. 104 ff.

15 Dietmar Willoweit, Deutsche Verfassungsgeschichte, München 1990, S. 126.

16 Dieter Albrecht, Maximilian I. von Bayern, München 1998, S. 300 ff. und 305–314.

17 Kersten Krüger, Finanzstaat Hessen 1500–1567. Staatsbildung im Übergang vom Domänenstaat zum Steuerstaat, Marburg 1980, S. 294.

18 Georg Schmidt, Konfessionalisierung, Reich und deutsche Nation, in: Anton Schindling/Walter Ziegler (Hg.), Die Territorien des Reichs im Zeitalter der Reformation und Konfessionalisierung, Bd. 1–7, Münster 1989–1997, hier Bd. 7, S. 171–199.

19 Heinz Schilling, Nationale Identität und Konfession in der europäischen Neuzeit (1991), in: ders., Ausgewählte Abhandlungen zur europäischen Reformations- und Konfessionsgeschichte, hg. von Luise Schorn-Schütte/Olaf Mörke, Berlin 2002, S. 541–587.

20 Max Weber, Die protestantische Ethik und der Geist des Kapitalismus, in: ders., Die protestantische Ethik I, Hamburg [3]1973, S. 133.

21 Pohlig (2008), Exegese, S. 291.

22 Robert von Friedeburg, Europa in der Frühen Neuzeit, Frankfurt a. M. 2012, S. 105.

23 Reissender Jesuiter Wolff / unter dem Schafbeltz Christlicher Sanfftmut verborgen [...] 1610, VD17 3:000168N (6. 12. 2015).

24 Thomas Kaufmann, Lutherische Predigt im Krieg und zum Friedensschluss, in: Bußmann/ Schilling (1998), 1648, Bd. 1, S. 245–250, hier S. 248.

25 Theatrum Europaeum, Bd. 1 (1662), S. 98 f.; Jörn Münker, Sensationeller Abgang. Eine Bergsturz-Inszenierung im Theatrum Europaeum und in Flugblättern, in: Nikola Rossbach u. a. (Hg.), Das Theatrum Europaeum. Wissensarchitektur einer Jahrhundertchronik, Wolfenbüttel 2012, http://diglib.hab.de/ebooks/ed000075/tei-transcript.xml (25. 3. 2014).

26 Andreas Bähr, ‹Unaussprechliche Furcht› und Theodizee. Geschichtsbewusstsein im Dreißigjährigen Krieg, in: WerkstattGeschichte 49, 2008, S. 9–31.

27 Johann Friedrich Donnerkeil von Blitz an Marta Salome von Belta, Soest, 1620, Mai 2. Als

Anhang zu: Secundus Scoppius, Des H. Römischen Reichs Feind und Newer Frieden-störer [...] Dem Gemeinen Nutz zu sonderlicher Warnung [...], Warnstadt 1620.

28 Martha Salomo von Belta, Militis togati anatomia. Oder böhmischer Wahrsager [...] Warnstadt 1620, VD17 12:115407K (6.12.2015).

29 Manfred Jakubowski-Tiessen, Das Leiden Christi und das Leiden der Welt. Die Entstehung des lutherischen Karfreitags, in: Wolfgang Behringer u.a. (Hg.), Kulturelle Konsequenzen der «Kleinen Eiszeit», Göttingen 2005, S. 195–214.

30 Bernd Roeck, Der Dreißigjährige Krieg und die Menschen im Reich. Überlegungen zu Formen psychischer Krisenbewältigung in der ersten Hälfte des 17. Jahrhunderts, in: Peter C. Hartmann u.a. (Hg.), Der Dreißigjährige Krieg. Facetten einer folgenreichen Epoche, Regensburg 2010, S. 146–157, hier S. 156.

31 Hans Jakob Christoffel von Grimmelshausen, Der abenteuerliche Simplicissimus Teutsch, Berlin/Weimar 1984.

32 Heinz Schilling, Die Konfessionalisierung im Reich. Religiöser und gesellschaftlicher Wandel in Deutschland zwischen 1555 und 1620, in: Historische Zeitschrift 246, 1988, S. 1–45.

33 Anton Schindling, Konfessionalisierung und Grenzen von Konfessionalisierbarkeit, in: ders./ Walter Ziegler (1997), Territorien, Bd. 7, S. 9–44, Zitat S. 12.

34 Walter Hahlweg, Die Heeresreform der Oranier und die Antike. Studien zur Geschichte des Kriegswesens der Niederlande, Deutschlands, Frankreichs, Englands, Italiens, Spaniens und der Schweiz vom Jahre 1589 bis zum Dreißigjährigen Krieg, Osnabrück 1987; Heinz Schilling, Konfessionalisierung und Staatsinteressen. Internationale Beziehungen 1559–1660, Paderborn u.a. 2007, S. 71 f.

35 Hans Zopf, Jacobi von Wallhausen, Johann, in: Neue Deutsche Biographie, Bd. 10, Berlin 1974, S. 238.

36 Vgl. auch zum Folgenden: Jonathan Israel, The Dutch republic. Its rise, greatness and fall 1477–1806, Oxford 1995; Simon Groenveld u.a., De kogel door de kerk? De opstand in de Nederlanden 1559–1609, Zutphen 1983; Horst Lademacher, Die Niederlande. Politische Kultur zwischen Individualität und Anpassung, Frankfurt a.M. 1993; Helmut G. Koenigsberger, Warum wurden die Generalstaaten der Niederlande im 16. Jahrhundert revolutionär? in: Heinrich Lutz (Hg.), Das römisch-deutsche Reich im politischen System Karls V., München 1982, S. 239–252; Walter Prevenier/Wim Blockmans, The Burgundian Netherlands, Cambridge 1986; Geoffrey Parker, Der Aufstand der Niederlande. Von der Herrschaft der Spanier zur Gründung der niederländischen Republik 1549–1609, München 1979; Johannes Arndt, Das Heilige Römische Reich und die Niederlande 1566 bis 1648, Köln u.a. 1998.

37 Thomas Maissen, Geschichte der Frühen Neuzeit, München 2013, S. 50 f.

38 Martin van Gelderen, Der Weg der Freiheit. Aus dem Italien des 15. in die Niederlande des 16. Jahrhunderts, in: Schmidt (2006), Freiheitsvorstellungen, S. 47–60, Zitat S. 53.

39 Martin van Gelderen, The Political Thought of the Dutch Revolt 1555–1590, Cambridge 1992.

40 Simon Schama, Überfluß und schöner Schein. Zur Kultur der Niederlande im Goldenen Zeitalter, München 1988, S. 48 ff.

41 Schmidt (1999), Geschichte, S. 120.

42 Therese Schwager, Militärtheorie im Späthumanismus. Kulturtransfer taktischer und strategischer Theorien in den Niederlanden und Frankreich (1590–1660), Berlin/Boston 2012, S. 97.

43 Schwager (2012), Militärtheorie, S. 116 ff.; Reinhard (1996), Humanismus, S. 301.

44 Israel (1995), Republic, S. 372 f.

45 Ebd., S. 390.

46 Lodewijk Blok/Klaus Vetter, Die Unabhängigkeitserklärung der Niederlande von 1581, in: Zeitschrift für Geschichtswissenschaft 34, 1986, S. 708–720.

47 Israel (1995), Republic, S. 369.

48 Ebd., S. 393 f.

49 Vgl. Lademacher (1993), Niederlande, S. 246–255.

50 Israel (1995), Republic, S. 460–465.

51 Robert M. Kingdon, Der internationale Calvinismus und der Dreißigjährige Krieg, in: Bußmann/Schilling (1998), Ausstellungskatalog, Textbd. 1, S. 229–235, hier S. 231 f.

52 Weber (1973), Ethik, S. 131 ff.

53 Ebd., S.346 f.
54 Hille (2010), Providentia, S.342.
55 Auch zum Folgenden André Bourde, Frankreich vom Ende des Hundertjährigen Krieges bis zum Beginn der Selbstherrschaft Ludwigs XIV. (1453–1661), in: Theodor Schieder (Hg.), Handbuch der europäischen Geschichte, Bd.3, S.719–850; Emmanuel Le Roy Ladurie, The Royal French State 1460–1610, Cambridge 1994; Ilja Mieck, Die Entstehung des modernen Frankreich 1450–1610, Stuttgart 1982.
56 Mack P. Holt, The French Wars of Religion, 1562–1629, Cambridge 2005, S.2 u. 195.
57 Friedeburg (2012), Europa, S.118.
58 Rainer Babel, Kreuzzug, Martyrium, Bürgerkrieg. Kriegserfahrungen in den französischen Religionskriegen, in: Franz Brendle u.a. (Hg.), Religionskriege im Alten Reich und in Alteuropa. Begriff, Wahrnehmung und Wirkmächtigkeit, Münster 2006, S.107–117, hier S.113.
59 Klaus Malettke, Die Bourbonen, Bd.1: Von Heinrich IV. bis Ludwig XIV. 1589–1715, Stuttgart 2008, S.21.
60 Jean Bodin, Sechs Bücher über den Staat, übers. u. komm. v. Bernd Wimmer, hg. v. Peter Cornelius Mayer-Tasch, München 1981.
61 Malettke (2008), Bourbonen, Bd.1, S.28.
62 Ebd., S.31 f.
63 Holt (2005), Wars, S.4.
64 Friedeburg (2012), Europa, S.117.
65 Ronald S. Love, Blood and Religion. The Conscience of Henri IV 1553–1593, London 2001, S.307.
66 Vgl. Wilhelm Abel, Geschichte der deutschen Landwirtschaft. Vom frühen Mittelalter bis zum 19. Jahrhundert, Stuttgart [3]1978, S.157–204 u. 272–278.
67 Friedrich-Wilhelm Henning, Landwirtschaft und ländliche Gesellschaft in Deutschland, Bd.1, Paderborn [2]1985, S.219 f.
68 Christof Dipper, Deutsche Geschichte 1648–1789, Frankfurt a.M. 1991, S.11 ff.; Behringer (2007), Kulturgeschichte, S.121 f.
69 Rüdiger Glaser, Historische Klimatologie Mitteleuropas, in: Europäische Geschichte Online, hg. v. Leibniz-Institut für Europäische Geschichte, Mainz, 2012, S.17, http://www.ieg-ego. eu/glaser-2012-de (1.12.2015); ders., Klimageschichte Mitteleuropas. 1000 Jahre Wetter, Klima, Katastrophen, Darmstadt 2001, S.120–155.
70 Henning (1985), Landwirtschaft, S.183.
71 Behringer (2007), Kulturgeschichte, S.187–195.
72 Michael North, Kommunikation, Handel, Geld und Banken in der Frühen Neuzeit, München 2000, S.12.
73 Vgl. Arno Herzig, Unterschichtenprotest in Deutschland 1790–1870, Göttingen 1988; Georg Schmidt, Die frühneuzeitlichen Hungerrevolten, in: Zeitschrift für Historische Forschung 18, 1991, S.257–280.
74 Wilhelm Abel, Massenarmut und Hungerkrisen im vorindustriellen Europa, Hamburg/Berlin 1974, S.117.
75 Zit. n. ebd., S.72.
76 Zit. n. Martin Hille, Mensch und Klima in der frühen Neuzeit. Die Anfänge regelmäßiger Wetterbeobachtung, «kleine Eiszeit» und ihre Wahrnehmung bei Renward Cysat (1545–1613), in: Archiv für Kulturgeschichte 83, 2001, S.63–91, hier S.84 f.
77 Julia A. Schmidt-Funke, Haben und Sein. Materielle Kultur und Konsum im frühneuzeitlichen Frankfurt am Main, phil. habil. Jena 2016, S.453. Dort auch der Nachweis der Zitate.
78 Vgl. Winfried Schulze, Gerhard Oestreichs Begriff «Sozialdisziplinierung in der frühen Neuzeit», in: Zeitschrift für Historische Forschung 14, 1987, S.265–302.
79 Vgl. Winfried Schulze (Hg.), Bäuerlicher Widerstand und feudale Herrschaft in der frühen Neuzeit, Stuttgart/Bad Cannstatt 1980; Peter Blickle, Unruhen in der ständischen Gesellschaft 1300–1800, München 1988; Werner Troßbach, Soziale Bewegung und politische Erfahrung. Bäuerlicher Protest in hessischen Territorien 1648–1806, Weingarten 1987; Schmidt (1991), Hungerrevolten.
80 Georg Heilingsetzer, Der oberösterreichische Bauernkrieg 1626, Wien [2]1985; Sigmund Riezler,

Der Aufstand der bayerischen Bauern im Winter 1633 und 1634, in: Sitzungsberichte der bayerischen Akademie der Wissenschaften, philosophisch-historische Klasse, München 1900, S. 33–95.

81 Edward P. Thompson, Die «sittliche Ökonomie» der englischen Unterschichten im 18. Jahrhundert, in: Detlev Puls u. a. (Hg.), Wahrnehmungsformen und Protestverhalten. Studien zur Lage der Unterschichten im 18. und 19. Jahrhundert, Frankfurt a. M. 1979, S. 13–80.

82 Vgl. Heiner Haan, Prosperität und Dreißigjähriger Krieg, in: Geschichte und Gesellschaft 7, 1981, S. 91–118, hier S. 105 f.

83 Franz Mathis, Die deutsche Wirtschaft im 16. Jahrhundert, München 1992, S. 79.

84 Haan (1981), Prosperität, S. 99.

85 Zit. n. Rudolf Schlögl, Bauern, Krieg und Staat. Oberbayerische Bauernwirtschaft und frühmoderner Staat im 17. Jahrhundert, Göttingen 1988, S. 21.

86 Christof Jeggle, Coping with the Crisis. Italian Merchants in Seventeenth-century Nuremberg, in: Andrea Bonoldi u. a. (Hg.), Merchants in Times of Crises (16th to mid-19th Century), Stuttgart 2015, S. 51–78, bes. S. 57.

87 Rainer Gömmel, Die Entwicklung der Wirtschaft im Zeitalter des Merkantilismus 1620–1800, München 1998, S. 11.

88 Rabe (1991), Geschichte, S. 622 f.

89 Gömmel (1998), Entwicklung, S. 2.

90 Abel (1974), Massenarmut, S. 132 f.

91 Vgl. Volker Press, Kriege und Krisen. Deutschland 1600–1715, München 1991, S. 43 f.

92 Mathis (1992), Wirtschaft, S. 101 ff.

93 Irmintraut Richarz, Herrschaftliche Haushalte in vorindustrieller Zeit im Weserraum, Berlin 1971, bes. S. 110 ff.

94 Christopher R. Friedrichs, Politics or Pogrom? The Fettmilch Uprising in German and Jewish History, in: Central European History 19, 1986, S. 186–228; Matthias Meyn, Die Reichsstadt Frankfurt vor dem Bürgeraufstand von 1612 bis 1614. Struktur und Krise, Frankfurt a. M. 1980; Press (1992), Kriege, S. 78 f.; Heinz Schilling, Aufbruch und Krise. Deutschland 1517–1648, Berlin 1988, S. 382 ff.

95 Schmidt-Funke (2016), Haben, S. 442.

96 Vgl. Peter Blickle, Das Alte Europa. Vom Hochmittelalter bis zur Moderne, München 2008, S. 104.

97 Monika Neugebauer-Wölk, Wege aus dem Dschungel. Betrachtungen zur Hexenforschung, in: Geschichte und Gesellschaft 29, 2003, S. 316–347.

98 Wolfgang Behringer, Hexen. Glaube, Verfolgung, Vermarktung, München 1998, S. 35.

99 Ebd., S. 47 ff.

100 Ebd., S. 28 f.

101 Robert Muchembled, Kultur des Volkes – Kultur der Eliten. Die Geschichte einer erfolgreichen Verdrängung, Stuttgart 1982, S. 264.

102 Walter Rummel, Das ‹ungestüme Umherlaufen› der Untertanen. Zum Verhältnis von religiöser Ideologie, sozialem Interesse und Staatsräson in den Hexenverfolgungen im Rheinland, in: Rheinische Vierteljahrsblätter 67, 2003, S. 121–161.

103 Behringer (1998), Hexen, S. 50 f., dort auch das Zitat.

104 Wolfgang Behringer, Hexen und Hexenprozesse, München 1988, passim.

105 Marshall (2014), Reformation, S. 180 f.

106 Muchembled (1982), Kultur, S. 275.

107 Behringer (1998), Hexen, S. 66.

108 Franz Bosbach, Köln. Erzstift und Freie Reichsstadt, in: Schindling/Ziegler (1991), Territorien, Bd. 3, S. 58–84, hier S. 74 ff.

109 Trewhertzige Erinnerung, Betreffend das jetzige sorgliche Kriegswesen … 1592. Flugschriftensammlung Gustav Freytag, Nr. 2125.

110 Francis Rapp, Straßburg. Hochstift und Freie Reichsstadt, in: Schindling/Ziegler (1995), Territorien, Bd. 5, S. 73–95, hier S. 86 f.

111 Peer Schmidt, Spanische Universalmonarchie oder «teutsche Libertet». Das spanische Imperium in der Propaganda des Dreißigjährigen Krieges, Stuttgart 2001, S. 174 f.; Ziegler (2015), Trauen, S. 124 f.

112 Maximilian Lanzinner, Konfessionelles Zeitalter 1555–1618, in: Gebhardt. Handbuch der deutschen Geschichte, Bd. 10, Stuttgart [10]2001, S. 3–203, hier S. 176 f.

113 Friedrich Merzbacher (Hg.), Julius Echter von Mespelbrunn und seine Zeit, Würzburg 1973.

114 Geoffrey Parker/Lesley M. Smith (Hg.), The General Crisis of the Senventeenth Century, London u. a. 1978; Helmut G. Koenigsberger, Die Krise des 17. Jahrhunderts, in: Zeitschrift für Historische Forschung 9, 1982, S. 143–165.

115 Hartmut Lehmann, Die Krisen des 17. Jahrhunderts als Problem der Forschung, in: ders., Transformationen der Religion in der Neuzeit. Beispiele aus der Geschichte des Protestantismus, Göttingen 2007, S. 11–20.

116 Zit. n. Geoffrey Parker, Global Crisis. War, Climate Change and Catastrophe in the Seventeenth Century, New Haven/London 2013, S. XXI.

117 Zit. n. Markus Meumann, The Experience of Violence and the Expectation of the End of the World in Seventeenth-Century Europe, in: Joseph Canning u. a. (Hg.), Power, Violence, and Mass Death in Pre-Modern and Modern Times, Aldershot 2004, S. 141–159, hier S. 146.

118 Zit. n. Otto Ulbricht, The Experience of Violence During the Thirty Years War. A Look at the Civilian Victims, in: ebd., S. 97–127, hier S. 123.

3. Krise oder wie Krieg zur Option wurde

1 Vgl. Georg Schmidt, Wandel durch Vernunft. Deutsche Geschichte im 18. Jahrhundert, München 2009, S. 302–322.

2 Ders. (1999), Geschichte, S. 118 f.

3 Sebastian Münster, Cosmographia, Basel 1544, S. 146, zit. n. Reinhard Stauber, Hartmann Schedel, der Nürnberger Humanistenkreis und die «Erweiterung der deutschen Nation, in: Johannes Helmrath u. a. (Hg.), Diffusion des Humanismus. Studien zur nationalen Geschichtsschreibung europäischer Humanisten, Göttingen 2002, S. 159–185, hier S. 182.

4 Len Scales, The Shaping of German Identity. Authority and Crisis, 1245–1414, Cambridge 2012, S. 4.

5 Ebd., S. 528.

6 Vgl. Dieter Langewiesche, Nation, Nationalismus, Nationalstaat in Deutschland und Europa, München 2000.

7 Georg Schmidt, Die frühneuzeitliche Idee «deutsche Nation». Mehrkonfessionalität und säkulare Werte, in: Heinz-Gerhard Haupt/Dieter Langewiesche (Hg.), Nation und Religion. Trennlinien in der deutschen Geschichte, Frankfurt a. M. 2001.

8 A. Schmidt (2007), Vaterlandsliebe, S. 174.

9 Alexander Schmidt, Konfession und nationales Vaterland. Katholische Reaktionen auf den protestantischen Patriotismus im Alten Reich (1520–1620), in: Thomas Kaufmann u. a. (Hg.), Frühneuzeitliche Konfessionskulturen, Gütersloh 2008, S. 13–48, hier S. 39 ff.

10 Trewhertzige Erinnerung. Eines deutschen Patrioten an die Stende des Reichs Augsburgischer Confession […], o. O. 1605, Flugschriftensammlung Gustav Freytag, Nr. 2131.

11 A. Schmidt (2007), Vaterlandsliebe, S. 311 f.

12 [Philipp Marnix von St. Aldegone], Spanisch Post und Wächterhörnlein an die Teutsche Nation […], o. O. 1619, Zitate S. 4 u. 43, Flugschriftensammlung Gustav Freytag, Nr. 4874.

13 Helmut Gabel, Glaube – Individuum – Reichsrecht. Toleranzdenken im Reich von Augsburg bis Münster, in: Lademacher (1998), Krieg, S. 157–177, hier S. 171.

14 Roeck (1996), Quellen, S. 133 f.

15 Moriz Ritter, Deutsche Geschichte im Zeitalter der Gegenreformation und des Dreißigjährigen Krieges (1555–1648), Bd. 2, Darmstadt 1974, S. 213 ff.; Dieter Albrecht, Maximilian I. von Bayern, München 1998, S. 394–403 u. 417 f.

16 Zit. n. Michael Stolleis, Geschichte des öffentlichen Rechts in Deutschland, Bd. 1, München 1988, S. 149.

17 Auch zum Folgenden Georg Schmidt, Die Union und das Heilige Römische Reich deutscher Nation, in: Albrecht Ernst u. a. (Hg.), Union und Liga 1608/09. Konfessionelle Bündnisse im Reich – Weichenstellung zum Religionskrieg?, Stuttgart 2010, S. 9–28.

18 Axel Gotthard, Der Augsburger Religionsfrieden, Münster 2004, S. 464.

19 Friedrich Polleroß, Kaiser und Fürsten. Netzwerke der Kunst und Repräsentation im Heiligen Römischen Reich Deutscher Nation, in: Jochen Luckhardt (Hg.), «... einer der größten Monarchen Europas»?! Neue Forschungen zu Herzog Anton Ulrich, Petersberg 2014, S. 24–67, hier S. 28 f.

20 Vgl. Volker Press, Calvinismus und Territorialstaat. Regierung und Zentralbehörden der Kurpfalz 1559–1619, Stuttgart 1970, S. 369–478.

21 Schreiben der evangelischen Reichsstände, 1608, Febr. 8/18, Gottfried Lorenz (Hg.), Quellen zur Vorgeschichte und zu den Anfängen des Dreißigjährigen Krieges, Darmstadt 1991, S. 57–66.

22 Auhauser Unionsakte, 1608, Mai 4/14, ebd., S. 66–77.

23 Hanns Hubert Hofmann (Hg.), Quellen zum Verfassungsorganismus des Heiligen Römischen Reiches Deutscher Nation 1495–1815, Darmstadt 1976, S. 149–156.

24 Axel Gotthard, «Politice seint wir bäpstisch». Kursachsen und der deutsche Protestantismus im frühen 17. Jahrhundert, in: Zeitschrift für Historische Forschung 20, 1993, S. 275–319, hier S. 280 f.

25 Ebd., S. 286 ff.

26 Katholische Liga, 1609, Juli 10, Lorenz (1991), Quellen, S. 103–111. Franziska Neuer-Landfried, Die katholische Liga. Gründung, Neugründung und Organisation eines Sonderbunds 1608 bis 1620, Kallmünz 1968.

27 Press (1991), Kriege, S. 175.

28 Bündnisabsprache, 1610, Feb. 2/12, Lorenz (1991), Quellen, S. 131–135, Zitat S. 131.

29 Lanzinner (2001), konfessionelles Zeitalter, S. 191.

30 Ebd., S. 170–175.

31 Alison Deborah Anderson, On the Verge of War. International Relations and the Jülich-Kleve Succession Dispute (1609–1614), Boston 1999.

32 Ebd., S. 278.

33 Vgl. Bündnis Union mit Niederlanden, 1613, Mai 6/16, Lorenz (1991), Quellen, S. 151–157. Magnus Rüde, England und Kurpfalz im werdenden Mächteeuropa (1608–1632). Konfession – Dynastie – kulturelle Ausdrucksformen, Stuttgart 2007, S. 137 ff.

34 Kingdon (1998), Calvinismus, S. 229 f.

35 Hans Sturmberger, Aufstand in Böhmen. Der Beginn des Dreißigjährigen Krieges, München 1959, S. 21 f.

36 Behringer (2007), Kulturgeschichte, S. 160 f.

37 Geoffrey Parker, Der Dreißigjährige Krieg, Frankfurt a. M. 1987, S. 66.

38 Press (1991), Kriege, S. 170.

39 Volker Press, Rudolf II. 1576–1612, in: Anton Schindling/Walter Ziegler (Hg.), Die Kaiser der Neuzeit 1519–1918, München 1990, S. 99–111, Zitat S. 107.

40 Sturmberger (1959), Aufstand, S. 25.

41 Lothar Graf zu Dohna, Die Dohnas und ihre Häuser. Profil einer europäischen Adelsfamilie, Bd. 1, Göttingen 2013, S. 124.

42 Peter Rauscher, Die finanziellen Beziehungen zwischen Kaiser und Heiligem Römischen Reiches (1600–1740), in: ders. u. a. (Hg.), Das «Blut des Staatskörpers». Forschungen zur Finanzgeschichte der Frühen Neuzeit, München 2012, S. 319–354, hier S. 338.

43 Ziegler (2015), Trauen, S. 241.

44 Thomas Winkelbauer, Ständefreiheit und Fürstenmacht. Länder und Untertanen des Hauses Habsburg im konfessionellen Zeitalter, Tl. 1, Wien 2003, S. 89 ff.

45 Majestätsbrief, 1609, Juli 9, Lorenz (1991), Quellen, S. 92–100; Press (1990), Rudolf II., S. 107; Joachim Bahlcke, Religionsfreiheit und Reichsbewußtsein. Deutungen des Augsburger Religionsfriedens im böhmisch-schlesischen Raum, in: Schilling (2007), Religionsfrieden; S. 389–413, hier S. 401.

46 Joachim Bahlcke, Regionalismus und Staatsintegration im Widerstreit. Die Länder der Böhmischen Krone im ersten Jahrhundert der Habsburgerherrschaft (1526–1619), München 1994, S. 384 ff.

47 Press (1991), Kriege, S. 174.

48 Zit. n. Leppin (1999), Antichrist, S. 100.

49 Volker Press, Matthias (1612–1619), in: Schindling/Ziegler (1990), Kaiser S. 112–123.

50 Burgdorf (2015), Protokonstitutionalismus, S.78.

51 Alexander Sigelen, Dem ganzen Geschlecht nützlich und rühmlich. Reichspfennigmeister Zacharias Geizkofler zwischen Fürstendienst und Familienpolitik, Stuttgart 2007, S.235.

52 Ritter (1895), Geschichte, Bd.2, S.384.

53 Heinz Angermeier, Politik, Religion und Reich bei Kardinal Melchior Khlesl, in: Zeitschrift der Savigny-Stiftung für Rechtsgeschichte, Germ.Abt., 110, 1993, S.249–330, hier bes. S.277–281.

54 Press (1991), Kriege, S.185 ff.

55 Stolleis (1988), Geschichte, S.165.

56 Joachim Whaley, Das Heilige Römische Reich Deutscher Nation, Bd.1, Darmstadt 2014, S.565 ff.

57 Horst Dreitzel, Protestantischer Aristotelismus und absoluter Staat. Die «Politica» des Henning Arnisaeus (ca. 1575–1636), Wiesbaden 1970.

58 Dieter Wyduckel, Reichsverfassung und Reichspublizistik vor den institutionellen Herausforderungen des Westfälischen Friedens, in: Bußmann/Schilling (1998), 1648, Bd.1, S.77–84.

59 Christoph Link, Dietrich Reinkingk, in: Michael Stolleis (Hg.), Staatsdenker in der Frühen Neuzeit, München 1995, S.78–99, hier S.87.

60 Rudolf Hoke, Die Reichsstaatsrechtslehre des Johannes Limnaeus. Ein Beitrag zur Geschichte der deutschen Staatsrechtswissenschaft im 17.Jahrhundert, Aalen 1968, S.98.

61 Friedrich Hermann Schubert, Die deutschen Reichstage in der Staatslehre der Frühen Neuzeit, Göttingen 1966, S.452–466.

62 Ders., Volkssouveränität und Heiliges Römisches Reich, in: Historische Zeitschrift 21, 1971, S.91–122.

63 Stolleis (1988), Geschichte, 1, S.147.

64 Dietmar Willoweit, Von der alten deutschen Freiheit. Zur verfassungsgeschichtlichen Bedeutung der Tacitus-Rezeption, in: Erk Volkmar Heyen (Hg.), Vom normativen Wandel des Politischen, Berlin 1984, S.17–42, hier S.30.

65 Ulrich Schlie, Johann Stephan Pütters Reichsbegriff, Göttingen 1961, S.43.

66 Karl Otmar von Aretin/Notker Hammerstein, Art. Reich. Frühe Neuzeit, in: Geschichtliche Grundbegriffe, Bd.5, 1984, S.456–486, hier S.470 f.

67 Stolleis (1988), Geschichte, S.148.

68 Zit. n. Aretin/Hammerstein (1984), Reich, S.468.

69 Ritter (1895), Geschichte, Bd.2, S.439 ff.

70 Gotthard (2014), Kriegskonzepte, S.206 f.

71 Karl Rohe, Politik. Begriff und Wirklichkeiten, Stuttgart u.a. 1994, S.163 ff.

72 [Vincenz Müller], Wolmeinender / warhaffter Discursus, Warumb und wie die Römisch Catholischen in Deutschland / sich billich von Spaniern und Jesuiten / absondern / […], 1616, S.7, Flugschriftensammlung Gustav Freytag, Nr.2131.

73 Ein Frantzösisch ins Deutsch übersetzt Bedencken vom gegenwärtigen Wesen im Teutschland und Böhmen, VD17 1:068595L (6.12.2015).

74 Traiano Boccalini, Politischer Probirstein auß Parnasso. Darauff der fürnemmsten Monarcheyen und Freyen Ständen in der gantzen Welt Regierungen gestrichen / und dern halt zusehen ist, übers. v. Christoph Besold, 1620, Zitate S.91–95.

75 Herman Conrad Freiherr zu Friedenberg (= Caspar Schoppe), Wolmeinende Erinnerung von Behauptung des König und Fürsten Stands […] gemeinen Mann zu gutem […], 1620, Zitat S.23. (UB Gießen); Secundus Scoppius, Des H.Römischen Reichs Feind und Newer Friedenstörer […] Dem Gemeinen Nutz zu sonderlicher Warnung […], Warnstadt 1620.

76 Zit. n. A.Schmidt (2007), Vaterlandsliebe, S.355.

77 Ebd., S.328–350.

78 Beide Zitate nach ebd., S.244–247.

79 Repräsentatio Der Fvrstlichen Avfzvg Vnd Ritterspil. So … Herr Johan Friderich Hertzog zu Württemberg, vnd Teckh … bey Ihr. F.G.Neüwgebornen Sohn, Friderich Hertzog zu Württemberg. etc. Fürstlicher Kindtauffen, denn 10. biss auff denn 17 Martij, … / Esaias van Hulsen, http://diglib.hab.de/drucke/36-17-3-geom-2f-1/start.htm?image=00011 (14.4.2015).

80 Triumf newlich bey der F. kindtauf zu Stutgart gehalten. Beschrieben durch G.Rudolfen Weckherlin, Stuttgart 1616, S.6 ff., VD17 23:237882N (17.4.2015).

81 Triumf (1616), S.1. Vgl. Laure Ognois, Daß ein Cavallier seinen Dienst nicht besser kann anwenden als denselben dem Vatterland zu nutzen den Unirten zu praesentiren. Politische Instrumentalisierung eines christlichen Ereignisses? Die Festtaufe Friedrichs von Württemberg im Jahr 1616, in: Ernst/Schindling (2010), Union, S.227–261, bes. S.237–246.

82 Triumf (1616), S.85 f.

83 Ebd., S.42 f.; http://diglib.hab.de/drucke/36–17–3-geom-2f-1/start.htm?image=00067 (14.4. 2015).

84 Georg Schmidt, Die Anfänge der Fruchtbringenden Gesellschaft als politisch motivierte Sammlungsbewegung und höfische Akademie, in: Klaus Manger (Hg.), Die Fruchtbringer – eine Teutschhertzige Gesellschaft, Heidelberg 2001, S.5–37, Zitat S.10.

85 Whaley (2014), Reich, Bd.1, S.572 ff.

86 Vgl. Schmidt (2001), Anfänge.

87 Tobias Sarx, Heidelberger Irenik am Vorabend des Dreißigjährigen Krieges, in: Ernst (2010), Union, S.167–196, hier S.183–187.

88 VD17 1:089474V (9.12.2017); Harry Oelke, Die Konfessionsbildung des 16.Jahrhunderts im Spiegel illustrierter Flugblätter, Berlin u.a. 1992, S.430 f.

89 Sarx (2010), Irenik, S.190 ff.

90 Zit. n. Gustav Adolf Benrath, Irenik und Zweite Reformation, in: Heinz Schilling, Die reformierte Konfessionalisierung in Deutschland – Das Problem der «Zweiten Reformation», Gütersloh 1986, S.349–358, hier S.355.

91 Ebd., S.356.

92 Hermann Schüssler, Georg Callixt(us), in: Neue Deutsche Biographie, Bd.3, S.96 f.

93 Hans-Jürgen Schönstädt, Antichrist, Weltheilsgeschehen und Gottes Werkzeug. Römische Kirche, Reformation und Luther im Spiegel des Reformationsjubiläums 1617, Wiesbaden 1978, S.13 ff.

94 Ebd., S.15–19.

95 Daniel Gehrt, Gelehrtenkultur und Reformationsgedenken 1617 am Beispiel der ernestinischen Herzogtümer. Formen, Kontexte und dynamische Prozesse, in: Markus Friedrich u.a. (Hg.), Konfession, Politik und Gelehrsamkeit. Der Jenaer Theologe Johann Gerhard (1582–1637) im Kontext seiner Zeit, Stuttgart 2017, S.177–223, hier S.191.

96 Herman Selderhuis, Wem gehört die Reformation? Das Reformationsjubiläum 1617 im Streit zwischen Lutheranern und Reformierten, in: ders. u.a. (Hg.), Calvinismus in den Auseinandersetzungen des frühen konfessionellen Zeitalters, Göttingen 2013, S.66–78, hier S.70 f.

97 Gehrt (2017), Gelehrtenkultur, S.192–197.

98 Ebd., S.202 f.

99 Thomas Kaufmann, Erlöste und Verdammte. Eine Geschichte der Reformation, München 2016, S.383.

100 Oelke (1992), Konfessionsbildung, S.416.

101 Gerd Zillhardt, Der Dreißigjährige Krieg in zeitgenössischer Darstellung. Hans Heberles «Zeytregister» (1618–1672). Aufzeichnungen aus dem Ulmer Territorium. Ein Beitrag zu Geschichtsschreibung und Geschichtsverständnis der Unterschichten, Ulm 1975, S.93, künftig zit.: Heberle (1975), Zeytregister.

102 Oelke (1992), Konfessionsbildung, S.424 f.

103 Vier Bey diesem Auffstandte des gantzen heiligen Römischen Reichs hoch nothwendige Fragen und discurs [...] 1621, Zitate S.3, S.29 u. 33, urn:nbn:de:bvb:12-bsb10513261–0 (23.8. 2017).

104 Vgl. Anna Czarnocka-Crouillère, Europa, in: Marie-Louise von Plessen (Hg.), Idee Europa. Entwürfe zum «Ewigen Frieden», o.O. 2003, S.120.

105 Europa Querula Et Vulnerata, 1631, VD17 23:675630S (23.8.2017). Vgl. Silvia Serena Tschopp, Gegenwärtige Abwesenheit. Europa als politisches Denkmal im 17.Jahrhundert?, in: Klaus Bußmann/Elke Anna Werner (Hg.), Europa im 17.Jahrhundert. Ein politischer Mythos und seine Bilder, Stuttgart 2004, S.25–36, hier S.33 ff.; Elke Anna Werner, Peter Paul Rubens und der Mythos des christlichen Europa, in: ebd., S.303–321, hier S.312 ff.

106 Sabine Poeschel, Europa – Herrscherin der Welt? Die Erdteil-Allegorie im 17.Jahrhundert, in: ebd., S.269–287; Werner (2004), Rubens, S.312.

107 Peter Burke, Did Europe exist before 1700?, in: History of European Ideas 1, 1980, S. 21–29.

108 Martin Wrede, Europa als plurale Einheit. Grundsignaturen des Kontinents, in: Enzyklopädie der Neuzeit, Bd. 3, Sp. 600–608.

109 Franz Bosbach, Angst und Universalmonarchie, in: ders. (Hg.), Angst und Politik in der europäischen Geschichte, Dettelbach 2000, S. 151–166.

110 Andreas Wendland, Der Nutzen der Pässe und die Gefährdung der Seelen. Spanien, Mailand und der Kampf ums Veltlin (1620–1641), Zürich 1995.

111 Geoffrey Parker, The Army of Flanders and the Spanish Road, Cambridge ²2004.

112 Robert Rebitsch, Der militärische Beginn des Dreißigjährigen Krieges, in: ders. (Hg.), 1618. Der Beginn des Dreißigjährigen Krieges, Wien u. a. 2017, S. 169–199, hier S. 176.

113 Bernd Rill, Kaiser Matthias. Bruderzwist und Glaubenskampf, Graz 1999, S. 279.

114 Wilson (2009), Tragedy, S. 258 ff.

115 Ritter (1895), Geschichte, Bd. 2, S. 450.

116 Johannes Burkhardt, Der Dreißigjährige Krieg, Frankfurt a. M. 1992, S. 26.

117 Münkler (1987), Namen, S. 255 ff.

118 Heinhard Steiger, Ius bändigt Mars, in: ders. (2009), Staatengesellschaft, S. 105–131, hier S. 110.

119 Schulze (1997), Europa, S. 54 f.

120 P. Schmidt (2001), Universalmonarchie, bes. S. 131–136.

121 Steiger (2009), Friede, S. 322 f.

122 Janssen (1998), Bellum, S. 140 f.

123 Kartographische Umsetzung des Sully-Plans: Schmale (2000), Geschichte, S. 84.

124 Kurt von Raumer, Sully, Crucé und das Problem des Ewigen Friedens, in: Historische Zeitschrift 175, 1953, S. 1–39; Anja Victorine Hartmann, Rêveurs de Paix? Friedenspläne bei Crucé, Richelieu und Sully, Hamburg 1995, bes. S. 90–96.

125 Vgl. Schmidt (1999), Geschichte, S. 178 f.

126 Rainer Babel, Die assecuratio pacis vor Richelieu, in: Guido Braun (Hg.), Assecuratio Pacis. Französische Konzeptionen von Friedenssicherung und Friedensgarantie, Paderborn 2011, S. 47–66, hier S. 56 ff.

127 Gerd Dethlefs, Schauplatz Europa. Das Theatrum Europaeum des Matthaeus Merian als Medium kritischer Öffentlichkeit, in: Bußmann/Werner (2004), Europa, S. 149–179, bes. S. 179.

128 Schilling (2007), Konfessionalisierung, S. 387.

129 Ebd., S. 397 u. 395.

130 Michael Rohrschneider, Ein Ensemble neuralgischer Zonen. Europäische Konfliktfelder um 1600, in: Robert Rebitsch (Hg.), 1618. Der Beginn des Dreißigjährigen Krieges, Wien u. a. 2017, S. 19–46, Zitat S. 29.

131 Heiner Steiger, Religion und die historische Entwicklung des Völkerrechts, in: ders. (2009), Staatengesellschaft, S. 67–104, hier S. 94 f.

132 Rüde (2007), England, S. 27.

133 Heinhard Steiger, Bündnissysteme um 1600 – Verflechtungen – Ziele – Strukturen, in: Jahrbuch für Europäische Geschichte 12, 2011, S. 77–101, hier bes. S. 100.

134 Schilling (2007), Konfessionalisierung, S. 399.

135 Ebd., S. 416. Dazu skeptisch: Thomas Brockmann, Konfessioneller Fundamentalismus und Konfessionalisierung der Außenpolitik? Überlegungen zur Politik Ferdinands II. 1618–1630, in: ders. u. a. (Hg.), Das Konfessionalisierungsparadigma. Leistungen, Probleme, Grenzen, Münster 2013, S. 235–263.

II. Dreißig Jahre

1 Axel Gotthard, Die Ursachen des Dreißigjährigen Krieges, in: Robert Rebitsch (Hg.), 1618. Der Beginn des Dreißigjährigen Krieges, Wien u. a. 2017, S. 47–76, Zitat S. 70.

4. Böhmen oder wie ein regionaler Konflikt eskalierte

1 Petr Hlaváček, Bohemia Cor Europae. Die geopolitischen und theologischen Vorstellungen über die Rolle Böhmens und der Tschechen in der Reformationszeit, in: Kaspar von Greyerz u. a. (Hg.), Religion und Naturwissenschaften im 16. und 17. Jahrhundert, Heidelberg 2010, S. 123–140, hier S. 127.

2 Rill (1999), Matthias, S. 285–389.

3 Ritter (1895), Geschichte, Bd. 2, S. 396.

4 Lorenz (1991), Quellen, S. 186–209.

5 Thomas Brockmann, Dynastie, Kaiseramt und Konfession. Politik und Ordnungsvorstellungen Ferdinands II. im Dreißigjährigen Krieg, Paderborn u. a. 2011, S. 56 f.

6 Eberhard Straub, Pax et Imperium. Spaniens Kampf um seine Friedensordnung in Europa zwischen 1617 und 1635, Paderborn u. a. 1980, S. 120 f.

7 Jan Kilián, Religiös-politische Unruhen in Böhmen und der (dritte) Prager Fenstersturz, in: Robert Rebitsch (Hg.), 1618. Der Beginn des Dreißigjährigen Krieges, Wien u. a. 2017, S. 149–168, hier S. 155–161.

8 Rill (1999), Matthias, S. 297.

9 Ritter (1895), Geschichte, Bd. 2, S. 453 ff.

10 Winkelbauer (2003), Ständefreiheit, Bd. 2, S. 26.

11 Ritter (1908), Geschichte, Bd. 3, S. 12.

12 Theatrum Europaeum, Bd. 1, S. 15 f.

13 Bericht Martinitz [Prag 1618, Mai 23], Lorenz (1991), Quellen, S. 221–232.

14 Wilhelm Graf von Slavata, Memoiren, in: Adam Wolf, Geschichtliche Bilder aus Österreich. Aus dem Zeitalter der Reformation (1526–1648), Bd. 1, Wien 1878, S. 324 ff., zit. n. Hans Jessen (Hg.), Der dreißigjährige Krieg in Augenzeugenberichten, München ³1975, S. 23–27.

15 Lorenz (1991), Quellen, S. 232, Anm. 51.

16 Sturmberger (1959), Aufstand, S. 12 ff.

17 Angelika Lampen, Der 23. Mai 1618, in: Bußmann/Schilling (1998), 1648, Katalog, S. 337; Winkelbauer (2003), Ständefreiheit, Tl. 1, S. 93.

18 Jan Hus Redivivus, Variorum Discursum Bohemorum Nervi Continuatio ..., VD17 23:290536H (13. 4. 2013).

19 Theatrum Europaeum, Bd. 1, S. 17.

20 Rill (1999), Matthias, S. 298 ff.

21 Theatrum Europaeum, Bd. 1, S. 20 ff.

22 Anuschka Tischer, Offizielle Kriegsbegründungen in der Frühen Neuzeit. Herrscherkommunikation in Europa zwischen Souveränität und korporativem Selbstverständnis, Berlin u. a. 2012, S. 167.

23 Zit. n. Gotthard (2014), Fried, S. 300.

24 Zit. n. Axel Gotthard, «Eine feste Burg ist vnser vnnd der Böhmen Gott». Der böhmische Aufstand 1618/19 in der Wahrnehmung des evangelischen Deutschland, in: Franz Brendle/Anton Schindling (Hg.), Religionskriege im Alten Reich und in Alteuropa, Münster 2006, S. 135–162, hier S. 143.

25 Rill (1999), Matthias, S. 303.

26 Denkschrift Klesls, 1618, Juni, Lorenz (1991), Quellen, S. 253–256, Zitate S. 255.

27 Zit. n. Joachim Bahlcke, Wird «Behemb ein Hollendisch goubernament»? Das böhmisch-pfälzische Staatsgründungsexperiment in europäischer Perspektive, in: Peter Wolf u. a. (Hg.), Der Winterkönig. Friedrich V., der letzte Kurfürst aus der Oberen Pfalz (= Ausstellungskatalog), Augsburg 2003, S. 94–100, hier S. 94.

28 Schreiben der böhmischen Stände sub utraque, 1618, Juli 19, Lorenz (1991), Quellen, S. 292–298.

29 Gotthard (2014), Fried, S. 298.

30 Brennan C. Pursell, The Winter King. Frederick V of the Palatine and the Coming of the Thirty Years' War, Aldershot u. a. 2003, S. 33.

31 Lothar Höbelt, «Schlimmer noch als die Böhmen ...» Der Putsch vom 20. Juli als letzter Akt des Bruderzwists, in: Robert Rebitsch (Hg.), 1618. Der Beginn des Dreißigjährigen Krieges, Wien u. a. 2017, S. 129–148, Zitat S. 143.

32 Andreas Bähr, Inhaltliche Erläuterungen zu Volkmar Happes Chronik aus dem Dreißigjährigen Krieg, in: Mitteldeutsche Selbstzeugnisse der Zeit des Dreißigjährigen Krieges, http://www.mdsz.thulb.uni-jena.de (16.8.2016).

33 Volkmar Happe, Chronicon Thuringiae, Tl. 1, Bl. 24 v., in: ebd. (1.12.2015).

34 Heberle (1975), Zeytregister, S. 86 f. u. 93. Vgl. Stephan Laux, «Etwas gross aufschreiben». Quellenkritische Anmerkungen zum «Zeytregister» des Ulmer Chronisten Hans Heberle (1597–1677), in: Zeitenblicke 1, 2002, Nr. 2, http://www.zeitenblicke.historicum.net/2002/02/laux/index.html (15.8.2016).

35 Andreas Goldmeyer, Nothwendige und kürtzliche Erinnerung Von dem Grossen Blutvergiesen / so den 2. 3. 4. (12. 13. 14.) November in diesem noch lauffenden 1631. Jahr geschehen wird. Genommen aus dem Lauff deß Cometen, so Anno Christi 1618. im Herbst erschienen und anietzo mit seiner Würkung aufs new widerumb starck hervor bricht. 1631, VD17 75:679080K (1.12.2015). Benigna von Krusenstjern, Prodigienglaube und Dreißigjähriger Krieg, in: Hartmut Lehmann/Anne-Charlott Trepp (Hg.), Im Zeichen der Krise. Religiosität im Europa des 17. Jahrhunderts, Göttingen 1999, S. 53–78, hier S. 57.

36 Warhaffter Bericht von der Belagerung und mit gestuermter Hand Eroberung der Stadt Pilsen in Behem, Prag [1619], S. 29, VD17 14:006566V (16.12.2016).

37 Zit. n. Wolfram Steude, Heinrich Schütz und der Dreißigjährige Krieg, in: Bußmann/Schilling (1998), 1648, Bd. 2, S. 423–430, hier S. 424.

38 Herbert Stricker, Deutsche Medaillen aus der Zeit des 30-jähringen Krieges (1618–1648) und ihr geschichtlicher Hintergrund, Regenstauf 2010, S. 123.

39 http://www.museum-digital.de/nat/index.php?t=objekt&oges=77712 (1.3.2017).

40 http://www.museum-digital.de/bawue/singleimage.php?objektnum=2992&imagenr=13359 (1.3.2017).

41 Franz Flaskamp (Hg.), Die Chronik des Ratsherrn Andreas Kothe: Eine Quelle zur westfälischen Geschichte im Zeitalter des Dreißigjährigen Krieges, Gütersloh 1962, S. 26, zit. n. Hans Medick, Der Dreißigjährige Krieg als Erfahrung und Memoria. Zeitgenössische Wahrnehmungen eines Ereigniszusammenhangs, in: Peter C. Hartmann/Florian Schuller (Hg.), Der Dreißigjährige Krieg. Facetten einer folgenreichen Epoche, Regensburg 2010, S. 158–172, hier S. 163.

42 Christoph Crusius, Der Nieder-Lausitzische Methusalah …, Guben 1730, S. 89, VD18 11459573 (1.12.2015).

43 Augustin Rademann, Gründliche und warhafftige Beschreibung des grossen und erschrecklichen Cometen … Erfurt 1619, VD17 14:073080V (1.12.2015).

44 Gindhart (2006), Kometenjahr, S. 103.

45 Ebd., S. 30.

46 Ebd., S. 90 u. 94 f.

47 Dietrich Conrad, Ulmische Cometen Predigte …, VD17 23:289426G (1.12.2015). Vgl. ebd., S. 53–63; Leppin (1999), Antichrist, S. 152.

48 Ivo Schneider, Wunderwerk Gottes oder ganz natürliche Erscheinung. Der Kometenstreit des Jahres 1618, in: Damals, Heft 12, 1994, S. 32–39, bes. S. 36.

49 Erasmus Schmidt, Prodromus Coniunctionis Magnae, anno 1623 futurae. Das ist / Kurtzes und Einfeltiges / doch in Gottes Wort und der astrologischen Kunst gegründetes Bedencken von dem grossen Cometen …, Wittenberg 1619, VD17 14:017162A (1.12.2015).

50 David Herlicius, Kurtzer Discurs vom Cometen und dreyen Sonnen […], 1619, VD17 3:002671B (25.10.2017).

51 David Herlitz, Kurtze und einfältige Erklärung des Newen Cometen oder geschwäntzten Sterns, 1619, VD17 3:658651U (1.12.2015).

52 [Friedrich Grieck], Kometodikaioloprosiasia Oder Cometenbutzer, das ist eine glaubwürdige Copey Articulierter und rechtmässiger Clag […], 1619, Art. 38 u. 45, VD17 12:703183R (1.12.2015).

53 Theatrum Europaeum, Bd. 1, S. 100.

54 Ebd., S. 101.

55 Vgl. Konrad Repgen, Über die Geschichtsschreibung des Dreißigjährigen Krieges. Begriff und Konzeption, in: ders. (Hg.), Krieg und Politik 1618–1648. Europäische Probleme und Perspektiven, München 1988, S. 1–79, hier bes. Anhang 1, S. 35 ff.

56 Nucleus Historicus, Das ist Kurtze doch Warhaffte Beschreibung dessen / was sich sodernlichs

und wunderlichs sinn und ausser dem H. Römischen Reich / so wolln kurtz vor / als nach erscheinung deß Cometen Sterns von Anno 1618 biß auf das jetzt lauffende 1626. und also von einem Jahr/Monat/Wochen und Tagk auff ander die acht Jahr über / begeben und zugetragen…, Nürnberg 1626, VD17 75:695500Y (1.12.2015).

57 Zit. n. Thomas Kaufmann, Dreißigjähriger Krieg und Westfälischer Friede. Kirchengeschichtliche Studien zur lutherischen Konfessionskultur, Tübingen 1998, S. 72.

58 Peter Bilhöfer, «Außer Zweifel ein hoch verständiger Herr und tapferer Kavalier». Friedrich V. von der Pfalz – eine biografische Skizze, in: Wolf (2003), Winterkönig, S. 19–32, hier S. 23.

59 Theatrum Europaeum, Bd. 1, S. 120.

60 Gotthard (2014), Fried, S. 341.

61 Walter Krüssmann, Ernst von Mansfeld (1580–1626). Grafensohn, Söldnerführer, Kriegsunternehmer gegen Habsburg im Dreißigjährigen Krieg, Berlin 2010, S. 30–39.

62 Manßfeldische Ein- und Wasserbrüche ins H. Röm. Reich […], 1625, S. 6 f., VD17 14:053029T (13.09.2013).

63 Wilson (2009), Tragedy, S. 325 ff.

64 Pursell (2003), Winter King, S. 21.

65 Ebd., S. 49.

66 Gotthard (2016), Krieg, S. 54.

67 Sturmberger (1959), Aufstand, S. 37 f.

68 Gotthard (2014), Fried, S. 571.

69 Rill (1999), Matthias, S. 312 f.

70 Ritter (1908), Geschichte, Bd. 3, S. 36 f.

71 Christoph Kampmann, Reichsrebellion und kaiserliche Acht. Politische Strafjustiz im Dreißigjährigen Krieg und das Verfahren gegen Wallenstein 1634, Münster 1992, S. 19–47.

72 Ferdinand an Eggenberg, 1619, Apr. 3. Zit. n. Brockmann (2011), Dynastie, S. 95.

73 Ritter (1908), Geschichte, Bd. 3, S. 28.

74 Helmut Neuhold, Der Dreißigjährige Krieg, Wiesbaden 2011, S. 24 f.

75 Ritter (1908), Geschichte, Bd. 3, S. 32.

76 Arno Strohmeyer, Vom Widerstand zur Rebellion. Praxis und Theorie des ständischen Widerstands in den östlichen österreichischen Ländern im Werden der Habsburgermonarchie (ca. 1550–1650), in: Robert von Friedeburg (Hg.), Widerstandsrecht in der frühen Neuzeit. Erträge und Perspektiven der Forschung im deutsch-britischen Vergleich, Berlin 2001, S. 207–243, hier S. 215 u. 232.

77 Böhmische Konföderationsakte, 1619, Juli 19, Lorenz (1991), Quellen, S. 332–358. Winkelbauer (2003), Ständefreiheit, Tl. 1, S. 95.

78 Bahlcke (2003), Behemb, S. 98.

79 Zit. n. Sturmberger (1959), Aufstand, S. 46.

80 Winkelbauer (2003), Ständefreiheit, Tl. 1, S. 95.

81 Axel Gotthard, Konfession und Staatsräson. Die Außenpolitik Württembergs unter Herzog Johann Friedrich (1608–1628), Stuttgart 1992, S. 280.

82 Landtagsartikel 1619, Aug. 19, Lorenz (1991), Quellen, S. 368 f.

83 Gotthard (2014), Fried, S. 313.

84 Axel Gotthard, Johann Georg I. (1611–1656), in: Frank-Lothar Kroll (Hg.), Die Herrscher Sachsens, München 2004, S. 137–147, hier S. 137–140.

85 Johannes Laschinger, Amberg und die Obere Pfalz zu Beginn des 17. Jahrhunderts, in: Wolf (2003), Winterkönig, S. 54–64, hier S. 57.

86 Landtagsartikel, 1619, Aug. 26, Lorenz (1991), Quellen, S. 370 f.

87 Theatrum Europaeum, Bd. 1, S. 201.

88 Bilhöfer (2003), Zweifel, S. 21. Vgl. Frieder Hepp, Kunst und Politik. Das «böhmische Abenteuer» Friedrichs V. von der Pfalz im Spiegel zeitgenössischer Flugblätter, Bilder und Medaillen, in: Friedrich Hermann Schubert, Ludwig Camerarius (1573–1651). Eine Biographie, hg. v. Anton Schindling, Münster ²2013, S. 589–608, hier bes. S. 590 ff.

89 Pursell (2003), Winter King, S. 18 ff.

90 Magnus Rüde, England und die Kurpfalz im werdenden Mächteeuropa (1608–1632). Konfession – Dynastie – kulturelle Ausdrucksformen, Stuttgart 2007, S. 174 f.

91 Jana Hubková, Friedrich V. von der Pfalz in den illustrierten Flugblättern und Flugschriften seiner Zeit, in: Wolf (2003), Winterkönig, S. 107–110, hier S. 109.

92 Pursell (2003), Winter King, S. 2 f. u. passim.

93 Schreiben der böhmischen Gesandten, 1619, Aug. 28, Lorenz (1991), Quellen, S. 372 ff.

94 Axel Gotthard, Strukturkonservativ oder aggressiv? Die geistlichen Kurfürsten und der Ausbruch des teutschen Konfessionskrieges, in: Winfried Schulze (Hg.), Friedliche Intentionen – kriegerische Effekte. War der Ausbruch des Dreißigjährigen Krieges unvermeidlich? St. Katharinen 2002, S. 140–168, hier S. 150.

95 Schubert (2013), Camerarius, S. 112 f.

96 Albrecht (1998), Maximilian I., S. 484–487.

97 Pursell (2003), Winter King, S. 75.

98 Vier Bey diesem jetzigen Auffstande des gantzen heiligen Römischen Reichs hoch nothwendige Fragen und discurs […] So ist auch hierbey der Römischen […] kön. May. Ferdinand II. […] Capitulation […] 1621, S. 39, urn:nbn:de:bvb:12-bsb10513261-0 (24. 4. 2013).

99 Gotthard (2006), Burg, S. 160 ff.

100 Ritter (1908), Geschichte, Bd. 3, S. 51.

101 Rüde (2007), England, S. 172 f.

102 Pursell (2003), Winter King, S. 77 ff.

103 Zit. n. ebd., S. 90, Anm. 75.

104 Peter Wolf, Eisen aus der Oberpfalz, Zinn aus Böhmen und die goldene böhmische Krone, in: ders. (2003), Winterkönig, S. 65–74.

105 Bilhöfer (2003), Zweifel, S. 24.

106 Currier mit guter und tröstlicher newen zeitung vor das betrubte Königreich Böhmen […], urn:nbn:de:urmel-e951df6e-a782-493e-b8f1-7316e1a717c28-00000805-220 (8. 12. 2015); Hepp (2013), Kunst und Politik, S. 596 f.

107 Zit. n. Sturmberger (1959), Aufstand, S. 58.

108 Eike Wolgast, Ludwig Camerarius und die Politik der Kurpfalz vor und nach 1618, in: Historische Zeitschrift 299, 2014, S. 334–351, hier S. 338 f.

109 Ritter (1908), Geschichte, Bd. 3, S. 39.

110 Straub (1980), Pax, S. 151 ff.

111 Forderungen Hz. Maximilians, 1619, Sept., Ende, Lorenz (1991), Quellen, S. 391 ff.

112 Position Hz. Maximilians, 1619, Sept., Ende, ebd., S. 388 ff.

113 Münchner Vertrag, 1619, Okt. 8, ebd., S. 398–407.

114 Sturmberger (1959), Aufstand, S. 73.

115 Ehz. Albrecht an Kg. Philipp III., 1619, Nov. 11/21, Lorenz (1991), Quellen, S. 427.

116 Philipp III. an Ehz. Albrecht, 1620, Jan. 12, ebd., S. 431 f.

117 Copia zweyer Schreiben / so die Correspondirenden zu Nürnberg […] abgehen lassen. Zu besserer Erlernung ihrer Intention / dem gemeinen Mann zu gutem in den Truck verfertiget, 1620 (UB Jena. 4. H. un. VIII, 16).

118 Instruktion für Walter Aston, 1620, Jan. 5/15, Lorenz (1991), Quellen, S. 432–439; Noël de Caron an die Generalstaaten, 1620, Jan. 14/24, ebd., S. 449 ff.

119 Cicely Veronica Wedgwood, Der Dreißigjährige Krieg, München 1967, S. 98.

120 Jaroslav Pánek, Friedrich V. von der Pfalz als König von Böhmen, in: Wolf (2003), Winterkönig, S. 101–106, hier S. 105.

121 Bilhöfer (2003), Zweifel, S. 24 f.

122 Theatrum Europaeum, Bd. 1, S. 345; Sturmberger (1959), Aufstand, S. 61 ff.

123 Ritter (1908), Geschichte, Bd. 3, S. 168.

124 Der Röm. Kay. Maj. Ferdinand II. Edictal Cassation und Annulation … 1620.

125 Theatrum Europaeum, Bd. 1, S. 310 f.

126 Winfried Dotzauer, Die deutschen Reichskreise (1383–1806). Geschichte und Aktenedition, Stuttgart 1998, S. 371.

127 Thomas Nicklas, Macht oder Recht. Frühneuzeitliche Politik im Obersächsischen Reichskreis, Stuttgart 2002, S. 198–212, bes. S. 208.

128 Mühlhausener Erklärung, 1620, März 10/20, Lorenz (1991), Quellen, S. 451 ff.

129 Ritter (1908), Geschichte, Bd. 3, S. 88.

130 Theatrum Europaeum, Bd. 1, S. 318 f.; Pursell (2003), Winter King, S. 102.
131 König Friedrich an die Reichsstände, 1620, Juli 1, Lorenz (1991). Quellen, S. 464–473, hier S. 469.
132 Kf. Johann Georg an Stände der Oberlausitz, 1620, Aug. 20, VD17 14:002762H (1.3.2017).
133 Straub (1980), Pax, S. 121 f.
134 Ritter (1908), Geschichte, Bd. 3, S. 231 ff.
135 Wendland (1995), Nutzen, S. 355–359.
136 Theatrum Europaeum, Bd. 1, S. 337.
137 Gotthard (1992), Konfession, S. 303 f.
138 Anna Egler, Die Spanier in der linksrheinischen Pfalz 1620–1632, Mainz 1971, S. 24–28.
139 SendBrieff Marquis Spinolae [...] 1620, VD17 23:246347W (13.12.2015).
140 Egler (1971), Spanier, S. 34.
141 Ritter (1908), Geschichte, Bd. 3, S. 91 f.
142 Heberle (1975), Zeytregister, S. 95.
143 Ulmer Vertrag, 1620, Juli 3, Lorenz (1991), Quellen, S. 473 ff., hier S. 475.
144 Sturmberger (1959), Aufstand, S. 82.
145 Olivier Chaline, Religion und Kriegserfahrung. Die Schlacht am Weißen Berge 1620, in: Brendle/Schindling (2006), Religionskrieg, S. 511–518, hier S. 513.
146 Theatrum Europaeum, Bd. 1, S. 355.
147 Axel Gotthard, Wende des böhmisch-pfälzischen Krieges. Wie Frankreich und England 1620 die Großmachtposition Habsburgs retteten, in: Sven Externbrink/Jörg Ulbert (Hg.), Formen internationaler Beziehungen in der Frühen Neuzeit. Frankreich und das Alte Reich im europäischen Staatensystem, Berlin 2001, S. 395–417.
148 Egler (1971), Spanier, S. 39.
149 Theatrum Europaeum, Bd. 1, S. 359.
150 Ebd., S. 381 f.; Wedgwood (1967), Krieg, S. 115 f.; Egler (1971), Spanier, S. 45 ff.
151 Theatrum Europaeum, Bd. 1, S. 426 f.
152 Kai Lehmann, Leben und Sterben im Dreißigjährigen Krieg. Zwei authentische Familienschicksale aus dem 17. Jahrhundert (= Ausstellungskatalog), Untermaßfeld 2014, S. 42.
153 Schmidt (1989), Grafenverein, S. 397–403.
154 Theatrum Europaeum, Bd. 1, S. 382 ff.
155 Gotthard (2006), Burg, S. 135–162.
156 Frank Müller, Kursachsen und der Böhmische Aufstand 1618–1622, Münster 1997, bes. S. 148–282.
157 Ebd., S. 356–396.
158 Theatrum Europaeum, Bd. 1, S. 363.
159 Roland Sennewald, Das kursächsische Heer im Dreißigjährigen Krieg, Berlin 2013, S. 24.
160 Zit. n. Steude (1998), Schütz, S. 425.
161 Sennewald (2013), Heer, S. 33–38.
162 Schreiben König Friedrichs, 1620, Sept. 28, in: Sechs Underschiedtliche / hochwichtige und erhebliche Schreiben und Bedencken, 1621, S. 5 f., VD17 14:007264T (1.3.2017).
163 Gottlob Ephraim Heermann, Beytrag zur Ergänzung und Berichtigung der Lebensgeschichte Johann Ernsts des Jüngeren [...], Weimar 1785, S. 13.
164 Vgl. auch zum Folgenden: Ernst Koch, Die politische Ethik Johann Gerhards und der theologischen Fakultät Jena im Blick auf den Beginn des Dreißigjährigen Krieges, in: Markus Friedrich u. a. (Hg.), Konfession, Politik und Gelehrsamkeit. Der Jenaer Theologe Johann Gerhard (1582–1637) im Kontext seiner Zeit, Stuttgart 2017, S. 93–112; Georg Schmidt, Johann Gerhard über Widerstand und Prager Frieden, in: ebd., S. 37–50.
165 Bedencken. Der Churfürst: Sächsischen Theologen zu Wittenberg. Uber die Frage. Ob ein Standt deß Reichs / dem Römischen Kayser / inn diesem Böhmischen Krieg / Beystand zu leisten / nicht Billich Bedencken tragen solle, 1620, VD17 12:109537Y (13.12.2015).
166 Erklärung dessen am 25. Januarij 1620 dem Durchläuchtigsten Hochgebornen Fürsten und Herren / Herrn Johann Ernsten dem Jüngeren [...] 1620, UB Jena 4. H. un. VIII, 16. Helmut Tiedemann, Johann Ernst II. von Sachsen-Weimar und die Universität Wittenberg, in: Zeitschrift des Vereins für Thüringische Geschichte und Altertumskunde N. F. 32, 1937, S. 233–239; Schmidt (2001), Anfänge, S. 17 f.

167	Zit. n. Koch (2017), Ethik, S. 107. Vgl. Josef Polišenský, Die Universität Jena und der Aufstand der böhmischen Stände in den Jahren 1618–1620, in: Wissenschaftliche Zeitschrift der Friedrich-Schiller-Universität Jena. Gesellschafts- und sprachwissenschaftliche Reihe 7, 1958, S. 441–447, hier S. 445 f.

168	Jörg Baur, Johann Gerhard, in: Martin Greschat (Hg.), Gestalten der Kirchengeschichte, Bd. 7, Stuttgart u. a. 1993, S. 99–120, hier S. 107 u. 111 f.; ders., Die Leuchte Thüringens. Johann Gerhard (1582–1637). Zeitgerechte Rechtgläubigkeit im Schatten des Dreißigjährigen Krieges, in: ders., Luther und seine klassischen Erben. Theologische Aufsätze und Forschungen, Tübingen 1993, S. 335–356, hier S. 354.

169	Koch (2017), Ethik, S. 107 f.

170	Jürgen Beyer, Zwei Porträtgemälde des Hofmalers Christian Richter (1587–1667) der Herzöge Friedrich und Johann Ernst von Sachsen-Weimar, in: Weimar-Jena. Die große Stadt 10, 2017, S. 199–222, hier S. 208 f.

171	Vgl. Astrid Ackermann, Herzog Bernhard von Weimar (1604–1639). Chancen einer europäischen Karriere im Krieg, Habilitationsschrift Jena 2017, Bde. 1–2, hier Bd. 1, S. 42 ff.

172	A. Schmidt (2007), Vaterlandsliebe, S. 47 f.

173	Andreas Klinger/Georg Schmidt, Die Universität zwischen Reich und Fürstenstaat, in: Joachim Bauer u. a. (Hg.), Die Universität Jena in der Frühen Neuzeit, Heidelberg 2008, S. 73–95, hier S. 85.

174	Vgl. Moriz Ritter, Friedrich Hortleder als Lehrer der Herzöge Johann Ernst und Friedrich von Sachsen-Weimar, in: Neues Archiv für sächsische Geschichte und Alterthumskunde 1, 1880, S. 188–208, hier S. 197 f.

175	Wladimir Hrabar, Joh. Wilh. Neumayr von Ramsla. Beitrag zur Geschichte der staatswissenschaftlichen Literatur im Zeitalter des Hugo Groot, ND 1970 (zuerst Jurjew 1897), S. 11 ff.

176	A. Schmidt (2007), Vaterlandsliebe, S. 74.

177	Friedrich Meinecke, Die Idee der Staatsräson in der neueren Geschichte, München/Berlin 1963, S. 176.

178	Theatrum Europaeum, Bd. 1, S. 392 ff.

179	Krüssmann (2010), Mansfeld, S. 207 f.

180	Albrecht (1998), Maximilian, S. 293 ff.; Neuhold (2011), Krieg, S. 34.

181	Albrecht (1998), Maximilian, S. 530 f.

182	Chaline (2006), Religion, S. 515 und 518.

183	Wilson (2009), Tragedy, S. 301.

184	Ebd., S. 304–307.

185	Ebd., S. 323.

186	Fürstl.-Anhaltische geheime Cantzley […], 1621, VD17 107:727719X (1. 3. 2017).

187	Schubert (2013), Camerarius, S. 148 ff.

188	Ludwig Camerarius, Cancellaria Hispanica, Freistadt 1622, VD17 14:002725E (1. 3. 2017).

189	Schubert (2013), Camerarius, S. 146–173.

190	Ebd., S. 119.

191	Parker (1991), Krieg, S. 131.

192	Krüssmann (2010), Mansfeld, S. 642.

193	Ebd., S. 229 ff.

194	Herzog Maximilian an Kf. von Sachsen, 1620, Nov. 9, Lorenz (1991), Quellen, S. 477 ff.

195	Zit. n. Sturmberger (1959), Aufstand, S. 90.

196	Bericht Fürst Christian von Anhalt, 1621, Jan. 1/11, Lorenz (1991), Quellen, S. 501–511.

197	Huldigung, 1620, Nov. 13, ebd., S. 480 f.

198	Geheime Resolution Maximilians, 1621, Jan. 13, ebd., S. 513–519, Zitat S. 518.

199	Achterklärung, 1621, Jan. 22, ebd., S. 519–533. Kampmann (1992), Reichsrebellion, S. 47 ff.

200	Vgl. Albrecht (1998), Maximilian, S. 537.

201	Kampmann (1992), Reichsrebellion, S. 68.

202	Brockmann (2011), Dynastie, S. 200–203.

203	Theatrum Europaeum, Bd. 1, S. 478.

204	Warhaffftiger Bericht / von dem newlich in der Stadt Prag geschehenen Executionproces […] und wie an der Zahl 27 Personen justificirt […] 1621, UB Jena 4. H. un. VIII, 16.

205 Cramer (2007), War, S. 34 und 42 f.
206 Deutsche Reichstagsakten j. R., Bd. 19: Der Reichstag zu Augsburg 1550/51, bearb. v. Erwein Eltz, München 2005, S. 1588.
207 Thomas Christmann, Das Bemühen von Kaiser und Reich um die Vereinheitlichung des Münzwesens. Zugleich ein Beitrag zum Rechtsetzungsverfahren im Heiligen Römischen Reich nach dem Westfälischen Frieden, Berlin 1988, S. 65–74; Harald Witthöft, Die Münzordnungen und das Grundgewicht im Deutschen Reich vom 16. Jahrhundert bis 1871/72, in: Eckart Schremmer (Hg.), Geld und Währung vom 16. Jahrhundert bis zur Gegenwart, Stuttgart 1993, S. 45–68, hier S. 51 f.; Hans Christian Altmann, Die Kipper- und Wipperinflation in Bayern (1620–23). Ein Beitrag zur Strukturanalyse des frühabsolutistischen Staates, München 1976, S. 34.
208 Christmann (1988), Bemühen, S. 78 u. S. 90 f.
209 Paul W. Roth, Die Kipper- und Wipper-Zeit in den Habsburgischen Ländern, 1620 bis 1623, in: Schremmer (1993), Geld, S. 85–103, hier S. 86 f.
210 Herbert Langer, Kulturgeschichte des 30jährigen Krieges, Stuttgart u. a. 1978, S. 29 f.
211 Ulrich Rosseaux, Die Kipper und Wipper als publizistisches Ereignis (1620–1626). Eine Studie zu den Strukturen öffentlicher Kommunikation im Zeitalter des Dreißigjährigen Krieges, Berlin 2001, S. 58 f.
212 Christmann (1988), Bemühen, S. 92.
213 Münzbeschickung der Kipper und Wipper, VD17 39:152878K (13. 12. 2015).
214 Heberle (1975), Zeytregister, S. 94, 96 u. 98 ff.
215 Abel (1974), Massenarmut, S. 142; Langer (1978), Kulturgeschichte, S. 29.
216 Michael North, Kleine Geschichte des Geldes. Vom Mittelalter bis heute, München 2009, S. 105.
217 Anton Ernstberger, Hans de Witte. Finanzmann Wallensteins, Wiesbaden 1954, S. 90 ff.
218 North (2009), Geschichte, S. 102.
219 Steffen Leins, Das Prager Münzkonsortium 1622/23. Ein Kapitalgeschäft im Dreißigjährigen Krieg am Rand der Katastrophe, Münster 2012, S. 159 f.
220 Rosseaux (2001), Kipper, S. 399 ff.
221 Ritter (1908), Geschichte, Bd. 3, S. 207.
222 Langer (1978), Kulturgeschichte, S. 31 f.
223 Der Chur Sächsischen Städte […] Münz Bedencken […], zit. n. Rosseaux (2001), Kipper, S. 340.
224 Warhafftige Newe Zeitung auß Magdeburg […], 1622, VD17 14:003316P (13. 12. 2015).
225 Examen Aller unchristlichen Geldschinder […] so ihr getrewer Lehrmeister der Teuffel mit ihnen […] anstellet, 1621, VD17 23:312508P (18. 9. 2013).
226 Rosseaux (2001), Kipper, S. 288 ff.
227 Jedermannes Jammerklage […], 1621, Titelblatt, VD17 23:271541Z (18. 9. 2013).
228 Zit. n. Rosseaux (2001), Kipper, S. 326.
229 Wipper Gewinst […], Leipzig 1621, VD17 14:003228E (13. 12. 2015).
230 Das Churfürstl. Sächs. Consistorij zu Wittenberg Infomat Urthel […], 1621, VD17 3:630298L (13. 12. 2015).
231 Von dem Hochsträfflichen Müntzunwesen […] Rahtsames / Schrifftmässiges / außführliches Bedencken […] durch die […] Theologische Facultet zu Jena, Halberstadt 1622, Zitate S. 7 u. 49, VD17 14:003274G (13. 12. 2015).
232 Expurgatio oder Ehrenrettung der armen Kipper und Wipper […] 1622, VD17 3:630302M (13. 12. 2015).
233 Roth (1993), Kipper- und Wipper-Zeit, S. 101.
234 Abel (1974), Massenarmut, S. 146.
235 Rosseaux (2001), Kipper, S. 67 ff.
236 Michael North, «Geld- und Ordnungspolitik im Alten Reich», in: Anja Amend-Traut u. a. (Hg.), Geld, Handel, Wirtschaft. Höchste Gerichte im Alten Reich als Spruchkörper und Institutionen, Berlin/Boston 2013, S. 93–101, hier S. 98.
237 Rainer Gömmel, Die Entwicklung der Wirtschaft im Zeitalter des Merkantilismus, München 1998, S. 51.

5. An den Rhein und nach Norden oder warum der Krieg immer neue Gebiete erfasste

1 Wolfgang Harms (Hg.): Deutsche illustrierte Flugblätter des 16. und 17. Jahrhunderts, Bde. 1–4, München 1980–1987, hier Bd. 2, S. 292 f.

2 Zit. n. Josef Jansen, Patriotismus und Nationalethos in den Flugschriften und Friedensspielen des Dreißigjährigen Krieges, Diss. Köln 1964, S. 60.

3 Johann David Wunderer: Unvorgreiffliches Bedencken, Frankfurt a. M. 1619; ders., Das Andere Ohnvorgreifflich Bedencken …, Frankfurt a. M. 1619, VD17 14: 007721W u. VD17 12: 109221E (15.12.2015).

4 Georg Schmidt, Die «deutsche Freiheit» und der Westfälische Friede, in: Ronald G. Asch u. a. (Hg.), Frieden und Krieg in der Frühen Neuzeit. Die außereuropäische Staatenordnung und die europäische Welt, München 2001, S. 323–347, hier S. 327 f.

5 Theatrum Europaeum, Bd. 1, S. 581.

6 Straub (1980), Pax, S. 126 u. 161.

7 Rüde (2007), England, S. 183 f.

8 Pursell (2003), Winter King, S. 129 f.; Ritter (1908), Geschichte, Bd. 3, S. 126 f.

9 Theatrum Europaeum, Bd. 1, S. 494.

10 Pursell (2003), Winter King, S. 129 f.

11 Wilson (2009), Tragedy, S. 320 f.

12 Theatrum Europaeum, Bd. 1, S. 528 ff.

13 Exekutionsmandat, 1621, Feb. 1, Lorenz (1991), Quellen, S. 533–537, Zitat S. 536.

14 Ritter (1908), Geschichte, Bd. 3, S. 130 f.

15 Schmidt (1989), Grafenverein, S. 406 f.

16 Aufrichtiger Discurs und Hertz-trewlich-gemeinte Consideration […], 1621, S. 12.

17 Motiven Warumb dem Marches Spinola, etlicher Stätt und Oerter in der Chur Pfaltz sich zubemächtigen / nachgesehen und verstattet worden …, 1620, VD17 1:069228A (15.12.2015).

18 Spanisch Mucken Pulver, 1620, VD17 23:233447L (18.9.2013).

19 Theatrum Europaeum Bd. 1, S. 490 f.

20 Pursell (2003), Winter King, S. 134 f.

21 Dormi Secure. Oder Spanischer Schlafftrunck […], 1620, Zitate S. 6 f.

22 Theatrum Europaeum, Bd. 1, S. 508 f.

23 Egler (1971), Spanier, S. 60 f.

24 Parker (1991), Krieg, S. 133.

25 Zusatzschreiben an Kaiser Ferdinand II., 1621, Apr. 10, Lorenz (1991), Quellen, S. 538.

26 Geheime Translationsurkunde, 1621, Sep. 22, ebd., S. 553–558, Zitat S. 554.

27 Ferdinand II. an Hz. Maximilian, 1621, Sep. 21, ebd., S. 558 f.

28 Theatrum Europaeum, Bd. 1, S. 538–541; Krüssmann (2010), Mansfeld, S. 317 ff.

29 Albrecht (1998), Maximilian, S. 593–596.

30 Theatrum Europaeum, Bd. 1, S. 610 f.

31 Schubert (2013), Camerarius, S. 187.

32 Pursell (2003), Winter King, S. 138.

33 Schubert (2013), Camerarius, S. 194.

34 Parker (1991), Krieg, S. 134.

35 Pursell (2003), Winter King, S. 148.

36 Wedgwood (1967), Krieg, S. 140.

37 Theatrum Europaeum, Bd. 1, S. 549–555.

38 Ritter (1908), Geschichte, Bd. 3, S. 151–155.

39 Pursell (2003), Winter King, S. 165.

40 Theatrum Europaeum, Bd. 1, S. 625 f.; Pursell (2003), Winter King, S. 172 f. u. 190 Anm. 60.

41 Krüssmann (2010), Mansfeld, S. 399 ff.

42 Ritter (1908), Geschichte, Bd. 3, S. 151 ff.

43 Wilson (2009), Tragedy, S. 335 ff.

44 Ritter (1908), Geschichte, Bd. 3, S. 159.

45 Cramer (2007), War, S. 199 f.
46 Theatrum Europaeum, Bd. 1, S. 628 f.
47 Ebd., S. 627; Pursell (2003), Winter King, S. 175.
48 Krüssmann (2010), Mansfeld, S. 410–414.
49 Ebd., S. 416.
50 Wahrer und gewisser Bericht sambt Abbildung, welcher Gestalt Hertzog Christian zu Braunschweig [...] 1622, VD17 23:706235S (15. 12. 2015); Ritter (1908), Geschichte, Bd. 3, S. 160 f.
51 Theatrum Europaeum, Bd. 1, S. 678.
52 Ritter (1908), Geschichte, Bd. 3, S. 190.
53 Schubert (2013), Camerarius, S. 156–159; Pursell (2003), Winter King, S. 161, Anm. 184.
54 Kurtzer / jedoch eigendtlicher Bericht vnd Abbildung / von der Belägerung vnd Einnehmung der Churfürstlichen Pfaltzgräffischen Residentz- vnd Häuptstadt Heydelberg / welche vorgangen vnd geschehen im Monat Septemb. des 1622. Jahres, http://de.wikisource.org/wiki/Belagerung_und_Einnahme_Heidelbergs_1622 (8. 4. 2015).
55 Kurtze und doch gründliche Verantwortung der Chur und Residentz Statt Heydelberg Einwohner [...], Franckfurt 1623, VD17 14:007507T (2. 4. 2014).
56 Emil Weller (Hg.), Die Lieder des Dreißigjährigen Krieges. Nach den Originalen abgedruckt, Basel 1855, S. 249–253, Zitat S. 249 u. 251. Vgl. Axel E. Walter, Die politische Publizistik im Dreißigjährigen Krieg: Das literarische Schaffen Julius Wilhelm Zincgrefs, in: Bußmann/Schilling (1998), 1648, Bd. 2, S. 377–383.
57 Theatrum Europaeum, Bd. 1, S. 650.
58 Ritter (1908), Geschichte, Bd. 3, S. 161–168; Egler (1971), Spanier, S. 68.
59 Ebd., S. 91 ff.
60 Ebd., S. 124 f.
61 Ebd., S. 152.
62 Albrecht (1998), Maximilian, S. 575 f.; Meinrad Schaab, Geschichte der Kurpfalz, Bd. 2, Stuttgart u. a. 1992, S. 115.
63 Vgl. Julia Zunckel, Rüstungsgeschäfte im Dreißigjährigen Krieg. Unternehmerkräfte, Militärgüter und Marktstrategien im Handel zwischen Genua, Amsterdam und Hamburg, Berlin 1997, S. 66–70.
64 David Redivivus Oder / Augenscheinliche Erweisung: Wie fein und eigentlich das jetzt Emporschwebende Kriegswesen / und der Zustandt König. Mayst. in Böhmen [...], Franckenthal 1623, Zitate S. 9 ff., VD17 23:289507G (8. 4. 2015).
65 Brockmann (2011), Dynastie, S. 227.
66 Acta und Handlung deß Chur- und Fürstlichen Convents zu Regensburg [...], Frankfurt a. M. 1623, S. 3–53, VD17 14:003465U (15. 12. 2015).
67 Albrecht (1998), Maximilian, S. 569 ff.
68 Straub (1980), Pax, S. 179 f.
69 Bußmann/Schilling (1998), 1648, Ausstellungskatalog, Nr. 982, S. 347.
70 Albrecht (1998), Maximilian, S. 574 f.
71 Ritter (1908), Geschichte, Bd. 3, S. 211.
72 Wilson (2009), Tragedy, S. 356 f.
73 Mathias Hoegl, Die Bekehrung der Oberpfalz durch Kurfürst Maximilian I., Bde. 1–2, Regensburg 1903, S. 52 f.
74 Wedgwood (1967), Krieg, S. 165 f.
75 Ritter (1908), Geschichte, Bd. 3, S. 213 ff.
76 Albrecht (1998), Maximilian, S. 573 f.
77 Ebd., S. 597–601.
78 Cramer (2007), War, S. 46.
79 Zit. n. Johannes Paul, Gustav Adolf in der deutschen Geschichtsschreibung, in: Hans Ulrich Rudolf (Hg.), Der Dreißigjährige Krieg. Perspektiven und Strukturen, Darmstadt 1977, S. 17–32, hier S. 19.
80 Betrachtungen jetzigen Wesens und Aufrichtung eines beständigen Friedens im Römischen Reich, 1623, zit. n. Schubert (2013), Camerarius, S. 261 ff.
81 Krüssmann (2010), Mansfeld, S. 288 f.

82 Karl Menzel, Die Union des Herzogs Wilhelm IV. zu Sachsen-Weimar und seine Gefangerschaft in Neustadt (1622–1624), in: Archiv für Sächsische Geschichte 11, 1873, S. 32–80, hier S. 76.

83 Ebd., S. 38 f. u. 71–74.

84 Dazu Schmidt (1999), Geschichte, S. 92–99 u. passim.

85 Andreas Herz, «Wältz recht». Fruchtbringerisches Zeremoniell und sein ‹Hintergrund› in einem Stich Peter Isselburgs, in: Ferdinand van Ingen/Christian Juranek (Hg.), Ars et Amicitia. Beiträge zum Thema Freundschaft in Geschichte, Kunst und Literatur, Festschrift für Martin Bircher, Amsterdam 1998, S. 353–408, hier bes. S. 362–367.

86 Kurtzer Bericht der Fruchtbringenden Gesellschaft […], in: Fürst Ludwig von Anhalt-Köthen, Werke, Bd. 1, hg. v. Klaus Conermann, Tübingen 1992, S. [8].

87 Carl Gustav von Hille, Der Teutsche Palmbaum, 1647, ND München 1970, Vorrede.

88 Ebd., S. 5.

89 Gerhard Dünnhaupt, Merkur am Scheideweg. Eine unbekannte Schwesterakademie der Fruchtbringenden Gesellschaft, in: Joseph P. Strelka/Jörg Jungmayr (Hg.), Virtus et Fortuna. Zur deutschen Literatur zwischen 1400 und 1720. Festschrift für Hans-Gert Roloff zu seinem 50. Geburtstag, Bern u. a. 1983, S. 384–392.

90 Siegrid Westphal, Frauen in der Frühen Neuzeit und die deutsche Nation, in: Dieter Langewiesche/Georg Schmidt (Hg.), Föderative Nation. Deutschlandkonzepte von der Reformation bis zum Ersten Weltkrieg, München 2000, S. 363–385, Zitat S. 380; Franz Dix, Die tugendliche Gesellschaft, in: Mitteilungen der deutschen Gesellschaft zur Erforschung vaterländischer Sprache und Alterthümer 6, 1877, S. 43–146, hier S. 48 f.

91 Dazu mit Blick auf Herzog Bernhard von Weimar: Ackermann (2017), Bernhard, Bd. 1, S. 61–72.

92 Michael Kreps, Teutsche Politick oder Von der Weise wol zu Regieren in Frieden und Kriegs Zeitten, Frankfurt a. M. 1620, S. 13, zit. n. Michael Stolleis, Lipsius-Rezeption in der politischjuristischen Literatur des 17. Jahrhunderts in Deutschland, in: ders., Staat und Staatsräson in der Frühen Neuzeit. Studien zur Geschichte des öffentlichen Rechts, Frankfurt a. M. 1990, S. 232–267, hier S. 245.

93 Zit. n. Winfried Schulze, Concordia, Discordia, Tolerantia. Deutsche Politik im konfessionellen Zeitalter, in: Johannes Kunisch (Hg.), Neue Studien zur frühneuzeitlichen Reichsgeschichte, Berlin 1987, S. 43–79, hier S. 74.

94 Axel Gotthard, «Politice seint wir bäpstisch». Kursachsen und der deutsche Protestantismus im frühen 17. Jahrhundert, in: Zeitschrift für Historische Forschung 20, 1993, S. 275–319, Zitat S. 300.

95 Ritter (1908), Geschichte, Bd. 3, S. 237.

96 Klaus Conermann (Hg.), Fruchtbringende Gesellschaft. Der Fruchtbringenden Gesellschaft geöffneter Erzschrein, Bd. 3: Die Mitglieder der Fruchtbringenden Gesellschaft 1617–1650, Leipzig/Weinheim 1985, S. 107.

97 Ders. (Hg.), Briefe der Fruchtbringenden Gesellschaft und Beilagen, Bd. 1, Tübingen 1992, S. 174.

98 Menzel (1873), Union, S. 44.

99 Gotthard (2014), Fried, S. 755.

100 Manfred Rudersdorf, Ludwig IV. Landgraf von Hessen-Marburg 1537–1604. Landesteilung und Luthertum in Hessen, Mainz 1991, S. 251–263.

101 Krüssmann (2010), Mansfeld, S. 444 f.

102 Warhafftiger Bericht des Veldzuges unnd Schlacht, so denn 19. Augusti zwischen Flery und Gemblours […], 1622, VD 17 14: 008024L (13. 9. 2013); Theatrum Europaeum, Bd. 1, S. 666 ff.

103 Zit. n. Ute Elvert, «Gute Sach stärkt den Mann». Sachkundliche Überlegungen zu symbolischen Funktionen der frühneuzeitlichen Militärwaffen, in: Militär und Gesellschaft in der Frühen Neuzeit 13.1, 2009, S. 50–74, Zitat S. 69.

104 Krüssmann (2010), Mansfeld, S. 459.

105 Ritter (1908), Geschichte, Bd. 3, S. 227.

106 Theatrum Europaeum, Bd. 1, S. 737.

107 Krüssmann (2010), Mansfeld, S. 478 f.

108 Ritter (1908), Geschichte, Bd. 3, S. 239.

109 Krüssmann (2010), Mansfeld, S. 492 ff.

110 Lehmann (2014), Leben, S. 60 f.
111 Ebd., S. 65–70.
112 Kersten Krüger, Kriegsfinanzen und Reichsrecht im 16. und 17. Jahrhundert, in: Bernhard R. Kroener/Ralf Pröve (Hg.), Krieg und Frieden. Militär und Gesellschaft in der Frühen Neuzeit, Paderborn u. a. 1996, S. 47–57, hier S. 56.
113 Paul Douglas Lockhart, Denmark in the Thirty Years' War, 1618–1648. King Christian IV and the decline of the Oldenburg State, Selinsgrove/London 1996, S. 102 f.
114 Theatrum Europaeum, Bd. 1, S. 747.
115 Happe, Chronicon, Bl. 42r.
116 Gotthold Rhode, Ungarn vom Ende der Verbindung mit Polen bis zum Ende der Türkenherrschaft (1444–1699), in: Theodor Schieder (Hg.), Handbuch der europäischen Geschichte, Bd. 3, Stuttgart ²1985, S. 1061–1117, hier S. 1107.
117 Michael Kaiser, Politik und Kriegsführung. Maximilian von Bayern, Tilly und die Katholische Liga im Dreißigjährigen Krieg, Münster 1999, S. 205 ff.
118 Simon Groenveld, Könige ohne Staat. Friedrich V. und Elizabeth als Exilierte in Den Haag, 1621–1632–1661, in: Wolf (2003), Winterkönig, S. 162–186, bes. S. 174 f.
119 Wilson (2009), Tragedy, S. 321.
120 Wedgwood (1967), Krieg, S. 170 f.
121 Krüssmann (2010), Mansfeld, S. 515 ff.
122 Theatrum Europaeum, Bd. 1, S. 735 ff.
123 Rüde (2007), England, S. 208 ff. u. passim.
124 Parker (1991), Krieg, S. 138.
125 Pursell (2003), Winter King, S. 227.
126 Schubert (2013), Camerarius, S. 279–286.
127 Wedgwood (1967), Krieg, S. 184.
128 Axel Gotthard, Säulen des Reiches. Die Kurfürsten im frühneuzeitlichen Reichsverband, Bde. 1–2, Husum 1999, hier Bd. 1, S. 100–112.
129 Straub (1980), Pax, S. 211 ff.
130 Ebd., S. 207.
131 Golo Mann, Wallenstein. Sein Leben erzählt, Frankfurt a. M. ³1971, S. 350.
132 Zit. n. Krüssmann (2010), Mansfeld, S. 554.
133 Vgl. Michael North, Geschichte der Ostsee. Handel und Kulturen, München 2011.
134 Instrumentum Pacis Osnabrugense (künftig zitiert: IPO), Art. XVII, § 10.
135 Jens E. Olesen, Der Kampf um die Ostseeherrschaft zwischen Dänemark und Schweden (1563–1720/21), in: Jan Hecker-Stampehl/Bernd Henningsen (Hg.), Geschichte, Politik und Kultur im Ostseeraum, Berlin 2012, S. 59–79, hier S. 59 f.
136 Ahasver von Brandt, Die nordischen Länder von 1448 bis 1654, in: Schieder (1985), Handbuch, Bd. 3, S. 962–1005; Martin Schwarz Lausten, Die Reformation in Dänemark, Gütersloh 2008; Ole Peter Grell, Scandinavia, in: Bob Scribner u. a. (Hg.), The Reformation in National Context, Cambridge 1994, S. 111–130.
137 Jan Glete, Empire building with limited resources. Sweden and the development of military organisation, in: Enrique Martinez Ruiz u. a. (Hg.), Spain & Sweden in the baroque era (1600–1660). International congress records, o. O. o. J. [Madrid 2000], S. 307–336.
138 Lockhart (1996), Denmark, bes. S. 72–80.
139 Ebd., S. 132.
140 Olesen (1996), Kampf, S. 67.
141 Lockhart (1996), Denmark, S. 119.
142 Ebd., S. 108 ff.
143 Ritter (1908), Geschichte, Bd. 3, S. 279–283.
144 Udo Gittel, Die Aktivitäten des Niedersächsischen Reichskreises in den Sektoren «Friedenssicherung» und «Polizey» (1555–1682), Hannover 1996, S. 150.
145 Theatrum Europaeum, Bd. 1, S. 848 f.
146 Lockhart (1996), Denmark, S. 128 f.
147 Auch zum Folgenden: Ritter (1908), Geschichte, Bd. 3, S. 307–312.
148 Brockmann (2011), Dynastie, S. 246 f.

149 Haager Allianz, 1625, Dez. 9, Gottfried Lorenz (Hg.), Quellen zur Geschichte Wallensteins, Darmstadt 1987, S. 99–104.

6. Wallenstein oder wie der Krieg funktionierte

1 Robert Rebitsch, Wallenstein. Biografie eines Machtmenschen, Wien u. a. 2010, S. 51.

2 Ebd., S. 19–33.

3 Hans-Christian Huf, Das Rätsel um Wallensteins Krankheit – Diagnose Syphilis, in: ders. (Hg.), Mit Gottes Segen in die Hölle. Der Dreißigjährige Krieg, Berlin 2004, S. 328–343, hier S. 332 f.

4 Rebitsch (2010), Wallenstein, S. 146.

5 Ebd., S. 153.

6 Lorenz (1987), Wallenstein, S. 57–61; Rebitsch (2010), Wallenstein, S. 100 f.

7 Ritter (1908), Geschichte, Bd. 3, S. 208;

8 Mann (1971), Wallenstein, S. 291.

9 Ritter (1908), Geschichte, Bd. 3, S. 296.

10 Vgl. Hellmut Diwald, Wallenstein. Eine Biographie, Berlin 1987, S. 253 f.

11 Kaiser (1999), Politik, S. 241 ff.

12 Vgl. Herfried Münkler, Der Dreißigjährige Krieg. Europäische Katastrophe, deutsches Trauma 1618–1648, Berlin 2017, S. 36, Anm. 72.

13 Lorenz (1987), Wallenstein, S. 67 f.

14 Text ebd., S. 40, Anm. 200.

15 Vgl. Georg Ludwig von Schwarzenberg an Ferdinand II., 1625, Apr. 26, ebd., S. 75–79. Eggenberg an Ferdinand II., 1625, Mai 30, ebd., S. 79–82.

16 Thomas Brockmann, Konfessioneller Fundamentalismus und Konfessionalisierung der Außenpolitik? Überlegungen zur Politik Ferdinands II. 1618–1630 in: ders./Dieter J. Weiß, Das Konfessionalisierungsparadigma. Leistungen, Probleme, Grenzen, Münster 2013, S. 235–264, hier S. 258 f.

17 Ritter (1908), Geschichte, Bd. 3, S. 328 ff.

18 Lorenz (1987), Wallenstein, S. 97 f.

19 Diwald (1987), Wallenstein, S. 262 f.

20 Charlotte Methuen, «To delineate the divinity of the Creator». The search of Platonism in the late sixteenth-century Tübingen, in: Greyerz (2010), Religion, S. 186–197, bes. S. 186 f. u. 197.

21 Press (1991), Kriege, S. 316.

22 Johannes Kepler, Prognosticon, von aller handt bedraulichen Vorbotten künfttigen Ubelstandes / in Regiments- und Kirchensachen / sonderlich von Cometen und Erdbildern / auff das 1618. und 1619. Jahr, VD17 12:641096S (1. 12. 2015).

23 Ders., Außführlicher Bericht/ Von dem newlich Monat Septembri und Octobri diß 1607. Jahrs erschienenen Haarstern […], Hall in Sachsen 1608.

24 Vgl. Sturmberger (1959), Aufstand, S. 7.

25 Zit. n. Jessen (1975), Krieg, S. 45.

26 Johannes Kepler, Tertius Interveniens. Das ist / Warnung an etliche Theologos, Medicos und Philosophos, sonderlich D. Philippum Feselium, daß sie bey billicher Verwerffung der Sternguckerischen Aberglauben / nicht das Kindt mit dem Badt außschütten / und hiermit ihrer Profession unwissendt zuwider handlen: Mit vielen hochwichtigen zuvor nie erregten oder erörterten Philosophischen Fragen gezieret / Allen wahren Liebhabern der natürlichen Geheymnussen zu nohtwendigem Unterricht / Gestellet durch Johann Kepplern / der Röm. Keys. Majest. Mathematicum, Frankfurt a. M. 1610, VD17 547:738138C (1. 12. 2015).

27 Schulze (1987), Geschichte, S. 251.

28 Heinz Dieter Kittsteiner, Die Stabilisierungsmoderne. Deutschland und Europa 1618–1715, München 2010, S. 179.

29 Angelika Geiger, Wallensteins Astrologie. Eine kritische Überprüfung der Überlieferung nach dem gegenwärtigen Quellenbestand, Graz 1983, S. 106 ff.

30 Rill (1999), Matthias, S. 321 f.

31 Hans-Christian Huf, Die Macht der Sterne. Wallensteins Astrologie, in: ders. (2004), Segen, S. 49–77.

32 Angelika Geiger, Wallensteins Astrologie, Graz 1983, S. 90–101; Martha List, Das Wallenstein-Horoskop von Johannes Kepler, in: Johannes Kepler. Werk und Leistung. Katalog, Linz 1971, S. 127–136, hier S. 133 f.
33 Mann (1971), Wallenstein, S. 357.
34 2. Kapuzinerrelation, Lorenz (1987), Wallenstein, S. 174–185, hier S. 180.
35 Geiger (1983), Astrologie, S. 172.
36 Diwald (1987), Wallenstein, S. 261; zur Produktion und zum Handel von Salpeter: Zunckel (1997), Rüstungsgeschäfte, S. 80–109.
37 Art. Salpetersieder, wikipedia, http://de.wikipedia.org/wiki/Salpetersieder (28. 4. 2015).
38 Ernstberger (1954), de Witte, S. 262.
39 Ebd., S. 247–252.
40 Patent Wallensteins, 1627, März 22, Lorenz (1987), Wallenstein, S. 125 f.
41 Mann (1971), Wallenstein, S. 307.
42 Ebd., S. 315–320; Rebitsch (2010), Wallenstein, S. 102–108.
43 Ernstberger (1954), de Witte, S. 229 f.
44 Rebitsch (2010), Wallenstein, S. 134.
45 Ebd., S. 114.
46 Mann (1971), Wallenstein, S. 302 f.
47 Kaiserl. Instruktion für Wallenstein, 1625, Juni 27, Lorenz (1987), Wallenstein, S. 82–94, Zitat S. 92.
48 Zit. n. Ernstberger (1954), de Witte, S. 165.
49 Ebd., S. 180 f.
50 Ebd., S. 213 ff.
51 Moriz Ritter, Das Kontributionssystem Wallensteins, in: Historische Zeitschrift 90, 1903, S. 193–249, hier S. 223–229.
52 Vgl. Frank Kleinhagenbrock, Einquartierungen als Last für Einheimische und Fremde. Ein Beispiel aus dem hohenlohischen Amt während des Dreißigjährigen Krieges, in: Matthias Asche u. a. (Hg.), Krieg, Militär und Migration in der Frühen Neuzeit, Berlin u. a. 2008, S. 167–185.
53 Vgl. Michael Sikora, Söldner. Historische Annäherung an einen Kriegstypus, in: Geschichte und Gesellschaft 29, 2003, S. 210–238.
54 Zit. n. Freytag (1867), Bilder, Bd. 3, S. 17 Anm.
55 Diwald (1987), Wallenstein, S. 276.
56 Ernstberger (1954), de Witte, S. 200.
57 Zusammenfassend Reinhard Hildebrandt, Einleitung, in: ders. (Hg.), Quellen und Regesten zu den Augsburger Handelshäusern Paler und Rehlinger (1539–1642), Tl. 2, Stuttgart 2004, S. 15–39, hier S. 16–20.
58 Ritter (1908), Geschichte, Bd. 3, S. 299 f.
59 Wilson (2009), Tragedy, S. 395.
60 Parker (1991), Krieg, S. 176.
61 Jan Willem Huntebrinker, ‹Fromme Knechte› und ‹Garteteufel›. Söldner als soziale Gruppe im 16. und 17. Jahrhundert, Konstanz 2010, S. 120.
62 Kroener (1992), Kriegsgurgeln, S. 54 f.
63 Burschel (1994), Söldner, S. 166–175.
64 Nikolas Funke, ‹Naturali legitimâque Magica› oder ‹Teufflische Zauberey›? Das ‹Festmachen› im Militär des 16. und 17. Jahrhunderts, in: Militär und Gesellschaft in der Frühen Neuzeit 13, 2009, S. 16–32.
65 Kön. Schwed. Victori Schlüssel […] 1631, VD17 14:004671L (16. 12. 2015).
66 Michael Kaiser, Zwischen «ars moriendi» und «ars mortem evitandi». Der Soldat und der Tod in der Frühen Neuzeit, in: ders./Stefan Kroll (Hg.), Militär und Religiosität in der Frühen Neuzeit, Münster 2004, S. 323–243.
67 Martin Luther, Ob Kriegsleute auch im seligen Stand sein können (1526), in: D. Martin Luthers Werke, Bd. 19, Weimar 1897, S. 616–662.
68 Auffrichtiger Teutscher Soldaten Regul […], 1622, VD17 14:002894Y (5. 1. 2016).
69 Hans-Michael Möller, Das Regiment der Landsknechte. Untersuchungen zu Verfassung,

Recht und Selbstverständnis in deutschen Söldnerheeren des 16. Jahrhunderts, Wiesbaden 1976. Auch zum Folgenden Georg Schmidt, Voraussetzung oder Legitimation? Kriegsdienst und Adel im Dreißigjährigen Krieg, in: Otto Gerhard Oexle/Werner Paravicini (Hg.), Nobilitas. Funktion und Repräsentation des Adels in Alteuropa, Göttingen 1997, S. 431–462, bes. S. 437 ff.

70 Huntebrinker (2010), Knechte, S. 62 ff.

71 Peter Burschel, Söldner im Nordwestdeutschland des 16. und 17. Jahrhunderts. Sozialgeschichtliche Studien, Göttingen 1994, S. 179.

72 Ebd., S. 122.

73 Langer (1978), Kulturgeschichte, S. 64.

74 Peter Burschel, Krieg, Staat, Disziplin. Die Entstehung eines neuen Söldnertypus im 17. Jahrhundert, in: Geschichte in Wissenschaft und Unterricht 1997, S. 640–652, hier S. 641.

75 Jan Willem Huntebrinker, Soldatentracht? Mediale Funktionen materieller Kultur in den Söldnerdarstellungen des 16. und 17. Jahrhunderts, in: Militär und Gesellschaft in der Frühen Neuzeit 13.1, 2009, S. 75–103, Zitat S. 90.

76 Parker (1991), Krieg, S. 281.

77 Peter Burschel, Desertion in deutschen Söldnerheeren des 17. Jahrhunderts, in: Peter Aufgebauer (Hg.), Festgabe für Dieter Neitzert zum 65. Geburtstag, Bielefeld 1998, S. 305–317, hier S. 310.

78 Huntebrinker (2010), Knechte, bes. S. 188 f.

79 Jan Peters (Hg.), Peter Hagendorf. Tagebuch eines Söldners aus dem Dreißigjährigen Krieg, Göttingen 2012, S. 109.

80 Reinhard Baumann, Landsknechte. Ihre Geschichte und Kultur vom späten Mittelalter bis zum Dreißigjährigen Krieg, München 1994, S. 73 ff.

81 Bernhard R. Kroener, «Kriegsgurgeln, Freireuter und Merodebrüder». Der Soldat des Dreißigjährigen Krieges. Täter und Opfer, in: Wolfram Wette (Hg.), Der Krieg des kleinen Mannes. Eine Militärgeschichte von unten, München/Zürich 1992, S. 51–67, hier S. 56.

82 Krüger (1996), Kriegsfinanzen, S. 52 f.

83 Ritter (1903), Kontributionssystem, S. 211.

84 Andreas Bähr, Furcht und Furchtlosigkeit. Göttliche Gewalt und Selbstkonstitution im 17. Jahrhundert, Göttingen 2013, S. 131.

85 Ebd., S. 136 f.

86 Burschel (1998), Desertion, S. 311 ff.

87 Burschel (1997), Krieg, bes. S. 644–648.

88 Huntebrinker (2010), Knechte, S. 79 ff.

89 Geoffrey Parker, Die militärische Revolution. Die Kriegskunst und der Aufstieg des Westens 1500–1800, Frankfurt a. M./New York 1990, S. 77.

90 Burschel (1994), Söldner, S. 211.

91 Vgl. zum Folgenden Franz Weber, Gliederung und Einsatz des bayerischen Heeres im Dreißigjährigen Krieg, in: Hubert Glaser (Hg.), Um Glauben und Reich. Kurfürst Maximilian I. (= Ausstellungskatalog 2.1), München 1980, S. 400–407.

92 Marcus Junkelmann, Feldherr Maximilians: Johann Tserclaes Graf von Tilly, in: Hubert Glaser (Hg.), Um Glauben und Reich. Kurfürst Maximilian I. (= Ausstellungskatalog 2.1), München 1980, S. 377–389.

93 Rainer Wohlfeil, Ritter – Söldnerführer – Offizier, in: Geschichtliche Landeskunde 3, 1965, S. 45–70, hier S. 56.

94 Grimmelshausen (1984), Simplicissimus, Kap. 17, S. 47–51.

95 Schmidt (1997), Voraussetzung, S. 433 ff.

96 Friedrich Hausmann, Das Regiment hochdeutscher Knechte des Grafen Julius von Hardegg, seine Geschichte, Fahnen und Uniform, in: Der Dreißigjährige Krieg. Beiträge zu seiner Geschichte, Wien 1976, S. 79–167, hier v. a. Anlage 1 u. 2.

97 Schmidt (1997), Voraussetzung, S. 446–450.

98 Gerhard Oestreich, Der römische Stoizismus und die oranische Heeresreform, in: ders., Geist und Gestalt des frühmodernen Staates, Berlin 1969, S. 11–34; ders., Graf Johanns VII. Verteidigungsbuch für Nassau-Dillenburg, in: ebd., S. 311–355.

99 Parker (1990), Revolution, S. 101.

100 Vgl. Parker (1991), Krieg, S. 289.
101 Fritz Wolff, Feldpostbriefe aus dem Dreißigjährigen Kriege. Selbstzeugnisse der kleinen Leute, in: Walter Heinemeyer (Hg.), Hundert Jahre Historische Kommission für Hessen 1897–1997, Bd. 1, Marburg 1997, S. 481–512.
102 Lehmann (2014), Leben, S. 70 f.
103 Ernstberger (1954), de Witte, S. 237–241.
104 Steffi Fabian, Dies waren verfluchte Diebes Hände. Konfliktfelder und Wahrnehmungsdivergenzen zwischen Militär und Zivilbevölkerung bei Einquartierungen und Truppendurchzug während des Dreißigjährigen Krieges, in: Militär und Gesellschaft in der Frühen Neuzeit 16.3, 2012, S. 170–196, hier S. 178 f.
105 Fritz Redlich, The German Military Enterpriser and his Work Force. A Study in European Economic and Social History, Bd. 1, Wiesbaden 1964, S. 456.
106 Huntebrinker (2010), Knechte, S. 78.
107 Michael Kaiser, Cuius exercitus, eius religio? Konfession und Heerwesen im Zeitalter des Dreißigjährigen Kriegs, in: Archiv für Reformationsgeschichte 91, 2000, S. 316–353, hier S. 328–331.
108 Eugen von Frauenholz, Entwicklungsgeschichte des deutschen Heerwesens, Bd. 3.2: Die Landesdefension, München 1939; Schmidt (1989), Grafenverein, S. 135–155; Winfried Schulze, Die deutsche Landesdefension im 16. und 17. Jahrhundert, in: Johannes Kunisch (Hg.), Staatsverfassung und Heeresverfassung in der europäischen Geschichte der frühen Neuzeit, Berlin 1986, S. 129–149.
109 Schmidt (1989), Grafenverein, S. 144–155.
110 Huntebrinker (2010), Knechte, S. 93 f.
111 Ebd., S. 84 und 88.
112 Kroener (1992), Kriegsgurgeln, S. 53 f. u. 63 f.
113 Baumann (1994), Landsknechte, S. 146–165.
114 Michael Roberts, Die militärische Revolution 1560–1660, in: Ernst Hinrichs, Absolutismus, Frankfurt a. M. 1986 (zuerst engl. 1956), S. 273–309.
115 Langer (1978), Kulturgeschichte, S. 95.
116 Werner Hahlweg, Die Heeresreform der Oranier und die Antike. Studien zur Geschichte des Kriegswesens der Niederlande, Deutschlands, Frankreichs, Englands, Italiens, Spaniens und der Schweiz vom Jahre 1589 bis zum Dreißigjährigen Kriege, Osnabrück 1987; Schilling (2007), Konfessionalisierung, S. 71 f.
117 Hans Zopf, Jacobi von Wallhausen, Johann, in: Neue Deutsche Biographie, Bd. 10, Berlin 1974, S. 238.
118 Matthias Rogg, Landsknechte und Reisläufer. Bilder vom Soldaten. Ein Stand in der Kunst des 16. Jahrhunderts, Paderborn u. a. 2002, S. 116.
119 David A. Parrot, Strategy and Tactics in the Thirty Years' War. The «Military Revolution», in: Militärgeschichtliche Mitteilungen 2, 1985, S. 7–25, hier S. 12.

7. Das Meer oder wie imperiale Visionen scheiterten

1 Mann (1971), Wallenstein, S. 387.
2 Ritter (1908), Geschichte, Bd. 3, S. 299 ff.
3 Brockmann (2011), Dynastie, S. 248 f.
4 Ebd., S. 253.
5 Gittel (1996), Aktivitäten, S. 154 f.
6 Ritter (1908), Geschichte, Bd. 3, S. 317.
7 Theatrum Europaeum, Bd. 1, S. 901–922.
8 Wallenstein an Ferdinand II., 1626, Jan. 27, Lorenz (1987), Wallenstein, S. 104–108.
9 Wallenstein an Harrach, 1626, März 16, ebd., S. 109 ff.
10 Diwald (1987), Wallenstein, S. 334 f.
11 Theatrum Europaeum, Bd. 1, S. 925 f.
12 Ebd., S. 927 f.
13 Kerstin Weiand, Hessen-Kassel und die Reichsverfassung. Ziele und Prioritäten landgräflicher Politik im Dreißigjährigen Krieg, Marburg 2009, S. 34 f.

14 Abbildung / neben kurzem Bericht / welcher gestalt den 15 April …, VD17 12:649185T (5.1.2016).

15 Theatrum Europaeum, Bd.1, S.923; Wilson (2009), Tragedy, S.410.

16 Diwald (1987), Wallenstein, S.354.

17 Ritter (1908), Geschichte, Bd.3, S.314.

18 Mann (1971), Wallenstein, S.394 ff.

19 Ritter (1908), Geschichte, Bd.3, S.344 ff.

20 Josef Polišenský/Frederick Snider, War and Society in Europe 1618–1648, Cambridge 1978, S.120.

21 Hofkammer an Hofkriegsrat, 1626, Nov., Lorenz (1987), Wallenstein, S.111.

22 Bericht Magnis zu 1626, Nov. 25 u. 26, ebd., S.114–117.

23 Vgl. Volker Press, Böhmischer Aristokrat und kaiserlicher General. Zwei Biographien Albrecht von Wallensteins, in: Historische Zeitschrift 222, 1976, S.626–638, bes. S.633.

24 Anton Gindely, Waldstein während seines ersten Generalats, Bde. 1–2, Prag/Leipzig 1886 (ND Wien 1972), hier Bd.1, S.168.

25 Diwald (1987), Wallenstein, S.373–379.

26 Vgl. Lorenz (1987), Wallenstein, S.118–125.

27 Diwald (1987), Wallenstein, S.383.

28 Theatrum Europaeum, Bd.1, S.944 ff.

29 Langer (1978), Kulturgeschichte, S.109; Anton Sandberger, Der große oberösterreichische Bauernkrieg unter besonderer Berücksichtigung der Ereignisse in St. Agatha, http://www.fadinger.trachtler.at/pages/stefan-fadinger (5.5.2014).

30 Vgl. auch zum Folgenden Theatrum Europaeum, Bd.1, S.935–943.

31 Roeck (1996), Quellen, S.256 f.

32 Ritter (1908), Geschichte, Bd.3, S.343.

33 Theatrum Europaeum, Bd.1, S.1010.

34 Offentliche Abbitt … 1627, VD17 14:001820T (4.3.2017).

35 Brief vom 1. August 1625, zit. n. Diwald (1987), Wallenstein, S.331 f.

36 Uwe Klußmann, Angriff aus dem Busch. Die rebellischen Harzschützen, in: Dietmar Pieper/Johannes Saltzwedel (Hg.), Der Dreißigjährige Krieg. Europa im Kampf um Glaube und Macht. 1618–1648, München 2012, S.100 f.

37 Patent 1627, Juni 16, in: Jürgen John (Hg.), Quellen zur Geschichte Thüringens, Bd. 2: Von der Reformation bis 1918, Erfurt 1995, S.92.

38 Zit. n. Johannes Burkhardt, ‹Ist noch ein Ort dahin der Krieg nicht kommen sey?› Katastrophenerfahrungen und Kriegsstrategien auf dem deutschen Kriegsschauplatz, in: Lademacher (1998), Krieg, S.3–19, Zitat S.8.

39 Ulbricht (2004), Experience, S.104 f.

40 Hans Herz, Bauernaufstand 1627 in Schwarzburg-Rudolstadt, in: Jahrbuch für Regionalgeschichte 16, 1989, S.73–80, bes. S.77 f.

41 Theatrum Europaeum, Bd.3, S.721.

42 Happe, Chronicon, Bl.32.

43 Herbert Langer, Krieges Alltag und die Bauern, in: Zeitschrift für Geschichtswissenschaft 30, 1982, S.1094–1119, hier S.1107; Holger Berg, Military Occupation Under the Eyes of the Lord. Studies in Erfurt During the Thirty Years War, Göttingen 2010, hier S.255 f.

44 Ritter (1908), Geschichte, Bd.3, S.331.

45 Theatrum Europaeum, Bd.1, S.932.

46 Ritter (1908), Geschichte, Bd.3, S.343.

47 Helmut Mahr, Oberst Robert Monro. Kriegserlebnisse eines schottischen Söldnerführers in Deutschland 1626–1633, Neustadt/Aisch 1995, S.27 f.

48 Ebd., S.30 f.

49 Theatrum Europaeum, Bd.1, S.975 ff.

50 Ebd., S.982.

51 Diwald (1987), Wallenstein, S.390.

52 Theatrum Europaeum, Bd.1, S.991.

53 Mann (1971), Wallenstein, S.478.

54 Ritter (1908), Geschichte, Bd.3, S.363 f.

55 Mahr (1995), Monro, S. 38 f.
56 Theatrum Europaeum, Bd. 1, S. 985.
57 Mann (1971), Wallenstein, S. 466.
58 Diwald (1987), Wallenstein, S. 391 ff.
59 Theatrum Europaeum, Bd. 1, S. 989.
60 Ritter (1908), Geschichte, Bd. 3, S. 365.
61 Diwald (1987), Wallenstein, S. 396.
62 Lorenz (1987), Wallenstein, S. 127–130.
63 Mann (1971), Wallenstein, S. 493.
64 Kaiserl. Instruktionen, 1627, Sep. 4, Lorenz (1987), Wallenstein, S. 130–137.
65 Ebd., S. 137–141. Vgl. G[ustav] Droysen, Gustaf Adolf, Bde. 1–2, Leipzig 1869/70, hier Bd. 1, S. 321–325.
66 Zit. n. Brockmann (2011), Dynastie, S. 283; Anja Amend-Traut, Der Reichshofrat und die Kapitalgesellschaften. Die Bemühungen um eine Handelskompanie zwischen den Hansestädten und Spanien, in: dies. u. a. (Hg.), Geld, Handel, Wirtschaft. Höchste Gerichte im Alten Reich als Spruchkörper und Institution, Berlin u. a. 2013, S. 61–90, hier S. 77.
67 Lorenz (1987), Wallenstein, S. 149 u. 152.
68 Gotthard (1999), Säulen, Tl. 2, S. 713, Anm. 245.
69 Ebd., Tl. 1, S. 353; Tl. 2, S. 711.
70 Albrecht (1998), Maximilian, S. 680, Anm. 53.
71 Zit. n. ebd., S. 680.
72 Michael Frisch, Das Restitutionsedikt Kaiser Ferdinands II. vom 6. März 1629. Eine rechtsgeschichtliche Untersuchung, Tübingen 1993, S. 77; Ralf-Peter Fuchs, Ein «Medium zum Frieden». Die Normaljahrsregel und die Beendigung des Dreißigjährigen Krieges, München 2010, S. 69 f.
73 Steude (1998), Schütz, S. 426 f.
74 Theatrum Europaeum, Bd. 1, S. 992 f. u. 999.
75 Brockmann (2011), Dynastie, S. 271.
76 Frisch (1993), Restitutionsedikt, S. 83.
77 Schmidt (1989), Grafenverein, S. 412 ff.; Diwald (1987), Wallenstein, S. 411.
78 Theatrum Europaeum, Bd. 1, S. 1075–1080.
79 Hermann Maué, Sebastian Dadler 1586–1657. Medaillen im Dreißigjährigen Krieg, Nürnberg 2008, S. 56 f.
80 Ebd., S. 58 f.
81 Brockmann (2011), Dynastie, S. 277–292.
82 Theatrum Europaeum, Bd. 1, S. 1082–1087.
83 Vgl. Gotthard (1992), Konfession, S. 431 ff.
84 Pursell (2003), Winter King, S. 258 f.
85 Gotthard (1992), Konfession, S. 441 f.
86 Brockmann (2011), Dynastie, S. 297 ff.
87 Mann (1971), Wallenstein, S. 513 f.
88 Otto Grotefend, Meklenburg unter Wallenstein und die Wiedereroberung des Landes durch die Herzöge, Diss. Marburg 1901, S. 12.
89 Lorenz (1987), Wallenstein, S. 156 f.
90 Vgl. Grotefend (1901), Meklenburg; S. 20–42.
91 Mann (1971), Wallenstein, S. 578.
92 Ritter (1908), Geschichte, Bd. 3, S. 376 f.
93 Theatrum Europaeum, Bd. 1, S. 1050–1053.
94 Ebd., S. 1092.
95 Ritter (1908), Geschichte, Bd. 3, S. 381.
96 Lorenz (1987), Wallenstein, S. 158 f.
97 Diwald (1987), Wallenstein, S. 405 f.
98 Peters (2012), Hagendorf, S. 102.
99 Heberle (1975), Zeytregister, S. 118–122, Zitat S. 133.
100 Theatrum Europaeum, Bd. 1, S. 1104; Lehmann (2014), Leben, S. 83 ff.

101 Vgl. Lorenz (1987), Wallenstein, S. 161–185; Holger Mannigel, Wallenstein in Weimar, Wien und Berlin. Das Urteil über Albrecht von Wallenstein in der deutschen Historiographie von Friedrich von Schiller bis Leopold von Ranke, Husum 2003, S. 207 ff.

102 Mann (1971), Wallenstein, S. 523–530.

103 Gindely (1886), Waldstein, Bd. 2, S. 25 f.

104 Albrecht (1998), Maximilian I., S. 685.

105 Gotthard (1999), Säulen, Tl. 2, S. 714.

106 Theatrum Europaeum, Bd. 1, S. 1063 f.

107 Ritter (1908), Geschichte, Bd. 3, S. 383 ff.

108 Diwald (1987), Wallenstein, S. 414.

109 Ritter (1908), Geschichte, Bd. 3, S. 396 f.

110 Ebd., S. 386.

111 Mahr (1995), Monro, S. 69–78, Zitate S. 77 f.

112 Mann (1971), Wallenstein, S. 549.

113 Theatrum Europaeum, Bd. 1, S. 1066.

114 Ebd., S. 1101 f.; Ritter (1908), Geschichte, Bd. 3, S. 389 ff. u. 394.

115 Lorenz (1987), Wallenstein, S. 188–191.

116 Diwald (1987), Wallenstein, S. 416; Droysen (1869), Gustaf Adolf, Bd. 1, S. 340.

117 Ebd., S. 342.

118 Wilson (2009), Tragedy, S. 431,

119 Samuel von Pufendorf, Herrn Samuel von Pufendorf Sechs und Zwantzig Bücher der Schwedisch- und Deutschen Kriegs-Geschichte, Frankfurt a. M./Leipzig 1688, S. 26, VD17 39: 123059E (13. 2. 2017).

120 Theatrum Europaeum, Bd. 1, S. 1090 ff.

121 Lorenz (1987), Wallenstein, S. 200, Anm.

122 Droysen (1870), Gustaf Adolf, Bd. 2, S. 100, Anm.

123 Johann Aldringen [Levin Marschalk], Wilt du den Käyser sehen? 1629, VD17 27:734489S (1. 7. 2017).

124 Ernstberger (1984), de Witte, S. 363 ff.

125 Ebd., S. 387.

126 Ritter (1908), Geschichte, Bd. 3, S. 408 ff.

127 Lorenz (1987), Wallenstein, S. 202 f.

128 Ebd., S. 205–209.

129 Ritter (1908), Geschichte, Bd. 3, S. 414.

130 Mann (1971), Wallenstein, S. 621.

131 Brockmann (2011), Dynastie, S. 317 ff.

132 Grotefend (1901), Meklenburg, S. 28 ff.

133 Der Bericht bei Gindely, Waldstein, Bd. 2, S. 188–201, hier bes. S. 188 ff., Zitat S. 189.

134 Theatrum Europaeum, Bd. 2, S. 81.

135 Parker (1991), Krieg, S. 201 f.

136 Theatrum Europaeum, Bd. 2, S. 81 f.

137 Mann (1971), Wallenstein, S. 601.

138 Ritter (1908), Geschichte, Bd. 3, S. 417 ff.

139 Sven Externbrink, Le Cœur du Monde, Frankreich und die norditalienischen Staaten (Mantua, Parma, Savoyen) im Zeitalter Richelieus 1624–1635, Münster u. a. 1999, S. 93 f.

140 Theatrum Europaeum, Bd. 1, S. 1106–1110, Zitat S. 1110.

141 Jan-Friedrich Mißfelder, Das Andere der Monarchie. La Rochelle und die Idee der «monarchie absolue» in Frankreich 1568–1630, München 2012, bes. S. 261–265.

142 David Parrot, Der mantuanische Erbfolgestreit und der Dreißigjährige Krieg, in: Bußmann/Schilling (1998), 1648, Bd. 1, S. 153–160; Externbrink (1999), Cœur, S. 145–153.

143 Fritz Dickmann, Der Westfälische Frieden, Münster ⁶1972, S. 224.

144 Ritter (1908), Geschichte, Bd. 3, S. 441 f.

145 Schubert (2013), Camerarius, S. 387.

146 Pursell (2003), Winter King, S. 257.

147 Wilson (2009), Tragedy, S. 447.

148 Frisch (1993), Restitutionsedikt, S. 77–81.
149 Ebd., S. 88–92.
150 Vgl. Schmidt (2010), Krieg, S. 44.
151 Franz Brendle, Der Erzkanzler im Religionskrieg. Kurfürst Anselm Casimir von Mainz, die geistlichen Fürsten und das Reich 1629 bis 1647, Münster 2011, S. 89 f.
152 Theatrum Europaeum, Bd. 1, S. 1105.
153 Ritter (1908), Geschichte, Bd. 3, S. 424 f.
154 Ebd., S. 435 f.
155 Theatrum Europaeum, Bd. 2, S. 48 f.
156 Ebd., S. 10–18.
157 Theatrum Europaeum, Bd. 2, S. 134–139; Frisch (1993), Restitutionsedikt, S. 100–108.
158 Zit. n. Christoph Nonnast, Mindermächtiger Fürstenstaat und große Politik. Sachsen-Altenburg und der Westfälische Friedenskongress, Diss. phil. Jena 2017, S. 67.
159 Zit. n. Brendle (2011), Erzkanzler, S. 96.
160 Theatrum Europaeum, Bd. 2, S. 18–21.
161 Nonnast (2017), Fürstenstaat, S. 68 f.
162 Theatrum Europaeum, Bd. 2, S. 21–24.
163 Ritter (1908), Geschichte, Bd. 3, S. 429.
164 Theatrum Europaeum, Bd. 2, S. 24–34.
165 Hildebrandt (2004), Einleitung, S. 26 f.
166 Ebd., Quellen, S. 104.
167 Ebd., Quellen, S. 127. Vgl. die anonyme Aufzeichnung der Verbrechen Rehlingers, ebd., S. 156 f.
168 Ebd., S. 144 ff.
169 Ebd., Einleitung, S. 30 f.
170 Ebd., S. 33; IPO IV, § 45.
171 Hildebrandt (2004), Einleitung, S. 39 f.
172 Heinrich Günter, Das Restitutionsedikt von 1629 und die katholische Restauration Altwirtembergs, Stuttgart 1901, S. 109–120.
173 Ebd., S. 188 f.
174 Ritter (1908), Geschichte, Bd. 3, S. 430.
175 Theatrum Europaeum, Bd. 2, S. 36 f.
176 Schmidt (1989), Grafenverein, S. 419–422.
177 Theatrum Europaeum, Bd. 2, S. 46.
178 Ritter (1998), Geschichte, Bd. 3, S. 426 ff.
179 Theatrum Europaeum, Bd. 2, S. 53.
180 Wilson (2009), Tragedy, S. 450.
181 Lorenz (1987), Wallenstein, S. 209 f.
182 Brendle (2011), Erzkanzler, S. 104 f.
183 Elisabeth von Hagenow, Das allegorisch kommentierte Herrscherbildnis. Herrscherpropaganda in den Konfessionskriegen des 16. und 17. Jahrhunderts, in: Bußmann/Schilling (1998), 1648, Bd. 2, S. 61–68, hier S. 61 f.
184 Theatrum Europaeum, Bd. 2, S. 146–149.
185 Maximilian an Kurköln, 1629, Okt. 16, zit. n. Brendle (2011), Erzkanzler, S. 109.
186 Ebd., S. 113 ff.
187 Maué (2008), Dadler, S. 60 f.
188 Vgl. auch zum Folgenden Ritter (1908), Geschichte, Bd. 3, S. 451–461.
189 Zit. n. Brendle (2011), Erzkanzler, S. 100.
190 Ebd., S. 131.
191 Zit. n. ebd., S. 150.
192 Brockmann (2011), Dynastie, S. 393–404.
193 Cramer (2007), War, S. 114.
194 Zit. n. Brendle (2011), Erzkanzler, S. 178.
195 Lorenz (1987), Wallenstein, S. 211–214, Zitat S. 213.
196 Brockmann (2011), Dynastie, S. 405–423.
197 Brendle (2011), Erzkanzler, S. 185.

198 Auß dem Latin ins Teutsche ubersetztes Antwort-Schreiben / Dero Königlichen Majestät in Schweden [...] 1630, VD17 3:320476H (4.9.2017).

199 Fuchs (2010), Medium, S. 83.

200 Ebd., S. 78 f.

201 Ebd., S. 87 ff.

202 Brendle (2011), Erzkanzler, S. 187–194.

203 Fuchs (2010), Medium, S. 96.

204 Ritter (1908), Geschichte, Bd. 3, S. 461.

205 Albrecht (1998), Maximilian, S. 763.

206 Lorenz (1987), Wallenstein, S. 215–219.

207 Josef Polišenský/Josef Kollmann, Wallenstein. Feldherr des Dreißigjährigen Krieges, Köln u. a. 1997, S. 224.

208 Ernstberger (1954), de Witte, S. 402 ff.

209 Mann (1971), Wallenstein, S. 701 ff.

210 Ernstberger (1954), de Witte, S. 416.

211 Ebd., S. 462.

212 Ebd., S. 492 ff.

8. Werkzeug Gottes oder wie Gustav Adolf die Phantasie beflügelte

1 Vgl. auch zum Folgenden Georg Schmidt, Der «Leu aus Mitternacht». Politische und religiöse Deutungen König Gustavs II. Adolf von Schweden, in: Mariano Delgado/Volker Leppin (Hg.), Gott in der Geschichte. Zum Ringen um das Verständnis von Heil und Unheil in der Geschichte des Christentums, Fribourg/Stuttgart 2013, S. 325–349.

2 Michael Roberts, Gustavus Adolphus, London [2]1992, S. 70.

3 Tschopp (1991), Deutungsmuster, S. 240 f.

4 Wolfgang Harms, Art. Lucas Schnitzer, Schwedische Rettung der Christlichen Kirchen. Anno 1631, in: Bußmann/Schilling (1998), 1648, Katalog, S. 362.

5 Vgl. Herbert Narbuntowicz, Reformorthodoxe, spiritualistische, chiliastische und utopische Entwürfe einer menschlichen Gemeinschaft als Reaktion auf den Dreißigjährigen Krieg, phil. Diss. Freiburg 1994, bes. S. 82–156.

6 Zum Folgenden: Arthur Erwin Imhof, Grundzüge der nordischen Geschichte, Darmstadt [2]1985, S. 103 ff.

7 Brandt (1985), Länder, S. 983 f.

8 Klaus Zernack, Das Zeitalter der Nordischen Kriege von 1558–1809 als frühneuzeitliche Geschichtsepoche, in: Zeitschrift für Historische Forschung 1, 1974, S. 55–79.

9 Von Brandt (1985), Länder, S. 988 ff.

10 Schilling (2007), Konfessionalisierung, S. 341.

11 Ingun Montgomery, The Role of Religion in Nation Building in the 17th Century with special attention paid to Sweden, in: Ruiz (2000), Spain, S. 693–698, hier S. 697.

12 Johannes Burkhardt, Warum hat Gustav Adolf in den Dreißigjährigen Krieg eingegriffen? Der schwedische Krieg 1630–1635, in: Hartmann/Schuller (2010), Krieg, S. 94–107, bes. S. 105 ff.

13 Hans Soop, Der Skulpturenschmuck des Kriegsschiffs Vasa als Ausdruck der politischen Ansprüche, Pläne und Ambitionen Gustav Adolfs, in: Bußmann/Schilling (1998), 1648, Bd. 2, S. 113–119, Zitat S. 116; Inken Schmidt-Voges, De antiqua claritate et clara antiquitate Gothorum. Gotizismus als Identitätsmodell im frühneuzeitlichen Schweden, Frankfurt a. M. u. a. 2004, S. 277 ff.

14 Nils Ahnlund, Gustav Adolf, Berlin 1938, S. 105–112.

15 Schmidt-Voges (2004), Gotizismus, S. 267 ff.

16 Vgl. Schilling (2007), Konfessionalisierung, S. 339.

17 Olesen (1996), Kampf, S. 66 ff.

18 Schilling (2007), Konfessionalisierung, S. 339 f.; Michael North, Zwischen Hafen und Horizont. Weltgeschichte der Meere, München 2016, S. 132.

19 Wilson (2009), Tragedy, S. 188 f.

20 Sverker Oredsson, Geschichtsschreibung und Kult. Gustav Adolf, Schweden und der Dreißigjährige Krieg, Berlin 1994, bes. S. 260–275.

21 Klaus Zernack, Schweden als europäische Großmacht der Frühen Neuzeit, in: Historische Zeitschrift 232, 1981, S. 327–357, hier S. 342 ff., Zitat S. 344.

22 Astrid Heyde, Kunstpolitik und Propaganda im Dienste des Großmachtstrebens, in: Bußmann/Schilling (1998), 1648, Bd. 2, S. 105–111, hier S. 106 f.

23 Günther Barudio, Gustav Adolf – der Große. Eine politische Biographie, Frankfurt a. M. 1985, S. 391.

24 Droysen (1870), Gustaf Adolf, Bd. 2, S. 27 f.

25 Ebd., S. 142 ff.

26 Ebd., S. 148.

27 Peter Englund, Verwüstung. Eine Geschichte des Dreißigjährigen Krieges, Reinbek [2]2013, S. 125.

28 Droysen (1870), Gustaf Adolf, Bd. 2, S. 149 f.

29 Pärtel Piirimäe, Just War in Theory and Practice: The Legitimation of Swedish Intervention in the Thirty Years War, in: The Historical Journal 45, 2002, S. 499–523, bes. S. 504.

30 [Johann Adler Salvius], Ursachen / Dahero Der Durchleuchtigste unnd Großmechtigste Fürst und Herr / Herr Gustavus Adolphus [...] Endlich gleichfalß gezwungen worden / mit dem Kriegßvolck in Deutschland uber zusetzen unnd zu verrucken, Stralsund 1630, http://diglib. hab.de/drucke/50-9-pol-29s/start.htm (30. 6. 2015), gedruckt: Oredsson (1994), Geschichtsschreibung, S. 286–293; vgl. Marcus Junkelmann, Gustav Adolf (1594–1632). Schwedens Aufstieg zur Großmacht, Regensburg 1993, S. 296 ff.; Herbert Langer, Der «Königlich Schwedische in Deutschland geführte Krieg», in: Bußmann/Schilling (1998), 1648, Bd. 1, S. 187–196, hier S. 188.

31 Diethelm Böttcher, Propaganda und öffentliche Meinung im protestantischen Deutschland 1628–1636, in: Rudolf (1977), Krieg, S. 325–367, Zitat S. 337.

32 Piirimäe (2002), War, S. 516.

33 Brendle (2011), Erzkanzler, S. 274.

34 Heiner Haan, Prosperität und Dreißigjähriger Krieg, in: Geschichte und Gesellschaft 7, 1981, S. 91–118, hier S. 116.

35 VD17 23:675800H (30. 10. 2017); Harms (1980), Flugblätter, Bd. 2, S. 452 f.

36 Cum Duplicantur Lateres venit Moses, in: ebd., 386 f.; Hellmuth Zschoch, Größe und Grenzen des «Löwen von Mitternacht». Das Bild Gustav Adolfs in der populären protestantischen Publizistik als Beispiel religiöser Situationswahrnehmung im Dreißigjährigen Krieg, in: Zeitschrift für Theologie und Kirche 91, 1994, S. 25–50, hier S. 31.

37 Harms (1980), Flugblätter, Bd. 2, S. 456 f.

38 Vgl. Herfried Münkler, Imperien. Die Logik der Weltherrschaft – vom Alten Rom bis zu den Vereinigten Staaten, Reinbek [2]2008, S. 12 f.

39 Cramer (2007), War, S. 51.

40 Droysen (1870), Gustaf Adolf, Bd. 2, S. 80.

41 Ebd., S. 86 f.

42 Mahr (1995), Monro, S. 87 ff.

43 Englund (2013), Verwüstung, S. 92.

44 Ulrike Dorothea Hänisch, ‹Confessio Augustana triumphans›. Funktionen der Publizistik zum Confessio-Augustana-Jubiläum 1630. Zeitung, Flugblatt, Flugschrift, Frankfurt a. M. u. a. 1993, S. 54 ff.

45 Ebd., S. 75 f.

46 Vgl. ebd., S. 134.

47 Deß Heiligen Römischen Reichs-Hoheit, 1630, VD17 39:125581Z (4. 9. 2017); Hänisch (1993), Confessio, S. 154–161.

48 Jubileischen Frewden: Lob: und Danckfests ... Auffmunterung, in: Harms (1980), Flugblätter, Bd. 2, S. 376 f.

49 VD17 23:675776U (30. 10. 2017); Harms (1980), Flugblätter, Bd. 2, S. 380 f.

50 Ebd., S. 388–391.

51 Michael Busch, Die Landung der Schweden. Entlastung oder Bedrohung für Hamburg?, in:

Martin Knauer/Sven Tode (Hg.), Der Krieg vor den Toren. Hamburg im Dreißigjährigen Krieg 1618–1648, Hamburg 2000, S. 127–143, hier S. 130 f.

52   Droysen (1870), Gustaf Adolf, Bd. 2, S. 155.

53   Christian Danz, Wirken Gottes. Zur Geschichte eines theologischen Grundbegriffs, Neukirchen 2007, S. 95 ff.

54   [Johann Philipp Abelin], Arma suecica. Das ist: Eygentliche und gründliche Beschreibung des Kriegs, welchen Gustavus Adolphus […] wider der Röm. Käys. Mayst. und Catholischen Liga Kriegsvolck, etc. in Jahren 1630 und 1631 in Teutschland geführt und deren Ursachen, 1631, S. 24, Flugschriftensammlung Gustav Freytag, Nr. 5411.

55   Fritz Dickmann u. a. (Bearb.), Renaissance, Glaubenskämpfe, Absolutismus (= Geschichte in Quellen), München ³1982, S. 312.

56   Ritter (1908), Geschichte, Bd. 3, S. 465 f.

57   Max Bär, Die Politik Pommerns während des dreißigjährigen Krieges, Leipzig 1896, S. 278, zit. n. Dickmann (1972), Frieden, S. 216.

58   Ralph Tuchtenhagen, Die schwedische Vorherrschaft am Oberrhein 1631–1634, in: Zeitschrift für die Geschichte des Oberrheins 162, 2014, S. 232–259, hier S. 243 f.

59   Vgl. Marcus Stiebing, Die Bündnispolitik Gustav II. Adolfs von Schweden mit den evangelischen Reichsständen. Das Beispiel Sachsen-Weimars, Staatsexamensarbeit Jena 2015, S. 47 ff.

60   Droysen (1870), Gustaf Adolf, Bd. 2, S. 225.

61   Ebd., S. 262 ff.

62   Copia des Mandats / so Ihr Königl. Mayest. Gustavus Adolphus, […] An die Unterthanen der beyden Furstenthumer des Mechlenburger Landes abgehen lassen, 1630, VD17 23:238318Q (3. 7. 2012).

63   Busch (2000), Landung, S. 136.

64   Roberts (1992), Gustavus Adolphus, S. 122 ff.

65   Englund (2013), Verwüstung, S. 129 f.

66   Theatrum Europaeum, Bd. 2, S. 341 f.; Roeck (1996), Quellen, S. 291–296.

67   Vgl. Gotthard (1993), «Politice».

68   Walter Struck, Das Bündniß Wilhelms von Weimar mit Gustav Adolf. Ein Beitrag zur Geschichte des dreißigjährigen Krieges, Stralsund 1895, S. 59 f.

69   Einladungsschreiben Kurfürst Johann Georgs, 1639, Dez. 29. ThHStA Weimar, Krieg und Frieden H 113, fol. 2 ff., zit n. Stiebing (2015), Bündnispolitik, Quellenanhang S. I f.

70   Landtagsproposition, 1631, Jan. 20, zit. n. ebd., S. II ff.

71   Struck (1895), Bündniß, S. 66 ff.

72   Steude (1998), Schütz, S. 428.

73   Maué (2008), Dadler, S. 67 f.

74   Vgl. Matthias Hoë von Hoënegg, Extremum et totale Romae Papalis excidium … 1631, Flugschriftensammlung Gustav Freytag, Nr. 5456.

75   Kaufmann (1998), Krieg, S. 45.

76   Theatrum Europaeum, Bd. 2, S. 294.

77   Zit. n. Kaufmann (1998), Krieg, S. 51 ff.

78   Parker (1981), Krieg, S. 195.

79   Theatrum Europaeum, Bd. 2, S. 295 ff.

80   Stiebing (2015), Bündnispolitik, S. 78 u. Quellenanhang, S. VIII–XVII, Zitat S. IX.

81   Frisch (1993), Restitutionsedikt, S. 161.

82   Weiand (2009), Hessen-Kassel, S. 38.

83   Struck (1895), Bündniß, S. 79.

84   Stiebing (2015), Bündnispolitik, S. 78 u. Quellenanhang, S. V–VIII.

85   Ritter (1908), Geschichte, Bd. 3, S. 469.

86   Theatrum Europaeum, Bd. 2, S. 311; Stiebing (2015), Bündnispolitik, S. 78 u. Quellenanhang, S. XVIII f.

87   Ebd., S. 78 u. Quellenanhang, S. XIX–XXII.

88   Struck (1895), Bündniß, S. 85 f.

89   Dickmann (1982), Quellen, S. 322 f.

90   Gittel (1996), Aktivitäten, S. 159 ff.

91 Lehmann (2014), Leben, S. 97.
92 Struck (1895), Bündniß, S. 99 f.
93 Theatrum Europaeum, Bd. 2, S. 318–326.
94 Ebd., S. 329–336.
95 Ritter (1908), Geschichte, Bd. 3, S. 482–485.
96 Heberle (1975), Zeytregister, S. 134 ff.
97 Roeck (1996), Quellen, S. 303 ff.
98 Kampmann (2008), Europa, S. 74 ff.; Wilson (2009), Tragedy, S. 464 f.
99 Albrecht (1998), Maximilian, S. 777 f.
100 Ebd., S. 781.
101 Droysen (1870), Gustaf Adolf, Bd. 2, S. 123 ff.
102 Mandat Markgraf Christian Wilhelms, 1630, Aug. 6, gedruckt in: Der Eylende Post-Reutter bringt Aviso, http://digital.slub-dresden.de/ppn332399923 (22. 5. 2012).
103 Martin Knauer, 1631. Die Katastrophe von Magdeburg. Ein Medienereignis im Spiegel der Hamburger Zeitungen, in: ders./Tode (2000), Krieg, S. 243–267, hier S. 260.
104 Theatrum Europaeum, Bd. 2, S. 360.
105 Kaufmann (1998), Krieg, S. 46 ff. u. 60.
106 Mahr (1995), Monro, S. 99–103.
107 Ebd., S. 107–114, Zitat S. 113.
108 Theatrum Europaeum, Bd. 2, S. 351.
109 Kampmann (2008), Europa, S. 75.
110 Droysen (1870), Gustaf Adolf, Bd. 2, S. 301; Englund (2013), Verwüstung, S. 136.
111 Ritter (1908), Geschichte, Bd. 3, S. 489; Mahr (1995), Monro, S. 118.
112 Jenny Öhman, Der Kampf um den Frieden. Schweden und der Kaiser im Dreißigjährigen Krieg, Wien 2005, S. 33.
113 Der Deutschen Wecker, in: Harms (1980), Flugblätter, Bd. 2, S. 450 f.
114 Friedrich Guthertz, Christliche Brüderschafft … 1631, Flugschriftensammlung Gustav Freytag, Nr. 5452.
115 Theatrum Europaeum, Bd. 2, S. 361–365.
116 Englund (2013), Verwüstung, S. 134.
117 Peters (2012), Hagendorf, S. 104.
118 Anonym, Exitii Et Excidii Magdeburgensis Historia Relatio, https://de.wikisource.org/wiki/Exitii_Et_Excidii_Magdeburgensis_Historia_Relatio (7. 3. 2017).
119 Vgl. Cramer (2007), War, S. 141–177.
120 Bericht Guericke, Roeck (1996), Quellen, S. 299.
121 Michael Kaiser, Die ‹Magdeburgische Hochzeit› (1631). Gewaltphänomene im Dreißigjährigen Krieg, in: Eva Labouvie (Hg.), Leben in der Stadt. Eine Kultur- und Geschlechtergeschichte Magdeburgs, Köln u. a. 2004, S. 195–213, hier S. 201 f.
122 Roeck (1996), Quellen, S. 298 ff.
123 Theatrum Europaeum, Bd. 2, S. 369.
124 Ebd., S. 368.
125 Kaiser (2004), Hochzeit, S. 202 f.
126 Peters (2012), Hagendorf, S. 105.
127 Vgl. Hans Medick, Historisches Ereignis und zeitgenössische Erfahrung. Die Eroberung und Zerstörung Magdeburgs 1631, in: Benigna von Krusenstjern u. a. (Hg.), Zwischen Alltag und Katastrophe. Der Dreißigjährige Krieg aus der Nähe, Göttingen 1990, S. 377–407, hier S. 385.
128 Ebd., S. 402.
129 Ebd., S. 405.
130 Werner Lahne, Magdeburgs Zerstörung in der zeitgenössischen Publizistik. Gedenkschrift des Magdeburger Geschichtsvereins zum 10. Mai 1931, Magdeburg 1931.
131 Michael Kaiser, Excidium Magdeburgense. Beobachtungen zur Wahrnehmung und Darstellung von Gewalt im Dreißigjährigen Krieg, in: Markus Meumann/Dirk Niefanger (Hg.), Ein Schauplatz herber Angst: Wahrnehmung und Darstellung von Gewalt im 17. Jahrhundert, Göttingen 1997, S. 43–64, hier S. 51.
132 Wilson (2009), Tragedy, S. 469 f.

133 Bericht Guerickes, Roeck (1996), Quellen, S. 301.

134 Harms (1980), Flugblätter, Bd. 2, S. 410 f. u. 400 f.

135 Peter Burschel, Die Heilige und die Gewalt. Zur frühneuzeitlichen Deutung von Massakern, in: Archiv für Kulturgeschichte 86, 2004, S. 341–368, hier S. 354 ff. u. 361.

136 Pufendorf (1688), Bücher, S. 64; Droysen (1870), Gustaf Adolf, Bd. 2, S. 340 f.

137 Roberts (1992), Gustavus Adolphus, S. 136 ff.

138 Harms (1980), Flugblätter, Bd. 2, S. 398 f.

139 Ebd., S. 434; Theatrum Europaeum, Bd. 2, S. 419 f.

140 Ackermann (2017), Bernhard.

141 Struck (1895), Bündniß, S. 120 ff.

142 Ebd., S. 136 f.

143 Theatrum Europaeum, Bd. 2, S. 411 f.

144 Gründlicher vnd außführlicher Bericht [...] Dresden 1631, VD17 14:067942X (15. 6. 2015).

145 Björn Gäfvert, Landkarten und Krieg. Der schwedische Beitrag im Dreißigjährigen Krieg, in: Bußmann/Schilling (1998), 1648, Bd. 1, S. 309–318, hier S. 309.

146 Dickmann (1982), Quellen, S. 310 f.; Roberts (1992), Gustavus Adolphus, S. 132.

147 Text bei: Struck (1895), Bündniß, S. 143 f., Anm.

148 Ritter (1908), Geschichte, Bd. 3, S. 495 f.

149 Theatrum Europaeum, Bd. 2, S. 427.

150 Wilson (2009), Tragedy, S. 472.

151 Theatrum Europaeum, Bd. 2, S. 429 ff.

152 Georg Irmer, Die Verhandlungen Schwedens und seiner Verbündeten mit Wallenstein und dem Kaiser von 1631 bis 1634, Tle. 1–3, Leipzig 1888–1891, hier Tl. 1, S. 7.

153 Anonyme Aufzeichnungen, 1632, Sept. 6, in: ebd., Tl. 1, S. 265 f.

154 Ritter (1908), Geschichte, Bd. 3, S. 498 f.

155 Gründlicher und außführlicher Bericht [...] Dresden 1631, VD17 14:067942X (8. 3. 2017).

156 Peters (2012), Hagendorf, S. 105.

157 Mahr (1995), Monro, S. 136–139.

158 Theatrum Europaeum, Bd. 2, S. 453.

159 Der zornige Frantzösische Schneider [1631], VD17 1:090757L (21. 3. 2017); Harms (1980), Flugblätter, Bd. 2, S. 446 f.

160 Ebd., S. 416–425.

161 Ebd., S. 440 f.

162 Caroline Schröder, «Denn es ist böse Zeit». Reflexionen zeitgenössischer Hamburger Prediger über den Dreißigjährigen Krieg, in: Knauer/Tode (2000), Krieg, S. 289–311, hier S. 297.

163 Marcus Junkelmann, Tilly. Eine Karriere im Zeitalter der Religionskriege und der «Militärischen Revolution», in: Hartmann/Schuller (2010), Krieg, S. 59–79, hier S. 62 f.

164 Maué (2008), Dadler, S. 71 f.

165 Ebd., S. 72 f.

166 Copia der tapffern wohlbegründeten Resolution ..., 1631, VD17 14:004359S (8. 3. 2017).

167 Polišenský/Kollmann (1997), Wallenstein, S. 235.

168 Mann (1971), Wallenstein, S. 782 f.

169 Struck (1895), Bündniß, S. 145 u. 148 ff.

170 Mahr (1995), Monro, S. 144.

171 Herbert Langer, Der Dreißigjährige Krieg (1618 bis 1648), in: Deutsche Geschichte, Bd. 3. Berlin (DDR) 1983, S. 284–325, hier S. 301; Dieter Stievermann, Erfurt in der schwedischen Deutschlandpolitik 1631–1650, in: Mitteilungen des Vereins für Geschichte und Altertumskunde von Erfurt 57, 1996, S. 35–68.

172 Holger Berg, Das Diarium Actorum des Caspar Heinrich Marx, in: http://www.mdsz.thulb. uni-jena.de/marx/erlaeuterungen.php (16. 8. 2016).

173 Thomas Kossert, Zwischen Schweden, Mainz und Sachsen. Erfurt als kulturelles Zentrum im Dreißigjährigen Krieg, in: Militär und Gesellschaft in der Frühen Neuzeit 13, 2009, S. 263–267, hier S. 263.

174 Struck (1895), Bündniß, Anhang, S. LXII ff.

175 Ebd., S. LXVI.

176 Theatrum Europaeum, Bd. 2, S. 453–463, Zitat S. 459.
177 Vgl. Münkler (2008), Imperien, S. 67–77.
178 Lehmann (2014), Leben, S. 98.
179 Mahr (1995), Monro, S. 146.
180 Roberts (1992), Gustavus Adolphus, S. 142.
181 Lehmann (2014), Leben, S. 98.
182 Maurus Friesenegger, Tagebuch aus dem 30jährigen Krieg, hg. v. P. Willibald Mathäser, München ²1996, S. 32 f.
183 Norbert Winnige, Wirtschaften im Dreißigjährigen Krieg. Das Beispiel Göttingen, in: Krusenstjern/Medick (1990), Alltag, 273–306, Zitate S. 295 ff.
184 Ulbricht (2004), Experience, S. 120.
185 Zit. n. Freytag (1867), Bilder, 3, S. 126.
186 Vgl. Andréas Richier, Fatalismus und Alltagslast. Die Bedeutung der Nahrungsfrage für die Zivilbevölkerung im Dreißigjährigen Krieg, in: Militär und Gesellschaft in der Frühen Neuzeit 19, 2015, S. 71–100.
187 Parker (1991), Krieg, S. 305 f.
188 Schlögl (1988), Bauern, S. 66.
189 Theatrum Europaeum, Bd. 2, S. 464–469.
190 PostBot / So von ihrer Königl. Mayest., VD17: 14:001767S (8.3.2017).
191 Vgl. Robert Bireley, The Thirty Years' War as a German Religious War, in: Repgen (1988), Krieg, S. 85–106, hier S. 86 u. 97.
192 Ders., Maximilian von Bayern, Adam Contzen, S. J. und die Gegenreformation in Deutschland 1624–1635, Göttingen 1975, S. 132.
193 Kaiser (1999), Politik, S. 480–487.
194 Gotthard (2014), Fried, S. 577 ff.
195 Robert Bireley, The Jesuits and the Thirty Years War. Kings, Courts, and Confessions, Cambridge/New York 2003, S. 147.
196 Axel Gotthard, Der Gerechte und der Notwendige Krieg. Kennzeichnet das konfessionelle Zeitalter eine Resakralisierung des Kriegsbegriffs?, in: Andreas Holzem, Krieg und Christentum. Religiöse Gewalttheorien in der Kriegserfahrung des Westens, Paderborn 2009, S. 470–504, hier S. 473.
197 Brendle (2011), Erzkanzler, S. 284 f.
198 Vgl. Harms (1980), Flugblätter, Bd. 2, S. 381 u. 383.
199 Theatrum Europaeum, Bd. 2, S. 476.
200 Abelin (1631), Arma, S. 157.
201 Gustav Adolf, Der königlichen May. zu Schweden Mandat, 1631, Okt., Flugschriftensammlung Gustav Freytag, Nr. 5450.
202 Langer (1998), Deutschland, S. 191 f.
203 Dickmann (1982), Quellen, S. 312.
204 Schmidt (1989), Grafenverein, S. 425 f.
205 Ritter (1908), Geschichte, Bd. 3, S. 507.
206 Anton Ph. Brück, Schwedische «Donationen» aus kurmainzer Besitz, in: Hessisches Jahrbuch für Landesgeschichte 7, 1957, S. 230–258.
207 Theatrum Europaeum, Bd. 2, S. 447.
208 Egler (1971), Spanier, S. 159.
209 Mahr (1995), Monro, S. 157.
210 Hans Pehle, Der «Rheinübergang» des Schwedenkönigs Gustav II. Adolf. Ein Ereignis im Dreißigjährigen Krieg 1631, Riedstadt 2005; Eckhart G. Franz, Die «Schwedensäule» bei Erfelden und der Dreißigjährige Krieg in Hessen, in: Bernd Heidenreich/Klaus Böhme (Hg.), Hessen. Geschichte und Politik, Stuttgart 2000, S. 205–214.
211 Hermann-Dieter Müller, Der schwedische Staat in Mainz 1631–1636. Einnahme, Verwaltung, Absichten, Restitution, Mainz 1979, S. 58 ff.
212 Ebd., S. 90 ff.
213 Theatrum Europaeum, Bd. 2, S. 493 f.
214 Egler (1971), Spanier, S. 161.

215 Roberts (1992), Gustavus Adolphus, S. 152 f.
216 Ebd., S. 159.
217 Tuchtenhagen (2014), Vorherrschaft, S. 244 f.
218 Tabelle in Langer (1998), Deutschland, S. 193.
219 Lars Ericson, Die schwedische Armee und Marine während des Dreißigjährigen Krieges – von einer nationalen zu einer paneuropäischen Streitmacht, in: Bußmann/Schilling (1998), 1648, Bd. 1, S. 301–307, hier S. 302.

9. Schicksal oder wie der Krieg seinen Helden verlor

1 Brendle (2011), Erzkanzler, 287 ff.; Albrecht (1998), Maximilian, S. 804 ff.
2 Droysen (1870), Gustaf Adolf, S. 500 ff.
3 Albrecht (1998), Maximilian, S. 808.
4 Gotthard (2014), Fried, S. 591.
5 Lorenz (1987), Wallenstein, S. 219 f.
6 Zit. n. Albrecht (1998), Maximilian, S. 794.
7 Mark Hengerer, Kaiser Ferdinand III. (1608–1657). Eine Biographie, Wien u. a. 2012, S. 93 f.
8 Kaiserliche Instruktion, 1631, Dez. 10, Lorenz (1987), Wallenstein, S. 222 f.
9 Lorenz (1987), Wallenstein, S. 224 ff.
10 Ebd., S. 226 ff.
11 Droysen (1870), Gustaf Adolf, Bd. 2, S. 420 f.
12 Diwald (1987), Wallenstein, S. 485.
13 Vgl. Lorenz (1987), Vorbemerkungen, in: Wallenstein, S. 228 f.
14 Ritter (1908), Geschichte, Bd. 3, S. 536.
15 Diwald (1987), Wallenstein, S. 489 f.
16 Albrecht (1998), Maximilian, S. 822.
17 Müller (1979), Staat, S. 60.
18 Roberts (1992), Gustavus Adolphus, S. 147 f.
19 Droysen (1870), Gustaf Adolf, Bd. 2, S. 479–496.
20 Theatrum Europaeum, Bd. 2, S. 601.
21 Roberts (1992), Gustavus Adolphus, S. 151.
22 Kriegsziele, 1632, März: Dickmann (1982), Quellen, S. 312 ff.; Weiand (2009), Hessen-Kassel, S. 46–62.
23 Roberts (1992), Gustavus Adolphus, S. 162 ff.
24 Ericson (1998), Armee, S. 304.
25 Theatrum Europaeum, Bd. 2, S. 615–619.
26 Ebd., S. 610 ff.
27 Ebd., S. 632.
28 Albrecht (1998), Maximilian, S. 815.
29 Theatrum Europaeum, Bd. 2, S. 634.
30 Roberts (1992), Gustavus Adolphus, S. 168.
31 Junkelmann (2010), Tilly, S. 76.
32 Theatrum Europaeum, Bd. 2, S. 634 f.; Peters (2012), Hagendorf, S. 106.
33 Mahr, (1995), Monro, S. 170.
34 Theatrum Europaeum, Bd. 2, S. 636 ff.; Harms (1980), Flugblätter, Bd. 2, S. 458 ff.
35 Hildebrandt (2004), Einleitung, S. 35.
36 Friesenegger (1996), Tagebuch, S. 24.
37 Die durch Gottes Gnad erledigte Stadt Augsburg, in: Harms (1980), Flugblätter, Bd. 2, 462 f.
38 VD17 107:725347W (17. 8. 2016).
39 Harms (1980), Flugblätter, Bd. 2, S. 468 f.
40 Ebd., S. 465.
41 Schwedischer Adelhülf und Jubelgesang, in: Julius Opel/Adolf Cohn (Hg.), Der Dreißigjährige Krieg. Eine Sammlung von historischen Gedichten und Prosadarstellungen, Halle 1862, S. 265 f.
42 Harms (1980), Flugblätter, Bd. 2, S. 466.
43 Geistlicher Eckstein und ewigwährendes Licht, in: ebd., S. 474 f.; Gregor Maier, «Gott kennt sie

und uns. Er ist der Schiedsmann», in: Asche/Schindling (2001), Strafgericht, S. 213–217; auch VD17 7:720104Q (30.10.2017).

44 Theatrum Europaeum, Bd. 2, S. 645.

45 Kaiser (2000), Konfession, S. 337.

46 Albrecht (1998), Maximilian, S. 829 ff.

47 Friesenegger (1996), Tagebuch, S. 24 f.

48 Tuchtenhagen (2014), Vorherrschaft, S. 240 f.

49 Harms (1980), Flugblätter, Bd. 2, S. 438 f.

50 Kampmann (2008), Europa, S. 85.

51 Mahr (1995), Monro, S. 173.

52 Theatrum Europaeum, Bd. 2, S. 646; Langer (1978), Kulturgeschichte, S. 107.

53 Bähr (2013), Furcht, S. 142–148, Zitat S. 146.

54 Andreas Klinger, Formen der Gewalt im Dreißigjährigen Krieg, in: Gerhard Armanski u. a. (Hg.), Der gemeine Unfrieden der Kultur. Europäische Gewaltgeschichten, Würzburg 2001, S. 107–123, hier S. 115 f.; Ingomar Bog, Die bäuerliche Wirtschaft im Zeitalter des dreißigjährigen Krieges. Die Bewegungsvorgänge in der Kriegswirtschaft nach den Quellen des Klosterverwalteramtes Heilsbronn, Coburg 1952.

55 Gerhard Schormann, Der Dreißigjährige Krieg 1618–1648, in: Gebhardt. Handbuch der Deutschen Geschichte, Bd. 10, Stuttgart 2001, S. 207–279, hier S. 266 f.

56 Albrecht (1998), Maximilian, S. 828.

57 Schlögl (1988), Bauern, S. 62.

58 Albrecht (1998), Maximilian, S. 859–865.

59 Schlögl (1988), Bauern, S. 62.

60 Michael Kaiser, Inmitten des Kriegstheaters. Die Bevölkerung als militärischer Faktor und Kriegsteilnehmer im Dreißigjährigen Krieg, in: Kroener/Pröve (1996), Krieg, S. 281–303, hier S. 291 f.

61 Theatrum Europaeum, Bd. 2, S. 646 f.

62 Schmidt (1989), Grafenverein, S. 428 ff.

63 Droysen (1870), Gustaf Adolf, Bd. 2, S. 629–632.

64 Theatrum Europaeum, Bd. 2, S. 768.

65 Langer (1978), Kulturgeschichte, S. 106 f.

66 Fabian (2012), Hände, S. 184 f.

67 Schmidt (1989), Grafenverein, S. 425 ff.

68 Kaiser (1996), Kriegstheater, S. 288.

69 Mahr (1985), Monro, S. 30 f.

70 Theatrum Europaeum, Bd. 3, S. 4 f.

71 Ebd., S. 76.

72 Schlögl (1988), Bauern, S. 94.

73 Bähr (2013), Furcht, S. 340 f.; Langer (1978), Kulturgeschichte, S. 105.

74 Vgl. Karl Vocelka, Die politische Propaganda Kaiser Rudolfs II. (1576–1612), Wien 1981, S. 259.

75 John Theibault, Landfrauen, Soldaten und Vergewaltigung während des Dreißigjährigen Krieges, in: WerkstattGeschichte 19, Hamburg 1998, S. 25–39.

76 Janssen (1988), Bellum, S. 137.

77 Theibault (1998), Landfrauen, S. 34; Gesa Dane, «Zeter und Mordio». Vergewaltigung in Literatur und Recht, Göttingen 2005, S. 55; Klinger (2001), Formen, S. 112 f.

78 Peters (2012), Hagendorf, S. 109.

79 Conrad Dieterich, Discurs Von Kriegs-Raub und Beutten […], Heilbronn 1633, Zitate S. 10, S. 57, S. 73 f., VD17 12:638224U (13.3.2016).

80 Peter Lahnstein, Das Leben im Barock. Zeugnisse und Berichte 1640–1740, Stuttgart 1974, S. 23 ff.

81 Theatrum Europaeum, Bd. 3, S. 547.

82 Ebd., S. 695.

83 Ebd., S. 702.

84 Daniel Fulda, Gewalt gegen Gott und die Natur. Ästhetik und Metaphorizität von Anthropophagieberichten aus dem Dreißigjährigen Krieg, in: Meumann/Niefanger (1997), Schauplatz, S. 240–269, hier S. 258 ff.

85 Hans Staden, Warhaftig Historia vnd beschreibung eyner Landtschafft der Wilden/Nacketen/ Grimmigen Menschenfresser [...], Marburg 1557, VD16 S 8448 (11.8.2017).

86 Johann Staden/Jean de Léry, Dritte Buch Americae, darinn Brasilia durch Johann Staden aus eigener Erfahrung in teutsch beschrieben, Frankfurt a. M. 1593, S. 86 f., VD16 S 8451 (11.8.2017). Stephanie Armer, Die Grands Voyages, in: Luther, Kolumbus und die Folgen. Welt im Wandel 1500–1600, hg. v. Thomas Eser und Stephanie Armer, Nürnberg 2017, S. 125 u. 164 f.

87 Heberle (1975), Zeytregister, S. 176 f.

88 David Frölich, Alter und Newer Schreibkalender / Auffs Jahr deß erworbenen Heils. M.DC.XXXXX, Nürnberg 1650, http://zs.thulb.uni-jena.de/rsc/viewer/jportal_derivate_00173464/K_1650_0217.tif (28.12.2015).

89 Klinger (2001), Formen, S. 116.

90 Bähr (2013), Furcht, S. 357.

91 Ebd., S. 352 f.

92 Zit. n. ebd., S. 345.

93 Ebd., S. 365 f. u. 380 f.

94 Ritter (1908), Geschichte, Bd. 3, S. 514 ff.

95 Ebd., S. 536.

96 Ebd., S. 541 f.

97 Mahr (1985), Monro, S. 176.

98 Droysen (1870), Gustaf Adolf, Bd. 2, S. 686–690.

99 Ebd., S. 591.

100 Ebd., S. 605 ff.

101 Diwald (1987), Wallenstein, S. 490–496.

102 Droysen (1870), Gustav Adolf, Bd. 2, S. 622.

103 Parker (1991), Krieg, S. 210.

104 Lorenz (1987), Wallenstein, S. 240 f.

105 Albrecht (1998), Maximilian, S. 838.

106 Theatrum Europaeum, Bd. 2, S. 671–676.

107 Ebd., S. 741.

108 Ebd., S. 743.

109 Lorenz (1987), Wallenstein, S. 243–251, Zitat S. 250.

110 Ebd., S. 255 ff.

111 Theatrum Europaeum, Bd. 2, S. 752.

112 Vgl. den Bericht Holks: Lorenz (1987), Wallenstein, S. 251–255.

113 Johannes Kretzschmar, Der Heilbronner Bund 1632–1635, Bde. 1–3, Lübeck 1922, hier Bd. 1, S. 98–108.

114 Ackermann (2017), Bernhard, Bd. 1, S. 103 ff.

115 Theatrum Europaeum, Bd. 2, S. 757–763.

116 Bericht Holks: Lorenz (1987), Wallenstein (1987), S. 254 f.; Diwald (1987), Wallenstein, S. 502 f.

117 Kretzschmar (1922), Bund, I, S. 113 ff.

118 Gustav Droysen, Bernhard von Weimar, Bde. 1–2, Leipzig 1885, hier Bd. 1, S. 70 f.

119 Ebd., S. 89.

120 Wilson, Tragedy, S. 514 f.

121 Ritter (1908), Geschichte, Bd. 3, S. 519 ff.

122 Schiller (1988), Geschichte, S. 547.

123 Freytag (1867), Bilder, Bd. 3, S. 181 f.

124 Böttcher (1977), Propaganda, S. 346.

125 «Der Mitternächtige Post-Reuter», zit n. Zschoch (1994), Größe, S. 38.

126 Schwedischer Zug / Das ist guter Anfang zu der instehenden Göttlichen Hülffe und Exempel der rechten Buß, in: Harms (1980), Flugblätter, Bd. 2, S. 454 f.; auch VD17 23:675804P (30.10.2017).

127 Schwedischer Hercules [...], in: Harms (1980), Flugblätter, Bd. 2, S. 390 f.; auch VD17 1:092151R (30.10.2017).

128 Achilles Germanorum. Retter der Deutschen Freyheit [...] 1632, VD17 14:050030T (21.3.2017).

129 Junkelmann (1998), Gustav Adolf, S. 372.

130 Kaufmann (1998), Krieg, S. 60 ff.

131 Harms (1980), Flugblätter, Bd. 2, S. 415.

132 Kön. Schwed. Victori Schlüssel […] beschrieben […] durch einen Liebhaber der teutschen Freyheit, 1631., http://www.slub-dresden.de/sammlungen/digitale-sammlungen/werkansicht/cache.off?tx_dlf[id]=19006 (22.5.2012).

133 Harms (1980), Flugblätter, Bd. 2, S. 454 f. u. 456 f.

134 Ebd., Bd. 4, S. 258 f.

135 Ebd., S. 468 f.

136 Kevin Chovanec, The German Liberty in England and the Dutch Republic: On the pan-Protestant literary field and the circulation of a loaded epithet, in: Renaissance Studies, 2017 DOI: 10 1111/rest. 12325, (31.8.2017).

137 Offb. 6,2 u. 19,11–16.

138 Vgl. Anton Schindling (2001), Das Strafgericht Gottes. Kriegserfahrungen und Religion im Heiligen Römischen Reich deutscher Nation im Zeitalter des Dreißigjährigen Krieges, in: Asche/Schindling (2001), Strafgericht, 11–51, hier bes. S. 30.

139 Harms (1980), Flugblätter, Bd. 2, S. 484 f.

140 Declaration Oder Wahrhafftige Beschreibung Der Victorie, 1633, VD17 3:006030C (21.3.2017).

141 Droysen (1870), Gustaf Adolf, Bd. 2, S. 424.

142 Ekkehard Mühlenberg, Gott in der Geschichte. Erwägungen zur Geschichtstheologie von W. Pannenberg, in: ders., Gott in der Geschichte, hg. v. Uta Mennecke/Stefanie Frost, Berlin u. a. 2008, S. 17–36, hier S. 30.

143 Böttcher (1977), Propaganda, S. 353.

144 Jacobus Fabricius, Iusta Gustaviana. Das ist / Christliche Klag- und Ehrenpredigt […], 1633, zit. n. Tschopp (1991), Deutungsmuster, S. 137.

145 Ebd., S. 53 ff.

146 Frank Liemandt, Die zeitgenössische literarische Reaktion auf den Tod des Königs Gustav II. Adolf von Schweden, Frankfurt a. M. u. a. 1998, S. 389.

147 Heinrich Tettelbach, Christliche TrawrPredigt […], Frankfurt a. M. 1633, VD17 39:14570IQ (21.3.2017).

148 Nicephor Kessel, Helden-Clag / Das ist […], Leipzig 1632, S. 19, VD17 3:626602A (21.3.2017).

149 Georg Rudolph von der Sahla, Kurtze einfältige / Doch Christliche und Wahrhafftige Abbildung […], Neuenstadt 1633, S. 9 u. 11, VD17 23:23547IT (21.3.2017).

150 Liemandt (1998), Reaktion, S. 385.

151 Harms (1987), Flugblätter, Bd. 4, S. 289.

152 Maué (2008), Dadler, S. 75 f.

153 Harms (1987), Flugblätter, Bd. 4, S. 287 f.

154 http://muenzenwoche.de/de/Archiv/Loewe-aus-dem-Norden–Triumphator-im-Leben-und-im-Tod/8/?&id=377&type=a (22.3.2017); Maué, Dadler, S. 77 f.

155 Liemandt (1998), Reaktion, S. 391.

156 Vgl. Siegfried Hoffmann, Denck Mahl an die insgesambte Evangelische Stände / Auff der Königlichen Mayt. zu Schweden allerglorwürdigsten tödlichen Hintritt […], 1633, VD17 14:081191K (21.3.2017).

157 Harms (1980), Flugblätter, Bd. 2, S. 534 f.; ebd. (1987), Bd. 4, S. 290 f.; vgl. Zschoch (1994), Größe, S. 48.

158 Wend Unmuht / Das der Löw von Mitternacht […], 1633, VD17 32: 637442Y (22.5.2012).

159 Oratio oder unvergreifflicher Discurß […], Frankfurt 1632, S. 2 f., 5, 13, 31 u. 32, VD17 12:111903P (22.5.2012).

160 Hans Medick, Der Dreißigjährige Krieg als Erfahrung und Memoria. Zeitgenössische Wahrnehmungen eines Ereigniszusammenhangs, in: Hartmann/Schuller (2010), Krieg, S. 158–172, hier S. 169.

161 Pufendorf (1688), Bücher, S. 113.

10. Verwirrspiele oder warum Wallenstein sterben musste

1 Parker (1991), Krieg, S. 212 f.

2 Theatrum Europaeum, Bd. 3, S. 27–30, Zitate S. 29; Kretzschmar (1922), Bund, Bd. 1, S. 217 f.

3 Zit. n. ebd., S. 173.

4 Ebd., S. 42–46, Zitat S. 43; Herbert Langer, Der Heilbronner Bund (1633–35), in: Volker Press (Hg.), Alternativen zur Reichsverfassung in der Frühen Neuzeit? München 1995, S. 113–122, hier S. 118.

5 Schmidt (1989), Grafenverein, S. 442.

6 Friedrich Zindel, Tagebuchblätter aus dem 30jährigen Kriege (1626–1634) von Johannes Braun, in: Archiv für Geschichte und Altertumskunde von Oberfranken 32, 1934, S. 1–82.

7 Zit. n. Langer (1995), Bund, S. 119.

8 Ritter (1908), Geschichte, Bd. 3, S. 552 f.

9 Droysen (1885), Bernhard, Bd. 1, S. 174–209. Dazu auch Ackermann (2017), Bernhard, Bd. 1, S. 124–167.

10 Alexander Querengässer, Bernhard von Sachsen-Weimar und das Herzogtum Franken. Versuch einer Herrschaftsbildung? In: Werner Greiling u. a. (Hg.), Die Ernestiner. Politik, Kultur und gesellschaftlicher Wandel, Köln u. a. 2016, S. 145–162, hier S. 149 ff.

11 Ritter (1908), Geschichte, Bd. 3, S. 555 ff.; Droysen (1885), Bernhard, Bd. 1, S. 148–159 u. 165–174.

12 Kretzschmar (1922), Bund, Bd. 1, S. 317–322 u. 327–333.

13 Katrin Bierther, Einleitung, in: dies. (Bearb.), Der Prager Frieden von 1635, Teile 1–4, München/Wien 1997, hier Tl. 1, S. *xxx.

14 Lorenz (1987), Wallenstein, S. 257 f.; Bierther (1997), Einleitung, S. *50.

15 Ebd., S. *32.

16 Lorenz (1987), Wallenstein, S. 262 f.; Bierther (1997), Einleitung, S. *96–106.

17 Lorenz (1987), Wallenstein, S. 278 f.

18 Bierther (1997), Einleitung, S. *182 f.

19 Ebd., S. *39–45.

20 Vgl. etwa Lorenz (1987), Wallenstein, S. 271 f.

21 Parker (1991), Krieg, S. 218.

22 Lorenz (1987), Wallenstein, S. 272–277.

23 Ebd., S. 287.

24 Vgl. Lorenz (1987), Wallenstein, S. 282–291.

25 Vgl. Diwald (1987), Wallenstein, S. 515.

26 Vgl. Moriz Ritter, Der Untergang Wallensteins, in: Historische Zeitschrift 97, 1906, S. 237–303, hier S. 289 ff.

27 Lorenz (1987), Wallenstein, S. 292 ff.

28 Diwald (1987), Wallenstein, S. 508 f.

29 Vgl. Dickmann (1982), Quellen, S. 315 f.

30 Kretzschmar (1922), Bund, Bd. 2, S. 117–122.

31 Max Lenz, Zur Kritik Sezyma Rašin's, in: Historische Zeitschrift 59, 1888, S. 1–68 u. 385–480, hier S. 402 f., Zitat S. 402.

32 Rebitsch (2010), Wallenstein, S. 194.

33 Lorenz (1987), Wallenstein, S. 295 ff.; Bierther (1997), Einleitung, S. *74 ff.

34 Lorenz (1987), Wallenstein, S. 300–326.

35 Kretzschmar (1922), Bund, Bd. 1, S. 445–451.

36 Lorenz (1987), Wallenstein, S. 327 f.

37 Pufendorf (1688), Bücher, S. 152.

38 Theatrum Europaeum, Bd. 3, S. 106–110.

39 Lorenz (1987), Wallenstein, S. 329–333; Kretzschmar (1922), Bund, Bd. 2, S. 128 ff.

40 Polišenský/Kollmann (1997), Wallenstein, S. 244.

41 Theatrum Europaeum, Bd. 3, S. 126 f.; Parker (1991), Krieg, S. 218.

42 Wilson (2009), Tragedy, S. 535.

43 Diwald (1987), Wallenstein, S. 522.

44 Pufendorf (1688), Bücher, S. 166 f.

45 Bierther (1997), Einleitung, S. *152.

46 Ebd., S. *161–166.

47 Theatrum Europaeum, Bd. 3, S. 129–132; Droysen (1885), Bernhard, Bd. 1, S. 297 ff.

48 Kampmann (2008), Reichsrebellion, S. 111 ff.

49 Theatrum Europaeum, Bd. 3, S. 157.
50 Zit. n. Ackermann (2017), Bernhard, Bd. 1, S. 166.
51 Ebd., S. 168 f.
52 Theatrum Europaeum, Bd. 3, S. 82 ff.
53 Ritter (1908), Geschichte, Bd. 3, S. 571.
54 Mann (1971), Wallenstein, S. 998.
55 Zit. n. Albrecht (1998), Maximilian, S. 866.
56 Dickmann (1982), Quellen, S. 315.
57 Lorenz (1987), Wallenstein, S. 341 f.
58 Christoph Kampmann, Der Friedländer als Kontrastfigur. Zur Sonderstellung Wallensteins
    in der protestantischen Historiographie des Alten Reichs, in: Joachim Bahlcke/Christoph
    Kampmann (Hg.), Wallensteinbilder im Widerstreit. Eine historische Symbolfigur in Ge-
    schichtsschreibung und Literatur vom 17. bis zum 20. Jahrhundert, Köln u. a. 2011, S. 27–50,
    hier S. 35.
59 Lorenz (1987), Wallenstein, S. 342–353, hier S. 346 ff.
60 Ebd., S. 356–359.
61 Diwald (1987), Wallenstein, S. 528 f.; Rebitsch (2010), Wallenstein, S. 218 f.
62 Lorenz (1987), Wallenstein, S. 359–363 u. 379.
63 Ebd., S. 386–391.
64 Ebd., S. 364–371.
65 Theatrum Europaeum, Bd. 3, S. 157 f.; Lorenz (1987), Wallenstein, S. 372 ff.
66 Heinrich Ritter von Srbik, Wallensteins Ende. Ursachen, Verlauf und Folgen der Katastrophe,
    Salzburg [2]1952, S. 106.
67 Theatrum Europaeum, Bd. 3, S. 158 f.; Diwald (1987), Wallenstein, S. 532 f.
68 Press (1991), Kriege, S. 227.
69 Lenz (1888), Kritik, S. 477 f.
70 Meinecke (1963), Staatsräson, S. 162 f.
71 Theatrum Europaeum, Bd. 3, S. 178.
72 Kampmann (1992), Reichsrebellion, S. 142 ff.
73 Lorenz (1987), Wallenstein, S. 397 ff.
74 Ebd., S. 413 f. Vgl. Droysen (1885), Bernhard, Bd. 1, S. 358 ff.
75 Lorenz (1987), Wallenstein, S. 403.
76 Kampmann (1992), Reichsrebellion, S. 169.
77 Theatrum Europaeum, Bd. 3, S. 182 ff.
78 Ebd., S. 179 f.; Lorenz (1987), Wallenstein, S. 404–415; Rebitsch (2010), Wallenstein, S. 222 f.
79 Wilson (2009), Tragedy, S. 541.
80 Kampmann (2011), Kontrastfigur, S. 45.
81 Pufendorf (1688), Bücher, S. 188 f.
82 Kaiser (2000), Konfession, S. 329 f.
83 Kampmann (1922), Reichsrebellion, S. 174.
84 Ebd., S. 101.
85 Vgl. Ilja Mieck, Wallenstein 1634. Mord oder Hinrichtung? In: Alexander Demandt (Hg.), Das
    Attentat in der Geschichte, Köln u. a. 1996, S. 143–163; Philipp Tenner, Der Tod des Albrecht
    von Wallenstein – ein präventiver Tyrannenmord. Staatsexamensarbeit Jena 2016, bes. S. 40 f.
86 Lorenz (1987), Wallenstein, S. 415–418.
87 Ebd., S. 427–435.
88 Leopold von Ranke, Geschichte Wallensteins, Leipzig [3]1872, S. 332–335.
89 Silvia Serena Tschopp, Albrecht von Wallensteins Ende im Spiegel der zeitgenössischen Flug-
    blattpublizistik, in: Zeitschrift für Historische Forschung 24, 1997, S. 25–51.
90 Srbik (1952), Ende, S. 215 ff.
91 VD17 14:005605Z (27. 10. 2017).
92 Vgl. VD17: 12:626614X u. 11071206R (27. 10. 2017); vgl. auch: Cancellaria Walsteiniana […] VD17
    14:053075V (27. 10. 2017).
93 Tschopp (1997), Ende, S. 34.
94 Zit. n. Mann (1971), Wallenstein, S. 1142 f.

95 Vgl. Christoph Kampmann, Albrecht von Wallenstein. Mythos und Geschichte eines Kriegs-unternehmers, in: Hartmann/Schuller (2010), Krieg, S. 109–127, hier S. 109.

96 Meinecke (1963), Staatsräson, S. 163. Vgl. Georg Schmidt, Friedrich Meineckes Kulturnation. Zum historischen Kontext nationaler Ideen in Weimar-Jena um 1800, in: Historische Zeitschrift 284, 2007, S. 597–621.

97 Srbik (1952), Ende, S. 281.

98 Vgl. auch zum Folgenden: Ritter (1908), Geschichte, Bd. 3, S. 577–580.

99 Albrecht (1998), Maximilian, 877 f.

100 Wilson (2009), Tragedy, S. 543.

101 Kretzschmar (1922), Bund, Bd. 2, S. 262 f.

102 Ritter (1908), Geschichte, Bd. 3, S. 585 f.

103 Theatrum Europaeum, Bd. 3, S. 252 f.

104 Albrecht (1998), Maximilian, S. 880 ff.

105 Theatrum Europaeum, Bd. 3, S. 227 f.

106 Ebd., S. 231.

107 Ebd., S. 271.

108 Horst Carl, Exotische Gewaltgemeinschaften. Krieger von der europäischen Peripherie im 17. Jahrhundert, in: Philippe Rogger/Benjamin Hitz (Hg.), Söldnerlandschaften. Frühneuzeitliche Gewaltmärkte im Vergleich, Berlin 2014, S. 157–180, hier S. 179.

109 Zit. n. ebd., S. 159.

110 Ebd., S. 160.

111 Steve Murdoch, Schottische Soldaten in Europa in der Frühen Neuzeit, in: Klaus J. Bade (Hg.), Enzyklopädie Migration in Europa, Paderborn 2007, S. 948–952, hier S. 949.

112 Carl (2014), Gewaltgemeinschaften, S. 170.

113 Schlögl (1988), Bauern, S. 105.

114 Heberle (1975), Zeytregister, S. 154 f., Zitat S. 157.

115 Lehmann (2014), Leben, S. 112–125.

116 Theatrum Europaeum, Bd. 3, S. 323.

117 Lehmann (2014), Leben, S. 125, Anm. 5.

118 Theatrum Europaeum, Bd. 3, S. 303.

119 Angelika Lorenz, Mahnung – Dekorum – Ereignis. Krieg als Gegenstand der Kunst im Reich, in: Lademacher (1998), Krieg, S. 213–255, hier S. 215 f.

120 Marie Richard, Jacques Callot (1592–1635). «Les Misères et les Malheurs de la Guerre» (1633). Ein Werk und sein Kontext, in: Bußmann/Schilling, 1648, Bd. 2, S. 517–524, hier S. 518 u. 522 f.

121 Martin Knauer, Krieg als Todesmahnung. Überlegungen zu Funktion und Bedeutung von druckgraphischen Bildfolgen des Dreißigjährigen Krieges, in: ebd., S. 509–516, Zitat S. 515.

122 Theatrum Europaeum, Bd. 3, S. 267; Kretzschmar (1922), Bund, Bd. 2, S. 577 ff.

123 Ritter (1908), Geschichte, Bd. 3, S. 579 f.

124 Vgl. Keita Saito, Der Kriegskommissar der bayerischen Armee während des Dreißigjährigen Krieges, in: Militär und Gesellschaft in der Frühen Neuzeit 17.1, 2013, S. 117–123.

125 Lothar Höbelt, Von Nördlingen bis Jankau. Kaiserliche Strategie und Kriegführung 1634–1645, Wien 2016, S. 21.

126 Heberle (1975), Zeytregister, S. 148 f.

127 Theatrum Europaeum, Bd. 3, S. 271 f.

128 http://static.habsburger.net/files/styles/large/public/originale/peter_paul_rubens_begeg-nung_koenig_ferdinands_von_ungarn_mit_dem_kardinalinfanten_ferdinand_vor_der_schlacht_bei_noerdlingen_original.jpg?itok=nOVRWQCJ (30.10.2017).

129 Theatrum Europaeum, Bd. 3, S. 272–276; Kretzschmar (1922), Bund 2, S. 614; Droysen (1885), Bernhard, Bd. 1, S. 431–444.

130 Ritter (1908), Geschichte, Bd. 3, S. 580 ff.; Wilson (2009), Tragedy, S. 545–549.

131 Peters (2012), Hagendorf, S. 109 f.

132 Heberle (1975), Zeytregister, S. 150.

133 Kretzschmar (1922), Bund, 2, S. 507.

134 Ebd., S. 451 ff.

135 Wilson (2009), Tragedy, S. 549.

136 Theatrum Europaeum, Bd. 3, S. 365 ff.
137 Droysen (1885), Bernhard, Bd. 2, S. 22.
138 Heberle (1975), Zeytregister, S. 152 u. 162.
139 Ritter (1908), Geschichte, Bd. 3, S. 582 f.
140 Schiller (1988), Krieg, S. 691 f.
141 Kretzschmar (1922), Bund, Bd. 2, S. 251 f.
142 Ebd., S. 320 f.
143 Ritter (1908), Geschichte, Bd. 3, S. 583 ff.
144 Kretzschmar (1922), Bund, Bd. 2, S. 547–554.
145 Hildegard Ernst, Madrid und Wien 1632–1637. Politik und Finanzen in der Beziehung zwischen Philipp IV. und Ferdinand II., Münster 1991, S. 92 f.
146 Höbelt (2016), Nördlingen, S. 35.
147 Ebd., S. 39 f.
148 Theatrum Europaeum, Bd. 3, S. 295 f.
149 Ebd., S. 462.
150 Kretzschmar (1922), Bund, Bd. 3, S. 46; Ackermann (2017), Bernhard, Bd. 1, S. 186 f.
151 Wilson (2009), Tragedy, S. 561.
152 Theatrum Europaeum, Bd. 3, S. 329.
153 Friesenegger (1996), Tagebuch, S. 86 f.
154 Paul Münch, Lebensformen in der Frühen Neuzeit, Berlin 1998, S. 392 ff.

11. Der Prager Frieden oder warum der Krieg weiterging

1 Bierther (1997), Frieden, Bd. 3, S. 1183 ff.
2 Michael Kaiser, Der Prager Frieden von 1635. Anmerkungen zu einer Aktenedition, in: Zeitschrift für Historische Forschung 28, 2001, S. 277–297, Zitat S. 286.
3 Bierther (1997), Frieden, Bd. 4, S. 1596 f.
4 Ritter (1908), Geschichte, Bd. 3, S. 588–591.
5 Hauptvertrag: Bierther (1997), Frieden, Bd. 4, S. 1545–1585.
6 Kretzschmar (1922), Bund, Bd. 3, S. 62.
7 Ebd., S. 9 ff.
8 Kaiser (2001), Frieden, S. 293 f.
9 Bierther (1997), Frieden, Bd. 3, S. 1403 f.
10 Bierther (1997), Frieden, Bd. 2, S. 811–832.
11 Ebd., S. 949–952, Zitate S. 951 f.
12 Albrecht (1998), Maximilian, S. 914 ff.
13 Zit. n. Gotthard (2014), Fried, S. 209.
14 Maué (2008), Dadler, S. 79 f.
15 Droysen (1885), Bernhard, Bd. 2, S. 82–85.
16 Kretzschmar (1922), Bund, Bd. 3, S. 87.
17 Der Friedensvertrag, 1635, Mai 30, Bierther (1997), Frieden, Bd. 4, S. 1606–1631.
18 Ebd., S. 1667–1671.
19 Ebd., Bd. 1, S. 30.
20 Heiner Haan, Kaiser Ferdinand II. und das Problem des Reichsabsolutismus. Die Prager Heeresreform von 1635, in: Historische Zeitschrift 207, 1968, S. 297–345, hier S. 303.
21 Kampmann (2008), Europa, S. 113.
22 Hermann Weber, Richelieu und das Reich, in: Rudolf (1977), Krieg, S. 304–321, hier S. 307.
23 Schmidt (1999), Geschichte, passim.
24 Dürbeck (1908), Kursachsen, S. 20–28.
25 Ackermann (2017), Bernhard, Bd. 1, S. 110.
26 Droysen (1885), Bernhard, Bd. 2, S. 182–186 u. 188 f.
27 Ritter (1908), Geschichte, Bd. 3, S. 603; Wilson (2009), Tragedy, S. 563.
28 William P. Guthrie, The later Thirty Years War. From the Battle of Wittstock to the Treaty of Westphalia, Westport 2003, S. 81.
29 Schmidt (1989), Grafenverein, S. 446.

30 Nonnast (2017), Fürstenstaat, S.75.

31 Ebd., S.77 ff.

32 Siegrid Westphal, Der Westfälische Frieden, München 2015, S.23 f.

33 Schmidt (1999), Geschichte, S.167 ff.

34 VD17: 1091162A (30.10.2017); Helmut Lahrkamp, Dreißigjähriger Krieg, Westfälischer Frieden, Münster ²1998, S.119. Vgl. Johannes Burkhardt, Auf dem Wege zu einer Bildkultur des Staatensystems, in: Heinz Duchhardt (Hg.), Der Westfälische Friede, München 1998, S.81–114, hier S.95 f.; Georg Schmidt, «Absolutes Dominat» oder «deutsche Freiheit». Der Kampf um die Reichsverfassung zwischen Prager und Westfälischem Frieden, in: Robert von Friedeburg (Hg.), Widerstandsrecht in der Frühen Neuzeit, Berlin 2001, S.265–284.

35 Heinrich Hitzigrath, Die Publicistik des Prager Friedens, Halle 1880, S.56.

36 Adam Wandruszka, Reichspatriotismus und Reichspolitik zur Zeit des Prager Friedens von 1635, Graz/Köln 1955, S.95.

37 Salomon Heermann von Teutschen Brodt, Deutscher freyer Soldat. Das ist Eröterung der Fragen: 1. Ob ein Gebohrner Deutzscher im Krieg Dienen und Rathen möge / Weme und wie er wolle / auch wieder sein eigen Vaterland. 2. Ob er solchen Dienst wieder sein Vaterland durch einigerley Pflicht / Bündniß / oder etwas anders entschuldigen könne..., 1636, Flugschriftensammlung Gustav Freytag, Nr.5601.

38 Wandruszka (1955), Reichspatriotismus, S.72 ff.

39 Ebd., S.95.

40 Ebd., S.83.

41 [Johannes Stella], Klagrede uber den zwischen dem Römischen Kayser Ferdinand II. und ... auffgerichteten Vertrag und vermeinten Frieden ... 1638, VD17 14:017801S (27.10.2017).

42 A. Schmidt (2007), Vaterland, S.363.

43 Edda Sagarra, Der Deutsche Michel, in: Franz N. Mennemeier u. a. (Hg.), Deutsche Literatur in der Weltliteratur, Tübingen 1986, S.159–164.

44 Harms (1980), Flugblätter, Bd.2, S.275.

45 Der Teutschen Planet, 1639, VD17 14:0057424H (12.9.2015).

46 Johann Ellinger, Allmodischer KleyderTeuffel..., Flugschriftensammlung Gustav Freytag, Nr.995.

47 Zit. n. Schöne (1988), Zeitalter, S.747.

48 A. Schmidt (2007), Vaterland, S.366 f.

49 Vgl. Hippolithus a Lapide (= Bogislaw von Chemnitz), Dissertatio de ratione status, 1647, Tl.3, S.519.

50 Zit. n. Hitzigrath (1880), Publicistik, S.14.

51 Discursus I. Ob jetzo im H. Röm. Reich friede zu machen Zeit, nützlich gut und helsam sey... 1635, zit. n. Böttcher (1977), Propaganda, S.360.

52 Vindicae Pacificationis Pragensis Oder Rettung des ... aufgerichteten Friedenis, 1635.

53 A. Schmidt (2007), Vaterlandsliebe, S.372 f.

54 Hitzigrath (1880), Publicistik, S.24 f.

55 A. Schmidt (2007), Vaterlandsliebe, S.373 f.; Schmidt (2013), Leu.

56 Joachim Gerdson, Copey Dreyer Schreiben den Pragerischen Frieden betreffend: [...], 1636, VD17 14:005341D (31.12.2015).

57 Ebd., S.21.

58 Ebd., S.34.

59 Ebd., S.42.

60 Volker Press, Hessen im Zeitalter der Landesteilung (1567–1655), in: Walter Heinemeyer (Hg.), Das Werden Hessens, Marburg 1986, S.267–331, hier S.309 f.

61 Schreiben Herrn D.Johann Gerharts [...] an den Fürstlichen Hessischen Canzler [...] 1636, VD17 14:005348G (27.10.2017); vgl. Friedrich Quaasdorf, Der Prager Frieden von 1635 im Spiegel der zeitgenössischen Publizistik. in: Historisches Jahrbuch 135, 2015, S.255–306, hier S.278–281.

62 Vgl. A. Schmidt (2007), Vaterlandsliebe, S.375–383.

63 Droysen (1885), Bernhard, Bd.2, S.71.

64 Wilson (2009), Tragedy, S.554 ff.; Höbelt (2016), Nördlingen, S.43.

65 Anuschka Tischer, Französische Diplomatie und Diplomaten auf dem Westfälischen Friedenskongress. Außenpolitik unter Richelieu und Mazarin, Münster 1999, S. 189 f.
66 Lothar Höbelt, Ferdinand III. (1608–1657). Friedenskaiser wider Willen, Graz 2008, S. 78 f.
67 Kampmann (2008), Europa, S. 108 f.
68 Albrecht (1998), Maximilian, S. 950.
69 Theatrum Europaeum, Bd. 3, S. 465 f.
70 Höbelt (2016), Nördlingen, S. 58.
71 Theatrum Europaeum, Bd. 3, S. 526–529.
72 Albrecht (1998), Maximilian, S. 935 ff.
73 Josef J. Schmid (Hg.), Quellen zur Geschichte des Dreißigjährigen Krieges. Zwischen Prager Frieden und Westfälischem Frieden, Darmstadt 2009, S. 69–74, hier S. 72.
74 Westphal (2015), Frieden, S. 25.
75 Parker (1991), Krieg, S. 243.
76 Theatrum Europaeum, Bd. 3, S. 483 f.
77 Vgl. Dero Königlichen Majestät und Reiche Schweden … Geschehen Magdeburg am 23 Aprilis Anno 1635, VD17 27:718235D (12. 9. 2015).
78 Vgl. ausführlich Klaus Conermann (Hg.) Briefe der Fruchtbringenden Gesellschaft und Beilagen. Die Zeit Fürst Ludwigs von Anhalt-Köthen 1617–1650, Bd. 3: 1630–1636, Tübingen 2003, S. 578–598. Die Verteidigungsschrift: ebd., S. 580–585; A. Schmidt (2007), Vaterlandsliebe, S. 391 ff.
79 Theatrum Europaeum, Bd. 3, S. 458 ff.
80 Wandruszka (1955), Reichspatriotismus, S. 95.
81 Conermann (1985), Gesellschaft, Bd. 3, S. 173 ff., S. 231 f. u. 284 f.
82 Theatrum Europaeum, Bd. 3, S. 489 f.
83 Salomon Heermann von Teutschen Brodt, Deutscher freyer Soldat… 1636, Flugschriftensammlung Gustav Freytag, Nr. 5601.
84 Der Teutsche Brutus […] 1636, VD17 3:626756U (28. 12. 2015).
85 Deutsche Trewhertzige Warnung […] 1637, VD17 14:005711 F (28. 12. 2015).
86 Theatrum Europaeum, Bd. 3, S. 509; Guthrie (2003), War, S. 43.
87 Theatrum Europaeum, Bd. 3, S. 494–497.
88 Andreas Gryphius, Tränen des Vaterlandes, in: Wolfgang Popp (Hg.), Lesebuch I: Dreißigjähriger Krieg. Eine Textsammlung aus der Barockliteratur, Münster 1998, S. 111.
89 Höbelt (2016), Nördlingen, S. 127.
90 Peters (2012), Hagendorf, S. 114 ff.
91 Theatrum Europaeum, Bd. 3, S. 593 f.
92 Ritter (1908), Geschichte, Bd. 3, S. 604.
93 Kampmann (2008), Europa, S. 120.
94 Theatrum Europaeum, Bd. 3, S. 643.
95 Höbelt (2016), Nördlingen, S. 140.
96 Wilson (2009), Tragedy, S. 563 ff.
97 Schmid (2009), Quellen, S. 89–95.
98 Zit. n. Parker (1991), Krieg, S. 243.
99 Theatrum Europaeum, Bd. 3, S. 633–636.
100 Guthrie (2003), War, S. 41.
101 Zit. n. Höbelt (2016), Nördlingen, S. 156.
102 Kossert (2009), Schweden, S. 266.
103 Wilson (2009), Tragedy, S. 583.
104 Lehmann (2014), Leben, S. 137–149.
105 Theatrum Europaeum, Bd. 3, S. 690.
106 Wilson (2009), Tragedy, S. 596.
107 Höbelt (2008), Ferdinand III., S. 134 f.
108 Guthrie (2003), War, S. 59.
109 Theatrum Europaeum, Bd. 3, S. 443 ff.
110 Ebd., S. 500.
111 Schmidt (1989), Grafenverein, S. 446 f.

112 Weiand (2009), Hessen-Kassel, S. 72 f.
113 Theatrum Europaeum, Bd. 3, S. 445 f.
114 Ebd., S. 530 ff.
115 Ebd., S. 590 f.
116 Weiand (2009), Hessen-Kassel, S. 73 f.
117 Theatrum Europaeum, Bd. 3, S. 707 f.
118 Ebd., S. 726 ff.
119 Peters (2012), Hagendorf, S. 117.
120 Theatrum Europaeum, Bd. 3, S. 833 f.
121 Wilson (2009), Tragedy, S. 569 f.
122 Theatrum Europaeum, Bd. 3, S. 627.
123 Heberle (1975), Zeytregister, S. 163 ff.
124 Höbelt (2016), Nördlingen, S. 109 f.
125 Parker (1991), Krieg, S. 248.
126 Zit. n. Höbelt (2016), Nördlingen, S. 158.
127 Heberle (1975), Zeytregister, S. 167 f.
128 Dickmann (1972), Frieden, S. 217 f.
129 Höbelt (2008), Ferdinand III., S. 130.
130 Theatrum Europaeum, Bd. 3, S. 639 f.
131 Ebd., S. 674.
132 Gotthard (1999), Säulen, Bd. 1, S. 380; Brendle (2011), Erzkanzler, S. 423.
133 Schmid (2009), Quellen, S. 82–89.
134 Wolfgang Burgdorf (Bearb.), Die Wahlkapitulationen der römisch-deutschen Könige und Kaiser 1519–1792, Göttingen 2015, S. 129–153, Zitat S. 147; ders. (2015), Protokonstitutionalismus, S. 79.
135 Brendle (2011), Erzkanzler, S. 419 u. 421 f.
136 Theatrum Europaeum, Bd. 3, S. 659–663; Hengerer (2012), Ferdinand III., S. 122.
137 Theatrum Europaeum, Bd. 3, S. 670 f.
138 Ebd., S. 683.
139 Kampmann (2008), Europa, S. 122 f.
140 Auch zum Folgenden: Dickmann (1972), Frieden, S. 83–87; Westphal (2015), Frieden, S. 26–30.
141 Theatrum Europaeum, Bd. 3, S. 705 f.
142 Dickmann (1972), Frieden, S. 87 f.
143 Hengerer (2012), Ferdinand III., S. 184.
144 Ebd., S. 186.
145 Westphal (2015), Frieden, S. 28.
146 Parker (1991), Krieg, S. 251.
147 Dickmann (1972), Frieden, S. 92 f.; Westphal (2015), Frieden, S. 26 f.
148 Konrad Repgen, Dreißigjähriger Krieg, in: ders., Dreißigjähriger Krieg und Westfälischer Friede, hg. v. Franz Bosbach u. a., Paderborn u. a. [3]2015, S. 397–424, Zitat S. 416.
149 Kampmann (2008), Krieg, S. 128.
150 Höbelt (2016), Nördlingen, S. 446.

12. Uneinsichtigkeiten oder warum sich das Leiden verlängerte

1 Hildebrandt (2004), Quellen, S. 202 f.
2 Ackermann (2017), Bernhard, Bd. 1, S. 227 ff.
3 Droysen (1885), Bernhard, Bd. 2, S. 271–275.
4 Wendland (1995), Nutzen, S. 210 f.
5 Droysen (1885), Bernhard, Bd. 2, S. 277 f.
6 Theatrum Europaeum, Bd. 3, S. 734 f.
7 Ebd., S. 750.
8 Ebd., S. 832.
9 Hildebrandt (2004), Quellen, S. 219–223.
10 Heberle (1975), Zeytregister, S. 170.
11 Droysen (1885), Bernhard, Bd. 2, S. 339 ff.

12 Peters (2012), Hagendorf, S. 118.
13 Wilson (2009), Tragedy, S. 602 ff.
14 Peters (2012), Hagendorf, S. 118 f.; Droysen (1885), Bernhard, Bd. 2, S. 347 f.
15 Heberle (1975), Zeytregister, S. 171 f.
16 Vgl. Andreas Neuburger, Konfessionskonflikt und Kriegsbeendigung im Schwäbischen Reichskreis. Württemberg und die katholischen Reichsstände im Südwesten vom Prager Frieden bis zum Westfälischen Frieden (1635–1651), Stuttgart 2011, S. 71.
17 Guthrie (2003), War, S. 72 ff.
18 Droysen (1885), Bernhard, Bd. 2, S. 369 ff.
19 Ebd., S. 408–419.
20 Ackermann (2017), Bernhard, Bd. 1, S. 225.
21 Peters (2012), Hagendorf, S. 119.
22 Heberle (1975), Zeytregister, S. 172 und 174.
23 Peters (2012), Hagendorf, S. 119.
24 Wilson (2009), Tragedy, S. 605 ff.
25 Droysen (1885), Bernhard, Bd. 2, S. 426.
26 Guthrie (2003), War, S. 86–91; Wilson (2009), Tragedy, S. 607 f.; https://de.wikipedia.org/wiki/Schlacht_bei_Wittenweiher (10.1.2016).
27 Droysen (1885), Bernhard, Bd. 2, S. 437.
28 Peters (2012), Hagendorf, S. 119.
29 Hildebrandt (2004), Quellen, S. 234.
30 Ackermann (2017), Bernhard, Bd. 2, S. 63.
31 Dies., Die Versorgung als kriegsentscheidendes Machtmittel und die publizistische Wahrnehmung des Krieges. Der Dreißigjährige Krieg am Oberrhein, in: Andreas Rutz (Hg.), Krieg und Kriegserfahrung im Westen des Reiches 1568–1714, Göttingen 2016, S. 275–298.
32 Droysen (1885), Bernhard, Bd. 2, S. 490.
33 Peters (2012), Hagendorf, S. 120.
34 Theatrum Europaeum, Bd. 4, S. 93.
35 Peters (2012), Hagendorf, S. 120.
36 Offb. 6,8.
37 Heberle (1975), Zeytregister, S. 178, 180 u. 182.
38 Friesenegger (1996), Tagebuch, S. 107 f., 113, 120 u. 129.
39 Wilhelm A. Eckhardt/Helmut Klingelhöfer (Hg.), Bauernleben im Zeitalter des Dreißigjährigen Krieges. Die Stauseberger Chronik des Caspar Preis, Marburg 1998, S. 51 ff.
40 Stricker (2010), Medaillen, S. 105 u. 115.
41 Theatrum Europaeum, Bd. 4, S. 9.
42 Wilson (2009), Tragedy, S. 611.
43 Ackermann (2017), Bernhard, Bd. 2, S. 102 ff.
44 Ebd., S. 196 ff.
45 Ebd., S. 110 ff.
46 Droysen (1885), Bernhard, Bd. 2, S. 521.
47 Diesen Hinweis verdanke ich Frau Dr. Astrid Ackermann. Vgl. Konrad Repgen, Über den Zusammenhang von Verhandlungstechnik und Vertragsbegriffen. Die kaiserlichen Elsaß-Angebote vom 18. März und 14. April 1646 an Frankreich, in: ders. (2015), Krieg, S. 849–882.
48 Droysen (1885), Bernhard, Bd. 2, S. 554 f.
49 Ebd., S. 559 f.
50 Dazu ausführlich Ackermann (2017), Bernhard, Bd. 1, S. 254–289.
51 Ebd., S. 284 f.
52 Ebd., Bd. 2, S. 218.
53 Theatrum Europaeum, Bd. 4, S. 13 f.
54 Friesenegger (1996), Tagebuch, S. 112.
55 Vgl. Ackermann (2017), Bernhard, S. 444–476.
56 Testament Bernhards von Weimar, 1639, Juli 8; Hans Schulz (Hg.), Der Dreißigjährige Krieg, Bd. 2, Leipzig/Berlin 1917, Nr. 54.
57 Ackermann (2017), Bernhard, Bd. 2, S. 162–179.

58 Theatrum Europaeum, Bd. 4, S. 33–36.
59 Guthrie (2003), War, S. 91 ff.
60 Ackermann (2017), Bernhard, S. 477.
61 Kampmann (2008), Europa, S. 131.
62 Theatrum Europaeum, Bd. 4, S. 32 f.
63 Abdruck Schreibens von einem fürnehmen Officirer … 1640, Flugschriftensammlung Gustav Freytag, Nr. 5641. Eine Variante ebd., Nr. 5642.
64 Trewhertzige und wolmeynente Ermahung eines alten Teutschen Landsknechts … [1640], S. 3, ebd., Nr. 5645.
65 Press (1986), Hessen, S. 311.
66 Eckhardt/Klingelhöfer (1998), Bauernleben, S. 37.
67 Theatrum Europaeum, Bd. 4, S. 729.
68 Ebd., S. 773.
69 Ebd., Bd. 3, S. 788
70 Ebd., S. 805 f.
71 Ebd., S. 813.
72 Ebd., S. 826–831.
73 Press (1986), Hessen, S. 313.
74 Zit. n. Höbelt (2008), Ferdinand III., S. 136.
75 Weiand (2009), Hessen-Kassel, S. 82 f.
76 Theatrum Europaeum, Bd. 4, S. 85.
77 Droysen (1885), Bernhard, Bd. 2, S. 542.
78 Theatrum Europaeum, Bd. 3, S. 876.
79 Ebd., S. 881.
80 Ebd., S. 889.
81 Thomas Nicklas, Macht oder Recht. Frühneuzeitliche Politik im Obersächsischen Reichskreis, Stuttgart 2002, S. 235 ff.
82 Höbelt (2016), Nördlingen, S. 204 f.
83 Englund (2013), Verwüstung, S. 232–243.
84 Höbelt (2008), Ferdinand III., S. 154–160.
85 Theatrum Europaeum, Bd. 4, S. 87.
86 Höbelt (2008), Ferdinand III., S. 162.
87 Ders. (2016), Nördlingen, S. 244.
88 Englund (2013), Verwüstung, S. 281 ff.
89 Jan Hector von Sturnbrich, Kurtzer und eigentlicher Verlauff, Was sich mit und zwischen denen beyden Kayserl. und Schwedischen Armeen in- und außerhalb der Stadt Saalfeld, am Thal-Gebirge, diesen jetzigen Früling über […] zugetragen […], in: Friedrich Trinks, Die Kriegsereignisse bei Saalfeld im Jahre 1640 nach den Aufzeichnungen des Jan Hector von Sturnbrich, Schriften des Vereins für Sachsen Meiningische Geschichte und Landeskunde 23, Hildburghausen 1896, S. 3–15.
90 Kathrin Bierther, Der Regensburger Reichstag von 1640/41, Kallmünz 1971, S. 25 ff.
91 Ebd., S. 32.
92 Parker (1991), Krieg, S. 255.
93 Bierther (1971), Reichstag, S. 44 f.
94 Dickmann (1972), Frieden, S. 96.
95 Bierther (1971), Reichstag, S. 314 ff.
96 Höbelt (2008), Ferdinand III., S. 169 f.
97 Brendle (2011), Erzkanzler, S. 434.
98 Nonnast (2017), Fürstenstaat, S. 80 ff.
99 https://books.google.de/books?id=FvlLAAAAcAAJ&printsec=frontcover&hl=de&source=gbs_ge_summary_r&cad=0#v=onepage&q&f=false (19. 3. 2016); Hengerer (2012), Ferdinand III., S. 194 ff.
100 Rauscher (2012), Beziehungen, S. 340.
101 Pufendorf (1688), Bücher, S. 642.
102 Ebd., S. 637 f.; Dickmann (1972), Frieden, S. 103 ff.

103 Wilson (2009), Tragedy, S. 623 f.
104 Heberle (1975), Zeytregister, S. 184 f.
105 Englund (2013), Verwüstung, S. 296; Peters (2012), Hagendorf, S. 125.
106 Heberle (1975), Zeytregister, S. 185 f.
107 Wilson (2009), Tragedy, S. 626 f.
108 Höbelt (2016), Nördlingen, S. 297.
109 Englund (2013), Verwüstung, S. 318 ff.; Höbelt (2016), Nördlingen, S. 286–292.
110 Peters (2012), Hagendorf, S. 126; Höbelt (2008), Ferdinand III., S. 184.
111 Wilson (2009), Tragedy, S. 633 f.
112 Höbelt (2016), Nördlingen, S. 326.
113 Englund (2013), Verwüstung, S. 341; Wilson (2009), Tragedy, S. 637 ff.
114 Guthrie (2003), War, S. 121 f.
115 Höbelt (2008), Ferdinand III., S. 203 f.; ders. (2016), Nördlingen, S. 341 ff.
116 Wilson (2009), Tragedy, S. 639 f.
117 Westphal (2015), Frieden, S. 37 ff.
118 Dickmann (1972), Frieden, S. 115 u. 176 f.
119 Nonnast (2017), Fürstenstaat, S. 86–89.
120 Roswitha von Kietzell, Der Frankfurter Deputationstag von 1642–1645. Eine Untersuchung der staatsrechtlichen Bedeutung dieser Reichsversammlung, in: Nassauische Annalen 83, 1972, S. 99–119.
121 Tischer (1999), Diplomatie, S. 197–201.
122 Englund (2013), Verwüstung, S. 346 und 368 f.
123 Heberle (1975), Zeytregister, S. 192.
124 Schmid (2009), Quellen, S. 130–137; Peters (2012), Hagendorf, S. 130.
125 Heberle (1975), Zeytregister, S. 195.
126 Ebd., S. 203 f.
127 Kampmann (2008), Europa, S. 144 f.
128 Höbelt (2016), Nördlingen, S. 366 ff.
129 Ders. (2008), Ferdinand III., S. 221 f.
130 Ebd., S. 223 f.
131 Theatrum Europaeum, Bd. 5, S. 874–877; Englund (2013), Verwüstung, S. 469–475.
132 Guthrie (2003), War, S. 124 ff.
133 Höbelt (2016), Nördlingen, S. 404 ff.
134 Kampmann (2008), Europa, S. 146 f.; Hubert Salm, Armeefinanzierung im Dreißigjährigen Krieg. Der Niederrheinisch-westfälische Reichskreis 1635–1650, Münster 1990, S. 43 ff.
135 Guthrie (2003), War, S. 126 ff.
136 Wilson (2009), Tragedy, S. 679–684.
137 Ebd., S. 684 f.
138 Englund (2013), Verwüstung, S. 502 ff.
139 Hengerer (2012), Ferdinand III., S. 231.
140 Höbelt (2008), Ferdinand III., S. 234 f.
141 Ebd., S. 236 f.
142 Guthrie (2003), War, S. 142 ff.
143 Peter Broucek, Der Schwedenfeldzug nach Niederösterreich, Wien 1967, S. 11–22.
144 Heinz Duchhardt, Kötzschenbroda 1645 – ein historisches Ereignis im Kontext des Krieges und im Urteil der Nachwelt, in: Sächsische Heimatblätter 6, 1995, S. 323–329.
145 Theatrum Europaeum, Bd. 5, S. 857 f.; Wilson (2009), Tragedy, S. 705.
146 https://de.wikipedia.org/wiki/Schlacht_bei_Herbsthausen (25.1.2016); Peters (2012), Hagendorf, S. 132.
147 https://de.wikipedia.org/wiki/Schlacht_bei_Alerheim (25.1.2016); Theatrum Europaeum, Bd. 5, S. 821–825.
148 Heberle (1975), Zeytregister, S. 201.
149 Vgl. Lapide (1647), Dissertatio; Dickmann (1982), Quellen, S. 330–337.

III. Der Frieden

13. Arrangements oder was zu regeln war

1 Christoph Kampmann, Der ehrenvolle Friede als Friedenshindernis. Alte Fragen und neue Ergebnisse zur Mächtepolitik im Dreißigjährigen Krieg, in: Inken Schmidt-Voges u.a. (Hg.), Pax perpetua. Neuere Forschungen zum Frieden in der Frühen Neuzeit, München 2010, S. 141–156, bes. S. 148.

2 Ohnvergreiffliches Bedencken Von Den vorhabenden Universal Friedens-Tractaten zu Münster und Oßnabrück, 1645, VD17 39:125958E (9.10.2016).

3 Stricker (2010), Medaillen, S. 137.

4 Gotthard (2016), Krieg, S. 308.

5 Parker (1991), Krieg, S. 266.

6 Roeck (1996), Quellen, S. 370–374.

7 Babel (2011), Assecuratio Pacis, S. 48.

8 Guido Braun, Die französische Diplomatie und das Problem der Friedenssicherung auf dem Westfälischen Friedenskongress, in: ders. (2011), Assecuratio pacis, S. 67–130, hier S. 79.

9 Tischer (1999), Diplomatie, S. 202 ff.

10 Andreas Osiander, The State System of Europe, 1640–1990. Peacemaking and the Conditions of International Stability, Oxford 1994, S. 28.

11 Sven Lundkvist, Die schwedischne Friedenskonzeptionen und ihre Umsetzung in Osnabrück, in: Duchhardt (1998), Friede, S. 349–359.

12 Osiander (1994), System, S. 60 f.

13 Hengerer (2012), Ferdinand III., S. 229 f.

14 Roeck (1996), Quellen, S. 376–384.

15 Hengerer (2012), Ferdinand III., S. 229.

16 Westphal (2015), Friede, S. 44 f.

17 Wilson (2009), Tragedy, S. 672.

18 Zit. n. Nonnast (2017), Friede, S. 174.

19 Vgl. zum Friedenskongress generell die nützliche Zusammenstellung: http://apw.digitale-sammlungen.de/events/start.html?tlvers=1&tlform=interactive (26.3.2016).

20 Dickmann (1971), Friede, S. 203.

21 Vgl. Gerd Steinwascher, Osnabrück und der Westfälische Frieden. Die Geschichte der Verhandlungsstadt 1641–1650, Osnabrück 2000, S. 66 f.

22 Dickmann (1971), Friede, S. 190.

23 Herbert Langer, 1648, der Westfälische Frieden. Pax Europaea und Neuordnung des Reiches, Berlin 1994, S. 27.

24 Auch zum Folgenden Dickmann (1971), Friede, S. 189–192.

25 Steinwascher (2000), Osnabrück, S. 230.

26 Vgl. auch zum Folgenden: Westphal (2015), Friede, S. 41 ff.

27 Konrad Repgen, Die Hauptprobleme der Westfälischen Friedensverhandlungen von 1648 und ihre Lösungen, in: Zeitschrift für Bayerische Landesgeschichte 62, 1999, S. 399–438, hier S. 404.

28 Nonnast (2017), Fürstenstaat, S. 104.

29 Franz Bosbach, Die Kosten des Westfälischen Friedenskongresses. Eine strukturgeschichtliche Untersuchung, Münster 1984.

30 Konrad Repgen, Der Westfälische Frieden und die zeitgenössische Öffentlichkeit, in: ders. (2015), Frieden, S. 967–1009, hier S. 974.

31 Dickmann (1971), Friede, S. 203 f.

32 Schmidt (1989), Grafenverein, S. 457.

33 Dickmann (1971), Friede, S. 204 ff.

34 Höbelt (2008), Ferdinand III., S. 247.

35 Vgl. auch zum Folgenden Wilson (2009), Tragedy, S. 674 ff.; Westphal (2015), Frieden, S. 45 ff.

36 Harald Tersch, Gottes Ballspiel. Der Krieg in Selbstzeugnissen aus dem Umkreis des Kaiserhofes, in: Krusenstjern/Medick (1999), Alltag, S. 427–465, hier S. 456.

37 Herta Hageneder, Einleitung, in: Acta Pacis Westphalicae, Serie III, Abt. C: Diarien, Münster 1986, S. XXVII–XXXIX.

38 Paul Sonnino, From d'Avaux to Dévot. Politics and Religion in the Thirty Years War, in: History 87, 2002, S. 191–203, bes. S. 197 f.

39 Peter Arnold Heuser, Der Souveränitätsbegriff auf dem Westfälischen Friedenskongress 1643–1649. Eine Studie zur Geschichte der politisch-diplomatischen Terminologie, in: Annette Gerstenberger (Hg.), Verständigung und Diplomatie auf dem Westfälischen Friedenskongress. Historische und sprachwissenschaftliche Zugänge, Köln u. a. 2014, S. 107–132, hier S. 128 f.

40 Bernhard Jahn, ‹Ceremoniel› und Friedensordnung. Das ‹Ceremoniel› als Störfaktor und Katalysator bei den Verhandlungen zum Westfälischen Frieden, in: Garber (2001), Erfahrung, S. 969–980, hier S. 974.

41 Michael Rohrschneider, Neue Tendenzen der diplomatiegeschichtlichen Erforschung des Westfälischen Friedenskongresses, in: Schmidt-Voges (2010), Pax, S. 103–121, hier S. 112 f.

42 Jan Joseph Poelhekke, De vrede van Munster, s'Gravenhage 1948, S. 1 f.

43 Georg Schwaiger, Franz Wilhelm, Graf von Wartenberg, in: Neue Deutsche Biographie, Bd. 5, S. 365.

44 Peter Seelmann, Johann Philipp von Vorburg, https://www.historicum.net/themen/erster-rheinbund-1658/akteure/vertragschliessende-parteien/mainz/philipp-von-vorburg/ (1.8.2017).

45 Albrecht (1998), Maximilian, S. 1010.

46 Otto Meinardus, Sayn-Wittgenstein-Hohenstein, Johann VIII., Graf zu, in: ADB, 43, S. 619–623.

47 Tina Braun, Der welfische Gesandte Jakob Lampadius auf dem Westfälischen Friedenskongress (1644–1649), Diss. Bonn 2015, http://hss.ulb.uni-bonn.de/2015/4104/4104.pdf (25.3.2016).

48 Dickmann (1982), Quellen, S. 195.

49 Auch zum Folgenden Dickmann (1971), Frieden, S. 206–215; Anja Steglic, Zeremoniell und Rangordnung auf der europäischen diplomatischen Bühne am Beispiel der Gesandteneinzüge in die Kongreßstadt Münster, in: Bußmann/Schilling (1998), 1648, Bd. 1, S. 391–396; vgl. auch Barbara Stollberg-Rilinger, Des Kaisers alte Kleider. Verfassungsgeschichte und Symbolsprache des Alten Reiches, München 2008.

50 Theatrum Europaeum, Bd. 5, S. 792 u. 826.

51 Steglic (1998), Zeremoniell, S. 393.

52 Gabriele Haug-Moritz, Die Friedenskongresse von Münster/Osnabrück (1643–1648) und Wien (1814/15) als «deutsche» Verfassungskongresse. Ein Vergleich in verfahrensgeschichtlicher Perspektive, in: Historisches Jahrbuch 124, 2004, S. 125–178, Zitat S. 143.

53 Repgen (1999), Hauptprobleme, S. 415.

54 Westphal (2015), Friede, S. 52.

55 Haug-Moritz (2004), Friedenskongresse, S. 151 f.

56 Ebd., S. 159 f.

57 Westphal (2015), Friede, S. 54.

58 Zum Folgenden Dickmann (1971), Frieden, S. 169–178.

59 Karsten Ruppert, Die kaiserliche Politik auf dem Westfälischen Friedenskongreß (1643–1648), Münster 1979, S. 41 ff.

60 Abdruck […] Der Frantzoesischen Herren Gevollmaechtigten zu Muenster anderer Proposition […], 1645, urn:nbn:de:bvb:384-uba000863–6 (26.3.2016).

61 Dickmann (1971), Frieden, S. 180 f. Das aus der Kasseler Instruktion stammende Zitat bei Weiand (2009), Hessen-Kassel, S. 120.

62 Ebd., S. 130 f.

63 Heuser (2014), Souveränitätsbegriff, S. 116 f.

64 Der Königl. Frantzösischen […] Proposition, 1645, VD17 32:652520L (26.3.2016).

65 Johan Oxenstierna/Johan Adler Salvius, Friedens-Proposition, VD17 14:085537E (26.3.2016).

66 Vgl. Weiand (2009), Hessen-Kassel, S. 132 f.

67 Theatrum Europaeum, Bd. 5, S. 864 f.; Dickmann (1971), Frieden, S. 187 f.

68 Replica (an Schweden), 1645, VD17 14:006115H (26.3.2016).

69 Replica (an Frankreich), 1645, VD17 14:006117Y (26.3.2016).

70 Dickmann (1971), Frieden, S. 326 f.

71 Johann Gottfried von Meiern, Acta Pacis Westphalicae Publica oder Westphälische Friedenshandlungen und Geschichte, Tle. 1–6, Hannover 1734–1736, hier Tl. 1, S. 739–765, Zitat S. 742.
Vgl. das vollständige Gutachten der evangelischen Stände: ebd., S. 801–830.

72 Vgl. Nonnast (2017), Fürstenstaat, S. 122 f.

73 Meiern (1734/36), Acta, Tl. 1, S. 759–765; Theatrum Europaeum, Bd. 5, S. 1093 ff.

74 Meiern (1734/36), Acta, Tl. 1, S. 751–759; vgl. ebd., S. 820; Nonnast (2017), Fürstenstaat, S. 127 f.

75 Meiern (1734/36), Acta Tl. 2, S. 555.

76 Dickmann (1971), Frieden, S. 331.

77 Zit. n. Lundkvist (1998), Friedenskonzeptionen, S. 353.

78 Nonnast (2017), Fürstenstaat, S. 420.

79 Ebd., S. 426–433.

80 IPO Art. VIII.

81 Tischer (1999), Diplomatie, S. 243 ff.

82 Dickmann (1971), Frieden, S. 239.

83 Theatrum Europaeum, Bd. 5, S. 1022.

84 Dickmann (1971), Frieden, S. 247–250.

85 Westphal (2015), Frieden, S. 68.

86 Wilson (2009), Tragedy, S. 710.

87 Fritz Wolff, Corpus Evangelicorum und Corpus Catholicorum auf dem Westfälischen Friedenskongreß. Die Einfügung der konfessionellen Ständeverbindungen in die Reichsverfassung,
Münster 1966, S. 105.

88 Dickmann (1971), Frieden, S. 256 ff.

89 Albrecht (1998), Maximilian, S. 1014.

90 Tischer (1999), Diplomatie, S. 254.

91 Zit. Höbelt (2008), Ferdinand III., S. 231.

92 Vgl. Leopold Auer, Die Ziele der kaiserlichen Politik bei den Westfälischen Friedensverhandlungen und ihre Umsetzung, in: Duchhardt (1998), Friede, S. 143–173, hier S. 161.

93 Tischer (1999), Diplomatie, S. 260.

94 Albrecht (1998), Maximilian, S. 1017.

95 Nonnast (2017), Fürstenstaat, S. 163.

96 Acta Pacis Westphalicae, Serie II, Abt. B, Bd. 3,2, Nr. 282, S. 984–991, hier S. 990.

97 Heuser (2014), Souveränitätsbegriff, S. 112.

98 Dickmann (1971), Frieden, S. 265–273; Westphal (2015), Frieden, S. 69 ff.

99 Theatrum Europaeum, Bd. 5, S. 1203

100 Instrumentum Pacis Monasteriense (künftig IPM) § 87.

101 Dickmann (1971), Frieden, S. 297.

102 Repgen (1999), Hauptprobleme, S. 433 f.

103 IPM §§ 85, 88 u. 89.

104 Schmid (2009), Quellen, S. 116.

105 Dickmann (1971), Frieden, S. 275 f.

106 Ebd., S. 278 f. und 304 ff.

107 Ebd., S. 306 ff.

108 Theatrum Europaeum, Bd. 5, S. 1260.

109 Nonnast (2017), Fürstenstaat, S. 157 f.

110 Dickmann (1971), Frieden, S. 312 ff.

111 IPO Art. XI.

112 Schmid (2009), Quellen, S. 111 f., Zitat S. 111.

113 IPO Art. X.

114 IPO Art. XII.

115 Wilson (2009), Tragedy, S. 717.

116 Lundkvist (1998), Friedenskonzeptionen, S. 356.

117 IPO Art. XVI § 8.

118 IPO Art. XIII; Theatrum Europaeum, Bd. 5, S. 1365; Westphal (2015), Frieden, S. 74 f.

14. Der Vertrag oder warum es so lange dauerte

1 Wilson (2009), Tragedy, S. 712.
2 Theatrum Europaeum, Bd. 5, S. 941, 977–1003, 1022 f. u. 1035 ff.
3 Karl E. Demandt, Geschichte des Landes Hessen, Kassel 1980, S. 259.
4 Weiand (2009), Hessen-Kassel, S. 157 ff.
5 Theatrum Europaeum, Bd. 5, S. 1052.
6 Ebd., S. 1075 f.
7 Eckhardt/Klingelhöfer (1998), Bauernleben, S. 62 ff.
8 Theatrum Europaeum; Bd. 5, S. 1177.
9 Vgl. Lehmann (2014), Leben, S. 217.
10 Theatrum Europaeum, Bd. 5, S. 1196 f.; Guthrie (2003), War, S. 233 f.
11 Theatrum Europaeum, Bd. 5, S. 1236 f.
12 Ebd., S. 1256.
13 Hengerer (2012), Ferdinand III., S. 222 f.
14 Zit. n. Albrecht (1998), Maximilian, S. 1062.
15 Roeck (1996), Quellen, S. 384–388.
16 Theatrum Europaeum, Bd. 5, S. 1217.
17 Ebd., Bd. 6, S. 13 ff. u. 304 f.
18 IPO Art. XV § 13; Nonnast (2017), Fürstenstaat, S. 449 ff.
19 Schmidt (1989), Grafenverein, S. 457–460; Demandt (1980), Hessen, S. 259 ff.
20 IPO Art. XV §§ 2–4.
21 Vgl. Bernd Christian Schneider, Ius reformandi. Die Entwicklung eines Staatskirchenrechts von seinen Anfängen bis zum Ende des Alten Reiches, Tübingen 2001, S. 157–161 u. 170 f.
22 Nonnast (2017), Fürstenstaat, S. 148 f.
23 Theatrum Europaeum, Bd. 5, S. 1081–1092.
24 Meiern (1734/36), Acta, Tl. 2, S. 700–711, Zitate S. 703, 707 u. 711.
25 Ebd., S. 711–723, Zitate S. 719 u. 720.
26 Ebd., S. 731.
27 Gerhard Schmid, Konfessionspolitik und Staatsräson bei den Verhandlungen des Westfälischen Friedenskongresses über die Gravamina Ecclesiastica, in: Archiv für Reformationsgeschichte 44, 1953, S. 203–223, hier S. 212 f.
28 Meiern (1734/36), Acta, Tl. 2, S. 732–745, Zitate S. 743 f.; Ronald Asch, Das Problem des religiösen Pluralismus im Zeitalter der «Konfessionalisierung». Zum historischen Kontext der konfessionellen Bestimmungen des Westfälischen Friedens, in: Blätter für deutsche Landesgeschichte 134, 1998, S. 1–32, hier S. 17.
29 Meiern (1734/36), Acta, Tl. 2, S. 745.
30 Albrecht (1998), Maximilian, S. 1035.
31 Meiern (1734/36), Acta, Tl. 3, S. 188 f.
32 IPO Art. V § 2.
33 Fuchs (2010), Medium, S. 171 f.
34 Meiern (1734/36), Acta, Tl. 3, S. 193–199.
35 Ebd., S. 279–286.
36 IPO Art. V § 52.
37 Fuchs (2010), Medium, S. 189.
38 Meiern (1734/36), Acta, Tl. 3, S. 249.
39 Ebd., S. 313 ff.
40 Ebd., S. 337.
41 Zit. n. Neuburger (2011), Konfessionskonflikt, S. 541.
42 Sonnino (2002), d'Avaux, S. 199 f.
43 Zit. n. Nonnast (2017), Fürstenstaat, S. 258.
44 Ebd., S. 260 f.
45 Meiern (1734/36), Acta, Tl. 3, S. 435–442.
46 Nonnast (2017), Fürstenstaat, S. 286.
47 Meiern (1734/36), Acta, Tl. 4, S. 25 f.

48 Ebd., S. 78–86.
49 Ebd., S. 99–109, bes. S. 106.
50 Ebd., S. 118–128; Schneider (2001), Ius reformandi, S. 367 f.
51 Nonnast (2017), Fürstenstaat, S. 318 f.
52 Ebd., S. 330 f.
53 Zum Folgenden auch: Westphal (2015), Frieden, S. 75–82.
54 IPO Art. IV §§ 2–22.
55 Nonnast (2017), Fürstenstaat, S. 341.
56 Meiern (1734/36), Acta, Tl. 4, S. 691.
57 Kampmann (2008), Europa, S. 162.
58 Zit. n. Nonnast (2017), Fürstenstaat, S. 344.
59 Westphal (2015), Frieden, S. 85.
60 Schneider (2001), Ius reformandi, S. 383.
61 Meiern (1734/36), Acta, Tl. 4, S. 797 f.; Theatrum Europaeum, Bd. 6, S. 281 f.
62 Meiern (1734/36), Acta, Tl. 4, S. 815–818.
63 Theatrum Europaeum, Bd. 6, S. 240 f.
64 Ebd., S. 242 f.
65 Schneider (2001), Ius reformandi, S. 327.
66 IPO Art. VII § 1. Dickmann (1971), Frieden, S. 369–373.
67 Westphal (2015), Frieden, S. 87.
68 Dickmann (1971), Frieden, S. 445 f.
69 Westphal (2015), Frieden, S. 86 f.
70 Kampmann (2008), Europa, S. 168.
71 Nonnast (2017), Fürstenstaat, S. 376.
72 Meiern (1734/36), Acta, Tl. 4, S. 966 ff.
73 Theatrum Europaeum, Bd. 6, S. 400 ff.
74 Ebd., S. 402–405.
75 IPO Art. VII § 1.
76 Meiern (1734/36), Acta, Tl. 6, S. 280.
77 Ebd., Tl. 5, S. 562–576; Dickmann (1971), Frieden, S. 460–465; Westphal (2015), Frieden, S. 88–91.
78 Wolff (1966), Corpus, S. 143 ff.
79 IPO Art. V § 42.
80 IPO Art. V §§ 31–33.
81 Ebd., §§ 34–37.
82 Meiern (1734/36), Acta, Tl. 4, S. 993.
83 Bernd Mathias Kremer, Der Westfälische Friede in der Deutung der Aufklärung. Zur Entwicklung des Verfassungsverständnisses im Hl. Röm. Reich Deutscher Nation vom Konfessionellen Zeitalter bis ins späte 18. Jahrhundert, Tübingen 1989, S. 152.
84 Fröliche Zeitung / Wie das gehalten werden soll / Es sey einer Catholisch oder Augspurgischer Confession, 1650, VD17 3:626942T (8.8.2016).
85 Johann Jacob Moser, Von der Teutschen Unterthanen Rechten und Pflichten, Frankfurt/Leipzig 1774, S. 69.
86 Ebd., S. 80.
87 Ebd., S. 65.
88 Johann Jacob Moser, Von der Teutschen Reichs-Stände Landen, deren Landständen, Unterthanen, Landes-Freyheiten, Beschwerden, Schulden und Zusammenkünfften, Frankfurt a. M./Leipzig 1769, S. 937.
89 IPO Art. V § 38–41.
90 IPO Art. III §§ 52–55.
91 Theatrum Europaeum, Bd. 6, S. 60 f.
92 Ebd., Bd. 5, S. 1390; Bd. 6, S. 56.
93 Vgl. zusammenfassend Johannes Arndt, Der Dreißigjährige Krieg 1618–1648, Stuttgart 2009, S. 144–151.
94 Theatrum Europaeum, Bd. 6, S. 140 ff.

95 Vgl. Helmut Lahrkamp, Lothar Dietrich Freiherr von Bönninghausen. Ein westfälischer Söld-nerführer des Dreißigjährigen Krieges, in: Westfälische Zeitschrift 108, 1958, S. 239–366.

96 Ernst Höfer, Das Ende des Dreißigjährigen Krieges. Strategie und Kriegsbild, Köln u. a. 1997, S. 81 ff.

97 Ebd., S. 98–108.

98 Albrecht (1998), Maximilian, S. 1042.

99 Zit. n. Höfer (1997), Ende, S. 172.

100 Wilson (2009), Tragedy, S. 740 ff.; Höfer (1997), Ende, S. 179–195.

101 Kampmann (2008), Europa, S. 164 ff.

102 Eliška Fučiková, Das Schicksal der Sammlungen Rudolfs II. vor dem Hintergrund des Drei-ßigjährigen Krieges, in: Bußmann/Schilling (1998), 1648, Bd. 2, S. 173–180, bes. S. 178.

103 Jenny Öhman, Die Plünderung von Prag 1648. Eine schwedische Perspektive, in: Frühneuzeit-Info 26, 2015, S. 240–248, hier S. 241.

104 IPO Art. VIII.

105 Meiern (1734/36), Acta, Tl. 6, S. 120–124; Theatrum Europaeum, Bd. 6, S. 561; Westphal (2015), Frieden, S. 93 f.

106 Meiern (1734/36), Acta, Tl. 6, S. 176 f.

107 Ebd., S. 324 f.

108 Theatrum Europaeum, Bd. 6, S. 574.

109 Meiern (1734/36), Acta, Tl. 6, S. 344.

110 Theatrum Europaeum, Bd. 6, S. 578.

111 Ebd., S. 579 f.

112 Meiern (1734/36), Acta, Tl. 6, S. 901; Osiander (1994), System, S. 74.

113 Meiern (1734/36), Acta, Tl. 6, S. 558 ff.; Dickmann (1971), Frieden, S. 489.

114 Meiern (1734/36), Acta, Tl. 6, S. 568; Theatrum Europaeum, B. 6, S. 587.

115 Westphal (2015), Frieden, S. 96 f.

116 Vgl. auch zum Folgenden: Georg Schmidt, Der Westfälische Frieden – ein multilateraler Reichsgrundgesetzvertrag?, in: Verfassung und Völkerrecht in der Verfassungsgeschichte: Interdependenzen zwischen internationaler Ordnung und Verfassungsordnung (= Der Staat, Beiheft 23), Berlin 2015, S. 11–26; dort auch weitere Literaturangaben.

117 Helmut Neuhaus, Der Westfälische Frieden und Franken, in: Bernd Hey (Hg.), Der West-fälische Frieden 1648 und der deutsche Protestantismus, Bielefeld 1998, S. 147–171, hier S. 153 ff.

118 IPO Art. I.

119 Vgl. Kremer (1989), Friede, S. 23.

120 IPO XVII § 2.

121 Theatrum Europaeum, Bd. 6, S. 167–226 u. 540 ff.

122 Wilson (2009), Tragedy, S. 735.

123 IPO Art. XVII §§ 1 u. 2; vgl. Kremer (1989), Friede, bes. S. 42.

124 IPO XVII §§ 10 und 11; IPM § 120.

125 IPO Art. II.

126 IPO Art. I. Vgl. Georg Schmidt, Westfälischer Frieden, in: Evangelisches Staatslexikon, Stutt-gart 2006, Sp. 2692–2697.

127 Johann Jacob Moser, Von der Garantie des Westphaelischen Fridens. Nach dem Buchstaben und Sinn desselbigen, Gießen 1767, S. 47.

128 IPM § 119. Meinhard Schröder, Der Westfälische Friede – eine Epochengrenze in der Völker-rechtsentwicklung?, in: ders. (Hg.), 350 Jahre Westfälischer Friede. Verfassungsgeschichte, Staatskirchenrecht, Völkerrechtsgeschichte, Berlin 1999, S. 119–132.

129 IPO Art. I, IPM § 1.

130 Meiern (1734/36), Acta, Tl. 1, S. 184 f., 188 f., 193 u. passim. Vgl. Heinhard Steiger, Der West-fälische Frieden. Grundgesetz für Europa, in: ders. (2009), Staatengesellschaft, S. 383–429; ders., Das ius belli ac pacis des Alten Reiches zwischen 1645 und 1801, in: ebd., S. 599–625.

131 Vgl. Johann Jacob Moser, Von Teutschland und dessen Staatsverfassung überhaupt, Stuttgart 1766, S. 452 ff.; Braun (2011), Diplomatie, S. 99.

132 Moser (1766), Teutschland, S. 469.

133 Berthold Grzywatz, Der Westfälische Frieden als Epochenereignis. Zur Deutung der Frie-

densordnung von 1648 in der neueren historischen Forschung, in: Zeitschrift für Geschichtswissenschaft 50, 2002, S. 197–216, hier S. 210 ff.; Heinz Duchhardt, Westfälischer Friede und internationales System im Ancien Régime, in: Historische Zeitschrift 249, 1989, S. 529–543, hier S. 529.

134　Vgl. aufschlussreich Gotthard (2011), Fried, S. 254 ff. u. 268 ff.

135　Vgl. Anja Victorine Hartmann, Rêveurs de Paix? Friedenspläne bei Crucé, Richelieu und Sully, Hamburg 1995, S. 102 ff.

136　Kampmann (2010), Friede, S. 149 f.

137　Vgl. dagegen Karl-Heinz Ziegler, Die Bedeutung des Westfälischen Friedens von 1648 für das europäische Völkerrecht, in: Archiv des Völkerrechts 37, 1999, S. 129–151, hier S. 139.

138　Schmidt (2009), Wandel, S. 105–116.

139　Johannes Burkhardt, Die entgipfelte Pyramide. Kriegsziel und Friedenskompromiß der europäischen Universalmächte, in: Bußmann/Schilling (1998), 1648, Bd. 1, S. 51–60.

140　Franz Egger, Johann Rudolf Wettstein und die internationale Anerkennung der Schweiz als europäischer Staat, in: Bußmann/Schilling, 1648, S. 423–432.

141　IPO Art. IX u. VII § 5.

142　IPM §§ 70–72. Vgl. Robert Oresko/David Parrott, Reichsitalien im Dreißigjährigen Krieg, in: Bußmann/Schilling (1998), 1648, Bd. 1, S. 141–160.

143　IPM §§ 92–94.

144　IPM § 80.

145　Schmid (1953), Konfessionspolitik, S. 222.

146　Meiern (1734/36), Acta, Tl. 6, S. 670 ff.

147　Ebd., S. 857.

148　Antje Oschmann, Der Nürnberger Exekutionstag 1649–1650. Das Ende des Dreißigjährigen Krieges in Deutschland, Münster 1991, S. 497.

149　Wilson (2009), Tragedy, S. 769 f.

150　Klinger (2002), Fürstenstaat, S. 121.

151　Englund (2013), Verwüstung, S. 553 ff.

152　Oschmann (1991), Exekutionstag, S. 47 f.

153　Ebd., S. 480.

154　Englund (2013), Verwüstung, S. 623.

155　Gömmel (1998), Entwicklung, S. 8.

156　Oschmann (1991), Exekutionstag, S. 485.

157　Ebd., S. 495.

158　Vgl. Arndt (2009), Krieg, S. 172–175.

159　Friedrich Wilhelm Henning, Deutsche Wirtschafts- und Sozialgeschichte im Mittelalter und in der frühen Neuzeit, Paderborn u. a. 1991, S. 744.

15. Bilanzen oder wie der Krieg bewältigt wurde

1　Vgl. Christian Pfister, Bevölkerungsgeschichte und historische Demographie 1500–1800, München 1994, S. 10. Eine Zusammenstellung verschiedener Schätzungen bei Dipper (1991), Geschichte, S. 44.

2　Parker (2013), Crisis, S. 77.

3　Press (1991), Kriege, S. 268.

4　Günther Franz, Der Dreißigjährige Krieg und das deutsche Volk. Untersuchungen zur Bevölkerungs- und Agrargeschichte, Stuttgart ⁴1979 (zuerst Jena 1940); Wolfgang Behringer, Von Krieg zu Krieg. Neue Perspektiven auf das Buch von Günther Franz «Der Dreißigjährige Krieg und das deutsche Volk» (1940), in: Krusenstjern/Medick (1999), Alltag, S. 543–591.

5　Ebd., S. 60 f.

6　Wolfgang von Hippel, Bevölkerung und Wirtschaft im Zeitalter des Dreißigjährigen Krieges. Das Beispiel Württemberg, in: Zeitschrift für Historische Forschung 5, 1978, S. 413–448.

7　Pfister (1994), Bevölkerungsgeschichte, S. 15.

8　Henning (1985), Landwirtschaft, S. 227.

9　Wilson (2009), Tragedy, S. 790.

10 Ingomar Bog, Die bäuerliche Wirtschaftstätigkeit im Zeitalter des Dreißigjährigen Krieges. Die Bewegungsvorgänge in der Kriegswirtschaft nach den Quellen des Klosterverwalteramtes Heilsbronn, Coburg 1952.

11 Parker (2013), Crisis, S. 612 f.

12 Dipper (1991), Geschichte, S. 265 ff.

13 Henning (1985), Landwirtschaft, S. 228.

14 Hippel (1978), Bevölkerung, S. 438.

15 Wilhelm Abel, Landwirtschaft 1648–1800, in: Hermann Aubin/Wolfgang Zorn (Hg.), Handbuch der deutschen Wirtschafts- und Sozialgeschichte, Bd. 1, Stuttgart 1971, S. 495–530, hier S. 508 f.

16 Henning (1991), Wirtschafts- und Sozialgeschichte, S. 792.

17 Karl Heinrich Kaufhold, Deutschland 1650–1850, in: Ilja Mieck (Hg.), Europäische Wirtschafts- und Sozialgeschichte von der Mitte des 17. Jahrhunderts bis zur Mitte des 19. Jahrhunderts, Stuttgart 1993, S. 532–588, hier S. 557.

18 Schlögl (1988), Bauern, S. 92.

19 Ebd., S. 113 f.

20 Ebd., S. 325.

21 Parker (2013), Crisis, S. 613.

22 Richarz (1971), Haushalte, S. 83 ff., S. 91 f. u. 97.

23 Art. Wald, in: Zedler (1731/54), Universal-Lexicon, Bd. 52, Sp. 1145–1197, hier Sp. 1161.

24 Wolfgang Zorn, Gewerbe und Handel 1648–1800, in: Aubin/Zorn (1971), Handbuch, S. 531–573, hier S. 531.

25 Stephan Selzer, Unter Globalisierungsdruck. Der Thüringer Waid auf dem Farbstoffmarkt des 16. Jahrhunderts, in: Zeitschrift für Thüringische Geschichte 62, 2008, S. 49–64, hier S. 62 f.

26 Ingomar Bog, Der Reichsmerkantilismus. Studien zur Wirtschaftspolitik des Heiligen Römischen Reiches im 17. und 18. Jahrhundert, Stuttgart 1959, passim.

27 Gömmel (1998), Entwicklung, S. 29 f.

28 Walter Troeltsch, Die Calwer Zeughandelskompagnie und ihre Arbeiter, Jena 1897.

29 Zit. n. Wilhelm Kühlmann, Krieg und Frieden in der Literatur des 17. Jahrhunderts, in: Bußmann/Schilling (1998), 1648, Bd. 2, S. 329–337, hier S. 334.

30 Parker (2013), Crisis, S. 638 f.

31 Reinighausen (1990), Gewerbe, S. 4 f.

32 Gömmel (1998), Entwicklung, S. 15.

33 Zit. n. Bog (1959), Reichsmerkantilismus, S. 144.

34 Jüngster Reichsabschied, 1654, Mai 17, in: Buschmann (1984), Kaiser und Reich, S. 454–547, hier S. 530 ff.

35 Gömmel (1998), Entwicklung, S. 12.

36 Thomas Wolf, Arme Städte – reiche Bürger? Private und öffentliche Wirtschaft im 17. Jahrhundert, in: Joachim Jahn/Wolfgang Hartung (Hg.), Gewerbe und Handel vor der Industrialisierung. Regionale und überregionale Verflechtungen im 17. und 18. Jahrhundert, Sigmaringendorf 1991, S. 49–59.

37 Hajo Holborn, Deutsche Geschichte in der Neuzeit, Bd. 1, Frankfurt a. M. 1981, S. 370.

38 Veit Ludwig Seckendorff, Teutscher Fürsten Stat, Frankfurt a. M. ³1665.

39 Beck (1865), Ernst; Andreas Klinger, Der Gothaer Fürstenstaat. Herrschaft, Konfession und Dynastie unter Herzog Ernst dem Frommen, Husum 2002.

40 Franz (1979), Krieg, S. 35.

41 Klinger (1997), Friedensfeste.

42 Ebd.

43 Ebd., S. 228 f.

44 Baumgart (1971), Geschichte.

45 Dipper (1991), Geschichte, S. 285 f.

46 Zum Folgenden: Schmidt (1999), Geschichte, S. 192 f.

47 Harry Schlip, Die neuen Fürsten, in: Volker Press/Dietmar Willoweit (Hg.), Liechtenstein – fürstliches Haus und staatliche Ordnung. Geschichtliche Grundlagen und moderne Perspektiven, Vaduz 1987, S. 249–293.

48 Burgdorf (2015), Wahlkapitulationen, S. 157.

49 Jüngster Reichsabschied, 1654, Mai 17, in: Buschmann (1984), Kaiser und Reich, S. 454–547.

50 Neuhaus (1997), Geschichte, S. 47–51.

51 Karl Otmar von Aretin, Das Alte Reich 1648–1806, Bd. 1: Föderalistische und hierarchische Ordnung (1648–1684), Stuttgart 1993, S. 184–201.

52 Jacob von Sandrart, Wunsch und Seuffzer Zu der bevorstehenden Römisch-Teutschen Keyser-Wahl, Nürnberg 1657, VD17 12:666483N (13. 8. 2017).

53 Anton Schindling, Die Anfänge des immerwährenden Reichstags in Regensburg. Ständevertretung und Staatskunst nach dem Westfälischen Frieden, Mainz 1991, S. 208–215.

54 Samuel von Pufendorf, Die Verfassung des deutschen Reiches, hg. u. übers. v. Horst Denzer, Frankfurt a. M./Leipzig 1994, S. 197 ff.

55 Ebd., S. 245, Anm. 5.

56 Gottfried Wilhelm Leibniz, Bedenken, welcher Gestalt Securitas publica interna und externa im Reich auf festen Fuß zu stellen, in: Notker Hammerstein (Hg.), Staatslehre der Frühen Neuzeit, Frankfurt a. M. 1995, S. 933–983, hier S. 962.

57 Johann Stephan Pütter, Beyträge zum Teutschen Staats- und Fürsten-Rechte, Tl. 1, Göttingen 1777, S. 30 f.

58 Anne Marie Slaughter, A New World Order, Princeton 2004, S. 268.

59 Helmut Neuhaus, Der Reichstag als Zentrum eines «handelnden» Reiches, in: Heiliges Römisches Reich deutscher Nation, 962 bis 1806. Altes Reich und neue Staaten 1495 bis 1806, Essays, hg. v. Heinz Schilling u. a., Dresden 2006, S. 42–52, Zitat S. 51.

60 Höbelt (2008), Ferdinand III., S. 304.

61 Werner Buchholz, Schwedisch-Pommern als Territorium des deutschen Reichs 1648–1806, in: Zeitschrift für Neuere Rechtsgeschichte 12, 1990, S. 14–33, hier S. 22–26.

62 Burkhardt (1998), Pyramide.

63 Burkhardt (1992), Krieg, bes. S. 26 ff.

64 Vgl. Schmidt (1999), Geschichte, S. 222 u. 227.

65 Arthur Benz, Der moderne Staat. Grundlagen der politischen Analyse, München/Wien 2001, S. 285; Heinhard Steiger, Geht das Zeitalter des souveränen Staats zu Ende?, in: ders. (2009), Staatengesellschaft, S. 703–728; Georg Schmidt, Das Alte Reich und die Europäische Union – ein Versuch, in: Meinolf Vielberg (Hg.), Vorträge der Geisteswissenschaftlichen Klasse 2010–2011, Erfurt 2013, S. 79–98.

66 Schmidt (2009), Wandel, S. 73–81; Dieter Langewiesche, Nation, Nationalismus, Nationalstaat in Deutschland und Europa, München 2000; ders./Schmidt (2000), Nation.

67 Schmidt (2007), Kulturnation, S. 597–621.

68 A. Schmidt (2007), Vaterlandsliebe, passim.

69 Burkhardt (1992), Krieg, S. 244.

70 Sabine Bode, Die deutsche Krankheit – German Angst, Stuttgart 2006.

71 Wolfgang Neugebauer, Niedere Schulen und Realschulen, in: Notker Hammerstein/Ulrich Herrmann (Hg.), Handbuch der deutschen Bildungsgeschichte, Bd. 2, München 2005, S. 213–261, hier S. 219–225; Klinger (2002), Fürstenstaat, S. 237.

72 Jens Bruning, Das protestantische Gelehrtenschulwesen im 18. Jahrhundert. Pietismus – Aufklärung – Neuhumanismus, in: Hammerstein/Herrmann (2005), Handbuch, Bd. 2, S. 278–323, hier S. 281 ff.

73 Notker Hammerstein/Rainer A. Müller, Das katholische Gymnasialwesen im 17. und 18. Jahrhundert, in: ebd., S. 324–354, hier S. 335 f.

74 Werner Mägdefrau, Die Universität Jena als Hochburg der lutherischen Orthodoxie und der protestantischen Scholastik in der ersten Hälfte des 17. Jahrhunderts, in: Geschichte der Universität Jena 1548/58–1958. Festgabe zum 400-jährigen Universitätsjubiläum, hg. unter der Leitung von Max Steinmetz, Bd. 1, Jena 1958, S. 63–110, hier S. 71.

75 Siegrid Westphal/Joachim Bauer, Studenten und Renommisten, in: Bauer u. a. (2008), Jena, S. 97–106, hier S. 99.

76 Manfred Rudersdorf, Weichenstellung für die Neuzeit. Die Universität Leipzig zwischen Reformation und Dreißigjährigem Krieg 1539–1648/1660, in: Enno Bünz u. a. (Hg.), Geschichte der Universität Leipzig 1409–2009, Bd. 1, S. 331–515, hier S. 504–508.

77 Heinrich Schepers, Leibniz, Gottfried Wilhelm, in: Neue deutsche Biographie, Bd. 14, S. 121–131.

78 Horst Denzer, Spätaristotelismus, Naturrecht und Reichsreform. Politische Ideen in Deutschland 1600–1750, in: Iring Fetscher/Herfried Münkler (Hg.), Pipers Handbuch der politischen Ideen, Bd. 3, München 1985, S. 233–274.

79 Alberto Jori, Hermann Conring (1606–1681). Der Begründer der deutschen Rechtsgeschichte, Tübingen 2006.

80 Notker Hammerstein, Universitäten, in: ders./Herrmann (2005), Handbuch Bd. 2, S. 369–400, hier S. 370 ff.

81 Anton Schindling, Bildung und Wissenschaft in der Frühen Neuzeit 1650–1800, München 1994, S. 58.

82 Michael Maurer, Kirche, Staat und Gesellschaft im 17. und 18. Jahrhundert, München 1999, S. 19 ff.

83 Meinrad von Engelberg, «Deutscher Barock» oder «Barock in Deutschland». Nur ein Streit um Worte?, in: Georg Schmidt unter Mitarbeit von Elisabeth Müller-Luckner (Hg.), Die deutsche Nation im frühneuzeitlichen Europa. Politische Ordnung und kulturelle Identität?, München 2010, S. 307–334, hier S. 329.

84 Karl Eusebius von Liechtenstein, Werk von der Architektur, in: Victor Fleischer (Hg.), Fürst Karl Eusebius von Liechtenstein als Bauherr und Kunstsammler (1611–1684), Wien und Leipzig 1910, S. 89–209, Zitat S. 194 f.

85 Meinrad von Engelberg, Reichsstil, Kaiserstil, «Teutscher Gusto»? Zur «politischen Bedeutung des deutschen Barocks», in: Schilling (2006), Reich, Bd. 2, S. 289–299, Zitat S. 298.

86 Ders., Wie deutsch ist der deutsche Barock? Vorüberlegungen zu einer neuen Geschichte der bildenden Kunst in Deutschland, in: Zeitschrift für Kunstgeschichte 69, 2006, S. 508–530, Zitat S. 528.

87 Andreas Tacke, «Der Kunst-Feind Mars». Die Auswirkungen des Krieges auf Kunst und Künstler nach Sandrats «Teutscher Academie», in: Bußmann/Schilling (1998), 1648, Bd. 2, S. 245–252, hier S. 245 f.

88 Hans-Martin Kaulbach, Peter Paul Rubens. Diplomat und Maler des Friedens, in: ebd., S. 565–574.

89 Wilson (2009), Tragedy, S. 817.

90 Matthias Pfaffenbichler, Das frühbarocke Schlachtenbild – vom historischen Ereignisbild zur militärischen Genremalerei, in: Bußmann/Schilling (1998), 1648, Bd. 2, S. 493–500, bes. S. 494 ff.

91 Vgl. Richard (1998), Callot.

92 Jacques Thuillier, Der Dreißigjährige Krieg und die Künste, in: Bußmann/Schilling (1998), 1648, Bd. 2, S. 15–28, bes. S. 27 f.

93 Hans-Martin Kaulbach, Das Bild des Friedens – vor und nach 1648, in: ebd., S. 593–603, hier S. 595.

94 Marijke Spies/Evert Wiskerke, Niederländische Dichter über den Dreißigjährigen Krieg, in: ebd., S. 399–408, bes. S. 406 f.

95 Thuillier (1998), Krieg, S. 28.

96 Susanne Tauss, «dass die Räuberei das alleradeligste Exercitium ist …». Kunstschätze als Beute im Dreißigjährigen Krieg, in: Bußmann/Schilling (1998), 1648, Bd. 2, S. 281–288.

97 Art. IV § 56 IPO.

98 Walter Ernst Schäfer, Der Dreißigjährige Krieg im «Soldatenleben» Moscheroschs und den simplicianischen Erzählungen Grimmelshausens, in: Bußmann/Schilling (1998), Bd. 2, S. 339–345.

99 Grimmelshausen (1984), Simplicius, Buch III, Kap. 3–5, S. 205–214.

100 Klaus Hortschansky, Musikalischer Alltag im Dreißigjährigen Krieg, in: Bußmann/Schilling (1998), 1648, Bd. 2, S. 409–416.

101 Schmidt (2011), Europa, S. 38 f.; Bernhold Schmid, Schütz, Heinrich, in: Neue Deutsche Biographie, Bd. 23, Berlin 2007, S. 662–664.

102 Zit. n. Steude (1998), Schütz, S. 428 f.

103 Stefan Hanheide, Musikalische Kriegsklagen aus dem Dreißigjährigen Krieg, in: Bußmann/Schilling (1998), 1648, Bd. 2, S. 439–447.

104 Vgl. Kremer (1989), Friede, S. 29.

105 Ebd., S. 23 ff.

106 Vgl. Kaufmann (1998), Krieg, S. 127 ff.

107 Ebd., S. 135.

108 Johann Jacob Moser, Von der teutschen Religions-Verfassung [...], Frankfurt a. M./Leipzig 1774, S. 36.

109 Jürgen Luh, Unheiliges römisches Reich. Der konfessionelle Gegensatz 1648 bis 1806, Potsdam 1995.

110 Friedrich Carl von Moser, Der Christ, der beste Unterthan, in: Wöchentliche Frankfurtische Abhandlungen, 1756, Tl. 2, S. 729–744, Zitat S. 736.

111 Zit. n. Georg Schmidt, Luthertum, Aufklärung und religiöse Gleichgültigkeit am Weimarer Hof im späten 18. Jahrhundert, in: Klaus Malettke/Chantal Grell (Hg.), Hofgesellschaft und Höflinge an europäischen Fürstenhöfen in der Frühen Neuzeit (15–18. Jh.), Münster 2001, S. 491–506, hier S. 498.

112 Vgl. Heinrich Heine, Zur Geschichte der Religion und Philosophie in Deutschland, hg. von Jürgen Ferner, Stuttgart 1997, S. 37 ff.

113 Goethe, Gespräche mit Eckermann, 11. 3. 1832, in: Johann Wolfgang von Goethe, Gedenkausgabe der Werke, Briefe und Gespräche, Zürich 1948–1950, Bd. 24: Gespräche mit Goethe in den letzten Jahren seines Lebens, Zürich 1948, S. 771.

114 August Wilhelm Schlözer, Briefwechsel meist historischen und politischen Inhalts, Bd. 2, Heft 10, Göttingen ²1778, S. 203, Anm.

115 Vgl. Achim Landwehr, Absolutismus oder «gute Policey»? Anmerkungen zu einem Epochenkonzept, in: Lothar Schilling (Hg.), Absolutismus, ein unersetzliches Forschungskonzept. Eine deutsch-französische Bilanz, München 2008, S. 205–208, hier S. 224.

116 Joachim Whaley, A Tolerant Society. Religious Toleration in the Holy Roman Empire, 1648–1806, in: Ole Peter Grell/Roy Porter (Hg.), Toleration in Enlightenment Europe, Cambridge 2000, S. 175–195, hier S. 182 f.

117 Zit. n. Klaus Schreiner, Art. Toleranz, in: Geschichtliche Grundbegriffe, Bd. 6, Stuttgart 1990, S. 445–605, hier S. 497 f.

118 Art. Tolerantz, in: Zedler (1731/54), Universal-Lexicon, Bd. 44, Sp. 1115–1118, hier Sp. 1115.

119 Theatrum Europaeum, Bd. 6, S. 481.

120 Kaiser Ferdinand III., Dero Römischen Käyser- auch zu Hungarn und Böheim Königlichen Majestät / unsers allergnädigsten Herrns / [et]c. Mandat und Edict, die Execution deß zu Münster und Oßnabrück getroffenen Frieden-Schlusses betreffend: So Dat. Wien / den 7. Novembr. 1648, Wien 1648, VD17 3:626912Y (4. 8. 2017); Theatrum Europaeum, Bd. 6, S. 597 ff.

121 Kaiser Ferdinand III. Friedens-Schluß (...), Frankfurt 1648, VD17 12: 194792T (4. 8. 2017).

122 Teutscher Fried mit Franckreich (...), Wien 1648, VD17 14: 017878R (4. 8. 2017).

123 Repgen (2015), Öffentlichkeit, S. 1000–1005.

124 Ders., Evangelisches Kirchenlied als Mittel zur Popularisierung des Friedensvertrags von Osnabrück im Sommer 1648, in: ders. (2015), Krieg, S. 1043–1050.

125 Zit. n. Philip Hahn, «Sicherheit» – gut und böse? Zur Semantik des Begriffs in protestantischen politischen Predigten im Alten Reich des 16. und 17. Jahrhunderts, in: Christoph Kampmann u. a. (Hg.), Sicherheit in der Frühen Neuzeit. Norm, Praxis, Repräsentation, Köln u. a. 2013, S. 47–56, hier S. 53.

126 Vgl. Langer (1994), 1648, S. 162 f.

127 Theatrum Europaeum, Bd. 6, Dedicatio.

128 Maué (2008), Dadler, S. 102–106.

129 Ebd., S. 118 f.

130 Klinger (2002), Fürstenstaat, S. 326–330.

131 Zit. n. ebd., S. 329.

132 Johann Ebermeier, Triumphus Pacis Osnabrugensis Et Noribergensis: Heroico carmine ut plurimum adumbrates, Tübingen 1649, VD17 39:126098M (3. 8. 2017).

133 Thomas Haye, Europas Versöhnung im Triumphus Pacis des Johann Ebermaier, in: Martin Espenhorst (Hg.), Frieden durch Sprache? Studien zum kommunikativen Umgang mit Konflikten und Konfliktlösungen, Göttingen u. a. 2012, S. 175–196, hier S. 177–189 u. 194 ff.

134 Kaulbach (1998), Bild, S. 598 f.

135 Martin Zimmerman, Triumphwagen, welcher ... VD17 1:620688X (11. 3. 2017).

136 Harms (1987), Flugblätter, Bd. 4, S. 255

137 Ebd., Bd. 2, S. 321.

138 Ebd., S. 329 f.

139 Vgl. auch zum Folgenden Claire Gantet, Friedensfeste aus Anlass des Westfälischen Friedens in den süddeutschen Städten und die Erinnerung an den Dreißigjährigen Krieg (1648–1871), in: Bußmann/Schilling (1998), 1648, Bd. 2, S. 649–656, hier S. 649. Die Kartierung der Feste ebd., S. 655.

140 Neuhaus (1998), Frieden, S. 154.

141 Peters (2012), Hagendorf, S. 136.

142 Adam Ulrich Schmidlin, Glückwunsch An den Durchleuchtigen / Hochgebornen Fürsten und Herrn / Herrn Eberharden / den III. Hertzogen zu Würtemberg und Teck […], Stuttgart 1648, VD17 19:736369G (3. 8. 2017).

143 Neuhaus (1998), Frieden, S. 156.

144 Theatrum Europaeum, Bd. 6, S. 937; vgl. auch zum Folgenden Hartmut Laufhütte, Das Friedensfest in Nürnberg 1650, in: Bußmann/Schilling (1998), 1648, Bd. 2, S. 347–357, hier S. 348.

145 Stefan Hanheide, Kompositionen zum Westfälischen Frieden, in: ebd., S. 449–457, hier S. 450 f.

146 Theatrum Europaeum, Bd. 6, S. 938 ff.

147 Ebd., S. 1072 f.

148 Sigmund von Birken, Teutscher KriegsAb- und Friedens Einzug: In etlichen Auffzügen / Bey allhier gehaltenem hochansehnlichen Fürstlichen Amalfischen Freudenmahl / Schauspielweiß vorgestellt (…), Nürnberg 1650, VD17 12:195348P (29. 10. 2016).

149 Alle Zitate ebd., S. 6–32.

150 Neuhaus (1998), Frieden, S. 160–165.

151 Theatrum Europaeum, Bd. 6, S. 1085.

152 Gantet (1998), Friedensfeste, S. 650.

153 Wilson (2009), Tragedy, S. 847.

154 Johann Schütze, Epinicium Davidicum et Doebelense Irenicum, das ist … 1650, VD17 14:085496F (11. 3. 2017).

155 Johann Koch, Fröliche Friedens-Post / so Nach der 32. Jährigen Kriegs-Unruhe / im Jahr nach unsers Friede-Fürstens Christi Jesu Geburt 1650. bey uns ankommen / und An dem von Ihrer Churfürstl. Durchl. zu Sachsen, Altenburg 1650, VD17 547:653247Q (8. 8. 2016).

156 Marcus Ventzke, Das Ende des Dreißigjährigen Krieges in einer verhinderten Reichsstadt. Erfurt zwischen Diplomatie und Friedensfest, in: Mitteilungen des Vereins für die Geschichte und Altertumskunde von Erfurt, Neue Folge 8, 2000, S. 29–57.

157 Vgl. Hans Medick, Der Dreißigjährige Krieg als Erfahrung und Memoria. Zeitgenössische Wahrnehmungen eines Ereigniszusammenhangs, in: Hartmann/Schuller (2010), Krieg, S. 158–172, Zitat S. 160.

158 Klinger (2002), Fürstenstaat, S. 332.

159 Gantet (1998), Friedensfest, S. 654 f.

Epilog

1 Meiern (1734/36), Acta, Tl. 6, S. 1019 f.

2 Konrad Repgen, Der Westfälische Friede. Ereignis, Fest und Erinnerung, in: ders. (2015), Krieg, S. 1053–1081, hier S. 1072.

3 Zit. n. Heinz Duchhardt, «Schmähschriften» gegen den Westfälischen Frieden?, in: ders., Der westfälische Friede im Fokus der Nachwelt, Münster 2014, S. 45–55, hier S. 47.

4 Schiller (1988), Geschichte, S. 363–745, Zitat S. 745.

5 Zit. n. Repgen (2015), Ereignis, S. 1075.

6 Zit. n. Bernhard Erdmannsdörffer, Zur Geschichte und Geschichtsschreibung des dreißigjährigen Krieges, in: Historische Zeitschrift 14, 1865, S. 1–44, hier S. 2.

7 Konrad Repgen, Christian Johann Feustels vergessene Geschichte des Dreißigjährigen Krieges (1736), in: ders. (2015), Krieg, S. 173–190.

8 Friedrich Eberhard Rambach, Vorrede, in: Wilhelm Hyacinth Bougeant, Historie des Dreyßigjährigen Krieges und des darauf erfolgten Westphälischen Friedens, Tle. 1–2, Halle 1758, hier Tl. 1, S. 3–55, Zitate S. 5 u. 47.

9 Wolfgang Burgdorf, Reichskonstitution und Nation. Verfassungsprojekte für das Heilige Rö-

mische Reich deutscher Nation im politischen Schrifttum von 1648 bis 1806, Mainz 1998, S. 140–148.

10 Konrad Repgen, Der Dreißigjährige Krieg im deutschen Geschichtsbild vor Schiller, in: ders. (2015), Krieg, S. 149–171, hier bes. S. 158 ff.

11 Johann Christoph Krause, Lehrbuch der Geschichte des dreyßigjährigen teutschen Krieges und Westphälischen Friedens, Halle 1782, alle Zitate S. 128–132.

12 Georg Schmidt, Friedrich Schiller und seine Geschichte des Dreißigjährigen Krieges, in: Klaus Manger u. a. (Hg.), Schiller im Gespräch der Wissenschaften, Heidelberg 2005, S. 79–105.

13 Repgen (2015), Geschichtsbild, S. 169 f.

14 Friedrich Schiller, Wallenstein, Prolog, http://gutenberg.spiegel.de/buch/wallenstein-3306/1 (14. 8. 2017).

15 Georg Schmidt, Ästhetische Geschichtsdeutungen. Friedrich Schiller und Carl Theodor von Piloty über den Dreißigjährigen Krieg, in: Musik – Politik – Ästhetik. Detlef Altenburg zum 65. Geburtstag, hg. v. Axel Schröter, Sinzig 2012, S. 36–48.

16 Mannigel (2003), Wallenstein, S. 168.

17 Thomas Brechenmacher, Wallenstein in der großdeutschen Geschichtsschreibung, in: Bahlcke/ Kampmann (2011), Wallensteinbilder, S. 201–223, hier S. 205 ff.

18 Holger Mannigel, Entstehung und Wandel des Wallensteinbilds Schillers in der «Geschichte des Dreißigjährigen Kriegs», in: ebd., S. 107–131, hier S. 127 f.

19 Cramer (2007), War, S. 130; Ottokar Lorenz, Zur Wallenstein-Literatur, in: Historische Zeitschrift, 39, 1878, S. 22–45, hier S. 22–27.

20 Gerrit Walther, Biographie als Experiment. Leopold von Rankes «Geschichte Wallensteins». Aufbau und Absicht, in: Bahlcke/Kampmann (2011), Walleinsteinbilder, S. 245–261, hier S. 250.

21 Friedrich Meinecke, Die Idee der Staatsräson, München u. a. 1924, S. 162.

22 Srbik (1952), Wallensteins Ende, S. 194.

23 Cramer (2007), War, S. 58.

24 Heinrich von Treitschke, Gustav Adolf und Deutschlands Freiheit, in: ders., Ausgewählte Schriften, Bd. 1, Leipzig [3]1907, S. 159–175, hier S. 173.

25 Karl Schmidt, Geschichte des dreißigjährigen Krieges zur zweihundertjährigen Jubelfeier des westfälischen Friedens im Jahr 1648, Jena 1848, S. 105.

26 Jacob Venedey, Vorwärts und Rückwärts in Preußen, Leipzig 1848, S. 8.

27 Johann Gustav Droysen, Geschichte der Preußischen Politik, Tl. 3.1: Der Staat des großen Kurfürsten, Leipzig [2]1870, S. 3 f.

28 Onno Klopp (Hg.), Kleindeutsche Geschichtsbaumeister, Freiburg i. Br. 1863.

29 Heinrich von Treitschke, Deutsche Geschichte im neunzehnten Jahrhundert, Tl. 1, Leipzig 1928 (zuerst 1879), S. 4 f.

30 Cramer (2007), War, S. 47.

31 Erdmannsdörffer (1865), Geschichtsschreibung, S. 1.

32 Cramer (2007), War, S. 6.

33 Schiller (1988), Krieg, S. 525.

34 Günther Weydt, Grimmelshausen, Johann Jakob Christoph von, in: Neue Deutsche Biographie, Bd. 7, 1966, S. 89–92; Volker Meid, Grimmelshausen, Hans Jacob Christoph (Christoffel) von, in: Walter Killy (Hg.), Literaturlexikon, Bd. 4, 1989, S. 358–363, bes. S. 362 f.

35 Michael Maurer, Gustav Freytag und die Kulturgeschichte, in: Hans-Werner Hahn/Dirk Oschmann (Hg.), Gustav Freytag (1816–1895). Literat – Publizist – Historiker, Köln u. a. 2016, S. 85–101, Zitat S. 87.

36 Cramer (2007), War, S. 195.

37 Freytag (1867), Bilder, Bd. 3, S. 238.

38 Ebd., S. 227 f.

39 Ebd., S. 229.

40 Ebd., S. 241 f.

41 Friedrich Karl Biedermann, Deutschlands trübste Zeit, oder der dreißigjährige Krieg in seinen Folgen für das deutsche Culturleben, Berlin 1862, S. 41.

42 Freytag (1867), Bilder, Bd. 3, S. 247.

43 Erst Cassirer, Vom Mythus des Staates, Hamburg 2002 (zuerst 1949), S. 367.

44 Bertolt Brecht, Mutter Courage und ihre Kinder. Eine Chronik aus dem Dreißigjährigen Krieg, Leipzig ⁶1987.

45 Günter Grass, Das Treffen in Telgte. Eine Erzählung und dreiundvierzig Gedichte aus dem Barock, München 1994, S. 158.

46 Langewiesche (2013), Geschichtsmythen.

47 Friedrich Meinecke, Die deutsche Freiheit, in: Adolf Harnack u. a., Fünf Vorträge, Gotha 1917, S. 14–39, Zitate S. 20 ff.

48 Cramer (2007) War, S. 229 f.

49 Repgen (2015), Ereignis, S. 1077.

50 Plessner (1992), Nation; Faulenbach (1980), Ideologie.

51 S. H. Steinberg, Der Dreißigjährige Krieg und der Kampf um die Vorherrschaft in Europa 1600–1660, Göttingen 1967.

52 Dickmann (1972), Frieden, S. 494.

53 Zit. n. Roland Gehrke, Nationalkonservative Historiographie im geteilten Deutschland. Das Wallensteinbild bei Hellmut Diwald, in: Bahlcke/Kampmann (2011), Wallensteinbilder, S. 331–348, hier S. 340.

54 Hans-Ulrich Wehler, Der zweite Dreißigjährige Krieg, in: Spiegel Special, 30. 3. 2004, http://www.spiegel.de/spiegelspecial/a-296159.html (13. 9. 2017).

55 Arno J. Mayer, Der Krieg als Kreuzzug. Das Deutsche Reich, Hitlers Wehrmacht und die «Endlösung», Reinbek 1989, S. 50 u. 65, zit. n. https://de.wikipedia.org/wiki/Zweiter_Drei%C3%9Figj%C3%A4hriger_Krieg (18. 8. 2017).

56 Münkler (2017), Krieg, S. 833.

57 Ebd., S. 842.

58 Rainer Hermann, Religiöse Emotionen kontrollieren, in: Frankfurter Allgemeine Zeitung, 21. 11. 2016, S. 8.

59 Dolf Sternberger, Verfassungspatriotismus, Frankfurt a. M. 1990; Jürgen Habermas, Staatsbürgerschaft und nationale Identität, in: ders., Faktizität und Geltung. Beiträge zur Diskurstheorie des Rechts und des demokratischen Rechtsstaats, Frankfurt a. M. 1992, S. 632–660. Vgl. Peter Molt, Abschied von Verfassungspatriotismus? Dolf Sternberger und die aktuelle Debatte, in: Die Politische Meinung, 435, Februar 2006, S. 29–36; Volker Kronenberg, «Verfassungspatriotismus» im vereinten Deutschland, in: Aus Politik und Zeitgeschichte, 29. 6. 2009; Jan-Werner Müller, Verfassungspatriotismus, Berlin 2010.

Literaturverzeichnis

Verzeichnis ausgewählter Quellen
(nur mehrfach zitierte Werke)

Abelin, Johann Philipp, Theatrum Europaeum, oder Ausführliche und Warhafftige Beschreibung aller und jeder denckwürdiger Geschichten …, Bd. 1, Frankfurt a. M. [3]1662 (zuerst 1635) (= Theatrum Europaeum, Bd. 1).

Abelin, Johann Philipp/Flittner, Johann, Theatri Europaei / Das ist Historischer Chronick Oder Warhaffste Beschreibung aller fürnehmen und denckwürdigen Geschichten: so sich hin und wider in der Welt / von Anno Christi 1629. biß auff das Jahr 1633. zugetragen …, Frankfurt a. M. 1636 (= Theatrum Europaeum, Bd. 2).

Aquin, Thomas von, Über die Herrschaft der Fürsten, Stuttgart 1971.

Birken, Sigmund von, Teutscher Kriegs Ab- und Friedens Einzug: In etlichen Auffzügen / bey allhier gehaltenem hochansehnlichen Fürstlichen Amalfischen Freudenmahl / Schauspielweiß vorgestellt (…), Nürnberg 1650, VD 17 12:195348P (29.10.2016).

Boccalini, Traiano, Politischer Probirstein auß Parnasso. Darauff der fürnemmsten Monarcheyen und Freyen Ständen in der gantzen Welt Regierungen gestrichen / und dern halt zusehen ist, übersetzt von Christoph Besold, 1620.

Bodin, Jean, Sechs Bücher über den Staat, übers. und komm. v. Bernd Wimmer, hg. v. Peter Cornelius Mayer-Tasch, München 1981.

Bougeant, Wilhelm Hyacinth, Historie des Dreyßigjährigen Krieges und des darauf erfolgten Westphälischen Friedens, Tle. 1–2, Halle 1758.

Burgdorf, Wolfgang (Bearb.), Die Wahlkapitulationen der römisch-deutschen Könige und Kaiser 1519–1792, Göttingen 2015.

Buschmann, Arno (Hg.), Kaiser und Reich. Klassische Texte und Dokumente zur Verfassungsgeschichte des Heiligen Römischen Reiches Deutscher Nation, München 1984.

Clausewitz, Carl von, Vom Kriege, Bd. 1, Berlin [3]1867.

Conermann, Klaus (Hg.), Fruchtbringende Gesellschaft: Der Fruchtbringenden Gesellschaft geöffneter Erzschrein, Bd. 3: Die Mitglieder der Fruchtbringenden Gesellschaft 1617–1650, Leipzig/Weinheim 1985.

–, Briefe der Fruchtbringenden Gesellschaft und Beilagen, Bde. 1–3, Tübingen 1992–2003.

–, Fürst Ludwig von Anhalt-Köthen, Werke, Bd. 1, Tübingen 1992.

Dickmann, Fritz u. a. (Bearb.), Renaissance, Glaubenskämpfe, Absolutismus (= Geschichte in Quellen), München [3]1982.

Eckhardt, Wilhelm A./Klingelhöfer, Helmut (Hg.), Bauernleben im Zeitalter des Dreißigjährigen Krieges. Die Stausebacher Chronik des Caspar Preis, Marburg 1998.

Eltz, Erwein (Bearb.), Deutsche Reichstagsakten jüngere Reihe, Bd. 19: Der Reichstag zu Augsburg 1550/51, München 2005.

Erasmus von Rotterdam, Die Klage des Friedens. Übertragen und hg. v. Kurt Steinmann, Frankfurt a. M./Leipzig 2001.

Friesenegger, Maurus, Tagebuch aus dem 30jährigen Krieg, hg. v. P. Willibald Mathäser, München [2]1996.

Goethe, Johann Wolfgang von, Gedenkausgabe der Werke, Briefe und Gespräche, Bd. 24: Gespräche mit Goethe in den letzten Jahren seines Lebens, hg. v. Ernst Beutler, Zürich 1948.

–, Gedenkausgabe der Werke, Briefe und Gespräche, Bd. 1: Sämtliche Gedichte, hg. v. Ernst Beutler, Zürich 1950.

Goethes Gespräche, hg. v. Woldemar Freiherr von Biedermann, Bde. 1–10, Leipzig 1889–1896.

Grimmelshausen, Hans Jakob Christoffel von, Der abenteuerliche Simplicissimus Teutsch, Berlin/Weimar [4]1984.

Happe, Volkmar, Chronicon Thuringiae, Tl. 1, in: Mitteldeutsche Selbstzeugnisse der Zeit des Dreißigjährigen Krieges, http://www.mdsz.thulb.uni-jena.de (1.12.2015).

Harms, Wolfgang (Hg.), Deutsche illustrierte Flugblätter des 16. und 17. Jahrhunderts, Bde. 1–4, München 1980–1987.

Hille, Carl Gustav von, Der Teutsche Palmbaum, 1647, ND München 1970.

Hohenemser, Paul (Bearb.), Flugschriftensammlung Gustav Freytag, Frankfurt a. M. 1925.

Hortleder, Friedrich, Der Römischen Keyser- und Königlichen Maiesteten, auch des Heiligen Römischen Reichs … Handlungen und Ausschreiben … von den Ursachen des Teutschen Kriegs Kaiser Carls des Fünfften …, Bde. 1–2, Gotha [2]1645.

Jarnut, Elke/Bohlen, Rita (Hg.), Acta Pacis Westphalicae, Serie II, Abt. B, Bd. 3.2: Die französischen Korrespondenzen, unter Benutzung der Vorarbeiten von Kriemhild Goronzy mit einer Einleitung und einem Anhang von Franz Bosbach, Münster 1999 (= APW II B 3,2).

Jessen, Hans (Hg.), Der Dreißigjährige Krieg in Augenzeugenberichten, München [3]1975.

Kepler, Johannes, Außführlicher Bericht / Von dem newlich Monat Septembri und Octobri diß 1607. Jahrs erschienenen Haarstern […], Hall in Sachsen 1608.

Lapide, Hippolithus a (= Bogislaw von Chemnitz), Dissertatio de ratione status, 1647.

Leibniz, Gottfried Wilhelm, Bedenken, welcher Gestalt Securitas publica interna und externa im Reich auf festen Fuß zu stellen, in: Notker Hammerstein (Hg.), Staatslehre der Frühen Neuzeit, Frankfurt a. M. 1995, S. 933–983.

Liechtenstein, Karl Eusebius von, Werk von der Architektur, in: Victor Fleischer (Hg.), Fürst Karl Eusebius von Liechtenstein als Bauherr und Kunstsammler (1611–1684), Wien/Leipzig 1910, S. 89–209.

Lorenz, Gottfried (Hg.), Quellen zur Geschichte Wallensteins, Darmstadt 1987.

–, Quellen zur Vorgeschichte und zu den Anfängen des Dreißigjährigen Krieges, Darmstadt 1991.

Lotichius, Johann Peter, Theatri Europaei Fünffter Theil / Das ist Außführliche Beschreibung / aller denckwürdiger Geschichten / die sich in Europa …, Frankfurt a. M. 1657 (= Theatrum Europaeum, Bd. 5).

Luther, Martin, Ob Kriegsleute auch im seligen Stand sein können (1526), in: D. Martin Luthers Werke, Bd. 19, Weimar 1897, S. 616–662.

Machiavelli, Niccolò, Discorsi. Staat und Politik, hg. v. Horst Günter, Frankfurt a. M. u. a. 2000.

Meiern, Johann Gottfried von, Acta Pacis Westphalicae Publica oder Westphälische Friedenshandlungen und Geschichte, Tle. 1–6, Hannover 1734–1736.

Mirandola, Giovanni Pico della, Über die Würde des Menschen, hg. u. eingel. v. August Buck, Hamburg 1990.

Moser, Friedrich Carl von, Der Christ, der beste Unterthan, in: Wöchentliche Frankfurtische Abhandlungen, 1756, Tl. 2, S. 729–744.

Moser, Johann Jacob, Von Teutschland und dessen Staatsverfassung überhaupt (= NTSt, Bd. 1), Stuttgart 1766.

–, Von der Garantie des Westphaelischen Fridens. Nach dem Buchstaben und Sinn desselbigen, Gießen 1767.

–, Von der Teutschen Reichs-Stände Landen, deren Landständen, Unterthanen, Landes-Freyheiten, Beschwerden, Schulden und Zusammenkünfften (= NTSt, Bd. 13), Frankfurt a. M./Leipzig 1769.

–, Von der teutschen Religions-Verfassung (= NTSt Bd. 7), Frankfurt a. M./Leipzig 1774.

–, Von der Teutschen Unterthanen Rechten und Pflichten (= NTSt, Bd. 17). Frankfurt a. M./Leipzig 1774.

–, Versuch des neuesten Europäischen Völker-Rechts in Friedens- und Kriegs-Zeiten, Tl. 1, Frankfurt a. M. 1777.

Münster, Sebastian, Cosmographia, Basel 1544.

Neue und vollständigere Sammlung der Reichs-Abschiede, welche von den Zeiten Kayser Conrads des II. bis jetzo, auf den Teutschen Reichs-Taegen abgefasset worden ..., Tle. 1–4, Frankfurt a. M. 1747 (ND Osnabrück 1967).

Opel, Julius/Cohn, Adolf (Hg.), Der Dreißigjährige Krieg. Eine Sammlung von historischen Gedichten und Prosadarstellungen, Halle 1862.

Oraeus, Henricus, Theatri Europaei Continuatio III. Das ist: Historischer Chronicken Dritter Theil: In sich begreiffend Eine kurtze und warhaffte Beschreibung aller vornehmen / Denck- und Chronickwürdigen Geschichten; so sich hin und wider in der gantzen Welt / in den ..., Frankfurt a. M. 1639 (= Theatrum Europaeum, Bd. 3).

–, Theatri Europaei Vierdter Theil / Das ist: Glaubwürdige Beschreibung Denckwürdiger Geschichten / die sich in Europa / auch zum theil in Ost- und West-Indien / zuvorderist in Hispanien/ Italien / Franckreich / Groß-Britannien / Schott- und Irrland: In Hungar ..., Frankfurt a. M. 1643 (= Theatrum Europaeum, Bd. 4).

Peters, Jan (Hg.), Peter Hagendorf. Tagebuch eines Söldners aus dem Dreißigjährigen Krieg, Göttingen 2012.

Popp, Wolfgang (Hg.), Lesebuch I: Dreißigjähriger Krieg. Eine Textsammlung aus der Barockliteratur, Münster 1998.

Pütter, Johann Stephan, Beyträge zum Teutschen Staats- und Fürsten-Rechte, Tl. 1, Göttingen 1777.

Pufendorf, Samuel von, Herrn Samuel von Pufendorf Sechs und Zwantzig Bücher der Schwedisch- und Deutschen Kriegs-Geschichte, Frankfurt a. M./Leipzig 1688.

–, Die Verfassung des deutschen Reiches, hg. u. übers. v. Horst Denzer, Frankfurt a. M./Leipzig 1994.

Repräsentatio Der Fvrstlichen Avfzvg Vnd Ritterspil. So ... Herr Johan Friderich Hertzog zu Württemberg, vnd Teckh ... bey Ihr. F. G. Neüwgebornen Sohn, Friderich Hertzog zu Württemberg. etc. Fürstlicher Kindtauffen, denn 10. biss auff denn 17 Martij ..., Stuttgart 1616, http://diglib.hab.de/drucke/36-17-3-geom-2f-1/start.htm?image=00011 (14.4.2015).

Roeck, Bernd (Hg.), Deutsche Geschichte in Quellen und Darstellungen, Bd. 4: Gegenreformation und Dreißigjähriger Krieg 1555–1648, Stuttgart 1996.

Scheible, Heinz (Hg.), Das Widerstandsrecht als Problem der deutschen Protestanten 1523–1546, Gütersloh ²1982.

Schleder, Johann Georg, Theatri Europaei, Sechster und letzter Theil / Das ist außführliche Beschreibung der Denckwürdigsten Geschichten ..., Frankfurt a. M. 1663 (= Theatrum Europaeum, Bd. 6).

Schlözer, August Wilhelm, Briefwechsel meist historischen und politischen Inhalts, Bd. 2, Heft 10, Göttingen ²1778.

Schmid, Josef J. (Hg.), Quellen zur Geschichte des Dreißigjährigen Krieges. Zwischen Prager Frieden und Westfälischem Frieden, Darmstadt 2009.

Schulz, Hans (Hg.) Der Dreißigjährige Krieg, Bd. 2: Seit dem Tode Gustav Adolfs, Leipzig/Berlin 1917.

Seckendorff, Veit Ludwig, Teutscher Fürsten Stat, Frankfurt a. M. ³1665.

Trinks, Friedrich, Die Kriegsereignisse bei Saalfeld im Jahre 1640 nach den Aufzeichnungen des Jan Hector von Sturnbrich, in: Schriften des Vereins für Sachsen Meiningische Geschichte und Landeskunde 23, Hildburghausen 1896, S. 3–15.

Verzeichnis der im deutschen Sprachbereich erschienenen Drucke des 16., 17. und 18. Jahrhunderts (= VD16, VD17, VD18).

VD16: https://opacplus.bib-bvb.de/TouchPoint_touchpoint/start.do?SearchProfile=Altbestand&SearchType=2.

VD17: http://www.vd17.de.

VD18: https://gso.gbv.de/DB=1.65/?COOKIE=U1159603,K0027LOGIN,D1.65,Eac570c01-1e,I31, B0027++++++,SY,A,H12-13,,1 6–17,,19–21,,30,,50,,60–62,,73–74,,76–77,,88–90,NTHULB+JEN A,R141.35.140.253,FN.

Weller, Emil (Hg.), Die Lieder des Dreißigjährigen Krieges. Nach den Originalen abgedruckt, Basel 1855.

Wolf, Adam, Geschichtliche Bilder aus Österreich, Bd. 1: Aus dem Zeitalter der Reformation (1526–1648), Wien 1878.

Zedler, Johann Heinrich, Großes vollständiges Universal-Lexicon aller Wissenschaften und Künste, Bde. 1–64, Halle/Leipzig 1731–1754.

Zillhardt, Gerd, Der Dreißigjährige Krieg in zeitgenössischer Darstellung. Hans Heberles «Zeytregister» (1618–1672). Aufzeichnungen aus dem Ulmer Territorium. Ein Beitrag zu Geschichtsschreibung und Geschichtsverständnis der Unterschichten, Ulm 1975 (= Heberle, Zeytregister)

Literatur

Abel, Wilhelm, Landwirtschaft 1648–1800, in: Hermann Aubin/Wolfgang Zorn (Hg.), Handbuch der deutschen Wirtschafts- und Sozialgeschichte, Bd. 1, Stuttgart 1971, S. 495–530.

–, Massenarmut und Hungerkrisen im vorindustriellen Europa. Versuch einer Synopsis, Hamburg/Berlin 1974.

–, Geschichte der deutschen Landwirtschaft vom frühen Mittelalter bis zum 19. Jahrhundert, Stuttgart [3]1978.

Ackermann, Astrid, Die Versorgung als kriegsentscheidendes Machtmittel und die publizistische Wahrnehmung des Krieges. Der Dreißigjährige Krieg am Oberrhein, in: Andreas Rutz (Hg.), Krieg und Kriegserfahrung im Westen des Reiches 1568–1714, Göttingen 2016, S. 275–298.

–, Herzog Bernhard von Weimar (1604–1639). Chancen einer europäischen Karriere im Krieg, Bde. 1–2, Habilitationsschrift Jena 2017.

Ahnlund, Nils, Gustav Adolf, Berlin 1938.

Albrecht, Dieter, Maximilian I. von Bayern 1573–1651, München 1998.

Altmann, Hans Christian, Die Kipper- und Wipperinflation in Bayern (1620–23). Ein Beitrag zur Strukturanalyse des frühabsolutistischen Staates, München 1976.

Amend-Traut, Anja, Der Reichshofrat und die Kapitalgesellschaften. Die Bemühungen um eine Handelskompanie zwischen den Hansestädten und Spanien, in: dies. u. a. (Hg.), Geld, Handel, Wirtschaft. Höchste Gerichte im Alten Reich als Spruchkörper und Institution, Berlin u. a. 2012, S. 61–90.

Anderson, Alison Deborah, On the Verge of War. International Relations and the Jülich-Kleve Succession Crises (1609–1614), Boston 1999.

Angermeier, Heinz, Politik, Religion und Reich bei Kardinal Melchior Khlesl, in: Zeitschrift der Savigny-Stiftung für Rechtsgeschichte, Germ. Abt. 110, 1993, S. 249–330.

Aretin, Karl Otmar von, Das Alte Reich 1648–1806, Bd. 1: Föderalistische und hierarchische Ordnung (1648–1684), Stuttgart 1993.

Aretin, Karl Otmar von/Hammerstein, Notker, Art. Reich. Frühe Neuzeit, in: Geschichtliche Grundbegriffe, Bd. 5, 1984, S. 456–486.

Armer, Stephanie, Die Grands Voyages, in: Thomas Eser/Stephanie Armer (Hg.), Luther, Kolumbus und die Folgen. Welt im Wandel 1500–1600, Nürnberg 2017, S. 124.

Arndt, Johannes, Das Heilige Römische Reich und die Niederlande 1566 bis 1648. Politisch-konfessionelle Verflechtung und Publizistik im Achtzigjährigen Krieg, Köln u. a. 1998.

–, Der Dreißigjährige Krieg 1618–1648, Stuttgart 2009.

Asch, Ronald G., Das Problem des religiösen Pluralismus im Zeitalter der «Konfessionalisierung». Zum historischen Kontext der konfessionellen Bestimmungen des Westfälischen Friedens, in: Blätter für deutsche Landesgeschichte 134, 1998, S. 1–32.

Asche, Matthias/Schindling, Anton (Hg.), Das Strafgericht Gottes. Kriegserfahrungen und Religion im Heiligen Römischen Reich Deutscher Nation im Zeitalter des Dreißigjährigen Krieges, Münster 2001.

Auer, Leopold, Die Ziele der kaiserlichen Politik bei den Westfälischen Friedensverhandlungen und ihre Umsetzung, in: Heinz Duchhardt (Hg.), Der Westfälische Friede. Diplomatie, politische Zäsur, kulturelles Umfeld, Rezeptionsgeschichte, München 1998, S. 143–173.

Babel, Rainer, Kreuzzug, Martyrium, Bürgerkrieg: Kriegserfahrungen in den französischen Religionskriegen, in: Franz Brendle/Anton Schindling (Hg.), Religionskriege im Alten Reich und in Alteuropa, Münster 2006, S. 107–117.

–, Die assecuratio pacis vor Richelieu, in: Guido Braun (Hg.), Assecuratio Pacis. Französische Konzeptionen von Friedenssicherung und Friedensgarantie, 1648–1815, Münster 2011, S. 47–66.

Bär, Max, Die Politik Pommerns während des dreißigjährigen Krieges, Leipzig 1896.

Bahlcke, Joachim, Regionalismus und Staatsintegration im Widerstreit. Die Länder der Böhmischen Krone im ersten Jahrhundert der Habsburgerherrschaft (1526–1619), München 1994.

–, Wird «Behemb ein Hollendisch goubernament»? Das böhmisch-pfälzische Staatsgründungsex-periment in europäischer Perspektive, in: Wolf u. a. (2003), Winterkönig, S. 94–100.

–, Religionsfreiheit und Reichsbewußtsein, Deutungen des Augsburger Religionsfriedens im böh-misch-schlesischen Raum, in: Heinz Schilling u. a. (Hg.), Der Augsburger Religionsfrieden 1555, Gütersloh 2007, S. 389–413.

Bahlcke, Joachim/Kampmann, Christoph (Hg.), Wallensteinbilder im Widerstreit. Eine historische Symbolfigur in Geschichtsschreibung und Literatur vom 17. bis zum 20. Jahrhundert, Köln u. a. 2011.

Bähr, Andreas, ‹Unaussprechliche Furcht› und Theodizee. Geschichtsbewusstsein im Dreißigjähri-gen Krieg, in: WerkstattGeschichte 49, 2008, S. 9–31.

–, Furcht und Furchtlosigkeit. Göttliche Gewalt und Selbstkonstitution im 17. Jahrhundert, Göt-tingen 2013.

–, Inhaltliche Erläuterungen zu Volkmar Happes Chronik aus dem Dreißigjährigen Krieg, in: Mitteldeutsche Selbstzeugnisse der Zeit des Dreißigjährigen Krieges, http://www.mdsz.thulb. uni-jena.de (16. 8. 2016).

Barudio, Günter, Gustav Adolf – der Große. Eine politische Biographie, Frankfurt a. M. 1985.

Baum, Wilhelm, Joachim von Fiore und das kommende Reich des Geistes. In: Jahrbuch der Oswald-von-Wolkenstein-Gesellschaft 13, 2001/02, S. 77–97.

Baumann, Reinhard, Landsknechte. Ihre Geschichte und Kultur vom späten Mittelalter bis zum Dreißigjährigen Krieg, München 1994.

Baur, Jörg, Johann Gerhard, in: Martin Greschat (Hg.), Gestalten der Kirchengeschichte, Bd. 7: Orthodoxie und Pietismus, Stuttgart u. a. 1993, S. 99–120.

–, Die Leuchte Thüringens. Johann Gerhard (1582–1637). Zeitgerechte Rechtgläubigkeit im Schat-ten des Dreißigjährigen Krieges, in: ders., Luther und seine klassischen Erben. Theologische Aufsätze und Forschungen, Tübingen 1993, S. 335–356.

Behringer, Wolfgang, Hexen und Hexenprozesse in Deutschland, München 1988.

–, Hexen. Glaube, Verfolgung, Vermarktung, München 1998.

–, Von Krieg zu Krieg. Neue Perspektiven auf das Buch von Günther Franz «Der Dreißigjährige Krieg und das deutsche Volk» (1940), in: Benigna von Krusenstjern/Hans Medick (Hg.), Zwischen Alltag und Katastrophe. Der Dreißigjährige Krieg aus der Nähe, Göttingen 2001, S. 543–591.

–, Kulturgeschichte des Klimas. Von der Eiszeit bis zur globalen Erwärmung, München 2007.

Benrath, Gustav Adolf, Irenik und Zweite Reformation, in: Heinz Schilling (Hg.), Die reformierte Konfessionalisierung in Deutschland. Das Problem der «Zweiten Reformation», Gütersloh 1936, S. 349–358.

Benz, Arthur, Der moderne Staat. Grundlagen der politischen Analyse, München/Wien 2001.

Berg, Holger, Military Occupation Under the Eyes of the Lord. Studies in Erfurt During the Thirty Years War, Göttingen 2010.

–, Das Diarium Actorum des Caspar Heinrich Marx, in: http://www.mdsz.thulb.uni-jena. de/marx/erlaeuterungen.php (16. 8. 2016).

Beyer, Jürgen, Zwei Porträtgemälde des Hofmalers Christian Richter (1587–1667) der Herzöge Friedrich und Johann Ernst von Sachsen-Weimar, in: Weimar-Jena. Die große Stadt 10, 2017, S. 199–222.

Biedermann, Friedrich Karl, Deutschlands trübste Zeit, oder: Der dreißigjährige Krieg in seinen Folgen für das deutsche Culturleben, Berlin 1862.

Bierther, Kathrin, Der Regensburger Reichstag von 1640/41, Kallmünz 1971.

–, Einleitung, in: dies. (Bearb.), Der Prager Frieden von 1635, Teile 1–4, München/Wien 1997.

Bilhöfer, Peter, «Außer Zweifel ein hoch verständiger Herr und tapferer Kavalier». Friedrich V. von der Pfalz. Eine biografische Skizze, in: Wolf u. a. (2003), Winterkönig, S. 19–32.

Bireley, Robert, Maximilian von Bayern, Adam Contzen S. J. und die Gegenreformation in Deutsch-land 1624–1635, Göttingen 1975.

–, The Thirty Years' War as Germany's Religious War, in: Konrad Repgen (Hg.), Krieg und Politik 1618–1648. Europäische Probleme und Perspektiven, München 1988, S. 85–106.

–, The Jesuits and the Thirty Years War. Kings, Courts, and Confessors, Cambridge/New York 2003.

Blickle, Peter, Unruhen in der ständischen Gesellschaft 1300–1800, München 1988.

–, Das Alte Europa. Vom Hochmittelalter bis zur Moderne, München 2008.

Blok, Lodewijk/Vetter, Klaus, Die Unabhängigkeitserklärung der Niederlande von 1581, in: Zeitschrift für Geschichtswissenschaft 34, 1986, S. 708–720.

Bode, Sabine, Die deutsche Krankheit – German Angst, Stuttgart 2006.

Böcher, Otto, Die Johannesapokalypse, Darmstadt [4]1998.

Bog, Ingomar, Die bäuerliche Wirtschaft im Zeitalter des Dreißigjährigen Krieges. Die Bewegungsvorgänge in der Kriegswirtschaft nach den Quellen des Klosterverwalteramtes Heilsbronn, Coburg 1952.

–, Der Reichsmerkantilismus. Studien zur Wirtschaftspolitik des Heiligen Römischen Reiches im 17. und 18. Jahrhundert, Stuttgart 1959.

Bosbach, Franz, Die Kosten des Westfälischen Friedenskongresses. Eine strukturgeschichtliche Untersuchung, Münster 1984.

–, Köln. Erzstift und Freie Reichsstadt, in: Schindling/Ziegler (1989–1997), Territorien, Bd. 3, S. 58–84.

–, Angst und Universalmonarchie, in: ders. (Hg.), Angst und Politik in der europäischen Geschichte, Dettelbach 2000, S. 151–166.

Böttcher, Diethelm, Propaganda und öffentliche Meinung im protestantischen Deutschland 1628–1636, in: Hans Ulrich Rudolf (Hg.), Der Dreißigjährige Krieg. Perspektiven und Strukturen, Darmstadt 1977, S. 325–367.

Bourde, André, Frankreich vom Ende des Hundertjährigen Krieges bis zum Beginn der Selbstherrschaft Ludwigs XIV. (1453–1661), in: Theodor Schieder (Hg.), Handbuch der europäischen Geschichte, Bd. 3, Stuttgart [2]1985, S. 719–850.

Brandt, Ahasver von, Die nordischen Länder von 1448 bis 1654, in: Theodor Schieder (Hg.), Handbuch der europäischen Geschichte, Bd. 3, Stuttgart [2]1985, S. 962–1005.

Braun, Guido, Die französische Diplomatie und das Problem der Friedenssicherung auf dem Westfälischen Friedenskongress, in: ders. (Hg.), Assecuratio pacis. Französische Konzeptionen von Friedenssicherung und Friedensgarantie 1648–1815, Münster 2011, S. 67–130.

Braun, Johannes, Tagebuchblätter aus dem 30jährigen Kriege (1626–1634). Aus dem Lateinischen übersetzt von Friedrich Zindel, in: Archiv für Geschichte und Altertumskunde von Oberfranken 32, 1934, S. 1–82.

Braun, Tina, Der welfische Gesandte Jakob Lampadius auf dem Westfälischen Friedenskongress (1644–1649), Diss. Bonn 2015, http://hss.ulb.uni-bonn.de/2015/4104/4104.pdf (25. 3. 2016).

Brechenmacher, Thomas, Wallenstein in der großdeutschen Geschichtsschreibung, in: Bahlcke/Kampmann (2011), Wallensteinbilder, S. 201–223.

Brecht, Bertolt, Mutter Courage und ihre Kinder. Eine Chronik aus dem Dreißigjährigen Krieg, Leipzig [6]1987.

Brendle, Franz, Der Erzkanzler im Religionskrieg. Kurfürst Anselm Casimir von Mainz, die geistlichen Fürsten und das Reich 1629 bis 1647, Münster 2011.

Brockmann, Thomas, Dynastie, Kaiseramt und Konfession. Politik und Ordnungsvorstellungen Ferdinands II. im Dreißigjährigen Krieg, Paderborn u. a. 2011.

–, Konfessioneller Fundamentalismus und Konfessionalisierung der Außenpolitik? Überlegungen zur Politik Ferdinands II. 1618–1630, in: ders. u. a. (Hg.), Das Konfessionalisierungsparadigma. Leistungen, Probleme, Grenzen, Münster 2013, S. 235–263.

Broucek, Peter, Der Schwedenfeldzug nach Niederösterreich, Wien 1967.

Brück, Anton Ph., Schwedische «Donationen» aus kurmainzer Besitz, in: Hessisches Jahrbuch für Landesgeschichte 7, 1957, S. 230–258.

Bruning, Jens, Das protestantische Gelehrtenschulwesen im 18. Jahrhundert: Pietismus – Aufklärung – Neuhumanismus, in: Notker Hammerstein/Ulrich Herrmann (Hg.), Handbuch der deutschen Bildungsgeschichte, Bd. 2: 18. Jahrhundert. Vom späten 17. Jahrhundert bis zur Neuordnung Deutschlands um 1800, München 2005, S. 278–323.

Buchholz, Werner, Schwedisch-Pommern als Territorium des deutschen Reichs 1648–1806, in: Zeitschrift für Neuere Rechtsgeschichte 12, 1990, S. 14–33.

Burgdorf, Wolfgang, Reichskonstitution und Nation. Verfassungsprojekte für das Heilige Römische Reich deutscher Nation im politischen Schrifttum von 1648 bis 1806, Mainz 1998.

–, Protokonstitutionalismus. Die Reichsverfassung in den Wahlkapitulationen der römisch-deutschen Könige und Kaiser 1519–1792, Göttingen u. a. 2015.

Burke, Peter, Did Europe exist before 1700?, in: History of European Ideas 1, 1980, S. 21–29.

Burkhardt, Johannes, Der Dreißigjährige Krieg, Frankfurt a. M. 1992.

–, Auf dem Wege zu einer Bildkultur des Staatensystems. Der Westfälische Frieden und die Druckmedien, in: Heinz Duchhardt (Hg.), Der Westfälische Friede. Diplomatie, politische Zäsur, kulturelles Umfeld, Rezeptionsgeschichte, München 1998, S. 81–114.

–, Die entgipfelte Pyramide. Kriegsziel und Friedenskompromiß der europäischen Universalmächte, in: Bußmann/Schilling (1998), 1648, Bd. 1, S. 51–60.

–, ‹Ist noch ein Ort dahin der Krieg nicht kommen sey?› Katastrophenerfahrungen und Kriegsstrategien auf dem deutschen Kriegsschauplatz, in: Horst Lademacher u. a. (Hg.), Krieg und Kultur. Die Rezeption von Krieg und Frieden in der Niederländischen Republik und im Deutschen Reich 1568–1648, Münster u. a. 1998, S. 3–19.

–, Das Reformationsjahrhundert. Deutsche Geschichte zwischen Medienrevolution und Institutionenbildung 1517–1617, Stuttgart 2002.

–, Warum hat Gustav Adolf in den Dreißigjährigen Krieg eingegriffen? Der schwedische Krieg 1630–1635, in: Peter C. Hartmann/Florian Schuller (Hg.), Der Dreißigjährige Krieg. Facetten einer folgenreichen Epoche, Regensburg 2010, S. 94–107.

Burschel, Peter, Söldner im Nordwestdeutschland des 16. und 17. Jahrhunderts. Sozialgeschichtliche Studien, Göttingen 1994.

–, Krieg, Staat, Disziplin. Die Entstehung eines neuen Söldnertypus im 17. Jahrhundert, in: Geschichte in Wissenschaft und Unterricht 48, 1997, S. 640–652.

–, Desertion in deutschen Söldnerheeren des 17. Jahrhunderts, in: Peter Aufgebauer u. a. (Hg.), Festgabe für Dieter Neitzert zum 65. Geburtstag, Bielefeld 1998, S. 305–317.

–, Die Heilige und die Gewalt. Zur frühneuzeitlichen Deutung von Massakern, in: Archiv für Kulturgeschichte 86, 2004, S. 341–368.

Busch, Michael, Die Landung der Schweden. Entlastung oder Bedrohung für Hamburg?, in: Martin Knauer/Sven Tode (Hg.), Der Krieg vor den Toren. Hamburg im Dreißigjährigen Krieg 1618–1648, Hamburg 2000, S. 127–143.

Bußmann, Klaus/Schilling, Heinz (Hg.), 1648. Krieg und Frieden in Europa, Bde. 1–2 und Katalog, o. O. 1998.

Carl, Horst, Exotische Gewaltgemeinschaften – Krieger von der europäischen Peripherie im 17. Jahrhundert, in: Philippe Rogger/Benjamin Hitz (Hg.), Söldnerlandschaften. Frühneuzeitliche Gewaltmärkte im Vergleich, Berlin 2014, S. 157–180.

Cassirer, Ernst, Vom Mythus des Staates, Hamburg 2002 (zuerst 1949).

Chaline, Olivier, Religion und Kriegserfahrung. Die Schlacht am Weißen Berge 1620, in: Franz Brendle/Anton Schindling (Hg.), Religionskriege im Alten Reich und in Alteuropa, Münster 2006, S. 511–518.

Chovanec, Kevin, The German Liberty in England and the Dutch Republic: On the pan-Protestant literary field and the circulation of a loaded epithet, in: Renaissance Studies, 2017 DOI: 10.1111/rest.12325 (31.8.2017).

Christmann, Thomas, Das Bemühen von Kaiser und Reich um die Vereinheitlichung des Münzwesens. Zugleich ein Beitrag zum Rechtsetzungsverfahren im Heiligen Römischen Reich nach dem Westfälischen Frieden, Berlin 1988.

Cohn, Samuel K., The Black Death: The End of a Paradigm, in: Joseph Canning u. a. (Hg.), Power, Violence, and mass death in pre-modern and modern times, Aldershot 2004, S. 25–66.

Cramer, Kevin, The Thirty Years' War and German Memory in the Nineteenth Century, Lincoln & London 2007.

Creveld, Martin L. van, The Rise and Decline of the State, Cambridge u. a. 1999.

Czarnocka-Crouillère, Anna, Europa, in: Marie-Louise von Plessen (Hg.), Idee Europa. Entwürfe zum «Ewigen Frieden». Ordnungen und Utopien für die Gestaltung Europas von der pax romana zur Europäischen Union, o. O. 2003, S. 120.

Dane, Gesa, «Zeter und Mordio». Vergewaltigung in Literatur und Recht, Göttingen 2005.

Danz, Christian, Wirken Gottes. Zur Geschichte eines theologischen Grundbegriffs, Neukirchen-Vluyn 2007.

Delumeau, Jean, Angst im Abendland. Die Geschichte kollektiver Ängste im Europa des 14. bis 18. Jahrhunderts, Reinbek 1989.

Demandt, Karl E., Geschichte des Landes Hessen, Kassel 1980.

Denzer, Horst, Spätaristotelismus, Naturrecht und Reichsreform. Politische Ideen in Deutschland 1600–1750, in: Iring Fetscher/Herfried Münkler (Hg.), Pipers Handbuch der politischen Ideen, Bd. 3, München/Zürich 1985, S. 233–274.

Dethlefs, Gerd, Schauplatz Europa. Das Theatrum Europaeum des Matthaeus Merian als Medium kritischer Öffentlichkeit, in: Klaus Bußmann/Elke Anna Werner (Hg.), Europa im 17. Jahrhundert. Ein politischer Mythos und seine Bilder, Stuttgart 2004, S. 149–179.

Dibelius, Otto, Obrigkeit, Stuttgart 1963.

Dickmann, Fritz, Der Westfälische Frieden, Münster [6]1972.

Dingel, Irene, Concordia controversa. Die öffentlichen Diskussionen um das lutherische Konkordienwerk am Ende des 16. Jahrhunderts, Gütersloh 1996.

–, Augsburger Religionsfrieden und «Augsburger Religionsverwandtschaft» – konfessionelle Lesarten, in: Heinz Schilling u. a. (Hg.), Der Augsburger Religionsfrieden 1555, Gütersloh 2007, S. 157–176.

Dipper, Christof, Deutsche Geschichte 1648–1789, Frankfurt a. M. 1991.

Diwald, Hellmut, Wallenstein. Eine Biographie, Berlin 1987.

Dix, Franz, Die tugendliche Gesellschaft, in: Mitteilungen der deutschen Gesellschaft zur Erforschung vaterländischer Sprache und Alterthümer 6, 1877, S. 43–146.

Dotzauer, Winfried, Die deutschen Reichskreise (1383–1806). Geschichte und Aktenedition, Stuttgart 1998.

Dohna, Lothar Graf zu, Die Dohnas und ihre Häuser. Profil einer europäischen Adelsfamilie, Bd. 1, Göttingen 2013.

Dreitzel, Horst, Protestantischer Aristotelismus und absoluter Staat. Die «Politica» des Henning Arnisaeus (ca. 1575–1636), Wiesbaden 1970.

Droysen, Johann Gustav, Geschichte der Preußischen Politik, Tl. 3.1: Der Staat des großen Kurfürsten, Leipzig [2]1870.

Droysen, Gustav, Gustaf Adolf, Bde. 1–2, Leipzig 1869/70.

–, Bernhard von Weimar, Bde. 1–2, Leipzig 1885.

Duchhardt, Heinz, Westfälischer Friede und internationales System im Ancien Régime, in: Historische Zeitschrift 249, 1989, S. 529–543.

–, Kötzschenbroda 1645 – ein historisches Ereignis im Kontext des Krieges und im Urteil der Nachwelt, in: Sächsische Heimatblätter 6, 1995, S. 323–329.

–, «Schmähschriften» gegen den Westfälischen Frieden? In: ders., Der westfälische Friede im Fokus der Nachwelt, Münster 2014, S. 45–55.

Dünnhaupt, Gerhard, Merkur am Scheideweg. Eine unbekannte Schwesterakademie der Fruchtbringenden Gesellschaft, in: Joseph P. Strelka/Jörg Jungmayr (Hg.), Virtus et Fortuna. Zur deutschen Literatur zwischen 1400 und 1720. Festschrift für Hans-Gert Roloff zu seinem 50. Geburtstag, Bern u. a. 1983, S. 384–392.

Egger, Franz, Johann Rudolf Wettstein und die internationale Anerkennung der Schweiz als europäischer Staat, in: Bußmann/Schilling (1998), 1648, Bd. 1, S. 423–432.

Egler, Anna, Die Spanier in der linksrheinischen Pfalz 1620–1632. Invasion, Verwaltung, Rekatholisierung, Mainz 1971.

Elvert, Ute, «Gute Sach stärkt den Mann». Sachkundliche Überlegungen zu symbolischen Funktionen der frühneuzeitlichen Militärwaffen, in: Militär und Gesellschaft in der Frühen Neuzeit 13.1, 2009, S. 50–74.

Engelberg, Meinrad von, Reichsstil, Kaiserstil, «Teutscher Gusto»? Zur «politischen Bedeutung des deutschen Barock», in: Heiliges Römisches Reich deutscher Nation, 962 bis 1806. Altes Reich und neue Staaten 1495 bis 1806. Essays, Tl. 2, hg. v. Heinz Schilling u. a., Dresden 2006, S. 289–299.

–, Wie deutsch ist der deutsche Barock? Vorüberlegungen zu einer neuen Geschichte der bildenden Kunst in Deutschland, in: Zeitschrift für Kunstgeschichte 69, 2006, S. 508–530.

–, «Deutscher Barock» oder «Barock in Deutschland» – Nur ein Streit um Worte?, in: Georg Schmidt unter Mitarbeit von Elisabeth Müller-Luckner (Hg.), Die deutsche Nation im frühneuzeitlichen Europa. Politische Ordnung und kulturelle Identität?, München 2010, S. 307–334.

Englund, Peter, Verwüstung. Eine Geschichte des Dreißigjährigen Krieges, Reinbek ²2013.

Erdmannsdörffer, Bernhard, Zur Geschichte und Geschichtsschreibung des dreißigjährigen Krieges, in: Historische Zeitschrift 14, 1865, S. 1–44.

–, Deutsche Geschichte vom Westfälischen Frieden bis zum Regierungsantritt Friedrichs des Großen: 1648–1740, Bd. 1, Berlin 1892.

Ericson, Lars, Die schwedische Armee und Marine während des Dreißigjährigen Krieges. Von einer nationalen zu einer paneuropäischen Streitmacht, in: Bußmann/Schilling (1998), 1648, Bd. 1, S. 301–307.

Ernst, Hildegard, Madrid und Wien 1632–1637. Politik und Finanzen in der Beziehung zwischen Philipp IV. und Ferdinand II., Münster 1991.

Ernstberger, Anton, Hans de Witte. Finanzmann Wallensteins, Wiesbaden 1954.

Externbrink, Sven, Le Cœur du Monde, Frankreich und die norditalienischen Staaten (Mantua, Parma, Savoyen) im Zeitalter Richelieus 1624–1635, Münster u. a. 1999.

Fabian, Steffi, Dies waren verfluchte Diebes Hände. Konfliktfelder und Wahrnehmungsdivergenzen zwischen Militär und Zivilbevölkerung bei Einquartierungen und Truppendurchzug während des Dreißigjährigen Krieges, in: Militär und Gesellschaft in der Frühen Neuzeit 16.3, 2012, S. 170–196.

Faulenbach, Bernd, Ideologie des deutschen Weges. Die deutsche Geschichte in der Historiographie zwischen Kaiserreich und Nationalsozialismus, München 1980.

Fößel, Amalie, Die deutsche Tradition von Imperium im späten Mittelalter, in: Franz Bosbach/Hermann Hiery (Hg.), Imperium/Empire/Reich. Ein Konzept politischer Herrschaft im deutschbritischen Vergleich, München 1999, S. 17–30.

Foucault, Michel, Sicherheit, Territorium, Bevölkerung. Geschichte der Gouvernementalität I, Frankfurt a. M. 2006.

Franz, Eckhart G., Die «Schwedensäule» bei Erfelden und der Dreißigjährige Krieg in Hessen, in: Bernd Heidenreich/Klaus Böhme (Hg.), Hessen. Geschichte und Politik, Stuttgart 2000, S. 205–214.

Franz, Günther, Der Dreißigjährige Krieg und das deutsche Volk. Untersuchungen zur Bevölkerungs- und Agrargeschichte, Stuttgart ⁴1979 (zuerst Jena 1940).

Frauenholz, Eugen von, Entwicklungsgeschichte des deutschen Heerwesens, Bd. 3.2: Die Landesdefension, München 1939.

Frey, Jörg, Das apokalyptische Millennium. Zu Herkunft, Sinn und Wirkung der Millenniumsvorstellung in Offenbarung 20, 4–6, in: Christoph Bochinger u. a. (Hg.), Millennium. Deutungen zum christlichen Mythos der Jahrtausendwende, Gütersloh 1999, S. 10–72.

Freytag, Gustav, Bilder aus der deutschen Vergangenheit, Bd. 3: Aus dem Jahrhundert des großen Krieges (1600–1700), Leipzig ⁵1867.

Friedeburg, Robert von, Self Defence and Religious Strife in Early Modern Europe. England and Germany, 1530–1680, Aldershot u. a. 2002.

–, Europa in der Frühen Neuzeit, Frankfurt a. M. 2012.

–, Luther's Legacy. The Thirty Years War and the Modern Notion of ‹State› in the Empire, 1530s to 1790s, Cambridge 2016.

Friedrichs, Christopher R., Politics or Pogrom? The Fettmilch Uprising in German and Jewish History, in: Central European History 19, 1986, S. 186–228.

Frisch, Michael, Das Restitutionsedikt Kaiser Ferdinands II. vom 6. März 1629. Eine rechtsgeschichtliche Untersuchung, Tübingen 1993.

Fuchs, Ralf-Peter, Ein ‹Medium zum Frieden›. Die Normaljahrsregel und die Beendigung des Dreißigjährigen Krieges, München 2010.

Fučiková, Eliška, Das Schicksal der Sammlungen Rudolfs II. vor dem Hintergrund des Dreißigjährigen Krieges, in: Bußmann/Schilling (1998), 1648, Bd. 1, S. 173–180.

Fulda, Daniel, Gewalt gegen Gott und die Natur. Ästhetik und Metaphorizität von Anthropophagieberichten aus dem Dreißigjährigen Krieg, in: Markus Meumann/Dirk Niefanger (Hg.), Ein Schauplatz herber Angst. Wahrnehmung und Darstellung von Gewalt im 17. Jahrhundert, Göttingen 1997, S. 240–269.

Funke, Nikolas, ‹Naturali legitimâque Magica› oder ‹Teufflische Zauberey›? Das ‹Festmachen› im Militär des 16. und 17. Jahrhunderts, in: Militär und Gesellschaft in der Frühen Neuzeit 13, 2009, S. 16–32.

Gabel, Helmut, Glaube – Individuum – Reichsrecht, Toleranzdenken im Reich von Augsburg bis Münster, in: Horst Lademacher u.a. (Hg.), Krieg und Kultur. Die Rezeption von Krieg und Frieden in der Niederländischen Republik und im Deutschen Reich 1568–1648, Münster u.a. 1998, S.157–177.

Gäfvert, Björn, Landkarten und Krieg. Der schwedische Beitrag im Dreißigjährigen Krieg, in: Bußmann/Schilling (1998), 1648, Bd.1, S.309–318.

Gantet, Claire, Friedensfeste aus Anlass des Westfälischen Friedens in den süddeutschen Städten und die Erinnerung an den Dreißigjährigen Krieg (1648–1871), in: Bußmann/Schilling (1998), 1648, Bd.2, S.649–656.

Gehrke, Roland, Nationalkonservative Historiographie im geteilten Deutschland. Das Wallensteinbild bei Hellmut Diwald, in: Bahlcke/Kampmann (2011), Wallensteinbilder, S.331–348.

Gehrt, Daniel, Gelehrtenkultur und Reformationsgedenken 1617 am Beispiel der ernestinischen Herzogtümer. Formen, Kontexte und dynamische Prozesse, in: Markus Friedrich u.a. (Hg.), Konfession, Politik und Gelehrsamkeit. Der Jenaer Theologe Johann Gerhard (1582–1637) im Kontext seiner Zeit, Stuttgart 2017, S.177–223.

Geiger, Angelika, Wallensteins Astrologie. Eine kritische Überprüfung der Überlieferung nach dem gegenwärtigen Quellenbestand, Graz 1983.

Gelderen, Martin van: The Political Thought of the Dutch Revolt 1555–1590, Cambridge 1992.

–, Republikanismus in Europa. Deutsch-niederländische Perspektiven 1580–1650, in: Luise Schorn-Schütte (Hg.), Aspekte der politischen Kommunikation im Europa des 16. und 17.Jahrhunderts, München 2004, S.283–309.

–, Der Weg der Freiheit. Aus dem Italien des 15. in die Niederlande des 16.Jahrhunderts, in: Georg Schmidt/Martin van Gelderen/Christopher Snigula (Hg.), Kollektive Freiheitsvorstellungen im frühneuzeitlichen Europa (1400–1850), Frankfurt a.M. u.a. 2006, S.47–60.

Gindely, Anton, Waldstein während seines ersten Generalats, Bde. 1–2, Prag/Leipzig 1886 (ND Wien 1972).

Gindhart, Marion, Das Kometenjahr 1618. Antikes und zeitgenössisches Wissen in der frühneuzeitlichen Kometenliteratur des deutschsprachigen Raumes, Wiesbaden 2006.

Gittel, Udo, Die Aktivitäten des Niedersächsischen Reichskreises in den Sektoren «Friedenssicherung» und «Polizey» (1555–1682), Hannover 1996.

Glaser, Rüdiger, Klimageschichte Mitteleuropas. 1000 Jahre Wetter, Klima, Katastrophen, Darmstadt 2001.

–, Historische Klimatologie Mitteleuropas, in: Europäische Geschichte Online, hg. v. Leibniz-Institut für Europäische Geschichte, Mainz 2012, S.17, http://www.ieg-ego.eu/glaser-2012-de (1.12.2015).

Glete, Jan, Empire building with limited resources: Sweden and the development of military organisation, in: Enrique Martinez Ruiz u.a. (Hg.), Spain & Sweden in the Baroque era (1600–1660). International congress records, o.O. o.J. [Madrid 2000], S.307–336.

Gömmel, Rainer, Die Entwicklung der Wirtschaft im Zeitalter des Merkantilismus 1620–1800, München 1998.

Gotthard, Axel, Konfession und Staatsräson. Die Außenpolitik Württembergs unter Herzog Johann Friedrich (1608–1628), Stuttgart 1992.

–, «Politice seint wir bäpstisch». Kursachsen und der deutsche Protestantismus im frühen 17.Jahrhundert, in: Zeitschrift für Historische Forschung 20, 1993, S.275–319.

–, Säulen des Reiches. Die Kurfürsten im frühneuzeitlichen Reichsverband, Bde.1–2, Husum 1999.

–, Wende des böhmisch-pfälzischen Krieges. Wie Frankreich und England 1620 die Großmachtposition Habsburgs retteten, in: Sven Externbrink/Jörg Ulbert (Hg.), Formen internationaler Beziehungen in der Frühen Neuzeit. Frankreich und das Alte Reich im europäischen Staatensystem, Berlin 2001, S.395–417.

–, Strukturkonservativ oder aggressiv? Die geistlichen Kurfürsten und der Ausbruch des teutschen Konfessionskrieges, in: Winfried Schulze (Hg.), Friedliche Intentionen – kriegerische Effekte. War der Ausbruch des Dreißigjährigen Krieges unvermeidlich?, St. Katharinen 2002, S.140–168.

–, Der Augsburger Religionsfrieden, Münster 2004.

–, Johann Georg I. (1611–1656), in: Frank-Lothar Kroll (Hg.), Die Herrscher Sachsens. Markgrafen, Kurfürsten, Könige. 1089–1918, München 2004, S.137–147.

–, Der Gerechte und der Notwendige Krieg. Kennzeichnet das konfessionelle Zeitalter eine Resakralisierung des Kriegsbegriffs?, in: Andreas Holzem (Hg.), Krieg und Christentum. Religiöse Gewalttheorien in der Kriegserfahrung des Westens, Paderborn 2009, S. 470–504.

–, Der liebe vnd werthe Fried. Kriegskonzepte und Neutralitätsvorstellungen in der Frühen Neuzeit, Köln u. a. 2014.

–, Die Ursachen des Dreißigjährigen Krieges, in: Robert Rebitsch (Hg.), 1618. Der Beginn des Dreißigjährigen Krieges, Wien u. a. 2017, S. 47–76.

Gräf, Holger Th., «Erbfeind der Christenheit» oder potentieller Bündnispartner? Das Osmanenreich im europäischen Mächtesystem des 16. und 17. Jahrhunderts – gegenwartspolitisch betrachtet, in: Marlene Kurz u. a. (Hg.), Das Osmanische Reich und die Habsburgermonarchie, Wien u. a. 2005, S. 37–51.

Grass, Günter, Das Treffen in Telgte. Eine Erzählung und dreiundvierzig Gedichte aus dem Barock, München 1994.

Grell, Ole Peter, Scandinavia, in: Bob Scribner u. a. (Hg.), The Reformation in National Context, Cambridge 1994, S. 111–130.

Groenveld, Simon, De kogel door de kerk? De opstand in de Nederlanden 1559–1609, Zutphen 1983.

–, Könige ohne Staat. Friedrich V. und Elizabeth als Exilierte in Den Haag, 1621–1632–1661, in: Wolf u. a. (2003), Winterkönig, S. 162–186.

Grotefend, Otto, Meklenburg unter Wallenstein und die Wiedereroberung des Landes durch die Herzöge. Inaugural-Dissertation, Marburg 1901.

Grzywatz, Berthold, Der Westfälische Frieden als Epochenereignis. Zur Deutung der Friedensordnung von 1648 in der neueren historischen Forschung, in: Zeitschrift für Geschichtswissenschaft 50, 2002, S. 197–216.

Günter, Heinrich, Das Restitutionsedikt von 1629 und die katholische Restauration Altwirtembergs, Stuttgart 1901.

Gürkan, Emrah Safa, Die Osmanen und ihre christlichen Verbündeten, in: Europäische Geschichte Online, 29, http://www.ieg-ego.eu/gurkane-2010-de (27.3.2013).

Guthrie, William P., The later Thirty Years War. From the Battle of Wittstock to the Treaty of Westphalia, Westport u. a. 2003.

Haag, Norbert, «Erbfeind der Christenheit». Türkenpredigten im 16. und 17. Jahrhundert, in: Gabriele Haug-Moritz u. a. (Hg.): Repräsentationen der islamischen Welt im Europa der Frühen Neuzeit, Münster 2010, S. 127–149.

Haan, Heiner, Kaiser Ferdinand II. und das Problem des Reichsabsolutismus. Die Prager Heeresreform von 1635, in: Historische Zeitschrift 207, 1968, S. 297–345.

–, Prosperität und Dreißigjähriger Krieg, in: Geschichte und Gesellschaft 7, 1981, S. 91–118.

Habermas, Jürgen, Staatsbürgerschaft und nationale Identität, in: ders., Faktizität und Geltung. Beiträge zur Diskurstheorie des Rechts und des demokratischen Rechtsstaats, Frankfurt a. M. 1992, S. 632–660.

Hänisch, Ulrike Dorothea, ‹Confessio Augustana triumphans›. Funktionen der Publizistik zum Confessio-Augustana-Jubiläum 1630. Zeitung, Flugblatt, Flugschrift, Frankfurt a. M. u. a. 1993.

Hageneder, Herta, Einleitung, in: Acta Pacis Westphalicae, Serie III, Abt. C: Diarien, Münster 1986, S. XXVII–XXXIX.

Hagenow, Elisabeth von, Das allegorisch kommentierte Herrscherbildnis. Herrscherpropaganda in den Konfessionskriegen des 16. und 17. Jahrhunderts, in: Bußmann/Schilling (1998), 1648, Bd. 2, S. 61–68.

Hahlweg, Werner, Die Heeresreform der Oranier und die Antike. Studien zur Geschichte des Kriegswesens der Niederlande, Deutschlands, Frankreichs, Englands, Italiens, Spaniens und der Schweiz vom Jahre 1589 bis zum Dreißigjährigen Kriege, Osnabrück 1987.

Hahn, Philip, «Sicherheit» – gut und böse? Zur Semantik des Begriffs in protestantischen politischen Predigten im Alten Reich des 16. und 17. Jahrhunderts, in: Christoph Kampmann u. a. (Hg.), Sicherheit in der Frühen Neuzeit. Norm, Praxis, Repräsentation, Köln u. a. 2013, S. 47–56.

Hammerstein, Notker, Universitäten, in: ders./Ulrich Herrmann (Hg.), Handbuch der deutschen Bildungsgeschichte, Bd. 2: 18. Jahrhundert. Vom späten 17. Jahrhundert bis zur Neuordnung Deutschlands um 1800, München 2005, S. 369–400.

Hammerstein, Notker/Müller, Rainer A., Das katholische Gymnasialwesen im 17. und 18. Jahrhundert, in: ebd., S. 324–354.

Hanheide, Stefan, Musikalische Kriegsklagen aus dem Dreißigjährigen Krieg, in: Bußmann/Schilling (1998), 1648, Bd. 2, S. 439–447.

–, Kompositionen zum Westfälischen Frieden, in: ebd., S. 449–457.

Harms, Wolfgang, Art. Lucas Schnitzer, Schwedische Rettung der Christlichen Kirchen. Anno 1631, in: Bußmann/Schilling (1998), 1648, Katalog, S. 362.

Hartmann, Anja Victorine, Rêveurs de Paix? Friedenspläne bei Crucé, Richelieu und Sully, Hamburg 1995.

Haug-Moritz, Gabriele, Der Schmalkaldische Bund 1530–1541/42. Eine Studie zu den genossenschaftlichen Strukturelementen der politischen Ordnung des Heiligen Römischen Reiches Deutscher Nation, Leinfelden-Echterdingen 2002.

–, Die Friedenskongresse von Münster/Osnabrück (1643–1648) und Wien (1814/15) als «deutsche» Verfassungskongresse. Ein Vergleich in verfahrensgeschichtlicher Perspektive, in: Historisches Jahrbuch 124, 2004, S. 125–178.

Hausmann, Friedrich, Das Regiment hochdeutscher Knechte des Grafen Julius von Hardegg, seine Geschichte, Fahnen und Uniform, in: Der Dreißigjährige Krieg. Beiträge zu seiner Geschichte, Wien 1976, S. 79–167.

Haye, Thomas, Europas Versöhnung im «Triumphus Pacis» des Johann Ebermaier, in: Martin Espenhorst (Hg.), Frieden durch Sprache? Studien zum kommunikativen Umgang mit Konflikten und Konfliktlösungen, Göttingen u. a. 2012, S. 175–196, hier S. 177–189.

Heckel, Martin, Deutschland im konfessionellen Zeitalter, Göttingen 1983.

Heermann, Gottlob Ephraim, Beytrag zur Ergänzung und Berichtigung der Lebensgeschichte Johann Ernsts des Jüngeren […], Weimar 1785.

Heilingsetzer, Georg, Der oberösterreichische Bauernkrieg 1626, Wien [2]1985.

Heine, Heinrich, Zur Geschichte der Religion und Philosophie in Deutschland, hg. v. Jürgen Ferner, Stuttgart 1997.

Helmrath, Johannes, Enea Silvio Piccolimini (Pius II.). Ein Humanist als Vater des Europagedankens? In: Themenportal Europäische Geschichte (2007), http://www.europa.clio-online.de/2007/Article=118 (12. 3. 2013).

Hengerer, Mark, Kaiser Ferdinand III. (1608–1657). Eine Biographie, Wien u. a. 2012.

Henning, Friedrich-Wilhelm, Landwirtschaft und ländliche Gesellschaft in Deutschland, Bd. 1: 800 bis 1750, Paderborn [2]1985.

–, Deutsche Wirtschafts- und Sozialgeschichte im Mittelalter und in der frühen Neuzeit, Paderborn u. a. 1991.

Hepp, Frieder, Kunst und Politik. Das «böhmische Abenteuer» Friedrichs V. von der Pfalz im Spiegel zeitgenössischer Flugblätter, Bilder und Medaillen, in: Friedrich Hermann Schubert, Ludwig Camerarius (1573–1651). Eine Biographie. Die Pfälzische Exilregierung im Dreißigjährigen Krieg, hg. v. Anton Schindling, Münster [2]2013, S. 589–608.

Hermann, Rainer, Religiöse Emotionen kontrollieren, in: Frankfurter Allgemeine Zeitung vom 21. 11. 2016, S. 8.

Herz, Andreas, «Wältz recht». Fruchtbringerisches Zeremoniell und sein ‹Hintergrund› in einem Stich Peter Isselburgs, in: Ferdinand van Ingen/Christian Juranek (Hg.), Ars et Amicitia. Beiträge zum Thema Freundschaft in Geschichte, Kunst und Literatur, Festschrift für Martin Bircher, Amsterdam 1998, S. 353–408.

Herz, Hans, Bauernaufstand 1627 in Schwarzburg-Rudolstadt, in: Jahrbuch für Regionalgeschichte 16, 1989, 73–80.

Herzig, Arno, Unterschichtenprotest in Deutschland 1790–1870, Göttingen 1988.

Heuser, Peter Arnold, Der Souveränitätsbegriff auf dem Westfälischen Friedenskongress 1643–1649. Eine Studie zur Geschichte der politisch-diplomatischen Terminologie, in: Annette Gerstenberger (Hg.), Verständigung und Diplomatie auf dem Westfälischen Friedenskongress. Historische und sprachwissenschaftliche Zugänge, Köln u. a. 2014, S. 107–132.

Heyde, Astrid, Kunstpolitik und Propaganda im Dienste des Großmachtstrebens, in: Bußmann/Schilling (1998), 1648, Bd. 2, S. 105–111.

Hille, Martin, Mensch und Klima in der frühen Neuzeit. Die Anfänge regelmäßiger Wetterbeobachtung. «Kleine Eiszeit» und ihre Wahrnehmung bei Renward Cysat (1545–1613), in: Archiv für Kulturgeschichte 83, 2001, S. 63–91.

–, Providentia Dei, Reich und Kirche. Weltbild und Stimmungsprofil altgläubiger Chronisten 1517–1618, Göttingen 2010.

Hippel, Wolfgang von, Bevölkerung und Wirtschaft im Zeitalter des Dreißigjährigen Krieges. Das Beispiel Württemberg, in: Zeitschrift für Historische Forschung 5, 1978, S. 413–448.

Hirschhausen, Ulrike von, A New Imperial History? Programm, Potenzial, Perspektiven, in: Geschichte und Gesellschaft 41, 2015, S. 718–757.

Hirschi, Caspar, Wettkampf der Nationen. Konstruktionen einer deutschen Ehrgemeinschaft an der Wende vom Mittelalter zur Neuzeit, Göttingen 2005.

Hitzigrath, Heinrich, Die Publicistik des Prager Friedens (1635), Halle 1880.

Hlaváček, Petr, Bohemia Cor Europae. Die geopolitischen und theologischen Vorstellungen über die Rolle Böhmens und der Tschechen in der Reformationszeit, in: Kaspar von Greyerz u. a. (Hg.), Religion und Naturwissenschaften im 16. und 17. Jahrhundert, Heidelberg 2010, S. 123–140.

Höbelt, Lothar, Ferdinand III. (1608–1657). Friedenskaiser wider Willen, Graz 2008.

–, Von Nördlingen bis Jankau. Kaiserliche Strategie und Kriegführung 1634–1645, Wien 2016.

–, «Schlimmer noch als die Böhmen …» Der Putsch vom 20. Juli als letzter Akt des Bruderzwists, in: Robert Rebitsch (Hg.), 1618. Der Beginn des Dreißigjährigen Krieges, Wien u. a. 2017, S. 129–148.

Hoegl, Mathias, Die Bekehrung der Oberpfalz durch Kurfürst Maximilian I., Bde. 1–2, Regensburg 1903.

Höfer, Ernst, Das Ende des Dreißigjährigen Krieges. Strategie und Kriegsbild, Köln u. a. 1997.

Höfert, Almut, Den Feind beschreiben. «Türkengefahr» und europäisches Wissen über das Osmanische Reich 1450–1600, Frankfurt a. M./New York 2003.

Holborn, Hajo, Das Zeitalter der Reformation und des Absolutismus (bis 1790), Frankfurt a. M. 1981.

Holt, Mack P., The French Wars of Religion, 1562–1629, Cambridge 2005.

Hoke, Rudolf, Die Reichsstaatsrechtslehre des Johannes Limnaeus. Ein Beitrag zur Geschichte der deutschen Staatsrechtswissenschaft im 17. Jahrhundert, Aalen 1968.

Hortschansky, Klaus, Musikalischer Alltag im Dreißigjährigen Krieg, in: Bußmann/Schilling (1998), 1648, Bd. 2, S. 409–416.

Horkheimer, Max/Adorno, Theodor W., Dialektik der Aufklärung, Frankfurt a. M. 1969.

Hrabar, Wladimir, Joh. Wilh. Neumayr von Ramsla. Beitrag zur Geschichte der staatswissenschaftlichen Literatur im Zeitalter des Hugo Groot, ND 1970 (zuerst Jurjew 1897).

Hubková, Jana, Friedrich V. von der Pfalz in den illustrierten Flugblättern und Flugschriften seiner Zeit, in: Wolf u. a. (2003), Winterkönig, S. 107–110.

Hübner, Jürgen, Die Theologie Johannes Keplers zwischen Orthodoxie und Naturwissenschaft, Tübingen 1975.

Huf, Hans-Christian, Das Rätsel um Wallensteins Krankheit – Diagnose Syphilis, in: ders. (Hg.), Mit Gottes Segen in die Hölle. Der Dreißigjährige Krieg, Berlin 2004, S. 328–343.

–, Die Macht der Sterne. Wallensteins Astrologie, in: ebd., S. 48–77.

Huntebrinker, Jan Willem, Soldatentracht? Mediale Funktionen materieller Kultur in den Söldnerdarstellungen des 16. und 17. Jahrhunderts, in: Militär und Gesellschaft in der Frühen Neuzeit 13.1, 2009, S. 75–103.

–, «Fromme Knechte» und «Garteteufel». Söldner als soziale Gruppe im 16. und 17. Jahrhundert, Konstanz 2010.

Imhof, Arthur Erwin, Grundzüge der nordischen Geschichte, Darmstadt ²1985.

Irmer, Georg, Die Verhandlungen Schwedens und seiner Verbündeten mit Wallenstein und dem Kaiser von 1631 bis 1634, Tle. 1–3, Leipzig 1888–1891.

Israel, Jonathan I., The Dutch republic. Its rise, greatness and fall 1477–1806, Oxford 1995.

Jahn, Bernhard, ‹Ceremoniel› und Friedensordnung. Das ‹Ceremoniel› als Störfaktor und Katalysator bei den Verhandlungen zum Westfälischen Frieden, in: Klaus Garber u. a. (Hg.), Erfahrung und Deutung von Krieg und Frieden. Religion – Geschlechter – Natur und Kultur, München 2001, S. 969–980.

Jakubowski-Tiessen, Manfred, Das Leiden Christi und das Leiden der Welt. Die Entstehung des lutherischen Karfreitags, in: Wolfgang Behringer u.a. (Hg.), Kulturelle Konsequenzen der «Kleinen Eiszeit», Göttingen 2005, S.195–214.

Jansen, Josef, Patriotismus und Nationalethos in den Flugschriften und Friedensspielen des Drei-ßigjährigen Krieges, Diss. Köln 1964.

Janssen, Dieter, Bellum iustum und Völkerrecht im Werk des Hugo Grotius, in: Horst Lademacher u.a. (Hg.), Krieg und Kultur. Die Rezeption von Krieg und Frieden in der Niederländischen Republik und im Deutschen Reich 1568–1648, Münster u.a. 1998, S.129–154.

Jeggle, Christof, Coping with the Crisis. Italian Merchants in Seventeenth-century Nuremberg, in: Andrea Bonoldi u.a. (Hg.), Merchants in Times of Crises (16th to mid 19th Century), Stuttgart 2015, S.51–78.

Joachimsen, Paul, Der Humanismus und die Entwicklung des deutschen Geistes, in: Deutsche Vierteljahrsschrift für Literaturwissenschaft und Geistesgeschichte 8, 1930, S.419–480.

Jori, Alberto, Hermann Conring (1606–1681). Der Begründer der deutschen Rechtsgeschichte, Tübingen 2006.

Junkelmann, Marcus, Feldherr Maximilians: Johann Tserclaes Graf von Tilly, in: Hubert Glaser (Hg.), Um Glauben und Reich. Kurfürst Maximilian I., München 1980, S.377–389.

–, Gustav Adolf (1594–1632). Schwedens Aufstieg zur Großmacht, Regensburg 1993.

–, Tilly. Eine Karriere im Zeitalter der Religionskriege und der «Militärischen Revolution», in: Peter C. Hartmann/Florian Schuller (Hg.), Der Dreißigjährige Krieg. Facetten einer folgen-reichen Epoche, Regensburg 2010, S.58–79.

Kaiser, Michael, Inmitten des Kriegstheaters. Die Bevölkerung als militärischer Faktor und Kriegs-teilnehmer im Dreißigjährigen Krieg, in: Bernhard R. Kroener/Ralf Pröve (Hg.), Krieg und Frieden. Militär und Gesellschaft in der Frühen Neuzeit, Paderborn u.a. 1996, S.281–303.

–, Excidium Magdeburgense. Beobachtungen zur Wahrnehmung und Darstellung von Gewalt im Dreißigjährigen Krieg, in: Markus Meumann/Dirk Niefanger (Hg.), Ein Schauplatz herber Angst. Wahrnehmung und Darstellung von Gewalt im 17. Jahrhundert, Göttingen 1997, S.43–64.

–, Politik und Kriegsführung. Maximilian von Bayern, Tilly und die Katholische Liga im Dreißig-jährigen Krieg, Münster 1999.

–, Cuius exercitus, eius religio? Konfession und Heerwesen im Zeitalter des Dreißigjährigen Kriegs, in: Archiv für Reformationsgeschichte 91, 2000, S.316–353.

–, Der Prager Frieden von 1635. Anmerkungen zu einer Aktenedition, in: Zeitschrift für Histori-sche Forschung 28, 2001, S.277–297.

–, Die ‹Magdeburgische Hochzeit› (1631). Gewaltphänomene im Dreißigjährigen Krieg, in: Eva Labouvie (Hg.), Leben in der Stadt. Eine Kultur- und Geschlechtergeschichte Magdeburgs, Köln u.a. 2004, S.195–213.

–, Zwischen «ars moriendi» und «ars mortem evitandi». Der Soldat und der Tod in der Frühen Neuzeit, in: ders./Stefan Kroll (Hg.), Militär und Religiosität in der Frühen Neuzeit, Münster 2004, S.323–243.

Kampmann, Christoph, Reichsrebellion und kaiserliche Acht. Politische Strafjustiz im Dreißig-jährigen Krieg und das Verfahren gegen Wallenstein 1634, Münster 1992.

–, Albrecht von Wallenstein. Mythos und Geschichte eines Kriegsunternehmers, in: Peter C. Hart-mann/Florian Schuller (Hg.), Der Dreißigjährige Krieg. Facetten einer folgenreichen Epoche, Regensburg 2010, S.108–127.

–, Der ehrenvolle Friede als Friedenshindernis. Alte Fragen und neue Ergebnisse zur Mächte-politik im Dreißigjährigen Krieg, in: Inken Schmidt-Voges u.a. (Hg.), Pax perpetua. Neuere Forschungen zum Frieden in der Frühen Neuzeit, München 2010, S.141–156.

–, Der Friedländer als Kontrastfigur. Zur Sonderstellung Wallensteins in der protestantischen His-toriographie des Alten Reichs, in: Bahlcke/Kampmann (2011), Wallensteinbilder, S.27–50.

Kaufhold, Karl Heinrich, Deutschland 1650–1850, in: Ilja Mieck (Hg.), Europäische Wirtschafts-und Sozialgeschichte von der Mitte des 17. Jahrhunderts bis zur Mitte des 19. Jahrhunderts, Stuttgart 1993, S.523–588.

Kaufmann, Thomas, Dreißigjähriger Krieg und Westfälischer Friede. Kirchengeschichtliche Studien zur lutherischen Konfessionskultur, Tübingen 1998.

–, Lutherische Predigt im Krieg und zum Friedensschluss, in: Bußmann/Schilling (1998), 1648, Bd.1, S.245–250.

–, Römisches und evangelisches Jubeljahr 1600. Konfessionskulturelle Deutungsalternativen der Zeit im Jahrhundert der Reformation, in: Christoph Bochinger u. a. (Hg.), Millennium. Deutungen zum christlichen Mythos der Jahrtausendwende, Gütersloh 1999, S. 73–136.

–, Erlöste und Verdammte. Eine Geschichte der Reformation, München 2016.

Kaulbach, Hans-Martin, Das Bild des Friedens – vor und nach 1648, in: Bußmann/Schilling (1998), 1648, Bd. 2, S. 593–603.

–, Peter Paul Rubens. Diplomat und Maler des Friedens, in: ebd., S. 565–574.

Kietzell, Roswitha von, Der Frankfurter Deputationstag von 1642–1645. Eine Untersuchung der staatsrechtlichen Bedeutung dieser Reichsversammlung, in: Nassauische Annalen 83, 1972, S. 99–119.

Kilián, Jan, Religiös-politische Unruhen in Böhmen und der (dritte) Prager Fenstersturz, in: Robert Rebitsch (Hg.), 1618. Der Beginn des Dreißigjährigen Krieges, Wien u. a. 2017, S. 149–168.

Kingdon, Robert M., Der internationale Calvinismus und der Dreißigjährige Krieg, in: Bußmann/Schilling (1998), 1648, Bd. 1, S. 229–235.

Kittsteiner, Heinz Dieter, Die Stabilisierungsmoderne. Deutschland und Europa 1618–1715, München 2010.

Kleinhagenbrock, Frank, Einquartierung als Last für Einheimische und Fremde. Ein Beispiel aus dem hohenlohischen Amt während des Dreißigjährigen Krieges, in: Matthias Asche u. a. (Hg.), Krieg, Militär und Migration in der Frühen Neuzeit, Berlin u. a. 2008, S. 167–185.

Klinger, Andreas, Der Gothaer Fürstenstaat. Herrschaft, Konfession und Dynastie unter Herzog Ernst dem Frommen, Husum 2002.

–, Formen der Gewalt im Dreißigjährigen Krieg, in: Gerhard Armanski u. a. (Hg.), Der gemeine Unfrieden der Kultur. Europäische Gewaltgeschichten, Würzburg 2001, S. 107–123.

–, Freiheitskriege, in: Enzyklopädie der Neuzeit 3, Stuttgart 2006, Sp. 1180–1185.

Klinger, Andreas/Schmidt, Georg, Die Universität zwischen Reich und Fürstenstaat, in: Joachim Bauer u. a. (Hg.), Die Universität Jena in der Frühen Neuzeit, Heidelberg 2008, S. 73–95.

Klopp, Onno, Kleindeutsche Geschichtsbaumeister, Freiburg i. Br. 1863.

Klußmann, Uwe, Angriff aus dem Busch. Die rebellischen Harzschützen, in: Dietmar Pieper/Johannes Saltzwedel (Hg.), Der Dreißigjährige Krieg. Europa im Kampf um Glaube und Macht. 1618–1648, München 2012, S. 100 f.

Knauer, Martin, Krieg als Todesmahnung. Überlegungen zu Funktion und Bedeutung von druckgraphischen Bildfolgen des Dreißigjährigen Krieges, in: Bußmann/Schilling (1998), 1648, Bd. 2, S. 509–516.

–, 1631. Die Katastrophe von Magdeburg. Ein Medienereignis im Spiegel der Hamburger Zeitungen, in: ders./Sven Tode (Hg.), Der Krieg vor den Toren. Hamburg im Dreißigjährigen Krieg 1618–1648, Hamburg 2000, S. 243–267.

Koch, Ernst, Die politische Ethik Johann Gerhards und der theologischen Fakultät Jena im Blick auf den Beginn des Dreißigjährigen Krieges, in: Markus Friedrich u. a. (Hg.), Konfession, Politik und Gelehrsamkeit. Der Jenaer Theologe Johann Gerhard (1582–1637) im Kontext seiner Zeit, Stuttgart 2017.

–, Der Weg zur Konkordienformel, in: Vom Dissensus zum Konsensus. Die Formula Concordiae von 1577 (= Fuldaer Hefte, 24), S. 10–46.

Koenigsberger, Helmut G., Die Krise des 17. Jahrhunderts, in: Zeitschrift für Historische Forschung 9, 1982, S. 143–165.

–, Warum wurden die Generalstaaten der Niederlande im 16. Jahrhundert revolutionär? in: Heinrich Lutz (Hg.), Das römisch-deutsche Reich im politischen System Karls V., München 1982, S. 239–252.

Kohler, Alfred, Expansion und Hegemonie. Internationale Beziehungen 1450–1559, Paderborn 2008.

Konrad, Felix, Von der ‹Türkengefahr› zu Exotismus und Orientalismus. Der Islam als Antithese Europas (1453–1914)? http://www.ieg-ego.eu/de/threads/modelle-und-stereotypen/tuerkengefahr (1.12.2015).

Koselleck, Reinhart, ‹Erfahrungsraum› und ‹Erwartungshorizont› – zwei historische Kategorien, in: ders., Vergangene Zukunft. Zur Semantik geschichtlicher Zeiten, Frankfurt a. M. ⁴1985, S. 349–375.

Kossert, Thomas, Zwischen Schweden, Mainz und Sachsen. Erfurt als kulturelles Zentrum im Dreißigjährigen Krieg, in: Militär und Gesellschaft in der Frühen Neuzeit 13, 2009, S. 263–267.

Krause, Johann Christoph, Lehrbuch der Geschichte des dreyßigjährigen teutschen Krieges und Westphälischen Friedens, Halle 1782.

Kremer, Bernd Mathias, Der Westfälische Friede in der Deutung der Aufklärung. Zur Entwicklung des Verfassungsverständnisses im Hl. Röm. Reich Deutscher Nation vom Konfessionellen Zeitalter bis ins späte 18. Jahrhundert, Tübingen 1989.

Kretzschmar, Johannes, Der Heilbronner Bund 1632–1635, Bde. 1–3, Lübeck 1922.

Kroener, Bernhard R., «Kriegsgurgeln, Freireuter und Merodebrüder». Der Soldat des Dreißigjährigen Krieges. Täter und Opfer, in: Wolfram Wette (Hg.), Der Krieg des kleinen Mannes. Eine Militärgeschichte von unten, München/Zürich 1992, S. 51–67.

Kronenberg, Volker, «Verfassungspatriotismus» im vereinten Deutschland, in: Aus Politik und Zeitgeschichte vom 29. 6. 2009, S. 41–46.

Krüger, Kersten, Finanzstaat Hessen 1500–1567. Staatsbildung im Übergang vom Domänenstaat zum Steuerstaat, Marburg 1980.

–, Kriegsfinanzen und Reichsrecht im 16. und 17. Jahrhundert, in: Bernhard R. Kroener/Ralf Pröve (Hg.), Krieg und Frieden. Militär und Gesellschaft in der Frühen Neuzeit, Paderborn u. a. 1996, S. 47–57.

Krüssmann, Walter, Ernst von Mansfeld (1580–1626). Grafensohn, Söldnerführer, Kriegsunternehmer gegen Habsburg im Dreißigjährigen Krieg, Berlin 2010.

Krusenstjern, Benigna von, Prodigienglaube und Dreißigjähriger Krieg, in: Hartmut Lehmann/Anne-Charlott Trepp (Hg.), Im Zeichen der Krise. Religiosität im Europa des 17. Jahrhunderts, Göttingen 1999, S. 53–78.

Kühlmann, Wilhelm, Krieg und Frieden in der Literatur des 17. Jahrhunderts, in: Bußmann/Schilling (1998), 1648, Bd. 2, S. 329–337.

Lademacher, Horst, Die Niederlande. Politische Kultur zwischen Individualität und Anpassung, Frankfurt a. M. 1993.

Lahne, Werner, Magdeburgs Zerstörung in der zeitgenössischen Publizistik. Gedenkschrift des Magdeburger Geschichtsvereins zum 10. Mai 1931, Magdeburg 1931.

Lahnstein, Peter, Das Leben im Barock. Zeugnisse und Berichte 1640–1740, Stuttgart 1974.

Lahrkamp, Helmut, Lothar Dietrich Freiherr von Bönninghausen. Ein westfälischer Söldnerführer des Dreißigjährigen Krieges, in: Westfälische Zeitschrift 108, 1958, S. 239–366.

–, Dreißigjähriger Krieg, Westfälischer Frieden. Eine Darstellung der Jahre 1618–1648, Münster ²1998.

Landwehr, Achim, Absolutismus oder «gute Policey»? Anmerkungen zu einem Epochenkonzept, in: Lothar Schilling (Hg.), Absolutismus, ein unersetzliches Forschungskonzept. Eine deutsch-französische Bilanz, München 2008, S. 205–228.

Langer, Herbert, Kulturgeschichte des 30jährigen Krieges, Stuttgart u. a. 1978.

–, Krieges Alltag und die Bauern, in: Zeitschrift für Geschichtswissenschaft 30, 1982, S. 1094–1119.

–, Der Dreißigjährige Krieg (1618 bis 1648), in: Deutsche Geschichte, Bd. 3, Berlin (DDR) 1983, S. 284–325.

–, 1648, der Westfälische Frieden. Pax Europaea und Neuordnung des Reiches, Berlin 1994.

–, Der Heilbronner Bund (1633–35), in: Volker Press (Hg.), Alternativen zur Reichsverfassung in der Frühen Neuzeit?, München 1995, S. 113–122.

–, Der «Königlich Schwedische in Deutschland geführte Krieg», in: Bußmann/Schilling (1998), 1648, Bd. 1, S. 187–196.

Langewiesche, Dieter, Nation, Nationalismus, Nationalstaat in Deutschland und Europa, München 2000.

–, Wozu Geschichtsmythen, in: ders. u. a. (Hg.), Mythen und Politik im 20. Jahrhundert. Deutsche – Tschechen – Slowaken, Essen 2013, S. 7–24.

Lanzinner, Maximilian, Konfessionelles Zeitalter 1555–1618, in: Gebhardt. Handbuch der deutschen Geschichte, Bd. 10, Stuttgart ¹⁰2001, S. 3–203.

Laschinger, Johannes, Amberg und die obere Pfalz zu Beginn des 17. Jahrhunderts, in: Wolf u. a. (2003), Winterkönig, S. 54–64.

Laufhütte, Hartmut, Das Friedensfest in Nürnberg 1650, in: Bußmann/Schilling (1998), 1648, Bd. 2, S. 347–357.

Laux, Stephan, «Etwas gross aufschreiben». Quellenkritische Anmerkungen zum «Zeytregister» des

Ulmer Chronisten Hans Heberle (1597–1677), in: Zeitenblicke 1, 2002, Nr. 2, http://www.zeitenblicke.historicum.net/2002/02/laux/index.html (15.8.2016).

Ladurie, Emmanuel Le Roy, The Royal French State 1460–1610, Cambridge 1994.

Lehmann, Hartmut, Die Krisen des 17. Jahrhunderts als Problem der Forschung, in: ders., Transformationen der Religion in der Neuzeit. Beispiele aus der Geschichte des Protestantismus, Göttingen 2007, S. 11–20.

Lehmann, Kai, Leben und Sterben im Dreißigjährigen Krieg. Zwei authentische Familienschicksale aus dem 17. Jahrhundert (= Ausstellungskatalog), Untermaßfeld 2014.

Leiner, Hanns, Die Zuchtrute Gottes, in: Sonntagsblatt 18/2008, http://www.sonntagsblatt-bayern.de/news/aktuell/2008»_18_24_01.htm (18.2.2013).

Leins, Steffen, Das Prager Münzkonsortium 1622/23. Ein Kapitalgeschäft im Dreißigjährigen Krieg am Rand der Katastrophe, Münster 2012.

Lenz, Max, Zur Kritik Sezyma Rašin's, in: Historische Zeitschrift 59, 1888, S. 1–68 und 385–480.

Leppin, Volker, Antichrist und Jüngster Tag. Das Profil apokalyptischer Flugschriftenpublizistik im deutschen Luthertum 1548–1618, Gütersloh 1999.

–, Stabilisierende Prophetie. Endzeitverkündigung im Dienste der lutherischen Konfessionalisierung, in: Jahrbuch für Biblische Theologie 14, 1999, S. 197–212.

–, Martin Luther, Darmstadt 2006.

–, «Nicht seine Person, sondern die Wahrheit zu verteidigen». Die Legende vom Thesenanschlag in lutherischer Historiographie und Memoria, in: Heinz Schilling, Der Reformator Martin Luther 2017. Eine wissenschaftliche und gedenkpolitische Bestandsaufnahme, Berlin u.a. 2014, S. 85–107.

Liemandt, Frank, Die zeitgenössische literarische Reaktion auf den Tod des Königs Gustav II. Adolf von Schweden, Frankfurt a.M. u.a. 1998.

Link, Christoph, Dietrich Reinkingk, in: Michael Stolleis (Hg.), Staatsdenker in der Frühen Neuzeit, München 1995, S. 78–99.

List, Martha, Das Wallenstein-Horoskop von Johannes Kepler, in: Johannes Kepler. Werk und Leistung. Katalog, Linz 1971, S. 127–136.

Lockhart, Paul Douglas, Denmark in the Thirty Years' War, 1618–1648. King Christian IV and the decline of the Oldenburg State, Selinsgrove/London 1996.

Lohsträter, Kai, Alles Kriegstheater? Das Theatrum Europaeum im Kontext der Kriegsberichterstattung des 17. Jahrhunderts, in: Nikola Rossbach u.a. (Hg.), Das Theatrum Europaeum. Wissensarchitektur einer Jahrhundertchronik, Wolfenbüttel 2012, http://diglib.hab.de/ebooks/ed000081/start.htm (16.12.2016).

Lorenz, Angelika, Mahnung – Dekorum – Ereignis. Krieg als Gegenstand der Kunst im Reich, in: Horst Lademacher u.a. (Hg.), Krieg und Kultur. Die Rezeption von Krieg und Frieden in der Niederländischen Republik und im Deutschen Reich 1568–1648, Münster u.a. 1998, S. 213–255.

Lorenz, Ottokar, Zur Wallenstein-Literatur, in: Historische Zeitschrift, 39, 1878, S. 22–45.

Love, Ronald S., Blood and Religion. The Conscience of Henri IV 1553–1593, London 2001.

Lüddecke, Dirk, Marsilius von Padua, Der Verteidiger des Friedens (1324), in: Manfred Brocker (Hg.), Geschichte des politischen Denkens. Ein Handbuch, Frankfurt a.M. 2007, S. 93–107.

Luh, Jürgen, Unheiliges römisches Reich. Der konfessionelle Gegensatz 1648 bis 1806, Potsdam 1995.

Lundkvist, Sven, Die schwedischen Friedenskonzeptionen und ihre Umsetzung in Osnabrück, in: Heinz Duchhardt (Hg.), Der Westfälische Friede. Diplomatie, politische Zäsur, kulturelles Umfeld, Rezeptionsgeschichte, München 1998, S. 349–359.

Lyotard, Jean-François, Das postmoderne Wissen. Ein Bericht, Wien [7]2012.

Mägdefrau, Werner, Die Universität Jena als Hochburg der lutherischen Orthodoxie und der protestantischen Scholastik in der ersten Hälfte des 17. Jahrhunderts, in: Geschichte der Universität Jena 1548/58–1958. Festgabe zum 400jährigen Universitätsjubiläum, hg. u. der Leitung v. Max Steinmetz, Bd. 1, Jena 1958, S. 63–110.

Mager, Wolfgang, Zur Entstehung des modernen Staatsbegriffs, Wiesbaden 1968.

–, Genossenschaft, Republikanismus und konsensgestütztes Ratsregiment. Zur Konzeptionalisierung der politischen Ordnung in der mittelalterlichen und frühneuzeitlichen deutschen Stadt, in: Luise Schorn-Schütte (Hg.), Aspekte der politischen Kommunikation im Europa des 16. und 17. Jahrhunderts, München 2004, S. 13–122.

Mahr, Helmut, Oberst Robert Monro. Kriegserlebnisse eines schottischen Söldnerführers in Deutschland 1626–1633, Neustadt/Aisch 1995.

Maier, Gregor, «Gott kennt sie und uns. Er ist der Schiedsmann», in: Matthias Asche/Anton Schindling (Hg.), Das Strafgericht Gottes. Kriegserfahrungen und Religion im Heiligen Römischen Reich Deutscher Nation im Zeitalter des Dreißigjährigen Krieges, Münster 2001, S. 213–217.

Maissen, Thomas, Schlusswort. Überlegungen zu Funktionen und Inhalt des Humanismus, in: ders./Gerrit Walther (Hg.), Funktionen des Humanismus. Studien zum Nutzen des Neuen in der humanistischen Kultur, Göttingen 2006, S. 396–402.

–, Geschichte der frühen Neuzeit, München 2013.

Malettke, Klaus, Die Bourbonen, Bd. 1: Von Heinrich IV. bis Ludwig XIV. 1589–1715, Stuttgart 2008.

Mann, Golo, Wallenstein. Sein Leben erzählt, Frankfurt a. M. ³1971.

Mannigel, Holger, Wallenstein in Weimar, Wien und Berlin. Das Urteil über Albrecht von Wallenstein in der deutschen Historiographie von Friedrich von Schiller bis Leopold von Ranke, Husum 2003.

–, Entstehung und Wandel des Wallensteinbilds Schillers in der «Geschichte des Dreißigjährigen Kriegs», in: Bahlcke/Kampmann (2011), Wallensteinbilder, S. 107–131.

Marshall, Peter, Die Reformation in Europa, Stuttgart 2017.

Mathis, Franz, Die deutsche Wirtschaft im 16. Jahrhundert, München 1992.

Matuz, Josef, Das Osmanische Reich. Grundlinien seiner Geschichte, Darmstadt ³1994.

Maué, Hermann, Sebastian Dadler 1586–1657. Medaillen im Dreißigjährigen Krieg, Nürnberg 2008.

Maurer, Michael, Kirche, Staat und Gesellschaft im 17. und 18. Jahrhundert, München 1999.

–, Gustav Freytag und die Kulturgeschichte, in: Hans-Werner Hahn/Dirk Oschmann (Hg.), Gustav Freytag (1816–1895). Literat – Publizist – Historiker, Köln u. a. 2016, S. 85–101.

Medick, Hans, Historisches Ereignis und zeitgenössische Erfahrung. Die Eroberung und Zerstörung Magdeburgs 1631, in: Benigna von Krusenstjern/Hans Medick (Hg.), Zwischen Alltag und Katastrophe. Der Dreißigjährige Krieg aus der Nähe, Göttingen 1999, S. 377–407.

–, Der Dreißigjährige Krieg als Erfahrung und Memoria. Zeitgenössische Wahrnehmungen eines Ereigniszusammenhangs, in: Peter C. Hartmann/Florian Schuller (Hg.), Der Dreißigjährige Krieg. Facetten einer folgenreichen Epoche, Regensburg 2010, S. 158–172.

Meid, Volker, Grimmelshausen, Hans Jacob Christoph (Christoffel) von, in: Walter Killy (Hg.), Literaturlexikon, Bd. 4, 1989, S. 358–363.

Meinardus, Otto, Sayn-Wittgenstein-Hohenstein, Johann VIII., Graf zu, in: Allgemeine Deutsche Biographie, Bd. 43, S. 619–623.

Meinecke, Friedrich, Die deutsche Freiheit, in: Adolf Harnack u. a., Fünf Vorträge, Gotha 1917, S. 14–39.

–, Die Idee der Staatsräson in der neueren Geschichte, hg. v. Walther Hofer, München ³1963.

Menzel, Karl, Die Union des Herzogs Wilhelm IV. zu Sachsen-Weimar und seine Gefangenschaft in Neustadt (1622–1624), in: Archiv für Sächsische Geschichte 11, 1873, S. 32–80.

Mertens, Dieter, Geschichte der politischen Ideen im Mittelalter, in: Hans Fenske (Hg.), Geschichte der politischen Ideen. Von der Antike bis zur Gegenwart, Frankfurt a. M. 1996, S. 143–238.

Merzbacher, Friedrich (Hg.), Julius Echter und seine Zeit, Würzburg 1973.

Methuen, Charlotte, «To delineate the divinity of the Creator». The search of Platonism in late sixteenth-century Tübingen, in: Kaspar von Greyerz u. a. (Hg.), Religion und Naturwissenschaften im 16. und 17. Jahrhundert, Heidelberg 2010, S. 186–197.

Meumann, Markus, The Experience of Violence and the Expectation of the End of the World in Seventeenth-Century Europe, in: Joseph Canning u. a. (Hg.), Power, Violence, and mass death in pre-modern and modern times, Aldershot 2004, S. 141–159.

Meyn, Matthias, Die Reichsstadt Frankfurt vor dem Bürgeraufstand von 1612 bis 1614. Struktur und Krise, Frankfurt a. M. 1980.

Mieck, Ilja, Die Entstehung des modernen Frankreich 1450–1610. Strukturen, Institutionen, Entwicklungen, Stuttgart u. a. 1982.

–, Wallenstein 1634. Mord oder Hinrichtung? In: Alexander Demandt (Hg.), Das Attentat in der Geschichte, Köln u. a. 1996, S. 143–163.

Mißfelder, Jan-Friedrich, Das Andere der Monarchie. La Rochelle und die Idee der «monarchie absolue» in Frankreich 1568–1630, München 2012.

Möller, Hans-Michael, Das Regiment der Landsknechte. Untersuchungen zu Verfassung, Recht und Selbstverständnis in Deutschen Söldnerheeren des 16. Jahrhunderts, Wiesbaden 1976.

Molt, Peter, Abschied von Verfassungspatriotismus? Dolf Sternberger und die aktuelle Debatte, in: Die Politische Meinung 435, Februar 2006, S. 29–36.

Montgomery, Ingun, Die curia religionis als Aufgabe des Fürsten. Perspektiven der Zweiten Reformation in Schweden, in: Heinz Schilling (Hg.), Die reformierte Konfessionalisierung in Deutschland. Das Problem der «Zweiten Reformation», Gütersloh 1986, S. 266–290.

–, The Role of Religion in Nation Building in the 17th Century with special attention paid to Sweden, in: Enrique Martínez Ruiz u. a. (Ed.), Spain & Sweden in the Baroque Era (1600–1660). International congress records, [Madrid] 2000, S. 693–698.

Muchembled, Robert, Kultur des Volkes – Kultur der Eliten. Die Geschichte einer erfolgreichen Verdrängung, Stuttgart 1982.

Mühlenberg, Ekkehard, Gott in der Geschichte. Erwägungen zur Geschichtstheologie von W. Pannenberg, in: ders., Gott in der Geschichte. Ausgewählte Aufsätze zur Kirchengeschichte, hg. v. Uta Mennecke und Stefanie Frost, Berlin u. a. 2008, S. 17–36.

Müller, Frank, Kursachsen und der Böhmische Aufstand 1618–1622, Münster 1997.

Müller, Hermann-Dieter, Der schwedische Staat in Mainz 1631–1636. Einnahme, Verwaltung, Absichten, Restitution, Mainz 1979.

Müller, Jan-Werner, Verfassungspatriotismus, Berlin 2010.

Müller, Johann Baptist (Hg.), Luther und die Deutschen. Texte zur Geschichte und Wirkung, Stuttgart 1983.

Münch, Paul, Lebensformen in der Frühen Neuzeit. 1500–1800, Berlin 1998.

Münker, Jörn, Sensationeller Abgang. Eine Bergsturz-Inszenierung im Theatrum Europaeum und in Flugblättern, in: Nikola Rossbach u. a. (Hg.), Das Theatrum Europaeum. Wissensarchitektur einer Jahrhundertchronik, Wolfenbüttel 2012, http://diglib.hab.de/ebooks/ed000075/tei-transcript.xml (28.8.2017).

Münkler, Herfried, Im Namen des Staates. Die Begründung der Staatsraison in der Frühen Neuzeit, Frankfurt a. M. 1987.

–, Republikanismus in der italienischen Renaissance, in: Peter Blickle/Rupert Moser (Hg.), Traditionen der Republik – Wege zur Demokratie, Bern u. a. 1999, S. 41–72.

–, Imperien. Die Logik der Weltherrschaft – vom Alten Rom bis zu den Vereinigten Staaten, Reinbek ²2008.

–, Der Dreißigjährige Krieg. Europäische Katastrophe, deutsches Trauma 1618–1648, Berlin 2017.

Murdoch, Steve, Schottische Soldaten in Europa in der Frühen Neuzeit, in: Klaus J. Bade (Hg.), Enzyklopädie Migration in Europa. Vom 17. Jahrhundert bis zur Gegenwart, Paderborn u. a. 2007, S. 948–952.

Narbuntowicz, Herbert, Reformorthodoxe, spiritualistische, chiliastische und utopische Entwürfe einer menschlichen Gemeinschaft als Reaktion auf den Dreißigjährigen Krieg, phil. Diss. Freiburg i. Br. 1994.

Neuer-Landfried, Franziska, Die katholische Liga. Gründung, Neugründung und Organisation eines Sonderbunds 1608 bis 1620, Kallmünz 1968.

Neuburger, Andreas, Konfessionskonflikt und Kriegsbeendigung im Schwäbischen Reichskreis. Württemberg und die katholische Reichsstände im Südwesten vom Prager Frieden bis zum Westfälischen Frieden (1635–1651), Stuttgart 2011.

Neugebauer, Wolfgang, Niedere Schulen und Realschulen, in: Notker Hammerstein/Ulrich Herrmann (Hg.), Handbuch der deutschen Bildungsgeschichte, Bd. 2: 18. Jahrhundert. Vom späten 17. Jahrhundert bis zur Neuordnung Deutschlands um 1800, München 2005, S. 213–261.

Neugebauer-Wölk, Monika, Wege aus dem Dschungel. Betrachtungen zur Hexenforschung, in: Geschichte und Gesellschaft. Zeitschrift für historische Sozialwissenschaft, 29, 2003, S. 316–347.

Neuhaus, Helmut, Der Westfälische Frieden und Franken, in: Bernd Hey (Hg.), Der Westfälische Frieden 1648 und der deutsche Protestantismus, Bielefeld 1998, S. 147–172.

–, Der Reichstag als Zentrum eines «handelnden» Reiches, in: Heiliges Römisches Reich deutscher Nation, 962 bis 1806. Altes Reich und neue Staaten 1495 bis 1806. Essays, Tl. 2, hg. v. Heinz Schilling u. a., Dresden 2006, S. 42–52.

Neuhold, Helmut, Der Dreißigjährige Krieg, Wiesbaden 2011.

Nicklas, Thomas, Macht oder Recht. Frühneuzeitliche Politik im Obersächsischen Reichskreis, Stuttgart 2002.

Niederkorn, Jan Paul, Die europäischen Mächte und der «Lange Türkenkrieg» Kaiser Rudolfs II. (1593–1606), Wien 1993.

Nonnast, Christoph, Mindermächtiger Fürstenstaat und große Politik. Sachsen-Altenburg und der Westfälische Friedenskongress, Diss. phil. Jena 2017.

North, Michael, Kommunikation, Handel, Geld und Banken in der Frühen Neuzeit, München 2000.

–, Europa expandiert. 1250–1500, Stuttgart 2007.

–, Kleine Geschichte des Geldes. Vom Mittelalter bis heute, München 2009.

–, Geschichte der Ostsee. Handel und Kulturen, München 2011.

–, Geld- und Ordnungspolitik im Alten Reich, in: Anja Amend-Traut u. a. (Hg.), Geld, Handel, Wirtschaft. Höchste Gerichte im Alten Reich als Spruchkörper und Institution, Berlin/Boston 2013, S. 93–102.

–, Zwischen Hafen und Horizont. Weltgeschichte der Meere, München 2016.

Öhman, Jenny, Der Kampf um den Frieden. Schweden und der Kaiser im Dreißigjährigen Krieg, Wien 2005.

–, Die Plünderung von Prag 1648. Eine schwedische Perspektive, in: Frühneuzeit-Info 26, 2015, S. 240–248.

Oelke, Harry, Die Konfessionsbildung des 16. Jahrhunderts im Spiegel illustrierter Flugblätter, Berlin u. a. 1992.

Oestreich, Gerhard, Der römische Stoizismus und die oranische Heeresreform, in: ders., Geist und Gestalt des frühmodernen Staates, Berlin 1969, S. 11–34.

–, Graf Johanns VII. Verteidigungsbuch für Nassau-Dillenburg, in: ebd., S. 311–355.

Ognois, Laure, «Daß ein Cavallier seinen Dienst nicht besser kan anwenden als denselben dem Vatterland zu nutzen den Unirten zu praesentieren». Politische Instrumentalisierung eines christlichen Ereignisses? Die Festtaufe Friedrichs von Württemberg im Jahr 1616, in: Albrecht Ernst/Anton Schindling (Hg.), Union und Liga 1608/09. Konfessionelle Bündnisse im Reich – Weichenstellung zum Religionskrieg?, Stuttgart 2010, S. 227–261.

Olesen, Jens E., Der Kampf um die Ostseeherrschaft zwischen Dänemark und Schweden (1563–1720/21), in: Jan Hecker-Stampehl/Bernd Henningsen (Hg.), Geschichte, Politik und Kultur im Ostseeraum, Berlin 2012, S. 59–79.

Oredsson, Sverker, Geschichtsschreibung und Kult. Gustav Adolf, Schweden und der Dreißigjährige Krieg, Berlin 1994.

Oresko, Robert/Parrott, David, Reichsitalien im Dreißigjährigen Krieg, in: Bußmann/Schilling (1998), 1648, Bd. 1, S. 141–160.

Oschmann, Antje, Der Nürnberger Exekutionstag 1649–1650. Das Ende des Dreißigjährigen Krieges in Deutschland, Münster 1991.

Osiander, Andreas, The States System of Europe, 1640–1990. Peacemaking and the Conditions of International Stability, Oxford 1994.

Pánek, Jaroslav, Friedrich V. von der Pfalz als König von Böhmen, in: Wolf u. a. (2003), Winterkönig S. 101–106.

Parker, Geoffrey, Der Aufstand der Niederlande. Von der Herrschaft der Spanier zur Gründung der niederländischen Republik 1549–1609, München 1979.

–, Der Dreißigjährige Krieg, Frankfurt a. M. 1987.

–, Die militärische Revolution. Die Kriegskunst und der Aufstieg des Westens 1500–1800, Frankfurt a. M./New York 1990.

–, The Army of Flanders and the Spanish Road. The Logistics of Spanish Victory and Defeat in the Low Countries' Wars, Cambridge ²2004.

–, Global Crisis. War, Climate Change and Catastrophe in the Seventeenth Century, New Haven/London 2013.

Parker, Geoffrey/Smith, Lesley M. (Hg.), The General Crisis of the Seventeenth Century, London u. a. 1978.

Parrot, David A., Strategy and Tactics in the Thirty Years' War: The «Military Revolution», in: Militärgeschichtliche Mitteilungen 2, 1985, S. 7–25.

–, Der mantuanische Erbfolgestreit und der Dreißigjährige Krieg, in: Bußmann/Schilling (1998), 1648, Bd. 1, S. 153–160.

Parvev, Ivan, «Krieg der Welten» oder «Balance of Power». Europa und die Osmanen, 1300–1856, in: Irene Dingel/Matthias Schnettger (Hg.), Auf dem Weg nach Europa. Deutungen, Visionen, Wirklichkeiten, Göttingen 2010, S. 131–145.

Paul, Johannes, Gustav Adolf in der deutschen Geschichtsschreibung, in: Hans Ulrich Rudolf (Hg.), Der Dreißigjährige Krieg. Perspektiven und Strukturen, Darmstadt 1977, S. 17–32.

Pehle, Hans, Der «Rheinübergang» des Schwedenkönigs Gustav II. Adolf. Ein Ereignis im Dreißigjährigen Krieg 1631, Riedstadt 2005.

Pfaffenbichler, Matthias, Das frühbarocke Schlachtenbild – vom historischen Ereignisbild zur militärischen Genremalerei, in: Bußmann/Schilling (1998), 1648, Bd. 2, S. 493–500.

Pfister, Christian, Bevölkerungsgeschichte und historische Demographie 1500–1800, München 1994.

Piirimäe, Pärtel, Just War in Theory and Practice: The Legitimation of Swedish Intervention in the Thirty Years War, in: The Historical Journal 45, 2002, S. 499–523.

Plathner, Ludwig, Graf Johann von Nassau und die erste Kriegsschule. Ein Beitrag zur Kenntnis des Kriegswesens um die Wende des 16. Jahrhunderts, Berlin 1913.

Plessner, Helmuth, Die verspätete Nation. Über die politische Verführbarkeit des bürgerlichen Geistes, Frankfurt a. M. [4]1992.

Poelhekke, Jan Joseph, De vrede van Munster, s'Gravenhage 1948.

Poeschel, Sabine, Europa – Herrscherin der Welt? Die Erdteil-Allegorie im 17. Jahrhundert, in: Klaus Bußmann/Elke Anna Werner (Hg.), Europa im 17. Jahrhundert. Ein politischer Mythos und seine Bilder, Stuttgart 2004, S. 269–287.

Pohlig, Matthias, Exegese und Historiographie. Lutherische Apokalypsenkommentare als Kirchengeschichtsschreibung (1530–1618), in: Thomas Kaufmann u. a. (Hg.), Frühneuzeitliche Konfessionskulturen, Gütersloh 2008, S. 289–317.

Polišenský, Josef, Die Universität Jena und der Aufstand der böhmischen Stände in den Jahren 1618–1620, in: Wissenschaftliche Zeitschrift der Friedrich-Schiller-Universität Jena. Gesellschafts- und sprachwissenschaftliche Reihe 7, 1958, S. 441–447.

Polišenský, Josef/Kollmann, Josef, Wallenstein. Feldherr des Dreißigjährigen Krieges, Köln u. a. 1997.

Polišenský, Josef/Snider, Frederick, War and Society in Europe 1618–1648, Cambridge u. a. 1978.

Polleroß, Friedrich, Kaiser und Fürsten – Netzwerke der Kunst und Repräsentation im Heiligen Römischen Reich Deutscher Nation, in: Jochen Luckhardt (Hg.), «… einer der größten Monarchen Europas»?! Neue Forschungen zu Herzog Anton Ulrich, Petersberg 2014, S. 24–67.

Press, Volker, Calvinismus und Territorialstaat. Regierung und Zentralbehörden der Kurpfalz 1559–1619, Stuttgart 1970.

–, Böhmischer Aristokrat und kaiserlicher General. Zwei Biographien Albrecht von Wallensteins, in: Historische Zeitschrift 222, 1976, S. 626–638.

–, Die Bundespläne Kaiser Karls V. und die Reichsverfassung, in: Heinrich Lutz (Hg.), Das römisch-deutsche Reich im politischen System Karls V., München/Wien 1982, S. 55–106.

–, Hessen im Zeitalter der Landesteilung (1567–1655), in: Walter Heinemeyer (Hg.), Das Werden Hessens, Marburg 1986, S. 267–331.

–, Matthias (1612–1619), in: Anton Schindling/Walter Ziegler (Hg.), Die Kaiser der Neuzeit 1519–1918. Heiliges Römisches Reich, Österreich, Deutschland, München 1990, S. 112–123.

–, Rudolf II. (1576–1612), in: ebd., S. 99–111.

–, Kriege und Krisen. Deutschland 1600–1715, München 1991.

Prevenier, Walter/Blockmans, Wim, The Burgundian Netherlands, Cambridge 1986.

Pursell, Brennan C., The Winter King. Frederick V of the Palatine and the Coming of the Thirty Years' War, Aldershot u. a. 2003.

Quaasdorf, Friedrich, Der Prager Frieden von 1635 im Spiegel der zeitgenössischen Publizistik, in: Historisches Jahrbuch 135, 2015, S. 255–306, hier S. 278–281.

Querengässer, Alexander, Bernhard von Sachsen-Weimar und das Herzogtum Franken – Versuch einer Herrschaftsbildung? In: Werner Greiling u. a. (Hg.), Die Ernestiner. Politik, Kultur und gesellschaftlicher Wandel, Köln u. a. 2016, S. 145–162.

Rabb, Theodore K., The Struggle for Stability in Early Modern Europe, New York 1975.

Rabe, Horst, Deutsche Geschichte 1500–1600. Das Jahrhundert der Glaubensspaltung, München 1991.

–, Reichsbund und Interim. Die Verfassungs- und Religionspolitik Karls V. und der Reichstag von Augsburg 1547/1548, Köln/Wien 1971.

Ranke, Leopold von, Geschichte Wallensteins, Leipzig ³1872.

Rapp, Francis, Straßburg. Hochstift und Freie Reichsstadt, in: Schindling/Ziegler (1989–1997), Territorien, Bd. 5, S. 73–95.

Raumer, Kurt von, Sully, Crucé und das Problem des Ewigen Friedens, in: Historische Zeitschrift 175, 1953, S. 1–39.

Rauscher, Peter, Reichssachen. Die finanziellen Beziehungen zwischen Kaiser und Heiligem Römischen Reich (1600–1740), in: ders. u. a. (Hg.), Das «Blut des Staatskörpers». Forschungen zur Finanzgeschichte der Frühen Neuzeit, München 2012, S. 319–354.

Rebitsch, Robert, Wallenstein. Biografie eines Machtmenschen, Wien u. a. 2010.

–, Der militärische Beginn des Dreißigjährigen Krieges, in: ders. (Hg.), 1618. Der Beginn des Dreißigjährigen Krieges, Wien u. a. 2017, S. 169–199.

Redlich, Fritz, The German Military Enterpriser and his Work Force. A Study in European Economic and Social History, Bd. 1, Wiesbaden 1964.

Reinhard, Wolfgang, Vom italienischen Humanismus bis zum Vorabend der Französischen Revolution, in: Hans Fenske u. a. (Hg.), Geschichte der politischen Ideen. Von der Antike bis zur Gegenwart, Frankfurt a. M. 1996 (zuerst 1981), S. 241–376.

Repgen, Konrad, Über die Geschichtsschreibung des Dreißigjährigen Krieges. Begriff und Konzeption, in: ders. (Hg.), Krieg und Politik 1618–1648. Europäische Probleme und Perspektiven, München 1988, S. 1–79.

–, Die Hauptprobleme der Westfälischen Friedensverhandlungen von 1648 und ihre Lösungen, in: Zeitschrift für Bayerische Landesgeschichte 62, 1999, S. 399–438.

–, Christian Johann Feustels vergessene Geschichte des Dreißigjährigen Krieges (1736), in: ders., Dreißigjähriger Krieg und Westfälischer Friede. Studien und Quellen, hg. v. Franz Bosbach und Christoph Kampmann, Paderborn ³2015, S. 173–190.

–, Der Dreißigjährige Krieg im deutschen Geschichtsbild vor Schiller, in: ebd., S. 149–171.

–, Dreißigjähriger Krieg, in: ebd., S. 397–424.

–, Über den Zusammenhang von Verhandlungstechnik und Vertragsbegriffen. Die kaiserlichen Elsaß-Angebote vom 18. März und 14. April 1646 an Frankreich, in: ebd., S. 849–882.

–, Der Westfälische Friede. Ereignis, Fest und Erinnerung, in: ebd., S. 1053–1081.

–, Der Westfälische Frieden und die zeitgenössische Öffentlichkeit, in: ebd., S. 967–1009.

Rhode, Gotthold, Ungarn vom Ende der Verbindung mit Polen bis zum Ende der Türkenherrschaft (1444–1699), in: Theodor Schieder (Hg.), Handbuch der europäischen Geschichte, Bd. 3, Stuttgart ²1985, S. 1061–1117.

Richard, Marie, Jacques Callot (1592–1635). «Les Misères et les Malheurs de la Guerre» (1633). Ein Werk und sein Kontext, in: Bußmann/Schilling (1998), 1648, Bd. 2, S. 517–524.

Richarz, Irmintraut, Herrschaftliche Haushalte in vorindustrieller Zeit im Weserraum, Berlin 1971.

Richier, Andréas, Fatalismus und Alltagslast. Die Bedeutung der Nahrungsfrage für die Zivilbevölkerung im Dreißigjährigen Krieg, in: Militär und Gesellschaft in der Frühen Neuzeit 19, 2015, S. 71–100.

Riezler, Sigmund, Der Aufstand der bayerischen Bauern im Winter 1633 auf 1634, in: Sitzungsberichte der bayerischen Akademie der Wissenschaften, Philosophisch-historische Klasse, München 1900, S. 33–95.

Riklin, Alois, Machtteilung. Geschichte der Mischverfassung, Darmstadt 2006.

Rill, Bernd, Kaiser Matthias. Bruderzwist und Glaubenskampf, Graz 1999.

Ritter, Moriz, Friedrich Hortleder als Lehrer der Herzöge Johann Ernst und Friedrich von Sachsen-Weimar, in: Neues Archiv für sächsische Geschichte und Alterthumskunde 1, 1880, S. 188–208.

–, Das Kontributionssystem Wallensteins, in: Historische Zeitschrift 90, 1903, S. 193–249.

–, Der Untergang Wallensteins, in: Historische Zeitschrift 97, 1906, S. 237–303.

–, Deutsche Geschichte im Zeitalter der Gegenreformation und des Dreißigjährigen Krieges (1555–1648), Bde. 1–3, ND Darmstadt 1974 (zuerst erschienen Bd. 2: 1895, Bd. 3: 1908).

Roberts, Michael, Die militärische Revolution 1560–1660, in: Ernst Hinrichs (Hg.), Absolutismus, Frankfurt a. M. 1986 (zuerst engl. 1956), S. 273–309.

–, Gustavus Adolphus, London ²1992.

Roeck, Bernd, Der Dreißigjährige Krieg und die Menschen im Reich. Überlegungen zu Formen psychischer Krisenbewältigung in der ersten Hälfte des 17. Jahrhunderts, in: Peter C. Hartmann/Florian Schuller (Hg.), Der Dreißigjährige Krieg. Facetten einer folgenreichen Epoche, Regensburg 2010, S. 146–157.

Rogg, Matthias, Landsknechte und Reisläufer. Bilder vom Soldaten. Ein Stand in der Kunst des 16. Jahrhunderts, Paderborn u. a. 2002.

Rohe, Karl, Politik. Begriffe und Wirklichkeiten, Stuttgart u. a. 1994.

Rohrschneider, Michael, Neue Tendenzen der diplomatiegeschichtlichen Erforschung des Westfälischen Friedenskongresses, in: Inken Schmidt-Voges u. a. (Hg.), Pax perpetua. Neuere Forschungen zum Frieden in der Frühen Neuzeit, München 2010, S. 103–121.

–, Ein Ensemble neuralgischer Zonen. Europäische Konfliktfelder um 1600, in: Robert Rebitsch (Hg.), 1618. Der Beginn des Dreißigjährigen Krieges, Wien u. a. 2017, S. 19–46.

Rossbach, Nikola, u. a. (Hg.), Das Theatrum Europaeum. Wissensarchitektur einer Jahrhundertchronik, Wolfenbüttel 2012, http://diglib.hab.de/ebooks/ed000081/start.htm (25.3.2014).

Rosseaux, Ulrich, Die Kipper und Wipper als publizistisches Ereignis (1620–1626). Eine Studie zu den Strukturen öffentlicher Kommunikation im Zeitalter des Dreißigjährigen Krieges, Berlin 2001.

Roth, Paul W., Die Kipper- und Wipper-Zeit in den Habsburgischen Ländern, 1620 bis 1623, in: Eckart Schremmer (Hg.), Geld und Währung vom 16. Jahrhundert bis zur Gegenwart, Stuttgart 1993, S. 85–103.

Rudersdorf, Manfred, Ludwig IV. Landgraf von Hessen-Marburg 1537–1604. Landesteilung und Luthertum in Hessen, Mainz 1991.

–, Weichenstellung für die Neuzeit. Die Universität Leipzig zwischen Reformation und Dreißigjährigem Krieg 1539–1648/1660, in: Enno Bünz u. a. (Hg.), Geschichte der Universität Leipzig 1409–2009, Bd. 1: Spätes Mittelalter und Frühe Neuzeit, Leipzig 2009, S. 331–515.

Rüde, Magnus, England und Kurpfalz im werdenden Mächteeuropa (1608–1632). Konfession – Dynastie – kulturelle Ausdrucksformen, Stuttgart 2007.

Rummel, Walter, Das ‹ungestüme Umherlaufen der Untertanen›. Zum Verhältnis von religiöser Ideologie, sozialem Interesse und Staatsräson in den Hexenverfolgungen im Rheinland, in: Rheinische Vierteljahrsblätter 67, 2003, S. 121–161.

Ruppert, Karsten, Die kaiserliche Politik auf dem Westfälischen Friedenskongreß (1643–1648), Münster 1979.

Saito, Keita, Der Kriegskommissar der bayerischen Armee während des Dreißigjährigen Krieges, in: Militär und Gesellschaft in der Frühen Neuzeit 17.1, 2013, S. 117–123.

Salm, Hubert, Armeefinanzierung im Dreißigjährigen Krieg. Der niederrheinisch-westfälische Reichskreis 1635–1650, Münster 1990.

Salpetersieder, in: wikipedia. http://de.wikipedia.org/wiki/Salpetersieder (28.4.2015).

Sandberger, Anton, Der große oberösterreichische Bauernkrieg unter besonderer Berücksichtigung der Ereignisse in St. Agatha, http://www.fadinger.trachtler.at/pages/stefan-fadinger (5.5.2014).

Sarx, Tobias, Heidelberger Irenik am Vorabend des Dreißigjährigen Krieges, in: Albrecht Ernst/Anton Schindling (Hg.), Union und Liga 1608/09. Konfessionelle Bündnisse im Reich – Weichenstellung zum Religionskrieg?, Stuttgart 2010, S. 167–196.

Scales, Len, The Shaping of German Identity. Authority and Crisis, 1245–1414, Cambridge 2012.

Schaab, Meinrad, Geschichte der Kurpfalz, Bd. 2, Stuttgart u. a. 1992.

Schäfer, Walter Ernst, Der Dreißigjährige Krieg im «Soldatenleben» Moscheroschs und den simplicianischen Erzählungen Grimmelshausens, in: Bußmann/Schilling (1998), 1648, Bd. 2, S. 339–345.

Schama, Simon, Überfluß und schöner Schein. Zur Kultur der Niederlande im Goldenen Zeitalter, München 1988.

Schepers, Heinrich, Leibniz, Gottfried Wilhelm, in: Neue Deutsche Biographie, Bd. 14, S. 121–131.

Scheuner, Ulrich, Staatsräson und religiöse Einheit des Staates. Zur Religionspolitik in Deutschland im Zeitalter der Glaubensspaltung, in: Roman Schnur (Hg.), Staatsräson. Studien zur Geschichte eines politischen Begriffs, Berlin 1975, S. 363–405.

Schiller, Friedrich, Geschichte des Dreißigjährigen Krieges, in: ders., Sämtliche Werke, Bd. 4, München [7]1988, S. 363–745.

Schilling, Heinz, Aufbruch und Krise. Deutschland 1517–1648, Berlin 1988.

–, Die Konfessionalisierung im Reich. Religiöser und gesellschaftlicher Wandel in Deutschland zwischen 1555 und 1620, in: Historische Zeitschrift 246, 1988, S. 1–45.

–, Nationale Identität und Konfession in der europäischen Neuzeit (1991), in: ders., Ausgewählte Abhandlungen zur europäischen Reformations- und Konfessionsgeschichte, hg. von Luise Schorn-Schütte und Olaf Mörke, Berlin 2002, S. 541–587.

–, Konfessionalisierung und Staatsinteressen. Internationale Beziehungen 1559–1660, Paderborn u. a. 2007.

Schindling, Anton, Die Anfänge des immerwährenden Reichstags in Regensburg. Ständevertretung und Staatskunst nach dem Westfälischen Frieden, Mainz 1991.

–, Bildung und Wissenschaft in der Frühen Neuzeit 1650–1800, München 1994.

–, Konfessionalisierung und Grenzen von Konfessionalisierbarkeit, in: ders./Ziegler (1989–1997), Territorien, Bd. 7, S. 9–44.

–, Das Strafgericht Gottes. Kriegserfahrungen und Religion im Heiligen Römischen Reich deutscher Nation im Zeitalter des Dreißigjährigen Krieges, in: Matthias Asche/Anton Schindling (Hg.), Das Strafgericht Gottes. Kriegserfahrungen und Religion im Heiligen Römischen Reich Deutscher Nation im Zeitalter des Dreißigjährigen Krieges, Münster 2001, S. 11–51.

–, Scarabaeus aquilam quaerit. Humanismus und die Legitimation von Krieg und Frieden, in: Thomas Maissen/Gerrit Walther (Hg.), Funktionen des Humanismus. Studien zum Nutzen des Neuen in der humanistischen Kultur, Göttingen 2006, S. 343–361.

Schindling, Anton/Ziegler, Walter (Hg.), Die Territorien des Reichs im Zeitalter der Reformation und Konfessionalisierung, Bd. 1–7, Münster 1989–1997.

Schlie, Ulrich, Johann Stephan Pütters Reichsbegriff, Göttingen 1961.

Schlip, Harry, Die neuen Fürsten, in: Volker Press/Dietmar Willoweit: Liechtenstein – fürstliches Haus und staatliche Ordnung. Geschichtliche Grundlagen und moderne Perspektiven, Vaduz 1987, S. 249–293.

Schlögl, Rudolf, Bauern, Krieg und Staat. Oberbayerische Bauernwirtschaft und frühmoderner Staat im 17. Jahrhundert, Göttingen 1988.

Schmale, Wolfgang, Geschichte Europas, Wien u. a. 2000.

Schmid, Bernhold, Schütz, Heinrich, in: Neue Deutsche Biographie, Bd. 23, Berlin 2007, S. 662–664.

Schmid, Gerhard, Konfessionspolitik und Staatsräson bei den Verhandlungen des Westfälischen Friedenskongresses über die Gravamina Ecclesiastica, in: Archiv für Reformationsgeschichte 44, 1953, S. 203–223.

Schmidt, Alexander, Vaterlandsliebe und Religionskonflikte. Politische Diskurse im Alten Reich (1555–1648), Leiden/Boston 2007.

–, Konfession und nationales Vaterland. Katholische Reaktionen auf den protestantischen Patriotismus im Alten Reich (1520–1620), in: Thomas Kaufmann u. a. (Hg.), Frühneuzeitliche Konfessionskulturen, Gütersloh 2008, S. 13–48.

Schmidt, Georg, Der Wetterauer Grafenverein. Organisation und Politik einer Reichskorporation zwischen Reformation und Westfälischem Frieden, Marburg 1989.

–, Konfessionalisierung, Reich und deutsche Nation, in: Schindling/Ziegler (1989–1997), Territorien, Bd. 7, S. 171–199.

–, Die frühneuzeitlichen Hungerrevolten, in: Zeitschrift für Historische Forschung 18, 1991, S. 257–280.

–, Die zweite Reformation in den Reichsgrafschaften. Konfessionswechsel aus Glaubensüberzeugung und aus politischem Kalkül?, in: Meinrad Schaab (Hg.), Territorialstaat und Calvinismus, Stuttgart 1993, S. 97–136.

–, Voraussetzung oder Legitimation? Kriegsdienst und Adel im Dreißigjährigen Krieg, in: Otto Gerhard Oexle und Werner Paravicini (Hg.), Nobilitas. Funktion und Repräsentation des Adels in Alteuropa, Göttingen 1997, S. 431–451.

–, Geschichte des Alten Reiches. Staat und Nation in der Frühen Neuzeit 1495–1806, München 1999.

–, Teutsche Kriege. Nationale Deutungsmuster und integrative Wertvorstellungen im frühneuzeitlichen Reich, in: Dieter Langewiesche/Georg Schmidt (Hg.), Föderative Nation. Deutschland-konzepte von der Reformation bis zum Ersten Weltkrieg, München 2000, S. 33–61.

–, «Absolutes Dominat» oder «deutsche Freiheit». Der Kampf um die Reichsverfassung zwischen Prager und Westfälischem Frieden, in: Robert von Friedeburg (Hg.), Widerstandsrecht in der Frühen Neuzeit. Erträge und Perspektiven der Forschung im deutsch-britischen Vergleich, Berlin 2001, S. 265–284.

–, Die Anfänge der Fruchtbringenden Gesellschaft als politisch motivierte Sammlungsbewegung und höfische Akademie, in: Klaus Manger (Hg.), Die Fruchtbringer – eine Teutschhertzige Gesellschaft, Heidelberg 2001, S. 5–37.

–, Die «deutsche Freiheit» und der Westfälische Friede, in: Ronald G. Asch u. a. (Hg.), Frieden und Krieg in der Frühen Neuzeit. Die außereuropäische Staatenordnung und die europäische Welt, München 2001, S. 323–347.

–, Die frühneuzeitliche Idee «deutsche Nation». Mehrkonfessionalität und säkulare Werte, in: Heinz-Gerhard Haupt/Dieter Langewiesche (Hg.), Nation und Religion in der deutschen Geschichte, Frankfurt a. M. 2001, S. 33–67.

–, Luthertum, Aufklärung und religiöse Gleichgültigkeit am Weimarer Hof im späten 18. Jahrhundert, in: Klaus Malettke/Chantal Grell (Hg.), Hofgesellschaft und Höflinge an europäischen Fürstenhöfen in der Frühen Neuzeit (15.–18. Jh.), Münster 2001, S. 491–506.

–, Friedrich Schiller und seine Geschichte des Dreißigjährigen Krieges, in: Klaus Manger u. a. (Hg.), Schiller im Gespräch der Wissenschaften, Heidelberg 2005, S. 79–105.

–, Die Idee «deutsche Freiheit». Eine Leitvorstellung der politischen Kultur des Alten Reiches, in: ders./Martin van Gelderen/Christopher Snigula (Hg.), Kollektive Freiheitsvorstellungen im frühneuzeitlichen Europa (1400–1850), Frankfurt a. M. u. a. 2006, S. 159–189.

–, Westfälischer Frieden, in: Evangelisches Staatslexikon, Stuttgart 2006, Sp. 2692–2697.

–, Friedrich Meineckes Kulturnation. Zum historischen Kontext nationaler Ideen in Weimar-Jena um 1800, in: Historische Zeitschrift 284, 2007, S. 597–621.

–, Wandel durch Vernunft. Deutsche Geschichte im 18. Jahrhundert, München 2009.

–, Die Union und das Heilige Römische Reich deutscher Nation, in: Albrecht Ernst/Anton Schindling (Hg.), Union und Liga 1608/09. Konfessionelle Bündnisse im Reich – Weichenstellung zum Religionskrieg?, Stuttgart 2010, S. 9–28.

–, Europa in der ersten Hälfte des 17. Jahrhunderts, in: Schütz-Jahrbuch 2011, S. 31–40.

–, Ästhetische Geschichtsdeutungen. Friedrich Schiller und Carl Theodor von Piloty über den Dreißigjährigen Krieg, in: Musik – Politik – Ästhetik. Detlef Altenburg zum 65. Geburtstag, hg. v. Axel Schröter, Sinzig 2012, S. 36–48.

–, Das Alte Reich und die Europäische Union – ein Versuch, in: Meinolf Vielberg (Hg.), Vorträge der Geisteswissenschaftlichen Klasse 2010–2011, Erfurt 2013, S. 79–98.

–, Der «Leu aus Mitternacht». Politische und religiöse Deutungen König Gustavs II. Adolf von Schweden, in: Mariano Delgado/Volker Leppin (Hg.), Gott in der Geschichte. Zum Ringen um das Verständnis von Heil und Unheil in der Geschichte des Christentums, Fribourg/Stuttgart 2013, S. 325–349.

–, Luther und die Freiheit seiner «lieben Deutschen», in: Heinz Schilling (Hg.), Der Reformator Martin Luther 2017. Eine wissenschaftliche und gedenkpolitische Bestandsaufnahme, Berlin u. a. 2014, S. 173–194.

–, Luthers verführerisches Angebot. Gehorsam und Kirchenregiment, in: Werner Greiling u. a. (Hg.), Negative Implikationen der Reformation? Gesellschaftliche Transformationsprozesse 1470–1620, Köln u. a. 2015, S. 201–221.

–, Der Westfälische Frieden – ein multilateraler Reichsgrundgesetzvertrag?, in: Verfassung und Völkerrecht in der Verfassungsgeschichte. Interdependenzen zwischen internationaler Ordnung und Verfassungsordnung (= Der Staat, Beiheft 23), Berlin 2015, S. 11–26.

–, Johann Gerhard über Widerstand und Prager Frieden, in: Markus Friedrich u. a. (Hg.), Konfession, Politik und Gelehrsamkeit. Der Jenaer Theologe Johann Gerhard (1582–1637) im Kontext seiner Zeit, Stuttgart 2017, S. 37–50.

–, Speyer 1526. Wie eine Floskel die obrigkeitliche Reformation legitimierte und das Reich veränderte, in: Joachim Bauer/Stefan Michel (Hg.), Der «Unterricht der Visitatoren» und die Durchsetzung der Reformation in Kursachsen, Leipzig 2017, S. 35–52.

Schmidt, Karl, Geschichte des dreißigjährigen Krieges zur zweihundertjährigen Jubelfeier des westfälischen Friedens im Jahr 1648, Jena 1848.

Schmidt, Peer, Spanische Universalmonarchie oder «teutsche Libertet». Das spanische Imperium in der Propaganda des Dreißigjährigen Krieges, Stuttgart 2001.

–, Zwischen Danielsprophetie, Romidee und «servitut». Deutsche und spanische Antworten auf die universalmonarchische Legitimation Karls V., in: Volker Leppin u.a. (Hg.), Johann Friedrich I. – der lutherische Kurfürst, Gütersloh 2006, S. 31–54.

Schmidt, Peter, Bellum iustum. Gerechter Krieg und Völkerrecht in Geschichte und Gegenwart, Diss. jur. Frankfurt a.M. 2010.

Schmidt-Biggemann, Wilhelm, Apokalypse und Millenarismus im Dreißigjährigen Krieg, in: Bußmann/Schilling (1998), Bd. 1, S. 259–263.

Schmidt-Funke, Julia A., Haben und Sein. Materielle Kultur und Konsum im frühneuzeitlichen Frankfurt am Main, phil. Habil. Jena 2016.

Schmidt-Voges, Inken, De antiqua claritate et clara antiquitate Gothorum. Gotizismus als Identitätsmodell im frühneuzeitlichen Schweden, Frankfurt a.M. u.a. 2004.

Schneider, Bernd Christian, Ius reformandi. Die Entwicklung eines Staatskirchenrechts von seinen Anfängen bis zum Ende des Alten Reiches, Tübingen 2001.

Schneider, Ivo: Wunderwerk Gottes oder ganz natürliche Erscheinung. Der Kometenstreit des Jahres 1618, in: Damals, Heft 12, 1994, S. 32–39.

Schönstädt, Hans-Jürgen, Antichrist, Weltheilsgeschehen und Gottes Werkzeug. Römische Kirche, Reformation und Luther im Spiegel des Reformationsjubiläums 1617, Wiesbaden 1978.

Schormann, Gerhard, Der Dreißigjährige Krieg 1618–1648, in: Gebhardt. Handbuch der Deutschen Geschichte, Bd. 10, Stuttgart [10]2001, S. 207–279.

Schorn-Schütte, Luise, Geschichte Europas in der Frühen Neuzeit. Studienhandbuch 1500–1789, Paderborn u.a. 2009

–, Konfessionskriege und europäische Expansion. Europa 1500–1648, München 2010.

–, Gottes Wort und Menschenherrschaft. Politisch-theologische Sprachen im Europa der Frühen Neuzeit, München 2015.

Schreiner, Klaus, Art. Toleranz, in: Geschichtliche Grundbegriffe, Bd. 6, Stuttgart 1990, S. 445–605.

Schröder, Caroline, «Denn es ist böse Zeit». Reflexionen zeitgenössischer Hamburger Prediger über den Dreißigjährigen Krieg, in: Martin Knauer/Sven Tode (Hg.), Der Krieg vor den Toren. Hamburg im Dreißigjährigen Krieg 1618–1648, Hamburg 2000, S. 289–311.

Schröder, Meinhard, Der Westfälische Friede – eine Epochengrenze in der Völkerrechtsentwicklung?, in: ders. (Hrsg.), 350 Jahre Westfälischer Friede. Verfassungsgeschichte, Staatskirchenrecht, Völkerrechtsgeschichte, Berlin 1999, S. 119–132.

Schubert, Anselm, Die Reformation als Werk Gottes in der lutherischen Historiographie des 16. und 17. Jahrhunderts, in: Mariano Delgado/Volker Leppin (Hg.), Gott in der Geschichte. Zum Ringen um das Verständnis von Heil und Unheil in der Geschichte des Christentums, Fribourg/Stuttgart 2013, S. 255–269.

Schubert, Friedrich Hermann, Die deutschen Reichstage in der Staatslehre der Frühen Neuzeit, Göttingen 1966.

–, Volkssouveränität und Heiliges Römisches Reich, in: Historische Zeitschrift 213, 1971, S. 91–122.

–, Ludwig Camerarius (1573–1651). Eine Biographie, hg. v. Anton Schindling, Münster [2]2013.

Schüssler, Hermann, Georg Calixt(us), in: Neue Deutsche Biographie, Bd. 3, S. 96 f.

Schulze, Winfried, Reich und Türkengefahr im späten 16. Jahrhundert. Studien zu den politischen und gesellschaftlichen Auswirkungen einer äußeren Bedrohung, München 1978.

–, Bäuerlicher Widerstand und feudale Herrschaft in der frühen Neuzeit, Stuttgart/Bad Cannstatt 1980.

–, Die deutsche Landesdefension im 16. und 17. Jahrhundert, in: Johannes Kunisch (Hg.), Staatsverfassung und Heeresverfassung in der europäischen Geschichte der frühen Neuzeit, Berlin 1986, S. 129–149.

–, Concordia, Discordia, Tolerantia. Deutsche Politik im konfessionellen Zeitalter, in: Johannes Kunisch (Hg.), Neue Studien zur frühneuzeitlichen Reichsgeschichte, Berlin 1987, S. 43–79.

–, Deutsche Geschichte im 16. Jahrhundert. 1500–1618, Frankfurt a.M. 1987.

–, Gerhard Oestreichs Begriff «Sozialdisziplinierung in der frühen Neuzeit», in: Zeitschrift für Historische Forschung 14, 1987, S. 265–302.

–, Europa in der Frühen Neuzeit – begriffsgeschichtliche Befunde, in: Heinz Duchhardt/Andreas Kunz (Hg.), «Europäische Geschichte» als historiographisches Problem, Mainz 1997, S. 35–65.

Schwager, Therese, Militärtheorie im Späthumanismus. Kulturtransfer taktischer und strategischer Theorien in den Niederlanden und Frankreich (1590–1660), Berlin/Boston 2012.

Schwaiger, Georg, Franz Wilhelm, Graf von Wartenberg, in: Neue Deutsche Biographie, Bd. 5, S. 365.

Schwarz Lausten, Martin, Die Reformation in Dänemark, Gütersloh 2008.

Seelmann, Peter, Johann Philipp von Vorburg, https://www.historicum.net/themen/erster-rhein-bund-1658/akteure/vertragschliessende-parteien/mainz/philipp-vo n-vorburg/ (1.8.2017).

Segl, Peter, Europas Grundlegung im Mittelalter, in: Jörg A. Schlumberger/Peter Segl (Hg.), Europa – aber was ist es? Aspekte seiner Identität in interdisziplinärer Sicht, Köln u. a. 1994, S. 21–43.

Selderhuis, Herman, Wem gehört die Reformation? Das Reformationsjubiläum 1617 im Streit zwischen Lutheranern und Reformierten, in: ders. u. a. (Hg.), Calvinismus in den Auseinandersetzungen des frühen konfessionellen Zeitalters, Göttingen 2013, S. 66–78.

Selzer, Stephan, Unter Globalisierungsdruck. Der Thüringer Waid auf dem Farbstoffmarkt des 16. Jahrhunderts, in: Zeitschrift für Thüringische Geschichte 62, 2008, S. 49–64.

Sennewald, Roland, Das kursächsische Heer im Dreißigjährigen Krieg. 1618–1648, Berlin 2013.

Sigelen, Alexander, Dem ganzen Geschlecht nützlich und rühmlich. Reichspfennigmeister Zacharias Geizkofler zwischen Fürstendienst und Familienpolitik, Stuttgart 2009.

Sikora, Michael, Söldner – historische Annäherung an einen Kriegstypus, in: Geschichte und Gesellschaft 29, 2003, S. 210–238.

Slaughter, Anne-Marie, A New World Order, Princeton u. a. 2004.

Sonnino, Paul, From d'Avaux to Dévot: Politics and Religion in the Thirty Years War, in: History 87, 2002, S. 191–203.

Soop, Hans, Der Skulpturenschmuck des Kriegsschiffs Vasa als Ausdruck der politischen Ansprüche, Pläne und Ambitionen Gustav Adolfs, in: Bußmann/Schilling (1998), 1648, Bd. 2, S. 113–119.

Spies, Marijke/Wiskerke, Evert, Niederländische Dichter über den Dreißigjährigen Krieg, in: ebd., S. 399–408.

Srbik, Heinrich Ritter von, Wallensteins Ende. Ursachen, Verlauf und Folgen der Katastrophe, Salzburg ²1952.

Stauber, Reinhard, Hartmann Schedel, der Nürnberger Humanistenkreis und die «Erweiterung der deutschen Nation», in: Johannes Helmrath u. a. (Hg.), Diffusion des Humanismus. Studien zur nationalen Geschichtsschreibung europäischer Humanisten, Göttingen 2002, S. 159–185.

Steglic, Anja, Zeremoniell und Rangordnung auf der europäischen diplomatischen Bühne am Beispiel der Gesandtenzüge in die Kongreßstadt Münster, in: Bußmann/Schilling (1998), 1648, Bd. 1, S. 391–396.

Steiger, Heinhard, Friede in der Rechtsgeschichte, in: ders., Von der Staatengesellschaft zur Weltrepublik? Aufsätze zur Geschichte des Völkerrechts aus vierzig Jahren, Baden-Baden 2009, S. 293–355.

–, Geht das Zeitalter des souveränen Staats zu Ende?, in: ebd., S. 703–728.

–, Ius bändigt Mars. Das klassische Völkerrecht und seine Wissenschaft als frühneuzeitliche Kulturerscheinung, in: ebd., S. 105–131.

–, Das ius belli ac pacis des Alten Reiches zwischen 1645 und 1801, in: ebd., S. 599–625.

–, Religion und die historische Entwicklung des Völkerrechts, in: ebd., S. 67–104.

–, Der Westfälische Frieden – Grundgesetz für Europa, in: ebd., S. 383–429.

–, Bündnissysteme um 1600. Verflechtungen – Ziele – Strukturen, in: Jahrbuch für Europäische Geschichte 12, 2011, S. 77–101.

Steinberg, Sigfrid Henry, Der Dreißigjährige Krieg und der Kampf um die Vorherrschaft in Europa 1600–1660, Göttingen 1967.

Steinwascher, Gerd, Osnabrück und der Westfälische Frieden. Die Geschichte der Verhandlungsstadt 1641–1650, Osnabrück 2000.

Sternberger, Dolf, Verfassungspatriotismus, Frankfurt a. M. 1990.

Steude, Wolfram, Heinrich Schütz und der Dreißigjährige Krieg, in: Bußmann/Schilling (1998), 1648, Bd. 2, S. 423–430.

Stiebing, Marcus, Die Bündnispolitik Gustav II. Adolfs von Schweden mit den evangelischen Reichsständen – das Beispiel Sachsen-Weimars, Staatsexamensarbeit Jena 2015.

Stievermann, Dieter, Erfurt in der schwedischen Deutschlandpolitik 1631–1650, in: Mitteilungen des Vereins für Geschichte und Altertumskunde von Erfurt 57, 1996, S. 35–68.

Stollberg-Rilinger, Barbara, Des Kaisers alte Kleider. Verfassungsgeschichte und Symbolsprache des Alten Reiches, München 2008.

Stolleis, Michael, Geschichte des öffentlichen Rechts in Deutschland, Bd. 1: Reichspublizistik und Policeywissenschaft, 1600–1800, München 1988.

–, Lipsius-Rezeption in der politisch-juristischen Literatur des 17. Jahrhunderts in Deutschland, in: ders., Staat und Staatsräson in der Frühen Neuzeit. Studien zur Geschichte des öffentlichen Rechts, Frankfurt a. M. 1990, S. 232–267.

Straub, Eberhard, Pax et Imperium. Spaniens Kampf um seine Friedensordnung in Europa zwischen 1617 und 1635, Paderborn u. a. 1980.

Stricker, Herbert, Deutsche Medaillen aus der Zeit des 30-jährigen Krieges (1618–1648) und ihr geschichtlicher Hintergrund, Regenstauf 2010.

Strohmeyer, Arno, Vom Widerstand zur Rebellion. Praxis und Theorie des ständischen Widerstands in den östlichen österreichischen Ländern im Werden der Habsburgermonarchie (ca. 1550–1650), in: Robert von Friedeburg (Hg.), Widerstandsrecht in der frühen Neuzeit. Erträge und Perspektiven der Forschung im deutsch-britischen Vergleich, Berlin 2001, S. 207–243.

Struck, Walter, Das Bündniß Wilhelms von Weimar mit Gustav Adolf. Ein Beitrag zur Geschichte des dreißigjährigen Krieges, Stralsund 1895.

Sturm, Roland, Perspektiven des Staates im 21. Jahrhundert, in: Alexander Gallus/Eckhard Jesse (Hg.), Staatsformen. Modelle politischer Ordnung von der Antike bis zur Gegenwart. Ein Handbuch, Köln u. a. 2004, S. 371–399.

Sturmberger, Hans, Aufstand in Böhmen. Der Beginn des Dreißigjährigen Krieges, München 1959.

Tacke, Andreas, «Der Kunst-Feind Mars». Die Auswirkungen des Krieges auf Kunst und Künstler nach Sandrats «Teutscher Academie», in: Bußmann/Schilling (1998), 1648, Bd. 2, S. 245–252.

Tauss, Susanne, «dass die Räuber das alleradeligste Exercitium ist …». Kunstschätze als Beute im Dreißigjährigen Krieg, in: ebd., S. 281–288.

Tenner, Philipp, Der Tod des Albrecht von Wallenstein – ein präventiver Tyrannenmord. Staatsexamensarbeit Jena 2016.

Tersch, Harald, Gottes Ballspiel. Der Krieg in Selbstzeugnissen aus dem Umkreis des Kaiserhofes, in: Benigna von Krusenstjern/Hans Medick (Hg.), Zwischen Alltag und Katastrophe. Der Dreißigjährige Krieg aus der Nähe, Göttingen 1999, S. 427–465.

Theibault, John, Landfrauen, Soldaten und Vergewaltigungen während des Dreißigjährigen Krieges, in: WerkstattGeschichte 19, Hamburg 1998, S. 25–39.

Thompson, Edward P., Die «sittliche Ökonomie» der englischen Unterschichten im 18. Jahrhundert, in: Detlev Puls (Hg.), Wahrnehmungsformen und Protestverhalten. Studien zur Lage der Unterschichten im 18. und 19. Jahrhundert, Frankfurt a. M. 1979, S. 13–80.

Thuillier, Jacques, Der Dreißigjährige Krieg und die Künste, in: Bußmann/Schilling (1998), 1648, Bd. 2, S. 15–28.

Tiedemann, Helmut, Johann Ernst II. von Sachsen-Weimar und die Universität Wittenberg, in: Zeitschrift des Vereins für Thüringische Geschichte und Altertumskunde N. F. 32, 1937, S. 233–239.

Tilly, Michael, Apokalyptik, Tübingen/Basel 2012.

Tischer, Anuschka, Französische Diplomatie und Diplomaten auf dem Westfälischen Friedenskongress. Außenpolitik unter Richelieu und Mazarin, Münster 1999.

–, Offizielle Kriegsbegründungen in der Frühen Neuzeit. Herrscherkommunikation in Europa zwischen Souveränität und korporativem Selbstverständnis, Berlin u. a. 2012.

Treitschke, Heinrich von, Gustav Adolf und Deutschlands Freiheit, in: ders., Ausgewählte Schriften, Bd. 1, Leipzig ³1907, S. 159–175.

–, Deutsche Geschichte im neunzehnten Jahrhundert, Teil 1: Bis zum zweiten Pariser Frieden, Leipzig 1928 (zuerst 1879).

Troeltsch, Walter, Die Calwer Zeughandelskompagnie und ihre Arbeiter, Jena 1897.

Troßbach, Werner, Soziale Bewegung und politische Erfahrung. Bäuerlicher Protest in hessischen Territorien 1648–1806, Weingarten 1987.

Tschopp, Silvia Serena, Heilsgeschichtliche Deutungsmuster in der Publizistik des Dreißigjährigen Krieges. Pro- und antischwedische Propaganda in Deutschland 1628 bis 1635, Frankfurt a. M. u. a. 1991.

–, Albrecht von Wallensteins Ende im Spiegel der zeitgenössischen Flugblattpublizistik, in: Zeitschrift für Historische Forschung 24, 1997, S. 25–43.

–, Gegenwärtige Abwesenheit. Europa als politisches Denkmodell im 17. Jahrhundert?, in: Klaus Bußmann/Elke Anna Werner (Hg.), Europa im 17. Jahrhundert. Ein politischer Mythos und seine Bilder, Stuttgart 2004, S. 25–36.

Tuchtenhagen, Ralph, Die schwedische Vorherrschaft am Oberrhein 1631–1634, in: Zeitschrift für die Geschichte des Oberrheins 162, 2014, S. 231–259.

Ulbricht, Otto, The Experience of Violence During the Thirty Years War: A Look at the Civilian Victims, in: Joseph Canning u. a. (Hg.), Power, Violence, and mass death in pre-modern and modern times, Aldershot 2004, S. 97–127.

Unruh, Georg-Christoph von, Obrigkeit und Amt bei Luther und das von ihm beeinflußte Staatsverständnis, in: Roman Schnur (Hg.), Staatsräson. Studien zur Geschichte eines politischen Begriffs, Berlin 1975, S. 339–361.

Venedey, Jacob, Vorwärts und Rückwärts in Preußen, Leipzig 1848.

Ventzke, Marcus, Das Ende des Dreißigjährigen Krieges in einer verhinderten Reichsstadt. Erfurt zwischen Diplomatie und Friedensfest, in: Mitteilungen des Vereins für die Geschichte und Altertumskunde von Erfurt, Neue Folge 8, 2000, S. 29–57.

Vocelka, Karl, Die politische Propaganda Kaiser Rudolfs II. (1576–1612), Wien 1981.

Vogler, Günter, Europas Aufbruch in die Neuzeit 1500–1650, Stuttgart 2003.

Walter, Axel E., Die politische Publizistik im Dreißigjährigen Krieg. Das literarische Schaffen Julius Wilhelm Zincgrefs. In: Bußmann/Schilling (1998), 1648, Bd. 2, S. 377–383.

Walther, Gerrit, Biographie als Experiment. Leopold von Rankes «Geschichte Wallensteins». Aufbau und Absicht, in: Bahlcke/Kampmann (2011), Wallensteinbilder, S. 245–261.

Wandruszka, Adam, Reichspatriotismus und Reichspolitik zur Zeit des Prager Friedens von 1635. Eine Studie zur Geschichte des deutschen Nationalbewußtseins, Graz/Köln 1955.

Wannenmacher, Julia Eva, Auf der Suche nach dem Millennium. Von Joachim von Fiore bis zum Dritten Reich, in: Mariano Delgado/Volker Leppin (Hg.), Gott in der Geschichte. Zum Ringen um das Verständnis von Heil und Unheil in der Geschichte des Christentums, Fribourg/Stuttgart 2013, S. 159–182.

Weber, Franz, Gliederung und Einsatz des bayerischen Heeres im Dreißigjährigen Krieg, in: Hubert Glaser (Hg.), Um Glauben und Reich. Kurfürst Maximilian I. (= Ausstellungskatalog 2.1), München 1980, S. 400–407.

Weber, Hermann, Richelieu und das Reich, in: Hans Ulrich Rudolf (Hg.), Der Dreißigjährige Krieg. Perspektiven und Strukturen, Darmstadt 1977, S. 304–321.

Weber, Max, Die protestantische Ethik und der Geist des Kapitalismus, in: ders., Die protestantische Ethik I. Eine Aufsatzsammlung, Hamburg ³1973.

Wedgwood, Cicely Veronica, Der Dreißigjährige Krieg, München 1967.

Wehler, Hans-Ulrich, Der zweite Dreißigjährige Krieg, in: Spiegel Special, 30. 3. 2004, http://www.spiegel.de/spiegelspecial/a-296159.html (13. 9. 2017).

Weiand, Kerstin, Hessen-Kassel und die Reichsverfassung. Ziele und Prioritäten landgräflicher Politik im Dreißigjährigen Krieg, Marburg 2009.

Wendehorst, Stephan, Johann Jacob Moser. Der Reichspublizist als Völkerrechtler, in: ders. (Hg.), Die Anatomie frühneuzeitlicher Imperien. Herrschaftsmanagement jenseits von Staat und Nation. Institutionen, Personal und Techniken, Berlin u. a. 2015, S. 303–324.

Wendland, Andreas, Der Nutzen der Pässe und die Gefährdung der Seelen. Spanien, Mailand und der Kampf ums Veltlin, 1620–1641, Zürich 1995.

Werner, Elke Anna, Peter Paul Rubens und der Mythos des christlichen Europa, in: Klaus Bußmann/dies. (Hg.), Europa im 17. Jahrhundert. Ein politischer Mythos und seine Bilder, Stuttgart 2004, S. 303–321.

Westphal, Siegrid, Frauen der Frühen Neuzeit und die deutsche Nation, in: Dieter Langewie-sche/Georg Schmidt (Hg.), Föderative Nation. Deutschlandkonzepte von der Reformation bis zum Ersten Weltkrieg, München 2000, S. 363–385.

–, Der Westfälische Frieden, München 2015.

Westphal, Siegrid/Bauer, Joachim, Studenten und Renommisten, in: Joachim Bauer u. a. (Hg.), Die Universität Jena in der Frühen Neuzeit, Heidelberg 2008, S. 97–106.

Weydt Günther, Grimmelshausen, Johann Jakob Christoph von, in: Neue Deutsche Biographie, Bd. 7, 1966, S. 89–92.

Whaley, Joachim, A Tolerant Society? Religious Toleration in the Holy Roman Empire, 1648–1806, in: Ole Peter Grell/Roy Porter (Hg.), Toleration in Enlightenment Europe, Cambridge 2000, S. 175–195.

–, Das Heilige Römische Reich Deutscher Nation und seine Territorien, Bd. 1, Darmstadt 2014.

Willoweit, Dietmar, Von der alten deutschen Freiheit. Zur verfassungsgeschichtlichen Bedeutung der Tacitus-Rezeption, in: Erk Volkmar Heyen (Hg.), Vom normativen Wandel des Politischen. Rechts- und staatsphilosophisches Kolloquium aus Anlaß des 70. Geburtstages von Hans Ryffel, Berlin 1984, S. 17–42.

–, Deutsche Verfassungsgeschichte. Vom Frankenreich bis zur Teilung Deutschlands. Ein Studien-buch, München 1990.

Wilson, Peter H., Europe's Tragedy. A History of the Thirty Years War, London 2009.

Winkelbauer, Thomas, Ständefreiheit und Fürstenmacht. Länder und Untertanen des Hauses Habs-burg im konfessionellen Zeitalter, Tl. 1, Wien 2003.

Winkler, Heinrich August, Der lange Weg nach Westen. Bd. 1: Deutsche Geschichte vom Ende des Alten Reiches bis zum Untergang der Weimarer Republik, München 2000.

Winnige, Norbert, Wirtschaften im Dreißigjährigen Krieg. Das Beispiel Göttingen, in: Benigna von Krusenstjern/Hans Medick (Hg.), Zwischen Alltag und Katastrophe. Der Dreißigjährige Krieg aus der Nähe, Göttingen 1999, 273–306.

Wirszubski, Chaim, Libertas als politische Idee im Rom der späten Republik und des frühen Prin-zipats, Darmstadt 1967.

Witthöft, Harald, Die Münzordnungen und das Grundgewicht im Deutschen Reich vom 16. Jahr-hundert bis 1871/72, in: Eckart Schremmer (Hg.), Geld und Währung vom 16. Jahrhundert bis zur Gegenwart, Stuttgart 1993, S. 45–68.

Wohlfeil, Rainer, Ritter – Söldnerführer – Offizier, in: Geschichtliche Landeskunde 3, 1965, S. 45–70.

Wolf, Peter u. a. (Hg.), Der Winterkönig. Friedrich V., der letzte Kurfürst aus der Oberen Pfalz (= Ausstellungskatalog), Augsburg 2003.

–, Eisen aus der Oberpfalz, Zinn aus Böhmen und die goldene böhmische Krone, in: ebd., S. 65–74.

Wolf, Thomas, Arme Städte – reiche Bürger? Private und öffentliche Wirtschaft im 17. Jahrhundert, in: Joachim Jahn/Wolfgang Hartung (Hg.), Gewerbe und Handel vor der Industrialisierung. Regio-nale und überregionale Verflechtungen im 17. und 18. Jahrhundert, Sigmaringendorf 1991, S. 49–59.

Wolff, Fritz, Corpus Evangelicorum und Corpus Catholicorum auf dem Westfälischen Friedens-kongreß. Die Einfügung der konfessionellen Ständeverbindungen in die Reichsverfassung, Münster 1966.

–, Feldpostbriefe aus dem Dreißigjährigen Kriege. Selbstzeugnisse der kleinen Leute, in: Walter Heinemeyer (Hg.), Hundert Jahre Historische Kommission für Hessen 1897–1997, Bd. 1, Mar-burg 1997, S. 481–512.

Wolgast, Eike, Ludwig Camerarius und die Politik der Kurpfalz vor und nach 1618, in: Historische Zeitschrift 299, 2014, S. 334–351.

Wollgast, Siegfried, Krieg und Frieden im utopischen Denken des 17. Jahrhunderts in Deutschland, in: Klaus Garber u. a. (Hg.), Erfahrung und Deutung von Krieg und Frieden. Religion – Ge-schlechter – Natur und Kultur, München 2001, S. 201–245.

Wrede, Martin, Der Kontinent der Erbfeinde. Deutsche und europäische Feindbilder der Frühen Neuzeit zwischen Säkularisierung und Sakralität, in: Irene Dingel/Matthias Schnettger (Hg.), Auf dem Weg nach Europa. Deutungen, Visionen, Wirklichkeiten, Göttingen 2010, S. 56–78.

–, Europa als plurale Einheit. Grundsignaturen des Kontinents, in: Enzyklopädie der Neuzeit, Bd. 3, Sp. 600–608.

Wyduckel, Dieter, Reichsverfassung und Reichspublizistik vor den institutionellen Herausforderungen des Westfälischen Friedens, in: Bußmann/Schilling (1998), 1648, Bd. 1, S. 77–84.

Zernack, Klaus, Das Zeitalter der Nordischen Kriege von 1558–1809 als frühneuzeitliche Geschichtsepoche, in: Zeitschrift für Historische Forschung 1, 1974, S. 55–79.

–, Schweden als europäische Großmacht der Frühen Neuzeit, in: Historische Zeitschrift 232, 1981, S. 327–357.

Ziegler, Hannes, Trauen und Glauben. Vertrauen in der politischen Kultur des Alten Reiches im Konfessionellen Zeitalter, Diss. München 2015.

Ziegler, Karl-Heinz, Die Bedeutung des Westfälischen Friedens von 1648 für das europäische Völkerrecht, in: Archiv des Völkerrechts 37, 1999, S. 129–151.

Zopf, Hans, Jacobi von Wallhausen, Johann, in: Neue Deutsche Biographie, Bd. 10, Berlin 1974, S. 238.

Zorn, Wolfgang, Gewerbe und Handel 1648–1800, in: Hermann Aubin/Wolfgang Zorn (Hg.), Handbuch der deutschen Wirtschafts- und Sozialgeschichte, Bd. 1, Stuttgart 1971, S. 531–573.

Zschoch, Hellmut, Größe und Grenzen des «Löwen von Mitternacht». Das Bild Gustav Adolfs in der populären protestantischen Publizistik als Beispiel religiöser Situationswahrnehmung im Dreißigjährigen Krieg, in: Zeitschrift für Theologie und Kirche 91, 1994, S. 25–50.

Zunckel, Julia, Rüstungsgeschäfte im Dreißigjährigen Krieg. Unternehmerkräfte, Militärgüter und Marktstrategien im Handel zwischen Genua, Amsterdam und Hamburg, Berlin 1997.

Abbildungsnachweis

S. 2 und Kapitelanfänge: Pieter Bruegel d. Ä.: Triumph des Todes (Ausschnitt): MPortfolio/Electa/ akg-images, Berlin

S. 22 *links und rechts*: aus: Klaus Bußmann/Elke Anna Werner (Hg.): Europa im 17.Jahrhundert. Ein politischer Mythos und seine Bilder, Stuttgart 2004

S. 136: Herzog August Bibliothek Wolfenbüttel: 36.17.3 Geom., image-Nr. 00011

S. 137: Herzog August Bibliothek Wolfenbüttel: 36.17.3 Geom., image-Nr. 00067

S. 140: Herzog August Bibliothek Wolfenbüttel: IH 11

S. 163: (Sammlung des Schlosses Jindrichuv Hradec), akg-images, Berlin

S. 173: Universitätsbibliothek Heidelberg: Inventar-Nr.: Graph. Slg. A_0046, Bild-ID: 55538

S. 184: (Bayerische Staatsgemäldesammlungen, München), akg-images, Berlin

S. 189: (Braunschweigisches Landesmuseum), akg-images, Berlin

S. 198: akg-images, Berlin

S. 205: © Forschungsbibliothek Gotha der Universität Erfurt, Pol 8° 422b/8 (9)

S. 212: Staatsbibliothek zu Berlin/Ruth Schacht/bpk-Bildagentur, Berlin

S. 251: Anthonis van Dyck/Bayerische Staatsgemäldesammlungen/Foto: © Blauel Gnamm – ARTOTHEK, Weilheim

S. 289: Deutsches Historisches Museum/bpk-Bildagentur, Berlin

S. 307 *oben, Mitte, unten*: aus: Hermann Maué: Sebastian Dadler 1586–1657. Medaillen im Dreißigjährigen Krieg, Nürnberg 2008 (Wissenschaftliche Beibände zum Anzeiger des Germanischen Nationalmuseums, Band 28)

S. 334: Albertina, Wien: Inv. Holland nach Sektionen I/42, fol. 24

S. 350: Herzog August Bibliothek Wolfenbüttel: IH 207

S. 353: akg-images, Berlin

S. 365: Herzog August Bibliothek Wolfenbüttel: 65.1 Pol. (Flugblatt)

S. 369: Herzog August Bibliothek Wolfenbüttel: IH 176a

S. 378: aus: Hermann Maué: Sebastian Dadler 1586–1657. Medaillen im Dreißigjährigen Krieg, Nürnberg 2008 (Wissenschaftliche Beibände zum Anzeiger des Germanischen Nationalmuseums, Band 28)

S. 398: akg-images, Berlin

S. 399: Germanisches Nationalmuseum, Nürnberg, Graphische Sammlung: Inv.-Nr. HB 574 Kapsel-Nr. 1337

S. 417: Public Domain/Wikimedia Commons

S. 421: Herzog August Bibliothek Wolfenbüttel: IH 208

S. 422: Herzog August Bibliothek Wolfenbüttel: IH 210

S. 427: aus: Hermann Maué: Sebastian Dadler 1586–1657. Medaillen im Dreißigjährigen Krieg, Nürnberg 2008 (Wissenschaftliche Beibände zum Anzeiger des Germanischen Nationalmuseums, Band 28)

S. 448/49: akg-images, Berlin

S. 455: akg-images, Berlin

S. 458: Erich Lessing/akg-images, Berlin

S. 462: (Kunsthistorisches Museum, Wien), Erich Lessing/akg-images, Berlin

S. 472: aus: Hermann Maué: Sebastian Dadler 1586–1657. Medaillen im Dreißigjährigen Krieg, Nürnberg 2008 (Wissenschaftliche Beibände zum Anzeiger des Germanischen Nationalmuseums, Band 28)

S. 478: Bayerische Staatsbibliothek München, Signatur: Einbl. V,8 a-94 [bsb00089749]

S. 515: aus: Herbert Stricker: Deutsche Medaillen aus der Zeit des 30-jährigen Krieges (1618–1648) und ihr geschichtlicher Hintergrund, Regenstauf 2010

S. 551: aus: Herbert Stricker: Deutsche Medaillen aus der Zeit des 30-jährigen Krieges (1618–1648) und ihr geschichtlicher Hintergrund, Regenstauf 2010

S. 639: Stadtbibliothek Nürnberg: Ebl. 20.030

S. 652: (Musée Départemental des Vosges, Épinal), Erich Lessing/akg-images, Berlin

S. 653: Albertina, Wien: Kupferstich, Aufst.: Ö.K. fol.004+5,5+ 6, Neg.: 66113C

S. 663: aus: Hermann Maué: Sebastian Dadler 1586–1657. Medaillen im Dreißigjährigen Krieg, Nürnberg 2008 (Wissenschaftliche Beibände zum Anzeiger des Germanischen Nationalmuseums, Band 28)

S. 665: Bayerische Staatsbibliothek München, Signatur: 4 P.o.lat. 221 m

S. 668: akg-images, Berlin

Leider war es nicht in allen Fällen möglich, die Inhaber der Rechte zu ermitteln. Wir bitten deshalb gegebenenfalls um Mitteilung. Der Verlag ist bereit, berechtigte Ansprüche abzugelten.

Personenregister

Aus dem Verlagsprogramm

Geschichte bei C.H.Beck

Bernd Roeck
Der Morgen der Welt
Geschichte der Renaissance
Historische Bibliothek der Gerda Henkel Stiftung
3. Auflage. 2018.
1304 Seiten mit 115 Abbildungen, davon 32 in Farbe. Leinen

Thomas Kaufmann
Erlöste und Verdammte
Eine Geschichte der Reformation
4. Auflage. 2017. 508 Seiten mit 103 Abbildungen, davon 58 in Farbe
und 4 farbigen Karten. Gebunden

Heinz Schilling
1517
Weltgeschichte eines Jahres
4. Auflage. 2017. 364 Seiten mit 40 Abbildungen und 1 Karte. Gebunden

Gerd Koenen
Die Farbe Rot
Ursprünge und Geschichte des Kommunismus
2. Auflage. 2017. 1133 Seiten mit 42 Abbildungen. Gebunden

Ewald Frie
Die Geschichte der Welt
Illustriert von Sophia Martineck
3. Auflage. 2018. 464 Seiten mit zahlreichen Abbildungen und 28 Karten.
Gebunden

Verlag C.H.Beck München

Biographien bei C.H.Beck

Barbara Stollberg-Rilinger
Maria Theresia
Die Kaiserin in ihrer Zeit
Eine Biographie
5. Auflage. 2018. 1083 Seiten mit 82 Abbildungen, davon 30 in Farbe, 1 Karte
und 3 Stammtafeln. Gebunden

Heinz Schilling
Martin Luther
Rebell in einer Zeit des Umbruchs
Aktualisierte Sonderausgabe
4. Auflage. 2017. 728 Seiten mit 51 Abbildungen und 4 Karten. Gebunden

Wolfram Siemann
Metternich
Stratege und Visionär
Eine Biografie
2., durchgesehene Auflage. 2016. 983 Seiten mit 73 Abbildungen. Gebunden

Johannes Willms
Napoleon
Eine Biographie
Beck's Historische Bibliothek
2. Auflage. 2018. 839 Seiten mit 21 Karten und 36 Abbildungen. Leinen

Johannes Kunisch
Friedrich der Große
Der König und seine Zeit
5. Auflage. 2005. 624 Seiten mit 29 Abbildungen und 16 Karten. Leinen

Verlag C.H.Beck München

Heinrich August Winkler

GESCHICHTE DES WESTENS

Band 1
Von den Anfängen in der Antike bis zum 20. Jahrhundert
5., durchgesehene Auflage. 2016. 1343 Seiten. Leinen

Band 2
Die Zeit der Weltkriege 1914–1945
3., durchgesehene Auflage. 2016. 1350 Seiten. Leinen

Band 3
Vom Kalten Krieg zum Mauerfall
3., durchgesehene Auflage. 2015. 1258 Seiten. Leinen

Band 4
Die Zeit der Gegenwart
3., durchgesehene Auflage. 2016. 687 Seiten. Leinen

«In einer Welt, die aus den Fugen zu geraten scheint,
vermittelt uns Heinrich August Winklers monumentale Erzählung
der Geschichte des Westens originelle Einblicke und Denkanstöße.»
Frank-Walter Steinmeier

Verlag C.H.Beck München

S. 141 die Verlegung des Kriegsgeschehens in eine
staatliche Boß- u. Strafbehörde verhindert, dem die
jede Partei nach ihrem Friedenswillen fragte.

überregend: S. 645 / 659

MITTELEUROPA NACH DEM
DREISSIGJÄHRIGEN KRIEG 1648

KGR.
DÄNEMARK

N o r d s e e

Wi

Lübeck

Sch

Hamburg

VEREINIGTE
NIEDERLANDE

Bremen

Welfische
Lande

Sten

Hannover

Magdebu

Osnabrück

Halbers

Amsterdam

Münster

Hessen-
Kassel

F

Brüssel

Lüttich

Köln

Aachen

Rhein

Spanische

Artois

Niederlande

Frankfurt

Cambrai

Henne-
gau

Mainz

Würzburg

Luxemburg

Kurpfalz

Nürnberg

Ansbach

Paris

Württemberg

Lothringen

Rastatt

Stuttgart

Straßburg

Elsass

KGR.
FRankreich

Münc

Sund-
gau

Basel

Bodensee

Franche-
Comté

Tiro

SCHWEIZ

Genfer See

Graubünden

Genf

Wallis

Mailand

REPUBLI

	reichsstädtische Gebiete
	Habsburgische Lande
	Brandenburg-Preußen
····	Grenze des Reichs dt. Nation